江西省志

1991—2010

江西省地方志编纂委员会　编

江西人民出版社
Jiangxi People's Publishing House
全国百佳出版社

江西省地方志编纂委员会

（2012 年 1 月）

主　任　吴新雄

副主任　朱　虹　　蔡玉峰　　刘　斌

委　员　陈东有　　谢碧联　　虞国庆　　王　海　　徐　毅

　　　　胡　宪　　孙晓山　　毛惠忠　　李玉英　　王建农

　　　　涂勤华　　张贻奏　　黄　鹤　　汪玉奇　　胡名义

　　　　陈俊卿　　曾庆红　　刘昌林　　魏旋君　　钟志生

　　　　董仚生　　王　萍　　张　勇　　吴小瑜　　周　慧

（2013 年 3 月）

主　任　鹿心社

副主任　朱　虹　　蔡玉峰　　梅　宏

委　员　陈东有　　谢碧联　　虞国庆　　王　海　　徐　毅

　　　　胡　宪　　孙晓山　　甘良淼　　王建农　　汪晓勇

　　　　张贻奏　　黄　鹤　　汪玉奇　　张　锋　　陈俊卿

　　　　刘昌林　　刘　捷　　钟志生　　蒋　斌　　潘东军

　　　　胡世忠　　张和平　　吴小瑜　　周　慧

（2013 年 12 月）

主　任　鹿心社

副主任　朱　虹　　梅　宏　　蔡玉峰

委　员　方晓春　　张国轩　　张　锋　　欧阳苏勤　吴晓军
　　　　虞国庆　　洪三国　　章凯旋　　徐　毅　　刘三秋
　　　　刘定明　　朱　希　　孙晓山　　甘良淼　　李　利
　　　　陈永华　　王建农　　邝小平　　刘　平　　汪晓勇
　　　　梁　勇　　吴小瑜　　周　慧　　张贻奏　　魏　平
　　　　钟志生　　熊茂平　　蒋　斌　　潘东军　　胡世忠
　　　　张和平

（2014 年 6 月）

主　任　鹿心社

副主任　朱　虹　　梅　宏　　宋雷鸣

委　员　方晓春　　张国轩　　张　锋　　欧阳苏勤　吴晓军
　　　　虞国庆　　洪三国　　章凯旋　　徐　毅　　刘三秋
　　　　刘定明　　朱　希　　孙晓山　　胡汉平　　李　利
　　　　陈永华　　王建农　　邝小平　　刘　平　　汪晓勇
　　　　梁　勇　　周　慧　　张贻奏　　魏　平　　钟志生
　　　　熊茂平　　蒋　斌　　潘东军　　胡世忠　　张和平

（2016 年 9 月）

主　任　刘　奇

副主任　毛伟明　　张　勇　　梅　宏　　刘晓艺

委　员　方晓春　　张国轩　　张　锋　　欧阳苏勤　吴晓军

　　　　胡世忠　　虞国庆　　洪三国　　章凯旋　　徐　毅

　　　　刘三秋　　刘定明　　朱　希　　孙晓山　　胡汉平

　　　　李　利　　陈永华　　王建农　　邝小平　　刘　平

　　　　汪晓勇　　梁　勇　　周　慧　　杨志华　　张贻奏

　　　　魏　平　　钟志生　　熊茂平　　蒋　斌　　潘东军

　　　　张和平

（2017 年 9 月）

主　任　刘　奇

副主任　毛伟明　　李　利　　张　勇　　梅　宏　　刘晓艺

委　员　郭　兵　　李　智　　王　俊　　郭建晖　　李庆红

　　　　钱　昀　　叶仁荪　　洪三国　　王国强　　刘金接

　　　　刘三秋　　邓兴明　　王爱和　　罗小云　　胡汉平

　　　　池　红　　丁晓群　　张和平　　万庆胜　　吴治云

　　　　杨六华　　方维华　　梁　勇　　周　慧　　杨志华

　　　　胡立文　　周恩海　　林彬杨　　梅　亦　　李江河

　　　　董晓健　　于秀明　　曾文明　　张小平　　王少玄

　　　　张鸿星

（2018 年 9 月）

主　任　易炼红

副主任　毛伟明　　孙菊生　　张小平　　梅　宏

委　员　夏克勤　　张国轩　　王　俊　　吴永明　　张和平

　　　　杨贵平　　叶仁荪　　谢光华　　张　强　　刘金接

　　　　朱　斌　　刘三秋　　张圣泽　　卢天锡　　王爱和

　　　　罗小云　　胡汉平　　池　红　　丁晓群　　胡立文

　　　　万庆胜　　吴治云　　方维华　　梁　勇　　周　慧

　　　　杨志华　　刘建洋　　谢一平　　梅　亦　　李江河

　　　　犹　瑾　　于秀明　　曾文明　　王水平　　王少玄

　　　　张鸿星

（2019 年 8 月）

主　任　易炼红

副主任　毛伟明　　孙菊生　　张小平　　樊雅强　　甘根华

委　员　杨志华　　周　慧　　王　俊　　吴永明　　夏克勤

　　　　张国轩　　张和平　　叶仁荪　　万广明　　杨贵平

　　　　刘金接　　王国强　　朱　斌　　刘三秋　　张圣泽

　　　　陈小平　　卢天锡　　王爱和　　罗小云　　胡汉平

　　　　刘翠兰　　池　红　　丁晓群　　龙卿吉　　辜华荣

　　　　赵　慧　　王福平　　万庆胜　　方维华　　梁　勇

　　　　胡立文　　刘建洋　　谢一平　　刘　锋　　李江河

　　　　犹　瑾　　于秀明　　曾文明　　王水平　　王少玄

　　　　张鸿星

（2020 年 5 月）

主　任　易炼红

副主任　孙菊生　　樊雅强　　甘根华

委　员　杨志华　　张棉标　　周　慧　　王　俊　　吴永明
　　　　夏克勤　　张国轩　　张和平　　郭杰忠　　万广明
　　　　杨贵平　　刘金接　　王国强　　朱　斌　　刘三秋
　　　　张圣泽　　徐延彬　　卢天锡　　王爱和　　罗小云
　　　　胡汉平　　谢一平　　池　红　　王水平　　龙卿吉
　　　　辜华荣　　赵　慧　　王福平　　万庆胜　　方维华
　　　　田延光　　胡立文　　黄喜忠　　刘　锋　　李江河
　　　　犹　瑾　　于秀明　　曾文明　　许南吉　　陈　云
　　　　王少玄　　张鸿星

主　修　吴新雄（2012 年 1 月—2013 年 3 月）

　　　　鹿心社（2013 年 3 月—2016 年 9 月）

　　　　刘　奇（2016 年 9 月—2018 年 9 月）

　　　　易炼红（2018 年 9 月—　　）

副主修　朱　虹（2012 年 1 月—2016 年 9 月）

　　　　李　利（2017 年 9 月—2018 年 9 月）

　　　　孙菊生（2018 年 9 月—　　）

总　纂　刘　斌（2012 年 1 月—2012 年 7 月）

　　　　梅　宏（2012 年 7 月—2019 年 3 月）

　　　　甘根华（2019 年 7 月—　　）

副总纂　吴小瑜（2012 年 1 月—2014 年 7 月）

　　　　周　慧（2012 年 1 月—　　）

　　　　杨志华（2014 年 7 月—　　）

　　　　张棉标（2020 年 1 月—　　）

凡　例

一、本志以马克思列宁主义、毛泽东思想、邓小平理论、"三个代表"重要思想、科学发展观、习近平新时代中国特色社会主义思想为指导，坚持党的路线、方针、政策，坚持辩证唯物主义和历史唯物主义，全面系统记述江西省自然、政治、经济、文化、社会等各方面的情况。

二、本志总名《江西省志》，系首轮《江西省志》续志，由独立出版的各分志构成。各分志名称为《江西省志·××志（1991—2010)》。分志为通志的不标注断限年份。

三、本志断限。上限原则上为 1991 年，与首轮《江西省志》下限相衔接，纵贯详记。首轮未修志书的分志上限不限，从事物发端写起；为全面、完整、系统地记述改革开放历史进程，部分分志上限上溯至 1978 年。下限为 2010 年底。为了反映机构撤并、领导班子换届、重大工程竣工等内容的完整性，部分分志下限适当下延。各分志断限，参见各分志《编纂说明》。

四、本志基本依照行业、部门设置分志，为反映江西地方特色，将《鄱阳湖志》《景德镇陶瓷文化志》《江河志》《名山志》《山江湖工程志》《茶志》《客家志》从相关行业、部门中分离出来，成为独立设置的 7 部分志。

五、各分志篇目根据科学分类和社会分工相结合的原则拟定，采用章节体，运用述、记、志、传、图、表、录等 7 种体裁，以志为主。

六、各分志根据需要设"人物"部分，收录本行业、本部门具有重要影响和作出重大贡献的人物。人物籍贯一律标注省县（市、区）名，城区名前标注设区市名。

七、本志除设《市县概况》分志外，各分志根据需要设"设区市概况"，记述设区市范围内本行业、本部门相关内容。

八、本志一律使用规范的语体文，以第三人称记述，述而不论，寓褒贬于记述之中。

九、本志纪年，一般采用公元纪年。1912 年 1 月 1 日以前的，采用历史纪年括注公元纪年；1912 年 1 月 1 日至 1949 年 9 月 30 日根据需要括注民国纪年。

十、行文中人物的职务、职称、军衔等冠于人名之前。

十一、本志语言文字、标点符号、计量单位、数字等表述执行国家标准和相关规定。

十二、志书编纂运用的数据以政府统计部门公布的法定数据为主，专业部门数据、调查数据为辅。

十三、本志采用统计部门、档案部门及相关单位提供的资料一般不注明出处。专用名词、特定事物、外文缩写等，随文括注。

十四、本《凡例》为《江西省志》全志通用体例，各分志的特殊问题，在各分志《编纂说明》中加以说明。

江西省志

国家税务志

1991—2010

江西省地方志编纂委员会 编

江西人民出版社
Jiangxi People's Publishing House
全国百佳出版社

《江西省志·国家税务志（1991—2010）》编纂委员会

（2012年6月）

主　任	张贻奏				
副主任	汤志水	邬小婷	肖光远	周　瑾	邱大南
	黄中根	李德平	胥敏锋		
委　员	陈国英	夏文川	刘纯福	黄汉如	冷报德
	吴晨阳	徐建波	徐谷明	张　成	刘英怀
	贺页发	刘荣军	陈　艳	林　剑	游润珍
	龚云斌	肖大伟	罗亮生	刘少华	曾长根
	熊爱良	王爱林	陈玉萍	傅江海	鲁志平
	祝洪源	孙　晖	李国财	李　敏	江亚庆
	汪跃华	黄晓东	钟　铃	余光金	曹　文
	汪　捷	闵小姚			

（2013年7月）

主　任	张贻奏				
副主任	汤志水	邬小婷	肖光远	周　瑾	邱大南
	黄中根	李德平	胥敏锋		
委　员	陈国英	夏文川	刘纯福	黄汉如	闵小姚
	吴晨阳	徐建波	徐谷明	张　成	刘英怀
	贺页发	黄最东	刘荣军	王用彬	林　剑
	游润珍	龚云斌	尹光星	罗亮生	刘少华
	陈　艳	曾长根	王爱林	陈玉萍	冷报德
	黎伦和	肖大伟	孙　晖	李国财	李　敏
	江亚庆	汪跃华	曹　文	肖　楠	黄晓东

（2016年5月）

主　任　胡立升

副主任　肖光远　　黄中根　　李德平　　胥敏锋　　王　勇
　　　　陈国英　　姚慧玲

委　员　黄最东　　张　成　　刘英怀　　夏文川　　刘纯福
　　　　黄汉如　　闵小姚　　吴晨阳　　徐建波　　江亚庆
　　　　龚云斌　　曾长根　　黎伦和　　王用彬　　林　剑
　　　　游润珍　　熊　惺　　尹光星　　罗亮生　　刘少华
　　　　陈伟奇　　黄晓东　　陈玉萍　　冷报德　　万淑芳
　　　　肖大伟　　孙　晖　　熊爱良　　李　敏　　刘荣军
　　　　汪跃华　　曹　文　　肖　楠　　汪　捷　　鲁志平
　　　　韩　武　　曾耀辉

（2017年12月）

主　任　胡立文

副主任　黄中根　　李德平　　胥敏锋　　陈国英　　姚慧玲
　　　　张建平　　刘英怀

委　员　黄最东　　夏文川　　刘纯福　　龚云斌　　孙　晖
　　　　张小力　　黄汉如　　闵小姚　　吴晨阳　　刘荣军
　　　　江亚庆　　徐建波　　曾建军　　曾长根　　刘宏伟
　　　　王用彬　　林　剑　　游润珍　　熊　惺　　尹光星
　　　　罗亮生　　刘少华　　熊战波　　陈伟奇　　黄晓东
　　　　罗玉崑　　陈玉萍　　冷报德　　万淑芳　　肖大伟
　　　　赵小冬　　熊爱良　　李　敏　　顾建航　　帅　克
　　　　汪跃华　　曹　文　　肖　楠　　汪　捷　　韩　武
　　　　鲁志平　　曾耀辉

《江西省志·国家税务志（1991—2010）》编纂办公室

（2014年11月）

顾　　问	曾　飞
主　　编	张贻奏
副 主 编	李德平　　黄最东　　曹　文　　曾耀辉
编　　辑	龚　斌　　谢永清　　李　科　　郭　缘
工作人员	施龙刚　　欧阳颖　　余　璐

（2016年5月）

顾　　问	曾　飞
主　　编	胡立升
副 主 编	李德平　　黄最东　　曹　文　　曾耀辉
编　　辑	龚　斌　　谢永清　　李　科　　郭　缘
工作人员	施龙刚　　欧阳颖　　余　璐

（2017年12月）

顾　　问	曾　飞
主　　编	胡立文
副 主 编	刘英怀　　黄最东　　曹　文　　曾耀辉
编　　辑	龚　斌　　谢永清　　李　科　　郭　缘
工作人员	施龙刚　　欧阳颖　　余　璐

《江西省志·国家税务志（1991—2010）》编纂指导

胡瑞云　　余日蓉　　赵　岩

《江西省志·国家税务志（1991—2010）》审稿人员

初　审	梅　宏	杨志华	余日蓉	王小军	赵　岩
	孟　秀	曾　飞	黎伦和		
复　审	梅　宏	杨志华	余日蓉	王小军	赵　岩
	邱慈孙	曾　飞			
验　收	孙菊生	樊雅强	甘根华	彭　林	贾　健
	万修荣	程应运			

1994年8月15日，召开江西省国家税务局成立大会并举行挂牌仪式。省委常委、副省长黄智权（右），省人大常委会副主任王仲发（左）为省国税局揭牌

1994年10月11—14日，江西省第一次国税工作会议在南昌召开，省委常委、常务副省长舒圣佑（主席台左二）到会并讲话

　　2003年9月16日，中华苏维埃共和国财政人民委员部税务局旧址揭牌仪式在瑞金举行，国家税务总局局长谢旭人（右三），江西省委副书记、常务副省长吴新雄（左三）出席仪式并为旧址揭牌

　　2004年8月20日，省国税局、省地税局召开实施新税制十周年座谈会，省委副书记、省长黄智权（主席台居中）出席会议并讲话

2006年1月5日，省国税局举行省级集中版税收综合征管软件上线仪式，标志着省国税系统税收征管数据实现省级集中，省委副书记、常务副省长吴新雄（发言席）宣布上线

1991年7月，萍乡市城关区（今安源区）举办税法知识竞赛

1993年12月底，分宜县税务局干部正在制作税务公开栏

1992年4月第一个全国税收宣传月，武宁县在山村开展税法宣传

1993年10月29日，上高县税务局开展《税收征管法》宣传

1996年4月，省国税局、省地税局等在南昌联合开展税收宣传月活动

2000年4月，宜黄县举办"税收与未来"小学生签名活动

2002年4月28日，省国税局与省法制宣传办在南昌联合举行《税收征管法》知识竞赛

2004年4月税收宣传月期间，省国税局召开税企恳谈会

2008年4月16日，修水县国税局开展喜迎奥运税收宣传万里行活动

2008年4月，上饶县国税局"和悦之音"管乐队开展税收宣传

2010年4月23日，由中国税务报社、江西省、山东省、陕西省、广西壮族自治区国税局联合主办的"情系红土地税收抚今昔"革命老区四省区联动送税法进校园活动在井冈山市举行

1992年4月，吉安市税务局开展税法和税收政策咨询

1992年9月，黎川县税务局税务人员在征收集贸市场税收

1992年10月，闽粤赣五地（市）二十八县（市）第九届税务协作会议在兴国县召开

1996年5月，萍乡市湘东区召开整顿和规范财税秩序动员大会

1998年4月，广昌县税警联合办案

2001年9月26—28日，全省国税系统坚持依法治税促进经济
发展工作会议在南昌召开

2002年4月19日，省国税局表彰诚信纳税企业

2007年5月30日，婺源县国税人员深入茶山开展税源调查

2009年3月，吉水县国税人员深入企业施工现场开展税收调研

1993年11月，全省"市场经济与税收研究"课题理论研讨会在南昌召开

1994年7月，基层税务人员集体学习新税制

2002年1月1日，省国税局首个深化税收征管改革试点单位——新余市国税局CTAIS正式上线

2002年12月27日，全省部署车辆购置附加费改税工作会议在南昌召开

2003年6月29日，全省国税系统改革创新工作会议在南昌召开

2009年4月21日，省国税局举行税收核心业务系统灾备演练，标志着江西建成全国税务系统首家省级同城异址数据处理和备份中心

2009年5月8日，省国税局机关机构改革动员大会召开，拉开全省国税系统新一轮机构改革序幕

2010年10月，省国税局局长张贻奏（右二）深入基层调研税收工作创新情况

1991年12月10—12日，全省税务促产增收工作经验交流会在九江召开

20世纪90年代初的办税服务厅

1998年7月，省国税局和上饶地区国税局领导在广丰县某企业调研生产情况

2000年9月19日，省国税局援建的铜鼓县鹤吼希望小学正式完工

2005年5月，遂川县国税局为外商办税服务

　　2005年9月开始，省国税局对纳税信誉好的重点税源企业、支柱产业龙头企业开通税收服务直通车，图为直通车工作组深入省电力公司现场办公

　　2005年7月9日，首次中部崛起国税论坛在南昌举办

2006年9月15日,信丰县国税局干部上门进行税收服务

2007年7月,省国税局局长周广仁(右二)在南昌市国税局办税服务厅接受纳税人咨询

2009年起,全省国税系统全面实施办税服务厅规范化建设,图为南昌市国税局办税服务厅

2010年6月30日,修水县国税局干部在路口乡柏林村加固河堤

　　江西省税务系统积极开展在职干部学历教育，图为1992年7月南昌市税务局第二届电大班毕业留念照

　　1993年11月，江西省税务学校语音教学

1994年5月27日，宜春地区税务局开展新税制培训

1995年5月，进贤县国税局开展基层分局长竞争上岗

1998年4月16—19日，全省国税系统深化"两个转移"加强廉政建设工作会议在南昌陆军学院召开，省国税局局长戴子钧（队列最前）带领干部集中进行军训

2001年6月，鹰潭市国税局开展行风评议活动

2002年9月，南昌市国税局举办"学习贯彻党章"知识竞赛

2006年9月，省国税局在浮梁县建立廉政文化教育基地

2008年7月30日，省国税局在南昌召开会议，全面部署推进和谐国税建设工作

2010年12月24日，省国税局举办"创先争优、学习廉政准则"主题演讲会

2001年12月，全省国税系统"税务摄影沙龙"在吉安举行

2003年9—10月，全省国税系统首届运动会在南昌举行

2004年7月6日，省国税局在江西艺术剧院举办以"树立科学发展观实现国税新跨越"为主题的文艺晚会

2004年12月31日，省国税局机关举行拔河比赛

2008年9月6日，省国税局领导和文化名人为上饶市税收文化教育基地揭牌

2010年2月10日，乐平市国税局为纳税人义务写春联

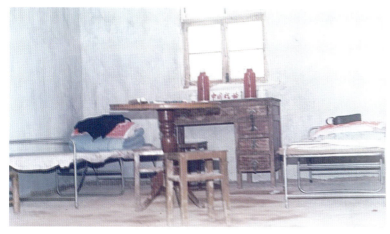

20世纪90年代初农村税务所宿舍

20世纪90年代初税务部门配备的工作用车

20世纪90年代初税务干部乘坐配备的边三轮摩托车下乡

20世纪90年代的电脑和打印机等税务信息化设备

2010年省国税局计算机房主机存储区

1983年开始着装的第一
代税务制服

1992年开始着装的第二
代税务制服

2007年开始着装的第三
代税务制服

省税务局20世纪90年代初在位于省政府
大院的老办公楼内办公

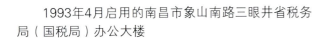

1993年4月启用的南昌市象山南路三眼井省税务
局（国税局）办公大楼

2002年11月启用的南昌市广场南路省国
税局新办公大楼

序

　　地方志是"一方之全史"，纵贯古今、横陈百科，汇集了各地自然、人文、社会、经济历史和现状的全面、系统、客观的资料，显示了一定区域内历史发展轨迹与事业盛衰起伏的全过程。盛世修志，是传承优秀历史文化的重要途径。习近平总书记指出："要高度重视修史修志，让文物说话、把历史智慧告诉人们，激发我们的民族自豪感和自信心，坚定全体人民振兴中华、实现中国梦的信心和决心。"

　　编纂第二轮《江西省志》，是我省推进文化大繁荣大发展，建设文化大省的一项系统工程，是承上启下、继往开来、服务当代、泽被后世的千秋大业。作为省政府确定的《江西省志》专业分卷责任编纂单位，我们坚持从全局出发，责无旁贷地承担起了《江西省志·国家税务志（1991—2010）》修志任务。

　　本轮省志编纂工作从 2012 年开始启动后，我们始终把税志编纂作为一项重要工作来抓，按照省政府相关文件要求和省地方志办的具体部署，早布置、早安排、早落实。通过加强组织领导、强化工作责任，充实编纂力量，理顺相关机制，落实经费保障，全方位保证了江西省国税志编纂工作有序推进。在修志过程中，严格遵循党的路线、方针、政策和国家的法律法规与志书体例要求，牢固树立质量意识、精品意识，团结协作，扎实工作，按照省政府编纂方案要求的进度编纂出了质量较高的江西省国税志，成为全省较早通过初审、复审并接受验收的专业分卷之一，得到省政府领导和省地方志办的表扬和肯定。

　　本轮省志编纂反映的时段 1991—2010 年，既是我国经济发展的重要历史时期，也是税制改革和税收工作大发展的重要历史时期，非常值得记载。江西省国税志比较完整地保存和记录了江西国税事业的发展历史和状况，包容信息丰富，行业特色明显，客观反映了 1991—2010 年江西税收（国税）工作全貌，突出了税收事业改革和发展的时代特征，还注重体现出税收工作的时代背景，较好地展现了税收与经济社会发展的密切关系，客观记述了断限内国税、地税分设的情况及江西国税的历史与发展状况，具有鲜明的专业特色和时代特色。

　　在江西省国税志编纂过程中，省地方志办领导和专家自始至终进行了悉心指导，省局老领导倾情支持帮助，系统上下积极配合，全体参编人员努力攻坚克难，确保修志工作取得了较好成效，谨致以衷心的感谢和深深的敬意！

　　鉴古知今，继往开来。我们相信，《江西省志·国家税务志（1991—2010）》将会成为江西一部较有特色的行业志书和江西税务人的宝贵精神财富，为我们总结税务行业发展规律、将税收事业不断向前推进提供系统和丰富的资料。同时，也为社会各界认识和了解江西税收情况、了解江西税务部门为全省经济社会发展所做出的贡献提供便捷渠道，为各级领导决策提供参考依据和历史借鉴。

国家税务总局江西省税务局党委书记、局长：胡立文

2020 年 12 月

编纂说明

一、本志采用述、记、志、图（含照片）、表、录等体裁，以志为主，横分门类，纵述史实，事以类聚，类为一目。结构体式为章节体，一般分篇、章、节、目、子目等5个层次。本志除图片、概述、大事记、人物和卷末的附录外，共分税收制度、税收管理、税收收入、税收信息化建设、机构和队伍建设等5篇，共计27章94节。

二、遵照国务院文件精神和国家税务总局批复文件要求，1994年9月江西省税务局分设为国家税务局和地方税务局两套税务机构，1994年10月1日起省国税局、省地税局各自遵照国务院划分的征管范围进行征收管理，因而本志记述时限1991—2010年中：1991—1994年9月税收管理活动记述的是全省税务部门税收管理活动，1994年10月—2010年税收管理活动记述的是全省国税系统税收管理活动。由于财政年度结算等原因，1994年税收会计统计年报核算反映的是全省税务部门收入（国税局和地税局收入合计数），因而本志记述时限中：1991—1994年税收收入记述的是全省税务部门收入，1995—2010年税收收入记述的是全省国税收入。

三、1994年1月1日起全国实施与社会主义市场经济体制和分税制财政体制相适应的税制改革，新税制简并了部分税种，取消了部分基金、专项收入和附加等收入项目。对于1994年新税制简并、取消税种和收入项目的开征与停征时间、课征内容、1991—1993年收入及以后年度的清欠收入，本志均作了记述与说明，以保持史料的完整性。

四、本志有的记述内容因必要背景材料需交代，因而存在突破志书时限上限情况。

五、税收收入为现价计算，为保持口径可比，除"第三篇第三章　重点税源企业税收"记述的1991—2000年重点税源企业工业产值系按1990年不变价计算，其增长速度按可比价计算外，本志所用GDP等经济数据的增长速度均按现价计算。本志记述的经济和税收收入的年均递增速度均按"水平法"计算。

六、本志中所称"税改前"系指1994年税制改革前的"1991—1993年"，"税改后"系指1994年及以后年度。本志中所称"机构分设前"系指"1991—1994年"（1994年9月江西省国税、地税两套税务机构分设，但年度税收收入及收入任务考核为两家并表计算，1995年始江西省国税局、地税局各自运转并各自核算），"机构分设后"系指1995年及以后年度。

七、1994年之前，全国税收主管机关名称为"国家税务局"，1994年始改名称为"国家税务总局"，为避免"国家税务局"与国、地税机构分设后各地的国家税务局名称相同，本志对1994年之前全国税收主管机关简称为"税务总局"。江西省税务局（江西省国家税务局）简称为"省税务局（省国税局）"或"省局"。

八、"人物"中的人物简介收录的是省局主要领导和全省国税系统有一定影响力的先进模范人物；名录包括省局领导和获得省部级以上表彰的单位与个人，以任职时间和表彰时间为序。

九、本志资料来自江西省税务局、省国税局的文件汇编、统计资料、档案资料，以及有关单位的统计年鉴等。本志所用经济数据，均依据政府统计部门公开发行的《统计年鉴》以及税务部门报表数据。本志所用税收收入数据，均依据税务部门编印的《税收统计提要》《工商税收统计资料》《税收收入统计资料》《江西省税源税收情况概要》和税收会统报表。上述税收统计资料数据均源于税收会统报表、重点税源企业纳税情况表和工业园区纳税情况表。税收会计年报表中的税收收入是与国库对账后的定案数。本志所用资料，均经过考证，一般不注明出处。

目　录

概　述

　　1991—2010 年是中国税制改革和税收工作大发展的重要历史时期。贯穿这一历史时期税收工作的一条主线是改革，税制改革、机构改革、征管改革、管理方式方法改革创新、信息化建设、国税文化创建等，改革是这一历史时期税收工作的主旋律和时代特征。在国家税务总局和省委、省政府的领导和指导下，江西省税务（国税）系统紧紧围绕服务改革发展大局，坚持依法治税，深化改革，加强管理，优化服务，全省税收（国税）收入持续稳定较快增长，为江西财政增收、民生改善、经济社会发展发挥了重要作用。

一

　　1991 年中国税制是多税种的复合税制，江西省实际征收的工商税收计有 30 个税种，同时负责征收国营企业所得税、国营企业调节税、国家能源交通重点建设基金、国家预算调节基金、粮食专项基金、教育费附加、烟酒提价专项收入、工商统一税附加、盐税附加等。1993 年由于中外合资经营企业所得税、外国企业所得税、特别消费税等税种撤并，江西省实际征收的工商税收计有 26 个税种。

　　1994 年 1 月 1 日始，全国实施与市场经济体制和分税制财政体制改革相适应的工商税制改革，取消产品税、工商统一税、集体企业所得税、私营企业所得税、城乡个体工商业户所得税、个人收入调节税、牲畜交易税、国营企业奖金税、国营企业工资调节税、事业单位奖金税、集体企业奖金税、筵席税、烧油特别税、盐税等 14 个税种，同时开征消费税、土地增值税、企业所得税（内资）等 3 个税种。江西省税务部门征收的工商税收计有 15 个税种，比税改前 1993 年减少 11 个税种。增值税征收范围由税改前的部分工业产品、工业性作业和应税进口产品，扩大为全部工业产品、商业、修理修配业和应税进口产品。增值税纳税人根据其经营规模分为一般纳税人和小规模纳税人，各自适用不同的征收方法和税率。1994 年增值税制度属于生产型增值税制度，即一般纳税人购进固定资产的进项税金不予抵扣，江西省执行生产型增值税制度持续到 2007 年 6 月底。1994 年根据《消费税暂行条例》，江西省实际征收的消费税品目有饮料酒、酒精、卷烟、烟丝、小轿车、越野车、小客车、摩托车、汽油、柴油、贵重首饰、化妆品、护肤护发品、汽车轮胎、鞭炮焰火和应税进口产品。消费税的开征对于引导消费、贯彻国家产业政策、保障财政收入发挥了重要作用。

　　1994 年 9 月，江西省税务机构分设为国家税务局和地方税务局两套税务机构，1994 年 10 月 1 日起省国税局和省地税局各自按照国务院划分的征管范围进行征收管理。省国税系统负责征收增值税、消费税（进口产品委托海关代征）；中央企业所得税、地方和外资银行及非银行金融企业所得税；境内外商投资企业和外国企业的各项税收以及外籍人员以及华侨、港澳台同胞缴纳的个人所得税；集贸市场和个体户的各项税收（按税种分别入中央库和地方库）；中央税的滞纳金补税罚款收入；按中央税和共享税附征的教育费附加；国家能源交通重点建设基金、国家预算调节基金；出口产品退税的管理。

1996年1月1日始，根据国务院和国家税务总局重新划分的国、地税征管范围，原归国税征管的外商投资企业和外国企业的地方税种收入、外籍人员以及华侨、港澳台同胞缴纳的个人所得税、集贸市场和个体户的地方税种收入，以及按中央税和共享税附征的教育费附加收入，均划归地税局负责征收管理。从1996年1月1日起，全面停征国家能源交通重点建设基金和国家预算调节基金。

1997年1月1日始，金融保险业营业税税率由原5%调整为8%，税率提高3%部分由国税系统负责征收，税率提高增加的税收收入均为中央级收入。2001年始金融保险业营业税税率每年下调1个百分点，分3年将金融保险业营业税税率从8%降低到5%，因而，2001年金融保险业营业税税率为7%（国税征收率为2%），2002年金融保险业营业税税率为6%（国税征收率为1%），2003年金融保险业营业税税率为5%（国税征收率为0%）。1997—2005年，全省国税系统征收的金融保险业营业税收入合计13.07亿元。

1999年11月1日始，根据国务院和国家税务总局文件及工作部署，江西省国税系统征收储蓄利息个人所得税，税率为20%。2007年8月15日始储蓄利息个人所得税税率调减为5%，2008年10月9日始储蓄利息个人所得税暂停征。储蓄利息所得实行分段计征个人所得税的征收方式，即储蓄存款在1999年10月31日前孳生的利息所得，不征收个人所得税；1999年11月1日至2007年8月14日孳生的利息所得，按照20%比例税率征收个人所得税；2007年8月15日至2008年10月8日孳生的利息所得，按照5%比例税率征收个人所得税；2008年10月9日后（含10月9日）孳生的利息所得，暂免征收个人所得税。1999年11月至2010年，全省国税系统征收入库的储蓄利息个人所得税收入共计57.4亿元。

2005年1月1日始，江西省的车辆购置税由交通稽征部门代征调整为划归国税部门负责征收管理。

2007年7月1日始，中部6省的部分城市的部分行业扩大增值税抵扣范围，江西省南昌、景德镇、萍乡和九江市的装备制造业、石油化工业、冶金业、汽车制造业、农产品加工业、电力业、采掘业和高新技术产业等八大行业扩大增值税抵扣范围。由此，江西省部分地区执行生产型增值税制度，部分地区执行消费型增值税制度，两种增值税制度同时并存格局延续到2008年底。

2008年1月1日始，省国税局贯彻执行第十届全国人大第五次全体会议通过的《企业所得税法》，新《企业所得税法》征税范围覆盖内、外资企业。《企业所得税法》规定四档税率：居民企业和在中国境内设立机构、场所且所得与机构、场所有关联的非居民企业执行25%的比例税率；在中国境内未设立机构、场所或者虽设立机构、场所但取得的所得与其所设机构、场所没有实际联系的，适用20%的比例税率，但实际征收时按10%税率征收；符合条件的小微企业执行20%的比例税率；对国家重点扶持的高新技术企业、符合条件的技术性服务外包企业执行15%的比例税率。

2009 年，江西省国税局贯彻落实国家刺激经济的"一揽子计划"，其中包括结构性减税政策。遵照国务院修订公布的《增值税暂行条例》规定，2009 年 1 月 1 日始，增值税一般纳税人购进的机器设备、运输设备和生产工具等固定资产进项税金按照有关规定予以抵扣增值税，生产型增值税制度全面转型为消费型增值税制度；矿产品增值税率由原 13% 调整为 17%；小规模纳税人增值税征收率调减为 3%；废旧物资加工企业购进废旧物资的增值税进项税金抵扣率由原 10% 调整为 17%；废旧物资回收企业销售废旧物资由原免征增值税调整为征收增值税，同时废旧物资回收企业销售废旧物资所缴纳的增值税由财政部门按实缴税金比例退付，2009 年退付比例分别为 70%、2010 年退付比例为 50%。遵照国务院修订公布的《消费税暂行条例》规定，消费税部分税目和税率作了调整，增加高尔夫球及球具、高档手表、游艇、木制一次性筷子、实木地板等税目，税率调整较大的有成品油和卷烟等。2009 年 1 月 1 日起全国成品油价税费联动改革，成品油消费税税率大幅提高，其中汽油税率由 0.2 元 / 升调高为 1.40 元 / 升（含铅汽油由 0.2 元 / 升调高为 1.00 元 / 升，无铅汽油由 0.2 元 / 升调高为 0.80 元 / 升）；柴油由 0.2 元 / 升调高为 0.80 元 / 升等。2009 年 5 月 1 日起省国税局对卷烟批发环节征收 5% 消费税。2009 年 1 月 1 日至 2009 年底，省国税局对 1.6 升及以下乘用车车辆购置税执行 5%（原税率 10%）优惠税率。2010 年 1 月 1 日至 2010 年底，1.6 升及以下乘用车车辆购置税税率调整为 7.5%。

改革持续推进，税制不断完善，对于社会主义市场经济体制建立和发展、经济发展方式转变、经济结构调整和改善民生发挥了积极的促进作用。每次税制改革和政策调整，全省税务系统（国税系统）均认真做好新税制实施前的准备工作。各级税务机关（国税机关）开展培训，全面学习、掌握政策规定，并深入企业作个性化宣传辅导和调研，做好新政出台前后的工作衔接。省局加强检查督促，加强政策效应情况的调研，密切关注宏观经济和企业经营形势变化情况，了解掌握税源税收发展变化情况，及时反映政策执行情况及存在问题，研究提出完善管理的意见与措施，确保各项改革和税制贯彻落实。

二

1991—1994 年全省税收收入持续稳定增长。各年度全省税务部门组织入库各项收入（不含出口产品退税，下同）分别为 49.73 亿元、53.9 亿元、68.59 亿元和 79.78 亿元。1994 年实施新税制改革，当年全省税务部门组织入库各项收入比上年增加 11.18 亿元，增长 16.4%，税制改革平稳过渡。全省税务部门组织入库各项收入 4 年合计 251.99 亿元，年均递增 11.7%，其中：工商税收收入 217.78 亿元，年均递增 15.4%，占各项收入总额的比重 86.42%；国有企业所得税收入 16.70 亿元，年均递减 4%，占各项收入总额的比重 6.63%；国家能源交通重点建设基金、国家预算调节基金、国营企业调节税、粮食专项基金、教育费附加、烟酒提价专项收入、工商统一税附加和盐税附加收入合计 17.51 亿元，年均递减 14.7%，占各项收入总额的比重 6.95%。

1995 年全省国税系统组织入库各项收入 62.73 亿元，其中税收收入 61.02 亿元，非税收入 1.71 亿元。1996 年国税、地税征管范围重新调整，地方税和教育费附加由地税部门负责征收，国家能源交通重点建设基金和国家预算调节基金全面停征，1996—2010年江西国税收入主要是中央税、中央与地方共享税收入，非税收入甚少，2010年全省国税系统非税收入仅为0.28亿元。

全省国税税收收入增速前慢后快。2000年前江西国税税收规模在90亿元下方运行，以1995年为基数，1996—2000年江西国税税收收入年均递增10%。跨入21世纪后，江西国税税收收入步入快速增长轨道，2001年首次突破百亿元，2005年逾200亿元，2007年逾300亿元，2008年逾400亿元，2010年逾600亿达685.7亿元，2001—2010年江西国税税收收入年均递增26.3%。1995—2010年全省国税税收收入合计3323亿元，1996—2010年均递增17.5%

各设区市全面增长。以1995年为基数，1996—2010年国税税收收入年均增速在20%以上的有新余和鹰潭，分别年均递增23.2%、22.8%；年均增速在17%~20%区间的有上饶、吉安、南昌和抚州，分别年均递增19.3%、17.8%、17.3%、17%；年均增速在17%下方运行的有萍乡、宜春、九江、赣州和景德镇，分别年均递增16.9%、16.7%、16.4%、15.5%、10.9%。全省11个设区市国税收入年均增速均达两位数。

股份制企业和私营企业税收高速增长。1995年全省国税股份制企业纳税户数0.12万户，国税税收收入0.09亿元；2010年纳税户数达4.64万户，国税收入达311.18亿元，占当年全省国税税收总额比重45.38%，1996—2010年全省股份制企业国税税收年均递增72.8%，在各经济类型税收增速中排序第一。1995年全省国税私营企业纳税户数0.29万户，国税税收收入0.21亿元；2010年纳税户数达2万户，国税税收收入达88.05亿元，占当年全省国税税收总额比重12.84%，1996—2010年全省私营企业国税收入年均递增49.8%，在各经济类型税收增速中排序第二。1996—2010年全省国有企业、集体企业、联营企业、港澳台投资企业、外商投资企业、个体经营的国税税收收入分别年均递增8.9%、0.7%、11.3%、23.5%、22.8%、10.6%。股份制企业和私营企业税收收入增速明显高于其他经济类型税收增速。

城市和县域税收协调发展。1995年全省11个设区市城区国税税收收入34.12亿元，80个县（市、区）国税税收收入26.9亿元；2010年全省11个设区市城区国税税收收入392.95亿元，80个县（市、区）国税税收收入292.75亿元，分别比1995年增长10.52倍和9.88倍。1996—2010年全省11个设区市城区国税税收收入年均递增17.7%，80个县（市、区）年均递增17.3%，两者增速接近，呈协调发展态势。

税收减免与税收增速相适应。1995年全省国税系统减免税0.86亿元。随着经济发展和税收杠杆作用加强，年度减免税额明显增大，2010年全省国税系统减免税30.27亿元，比1995年增长34.2倍，1996—2010年全省国税减免税年均递增47.8%，高于同期全省国税税收收入年均增速30.3个百分点。1995—2010年全省国税系统减免税合计303.08亿元，与同期全省国税税收收入的比率为9.12%。1995年全省国税系统办理出口产品退税7.7亿元，2010年全省出口产品退税51.38亿元，比1995年增长5.67倍；1996—2010年出口产品退税年均递增13.5%。出口产品退税实际上是对出口产品实行免征税，这是支持、鼓励对外贸易扩大的税收优惠措施。1995—2010年全省国税系统税收减免总额（包括减免税和出口产品退税）合计594.69亿元，与同期全省国税税收收入总额的比率为17.9%，与同期全省GDP总额的比率为1%。1996—2010年全省国税系统税收减免总额年均递增

16.2%，与同期全省国税税收收入年均增速基本相适应。

税收与经济协调发展。1995 年全省 GDP 国税税收负担率为 5.22%，之后各年度间税负率有所波动，2010 年上升至 7.26%。1995—2010 年合计全省 GDP 国税税收负担率为 5.59%，税负率以年均递增 2.2% 速度上升。其中"九五"时期、"十五"时期、"十一五"时期全省 GDP 国税税收负担率分别为 4.09%、4.81%、6.32%，税负率逐期提升。"九五"时期、"十五"时期、"十一五"时期全省国税税收收入与 GDP 增长弹性系数分别为 0.69、1.19、1.48，弹性系数值逐期提升。1996—2010 年全省 GDP 现价计算年均递增 14.9%，全省国税税收收入年均递增 17.5%，全省国税税收收入与 GDP 增长弹性系数为 1.17。总体看，1995—2010 年江西省国税税收收入增长与全省经济发展相适应，税收与经济协调发展。

三

1991—2010 年，遵照上级工作部署与要求，省税务局、国税局征管改革处于积极探索、逐步发展和不断完善的过程中，并取得了明显成效，即新型征管体制机制初步建立，现代税收管理理念逐步深入，税收职能作用得到有效发挥，税收管理信息化建设有序推进，税源控管能力稳步提高，纳税服务不断优化。

从新中国成立后一直延续到 20 世纪 80 年代中期，江西省实施"一员进厂，各税统管，征管查合一，上门收税"税务专管员管户征管模式。根据 1990 年全国征管工作会议精神，1991 年省税务局研究制定《江西省全面推行税收征管改革的意见》，推出"征收、管理、稽查三分离"和"征收、检查两分离"中层次改革模式，并积极开展试点工作。1994 年省税务局在南昌、萍乡、九江、赣州、吉安、抚州等地开展纳税申报、税务代理、税务检查"三位一体"征管改革试点。

1995 年 4 月中旬，省国税局召开全省第二次国税工作会议，专门研究部署征管改革工作。遵循国家税务总局"以纳税申报和优化服务为基础，以计算机网络为依托，集中征收，重点稽查"30 字新征管模式，按照精简、效能、统一原则，调整基层征收机构。全省国税系统共装配 117 个纳税服务厅；县城和地市所属分局取消税务专管员管户制度，实现专业化定岗管事制度，实行"蓝、黄、白"三色纳税申报表，区别对待，动态管理，鼓励诚实办税；推行税务代理，全省共设立 111 个税务师事务所；充实稽查力量，加大稽查工作力度；推行计算机管理。在新余市国税局一分局进行计算机网络化管理为依托的"三位一体"征管改革试点，成功开发运行基层税收管理计算机系统（JCSSGL），随后在南昌市东湖分局进一步试点，总结试点经验后在全省国税系统推行，以计算机网络为依托的税收征管和监控体系初步形成。

1997 年，省国税局贯彻落实国家税务总局《税收征管改革方案》，建立"一个制度，四个体系"，即建立纳税人自行申报纳税制度，建立以税务机关和社会中介组织相结合的服务体系、以计算机网络为依托的管理监控体系、人工与计算机结合的稽查体系和以征管功能为主的机构设置体系。1998 年底，全省 112 个县、市（分局）实现了新旧征管模式的转换，全面调整了征管机构，普遍推行纳税人自行申报制度，形成以办税服务厅为载体的综合服务体系，计算机技术在税收征管中得到广泛应用，税收稽查"重中之重"的地位得以体现，建立健全发票管理制度，推行个体私营经济建账与查账征收有了良好的开端，税务代理工作稳步发展。

根据国务院办公厅、省政府办公厅关于全面推广应用增值税防伪税控系统意见，自2000年7月1日起，江西新增增值税一般纳税人一律纳入防伪税控系统管理。制定《防伪税控服务规范管理办法》，举办防伪税控培训班，培训企业防伪税控人员，推广防伪税控，扩大防伪税控户数。

2001年，省国税局在新余市国税局进行征管、机构、人事制度综合改革和CTAIS（中国税收征管信息系统）上线试点，2002年1月1日新余市CTAIS成功上线，随后南昌市国税局CTAIS上线。省国税局在总结新余、南昌市上线经验后，指导其他9个设区市分批进行CTAIS上线，至2004年底全省11个设区市国税局CTAIS全部上线运行。经过2005年的筹划、培训和试运行等前期准备工作，2006年1月1日起全省国税系统上线运行"中国税收征管信息系统"CTAIS2.0版，实现征管数据信息省局大集中，同时省国税系统税收会计统计实行省局一级核算。形成了"集中征收、分类管理、一级稽查、省局一级核算"格局，专业化和集约化水平大幅度提高，监督管理由事后监管逐步向事前、事中、事后多环节监管转变，加强相互制约和内部监控，征管质量稳步提高。初步形成信息化、专业化、集约化、规范化的税收征管体系。

2002年，省国税局启动多元化电子申报纳税工作，先在南昌市试点运行，之后在全省全面推行，逐步深化，为纳税人方便、快捷地申报缴税创造条件。

2007年，省国税局研究制定税负预警指标值，进一步健全纳税评估指标体系。

2008年，省国税局扩大重点税源企业监控范围，省局选择1200户增值税一般纳税人和500户企业所得税重点税源企业进行直接监控，按季对重点税源企业税负情况进行分析；在县级局设立纳税评估科；推广多元化电子申报和网上认证以及推行同城办税试点，进一步方便纳税人。

2009年，探索税源专业化管理，省国税局开发运行"车辆税收管理系统"，开展财税库银横向联网试点和跨地区经营汇总纳税企业信息交换；制定下发《加强纳税评估协调的工作意见》，规范管、评、查环节的协调，继续完善以税负预警指标值为核心内容的纳税评估新机制，拓展评估软件应用，选择部分重点行业、风险行业建立分行业纳税评估模型和指标参数体系，强化税源控管。

2010年，省国税局印发《税源与征管状况监控分析一体化工作制度（试行）》，建立健全税源监控、税收分析、纳税评估和税务稽查良性互动的税源与征管状况监控分析一体化工作机制，形成纵向互动、横向联动、内外协作的工作格局，以提高税收征管质量和效率。初步形成纳税人自行申报纳税、专业化集约式管理、计算机网络技术集中运用、管理服务型的新型征管体制机制，税源控管能力稳步提高。

随着政府职能转型，税收征管模式由"监督打击型"转变为"管理服务型"。1997年始，省国税局遵照税务总局工作部署，建立和完善一系列税收服务制度，加强办税服务厅、12366热线、税务网站三大纳税服务平台建设。

各地办税服务厅统一办税职责，规范服务内容；统一窗口设置，规范窗口监控；统一办税规程，规范日常管理；统一区域划分，规范服务设施；统一形象标识，规范服务礼仪。普遍实行首问服务、政策宣传服务、提醒服务、预约服务、延时服务、导税服务、全程服务、POS机服务、上门服务、限时办结。建立"一窗式受理、一站式办结、一户式查询、一条龙服务"的办税管理服务机制，逐步将办税服务厅转型为集办税服务、税法宣传、咨询辅导、征纳沟通等多种服务于一体的综合服务场所。加强办税服务厅考评，将办税服务厅星级分为五星、四星、三星三个等级，由省局对各办税服务厅在规范建设、服务效率、文明礼仪、社会满意度、保障机制等方面进行量化考核，根据得分确定相应的星级，促进办税服务厅成为"环境舒适宜人、贴近服务暖人、科学管理育人、和谐发展喜人"的服务平台。

跨入 21 世纪后，省国税局先后制定《12366 纳税服务热线部门衔接管理办法》《坐席员绩效考核办法》《坐席员考勤办法》等规章制度，加强 12366 服务热线建设。强化日常运维管理，强化内部管理，严格绩效考核，积极拓展系统功能，提高服务水平与工作质量。12366 服务热线为纳税人提供纳税申报、涉税查询、税务咨询、办税指南、举报投诉等服务，赢得纳税人与上级部门的充分肯定，被中共江西省委授予"全省争先创优为民服务十佳品牌"荣誉称号。

按照"构建服务型政府"要求，遵循"一体化"原则，加强税务网站建设。采用省级集中模式，打造"江西国税网上办税服务厅"。网站提供网上预登记、网上申报缴税、出口退税预申报、网上认证、涉税表证单书下载、办税跟踪、综合查询等服务，突破时间、空间的限制，使纳税人足不出户便可全天候办税。省国税局互联网站多次荣获全省政府网站评比一等奖。

在减轻办税负担方面，推行"同城通办"，纳税人可根据自己方便在同一城区范围内选择任一办税服务厅办理涉税业务，实现"管理有辖区，服务无边界"。简化办税流程和精简报送资料，降低办税成本。

在维护纳税人合法权益方面，加强对税务干部的监督管理，依法征管，规范执法行为，落实好各项税收优惠政策。建立纳税人权益维护组织，搭建国税机关与纳税人之间的沟通桥梁，营造纳税人"敢于维权、便于维权、有效维权"的氛围。规范纳税服务投诉工作，拓宽投诉渠道，开通网站、电话和电子邮箱等多种投诉方式，并将纳税服务投诉情况作为全系统目标管理考核重要项目，各地安排专人负责，做到"投诉有记录、处理有时限、事事有落实、件件有回音"，按期办结率达100%。

在拓展服务内容方面，全面推行政务公开，自觉接受纳税人和社会各界的监督。实行税收服务直通车制度，通过直接受理、协调督促、定期走访、现场办公、税企座谈、政策快递等服务方式，建立重点税源企业直达省、市国税局高效快捷的税收服务绿色通道。评定纳税信用等级，实施纳税信誉等级分类管理办法。根据不同纳税人类别，在普遍化服务的基础上兼顾个性化，按税收业务环节区分办税前、办税中、办税后等设置个性化纳税服务项目，不断提升税收服务的质量和水平。

四

1994 年 9 月，江西省国税局组建后，按照"带好队，收好税，服好务"工作思路，加强机构和队伍建设，从思想、文化、组织、纪律、人力、物力、财力、环境等方面，保障税收职能作用的充分发挥。

省国税局坚持党组中心组学习制度，严格按规定组织党组中心组学习，全面加强领导干部思想作风、学风、工作作风、领导作风、干部生活作风建设。制定江西省国税系统领导干部行政能力建设、处科级领导干部竞争上岗、任免备案、后备干部培养管理等制度。落实党员领导干部报告个人有关事项制度，组织开好党组民主生活会，提高民主生活会质量。做好领导干部离任经济责任审计工作，开展巡视检查工作，加强对领导机关和领导干部的监督，切实解决领导干部廉洁从政方面存在的突出问题，促进领导干部廉洁自律。加强税收执法权和行政管理权"两权"监督制约，推进标本兼治，抓好案件查处，深入开展预防惩治渎职犯罪工作。多项措施并举，加强思想、作风和组织建设。

按照上级有关规定，全面完成公务员登记、职务和职级确定、工资套改以及规范津贴补贴等工作，规范国税人员档案管理。认真执行公务员录用、交流、职务晋升、工资标准等一系列规定，推进公务员管理工作规范化、制度化。

推进国库集中支付改革，逐步扩大到全省国税系统全部预算单位，理顺国库集中支付与会计集中核算工作。推进部门预算改革，制定系统公费接待、公车购置使用、培训学习、外出考察、政府采购等规定。加强财务监督检查，强化财务内部审计。推行政府采购制度，采用跟标和定点采购等形式，实行车辆定点加油、定点维修、税票与发票印制、大宗商品等集中采购，提高资金使用效率。制定行政单位国有资产管理办法，规范资产购建、处置的审批程序和日常管理。加强基本建设管理，完善基建项目审批和管理，实行基建项目竣工审计制度。稳步推进财务体制和财务制度改革。

开展全员岗位培训和岗位达标活动，组织业务能手竞赛，组建省局人才库。全面实施各类培训，重点抓好初任培训、专门业务知识培训、处科级干部任职培训、网上办学与视频授课远程专业培训、学历教育培训等，努力提高培训质量。开展高层次人才培养，鼓励国税人员参加专业技术资格考试。多形式多层次加大干部教育培训力度。

创建江西国税文化。推进税收文化和学习型组织建设，开展形式多样的活动，发挥国税人员的主体作用。不断深化精神文明建设，深入开展"文明行业""文明单位"创建活动，激励和培养国税人员争当"先进工作者""优秀公务员""优秀共产党员"。开展喜闻乐见、健康向上的群众性活动，举办全省国税系统体育运动会。开展"弘扬和谐精神、推进创新创业""弘扬井冈山精神、建设江西和谐国税"等主题教育活动，倡导以爱岗敬业、公正执法、诚信服务、廉洁奉公为基本内容的税务职业道德规范，营造风清气正、文明健康的工作和文化氛围。

税收事业壮美，功在国家和社会。时代前进的脚步永不停歇，税收现代化建设永无止境。江西税务人不忘初心，牢记责任与使命，在新的起点上扬帆起航，为江西经济社会发展、全面建成小康社会、实现中华民族伟大复兴而不懈努力。

大事记

1991 年

1月1日　根据国家税务局、经贸部、海关总署、财政部、中国人民银行、国家外汇管理局联合下发的《关于加强出口产品退税管理的联合通知》规定，江西省税务局对出口产品退税实行计划管理。

1月22日　江西省委书记毛致用在省委九届二次全会结束时讲话中对省税务部门工作给予肯定和表扬："省税务系统在抓基层建设中，坚持把纠正行业不正之风与深化改革结合起来，通过建立公开办税制度，改革征管体制，实行干部交流回避制度，健全监督网络等措施，使基层征税单位的不正之风大为减少，群众也比较满意。各地各部门都有一些这样的经验，应认真总结推广。"

3月1日　省税务局下发《江西省流转税减免暂行办法》，首次对流转税减免的原则、要求、审批权限、审批程序、减免税金的管理和统计报告等做出全面规定。

3月5日　全省地、市、县税务局长培训班在南昌市开班，县、分局以上单位主要负责人集中12天时间进行学习，联系领导班子实际，对如何坚定政治方向，坚持群众路线，改进思想工作作风，坚持民主集中制原则，加强班子团结，提高领导艺术等进行研讨。培训期间，省委副书记、省长吴官正，省委副书记王太华，常务副省长舒圣佑和税务总局副局长卢仁法等领导先后看望培训班全体学员并作讲话。

3月8—10日　全国部分省、市、区纠正行业不正之风工作座谈会在南昌召开，国务院秘书长罗干、监察部部长尉健行、税务总局副局长卢仁法出席会议。

3月中旬　省税务局召开全省征管工作会议，研究制定《江西省全面推行税收征管改革的意见》，推出征管"征收管理、检查"两分离和"征收、管理、检查"三分离的中层次改革模式，并积极试点。当年，全省有44个县级局制定了中层次改革方案，到位运转的有36个县级局；93个县级局启动了征管改革工作。

5月13日　税务总局副局长、顾问牛立成视察江西省税务学校。

5月23日　副省长陈癸尊视察省税务学校。

6月18日　省税务局下文明确资溪等18个扩权县（区）享受地市级减免流转税审批权限。

9月7日　省政协主席吴平等领导视察省税务学校，参加教师节座谈会，吴平要求该校教师在新的历史条件下，树立起坚定的社会主义信念，加强对学生的马列主义教育，共同筑起反和平演变的钢铁长城。

9月16日　经省政府同意，省税务局制发《关于按照国家规定不纳入计划管理、投资额不满5万元的固定资产投资方向调节税的通知》文件，明确对此类固定资产投资，暂免征固定资产投资方向调节税。

12月9日　省税务局转发《国家税务局会计改革工作方案》，修订完善税收会计核算办法，抓好落实的经验和做法得到税务总局肯定，并供全国税务部门借鉴。

是年　1—7月，全省发生殴打税务人员、冲击税务机关的暴力抗税案件80起，伤害执行公务的税务干部83人。暴力抗税犯罪活动严重威胁到税务人员的生命安全，扰乱了江西税收秩序，造成恶劣影响。省政府、省委政法委对此十分重视。9月上旬，常务副省长舒圣佑在省税务局报告上批示，要求政法部门及时处理。10月4日省委政法委印发《关于积极配合税务等有关部门深入开展打击偷税抗税犯罪的通知》。各地党、政领导及公、检、法等部门认真贯彻省政府、省委政法委领导指示，对偷税抗税案件进行严肃处理。

是年　全省工商税收收入39.51亿元（不含出口退税），比上年增加3.82亿元，增长10.7%，完成国家计划105.6%，完成省政府定任务103.1%。

1992 年

1月25日　省税务局下发《关于认真做好一九九二年促产增收工作的通知》，要求全省各级税务机关要把支持搞好国营企业特别是大中型企业和发展乡镇企业作为促产增收的重点，要求坚持定期汇报制度。1992年促产增收工作计划安排项目3092个，通过促产增加工业产值21000万元，增加工商税收11550万元，增加企业利润4620万元。

3月24日　省税务局下发《关于做好依法治税工作，坚决制止承包流转税问题的紧急通知》。各地抓好落实，认真纠正流转税承包问题。

4月21日　省税务局下发《转知国家税务局关于认真加强集贸分成管理的通知》，要求严格按照财政部文件规定提取和使用集贸市场税收分成收入。

上半年　省税务系统对5835户国有企业、30094户集体企业、139户涉外企业应缴纳的所得税、产品税、增值税、工商统一税及其他各税（基金）进行汇算清缴，查补税款（基金）9875.6万元；对25956户企事业单位的奖金税、工资调节税进行结算，查补税款142万元；对个人收入调节税检查18294人（次），查补税款242万元。对于检查中发现的问题，采取针对性措施予以纠正。

8月17日　省税务局印发《关于停缴有证个体工商业户税收征收业务费和改变集贸分成款上缴办法的通知》，明确自1991年起，各县市税务局（分局）停止向省税务局上缴有证个体工商业户税收征收业务费。对于1991年已上缴的征收业务费将冲抵各单位应上缴省局的集贸分成款，不再办理退款手续。从1992年起，各县市税务局（分局）上缴省局的集贸分成款以及以前年度欠交款一律改为上缴地市局，再由地市局统一上缴省局。

12月11日　江西省税务学会第二届会员代表大会暨1992年全省税收理论研讨会在南昌召开。

会议选举出名誉会长舒圣佑，顾问黎超、寿继贤、徐大贝，省税务局局长任会长，副会长江定州、钟联兴、刘宗凡、杨天赐，以及常务理事、荣誉理事和理事。会议讨论修改江西省税务学会章程。

12月28日　省税务局印发《关于东乡等六县为不法分子骗取出口退税提供假证明情况的报告》（赣税发〔1992〕1060号）。经查，3月以来，在东乡、横峰、吉安、遂川、武宁、宜黄等6个县税务局为不法分子开具内容不实的征税证明共计70份，开出销售发票共345份，总金额为24202.46万元，按出口退税率计算，国家应退税金额合计4440.6万元，实际征收税款合计128.59万元。省税务局发现此问题后，立即对所开出的发票、出口产品征税证明逐张进行清理，向有关省市税务机关发函声明上述所出证明不能作为出口退税依据。并根据情节和造成税款损失的程度，对这6个县税务局7位主要负责人作出政纪处分。

是年　全省各级税务机关在当地党委、政府及有关部门的支持配合下，狠抓税收综合治理，尝试建立税收保障体系，其中九江市人民法院成立"税收巡回法庭"，景德镇市成立"公安驻税务治安办公室"，樟树市设立"税务警务区"，连同原来的"税务检查办公室"，公、检、法、税四家逐步建立起一道税务保护屏障。全省共查处偷抗税案件5273起，补税罚款1163万元，101人被拘留和拘捕，41人被判刑。

是年　全省有120个县级税务局实行"两分离""三分离"的中层次征管改革，113个县级局实行"上门申报纳税"制度，上门申报纳税面达95%。

是年　全省有29个县级税务局进行"基层税收管理系统"（开票机）试点，试点单位税收管理范围内80%以上纳税户纳入电脑管理。

是年　全省工商税收44.51亿元，比上年增加5亿元，增长12.6%，完成国家计划110.4%，完成省政府定任务数106.1%。

1993 年

1月23日　省委常委、常务副省长舒圣佑在省税务局关于1992年税收工作汇报信上批示："全省税务战线去年做了大量工作，超额完成税收任务，同时加强了自身建设，特表示敬意！"

3月4日　省税务局转发财政部《关于调整成品油和部分化工产品税率及征税办法的通知》，成品油一律改按比例税率征税，并对非统配原油生产的汽油、煤油、柴油减按5%（原税率汽油40%、煤油25%、柴油10%，适用扣除税率均为14%）征税。

3月10日　全省税务局长《税收征收管理法》培训班开学，历时10天。省领导舒圣佑，省人大常委会副主任王仲发到会作重要讲话。

3月初　省税务局根据税制改革方案和全省税源基本情况，对15个重点行业中的400户企业增值税进行了调查和分析，测算新税制对全省税收收入的影响，做好新税制实施前的准备工作。

3月　经中国税务报社和江西省新闻出版局批准，《中国税务报》驻江西记者站成立。

4月　江西省税务局由省政府大院办公楼搬迁到南昌市象山南路三眼井省税务局办公楼。

5月1日　根据上级文件规定，5月1日起江西省商品零售营业税税率提高两个百分点，即由3%

调高为 5%。

6 月 9—11 日　全省地市税务局局长会议在南昌召开，传达学习全国税务局长会议精神，研究下半年税收工作。省长吴官正和常务副省长舒圣佑出席会议。吴官正要求税务局长充分认识税收在社会主义市场经济中的地位和作用，进一步强化税收工作，充分发挥税收职能作用，促进经济发展，充分依靠全社会力量，不断改善税收工作环境。

10 月 7 日　省税务局印发《关于加强县局长以上领导干部廉洁自律的通知》，对全省税务系统开展反腐败斗争工作作出具体部署。

11 月　全省税制改革工作会议在南昌召开。传达、学习全国税制改革工作会议精神，研究、部署全省税务系统落实税制改革相关工作，为明年初全面实施新税制做好准备。

是年　全省税务系统进一步扩大"基层税收管理系统"应用范围。在上年度 29 个试点单位的基础上扩大到 124 个单位，增配 160 多台开票机，计算机替代手工操作，朝着税收征管现代化目标迈进。

1993 年是新税制改革的财政收入基数年，全省各地加强征收管理，大力清缴欠税，应收尽收。全年工商税收收入 60.68 亿元，比上年增加 16.17 亿元，增长 36.3%，完成国家计划 123.8%，完成省政府下达计划 122.5%，完成超收目标 114.5%，完成奋斗目标 109.1%。

1994 年

1 月 1 日　全国实施与社会主义市场经济体制相适应的工商税制改革，简减合并部分税种，开征消费税等新税种。江西省税务系统贯彻新税制，稳步推进增值税一般纳税人的认定，组织内、外资企业期初库存的清盘核定；督促企业按新税制要求建立健全会计核算，做好新旧两套税制的申报工作；抓好增值税专用发票的使用管理等工作，充分做好新旧税制衔接，确保各项政策落实到位。

1 月 6—12 日　全省税务工作会议在南昌召开，省、地（市）税务局局长和计会处（科）长参加会议。会议传达学习全国税务局长会议精神，听取省委、省政府领导讲话，研究部署 1994 年税收工作，分配落实 1994 年税收计划。会议期间，邀请地市专员、市长参加税收工作座谈会。省委常委、常务副省长舒圣佑到会讲话。

1 月 23 日　全省各地共有 1 万余名税务干部走上街头宣传新税制。各级党委、人大、政府和税务部门领导发表有关税制改革的广播讲话 700 余次，全省共开通热线电话 155 台，建立新税制宣传咨询窗口、辅导站 3000 余个，散发各种宣传品 100 多万份，张贴各种宣传标语 50 余万份，各级税务机关和企业共出宣传栏 8000 余期。

1 月 31 日　省税务局印发《江西省增值税专用发票管理办法》，对增值税专用发票的印制、发放和购买、保管以及缴销、检查等做出明确规定。

1 月　省税务局组织开展新税制实施工作检查，督促各地落实新税制，对新税制运行中出现的一些突出问题，及时研究和处理。

4 月　省税务局组织近百名机关干部对 100 个税务所和 100 户企业进行调查，对新税制运行中出现的一些突出问题及时收集和反映，对职权范围内的问题进行研究处理。

5月28日　经国家税务总局党组批准，中共江西省国家税务局党组成立。

6月23日　省长吴官正在阅读《江西政务》有关"东湖区税务局到省直机关进行个人所得税宣传和收缴取得良好效果"的信息后批示："要加强对个人所得税的征管工作，这是缓解分配不公的重要措施。"

7月14日　国家税务总局下发《国家税务总局关于江西省组建两个税务机构实施方案的批复》，原则同意江西省组建两个税务机构的实施方案，并明确实施方案中税收征管范围应按《国务院办公厅转发国家税务总局关于组建在各地的直属税务机构和地方税务局实施意见的通知》（国办发〔1993〕87号）执行，关于两个税务机构的人员和财产划分，应按人随业务走、财产随人分的原则进行。

7月18日　省税务局印发《江西省个人所得税征收管理办法》，就个人所得税纳税人、纳税申报、代扣代缴、处罚等做出明确规定。

8月15日　根据国家税务总局的批复，江西省国家税务局召开成立大会并举行挂牌仪式。省委常委、副省长黄智权，省人大常委会副主任王仲发到会祝贺并讲话。

9月11日　全省第一次国税局长会议在庐山税务干部休养所召开。省国税局领导和各地、市国税局主持工作的负责人参加会议。会议研究制定全省各地（市）、县（市）国家税务局职能配置、内设机构及领导职数限额方案，要求各地、市在16日前、各县、市、区在9月底前全面完成两套机构分设工作任务。

9月24日　省国税局印发《江西省地（市）县（市）国家税务局职能配置、内设机构及领导职数限额方案》，对各地（市）、县（市）国税局的职能配置、内设机构及领导职数做出具体规定。

9月底　全省两套税务机构分设、人员分流基本结束。全省税务干部职工总人数16696人（干部10988人，工人4708人）中，分流到国税系统11884人（干部8558人，工人3326人），分流比例71.18%；分流地方税务局4812人（干部2430人，工人1382人），分流比例28.82%。

10月10—13日　第一次全省国税工作会议在南昌召开。会议重点研究国税工作思路。常务副省长舒圣佑到会讲话。

10月　省税务局组织11个工作组分赴11个地市局开展新税制实施工作检查和调查。

是年　全省国税系统工商税收收入54.71亿元，完成国家计划115.9%，完成省政府定年任务112.9%。其中"两税"（国内增值税、国内消费税合计）收入49.88亿元，完成年计划114.6%，完成国家税务总局下达"两税"收入增长目标102.8%，完成省政府下达"两税"超收目标100.2%。

1995 年

3月10—12日　中共江西省国税局党组在吉安召开全省第一次地市国税局党组书记会议。会议的主要内容是研究加强党的建设，为开创国税工作新局面提供思想、组织保障。

3月16日　副省长周慰平视察省国税局工作，肯定出口退税工作成绩，并对出口退税工作提出要求。

4月中旬　第二次全省国税工作会议召开，专门研究部署征管改革工作。按照精减、效能、统一原则，调整基层征收机构，全省共建立、装修117个纳税服务厅，县城和省辖市局直属分局取消税务专管员管户制度，推行专业化定岗管事制度，实行"蓝、黄、白"三色纳税申报表，区别对待，动态管理，鼓励诚实办税。推行税务代理，全省共设立111个税务师事务所，建立税务代理规章制度，开展有偿服务代理工作。

5月1—15日　省国税局组织8个检查组对全省新税制执行情况进行重点检查和抽查，同时了解各地贯彻全省国税第一次党组书记会议和第二次全省国税工作会议精神情况，以及组织收入工作情况。

5月14日　经省政府批准召开全省组织"两税"收入工作电话会议。省国税局主要负责人作大会发言。常务副省长黄智权在大会讲话中强调：要充分认识完成"两税"收入任务的重要性；要强化征管，大力组织收入；要进一步加强对"两税"征收工作的领导；要掌握政策，依法征税，防止跑冒滴漏，严格按国家规定的征收范围开展征管工作。省地税局、财政厅、人民银行、中国银行、工商银行、农业银行等部门负责人出席会议。

7月9日　省国税局和省地税局联合转发国家税务总局《关于企业所得税征收和管理范围的通知》，并就国、地税企业所得税征管范围划分及两套税务机构工作配合问题做出补充通知。

是年　省国税局组织全省外商投资企业增值税专用发票检查，以及对百户外资企业的纳税检查。对全省外资企业1994年期初存货进行重新审核认定，核减期初存货2.84亿元，挽回税收损失3977万元。

是年　省国税局制定《江西省国税系统人事管理暂行规定》和《江西省国税系统人事工作规程》，对全省国税系统11884名干部进行公务员考核，按照有关规定有计划地接收、安置一批军转干部、退伍兵和大中专毕业生，制定工资管理办法，并加强对老干部管理。

是年　全省国税系统工商税收收入58.94亿元，完成国家年初计划100.3%，完成国家追加计划96.8%，完成省政府下达计划96.8%。

1996 年

1月1日　增值税纳税人按新的纳税申报办法进行纳税申报；增值税专用发票取消地区编码，使用全省统一专用发票；增值税专用发票防伪税控系统、丢失被盗查询报警系统投入运行。

是日　出口货物退税实行电子化管理，以计算机管理为依托，退、审、查分离，相互制约的出口退税管理新机制开始运行，出口退税管理由人工向计算机过渡，由管户员向管事员过渡。

1月上旬　省国税局税务咨询事务所与南昌市电信局联合开通了"160"税务咨询台，通过人工电话为纳税人提供咨询服务。

1月15日　省国税局与国家税务总局计算机广域主干网络联通，投入运行。3月底，省国税局和11个地市国税局建网单位联通。全国丢失被盗增值税专用发票报警系统、大额增值税专用发票交叉稽核系统和出口退税专用税票认证系统开始在网上运行。

3月19日　省国税职工中专学校宣告成立。该校与省税务学校合署办公，7月份招收首届学生900人。

4月1日　省国税局转发国家税务总局《关于调整国家税务局、地方税务局税收征管范围若干具体问题的通知》，对国税、地税税收征管范围调整做出具体规定。

4月23日　省国税局与江西电视台联合录制的十集电视新闻系列片《京九江西国税行》在江西电视台新闻联播节目中开播。系列片主题为"税收征管与市场经济"，省长舒圣佑亲自题写片名。

5月8日　省国税局召开第二次党组书记会议，传达全国人事工作会议精神，总结本省国税系统两年来的人事工作，研究如何进一步加强各级国税局领导班子建设，加快培养优秀年轻干部，部署推行国家公务员制度。省委副书记舒惠国和省委副书记、常务副省长黄智权到会做指示。

5月28日　省国税局副局长刘孟全与南昌海关副关长韩茂前签订《南昌海关、江西省国家税务局关于做好出口退税管理工作的合作备忘录》。

7月20日　国家税务总局副局长杨崇春在省国税局领导陪同下先后到南昌、九江、省税校视察工作。

10月1日　江西省试行鼓励消费者向经营方索取发票的办法，各地在主要街道悬挂宣传牌，报纸、电视上公布了举报电话，主要街道商店放置了鼓励消费者索取发票的宣传牌。新闻媒体进行了跟踪报道。

11月　省国税局税务咨询事务所与南昌市电信局联合开通的税务咨询台，在人工咨询台的基础上开办了168电话自动咨询台。

是年　全省国税系统工商税收收入60.85亿元，比上年增长3.2%，完成年计划99%。

1997 年

1月22日　省国税局下发《江西省国家税务局企业所得税汇算清缴改革实施办法》，明确改革的总体思路为：转移主体、明确责任、做好服务、强化检查。

2月21日　省委书记吴官正亲自写信给省国税局主要领导："过去一年，省国税局的同志们工作很努力，超额完成了任务，我很满意，也很感谢同志们。我相信今年你们一定会继续努力，随着经济的增长，更会注意培植税源，加强征管，完成和超额完成今年的任务！"

2月24—26日　第四次全省国税工作会议在南昌召开。会议主要议题是研究加强全省国税系统精神文明建设。常务副省长黄智权到会讲话，国家税务总局政工办发来贺电。会上表彰了6个基层建设单位、40个文明分局（所）、18个优秀分局长、130个先进个人。

3月10日　省政府批转省国税局关于深化税收征管改革有关问题的意见。该意见提出：改进申报方式、完善申报制度；规范执法行为，加大惩罚力度；优化服务结构、倡导文明办税；加强部门配合，优化治税环境。

是日　省国税局与省地税局联合拟制关于加强个体税收管理的实施意见，呈报省政府。

5月19日　省国税局在《江西日报》上公开推行办税承诺，向社会公布南昌市东湖国税分局办税服务厅等11个示范办税服务厅，以利社会监督。

1997年6—8月　省国税局在全省国税系统首次公开推出领导干部通过竞争上岗（单位推荐、笔试、面试、党组考察、审批任命）的方式，选拔任用副处级领导干部，并获得成功。

7月1日　江西省实行生产企业出口货物"免、抵、退"税办法。

8月15日　省国税局制发关于使用剪裁式限额普通发票的通知，开始在全省各地有选择地试行剪裁式限额普通发票。

是年　3月10日省国税局召开全省个体税收征管工作会议，落实个体工商户建账建制、查账征收具体工作。5月12日，选定进贤县、龙南县、泰和县、武宁县和南昌市郊区进行个体户建账建制试点。年底，全省已建个体账户1.77万户，占全省个体工商户总户数的10.5%，共组织个体税收入库8.38亿元，比上年增长24.6%。国家税务总局以《税务简报》第42期专辑介绍江西省个体工商户税收征管工作经验。

是年　全省国税系统工商税收收入59.58亿元，比上年下降2.1%，完成年计划94.1%。

1998 年

2月24日　省国税局印发《江西省增值税一般纳税人认定管理办法》。

3月1日　经国家税务总局党组与江西省委、省政府研究决定，由原江西省工商行政管理局党组书记、局长戴子钧主持江西省国税局党组工作，国家税务总局纪检组长贺邦靖代表国家税务总局对江西省国税局新的领导班子提出要求和希望。

3月30日　省国税局与省地税局联合成立"江西省注册税务师管理工作领导小组"和"江西省注册税务师管理中心"。

3月31日　中共国家税务总局党组任命戴子钧为江西省国税局党组书记。

4月1日　省国税局、省地税局联合在省政府第三会议室举办江西省领导干部税法讲座。省委、省政府、省政协及省法院、省检察院等有关部门厅局级以上领导干部100余人参加。

4月16—19日　全省国税系统深化"两个转移"，加强廉政建设工作会议在南昌陆军学院召开。各地市国税局局长、纪检组长、办公室主任、监察室主任、教育科长、征管科长、稽查分局长等103人参加会议，并进行军训。会议期间，还分别召开党风廉政建设、教育、征管、稽查、文秘工作会议。

5月20日　江西省涉外税收"十年回顾与展望暨纳税大户表彰会"在南昌召开。全省98家纳税大户代表、省直有关单位领导、各地市国税局分管涉外税收的领导及新闻工作者共计200多人参加会议。

5月27日　省国税局对税前弥补亏损的确认和审批权限等做出具体规定。

6月1日　江西省第一批十万元版增值税专用发票防伪税控试点单位进入运行，全省共有216个试点单位，227个开票点。

6月30日—7月3日　国家税务总局副局长卢仁法到江西南昌、九江、鹰潭等地市了解基层工作情况，慰问遭受洪水灾害地区的税务干部。国务院决定：7月1日起对年销售额180万元以下的纳税人，无论财务核算是否健全，一律按照小规模纳税人规定征收增值税，征收率由6%调减为4%；增值税一般纳税人购进或销售货物支付运输费用扣除率由10%调减为7%，此项政策属税收增收因素。7月中旬国家税务总局分配江西省国税局5000万元增收任务，7月底省局将增收任务分解落实到各地市。

8月8日　省国税局副局长刘宗凡带领省局抗洪抢险突击队30余人到九江参加抗洪抢险。

9月13—15日　国家税务总局党组书记、局长金人庆视察九江灾情，看望九江市和南昌市国税局干部职工，听取由江西省政府主持召开的国税等工作汇报。省委书记舒惠国、省长舒圣佑及常务副省长黄智权分别就江西税收工作与金人庆交换意见。

11月16日　经国家税务总局批准，戴子钧任江西省国税局局长。

是年　为确保完成1998年全国工商税收增收1000亿元目标，11月29日国家税务总局下达江西省国税局1998年工商税收计划65.13亿元，比年初计划增加1.3亿元。全省国税系统按照"加强征管，堵塞漏洞，惩治腐败，清缴欠税"16字税收工作方针和总局党组关于"稳定队伍，抓紧工作"指示精神，大力弘扬伟大的抗洪精神，努力克服亚洲金融危机、严重洪涝灾害和部分税源下降等重重困难，全面加强税收管理，大力清缴欠税。1998年全省国税系统组织入库工商税收66.11亿元，比上年增长10.9%，完成总局追加收入任务100%。

1999 年

1月1日　政府预算收支科目口径调整，将工商税收、国有企业所得税收入合并为"税收收入"，税收计划按新口径下达，税收会统按新口径核算。

是日　全国统一式样的"机动车销售统一发票"及全省统一式样的"江西省粮食销售统一发票"正式启用。

2月9日　省国税局与省农村工作办公室等6个单位联合发文《关于规范生猪税费征收工作的意见》，明确江西省生猪增值税的征收环节、征收对象及标准。

3月23日　省国税局印发《江西省重点税源企业驻厂征收管理试行办法》，全省"两税"（增值税和消费税）年收入1000万元以上企业和年收入300万元以上酒类企业、上市公司实行驻厂征收管理。全省有75户重点税源企业纳入驻厂征收范围。

3月下旬　省国税局召开全省税收电子化工作现场会，对税收电子化工作进行研究和布置，确定试点单位，制定相应的实施方案，全省使用计算机纳税户数占总纳税户数的88.9%，通过计算机征收的税款占税收收入任务的93%。

5月19日　省国税局印发《关于进一步加强税收征管、全面推行"户籍式"管理的若干意见（试行）的通知》，对"户籍式"管理的内容、适用范围、基本要求、岗位职责以及考核等方面予以明确规范。

6月21日　江西国税省局机关开展以讲学习、讲政治、讲正气为内容的"三讲"教育，分思想发动，学习提高；自我剖析，听取意见；交流思想，开展批评；认真整改，巩固成果等四个阶段，坚持边学边改、边整边改，促进干部队伍建设。"三讲"教育活动历时两个月，8月20日结束。

9月1日　经批准，省国税局局长戴子钧任江西省税务学会会长，副局长曾飞任副会长兼学会秘书长。

9月28日　省国税局印发《江西省国税局领导接待日制度》，从1999年10月1日起，开始执行省局领导接待来访人员制度，原则上每月第一周的星期三为省局领导接待日。

12月　按照国家税务总局和省政府要求，省国税局较好地解决了计算机设备、软件及网络2000年问题，通过了测试和验收，为计算机应用系统平稳过渡到2000年奠定基础。

是年　全省国税系统税收收入70.94亿元，比上年增加3.58亿元，增长5.3%，完成国家计划102.1%，完成省定计划101%。

2000 年

1月　江西省国税局被财政部、国家税务总局评为1999年度全国增值税一般纳税人税收资料调查先进单位。

2月28日　国家税务总局在青岛召开10省市涉外企业审核评税交流座谈会，江西省国税局在座谈会上提供了交流材料，并进行了案例演示。

5月16日　省国税局转发《江西省人民政府办公厅转发国务院办公厅关于全面推广应用增值税防伪税控系统意见的通知》。2000年7月1日起，全省所有新办增值税一般纳税人一律纳入防伪税控系统管理。省国税局制定《防伪税控服务规范管理办法》，全年共举办29期防伪税控业务培训班，培训企业防伪税控人员1407人，推广防伪税控户数1178户。

5月17日　省国税局印发《江西省重点税源企业税收驻企管理办法》，明确重点税源企业税收驻企管理的宗旨、对象、人员配备、职责、人员要求，加大对税收驻企管理的考核力度，促进重点税源企业税收收入与经济协调发展。

7月1日起　省国税系统财务核算脱离手工记账，全面实行电算化。

7月16日　省国税局印发《江西省国家税务局税收征管质量考核实施办法》（赣国税发〔2000〕248号），明确：全省国税系统税收征管质量考核以国家税务总局规定的"十率"（登记率、申报率、入库率、发票领用率、欠税增减率、处罚和滞纳金加收率、申报准确率、立案率、结案率、复议变更或撤销率）为基础，省局根据工作需要增加或减少具体考核指标；采取逐级考核方式；各级国税机关成立税收征管质量考核工作小组，加强组织协调工作。

8月　江西省国际税收研究会经省民政厅行文同意成立。召开第一届会员代表大会，通过江西省国际税收研究会章程，组建省国际税收研究会第一届组织机构，名誉会长华桐，会长戴子钧，副会长曾飞、肖鉴洲、王乔。

是年　按照国家税务总局和公安部门统一部署，省国税局协助查处广西"钦州税案"，涉及江西省4户企业921万元税款，追缴税款360万元；查处"420"专案，涉及江西省18户企业接受深圳9户企业虚开的增值税专用发票35份，追缴税款19万元，罚款12万元；查处新余市某公司偷税案，查补税款及罚款 118 万元；查处南昌市某公司偷税案，查补税款及罚款 408 万元。

是年　开展企业所得税专项检查。全省完成 2568 户企业的所得税汇算清缴工作，调增应纳税所得额 5259 万元，查补企业所得税 1245 万元；检查证券企业、烟草公司及部分重点税源企业缴纳所得税情况，查补企业所得税 689.65 万元；检查全省 33 家电力企业的增值税、所得税结算情况，查补应纳增值税 2181 万元、企业所得税 1528 万元；检查农业银行、股份制商业银行、联通公司、民航局系统 132 户企业所得税缴纳情况；检查全省医药行业 1999 年度纳税情况，共查补税款 1469 万元；检查储蓄存款利息所得个人所得税缴纳情况，查补税款 26 万元。

是年　省国税局贯彻国务院《关于开展打击骗取出口退税专项斗争的决定》和全国打击骗取出口退税工作会议部署，开展 1999 年度全省出口供货税收清算大检查，在全省范围内对出口货物退（免）税进行全面专项检查，对从广西等 9 个打击骗取出口退税重点地区购进货物的江西主要外贸企业进行重点检查，按时完成国务院"807"打击骗取出口退税专案的协查工作，共接受全国打击骗取出口退税工作组协查函件 27 批次，协查增值税专用发票 3815 份，查补税款 1510 万元，罚款 1318 万元。

是年　全省各级税务举报中心共受理各类税收举报案件 977 起，结案 650 起，查补税款 1706 万元，罚款 394 万元，加收滞纳金 47 万元。

是年　全省国税系统税收收入 89.26 亿元，比上年增加 18.32 亿元，增长 25.8%，完成年计划 115.1%。

2001 年

1 月 1 日　根据《中华人民共和国车辆购置税暂行条例》规定，江西省开征车辆购置税。

1 月 5 日　省国税局会同省交通厅转发《国家税务总局　交通部关于做好代征车辆购置税有关问题的通知》（赣税发 [2001]7 号），对全省车辆购置税征收管理工作暂委托交通稽查征费部门代征，并就政策管理、征收管理工作进行部署。

1 月 8—11 日　全国税收科研工作会议在南昌召开。全国各省、自治区、直辖市国税局、地税局负责税收科研工作的机构负责人共 100 余人出席会议。国家税务总局副局长许善达到会讲话。

1 月 9 日　国家税务总局下文批准《江西省国家税务局系统机构改革方案》。

1 月 20 日　全省国税系统金税工程网络联网成功，比国家税务总局要求的期限提前 10 天完成。

1 月 21 日　省国税局印发《江西省国家税务局关于进一步规范生猪增值税税收管理问题的通知》，自 2001 年起国税机关不再委托乡镇政府和村委会代征生猪增值税。

2 月 12 日　省国税局印发《江西省国税系统纳税信誉等级制度实施办法（试行）》，开始在全省推行纳税信誉等级制度。

2 月 16 日　根据国务院打击出口骗税工作领导小组办公室的要求，省国税局稽查局成立"2·16"专案组，组织查处新干县某企业涉嫌虚开增值税专用发票案。

3 月 15 日　国家税务总局核定江西省国税系统行政编制 9477 名，其中管理编制 2369 名，征收编制 7108 名；核定江西省国税系统事业编制控制数 1455 名。

3 月　全省国税系统开展"三个代表"重要思想学习教育活动。

3 月底　省国税局机关及直属单位开展"扶贫济困送温暖"捐赠活动。

4 月 5 日　省国税局召开设区市国税系统机构改革动员大会，部署设区市国税系统机构改革工作。

4 月 8 日　省国税局和江西财经大学在江西卫视联合举办主题为"税收与公民"的大学生电视辩论赛。

4 月 9 日　根据《财政部　国家税务总局关于降低金融保险企业营业税税率的通知》规定，2001年 1 月 1 日起，国税机关征收的金融保险企业营业税税率由 3% 调低为 2%。

4 月 11 日　省国税局转发《国家税务总局关于印发〈重大税务案件审理办法（试行）〉的通知》，规定重大税务案件标准，提出具体贯彻落实意见，调整税务案件审理委员会，成立审理委员会办公室。

4 月 23 日　全省 20 户模范纳税外商投资企业表彰大会在南昌召开。省人大常委会副主任周慰平、省政协副主席江国镇、省国税局领导和省直有关行政执法管理部门的领导出席会议并讲话。

4 月 24 日　省国税局、南昌市国税局、九江市国税局联合在江西艺术剧院举行"献给纳税人的歌"大型综艺晚会。

4 月 29 日　省国税局召开全省国税系统民主评议行风工作动员大会，省局主要领导与省局机关部门代表、11 个设区市局主要负责人签订民主评议行风工作责任状，省局印发《江西省国税系统 2001 年行风评议工作实施方案》。

5 月 8 日　江西省行风评议办公室驻省国税局行风评议组组长晏政、副组长樊立洪、陈秋芸等 8 人进驻省国税局。

5 月 19 日　省国税局领导班子、机关各处室负责人、驻省国税局行风评议组 8 位成员、南昌市国税局全体班子成员等一行 60 余人到《江南都市报》社接听市民热线，对群众电话反映的问题进行答复。

5 月 31 日　省国税局召开解放思想学习教育动员大会，省局机关和直属单位全体干部参加会议，局长戴子钧作动员报告。

是日　南昌某公司涉嫌虚开增值税专用发票被立案，该公司涉嫌虚开增值税专用发票 468 份，涉及全国 22 个省、市，涉案金额 2.63 亿元，税额 0.45 亿元，价税合计 3.08 亿元。

6 月 1—3 日　全国注册税务师执业资格考试江西考区分别在南昌、赣州设置考点，全省近 2000 人参加考试。

6 月 4—8 日　国家税务总局局长金人庆到江西调研、指导工作，副省长蒋仲平、省国税局局长戴子钧等陪同，深入吉安、井冈山、赣州、瑞金等地，听取税收工作情况汇报，看望和慰问基层干部职工。省委书记孟建柱，省委副书记、省长黄智权，省委副书记步正发会见金人庆及其随行人员。

6 月 13—15 日　全省国税系统举行庆祝建党八十周年文艺调演，各设区市共有 53 个节目参演，25 个节目获优秀节目奖。副省长胡振鹏和有关部门领导应邀观看汇报演出。

6 月 19 日　省国税局核定各设区市国税局机关、直属单位和所属县、市、区局编制数及机构改革期间人员配备控制数，各设区市国税局上报机构改革方案。

6月21日　全省国税系统"金税工程"全面开通运行。全省139个节点的局域网、虚拟网均已安全接入"金税工程"网络，公文处理系统、业务报表等均在调整广域网上顺利进行。

6月23—25日　江西国税协查子系统进行县区局与地市局、地市局与省局、省局与总局的四级数据联调，协查系统调试取得成功。

6月　全省国税系统继续深入开展打击骗取出口退税专项斗争，至6月30日，全省共接到国务院打击骗取出口退税各工作组的协查函件87批次，涉及全省11个设区市，共协查增值税专用发票5987份（其中查出线索外发票251份），查实有问题发票5520份，涉案金额53252万元，共查补税款、罚款、滞纳金9710万元，司法机关立案42起，已刑拘10人，批捕6人，判刑1人。

是月　中国共产党建党八十周年之际，省国税局组织参加省直机关工委举办的"学习党的知识，纪念建党八十周年"知识竞赛、反腐倡廉研讨会、纪念建党八十周年文艺晚会等一系列活动。

7月1日　全省国税系统对固定资产全面实行微机化管理。

是日　江西国税系统金税工程稽核系统与全国联网运行，金税工程协查子系统正式开通运行。

7月20日　中共国家税务总局党组、国家税务总局任命周广仁为江西省国税局党组书记、局长。

7月22日　省国家税务局召开全省税政研究会，就贯彻省委提出的解放思想，支持加快江西经济发展的税收问题进行了研讨，拟定14条税收措施。

7月24日　省国税局召开行风评议集中整改动员大会，省国税局主要领导作集中整改动员报告，驻局评议组组长到会讲话。

7月30日　省国家税务局印发《关于印发〈江西省增值税一般纳税人认定管理办法〉和〈江西省增值税一般纳税人年审办法〉的通知》。对一般纳税人认定管理和年审工作的范围、要求、审批程序等作出规定。

8月1日　省国税局发文批转各设区市国家税务局机关、直属单位机构改革方案和设区市国家税务局系统机构改革方案。县、市、区国税局机构改革开始启动。

是日　省国税局印发《江西省国家税务局关于进一步加强税务代理工作有关问题的通知》，提出税务代理机构脱钩改制后加强监管的意见。

是日　省国税局转发《财政部　国家税务总局关于调整烟类产品消费税政策的通知》。2001年6月1日起，卷烟消费税税率由比例税率调整为从价从量复合计税。

9月4日—12月31日　省国税局在新余市国税局进行深化税收征管、机构、人事制度改革、推行CTAIS试点工作。

9月18日　省国税局印发《江西省国家税务局关于坚持依法治税促进经济发展的实施意见》，落实省委、省政府加快经济发展的重大决策和国家税务总局推进依法治税的工作部署，坚持依法治税、促进经济发展。

9月26—28日　全省国税系统坚持依法治税促进经济发展工作会议在南昌召开。会议讨论通过依法治税"十五"规划、税收行政执法责任制度。

10月18日　省国税局印发《江西省国税系统依法治税"十五"规划》，提出依法治税的指导思想、总体目标、基本任务和主要措施。

10月19—25日　省国税局组织对各设区市国税局系统机构改革工作进行检查。各设区市国税局共分流人员2129人，机构改革后全系统在职人员精简到10842人，精简比例达16.41%，副科级基层征收单位精简1.47%，原设立的347个基层征收站全部撤销。

10月22日　副省长朱英培在省国税局《关于生产企业出口工作座谈会反映的出口退税问题的报告》上做出批示，对全省出口退税进度加快给予充分肯定。

10月24日　省国税局印发《江西省增值税防伪税控系统管理办法》，对防伪税控系统的推广应用及日常管理、认定发行、发放收缴、购票开票、认证报税、技术服务、安全措施、监督检查做出了具体规定。同日，省国税局设立省级稽查收入专户。

10月24—26日　省国税局局长周广仁、副局长孙荣洲及有关处室领导专程赴国家税务总局汇报税收征管改革情况。国家税务总局明确南昌市国税局被纳入2002年全国CTAIS（中国税收征管信息系统）应用试点单位。

10月　经江西省民政厅和国家税务总局批准，周广仁担任江西省税务学会会长、法人代表和江西省国际税收研究会会长。

11月　省国税局印发《江西省国税系统税收执法责任制度（试行）》，该制度由岗位职责、工作规程、评议考核、一般奖惩、过错追究五部分组成。自2001年11月1日起在全省国税系统试行。

是月　省国税局印发《关于进一步加强全省国税系统信息化工作的意见》，就"十五"期间进一步加强全省国税系统信息化工作和稳定信息专业人员等做出规划。

11月初　省国税局机关及直属单位开展"扶贫济困送温暖捐献一日工资"捐赠活动。3月初和11月底省国税局机关及直属单位开展的"扶贫济困送温暖"捐赠活动，共有486人次参加捐献，捐款8785元，捐赠衣物712件，先后派车分别送往湖口县政府救灾办公室、都昌县救灾服务中心。

11月14日，全省严厉打击传销、整顿和规范建筑市场、强化税收征管电视电话会议在南昌召开，省国税局副局长孟庆启代表省国税局发言。

是月　全省国税系统再次对银行账户的清理整顿工作进行检查，共撤销、合并银行账户151个。

12月5日　省国税局会同九江、南昌市国税局共同研制开发的《金税工程数据采集监测系统》在全省推行。

12月10日　省国税局印发《江西省国家税务局关于成立依法治税领导小组和执法责任委员会的通知》，分别成立江西省国税系统依法治税领导小组和执法责任委员会。

12月12—16日　省国税局局长周广仁出席中共江西省委第十一次代表大会，当选中共江西省委委员。

12月13日　省国税局对全省加油站一律按照增值税一般纳税人征税工作进行部署。

12月15日　省国税局建成税收法规数据信息库，将1994—2000年的390件税收法规进行录入、整理，并上传到省局局域网。

12月18日　省国税局党组印发《关于进一步学习贯彻落实省委第十一次代表大会精神的通知》，要求切实抓好省党代会精神的学习宣传和贯彻落实。

12月19日　根据国家税务总局副局长许善达的批示,省国家税务局向国家税务总局报送《关于南昌安得利实业有限公司偷、骗税案件有关情况的报告》,就案件的基本情况、教训与反思和采取的措施、几点建议向国家税务总局作专题报告。

12月31日　省委常委、常务副省长彭宏松视察省国税局工作。

是年　全省在19056户企业中推行纳税信誉等级制度,评出特级纳税信誉企业192户,一级纳税信誉企业2013户。

是年　全省有175户商业企业使用收银机卷筒式发票,26个县市试行了发票摇奖、违章举报有奖活动。

是年　全省国税系统税收收入101.41亿元,年度国税收入规模突破百亿元,比上年增加12.04亿元,增长13.5%,完成年计划109.3%。

2002 年

1月1日　省国税系统第一个深化税收征管改革试点单位——新余市国税局CTAIS正式上线运行。

是日　省内355户生产企业自营(或委托)出口货物全面推行"免、抵、退"税管理办法。

1月17日　省国税局在南昌艺术剧院举办"国税之春"文艺晚会,省委、省人大、省政府、省政协、省直有关部门领导和出席全省国税工作会议的代表观看演出。

1月28日　新闻出版总署批准《江西税务公报》在国内公开发行。3月8日,省国税局刊物《江西税务公报》创刊号正式发行。

1月　经省法制宣传教育工作领导小组批准,新《税收征收管理法》列入2002年全省重点普法内容。省国税局组织编写的《中华人民共和国税收征收管理法辅导讲话》和《新征管法知识一百题》,作为全省统一普法教材的内容之一,纳入了省法制宣传教育工作领导小组办公室创办的"江西省普法网"。

3月7日　省国税局召开改善投资环境评议评价动员会,省局党组书记、局长周广仁作动员讲话。作为改善投资环境的重要举措之一,省国税局进一步深化出口退税管理体制改革,下放外贸企业和外商投资企业管理权限,在全省基本确立分级管理、就地退税的管理体制。

3月27日　省国税局批复《南昌市国家税务局关于深化征管改革实施方案》《南昌市国家税务局关于深化机构改革实施意见》。南昌市国税局开始启动深化税收征管、机构、人事制度改革和推行CTAIS上线试点的"三改一推"。

3月30—31日　省国税系统党风廉政建设工作会议在南昌召开。省纪委副书记汪毓华到会讲话。

3月31日　省国税局、省地税局,南昌市国税局、南昌市地税局在"八一"广场联合开展以"诚信纳税,利国利民"为主题的税收宣传活动。

4月中旬　省国税局在《江西日报》开设"社会各界谈税收征管法"普法专栏,邀请省人大和省政府领导、有关部门和纳税人代表等畅谈新《税收征管法》,共刊稿11篇。

4月19日　省国税局召开全省"诚信纳税双十佳企业"表彰大会，南昌亨得利钟表眼镜公司、江铃汽车股份有限公司等20户企业被省局授予"诚信纳税双十佳企业"。

4月27—28日　省国税局与省法制宣传教育工作领导小组办公室联合在南昌举行《税收征管法》知识竞赛。

6月1日　江西省国税局顺利开通并成功运行"利息所得税征管系统"。

6月27日　省国税局印发《江西省国税系统"十五"期间基层建设纲要》，明确基层建设的指导思想、工作原则、主要内容、基本标准、工作目标和方法措施。

是日始，国家税务总局副局长程法光赴吉安市、九江市、景德镇市调研。

6月　省国税局利用20天时间，举办法律知识培训班。对全省各县（市、区）国税局分管法规工作的局领导进行法律知识专门培训。

是月　省国税局邀请特邀监察员和省电视台新闻记者，利用一个星期时间，对以"提高干部基本素质、健全税收工作基本制度、夯实税收征管基础工作、改善基层工作生活条件"为基层建设的主要内容的"四基"建设情况进行明察暗访。明察暗访的有关情况制作成专题片，在全省国税系统基层建设工作会议上播放。

7月2日　省国税局印发《江西省国家税务局关于推行多元化电子申报纳税方式的工作意见》，明确多元化电子申报纳税方式的基本内涵、工作目标和总体要求。

7月15—16日　国家税务总局办公厅副主任牟新勇等一行4人在省国税局副局长曾飞陪同下考察瑞金、中华苏维埃共和国财政人民委员部税务局旧址，并就旧址修复和中央苏区税收史陈列问题研究提出初步方案。根据国家税务总局领导批示，旧址修复和布展工作由国家税务总局委托江西省国税局负责，赣州市国税局和瑞金市国税局具体实施。

7月30日　经省民政厅批准，省国税局、省地税局联合在南昌召开江西省注册税务师协会成立大会暨第一届理事会会议。会议选举出协会名誉会长、会长、副会长、秘书长、常务理事和理事。

8月7—14日　国务院检查组组长张振华一行来江西检查集贸市场税收专项整治工作情况。

8月26—31日　国家税务总局副局长郝昭成深入吉安、樟树、九江市国税局开展依法治税专题调研，并应省委组织部邀请在江西艺术剧院作《关于推进依法治税问题的若干思考》专题讲座。

9月8日　省国税局印发《江西省国家税务局关于深化税收征管改革的实施意见》，明确深化税收征管改革工作目标和实施要求。

11月4日　省国税局举办新《征管法实施细则》培训班，对设区市国税局征管科长和分管征管工作的县（市、区）国税局领导进行培训。省国税局与省地税局联合在江西电视台播发税收公益广告，在省人民广播电台联办新《征管法实施细则》专题访谈，在各主要街道和各大商场悬挂有关新《征管法实施细则》宣传标语。清理、修订和完善有关税收征管制度，进一步推进依法治税和保障纳税人合法权益。

11月29日　中国国际税收研究会会长卢仁法在江西调研，调研活动于12月2日结束。

11月　省国税局搬迁，由南昌市象山南路三眼井办公楼搬迁到南昌市广场南路399号省国税局办公楼，28日省局机关在新办公楼正式办公。

是年　全省国税系统税收收入 111.82 亿元，比上年增加 10.52 亿元，增长 10.4%，完成国家税务总局下达年计划 104.3%，完成省政府下达年计划 103.5%。

2003 年

1 月 1 日　全省口岸电子执法系统出口退税子系统和出口退税计算机网络管理系统正式推行。

1 月 3 日　省国税局与省地税局联合转发《国家税务总局关于进一步做好所得税收入分享体制改革后征管工作的通知》，进一步明确国、地税征管范围。

1 月 18—19 日　全省国税工作会议在南昌召开。会议代表共计 170 人。会议主要内容是总结 2002 年工作，研究部署 2003 年国税工作，讨论修改《2003 年全省国税工作要点》《江西省国税系统基层税务干部执法资格与能级认证管理实施办法》《江西省国税系统领导干部职务管理实施办法》。省委副书记、常务副省长彭宏松，省人大常委会副主任钟家明到会讲话。

1 月 30 日　省委副书记、常务副省长吴新雄到省国税局视察指导工作，充分肯定江西国税系统 2002 年所取得的突出业绩，向广大国税干部职工致以敬意和节日的问候。

2 月 26 日　全省国税系统社会治安综合治理工作会议在南昌召开。部署全省国税系统社会治安综合治理工作，签订综治责任书。省委政法委副书记陈梅芳到会讲话。

3 月 28 日　省国税局与省地税局联合印发《关于启用"12366"特服号码的通知》，决定在全省范围内全面建立并启用"12366"税收特服热线。

3 月 29 日　省国税局与省人大常委会法制工作委员会在南昌联合举办"依法诚信纳税，共建小康社会"高层研讨会。省领导、新闻机构、省国税局以及省直有关部门领导、财税界专家、学者、纳税人代表、知名企业家和省内主要新闻单位记者共 60 多人参加研讨会。

3 月 31 日　省国税局与省地税局联合在南昌洪城大市场举行税收宣传大会，启动 2003 年税收宣传月活动。

4 月 2 日　全省国税系统党风廉政建设暨人事工作会议在南昌召开。省纪委副书记汪毓华、省检察院副检察长邓文定到会讲话。

是日　省国税局《关于电力体制改革影响我省增值税所得税收入情况的报告》引起省委、省政府领导的高度重视，省委副书记、省长黄智权，省委副书记、常务副省长吴新雄，副省长孙刚均做出重要批示，指出：省国税局提出的这个问题很重要，也很及时，各部门应对报告提出的问题进行认真研究并提出对策。

4 月 3 日　省国税局下发《关于提高增值税起征点有关问题的通知》，从 2003 年 1 月 1 日起提高本省增值税起征点：销售货物的起征点为月销售额城市 3000 元、县城（含建制镇）2800 元、农村 2000 元；销售应税劳务的起征点为月销售额城市 2500 元、县城（含建制镇）2200 元，农村 1500 元；按次（日）征税的确定为 150 元。

4 月 14 日　省国税局在江西财经大学举办"爱心行动——江西省国税局资助贫困大学生"捐助仪式，共捐助 11 名大学生，金额 44000 元。

5月19—23日　国家税务总局总经济师王力等到江西省国税局调研指导，详细了解省局机关及基层防治"非典"情况，转达国家税务总局领导的敬意及慰问，对江西国税工作，特别是开发和运用"储蓄存款利息所得个人所得税征管系统"取得的成效给予高度评价和充分肯定，并提出工作要求。

5月20日　副省长孙刚在省国税局《关于贯彻落实省委、省政府赣发[2003]8号文件精神情况的报告》上做出批示，充分肯定省国税局工作。

5月23日　全省15831户增值税一般纳税人全部纳入防伪税控系统，提前38天实现防伪税控全面覆盖，推行进度在全国排名第四。

6月29日至7月1日　全省国税系统改革创新工作会议在南昌市召开。省、市、县（区）三级国税机关干部近200人参加会议。省委副书记、常务副省长吴新雄向大会发来贺信，省人大常委会副主任蒋仲平、副省长孙刚、省政协副主席雍忠诚到会指导。

7月21日　省委副书记、常务副省长吴新雄在江西省外贸出口工作会议上，对江西省国税系统认真做好出口退税工作，缓解企业出口资金紧张状况等方面所做的工作给予充分肯定。

7月26日　省国税局下发《江西省国家税务局系统基层税务人员能级管理办法（试行）》。

是日　省国税局党组书记、局长周广仁接受江西电视台《社会传真》栏目采访，向社会公开15项承诺。

8月16日　省委副书记、常务副省长吴新雄在《江西省国家税务局关于开展政务环境评议评价自查自评情况的报告》上批示，对省国税局评价评议工作给予肯定，希望再接再厉，争取把各项工作做得更好。

9月22日至10月8日　省国税局分两个阶段举办全省国税系统首届体育运动会，共有789名国税干部职工参加比赛，113人获得奖牌，3个组织奖，4个道德风尚奖，南昌、九江、宜春、抚州、吉安、新余市国税局获团体总分前六名。

9月23—24日　"区域经济一体化与税收政策"中法税法研讨会在南昌召开，法国埃克斯——马赛大学名誉校长路易特、欧共体法院法官郎贝尔等5名法方专家和国家税务总局科研所领导等28名中方专家参加会议。

9月　国家税务总局局长谢旭人等到江西调研，听取了省国税局、省地税局工作汇报，深入南昌、抚州、赣州、吉安等地基层税务机关指导工作，看望慰问基层一线税务干部，出席中华苏维埃共和国财政人民委员部税务局旧址迁建落成揭牌仪式。谢旭人和省委副书记、常务副省长吴新雄分别在揭牌仪式上讲话，并参观中央苏区税收史陈列馆。

11月10—13日　全国税收计会统工作会议在省国税局南昌培训中心召开。国家税务总局副局长钱冠林做工作报告，省委副书记、常务副省长吴新雄到会讲话，省国税局和省地税局领导等到会并看望与会代表。

12月8—12日　全省国税系统纪检监察干部培训班在省税校举办，各设区市监察室主任、部分县区纪检组长100余人参加了培训。

12月12日　第三届江西省税务学会暨第一届江西省国际税收研究会常务理事会在南昌召开。

省委副书记、常务副省长吴新雄发来贺信。省社联、省民间组织管理局领导到会祝贺。

12月16日　副省长孙刚在省国税局《关于贯彻全省再就业政策落实督办会的情况报告》上批示："很好，望继续努力，充分发挥税收优惠政策对促进再就业的积极作用。"

12月22—23日　省国税局在南昌召开全省国税系统机关后勤工作会议。国家税务总局机关服务中心、省政府机关事务管理局领导到会指导。

12月28日　省国税局向省政府提交《关于加快出口退税进度促进江西开放型经济发展的报告》。省领导吴新雄对省国税局加快出口退税进度做法给予了批示肯定。

12月31日晚上9时　省委副书记、常务副省长吴新雄、副省长孙刚等来到省国税局信息中心机房和计财处，看望并慰问坚守在工作岗位的国税工作人员。吴新雄讲话充分肯定国税工作成绩，提出新要求和希望。

12月　省国税局完成了国家税务总局2003年布置的《企业并购过程中的税收问题研究》和《税收法制化与执法责任制及其配套措施探析》两篇调研报告以及希腊、卢森堡、南非三国税收政策外文资料的翻译工作。

是年　全省国税系统税收收入135.2亿元，比上年增加23.38亿元，增长20.9%，完成国家税务总局下达计划113.3%，完成省政府下达计划111.9%。

2004 年

1月2日　省国税局召开2004年税收宣传座谈会，省委办公厅、省政府办公厅、中央驻赣新闻单位、省内新闻单位领导参加座谈。省委常委、宣传部部长刘上洋到会讲话。

1月5日　省国税局与神州数码有限公司联合开发的"多元化电子申报纳税系统"网上报税正式开通。

1月11—13日　全省国税工作会议在南昌召开。会议代表共计170余人。省委副书记、常务副省长吴新雄对国税工作进行了充分肯定并提出新要求，省人大常委会副主任蒋仲平，省政协副主席雍忠诚等领导到会指导。

2月6日　省委副书记、省长黄智权在《关于呈送〈江西省国家税务局2003年工作总结〉的报告》上批示肯定省国税局为江西经济发展做出了重大贡献，希望在新的一年里，与时俱进，扎实工作，为江西在中部地区崛起再立新功。

3月1—2日　省国税局召开全省国税系统社会治安综合治理暨办公室工作会议。省综治委主任、省委政法委副书记荣宪国等领导到会讲话。

3月17—20日　国家税务总局总经济师王力等领导一行13人，就税收征管、基层建设、能级管理和规范国税系统机构设置等工作到江西开展专题调研。

3月31日　省国税局与省地税局联合召开电视电话会议，部署开展全国第13个税收宣传月活动，表彰全省2003年度A级纳税信用企业。省委副书记、常务副省长吴新雄，副省长孙刚，省政协副主席雍忠诚分别在南昌主会场出席会议，各市、县（区）党委、人大、政府、政协负责人在96个分会场参加会议。

4月5—7日　全国国税系统财务工作会议在南昌培训中心召开。国家税务总局副局长崔俊慧、财务司领导以及各省国税局财务处负责人共80余人参加会议。副省长孙刚到会讲话。省国税局作经验交流。

4月6日　在江西省直机关落实2004年党风廉政建设和反腐败工作任务责任制会议上，省国家税务局党组书记、局长周广仁在会上作经验介绍。

4月20日　省国税局邀请省经贸委负责人和洪都航空工业集团公司、省冶金集团等11家大型企业的总经理举行税企恳谈会。

4月22日　省国税局举办"依法诚信纳税，共建小康社会"论坛。

4月23日　省国家税务局参加省行风评议领导小组办公室、省人民广播电台开办的"行风热线"节目活动，省国税局副局长孙荣洲、总经济师肖光远接听群众电话并解答反映的问题。

5月14—15日　国家税务总局副局长郝昭成到江西省国税局视察工作。

7月1日　省国家税务局与中国税务杂志社合作办刊，在《中国税务》开设江西专栏。

7月6日　省国税局以"树立科学发展观，实现国税新跨越"为主题，在江西艺术剧院举办"国税之歌"文艺晚会。

7月16日　省国税局印发《江西省国家税务局2004年政务环境评议评价实施方案》。

7月30日　省国税局副局长曾飞在全省依法行政电视电话会议上作典型发言。

8月4日　省国税局印发《江西省国税系统推行税收质量管理体系实施方案》，明确在全省国税系统部署推行税收质量管理体系。

8月20日　省国税局与省地税局联合在南昌举办江西省实施新税制十周年座谈会。省领导黄智权到会讲话，省人大、省政协、省纪委、省政府办公厅、省军区后勤部领导出席会议。

11月8—19日　省国税局局长周广仁赴台湾参加第19次海峡两岸税务交流会。

12月6日　全国《现代税收征收管理理论与实践》编写座谈会在南昌召开。

12月7日　全省车辆购置税费改革工作会议在南昌召开。会议就全省车辆购置税费改革人员、财产和业务划转、移交、接收工作进行了研究和部署。

12月27—30日　国家税务总局总会计师宋兰等到江西指导工作，深入南昌、吉安、抚州市国税局进行调研。

12月30日　省委副书记、常务副省长吴新雄、副省长孙刚到省国税局视察指导工作。

是年　全省国税系统税收收入165.2亿元，比上年增加30亿元，增长22.2%，完成国家税务总局下达计划112.5%，完成省政府下达计划109.7%。其中全省94个工业园区实缴国税税收38亿元，占全省国税同口径税收收入比重24.3%。

2005 年

1月1日　江西省车辆购置税征收管理工作由交通部门移交国税部门。

1月17日　中央保持共产党员先进性教育活动督导组组长左明一行在省委组织部副部长张宝瑜、省直工委组织部部长邓剑峰陪同下到省国税局检查指导工作。

1月21—23日　国家税务总局纪检组长贺邦靖等领导到江西开展工作调研。

2月1日　省委副书记、省长黄智权在《江西省国家税务局2004年工作总结报告》上做出批示，充分肯定省国税局工作。省委副书记、常务副省长吴新雄批示："国税局工作成绩显著，为2004年全省财政收入350亿元作出了贡献。"

2月24日　省人大常委会党组副书记、副主任钟家明就如何搞好保持共产党员先进性教育活动到省国税局调研指导。

3月9日　省委副书记、常务副省长吴新雄和副省长孙刚走访国家税务总局，省国税局局长周广仁、总经济师肖光远陪同，受到国家税务总局党组书记、局长谢旭人等领导的热情接待。

4月1日　《江西省国家税务局纳税评估管理信息系统》在全省全面推广应用。

4月6日　省国税局、地税局联合举办"依法诚信纳税，共建小康社会"座谈会。20户重点税源企业代表及新闻单位代表参加座谈会。省委副书记、常务副省长吴新雄，省人大常委会副主任蒋仲平，副省长孙刚，省政协副主席雍忠诚等出席座谈会。

是日　省国税局在省电视台举办全省国税系统行政许可法税法知识竞赛。省人大法工委、省政府法制办、省司法厅等单位领导观看竞赛活动。

是日　全国部分省市企业所得税汇算清缴座谈会在南昌召开，会议对完善企业所得税汇算清缴工作进行了专题研究。天津、浙江、广东等8个省市的国、地税局代表18人参加了会议。

5月23—26日　国家税务总局党组成员、副局长王力一行到江西专题调研税收执法管理信息系统试点和所得税管理工作。

6月29日　公安部、国家税务总局"1206"专案协查会在南昌召开。国家税务总局稽查局局长刘太明、公安部经侦局领导、省国税局局长周广仁等领导、省公安厅领导出席会议，相关省市国税局稽查局、公安经侦部门共60余人参加了会议。省国税局介绍了"1206"专案案情及前期协查工作情况，江西省公安厅通报了"11·9"案件查处情况，相关省市国税局稽查局汇报了"1206"专案前期协查工作情况。刘太明和公安部经侦局领导分别讲话，并对下一步专案协查工作进行部署。

7月9日　"中部崛起·国税论坛"在南昌举行。国家税务总局政策法规司司长、副司长，中部6省国税局局长等，以及省局相关处室负责人共34人参加论坛。省委副书记、常务副省长吴新雄向论坛发来贺信。与会嘉宾围绕税收促进中部崛起问题进行研讨，商定《中部六省国家税务局协作制度》，决定"中部崛起·国税论坛"每年举办一次，由六省国税局轮流承办。

7月30日　省国税局副局长曾飞在全省依法行政电视电话会议上做关于江西国税依法行政工作情况的典型发言。

9月6日　省国税局在南昌召开"税收服务直通车"新闻发布会，省国税局局长周广仁发布"税收服务直通车"实施意见，省委副书记、常务副省长吴新雄出席发布会并讲话。部分省领导、省国税局领导和南昌卷烟厂等15户企业代表及有关新闻单位参加新闻发布会。

9月8—9日　国家税务总局总经济师董树奎参观考察中华苏维埃共和国财政人民委员部税务

局旧址。

9月12—15日　国家税务总局副局长许善达一行在省国税局局长周广仁的陪同下，深入江西调研税收工作。

9月13日　全国部分省市废旧物资增值税管理座谈会在南昌召开。财政部税政司、国家税务总局流转税司、法规司、信息中心，江西、浙江、江苏、安徽、福建、广东、湖北、上海、大连等省（市）国税局代表参加座谈会。国家税务总局副局长许善达出席座谈会并讲话。

10月13—16日　在省国税局《关于开展政务环境评议评价工作情况的报告》上，省委副书记、省纪委书记傅克诚，省委副书记、常务副省长吴新雄和副省长孙刚三位领导均做出重要批示，肯定国税工作成绩，提出要求和期望。

10月24日　增值税"一机多票"开票方式试点工作在鹰潭市成功运行。

是年　全省国税系统税收收入205.24亿元，年度国税收入规模突破200亿元，比上年增加40.04亿元，增长24.2%，完成国家税务总局下达计划109%，完成省政府下达计划105.9%。其中全省94个工业园区实缴国税税收48.3亿元，占全省国税同口径税收收入比重26%。

2006 年

1月5日　江西国税省级集中版综合征管软件上线仪式在省局视频会议室举行。省委副书记、常务副省长吴新雄，省人大常委会副主任蒋仲平，副省长孙刚，省政协副主席雍忠诚等出席上线仪式。

1月17—18日　全省国税工作会议在南昌召开。会议主要任务是学习贯彻上级会议精神，总结"十五"期间国税工作，研究"十一五"国税发展规划，部署2006年国税工作。省委副书记、常务副省长吴新雄发来贺信。

2月9日　省委副书记、常务副省长吴新雄在《江西省国家税务局2005年工作总结报告》上批示："国税工作思路清晰，成效显著，内部建设抓得紧，社会公认度高。2006年再接再厉，争取更大成绩。"

是日　省国税局在南昌召开2006年税收宣传座谈会。省委宣传部、省委办公厅、省政府办公厅领导和部分中央驻赣新闻单位、省级新闻单位出席座谈会。

3月3日　省国家税务局自主开发的"数据质量监控和税源分析系统"通过相关业务处室验收，正式提交使用。

4月1日　省国税局、省地税局联合召开全省2004—2005年度A级纳税信用企业表彰电话会议，副省长孙刚出席会议并讲话，主会场设在南昌，各设区市设置分会场。

4月18—21日　省国税局特约巡视监督员培训班在省国税龙虎山培训中心举行。

4月20日　省国税局与省外经贸厅联合召开东南亚国家部分在赣外商投资企业恳谈会，恳谈会主题是"同铸诚信，共谋发展"。省委副书记、常务副省长吴新雄到会讲话。

是日　全国部分省、市农产品税收调研会在南昌召开。国家税务总局流转税司、江西、广东、陕西、广西、海南、福建、青海、宁夏、甘肃、新疆、深圳等11个省、区、市国税局课题组成员单位代表参加会议。

4月27—28日　全省国税系统党风廉政建设视频工作会议在南昌召开。省纪委副书记汪毓华出席会议并讲话。

5月31日　中部六省促进中部地区崛起增值税转型政策座谈会在江西召开。国家税务总局流转税司领导、江西省国税局领导、中部六省各省国税局代表出席会议。

6月1日，省国税局印发《江西省国家税务局关于定期编报工业园区纳税情况表的通知》，就工业园区统计编报范围、编报项目内容、编报时间与方式、报表格式等作出明确规定。

6月24日　省委副书记、常务副省长吴新雄对全省国税系统税源管理工作作出批示，充分肯定国税系统税源管理工作成绩，并提出要求和希望。

是日　国家税务总局副局长王力一行在江西省国税局召开再就业税收优惠政策落实情况座谈会。

6月28日　省国税系统庆祝建党85周年文艺晚会在南昌市红谷滩会展中心举行。

7月25—26日　省国税局召开2006年全省国税系统国际税收和进出口税收工作会议。

8月　省国税局完成防伪税控系统的省级数据集中工作。

9月28日　省国税局领导在省广播电台接听"政风行风热线"，并与听众朋友进行互动交流。

12月20日　省国税局与南昌大学共同完成的"税收质量管理体系研究与实施"项目研究成果通过省科技厅组织的专家评审。

12月26日　省委书记孟建柱到省国税局视察工作并发表重要讲话。孟建柱充分肯定近几年江西国税工作取得的成绩，殷切希望全省国税工作围绕省第十二次党代会确立的实现江西崛起新跨越发展目标，取得新突破，再上新台阶。

是年　全省国税系统税收收入257.99亿元，比上年增加52.75亿元，增长25.7%，完成国家税务总局下达计划112.7%，完成省政府下达计划111.7%。其中全省94个工业园区实缴国税税收67.9亿元，占全省国税同口径税收收入比重29.4%。

2007 年

1月1日　全省国税系统出口退税数据省级集中管理系统(软件)正式上线运行,实现"一个平台,两级审核，三级监控"的管理模式。

1月5日　省国税局印发《关于成立全省国税系统法律援助团的通知》，正式组建全省国税系统法律援助团，启动法律援助工作。

1月16日　省国税局、省公安厅税警协作座谈会在省国税局召开，双方就税警协作相关事项进行座谈。

2月11日　副省长孙刚在省国税局情况专报《从江西省出口退税增长看开放型经济的新突破》上作出批示："这些年省国税局出口退税工作做得很出色，促进了全省开放型经济的增长，应予以充分肯定。"

3月6日　副省长洪礼等省领导和在省国税局局长周广仁等陪同下赴国家税务总局进行工作拜

访。国家税务总局党组书记、局长谢旭人，副局长宋兰会见省领导一行。

3月27日　全省国税系统党风廉政建设工作会议召开。省纪委副书记、省监察厅厅长汪毓华出席会议并讲话。

3月29日　全省2006年度"纳税百佳"企业表彰电视电话会议在南昌召开。省领导出席会议并讲话，省国税局、省地税局领导分别讲话，南昌卷烟总厂代表"纳税百佳"企业作大会发言。省人大常委会副主任蒋仲平、副省长孙刚、省政协副主席雍忠诚、省直相关部门负责人、"纳税百佳"企业代表和省国税局、省地税局相关处室负责人在南昌主会场参加会议，各市、县设置分会场。

4月16日　省国税局召开2007年税收宣传座谈会。省委常委、宣传部部长刘上洋出席会议并讲话，省委、省政府相关部门和新闻媒体等单位应邀出席座谈会。

5—6月　省国税局在省局培训中心分三期对各市、县（市、区）国税局560名财务工作人员和180名政府采购工作人员进行培训。

6月22日　江西省税务学会第四届暨江西省国际税收研究会第二届会员代表大会在南昌召开。中国国际税收研究会会长郝昭成和中国税务学会副会长张英惠到会并讲话。会议选举产生了省税务学会和省国际税收研究会新一届组织机构，名誉会长蒋仲平、雍忠诚，会长曾飞。

8月14日　省委副书记王宪魁就贯彻落实保持共产党员先进性四个长效机制文件精神深入省国税局调研指导。

8月16日　由省国税局、省对外经济技术合作办、省税务学会、省浙江企业联合会联合举办的部分在赣浙商税企恳谈会在南昌召开。在赣浙商企业25户代表参加会议。

10月8日　省国税局举办全省国税系统第二届体育运动会。共有641名运动员参加了7大类35个小项比赛，本届运动会于11月3日结束，共产生金牌35枚、银牌35枚、铜牌36枚。

10月31日　江西省国税局与湖南省国税局联合组团赴英国进行为期21天的税源管理培训。11月21日培训结束。

是年　全省国税系统组织入库税收收入343.18亿元，年度国税收入规模突破300亿元，比上年增加85.19亿元，增长33%，完成国家税务总局下达计划116.8%，完成省政府下达计划116.2%。其中全省94个工业园区实缴国税税收96.8亿元，占全省国税同口径税收收入比重32%。

2008 年

1月7日　省国税局印发《江西省国家税务局增值税专用发票信息企业端采集系统推行方案》，全省正式启动增值税专用发票网上认证系统推行工作。6月25日，全省国税系统顺利完成增值税专用发票网上认证系统推行工作。

1月10日　省委副书记、省长吴新雄对国税工作做出批示，充分肯定国税工作成绩，提出要求和希望，向全省国税干部职工致以亲切的问候和感谢。

1月17—18日　全省国税工作会议在南昌召开。会议主要内容是贯彻落实党的十七大、全国税务工作会议和省委十二届四次全会精神，总结2007年国税工作，研究部署2008年国税工作。省人大常委会副主任蒋仲平、副省长孙刚、省政协副主席雍忠诚、省政府秘书长魏小琴到会指导。

2月1日　省国税局召开税收执法管理信息系统上线正式运行仪式视频会。省、市、县三级国税局领导、省局各部门主要负责人，以及全省国税系统政策法规、监察等相关部门工作人员出席视频会议。副省长孙刚和省政府法制办、省监察厅、省检察院领导出席仪式。孙刚副省长宣布税收执法管理信息系统上线正式运行，并下达执法考核指令。这是继综合征管软件在全省上线运行后，江西省国税系统实现税收工作科学化、精细化管理的又一重要举措。

2月13日　省领导在省国税局《关于我省执行扩大增值税抵扣范围和促进残疾人就业税收政策情况的报告》上批示："省国税局在认真执行政策，妥善衔接过渡，大力促进发展，维护残疾人利益等方面，工作出色。"

是日　省国税局、省地税局、江西日报社、泰豪科技股份有限公司在南昌联合举办"税收·发展·民生"泰豪论坛，拉开2008年全省税收宣传月活动序幕。

4月1日　江西省国税局增值税专用发票审核检查子系统成功上线。

4月18日　省国税局、省地税局在江西师大附中联合举行江西省"税收教育基地"授牌仪式。师大附中成为江西省首个省级"税收教育基地"。

4月22—24日　中国税务学会第六届会员代表大会暨全国税收理论研讨会在南昌召开。国家税务总局党组副书记、副局长钱冠林，省长助理胡幼桃等出席开幕式。国家税务总局党组成员董志林出席并主持中国税务学会第六届常务理事会第一次会议。全国各省、自治区、直辖市国税局、地税局、税务学会和部分科研单位、高等院校、工商企业及有关部门代表共300多人出席会议。

4月25日　省国税局与省政府台湾事务办公室联合举办部分在赣台商税企恳谈会。

5月22—23日　全国国税系统2008年度政府采购工作会议在江西召开，江西省国税局代表在会上作典型经验介绍。

5月28日　省国税局与国家税务总局备份中心（南海）数据备份实施完成。

6月5日　省国税局下发《江西省国家税务局纳税评估工作规程》，为全省纳税评估工作指导性文件。

6月11日　省国税局、南昌海关联席工作座谈会在省国税局召开。双方签署《建立长效联系配合机制备忘录》。

7月1日　出口退税远程申报系统在全省推行。全省使用该系统办理预申报的出口企业达1145户，占出口退税业务企业总户数的97%。

7月2日　省国税局局长周广仁及相关处室负责人做客江西电视台都市频道《都市现场》"窗口行业面对面"热线接听直播节目，与纳税人进行交流互动。

7月18日　省国税局领导及相关处室负责人，省地税局领导及相关处室负责人在省纠风办、省广播电台开办"政风行风热线"直播现场，就"政府放心，群众满意"主题与纳税人进行交流互动。

8月4日　省国税局领导及有关处室负责人做客江西人民广播电台《热线追踪》栏目，就"优化投资环境、提升服务水平"话题与纳税人进行交流互动。

8月13日　省国税局公务员申诉公正委员会成立。

11 月 20 日　省国税局数据处理中心建设及同城异址灾备项目正式启动。

11 月 29 日　省国税局与青海省国税局一行 25 人联合组团赴丹麦进行税收征管与纳税服务培训考察。12 月 19 日培训考察结束。

12 月 1 日　江西省出口货物税收函调系统（1.1 版）正式运行。

12 月 19 日　省人大常委会副主任蒋如铭、姚亚平、魏小琴、朱秉发，秘书长程水风等和省人大代表共 26 人视察省国税局、鹰潭市国税局，对江西国税工作给予高度评价。

12 月 22—31 日　全省国税机关完成机动车销售统一发票税控系统推行工作，为 2009 年 1 月 1 日起增值税一般纳税人从事机动车（应征消费税的机动车和旧机动车除外）零售业务使用税控系统开具机动车销售统一发票做好相关准备。

12 月 29 日　省委主要领导对财税工作做出批示，对国税工作给予充分肯定，提出要求和期望。

12 月 31 日　省领导到省国税局机关走访慰问干部职工，并主持召开财税工作汇报会，对全省财税工作给予充分肯定，对今后财税工作提出要求。

是年　全省国税系统税收收入 405.59 亿元，年度国税收入规模突破 400 亿元，比上年增加 62.41 亿元，增长 18.2%，完成国家税务总局下达计划 106.4%，完成省政府下达计划 105%。其中全省 94 个工业园区实缴国税税收 121.94 亿元，占全省国税同口径税收收入比重 33.5%。

2009 年

1 月 10—11 日　全省财税工作会议在南昌召开。10 日下午和 11 日上午省国税局召开国税分会，总结 2008 年国税工作，研究部署 2009 年国税工作。各市、县（区）国税局全体干部职工通过视频收看了 10 日下午会议景况。

3 月 1 日　省国税局数据处理中心及同城异址数据备份项目圆满完成并投入使用。综合征管软件、增值税管理系统、多元化申报纳税系统等主体系统向省国税局数据处理中心成功迁移，并实现系统顺利重启。

3 月 17 日　省国税局行政执法类公务员试点座谈会在上饶召开。国家税务总局人事司和江西省国税局领导及有关人员、试点单位主要负责人参加座谈会。

3 月 31 日　省国税局、省地税局联合举行"发挥税收职能作用，促进江西经济平稳较快发展"网上在线访谈，作为全省税务系统第 18 个税收宣传月启动仪式。

4 月 22 日　国家税务总局南海灾备中心综合征管软件应用级灾备演练在江西省国税局数据处理中心成功进行。山东、广东、山西、深圳等 9 省市国税局、地税局派员现场观摩。

4 月 23 日　省国税局在省电视台演播大厅举行国税系统依法行政暨新税法知识竞赛，来自全省 11 个设区市的 11 支代表队参加比赛。

4 月 24 日　省国税局税收核心业务系统应用级灾备演练成功举行，在全国国税系统属于首次。国家税务总局信息中心领导亲临现场观看，并给予高度评价。

4 月 27 日　省国税局召开国税系统推进"廉政阳光工程"建设暨深化政务公开工作经验交流会。

省委常委、省纪委书记尚勇出席会议并讲话。省监察厅长汪毓华,省国税局领导、各设区市监察局长、省直各单位负责政务公开工作的领导共180余人参加会议。

6月5日 全省"四级联动、携手共建"活动试点工作启动仪式在永修县举行。省国税局局长周广仁代表中央驻赣单位作表态发言。省国税局与共建点永修县虬津镇张公渡村签订共建责任书。省直机关工委书记陈永华等领导实地查看省国税局共建项目落实情况,并肯定和赞扬省国税局扶贫帮建工作和共建试点工作。

6月8日 省国税局下发《江西省国家税务局关于对县(市)国税局办理汽车车辆购置税征收业务有关问题的通知》,明确设区市国税局车辆购置税征收分局可委托县(市、区)国税局办理在本县(市、区)登记注册的应税汽车车辆购置税征收工作。

7月1日 全省国税系统开展普通发票换版工作。调整发票票种,将商业销售发票和产品销售发票合并为货物销售统一发票,新增免税货物(劳务)发票和家电下乡产品销售发票,取消废旧物资销售发票和初级农产品销售发票,包括总局统一式样的发票在内,省国税系统普通发票归并为14个种类,手工票由7种简并为4种。

7月6日 省领导在《江西国税税收经济分析:近几年我省国税收入结构情况分析》上批示:"此件数据翔实,分析深刻,思考有方。"

9月15日 省国税局领导率有关处室负责人参加省纠风办、省广播电台开办的"政风行风热线"直播节目,围绕"纳税服务"主题,为纳税人释疑解惑。

9月30日 省国税局印发《设区市国家税务局系统机构改革实施意见》,明确各设区市国税局机构改革具体要求。

10月28日 省领导在省国税局《关于2009年三季度全省出口退(免)税情况的通报》上批示:"今年以来,市县和企业普遍反映,全省国税系统在办理出口退税上及时有力有效,服务态度极好,这是国税系统认真学习实践科学发展观,积极服务地方经济发展大局,全力贯彻胡总书记'三保一弘扬'指示精神的具体行动。"

11月9—10日 省国税局组织成立律师办公室,为重大案件审理、行政复议、行政应诉工作提供法律咨询和服务。

12月5日 省委副书记、省长吴新雄在《江西省国家税务局关于"两会"期间赴京汇报事项落实进展情况的报告》上批示:国税工作出色,促进发展有功。

12月31日 省委主要领导看望慰问省国税局干部职工,充分肯定2009年全省国税工作,并提出要求和希望。

是年 全省国税系统税收收入499.38亿元,年收入规模接近500亿元,比上年增加93.79亿元,增长23.1%,完成国家税务总局下达计划108.4%,完成省政府下达计划104.5%。其中全省94个工业园区实缴国税税收160.78亿元,占全省国税同口径税收收入比重35.8%。

2010 年

1月7日　省委、省政府主要领导分别在《江西省国家税务局 2009 年工作总结和 2010 年工作要点》上做出批示，充分肯定江西国税工作。

是日　省国税局被江西省直工委评为"2009 年度省直机关党的工作特别优秀奖"，连续 5 年获此殊荣。

1月9日　省委主要领导在《服务重点企业 促进经济发展——全省国税系统优化纳税服务情况报告》上批示："国税系统为应对国际金融危机、保持全省经济的平稳较快发展做出了较大贡献，省委是特别满意的，尤其是在服务企业方面，大局意识、创新意识、自觉主动意识，值得全省各部门学习。"

1月12—13日　全省财税工作会议在南昌召开。12 日下午、13 日上午，省国税局召开国税分会。

1月14日　省委主要领导在省国税局局长周广仁以及省直相关部门负责人陪同下到吉安市青原区东固畲族乡调研，并对省国税局对口支持工作给予充分肯定和高度评价。

2月11日　省领导在《江西省国家税务局关于 2009 年全省出口退（免）税情况的通报》上批示，充分肯定国税部门出口退税工作。

3月31日　省国税局、省地税局在江西饭店联合举办"税收与鄱阳湖生态经济区建设"论坛。省政协副主席、省政府党组成员胡幼桃出席论坛并作主旨演讲，省国税局局长周广仁、省地税局长邓保生等出席论坛并分别作专题演讲。

是日　江西省被国家税务总局确定为出口退税税库银联网五个试点省份之一。

4月1日　省国税局下发《关于促进鄱阳湖生态经济区建设的若干税收意见》，内容包括创新税收理念、落实税收政策和优化税收服务等三个方面 20 条措施。

是日　江西省、市、县（市、区）国税局三级联动，开展"百名局长千名税干入万户送税法"活动。

4月6日　省国税局下发《江西省国税系统财税库银税收收入电子缴库横向联网实施方案》，提出具体联网实施方案和联网上线进度表，并确定鹰潭市国税局为试点单位。

4月13日　"税苑芳华——省国税局税收宣传京剧晚会"在江西艺术剧院隆重举行。

4月23日　"情系红土地·税收抚今昔"革命老区江西省、山东省、陕西省、广西壮族自治区四省区联动送税法进校园活动在井冈山举行。中国税务报社社长张迪恩出席活动仪式并讲话。

是日　国家税务总局党组成员、纪检组长冯惠敏等在省国税局局长周广仁、省地税局局长邓保生陪同下深入南昌市国税局视察指导工作，并对南昌国税文化建设、廉政文化创新以及纳税服务等工作给予充分肯定和高度评价。

6月1日　省国税局正式启动依法行政指标体系试点工作，确定新余市国税局为试点单位。

是日　全省国税系统正式运行国家税务总局《税务纪检监察管理信息系统（V1.0）》。

6月24日　省委常委、省纪委书记尚勇深入吉水县国税局抗洪抢险突击队所在堤段，检查指导抗洪抢险工作，看望慰问奋战在抗洪抢险一线的国税干部职工，对国税部门抗洪抢险工作给予充分肯定。

6月　省国税局印发《关于支持抗洪救灾恢复生产若干税收措施的意见》，提出支持抗洪救灾恢复生产 12 条措施。

7月1日　省国税、地税联合办理税务登记工作在全省范围内推行。当年联合办理税务登记 40705 户，为纳税人节约工本费 81.4 万元。

是日　全省正式启用新版"车辆购置税完税证明"。

7月13日　省政协副主席、省政府党组成员胡幼桃等在《江西省国税局 2010 年上半年工作总结和下半年工作要点》上作出批示，充分肯定国税工作。

7月19日　省国税局召开省局机关干部大会。国家税务总局人事司司长侯燕琪宣读中共国家税务总局党组和国家税务总局决定，张贻奏任江西省国税局党组书记、局长。

7月19日至8月3日　省国税局在厦门国家会计学院举办企业会计准则高级研修班。省国税局局长张贻奏带队，省国税局各处室处长（负责人）和各设区市国税局局长参加研修班学习。培训的主要课程有领导艺术、最新财税政策等。

9月8日　省国税局领导及有关处室负责人参加省广播电台"政风行风热线"直播节目，围绕"服务创业"主题，为纳税人释疑解惑。

9月24—27日　国家税务总局总会计师汪康参加在赣举行的第五届中国中部投资贸易博览会，期间视察省局机关及省税干校。

11月1—3日　国家税务总局党组成员、副局长解学智在江西视察指导国税工作。先后走访南昌市国税局和湖口县国税局，对江西国税工作给予充分肯定。

11月11—12日　省国税局党组书记、局长张贻奏分别在中央驻赣单位创先争优活动推进会、全省创优发展环境暨重大产业项目工作推进会上作典型发言。

11月23日　国家税务总局领导冯惠敏在省税局领导陪同下，深入安义县国税局视察指导创先争优工作。

11月26日　在全省开放型经济流动现场会上，省领导表扬省国税局出口退税工作。

11月29日　省国税局局长张贻奏参加在南昌召开的全省加强再生资源财税管理工作座谈会，并在会上通报全省再生资源税收情况。

是年　全省国税系统年度税收收入规模突破 600 亿元，全年税收收入达到 685.7 亿元，比上年增加 186.32 亿元，增长 31.3%，完成国家税务总局下达计划 121.6%，完成省政府下达计划 119%。

第一篇　税收制度

　　1991—2010 年是中国税收制度重大改革的重要历史时期，其间经历了 1991—1993 年多税种、多环节、多层次课征的税收制度；1994 年工商税制改革；国税、地税两套税务机构分设后的征管范围划分；2008 年统一内外资企业所得税法；2009 年增值税全面转型，扩大消费税征收范围等几个重要阶段。税收工作服从服务于党和国家的政治经济大局，税收制度的持续改进，有利于调动中央与地方两个积极性，有利于促进经济社会发展，有利于贯彻国家产业政策，有利于统一税法、公平税负、简化税制、理顺分配关系、保障财政收入，有利于建立符合中国特色社会主义要求的税制体系。本篇主要记述这一历史时期江西省贯彻落实全国统一税收制度概况、各税种和非税收入项目政策规定、税制改革各项工作落实和制度管理工作情况。

第一章　税　制

　　1991—1993 年实行的是多税种复合型税制。1994 年中国实施工商税制改革，这是中华人民共和国成立以来规模最大、范围最广泛、内容最深刻的一次税制改革，其目的是适应社会主义市场经济体制的建立与发展，以及与分税制财政体制改革相配套。1995—2010 年税收制度持续改进，其间 2008 年内外资企业所得税 "两法" 合并，2009 年实施新《增值税暂行条例》《消费税暂行条例》《营业税暂行条例》，增值税全面转型，扩大消费税征收范围，这些税收制度改革和完善的重大举措适应了社会主义市场经济发展和各项改革推进的新形势。1991—2010 年是中国税收制度重大改革的重要历史时期，改革是贯穿于这一历史时期税收制度建设工作的一条主线，改革的背景是中国特色社会主义市场经济体制建立与发展、中国加入世贸组织、经济全球化趋势、贯彻国家关于中部地区崛起发展战略、积极应对国际金融危机和中国推进经济转型发展战略等。江西省遵照中央的部署和要求，结合江西实际，认真贯彻落实全国统一税收制度和税制改革各项工作，并切实加强制度管理工作。

第一节　税改前税制

税种和收入项目

根据国家税制，1991—1993年江西实行多税种、多环节、多层次课征的复合税制。江西省税务部门实际征收的工商税收计有30个税种，此外，还负责征收国营企业所得税、国家能源交通重点建设基金、国家预算调节基金、粮食专项基金、国营企业调节税、教育费附加、烟酒专项收入、工商统一税附加、盐税附加等。

表1-1-1　1991—1993年江西税务部门实际征收的税种和收入项目

大类项目	按课税对象性质分类	税种或收入项目
工商税收	流转税类	产品税
		增值税
		营业税
		工商统一税
		特别消费税
		盐税
	所得税类	集体企业所得税
		私营企业所得税
		中外合资经营企业所得税
		外国企业所得税
		外商投资企业和外国企业所得税
		城乡个体工商业户所得税
		个人收入调节税
		个人所得税
	资源税类	资源税
		城镇土地使用税
	财产税类	房产税
		车船使用税
	特定目的税类	城市维护建设税
		建筑税
		固定资产投资方向调节税
		国营企业奖金税
		国营企业工资调节税
		事业单位奖金税
		集体企业奖金税
		筵席税

续表

大类项目	按课税对象性质分类	税种或收入项目
工商税收	特别行为税类	屠宰税
		烧油特别税
		印花税
		牲畜交易税
	滞纳补罚收入	税款滞纳金及补税罚款收入
国营企业所得税	所得税类	国营企业所得税
其他收入	基金收入	国家能源交通重点建设基金
		国家预算调节基金
		粮食专项基金
	附加收入	教育费附加
		工商统一税附加
		盐税附加
	专项收入	烟酒提价专项收入
	国营企业调节税	国营企业调节税

　　1991—1993年江西省税务部门实际征收项目分为工商税收、国营企业所得税、其他收入等3个大类，共计40个收入项目。其中：工商税收下属30个税种和滞纳补罚收入共计31个收入项目。1991年设立固定资产投资方向调节税种后，建筑税予以取消；1991年设立外商投资企业和外国企业所得税种后，中外合资经营企业所得税、外国企业所得税税种予以取消。奖金税按经济类型划分设立国营企业奖金税、国营企业工资调节税、集体企业奖金税、事业单位奖金税等4个税种。企业所得税按经济类型划分设立国营企业所得税、集体企业所得税、私营企业所得税、中外合资经营企业所得税、外国企业所得税、外商投资企业和外国企业所得税等6个税种。以个人所得为课税对象的税种分别设立 城乡个体工商业户所得税、个人收入调节税、个人所得税（外籍个人缴纳）等3个税种。按经济类型划分设立税种，分别适用不同的税率和征收办法，区别对待，反映出计划经济体制特征。

　　国营企业所得税作为与工商税收并列的收入项目，单独进行计划管理和考核。

　　其他收入包含基金、附加收入和专项收入。具体包括国家能源交通重点建设基金、国家预算调节基金、粮食专项基金、教育费附加、工商统一税附加、盐税附加、烟酒提价专项收入和国营企业调节税等8个收入项目。

预算收入级次

　　工商税收。中央级收入主要包括海关代征税收、城镇土地使用税、特别消费税、烧油特别税，以及电力、石化、有色金属行业中的中央企业缴纳的产品税、增值税和营业税。除此之外的是地方级收入。1991年、1992年、1993年全省工商税收中的中央级收入占工商税收收入总额的比重分别为0.66%、0.79%、0.78%，地方级收入占工商税收收入总额的比重分别为99.34%、99.21%、99.22%。

国营企业所得税。中央级收入主要是中央企业缴纳的企业所得税，地方级收入主要是非中央企业缴纳的企业所得税。1991、1992、1993年全省国营企业所得税收入中的中央级收入占国营企业所得税收入的比重分别为8.24%、3.83%、1.15%，地方级收入占国营企业所得税收入的比重分别为91.76%、96.17%、98.85%。

基金。中央企业、中央事业单位及其他中央单位缴纳的国家能源交通重点建设基金和国家预算调节基金为中央级收入，除此之外的为地方级收入。1991、1992、1993年全省国家能源交通重点建设基金和国家预算调节基金收入中的中央级收入占"两金"收入的比重分别为27.16%、24.13%、26.47%，地方级收入占"两金"收入的比重分别为72.84%、75.87%、73.53%。粮食专项基金收入均为地方级收入。

烟酒提价专项收入。该项目收入均为中央级收入。

国营企业调节税。中央企业缴纳的国营企业调节税为中央级收入，非中央企业缴纳的国营企业调节税为地方级收入。1991、1992、1993年全省国营企业调节税收入中的中央级收入占国营企业调节税收入的比重分别为13.17%、11.79%、2.77%，地方级收入占国营企业调节税收入的比重分别为86.83%、88.21%、97.23%。

附加。教育费附加、工商统一税附加、盐税附加均为地方级收入。

出口退税。中央企业出口产品退税和地方企业出口产品退税，办理退税时均在中央级收入中退付，年终由中央财政与省财政按有关规定结算。

这一时期江西省税务部门收入的入库级次以地方级收入为主，中央级收入比重较小。

依法治税

20世纪90年代初期，税收偷漏与反偷漏的斗争较为激烈，暴力抗税案件一度呈上升态势，有的犯罪分子殴打税务人员致重伤，有的持刀追杀税务人员。暴力抗税犯罪活动严重威胁税务人员的人身安全，严重阻碍税制贯彻落实，造成恶劣影响。省政府、省委政法委对此十分重视，1991年8月，常务副省长舒圣佑在省税务局报告上批示："暴力抗税、殴打税务人员的事不少，政法部门对此类事是重视的，但仍有部分案件未能及时处理。今后这类事仍会发生，能否请政法委发一通知，强调及时处理。"省委政法委于1991年10月4日印发《关于积极配合税务等有关部门深入开展打击偷税抗税犯罪的通知》。各地党、政机关及公、检、法等部门认真贯彻省政府、省委政法委领导指示和文件精神，对偷税抗税案件严肃处理。

1992年3月以来，江西省东乡、横峰、吉安、遂川、武宁、宜黄等6个县税务部门为不法分子开具内容不实的征税证明共计70份，开出销售发票共345份，总金额为24202.46万元，按出口退税率计算，国家应退税合计4440.6万元。对于这一严重扰乱经济秩序和税收秩序、严重损害国家利益事件，省税务局高度重视，及时采取措施，对所开出的发票、出口产品征税证明逐张清理，并立即向有关省市税务机关发函，声明所开证明不能作为出口退税依据。省税务局针对上述6个县税务局在执法过程中违反出口退税政策规定和票证管理规定所犯的错误，根据情节和造成税款损失程度，分别给予7位县局主要负责人政纪处分，并将处理结果通报全省税务系统，要求各地引以为戒，遵从税法，贯彻税制，严格执法。12月28日省税务局向上级报送《关于东乡等六县为不法分子骗取出口退税提供假证明情况的报告》。

20世纪90年代初期，省内一度出现企业流转税承包现象，流转税承包有悖税制规定。根据上级指示精神，在深入调查研究基础上，1992年3月24日省税务局制发《关于做好依法治税工作，坚决制止承包流转税问题的紧急通知》。全省各级税务机关认真执行，清理和纠正流转税承包问题，保障税收制度落实到位。

全省各级税务机关在当地党委、政府及有关部门的支持配合下，抓税收综合治理，尝试建立税收保障体系。九江市人民法院成立税收巡回法庭，景德镇市成立公安驻税务治安办公室，樟树市设立税务警务区，连同原来的税务检察办公室，公、检、法、税4家逐步建立起一道税务保护屏障。1992年全省共查处偷抗税案件5273起，补税罚款1163万元，101人被拘留和拘捕，41人被判刑。

第二节　1994年税制

税种和收入项目

1992年9月，中共十四大提出建立社会主义市场经济体制的战略目标。1993年6月，中共中央、国务院做出关于加强宏观调控的一系列重要决策，其中之一是加快税制改革。1993年11月，党的十四届三中全会审定《关于建立社会主义市场经济体制若干问题的决定》，明确提出税制改革的基本原则和主要内容。税制改革的指导思想：统一税法、公平税负、简化税制、合理分权，理顺分配关系，保障财政收入，建立符合社会主义市场经济要求的税制体系。税制改革遵循的基本原则：有利于调动中央与地方两个积极性；有利于发挥税收促进经济发展和调节个人收入的作用；有利于实现公平税负，促进平等竞争；有利于体现国家产业政策；促进经济结构调整，促进经济持续、快速、健康发展和经济效益提高；有利于税制简化和高效，有利于维护税法的统一和严肃性。根据国家税制改革的法律、法规，1994年1月1日始，江西实施与社会主义市场经济体制和分税制财政体制相适应的新税制。

流转税制。流转税类税种主要包括增值税、消费税和营业税。取消产品税、工商统一税和盐税，将上述3个税种的征收内容分别归并于增值税、消费税、资源税中。扩大增值税征收范围，涵盖工业、商业、修理修配业和进口环节。开征消费税，对烟、酒、小汽车、汽油、柴油等11个品目征收消费税。改革后的营业税征税范围包括提供劳务、转让无形资产、销售不动产。由此简化税制，形成内资经营、涉外企业经营统一适用的流转税制。

所得税制。所得税类税种主要包括企业所得税（内资）、外商投资企业和外国企业所得税、个人所得税。将原按企业经济性质设立的国营企业所得税、集体企业所得税、私营企业所得税以及国营企业调节税合并为企业所得税，涵盖所有内资企业。对涉外企业仍然征收外商投资企业和外国企业所得税。将原向个人征收的城乡个体工商业户所得税、个人收入调节税和向外籍人员征收的个人所得税合并为统一的个人所得税，新的个人所得税法实行分项计征办法。

资源税制。资源税类税种主要包括资源税、城镇土地使用税。改革前的资源税只对部分资源产品和部分资源开采企业征税，征税范围窄，税负偏低；改革后的资源税征税范围涵盖所有的矿产资源产品，包括金属矿产品和非金属矿产品，实行分类从量定额计征办法，设置有上下限的幅度税额。改革后的城镇土地使用税扩大了征收范围，适当提高了征收税额，适当下放管理权限。

财产税制。取消对外资企业、外籍人员征收的城市房地产税、车船使用牌照税，实行内、外资和内、外籍人员统一适用的房产税、车船使用税，税率和税额适当提高。

特定目的和特别行为税制。取消国营企业奖金税、国营企业工资调节税、集体企业奖金税、事业单位奖金税、牲畜交易税、烧油特别税税种。开征土地增值税，课税对象为有偿转让国有土地使用权及地上建筑物和其他附着物产权所取得的土地增值额，对土地交易中的过高利润进行调节。屠宰税和筵席税下放给地方征收。

表 1-1-2　1994 年江西省税务部门实际征收税种和收入项目

大类项目	按课税对象性质分类	税种或收入项目名称
工商税收	流转税类	增值税
		消费税
		营业税
	所得税类	集体企业所得税
		私营企业所得税
		外商投资企业和外国企业所得税
		个人所得税
	资源税类	资源税
		城镇土地使用税
	财产税类	房产税
		车船使用税
	特定目的税类	城市维护建设税
		固定资产投资方向调节税
	特别行为税类	屠宰税
		印花税
		土地增值税
	滞纳补罚收入	税款滞纳金及补税罚款收入
国有企业所得税	所得税类	国有企业所得税
其他收入	基金收入	国家能源交通重点建设基金
		国家预算调节基金
	附加收入	教育费附加

1994 年税制改革后，江西省税务部门实际征收税种和项目共计 20 个，比税制改革前大为简化。

预算收入级次

新税制对税务部门收入的预算级次作了重大调整，税务部门收入中的中央级收入比重明显提高。

工商税收。工商税收分中央税、中央与地方共享税、地方税三类。中央税主要包括消费税、进口产品增值税，其收入100%为中央级收入。共享税主要包括：国内增值税的75%为中央级收入，25%为地方级收入；企业所得税中的中央企业缴纳的企业所得税为中央级收入，非中央企业缴纳的企业所得税为地方级收入；中央税的税款滞纳金及补税罚款收入为中央级收入。地方税主要包括外商投资和外国企业所得税、营业税、个人所得税、土地增值税、城市维护建设税、车船使用税、房产税、屠宰税、资源税、城镇土地使用税、固定资产投资方向调节税、印花税，以及地方税的税款滞纳金与补税罚款收入等，地方税收入100%为地方级收入。

国有企业所得税。中央企业缴纳的企业所得税为中央级收入，非中央企业缴纳的企业所得税为地方级收入。

基金。中央企业、中央事业单位及其他中央单位缴纳的国家能源交通重点建设基金和国家预算调节基金为中央级收入，除此之外的为地方级收入。1994年江西省国家能源交通重点建设基金和国家预算调节基金的中央级收入占"两金"年收入比重13.03%，地方级收入占"两金"年收入比重86.97%。

附加。教育费附加为地方级收入。

出口退税。中央企业出口产品退税和地方企业出口产品退税，办理退税时均在中央级收入中退付，年终由中央财政与省财政按有关规定结算。

税制推行

1994年，江西省围绕贯彻落实新税制，开展新税制宣传活动。各级党委、人大、政府和税务部门领导发表有关税制改革的广播讲话700余次，全省共开通热线电话155台，建立新税制宣传咨询窗口、辅导站3000余个，散发各种宣传品100多万份，张贴各种宣传标语50余万份，各级税务机关和企业共出宣传栏8000余期。省税务局在江西电视台、江西人民广播电台、《江西日报》分别开辟答记者问、新税制广播讲座节目和新税制问题解答专栏。1月23日，全省共计1万余名税务干部、职工走上街头开展新税制宣传，散发宣传品、宣传单。省税务局及时转发和下发有关新税制的明传电报、政策文件489个。省税务局和南昌市税务局联合在南昌人民广场等6处繁华地段设点进行新税制咨询、释疑。全省各级税务机关层层举办多种形式的新税制培训班，许多主管部门和有关企业也主动组织培训，全省受训人员达100多万人次。

按照新税法规定标准，增值税纳税人分为一般纳税人和小规模纳税人，各自适用不同的征收方法与税率。全省认定增值税一般纳税人34000户，占增值税纳税企业总户数的57%。对小规模纳税人货物销售中需要增值税专用发票的，实行由基层税务所代开增值税专用发票的办法，以保证纳税人生产经营正常进行。做好增值税一般纳税人期初库存的清盘核定工作，保证增值税制正常运行，督促企业按新税制要求建立健全会计核算，做好按新旧两套税制的纳税申报工作，规范增值税专用发票的印制、运送、发售、使用和保管。做好税收收入的历史数据对比分析工作，加强计划管理。按照国家税务总局规定要求，省税务局对税改前基数年1993年工商税收合计数、分预算级次收入、分税种收入、分地市收入、各月收入按照新税制口径进行换算，换算结果汇总成表，上报国家税务总局和下发地市税务局，作为税收收入对比分析、观察新税制运行态势的重要参考依据。

省税务局转发和制定下发有关文件，对于新税制实施后的民政福利企业征税问题、校办企业征税问题、军队和军工系统所属单位征税问题、电力建设基金涉税问题、小水电企业征税问题、境外团体或个人在全国境内从事文艺体育演出征税问题、出口退税管理等具体涉税事项的处理，做出明确规定，规范操作，保证新税制在操作中落实。

省税务局分别于1月、4月、10月组织三次全省范围的新税制运行情况检查，其中4月份省税务局组织近百名机关干部对100个税务所和100户企业进行调查，发现新税制实施中的一些突出矛盾和问题，认真研究解决。全省税务系统选择了30个地、市、县税务机关和100家企业为跟踪监测点，建立新税制运行情况监测网，税制运行情况及时得到跟踪反馈。各地市税务局每10天向省税务局书面汇报一次新税制运行情况。省税务局主办《新税制运行快讯》，及时交流各地新税制运行情况和工作经验。同时，全省税务系统加强对新税制运行工作的考核。多项措施并举，有力地推进新税制贯彻实施。

第三节　国税税制

征管范围

随着税制改革推进，税务机构改革相继实施。1994年7月14日国家税务总局下发《国家税务总局关于江西省组建两个税务机构实施方案的批复》，原则同意江西省组建两个税务机构的实施方案，并明确国税局、地税局征管范围。1994年9月底，江西省国税局、地税局两套税务机构组建、人员分流、财产分割工作完成。1994年10月1日起国税局、地税局各自按照国办发〔1993〕87号文件规定的征管范围进行征收管理。

1995年，按照国办发〔1993〕87号文件规定，江西省国税系统征管范围具体包括：增值税、消费税、直接对台贸易调节税（委托海关代征）、中央企业所得税、地方和外资银行及非银行金融企业所得税、外商投资企业和外国企业的各项税收、外籍人员缴纳的个人所得税、出口产品退税的管理；集贸市场和个体户的各项税收、中央税的滞纳金补税罚款收入；按中央税和共享税附征的教育费附加；国家能源交通重点建设基金、国家预算调节基金等。1995年江西省国税系统组织入库收入除增值税、消费税、中央企业所得税、地方和外资银行及非银行金融企业所得税、涉外企业所得税、"两金"外，还组织入库营业税、个人所得税、土地增值税、城市维护建设税、车船使用税、房产税、屠宰税、资源税、城镇土地使用税、固定资产投资方向调节税、地方企业所得税、印花税、地方税滞纳金补税罚款收入以及教育费附加。

1996年，根据国务院有关规定，调整征管范围，个体工商户和集贸市场的地方税收入、涉外企业除企业所得税外的地方税收入、所有的教育费附加均由地税局负责征收。征管范围调整后，国税系统征收范围收缩，仅负责中央税和中央与地方共享税的征收，地方各税种（包括地方企业所得税）由地税系统负责征收。

1997年1月1日金融保险营业税税率由原5%提高到8%，提高的3%税率部分均归中央财政收入，由国税系统负责征收；国家政策性银行营业税按5%税率征收。农村信用社营业税自1998年1月1日起按8%税率征收，提高的3%税率部分由国税系统负责征收。

根据第九届全国人民代表大会常务委员会第十一次会议决定和国务院《对储蓄存款利息所得征收个人所得税的实施办法》规定，1999年11月1日起对个人储蓄存款利息所得征收个人所得税，所得税税率为20%。江西省国税与各商业银行签订代扣税款协议，由各商业银行系统代扣个人储蓄存款利息所得税，并每月汇总代扣税款向国税机关报解缴库。1999年当年利息个人所得税税款入库期为1个月，全省入库利息个人所得税140万元。

根据国家有关规定，2000年1月1日起，中央企事业单位参股的股份制企业再投资与地方企事业单位组成的股份制企业的所得税、金融保险企业（包括地方金融保险企业，不包括城乡信用社）投资组成的股份制企业的所得税，由国家税务局负责征收管理。

2001年，车辆购置费费改税，2001—2004年车辆购置税由交通管理部门负责代征。2005年1月1日起，根据国务院文件和财政部、国家税务总局有关文件规定，车辆购置税划归国家税务局征收管理。江西省国税系统同交通管理部门办理车辆购置税征收管理人员以及设备财产、征管资料等移接交工作。各设区市国税局设立车辆购置税管理分局，各县级局设立车辆购置税管理所（科），具体负责车辆购置税征收管理工作。税务机关向纳税人提供多元化缴税方式，包括银行卡刷卡缴税、转账缴税、现金缴税等，并推广应用POS机刷卡缴税，将车购税款从纳税人银行卡账户直接划缴入库。已实施财税库银横向联网电子缴税的地区，逐步推广运用横向联网系统办理车购税缴库。

《国家税务总局关于所得税收入分享体制改革后税收征管范围的通知》（国税发〔2002〕8号）规定，2002年1月1日起，新办企业的企业所得税由国税局管理。

2006年，国税系统负责征收的金融保险业营业税取消。2008年10月9日，储蓄存款利息个人所得税停征。

《国家税务总局关于调整新增企业所得税征管范围问题的通知》（国税发〔2008〕120号）规定，2009年起，缴纳增值税的企业所得税由国税局管理，缴纳营业税的企业所得税由地税局管理。

政策调整

1995年2月11日，财政部和国家税务总局联合发文《关于取消集贸市场税收分成问题的通知》，明确：从1995年1月1日起停止执行，取消城乡集贸市场税收分成，所征收税款全部缴入国库；国税系统经费由中央财政负担，地税系统经费由地方财政负担。全省国税系统遵照执行，部分地区1995年年初仍按原规定分成的，全部按适用退库科目补缴入库。

根据《财政部、国家税务总局关于有进出口经营权的生产企业自营（委托）出口货物实行免、抵、退税收管理办法的通知》（财税字〔1997〕50号文）规定要求，对有出口经营权的生产企业自营出口或委托出口的自产货物实行"免、抵、退"办法。"免、抵、退"是出口产品退税中的一种方法，仅适用于有出口经营权的生产企业自营出口或委托出口的自产货物。省国税系统严格执行政策规定，1997 年直接在工商税收中央级收入中办理退付"免、抵、退"税 2824 万元。根据财政部和国家税务总局有关文件规定：从 1998 年起，除"免、抵、退"税作为出口产品退税的组成部分直接在工商税收中央级收入中退付外，县级国税局可以持企业"免、抵、退"税有关凭据资料，到同级国库办理调库，按照"免、抵增值税"数额调增"国内增值税"科目收入，其 25% 部分为地方级收入，75% 部分为中央级收入。

从 1998 年 7 月 1 日起，国务院决定凡年应纳税销售额 180 万元以下的小规模商业企业，无论财务核算指标是否健全，一律不得认定为增值税一般纳税人，均应按照小规模纳税人征税规定缴纳增值税，增值税征收率由 6% 调减为 4%。经省国税系统核实，全省共有 5354 户商业增值税一般纳税人划转为小规模纳税人，其进项税金和留底税金合计 1.09 亿元按规定转入成本，1998 年全省增加税收收入 685 万元。

同日，增值税一般纳税人购进或销售应税货物支付的运输费用扣除率由 10% 降为 7%。运输费用扣除率降低。1998 年全省增加税收 2775 万元。

1999 年政府预算收支科目调整，将收入大类"工商税收"与"国有企业所得税"合并为"税收收入"。税收计划编制、下达和考核均按"税收收入"口径。税收会计、统计均按"税收收入"口径进行核算和设置报表项目。

为支持和配合粮食流通体制改革，财政部和国家税务总局制定下发《关于粮食企业增值税征免问题的通知》（财税字〔1999〕198 号文），明确规定对承担粮食收储任务的国有粮食购销企业销售的军队用粮、救灾救济粮、水库移民口粮免征增值税，从 1999 年 8 月 1 日起执行。江西省各级国税机关组织实施，1999 年江西省减少增值税收入 2000 万元。

1999 年 12 月 8 日，国家税务总局印发《关于实施对设在中西部地区的外商投资企业给予 3 年减按 15% 税率征收所得税的优惠的通知》，明确：国务院决定，对设在山西、内蒙古、江西等 19 个省区市的中西部地区从事国家计委、国家经贸委、对外贸经合作部联合发布的《外商投资产业指导目录》中鼓励类和限制乙类项目以及国务院批准的优势产业和优势项目的外商投资企业，在现行税收优惠政策执行期满后的 3 年内，可以减按 15% 税率征收所得税；在该项税收优惠期间，企业同时被确认为出口企业且当年出口产值达到总产值 70% 以上的，可再减半征收企业所得税，但减半后的税率不得低于 10%；该项税收优惠政策自 2000 年 1 月 1 日开始执行。省国税局于 1999 年 12 月 31 日转发国家税务总局文件，并就江西省执行地域范围、申报期限、批准权限、审批资料等做出具体规定，规范操作，确保此项税收优惠政策落实到位。

根据财政部和国家税务总局《关于印发〈税务登记证和发票工本费专项经费管理暂行办法〉的通知》（财行〔2001〕6 号文）规定要求，2001 年 1 月 1 日起税务登记证和发票工本费实行收支两条线管理，其收入及时缴入国库，使用税票为财政部印制的《国家税务局系统行政性收费专用缴款书》《国家税务局系统行政性收费专用收据》《国家税务局系统行政性收费（电子）转账专用收据》和《国家税务局系统行政性收费收入退还书》。江西省国税系统向国家税务总局领购行政性收费专用税票，逐级分发给基层征收机关，按照政策规定征收入库。税务登记证和发票工本费收入为中央级收入，税收会计、统计核算反映在"其他收入"项目。

2001 年 5 月 11 日，财政部和国家税务总局印发《关于调整酒类产品消费税政策的通知》，明确规定：粮食白酒消费税比例税率 25%、定额税率 0.5 元 /500 克，薯类白酒消费税比例税率 15%、定额税率 0.5 元 /500 克，自 2001 年 5 月 1 日起执行。

2001 年 6 月 4 日，财政部和国家税务总局印发《关于调整烟类产品消费税政策的通知》，明确规定：卷烟消费税定额税率为每标准箱 150 元；比例税率：每标准条（200 支）调拨价格 50 元（含 50 元，不含增值税）以上的税率为 45%；每标准条调拨价格 50 元以下的税率为 30%；进口卷烟、白包卷烟、手工卷烟、自产自用没有同牌号没有调拨价格的卷烟、委托加工没有同牌号没有调拨价格的卷烟、未经国务院批准纳入计划的企业和个人生产的卷烟税率一律为 45%；本规定自 2001 年 6 月 1 日起执行。省国税局于 2001 年 6 月 20 日转发财政部和国家税务总局文件，部署做好相关工作，落实政策。

根据上级有关规定，2002 年 3 月 16 日省财政厅、省国税局、省地税局、人民银行南昌中心支行 4 家联合发文《关于代扣代收和代征税款手续费纳入预算管理的通知》，明确自 2002 年 1 月 1 日起，代扣、代收和代征税款手续费纳入预算管理，由财政通过预算支出统一安排，各级税务机关、扣缴义务人和代征人，不得从税款中直接提取手续费，国库不得办理代扣、代收和代征税款手续费退库。各级国税机关支付的代扣、代收和代征税款手续费，由中央财政负担。国税系统的代扣、代收和代征税款手续费，由各级国税机关依照上级规定标准编制预算；代扣、代收和代征税款手续费的申领和核拨，按现行财政拨款管理办法执行，手续费及时支付给扣缴义务人和代征人，不得挪作国税机关的经费开支。全省各级国税机关落实规范管理。取消"双代"手续费提退，2002 年江西国税收入因此增加 2.25 亿元。

根据上级文件规定，2002 年始农产品的增值税进项抵扣率提高 3 个百分点，全省各级国税机关贯彻执行，2002 年江西国税因此减少税收收入 1.1 亿元。

根据上级有关文件规定，2004 年 6 月 1 日起，出口供货企业不再执行按 6.8% 税率预缴税款政策。全省各级国税机关遵照执行，2004 年江西国税因此减少税收收入 1 亿余元。

为了贯彻落实省委关于推动全民创业、加快富民兴赣的若干意见，2005 年省国税局印发《江西国家税务局关于推动全民创业、加快富民兴赣的实施意见》。《意见》共分统一思想认识，自觉服务全民创业；落实税收政策，积极促进全民创业；规范税收管理，提高国税工作绩效；优化税收服务，构建和谐征纳关系；坚持以人为本，加强国税队伍建设等 5 个方面，共 20 条措施，具体涉及增值税、企业所得税、个人所得税等税种优惠规定。2010 年为认真贯彻落实《鄱阳湖生态经济区规划》，全力促进鄱阳湖生态经济区建设，推动江西科学发展、进位赶超、绿色崛起，2010 年 4 月 1 日省国税局印发《江西省国家税务局关于促进鄱阳湖生态经济区建设的若干税收意见》。《意见》共分创新税收理念，主动融入鄱阳湖生态经济区建设；落实税收政策，积极促进鄱阳湖生态经济区建设；优化税收服务，努力创造务实高效税收发展环境等三个方面共 20 条措施。全省各级国税机关认真贯彻执行，促进鄱阳湖生态经济区建设发展，推动江西经济社会持续稳定发展。

2006 年 3 月 20 日，财政部和国家税务总局印发《关于调整和完善消费税政策的通知》，明确规定：

新增高尔夫球及球具（税率为 10%）、高档手表（税率为 20%）、游艇（税率为 10%）、木制一次性筷子（税率为 5%）、实木地板（税率为 5%）等 5 个税目；增列成品油税目，下设汽油、柴油（税率不变），新增石脑油（单位税额为 0.2 元 / 升）、溶剂油（单位税额为 0.2 元 / 升）、润滑油（单位税额为 0.2 元 / 升）、燃料油（单位税额为 0.1 元 / 升）、航空煤油（单位税额为 0.1 元 / 升）等子目；取消护肤护发品税目，将原属护肤护发品征税范围的高档护肤化妆品类列入化妆品税目；调整小汽车税目税率，取消小汽车税目下的小轿车、越野车、小客车子目，在小汽车税目下分设乘用车、中轻型商用客车（税率为 5%）等子目。乘用车按汽缸容量 1.5 升（含）以下、1.5—2.0 升（含）、2.0—2.5 升（含）、2.5—3.0 升（含）、3.0—4.0 升（含）、4.0 升以上 6 档分别适用消费税率 3%、5%、9%、12%、15%、20%；调整摩托车税率，将摩托车税率改为按汽缸容量 250 毫升（含）以下、汽缸容量 250 毫升以上两档分别适用消费税率 3%、10%；将汽车轮胎原 10% 税率下调为 3%；调整粮食白酒、薯类白酒税率，税率统一为 20%，定额税率均为 0.5 元 / 斤或 0.5 元 /500 毫克等。消费税新政自 2006 年 4 月 1 日起执行。省国税局召开专门会议研究部署。各地国税机关开展税源调查和测算工作，修改和调试征管软件，征收管理中严格执行政策。适时开展政策执行情况专项检查，促进消费税新政落实。

2007 年 7 月 9 日，省国税局转发《国家税务总局关于印发〈扩大增值税抵扣范围暂行管理办法〉的通知》。根据国家税务总局文件规定，东北地区和中部地区扩大增值税抵扣范围。江西省南昌、九江、景德镇和萍乡四市的从事装备制造业、石油化工业、冶金业、汽车制造业、农产品加工业、高新技术企业、电力业、采掘业产品生产为主的增值税一般纳税人，购进固定资产的进项税金按规定予以抵扣，扩大增值税抵扣范围，自 2007 年 7 月 1 日起执行。列入试点的南昌、九江、景德镇和萍乡四市国税局按照上级要求，认真研究布置八大行业扩大增值税抵扣范围工作，取得地方党委、政府的重视与支持；搞好政策宣传与辅导，采取以会代训等方式，分别组织税务干部和纳税人学习，掌握政策规定，熟悉认定流程、纳税申报、退税审核、会计处理等各环节工作操作要领；做好企业资格认定管理和欠税审核，办理退税；将试点工作情况向省国税局报告；每季填写《扩大增值税抵扣范围抵、退税情况统计表》报送省国税局汇总。省国税局对南昌、九江、景德镇和萍乡四市扩大增值税抵扣范围试点工作进行检查和督促，发现问题及时研究解决。

随着中国特色社会主义市场经济发展和经济全球化趋势强化，2007 年 3 月 16 日，第十届全国人大第五次全体会议通过新的《中华人民共和国企业所得税法》，合并内、外资企业所得税法。新企业所得税法适用范围涵盖所有的内资企业和涉外企业。企业所得税法实行比例税率，具体分为基本税率和低税率：基本税率 25%，适用于居民企业和在中国境内设立机构、场所且所得与机构、场所有关联的非居民企业；低税率 20%，适用于在中国境内未设立机构、场所的非居民企业，或是设立机构、场所但取得所得与其所设机构、场所没有实际联系的非居民企业，实际征税时执行 10% 税率；符合条件的小型微利企业适用 20% 税率，实际征税时执行 10% 税率；对国家需要重点扶持的高新技术企业、符合条件的技术性服务外包企业执行 15% 税率。

各级政府对纳入预算管理的事业单位、社会团体等组织拨付的财政资金，依法收取并纳入财政管理的行政性收费、政府性基金，以及国务院规定的有关收入为免税收入。国债利息收入、符合条件的居民企业之间的股息、红利等权益性投资收益、符合条件的非营利性组织非营利性活动收入，以及在中国境内设立机构、场所的非居民企业从居民企业取得与该机构、场所有实际联系的股息、红利等权益性投资收益等为免税收入。

2008 年 11 月 5 日，国务院第 34 次常务会议修订通过《中华人民共和国消费税暂行条例》，自 2009 年 1 月 1 日起在全国范围内实施。新《消费税暂行条例》规定了卷烟、酒及酒精、化妆品、贵重首饰及珠宝玉石、鞭炮烟火、成品油、汽车轮胎、摩托车、小汽车、高尔夫球及球具、高档手表、游艇、木制一次性筷子、实木地板等 14 个税目，有的税目进一步划分为若干子税目。部分税目的税率作了调整，其中税率调整较大的有成品油和卷烟等。2009 年 1 月 1 日起成品油价税费联动改革，成品油消费税税率大幅提高，其中汽油由 0.2 元 / 升调高为 1.40 元 / 升（含铅汽油由 0.2 元 / 升调高为 1.00 元 / 升，无铅汽油由 0.2 元 / 升调高为 0.80 元 / 升）；柴油由 0.2 元 / 升调高为 0.80 元 / 升；石脑油、溶剂油、润滑油均由 0.2 元 / 升调高为 1.00 元 / 升；航空煤油和燃料油均由 0.1 元 / 升调高为 0.80 元 / 升。依据《财政部　国家税务总局关于调整烟产品消费税政策的通知》（财税〔2009〕84 号）规定，2009 年 5 月 1 日起，卷烟批发环节征收 5% 消费税。

2008 年 11 月 10 日，国务院总理温家宝签署国务院令，公布修订后的《中华人民共和国增值税暂行条例》，自 2009 年 1 月 1 日起在全国范围内实施。新的《增值税暂行条例》明确规定，全面实施消费型增值税制度，即增值税一般纳税人外购的机器设备、生产工具和生产运输工具等固定资产进项税金可按照有关规定予以抵扣。同时部分课税项目增值税率调整：矿产品增值税率由 13% 调高至 17%，废铜加工企业从废旧物资回收经营企业购进废铜的进项税金抵扣率由 10% 调整为 17%，增值税小规模纳税人征收率由 4% 调减为 3%，再生资源回收经营企业销售废旧物资由免征增值税调整为征收增值税等。

依据《财政部、国家税务总局关于减征 1.6 升及以下乘用车车辆购置税的通知》（财税〔2009〕12 号）规定，2009 年 1 月 1 日起，1.6 升及以下乘用车车辆购置税税率由原来的 10% 调减为 5%。为扩大内需，促进汽车产业健康发展，经国务院批准，2009 年 12 月 22 日财政部和国家税务总局印发《关于减征 1.6 升及以下乘用车车辆购置税的通知》（财税〔2009〕154 号），明确规定：2010 年 1 月 1 日至 2010 年 12 月 31 日购置 1.6 升及以下乘用车，暂减按 7.5% 的税率征收车辆购置税。江西省国税系统做好车辆购置税征管业务软件的修改、调试和运行维护，加强征收管理，优化服务，组织开展政策执行情况的专项检查，确保税收优惠政策落实到位。

表 1-1-3　2009 年江西省国税收入分类分项目

大类项目	税种或收入项目名称	预算收入级次
税收收入	增值税	
	其中：一般国内增值税	中央级 75%，地方级 25%
	免、抵调增增值税	中央级 75%，地方级 25%
	成品油价税费联动改革增加的增值税	中央级 100%
	进口产品增值税	中央级 100%
	消费税	
	其中：一般国内消费税	中央级 100%
	成品油价税费联动改革增加的消费税	中央级 100%
	进口产品消费税	中央级 100%
	企业所得税	
	其中：跨省经营需中央财政统一分配的企业所得税	中央级 100%
	其他企业所得税	中央级 60%，地方级 40%
	个人所得税（储蓄存款利息所得部分）	中央级 60%，地方级 40%
	车辆购置税	中央级 100%
出口退税	出口货物退增值税	退减中央级收入
	免抵调减增值税	退减中央级收入
	出口货物退消费税	退减中央级收入
非税收入	税务部门罚没收入	中央级 100%
	税务行政性事业收费收入	中央级 100%

第二章　流转税类

　　流转税是以商品（含应税劳务）流转额为课税对象征收的一种税。1991—1993年江西省流转税类税种主要有产品税、增值税、工商统一税、特别消费税、营业税和盐税等。1994年工商税制改革，江西省流转税类税种主要有增值税、消费税、营业税。流转税收入是江西省税收收入的主体部分。随着税制改革不断推进，流转税类税种制度调整改革力度较大。

第一节　增值税

　　增值税是以商品（含应税劳务）在流转过程中产生的增值额作为计税依据而征收的一种流转税。增值额是指企业或其他生产经营者从事生产经营或提供劳务，在购入的商品或取得劳务的价值基础上新增加的价值。增值税按对外购固定资产处理方式的不同，分为生产型增值税、消费型增值税。1991年至2007年6月30日之前，江西省执行生产型增值税制度，计算增值税时不允许扣除外购固定资产所含的进项税金，作为课税基数的法定增值额除包括纳税人新创造价值外，还包括当期计入成本的外购固定资产的价款部分。2007年7月1日至2008年底，南昌、景德镇、萍乡和九江等四市的八大行业扩大增值税抵扣范围，江西省部分地区执行生产型增值税制度，部分地区的部分行业执行消费型增值税制度。2009年1月1日始，江西省全面执行消费型增值税制度，一般纳税人计算增值税时允许抵扣外购机器设备、生产工具、运输工具等固定资产的进项税金。

生产型增值税

　　1979年国家税务总局选择上海、无锡、杭州、长沙市等部分大中城市进行增值税试点。1982年在总结试点经验基础上，财政部制定《增值税暂行办法》，1983年1月1日起选择机器机械、农业机具等2个行业和自行车、缝纫机、电风扇等3种产品在全国范围内试行增值税。1984年9月18日，经全国人大常委会授权，国务院颁布《中华人民共和国增值税条例（草案）》，自1984年10月1日起对机器机械等12种产品征收增值税。之后，增值税征收范围逐步扩大。1991—1993年江西省增值税征收品目主要有糖、液体饮料、纸、日用机械和电器、电子产品、纺织品、药品、机器机械及零配件、汽车、机动船舶、钢材钢坯、有色金属产品、电线电缆、钨砂、水泥等工业产品，以及工业性作业、应税进口产品。

　　自1994年1月1日起，江西省增值税征收范围涵盖整个工业生产领域、商品流通领域、修理修配业和应税进口产品。增值税计税依据是对购进固定资产所含税金不予抵扣，仍属于生产型增值税制度。

为理顺和简化税制，江西省对商品的生产、批发、零售和进口全面实行增值税。增值税价外计征，基本税率为17%，低税率为13%。实行发票扣税制，允许抵扣部分主要是外购的原辅材料、动力燃料等。

增值税纳税人按照经营规模划分为一般纳税人和小规模纳税人。工业生产领域或提供应税劳务的纳税人，以及以工业生产为主同时兼营商业批发零售的纳税人，年应征增值税销售额50万元（含）以下的为小规模纳税人；小规模纳税人实行增值税简易征收办法，其增值税征收率为6%。使用增值税普通发票只注明货物或应税劳务价款，不注明增值税额。增值税普通发票由省国税局负责印制，逐级下发至基层国税征收机关。商品流通领域，即年应征增值税销售额80万元（含）以下的为小规模纳税人；年应征增值税销售额高于小规模纳税人标准的为一般纳税人。一般纳税人增值税税率分为17%、10%、0税率三档。纳税人出口货物，税率为零（通过出口产品退税实现），国务院另有规定的除外。适用10%税率的有粮油（粮食、食用植物油）、基本生活用品（自来水、暖气、冷气、热水、煤气、石油液化气、天然气、沼气、居民用煤炭制品）、部分文化用品（图书、报纸、杂志）、农业生产资料（饲料、化肥、农药、农机、农膜）以及国务院规定的其他货物。除上述适用零税率和10%税率的商品项目外，其余的应税商品以及应税劳务的适用税率为17%。抓好增值税一般纳税人的认定。按统一标准、统一规定，全省认定增值税一般纳税人34000户，占增值税纳税企业总户数的57%。对一时不具备一般纳税人条件的小型企业和个体户，对其销售货物时需要专用发票的实行由基层税务所代开增值税专用发票的办法。

一般纳税人增值税计算方法为：应纳税额＝销项税金－进项税金。其中：销项税金＝计税收入×适用税率。应税收入包括价外费用，但不包括增值税额。将货物交付他人代销、销售代销货物、将自产或委托加工产品用于非应税项目或用于投资或分配给股东或赠送他人或用于集体福利，均视同销售货物，应计入计税收入课征增值税。进项税金＝进项税额＝准许扣除项目的购进额×增值税适用税率。允许抵扣的购进金额限于：从销售方取得的增值税专用发票上注明的增值税额，从海关完税凭证上注明的增值税额，购进免税农产品准予抵扣的进项税金等。不允许抵扣的进项税金：购进固定资产，用于非税项目的购进货物或应税劳务，用于免税项目的购进货物或应税劳务，用于集体福利或个人消费的购进货物或应税劳务，非正常损失的购进货物，非正常损失的在产品、产成品所耗用的购进货物或应税劳务（非正常损失是指因管理不善造成货物被盗窃、发生霉烂变质等损失）。

一般纳税人使用增值税专用发票，即销售货物或应税劳务应向购买者开具增值税专用发票，增值税专用发票应分别注明销售额和销项税金；购进货物或应税劳务应向销售方索取增值税专用发票，增值税专用发票应分别注明购进货物或应税劳务价款和进项税金。增值税专用发票由国家税务总局印制，省级国税局领购后逐级下发至基层国税征收机关。

江西省依照国家规定，免征以下增值税项目：从事农业（包括种植业、养殖业、林业、牧业、水产业）生产的单位和个人销售初级农产品；供应或开采未经加工的天然水；未达增值税起征点的个体工商户或临时经营者；古旧图书；避孕药品和用具；直接用于科学研究、科学试验和教学进口仪器设备；外国政府、国际组织无偿援助的进口物资和设备；来料加工、来件装配和补偿贸易所需进口的装备；由残疾人组织直接进口供残疾人专用的物品；销售自己使用过的物品等。

1994 年税制改革后，增值税征收范围扩大，课税对象项目较税改前有明显不同。

表 1-2-1　1994 年税改前后江西省增值税课税对象比较

1994 年增值税课税对象	1991—1993 年增值税课税对象
增值税	增值税
国内增值税	部分工业产品
工业生产领域	部分轻工业产品
采掘业	糖、纸、液体饮料、电子产品、纺织品、
制造业	日用机械和电器、药品、日用陶瓷等。
电气水生产供应业	部分重工业产品
商品流通领域	机器机械、汽车、钢材钢坯、有色金属、
商业零售	电线电缆、水泥、水泥制品、砖瓦等。
商业批发	工业性作业
修理修配业	
其他行业	
进口产品增值税	进口产品增值税

说明：表中 1994 年增值税课税对象的"其他行业"，如建筑企业销售建筑材料与构件属商业行为，应缴纳增值税等。

为保证增值税税制的顺利实施，省税务局以"积极实施、稳步推进"为指导思想，从统一思想、统一认识着手，提高广大税务人员对税制改革重要意义的认识，把全体税务人员的思想统一到党和国家关于税制改革精神上来。以"税务人员会操作、企业财会人员会办税"为基本要求，广泛深入地开展新税制的宣传、辅导和培训。制定江西省增值税专用发票管理办法。全省上下对增值税专用发票进行了一次"户户见面、张张过关"的大检查，及时纠正存在的一些问题。同时，积极与公、检、法等部门配合，连续、深入开展"打假"专项斗争，各地共缴获假发票 10.32 万份、私制监制章 4 枚、印刷铅块两块，捣毁印制窝点 1 个；罚款 23.6 万元，移送公安机关处罚的案件 5 起，拘留 6 人。加强检查，考核到位。省国税局分别于 1 月、4 月、10 月组织 3 次全省范围的新税制运行情况检查，解决新税制实施中出现的一些突出矛盾和问题。全省选择 30 个地、市、县国税局和 100 家企业为跟踪监测点，建立新税制运行情况监测网，税制运行情况得到跟踪反馈。各地市国税局逢十日报送新税制运行情况专题书面汇报。交流新税制运行、考核情况和工作经验，有力地推动了新税制的实施。

1994 年新增值税制度在江西省全省范围内成功运行。增值税一般纳税人实行凭发票抵扣税的制度，增值税征收范围扩大，课税项目的重复征税问题得以解决，税收负担更趋公平。

1998 年 7 月 1 日起，增值税一般纳税人购进或销售应税货物支付的运输费用扣除率由 10% 降为 7%。

1999 年 8 月 1 日起对承担粮食收储任务的国有粮食购销企业销售的军队用粮、救灾救济粮、水库移民口粮免征增值税。

2002 年始农产品的增值税进项抵扣率提高 3 个百分点，即由 10% 调高为 13%。

2003 年 1 月 1 日起江西省生猪增值税定额征收标准调整：收购贩运生猪的增值税由每头 20 元调减为 14 元；收购生猪屠宰后上市销售增值税由每头 30 元调减为 20 元。

2007 年 7 月 1 日始，南昌、景德镇、九江和萍乡市的装备制造业等八大行业扩大增值税抵扣范围，实行消费型增值税制度。新余、鹰潭、赣州、宜春、上饶、吉安和抚州市，以及南昌、九江、景德镇和萍乡四市除八大行业之外的行业实行生产型增值税制度。

2008 年始，增值税一般纳税人既有增值税欠税，又有增值税留抵税金的，可用进项留抵税额抵减增值税欠税。

消费型增值税

生产型增值税因不允许企业抵扣外购固定资产的进项税金，存在重复征税问题，影响企业技术改进、设备更新的积极性。消费型增值税制度较之生产型增值税制度优越，避免了重复征税问题。根据财政部、国家税务总局《中部地区扩大增值税抵扣范围暂行办法》等文件规定，2007 年 7 月 1 日起中部地区部分城市扩大增值税抵扣范围。江西省南昌、九江、景德镇和萍乡四市的从事装备制造业、石油化工业、冶金业、汽车制造业、农产品加工业、高新技术企业、电力业、采掘业产品生产为主的增值税一般纳税人，实行消费型增值税，购进固定资产的进项税金按规定予以抵扣，扩大增值税抵扣范围。

允许扩大增值税抵扣范围的纳税人须是上述八大行业销售额占比同期全部销售额 50% 以上（含 50%）的纳税人。可用固定资产进项税金抵扣增值税，具体指的是 2007 年 7 月 1 日以后纳税人购进（包括接受捐赠、实物投资）、自制（含改扩建、安装）固定资产，通过融资租赁方式取得的固定资产，为取得固定资产所支付的运输费用，并取得增值税专用发票、海关进口增值税专用缴款书、交通运输发票等合法扣税凭证的进项税额。

根据财政部、国家税务总局的工作安排，省国税局先后进行两次测算分析，在与省发展和改革委、省财政厅协调意见后，于 2006 年 6 月分别向省政府和国家税务总局作初步汇报。2007 年 5 月，省国税局按照财政部、国家税务总局确定的地区和具体行业，再次进行调查测算。调查测算显示：南昌、九江、萍乡和景德镇四市共有 3567 户一般纳税人企业符合增值税扩大抵扣范围条件。其中南昌市 1940 户、九江 804 户、萍乡 501 户、景德镇 322 户。行业分布情况：装备制造业 1096 户、石油化工业 651 户、冶金行业 126 户、汽车制造业 56 户、农产品加工业 1293 户、高新技术产业 41 户、采掘业 242 户、电力业 62 户。按照 2006 年度数据统计分析，有新增固定资产的企业 1174 户，有税收增量的企业 1373 户；可抵减 2007 年 7 月 1 日以前欠税的有 5 户；可享受退税的 420 户。

南昌、萍乡、景德镇、九江市八大行业增值税一般纳税人进项税额准予按规定抵扣。实行"增量抵扣、余额退税、年底清算"的办法。纳税人当年准予抵扣的进项税额一般不超过当年新增增值税税额（当年实现应缴增值税超过上年应缴增值税的部分），当年没有新增增值税税额或新增增值税税额不足抵扣的，未抵扣的进项税额留待下年抵扣。纳税人凡有 2007 年 7 月 1 日之前欠缴增值税的，无论其有无新增增值税额，应首先抵减欠税。抵减欠税以后仍有余额的，按季办理退税。按年度计算纳税人的增量和允许抵扣的固定资产进项税额，防止出现按季抵扣的税额超过按年计算允许抵扣的税额现象。

省国税局主要领导和分管领导多次参加财政部、国家税务总局专题会议，讨论研究增值税转型等具体政策。省国税局主要领导向省政府、国家税务总局主要领导汇报这项重大税收政策实施以及对江西省经济、税收的影响。省国税局多次召开局长办公会议，研究部署具体的贯彻落实工作；与相关部门联合转发财政部、国家税务总局《中部地区扩大增值税抵扣范围暂行办法》等文件；召开全省设区市国税局流转税业务会议传达学习财政部、国家税务总局的重要政策并进行充分讨论；对全省贯彻执行工作进行具体部署，对有关具体问题做出明确规定，保证了这项政策的顺利实施。

2007 年 7—11 月，全省实际认定转型企业共有 3839 户，其中南昌 2024 户、萍乡 637 户、九江 758 户、景德镇 420 户；全省实际有新增固定资产投资并予以退税的企业共 1110 户。江西省认定参与转型的企业数量在中部地区次于河南省、湖北省。新增机器设备类固定资产 148776.5 万元。2007 年全省发生固定资产进项税金总额 2.18 亿元，其中：实际抵扣固定资产进项税金 6850 万元（抵减增值税欠税 32 万元，退付增值税 6818 万元），结转 2008 年待抵扣进项税额 1.49 亿元。

2007 年 9 月份，财政部、国家税务总局下发《关于扩大增值税抵扣范围地区 2007 年固定资产抵扣（退税）有关问题的补充通知》（财税〔2007〕128 号），对纳税人 2007 年 11 月 30 日前发生的可抵扣固定资产进项税额抵减欠税后有余额的，经省（市）国税局与财政厅商定，可不再按照新增增值税额计算退税的办法退税，允许在纳税人 2007 年实现并已入库的增值税额度内退税。省国税局与省财政厅联合转发此项补充政策，四个设区市执行。由于南昌、九江市收入任务紧张，未能全额退税到位，部分应退税额结转到 2008 年度退库。

2008 年 11 月 10 日，国务院总理温家宝签署国务院令，颁布修订后的《中华人民共和国增值税暂行条例》，自 2009 年 1 月 1 日起执行，在全国范围内实施增值税转型，即由生产型增值税转为消费型增值税。

自 2009 年 1 月 1 日，江西省增值税一般纳税人购进（包括接受捐赠、实物投资）或自制（包括改扩建、安装）机器设备、生产工具、运输工具等固定资产的进项税金，可依照规定予以抵扣。但小轿车、摩托车、游艇等固定资产进项税金不能抵扣，房屋等建筑物的固定资产进项税金不能抵扣。江西的南昌、景德镇、萍乡、九江市的纳税人，2008 年 12 月 31 日以前发生的待抵扣固定资产进项税额期末余额，于 2009 年 1 月份一次性转入"应交税金－应交增值税（进项税额）"科目，作为留抵税额在以后纳税期予以抵扣。销项税金＝计税销售额 × 适用税率。计税销售额不包含增值税，包含价外费用。但价外费用中的委托加工所代扣代缴的消费税、代垫运输费用、代收的政府性基金或行政性收费、代办保险而向购买方收取的保险费、向购买方收取的代缴车辆购置税不列入计税销售额，不予征税。进项税金＝准予扣除项目的购进额 × 适用税率。准予扣除的进项税金包括：从销售方取得的增值税专用发票注明的增值税额、从海关取得的进口产品增值税专用缴款书注明的增值税额、农产品收购发票或销售发票注明的增值税额、运输费用结算单据注明的运输费用金额乘以 7% 扣除率计算的进项税金。不得扣除的进项税金包括：用于非增值税应税项目、免征增值税项目、集体福利或个人消费的购进货物或应税劳务；非正常损失的购进货物或应税劳务；非正常损失的在产品、产成品所耗用的购进货物或应税劳务；财政部、国家税务总局规定的纳税人自用消费品；上述四项的运输费用和销售免税货物的运输费用。一般纳税人销售自己使用过的属于规定不得抵扣且未抵扣的固定资产，按照简易办法依 4% 税率并减半征收增值税。销售自己使用过的属于规定可以抵扣且已抵扣的固定资产，按照适用税率计算征收增值税。小规模纳税人（除其他个人外）销售自己使用过的固定资产，减按 2% 征收率征收增值税。小规模纳税人包括工业、商业及其他行业的小规模纳税人的增值税征收率统一调低至 3%。新税法将年应税销售额超过小规模纳税人标准的个人、非企业性单位、不经常发生应税行为的企业统一按小规模纳税人纳税的规定，调整为年应税销售额超过小规模纳税人标准的其他个人（自然人）继续按小规模纳税人纳税，而非企业性单位和不经常发生应税行为的企业可以自行选择是否按小规模纳税人纳税。

江西省按照国家规定自 2009 年 1 月 1 日起，有色金属矿产品、黑色金属矿产品、煤炭等非金属矿产品增值税税率由 13% 提高到 17%，其中食用盐仍适用 13% 税率。江西省火力发电厂从外省购进煤炭较多，钢铁厂从外省购进和进口铁矿石较多，江西铜业公司从外省购进和进口铜矿石较多，增值税进项税金须按 17% 税率计算，此项政策影响江西省国税的减收额大于增收额。2009 年 1 月 1 日起，废旧物资回收经营单位销售其收购的废旧物资由免征增值税调整为征收增值税，由财政部门审核按一定比例办理退税；生产企业一般纳税人购入废旧物资回收经营单位废旧物资的进项税金抵扣率由 10% 调整为 17%。此项政策影响江西省国税收入的增收额大于减收额。

国家新增值税政策出台后，江西省各级国税机关组织税务干部学习掌握政策，准确执行政策。各级国税机关根据本地区实际情况举办纳税人培训班，对企业法人和财务人员进行业务培训，有的还委托中介机构组织培训，税务人员辅导和讲课，多形式培训使纳税人及时了解、熟悉新政策和办税程序，能准确计算应纳税款，能准确规范地填报纳税申报表，减少差错，提高申报质量，遵从税法，提高依法纳税意识。

各地国税部门普遍开展新政策对本地区税收收入和经济影响情况的测算分析工作，尤其对重点政策、重点行业、重点企业开展调查，密切跟踪宏观经济和企业经营形势变化，全面掌握税源税收发展变化情况，及时反映政策执行情况及其存在问题，研究提出完善管理的意见与措施。

国税系统各级各部门各司其职、密切协作，推进各项税收新政策贯彻落实。流转税管理部门重点做好纳税人新的纳税申报表填报辅导工作；做好"一窗式"比对工作；负责一般纳税人的认定和管理、优惠政策调整后的衔接工作、资格确认和退免税的办理。征管部门负责综合征管软件的系统运维，牵头组织对多元化电子申报系统进行修改和升级，负责对小规模纳税人征收率调整后定税的调整工作。纳税服务部门抓好纳税辅导，优化服务。信息中心重点做好各系统软件的升级，解决系统升级后出现的各种问题。根据需要，向有关部门提供有关测算数据，反馈系统运行中的问题。纳税评估部门对税收增减幅度较大的企业开展评估，对政策调整所涉及的重点行业和企业开展专项评估，评估参数指标的调整向有关部门反馈。税源管理部门做好对纳税人的政策辅导，及时掌握政策调整后的变化情况，深入分析变化因素和影响程度，了解和掌握企业固定资产的抵扣情况，掌握企业的技术改造项目和固定资产的投资情况。计统部门算好账，做好税收经济分析，预测新政策税收收入变化情况，对重点税源企业税收收入、税负变化情况进行监控，提交收入变化情况报告，发布新的税负预警指标。

小规模纳税人标准降低后，对达到标准的，主管税务机关按照规定为其办理一般纳税人认定手续，未申请办理一般纳税人认定手续的，按销售额依照增值税税率计算应纳税额，不抵扣进项税额，也不使用增值税专用发票。省国税局重新修订《江西省增值税一般纳税人纳税申报办法》，主管税务机关接收一般纳税人申报资料时要求，通过征管系统对一般纳税人报送的纳税申报电子资料进行审核，电子资料不齐或填报不符合规定的，当场一次性告知纳税人，纳税人应在纳税申报期限内补正或重新填报。对纳税人报送的纸质《增值税纳税申报表（适用于增值税一般纳税人）》第34栏"本期应补（退）税额"和征管系统接收的电子信息相应栏次进行审核，确认无误后加盖业务专用章签收，一份退还纳税人，一份由税务机关留存。通过互联网进行增值税纳税申报的纳税人在网上完成电子申报及税款缴纳后，可按《申报办法》的要求一年报送一次本年逐月的纸质必报资料，报送期限及报送内容由各地市级以上税务机关决定。主管税务机关仔细核对报送纸质申报资料，纳税人应在报送期限结束后10日内补齐缺漏资料。纳税人办理停业注销的，须将当年度逐月的纸质申报资料向主管税务机关报送后方可按规定办理注销手续。对一些税负偏低、税收漏洞大的行业、专业市场和其他重点户管理，各级国税机关在核定、调整定额工作中，按照《个体工商户定期定额管理暂行办法》规定程序和方法进行规范操作。

对资源综合利用企业符合享受税收优惠政策资格和条件的，可及时办理退免税。对取消优惠政策的项目，尤其是对立窑生产的水泥不再执行退税的政策。新政策对铜业、钢铁、电力、成品油生产企业的增值税转型、提高矿产品税税率影响很大。对重点技改项目和新投资重点项目进行跟踪。掌握技改时间跨度，固定资产设备投资时间，设备投资比较，特别注意原有重大技改的固定资产的实际发生和开始时间。纳税人允许抵扣的固定资产进项税额，是指纳税人2009年1月1日以后（含1月1日）实际发生，并取得2009年1月1日以后开具的增值税扣税凭证上注明的或者依据增值税扣税凭证计算的增值税税额。对不符合上述条件的固定资产进项税额，不能允许抵扣。对享受优惠政策企业进行跟踪。这次资源综合利用企业政策的调整，新增项目较多，也减少一些项目，还有一些项目的税收优惠方式发生了调整，各地跟踪调查，及时反馈。通过采取以上措施，促进了保增长、保民生政策及时落实到位，使企业按时享受到税收政策实惠。自2009年1月1日起江西增值税转型改革，全省由原4个试点的设区市扩大到全省11个设区市，由八个行业扩大到所有行业，由3839户企业扩大到所有的增值税一般纳税人，增值税转型进入全面实施阶段。2009年全省28080户增值税一般纳税人企业全部实行增值税转型改革，政策执行管理不断加强。

2001年5月至2008年12月，国家对再生资源回收企业销售废旧物资收入免征增值税。在税收优惠政策扶持下，江西省再生资源回收业与加工业生产经营规模快速扩张，2005年江西省再生资源回收企业仅为289户，加工企业336户；2009年再生资源回收企业达1000余户，加工企业近1000户。2004年再生资源回收企业年销售额为88亿元，2008年达927亿元，2009年为769.6亿元，5年增长7.7

倍。再生资源企业经营特点是"两头在外"比重较高，全省再生资源企业主要是经营以废铜为主的废旧金属，购进再生资源大部分来自广东、浙江、江苏等省，经生产加工的主要产品是铜，不少铜产品销往浙江、上海、江苏等省（市），部分销售给本省江铜股份公司。存在的主要问题：再生资源回收企业从外省购进废铜物资绝大部分未取得合法凭证，自行开具收购发票比例较高；企业亏损面较宽，再生资源回收企业亏损面达38.01%，加工企业亏损面达56.17%，与再生资源行业快速扩张态势不相适应；有的再生资源加工企业通过设立关联回收企业并虚开收购发票，抬高回收企业产品销售价格，将加工企业税收负担转移到回收企业；有的虚开发票等。税收执法存在风险。

省国税局对再生资源行业税收管理高度关注，2009年1月1日新政实施后，注销企业在防伪税控系统中"废旧物资经营单位"的档案信息，收缴企业尚未开具的专用发票，重新核定企业增值税专用发票的最高开票限额和最大购票数量，严控增值税专用发票发售。2009年2月24日上午省国税局召开专题会议进行认真研究，决定采取应急措施，并于25日上午召开全省再生资源增值税管理工作座谈会议进行部署，各地国税机关认真落实。之后于2009年内，根据再生资源行业经济税收情况，省国税局多次召开专题会议进行研究，针对再生资源回收利用企业当前存在的突出问题进行研究，提出规范管理意见。要求再生资源回收经营企业收购再生资源应按规定取得供货方开具的合法记账凭证，对部分确实无法取得增值税专用发票或其他合法记账凭证，且系供应本省生产加工企业的再生资源，经县级主管国税机关核实有真实货源后，暂准许再生资源回收经营企业开具收购统一发票。收购统一发票仅作为企业财务核算凭证，不得作为扣税凭证抵扣增值税进项税额。2010年6月，省国税局会同省财政专员办、省财政厅报请省政府批转下发《规范再生资源行业财税管理的若干意见》，各地予以执行。各设区市国税局分别多次召开再生资源税收管理专题会议，剖析问题，研究措施，遵循税法规定，结合当地实际，借鉴兄弟单位成功经验，健全管理措施，制定管理办法，加强信息沟通，开展纳税评估，强化对再生资源回收经营、加工处理等各个环节的税收管理，堵塞税收漏洞，保证增值税链条机制的正常运行，促进再生资源产业健康发展。

增值税起征点

税收起征点适用对象通常是个体工商户和临时经营者。1994年税制改革前，个体工商户大多是从事商业，而商业销售是征营业税。部分个体工商户和临时经营者加工生产鞭炮烟火，开采小煤窑，农副产品收购等，征收的是产品税。

1994年税制改革后，增值税征收范围覆盖工业生产领域、商品流通领域和修理修配业，增值税税法规定起征点：销售货物的起征点为月销售额600—2000元，销售应税劳务的起征点为月销售额200—800元，按次纳税的起征点为每次（日）销售额50—800元。省税务局研究决定：个体工商户和临时经营者销售货物的起征点为月销售额城市1000元，县城、镇800元，农村600元；销售应税劳务的起征点为月销售额城市400元，建制镇300元，农村200元；按次纳税的起征点为每次（日）销售额50元。

2002年，财政部、国家税务总局印发《关于下岗失业人员再就业有关税收政策问题的通知》规定："将销售货物的起征点幅度由现行月销售额600—2000元提高到2000—5000元；将销售应税劳务的起征点幅度由现行月销售额 200—800 元提高到 1500—3000 元；将按次纳税的起征点幅度由现行每次（日）销售额 50—80 元提高到每次（日）150—200 元。"这一政策调整不仅仅只适用下岗失业人员，而且适用于所有缴纳增值税的个人。省国税局经调查研究并广泛征求意见后研究决定，提高江西省增值税起征点：销售货物为月销售额城市 3000 元、县城（含建制镇）2800 元、农村 2000 元；销售应税劳务的为月销售额城市 2500 元、县城（含建制镇）2200 元，农村 1500 元；按次（日）为 150 元。

2005 年 7 月 1 日起，江西省再次提高增值税起征点，适用于全省所有缴纳增值税的个人，不再区分城市、县城（镇）和农村。新的增值税起征点销售货物为月销售额 5000 元；销售应税劳务为月销售额 3000 元；按次纳税为每次 200 元。

省增值税起征点标准与 2008 年 12 月 19 日财政部、国家税务总局发布的《增值税暂行条例实施细则》所规定的增值税起征点标准相符合。

部分行业（项目）增值税

1994 年税制改革后，随着社会主义市场经济发展，税制不断调整、逐步完善，根据国家规定，部分行业（项目）增值税政策多次改革调整，变化较大。其中：

生猪增值税　新税制实施以来，针对全省各地对生猪贩运、上市销售猪肉征收增值税税负标准执行不统一的情况，省税务局 1994 年 6 月 6 日印发《关于对经营生猪征收增值税问题的通知》，明确规定：对收购贩运生猪或收购生猪宰杀后上市销售猪肉应纳增值税可按 6% 征收率征收；也可实行定额征收，实行定额征收的每头按 30 元征收增值税。各地可根据城乡或季节价格差上下浮动 10% 以内具体掌握。1996 年 12 月 1 日起屠宰税征收标准为：生猪每头 12 元，牛每头 16 元，羊每头 2 元。

1996 年 7 月 5 日，省国税局规定：农民自产自销的生猪，一律不得征收增值税；对收购贩运生猪实行定额征收的，按每头 20 元征收增值税；对收购生猪宰杀后上市销售猪肉实行定额征收的，每头按 30 元征收增值税；各地可根据城乡或季节价格差上下浮动 10% 以内具体掌握。

1998 年 5 月 5 日，江西省境内收购贩运生猪和收购宰杀后上市销售的单位和个人，为生猪经营增值税的纳税义务人。适用税率为：一般纳税人适用税率为 13%，其进项税额凭国税机关印制发放的收购凭证所载明收购价格的 10%，或增值税专用发票注明的税额计算；其他纳税人适用税率为 6%。为便于计算，也可实行定额标准：收购贩运生猪每头按 20 元计征；收购生猪屠宰后上市销售的，每头按 30 元计征，各地可根据城乡或季节价格差别上下浮动 10% 计征。凡在江西省境内收购生猪的纳税人，向生猪生产所在地主管国税机关或代征单位（人）申报纳税。其已缴纳的增值税，凭完税证回纳税人所在地抵减应纳税额。主管国税机关应及时对其抵减应纳税款的完税证予以注销，并加盖"已抵减应纳税"印章。

从 2003 年 1 月 1 日起，江西省收购贩运生猪的增值税由每头 20 元调减为 14 元；收购生猪屠宰后上市销售的增值税由每头 30 元调减为 20 元。各地仍可根据城乡或季节价格差别按调减后的征收标准上下浮动 10% 计算征收。省税务部门进一步规范委托代征，严禁搞税收摊派和承包，强调农民生产销售自己饲养的生猪免缴增值税，不得以任何理由擅自改变纳税环节，让农业生产者缴纳或代缴生猪增值税。

各地国税机关转发《江西省国税局关于调整生猪增值税定额征收标准的通知》，利用当地电视、报纸、广播等媒体，印发宣传单、公告，召开会议，向社会宣传调整生猪增值税征收标准的政策。定额征收标准调整后，全省生猪增值税减少，对地方财政收入有一定影响。各地政府通过多种形式对生猪减税工作给予支持，如萍乡市政府办公室以《信息选编》刊登省国税局新的征收标准，宜丰县政府专门下发《关于加强生猪税收征管的通知》，赣县政府专门就新的征收标准下发了《抄告单》，许多乡镇领导参加国税部门召开的专门会议。发展养猪事业，增加农民收入，征收标准降低后，大多数贩猪商和屠商自觉依法纳税，特别是在定点屠宰场，挤卡、闯卡逃税现象明显减少。

2005 年 7 月 18 日，省国税局明确规定：对生猪养殖户不征收生猪增值税，对收购贩运生猪的在销售地征收增值税，除实行定点屠宰可委托定点屠宰办公室代征外，一律不委托其他单位代征。

福利企业增值税　1994 年 7 月，江西省由民政部门、街道、乡镇举办的福利企业（不包括外商投资企业），安置的"四残"（指盲、聋、哑及肢体残疾）人员占企业生产人员 35% 以上，有健全的管理制度并建立了"四表一册"（指企业基本情况表、残疾职工工种安排表、企业职工工资表、利润使用分配表、残疾职工名册），经民政部门和税务部门验收合格并发给《社会福利企业证书》的民政福利企业，可享受以下税收优惠政策：安置"四残"人员占企业生产人员 50% 以上的民政福利工业企业，其生产增值税应税货物，符合优惠条件的，征税后返还全部已纳增值税；安置"四残"人员占企业生产人员 35% 以上、未达 50% 的民政福利工业企业，其生产增值税应税货物，符合优惠条件的，如发生亏损，可部分或全部返还全部已纳增值税，具体比例的掌握以不亏损为限。

1996 年 3 月 1 日，省国税局、省民政厅规定：享受增值税优惠政策的福利企业是指民政部门、街道、乡镇、企事业单位举办的福利企业，须同时具备三个条件：安置的"四残"人员占企业生产人员总数 35% 以上；管理人员占全厂职工的比例在 20% 以下；雇请的临时工须经劳动部门和民政部门同意，使用时间在 6 个月以上的，当年才可与正式人员合并计算比例。从 1996 年开始，福利企业必须持有省国税局、省民政厅审查认定后颁发的"江西省社会福利企业确认书"方可享受增值税即征即退优惠政策。福利企业申请退税的具体手续：企业向纳税地国税局提出申请，并附原始纳税凭证及复印件，经纳税所在地国税局审核后逐级报省国税局核准批复，纳税地国税局根据批件开具"收入退还书"，把税款的 80% 退付给企业。为了更有效地发挥减免税金在促进社会福利企业技术进步、发展生产的作用，增强民政主管部门参与宏观经济管理的能力，根据上级有关文件精神，从 1996 年起福利企业的减免税金应提取 20% 上缴民政厅集中调配使用。

1997 年 2 月 20 日，福利企业月入库税款 2 万元以上的，按月办理退税审批手续，其他企业按季办理退税审批手续。

1999 年 1 月 1 日起，同时具备以下条件的福利企业可享受增值税先征后返优惠政策，即：福利企业已安置的"四残"人员占企业生产人员总数 35% 以上；管理人员占全厂职工的比例在 20% 以内，残疾职工上岗率在 80% 以上；减免税资金使用符合有关规定、确实用于福利企业技术改造、扩大再生产、补充流动资金和职工集体福利。安置的"四残"人员占企业生产人员总数 50% 以上的福利企业，经国税机关批准，给予退还全部已纳增值税；安置的"四残"人员占企业生产人员总数 35% 以上、未达 50% 的民政福利企业，如发生亏损，经国税机关批准，可给予部分或全部返还已纳增值税的照顾，具体比例的掌握以不亏损为限。1999 年后每年的 3 月份和 9 月份，省民政厅、省国税局对享受增值税先征后返优惠政策的新办福利企业进行认定；福利企业年应纳增值税 10 万元以下的，由地市国税局、民政局审批；福利企业年应纳增值税 10 万元（含 10 万元）以上的，由省国税局、民政厅审批。已经享受增值税先征后返优惠政策的福利企业必须在年度结束后 3 个月内办理年检手续。

2001 年 7 月 1 日起规定享受增值税优惠政策的福利企业应具备的条件：安置的"四残"人员占企业生产人员总数 50%（含）以上；管理人员占全厂职工的比例在 20%（含）以内；雇请的临时工，使用时间在 6 个月以上的，当年才可与正式人员合并计算比例；残疾职工有适当的劳动岗位，上岗率达到 80%（含）以上。

2003 年 8 月 1 日起，对福利企业检审批权限进行调整：将年纳增值税 10 万元以下由设区市国税局审批调整为年纳增值税 80 万元以下由设区市国税局审批。福利企业增值税实行按季退税。县级主管国税机关自收到企业申请 10 个工作日内审核完毕并上报上级国税机关审批。省国税局和设区市国税局自收到下级上报的已审核退税申请之日起 7 个工作日内审核完毕。各退税机关在收到退税审批件之日起 7 个工作日内办理完有关退库手续。实行增值税退税配比政策。除民政福利、街道、乡镇创办的福利企业外，对其他社会力量创办的生产性福利企业（不包括外商投资企业），安置"四残"人员达到企业生产人员 50%、残疾职工上岗率达到 80% 以上的社会福利企业，经国税机关批准，可以退还企业部分已缴纳的增值税，具体退还比例以企业实际支付残疾人员工资总额的 2.5 倍为限。

2003 年 10 月 22 日起，明确：除民政福利企业外，对其他社会力量创办的生产性福利企业给予适当返还增值税的优惠，实行退税与实际支付"四残"人员工资配比制度。福利企业退还增值税额以企业实际支付"四残"人员工资总额的 2.5 倍为最高限额。企业实际缴纳的增值税不足"四残"人员工资总额 2.5 倍的，以企业实际缴纳的增值税为限。2007 年 7 月 1 日起，福利企业税收优惠政策调整为残疾人就业税收优惠政策。对安置残疾人的单位，实行由税务机关按单位实际安置残疾人的人数，限额即征即退增值税或减征营业税办法。实际安置的每位残疾人每年可退还的增值税的具体限额，由县级以上税务机关根据单位所在县（市）适用的经省级人民政府批准的最低工资标准的 6 倍确定，但最高不得超过每人每年 3.5 万元。主管国税机关按月退还增值税。安置人员范围由原政策规定的"四残"人员扩大到"六残"人员，新增了智力残疾人和精神残疾人，同时将伤残军人纳入了范围（1 至 8 级）。安置残疾人就业的单位（包括福利企业、盲人按摩机构、医疗机构和其他单位）享受增值税优惠政策应具备以下条件：依法与安置的每位残疾人签订了一年以上（含）的劳动合同或服务协议，并且安置的每位残疾人在单位实际上岗工作；月平均实际安置的残疾人占单位在职职工总数的比例高于 25%（含），并且实际安置的残疾人人数多于 10 人；为安置的每位残疾人按月足额缴纳"四险"等社会保险；向安置的每位残疾人实际支付了经省级人民政府批准的最低工资标准的工资；具备安置残疾人上岗工作的基本设施；生产销售货物或提供加工、修理修配劳务取得的收入占增值税和营业税业务收入之和的比重达到 50% 或以上。

省国税系统与省民政等部门及时沟通协商，深入调查，摸清情况，结合本省实际，研究制订管理办法与措施，保障政策准确执行，落实到位。

再就业增值税 国有企业改制以来，按照党中央、国务院的部署和要求，各级党委、政府坚决贯彻执行"鼓励兼并、规范破产、下岗分流、减员增效、实施再就业工程"和建立国有企业下岗职工基本生活保障制度、失业保险制度、城市居民最低生活保障制度"三条保障线"等政策措施，确保了绝大多数下岗职工的基本生活，一大批下岗职工通过多种途径实现了再就业。由于多方面因素影响，中国就业形势仍不容乐观。国家税收政策对再就业工作予以支持和扶植，对再就业人员给予减免税照顾。

1994年11月25日，省劳动厅、省计委、省经贸委、省体改委、省人事厅、省建设厅、中国人民银行江西省分行、省国税局、省地税局、省工商局、省国资管理局等11家联合发文《关于贯彻国务院〈关于劳动服务企业发展第三产业安置富余人员若干问题的通知〉的通知》规定：教育部门办的劳动服务企业（就业人员包括待业青年、国有企业富余职工、失业职工、机关事业单位精减机构的富余人员、农转非人员、两劳释放人员等）按校办企业有关税收减免规定执行；劳动服务企业安排"四残"人员达到规定比例的，可享受国家对社会福利企业减免税的优惠政策；新开办的高新技术劳动服务企业，可享受江西省对高新技术开发区规定的有关优惠待遇。

2003年1月21日，省国税局转发《财政部、国家税务总局关于下岗失业人员再就业有关税收政策问题的通知》；2003年7月4日，省国税局转发《国家税务总局关于贯彻落实〈国务院办公厅关于加快推进再就业工作的通知〉的通知》；2005年7月1日，省国税局印发《江西省国家税务局关于推动全民创业、加快富民兴赣的实施意见》；2007年7月9日，省国税局发文《关于贯彻执行促进残疾人就业税收优惠政策有关增值税具体征管问题的通知》；2010年4月1日，省国税局印发《江西省国家税务局关于促进鄱阳湖生态经济区建设的若干税收意见》。上述通知都对增值税优惠政策作了明确规定。

全省各级国税机关积极履行职责，按照"领导重视、执行到位、工作扎实"的总要求，严格落实再就业税收优惠政策规定，努力促进再就业工作。各级国税机关实行"一把手"负总责，分管领导具体负责，政策法规部门牵头组织，税政、征管部门具体执行的组织机制。加强对下级国税机关落实再就业税收优惠政策的监督，一级抓一级，层层抓落实。实行内部协调制，由政策法规部门负责政策监控、督查和反馈，流转税、所得税、征管部门负责具体政策落实，各职能部门全力配合，确保政策执行到位。国税部门加强与地税、劳动保障、工商等部门沟通，加强工作联系和信息共享，及时了解掌握下岗失业人员和吸纳下岗失业人员的企业情况。加强政策的学习、培训和宣传，各级国税机关认真学习、准确把握政策各项规定内容，切实提高政策执行水平。充分利用办税服务场所、税务网站、报刊等载体，营造有利政策落实的舆论环境。用足、用好政策规定，促进更多的下岗失业人员自主创业，鼓励企业吸纳更多的下岗失业人员。各级国税机关和广大国税人员，全面落实服务承诺制，完善首问负责制和"一站式"服务，深化及时、准时、限时、延时服务，保证下岗失业人员和有关企业办理税收事宜随到随办。对一些吸纳下岗失业人员较多的企业，实行上门办理，使再就业税收优惠政策落实更加快捷。在认真审核纳税人有关资格条件的前提下，尽可能简化有关手续和程序。加强政策跟踪问效，基层国税机关根据再就业税收优惠政策的调整情况，进一步完善再就业税收减免台账，及时、准确、完整登记纳税人享受再就业税收优惠政策的情况，认真做好政策执行统计、分析和报告。积极开展新政策落实情况的调查研究工作，了解收集新政策执行中存在的问题，及时向上级和有关部门反馈，研究改进措施，健全再就业税收优惠政策落实的长效机制。按照依法治税、依法行政的要求，将依法征税与依法减免税统一起来，坚持组织收入原则，树立不依法落实税收优惠政策也是收"过头税"的观念。组织国税机关加强对政策落实的日常检查，上级国税机关不定期对下级国税机关进行重点抽查，及时纠正存在的问题。把纳税人满意不满意作为衡量税收政策执行工作的重要标准，经常征求、听取纳税人和社会各界对国税机关执法工作的意见和建议，不断改进再就业税收优惠政策管理工作，协调处理好有关工作衔接，形成政策执行的合力。

废旧物资经营 1994年5月1日起，从事废旧物资经营的增值税一般纳税人收购的废旧物资不能取得增值税专用发票的，根据经主管税务机关批准使用的收购凭证上注明的收购金额，依10%的扣除率计算进项税额予以扣除。为解决废旧物资回收经营企业在新旧税制转换过程中的实际困难，在1995年内，对从事废旧物资回收经营的增值税一般纳税人，按现行规定计算缴纳增值税后，实行增值税先征后返。由企业提供纳税凭证，经审核批准，按已入库增值税税额的70%返还企业。返还资金按分税制财政体制的规定，由中央财政和地方财政分别负担。发生欠税的企业，必须先将税款足额缴纳入库后才可办理返还手续，否则不适用税款返还政策。

2004年6月17日，省国税局明确：对中国再生资源开发公司聘用的下岗人员和社会人员为本单位收购废旧物资收入，不征收增值税。分支机构凡未向购货方开具发票或收取货款的，应由总机构统一缴纳增值税。中国再生资源开发公司在各地设立的废旧物资货场，如既不向购货方开具发票，也不收取货款，则由该公司在其机构所在地统一缴纳增值税。否则，由货场在其机构所在地缴纳增值税。

2004年12月3日，省国税局印发《江西省废旧物资购销经营增值税管理办法》，对废旧物资购销经营单位免征增值税的资格登记管理、发票管理、购销业务管理、申报与抵扣管理、违章处理等做出明确规定。要求废旧物资购销经营单位取得免征增值税资格必须同时具备依法成立、实行独立核算、具备固定经营场所、财务制度健全和内部控制严密等条件；对废旧物资购销业务实行特种行业业务发票管理，按照收购、销售业务的不同，分别使用"江西省＊＊市统一收购发票""江西省废旧物资统一销售发票"，经营单位跨县（市、区）异地收购废旧物资的，比照外出经营活动税收管理规定执行等。全省各级国税机关依此执行。

2007年5月，为全面了解和掌握企业生产经营与税收情况，更好地贯彻落实国家废旧物资增值税政策，省国税局组织开展对废旧物资回收经营与生产加工企业的增值税专题调查，专题调查分企业自查和典型调查两个阶段进行，历时一个月，共调查全省1267户企业。第一阶段组织1267户企业对本企业购销、生产等情况进行自查，5月18日完成。全省列入自查的废旧物资经营企业754家，2006年1月至2007年3月收购金额合计为494.86亿元，开具收购发票金额455.38亿元，占收购总金额的92.02%。其中：省内购进126.26亿元，占27.73%；省外购进329.12亿元，占72.27%。销售总金额为480.96亿元，其中：销往省外的金额为93.88亿元，占19.52%；销往省内的金额为387.08亿元，占80.48%。企业户数位列前三的是宜春市、吉安市、上饶市。收购和销售金额位列前三的为鹰潭市、宜春市、上饶市，收购金额分别为 91.76 亿元、82.13 亿元、69.69 亿元，收购金额合计数占全省比重 49.22%；销售金额分别为 84.89 亿元、83.03 亿元、64.21 亿元，销售金额合计数占全省比重 48.27%。全省列入自查的金属类用废加工企业 513 家，2006 年 1 月至 2007 年 3 月共购进废旧物资 426.61 亿元，利用废旧物资 389.95 亿元，平均税负率为 4.87%。购进废旧物资额位列前三的是上饶市、鹰潭市、赣州市，其购进金额分别为 100.35 亿元、76.96 亿元、43.02 亿元，购进金额合计数占全省比重 51.64%。平均税负较低的南昌市（2.84%），税负较高的有鹰潭市（6.76%）、抚州市（5.98%）和景德镇市（5.61%）。

第二阶段省国税局选择废旧物资经营与利用企业较集中、金额较大的南昌市、九江市、新余市、鹰潭市、赣州市、吉安市、宜春市、上饶市和抚州市进行（另 3 个设区市根据实际情况自行安排调查），54 户企业开展典型调查成立 9 个调查组，每组 6 名业务骨干，以 9 个设区市国税局流转税科长为组长，进行交叉检查；重点调查 27 户大型回收经营企业、17 户规模较大的金属加工福利企业和 10 户低税负较大规模金属加工用废企业。在发票开具、资金运转、仓储场地、购销价格、发票使用、购销渠道、货物运输、财务核算、设备生产能力等方面进行典型调查，发现存在的主要问题有：普遍存在扩大收购发票开具范围的现象。收购凭证和销售发票注明的商品品目明显不属于居民的生活废弃物，如钴矿渣、废钢渣、IC 切边料、废硅片、冰铜、铜泥等众多废品，属于工业下脚料，按规定应取得普通发票或专用发票，但企业基本上都是开具收购发票。有的经营企业未通过企业账户与供货人结算，而是由采购员直接与出售人结算，造成收购业务的付款人与收购发票开具的不一致。大部分企业发生购销业务时能采用银行转账和现金支票的方式，但小部分仍使用现金交易，个别企业单笔收购资金超百万元。与经营企业有关联的用废企业或点对点销售企业的，均无单独的仓储场地或与关联企业共享仓储场地，货物直接由收购地运至用废企业。有的金属回收类企业存在销售价与收购价等额差的现象，对于关联企业为非福利金属加工企业的，其销售价格容易被操控以调节用废企业的税负。企业自行填开收购发票占收购货物的绝大多数。有的未严格按照要求填写，如验货人、付款人、开票人、结算方式等项目经常漏填，不利于税务机关的控管。经营企业的购销渠道一般都比较固定，且外省供货人占绝大多数。本省企业需要从省外购进大量的废旧物资，同时又有近百亿（约五分之一）销往省外，有少数企业存在"两头在外"的经营业务。大部分企业都没有发生运输费用，企业收购废旧物资由供应方运至企业仓储地，账面没有发生运费，只有少数纳税人保管了部分的运输费用单据，从运费方面很难评估企业购销业务的真实性。不少企业未按规定建立购销台账，有的企业收购台账与"两单两证"（过磅单、验收单、运输凭证、付款凭证）不能一一对应，有人为调节废旧物资销售数量和金额的现象。企业的实际生产数量都小于生产能力测算数量，但个别企业呈现异常，实际生产数量超出其生产能力三分之一。

2008 年 12 月 24 日，省国税局转发《财政部、国家税务总局关于再生资源增值税政策的通知》，规定增值税一般纳税人购进再生资源，应当凭增值税条例及其细则规定的扣税凭证抵扣进项税额，原印有"废旧物资"字样的专用发票停止使用，不再作为增值税扣税凭证抵扣进项税额。在 2010 年底以前，对符合条件的增值税一般纳税人购进再生资源缴纳的增值税实行先征后退政策。退税比例：对符合条件的纳税人 2009 年销售再生资源实现的增值税按 70% 比例退回纳税人；对符合条件的纳税人 2010 年销售再生资源实现的增值税按 50% 比例退回纳税人。退税业务由财政部驻当地财政监察专员办事处及负责初审和复审的财政部门按照相关规定办理。再生资源加工处理，指清洗、挑选、整理等简单加工。报废船舶拆解和报废机动车拆解企业，适用《通知》的各项规定。《通知》自 2009 年 1 月 1 日起执行。之前关于废旧物资增值税政策文件同时废止。根据江西实际情况，省国税局《通知》中补充规定：自 2009 年 1 月 1 日起，对符合条件的再生资源销售企业按商贸企业增值税一般纳税人进行认定、管理，并做好防伪税控系统中档案信息的注销与录入工作。加强增值税一般纳税人购进再生资源进项抵扣凭证的认证、抵扣管理，对不符合增值税条例及其实施细则规定的扣税凭证，不得抵扣进项税额。2009 年 1 月 1 日之前省国税局关于废旧物资和再生资源增值税问题的补充规定同时废止。

2009 年 9 月 29 日，财政部驻江西财政监察专员办事处、省财政厅和省国税局联合转发《财政部 国家税务总局关于再生资源退税政策若干问题的通知》要求：纳税人销售再生资源发生的应收账款，应在纳税人按照银行有关规定进行资金清算后，方可计入金融机构结算的再生资源销售额。纳税人销售再生资源按照银行有关规定取得的预收货款，应在销售实现后方可计入通过金融机构结算的再生资源销售额。纳税人之间发生的互抵货款，不应计入再生资源销售额。纳税人再生资源销售额所占比重是否不低于 80% 的要求，应按纳税人退税申请办理时限（按月、按季等）进行核定。操作时按照 2008 年底以前适用免征增值税政策具体范围执行。其中加工处理仅限于清洗、挑选、破碎、切割、拆解、打包等改变再生资源密度、湿度、长度、粗细、软硬等物理性状的简单加工。按照《再生资源回收管理办法》（商务部令 2007 年第 8 号）有关规定应向有关部门备案的，应当自备案当月 1 日起享受退税政策。纳税人申请退税时提供的 2009 年 10 月 1 日以后开具的再生资源收购凭证、扣税凭证或销售发票，除符合现行发票管理有关规定外，还应注明购进或销售的再生资源的具体种类（从废旧金属、报废电子产品、报废机电设备及其零部件、废造纸原料、废轻化工原料、废塑料、废玻璃和其他再生资源等 8 类之中选择填写），否则不得享受退税。负责初审的财政机关和税务主管机关应就纳税人的征税和退税等情况进行沟通。负责初审的财政机关应定期向税务主管机关通报受理和审批的申请退税纳税人名单及批准的退税额，税务主管机关对在日常税收征管、纳税检查、纳税评估、稽查等过程中发现的纳税人的异常情况及时通报给负责初审的财政机关。自 2009 年 10 月 1 日起执行。

《通知》还规定，纳税人申请退税金额 100 万元以上的（含 100 万元），按月申请退税。其余纳税人一般按季申请退税。负责初审的财政机关就辖区内的退税企业原则上按一个批次集中申报退税资料，负责终审的专员办审核同意后，对初审的财政机关就所辖退税企业按一个批次汇总（即同一个退税文号）下达"退税批复通知书"，同时开具"收入退还书"，相关国库根据专员办汇总下达的"退税批复通知书"和初审财政机关开具的"收入退还书"办理退库手续。退税资料须增加"再生资源回收企业销售货物情况表"，主要包括纳税人销售再生资源的增值税专用发票号码，销售货物的项目名称、数量、金额、销售对象和销售日期等内容，同时须经初审财政机关和国税主管机关盖章确认。增值税纳税申报表须经当地国税主管机关审核并盖章确认。负责初审的财政机关应严格执行财政部文件规定，对纳税人申报的退税资料必须进行实地审核，确保资料的真实有效。纳税人当月销售再生资源所缴纳的增值税400万元以上的（含400万元），应予以重点审核。严禁各种形式的预缴增值税现象，对预缴税款初审时就应一律剔除，如初审时没有剔除的，复审和终审机关将对初审财政机关进行通报并对预缴税款不予退付，同时对预征税款的国税部门向省国税局反映。上述规定自2009年10月1日起执行。

2009年1月1日起再生资源增值税新政实施，对江西省经济发展、税收收入和税收收入结构产生重大影响。即：废铜加工企业从废旧物资回收经营企业购进废铜的进项税金抵扣率由10%调整为17%，2009年和2010年全省废铜加工企业国内增值税收入大幅减少；再生资源回收经营企业销售废旧物资由免征增值税调整为征收增值税，由此影响2009年和2010年全省再生资源回收经营企业增值税收入超常增加。上述政策增收因素与减收因素相抵后，2009年全省国内增值税收入净增41.3亿元，对当年全省国内增值税收入增收的贡献率为70.9%，对当年全省国税税收增收总额的贡献率为44%。再生资源回收经营企业销售废旧物资缴纳增值税由财政部门审核按比例退付政策施行，部分纳税人突击开票、超范围开票、虚开发票以牟取暴利等违法行为时有发生。

根据再生资源产业现状和税收执法管理中所发现的问题，省国税局多次召开专门会议，认真研究制订针对性措施。2009年3月22日省国税局局长办公会议研究决定，对再生资源税收管理情况进行专题调研，由货劳税处会同收入规划核算处、稽查局研究拟定调查提纲，确定调查企业，抽调调查人员，于3月24日至4月2日开展专题调研工作。调研工作分两组进行，共调查了南昌、九江、鹰潭、宜春、上饶、吉安和抚州等7个设区市，并重点调查了4户再生资源销售额大或主要向省外销售再生资源的回收企业、增值税税负较低的再生资源加工企业。调查结果表明：再生资源回收企业经营快速发展，再生资源回收企业与加工企业普遍实行"1对1"经营模式；有的存在年底突击开票、超范围开票、将一般货物混同再生资源销售等问题，有的存在企业运营能力与实际经营情况不匹配、关联交易、废铜购价短期内大幅波动、销售收入滞后作账等问题。省国税局要求全省各级国税机关严格执行国家再生资源增值税政策和省国税局相关规定，加强管理，防范风险，促进再生资源产业健康发展。

2010年11月份召开的全省加强再生资源财税工作座谈会强调：再生资源产业是国家税收政策重点扶持的新兴产业，再生资源产业在发展过程中暴露出来的体制机制、市场规范、生产效率、财税管理、污染治理等诸多问题，制约着再生资源产业的健康有序发展，也给全省经济、财政、税收带来较大风险；要防止追求数字、漠视问题、因噎废食等三种错误倾向；着重把好招商选资关、财税优惠关、税收管理关等三个重要关口；严厉查处非法经营、偷税骗税、职务犯罪等三类违法行为。

2010年10月16日，省国税局印发《江西省国家税务局关于加强再生资源税收管理促进再生资源产业健康发展的通知》，要求：再生资源经营企业办理税务登记应向主管国税机关提供工商管理部门批准从事再生资源回收经营业务的登记证件和固定经营场所及仓储场地证明、取得供货方开具的合法凭证，对再生资源加工企业"1+1"的购销配比、资源耗用、关联交易价格等涉税行为提出了规范要求；对再生资源企业加强日常税务管理提出了明确要求。全省各级国税机关认真执行，落实责任制，加强管理，防范税收风险，促进再生资源产业健康发展。

电力产品增值税 1994年5月25日，省国税局和省电力工业局联合发文《关于电力工业企业实行增值税管理办法的通知》，规定：江西省电力工业成本构成，省电力工业公司售电总成本的发电厂、供电局以及省电力工业公司（含公司内部的中调所、中试所）等增值税一般纳税人。省电力工业公司所属电力企业生产销售的电力产品，由发电厂、供电局、省电力工业公司分别交纳。发电厂采取从量定额预征办法，预征税款＝厂供电量×定额税率。供电局采取从价定率预征办法，预征税款＝销售额×预征税率，预征税率为3%。省电力工业公司依据全电网汇总的全部销售额和进项税额，计算当期增值税应纳税额，并根据发电环节和供电环节预征的增值税税额，计算应补（退）税额，向省电力工业公司所在地税务机关申报纳税，应纳税额＝销项税额－进项税额，销项税额＝全部销售额×17%，进项税额按照增值税税制规定计算，应补（退）税额＝应纳税额－发、供电环节预缴增值税税额。销售额为供电局销售电力产品向购买方所收取的全部价款，包括价外费用，但不包括增值税额和收取的违章罚款、拖欠电费滞纳金。电力企业收回1993年及其前年度的电费，仍按产品税计算办法清算。

1994年6月6日，省税务局发文《关于小水电企业实行新税制后有关问题的通知》，根据财政部、国家税务总局有关规定，结合江西实际，明确：县以下小型水力发电单位或供电单位生产、销售的电力，依6%征收率计算缴纳增值税，并可按规定开具增值税专用发票。

1995年3月7日，省国税局转发《国家税务总局关于调整江西省电力工业局增值税预征定额税率和征收率的通知》，规定：江西省电力工业局发电环节增值税定额税率由规定的4元/千度调至5元/千度；江西省电力工业局供电环节增值税征收率由规定的3%调至5%；本规定自1995年1月1日起执行。

1995年8月18日，省国税局发文《关于电力企业增值税几个税政业务问题的通知》规定：各供电局向用户收取的带料加工电费，属电力企业目录电费的一部分，应采取从价定率预征办法计征增值税款，由省电力局集中申报清缴，不得比照电力企业价外费用计征增值税。上述规定自1995年1月1日起执行。各供电局所在地税务征收机关凡对带料加工电费按照价外费用处理，造成多预交税款的，应在所管供电局以后各月应交税款中抵扣，南昌市国税局相应在省电力局清理补征税款。按照省国税局、电力工业局联合印发的《关于电力工业企业实行增值税管理办法的通知》规定，省电力局所属电力企业应认真按月填报《电力企业增值税销项税款和进项税款计算表》及补充表，企业主管税务征收机关核实后报送一份给省电力局所在地税务征收机关（南昌市国税局直属一分局）据以计算办理省电力局应纳增值税款和应补（退）增值税款。

1997年1月15日，省国税局和省电力局联合发文《关于统一使用电力企业增值税（专用/普通）发票电费和价外费用清单有关具体问题的通知》规定：省电力公司所属各供电局向一般纳税人开具增值税专用发票，必须同时向用电企业填开"江西省增值税（专用/普通）发票电费和价外费用清单"（一式三联），供电部门填开的"清单"必须加盖"江西省电力公司发票专用章"方为有效；用电企业购进电力，一律凭增值税专用发票和"清单"计算进项税额。其专用发票的发票联和抵扣联，必须同时附有"清单"的随同发票联和随同抵扣联，并且金额相符，才能准予抵扣。

1998年9月22日，省国税局发文《关于修订〈江西省电力工业企业增值税管理办法〉的通知》规定：有购进当地独立核算电厂上网电力的供电局，其购进电力不再预征5%增值税，即：供电局按当期实际取得的销售额依核定的征收率，减去取消的预征税额，计算其供电环节增值税，向所在地税务机关申报纳税，其计算公式为：预征税额＝销售额×预征税率－取消的预征税款，取消的预征税款＝购进独立核算电厂电力购进金额×5%。江西电网向省外电网和地方小电网输送电力，视同销售，并入产品销售收入中纳税。电力价外收入的征税方法：供电局按当期实际取得的价外费用收入，依适用的增值税税率计算增值税税额，不分摊扣除进项税额，向供电局所在地国税征收机关申报纳税，应纳税额＝价外费用收入×17%。价外费用收入包括随同电量销售而收取的三峡建设基金、电力建设基金、市政附加费、地方还本付息金、电网基金、城网基金、非经营性加价及峰谷电价、用电权等一切价外收入，但不包括贴费。本办法自1998年1月1日起执行。

1999年1月29日，省国税局转发《国家税务总局关于县以下小水电企业电力产品增值税征税问题的通知》规定：小型水力发电单位，包括县级及县级以下小水电企业，可按6%征收率计算缴纳增值税。县以下小型水力发电单位既销售自产电力，又转售大电网电力的，只能选择一种征税办法就其全部销售额计算缴纳增值税，即：纳税人可选择简易办法按照征收率全额计税，也可以选择销项税额减进项税额的办法按照增值税适用税率计算应纳税额。纳税人所选择的计算缴纳增值税的办法至少3年内不得变更。

1999年10月18日，省国税局发文《关于江西三和电力公司及所属上犹江、洪门水电厂缴纳增值税问题的通知》，由于1999年1月1日起原上犹江水电厂和洪门水电厂改制，由江西三和电力股份有限公司整体收购为其内部核算单位。上犹江、洪门水电厂自改制之日起，按上网电量从量预征的办法就地缴纳增值税。江西三和电力公司按其向省电力公司结算的全部销售额、进项税额和两水电厂预征税额，计算出汇总清算应补交税款，并向南昌市国税征收机关申报缴纳增值税。上犹江、洪门水电厂生产上网的电力由江西三和电力公司统一开票结算。

1999年10月27日，规定县级及县以下供电企业销售的电力产品，不能再按简易征税办法征收增值税，应按增值税适用税率计算征收增值税。

2004年1月18日，省国税局转发《国家税务总局关于2003年度电力企业增值税征收问题的通知》，根据国务院关于电力体制改革的有关精神，电力企业实行"厂网"分开，国家电网公司和中国南方电网公司（以下简称电网公司）所属发、供电企业，按已核定的预征率和定额税率缴纳增值税，并按现有的隶属关系结算。中国华能集团公司、中国大唐集团公司、中国华电集团公司、中国国电集团公司、中国电力投资集团公司五家发电集团（以下简称"发电集团"）及所属发电企业按以下办法缴纳增值税：发电集团所属发电企业凡属于增值税一般纳税人的，由该企业按照一般纳税人的增值税计算方法向其机构所在地税务机关缴纳税款；不属于增值税一般纳税人的，按已核定的定额税率缴纳税款，并由其归属的发电集团汇总清算税款；发电集团及所属发电企业应按实际取得的销售收入开具增值税专用发票。电网公司所属供电企业已凭《国家税务总局关于印发（电力产品征收增值税的具体规定）的通知》（国税发〔1994〕064号，以下简称《通知》）中发电企业的"电力企业增值税进项税额和销项税额统计表"（以下简称"统计表"）抵扣的进项税额和抵减的应纳税额，在年度结算时，应冲减进项税额和已预缴增值税款。发电企业在2003年度内已将"统计表"传递给电力公司的一律追回。属于增值税一般纳税人的凭已追回的"统计表"对应的扣税凭证上注明的税款抵扣进项税额。

2004年1月18日，电力企业实行"厂网"分开。中国华能集团公司、中国大唐集团公司、中国华电集团公司、中国国电集团公司、中国电力投资集团公司五家发电集团（以下简称"发电集团"所属发电企业凡属于增值税一般纳税人的，由该企业按照一般纳税人的增值税计算方法向其机构所在地税务机关缴纳税款；不属于增值税一般纳税人的，按已核定的定额税率缴纳税款，并由其归属的发电集团汇总清算税款；发电集团及所属发电企业应按实际取得的销售收入开具增值税专用发票。

2004年6月17日，省国税局转发《国家税务总局关于电力公司过网费收入征收增值税问题的批复》规定：电力公司利用自身电网为发电企业输送电力过程中，需要利用输变电设备进行调压，属以提供加工劳务，电力公司向发电企业收取的过网费，应征收增值税，不征收营业税。

2005年9月14日，省国税局转发《国家税务总局关于供电企业收取的免税农村电网维护费有关增值税问题的通知》规定：对供电企业收取的免税农村电网维护费，不应分摊转出外购电力产品所支付的进项税额；之前关于"供电企业应按规定计算农村电网维护费应分担的不得抵扣的进项税额，已计提的进项税额要做进项税额转出处理"的规定同时废止。

2006年，按照《电力产品增值税征收管理办法》规定，省国税局调整并统一发电企业增值税征收方式。电力体制改革之初，全省共有电网统调发电企业18户（总装机容量628万千瓦），其中7户属三家电力集团非独立核算企业。从统一发电企业增值税征收方式，减少地区之间税源矛盾出发，对发电企业集团所属非独立核算发电企业，凡能核算售电收入的，均将其增值税征收方式由从量预征调整为按增值税一般纳税人规定就地全额缴纳增值税。核定省网供电企业增值税预征率。经测算，调整部分发电企业增值税征收方式引起增值税税源向发电企业转移，使省电力公司增值税结算税款出现倒挂现象。为平衡税源分布，在综合发、供电税源转移的各因素基础上，制定多套调整方案，报经省政府同意，将省电力公司所属12户市供电公司增值税预征率由5%调整至3.5%。定期组织增值税结算和核查。省国税局每年统一组织或布置对省电力公司及所属统一核算供电企业增值税进行结算，结算时将结算和检查结合起来，采取省国税局统一组织、集中人员、交叉结算检查或统一布置、就地组织人员、自行结算检查等方式，对供电企业目录电价收入、价外费用、预征税款的计缴、"电力企业增值税销项税额和进项税传递单"的进销项税款数据进行核查，对省电力公司结算税款和各供电企业填报的"电力企业增值税销项税额和进项税传递单"进行核对，对检查发现的问题，由供电企业所在地全额补征入库，并督促企业及时调整纳税申报表。调整省电力公司结算税款申报入库期限。按照《电力产品增值税征收管理办法》第七条规定，省电力公司结算税款于税款所属期后第2个月征期内申报入库，结算税款申报入库期的后延，解决了省电力公司实际结算税款与申报入库税款不同步的问题。

2006年2月23日，省国税局转发《国家税务总局关于明确县以下小型水力发电单位具体标准的批复》规定：县以下小型水力发电单位，是指由各类投资主体建设的装机容量为3万千瓦（含）以下的小型水力发电单位。

根据增值税税制和《电力产品增值税征收管理办法》（国家税务总局令第10号）的规定，2008年省国税局决定对发、供电企业之间互供电力征收增值税。发、供电企业作为独立的增值税纳税人互供电力，其增值税计算应按电能计量装置计量的实际输出输入电量分别依适用的税率（征收率）申报缴纳增值税，不能按互抵后电量的结算收入计算申报缴纳增值税。互供电量可开具发票。上述电能计量装置计量的实际输出输入电量含小水电与电网之间互供的电量（以下简称"小水电互供电量"），以及发电企业经电能计量装置流入的电量（以下简称"启备变电量"）。互供电量部分的电价应分别按国家价格主管部门核定的各自的销售电价确定。小水电互供电量的结算电价按照江西省物价局《关于江西电网公司与小水电结算电价等问题的通知》的有关规定执行。各类电厂的启备变电量视同互供电量，发电企业用网电量电价在国家未有明确规定前，暂按国家发改委《关于规范电能交易价格管理等有关问题的通知》（发改价格〔2009〕2474号）规定，执行所在地大工业电度电价，上网电量电价按照国家规定的上网电价执行。

2009年4月23日，省国税局印发《关于江西省电力公司增值税征收问题的通知》，为全面落实增值税转型政策，平衡各地税源，从2009年1月1日起，对省电力公司本部、各设区市供电公司应征增值税，暂按各公司增值税应税收入占全公司增值税应税收入的比例分配。省电力公司按月汇总省电力公司本部和各设区市供电公司当期增值税应税收入，计算出全公司当期应纳增值税税额。计算公式：全公司当期应纳增值税税额=全公司当期销项税额－全公司当期进项税额－2008年固定资产进项税留抵当期抵扣税额；2008年固定资产进项税留抵当期抵扣税额=2008年固定资产进项税留抵额÷24个月。省电力公司按月计算省电力公司本部增值税预留税额。计算公式：省电力公司本部当期增值税预留税额=全公司当期应纳增值税税额×省电力公司本部预留比例；省电力公司本部预留比例暂定为25%。省电力公司按月计算省电力公司本部及各设区市供电公司增值税当期分配比例。计算公式：当期分配比例=（全公司当期应纳增值税税额－省电力公司本部当期预留税额）÷全公司当期增值税应税收入。省电力公司按照分配比例计算分配省电力公司本部及各设区市供电公司应缴增值税税额。计算公式：省电力公司本部及各设区市供电公司当期应缴增值税额=省电力公司本部及各设区市供电公司增值税应税收入×当期分配比例。省电力公司本部及各设区市供电公司增值税应税收入，包括电力产品销售收入、价外电费收入、其他货物及应税劳务收入。

2009年11月19日，省国税局根据《国家税务总局关于供电企业收取并网费征收增值税问题的批复》规定：供电企业利用自身输变电设备对并入电网的企业自备电厂生产的电力产品进行电压调节，属于提供加工劳务。对于上述供电企业进行电力调压并按电量向电厂收取的并网服务费，征收增值税，不征收营业税。

江西全省国税系统认真贯彻执行电力增值税政策，并考虑电力企业改组改制和管理体制变更的实际情况，对电力增值税管理方式适时进行调整，通过加强征收管理、日常检查、专项检查等方式，落实电力增值税政策。国税部门加强与省电力公司及电力纳税企业的联系与沟通，取得纳税人的理解与支持，确保各项政策与措施顺畅实施。为考虑各地区财政收益，地方政府、省财政厅、省国税局、省电力公司多次召开联席会议，研究确定省电力公司所属电力企业增值税预征比率，以平衡相关各方财政利益，调动各方积极性，搞好电力建设，贯彻落实好税收政策。

落实政策举措

省国税局结合国税工作实际贯彻落实《中共江西省委、江西省人民政府关于推动全民创业、加快富民兴赣的若干意见》，于 2005 年 7 月 18 日印发《江西省国家税务局关于推动全民创业、加快富民兴赣的实施意见》。该《意见》分统一思想认识、落实税收政策、规范税收管理、优化税收服务、加强队伍建设等 5 个方面共 20 条措施，其中涉及增值税具体规定的主要有：

切实帮助农民增收，对农业生产者销售的自产农业产品免征增值税；放宽农产品加工企业的增值税一般纳税人的认定条件，对规模较大、财务核算健全的农产品加工龙头企业可批准认定为增值税一般纳税人；增值税一般纳税人向农业生产者购进的免税农业产品和向小规模纳税人购进的农业产品可按 13% 抵扣进项税额；林产品加工企业以采伐剩余物、造林剩余物、加工剩余物"三剩物"和次小薪材为原料生产加工的综合利用产品，增值税实行即征即退；实行农产品和粮食出口退税绿色通道，做到"单独申报、即报即审、即审即退"。

大力支持企业改组改制，规定新组建的大型工业企业集团的母公司为增值税一般纳税人的，其全资或控股的子公司可直接认定为增值税一般纳税人；由母公司实行统一核算的工业企业集团，其成员单位之间在设区市范围内相互移送货物用于销售的，经设区市国税局核实后可不"视同销售"计征增值税；企业改组、改制后，纳税主体不发生变化的，经县级国税局审核，留抵税款可冲销欠税，冲抵后净欠税可转移到改组改制后的企业；纳税主体发生变化的，对原企业的留抵税款及欠税等进行清算，对清缴欠税有困难的由改制企业挂账。超过三年以上的欠税，经设区市国税局核批为呆账税金，符合核销条件的，逐级报省国税局予以核销；对企业改组改制前的库存存货，移送到改组改制后的新企业时，经县级国税局审核，允许作内部移库处理，不"视同销售"计征增值税，待新企业对外销售时再按规定征税。

认真贯彻落实国务院正式批复的《鄱阳湖生态经济区规划》，全力促进鄱阳湖生态经济区建设，推动江西科学发展、进位赶超、绿色崛起，2010 年 4 月 1 日，省国税局印发《江西省国家税务局关于促进鄱阳湖生态经济区建设的若干税收意见》，该《意见》分创新税收理念、落实税收政策、优化税收服务等三个方面共 20 条措施，其中关于增值税具体规定的主要有：

发展高效生态农业，对农业生产者销售的初级农业产品免征增值税；对农民专业合作社销售本社成员生产的初级农业产品，视同农业生产者销售自产农业产品免征增值税；对农民专业合作社向本社成员销售的农膜、种子、种苗、化肥、农药、农机，免征增值税；对国有粮食购销企业销售符合条件的粮油免征增值税。

鼓励发展循环经济，对个人销售自己使用过的废旧物品和对纳税人销售生产原料中掺兑废渣比例不低于 30% 的特定建材产品以及再生水、翻新轮胎等自产货物以及污水处理劳务，免征增值税。对销售以垃圾为燃料生产的电力或者热力以及采用旋窑法工艺生产并且生产原料中掺兑废渣比例不低于 30% 的水泥等自产货物，实行增值税即征即退。对销售以煤矸石、煤泥、石煤、油母页岩为燃料生产的电力和热力，利用风力生产的电力，以及部分新型墙体材料产品等自产货物，实行增值税即征即退 50%。对销售自产的综合利用生物柴油，实行增值税先征后退。2010 年底以前，对符合条件的增值税一般纳税人销售再生资源缴纳的增值税实行先征后退政策。

促进低碳经济发展，全面落实增值税转型改革，允许所有增值税一般纳税人购进或自制固定资产（使用期限超过 12 个月的机器、机械、运输工具以及其他与生产经营有关的设备、工具、器具等）发生的进项税额，凭增值税专用发票、海关进口增值税专用缴款书和运输费用结算单据从销项税额中抵扣，降低设备投资和更新的税收负担。

大力发展高新技术产业，增值税一般纳税人销售其自行开发生产或将进口的软件进行本地化改造后的软件产品，按 17% 税率征收增值税后，实际税负超过 3% 的部分实行即征即退。

扶持中小企业发展，放宽增值税一般纳税人认定标准，对从事货物生产或者提供应税劳务的纳税人，以及以从事货物生产或者提供应税劳务为主，并兼营货物批发或者零售的小规模纳税人，认定为一般纳税人的年应征增值税销售额标准从 100 万元以上降低为 50 万元以上；从事货物销售的纳税人认定为一般纳税人的标准从 180 万元以上降低为 80 万元以上。认真落实增值税小规模纳税人的征收率分别从工业 6% 和商业 4% 统一降低为 3%，减轻中小企业税收负担。

加快经济结构调整，改组改制后纳税主体不发生变化的，其尚未摊销的期初进项税金、留抵税款及欠税，经县级国税局审核批准，允许企业将税金转移到改组改制后的新企业；纳税主体发生变化的，对原企业的期初进项税金、留抵税款及欠税等进行清算。对企业在改组改制前已经取得但尚未能抵扣完的增值税进项税额，允许改组改制后的新企业在 3 个月内继续抵扣。改组改制企业转移库存存货不按视同销售计征增值税；对企业改组改制前的库存存货，移送到改组改制后的新企业时，经县（市、区）国税局审核批准，允许作内部移库处理，不按视同销售计征增值税。由母公司实行统一核算的企业集团，其成员单位之间互相移送货物，如不开具发票或收取货款的，不视同销售处理，不计征增值税。

推动外向型经济发展，全省国税系统按照国家政策规定积极扶持农业产业化企业开拓国际市场，对小规模纳税人农副产品出口，实行出口免税政策；对一般纳税人的外贸企业农副产品出口，实行出口免税，并凭增值税专用发票退还前道环节税收的退税政策；对一般纳税人的深加工型生产企业，适用"免、抵、退"税政策。促进全民创业就业，按国家规定的最高上限确定起征点，即销售货物的起征点定为月销售额 5000 元，销售应税劳务的起征点定为月销售额 3000 元，凡未达到起征点一律免征增值税。

第二节　消费税

消费税是对特定的某些消费品和消费行为征收的一种流转税。消费税可分为一般消费税和特别消费税，一般消费税的征税范围包括所有消费品；特别消费税的征税范围具有选择性，只针对某些消费品和消费行为征税。

特别消费税

1950 年 1 月中国开征特别消费税，征税范围限于电影、娱乐、舞厅、筵席、冷饮、旅馆等，

1953 年修订税制时取消特种消费税税种。20 世纪 80 年代末期，彩色电视机、小轿车供不应求，为了治理整顿彩色电视机、小轿车生产流通领域的混乱状态，调节消费，调节生产，减少进口用汇，增加财政收入、平衡财政预算、维护国家和消费者利益，国务院决定从 1989 年 2 月 1 日起对彩色电视机实行专营，对小轿车加强销售管理，同时开征特别消费税。江西根据国家相关规定，为了便于征管，特别消费税选定工业环节和进口环节为纳税环节，采用定额税率征收。单位税额根据具体情况确定和调整。

彩色电视机　国产 14 英寸彩电定额税率 400 元 / 台（含 14 英寸以下彩电），国产 14 英寸以上彩电定额税率 600 元 / 台；进口彩电也按此税率征收特别消费税。

1990 年调整为国产 14 英寸以下的彩色电视机按调整后的 14 英寸彩色电视机特别消费税税额征收；对国产 14 英寸以上（不含 14 英寸）18 英寸以下的彩色电视机按调整后的 18 英寸彩色电视机定额税额征收；国产 22 英寸以上（不含 22 英寸）的彩色电视机仍按原税额每台 600 元征收。

国产 19 英寸彩色电视机比照国产 20 英寸彩色电视机定额税额征收，即每台 400 元。

小轿车　进口整车的特别消费税定额税率：从苏联、东欧地区进口的伏尔加每辆 15000 元，拉达每辆 10000 元，菲亚特 126P 每辆 5000 元，其他车每辆 7000 元；从苏联、东欧以外地区进口车每辆 40000 元。进口散件组装车：天津夏利每辆 10000 元；其他车每辆 20000 元。国产车每辆 10000 元。

越野车（包括变型车）　进口整车的特别消费税定额税率：从苏联、东欧地区进口的拉达 2121、阿罗 244 每辆 5000 元；其他进口车每辆 35000 元。进口散件组装车每辆 15000 元。国产车每辆 5000 元。

面包车（包括工具车）　特别消费税定额税率：进口整车每辆 30000 元。进口散件组装车每辆 10000 元。国产车每辆 5000 元。

特别消费税开征时期，江西省特别消费税税源主要是赣新彩色电视机厂生产的赣新彩电。江西省税务局定期开展特别消费税政策执行情况检查。1991 年江西省特别消费税收入 1714 万元。1992 年 4 月中国取消特别消费税税种。

消费税

根据国务院颁布的《中华人民共和国消费税暂行条例》，江西从 1994 年 1 月 1 日起征收消费税，一级税目有 11 个。

表 1-2-2　消费税税目税率（税额）

税　目	税　率（税额）
烟	
甲类卷烟（包括各种进口卷烟）	45%
乙类卷烟	40%
雪茄烟	40%
烟丝	30%

续表

税　目	税　率（税额）
酒及酒精	
粮食白酒	25%
薯类白酒	15%
黄酒	240 元 / 吨
啤酒	220 元 / 吨
其他酒	10%
酒精	5%
化妆品（包括成套化妆品）	30%
护肤护发品	17%
贵重首饰及珠宝玉石（包括各种金、银、珠宝首饰）	10%
鞭炮焰火	15%
汽油	0.2 元 / 升
柴油	0.1 元 / 升
汽车轮胎	10%
摩托车	10%
小汽车	
小轿车	
气缸容量 2200 毫升以上（含）	8%
气缸容量 1000–2200 毫升以上（含 1000 毫升）	5%
气缸容量 1000 毫升以下	3%
越野车	
气缸容量 2400 毫升以上（含）	5%
气缸容量 2400 毫升以下	3%
小客车	
气缸容量 2000 毫升以上（含）	5%
气缸容量 2000 毫升以下	3%

说明:上述课税品目中的甲类卷烟,是指每大箱（5 万支）销售价格（不含增值税）在 780 元（含）以上的卷烟;乙类卷烟,是指每大箱（5 万支）销售价格（不含增值税）在 780 元以下的卷烟。实行从量定额征收的应缴消费品计算单位的换算标准规定为：啤酒 1 吨 =988 升，黄酒 1 吨 =962 升，汽油 1 吨 =1388 升，柴油 1 吨 =1176 升。

消费税实行价内税，在生产产品销售环节一次性课征，不重复征税。委托加工的应税消费品，由受托方代扣代缴消费税。进口的应税消费品,由进口人或其代理人向报关地海关申报缴纳消费税。国内消费税由税务机关负责征收管理,进口产品消费税由海关代征。消费税实行从价定率和从量定额两种办法计算应纳消费税额。消费税课税品目中,黄酒、啤酒、汽油、柴油实行从量定额征收,其余品目实行从价定率征收。从量定额征收的应缴消费税 = 销售数量 × 单位税额。从价定率征收的应缴消费税 = 销售额 × 税率。公式中的销售额包括价外收取的价外费用（不含代垫运输费用），但不含增值税额。消费税属中央税，国内消费税和进口产品消费税收入均为中央级收入。1994 年消费税制改革，将金银首饰消费税改在零售环节征收。

为使广大税务干部及纳税人掌握消费税政策，增强法制意识，落实消费税制，省税务局按照国家税务总局工作部署，针对全省消费税税源分布状况，要求培训工作应重点突出，讲求实效。省税务局利用国家税务总局在江西省举办全国消费税培训班的机遇，组织各地、市主管消费税业务科科长、业务主办及消费税税源重点县（市、区）税政科长、专管员共 30 余人参加了国家税务总局主办的全国消费税培训班。之后省市县三级分别举办培训班，省税务局对全省消费税培训工作进行布置，要求各地根据不同的消费税税源结构，如有的地区以酒类产品为主，有的以鞭炮焰火为主，有的以石化产品为主等，有针对性地组织好税务干部及纳税人的培训工作。南昌市税务局于 8 月底举办包括税务干部及企业财务人员的培训班，把国家税务总局和省税务局消费培训班精神及时传达到基层税务部门及广大纳税人。全省参加消费税培训近千人次。同时根据税制改革的要求，各地的培训方法采取税法学习与加强消费税征收管理相结合，针对一些地方由于消费税税源小，在征管过程中消费税管理重视不够，以致存在税收政策落实不到位现象，为此在培训中找问题，寻对策，对一些征管中存在的问题研究提出相应的解决办法，理顺管理思路，完善管理办法，确保消费税制贯彻落实。

根据国家税务总局的要求，全省税务系统开展消费税政策执行情况检查工作，将其列为 1994 年三大检查的重要内容。省国税局在 10 月 24 日召开的各地（市）主管业务局长及税政科长参加的全省流转税工作会议上，对检查工作精心布置，明确检查面要达 100%。根据省国税局要求，各地（市）国税局也分别召开会议对检查工作进行具体布置，并组织专项检查组深入各征收单位进行重点抽查、验收，省国税局派出干部到有关地（市）进行督导和抽查。1—10 月，全省国税系统共应缴消费税额 57456 万元，已入库消费税 40487 万元，占应缴消费税额的 70%，欠缴消费税 16969 万元。检查中共查补消费税 2121 万元。消费税政策规定基本到位，没有发现擅自减免税现象。但检查中也发现一些问题。

1994 年 9 月份两套税务机构分设前的江西省税务局和机构分设后的省国税局，针对消费税税制执行中存在的问题，先后召开专门会议，研究采取相关措施，要求各地切实加强管理落实税制。加大税法宣传力度，加强纳税辅导。税改前烟、酒等产品在流转环节只征产品税或增值税，税改后既征增值税又征消费税，产品税负明显增加，通过税法宣传使纳税人正确理解和自觉执行新税制。征纳双方统一思想、提高认识，从全局考虑，努力把消费税税制落实好。加强执法管理，克服存在重增值税、轻消费税的思想倾向，强化税源管理，正确执行政策。清缴欠税。对于欠税大户，税收管理人员深入企业，根据纳税人实际情况，与企业一起研究制订清欠计划，分期清缴欠税。多项措施并举，执行落实消费税税制。

1994 年 12 月 26 日国家税务总局印发的《金银首饰消费税征收管理办法》，明确金银首饰消费税于零售环节征收的适用范围：为经营单位（指将金银首饰销售给中国人民银行批准的金银首饰生产、加工、批发、零售单位）以外的单位和个人加工金银首饰，包括带料加工、以旧换新等业务；经营单位将金银首饰用于馈赠、赞助、集资、广告、样品、职工福利、奖励等方面；未经中国人民银行批准经营金银首饰批发业务的单位将金银首饰销售给经营单位。

江西省根据国家税务总局规定在零售环节征收金银首饰消费税。1995 年 1 月 16 日，省国税局转发《国家税务总局关于金银首饰消费税减按 5% 征收的通知》，明确告知：经国务院批准，金银首饰消费税由 10% 税率减按 5% 税率征收，其适用范围限于金、银和金基、银基、合金首饰，以及金银和金基、银基合金的首饰，从 1994 年 1 月 1 日起执行，已经多征的税款予以退还。各地市县国税局收悉通知后，抓紧时间清理结算，对已经多征的消费税款迅速办理退税手续。

1995 年 2 月 14 日，省国税局转发《财政部　国家税务总局关于调整金银首饰消费税纳税环节有关问题的通知》，要求各地、市、县严格按照《金银首饰消费税征收管理办法》和该《通知》规定执行，并具体布置对金银首饰的生产、批发、零售企业进行全面调查，摸清企业经营现状。各市县依据调查情况填写"金银首饰经营情况调查表"，于 2 月底前将调查情况及调查表汇总上报省国税局。为便于对全省纳税人统一管理及与有关部门的协调，纳税人的认定登记机关为省国税局。为不影响现有单位的经营，经与省人行协商，省人行将按有关规定精神尽早尽快对现有经营单位进行清理，对符合条件允许继续经营的单位，将其"金银制品经营许可证"复印件及有关资料移送省国税局，以备纳税人认定登记时查对。省国税局将省人行移送经营单位的情况及时通知有关市、县国税局，以便企业到当地主管国税局领取"金银首饰消费税纳税人认定登记表"，申请办理消费税认定登记手续，经逐级审核盖章后，集中到省国税局办理认定登记手续，由省国税局审核后发给经营单位《金银首饰消费税纳税人认定登记证》。对于新办的经营单位，持省人行准予经营的批件到当地主管国税局申请金银首饰消费税纳税人认定登记，并提供有关资料，逐级审核盖章后，到省国税局办理消费税纳税人认定登记。

1996 年 4 月 10 日，省国税局转发《国家税务总局关于对生产经营金银首饰企业的消费税政策执行和征收管理情况进行检查的通知》，按国家税务总局要求布置检查工作。全省 11 个地、市分别抽调骨干力量，组成 20 个工作组，集中时间、集中力量对全省 194 户金银首饰纳税人进行了逐户清理检查，检查面为 100%，查补消费税款 470 万元。全省金银首饰纳税户对"金银首饰"征税范围的把握较为明确，基本上都能划清征税与非征税范围；纳税户对计税依据的确定基本正确，如对增值税的销售额在计算消费税时，都能换算为不含税销售额，对连同包装物销售的金银首饰，都能按含包装物的销售额计税；大多数纳税人财务核算较为健全，对应征消费税的金银首饰收入与不征消费税的非金银首饰销售收入在账务处理上基本上能做到分别核算，对个体经营者实行定额征收；对改为零售环节征税的金银首饰的范围界定仅限于金、银和金基、银基合金首饰，以及金、银和金基、银基合金的镶嵌首饰，对界限划分不清的一律按零售环节的金银首饰征收消费税。

2008 年下半年爆发国际金融危机，国内外市场萧条，经济下行。为积极应对国际金融危机，国家推出刺激经济"一揽子计划"。2008 年 11 月 5 日国务院通过修订后的《中华人民共和国消费税暂行条例》，江西征收的消费税一级税目有 14 个。

表 1-2-3 2009 年全省消费税税目与税率

税　　目	税　率（税额）
烟	
卷烟	
甲类卷烟	从价税率 56%，从量 0.003 元 / 支
乙类卷烟	从价税率 36%，从量 0.003 元 / 支
雪茄烟	36%
烟丝	30%
酒及酒精	
白酒	从价税率 20%，从量 0.5 元 /500 克
黄酒	从量 240 元 / 吨
啤酒	
甲类啤酒	从量 250 元 / 吨
乙类啤酒	从量 220 元 / 吨
其他酒	10%
酒精	5%
化妆品	30%
贵重首饰及珠宝玉石	
金银首饰、铂金首饰、钻石及钻石首饰	5%
其他贵重首饰和珠宝玉石	10%
鞭炮焰火	15%
成品油	
汽油	
含铅汽油	从量 1.40 元 / 升
无铅汽油	从量 1.00 元 / 升
柴油	从量 0.80 元 / 升
航空煤油	从量 0.80 元 / 升
石脑油	从量 1.00 元 / 升
溶剂油	从量 1.00 元 / 升
润滑油	从量 1.00 元 / 升
燃料油	从量 0.80 元 / 升
汽车轮胎	3%
摩托车	
气缸容量在 250 毫升以下的	3%
气缸容量在 250 毫升以上的	5%

续表

税　　目	税　率（税额）
小汽车	
乘用车	
气缸容量 1.0 升以下（含）	1%
气缸容量 1.0—1.5 升（含 1.5 升）	3%
气缸容量 1.5—2.0 升（含 2.0 升）	5%
气缸容量 2.0 升—2.5 升（含 2.5 升）	9%
气缸容量 2.5—3.0 升（含 3.0 升）	12%
气缸容量 3.0—4.0 升（含 4.0 升）	25%
气缸容量 4.0 升以上	40%
中轻型商用客车	5%
高尔夫球及球具	10%
高档手表	20%
游艇	10%
木制一次性筷子	5%
实木地板	5%

说明:表中的甲类卷烟,是指每大箱（5 万支）销售价格（不含增值税）在 780 元（含）以上的卷烟;乙类卷烟,是指每大箱（5 万支）销售价格（不含增值税）在 780 元以下的卷烟。实行从量定额征收的应缴消费品计算单位的换算标准规定为：啤酒 1 吨 =988 升,黄酒 1 吨 =962 升,汽油 1 吨 =1388 升,柴油 1 吨 =1176 升,石脑油 1 吨 =1385 升,溶剂油 1 吨 =1282 升,润滑油 =1126 升,燃料油 =1015 升。

修订后的消费税实行从价定率、从量定额、从价定率和从量定额复合计算等三种办法计算应纳消费税额。自产自用应税消费品视同销售要课征消费税。①从价定率计征的应缴消费税 = 应纳税消费品的销售额 × 适用税率。公式中的销售额包括销售者向购买方收入的全部价款和价外费用（不包括代垫运输费用、政府性基金、行政事业性收费）,不含增值税额。②从量定额计征的应缴消费税 = 销售数量 × 单位税额。销售数量的确定：销售应税消费品的,为应税消费品的销售数量;自产自用应税消费品的,为应税消费品的移送使用数量;委托加工应税消费品的,为纳税人收回的应税消费品数量;进口的应税消费品,为海关核定的应税消费品进口征税数量。③从价定率和从量定额复合计算的应缴消费税 = 应纳税销售额 × 适用税率 + 应税销售数量 × 单位税额。实行从价定率和从量定额复合计算方法征税的税目主要是卷烟和白酒。卷烟和白酒实行从价定率和从量定额复合计算应纳消费税额,其中从价定率征收的适用税率甲级卷烟为 56%,较 1994 年提高 11 个百分点;乙级卷烟适用税率为 36%,较 2001 年上调 6 个百分点;白酒适用税率为 20%,较 1994 年下调 5 个百分点。白酒不再分粮食白酒和薯类白酒,统归为白酒税目。

成品油价税费实行价税费联动改革,2008 年 12 月 18 日国务院印发《关于实施成品油价格和税费改革的通知》,取消公路养护费、航道养护费、公路运输管理费、公路客货运附加费、水路运输管理费、水运客货运附加费等六项收费,逐步有序取消政府还贷二级公路收费,提高成品油单位税额,实行从量定额计征,价内征收,自 2009 年 1 月 1 日起实施。1994 年成品油消费税目仅列汽油和柴油,2009 年成品油消费税目则列汽油、柴油、航空煤油、石脑油、溶剂油、润滑油和燃料油等 7 个税目,较 1994 年增加 5 个,其中汽油细分为含铅汽油和无铅汽油。新消费税制中:含铅汽油和无铅汽油的单位税额分别为 1.40 元 / 升、1.00 元 / 升,分别较 1994 年提高 1.20 元 / 升、0.80 元 / 升;柴油的单位税额 0.80 元 / 升,较 1994 年提高 0.70 元 / 升;航空煤油和燃料油的单位税额均为 0.80 元 / 升;石脑油、溶剂油和润滑油的单位税额均为 1.00 元 / 升。为鼓励环保型小排量汽车的生产与消费,小汽车分乘用车和中轻型商用客车 2 个品目,中轻型商用客车适用税率为 5%,乘用车按汽缸容量下分 7 个细目,适用税率分别为 1%、3%、5%、9%、12%、25%、40%。

取消护肤护发品税目,增设高尔夫球及球具、高档手表、游艇、木制一次性筷子、实木地板等 5 个品目。

2008 年第四季度,全省国税系统认真做好新税制实施前的准备工作,领导高度重视,把这项工作排上议事日程,指定专人负责,加强宣传力度,各级国税机关开展培训,全面学习、掌握消费税各项政策规定,并深入企业作个性化宣传辅导并进行调研,做好新政策出台前后的衔接工作。进一步完善消费税税源信息控管制度,充分利用税收征管监控软件,加强对消费税税源控管工作,制定专项管理办法,及时进行新政策调整后的税源变化分析,并结合相关税种进行配套分析,研究具体管理措施,定期报送收入分析情况。

全省各级国税机关深入贯彻新的消费税政策。烟酒消费税政策调整后,涉及国家与企业、中央与地方之间各方面的利益关系,对江西省烟酒行业消费税税源结构及收入形势产生较大影响,各地国税机关搞好税收政策宣传,积极主动地向当地党委政府做好汇报和向纳税人做好宣传解释工作,讲清这次政策调整的目的和意义,取得当地党委政府及纳税人的理解与支持。各地国税机关深入调查研究,认真分析政策调整后烟酒消费税税源及收入变化情况,及时了解和研究政策执行中的新情况、新问题,做好新老政策的衔接工作,切实抓好贯彻落实,确保新的烟酒消费税政策落实到位。各地国税机关认真做好烟酒产品消费税的征收管理工作,加强对烟酒消费税计税价格的管理和小酒厂改变征管方式后的税收管理,特别是对烟酒行业存在的关联企业转让定价问题,采取有效措施,确保消费税税基不受侵蚀和消费税政策的正确执行。

成品油消费税政策调整是成品油价格和税费改革的重要内容与措施,对促进节能减排和经济结构调整、规范政府收费行为和公平社会负担,具有重大意义。江西省成品油消费税的主要纳税企业是中石化股份有限公司九江分公司(原九江炼油厂),国税部门特别是主管国税机关九江市国税局及其直属分局,深入企业开展纳税辅导,直属分局领导、驻企税收管理人员与企业管理人员、办税人员一起认真学习成品油消费税新政策,明确成品油消费税申报表的填写和成品油消费税企业涉税处理相关注意事项。操作中加强审核申报,按照先审核后申报的要求,形成纳税人自查,审核人员复查的工作机制,降低申报表填写错误率,提高纳税申报准确率。完善信息采集,形成分局关于成品油消费税统计数据采集的工作规范,每月 17 日前采集成品油消费税相关数据指标,及时掌握生产企业成品油销售量和消费税收入增减变动情况。强化后续管理。建立跟踪反馈机制,保障成品油消费税新政落实到位。2009 年新消费税税制实施后该企业实缴消费税 27.59 亿元，较新税制实施前的 2008 年增加 22.97 亿元，增长 5 倍。

全省国税系统推行符合消费税管理特点的纳税评估方式，适时开展消费税纳税评估工作，纠正和防范企业违规及偷逃避税行为，保证消费税政策贯彻和税收收入及时足额入库。定期开展税收专项检查，以查促管，进一步堵塞税收漏洞、提高消费税征收管理水平。省国税局组织力量对全省消费税政策的执行情况进行检查，主要检查各地消费税政策落实、执法行为规范等，全省汽油柴油、卷烟的生产企业共 6 户，全部作为重点检查对象进行检查。同时地（市）选择本地区重点白酒、啤酒生产企业各 2 户进行检查，共检查白酒企业 10 户，啤酒企业 3 户。对检查出的问题，属政策执行有偏差的，立即纠正；属企业有意偷漏税的，依法进行补税和罚款，并研究采取有效措施，健全机制，落实责任，确保消费税政策规定落实到位。

重点行业消费税

卷烟消费税　1994 年 1 月 1 日起，按新税制规定，各类卷烟消费税均实行从价定率计征，其中甲类卷烟（包括各类进口卷烟）税率 45%，乙类卷烟税率 40%，雪茄烟税率 40%，烟丝税率 30%。

1998 年 7 月 1 日，对卷烟消费税税制再次进行改革，调整卷烟消费税的税率结构，将消费税税率调整为三档，一类烟 50%，二、三类烟 40%，四、五类烟 25%。

2001 年 6 月 1 日起，实行从量定额与从价定率相结合的复合计税方法，即按课税数量每 5 万支卷烟计征 150 元的定额税，从价计征从过去的三档调整为二档，即每条调拨价为 50 元以上的甲类卷烟税率为 45%，50 元以下的乙类卷烟税率为 30%。卷烟分类标准调高，即每标准条（200 支，下同）调拨价格在 50 元（不含增值税）以上（含 50 元）的卷烟为甲类卷烟，每标准条调拨价格在 50 元（不含增值税）以下为乙类卷烟。

2009 年又规定：调拨价格 70 元/条（含）以上的为甲类卷烟，其余为乙类卷烟。即甲、乙类卷烟分类标准由 50 元调整到 70 元。甲类卷烟税率调整为 56%，乙类卷烟的消费税税率调整为 36%，雪茄烟的消费税税率调整为 25%。在卷烟批发环节加征一道从价计征的消费税，税率为 5%。即从事卷烟批发业务的单位和个人，凡是批发销售的所有牌号规格卷烟，都要按批发卷烟的销售额（不含增值税）乘以 5% 的税率缴纳批发环节的消费税。

江西省各级公、检、法和工商、税务、海关、邮电、质量监督、铁路、交通等部门与各级烟草专卖局密切配合，联合行动，从严打击卷烟走私和制造假冒商标卷烟，增加国产卷烟的销售，保护国家财政收入和消费者利益不受侵害。根据非法卷烟批发交易市场一般是假冒、走私卷烟的集散地这一实际，全省加大清理关闭非法卷烟批发交易市场的力度，对已经形成的非法卷烟批发交易市场，无论涉及什么单位、什么人，排除干扰，全部清理关闭，严禁假冒伪劣卷烟和非法交易，堵塞税收漏洞。

为贯彻落实好卷烟消费税政策，江西省各级国税机关在每次政策调整时均在第一时间抓好政策宣传，多渠道开展宣传：在办税服务厅电子显示屏上滚动播放相关政策，以扩大政策宣传面；通过各种方式，及时将相关政策告知纳税人，并接受纳税人相关业务咨询。抓住政策落实点，深入企业进行调研。各地国税局组成联合宣传小组到各烟草企业，通过与企业财务负责人座谈等方式，对相关政策进行认真讲解，并详细了解企业生产经营情况，对企业生产、销售、财务核算进行分析，共同研究解决存在的问题，以确保政策准确执行，同时促进企业发展。各地严格按照国家税务总局通知规定，做好卷烟各牌号产品消费税征税类别的核定工作，卷烟产品消费税征税类别确定后，凡因销售价格变动而造成征税类别发生改变的，必须报主管国税机关重新审查确定。加强对卷烟生产企业新牌号、新规格卷烟产品的管理，要求企业及时报送新牌号、新规格卷烟产品价格批文、有关开发、投产及营销情况及卷烟样品，并按"卷烟生产企业经济指标调查表（新牌号、新规格）"有关指标建立管理台账，实施有效管理。做好政策效应分析等相关工作，确保政策落实准确到位。

白酒消费税　1994年白酒消费税课税品目分粮食白酒和薯类白酒，实行从价定率计征，粮食白酒税率为25%，薯类白酒税率为15%。

1995年6月1日起对酒类生产企业销售酒类产品而收取的包装物押金，无论押金是否返还与会计上如何核算，均需并入酒类产品销售额中，依酒类产品的适用税率征收消费税。

1997年5月26日，对企业以白酒和酒精为酒基，加入果汁、香料、色素、药材、补品、糖、调料等配制或泡制的酒，一律按粮食白酒的税率征收消费税。

1997年又明确这一规定只适用于实行从价定率办法征收消费税的白酒和其他酒，而不适用于实行从量定额办法征收消费税的啤酒和黄酒。

自2001年5月1日起，白酒采取从价定率和从量定额复合计税的办法计算应纳消费税额，其定额税率统一为0.5元/500克；从价定率计征的比例税率，粮食白酒25%，果木或谷物为原料的蒸馏酒、粮食和薯类糠麸等多种原料混合生产的白酒、以粮食白酒为酒基的配制酒泡制酒、以白酒为酒基及酒基所用原料无法确定的配制酒泡制酒，均比照粮食白酒适用25%比例税率；薯类白酒比例税率15%；停止执行对小酒厂定额、定率的双定征税办法，一律实行查实征收。

2006年4月3日，省国税局转发《财政部、国家税务总局关于调整和完善消费税政策的通知》，明确：自2006年4月1日起，粮食白酒、薯类白酒的比例税率统一为20%，定额税率均为0.5元/500克；纳税人将自产的应税消费品与外购或自产的非应税消费品组成套装销售的，以套装产品的销售额（不含增值税）为计税依据。

2008年8月21日起，对调味料酒不再征收消费税。

2009年1月1日起白酒不再划分粮食白酒、薯类白酒，统一规定为白酒，比例税率为20%，定额税率为0.5元/500克。

啤酒消费税　1994年税改前，啤酒征收产品税。1994年实施新税制后生产企业在流转环节分别缴纳增值税、消费税。

1994年1月1日起实行从量定额计征，单位税额为220元/吨。计量单位换算标准为1吨=988升。

1997年6月，省国税局转发国家税务总局于1997年5月21日《关于消费税若干征税问题的通知》及《消费税问题解答》，明确：对饮食业、商业、娱乐业举办的啤酒屋（啤酒坊）利用啤酒生产设备生产的啤酒，征收消费税。

1997年6月，省国税局转发国家税务总局于1997年5月21日印发的《消费税问题解答》，明确：啤酒源是以麦芽或其他粮食为原料，加入啤酒花，经糖化、发酵酿制而成的含二氧化碳的酒，在产品特性和生产工艺流程上啤酒源与啤酒一致，只缺少过滤过程，因此对啤酒源按啤酒征收消费税。菠萝啤酒是以麦芽或其他粮食为原料，加入啤酒花，经糖化、发酵，并在过滤时加入菠萝精（汁）、糖酿制而成的含二氧化碳的酒，其在产品特性、使用原料和生产工艺流程上啤酒源与啤酒一致，只在过滤时加上适量的菠萝精（汁）和糖，菠萝啤酒按啤酒征收消费税。

2001年6月20日，省国税局转发《财政部、国家税务总局关于调整酒类产品消费税政策的通知》规定：自2001年5月1日起，每吨啤酒出厂价格（含包装物及包装物押金）在3000元（含3000元，不含增值税）以上的，单位税额250元／吨；每吨啤酒出厂价格（含包装物及包装物押金）在3000元（不含3000元，不含增值税）以下的，单位税额220元／吨；饮食业、娱乐业自制啤酒，单位税额250元／吨；啤酒出厂价格以2000年全年销售的每一牌号、规格啤酒产品平均出厂价格为准，2000年每一牌号、规格啤酒的平均出厂价格确定之后即作为各牌号、规格啤酒2001年适用单位税额的依据，无论2001年啤酒的出厂价格是否变动，当年适用单位税额原则上不再进行调整。

2002年3月21日，省国税局转发《国家税务总局关于啤酒消费税有关问题的批复》规定：对啤酒生产企业销售的啤酒，不得以向其关联企业的啤酒销售公司销售的价格作为确定消费税税额的标准，而以其关联企业的啤酒销售公司对外的销售价格（含包装物及包装物押金）作为确定消费税税额的标准，并依此确定该啤酒消费税单位税额。

2003年5月9日，省国税局转发《国家税务总局关于啤酒集团内部企业间销售（调拨）啤酒液征收消费税问题的批复》规定：啤酒生产集团内部企业间调拨销售的啤酒液，由啤酒液生产企业按现行规定申报缴纳消费税；购入方企业应依据取得的销售方销售啤酒液所开具的增值税专用发票上记载的销售数量、销售额、销售单加确认销售方啤酒液适用的消费税单位税额，单独建立外购啤酒液购入使用台账，计算外购啤酒液已纳消费税额；购入方使用啤酒液连续灌装生产并对外销售的啤酒，依据其销售价格作为确定适用单位税额计算缴纳消费税，但其外购啤酒液已缴纳消费税额，从其当期应纳消费税额中抵减。

2005年5月8日，省国税局转发《国家税务总局关于果啤液征收消费税的批复》规定：果啤是一种口味介于啤酒和饮料之间的低度酒精饮料，主要成分是啤酒和果汁，尽管果啤在口味和成分上与普通啤酒有所区别，但无论是从产品名称，还是从产品含啤酒的本质上看，果啤均属于啤酒，按规定征收消费税。

2006年1月1日起，啤酒消费税单位税额按照出厂价格（含包装物及包装物押金）划分档次，上述包装物押金不包括重复使用的塑料周转箱的押金。

2009年1月1日，啤酒税目分为甲类啤酒、乙类啤酒两个子税目，从量定额征收，单位税额分别为250元／吨、220元／吨。

成品油消费税　1994年1月1日起成品油税目列汽油、柴油两个，从量定额征收，税率分别为0.2元／升，0.1元／升。1994年5月7日，省国税局转发《财政部、国家税务总局关于汽油、柴油征免消费税问题的通知》明确：对1993年12月31日以前商业库存的国家计划内统配汽油、柴油不再补征消费税；对1993年12月31日以前商业库存的非统配汽油、柴油按有关规定如数补缴消费税，在1994年6月30日以前完成清理补缴工作。

1998年12月21日，省国税局转发《财政部、国家税务总局关于调整含铅汽油消费税税率的通知》明确：自1999年1月1日起含铅汽油（指含铅量每升超过0.013克的汽油）按0.28元/升的税率征收消费税，无铅汽油仍按0.20元/升的税率征收消费税。省国税局转发《国家税务总局关于核发1999年石脑油溶剂油生产供应计划的通知》（赣税发〔1999〕334号文），明确：凡属于经国家税务总局核发的石脑油和溶剂油生产、供应计划内的部分，不征收消费税；未纳入国家税务总局核发的生产、供应计划或者超出总局核发计划范围生产、供应的部分，照章征收消费税。

2006年4月3日，省国税局转发《财政部、国家税务总局关于调整和完善消费税政策的通知》规定：2006年4月1日起取消汽油、柴油税目，增列成品油税目，成品油税目下设汽油、柴油、石脑油、溶剂油、润滑油、燃料油、航空煤油等7个子税目，汽油和柴油税率不变，石脑油、溶剂油和润滑油的单位税额均为0.20元/升，燃料油和航空煤油的单位税额均为0.10元/升。2006年12月6日，国家税务总局明确以动植物为原料，经提纯、精炼、合成等工艺生产的生物柴油，不属于消费税征税范围。

自2008年1月1日起至2010年12月31日止，进口石脑油和国产的用作乙烯、芳烃类产品原料的石脑油免征消费税，生产企业直接对外销售的石脑油应按规定征收消费税；以外购或委托加工收回的已税石脑油、润滑油、燃料油为原料生产的应税消费品，准予从消费税应纳税额中扣除原料已纳的消费税税款。2008年5月14日，国家税务总局明确甲醇汽油属于消费税征税范围，按规定征收消费税。

自2009年1月1日起含铅汽油和无铅汽油的单位税额分别提高到1.40元/升、1.10元/升，柴油、燃料油和航空煤油的单位税额提高到0.80元/升，石脑油、溶剂油和润滑油的单位税额提高到1.00元/升。

汽车消费税　1994年1月1日起对小汽车征收消费税，其中：小轿车气缸容量在2200毫升以上（含）的税率为8%，气缸容量在1000—2200毫升（含1000毫升）的税率为5%，气缸容量在1000毫升以下的税率为3%；越野车气缸容量在2400毫升以上（含）的税率为5%，气缸容量在2400毫升以下的税率为3%；小客车（22座以下面包车）气缸容量在2000毫升以上（含）的税率为5%，气缸容量在2000毫升以下的税率为3%。小轿车的征收范围包括微型轿车、普通轿车、高级轿车。小客车的征收范围包括微型客车、中型客车。急救车和抢修车等特种车不属征税范围。

2000年8月14日，省国税局转发《财政部　国家税务总局关于对低污染排放小汽车减征消费税的通知》规定：为保护生态环境，促进低污染排放小汽车的生产和消费，推进汽车工业技术进步，经国务院批准，对生产销售达到低污染排放限值的小轿车、越野车和小客车减征30%的消费税。低污染排放限值是指相当于欧盟指令94/12/EC、96/69/EC排放标准（简称欧洲Ⅱ标准）。

2004年7月22日，省国税局转发《财政部　国家税务总局关于江铃全顺牌汽车减征消费税的通知》，明确：江铃汽车股份有限公司生产的江铃全顺牌轻型客车，达到"轻型汽车污染排放限值及测量方法（Ⅱ）"规定的排放标准，经研究，对江铃汽车股份有限公司在2003年3月10日至2003年12月31日生产销售的江铃全顺牌JX6465-M、JX5035XXY-L、JX5035XXY-M、JX6545XXY-H、JX5035XXYL-M型和在2003年3月13日至2003年12月31日生产销售的JX6465-L、

JX6465-M 型轻型客车，按应纳消费税税额减征 30%。

2004 年 9 月 17 日，省国税局转发《财政部　国家税务总局关于昌河牌和北斗星牌轻型客车减征消费税的通知》明确：江西昌河铃木有限公司生产的昌河牌和北斗星牌轻型客车，经国家指定的检验中心样品检验和生产一致性检查，达到"轻型汽车污染排放限值及测量方法（Ⅱ）"规定的排放标准，经研究，对江西昌河铃木有限公司在规定的减税起止日期内生产销售的上述汽车，按应纳消费税税额减征 30%。

2004 年 9 月 23 日，省国税局转发《财政部　国家税务总局关于暂缓执行低污染排放小汽车减征消费税的通知》明确：鉴于小汽车欧洲Ⅲ号排放标准在制定中，符合欧洲Ⅲ号排放标准的车用油品质量尚未解决，依《财政部　国家税务总局关于对低污染排放小汽车减征消费税的通知》规定，符合欧洲Ⅲ号排放标准的小汽车可以减征消费税的政策暂缓执行。

2005 年 4 月 26 日，省国税局转发《国家税务总局关于"皮卡"改装的"旅行车"征收消费税问题的批复》，明确：根据《消费税征收范围注释》，"皮卡"改装的"旅行车"符合税目注释中的定义，属于小汽车消费税征税范围，按照"小汽车"税目中的"小客车"子目征收消费税。

2006 年 4 月 3 日，省国税局转发《财政部、国家税务总局关于调整和完善消费税政策的通知》，为适应社会经济形势的客观发展需要，进一步完善消费税制，经国务院批准，对消费税税目、税率及相关政策进行调整。取消小汽车税目下的小轿车、越野车、小客车子目。在小汽车税目下分设乘用车、中轻型商用客车子目。乘用车气缸容量在 1.5 升以下（含）的税率为 3%，气缸容量在 1.5 升以上至 2.0 升（含）的税率为 5%，气缸容量在 2.0 升以上至 2.5 升（含）的税率为 9%，气缸容量在 2.5 升以上至 3.0 升（含）的税率为 12%，气缸容量在 3.0 升以上至 4.0 升（含）的税率为 15%，气缸容量在 4.0 升以上的税率为 20%，中轻型商用客车税率为 5%，自 2006 年 4 月 1 日起执行。2006 年 8 月 30 日，对车身长大于 7 米（含），并且座位在 10—23 座（含）以下的商用车，不属于中轻型商用客车征税范围，不征收消费税。2006 年 8 月 15 日，对于购进乘用车和中轻型商用客车整车改装生产的汽车，按规定征收消费税。

2007 年 11 月 2 日，对沙滩车、雪地车、卡丁车、高尔夫球车不属于消费税征税范围，不征收消费税。

2008 年 3 月 21 日，对于企业购进货车或厢式货车改装生产的商务车、卫星通信车等专用汽车不属于消费税征税范围，不征收消费税。

2008 年 9 月 1 日起，乘用车气缸容量在 1.0 升以下（含）的税率由 3% 下调至 1%；气缸容量在 1.0 升以上至 1.5 升（含）的税率为 3%；气缸容量在 1.5 升以上至 2.0 升（含）的税率为 5%，气缸容量在 2.0 升以上至 2.5 升（含）的税率为 9%，气缸容量在 2.5 升以上至 3.0 升（含）的税率为 12%，气缸容量在 3.0 升以上至 4.0 升（含）的税率由 15% 上调至 25%；气缸容量在 4.0 升以上的税率由 20% 上调至 40%。

2008 年 9 月 24 日，明确：江铃汽车股份有限公司在中轻型商用客车基本车型产品基础上，不改变车身及动力总成系统，仅对车内座椅进行调整生产的客车，属于中轻型商用客车征税范围，按照中轻型商用客车适用税率征收消费税。

第三节　营业税等税种

营业税

营业税是对在中国境内提供应税劳务、转让无形资产或销售不动产的单位和个人，就其所取得的营业额为课税对象而征收的一种商品劳务税。营业税具有征税范围广、计征方法简便、税率多样化的特点。营业税根据应税劳务的综合性经营特点，按照不同经营行业设计不同的税目、税率，即行业相同则税目、税率相同，行业不同则税目、税率不同。

1993 年 12 月以前营业税的税目及其税率为：商品零售税率 3%，商品批发税率 10%，交通运输业中的空运、海运、陆运、河运、装卸搬运税率均为 3%，建筑安装税率 3%，邮电通信业税率 3%，金融保险业税率 5%，出版事业税率 3%，公用事业税率 3%，娱乐业中的游艺场、剧院、电影院、影剧院、其他各种文艺演出、娱乐场所税率均为 3%，娱乐业中的舞场、弹子房税率均为 10%，服务业中的代购代销、代办进出口、报关转运、介绍服务、委托寄售、代理服务税率均为 10%，服务业中的旅店、宾馆、招待所、饭店、客店、旅游、租赁、广告、仓储、寄存、堆栈税率均为 5%，临时经营税率 5%~10%，典当物品的保险费和利息税率为 5%，死当物品的销售税率为 3%。税改前的营业税是税收收入主体税种之一，1991 年、1992 年和 1993 年江西省营业税收入分别占全省工商税收收入的比重分别为 25.7%、26.1%、25.7%，达四分之一强。

1994 年 1 月 1 日起实施新税制，营业税共设置 9 个征税项目，分 3 档税率：交通运输业、建筑业、邮电通信业、文化体育业税率均为 3%；金融保险业、服务业、转让无形资产、销售不动产税率均为 5%；娱乐业（包括歌厅、舞厅、卡拉 OK、音乐茶座、台球、高尔夫球、保龄球、游艺等）税率为 5%~20%。

营业税起征点。营业税起征点的适用范围限于个人，按期纳税的，为月营业额 200—800 元；按次纳税的，为每次（日）营业额 50 元。

免征营业税项目主要有：托儿所、幼儿园、养老院、残疾人福利机构提供育养服务、婚姻介绍、殡葬服务；医院、诊所和其他医疗机构提供的医疗服务；学校和其他教育机构提供的教育劳务，学生提供的勤工俭学劳务；农业机耕、排灌、病虫害防治、植保、农牧保险以及相关技术培训业务，家禽、牲畜、水生动物的配种和疾病防治；纪念馆、博物馆、文化馆、美术馆、展览馆、书画院、图书馆、文物保护单位举办文化活动的门票收入，宗教场所举办文化、宗教活动的门票收入，以及国务院规定的免税项目。

1995 年，营业税由地税局负责征收，1996 年全省国税系统无营业税收入。

1997 年 1 月 1 日始，金融保险业营业税税率由原 5% 提高到 8%，提高 3% 税率部分均归中央财政收入，由国税局负责征收。

自 2001 年起，金融保险业营业税税率每年下调 1 个百分点，分三年将金融保险业营业税税率从 8% 降低到 5%；因营业税税率降低而减少的营业税，均为国税系统负责征收的金融保险业营业税收入。2001 年国税系统负责征收金融保险业营业税部分的税率为 2%，2002 年国税征收率为 1%，

2003 年国税征收率为零。

产品税

产品税自 1984 年 10 月 1 日开征，1993 年 12 月 31 日取消。

凡在中国境内从事生产和进口规定应税产品的单位和个人，均应依照产品税条例的规定缴纳产品税。从事工业品生产的纳税人，分别根据产品销售收入的金额和规定的税率或者产品的数量和规定的税额计算纳税；工业企业自己生产、用于本企业连续生产的产品不纳税；工业企业自己生产的应税产品，用于本企业非生产项目的，视同销售依率纳税。

生产应税农、林、牧、水产品的单位或个人，产品交售给国营、集体收购单位的，由收购单位根据收购所支付的金额和规定的税率计算纳税；产品销售给其他单位和个人的，由销售者根据产品销售收入的金额和规定的税率计算纳税。

进口产品的纳税人，在产品报关进口后，根据其数量，按照规定的组成计税价格和规定的税率计算纳税。组成计税价格＝（到岸价格＋关税）÷（1－产品税税率）。进口产品的产品税，由海关代征。

委托加工的产品，委托方为工业企业的，视同本企业自己生产的产品，按照规定纳税。委托方不是工业企业的，由委托方纳税。

产品税法定减免税项目主要有：国家鼓励出口的应税产品，由生产单位直接出口的免税；已经缴纳产品税的，由经营出口者在报关出口后，申请退还已纳的税款；黄金矿砂、黄金、避孕用品，免税；列入国家计划试制的新产品，给予定期的减税、免税；利用废渣、废液、废气生产的产品，给予定期的减税、免税；少数民族地区生产的民族特需商品，按照规定纳税有困难的，给予定期的减税、免税；其他产品由于特殊情况需要在一定时期内减税、免税的，按照国家规定的税收管理权限办理。

产品税除发电、供电实行从量定额计征外，其他税目实行从价定率计征。由于工业产品和农林牧水产品众多，产品税课税项目划分较细，各税目适用不同税率，部分税目又细分子税目，各子税目又适用不同税率。

表 1-2-4　1991—1993 年江西省征收产品税税目税率

单位：%

税　目	税率（税额）	税　目	税率（税额）	税　目	税率（税额）
甲级卷烟	60	乙级卷烟	60	丙级卷烟	56
丁级卷烟	50	戊级卷烟	32	雪茄烟	47
烟丝	35	粮食白酒	50	薯类白酒	40
糠麸白酒	28	其他原料白酒	15	黄酒	50
土甜酒	38	啤酒	40	复制酒	30
果木酒	15	汽酒	15	酒精	10

续表

税　目	税　率（税额）	税　目	税　率（税额）	税　目	税　率（税额）
马尾马鬃、猪鬃	5	羽毛、羽绒	5	鞭炮、焰火	30
焚化品	55	农药	5	汽车轮胎、垫带	18
拖拉机轮胎垫带	10	其他轮胎、垫带	12	运输带、传动带	12
橡塑制品	10	全胶鞋	18	乳胶制品	18
其他橡胶制品	20	原煤、洗煤、选煤	3	焦炭	5
原油产量 1000 万吨以上（含）	15	原油产量 500—1000 万吨	12	原油产量 500 万吨以下	5
人造原油	5	黑色金属矿	3	发电、供电	10 元 / 千度
小型电力	5	独立电厂	25	热力	3
天然气	5	煤气	3	液化石油气	3
其他石油气	10	氢、氧、氮气	15	其他工业气	10
汽油	40	柴油	10	煤油	25
重油	3	溶剂油	35	润滑油	35
焦油	10	化工轻油	20	石脑油	35
其他原料油	5	其他炼制油	20	润滑脂	13
固体石蜡	25	液体石蜡	13	沥青	13
石油焦	20	无机酸、有机酸	10	无机盐	10
纯碱	12	烧碱	15	其他碱	10
年产 30 万吨以上油制氮肥厂	5	年产 30 万吨以上气制氮肥厂	20	年产合成氨 4.5–30 万吨	5
年产合成氨 4.5 万吨以下	3	其他化肥	3	电石	10
甲醇	15	乙二醇	20	其他醇	15
石油苯	15	焦油苯	10	其他苯	10
烯类	10	其他无机、有机化工原料	10	染料	22
颜料、涂料	18	化学试剂	13	化学溶剂	10
助剂、催化剂	10	粘合剂	10	磁带	10
丁苯、顺丁、丁腈橡胶	25	其他合成橡胶	10	有机玻璃	10
聚乙烯醇	10	涤纶树脂	15	聚氯烯醇	10
聚苯烯醇	15	聚乙烯	25	聚丙烯	20
尼龙	20	其他合成纤维单体	10	炭黑	10
炸药类	10	水溶性彩色胶卷、胶片	25	油溶性彩色胶卷、胶片	12
其他胶卷、胶片	15	生铁	3	钢锭	3
铁合金	10	其他工业品	5	毛茶	25
精制茶	15	边销茶	10	晒烟叶、烤制烟	38

续表

税 目	税 率（税额）	税 目	税 率（税额）	税 目	税 率（税额）
海参、鱼翅、燕窝、鲍鱼、鱼唇、干贝	35	鱼、虾、蟹	5	其他海产食品	5
银耳、黑木耳	5	毛绒	10	原木	10
原竹	5	生漆、天然树脂	15	生猪、菜牛、菜羊	3

产品税设立以来一直是江西省工商税收收入主体税种之一，1991 年、1992 年和 1993 年江西省产品税收入占全省工商税收收入比重分别为 27%、25.9%、24.4%。加强产品税政策管理、落实产品税制是税收管理的重点工作。1991 年在全省范围内开展个体、私营企业、承包租赁户的税收专项检查，对偷漏税进行清理检查，促进税制落实；研究制定《江西省流转税减免管理暂行办法》，规范政策执行。1992 年全省税务部门加强财政、银行、司法等部门的工作配合，开展税制执行情况检查，堵塞税收跑冒滴漏，抓好"三资"企业减免税到期的恢复征税工作。1993 年是 1994 年新税制的财政收入基数年，全省税务部门认真贯彻中共中央、国务院有关文件精神，停止困难性减免税、部分政策性减免税、部分扶植性减免税，停止以税还贷，企业需解决的困难通过财政渠道列收列支解决；清理企业欠税和银行占压税款；坚决纠正流转税承包；开展税收大检查和产品税专项检查。一系列措施促进税收政策的严格执行，税务干部依法办事，1993 年全省产品税收入比上年增长 28.1%。1994 年 1 月 1 日起实施新税制，取消产品税税种，产品税征收内容分别列入增值税和消费税税种中。

工商统一税

工商统一税是我国 1958 年税制改革设立的税种，是由货物税、商品流通税、营业税和印花税合并简化而成，是以工业品、部分农产品和商业零售、交通运输、服务性业务的流转额为征税对象，实行两次课征制的一种流转税。其税制要素：对应税工业品和应税农产品分别在工业生产环节和农产品采购环节征收一次，应税产品通过商业零售的，再在零售环节征一次税，税率基本上是按原货物税、商品流通税、营业税、印花税的税负换算确定的，只对少数产品的税负，根据合理负担、有利于生产的要求做了适当调整；把全部工业产品纳入征收范围；以商品销售收入金额、农产品采购支付金额等为计税依据，与纳税人的业务收入、核算内容一致，便于征纳；鼓励发展协作生产，对在全国范围内协作生产的若干产品给予免税照顾；对"中间产品"征税的品目由过去的 20 个减少为棉纱、白酒、皮革、饴糖等少数产品。工业品在工厂环节一般只征一次税，简化了征税办法。

1973 年税制改革后，工商统一税除对外商投资企业继续适用外，对其他企业停止执行。至 1991 年，工商统一税仍然只对从事生产经营的中外合资企业、中外合作企业和外资企业等征收，这一税制格局延续到 1993 年。20 世纪 90 年代后，江西省工商统一税 1991 年收入 2599 万元，1992 年增至 4022 万元、1993 年增至 1.54 亿元。1994 年税制改革，取消工商统一税种，工商统一税征收内容分别列入增值税和消费税税种中。

盐　税

盐税是历史上延续下来的税种，具有资源税和流转税的双重特征。盐税的纳税人是从事生产、经营和进口盐的单位和个人。盐税的征收原则为"从量核定、就场征收、税不重征"。其税制要素：经核准直接销售或自销的盐场（厂）、分配销售盐的运销或国家指定的收购单位、改变减免税盐用途的单位、动用储备盐的单位和进口盐的单位为纳税人；在销售环节纳税的，按实际销售盐的数量和规定的单位税额计算应纳税额；在改变用途环节纳税的，按改变用途盐的数量和改变用途前后盐税税额的差额计算应补税额；在动用环节纳税的，按动用数量和规定的税额计算应纳税额；在进口环节纳税的，按进口盐的数量和规定税额计算应纳税额。

1991—1993年，江西省内各盐矿适用的盐税税率：食盐14.00元/吨；牧业用盐20.00元/吨；酸碱、制革工业用盐11.50元/吨；肥皂、饲料工业用盐57.50元/吨。各盐矿凡未经盐业系统收购、调拨而自行销售的食盐，按每吨50元征收盐税；省内盐矿销售给盐业公司的编塑袋包装的食盐，按每吨7元征收盐税；出口盐免税；农业、牧业用盐与食盐同税率。

江西省盐税税源主要是矿盐，分布在樟树市、会昌县等地，盐产量规模不大。1991、1992和1993年，江西省盐税收入分别为461万元、520万元、513万元。1994年税制改革，取消盐税税种，将盐税征收内容分别列入增值税和资源税税种中。

第三章　所得税类

中国的所得税是以应纳税所得额为课税对象，应纳税所得额按照税法规定对所得额进行调整计算后确定。所得税属于直接税，纳税人就是负税人，所得多的多征，所得少的少征，无收益则不征税，体现了合理负担原则。中国所得税类一般包括企业所得税和个人所得税税种。1994年税制改革前，企业所得税税种先后设置国营企业所得税、集体企业所得税、私营企业所得税、中外合资经营企业所得税、外国企业所得税、外商投资和外国企业所得税；1994年实施新税制，企业所得税税种设置企业所得税（内资）、外商投资和外国企业所得税；2008年内外资企业所得税"两法"合并，企业所得税征收范围覆盖内外资企业。1994年税制改革前，个人所得税类是按国内公民、在华外籍工作人员、个体工商户分别设置个人收入调节税、个人所得税、城乡个体工商业户所得税税种；1994年税制改革，个人所得税法经修订后重新颁布，新的个人所得税征收范围涵盖国内公民个人所得和在华外籍工作人员个人所得。1994年税制改革时，取消按企业所有制形式设置所得税的办法，将国营企业所得税、集体企业所得税、私营企业所得税合并，统一征收适用《企业所得税暂行条例》。随着经济发展和企业经济效益提高，企业所得税收入规模不断扩大，占税收收入的比重不断提高，成为税收收入的主体收入税种之一。随着中国经济体制改革和改革开放推进，企业所得税制不断调整完善。

第一节　企业所得税

国营企业所得税

从1984年1月1日起，从事生产经营所得和其他所得，除另有规定者外，都应依照规定缴纳所得税。实行独立经济核算的国营企业，为国营企业所得税纳税义务人。联营企业先分配所得的，以投资各方（包括行政、事业及其他单位）为纳税人。

国营企业所得税的计税依据是应纳税所得额。纳税人每一纳税年度的收入总额（包括营业外收入）减除成本、费用、国家允许在所得税前列支的税金和营业外支出后，其余额为应纳税所得额。各项开支的范围和标准，应按照《国营企业成本管理条例》和财政部制定或批准的国营企业财务会计制度的规定执行。纳税人在某一年度发生亏损的，可以提出申请，经当地税务机关审查核实，按照国家规定的程序报经批准后，从其下一年度的所得中，给予一定数额抵补。一年抵补不足的，可以结转次年抵补，但连续抵补期限最长不得超过三年。

国营企业所得税税率分为：大中型企业，适用 55% 的固定比例税率。小型企业、饮食服务企业和营业性的宾馆、饭店、招待所等，适用八级超额累进税率，最低一级年纳税所得额 1000 元以下的部分，税率为 10%；最高一级，年纳税所得额 20 万元以上的部分，税率为 55%。大中型和小型企业的划分，按照国家规定的标准执行。国家机关、团体、行政事业单位的营业性宾馆、饭店、招待所暂减按 15% 税率征收，省、市级地方国营建筑安装企业减按 30% 税率征收，县（市）级地方国营建筑安装企业减按 32% 税率征收。

纳税人遇有特殊情况，按规定缴纳所得税确有困难需要减税、免税的，可以提出申请，经当地税务机关审查核实后逐级上报。省级以下企业，报经省税务机关批准；省级和中央级企业，报经税务总局批准。需要统一减税、免税的，由财政部确定。

国营企业所得税按年征收，按期预缴。税额的计算方法：适用 55% 固定比例税率的，为应纳税所得额乘税率；适用八级超额累进税率的，预缴税款时，应将当月累计应纳税所得额，换算为全年应纳税所得额，求得全年应纳税额，再换算为当月累计应纳税额，求得本月应纳税额。国营企业所得税按日、按旬或按月预缴本月税款，按月、按季结算，年终汇算清缴，多退少补。具体纳税期限，由当地税务机关根据纳税人应缴税额的大小，分别核定。国营企业所得税，由纳税人就地缴纳。其中：跨地区经营的企业，按其隶属关系回原地缴纳；联营企业所得先分给投资各方的，由投资各方在其所在地缴纳；铁路运营、金融、保险企业和国家医药管理局直属企业，分别由铁道部、中国人民银行、中国工商银行、中国银行、中国农业银行、中国人民建设银行、中国国际信托投资公司、中国人民保险总公司、国家医药管理局集中缴纳。纳税人不论经营情况如何，应在每月终了后 10 日内，年度终了后 35 日内，向当地税务机关报送会计报表和所得税申报表。年度、季度财务计划，应在上报主管部门的同时，报送当地税务机关。

纳税人对所属企业财务会计情况隐瞒、不据实向税务机关报告，拒绝提供账册、凭证、单据和有关资料，税务机关可酌情处以 5000 元以下的罚款；隐匿所得额或申报不实的，除限期追缴应纳税款外，并可酌情处以应纳税款一倍以下的罚款。偷税、抗税情节严重，触犯刑律的，由税务机关提请司法机关依法追究刑事责任。纳税人不依照本条例的规定纳税，任何人都可以检举揭发，经税务机关查实处理后，按规定奖励检举揭发人，并为其保密。

江西省税务部门加强与计委、经贸委、财政、工商管理等相关部门的联系与沟通，加强调查研究，准确适用各国营企业所得税适用税率。加强税源管理和征收管理，按年开展国营企业所得税汇算清缴工作，适时开展国营企业所得税专项检查，并将国营企业所得税制政策执行情况列入每年一次的财税大检查的重要内容，促进国营企业所得税制落实。同时，税务部门积极主动地搞好税收服务，促进企业发展。1991 年 11 月 11 日，省税务局转发《国家税务局关于贯彻中央工作会议精神进一步支持搞好国营大中型企业问题的通知》，全省各级税务机关全面检查落实国家关于国营大中型企业的各项税收优惠政策以增强企业活力，把促产增收工作重点放到搞好国营大中型企业上来，加强与有关部门的密切配合，经常分析研究措施，总结推广经验，当好政府宏观决策的参谋，积极献计献策，发挥好税收杠杆作用，促进国营大中型企业发展。1991 年、1992 年和 1993 年全省国营企业所得税收入分别为 4.45 亿元、4.69 亿元、3.8 亿元，为江西省税收收入的主体税种之一。

集体企业所得税

集体企业所得税是由原工商所得税演变而来。

从事工业、商业、服务业、建筑安装业、交通运输业以及其他行业的独立核算的集体企业，为集体企业所得税的纳税义务人。

纳税人每一纳税年度的收入总额，减除成本、费用、国家允许在所得税前列支的税金和营业外支出后的余额，为集体企业所得税的计税依据，即应纳税所得额。应纳税所得额的具体计算，依照国家的有关规定执行。

集体企业所得税不分行业和企业规模实行统一的八级超额累进税率，最低一级年所得额1000元以下的部分，税率为10%；最高一级，年所得额20万元以上的部分，税率为55%。

对下列纳税人，可以在一定期限内或者一定程度上给予减征、免征所得税的照顾：开办初期，纳税确有困难的；新办的进行饲料生产的；乡镇集体企业，生产经营直接服务于农业的化肥、农药、农机具修理修配的；利用废水、废气、废渣等废弃物品为主要原料进行生产的；在革命老根据地、少数民族地区、边远地区、贫困地区兴办的乡镇集体企业，经营确有困难的；由于自然灾害或者其他殊特原因，纳税确有困难的；经财政部批准其他需要减税、免税的。

集体企业所得税按年计征，按季或者按月预缴，年终汇算清缴，多退少补。具体纳税期限，由当地税务机关根据纳税人应缴税额的大小，分别核定。集体企业所得税就地向税务机关缴纳。纳税人经工商行政管理机关批准开业，自批准之日起的30日内持有关证件向当地税务机关办理税务登记。纳税人经工商行政管理机关批准歇业、合并、联合、分设、改组、转业、迁移时，自批准之日起的30日内持有关证件向当地税务机关办理变更或者注销登记手续，并清缴应纳税款。纳税人不论经营情况如何，都应当于季度或者月度终了后的10日内、年度终了后的35日内，将所得税申报表，连同有关财务会计报表报送当地税务机关。

纳税人必须按照税务机关规定的期限缴纳税款。逾期不缴的，除限期追缴外，并从滞纳之日起，按日加收滞纳税款5‰的滞纳金。隐匿所得额不报或少报的，除限期追缴应纳税款外，并可酌情处以应纳税款一倍以下的罚款。偷税、抗税，情节严重的，由税务机关提请司法机关依法追究其直接责任人员的刑事责任。纳税人不遵照本条例的规定纳税，任何人都可以检举揭发。税务机关查实处理后，可以按照规定奖励检举揭发人，并为其保密。

江西省税务部门认真贯彻集体企业所得税制，加强与计委、经贸委、财政、轻工业厅、工商管理等相关部门的联系与沟通，加强调查研究，准确划分各集体企业所属行业及其所得税适用税率。加强税源管理和征收管理，按年开展集体企业所得税汇算清缴工作，适时开展集体企业所得税专项检查，并将集体企业所得税制政策执行情况列入每年一次的财税大检查的重要内容，促进集体企业所得税制落实。1991年、1992年和1993年全省集体企业所得税收入分别为1.01亿元、0.92亿元、0.87亿元。

1994年税制改革，取消按企业所有制形式设置所得税的办法，将集体企业所得税与国营企业所得税、私营企业所得税合并，统一征收内资企业所得税。

私营企业所得税

1988年6月3日国务院通过《中华人民共和国私营企业所得税暂行条例》，1988年度起施行。从事工业、建筑业、交通运输业、商业、饮食业以及其他行业的城乡私营企业，是私营企业所得税的纳税义务人。纳税人每一纳税年度的收入总额，减除成本、费用、国家允许在所得税前列支的税金和营业外支出后的余额，为私营企业应纳税所得额。纳税人计算缴纳所得税的列支项目和标准，由税务机关规定。纳税人在纳税年度发生亏损，经税务机关批准，可以从下一年度的所得中提取相应的数额加以弥补；下一年度的所得额不足弥补的，可以递延逐年提取所得继续弥补，但连续弥补期限不得超过3年。

纳税人有下列情况之一的，由省人民政府确定，在一定期限内减征、免征所得税：利用废水、废气、废渣等弃物为主要原料进行生产的；遇有风、火、水、震等灾情，纳税确有困难的；纳税人因特殊情况需要减税、免税的；其他需要减税、免税的，由财政部确定。

私营企业所得税依照35%的比例税率计算征收，按年计算，分月或者分季预缴，年终汇算清缴，多退少补。具体纳税期限由县、市税务机关确定。纳税人必须按照税务机关的规定建立账簿和保存凭证，并按规定向当地税务机关编送财务报表和进行纳税申报。对未按照规定执行的纳税人，税务机关可处以5000元以下的罚款；情节严重的，经省税务机关批准可处以3万元以下的罚款。

全省税务部门认真贯彻私营企业所得税制，加强与工商管理等相关部门的联系与沟通，加强税源管理和征收管理，按年开展私营企业所得税汇算清缴工作，适时开展私营企业所得税专项检查，并将私营企业所得税制政策执行情况列入每年一次的财税大检查的重要内容，促进私营企业所得税制落实。1991年、1992年和1993年全省私营企业所得税收入分别为42万元、35万元、64万元。

1994年税制改革时，取消按企业所有制形式设置所得税的办法，将私营企业所得税与国营企业所得税、集体企业所得税合并，统一征收内资企业所得税。

合营企业所得税

合营企业所得税是对中外合资经营企业（以下简称合营企业），从事生产、经营所得和其他所得征收的所得税。合营企业在中国境内和境外的分支机构，从事生产、经营所得和其他所得，由总机构汇总缴纳所得税。

合营企业每一纳税年度的收入总额，减除成本、费用以及损失后的余额，为应纳税的所得额。合营企业发生年度亏损，可以从下一年度的所得中提取相应的数额加以弥补；下一年度的所得不足弥补的，可以逐年提取所得继续弥补，但是最长不得超过五年。合营企业及其分支机构，在国外缴纳的所得税，可以在总机构应纳所得税额内抵免。中国政府和外国政府之间订有避免双重征税协定的，所得税的抵免，依照各该协定的规定办理。

合营企业的所得税税率为30%，另按应纳所得税额附征10%的地方所得税。合营企业的外国合营者，从企业分得的利润汇出国外时，按汇出额缴纳10%所得税。

合营企业的合营期在10年以上的，经企业申请，税务机关批准，从开始获利的年度起，第1

年和第 2 年免征所得税，第 3 年至第 5 年减半征收所得税。农业、林业等利润较低的合营企业和在经济不发达的边远地区开办的合营企业，按此规定免税、减税期满后，经财政部批准，还可以在以后的 10 年内继续减征所得税 15% 至 30%。合营企业的合营者，从企业分得的利润在中国境内再投资，期限不少于 5 年的，经合营者申请，税务机关批准，退还再投资部分已纳所得税税款的 40%。

合营企业所得税，按年计征，分季预缴。每季在季度终了后 15 天内预缴；每年在年度终了后 5 个月内，汇算清缴，多退少补。合营企业年度终了后 4 个月内，报送年度所得税申报表和会计决算报表。合营企业的开业、转产、迁移、停业以及注册资本的变更、转让，在向工商行政管理总局登记后，应当持有关证件在 30 天内向当地税务机关办理税务登记。合营企业必须按照规定的期限，缴纳税款。逾期不缴的，税务机关除限期缴纳外，从滞纳之日起，按日加收滞纳税款的 5‰ 的滞纳金。1991 年江西省合营企业所得税收入 305 万元，比上年增长 1%。

《外商投资和外国企业所得税法》自 1991 年 7 月 1 日起施行后，《中外合资经营企业所得税法》废止。1992 年因该税种被取消，1992 年始江西省无此税种收入。

企业所得税

企业所得税是对内资企业和其他取得收入的组织，就其生产、经营所得和其他所得征收的一种税，是国家参与企业利润分配的重要手段。1994 年 1 月 1 日起，取消国营企业所得税、集体企业所得税、私营企业所得税税种，统一设立为企业所得税，征收范围涵盖国营、集体、私营等内资企业。

企业所得税纳税义务人包括实行独立经济核算的国营企业、集体企业、私营企业、联营企业、股份制企业以及其他有生产、经营所得和其他所得的组织。

纳税人每一纳税年度的收入总额减去准予扣除项目后的余额为应纳税所得额。纳税人的收入总额包括生产经营收入、财产转让收入、利息收入、租赁收入、特许权使用费收入、股息收入和其他收入。计算应纳税所得额时准予扣除项目是指与纳税人取得收入有关的成本、费用和损失。纳税人发生年度亏损的，可以用下一年度的所得弥补，下一年所得不足弥补的，可以逐年延续弥补，但延续弥补期限最长不得超过五年。纳税人来源于中国境外的所得，已在境外缴纳的所得税税款，准予在汇总缴纳时，从其应纳税额中扣除，但扣除额不得超过其境外所得依照条例规定计算的应纳税额。

内资企业所得税执行 33% 的比例税率。纳税人年应纳税所得额在 3 万元以下（含 3 万元）的，减按 18% 税率征收；年应纳税所得额在 3 万—10 万元（含 10 万元）的，减按 27% 税率征收；年应纳税所得额超过 10 万元的，一律按 33% 的比例税率征收。

中央企业所得税和金融、保险企业的所得税，为中央级收入，入中央金库。地方企业的所得税，为地方级收入，入地方金库。

民族自治地方的企业，需要照顾和鼓励的，经省人民政府批准，可以实行定期减税或免税；法律、法规和国务院有关规定给予减税或免税的企业均可享受税收优惠政策。

内资企业所得税按年计算，分月或者分季预缴。月份或者季度终了后 15 日内预缴，年度终了后 4 个月内汇算清缴，多退少补。纳税人依法清算时，其清算终了后的所得，依照企业所得税法规定缴纳企业所得税。

江西省税务局加强与经贸委、财政、工商管理等部门的联系沟通，深入企业调查了解情况，准确划分企业适用税率。按年开展企业所得税汇算清缴工作。1994年企业所得税制改变了以前按不同所有制分列设置税种、各税种税率不一、优惠政策各异的做法，实行内资企业统一所得税制，进一步规范国家与企业的分配关系，促进市场公平竞争，促进企业转换经营机制和生产经营发展。随着企业生产经营发展和企业盈利增加，内资企业所得税收入稳步增长，1994年全省内资企业所得税收入4.94亿元，比上年增长5.6%。

国税、地税两套税务机构分设后，1995年江西省国税局征收管理的内资企业所得税包括中央企业所得税、地方和外资银行及非银行金融企业所得税，以及集贸市场中的企业所得税。1995年，省国税局制定下发《江西省国家税务局企业所得税征收管理暂行办法》，规范征收管理，贯彻企业所得税制。

1996年，省国税局征收管理的内资企业所得税包括中央企业所得税；中央与地方所属企事业单位组成的联营企业、股份制企业的所得税；地方和外资银行及非银行金融企业所得税。集贸市场中的地方企业所得税归地税部门征收管理。1996年省国税局制定下发《财产损失税前扣除审批暂行办法》《中央企业汇总缴纳企业所得税暂行管理办法》《总机构管理费提取、使用管理办法》《亏损税前弥补管理暂行办法》《集体经营企业呆账准备金管理办法》等制度性文件，全省各级国税机关逐项落实。

1997年，省国税局转发国家税务总局有关文件，对汇总纳税企业所得税征收管理、虚报亏损处理、严格控制企业所得税核定征收范围、企业所得税减免税管理等涉税事项的政策规定和操作要求予以明确。省国税局、省工商银行、省农业银行、省建设银行、中国银行江西省分行、中国农业发展银行江西省分行联合发文《银行分支机构汇总纳税企业所得税监管实施办法》。

1998年，根据国家税务总局工作部署，结合江西实际，省国税局制定下发《企业财产损失税前扣除管理办法》《企业所得税税前弥补亏损审批办法》《江西省国家税务局企业所得税减免税管理办法》《江西省国家税务局企业所得税规范管理工作的实施意见》等制度性文件。

1999年，县级供电企业股份制改造后，其企业所得税由国税局负责征收管理。县级供电企业股份制改造后，一律以独立核算企业为纳税人就地缴纳企业所得税，按照中央与地方所占的股份分别作为中央级预算收入和地方级预算收入，分别缴入中央国库和地方国库。1999年，落实国家税务总局工作部署，结合江西实际，省国税局和省电力局联合发文《江西省电力公司企业所得税征收管理办法》，对独立核算电力企业所得税税前扣除项目问题、柘林水电厂缴纳企业所得税等涉税事项予以明确规定，理顺电力系统企业所得税管理机制。

2000年，落实国家税务总局工作部署，结合江西实际，省国税局和省邮电局联合发文《江西省邮政企业所得税监管办法》。省国税局制定下发《汇总（合并）缴纳企业所得税监督管理暂行办法》《关于县级供电企业股份制改造后企业所得税征收管理问题的通知》等文件，对有关涉税事项做出明确规定。全省各级国税机关落实执行，规范管理。

2001年1月1日起，全省国税系统内资企业所得税征收管理范围为：驻赣中央企业、事业单位、社会团体及其举办的国有企业、事业单位及其分支机构。地方银行和外资银行及非银行金融机构，包括商业银行、城市信用社、农村信用社及联社、信托投资公司、财务公司和金融租赁公司及其分支机构，证券公司、保险公司、资产管理公司及其分支机构，融资公司、融资中心、金融期货公司、信用担保公司、典当行（公司）和各类从事资金融通业务的企业。中央企、事业单位之间，中央企、事业单位与地方政府、地方企事业兴办的联营企业、股份制企业。上述联营企业、股份制企业再投资的企业，债转股企业。国家税务总局规定由国税机关征收所得税的其他企业。2001年，省国税局转发国家税务总局《企业所得税税前扣除办法》等文件，制定下发《江西省国家税务局企业所得税征收管理办法》等文件，进一步加强企业所得税管理。

自2002年1月1日起，按国家国家税务总局的有关规定，在各级工商行政管理部门新办理设立（开业）登记的企业，其企业所得税由国家税务局负责征收管理。但下列办理（开业）登记的企业仍由地方税务局负责征收管理：两个以上企业合并设立一个新的企业，合并各方解散，但合并各方原均为地方税务局征收管理的；因分立而新设立的企业，但原企业由地方税务局负责征收管理的；原缴纳企业所得税的事业单位改制为企业办理设立登记，但原事业单位由地方税务局征收管理的。在工商行政管理部门办理变更登记的企业，其企业所得税仍由原征收机关负责征收管理。在其他行政管理部门新登记注册、领取许可证的事业单位、社会团体、律师事务所、医院、学校等缴纳企业所得税的其他组织，其企业所得税由国家税务局负责征收管理。2001年12月31日前已在工商行政管理部门和其他行政管理部门登记注册，在2002年1月1日后进行税务登记的，其企业所得税按原规定的征管范围，由国家税务局、地方税务局分别征收管理。2001年底前的债转股企业、中央企事业单位参股的联营企业和股份制企业，仍由原征收机关征收管理，不再调整。不实行所得税分享的铁路运输、国家邮政、中国工商银行、中国农业银行、中国银行、中国建设银行、国家开发银行、中国农业发展银行、中国进出口银行以及海洋石油天然气企业，由国家税务局负责征收管理。2002年，省国税局转发国家税务总局有关文件，对司法公证机构改制后、农垦集团公司、农业产业化国家重点龙头企业、所得税收入分享体制改革后税收征管范围等企业所得税涉税事项做出明确规定。

2003年，根据国家税务总局有关政策规定，省国税局对中国太平洋人寿保险股份有限公司江西分公司、中国太平洋财产保险股份有限公司江西分公司、国家开发银行南昌分行、中国农业发展银行省分行、中国平安财产保险股份有限公司南昌分公司、中国平安人寿保险股份有限公司南昌分公司的企业所得税征管问题做出明确规定。全省各级国税机关遵照执行，规范操作。

2004年，省国税局转发财政部、国家税务总局有关文件，对金融企业广告费、业务宣传费、业务招待费税前扣除，企业贷款支付利息税前扣除标准，扩大企业技术开发费加计扣除政策适用范围等企业所得税涉税事项做出明确规定。

2005年7月18日省国税局制定《关于推动全民创业、加快富民兴赣的实施意见》，其中关于企业所得税优惠措施主要包括：对为农业生产服务的乡、村农技推广站、植保站、水管站、林业站、畜牧兽医站、水产站、种子站、农机站、气象站，以及农民专业技术协会、专业合作社，其提供的技术服务或劳务所取得的收入以及城镇其他各类事业单位开展的上述技术服务或劳务所取得的收入，暂免征收企业所得税。对农业产业化重点龙头企业从事种植业、养殖业和农林产品初加工业取得的所得，暂免征收企业所得税。新办服务型企业（广告业、桑拿、按摩、网吧、氧吧除外）和商业零售企业，当年新招用下岗失业人员达到职工总数 30% 以上，并与其签订一年以上期限劳动合同的，三年内免征企业所得税；当年新招用下岗失业人员不足职工总数 30%，但与其签订一年以上期限劳动合同的，三年内减征企业所得税。现有服务型企业（广告业、桑拿、按摩、网吧、氧吧除外）和商业零售企业新增加的岗位，当年新招用下岗失业人员达到职工总数 30% 以上，并与其签订一年以上期限劳动合同的，三年内减征企业所得税。劳动就业服务企业中的加工型企业和街道社区具有加工性质的小型企业实体，吸纳安置下岗失业人员并与其签订一年以上劳动合同的，每吸纳 1 名下岗失业人员，每年可享受 2000 元企业所得税定额扣减。新办城镇劳动服务企业，当年安置城镇待业人员超过企业从业人员总额 60% 的，可免征企业所得税三年。新办就业服务企业免税期满后，当年新安置待业人员占企业原从业人员总数 30% 以上的，可减半征收企业所得税二年。新办的独立核算的从事咨询（包括科技、法律、会计、审计、税务等咨询业）、信息业、技术服务业的企业或经营单位，自开业之日起，第一年至第二年免征企业所得税。新办的独立核算的从事交通运输业、邮电通讯业的企业或经营单位，自开业之日起，第一年免征企业所得税，第二年减半征收企业所得税。新办的独立核算的从事公共事业、商业、物资业、对外贸易业、旅游业、仓储业、居民服务业、饮食业、教育文化业、卫生事业的企业或经营单位，自开业之日起，可减征或免征企业所得税一年。国务院批准的高新技术产业开发区内新办的高新技术企业，自投产年度起免征企业所得税两年。新办软件企业自开始获利年度起，第一年和第二年免征企业所得税，第三年至第五年减半征收企业所得税。对为处理利用其他企业废弃的，在《资源综合利用目录》内的资源而新办的企业，减征或免征企业所得税一年。国有大中型企业通过主辅分离和辅业分离改制分流安置本企业富余人员兴办的经济实体，符合利用原企业的非主业资产、闲置资产或关闭破产企业的有效资产，独立核算、产权明晰并逐步实行产权主体多元化，吸纳原企业富余人员达到本企业职工总数 30% 以上，并与安置的职工变更或签订新的劳动合同条件的，三年内免征企业所得税。

2006 年，省国税局转发国家税务总局关于中央企业清产核资税收处理、企业所得税汇算清缴管理办法、物流企业缴纳企业所得税等事项的政策规定予以明确。制定下发《江西省国家税务局企业财产损失税前扣除管理实施办法》《江西省国家税务局企业所得税分类管理办法（试行）》等制度性文件，进一步规范操作。

2007 年，省国税局转发国家税务总局有关文件，对新办企业减免企业所得税执行起始时间、企业政策性搬迁收入企业所得税处理、企业创新所得税优惠等事项的政策规定予以明确。新企业所得税法及实施细则颁布后，全省各级国税机关开展税源调查，对适用不同税率的分类企业摸清底数，为 2008 年 1 月 1 日起新企业所得税法实施做好相关准备工作。

全省国税系统企业所得税（内资）收入 1995 年为 2.75 亿元，2004 年逾 10 亿元，2007 年达 33.63 亿元，1996—2007 年年均递增 25.6%。

中外合资经营企业所得税

中外合资经营企业所得税是对中外合资经营企业（以下简称合资企业）从事生产、经营所得和其他所得，征收的所得税，合资企业在中国境内和境外的分支机构，从事生产、经营所得和其他所得，由总机构汇总缴纳所得税。

合资企业每一纳税年度的收入总额，减除成本、费用以及损失后的余额，为应纳税的所得额。合资企业发生年度亏损，可以从下一年度的所得中提取相应的数额加以弥补；下一年度的所得不足弥补的，可以逐年提取所得继续弥补，但是最长不得超过五年。合资企业及其分支机构，在国外缴纳的所得税，可以在总机构应纳所得税额内抵免。中国政府和外国政府之间订有避免双重征税协定的，所得税的抵免，依照各该协定的规定办理。

合资企业的所得税税率为30%，另按应纳所得税额附征10%的地方所得税。合营企业的外国合营者，从企业分得的利润汇出国外时，按汇出额缴纳10%所得税。

合资企业的合营期在10年以上的，经企业申请，税务机关批准，从开始获利的年度起，第一年和第二年免征所得税，第三年至第五年减半征收所得税。农业、林业等利润较低的合营企业和在经济不发达的边远地区开办的合营企业，按此规定免税、减税期满后，经财政部批准，还可以在以后的10年内继续减征所得税15%~30%。合营企业的合营者，从企业分得的利润在中国境内再投资，期限不少于5年的，经合营者申请，税务机关批准，退还再投资部分已纳所得税税款的40%。

中外合资经营企业所得税按年计征，分季预缴。每季在季度终了后15天内预缴；每年在年度终了后5个月内，汇算清缴，多退少补。

1991年4月9日第七届全国人民代表大会第四次会议通过并公布了《中华人民共和国外商投资企业和外国企业所得税法》，自1991年7月1日起施行，1980年9月10日公布的《中华人民共和国中外合资经营企业所得税法》同时废止。

外国企业所得税

在中国境内设立机构，独立经营或者同中国企业合作生产、合作经营的外国公司、企业和其他经济组织为外国企业所得税纳税人。

纳税人每一纳税年度的收入总额，减除成本、费用以及损失后的余额，为应纳税的所得额。外国企业发生年度亏损，可以从下一年度的所得中提取相应的数额弥补；下一年度的所得额不足弥补的，可以逐年提取所得继续弥补，但是最长不得超过5年。中国政府和外国政府之间订有税收协定的，按照协定的规定办理。

外国企业的所得税，按应纳税的所得额超额累进计算：全年所得额不超过25万元的，税率为20%；全年所得额超过25万元至50万元的部分，税率为25%；全年所得额超过50万元至75万元的部分，税率为30%；全年所得额超过75万元至100万元的部分，税率为35%；全年所得额超过100万元的部分，税率为40%。外国企业按照超额累进税率缴纳所得税的同时，另按应纳税的所得额缴纳10%的地方所得税。外国公司、企业和其他经济组织，在中国境内没有设立机构而有来源于中国的股息、利息、租金、特许权使用费和其他所得，缴纳20%的所得税。

对生产规模小，利润低，需要给予减征或者免征地方所得税的外国企业，由省人民政府决定。从事农业、林业、牧业等利润率低的外国企业，经营期在10年以上的，经企业申请和税务机关批准，从开始获利的年度起，第一年免征所得税，第二年和第三年减半征收所得税。按上述规定免税、减税期满后，经财政部批准，还可以在以后的 10 年内继续减征 15%~30% 的所得税。国际金融组织贷款给中国政府和中国国家银行的利息所得，免征所得税。外国银行按照优惠利率贷款给中国国家银行的利息所得，免征所得税。

外国企业缴纳所得税，按年计算，分季预缴。每季在季度终了后 15 日内预缴；每年在年度终了后 5 个月内，汇算清缴，多退少补。外国企业年度终了后 4 个月内，报送年度所得税申报表和会计决算报表。外国企业的财务、会计处理办法同税法规定有抵触的，依照税法规定计算纳税。外国企业依法开业、停业，持有关证件向当地税务机关办理税务登记。外国企业和扣缴义务人必须按照规定的期限，缴纳税款。逾期不缴的，税务机关除限期缴纳外，从滞纳之日起，按日加收滞纳税款的 5‰ 的滞纳金。1991 年江西省外国企业所得税收入 42 万元。1992 年此税种被取消。

外商投资企业和外国企业所得税

外商投资企业是指在中国境内设立的中外合资经营企业、中外合作经营企业和外资企业。外国企业，是指在中国境内设立机构、场所，从事生产、经营和虽未设立机构、场所，而有来源于中国境内所得的外国公司、企业和其他经济组织。1991 年 7 月 1 日起，对外商投资企业和外国企业的生产、经营所得和其他所得，征收所得税。

纳税人在中国境内设立的从事生产、经营的机构、场所每一纳税年度的收入总额，减除成本、费用以及损失后的余额，为应纳税的所得额。纳税人从事生产、经营的机构、场所发生年度亏损，可以用下一纳税年度的所得弥补；下一纳税年度的所得不足弥补的，可以逐年延续弥补，但最长不得超过 5 年。纳税人于中国境外的所得已在境外缴纳的所得税税款，准予在汇总纳税时，按照有关规定从其应纳税额中扣除。纳税人进行清算时，其资产净额或者剩余财产减除企业未分配利润、各项基金和清算费用后的余额，超过实缴资本的部分为清算所得，应当依照规定缴纳所得税。中国政府与外国政府所订立的有关税收的协定有不同规定的，依照协定的规定办理。

外商投资企业和外国企业所得税税率为 30%，另按应纳税所得额的 3% 附征地方所得税。外国企业在中国境内未设立机构、场所，而有取得的来源于中国境内的利润、利息、租金、特许权使用费和其他所得，或者虽设立机构、场所，但上述所得与其机构、场所没有实际联系的，缴纳 20% 的所得税。

设在经济特区的外商投资企业，在经济特区设立机构、场所从事生产、经营的外国企业和设在经济技术开发区的生产性外商投资企业，减按 15% 的税率征收企业所得税。设在沿海经济开放区和经济特区、经济技术开发区所在城市的老市区的生产性外商投资企业，减按 24% 的税率征收企业所得税。设在沿海经济开放区和经济特区、经济技术开发区所在城市的老市区或者设在国务院规定的其他地区的外商投资企业，属于能源、交通、港口、码头或者国家鼓励的其他项目的，减按 15% 的税率征收企业所得税。为科学研究、开发能源、发展交通事业、农林牧业生产以及开发重要技术提供专有技术所取得的特许权使用费，经国务院税务主管部门批准，减按 10% 的税率征收所得税，其中技术先进或者条件优惠的，免征所得税。

外国投资者从外商投资企业取得的利润，免征所得税。国际金融组织贷款给中国政府和中国国家银行的利息所得，免征所得税。外国银行按照优惠利率贷款给中国国家银行的利息所得，免征所得税。对生产性外商投资企业，经营期在 10 年以上的，从开始获利的年度起，第 1 年和第 2 年免征企业所得税，第 3 年至第 5 年减半征收企业所得税。外商投资企业实际经营期不满 10 年的，应当补缴已免征、减征的企业所得税税款。从事农业、林业、牧业的外商投资企业和设在经济不发达的边远地区的外商投资企业，依照前两款规定享受免税、减税待遇期满后，经企业申请，国务院税务主管部门批准，在以后的 10 年内可以继续按应纳税额减征 15%~30% 的企业所得税。对鼓励外商投资的行业、项目，省人民政府根据实际情况决定免征、减征地方所得税。

纳税人缴纳企业所得税和地方所得税，按年计算，分季预缴。季度终了后 15 日内预缴；年度终了后 5 个月内汇算清缴，多退少补。纳税人年度终了后 4 个月内，报送年度所得税申报表和会计决算报表。纳税义务人未按规定期限缴纳税款的，或者扣缴义务人未按规定期限解缴税款的，税务机关除限期缴纳外，从滞纳税款之日起，按日加收滞纳税款 2‰的滞纳金。

1991 年全省涉外企业纳税登记户数 165 户，其中南昌市 111 户。1992 年全省涉外企业纳税登记户数 399 户，比上年增长 1.4 倍，其中南昌市 151 户，赣州地区 92 户。1993 年全省涉外企业纳税登记户数 1161 户，比上年增长 1.9 倍，其中南昌市 732 户，赣州地区 161 户，九江市 51 户，上饶地区 48 户，景德镇 40 户，其他地市也均有所增加。江西省税务部门认真贯彻涉外税制，加强税源管理，搞好涉外企业所得税预缴和汇算清缴工作。深化纳税服务，充分利用广播、电台、电视、宣传栏等载体大张旗鼓地开展涉外税法宣传，组织涉外企业财务人员学习税法并开展纳税辅导，对于新办涉外企业，税务人员上门细心辅导，使纳税人熟悉税法和办税程序，依法如实、准确地办理涉税事项。定期组织开展涉外税收检查，发现问题及时纠正。全面落实涉外税收优惠政策，促进企业经济发展，培植税源。1991 年、1992 年和 1993 年全省涉外企业所得税收入分别为 438 万、775 万和 910 万元。

1994 年税制改革，保留"外商投资和外国企业所得税"税种，其课税范围涵盖所有涉外企业的所得税，国税、地税机构分设后，省国税局设立涉外税收管理分局，专门负责涉外企业税收管理。

1995 年，省国税局转发国家税务总局文件，对设立在经济特区之外地区的外资金融机构所得税优惠问题，外商投资企业在筹办期内取得收入、收取会员费、从事房地产开发经营计征所得税问题做出明确解释，以利规范操作。省国税局下发通知对 1994 年涉外企业所得税汇算清缴工作专项布置。

1996 年，省国税局制定《江西省外商投资和外国企业所得税征收管理暂行办法》，规定涉外企业所得税的日常管理、税款征收、纳税检查、缓交税款与税前列支等涉税事项审批权限、优惠管理等工作程序和工作要求。省国税局下发通知对 1995 年涉外企业所得税汇算清缴工作专项布置。全省各级国税机关遵照执行。

1997 年，省国税局转发国家税务总局文件，对外商投资企业分支机构适用所得税税率问题，涉外企业合并、分立、股权重组、资产转让重组业务所得税处理问题，涉外企业转让股权所得税处理等问题做出解释。

1998 年，省国税局转发国家税务总局《关联企业间业务往来税务管理工作规程》，对关联企业间关联关系及其往来交易额的认定、业务往来申报、调查审计对象选择、调整方法选用与实施档案管理、跟踪管理等工作提出要求，布置对涉外税收开展专项检查。

1999年，省国税局转发国家税务总局文件，规定中国境内企业应付费用扣缴外国企业预提所得税。省外经厅、省经贸委、省财政厅、南昌海关、省国税局、省地税局、省工商局、国家外汇管理局南昌分局联合发文转发外经贸部等七部委局《关于对外商投资企业实行联合年检实施方案的通知》，布置对省域内外商投资企业开展联合年检，各地执行落实。通过联合年检，改善投资环境，减轻企业负担，加强政府对企业的管理，促进企业依法经营。

2000年，省国税局转发国家税务总局文件，明确对省域内符合条件的外商投资企业给予三年减按15%税率征收企业所得税的优惠，江西铜业股份公司等外商投资企业享受到此项优惠政策。省国税局转发《国家税务总局关于进一步加强涉外税收工作的通知》，要求各地国税机关执行落实税收法规、涉外税收优惠政策、涉外税收管理规范化等工作。

2001年，省国税局转发国家税务总局有关文件，对外商投资企业和外国企业减免税办理程序、预缴季度所得税时以前年度亏损处理、购买国产设备抵免企业所得税优惠政策适用范围和企业应提供相关资料等工作要求做出明确规定。省国税局转发国家税务总局修订后的《外商投资企业和外国企业所得税汇算清缴管理办法》《外商投资企业和外国企业所得税汇算清缴工作规程》《涉外审计规程》《税收情报交换管理规程（试行）》等工作制度，进一步规范了全省涉外企业所得税等涉外税收管理工作。

2002年，省国税局转发《国家税务总局办公厅关于进一步严格依照法律法规规定行使涉外税收管理的通知》，要求各地税务执法机关坚决克服政策执行混乱、有法不依、执法随意、扩大征收范围等违法违规现象，强调要加强税法宣传、严格执行税法、自查纠错、加强培训和加强涉外税收机构规范化建设等工作要求。全省各级国税机关执行落实，开展清理自查，有错必纠，坚持依法征税，建立完善常规性执法检查制度，促进涉外税收管理工作法制化、规范化。省国税局制定下发《江西省国税系统涉外税收优惠政策管理办法》，对其审批权限、工作程序、审批期限等事项做出明确规定，全省各级国税机关遵照执行，进一步规范涉外税收优惠政策管理工作。

2003年，省国税局转发国家税务总局重新修订的《外商投资企业和外国企业所得税汇算清缴管理办法》《外商投资企业和外国企业所得税汇算清缴工作规程》，全省各级国税机关遵照执行，落实新要求。

2004年，省国税局转发国家税务总局《涉外企业联合税务审计暂行办法》。各地市国税局按照文件精神，组织对本地区内跨区域（县、市）经营的涉外企业开展联合税务审计，对于流转税由国税、地税分别主管的涉外企业，则选择性地组织国税地税联合税务审计。省国税局对省内跨设区市经营的涉外企业组织开展联合税务审计。

2005年，省国税局制定下发《关联企业间业务往来税务管理操作规程（试行）》，对关联企业间业务往来的所得税等税务管理做出明确规定。

2006年，省国税局制定下发《外商投资企业和外国企业所得税税前扣除项目审核备案管理办法（试行）》。省国税局、省发展和改革委联合发文转发国家税务总局、国家发改委制发的《外商投资项目采购国产设备退税管理试行办法》。2007 年，省国税局转发国家税务总局《关于规范和加强涉外企业汇总（合并）审报缴纳所得税管理有关问题的通知》《涉外企业联合税务审计工作》，并根据江西实际就审核、备案等涉税事项做出补充规定。全省各级国税机关遵照执行，进一步规范执法管理操作。随着改革开放推进，招商引资工作力度加大，涉外经济持续较快发展，同时税收管理加强，涉外税收相应较快增长。1995—2007 年全省涉外企业所得税收入合计 47.75 亿元，年均递增 40.4%。

"两法"合并企业所得税

2008 年 1 月 1 日起，内资企业所得税法与涉外企业所得税法"两法"合并，予以施行。

在中国境内的企业和其他取得收入的组织（以下统称企业）为企业所得税的纳税义务人。纳税人分为居民企业和非居民企业。居民企业是指依法在中国境内成立，或者依照外国（地区）法律成立但实际管理机构在中国境内的企业。非居民企业是指依照外国（地区）法律成立且实际管理机构不在中国境内，但在中国境内设立机构、场所的，或者在中国境内未设立机构、场所，但有来源于中国境内所得的企业。

企业所得税的计税依据是应纳税所得额，纳税人每一纳税年度的收入总额减去准予扣除项目后的余额为应纳税所得额。纳税人的收入总额包括销售货物收入、提供劳务收入、转让财产收入、股息与红利等权益性投资收益、利息收入、租金收入、特许权使用费收入、接受捐赠收入、其他收入。计算应纳税所得额时准予扣除项目是指与纳税人取得收入有关的成本、费用、税金、损失和其他支出。纳税人发生年度亏损的，可以用下一年度的所得弥补，下一年所得不足弥补的，可以逐年延续弥补，但延续弥补期限最长不得超过五年。纳税人来源于中国境外的所得，已在境外缴纳的所得税税款，准予在汇总缴纳时，从其应纳税额中扣除，但扣除额不得超过其境外所得依照企业所得税法规定计算的应纳税额。

居民企业就其来源于中国境内、境外的所得缴纳企业所得税。非居民企业在中国境内设立机构、场所的，就其所设机构、场所取得的来源于中国境内的所得以及发生在中国境外但与其所设机构、场所有实际联系的所得，缴纳企业所得税。非居民企业在中国境内未设立机构、场所的，或者虽设立机构、场所但取得的所得与其所设机构、场所没有实际联系的，就其来源于中国境内的所得缴纳企业所得税。

免税收入包括：国债利息收入，居民企业直接投资于其他居民企业取得的收益，符合条件的非营利性组织收入，中国境内设立机构、场所的非居民企业从居民企业取得与该机构、场所取得的有实际联系的股息、红利等权益性投资收益。

收入总额中的不征税收入包括：财政拨款、依法收取并纳入财政管理的行政事业性收费和政府性基金、国务院规定的其他不征税收入。

税率：居民企业、在中国境内设立机构、场所且所得与机构、场所有关联的非居民企业执行 25% 的比例税率。在中国境内未设立机构、场所或者虽设立机构、场所但取得的所得与其所设机构、场所没有实际联系的，适用 20% 的比例税率但实际征收时按 10% 税率征收。对符合条件的小微企业执行 20% 的比例税率。对国家重点扶持的高新技术企业、符合条件的技术性服务外包企业执行 15% 的比例税率。

从事农、林、牧、渔业项目的所得，从事国家重点扶持的公共基础设施项目投资经营的所得，从事符合条件的环境保护、节能节水项目的所得，符合条件的技术转让所得，财政部和国家税务总局规定的其他所得；开发新技术、新产品、新工艺发生的研究开发费用；以及安置残疾人员及国家鼓励安置的其他就业人员所支付的工资，可以在计算应纳税所得额时加计扣除。企业购置并使用国家规定的环境保护、节能节水、安全生产等专用设备的，其投资额 10% 可从企业当年的应纳税额中抵免，当年不足抵免的，可以在以后 5 个纳税年度结转抵免等。

在计算应纳税所得额时不得扣除的支出项目：向投资者支付的股息、红利等权益性投资收益款项，企业所得税税款，税收滞纳金，罚金、罚款和被没收财物的损失，超过规定标准的捐赠支出，赞助支出（指与企业生产经营活动无关的各种非广告性质支出），未经核定的准备金支出，与取得收入无关的其他支出。

企业所得税是中央和地方共享税种，60% 入中央金库。40% 入地方金库。跨省经营企业所得税 100% 入中央金库，由财政部按有关规定划拨相关省级财政。

特别纳税调整。企业与其关联方之间的业务往来，不符合独立交易原则而减少企业或者其关联方应纳税收入或者所得额的，税务机关有权按照合理方法进行调整。

企业所得税按纳税年度计算。纳税年度自公历 1 月 1 日起至 12 月 31 日止。企业在一个纳税年度中间开业，或者终止经营活动，使该纳税年度的实际经营期不足 12 个月的，应当以其实际经营期为一个纳税年度。企业依法清算时，应当以清算期间作为一个纳税年度。企业所得税分月或分季预缴。企业应自月份或者季度终了之日起 15 日内，向税务机关报送预缴企业所得税纳税申报表，预缴税款；企业应自年度终了之日起 5 个月内，向税务机关报送年度企业所得税纳税申报表，并汇算清缴，结清应缴应退税款。企业在年度中间终止经营活动的，应自实际经营终止之日起 60 日内，向税务机关办理当期企业所得税汇算清缴。企业应在办理注销登记前，就其清算所得向税务机关申报并依法缴纳企业所得税。

2008 年省国税局制定《江西省国税局新企业所得税法贯彻实施工作方案》，1 月在省税校举办 3 期新企业所得税法培训班，对选出的 400 个市、县企业所得税管理业务骨干进行培训，掌握政策规定及应纳所得税额的计算操作方法，保证新税法实施后征收管理工作的顺利进行。对江西省出台的有关企业所得税优惠政策文件进行清理，保证新旧税法优惠政策过渡措施在江西省得到全面落实。转发新预缴申报表和年度申报表等文件，对综合征管软件中企业所得税申报管理功能进行升级，实现新税法实施后征管申报系统的顺畅运行。建立跟踪问效机制，跟踪掌握新法实施过程中出现的情况、取得的成效和存在的问题，尤其是基层和纳税人反映的具体政策业务方面的问题，经汇总梳理后向国家税务总局上报 9 期跟踪问效材料，为上级完善政策规定提供依据。

2009 年，省国税局制定下发或转发有关文件，对企业集团缴纳所得税、享受企业所得税优惠政策的农产品初加工范围、企业研究开发费用税前扣除管理、企业固定资产加速折旧所得税处理、债务重组所得税处理、非居民企业所得税源泉扣缴管理、重组业务企业所得税处理、清算业务企业所得税处理、企业所得税核定征收等涉税事项的政策规定和操作要求予以明确。

2010年，省国税局转发上级有关文件，对非营利组织企业所得税免税收入问题、企业境外所得税收抵免问题、企业资产损失税前扣除管理、企业所得税过渡期优惠政策执行口径问题、公益性捐赠税前扣除问题等涉税事项的政策规定和操作要求予以明确。省国税局和省地税局联合制定下发《企业境外所得税收优惠管理办法（试行）》，进一步规范企业所得税管理。

为促进鄱阳湖生态经济区建设，2010年4月1日省国税局印发《关于促进鄱阳湖生态经济区建设的若干税收意见》。其中关于企业所得税优惠措施主要是：

企业从事国家重点扶持的港口码头、机场、铁路、公路、城市公共交通、电力、水利等公共基础设施项目的投资经营所得，自项目取得第一笔生产经营收入所属纳税年度起，第一年至第三年免征企业所得税，第四年至第六年减半征收企业所得税。

企业从事蔬菜、谷物、薯类、油料、豆类、棉花、麻类、糖料、水果、坚果的种植；农作物新品种的选育；中药材的种植；林木的培育和种植；牲畜、家禽的饲养；林产品的采集；灌溉、农产品初加工、兽医、农技推广、农机作业和维修等农、林、牧、渔服务业项目的所得，免征企业所得税。企业从事花卉、茶以及其他饮料作物和香料作物的种植项目的所得，减半征收企业所得税。

对企业以《资源综合利用企业所得税优惠目录》规定的资源作为主要原材料，生产国家非限制和禁止并符合国家和行业相关标准的产品取得的收入，减按90%计入收入总额。

企业从事符合条件的公共污水处理、公共垃圾处理、沼气综合开发利用、节能减排技术改造等环境保护、节能节水项目的所得，自项目取得第一笔生产经营收入所属纳税年度起，第一年至第三年免征企业所得税，第四年至第六年减半征收企业所得税。企业购置并实际使用《环境保护专用设备企业所得税优惠目录》《节能节水专用设备企业所得税优惠目录》和《安全生产专用设备企业所得税优惠目录》规定的环境保护、节能节水、安全生产等专用设备的，该专用设备的投资额的10%可以从企业当年的应纳税额中抵免；当年不足抵免的，可以在以后5个纳税年度结转抵免。

企业为开发新技术、新产品、新工艺发生的研究开发费用，未形成无形资产计入当期损益的，在按照规定据实扣除的基础上，按照研究开发费用的50%加计扣除；形成无形资产的，按照无形资产成本的150%摊销。企业购进软件，凡符合固定资产或无形资产确认条件的，按照固定资产或无形资产进行核算，经主管国税机关核准，其折旧或摊销年限可以适当缩短，最短可为2年。对企业的固定资产由于技术进步，产品更新换代较快以及常年处于强震动、高腐蚀状态，采取缩短折旧年限或者加速折旧的方法。

对国家重点扶持的符合《高新技术企业认定管理办法》并经有权部门认定的高新技术企业，减按15%的税率征收企业所得税。高新技术企业获得的增值税退税款，由企业用于研究开发软件产品和扩大再生产，不作为企业所得税应税收入，不予征收企业所得税。新办软件生产企业经认定后，自获利年度起，第一年和第二年免征企业所得税，第三年至第五年减半征收企业所得税；属于国家规划布局内的重点软件生产企业，如当年未享受免税优惠的，减按10%的税率征收企业所得税；软件生产企业的职工培训费用，可按实际发生额在计算应纳税所得额时扣除。集成电路设计企业视同软件企业，享受前述软件企业的有关企业所得税政策；集成电路生产企业的生产性设备，经主管税务机关核准，其折旧年限可以适当缩短，最短可为 3 年。对经服务外包示范城市南昌市认定的技术先进型服务企业，减按 15% 的税率征收企业所得税；其发生的职工教育经费按不超过企业工资总额 8% 的比例据实在企业所得税税前扣除，超过部分准予在以后纳税年度结转扣除。

企业一个纳税年度内技术转让所得不超过 500 万元的部分，免征企业所得税；超过 500 万元的部分，减半征收企业所得税。对从事国家非限制和禁止行业，年度应纳税所得额不超过 30 万元、从业人数不超过 100 人、资产总额不超过 3000 万元的工业企业以及年度应纳税所得额不超过 30 万元、从业人数不超过 80 人、资产总额不超过 1000 万元的其他企业，其企业所得税减按 20% 的税率征收。

创业投资企业从事国家需要重点扶持和鼓励的创业投资，创业投资企业采取股权投资方式投资于未上市的中小高新技术企业 2 年以上的，按照其投资额的 70% 在股权持有满 2 年的当年抵扣该创业投资企业的应纳税所得额；当年不足抵扣的，在以后纳税年度结转抵扣。

第二节　个人所得税

工资、薪金个人所得税

1994 年税制改革前，个人所得税类按国内公民、在华外籍工作人员、个体工商户分别设置税种。

1980 年 9 月 10 日第五届全国人民代表大会第三次会议通过并颁布《中华人民共和国个人所得税法》，自公布之日起施行。

在中国境内居住满一年、从中国境内和境外取得所得的个人，为个人所得税的纳税义务人。不在中国境内居住或居住不满一年的个人，只就从中国境内取得的所得缴纳个人所得税。

应纳个人所得税的所得项目包括：工资、薪金所得；劳务报酬所得；特许权使用费所得；利息、股息、红利所得；财产租赁所得；经财政部确定征税的其他所得。

工资、薪金所得实行 7 级超额累进税率。

表 1-3-1　工资、薪金所得个人所得税超额累进税率（1980 年 9 月 10 日施行）

级　数	级　距	税　率（%）	速算扣除数
1	全月收入在 800 元以下	免征	0
2	全月收入 800 元以上至 1500 元	5	40
3	全月收入 1500 元以上至 3000 元	10	115
4	全月收入 3000 元以上至 6000 元	20	415
5	全月收入 6000 元以上至 9000 元	30	1015
6	全月收入 9000 元以上至 12000 元	40	1835
7	全月收入 12000 元以上	45	2515

劳务报酬所得，特许权使用费所得，利息、股息、红利所得，财产租赁所得和其他所得，适用

比例税率，税率为 20%。其中：劳务报酬所得、特许权使用费所得、财产租赁所得，每次收入不满 4000 元的，减除费用 800 元，4000 元以上的，减除 20% 的费用，其余额纳税；利息、股息、红利所得和其他所得，按每次收入额纳税。

免纳个人所得税的项目有：科学、技术、文化成果奖金；在中国的国家银行和信用合作社储蓄存款的利息；福利费、抚恤金、救济金；保险赔款；军队干部和战士的转业费、复员费；干部、职工的退职费、退休费；各国政府驻华使馆、领事馆的外交官员薪金所得；中国政府参加的国际公约、签订的协议中规定免税的所得；经中国财政部批准免税的所得。

个人所得税以所得人为纳税义务人，以支付所得的单位为扣缴义务人。没有扣缴义务人的，由纳税义务人自行申报纳税。扣缴义务人每月所扣的税款和自行申报纳税人每月应纳的税款，应在次月 7 日内缴入国库，并向税务机关报送纳税申报表。从中国境外取得所得的纳税义务人，应在年度终了后 30 日内将应纳税款缴入国库，并向税务机关报送纳税申报表。对扣缴义务人按照所扣缴的税款，付给 1% 的手续费。扣缴义务人和自行申报纳税人逾期不缴纳税款的，税务机关除限期缴纳税款外，从滞纳之日起，按日加收滞纳税款 5‰ 的滞纳金。偷税、抗税的，税务机关除追缴税款外，可以根据情节轻重，处以应补税款 5 倍以下的罚金，情节严重的，由当地人民法院依法处理。本法的施行细则，由财政部制定。

江西省税务部门认真贯彻个人所得税法。加强税法宣传，健全完善代扣代缴税款制度，对代扣代缴单位进行核实清理，对手续不全的重新发证，明确代扣代缴单位的工作职责和义务。加强税源管理，落实税收优惠政策，加强督促检查，促进做好源泉扣缴和纳税申报工作。随着涉外经济发展、引进先进技术和设备增多，来华工作的外籍人员增多，税源增加，1991–1993 年，全省个人所得税收入 226 万元。

1994 年税制改革，个人所得税法经修订后重新颁布，新的个人所得税税种征收范围涵盖国内公民个人所得和在华外籍工作人员个人所得。

个人收入调节税

在中国境内有住所、取得个人收入的中国公民是个人收入调节税的纳税义务人。个人收入调节税 1987 年 1 月 1 日起征收。

应缴纳个人收入调节税的收入项目：工资、薪金收入；承包、转包收入；劳务报酬收入；财产租赁收入；专利权的转让、专利实施许可和非专利技术的提供、转让取得的收入；投稿、翻译取得的收入；利息、股息、红利收入；经财政部确定征税的其他收入。

个人收入调节税，根据收入来源，分别按照超倍累进税率和比例税率计算征收（见表 1–3–2）。应税收入项目一至四合并为综合收入，按照地区计税基数核算，按月计征。纳税人月综合收入额超过地区计税基数的，就其超基数的三倍以上的部分，按照超倍累进税率征收个人收入调节税。

表 1-3-2　个人收入调节税税率

档　次	一	二	三	四	税　率（％）
适用地区	6 类及以下工资区	7 类、8 类工资区	9 类、10 类工资区	11 类工资区	
地区计税基数	100 元	105 元	110 元	115 元	
超基数的倍数	全月应纳税收入额				
3 倍	400—500 元	420—525 元	440—550 元	460—575 元	20
4 倍	500—600 元	525—630 元	550—660 元	575—690 元	30
5 倍	600—700 元	630—735 元	660—770 元	690—805 元	40
6 倍	700—800 元	735—840 元	770—880 元	805—920 元	50
7 倍	800 元以上	840 元以上	880 元以上	920 元以上	60

说明：表中超基数倍数"400—500 元"系指 400 元以上至 500 元部分，其他级距以此类推。

地区计税基数，可以根据实际情况进行调整。地区计税基数的调整，由财政部会同有关部门拟订，报国务院批准施行。

投稿、翻译，专利权的转让、专利实施许可和非专利技术的提供、转让取得的收入，每次收入不满 4000 元的，减除费用 800 元；4000 元以上的，减除 20% 的费用，然后就其余额按比例税率 20% 征税。

利息、股息、红利收入，就每次收入额按比例税率 20% 征税。

私营企业投资者将私营企业税后利润、撤回生产发展基金或转让企业资产用于个人消费的，按 40% 比例税率计征个人收入调节税。

免征个人收入调节税项目有：省政府、国务院部委以上单位颁发的科学、技术、文化成果等奖金；国库券利息、国家发行的金融债券利息；在国家银行、信用合作社、邮政储蓄存款利息；按照国家统一规定发给的补贴、津贴；福利费、抚恤金、救济金；保险赔款；军队干部和战士的转业费、复员费；按照国家统一规定发给干部、职工的安家费、退职费、退休金、离休工资、离休干部生活补助费；经财政部批准免税的其他收入。

个人收入调节税实行由支付单位源泉扣缴和纳税人自行申报纳税两种方法。向个人支付应税项目款项的单位为扣缴义务人，应按规定计算扣缴个人收入调节税。纳税人月综合收入额超过计税基数三倍以上的部分，应向当地税务机关自行办理纳税申报，纳税人单项收入已经扣缴的，应当持扣缴凭证报当地税务机关抵免税款。税务机关对扣缴义务人按其所扣缴税款的金额，付给 3% 以下的手续费。施行细则由财政部制定。

省税务局分别在《江西日报》《企业导报》、省电台、电视台对个人收入调节税法进行宣传。经省政府批准，省税务局制定《江西省个人收入调节税应税收入申报实施办法》，并在《江西政报》《江西日报》三次全文刊登。地市、县税务部门采取印发宣传材料、发布通告、召开专题会议等形式宣传贯彻个人收入调节税法，并就如何加强个人收入调节税的征管工作进行专门的讨论和研究，抓好落实。如南昌市税务局规定双向申报办法，即纳税人和支付单位同时申报，以防止漏税；九江市税务局规定对 1988 年以来凡未按规定申报的都应重新补报，一经查出未申报的，按规定给予处罚。新余市沙土乡党委书记胡浩、乡长江勇亲自带税务干部到沙土乡送桥村，通过做工作，补征该村委书记个人收入调节税 740 元。加强税源管理，落实税收优惠政策，开展专项检查，促进做好源泉扣缴和纳税申报工作。1991—1993 年，全省个人收入调节税收入 0.42 亿元，年均递增 27%。

1994 年 1 月 1 日起个人收入调节税税种取消。

城乡个体工商业户所得税

凡从事工业、商业、服务业、建筑安装业、交通运输业以及其他行业，经工商行政管理部门批准开业的城乡个体工商业户，是城乡个体工商业户所得税的纳税义务人。该税从 1986 年 1 月 1 日起征收。

纳税人每一纳税年度的收入总额，减除成本、费用、工资、损失以及国家允许在所得税前列支的税金后的余额，为应纳税所得额。

城乡个体工商业户所得税税率实行 10 级超额累进税率。

表 1-3-3　个体工商业户 10 级超额累进税率换算表

级　距	1 个月应纳税所得额	税　率（%）	速算扣除数
1	不超过 83.33 元的	7	0.00
2	超过 83.33 元至 166.67 元	15	6.67
3	超过 166.67 元至 333.33 元	25	23.33
4	超过 333.33 元至 500 元	30	40.00
5	超过 500 元至 666.67 元	35	65.00
6	超过 666.67 元至 1000 元	40	98.33
7	超过 1000 元至 1500 元	45	148.33
8	超过 1500 元至 2000 元	50	223.33
9	超过 2000 元至 2500 元	55	323.33
10	2500 元以上	60	448.33

纳税人全年应纳税所得额超过 5 万元的实行加计征收。江西省规定具体加征办法：超过 5 万元至 6 万元部分，加征 10%；超过 6 万元至 7 万元部分，加征 20%；超过 7 万元至 8 万元部分，加征 30%；超过 8 万元部分，加征 40%。

孤老、残疾人员和烈属从事个体生产经营的；某些社会急需、劳动强度大而收入又低于一定标准的，可减征、免征所得税。

城乡个体工商业户所得税按年计算，分月或分季预缴，年终汇算清缴，多退少补。具体纳税期限，由县、市税务机关确定。纳税人经工商行政管理机关批准开业，应自领取营业执照之日起三十日内，持有关证件向当地税务机关办理税务登记。纳税人经工商行政管理机关批准歇业、合并、联合、分设、改组、转业、迁移时，应自批准之日起 30 日内，持有关证件向当地税务机关办理变更登记或者注销登记，并清缴应纳税款和缴销发票。纳税人逾期不缴纳税款的，除限期追缴外，从滞纳之日起按日加收滞纳税款 5‰滞纳金。纳税人偷税、抗税的，税务机关除限期追缴税款外，并可酌情处以应补税款 1 倍以下的罚款。偷税、抗税情节严重，触犯刑律的，由税务机关提请司法机关依法追究刑事责任。纳税人同税务机关在纳税问题上发生争议时，必须先按税务机关的决定缴税，该条例由财政部负责解释；施行细则由各省、自治区、直辖市人民政府制定，抄送财政部备案。

江西省税务部门认真贯彻城乡个体工商业户所得税税制。通过广播、电台、电视、宣传栏、座谈会等形式广泛开展政策宣传，加强纳税辅导，举办培训班和上门辅导，促使纳税人知晓税制规定、办税程序、计算方法，提高依法纳税意识。加强税源管理，推行纳税人建账建制，适时开展专项检查。1991 年 9—11 月全省范围内开展个体户税收专项检查，查补入库税款 2600 万元。随着经济发展，个体从业人员增加户数增多，加之税收管理加强，反映在税收上，全省城乡个体工商业户所得税收入 1991—1993 年收入 1.25 亿元，年均递增 29.8%。

1994 年 1 月 1 日起，城乡个体工商业户所得税税种取消，其征收内容列入个人所得税税种中。

储蓄存款利息个人所得税

1999 年 11 月 1 日起对个人储蓄存款利息所得征收个人所得税，税率为 20%。

储蓄存款利息个人所得税的征收涉及广大人民群众，每次新政出台，全省国税系统均充分利用广播、电台、电视、宣传栏等媒介广泛开展税法宣传活动，做到家喻户晓。

1999 年 10 月 20 日，省国税局、省工商银行、省农业银行、省中国银行、省建设银行、省邮电局联合下发《关于切实做好储蓄存款利息个人所得税征收管理工作的通知》，对全省储蓄存款利息个人所得税征收管理工作作出部署。各储蓄机构组织营业网点人员开展培训，抓紧修改电脑程序和储蓄存款利息清单，各级国税主管机关指派专人负责利息个人所得税的征收管理工作。

2000 年，省国税局转发国家税务总局《储蓄存款利息个人所得税征收管理办法》等文件，规定扣缴义务人认定与登记、存款利息所得个人所得税征收范围、统计台账等涉税事项。全省各级国税机关和各储蓄机构执行落实。

2005 年，省国税局、人民银行南昌中心支行、省教育厅联合发文转发《国家税务总局　中国人民银行　教育部关于印发〈教育储蓄存款利息所得免征个人所得税实施办法〉的通知》规定：个人为其子女（或被监护人）接受非义务教育（指 9 年义务教育之外的全日制高中、大中专、大学本科、硕士和博士研究生）在储蓄机构开立教育储蓄专户，并享受利率优惠的存款，其所取得的利息免征个人所得税。开立教育储蓄的对象（储户）为在校小学 4 年级以上学生；享受免征利息税优惠政策的对象必须是正在接受非义务教育的在校学生，其在就读全日制高中（中专）、大专和大学本科、硕士和博士研究生时，每个学习阶段可分别享受一次 2 万元教育储蓄的免税优惠。教育储蓄为 1 年、3 年和 6 年期零存整取定期储蓄存款，每份本金合计不得超过 2 万元；每份本金合计超过 2 万元或一次性存足本金的，一律不得享受教育储蓄免税的优惠政策，其取得的利息应征收利息税。不按规定计付利息的教育储蓄，不得享受免税优惠，应按支付的利息全额征收利息税。该办法由全省各级国税机关和各教育储蓄机构于 2005 年 12 月 1 日起执行。

2007 年，为减少因物价指数上涨对居民储蓄存款利息收益的影响，促进扩大内需，根据第十届全国人大常委会、国务院决定以及国家税务总局文件规定，2007 年 8 月 15 日起储蓄利息个人所得税税率由 20% 调减至 5%。全省各级国税机关与各金融机构加强联系沟通、搞好协助、敦促金融机构及时做好扣缴利息税软件的修改、调试、应用以及储蓄网点营业员的培训工作，确保政策落实到位。

为配合国家宏观调控政策需要，经国务院批准，2008 年 10 月 9 日财政部、国家税务总局联合发文《关于储蓄存款利息所得有关个人所得税政策的通知》规定：储蓄存款在 1999 年 10 月 31 日前孳生的利息所得，不征收个人所得税；储蓄存款在 1999 年 11 月 1 日至 2007 年 8 月 14 日孳生的利息所得，按照 20% 的比例税率征收个人所得税；储蓄存款在 2007 年 8 月 15 日至 2008 年 10 月 8 日孳生的利息所得，按照 5% 的比例税率征收个人所得税；储蓄存款在 2008 年 10 月 9 日后（含 9 日）孳生的利息所得，暂免征个人所得税。

全省各级国税机关协助、协调金融机构做好相关业务软件的修改、调试、应用工作。储蓄存款于应税期孳生的利息所得按适用税率扣缴利息个人所得税，以及 2008 年 10 月 9 日后个人储蓄存款利息暂免征个人所得税的政策全面落实。

1999 年 11 月—2008 年 10 月，全省储蓄利息个人所得税收入合计 57.4 亿元，占同期江西国税税收总额的 1.87%。

第四章　其他税种

　　资源税类的资源税、城镇土地使用税，财产税类的房产税、车船使用税，行为税类的土地增值税等税种，1996年1月1日由省地税部门负责征收管理前的情况在本章记载。本章还记载由国税部门负责征收的特定目的税，包括城市维护建设税、建筑税、固定资产投资方向调节税、国营企业奖金税、集体企业奖金税、事业单位奖金税、国营企业工资调节税、筵席税等税种。

　　特别行为税中的牲畜交易税1994年税制改革后取消，烧油特别税的征收内容1994年后分别列入增值税和消费税税种中。屠宰税、印花税1996年改由地税部门征收。车辆购置税税种自2000年费改税以来一直在征收。

第一节　资源税类

资源税

　　资源税是以各种应税自然资源为课税对象、为了调节资源级差收入并体现国有资源有偿使用而征收的一种税。1984年，为了逐步建立和健全我国的资源税体系，开始征收资源税。鉴于当时的一些客观原因，资源税税目只有煤炭、石油和天然气三种，后来又扩大到对铁矿石征税。国务院于1993年12月25日重新修订颁布了《中华人民共和国资源税暂行条例》，财政部同年还发布了资源税暂行条例实施细则，自1994年1月1日起执行。修订后资源税的征税范围包括所有矿产资源，征税品目有煤炭、原油、天然气、黑色金属矿原矿、有色金属矿原矿、其他非金属矿原矿和盐，同时配合增值税税率的简并，适当调整了税负。资源税实行分产品类别从量定额计算征税的办法，设置有上下限的幅度税额。同类资源产品开采条件不同的，税额也不相同。

　　根据财政部《关于调整煤炭资源税定额的通知》（省局以赣税发〔1991〕242号文转发）第二条规定，江西省非统配煤炭资源税定额经报国家税务局以国税函发〔1991〕745号文批准，即：地方国营煤矿定额为0.40元/吨；集体煤矿（含乡镇、城镇）定额为0.50元/吨；个体（含私营）煤矿定额为0.60元/吨。规定自1991年1月1日起执行。

　　关于税额确定问题，对未列入企业等级划分排序表中的各类开采单位和个人，其对外销售、自用铁矿石原矿的单位税额标准，所在地税务机关应将其开采条件、资源状况、1991年主要财务指标（开采量、销售量、销售收入、工厂成本、利润等）进行调查，并提出其单位税额的初步意见逐级上报，有关地（市）税务局在今年五月底以前汇总上报省局审核，转报经国家税务局批准后，下达执行。

关于省内跨地区开采铁矿纳税地点问题,对于核算单位与下属生产单位在省内不同地区(县)的铁矿,其纳税地点按照财政部通知中第六条第1、2款的规定精神,在采掘地纳税。关于收购原矿征税问题。对专门从事铁矿石原矿收购,然后卖给使用单位的铁矿石收购单位,收购的未税铁矿石原矿,按财政部通知规定,由收购单位代收代缴资源税。其代扣税额标准,比照附近铁矿山实际征收税额标准执行。

江西省税务部门按照国家税务局《关于恢复统配煤矿按规定税额征收资源税的通知》(国税函发〔1992〕1168号),对征收资源税实行临时减税照顾的统配煤矿,自1992年7月1日起恢复按规定税额征收资源税。按照《国家税务局关于恢复按规定税额对铁矿石征收资源税的通知》(国税函发〔1992〕401号),自1992年8月1日起适当调整铁矿石统一出厂价格,铁精矿(含铁品位62%)由每吨115元调整为135元。根据财政部《财政部关于征收铁矿石资源税的通知》,自1992年8月1日起恢复按规定税额标准征收铁矿石资源税。

城镇土地使用税

城镇土地使用税是以开征范围的土地为征税对象,以实际占用的土地面积为计税标准,按规定税额对拥有土地使用权的单位和个人征收的一种税。

鉴于原德兴县经国务院批准撤县设市,江西省税务局同意调整德兴市城镇土地使用税适用税额标准,对德兴市土地使用税的最低等级税额标准提高到每年每平方米为0.30元,从1992年7月1日起执行。省税务局收悉九江市《关于报批湖口县流泗镇适用城镇土地使用税税额标准的函》(市府字〔1992〕93号),根据《中华人民共和国城镇土地使用税暂行条例》和《江西省城镇土地使用税实施办法》的规定,明确湖口县流泗镇城镇土地使用税适用税额标准,对湖口县流泗镇城镇土地使用税每平方米年税额确定为0.20元,从1992年10月1日起执行。

江西省税务部门按照《国家税务局关于煤炭企业生产用地适用税额问题的通知》(国税函发〔1992〕1350号),对煤炭企业直接用于煤炭生产的占地,在1992年内仍按当地适用税额的低限征收土地使用税,从1993年起,对直接用于煤炭生产的占地恢复按当地适用税额征收土地使用税。个别煤炭企业纳税有困难的减免照顾问题,可按税收管理体制规定报批解决。

第二节　财产税类

财产税类是以纳税人所有或属其支配的财产为课税对象的一类税收。它以财产为课税对象,向财产的所有者征收。

房产税

房产税是以房屋为征税对象,按房屋的计税余值或租金收入为计税依据,向产权所有人征收的一种财产税。现行的房产税是第二步利改税以后开征的,1986年9月15日,国务院正式发布了《中华人民共和国房产税暂行条例》,从1986年10月1日开始实施。

省税务局 1991 年开展建筑安装、房地产经营和税收执行情况调查清理，对建筑安装、房地产税收进行调查，选择重点、突出重点、解剖重点。在调查基础上，以现行税收政策为依据，根据省税务局制定的调查方案规定的内容，由各地、市局具体组织实施，并集中人员对重点项目进行清理，对隐瞒应税收入的及时追补税款入库。

车船使用税

车船使用税是对行驶于公共道路的车辆和航行于国内河流、湖泊或领海口岸的船舶，按照其种类（如机动车辆、非机动车辆、载人汽车、载货汽车等）、吨位和规定的税额计算征收的一种使用行为税。

江西省税务部门按照国家税务局《关于国营交通运输部门用贷款购买的船征收车船使用税的通知》（国税发〔1991〕050 号），自 1992 年 1 月 1 日起，对国营交通运输部门用贷款购买的船一律恢复征收车船使用税。对国营交通部门用银行贷款购买的车辆，暂仍按（86）财税地字第 008 号文的规定办理。按照国家税务局《关于识别检查车船使用税纳税标志问题的通知》（国税发〔1993〕035 号），从 1993 年起全省机动车辆统一粘贴车船使用税（车船使用牌照税）完税和免税标志。由于各地印制标志、时间、征期不同，粘贴时间各不相同，在 1993 年内对外省（区）市来本地的车辆可缓行检查。

第三节 特定目的税类

城市维护建设税

1991 年江西省城市维护建设税的征收，执行的是 1985 年 2 月 8 日国务院发布《中华人民共和国城市维护建设税暂行条例》：凡缴纳产品税、增值税、营业税的单位和个人，都是城市维护建设税的纳税义务人；城市维护建设税以纳税人实际缴纳的产品税、增值税、营业税税额为计税依据，分别与产品税、增值税、营业税同时缴纳；纳税人所在地在市区的税率为 7%，县城、镇的税率为 5%，不在市区、县城或镇的税率为 1%；城市维护建设税的征收、管理、纳税环节、奖罚等事项，比照产品税、增值税、营业税的有关规定办理。对外资企业和个人、进口产品不征收城市维护建设税。城市的维护建设税具有附加税性质，其收入用于城市的公用事业和公共设施的维护建设，专款专用。

1994 年税制改革，保留了城市维护建设税税种，计税依据为纳税人实际缴纳的消费税、增值税、营业税"三税"税额之和。当年全省城市维护建设税收入 2.98 亿元，占全省工商税收收入比重 4.08%。

1995 年江西国税征管范围包括集贸市场和个体工商户的各项税收，当年江西国税征收入库城市维护建设税 2347 万元。1996 年国、地税征管范围调整，集贸市场和个体工商户的地方各税由地税负责征收管理，1996 年开始江西国税不再征收城市维护建设税，无城市维护建设税收入。

建筑税

为了控制固定资产投资规模，调整建设投资结构，有利于集中资金保证国家重点建设，依据1987 年 6 月 25 日国务院颁布《中华人民共和国建筑税暂行条例》，江西省自 1987 年 7 月 1 日起施行。《暂行条例》规定：用国家预算外资金、地方机动财力、银行贷款（包括外汇贷款）、企业事业单位的各种自有资金（包括主管部门集中调剂使用的资金）和其他自筹资金进行自筹基本建设投资、技术改造项目中的建筑工程投资以及按规定不纳入国家固定资产投资计划的建筑工程投资的地方政府、机关团体、部队、国营企业事业单位、集体企业事业单位和个体工商户，都是建筑税的纳税义务人。建筑税根据自筹基本建设投资的类别分别适用10%、20%、30% 的差别税率计征。免征建筑税的自筹建设投资项目包括：开发能源（包括节约能源）生产性设施、交通设施、学校的教学设施、医院的医护设施、科研部门的科研设施的投资；利用国际金融组织贷款、外国政府贷款、赠款和其他国外赠款安排的项目以及相应配套工程的投资；国家基本建设计划安排的拨改贷投资和利用建设银行、工商银行、中国银行存款发放的大中型项目基本建设贷款的投资；经国务院批准发放的专项基本建设贷款投资；用于社会福利项目和治理污染、保护环境项目的投资，以及因遭受各种自然灾害而进行的恢复性建设投资；经财政部专项批准免征建筑税的投资。需要国家给予扶持和照顾，其项目应纳税总投资额在 50 万元以下的，由省级人民政府酌情减征、免征建筑税。建筑税依据纳税人年度实际完成的投资额计征。纳税人应当在接到批准的年度基本建设投资计划或者技术改造项目投资计划后 15 日内，按照年度计划投资额向当地开户银行预缴建筑税；年度终了后两个月内结算；竣工清算。建筑税由税务机关负责征收管理；建设银行、工商银行、农业银行和有关开户银行负责代征。对不按规定期限纳税的，代征银行会同税务机关采取扣缴措施。

江西省税务部门认真执行建筑税税制，加强与计委、经贸委、银行等部门的联系沟通，加强税源管理，定期开展政策执行情况专项检查。1990 年全省建筑税收入 1.33 亿元。1991 年 1 月《中华人民共和国建筑税暂行条例》废止，建筑税停征。当年全省建筑税收入 0.46 亿元。1992 年始江西省无建筑税收入。

固定资产投资方向调节税

为了贯彻国家产业政策，控制投资规模，引导投资方向，调整投资结构，加强重点建设，1991年 4 月 16 日国务院发布《中华人民共和国固定资产投资方向调节税暂行条例》规定：在中国境内进行固定资产投资的单位和个人，为固定资产投资方向调节税的纳税义务人。涉外企业的固定资产投资不适用本条例。根据国家产业政策和项目经济规模实行 0%、5%、10%、15%、30% 的差别税率。以更新改造为名进行的基本建设投资，按照基本建设投资的税目税率加倍征收。计税依据为固定资产投资项目实际完成的投资额，其中更新改造投资项目为建筑工程实际完成的投资额。税款按固定资产投资项目的单位工程年度计划投资额预缴。年度终了后，按年度实际完成投资额结算，多退少补；项目竣工后，按全部实际完成投资额进行清算，多退少补。纳税人按年度计划投资额一次缴纳全年税款确有困难的，经税务机关核准，可于当年 9 月底以前分次缴纳。按照国家规定不纳入计划管理、投资额不满 5 万元的固定资产投资，投资方向调节税的征收和减免，由省人民政府决定。税收征收实行计划统一管理和投资许可证相结合的源泉控管办法。省计委（计经委）汇总该地区的固定资产投资项目计划，经同级税务机关审定各固定资产投资项目适用的税目、税率和应纳税额后，由计划部门下达。投资方向调节税由建设银行、工商银行、农业银行、中国银行和交通银行、其他金融机构及有关单位负责代扣代缴。

江西省自 1991 年度起征收固定资产投资方向调节税。《固定资产投资方向调节税暂行条例》颁布后，省政府专门听取省税务局、省计委、省经委、银行等部门的汇报，并召开全省投资方向调节税工作会议，研究部署投资方向调节税的综合治理工作。全省会议后，各地及时召开会议贯彻，多数地方以政府名义召开，政府领导出席并讲话，抓好税制贯彻落实工作。充分利用报纸、广播、电台、电视、录像、布告、咨询等多种媒介大力做好税法宣传工作。税务部门保持与计委、经贸委、银行等部门的密切联系与协作配合，共同制定《关于江西省固定资产投资方向调节税源泉控制征收管理的几点意见》，报经省政府同意后，由省政府办公厅批转下发，各地执行。1991 年 11 月 5—11 日，省税务局举办以投资方向调节税为主要内容的培训班，各地也以多种形式对税务干部进行培训。为探索源泉控管的有效办法，省税务局选择部分地、市进行典型调查，针对江西省开征投资方向调节税后，税目、税率核定工作进展不够平衡，有的地方对投资项目计划和适用税目、税率项目的汇总工作不够及时，致使税务部门核定税率和征收管理工作较被动，步子慢一些；纳税申报、登记等基础工作有待加强等问题提出措施、解决具体业务操作问题。国务院决定，自 2000 年 1 月 1 日起暂停征收固定资产投资方向调节税。

国营企业奖金税

凡未实行工资总额随经济效益挂钩浮动的国营企业，其发放的各种形式的奖金，都应按照规定缴纳国营企业奖金税，以企业为纳税义务人。国营企业奖金税实行超额累进税率，按年计征。其分级税率：全年发放奖金总额人均不超过 4 个月标准工资的，免税；全年发放奖金总额人均超过 4—5 个月标准工资的部分，税率为 30%；全年发放奖金总额人均超过 5—6 个月标准工资的部分，税率为 100%；全年发放奖金总额人均超过 6 个月标准工资的部分，税率为 300%。企业无论实行何种工资制度，其标准工资统一按照国家规定许进入企业成本的工资等级、工资标准，以企业为单位进行计算。企业职工每人月平均标准工资不足 60 元的，按 60 元计算。免缴奖金税项目：发给矿山采掘工人、搬运工人、建筑工人、石油和天然气开采工人的奖金；按照国家规定颁发的创造发明奖、合理化建议和技术改进奖、自然科学奖；经批准试行的特定的燃料、原材料节约奖；外轮速遣奖；其他经国务院批准免缴奖金税的单项奖金。奖金税一律在纳税人所在地缴纳。奖金税由税务机关负责征收和管理。企业在年度内累计发放的奖金额超过 4 个月标准工资时，应先缴税后发奖金。年度终了至次年 2 月 4 日以前，所有纳税人均应向当地税务机关报送年度纳税申报表和会计报表。纳税人违反本规定，不按期据实申报纳税的，税务机关除责令限期补报外，并可酌情处以 5000 元以下的罚款；不按期缴纳税款的，从滞纳之日起，按日加收滞纳税款 5‰ 的滞纳金。纳税人缴纳的奖金税、罚款和滞纳金，应在企业提取的职工奖励基金中列支，不得列入成本。本规定由财政部负责解释；

施行细则由财政部制定。

表1-4-1　1991—1993年江西省征收国营企业奖金税税率

级　距	应纳税奖金级距基数	税　率（%）	速算扣除系数
1	企业全年发放奖金总额人均不超过标准工资4.5个月的部分	免税	
2	企业全年发放奖金总额人均超过标准工资4.5—5.5个月的部分	20	0.90
3	企业全年发放奖金总额人均超过标准工资5.5—6.5个月的部分	50	2.55
4	企业全年发放奖金总额人均超过标准工资6.5—7.5个月的部分	100	5.80
5	企业全年发放奖金总额人均超过标准工资7.5个月的部分	200	13.30

凡实行统一核算并统一提取职工奖励基金和统一发放奖金的国营企业，其所属企业、单位不报告统一核算的企业而再自行增发的奖金，所漏缴的奖金税，按以下税率缴纳：

表1-4-2　1991—1993年江西省国营企业增发奖金需查补奖金税税率

级　数	年度内累计增发奖金级距	税　率（%）	速算扣除系数
1	年度内增发奖金总额不超过1个月标准工资的	20	0
2	年度内增发奖金总额超过1—2个月标准工资的部分	50	0.3
3	年度内增发奖金总额超过2—3个月标准工资的部分	100	1.3
4	年度内增发奖金总额超过3个月以上标准工资的部分	200	4.3

1994年税制改革，取消国营企业奖金税税种，其征收内容并入企业所得税税种中。

集体企业奖金税

集体企业奖金税的征收和管理，比照国营企业奖金税有关规定执行。集体企业计算奖金税的工资标准：凡执行国营同行业企业工资标准的，比照国营同行业企业工资标准计算。未按国营同行业企业工资标准执行的，每人每月工资统一按60元计算；超过部分，视同发放奖金。缴纳集体企业奖金税的单位除了手工业生产合作社、合作工厂、供销社、合作商店、贸易货栈和贸易中心、运输装卸合作社组、建筑安装企业、劳动服务公司、信用合作社、街道企业、乡镇集体企业以及其他集体性质的企业外，还包括：按国家规定转为集体所有制的国营小型企业；国营小型企业租赁或承包给集体经营并按规定向国家缴纳租赁费或承包费的企业；集体与集体联营或集体与个体联营的企业；企业性质的集体企业主管部门（向所属企业提取管理费的）等。

1994年税制改革，取消集体企业奖金税税种，其征收内容并入企业所得税税种中。

事业单位奖金税

凡实行企业化管理的事业单位，国家不再核拨事业经费，经上级主管部门和财政部门批准，按照国家和省级政府规定的工资标准和核定的增资指标，自费工资改革的，全年发放奖金免税限额为3.5个月基本工资的事业单位；凡需要国家核拨一部分事业经费的事业单位，按照国家和省级政府规定的工资标准和核定的增资指标，自费工资改革，全年发放奖金免税限额为 2.5 个月基本工资的；部分自费、部分依靠国家拨款进行工资改革，全年发放奖金免税限额为 2 个月、1.5 个月基本工资的事业单位，均为奖金税的纳税义务人。

表 1-4-3　1991—1993 年江西省发放奖金免税限额为 3.5 个月基本工资的事业单位奖金税税率

级　数	应纳税奖金级距	税　率（％）	速算扣除系数
1	全年发放奖金总额人均不超过 3.5 个月基本工资的部分	免税	0
2	全年发放奖金总额人均超过 3.5—4.5 个月基本工资的部分	20	0.7
3	全年发放奖金总额人均超过 4.5—5.5 个月基本工资的部分	50	2.5
4	全年发放奖金总额人均超过 5.5—6.5 个月基本工资的部分	100	4.8
5	全年发放奖金总额人均超过 6.5 个月以上基本工资的部分	200	11.3

表 1-4-4　1991—1993 年江西省发放奖金免税限额为 2.5 个月基本工资的事业单位奖金税税率

级　数	应纳税奖金级距	税　率（％）	速算扣除系数
1	全年发放奖金总额人均不超过 2.5 个月基本工资的部分	免税	0
2	全年发放奖金总额人均超过 2.5—3.5 个月基本工资的部分	20	0.50
3	全年发放奖金总额人均超过 3.5—4.5 个月基本工资的部分	50	1.55
4	全年发放奖金总额人均超过 4.5—5.5 个月基本工资的部分	100	3.80
5	全年发放奖金总额人均超过 5.5 个月以上基本工资的部分	200	9.30

表 1-4-5　1991—1993 年江西省发放奖金免税限额为 2 个月基本工资的事业单位奖金税税率

级　数	应纳税奖金级距	税　率（％）	速算扣除系数
1	全年发放奖金总额人均不超过 2 个月基本工资的部分	免税	0
2	全年发放奖金总额人均超过 2-3 个月基本工资的部分	20	0.4
3	全年发放奖金总额人均超过 3-4 个月基本工资的部分	50	1.3
4	全年发放奖金总额人均超过 4-5 个月基本工资的部分	100	3.3
5	全年发放奖金总额人均超过 5 个月以上基本工资的部分	200	8.3

表 1-4-6　1991—1993 年江西省发放奖金免税限额为 1.5 个月基本工资的事业单位奖金税税率

级　数	应纳税奖金级距	税　率（％）	速算扣除系数
1	全年发放奖金总额人均不超过 1.5 个月基本工资的部分	免税	0
2	全年发放奖金总额人均超过 1.5—2.5 个月基本工资的部分	20	0.30
3	全年发放奖金总额人均超过 2.5—3.5 个月基本工资的部分	50	1.05
4	全年发放奖金总额人均超过 3.5—4.5 个月基本工资的部分	100	2.80
5	全年发放奖金总额人均超过 4.5 个月以上基本工资的部分	200	7.30

具体事业单位的奖金税适用税率，由各该事业单位的上级主管部门送同级财政部门核定。事业单位工资改革方案经主管部门和财政部门核批后，应抄送当地税务机关。事业单位超过国家规定工资标准，多发的工资和发放的奖金，包括用取得的经济收入开支的各种奖金性质的工资、津贴、补贴和实物奖励等，均属于奖金税的计算范围。

1994年税制改革，取消事业单位奖金税税种，其征收内容并入企业所得税税种中。

国营企业工资调节税

凡按照国务院关于国营企业工资制度改革的规定，实行工资总额随经济效益挂钩浮动的国营企业，都应依照规定缴纳国营企业工资调节税，以企业为纳税义务人。企业当年增发的工资总额超过国家核定的上年工资总额7%以上的部分，计征工资调节税。工资调节税按超率累进税率计征。

表1-4-7 1991—1993年江西省征收国营企业工资调节税超率累进税率

级 次	工资增长总额占核定工资总额增长率	税 率（％）	速算扣除系数
1	7%以下	免税	0
2	7%~13%的部分	20	1.4
3	13%~20%的部分	50	5.3
4	20%~27%的部分	100	15.3
5	27%以上的部分	200	42.3

工资调节税在纳税人所在地缴纳。工资调节税按年计征，按次预缴，年终汇缴清缴。年度终了后，纳税人不论当年工资是否增加或增加多少，都应在次年2月4日以前，向当地税务机关报送年度纳税申报表和会计报表。纳税人违反规定，不按时据实申报纳税的，税务机关除责令限期补报外，并可酌情处以五千元以下的罚款；不按期缴纳税款的，从滞纳之日起，按日加收滞纳税款5‰的滞纳金。纳税人缴纳的税款、罚款和滞纳金，应在企业工资增长基金中列支。

工资调节税税制颁布后，江西省各级税务机关加大税法宣传力度。对内抓培训、学政策、掌握要领。对外各地普遍采取多种形式的业务培训和辅导讲座，促进纳税人知晓政策规定，了解办税程序，掌握应纳税款的计算方法，做到依法纳税。1991年12月初，省税务局召开税政工作会议，研究部署工资调节税的审查结算工作。各地、市、县税务局均成立汇缴结算领导小组，实行领导分工、分片包干、任务到组、责任到人的方法，并拟定审查结算提纲，明确相关事项的处理方法，为搞好审查结算工作奠定基础。省税务局先后派出几个工作组到各地、市督促检查汇缴结算工作进展情况。抓重点、破难点。工资调节税涉及面广，征收难度大，各地结合实际情况，在坚持户户结算的同时，对重点行业、重点企业，经济效益较好、执行财经纪律不到位的企业、单位进行重点审查，对一些问题较多的单位，组织精兵强将进行重点突破。抓复查、保质量。各地在审查结算后，普遍组织力量进行抽查复查，并把复查结果列入目标管理竞赛内容，有效地提高了工资调节税审查结算工作质量，促进落实税制政策。

1990年全省国营企业工资调节税收入2366万元。1991—1993年全省奖金税合计收入4538万元，年均递减 26%，其主要原因是随着经济发展和经济体制改革，企业和事业单位工资标准水平提高，发放奖金相应减少，税源缩小。

1994 年税制改革，取消国营企业工资调节税，其征收内容并入企业所得税税种中。

筵席税

凡在中国境内设立的饭店、酒店、宾馆、招待所以及其他饮食营业场所举办筵席的单位和个人，为筵席税的纳税义务人。筵席税按次从价计征，税率为 15%~20%；筵席税的征税起点为一次筵席支付金额（包括菜肴、酒、饭、面、点、饮料、水果、香烟等价款金额，下同）人民币 200—500 元；达到或者超过征税起点的，按支付金额全额计算征收筵席税。省人民政府可结合本地实际情况，在上述规定的幅度内确定适用税率和征税起点；个别需要免征筵席税的，由省人民政府确定。承办筵席的饭店、酒店、宾馆、招待所以及其他经营饮食业的单位和个人，为筵席税的代征代缴义务人，负责筵席税的代征代缴。

江西省于 1988 年 11 月开征筵席税，1991 年和 1992 年收入均为 24 万元，1993 年收入 1 万元。1994 年税制改革，江西省未保留筵席税税种。2008 年 1 月 15 日国务院公布《国务院关于废止部分行政法规的决定》，筵席税税种在全国被废止。

第四节　行为税类

屠宰税

凡屠宰猪、羊、牛等牲畜者，均应交纳屠宰税。自养、自宰、自食的牲畜，免纳屠宰税；如有出售者，其出售部分仍应纳税。耕畜、运输畜、种畜、乳畜、胎畜、幼畜，应予保护。屠宰税按牲畜屠宰后的实际重量从价计征，税率为 10%。不能按实际重量计征之地区，应规定各种牲畜的标准重量，从价计征。屠宰税纳税肉价，由当地税务机关按日或按期调查公告之。屠宰税由税务机关征收。边远地区可委托代征，但不得采用包征办法。委托代征手续费为 3% 以下。不依规定申报登记者，处以 30 万元以下之罚金；私宰牲畜及私运、私售肉类者，除追缴应纳税款外，交处以应纳税额 3 倍以下之罚金；伪造税证戳记或违禁宰杀，情节重大者，送人民法院处理。屠宰税稽征办法，由省税务局拟订，报请省人民政府核准实施，并上报中央人民政府财政部税务总局备案。省人民政府对于辖区少数民族的宗教节日屠宰牲畜之许可及免税，得以命令定之。

1950 年屠宰税制建立后，一直沿用到 21 世纪初。江西农业较发达，生猪养殖是传统产业，江西省制定屠宰税征收管理办法，加强税源管理，对于边远地区和零散税收，委托食品收购站、村委会或村民小组委托代征，防止税收流失。1978 年 12 月后，农村实行家庭联产承包责任制，政府实行鼓励和扶持家庭养猪的措施，推动了生猪产业发展。1986 年全省生猪出栏头数 987.8 万头，1994 年增至 2117.2 万头，年均递增 10%。随着屠宰税课税数量增加、猪肉价格提升和税收管理加强，屠宰税收入 1986 年 1033 万元，1994 年增至 6492 万元，年均递增 25.8%。屠宰税成为江西省税收收入的重要组成部分。

1996 年国、地税征管范围调整后，江西的屠宰税均由地税局负责征收管理，1996 年始江西国税无屠宰税收入。

牲畜交易税

凡在中国境内进行牛、马、骡、驴、骆驼 5 种牲畜交易的公民和机关、部队、团体、农村社队、企事业单位，都要按规定缴纳牲畜交易税。购买牲畜者为纳税义务人，牲畜交易税保留了买方纳税的特点。牲畜交易税按照牲畜头（匹）的成交额计算缴纳，税率为 5%。

下列情况免税：遭受严重自然灾害地区的社、队和社员个人，在恢复生产期间，持有乡一级人民政府以上机关证明购买自用的牲畜；配种站、种畜场（站）购买的种畜和科研教学用畜；省人民政府规定需要免税的牲畜。

纳税义务人偷税、抗税的，代征代缴义务人弄虚作假、侵吞税款的，税务机关除追缴税款外，可以根据情节轻重，处以应缴税款 5 倍以下的罚款，情节严重触犯刑法的，送司法机关依法追究刑事责任。纳税义务人和代征代缴义务人不依照规定履行义务，任何人都可以检举揭发。税务机关查实处理后，可以在罚款收入 30% 的范围内，奖励检举揭发人，并为其保守秘密。

牲畜交易税属地方性税种，征收牲畜交易税，对维护农牧民的利益，保护正当交易，增加地方财政收入，配合加强市场管理，起了一定的作用。江西省税务部门认真执行牲畜交易税制，加强税源管理，适时开展专项检查，促进牲畜交易税制落实。1991—1993 年全省牲畜交易税收入分别为 60 万元、50 万元、51 万元。1994 年 1 月 1 日起实施新税制，取消牲畜交易税税种。

烧油特别税

对用于锅炉以及工业窑炉燃烧用的原油、重油，征收烧油特别税。烧油特别税的纳税义务人，为用油单位。凡供应原油、重油给用油单位烧用的，在销售时，由供油单位代收代交税款。凡自产原油、重油供自己烧用的，或将购入未交纳烧油特别税的原油、重油改为自己烧用的，由自用单位缴纳税款。出口原油转供国内烧用的，不再征收烧油特别税。烧油特别税实行从量定额征税：原油每吨征收 40—70 元，重油每吨征收 70 元。由税务机关根据各纳税单位应纳税款的大小，分别核定为按次或按期交纳。烧油特别税实行价外计税征收。代交人和纳税人违反规定的，处以 1000 元以下的罚金。代收代交单位和自用自交单位，逾期不交纳税款和累催无效的，税务机关除通知银行扣款外，并从滞纳之日起按日加收滞纳税款 1‰ 的滞纳金。对故意违反扣交税款规定和偷税、抗税的，除追交税款外，还应根据不同情况，处以应纳税款 5 倍以下的罚金；情节严重的，移送司法机关严肃处理。

江西省涉税行为主要发生于九江炼油厂和景德镇陶瓷企业。九江炼油厂是江西省唯一的原油加工厂，景德镇陶瓷厂烧窑用油系由九江炼油厂供应，由于景德镇陶瓷企业烧窑用油应纳税款是由九江炼油厂代收代缴，因而江西省的烧油特别税收入均由九江炼油厂集中缴库。实行源泉控管，确定九江炼油厂为烧油特别税的代收代缴单位。景德镇市陶瓷企业在陶瓷烧炼过程中所用的原油、重油根据国家下达的计划向九江炼油厂统一采购，税款由该厂代征代扣。实行专人负责，驻厂管理，九江市税务局直属分局在九江炼油厂设立税务征收组，配备数名税务干部为驻厂专管员，并指定专人负责烧油特别税的征收管理工作。税务部门建立征管台账，健全征纳资料，厂方设立专门账户，及时掌握九江炼油厂销售应税油数量和本厂自用应税油情况，以及税款交纳情况。根据九江炼油厂的实际情况，确定其按旬交纳烧油特别税，保证税款及时入库，烧油特别税制得到全面落实。

1994年税制改革，取消烧油特别税税种。1994年1月23日国务院国发〔1994〕7号文件明确：废止《关于征收烧油特别税的试行规定》，取消烧油特别税税种。1994年3月9日国务院印发《关于烧油特别税取消后若干遗留问题处理意见的通知》，明确要求：各级国税局要认真组织，做好烧油特别税取消后的清理结算、清欠工作，凡属应缴未缴的税款要限期追缴入库；考虑到烧油特别税税源相对集中，欠税户少金额大的实际情况，一次清缴确有困难的单位订出分期缴纳计划，由当地税务机关批准后执行，在1994年内清缴完毕。省税务局认真贯彻国务院文件精神，组织力量做好烧油特别税清理结算和清欠工作。

江西省烧油特别税收入1991年1148万元，1992年和1993年分别为499万元、50万元。1994年税制改革，取消烧油特别税税种，其征收内容分别列入增值税和消费税税种中。

印花税

书立、使用、领受应税凭证的单位和个人为印花税的纳税义务人。根据书立、使用、领受应税凭证的不同，印花税的纳税义务人可分别分为立合同人、立据人、立账簿人、领受人和使用人等5种。应税凭证包括：各类经济技术合同、产权转移书据、营业账簿；权利和许可证照，以及经财政部确定征税的其他凭证。印花税的税率采用比例税率和定额税率两种形式。比例税率共有0.3‰、0.2‰、1‰、0.5‰、0.3‰、0.05‰等6个档次，按比例税率征税的有各类经济合同及合同性质的凭证，记载资金的账簿，产权转移书据等。定额税率是按件定额贴花，每件5元，主要适用于其他账簿，权利、许可证照。已缴纳印花税的凭证的副本或者抄本免税；财产所有人将财产赠给政府、社会福利单位、学校所立的书据免税；国家指定的收购部门与村民委员会、农民个人书立的农副产品收购合同免税；无息、贴息贷款合同免税；外国政府或者国际金融组织向我国政府及国家金融机构提供优惠贷款所书立的合同免税；房地产管理部门与他人签订的用于生活居住的租赁合同、农牧业保险免税。

1991—1994年全省印花税收入合计6148万元，年均递增13%。国、地税两套税务机构分设后，1995年当年江西国税印花税收入115万元。1996年国、地税征管范围调整，印花税由地税负责征收管理。

车辆购置税

自2001年1月1日起车辆购置费改为车辆购置税。

购置规定车辆的单位和个人为车辆购置税纳税义务人。单位包括各类所有制企业、事业单位、社会团体、国家机关、部队以及其他单位。个人包括中国公民和外籍人员。购置包括：购买使用、进口使用、受赠使用、自产自用、获奖使用以及拍卖、抵债、罚没等方式取得并使用的行为。征税范围包括汽车、摩托车、电车、挂车、农用运输车等。车辆购置税实行一次征收制度。购置已征车辆购置税的车辆，不再征收车辆购置税。

车辆购置税实行从价定率的办法计算应纳税额。车辆购置税的税率为10%。根据不同情况确定计税价格：纳税人购买自用的应税车辆的计税价格，为纳税人购买应税车辆而支付给销售者的全部价款和价外费用，不包括增值税税款；纳税人进口自用的应税车辆的计税价格的计算公式为：计税价格＝关税完税价格＋关税＋消费税；纳税人自产、受赠、获奖或者以其他方式取得并自用的应税车辆的计税价格，由主管税务机关参照车辆市场平均交易价格核定最低计税价格；国家税务总局参照应税车辆市场平均交易价格，规定不同类型应税车辆的最低计税价格。纳税人购买自用或者进口自用应税车辆，申报的计税价格低于同类型应税车辆的最低计税价格，又无正当理由的，按照最低计税价格征收车辆购置税。

外国驻华使馆、领事馆和国际组织驻华机构及其外交人员自用的车辆；解放军和武装警察部队列入军队武器装备订货计划的车辆；设有固定装置的非运输车辆均免税；国务院规定予以免税或者减税的其他情形的，按照规定免税或者减税。

纳税人购置应税车辆，向车辆登记注册地的主管税务机关申报纳税。购置不需要办理车辆登记注册手续的应税车辆，向纳税人所在地的主管税务机关申报纳税。纳税人购买自用应税车辆的，自购买之日起60日内申报纳税；进口自用应税车辆的，自进口之日起60日内申报纳税；自产、受赠、获奖或者以其他方式取得并自用应税车辆的，自取得之日起60日内申报纳税。车辆购置税税款应当一次缴清。免税、减税车辆因转让、改变用途等原因不再属于免税、减税范围的，在办理车辆过户手续前或者办理变更车辆登记注册手续前缴纳车辆购置税。

2001—2004年车辆购置税由交通稽征部门征收管理。2005年1月1日起，车辆购置税由国税部门负责征收管理，原交通稽征部门的部分人、财、物划入国税部门。省国税局对全省车辆购置税政策执行和征收管理工作进行规划、组织和指导；设区市国税局设立车辆购置税征收管理分局，县级国税局在办税大厅设立车辆购置税办税窗口并指定专人负责，设区市国税局和县级国税局征收管理机构直接办理车辆购置税征收管理工作。明确岗责。各车辆购置税征收单位设置申报接收、审核定税、开票制证、发证建档、税源管理、综合管理、信息技术等岗位，明确岗责，各司其职，互相配合，互相制约。对机动车辆税收实行"一条龙"管理。2005年7月13日省国税局印发《关于加强机动车辆税收管理有关问题的通知》，以车辆购置税征收为控制环节，实现机动车辆在生产、销售、购置使用各环节的信息沟通和协调配合管理，抓住"必须先缴车购税才准上牌照"的关键，与公安车辆管理部门配合，加强税源管理，做好日常检查和纳税评估，强化车购税等税种的管理。"一窗式"管理。办税服务厅实行"一窗式"管理模式，车主办理车辆购置税纳税申报，只需在窗口填写相关申报表格，提供申报所需资料的原件及复印件，经审核定税、开票制证、缴纳税款后，即可取得车辆购置税完税证明，方便纳税人。推行车辆购置税征收管理系统（以下简称"新版软件"）。根据上级部署，全省国税各地各部门积极行动，落实"新版软件"推行的各项工作要求，精心组织，周密部署，经过共同努力，克服困难，全省96个车购税征收单位使用"新版软件"成功上线运行，8点17分江西省吉安市车购税分局完成了第一笔业务，成为2007年全国最早上线运行单位。车辆购置税征收管理系统运行，实现车辆购置税集约化管理。2009年1月16日财政部、国家税务总局印发《关于减征 1.6 升及以下排量乘用车车辆购置税的通知》规定：对纳税人自 2009 年 1 月 20 日至 2009 年 12 月 31 日期间购置的排气量在 1.6 升及以下的小排量乘用车，暂减按 5% 的税率缴纳车辆购置税。12 月 22 日财政部、国家税务总局印发《关于减征 1.6 升及以下排量乘用车车辆购置税的通知》规定：对纳税人自 2010 年 1 月 1 日至 2010 年 12 月 31 日期间购置的排气量在 1.6 升及以下的小排量乘用车，暂减按 7.5% 的税率缴纳车辆购置税。

土地增值税

1993 年 12 月 13 日，国务院制定颁布了《中华人民共和国土地增值税暂行条例》，于 1994 年 1 月 1 日起施行。这个税种开征伊始，税源较少，1994 年全省入库税款 3 万元。国税、地税税务机构分设以后，1995 年国税仅负责外商投资和外国企业土地增值税征收管理，当年收入 2 万元。1996 年，国税、地税征管范围进一步调整，土地增值税全部由地税部门负责征收管理。

第五章　基金等收入项目

　　基金项目系指税务部门负责征收的国家能源交通重点建设基金、国家预算调节基金和粮食专项基金。国家能源交通重点建设基金是从预算外资金中筹集的，用于国家能源开发和交通建设的专项基金。国家预算调节基金是指国家为了加强宏观调控能力、补充各级财政资金的不足，为改革和建设的顺利进行创造条件，对国营企事业单位、机关团体、部队与地方政府的各项预算外资金和所有集体企业、私营企业以及个体工商业户缴纳所得税后的利润征集的基金。粮食专项基金是地方财政预算外资金，各级财政在国库预算外设立专户核算。其他收入项目主要记述由税务部门征收的国营企业调节税、烟酒提价专项收入、教育费附加、工商统一税附加、盐税附加等收入项目制度规定及其制度贯彻落实情况。

第一节　基金项目

国家能源交通重点建设基金

　　对江西省国营企业事业单位、机关团体、部队和地方政府的各项预算外资金，以及这些单位所管的城镇集体企业交纳所得税后的利润，征收国家能源交通重点建设基金。征收率按上述各项资金当年收入的 15% 计征。免征项目包括：地方财政的农（牧）业税附加；中、小学校的学杂费；国营企业的大修理基金；国营石油企业的油田维护费；林业部门的育林基金。

　　中央主管部门及其所属事业单位，由主管部门集中交入中央金库。中央主管部门所属的企业单位，除铁道、交通、邮电、民航、军工企业由主管部门集中交入中央金库外，其余均就地交入中央金库。部队及其所属企业事业单位，由总后勤部集中交入中央金库。各级地方政府，地方企业事业单位，机关团体，及其所管的城镇集体企业，就地或由主管部门集中交入中央金库。地方超额完成任务的部分，在年终结算时返还。每年超额完成国家能源交通重点建设基金任务而留用的部分，在下年度安排使用，用于发展能源交通建设，不能挪作他用。

　　江西省税务系统认真贯彻落实《国家能源交通重点建设基金征集办法》和有关文件，并加大政策宣传力度。省税务局派员到财政厅、交通厅、机械工业厅、省供销社等省直经济主管部门了解其各项预算外资金以及省直部门所管的城镇集体企业税后利润情况，为制订收入计划和加强管理摸清收入源底数。每年按季或按月缴纳。国家能源交通重点建设基金缴款单位按规定在季度或月份终了后的 10 日以内，填写缴款书，向所在地开户银行一次缴清。第四季度或 12 月的国家能源交通重点建设基金应在年末以前预缴，年度终了以后，根据有关决算资料进行结算。国家能源交通重点建设基金的征集任务，则由各级政府负责分配；具体的征集工作，由各级税务部门负责办理，中国人民银行和有关部门应积极配合。拒不缴纳的，当地税务部门和银行有权在其存款户内扣缴。要求各地区、各部门、各单位不得因交纳国家能源交通重点建设基金而提高价格、提高收费标准，转嫁负担，或者向国家另外要求补助。严禁转移资金、弄虚作假、隐瞒收入、故意漏交少交。各级财政、税务部门和企业事业单位的主管部门，加强对预算外资金的管理，建立健全预算、决算制度和其他必要的管理制度，监督资金使用情况，提高资金使用效果。各单位的预算外资金应单独设账核算，收支情况要会定期向当地财政、税务部门报告。

省税务（国税）局认真贯彻国家能源交通基金政策规定，每次新政出台，广泛深入地开展政策宣传，深入缴纳单位辅导，加强基金源管理，严格依法征收，落实优惠政策。1991年全省能源交通基金收入2.53亿元。1993年，财政部印发《关于1994年"两金"征管工作有关问题的通知》，明确从1994年1月1日起对国有企业停征国家能源交通重点建设基金。1995年开始对集体企业免征国家能源交通重点基金。1996年1月1日起全面停征国家能源交通重点建设基金。

国家预算调节基金

所有国营企业、事业单位、机关团体、部队和地方政府的各项预算外资金，所有集体企业、私营企业以及个体工商户缴纳所得税后的利润，都必须按照规定，缴纳国家预算调节基金（以下简称调节基金）。征集范围和项目：地方财政的预算外资金，包括城镇公用事业费附加、渔业税及渔业建设附加、盐税提成、集中企业的更新改造资金、公房租赁收入以及其他未纳入预算管理的项目。事业行政单位的预算外资金，包括工业铁道交通邮电商业事业收入、养路费收入、车辆购置附加费、农林水利气象事业收入、文教科学卫生广播事业收入、科研试验收入、军工科研收益留成、勘察设计收入、城市公用事业收入、园林收入、房产管理收入、其他事业收入、宾馆招待所收入、礼堂收入、机关杂项收入、暂未纳入预算的旅游收入、市场管理收入、基建单位其他收入以及其他未纳入预算管理的项目。国营企业及其主管部门提取的各项专项基金，包括基本折旧基金、按产量提取的更新改造资金、固定资产变价收入、利润留成、企业基金、各种形式的盈亏包干分成收入、实行以税代利企业的税后利润、主管部门的收入，以及其他属于专项基金的项目（以上均包括军工企业）。其他没有纳入预算管理的资金。集体企业、私营企业以及个体工商户缴纳所得税后的利润。调节基金按应征项目当年收入的10%计征。

免征调节基金项目包括：地方财政的农（牧）业税附加；中、小学校的杂费、勤工俭学收入、高等院校和中专技校学校基金；企业的大修理基金；煤矿维简费和油田维护费；林业部门的育林基金；其他经国务院或者财政部批准免征的项目。

凡当年应缴纳调节基金的预算外资金收入和集体企业事业单位、私营企业、预算外企业的税后利润不足5000元，个体工商户税后利润不足2000元的，省税务局可根据其困难情况给予减征或者免征调节基金的照顾。因遭受严重自然灾害或者重大意外事故，需要给予减征或免征照顾的，报当地税务机关签注意见后，逐级上报省税务局，经财政厅审批，酌情给予定期减征或者免征照顾。其它确有困难需要给予政策性减免照顾的，报财政部批准；重大项目的减免，由财政部报国务院批准。

属于中央单位缴纳的调节基金，全部归中央财政；属于地方单位缴纳的调节基金，50%上交中央财政，35%上交省财政，15%留归地市县财政。调节基金的征集任务由各级政府负责分配。具体征集工作由税务机关负责；调节基金的缴纳、报解和入库，由各级国库和专业银行办理。各级财政、工商行政管理部门和其他有关部门积极配合，做好征集工作。调节基金按季或按月缴纳。交款单位应在季度或月份终了后的10日内，填写缴款书，向所在地开户银行一次交清。第四季度或者12月的调节基金应在年末以前预交，年度终了以后，根据有关决算资料进行汇算清缴。

地方单位缴纳的调节基金超任务部分地市财政留成25%；地方单位缴纳的调节基金全额缴入县（市、区）国库，由国库按照50%交中央库，50%留县（市、区）库的比例进行分成；属于中央预算收入，上划缴入中央库，属县（市、区）预算收入与其他各项收入一并参与总额分成；省、地、市按体制分成应得部分，在年终决算中由财政内部进行结算。全省收入最高年份为1991年1.79亿元。

从1994年1月1日起对国有企业停征调节基金。1996年1月1日起停征调节基金。

粮食专项基金

粮食专项基金是地方财政预算外资金，各级财政在国库预算外设立专户核算，由税务部门代收，以县、市为单位，征解入库方式及程序同税款一样。对代收单位支付5%代收手续费，按季从实收的粮食专项基金中提取。税收会计建立辅助账，核算反映粮食专项基金征收、入库、提退等情况。江西省于1992年停征粮食专项基金。1991—1992年各年度全省粮食专项基金分别入库4778万元、1268万元。

第二节　其他收入项目

国营企业调节税

实行独立经济核算的国营企业，为国营企业调节税（以下简称调节税）纳税义务人；联营企业以分得利润的各方为纳税人；铁路运营、金融、保险企业和国家医药管理局直属企业，分别以铁道部、中国人民银行、中国工商银行、中国银行、中国农业银行、中国人民建设银行、中国国际信托投资公司、中国人民保险总公司、国家医药管理局为纳税人。调节税以纳税人年度应纳税所得额为计税依据。

税率由财税部门商同企业主管部门核定。核定调节税税率时，先核定企业的基期利润。企业1983年实现利润，调整由于产品税、增值税、营业税税率变动以及开征资源税而增减的利润后，为核定的基期利润。核定的基期利润扣除按55%计算的所得税和1982年合理留利后的余额，占核定基期利润的比例，为调节税税率。没有余额的，不核定调节税税率。核定国营卷烟企业调节税税率时，企业1983年实现的利润，还应加上卷烟提价收入，再扣除卷烟提价收入应纳产品税、烟叶提价补贴、名牌烟价外补贴后，作为核定的基期利润。与其他单位联营的企业在核定调节税税率时，应加上按规定从联营单位分得的利润，或减掉分给联营单位的利润，作为核定的基期利润。各省级财税部门核给企业的调节税税率，汇总报财政部批准。

调节税没有统一的税率，由财税部门采取"倒轧账"的办法分别对企业按产核定，其计算公式为：调节税率 ={〔基期利润 ×（1%-55%）-1983 年合理留利〕÷ 基期利润}×100%。对企业当年利润比基期利润增长部分实行减征办法，1983 年规定减征率为 60%，按环比计算；1984 年对减征率改为 70%，按定比计算，一定 7 年不变。对物资、代销、金融、保险企业征收调节税时，不实行减征 70% 的办法。

为有利于搞活国营小型企业，小型企业在缴纳所得税和承包费后，自负盈亏，不缴纳调节税。

调节税由各级税务机关负责征收。调节税按日、按旬或按月预缴本月税款，年终汇算清缴，多退少补，具体纳税日期，由当地税务机关根据纳税人应缴调节税数额的大小，分别核定。纳税人就地缴纳调节税，跨地区经营的企业，按其隶属关系回原地缴纳。纳税人应在月份终了后 10 日内，年度终了后 35 日内，向当地税务机关报送会计报表和办理纳税申报。企业的年度财务计划在上报主管部门的同时，应报送当地税务机关。纳税人必须依照税务机关核定的期限缴纳税款。逾期不缴的，除限期追缴外，并从滞纳之日起，按日加收滞纳税款 5‰的滞纳金。

江西省按照上级部署，在搞好第一步利改税和第二步利改税工作的同时，深入广泛地宣传调节税制度，各地普遍举办培训班，组织税务干部和国营大中型企业财务人员认真学习税制，了解政策规定，掌握调节税计算方法，熟悉办税程序。财政、税务和企业主管部门加强联系沟通，通力合作，逐户核定应纳税企业的基期利润、增长利润和调节税税率，为依法征收奠定坚实基础。税务部门加强税源管理，严格执行政策。财税部门适时开展专项检查，促进调节税制落实。1991—1993 年，全省调节税收入分别为 3477 万元、3117 万元、1553 万元。1994 年税制改革，取消调节税税种，其征收内容并入企业所得税中。

烟酒提价专项收入

对部分烟酒调增价格部分征收产品税和专项收入，这部分产品税和专项收入全部作为中央收入。专项收入不属于税收的范围，但同税收一样具有无偿性、强制性、固定性特征。

江西省税务部门及时转发上级有关文件，召开专门会议研究、部署烟酒提价专项收入政策的贯彻执行和征收管理工作。省税务局根据政策规定和调查摸底情况，明确当时省内生产的井冈山、南昌、长冈等 3 种甲二级烤烟型卷烟和壮丽乙一级烤烟型卷烟，对其新老差价收入征收产品税、专项收入；各酒厂生产的啤酒、樟树四特酒厂生产的四特酒、永修恒丰酒厂生产的纯粮大曲，按其出厂价提价部分征收专项收入。全省各主管税务机关按照上级工作部署，开展宣传，搞好辅导，加强管理，依法征收专项收入。1991—1993 年全省烟酒提价专项收入分别为 376 万元、355 万元、207 万元。1994 年税制改革，取消烟酒提价专项收入项目，其征收内容分别列入增值税和消费税中。

教育费附加

自 1986 年 7 月 1 日起，凡缴纳产品税、增值税、营业税的单位和个人，除按照规定缴纳农村教育事业费附加的单位外，都要缴纳教育费附加。教育费附加以各单位和个人实际缴纳的产品税、增值税、营业税的税额为计征依据，征收率为 2%，分别与产品税、增值税、营业税同时缴纳。对从事生产卷烟和经营烟叶产品的单位，减半征收教育费附加。除铁道系统、中国人民银行总行、各专业银行总行、保险总公司的教育费附加随同营业税上缴中央财政外，其余单位和个人的教育费附加，均就地上缴地方财政。教育费附加由税务机关负责征收。教育费附加纳入预算管理，作为教育专项资金。教育费附加的征收管理，按照产品税、增值税、营业税的有关规定办理。

1994 年税制改革，教育费附加以各单位和个人实际缴纳的增值税、营业税、消费税的税额为计征依据，附加率为 3%，分别与增值税、营业税、消费税同时缴纳，对从事生产卷烟和烟叶生产的单位减半征收。按照改革后的税收征收管理规定，教育费附加分别由国家税务局和地方税务局负责征收。国家税务局系统征收铁道、各银行总行、保险总公司营业税附征的教育费附加，作为中央预算固定收入。国家税务局系统按增值税、消费税附征的教育费附加和地方税务局按营业税附征的教育费附加，都作为地方预算固定收入。

江西省税务部门根据教育费附加政策规定，对出口产品退还增值税、消费税的，不退还已缴纳的教育费附加；海关对进口产品代征的增值税、消费税，不征收教育费附加。各征收机关加强费源管理和征收管理，依法征收，为扩大教育经费资金来源。

江西省无铁道、各银行总行、保险总公司的营业税收入，因而所征收的教育费附加收入均为地方预算收入。随着经济发展，"三税"（税改前为产品税、增值税和营业税，1994 年税改后为增值税、消费税和营业税）收入规模逐年扩大，随之附征的教育费附加收入相应增加。1991—1994 年，全省教育费附加收入分别为 0.59 亿元、0.68 亿元、0.92 亿元、1.32 亿元。

国、地税两套税务机构分设后，1995 年江西省国税征管范围包括涉外经济、集贸市场和个体户的各项税收，按中央税、共享税附征的教育费附加也由国税负责征收，当年江西国税教育费附加收入 1.07 亿元。1996 年国、地税征管范围调整，教育费附加均由地税部门负责征收管理。

工商统一税附加和盐税附加

1994 年税改前，江西省的附加税除涉外企业地方所得税外，还征收工商统一税附加和盐税附加。工商统一税附加和盐税附加均以正税税额为计税依据，按正税税额的一定比例征收。1991—1993 年，全省工商统一税附加和盐税附加合计收入分别为 9 万元、17 万元、37 万元。1994 年实施新税制，取消工商统一税附加和盐税附加收入项目。

第二篇　税收管理

　　税收管理包括税收征收管理、涉外税收管理、出口退税管理、税务稽查、税收计会统、减免税管理、纳税服务、税务行政复议与诉讼、税收科研等方面。江西省税务（国税）局树立现代税收管理理念，遵照上级工作部署和要求，结合江西实际，改进完善税收管理制度，严格执法，不断探索和创新管理方式与方法，提高税收管理工作质量与效率，优化纳税服务，保障税收收入及时足额入库，充分发挥税收职能作用。

第一章　税收征管

　　进入20世纪90年代，江西省税务系统实行的税收征管模式从传统的"一员进厂，各税统管"专管员管理模式，逐渐向"征收、管理、稽查三分离或征管、检查两分离"的新征管模式转变。1995年，省国税局制订江西国税征管改革"九五"规划，确定1996—2000年征管原则和内容，树立"健全征管制度，规范征纳程序，优化税收服务，加大稽查力度，增强监控能力，改进征管手段，提高征管水平，促进依法纳税，防止税收流失"的改革指导思想，并加快计算机应用步伐，自行开发应用基层税收管理系统。2001年后，试点并推广使用中国税收管理信息系统（CTAIS），2005年在全省国税系统推广应用CTAIS2.0版，实现全系统征管数据省局大集中，税收管理信息化水平进一步提高，征管改革不断深化，基本形成信息化、专业化、集约化、规范化的税收征管体系。2006年以后，全省国税系统加快推广多元化电子申报缴税，为纳税人方便、快捷地申报缴税创造了条件。新型征管体制机制的建立，逐渐实现了由专管员上门收税到纳税人自行申报纳税、由粗放式管理到专业化集约式管理、由传统手工操作到计算机网络技术集中运用、由监督打击型到管理服务型的转变，税收征管向科学化、专业化、精细化管理迈进。

第一节　税收征管改革

税收征管方式改革

20 世纪 90 年代初期，江西省税务系统开始建立"三位一体"税收征管格局，取消税收管理员管户制度，实行征收管理与检查两分离和征、管、查三分离的征管方式。总体特点是，在税务机关内部进行征收、管理和检查职能划分，对征管权力进行分离和制约；实行税收专业化管理，以确保税收征管效率的提高；在管理技术手段上，计算机开始应用于税收征管的主要环节。

1991 年江西省税收征管改革全面推开，提出以"征管、检查"两分离或者"征、管、查"三分离为主体的中层次改革模式，变税务人员下户征税为纳税人主动上门申报纳税，征收、管理、检查机构和职能分离。

随着第一部《中华人民共和国税收征收管理法》于 1993 年 1 月 1 日实施，江西省按照分权、制约的原则深入实施税收征管改革，逐步取消专管员管户制度，设立办税服务厅，建立税务代理制度，建立健全以纳税人"自行计算、自行开票、自行缴库"的"三自"纳税制度，税款征收、税收管理、税务检查职能向专业化方向调整，相应职权分别由不同的税务机构或岗位行使，基本建立起了以查促管、以查促征、查偷堵漏、分权与监督相结合的税收征管新格局。全省普遍设立了纳税申报大厅和定期申报纳税点，纳税申报面达 98% 以上，按期入库率达 95% 以上。

1994 年省税务局在吉安、抚州、南昌、九江、萍乡、赣州等地市开展纳税申报、税务代理、税务检查"三位一体"税收征管改革试点，在吉安、抚州地区试行纳税申报，南昌、九江市试行税务代理，萍乡市和赣州地区试行税务检查。

江西国税、地税机构于 1994 年 9 月分设后，省国税局按照严密、高效、方便的原则，建立与税收征管内在运行机制相适应，并且符合国际惯例的"三位一体"的税收征管新格局。调整机构，全面建立办税大厅；取消管户，加大纳税申报责任；广泛推行税务代理；充实力量，强化税务稽查力度；依托技术，实行计算机管理。改革进一步促进了依法治税，税收征管水平不断提高，稽查力度明显增强。全省 1995 年上半年查补税款 1.25 亿元。

1995 年开始，江西省税收征管改革的目的为建立"以申报纳税和优化服务为基础，以计算机为依托，集中征收，重点稽查"新征管模式。改革以提高征管科技含量为基础，实行税收征管信息管理高度集中；突出税务机关服务意识和纳税申报、税务稽查的重要性。省国税局先后在新余市国税局一分局和南昌市国税局东湖分局试点，并在试点基础上在全省国税系统推广应用以计算机局域网为依托的基层税收管理系统。将原县（市、区）国税机关城区多个征收单位撤并，只设立一个征收分局和一个稽查分局。根据税源相对集中、基础设施好、交通便利的原则，全面调整收缩农村征收单位。全省共设 641 个征收单位，比原来收缩一半。全省县（市、区）国税机关全部在城区设立功能齐全的办税大厅，农村征收分局因地制宜建立简易办税厅。简化办税程序，实行公开办税制度，规范、统一大厅办税窗口，纳税人办税事项基本上可在大厅内一次完成。税务稽查的机构、人员、设施以及制度建设全面到位，各级国税稽查机关先后建立完善税务违法案件举报制度、大案要案集体审理制度。1995—1998 年全省国税共查补税款 25.23 亿元。按照软件统一开发、微机统一配置、人员统一培训的"三统一"原则，先后分四批在全省国税系统推广计算机网络化管理应用。省国税局投入 6000 余万元为各地配置微机 3005 台，建立计算机广域网 13 个，区域网 133 个，全省国税115 个县、市单位实现税收征管全过程计算机网络监控，提前两年实现总局提出的目标。

从 1996 年，全省国税系统实行以纳税申报和优化服务为基础，以计算机网络为依托，集中征收，重点稽查的征管方式，税收征管方式转变的核心在于管理机制的转变，由管户的保姆式管理向专业化管理转变，由过去的分散型、粗放型管理向集约型、规范化管理转变，由传统手工操作方式向现代化科学征管方式转变。

1998 年，在个体私营经济中推行查账征收，推行重点税源驻厂征收管理办法。

20 世纪 90 年代后期到 21 世纪初，江西国税以金税工程建设和统一征管软件推广应用为重点，推进税收管理规范化和现代化。2001 年，江西国税加快税收征管信息化建设，突出信息化在税收征管中的作用，实现在信息化支持下的税收专业化管理，提出征管改革"十五"目标："以设区市为计算机应用平台，以省局和设区市局为数据处理中心，全面构建现代化、多元化电子申报纳税系统，推广运行全国统一开发的税收征管信息系统（CTAIS），不断提高征管质量和效率，在'十五'期末基本形成信息化、专业化、集约化、规范化的税收征管体系。"

2001 年下半年和 2002 年上半年，省国税局分别在新余市国税局和南昌市国税局开展深化税收征管、机构、人事制度改革以及国家税务总局统一开发的 CTAIS 上线试点，2002 年 1 月 1 日，江西省国税系统第一个深化税收征管改革试点单位——新余市国税局 CTAIS 正式上线运行。2002 年，南昌市国税局被税务总局列为"一省一市"加速税收征管信息化建设推进征管改革试点单位。下半年，征管改革试点扩大到景德镇、赣州、上饶等市。2003 年，省国税局向国家税务总局申请在江西全面进行深化税收征管改革和推广应用 CTAIS 工作。上半年在九江、抚州、吉安、萍乡 4 个设区市国税局，下半年在鹰潭、宜春 2 个设区市国税局进行改革和推广应用工作。到年底，全省国税系统全面完成 CTAIS 推广应用任务。形成"集中征收、分类管理、一级稽查"的格局，税收专业化程度和集约化水平大幅度提高，监督管理的形式由事后管理逐步向事前、事中、事后多元管理转变，管理的中心由申报征收逐步向评估型管理、服务性管理转变；征管质量稳步提高，税收收入总量增幅较大；机构得到精简，由原来每个县（市）局下设基层分局 5~6 个改为 1~3 个，全省基层分局由改革前的 491 个缩减到 222 个，实现了征管机构扁平化、集约化。以设区市局为单位集中征收、一级核算，会计核算单位由原来的 500 多个减少为 11 个，实现税收征管全过程的计算机监控管理，97% 以上的税款通过计算机征收。逐步建立贴近纳税人的办税服务体系。

2004 年后，省国税局征管工作方针是"科学化、精细化管理"，重点为"强化管理"。2005 年，省国税局围绕国家税务总局"以申报纳税和优化服务为基础，以计算机网络为依托，集中征收，重点稽查，强化管理"34 字方针，实施税收征管科学化、精细化改革。按照征管改革"科学化、精细化"的要求，加强对纳税申报的审核和延期申报、延期缴纳税款、减免退税审批，完善个体税收征管办法，下发《税收管理员办法》，实行《税源状况与分析一体化制度》，强化税源管理，建立健全税源监控、税收分析、纳税评估和税务稽查良性互动的税源与征管状况监控分析一体化工作机制。省国税局自行开发《数据质量监控系统》和《税源分析管理系统》，每月定期发布数据质量、征管质量和税源分析情况，初步构建数据分析利用平台，提高数据应用水平。推广应用综合征管软件 V2.0 版（即原来的 CTAIS 升级版），以省局为应用平台，自主开发升级相关配套软件。完成《多元化电子申报纳税系统》《纳税评估管理信息系统》等系统的开发升级工作，基本完成《税收业务综合管理系统》主体部分整合升级工作，实现征管数据的省局集中。2006 年 1 月 1 日，全省 115 个基层国税机关一次同步上线省级集中版综合征管软件，实现征管数据的省级集中处理。通过 2006 年 1 月至春节前的上线运行和磨合，成功实现征管数据的省局集中。

2007 年，完善税源监控、税收经济分析、纳税评估、税务稽查"四位一体"税源管理机制。制定《关于进一步深化纳税评估工作的通知》，研究测算税负预警指标值，进一步健全纳税评估指标体系。

2008 年，完善《全省税收数据及征管质量考核评分办法》，坚持按月通报考核。扩大重点税源企业监控范围，省局选择 1200 户增值税一般纳税人和 500 户企业所得税重点税源企业进行直接监控，按季对重点税源企业税负情况进行分析。深化纳税评估，在县级局设立纳税评估专门机构——纳税评估科，明确纳税评估责任，规范操作规程。

2009 年后，开展税收征管状况分析，探索税源专业化管理，开发运行车辆税收管理系统，开展财税库银横向联网试点和跨地区经营汇总纳税企业信息交换。制定下发《加强纳税评估协调的工作意见》，规范管、评、查环节的协调，继续完善以税负预警指标值为核心内容的纳税评估新机制，拓展评估软件应用，选择部分重点行业、风险行业建立分行业纳税评估模型和指标参数体系，强化税源控管。

纳税申报方式改革

1991 年开始，建立以纳税人"自核自缴"为基础的申报制度，变税务人员下户征税为纳税人主动上门申报纳税。1993 年全省税制改革工作会议提出：深化改革的目标就是要在现行"分离"的征管模式基础上，围绕实现纳税人"自核自缴"这一核心，建立规范，合理分工，简化程序，强化稽查，改进技术手段，提高征管效率，建立起以纳税人"自核自缴"为基础的申报制度。具体做法是：完善纳税申报制度，推行由纳税人的"自核自缴"，把税务人员从繁重的核税、开缴款书等事务中解放出来。鉴于企业办税人员的核算水平和办税能力参差不齐，"自核自缴"办法的推行分层次、分步进行。首先，在财会核算健全的企业，特别是大中型企业中实行"自行计算核税、自行填开缴款书、自行到银行（金库经收处）缴款"的三自纳税制度，同时向税务机关报送纳税申报表。逐步简化申报程序，最终使纳税申报和缴款一次完成，改变"纳税人先向税务机关申报，再向银行缴款"或"在向银行缴款的同时向税务机关申报"的现状，由纳税人直接向银行报送兼纳税申报与缴款功能的税单，然后再由银行将信息反馈税务机关。

1994 年，省税务局制定下发《江西省深化税收征管改革意见》，提出设立办税大厅办理税款申报、入库等事宜，公开办税程序，方便服务纳税人；建立税务代理制度，纳税人、扣缴义务人可以委托税务代理人办理有关纳税事宜。税务代理机构的设立及税务代理人资格的认定须经省税务局批准。税务代理事务所按规定的工作职责和业务范围，开展正常的税务代理活动，并服从税务机关的统一管理。

1995年，改进申报方式，在有条件的地方，试行"蓝、黄、白纳税人申报办法"。以财务制度是否健全、纳税态度好坏、办税人是否符合要求为条件，确定实行三种不同颜色的纳税申报表，并实行动态管理。修订纳税程序，设立办税服务厅，实行银税一体化，方便纳税人履行纳税申报义务。要求纳税人上门申报，对申报内容负责。凡未如实申报纳税的，税务机关按照《税收征管法》的规定严肃处理。为方便纳税人申报，按照精简、效能、统一的原则，合并现有县（市）局城镇和省辖市分局下设的征收分局（所），每个县（市、区）城区和省辖市分局设一个征收分局（所）。征收分局设有办税大厅，纳税人到办税大厅办理一切税务事宜。办税大厅按照"集中、公开、方便"的原则设立办证、审核开票、发票发售、资料、咨询、代理、领导值班窗口；张贴"五栏一图"即公开办税栏、税法公告栏、资料填写示范栏、税务代理服务范围栏、银税"合一"情况介绍栏、办税程序图。

1996年，省国税局制定江西国税系统征收管理改革"九五"规划，提出把"建立纳税人自行申报的纳税制度，城区纳税人主动申报纳税面达100%，农村达98%"列为征管改革的主要目标，强化纳税申报，建立全新的纳税申报激励机制。

1997年始，实行多种申报方式，试行邮寄、电子申报等，推行银行税务税收缴库一体化管理。调整征收机方式，通过纳税申报制度、税款征收方式的改革，实行多形式的委托代征。

2002年，开始推行多元化电子申报纳税体系，以设区市为单位建立统一的纳税人多元化电子申报纳税服务平台，统一多元化电子申报纳税的业务需求和技术标准，统一多元化电子申报纳税软件，统一实施方案，形成纳税人、税务、银行、国库"四位一体"的实时在线的申报纳税格局，逐步实现税款征收的社会化。CTAIS在新余和南昌成功上线，多元化电子申报方式得以运用，改变以往办税时间、地点集中，纳税人排队、国税干部坐等申报、被动管理模式，税款缴库时间由原来的5—6天缩短为2~3天。

2004年，省国税局总结南昌市国税局运行"多元化电子申报纳税系统（METS）"一年多的经验后，向全省国税系统推广应用该系统。

2005年，省国税局下发关于深化多元化电子申报缴税工作的意见，进一步促进税银库省级联网、涉税信息集中共享，提高税收征管效率与服务水平，方便纳税人办税，为实现数据传送无纸化、账务核对电子化、监控管理实时化、纳税服务人性化奠定坚实基础。到2007年6月底，增值税一般纳税人计算机申报面达90%以上。

从2008年起，全面推行增值税专用发票网上认证，并在上饶等地开展同城办税试点，方便纳税人在同一设区市城区范围内、同一县城范围内任一办税服务厅"同城通办"税务登记、纳税申报、税款缴纳、发票领购验旧等涉税事宜。试点取得成功并在全省国税系统逐步推广，打通办税服务厅之间的信息阻隔。

税收管理制度改革

1991—2001 年，实行纳税申报、税收代理、税法公告等制度。实行以纳税人"自核自缴"为基础的申报制度，先后实行《办税大厅工作规程》《税务代理规程》《稽查工作规程》《办税大厅与职能部门衔接制度》等各项征管工作制度，使征管的各个环节有章可循。

1996 年始，实行税法公告制度，全省各级国税机关通过多种形式定期公布各项税收规章制度以及其他规范性文件，介绍税款计算、申报表填写等纳税实务，使纳税人及时、准确地了解法规制度和操作要求。

1998 年，推行征管资料档案化管理，建立征管资料各个环节的相应制度。

2001 年，按照新征管法修订完善《税款延期缴纳批管理办法》等规章制度，开展税收执法检查和征管质量考核，规范税收执法行为。

从 2002 年开始，全面实行纳税信用等级制度。实行稽查复查制度和稽查许可制度，实行分权制衡，突出重点稽查的作用和地位，形成征收部门事前监控、管理部门事中评估、稽查部门事后检查的多环节、全方位的管理监控格局，着力解决多头检查、重复检查、管理弱化的问题。实行税收执法监察和执法检查制度，形成监察和法制部门对执法部门的制衡机制，加大执法监督检查和执法责任追究力度。2002 年底，共有 43857 户企业纳入纳税信誉等级管理，其中特级纳税信誉企业 280 户，一级纳税信誉企业 2157 户。

2003 年始实行纳税服务工作制度，从内容、形式、媒介、对象等方面入手建立完备的服务公开制度，保障纳税人享有知情权；完善服务管理制度；完善服务责任制度，着重完善首问负责制、一站式服务制、延时服务制、涉税事项限时制等；完善服务便捷制度，简化办税环节和程序，提供多种办税途径。实行外部信息交换制度，加强与工商、地税部门信息比对交换工作，全省国税通过信息比对补办税务登记 7505 户。

完善税务登记管理制度，统一税务登记证及临时税务登记证格式，实行定期验证和换证，税务登记号码与银行账号双向登录。完善税收管理员制度，建立以税收管理员为中心的税源管理机制。建立纳税信誉等级评定机制，倡导诚信纳税。清理过时的制度和办法，制定完善《税收征管法》相关配套制度、办法。

第二节　税源管理

税务登记

1991 年，加强税务登记管理，摸清纳税人生产经营基本情况，为建立"征管、检查"两分离或者"征、管、查"三分离征管新模式打下基础。

1995 年始，全省国税系统全面建立办税服务厅，按照"集中、公开、方便"的原则设立办证、发票管理等窗口，纳税人统一办理开业登记、变更登记、注销登记等税务登记和发票发售、缴销等事宜。

1996年始对每个纳税人赋予一个唯一的、终身不变的纳税人识别代码。

2002年，省国税局制定《纳税人"户籍式"管理暂行办法》，实行纳税人"户籍式"管理，加强纳税人户籍登记管理，掌握纳税人的生产经营情况，提高征管工作质量和效率。开展户籍登记，对纳税人按重点企业、行业、大型商品交易市场或城区按街道、路段进行登记，农村按乡（镇）、集市、工矿区并向自然村延伸进行登记；登记的内容主要是纳税人的基本情况、生产经营情况、纳税情况等。进行户籍登记时，编制户籍清册、户籍卡。对城乡接合部、街道和路段交叉地，同一区域内不同单位管理的"插花"带，各类商品交易市场，门牌标志不清楚、不规范的营业店面、经营场所、固定摊点，编发统一的户籍牌号，建立"纳税人—户籍卡—户籍牌"的对应关系，依托计算机网络系统，按户籍管理要素设置户籍管理编（代）码，分户将户籍管理情况纳入计算机监控。做到表、卡、册、机四相符，户籍管理情况查询、调阅方便、快捷。有的地方还运用多媒体技术将各类商品交易市场及片区的纳税人分布情况制作成电子示意图，建立图表监控系统，掌握纳税人基本情况、经营范围、经营方式及注册资金变化情况。对各类商品交易市场及管理片区，重点加强非正常户和停歇业户的监管和漏征漏管户清理。形成对重点税源驻企管理、中小税源划片管理、集贸市场驻场管理的分类管理格局，并实行纳税人纳税信誉登记管理办法，将纳税人户籍登记情况列入纳税人信誉等级评定依据。

2004年，实行税务登记管理办法，规定纳税人办理税务登记的条件以及税务机关进行税务登记、管理的有关事项。国家税务局、地方税务局执行统一税务登记代码，税务登记代码按"谁主管谁编制"原则由省国税局、地税局联合编制，统一下发各地执行。严格税务登记认定管理，开业（变更）登记实行登记备查制。规范开业登记、停复业登记、非正常户认定、一般纳税人资格认定、发票领购资格等事项办理，纳税人开业（变更）登记、出口退税登记实行属地登记办法，实行定期定额征收的纳税人申请办理停业登记备查制，纳税人注销登记审批制、非正常户认定审批制。实现工商登记信息和税务登记信息交换与共享，即各级国家税务局、地方税务局、工商行政管理局分别向同级的交换对象提供信息，再由接受单位按管辖权进行内部传递，无同级交换对象的，交由上一级机关进行交换。

2006年8月25日起，降低税务登记证件工本费，暂按正本内芯3元、副本内芯3元、副本封皮4元、正本外框10元的标准收取工本费。开展纳税人税务登记证换证工作，加强户籍管理。分支机构、个体工商户等纳税人的税务登记实行属地管理的原则，纳税人注册地址与实际生产、经营地址不一致的，向生产、经营所在地主管税务机关申报办理税务登记。企业在本地设立的分支机构和从事生产经营的场所，不论是独立核算还是非独立核算，自领取营业执照之日起30日内，持有关证件和资料，向生产、经营所在地主管税务机关申报办理税务登记。加强与工商部门协调配合，做好个体工商户登记信息的交换比对工作，建立清理漏征漏管户长效机制。对集贸市场和有出租柜台的大型商场的个体工商户，已办理工商营业执照的，主管国税机关及时为这部分纳税人办理税务登记，将其纳入正常管理；对未办理工商营业执照的，及时将相关信息传递给同级工商部门，减少漏征漏管户。

为切实减轻纳税人办税负担，按照统一税务登记代码、统一受理税务登记、统一税务登记证件、统一税务登记表式、统一使用税务登记专用章、统一收费标准的做法，于 2008 年推行国税、地税联合办理税务登记证件。首先在新余市国税局实施，纳税人由原来需要填写 4 种 16 份表格减少到 2 种 6 份表格，耗费的时间由 6~7 天减少到 3 天，办证工本费由 40 元降低到 20 元，各种附送资料由原来的一式两套减少到一套。联合办证工作于 2010 年逐步推广到全省。

税源监控

1991 年，加强零散税收征管，对个体税收秩序进行整顿、调整税负、强化集贸税收控管。对农村税收实行"定点分片、定期轮换、交叉检查、集中清理"的征管方法。当年全省组织个体税收 42100 万元，比上年增长 21.5%；农村税收收入 39150 万元，比上年增长 0.1%；集贸税收收入 27100 万元，比上年增长 13.6%。农村零散税收实行目标管理制度，年初地、市局在下达工商税收计划时，把零散税收分解为集贸税收、农村税收、屠宰税等若干单项指标，列入目标管理，实行税收任务与征管质量双向考核。在征管方法上，实行上门申报缴税与定时定点征收相结合的双轨制征管办法。农村零散税收征管实行"定岗定位定职责，定片定人定任务"。成立护税协税小组，聘请护税协税员，建立委托代征制度。如吉水县在 23 个乡镇中聘请 346 个税收代征员，1991 年代征农村税收 378 万元。吉安地区 1991 年零散税收入库 1.17 亿元，占当年工商税收收入 46%，较上年增长 28.3%。

1996 年省国税局制定税收征管改革"九五"规划，加强重点税源监控，在整个监控体系的建立过程中，抓住增值税、出口产品退税和欠税等作为征管重点、难点、热点。在加速开发增值税纳税申报监控系统的同时，推行和逐步完善专用发票交叉稽核系统和防伪税控系统，以提高监控效率，降低管理成本。出口退税立足于同企业、海关、银行等方面的联网，使得出口、报关、结汇、退税之间的监控信息交换迅速、准确。对滞纳欠税加收滞纳金，对欠税屡催不缴的，按照规定施以重罚，把欠税压缩到最低限度。1996 年，省国税局通过与工商、海关、银行等部门的信息沟通，加强税收征收管理，防止税源流失。省国税局和省地税局协商建立国、地税工作联席会议制度，实现税收信息共享。同时省国税局严格执行总局关于纳税担保办法和税收减免办法等，强化纳税人税款缴纳义务。

1997 年，江西国税开始建立以计算机网络为依托的管理监控体系，对于每一个纳税人赋予一个唯一的纳税人识别号，并采取国家标准。开发、完善征管监控应用系统。把从税务登记至税务稽查的各项征管业务全面纳入计算机管理，对征收管理的全过程实施监控。对增值税、个人所得税和出口产品退税等征管重点、难点严格加强监控。加强重点税源企业征收管理，制定了新的征管模式下的信息联系制度，逐级建立重点税源联系网点，不定期对重点行业进行典型分析。加强第三产业和个体税收管理，南昌市国税局郊区分局等 5 个单位开展个体建账及查账征收试点工作，并进行推广，全省建账 17708 户，占个体纳税户总数 10.5%，当年共组织入库个体税收 8.38 亿元，比上年增长 24.6%，国家税务总局以《税务简报》专辑介绍江西国税的做法。

1998 年，抓好漏征漏管户清理。其中南昌市国税局东湖分局对省直 24 个厅局所办的刊物进行清理，查补税款 73 万元。

1999 年，落实增值税一般纳税人认定、年检管理办法和期初存货、进项税额抵扣审核制度，扩大增值税规范化管理试点范围，重点抓好增值税计算机稽核系统的试点和推广工作；开展商业企业和跨地区经营的集团性企业及其分支机构的专项检查；从严管理消费税计税价格和计税数量，对烟、酒全面推行核定计税价格征收消费税办法，做好金银首饰消费税纳税人检验工作；完善和推广专用发票丢失、被盗查询系统和领用存系统，推广专用发票防伪税控系统。建立健全所得税税前扣除项目的审批制度，加强亏损弥补的审核，完善亏损弥补台账；加强汇算清缴纳税成员企业和单位的监管，建立监管信息反馈制度，开展对汇总纳税企业情况的专项检查。选择涉外税收典型企业开展反避税审计。全面实行出口退税计算机管理网络化。完善全省百户重点税源信息网络，加强税源分析，实行动态管理。重新核定全省 19286 户个体定期定额"双定户"税负，调整定额 132439 户，其中调高 129337 户，平均调高 14.76%；调低 3102 户，平均调低 6.19%，通过定额调整月均增加税额 1400 万元。因地制宜采取"划片分类""户籍式"等方式，加强了对个体户、零散税收及加油站、砖瓦窑、粮食加工等行业的税收征管。

2000 年，省国税局修订下发《江西省重点税源企业税收驻企管理办法》，对 70 户重点税源企业实行税收驻企管理。把"户籍式"管理工作扩大到中小企业，特别是批发零售性质的商业流通企业，管理责任到人，实行目标考核。全省共清理出漏征漏管户 10892 户，补税（罚款）718 万元。

2001 年以后，实行精细化、专业化、分类化管理。划清专业职责。本着专业职能不交叉的原则，将各项专业职能分解到各征管机构，提高集中征收程度，征收机构主要负责税款征收，建立分级的重点税源管理体系，了解掌握重点监控纳税人生产经营信息和财务核算信息，并向管理机构提供税源监控信息。

税源监控工作增加宏观税收负担分析和预测、实施税源分类管理。在属地管理的基础上，针对不同行业、不同规模的纳税人，按照重点税源企业、商品交易市场、中小企业、个体工商户和零散税收，分别实行驻厂（场）管理、划片（行业）管理和巡回管理；对增值税一般纳税人和小规模纳税人，分别由不同的税源管理部门实施管理；对企业所得税，分别实行属地管理和汇总缴纳、同级监管。根据分类管理的要求，建立健全分类管理制度，对纳税人实施专业化、精细化的管理。全面推行税收管理员制度，双人上岗，两人一组负责一个或若干个片区（行业、重点税源户）的税源管理，定期轮岗、交换制度。税收管理员对所属片区（行业）的管理时间最长不超过 2 年（驻厂管理人员对一户重点税源企业的管理时间最长不超过 3 年）。推广应用税控收款机，下发《综合征管软件运行管理暂行办法》，规范综合征管软件的日常管理、系统维护、数据应用，共清理和修改数据 1.6 万条，防止税收流失。

2005 年，赣州市国税局等加强针织、制衣行业税收管理，掌握企业生产厂房、设备和用工情况，测算出企业生产能力，建立企业基本情况档案；组织专项纳税评估。重点盘查企业库存材料、半成品、产成品，核对仓库保管账、财务会计账，发现有偷骗税嫌疑的立案稽查；实行进销货查验制度和企业库存不定期盘查制度，对年销售额 500 万元以上的企业，单次进销货额 10 万元以上时，税务管理部门由税收管理员按不低于 10% 的比例进行验货；每年对企业的库存材料、产品进行 3 次以上盘查。抚州市临川区国税局实行"五类三级"税源管理,"五类",即根据纳税人的经营规模,分为一般纳税人、小规模企业、个体起征点户、临界点工商户、未达起征点工商户五类,分别制定具体的管理办法,确定相应税源管理责任人的职责。"三级",即建立三级重点税源监控体系:年纳税 10 万元以上税源,由局领导重点监控;对年纳税 5 万元以上税源,由税源管理科长实时监控;对年纳税在 5000 元以上税源,由税收管理员实时监控。对未达到巡查次数或未做好巡查记录的,予以责任追究,全区税源控管率、当期申报税款入库率、纳税申报率均达 100%。

2006 年 1 月 1 日,全省 115 个基层国税机关省级集中版综合征管软件同步上线,实现征管数据的省级集中处理,省国税局成为会统一级核算单位。338 户重点税源企业纳入总局、省局监控网络,对全省 96 个工业园区税收实行跟踪监控。

2007 年,省国税局制定《税收管理员工作细则》,完善税源监控、税收经济分析、纳税评估、税务稽查"四位一体"的税源管理机制。全省国税系统纳入重点税源监控的企业增加到 400 户,按季分析通报重点税源企业和 96 个工业园区税源、税收、税负情况。

2009 年后,省国税局定期分析通报 600 户重点税源企业和全省 95 个工业园区税源、税收、税负情况。吉安市国税局建立宏观分析预警、行业分析预警、风险源分析预警"三位一体"的税负检测预警机制,对 97 个行业税负水平、零负申报等进行预警。对税负低、存在异常情况的企业分析原因,找准问题,按季发布预警通报,限时反馈情况。

征管数据质量监控

较为规范的税收征管数据质量监控工作是从 2000 年开始的。是年,省国税局印发《税收征管质量考核实施办法》明确对登记率、申报率、入库率(征收税款、查补税款)、发票领用率、欠税增减率、滞纳金加收率、申报准确率、立案率、结案率、复议变更(撤销)率进行考核。征管质量考核采取逐级考核的方式,即县(市、区)局考核基层分局(所),地(市)局考核县(市、区)局。省局考核地(市)局,根据工作需要也可直接组织对县(市、区)局的考核。2003 年下发修订《税收征管质量考核办法》,规定税收征管质量考核工作由征管部门会同稽查、计划、会计、统计等有关部门负责。

2006 年开始,规范数据采集,确保录入质量,遵循及时、完整、真实和规范的原则,根据相关业务规定结合应用系统的操作要求,制定严密有效的数据采集规范。加强数据维护,建立严密的数据质量监督机制。整合数据资源,统一数据标准,实现数据共享。建立规范统一的信息发布制度,明确信息发布的职责、发布主体以及发布的内容、形式和时间,确保信息发布渠道畅通,结合实际建立健全数据管理的各项制度。围绕税收与经济协调发展、加强征管、纳税服务等三个主要层面进行数据分析,2006 年重点对基础数据质量、征管质量等方面 102 个指标进行统计分析,按月发布《税收综合业务数据质量情况通报》,对数据分析出来的问题,落实"发布—评价—整改—再发布—再评价—完善"的工作机制,全年发现问题数据 2.76 万笔,各设区市局补充、修正 2.73 万笔,修正率达 99.01%。

2007 年制定实施《全省税收数据及征管质量考核评分暂行办法》,按月通报考核情况,全年数据平均准确率达 99.99% 以上。

2008 年省国税局选择 1200 户增值税一般纳税人和 500 户企业所得税重点税源企业进行直接监控，按季对重点税源企业增值税税负情况进行分析。建立税负预警机制，分析测定涉及全省 523 个国标明细行业和 1200 户全省重点监控一般纳税人企业增值税税负率预警下限，测算涉及内资企业的 633 个国标明细行业、外商投资企业 177 个国标明细行业的利润率和所得税税负率。

2009—2010 年，全省国税系统进一步加强征管数据质量监控工作，按月定期通报监控情况，并分设区市局进行考核排名。

纳税评估

2002 年,省国税局开始推行纳税评估工作。2002 年,以县（市、区）局为单位,利用信息化手段,开展对纳税人申报资料的全面性和真实性审核,进而对纳税人依法纳税的程度和信誉进行评价、提出处理意见的以县（市、区）局为单位的纳税评估工作。

2004 年始全面开展纳税评估，县（市、区）国税机关依托《江西省国家税务局纳税评估管理信息系统》，采取人机结合的方法，按照计算机自动评估、人工案头审计、约谈举证、实地核查、评估处理的程序，对纳税人纳税申报的准确性、真实性进行定性和定量分析。省、市国税局负责纳税评估工作的指导、管理，省局负责全省纳税评估指标峰值的发布，各设区市国税局在省局发布的峰值范围内确定本地区纳税评估指标峰值。县（市、区）国税局依照纳税评估工作标准负责纳税评估的具体实施工作。

纳税评估具体职能由税源管理部门及税收管理员负责,纳税评估责任主体和工作流程得以明确。加强纳税评估工作，重点对以现金支付货款、赊欠货款、委托其他单位或个人支付货款抵扣增值税进项税额的一般纳税人进行纳税评估，必要时进行实地核查。发现纳税人购进的货物与其实际经营业务不符、长期未付款或委托他人付款金额较大且无正当理由以及购销货物或提供应税劳务未签订购销合同的，转交稽查部门实施稽查。

为推动纳税评估工作的发展，省国税局推广应用《纳税评估管理信息系统》，并举行纳税评估案例评选。2005 年 12 月底的全省 99% 的一般纳税人、77% 的小规模纳税人纳入该系统进行评估。2005 年 4—12 月，共筛选出纳税申报疑点 10.08 万户（次），其中：约谈举证 10045 户（次），实地核查 2319 户（次），纳税评估环节补缴税款 2840.91 万元；197 户（次）作为案源移送稽查，立案 116 户（次），查补税款 673.03 万元。吉安市国税局制定纳税评估工作制度，明确各部门纳税评估工作的任务、工作职责、程序和要求;制定信息采集录入制度,对信息采集录入的时间、对象、范围、种类、要求、岗位和人员等进行规范,确保资料采集、录入的及时、准确和真实;制定案件线索移交暂行标准，规范评估与稽查之间的工作；制定纳税评估工作考核办法，对纳税评估各环节进行分项量化考核；制定纳税评估"十佳"范例评选办法，年终评选十个最佳纳税评估案例，给予单位目标管理考核特别加分，对评估人员给予物质奖励。

2006 年一季度，县（市、区）国税局成立纳税评估科，负责实施纳税评估工作，征管部门抓好纳税评估的组织协调和考核，税种管理部门加强各税种评估指导和指标峰值确定，计统部门利用税收经济分析指导评估。2006年上半年，全省共评估纳税人22734户次，发现问题的有1206户次，查补"两税"6076.42万元，冲减留抵1037.03万元；查补所得税税款3114.39万元，调减亏损27629.5万元。移送稽查21户，稽查反馈8户，100%查账征收的增值税纳税人纳入《纳税评估管理信息系统》评估。对30户重点企业进行纳税评估核查，认定评估税款9900万元。总结工业、商业、废旧物资、房地产等六类企业的纳税评估经验。

2007年，研究测算税负预警指标值，进一步健全纳税评估指标体系。全年评估补缴税款共计1.93亿元，移送稽查126户次，查补税款750万元。其中，对税负下降、税负偏低的重点监控企业开展为期1个月的纳税评估，补缴增值税887万元；对1000户内资企业、100户外资企业开展为期3个月的企业所得税专项纳税评估，补缴企业所得税4853万元。

2008年，省局规定纳税评估科主要评估增值税一般纳税人及所得税重点企业纳税人。其他增值税小规模纳税人和中小型所得税企业的税源管理工作由税源管理部门负责，基层国税机关根据当地税源特征、评估力量分布及评估工作要求等，也可由纳税评估科负责评估。各地根据省局预警指标，选择申报异常企业进行纳税评估。2008年共对41569户（次）纳税人开展评估，补缴入库税款2.67亿元，冲减留抵税金4455.46万元。同时，对49户出口企业开展退税评估，调增应纳增值税1029.9万元。

2009年筛选294户增值税税负异常重点企业和300户所得税税负异常重点企业开展专项纳税评估，完成总局下发的29户低税负、零税负重点企业的专项纳税评估工作，查补税款、滞纳金6.73亿元。上饶市国税局开发并运行征管效能双向评估系统，对外评估纳税人税款申报和缴纳情况，查找涉税疑点，进行纳税辅导，提高纳税人纳税申报质量和税法遵从度；提高办税服务厅等部门和人员的管理效能，查找管理和服务中的问题。开发"征管效能评估系统"，将行业评估模型和对内评估指标写入电脑程序，实现人机结合，提高双向评估的工作效率。

2010年按行业建立纳税评估模型，实行项目化、课题化管理，统一发布共享。

第三节　征收管理

纳税申报

1991年，全省税务系统深入推进纳税人主动上门申报纳税方式，提高申报面和申报质量。

从1993年开始，建立以纳税人"自核自缴"为基础的纳税申报。

1995年，在全省国税系统县级局和省辖市分局取消传统的专管员管户制，实行职责分明的专业化管理，将管户制度变成定岗管事制。纳税人上门申报纳税，并对申报内容负责。纳税申报表必须有企业办税人员（税务代理人员）、企业法人签字并加盖单位公章。

1996年，推行分类管理办法，实行蓝、白、黄三色纳税申报表。实行"三自"办税方式以后，1996年全省将征管改革工作向纳税人延伸。选择财务制度健全的企业试行自行计算、自行开票、自行缴税"三自"办税方式。采取此方式的纳税人于法定期限内，向税务机关填报申报表和加盖银行收讫印章的凭证和其他有关税务资料。基本具备实行会计电算化条件的大中型企业，由纳税人独立完成有关纳税申报资料（如增值税进、销项发票）的整理和微机录入，向税务机关提供软盘。

1997年始，全省国税系统改变单一直接申报方式，试行邮寄申报、电子申报方式，纳税人按照主管税务机关确定的申报方式进行申报纳税。鼓励纳税人使用信用卡、IC卡申报缴纳税款和在银行开设税款预储账户试行银行税务一体化管理。在农业银行机构设置税款代收点。

1998年，普遍实行纳税申报制度，规范申报方式、纳税程序、申报表格等征管资料。全省国税系统所管辖固定业户的按期申报率达到95%以上。

1999年，试行重点税源企业驻厂征收管理。驻厂征收人员负责督促企业及时准确办理纳税申报，审核企业纳税申报资料、进项发票、期初进项税金的抵扣，发现异常申报情况，立即实施税务日常稽查；年终清理结算企业增值税。

2002年试点推行多元化电子纳税申报方式，以设区市为计算机应用平台，以省国税局和设区市国税局为数据处理中心，构建现代化、多元化电子申报纳税系统。省局组织开发全省统一的多元化电子申报纳税软件，到9月底，新余、南昌市实行远程电子申报、电话申报、银行网点申报的纳税人接近九成。2006年以后，全面推广多元化电子纳税申报方式，到2010年增值税一般纳税人计算机申报面达90%以上。

账簿凭证管理

20世纪90年代初期，全省税务系统实施的以纳税人"自核自缴"为核心"三位一体"征管改革，税务机关工作重点由以往的上门收税转变为督促纳税人自主申报，因此，督促推动纳税人建立账簿凭证成为日常征收管理的主要内容之一。

省国税局于1995年印发《纳税申报管理办法》，要求纳税人、扣缴义务人必须按规定设置账簿、凭证。将督促纳税人建立账簿、凭证列为日常征收管理的重要内容之一。规定纳税人应报送的账簿凭证资料。纳税人在办理纳税申报时，除报送纳税申报表外，并根据不同情况相应报送有关证件、资料。

1997年始，在管户清理、加强定额管理、改革申报方式的基础上，通过试点，在个体私营经济中推行建账与查账征收。到1997年底，全省有14708户建账，建账面10.5%。其中建复式账4205户，建简易账10503户，全年个体税收达83790万元，比上年增长23.65%，占全省消费税和增值税收入的14.78%。

2003年，全省国税系统对集贸市场税收进行专项整治，推行个体、私营业务分类管理，通过调查摸底，掌握各大市场个体、私营业户应建账的户数和建账的类型，对建账户和暂缓建账户进行分类。动员和引导建账户自行建账或委托社会中介机构代理建账，实行查账征收；暂缓建账户则分经营大户和个体小户，经营大户必须保留所有的进、销货凭证，实行自行申报，查定征收。个体小户实行银行网点刷卡、电话语音申报，采取双定征收。

2004年，推动符合条件纳税人建立收支凭证粘贴簿、进货销货登记簿，参考纳税人收支凭证粘贴簿和进货销货登记簿中所记载的情况，核定纳税人的应纳税经营额或收益额。

2005年，明确纳税人报送账簿、凭证的资料范围。凡在国税部门只缴纳企业所得税的纳税人，按季度报送资产负债表、利润表、现金流量表。凡缴纳增值税的纳税人，按月报送资产负债表、损益表（利润表），按季度报送现金流量表，按年度报送会计报表附注、财务情况说明书。纳税人账务处理办法及财会软件必须报当地主管税务机关备案。

税收征缴

1991年，全省各级税务机关推进纳税人主动纳税的征收方式。

1993年，各地在巩固税务检察室的同时，开展组建税务法庭（执行室）、税务警务区、公安驻税务治安办公室的试点工作。在公、检、法的配合下，1993年全省共组建税务法庭（执行室）17个；查处偷、骗、税案件1162起，追缴税款894.48万元；有80个涉税犯罪嫌疑人被拘留，3人被判刑。

1994年，省国税局加强与欠税严重的地区、部门和企业所在地党政领导协调，争取各部门配合。省人民银行、省工商银行等5家银行联合发文支持清欠。各级国税机关采取上户清欠、停止审批税款延期入库和发售增值税专用发票等硬性措施，按照《税收征管法》的规定，严格执行滞纳罚金制度等，促使企业按期申报、足额纳税。帮助企业加强资金调度，确保税款及时、足额入库。对有能力缴税、有钱不缴税或屡催不缴，久拖硬抗的，按规定扣款。1994年全省压缩欠税1.8亿元。

1996年，全省各级国税机关从堵塞漏洞入手，加大清欠及反偷骗税力度，采取各种压缩旧欠、控制新欠措施。到12月底欠税4.32亿元，压缩年度最高欠税额的30%。

1999年，对加油站在铅封的基础上全面推行"税控加油机"，对粮食加工、个体诊所、生猪及大中型批发市场制定出单项税收征收管理办法，严控欠税情况发生。实行全年清欠目标责任制，按季考核。把清欠与期初存货已征税款抵扣、税收返还、出口退税、超税负退税等结合起来，对欠税大户和税源大户试行"税款预储账户"监控办法，并进行经常性的欠税公告催缴。

2000年，加强商品交易市场税收征管，加油站、粮食加工、砖瓦窑等特种行业实现税收22658万元，比上年增长7.55%，各类专业市场实现税收9820万元，增长21.03%。对农村税收征管情况进行为期一个月的集中清理整顿，制定农村税务登记管理、征管资料管理、外出经营税收管理的措施和办法，制定《农村税收征管改革试点实施方案》。对全省11个设区市局的征管质量、税收执法责任追究情况和征管资料进行交叉检查。加强税收征管制度建设，制定《零散税收代收代缴、代扣代缴管理办法》《企业所得税征收管理办法》《纳税信用等级制度具体实施意见》，修订完善《税收征管档案管理办法》《国家税务局企业所得税征管规程》《重点税源企业税收驻企管理办法》，使各项税收管理有章可循，职责明确，得到国家税务总局的充分肯定。

2001年省国税局印发《延期缴纳税款审批管理暂行办法》，规定延期缴纳税款的审批管理由各级国税机关征管职能部门负责，纳税人依照税法规定按期缴纳税款确有特殊困难的，可以按规定向主管国税机关提出延期缴纳税款申请。延期缴纳税款审批由基层国税机关受理，并对纳税人填报的延期缴纳税款申请审批表有关内容和相关材料进行严格审查，必要时国税征收人员应当实地调查。经初审，基层国税机关须将逐级报省国税局征管部门审核，经省国税局批准后方可延期缴纳税款。

2004年，各地国税部门采取措施加强税收征管。办税服务厅窗口工作人员对各类纳税申报资料的完整性和数据的逻辑性进行审核，坚决制止以延期申报变相缓征税款的行为。建立减免退税审批责任制，杜绝违法和越权审批的现象。对"双定"纳税户定额的核定与调整，由税源管理部门按照定额核定办法提出意见后，送征管部门审批、公示后执行。对符合核定征收企业所得税的纳税人，由税源管理部门根据同行业纳税人平均利润率提出核定的初步意见，送税政法规股审批、公示后执行。逐户、逐笔核对纳税申报表、综合征管软件和税收会计和统计的欠税数据，严格执行滞纳金制度。建立欠税公告制度，定期分类将纳税人的欠税情况进行公告，制定清欠计划，落实清欠责任制度。2004年全省有81户纳税人主动清缴欠税487万元，滞纳金6万元；签订清欠计划责任书168份，涉及欠税金额1648万元。规范预算级次和税种、税目核算管理，涉及计算机系统税种、税目和预算级次的认定和修改，由计划统计部门归口负责。

2005年7月1日起，全省开始施行国家税务总局颁布的《纳税担保试行办法》，规范纳税担保行为，保障国家税收收入，保护纳税人和其他当事人的合法权益。同年，多元化电子申报在全省国税管辖纳税户中推广，明确征解缴库流程，实现国税机关与纳税人、银行、国库之间涉税信息的数据交换，征缴解库更为及时、便捷。

2006年，开展漏征漏管户专项清理核查和普通发票清查打假工作，全省共清理出漏征漏管户25361户，其中企业947户、个体工商户24414户，查补税款817.21万元，加收滞纳金9.83万元，罚款60.87万元；检查用票户21424户（次），发现有问题的1044户（次），处罚1029户（次），罚款45.78万元。查处发票制假、售假案件7起，其中移送公安2起，涉案人员18人，罚款8.39万元。

2007年，省国税局印发《江西省国家税务局延期缴纳税款审批管理办法》，规定各级国税机关应当根据申请单位的实际生产经营情况，从严掌握审批延期缴纳税款的时限，最长不超过3个月。除遭遇不可抗力外，纳税人同一年度同一个税种的税款只能申请延期缴纳一次。对到期未清缴的，基层国税机关及时发出限缴通知书，逾期仍不缴纳的，依法采取强制执行措施。按照《税收征管法》规定，对已采取扣押、查封税收保全措施的商品、货物或者其他财产，在做出税务处理决定之前，不能通过拍卖、变卖处理变现。在税收保全期内，已采取税收保全措施的财物若是鲜活、易腐烂变质或者易失效的商品、货物及商品保质期临近届满的商品、货物等，书面通知纳税人及时协助处理。拍卖或者变卖所得抵缴税款、滞纳金、罚款后有余额的，税务机关应当自办理入库手续之日起3个工作日内退还纳税人。拍卖、变卖所得不足抵缴税款、滞纳金或者罚款的，税务机关继续追缴。

2009年，省国税局按照"抓大不放小"的工作思路，对矿石、砖瓦、皮革等地方特色行业实行"以电控税、税负预警、查定结算"等办法；对集贸市场税收实行"查验管理"办法；对未达起征点业户实行动态巡查管理。开展对进口设备、引进技术、股权转让、承包工程劳务、常驻代表机构和外国企业从外商投资企业分得利润等六项核查，全省非居民税收首次突破1亿元。同年出口货物应视同内销征税管理增加税收2.25亿元。

2010年，省国税局开展财税库银横向联网试点，跨地区经营汇总纳税企业信息交换，推行增值税网上认证系统和车辆税收管理系统，完善税收数据及征管质量考核。该年，规范再生资源行业增值税管理，会同省财政专员办、省财政厅报请省政府批转下发《规范再生资源行业财税管理的若干意见》，牵头组织召开全省加强再生资源财税管理座谈会，防控税收风险。以300户税负异常重点企业纳税评估为重点，补征税款 3.92 亿元。

第四节　发票管理

增值税专用发票管理

1993 年，全省开始实行国家税务总局制定的《增值税专用发票使用规定》，一般纳税人会计核算不健全，即不能按会计制度和税务机关的要求准确核算增值税的销项税额、进项税额和应纳税额者，不能向税务机关准确提供增值税销项税额、进项税额、应纳税额数据及其他有关增值税税务资料者，不得领购使用专用发票。1994 年省国税局规定，凡能够认真履行纳税义务的小规模企业，经县（市）税务局批准，其销售货物或应税劳务可由税务所代开专用发票。

1996 年 1 月 1 日起，取消百万元版、千万元版专用发票，凡一次开票其销售额达到百万元以上的，均纳入防伪税控系统，开具电脑版发票。企业使用十万元版专用发票，其填开的销售金额必须达到所限面额的最高一位，未按规定填开专用发票处理，其抵扣联不得作为扣税凭证。同年全国启用千元版、百元版改版专用发票。江西省开始推行国家税务总局开发的增值税专用发票防伪税控系统，各级国家税务局主管增值税征收管理的部门负责牵头组织防伪税控系统有关业务管理，有关部门共同配合。防伪税控系统"金税卡""税控 IC 卡""发行金税卡"和"授权 IC 卡"由国家税务总局统一管理，省局负责本省计划和转发工作，地市局负责建立发行系统，确立专人操作，并切实做好安全保管工作。对符合《增值税专用发票使用规定》中关于准许利用计算机开具专用发票条件，而且经常存在每笔销售额达百万元以上经济业务的企业，方可纳入防伪税控系统。企业在接到推行增值税防伪税控系统通知书后，在通知规定的时间内，凭有关证件到地市局申请领购"金税卡"和"税控 IC 卡"，一律凭"税控 IC 卡"向地市级税务机关领购电脑专用发票。

2000 年，全省国税系统推行《增值税计算机稽核系统发票比对操作规程（试行）》，利用计算机网络，将增值税一般纳税人申报认证的增值税专用发票抵扣联逐一与存根联进行核对（并把红字发票存根联与抵扣联进行核对）。发票比对实行两级数据采集、三级发票比对管理。两级数据采集是由主管税务机关运用防伪税控报税子系统和认证子系统采集发票存根联和抵扣联数据，区县级税务机关将征收机关上报的发票存根联和抵扣联以及采集到其他数据传入稽核系统三级发票比对是由地市局、省局、国家税务总局三级分别对本地市、本省跨地市、跨省区域的发票进行比对。开展普通有奖发票和收银机卷式发票试点，探索以票控税新路子。全省有 26 个县（市、区）局开展发票有奖工作，普通发票使用量比上年增加 82 万多份；28 个县（市、区）局 39 户企业试行收银机卷式发票试点。

2001 年，省国税局下发通知，明确增值税专用发票的作废必须整份同时作废，即存根联、发票联、抵扣联、记账联四联同时作废，并将电子发票和纸质发票同时在开具当月作废，作废的纸质发票各联应注明"作废"字样，送主管税务机关查验后，整份保存备查。作废的专用发票抵扣联不得抵扣税款。购货方取得的抵扣联已认证并抵扣了税款，经稽核系统比对属于作废发票的，其已抵扣的税款应作进项税额转出，同时对违反规定擅自作废专用发票的销货方，按照专用发票管理的有关规定予以处罚。已开具的专用发票当月发现填开有误，如购货方未将抵扣联认证，购货方可将发票联和抵扣联退回，由销货方在开票子系统中按作废处理；如购货方已经认证且认证相符的抵扣联，确因填开有误，需退回销货方重开的，经主管税务机关批准并对该抵扣联认证信息删除后，购货方可将发票联、抵扣联退回给销货方予以作废。已开具的专用发票跨月发现填开有误，如购货方取得的抵扣联未经认证或无法认证，销货方可在收回发票联和抵扣联后，报经主管税务机关批准，开具负数专用发票，如购货方取得的抵扣联经认证相符，且稽核系统比对后属于作废发票的，购货方可将发票联、抵扣联退回，由销货方重新开具专用发票；如购货方取得抵扣联经认证相符，且稽核系统比对相符的专用发票，购货方不得以任何理由将发票联和抵扣联退回给销货方。对销货方擅自开具负数专用发票的，按照专用发票管理的有关规定予以处罚。

2003 年，省国税局规定税务机关只能为所辖范围内有证并有固定经营场所的小规模纳税人代开增值税专用发票，同时要求该小规模纳税人出具购货方增值税一般纳税人资格证件。不得为无证、非本辖区内的个体工商业户和临时经营的纳税人代开专用发票。为小规模纳税人代开增值税专用发票的，必须按规定征收率开具，并按规定征收率征收税款。税务机关为增值税小规模纳税人代开增值税专用发票的限额只能是万元版以下。

2004 年 6 月 1 日起，全省施行新的增值税计算机稽核系统发票比对操作规程，将征收机关采集发票存根联、抵扣联，县区局采集失控发票、纳税人档案变动情况数据时限提前到 11 日，地市局数据处理时限提前到 13 日，省局数据处理时限提前到 14 日。取消县区局对专用发票存根联数据和抵扣联数据的采集和上传过程，改为地市局直接从防伪税控系统服务器将数据提入本地稽核数据库。地市局、省局数据清分完成后立即上传异地发票等数据，然后再对本地发票数据进行比对。

2005 年，要求纳税人严格按照《增值税专用发票使用规定》及有关规定开具专用发票。对申报异常的一般纳税人重点审核其取得的专用发票或销货清单注明的货物品名与其经营范围或生产耗用原料是否相符，根据纳税人的购销合同、银行结算凭据等有关资料审核实际交易方与专用发票开具方是否一致。对违反《增值税专用发票使用规定》的，按照有关规定进行处理；有涉嫌为第三方开票、涉嫌骗取进项税额抵扣和出口退税的，移交稽查部门实施稽查。同时加强税务机关代开增值税专用发票管理，自 2005 年 1 月 1 日起，国税机关必须通过防伪税控系统代开增值税专用发票，对这些专用发票应分别通过防伪税控报税子系统和认证子系统采集发票的开具信息和抵扣信息，明确非防伪税控代开票系统开具的代开专用发票不得作为增值税进项税额抵扣凭证。

从 2005 年起，全省国税系统使用信息系统进行发票管理步伐加快，并于 2006 年对省级集中版综合征管软件进行升级，调整综合征管软件 V2.0 发票管理部分业务操作，升级后增值税一般纳税人发售增值税专用发票时可实现 V2.0 与防伪税控发票发售系统的同步发售。

2006 年，推行开具增值税发票一机多票系统，服务单位抽调近百名技术人员，成立 24 个加载工作组。省局专门为各地配备 39 台通用发行器，并抽调人员组成 4 个督导组，对各地推行工作开展情况进行督导检查。

从 2007 年 1 月 1 日起专用发票最高开票限额管理。最高开票限额由一般纳税人申请，税务机关依法审批。最高开票限额为 10 万元及以下的，由县区局审批；最高开票限额为 100 万元的，由地市局审批；最高开票限额为 1000 万元及以上的，由省局审批。防伪税控系统的具体发行工作由县区局负责。税务机关审批最高开票限额应进行实地核查。批准使用最高开票限额为 10 万元及以下的，由县区局派人实地核查；批准使用最高开票限额为 100 万元的，由地市局派人实地核查；批准使用最高开票限额为 1000 万元及以上的，由地市局派人实地核查后将核查资料报省局审核。一般纳税人注销税务登记或者转为小规模纳税人，须将专用设备和结存未用的纸质专用发票送交主管税务机关。

从 2008 年起，全省推行机动车销售统一发票税控系统，以对货运发票税控系统进行软件升级的方式运行机动车发票税务端税控管理系统，升级后的货运发票税控系统税务端后台同时实现机动车发票税控系统和货运发票税控系统的税务端后台税控管理功能。

普通发票管理

1991 年，省税务局制定《发票管理所工作制度》，发票管理工作逐步走向规范化、制度化、档案化。从 1991 年开始，全省在个体工商户与部分行业中试行有奖发票办法，并以政府名义颁布试行有奖发票通告。有奖发票的式样采用限额填开发票与定额发票，在规定时期内，对实行有奖发票期间使用的发票进行编号摇奖。试行有奖发票工作所需的奖励资金，由当地政府或从违反发票管理的罚款收入中安排解决。

1992 年，全省税务系统统一发票样本，要求各地印制发票严格按照发票样本中的说明执行，对参照类发票如与实际使用有不相符合的，作适当调整或增加发票种类，但发票规格不得自行变动。发票样本中的前三联不得变动，第四联以后的联次，县区局可自行调整或增减。每本发票份数不能超过样本中规定的份数，但可以少于规定的份数。发票印制实行集中统一管理，在本省范围内临时跨市、县从事经营活动的单位和个人，凭所在地税务机关的外出经营税收管理证明，向经营地税务机关申请领购经营地发票。同时交纳保证金或提供担保人。依法不需办理税务登记证的单位和个人需临时使用发票时，均须提供发生购销业务，提供接受服务或者其他经营活动的书面证明，直接向所在地税务机关申请填开，并按规定代扣税款。鼓励消费者个人在购买商品和接受劳务服务时向收款方索取发票，如收款方拒绝开具的，消费者个人可以向税务机关举报，经核实后，对举报者给予一定的奖励。

1996 年，全省国税系统推行发票违章举报奖励办法，鼓励消费者向经营者索取发票。

1997 年始，全省国税系统在零售、加工、修理修配及加油站行业推广使用剪裁式普通发票。剪裁式限额普通发票分为限千元和万元内两种，一般适用于零售、加工、修理修配及加油站等行业。

2000 年，省国税局印发《江西省国税系统填开发票管理暂行办法》，对开具对象及范围、填开要求、领用、缴销及保管、违规处理等均作出明确规定。同年，在全省试行发票奖励制度，发票抽奖采取定期抽奖，每次抽奖的时间间隔原则上应超过 6 个月，具体时限各地根据本地的用票数量和实行情况而定。

2001 年，省国税局明确普通发票印制、领购、开具、检查权限。普通发票印制实行统一管理的原则，印刷企业具备规定的条件，可以向当地国税机关提出申请，逐级报省国税局批准，未经省国税局批准不得印制发票。国税机关在发售发票时，按物价部门核准的收费标准收取发票工本费，并按国家税务总局收支两条线的有关规定办理工本费的入库手续。

2003年兴国县国税局"以票管税"，在全县范围内推行普通发票城乡之间通购通缴，业户发票使用率由30%提高到50%以上。

2004年，省国税局统一全省普通发票分类代码、发票号码、发票种类及其适用范围，国税纳税人发生付费业务使用的普通发票缩减为16种，以后又归并为14种。开展普通发票刮奖、摇奖和举报有奖活动。共发放奖金226万元，21万人（次）获奖，普通发票用票量增长718万份，领用率增长14%。

2006年，省国税局加强普通发票集中印制管理，税务机关管辖的所有普通发票，除国家税务总局有特殊规定者外，一律由省级税务机关统一印制，实行政府采购管理。

2007年，省国税局开始收缩普通发票定点印制企业，全省确定规模较大、印制技术水平、管理水平都比较高的16家印刷企业准印普通发票，印制资格认定有效期限为3年。开展普通发票打假专项行动，共检查纳税人21424户（次），发现有问题1044户（次），处罚1029户（次），查处发票制假、售假案件7起。

2008年，取消普通发票领购资格审核、建立收支粘贴簿和进销货登记簿或者使用税控装置审批、拆本使用发票审批、使用计算机开具发票审批和跨规定的使用区域携带、邮寄、运输空白发票的审批等五类行政审批项目。

2009年7月1日，根据税收政策调整和税收征管要求，全省国税系统正式启用新版普通发票，对原有的普通发票票种调整归并为14个种类，将原有的商业销售发票和产品销售发票合并为货物销售统一发票，增设免税货物（劳务）发票、家电下乡产品销售发票，取消废旧物资销售发票、初级农产品销售发票。为进一步提高普通发票防伪功能，在门户网站开通普通发票流向查询功能，纳税人可实时查询普通发票流向信息。

2010年，省国税局进一步简并普通发票式样，推广使用通用机打普通发票。普通发票版式、代码、种类逐渐统一，种类不断减少。

发票检查

1991年，省税务局制定《江西省发票违章处罚规定》，明确对发票印制、使用、保管、填开处罚标准。违章行为造成漏税、偷税、抗税的，除按规定处罚外，还应按《中华人民共和国税收征收管理暂行条例》中有关规定处理，情节严重、构成犯罪的，提请司法机关依法追究刑事责任。

1995年，江西国税系统推行增值税专用发票及其他计税、扣税凭证稽核检查办法，打击利用增值税专用发票及其他计税、扣税凭证进行偷税、骗税等违法犯罪活动。检查工作按月进行，除国家税务总局另有要求外，每月检查户数不得低于增值税一般纳税人总户数的5%。

1998年，省国税局下发增值税专用发票违章行为处罚实施标准，规定专用发票违章行为一类违章处以1万元以上5万元以下罚款，二类违章处以1000元以上1万元以下罚款，三类违章处以

50 元以上 1000 元以下罚款。其中向税务机关以外的单位或个人领购专用发票，借用他人或向他人提供专用发票，私自印制（复制）、伪造、变造、出售专用发票，倒买倒卖、盗取（用）专用发票，贩运、窝藏假专用发票，转借、转让、代开或虚构经营业务虚开专用发票，非法制造、倒卖专用发票防伪专用品等，属于一类违章。对倒买倒卖或虚开、代开专用发票，有偷、骗税行为的，除依标准实施处罚外，并按有关法律规定另案查处。

从 2000 年起，全省税务系统加强发票违章处理工作，对因保管不善丢失发票专用章或被他人盗用的，每枚或每盗盖一份发票的处以 100 元罚款；对转借或为他人代盖发票专用章行为，每份处以 50 元罚款；对已开具的发票上未加盖发票专用章的行为，每份处罚 50 元以上 1000 元以下的罚款；对已变更或注销税务登记而未办理发票专用章变更或注销手续的，每户处以 500 元罚款。有上述所列两种或两种以上行为的可以分别处罚。对违反发票管理规定，导致其他单位和个人未缴、少缴或者骗取税款的，由税务机关没收非法所得，并处未缴、少缴或者骗取的税款一倍以下的罚款。

2001 年，省国税局规范增值税专用发票协查管理，推行协查信息管理系统。县及县以上国税机关接受其他地区同级税务机关的委托或者按照上级税务机关的布置，对有疑问的或者已确定虚开的增值税专用发票进行查证和处理，协查信息通过国家税务总局协查信息管理系统网络传递。

2003 年，省国税局部署严厉打击制售和购买假发票违法行为，全省各级国税机关均成立发票清理专项检查领导小组，与当地党政部门配合，抽调精干力量组成专案组，统一部署、统一行动。自 1 月 15 日至 2 月 20 日，全省各级国税机关共派出检查小组 351 个，检查人员逾 2000 人；各级公安机关配合出动警力 324 人（次），出动检查人员 384 人；共检查 241 个车站、27 个码头、428 个宾馆、964 个其他类场所。共查处涉案人员 5 人、涉案单位 21 个，没收假发票 32 份，没收违法所得 2.7 万元、罚款 9.57 万元、补税 5.2 万元，为国家挽回经济损失 200 多万元。

2004 年，全省国税系统开展增值税专用发票和其他抵扣凭证审核检查，确定省局流转税管理处为汇总业务部门，负责审核检查结果汇总工作；信息中心为数据接收、分发部门，负责数据接收和分发。各地负责数据接收、分发、汇总的部门由各级国税局确定。管理部门相关人员配发税务检查证。需要异地协查的其他抵扣凭证以及属于第三类问题的其他抵扣凭证，由管理部门负责填列发票审核检查移交清单及发票复印件，经主管领导签字后连同相关材料移交稽查部门协查、查处，审核检查结果逐级上报。

2005 年，全省国税系统开展对小规模纳税人全面清查，对符合一般纳税人条件而不申请办理一般纳税人认定手续的纳税人，按销售额依照增值税税率计算应纳税额，不得抵扣进项税额，不得使用专用发票。

从 2009 年起，为从根本上遏制全省发票违法犯罪活动，深入开展打击发票违法犯罪活动，各级国税部门配合地方政府建立打击发票违法犯罪活动工作协调机制，国税、地税、公安部门密切协作开展打击发票违法犯罪专项整治行动。

第二章　涉外税收管理

1991—2010 年，中国涉外税收的政策发生较大变化。江西税务（国税）系统按照国家政策规定，制定出台地方涉外税收优惠措施，加强对涉外企业的税法宣传和纳税服务，不断深化对全省境内外商投资企业、非居民企业（包括外籍个人）的税收管理，通过日常管理、税收优惠、纳税服务、居民企业的管理服务、反避税调查，促进江西地方经济发展。同时严格按照税法要求，对涉外企业进行年检管理，开展税收执法检查，进行所得税汇算清缴工作。省税务（国税）局与省外汇管理局、省经贸厅、海关等部门协调合作，通过信息共享，加强非居民企业税收源泉管控，防止企业通过关联交易非法避税，维护税收公平环境，保障国家税收权益。

第一节　外商投资企业税收管理

管理监控

1992 年，全省税务系统加强涉外企业税收管理，提升对涉外企业管理服务水平，加快企业退税进度，帮助涉外企业加速资金周转，涉外税政工作从单纯管理向服务管理型转变，省税务局被国家税务局、经贸部联合授予"税贸协作工作先进单位"。

1994 年 3 月 1 日，省税务局召开"外商首席代表新税制宣讲会"，驻省外商代表 50 余人到会，会上介绍中国工商税制改革的基本情况和改革后增值税、营业税等税种的主要政策规定以及外商企业如何执行新税制的主要问题。

1994 年，全省税务（国税）系统对全省外商投资企业和外国企业的所得税、流转税和个人所得税进行检查。流转税方面，共审核户数 683 户，占开业户数 71.22%，其中偷、漏、避税户数 238 户，占检查总户数比重 34.85%，查增收入额 2694 万元，查补流转税额 278.1 万元；企业所得税方面，共审核 637 户，占开业户数的 66.43%，其中偷、漏、避税户数 145 户，占检查总户数比重 22.77%，查增收入额 2232.9 万元，查减成本费用额 1923.7 万元，查增所得额 2920.6 万元，查补所得税款 282.4 万元；个人所得税方面，审核人数 1174 人，其中偷、漏税 466 人，占审核总人数比重 39.7%，查增收入额 561.5 万元，查减扣除额 31.7 万元，查补个人所得税额 111 万元。以上三项共计查补税款 671.5 万元。组织对全省外商投资企业增值税专用发票大检查，以及对 6 个市百户外资企业的纳税检查，对全省外资企业 1994 年期初存货进行重新审核认定，核减期初存货 2.84 亿元，为国家挽回税款损失 3977 万元。

1995 年，省局组织对外商投资企业和外国企业所得税纳税检查，全省共审核 725 户，其中偷税 13 户，漏税 268 户，避税户 1 户，查增收入 3588.24 万元，查增所得额 3223.81 万元，查增所得税额 659.56 万元，给予行政处罚 1.91 万元。开展对外籍人员个人所得税纳税检查，审核人数 473 人，其中，偷漏税共计 90 人，查增收入额 179.14 万元，查增所得税额 26.26 万元。

1997 年，省局建立涉外税收纳税申报制度，对第三产业外商投资企业所得税采取核定利润率征收办法，征收税款 603.51 万元，比上年增长 201.65%。1997 年全省 1796 户外商投资企业，共实现涉外税收 6.16 亿元，占全省税收收入的 10.86%，按可比口径计算，比上年增长 24.94%。全省国税部门共征收涉外税收 63945.70 万元，比上年增加 20803.10 万元，增长 48.2%。其中：增值税 53090.6 万元，比上年增加 18406.50 万元，增长 53.1%；消费税 7740.80 万元，比上年增加 1456.7 万元，增长 23.1%；所得税 3094.50 万元，比上年增加 944.70 万元，增长 43.9%。

1998 年，省局组织对 718 户外商投资企业和外国企业的企业流转税进行检查，查出偷税户 112 户，漏税户 161 户，避税户 6 户，查增收入额 42956.8 万元，查增流转税额 11619.59 万元，税务行政处罚 203.94 万元。对 619 户企业进行所得税检查，查出偷税户数 58 户，漏税户 177 户，查增收入额 21447.02 万元，查减成本费用额 5075.93 万元，查增所得额 12295.09 万元，查增所得税额 971.05 万元，进行税务行政处罚 35.51 万元。同时省局与银行、外管等部门配合，对全省外国企业常驻代表机构、各项汇出境外资金，逐户逐笔清查落实，查补税款 56.3 万元。

1999 年，全省国税系统对全省外商投资企业和外国企业税务登记证实行联合年检。1998 年 12 月 31 日前全省已办理税务登记证的外商投资企业和外国企业 2047 户，其中：中外合资企业 1560 户，中外合作企业 95 户，外商独资企业 377 户，外国企业常驻代表机构 15 户；实际验证 1437 户，其中，验证合格企业 1283 户，验证暂不合格企业 95 户；未通过联合年检企业 669 户，其中有 610 户企业未参加年检。年检的参检率 76.21%，其中：中外合资企业参检率为 67.88%，中外合作企业参检率为 77.89%，外商独资企业参检率为 79.84%，外国企业常驻代表机构参检率仅为 20%。参加年检的 1437 户企业中未通过年检的企业有 62 户，仅占 4.3%；2047 户办理税务登记的企业中就有 610 户企业未参加年检，占 29.8%。

2000 年 1 月 1 日，省国税局印发《江西省外商投资企业财产损失所得税前扣除审批管理办法》。规定未经税务机关批准的财产损失，企业一律不得自行在所得税前扣除，发生财产损失的，应当在当期所得税申报前向所在地主管税务机关提出税前扣除申请。确定企业全年发生财产损失数额 10 万元以下的，由县（市）国税局审核批准；财产损失数额在 10 万（含）以上，50 万以下的，由地、市国税局审核批准；财产损失数额在 50 万（含）以上的，报省国税局批准。2002 年 1 月 1 日，审批权限调整为：年弥补亏损所得额 20 万（含）以下，由县（市、区）国税局审批；年弥补亏损所得额 100 万（含）以下的，由设区市国税局审批，年弥补亏损所得额在 100 万以上的，报省国税局审批。2000 年，省国税局与省工商局等 8 家单位联合布置对外商投资企业联合年检工作。年检采取各地联合办公形式集中受理企业年检。省 8 家单位与南昌市有关单位派人集中 20 天在省工商局办证大厅对省直管和南昌市管的外商投资企业进行联合年检，各地市国税局比照采取联合集中形式办公年检。集中办公期间全省共进行年检的外商投资企业 1155 户，占全部应检的 67.23%。联合年检结束后，对没有及时年检的企业，由企业各部门申报，进行补检，全省共年检 1280 户企业。

2001 年，省国税局与外经贸厅等 7 个部门按照"规范执法、优质服务、简化程序、提高效率"原则，一起实行对外商投资企业和外国企业集中年检工作。共验证 1401 户（不含分支机构），验证合格户 1381 户，验证不合格 14 户，6 户未通过年检。

2002 年，省国税局印发《江西省国税系统涉外税收优惠政策管理办法》规范涉外税收优惠政策审批内容及程序；制定印发《江西省外商投资企业饲料行业免征增值税审批管理办法》，规范全省外商投资企业饲料产品免征增值税管理工作，确定免税饲料范围：单一大宗饲料、混合饲料、复合预混肥、配合饲料、复合预混料、浓缩饲料；粕类产品中的菜籽粕、棉籽粕、向日葵粕和花生粕按单一饲料免征增值税，但不包括豆粕。外商投资饲料生产企业向所在地主管税务机关提出免税申请，经主管税务机关审核后，逐级上报省局国际税收管理分局审核批准后，由企业所在地主管税务机关办理免征增值税手续。免税企业取消年度审批制，实行年检制，每两年复检一次，省局在每年下半年抽检 50% 免税企业。当年，省国税局在省监察厅牵头组织的外商评议评价行政执法机关管理部门活动中，以 94.8 分获第一名。

表 2-2-1　2002 年江西省外商投资企业和外国企业涉外税收优惠政策审批事项

项　目	申报期限	审批资料	审批形式	审批权限
南昌、九江两市区内设立的"两个密集型"企业减按 15% 税率缴纳企业所得税	每年 4 月 20 日	①企业书面申请 ②省科委的认定证书 ③企业基本情况介绍（企业营业执照、合同章程复印件） ④申请本年或上一年度《企业年度财务报告》	行文审批	国家税务总局
从事能源、交通基础设施项目外商投资企业减按 15% 税率缴纳企业所得税	每年 4 月 20 日	①企业书面申请 ②项目合同、企业章程 ③项目可行性研究报告 ④有关部门项目批准文件 ⑤企业营业执照、税务登记证副本复印件	行文审批	国家税务总局
企业购买国产设备投资的 40%，抵免当年新增的企业所得税	购置国产设备后两个月内	①企业书面申请 ②《外商投资企业和外国企业购买国产设备投资抵免企业所得税申请表》 ③企业法人营业执照副本复印件 ④企业税务登记证副本 ⑤外经贸部门项目批准书复印件 ⑥企业合同复印件 ⑦国产设备供货合同及发票复印件 ⑧税务机关要求提供的其他资料	以表代文审批	省国税局
设立在中西部地区的鼓励类外商投资企业，延长三年减 15% 缴纳企业所得税	现有减免税期满后半年内	①企业书面申请报告 ②营业执照、公司章程 ③确认企业获利年度的批准材料 ④优惠卡 ⑤企业年度财务报告	行文审批	省国税局

续表

项　目	申报期限	审批资料	审批形式	审批权限
再投资退税	自其在投资资金实际投入之日一年内	①企业申请报告 ②营业执照、税务登记证副本复印件 ③再投资所属年度证明 ④增资或出资证明 ⑤所得税纳税申报表及其所得税税票	行文审批	当地主管国税机关
工资及福利费	每年4月20日前	①《税前扣除项目审批表》 ②有关工资列支董事会议纪要	以表代文审批	当地主管国税机关
亏损弥补	每年4月20日前	①《弥补亏损申请表》 ②企业亏损台账 ③企业汇算清缴及税务调整通知书	以表代文审批	当地主管国税机关
坏账损失	每年4月20日前	①《税前扣除项目审批表》 ②应收当款明细账	以表代文审批	当地主管国税机关
总机构管理费	每年4月20日前	①《税前扣除项目审批表》 ②总机构出具有关管理费分摊标准文件 ③总机构年度各项服务和管理费用预算情况	以表代文审批	当地主管国税机关
外国企业按满12个月为纳税期限	办理税务登记时	①书面申请材料 ②营业执照复印件	行文审批	当地主管国税机关
"两免三减半"（获利年度认定）	确认获利年度当年的4月20日	①企业申请报告 ②企业营业执照、税务登记证副本复印件 ③优惠卡	行文审批	当地主管国税机关
财产损失	每年4月20日前	①《税前扣除事项审批表》 ②有关部门财产损失证明	以表代文审批	当地主管国税机关
技术开发费	每年4月20日前	①《税前扣除事项审批表》 ②企业新产品开发可行性研究报告 ③企业本年度及上一年度的技术开发费账册及有关凭证 ④主管税务机关要求的其他资料	以表代文审批	当地主管国税机关
公益救济性捐赠支出	每年4月20日前	①《税前扣除项目审批表》 ②公益性机构受赠方证明材料	以表代文审批	当地主管国税机关
借款利息	每年4月20日前	①《税前扣除项目审批表》 ②借款利息的证明文件 ③一般商业贷款利率证明	以表代文审批	当地主管国税机关
资产折旧、摊销	每年4月20日前	①《税前扣除项目审批表》 ②报批的资产明细表	以表代文审批	当地主管国税机关
高新技术产业开发区内高新技术企业减按15%税率缴纳企业所得税	每年4月20日前	①书面申请报告 ②高新技术企业认定证书 ③营业执照、税务登记证副本 ④优惠卡	行文审批	当地主管国税机关

续表

项　目	申报期限	审批资料	审批形式	审批权限
产品出口企业当年减半	每年4月20日前	①企业申请报告 ②省外经贸厅的出口企业确认证书 ③企业营业执照、税务登记证副本复印件 ④优惠卡	行文审批	当地主管国税机关
先进技术企业延长三年减半	每年4月20日前	①企业申请报告 ②省外经贸厅的先进技术企业确认证书 ③企业营业执照、税务登记证副本复印件 ④优惠卡	行文审批	当地主管国税机关

2003年，江西国税系统大力扶植开放型经济发展，制定进一步落实优惠政策、优化税收服务等11条措施，共办理13户外商投资企业税前弥补亏损2.86亿元，审批15户外商投资企业政策退免增值税、所得税4020万元，审核30户外商投资企业购买国产设备抵免企业所得税1.03亿元，省局被省政府评为"利用外资先进单位"。同年开展对508户涉外企业进行检查，对其中421户企业实施涉外税务审计，全省共查出有问题企业182户，查补税款2520万元，其中应用审计规程查补2031万元。相关工作得到总局通报表扬。

2004年，省国税局与省外经贸厅、省工商局等6个部门联合发文，共同部署全省外商投资企业联合年检工作。在全省范围内，与外经贸等其他7个部门联合办公，开展税务登记证年检工作，实行"一窗式服务、一站式办结"等便捷服务。至5月底，全省外商投资企业税务登记户数1977户，参加年检户数1517户，参检率为76.7%。同年，江西省国家税务局制定出台《加强涉外重点税源企业管理意见》《江西省涉外房地产企业所得税管理暂行办法》《江西省国家税务局、江西省地税局关于互通国际税务管理信息的通知》《江西省国家税务局关联企业间业务往来税务管理操作规程（试行）》，实现国地税国际税务管理互动。7月13日，江西国税系统在赣州召开全省"涉外税收专题业务工作经验交流会议"，确定对全省连续三年亏损、亏损额排名前五位的55户外资企业，以及南昌统一企业有限公司（跨地市经营总机构设在南昌，分支机构为南昌统一企业有限公司赣州分公司）进行联合税务审计。

2005年，省局对全省外商投资企业首次实行网上年检试点，完成1849户涉外企业年检工作。2004年底，全省共有外资企业税务登记户2523户，其中中外合资企业1006户、中外合作企业96户、外商独资企业1418户、外国企业常驻代表机构3户。年检期间，共受理外资企业年检1853户，参检率为73.4%，比上年增长1.2%，其中：中外合资企业742户、中外合作企业67户、外商独资企业1041户。验证合格1843户，合格率为99.5%。

2006年，省国税局制定《外商投资企业税前扣除备案管理办法》，同时对由省国税局发布或与其他部门联合发布的对征纳双方具有普遍约束力的全部涉外税收规范性文件进行清理，清理税收规范性文件53个，其中保留15个，全文失效35个，部分失效2个，建议修改1个。

2010年，全省入库非居民税收2亿元，比上年增长100%。

涉外企业所得税汇算清缴

1992年，省税务局对外商投资企业和外国企业进行1991年度所得税汇算清缴，共查补税款51.2万元，其中：工商统一税35.1万元，企业所得税9.8万元，其他各税6.3万元。查增收入额374万元，查减费用42.1万元。

1992年度所得税汇算清缴检查，共查补各项税金913.07万元。其中查补工商统一税及地方附加34.47万元，企业所得税376.32万元。城市房地产税28.04万元，车船使用牌照税41.69万元，个人收入调节税67.69万元，个人所得税69万元，预提所得税16万元，其他279.86万元。

截止到1997年底，江西外商投资企业和外国企业开业户数为1182户，开业面93%，汇算清缴面为100%。汇算清缴的企业中，盈利企业174户，亏损企业1008户，企业盈利面为14.72%，比上年度下降13.46%。1997年度盈利企业共实现销售收入1160128万元，实现利润91.76万元，销售利润率7.91%；亏损企业实现销售收入8994.2万元，发生亏损总额62674.3万元，销售亏损率87%。全年企业税所得额90109.3万元，实际应缴所得税额492.2万元，预缴所得税额2242.9万元。上述盈利企业中，在减免税期的企业96户，占盈利企业总户数55.17%，享受免税额24504万元，减免税比率达89.13%。

截止到1998年底，江西外商投资企业和外国企业开业户数为1199户，开业面62.42%，汇算清缴面为100%。其中核定盈利企业195户，盈利面16.26%；核定盈利企业利润总额39934.1万元，销售利润率为3.69%；核定盈损企业1004户，亏损面83.74%；亏损总额54214.2万元，销售亏损率20.49%；全年实际缴纳企业所得税额5198.4万元，预交所得税4285.3万元，预缴率为82.43%；减免企业户数为89户，减免税面45.64%，减免所得税额5177.1万元，减免税比率49.9%。江西国税系统通过案头审计，对534户企业进行调整，调增应纳税所得额1420.2万元，调增应纳所得税额169.5万元，调减亏损额1288.1万元。

在全省1999年度外商投资企业和外国企业所得税汇算清缴中，共调整应纳税所得额1389万元，补缴税款291万元，调减亏损额7205万元。汇算清缴工作得到国家税务总局通报表扬，数据分析工作被国家税务局总局国际司《情况反映》刊用。

2000年，省国税局对全省外商投资企业和外国企业及各县市从事涉外税收工作的税务人员进行涉外企业所得税新报表、新软件业务培训。外商投资企业所得税汇算清缴工作全部实行电子申报，实现电子化操作。涉外企业2000年度所得税汇算清缴户数949户，汇缴率100%。开展审核评税1037户，评补税款620万元，剔除进项税额276万元，调增应纳税所得额17万元，调减亏损81万元。对35户企业开展审计规程试点，结案31户，调整应纳税所得额395万元，补征税款317万元，其中"两税"186万元，所得税130万元。

2002年，省国税局系统对涉外企业进行2001年度企业所得税汇算清缴，案头审计面达100%，二级评税面达30%，累计调整362户企业的账户，调增实际应纳税所得额1784万元，调增实际应纳税额300万元，调减亏损总额5973万元，汇算清缴应补企业所得税达482万元。

2003年度，江西国税系统对508户外商投资企业和外国企业进行涉外税收日常检查和涉外税务审计，其中对 421 户企业按照"涉外税收审计规程"规定的程序和要求实施涉外税务审计，审计面达 39%。全省共查出有问题企业 182 户，查补税款 2520 万元，其中应用审计规程查补 2031 万元。同年，江西省国家税务局对 1074 户外商投资企业和外国企业进行 2002 年度所得税汇算清缴，汇缴率达 100%，其中 A 类企业 951 户，占总数的 88.55%，B 类企业 123 户，占总数的 11.45%。上年度全省涉外企业共实现销售收入 256.24 亿元，其中实现出口收入 13.49 亿元，实际应纳税所得额 14.22 亿元，全年实现企业所得税 2.52 亿元，比上一年度增长 250.96%，预缴率指标为 84.30%，比去年增长 24.65%。486 户盈利企业共实现销售收入 218.26 亿元，实现利润 15.18 亿元；有 588 户企业亏损，亏损企业收入总额 37.98 亿元，亏损总额 3.81 亿元。

2004 年，全省国税局系统对 1200 户（其中 A 类企业 1063 户、B 类企业 137 户）外商投资企业和外国投资企业进行 2003 年度企业所得税汇算清缴，汇缴率 100%（至 2003 年底，江西省已办理税务登记的外商投资企业和外国投资企业 1698 户，开业企业 1200 户，开业面 70.7%）。上年度全省外商投资企业和外国企业共实现销售收入 345.95 亿元，其中实现出口收入 28.79 亿元，实际应纳税所得额 22.98 亿元，全年实现企业所得税 3.24 亿元、地方所得税 294.94 万元。499 户盈利企业共实现销售收入 287.74 亿元，实现利润 28.12 亿元，弥补以前年度亏损 1.94 亿元，应纳税所得额 23.44 亿元，应纳所得税额 6.37 亿元，减免所得税额 3.09 亿元，实际应纳所得税额 3.27 亿元；701 户企业亏损，亏损企业收入 58.21 亿元，亏损总额 5.2 亿元。

2005 年 5 月，省国税局实施对外商投资企业和外国企业所得税纳税评估工作，全省外商投资企业和外国企业税务登记累计户数 2216 户，其中进行纳税评估初评户数 967 户，案头分析户数 767 户，实地调查核实户数 361 户。调增应纳税所得额 9603.94 万元，调减应纳税所得额 554.72 万元；调增应纳所得税额 672.72 万元，调减应纳所得税额 51.2 万元；税款实际入库 713.693 万元，加收滞纳金 2.99 万元。对全省 61 户涉外企业进行税务审计，共计调增应纳税所得额 1156.47 万元，调减亏损额 5461.40.79 万元，查补税款 146.27 万元，其中：增值税 21.88 万元，消费税 3.22 万元，所得税 128.10 万元，加收滞纳金 3.08 万元，罚款 11.67 万元；调整后 1 户企业由亏损转为盈利。同年江西国税系统共对 1404 户（A 类企业 1262 户、B 类企业 142 户）外商投资企业和外国企业进行 2004 年度企业所得税汇算清缴，汇缴率 100%（2004 年度全省已办理税务登记企业 2216 户，参加汇算清缴企业 1404 户，未进行汇算清缴的企业 812 户，其中外商投资企业分支机构 257 户、筹建期企业 305 户、非正常企业 254 户）。2004 年度，江西省外商投资企业和外国企业共实现销售收入 564.09 亿元、应纳税所得额 41.76 亿元、企业所得税 6.37 亿元、地方所得税 433.14 万元。488 户盈利企业实现销售收入 479.63 亿元、利润 40.19 亿元，弥补以前年度亏损 1.09 亿元，应纳税所得额 42.05 亿元，应纳所得税额 10.87 亿元，减免所得税额 4.5 亿元，实际应纳所得税额 6.37 亿元；796 户亏损企业销售收入 84.46 亿元，亏损总额 7.62 亿元；零申报企业 120 户。

2006 年，江西国税系统对外商投资企业和外国企业开展所得税纳税评估和涉外税收审计。参加纳税评估初评户数 640 户，案头分析户数 622 户，实地调查核实户数 313 户，移交稽查 16 户。通过纳税评估，调增应纳税所得额 7903.59 万元，调减应纳税所得额 718 万元；调增应纳所得税额 1517.97 万元，调减应纳所得税额 68.2 万元；税款实际入库 1456.62 万元，加收滞纳金 2.4 万元。江西国税系统《房地产企业纳税评估的做法与启示》在全国国际税收工作会议上进行交流。2006年，全省国税系统对1563户外商投资企业和外国企业进行2005年度企业所得税汇算清缴，对237户企业进行纳税调整，调增实际应纳税所得额805.51万元，调减实际应纳税所得额85.96万元，调增实际应纳所得税额168.85万元，调减实际应纳所得税额507.30万元，调增亏损总额9.33万元，调减亏损总额2374.57万元。

2007年，省国税局选择100户投资规模增长、连续4年亏、微利（年销售利润率低于1%）、税负偏低的年主营业务收入超过500万元以上的涉外企业作为2007年纳税评估、涉外税务审计对象，重点审计微利、长亏不倒的制造业、房地产企业。部分设区市局在省局确定户数的基础上共增加审计对象20户。通过审计全省120户（含设区市局自定20户）涉外企业，发现存在涉税问题的有108户，共计调增应纳税所得额6079万元，调减亏损额7659万元，查补税款1522万元，其中：增值税118万元，所得税1402万元，加收滞纳金28万元，罚款32万元。

2007年，全省国税系统对1874户外商投资企业和外国企业进行2006年度企业所得税汇算清缴，全省外商投资企业和外国企业共实现销售收入944.93亿元。608户盈利企业实现销售收入803.22亿元、应纳税所得额101.73亿元，应纳所得税额31.2亿元，减免所得税额14.52亿元，实际应纳所得税额16.67亿元；992户亏损企业销售收入141.7亿元，亏损总额13.96亿元。

2008年，全省国税系统对2045户外商投资企业和外国企业进行2007年度企业所得税汇算清缴。776户盈利企业实现销售收入1130.85亿元、应纳税所得额134.63亿元，应纳所得税额41.62亿元，减免所得税额23.94亿元，实际应纳所得税额17.67亿元。共对153户企业进行调整，调增实际应纳税所得额2380万元，调增实际应纳所得税额376万元，调减实际应纳所得税额791万元，调增亏损总额22万元，调减亏损总额3299万元。

2009年，省国税局依照"非居民企业所得税汇算清缴工作规程"对6户非居民企业进行2008年度企业所得税汇算清缴，汇算清缴面100%。其中，据实征收企业参加汇算清缴为5户，核定征收企业参加汇算清缴为1户，营业收入316.08万元，核定应纳税所得额31.61万元，缴纳所得税额7.9万元。

2010年，省国税局对9户办理税务登记证的非居民企业进行所得税汇算清缴，实际参加汇算清缴为7户，缴纳所得税额33.35万元。

第二节　非居民税收管理

源泉管控

省国税局强化预提所得税的源泉管控，加强非贸易及部分资本项目下售付汇提供税务凭证的管理和审核。2000年，全省共征收预提所得税1176万元，比上年同期增加224万元，增长23.53%。2001年共审核代扣代缴单位申报非贸易及部分资本项目下售付汇纳税事项100多起，出具税务凭证70份，组织预提所得税入库900多万元，代扣代缴外国企业所得税12户次，税款入库20万元。

2002年，共组织入库非居民企业预提所得税944万元，入库代扣代缴外国企业所得税205.7万元。2003年，全省组织入库非居民企业预提所得税13604万元。

2004年，省国税局印发《江西省国家税务局关于进一步加强非居民所得税征管工作的通知》，加强与外汇管理部门和各专业银行的联系和协作，获取2003年11月至2004年3月省内企业技术引进信息32条，外债借款项目信息14条，并将所获信息下发各地核查。收集2003年度对美、日、韩三国的电子自动情报52份，收入类型涉及营业利润、特许权使用费、利息等，涉及扣缴税款251.63万元。2004年非居民所得税入库2016.33万元，比上年增长46.96%。

2005年1—3季度，全省国税系统共出具征免税证明527份，入库外国企业所得税及预提所得税税款1617万元，比上年增长59.14%。上半年，上报对美日韩电子自动情报58份，涉及非居民税收300万元。挖掘企业合同谈签条款隐藏的税务信息，调查核实立陶宛企业与江西某国际贸易有限公司交易及款项往来情况；征收瑞典投资企业外国企业所得税33万元。

2006年，省国税局建立涉税项目合同备案制度。要求任何经济、社会组织与境外公司或个人签订项目（含单购设备）合同必须到设区市国际税务管理机关进行备案。对涉及对外业务可能性大的行业，如汽车制造业、钢坯钢材、有色金属、产品深加工业、医药文化教育等高技术含量行业及大型项目加强税源控管。通过研究处理美国柯斯顿阿尔发公司、柯斯顿贝塔公司处置不良金融资产取得的收入缴纳外国企业所得税及有关管理事宜，确定今后境外公司从全省取得不良金融资产处置收益应当缴纳外国企业所得税，并办理相关售付汇有关税务证明，防止非居民税收的流失。当年度，省国税局同省对外经济贸易合作厅、省外汇管理局联系，取得2005年有关技术进口信息79条、外债信息24条，将这些信息传递给予相关设区市国税局进行比对，加强对全省范围内的非居民所得税征收管理。相关做法在国家税务总局《税务简报》130期登载。

2008年，省国税局为应对新企业所得税法颁布后非居民税收政策变化大，外国税制、税收协定等政策规定分散不集中，查找难等问题，编印《国际税收政策指南》和《"走出去"企业税收服务指南》等国际税收业务工具书，举办BVT数据库培训班。先后选送9人次参加总局OECD、反避税、情报交换培训班。出台《江西省非居民企业所得税征收管理办法（试行）》，明确登记备案、申报、信息获取、售付汇、代扣代缴、检查结算、专项审计、职责管理、部门配合等工作流程。

2009年，省国税局下发《关于加强对外商投资企业税后利润分配给外国投资者所得税征管工作的通知》，各设区市局加强户籍和合同登记备案管理，强化源泉扣缴，建立非居民税收管理台账，落实售付汇凭证管理，督促企业主动申报利润分配情况和代扣代缴税款。加大对税务干部培训和对企业宣传辅导，对重点企业逐户上门走访宣传，开展引进设备、技术、股权转让、常驻代表机构、承包工程劳务、外国企业从外商投资企业分得利润所得税管理六项核查，全省共核查1411条信息，其中：股权转让21条，进口设备和引进技术407条，承包工程劳务118条，常驻代表机构189条，外商投资企业利润分配676条，查补非居民税收3475万元，其中：股权转让309万元，进口设备和引进技术188万元，承包工程劳务20万元，股息红利2958万元。《中国税务报》头版头条介绍江西省对外国企业从外商投资企业分得利润所得税管理做法。

2010年，全省国税系统辅导非居民企业安装企业端汇算清缴软件，辅导扣缴义务人及时准确扣缴应纳税款，建立管理台账和管理档案。加强非居民承包工程作业和提供劳务税收管理，以重点建设项目为重点，突出抓好非居民税务登记、申报征收以及相关境内机构和个人资料报告工作；重点开展利润分配，股权转让，承包工程劳务等项核查，共核查696条相关涉税信息。集中办结一批涉及承包工程劳务、股权转让、滥用税收协定非居民税收典型案例，补税3000多万元，某承包工程作业和提供劳务案例，单案补税1170万元。2010年底，全省国税系统非居民企业入库税收2亿元，比上年增长1倍，是2007年的8倍、2008年的5倍。

涉外税收检查

1994年，全省税务（国税）系统对外商投资企业纳税和外籍人士所得税纳税专项检查。9月中旬，省局涉外处组织人员，对各地、市所管辖已开业的外商投资企业执行新税制的情况进行抽样纳税检查。发现外商投资企业执行新税制过程中，未按两套税制申报，应纳税额未及时足额入库，外籍人员个人所得税申报缴纳不足等问题，检查审核外籍人员420人，查增个人收入额236100元，查增个人所得税额234510元。

1998年，全省国税系统对702户涉外企业进行专项税收检查，查出有问题的企业288户，查补税款4683.39万元，其中查补增值税3578.59万元，查补预提所得税540.8万元，其他各税385.86万元，罚款178.15万元。

2000年，全省国税系统对799户外商投资企业进行涉外税收日常检查。其中：中外合资企业584户，中外合作企业42户，外商投资企业173户。查出有涉税问题企业306户，查补各项税款合计2245万元，其中：增值税1989万元，消费税117万元，所得税139万元。各项滞纳罚款228万元。对35户涉外企业进行审计式检查，查补各项税款316万元。

2001年1月至2003年7月，全省国税系统共对76户企业征收外国企业所得税和预提所得税2745.71万元。其中，股息22.92万元；利息382万元；特许权使用费1872.12万元；租金3.13万元；股权转让收益32.4万元；对外支付其他款项433.14万元。涉外企业共开出所得税免税凭证232张，所得税完税凭证357张。经过自查，发现漏开凭证8张、错开凭证4张。2003年，省国税局与省地税局成立联合工作组，对外国企业取得利息、特许权使用费等征收企业所得税和营业税专项检查工作。检查分为企业自查、税务机关自查、分析抽查三个阶段。对省内138户企业进行重点核查，应查补预提所得税税款51.65万元。

2008年，全省国税系统开展反避税和非居民企业股权转让专项检查，查补税款4785万元。与外汇管理、海关、外经贸等部门合作，获取相关信息，多渠道获取全省2006—2007年外国企业股权转让信息，将筛选整理后的14个有效信息以文件形式下发给相关设区市局，组织各地进行核查。其中，新余市国税局对香港一公司2007—2008年在二级证券市场抛售原始股票征收预提所得税1150万元，这是江西省至2008年征收的单笔金额最大的非居民税收案例，国家税务总局《税务简报》第169期以专刊形式进行相关报道。

第三节 特别纳税调整

1993 年，全省国税系统推行"反避税审计工作规程"，重点开展对关联企业业务往来的申报和审计工作，全省审计结案 7 户，调整所得额（或减亏）770 万元，补缴所得税 7.72 万元。

1994 年，全省国税系统确定关联企业转让定价避税的重点审计对象 20 户，完成 17 户企业的调查审计工作，其中 2 户存在关联企业转让定价避税问题，调增利润 275.64 万元。

1995 年，全省各级国税机关完成对 4 户外商投资企业的反避税调查审计，调增企业收入 240.69 万元，补征税款 2.59 万元。2 月 28 日《江西信息》《江西政务》均对我省反避税工作予以肯定。

1998 年，全省国税系统对 28 户外商投资企业进行反避税审计，结案 24 户，调整 7 户，调增企业收入 237.2 万元，调增应纳税所得额 273 万元，补征税款 19.5 万元。同时查出 4 户企业存在偷税问题。

2000 年，反避税工作列入年度工作目标考核，全省国税系统共开展反避税调查 13 户，结案 9 户，调整应税收入 5260 万元，弥补历年亏损 4100 万元，弥补亏损后调整应纳税所得额 720 万元，补税罚款 90 万元，有 3 户企业通过调查审计调整进入获利年度。南昌市涉外分局设立国际税收调查科，配备 5 人，其他市局也有专人负责该项工作。全年共有 4 人次参加总局与 OECD 联合举办的有关转让定价和情报交换培训。

2001 年，省国税局下达全省反避税调查计划 6 户，实际完成反避税调查户 16 户，其中，结案 8 户，6 户进入获利年度，调整应税收入 4800 万元，弥补亏损 4000 万元，弥补亏损后调增应纳所得税额 420 万元，补税罚款 70 万元。

2002 年，全省国税系统启用反避税软件完成反避税调查 16 户。其中结案 10 户，完成总局下达计划结案户的 200%，另有 1 户实施预约定价管理。全省共调增应税收入额 5173 万元，调增应纳税所得额 5173 万元，弥补亏损 4978 万元，补征企业所得税 3.1 万元，另有 3 户企业经审计调整后进入获利年度。

2003 年，省国税局制定反避税工作规程，以南昌、九江两地为试点，进行反避税基础档案的整理、价格信息资料库的建立以及反避税软件的试运用试点工作。江西省国家税务局的反避税工作制度建设，获国家税务总局通报表扬。

2004 年，省国税局部署年度反避税工作目标及考核要求，在南昌市国税局进行反避税信息化试点。同时加强各地国税机关涉外税收管理部门对关联申报的管理，要求各地结合所得税申报和汇算清缴工作，进行全面调查，核实企业与关联企业之间的产品购销业务实际支付或收取的价款金额、融通资金及其应计利息（包括各项费用），提供劳务实际支付或收取的劳务费金额，转让有形财产、提供有形财产使用权等实际支付或收取的价款金额，转让无形财产、提供无形财产使用权等所实际支付或收取的价款金额。当年全省自行申报关联交易企业户数为 103 户，经税务机关审核后确认为关联交易企业户数为 120 户。筛选出 15 户企业作为反避税调查重点。年度立案审计 26 户，其中结案 19 户，调增应纳税所得额 3404.05 万元，比上年增长 954 万元，弥补亏损额 1579.87 万元；调增企业所得税款 330.75 万元，比上年增长 287.85 万元。

2005 年，反避税立案、结案工作由主管税务机关审批改为总局直接审批。省国税局组织设区市开展反避税立案的筛选工作，对企业关联申报资料情况进行案头审计和可比性分析，确定全年反避税立案户 9 户，获总局审批通过。结案 5 户，共调增应纳税所得额 3254 万元，调增所得税 20.7 万元。吉安市局通过与某国际会计师事务所谈判磋商，调整转让定价，调增应纳税所得额 3092 万元。

2006 年，省国税局强化关联交易申报制度建设，重点宣传关联企业认定、关联交易类型、关联交易申报表填写以及法律责任，提升关联交易申报质量。建立关联企业分户档案，由市局集中管理。全年完成对省内外商投资企业复印机行业调查工作和对汽车整车生产制造企业、矿产加工（冶炼）出口企业的摸底调查工作。确定有关联交易行为的企业 280 户，全年反避税申报总局立案 3 户，结案 2 户，共调增应纳税所得额 1800 万元，调增所得税 30 万元。建立全省反避税人员信息库，初步形成全省反避税人才库网络。

2007 年，省国税局对所管辖企业的关联交易进行重点跟踪和管理；对 2005 年立案的两户企业（赣州）相关情况进行重新了解，报总局申请销案，得到总局批准；对南昌一知名企业的境内关联交易进行调查，发现该企业利用"两免三减半"的税收优惠政策和转让定价手段，降低企业税负问题，形成调查报告报送总局；对 2006 年立案的九江一公司进行反避税调查，总局已批准结案，该案件涉及调整关联交易金额 4.7 亿元，调整应纳税所得额 742 万元，入库所得税 15.95 万元。南昌市昌北开发区的一德国独资企业向主管国际税务管理局提出 APA（预约定价）安排申请，启动江西国税系统首次 APA 安排。

2008 年，全省国税系统开展反避税调查和跟踪管理。对立案进行反避税调查的企业，成立反避税项目小组，实行项目负责制，明确项目负责人和反避税专职人员。当年全省共有 132 户外商投资企业向税务机关申报关联交易，申报关联交易额 195 亿元。全省反避税结案 2 户，共调增应纳税所得额 6246 万元，补税 331 万元。

2009 年，全省国税系统开展对部分行业和连锁超市的联查、协查工作。会同南昌市局，抽调力量成立反避税案件调查审计小组，对江西一家外关联企业开始重点调查审计。

2010 年，省国税局按照总局部署，对外资汽车行业、房地产行业进行全国联查以及对一批涉外公司进行外省联查工作。全省国税系统还开展关联交易申报、同期资料检查工作，抽调全省反避税业务骨干对 3 个设区市局开展反避税交叉检查工作。当年全省共有 398 户企业向国税机关进行关联交易申报，关联金额 697 亿元，较上年增加 3 倍。

第三章　出口退税管理

1985 年，国务院出台《关于对进出口产品征、退产品税或增值税的规定》，对中国进出口税收做出较为全面的规定。为适应建设社会主义市场经济体制的需要，国家税务总局于 1994 年 2 月颁布实施《出口货物退（免）税管理办法》，构建与市场经济基本适应的出口退税制度体系。

1991—2001 年，省税务局（国税局）负责全省范围内出口企业的出口退税审批工作。对全省范围内具备出口经营权的生产企业实施免抵退税管理办法。2001 年起，江西省国税系统持续下放出口退税审批权限，推动出口退税信息化建设，实施出口退税质量考评，全省各级国税机关优化退税审批程序，加快审批速度，不断提高退税效率，减少企业资金占用时间，有力支持企业经营，推动社会经济发展，得到省委省政府的充分肯定。江西省自 2003 年出台《江西省人民政府关于加快开放型经济发展的若干意见》，开始对各单位支持开放型经济发展工作进行考核，2003—2010 年，省国税局连续八年获得全省服务开放型经济发展先进单位。20 年间，江西省税务（国税）系统完善出口退税管理制度，开展出口退税清算核查，加大与地方协调配合，严厉打击和有效遏制了骗取出口退税违法行为。

第一节　管理体制

管理方式

1991 年，对出口退税实行计划管理。9 月开始实行先由省外经贸厅稽核，送省税务局审批的办法。

1993 年 3 月 31 日，省税务局按照国家政策规定，以生产增值税出口产品为主的生产企业，原实行"实耗扣税法"的一律改按"购进扣税法"计算增值税。8 月，国家税务总局同意江西省国家税务局设立进出口税收管理分局为正处级直属单位，10 月，江西省国家税务局进出口税收管理分局成立。

1995 年 8 月，省国税局决定在南昌市、赣州地区国家税务局设立进出口税收管理分局，级别为正科级，为地市国家税务局直属机构，自 1996 年 1 月 1 日起对外办公，负责该地（市）所有进出口货物税收业务，承办审批企业的出口退税，指导督促检查该地（市）的出口货物税收管理工作，协同海关做好对进口货物征收增值税、消费税工作，掌握进口货物代征税的有关情况。

1996 年 6 月，江西省税务师事务所进出口税收代理部组建，为企业代理出口退税事宜。同年，省局进出口税收管理分局设立综合、检查、业务三个科，对出口退税审核审批的全过程实行分段把关，明确岗位职责，定员定岗，实现出口货物退税审核审批由人工审核为主向计算机审核为主过渡，建立以出口退税企业自行申报和委托代理申报相结合，以优化服务为基础，以计算机为依托，录入、对审、机审、检查、退库相互分离、相互制约的退税管理机制。

1997年，凡有进出口经营权的各类生产企业自营出口或委托外贸企业代理出口的货物，除另有规定者外，一律实行"免、抵、退"税的办法，1993年12月31日前批准设立的外商投资企业出口货物实行免税办法继续执行到1998年12月31日，期满后也实行"免、抵、退"税的办法。

1998年，凡新批享有进出口经营权的生产企业在办理出口退税登记证前，应书面自愿选择出口货物退（免）税方式，报经所在地地（市）国税机关审签意见，退税机关办证时据此确定生产企业出口货物的退免税方式。生产企业出口货物的"免、抵、退"税审批增加地（市）税务机关审核环节，外商投资企业出口货物"免、抵、退"由企业报地市涉外科审核后呈省局涉外处审核。需要退税的，由涉外处交进出口税收管理部门复核，并呈局领导批准后办理退库（南昌市、赣州地区由其涉外部门审核后交同级进出口税收管理部门复核退税）。

2001年7月17日，除中央外贸企业、部分年出口创汇额在2000万美元以上的省属外贸企业、少量省属生产企业及年出口退税额在100万元以上的外商投资企业的出口退税管理权限集中在省局外，对其他出口企业由设区市国税局实行属地管理。

2002年，将外商投资企业出口退税管理职能划归进出口税收管理分局。3月7日，将市级外贸企业和外商投资企业退税管理权限全部下放，在全省基本确立分级管理、就地退税的管理体制。2005年1月1日，将直接管理的16户外贸企业及其改制后的企业出口退税审核管理权限下放给南昌市国税局，至此全省出口退税全部由设区市局审批管理。6月1日，江西省国家税务局下放采购国产设备退税审批管理权限至设区市局。

2005年7月14日，江西省国家税务局进出口税收管理分局（处）更名为江西省国家税务局进出口税收管理处，为省局内设机构。

2008—2009年，设区市局分批下放生产企业出口货物退免税审核权限至县（市、区）局。至2009年10月21日全省有南昌、赣州、九江、抚州、上饶、吉安、宜春等7个设区市局向64个县区局下放生产企业退税审核权限，下放面达51.61%。

2010年，在全面扩大生产企业退税审核权下放的基础上，在南昌市经开区、安义县、南昌县开展生产企业退税权限由设区市局下放到县（市、区）局的试点，年底，全省国税系统生产企业退税审核、审批权限下放面达74%。

退税管理信息化

1996年1月1日，出口货物退税开始实行电子化管理。省局进出口税收管理分局为规范出口退税计算机管理，制定了撤单操作规定、退运补税证明操作程序、疑点调整操作程序、出口退税审核审批程序等，保证出口退税的录入、对审、机审、疑点调整、审批退税等环节运行，加快退税进度。江西国税系统出口退税计算机管理等方面工作步入全国前列，受到国家税务总局书面表扬。

2002年，逐步在全省对生产企业"免、抵、退"税实行电子化管理，按照"先试点、后推广"

的思路，省局在南昌市局进行了全省生产企业出口退税电子化管理试点，到12月底，南昌市局使用生产企业退税审核系统审核退免税1920万元。

2003年，使用增值税专用发票电子信息审核出口退税。口岸电子执法系统出口退税子系统和出口退税计算机网络管理系统正式推行。4月21—23日，在景德镇举办全省外贸企业出口退税电子化管理培训班，全省外贸企业办税员150人参加培训。

2005年，省国税局出口退税审核系统统一升级至5.0版。综合征管软件、增值税管理系统、出口退税审核三大主体应用系统数据整合在全省上线。

2006年，江西省国家税务局完成出口退税数据省级集中。2007年1月1日，数据省级集中的出口退税系统正式上线运行。

2008年1月1日，全省国税系统正式启用出口退税审核系统中增值税小规模纳税人出口货物免税管理相关业务功能，出口货物税收函调系统（1.0版）开始试运行。1月8日，"电子数据传输出口退税子系统""专用发票部分"正式启用。1月29日，国家税务总局就全国出口货物税收函调系统节点建立情况进行通报，全国36个省（自治区、直辖市）、计划单列市中仅有江西省和北京市已建节点差值为0。全省共建立覆盖省、市、县三级的节点134个。7月1日，出口退税远程申报系统在全省推行。全省使用该系统办理预申报的出口企业达1145户，占有退税业务出口企业的97%。12月1日，出口货物税收函调系统（1.1版）正式运行。

2009年1月1日，江西省国家税务局开始通过"电子数据传输系统出口退税子系统2.0版"接收总局下发的出口货物报关单全口径数据。对《出口退税远程申报系统》的业务功能进行了拓展，新增生产企业和小规模纳税人出口退免税"正式审核结果反馈"功能。4月22日起，生产企业和小规模纳税人可在每月出口退免税正式审核结束后，从因特网登录《出口退税远程申报系统》，点击"正式审核结果反馈"，下载接收以往所属期的正式审核结果反馈数据，并通过企业端《出口退税申报系统》的"税务机关反馈信息接收"功能读入申报系统，出口企业不再需要到税务机关得到审核结果反馈数据。

第二节　管理监控

征退管理制度

1993年，省税务局与海关、经贸部门、外汇管理部门联合制定出口退税"把五关"办法，即税务部门把好出口退税专用税票使用和出口退税审核两关；海关把好产品出口查验关；外经贸部门把好稽核关；外汇管理部门把好收汇核销关。

1994年，制定《江西省税务局关于出口货物退（免）税管理若干具体问题的通知》，要求出口企业自领取营业执照之日起30日内，向出口退税税务机关提出办理退税登记的书面申请，并提供对外经贸经济合作部及其授权机关出口经营权的批件、工商行政管理机关合法的营业执照副本，征税税务机关合法的税务登记证副本。出口企业按月填写"出口货物退免税申请表"，经外经贸管理部门稽核签章后，于月度终了 15 日内由办税员报送主管出口退税税务机关申请退税。

1996 年，各地（市）县（市、区）国税局按照省局要求，根据当地实际情况建立增值税专用缴款书的管理制度，包括专用缴款书的领发、保管、缴销制度，专用缴款书的填开使用制度，专用缴款书的信息录入传递制度，专用缴款书检查监督制度等。专用缴款书由专人保管、专人填开、专人审查盖章，专用税票都不得交给企业填开，都不得为他人提供盖有税务机关印章的空白专用税票，严禁携带专用税票到外地填开。省国税局制发实施《江西省出口货物税收管理考核评比办法》，对全省出口货物税收在年度终了后 3 个月内进行每年一次管理考评。管理考评采用交叉检查的方式进行：省局负责对地市国税局的考评工作，各地市国税局负责对县（市、区）国税局的考评工作。考评内容为百分制，主要考核领导和单位重视程度、出口货物税收管理制度的建立和效果、出口供货企业涉嫌骗税、专用缴款书管理、专用税票认证系统管理、征退税衔接方面、出口货物税收函调工作、出口货物税收管理有关的其他工作。考评设置第一名 1 个，第二名 2 个，第三名 3 个。省局对获奖单位分别颁发锦旗及奖金各 1000 元、800 元、500 元。最后三名的单位不能参加全省先进单位评选。

1997 年 1 月 1 日起，对部分生产企业自营或委托出口货物实行"免、抵、退"税办法。凡是经批准具有出口货物经营权，实行独立经济核算的企业单位，必须在批准经营之日 30 日内，向所在地主管出口退税的税务机关申请办理出口企业退税登记。有出口货物的生产企业（无论是否需要退税）都应于每季度终了后 15 天内，将上季度企业生产销售货物出口和内销有关情况填报"免、抵、退税申报表"，并按照国家税务总局"出口退税电子化管理办法"的要求，将出口货物有关信息录入软件，连同"免、抵、退税申报表"及相应的凭证资料在季度终了后 22 日内报送给主管出口退税的进出口税收管理分局。免、抵、退税的企业范围限于经对外经济贸易合作部批准享有进出口经营权的生产企业，无进出口经营权的生产企业委托出口仍采取先征后退的退税办法。

2000 年 1 月 1 日，省国税局制定实施《江西省出口供货税收管理办法》，对出口供货企业审核登记管理、出口供货税款征收和票证管理、出口供货预缴税款清算管理、专用税票信息传递、出口供货税收检查管理、出口供货税收资料管理等方面进行明确规定。要求县（市）局将出口供货企业生产能力及供货、纳税等情况列为出口供货税收检查管理检查重点。地市局将各县（市）局对出口供货企业预征税款的清算情况及出口供货税收日常管理情况等列入检查重点。全省各级出口退税主管单位按要求建立出口供货税收管理资料档案，县（市、区）国税局出口供货税收档案归集资料的内容包括开展出口货物税收日常检查的报告与记录资料等；地（市）局出口供货税收档案归集的资料包括出口供货多缴税款退税审批及退税检查资料、出口供货税收专项检查资料、专用税票信息录入及传递资料等。严格执行专用税（发）票调查复函制度，主管税务机关在收到外地税务机关出口货物税收调查函后，进行登记并组织调查核实，并按照国家税务总局规定的内容和时间复函，复函抄报地（市）税务机关备查。

2002 年，进一步扩大全省出口货物企业适用免抵退税政策的范围，规定不论是否拥有进出口经营权，只要是自营出口或委托外贸企业出口的自产货物，一律实行免抵退税办法。将出口货物免抵退税以一个季度为计算期的申报管理做法，改为以一个月为计算期，要求生产企业货物报关离境销售后，于每月 15 日前，向主管国税机关申报办理免抵退税。

2006年，实行国税系统出口退税情况分析通报工作制度，按照分级通报原则，按照一季度、上半年、三季度、全年四个阶段开展分析通报工作。出口退税分析通报包括季报、半年报、年报。季报内容包括出口货物退（免）税企业认定情况，出口货物退（免）税申报、审核、办理情况，出口货物退（免）税指标使用情况，出口货物退（免）税情况分析，本期出口货物退（免）税工作存在的主要问题、原因、工作建议；半年报内容除季报相关内容外，还包括对本地半年来出口退税整体运行情况、特点，进行阶段性分析通报；年报内容在半年报基础上，分析通报和总结全年出口退税运行情况，分析出口退税对本地开放型经济发展的成效、贡献，以及需要上级国税机关和地方政府协调解决的实际问题，对下年度出口退税工作提出意见。各设区市国税局在每季度结束后10个工作日内向省局上报分析通报电子文档，反馈给各县（市、区）征收分局，并抄报当地设区市政府办公厅（室）、市政府分管领导，抄送本地外经贸局。省局不定期对各设区市出口退税情况分析通报工作反映的情况进行督查。

2007年9月1日，实行《出口货物退（免）税评估管理办法（试行）》，明确省国税局进出口税收管理处负责对退免税评估工作的指导、管理和考核检查。设区市局进出口税收管理科设置专门退免税评估岗位，县（市、区）局设置专职或兼职退免税评估岗位，指定专人负责此项工作，并制定年度评估计划，对出口企业按纳税信用等级和出口额分类实施评估。设区市局进出口税收管理科负责全市外贸企业的退免税评估，分析全市生产企业出口货物退免税情况的预警指标并安排县（市、区）局组织实施退免税评估。县（市、区）局除配合市局进出口税收管理科做好出口企业的退免税评估工作外，同时根据实际情况自行组织实施退免税评估。

2008年1月1日，印发"出口货物退（免）税工作规程"，规程涵盖出口货物退免税业务的整个链条，明确各个环节的具体操作要求，要求各级国税局做好出口退税管理员和出口企业办税员培训。7月1日，出口退税远程申报系统在全省推行。全省使用该系统办理预申报的出口企业达1145户，占出口退税企业总户数的97%。

2009年，建立出口退（免）税情况报告制度，自2009年7月起，各设区市局应于每月10日前向省局进出口税收管理处报送上月出口退（免）税管理相关情况。上报内容包括：延期申报退（免）税情况，已申报未审核退（免）税情况，已审核通过未办理退（免）税情况，发函情况，重大事项和其他有关情况，部分数据统计到户。

日常征退管理

1991年，省税务局规定凡由外经贸部批准享有直接出口经营权、实行独立核算并办理出口产品退税的企业设置1—2名专职办税员，各外贸、工贸专业总公司设立主管出口退税工作的专职稽核员。当年省局审查出口退税凭证18万多份，查出8户企业提供假凭证20多份。办理出口退税29693万元，比上年增长28%。

1992年，省税务局规定，全省没有出口经营权的工业企业将自产产品委托本省有出口经营权的出口企业出口的产品，凭受托方认可的委托方证明，直接将应退税款退给委托企业，减少了资金在途占用时间。

自 1993 年 1 月 1 日起，省内生产销售出口产品征收产品税、增值税或工商统一税，一律使用出口产品税收专用缴款书，出口企业出口产品后凭完税专用税票申请退税。江西省税务局与海关、外经贸部门、外汇管理部门联合制定了把"五关"的办法，全年仅在出口退税审核中就发现 9 家出口企业用虚假凭证申请退税，识破假报关单 18 张，虚假发票 28 张，假税票 2 张，防止了 787.48 万元的税款被骗，全年共退税款 34397 万元。

1994 年，省税务（国税）局贯彻落实出口退税管理办法，简化出口退税手续，加快退税速度。当年至 9 月 31 日，全省退税 50171 万元，比上年同期增加 22308 万元，增长 20%；全省外贸出口额 7.8 亿美元，增加 17918 万美元。省税局建立企业办税员培训制度，每年对企业办税人员进行两次培训，学习出口退税有关政策，并进行考核，成绩合格者颁发《办税员证》，不合格的不能办理出口退税，当年 100 多名企业财务人员获得"办税员证"。省局要求企业按统一格式申报退税；执行严格的出口退税申报核查制度，省局要求退税机关初审人员在一周内审查完毕，复审人员 3 天内审查完毕。

1996 年，省国税局规定，全省除按"免、抵、退"办法办理退税的 11 户外商投资企业外，其余生产企业自营和委托出口的货物不得开具增值税专用发票和增值税专用缴款书。生产企业自营或委托出口货物申请退税时，应先报主管征税的县（市、区）国税局审核并填写审核意见后，再向出口退税税务机关申报办理退税。全省国税系统实行微机稽核和加强专用税票管理相结合，全年共办理出口退税 10.6 亿元，比上年增长 36.3%。

省国税局 1997 年规定，外贸企业在取得出口退税款后，凡有欠税的应立即转交欠税，对拒不将退税款交纳欠税的，征税机关可按照《税收征收管理办法》及其实施细则的有关规定采取强制措施。退税机关应将外贸企业名单及申报退税的银行账号告知征税机关。有欠税的生产企业，凡发生了出口业务的，在未交清欠税款前，不得办理出口货物"免、抵、退"税手续，不得上报审批"免、抵、退"的税款。当年全年办理出口退税 7.12 亿元。

1998 年爆发亚洲金融危机，全省国税系统压缩出口退税审核时间，加快出口退税速度，对单证齐全真实且电子信息核对无误的退税申请，税务机关在接到企业申报后 20 个工作日内完成退税审核、审批手续。9 月 29 日，省国税局对生产企业实行"免、抵、退"税办法进行补充规定，凡新批享有进出口经营权的生产企业在办理出口退税登记证前，应书面自愿选择出口货物退（免）税方式，并报经所在地地（市）国税机关审签意见。退税机关办证时据此确定生产企业出口货物的退（免）税方式；外商投资企业出口货物"免、抵、退"由企业报地市涉外科审核后呈省局涉外处审核。需要退税的，由涉外处交进出口税收管理部门复核，并呈局领导批准后办理退库（南昌市、赣州地区由其涉外部门审核后交同级进出口税收管理部门复核退税）；生产企业出口货物"免、抵、退"税的计算必须严格按照计算公式操作，对将"不予免征、抵扣和退税的税额"抵扣进项税额后的余额按规定计算并作为企业应交税金处理，不得挂账结转，更不得按零计算。省局要求南昌、赣州两地于每月 8 日前，每季终了后 8 日内，将本市（区）上月（上季）出口退税进度以月报和季报形式电传省国税局。

1999 年，省国税系统在国家税务总局两次上调出口退税率的情况下，调整退税审核办法，采取新老退税系统并存的方式，增加审核岗，加强内部协调，对单证齐全、真实、电子信息核对无误的出口退税，在审批审核时间由一个月压缩到 20 天的基础上，对出口规模大、制度全、信誉好的外贸出口企业，简化其申报退税手续，给予一定的先退税后配单的优惠待遇，退税时间一般提前了 2—3 个月。当年除部分有审核疑点需进一步调查的外，已退税款占企业申报退税的 93% 以上，基本做到应退尽退。2 月 4 日，省国税局按照国家政策停止为有地方进出口经营权的企业办理出口退税登记，对地方进出口经营权的企业出口货物不予退税。

2001 年，全省 355 户生产企业自营（或委托）出口货物全面推行"免、抵、退"税管理办法。

2002 年，南昌市国税局按照"专业分工、统一规范、精简效能"的原则，在全省最早实行出口退税集中管理，重新划分和明确征税机关和退税机关在出口退税上的权限。明确县区局征税机关不再负责生产企业出口退税初审工作；将出口退税审核审批时间严格限定在 15 个工作日内，当年南昌市局为 117 户出口企业审批办理退税 16735 万元，比上年度增长 43.3%。

2003 年 1 月 1 日，全省口岸电子执法系统出口退税子系统和出口退税计算机网络管理系统整体式推行。是年，全省国税系统开展促进外贸出口和开放型经济发展活动，建立执行专用发票已审核信息传递制度，各单位按月将已办理出口退税的专用发票情况提供给出口企业所在地主管其征税的税务机关，将本地出口企业（指申报退税时需要提供购进出口货物的专用发票的企业）退税登记库上报省局。当年，全省国税系统依法办理出口退税（含免、抵调库）14.85 亿元，比上年增长 64%。

为落实国务院对出口退税"老账要还、新账不欠"的要求，省国税局与省外经贸厅联合召开首次税贸协作会议，与省财政厅、省人民银行联合发文确定出口退税预算管理办法，明确了退税财政负担办法，通过加强与国库协作，简化退库办理程序，退库时间由 7 天缩短为 2 天。省国税局同时明确出口退税"免抵"调库事项：省国税局进出口分局负责管理的出口企业，由省国税局进出口分局开具"税收收入退还书"送省国库办理退付手续；设区市进出口分局负责管理的出口企业，退税款由设区市进出口分局开具"税收收入退还书"送各市国库办理退付手续，免抵调库由设区市进出口分局开具"免抵调库通知单""预算科目调整表"交出口企业所在地县级国税局，县级国税局送所在地国库办理调库手续。在全系统推行"退税阳光"行动。南昌市局在"南昌国税在线"互联网站办理电子退税业务，公开退税计划、退税政策、退税分配原则、退税服务承诺，不定期举办税企协作会和重点出口企业座谈会，对重点出口企业实行跟踪管理，完善出口企业大户资料手册。九江市局实现退税申报环节由被动受理申报向主动辅导、督促企业申报转变；实现退税审核环节由企业单方举证向税企双方联动转变；实现退税电子信息管理环节由单纯接受信息向信息生成、清分、接收的全程跟踪管理转变。当年，全省国税系统共办理出口退税 19.47 亿元，增长 31.1%，增退 4.62 亿元，其中：陈欠退税 8.01 亿元，2004 年出口货物新发生退税 11.46 亿元，实现"老账还清，新退不欠"目标。

2005 年，省国税局将省局直接管理的 16 户外贸企业出口退税审核管理权限下放给南昌市国税局，实现出口退税全部由设区市国税局审批管理。全年全省国税系统共办理出口退税 20.01 亿元，其中免抵调库 5.43 亿元。

2006 年 12 月 4 日，省国税局实行省级实时监控。实现出口退税数据省级集中。规范出口货物函调内容，将新办理出口货物退免税认定的企业首笔出口货物有疑点的；出口企业新增加的出口业务有疑点的；以农副产品、废旧物资为主要原材料，以收购凭证作为增值税进项抵扣凭证的出口货物；服装、皮革（木）制品、手工艺品等涉嫌出口骗税的敏感产品；出口增长异常迅猛的出口产品等5种情形纳入出口函调范围。省局策应省政府培育重点出口企业的举措，推出优化重点出口企业退税服务的办法，推出10项出口退税政策服务跟进措施，助推"万商西进桥头堡"建设。南昌、赣州市局开展退税管理权限下放到县（市、区）局试点工作。开展出口退（免）税专项检查。当年，全系统审核办理出口退税24.41亿元，比上年增长22%。

2007年3月15日，省国税局要求各设区市国税局结合实际，制定当地具体的退税评估办法，在进出口税收管理科和各县（市、区）国税局进出口税收管理部门设立专门的退税评估岗位，配备评估人员，将日常退税评估工作与出口退税预警、日常纳税评估结合起来。各地根据需要和当地实际设定退税评估预警值、退税评估指标等参数，建立退税评估数据库。2007年全省国税系统审核办理出口退税30.54亿元，比上年增退7.56亿元，增长32.9%。当年，省国税局对出口退税审核、开具税收收入退还书、进（来）料加工贸易备案登记、代理出口货物证明等相关证明的开具、免抵调库通知单等业务印章进行规范，统一为三枚印章。一枚为"××市国家税务局出口退税退库专用章"，圆形（直径3.0厘米、字体"宋体"），用于开具税收收入退还书。一枚为"已开代理出口证明"章，长条形（长4厘米、宽1厘米，字体"宋体"），用于开具代理出口证明时，盖在出口报关单、收汇核销单上；一枚为"××市国家税务局进出口税收业务专用章"，圆形（直径3.8厘米、字体"宋体"），用于除"出口退库专用章"及"已开代理出口证明"之外的进出口税收业务，各地可根据工作需要增加工号。

2008年，省国税局明确出口企业出口的下列货物视同内销征税：国家明确规定不予退免税的出口货物；出口企业未在规定期限内申报退免税的出口货物，包括出口企业办理退税认定前出口且未按规定进行退免税申报的出口货物；出口企业虽已申报退免税但未在规定期限内向税务机关补齐有关申报凭证的出口货物；出口企业未在规定期限内申报开具"代理出口货物证明"的出口货物；生产企业出口的除四类视同自产产品以外的其他外购货物；出口企业申报出口数量小于海关报关单出口数量的出口货物；出口企业未在规定期限内提供合法、有效备案单证的出口货物。当年，全省共审核办理出口退税32亿元。

2009年，为应对国际金融危机对外贸出口的冲击，江西国税系统全面推行出口退税业务提醒服务。全省各级国税机关加大对地方党政部门，尤其是地方党政领导的政策宣传，争取政府支持。加强对小规模纳税人出口企业有关出口免税的宣传辅导，对外贸代理出口业务及其有关注意事项的宣传辅导，帮助企业合理享受免税优惠。对部分纳税信誉好的生产企业加快退税办理，在企业申请、设区市国税局初核、省国税局核准的基础上，试行凭电子信息审核退税，事后复核纸质单证的退税方式。提高企业每月办理出口退税的频度，将以往每月末办理1次退税改为每月月中、月末各办理1次退税，缩短出口退税的到位时间。2009年全省审核办理出口退税37.48亿元，同比增长17.1%。

2010年3月31日，江西省被国家税务总局确定为出口退税税库银联网五个试点省份之一。

2006—2010年，省国税局累计办理出口退税175.8亿元，年均增长20.45%。其中2010年累计办理出口退税 51.38 亿元，比上年增长 37.1%，增速跃居全国第三位。

第三节　出口退税检查

出口退税清算核查

1992 年起，开展进出口专项执法检查，贯彻检查与制定整改措施、检查与处理相结合的原则，实行逐级负责制，一级检查一级，一级对一级负责，严厉查处参与骗取出口退税或为不法分子提供便利的违法行为，检查内容为出口产品生产企业销货发票的管理和税务机关出具出口产品征税证明是否符合规定的程序，开具的专用发票和出口产品销售发票是否规范。

1994 年，开展出口货物税收情况全面检查，检查出口货物企业发票领用存、出口货物价格及货源、企业缴纳税款，以及税务机关对出口企业发票管理和来函调查等情况。专案查处利用增值税专用发票骗税的案件涉及出口货物供货企业 4 户、出口企业 14 户，涉及货物金额 2269 万元，税额 385 万元。查补退税款 794 万元，追回已退税款 913 万元。

1995 年，省国税局对出口供货企业税收情况检查建立"专管员初审，县（分局）发票管理员复审，地市局发票所终审"的三级审核制度。重点检查出口供货企业增值税专用发票管理情况，发现 2 户供货企业虚开增值税专用发票税额 5.5 万元。

1998 年，赣州地区和宜春地区国税局等单位将出口供货税收管理工作列入全年目标管理考核内容，萍乡市国税局实行"准用证"办法，规定新办理出口供货业务的企业，除必须向主管征税的国税县（分局）进行申报登记外，还必须按规定程序办理出口货物税收专用缴款书（分割单）准用证，抚州地区国税局对开具专用税票的出口货物实行了验货制度，各地出口货物企业税收资料实行档案化、规范化。

1999 年，省国税局与省外经贸厅联合开展 1998 年度出口货物退免税清算工作，采取"企业自查，退税机关复核确认"的办法。省局涉外处统一组织实施对三资企业的清算工作，南昌、赣州两地市国税局负责本地区出口企业的清算。

2002 年，对骗税多发地区敏感货物和有疑问的进货发函调查 137 份，处理回函 166 份，调查涉及税款 2019 万元，占企业全部申报税款 2.23%。组织 4 个检查组对南昌、赣州、吉安、上饶、景德镇 5 个设区市清算情况进行复核，重点检查生产企业"免、抵、退"税政策的执行情况。全省完成对 547 户出口企业 2002 年度出口退税清算，清算面 100%，重点复核比例达 70%。

省国税局在 2003 年出口货物退（免）税清算工作中，组织各出口企业对无信息的退税申报进行梳理，通过总局 EIS 系统、金税工程协查系统进行网上协查，共上报核查信息 1527 条，涉及出口额 954 万美元，计税金额 11212 万元，江西省增值税专用税票信息核查率连续几个月名列全国第一，受到国家税务总局通报表扬。

2007 年，省国税局组织对全省 1 月至 3 月出口企业有关购销合同、出口货物明细单、装货单和运输单据等 4 个单证备案情况进行专项检查，共检查出口企业 670 户，占申报总户数的 76%，涉及出口货物退（免）税额 21 亿元，占全部企业当年申报出口货物退（免）税额的 91%。对 90 户单证备案不符合有关规定的企业下达整改意见，对全省单证备案工作进行规范。核查 2006 年度全省 254 户出口企业出口货物 227179 万元视同内销征税，计提销项税额 26966 万元。

2008 年，开展出口货物视同内销征税专项核查。核查 2008 年 1—6 月全省出口应视同内销征税出口额 5.85 亿美元，涉及出口企业 331 户，其中一般纳税人 272 户，计提销项税额 5.25 亿元；小规模纳税人 59 户，缴纳增值税 12.6 万元。

防范及查处出口骗税

1992 年，加强出口产品发票和征税证明管理，将出口产品发票和征税证明管理列为税收征管考核的范围。规定生产出口产品的乡镇等集体所有制企业不能自印发票，加强生产出口产品的国营企业发票的印制、使用、缴销等环节管理，严禁生产出口产品的企业携带本企业发票到本县、市范围外使用。规定企业生产的产品销售给外贸部门出口，需要税务机关开具生产环节征税证明必须由生产企业提出书面申请。县（市）税务局长批准出具征税证明的，由负责调查的征管人员填写"出口产品征税证明"一式四份，一份交产品生产企业或出口退税的税务机关，一份留存，其余两份分别送省、地（市）税务局。

1993 年，对东乡、横峰、吉安、遂川、武宁、宜黄等 6 个县为不法分子骗取出口退税提供假证明案件进行查处。不法分子开具内容不实的征税证明计 70 份，开出销售发票 345 份，总金额 24202.46 万元，应退税金额 4440.6 万元，实际征收税款合计 128.59 万元。省局对所开出的发票、出口产品征税证明逐张清理，并立即向有关省市税务机关发函，声明所开证明不能作为出口退税依据。根据情节和造成税款损失的程度，分别对 7 位主要负责人做出政纪处分，处理结果通报全省税务系统。并向省政府建议对各级政府领导加强法纪教育和全局观念教育，责成有关地区行署、市对武宁、东乡、横峰、遂川、宜黄等县政府就此事决策的领导人做出必要处理，入库的税款和企业所得款项属非法所得收缴省财政。

1994 年，省税务局召开全省出口企业经理（厂长）、财务科长会议，提出防范和打击骗税的要求和措施，对以"四自三不见"（即由中间人自带外商、自带汇票、自办报关手续、自带货源，外贸企业不见货、不见外商、不见生产厂家）方式出口的货物不予退税；对从广东省购进的出口货物，又是从九龙海关及其下属海关、汕头海关及其下属海关出关的，暂停退税；对从外省市购进的出口货物特别是广东、浙江、广西、江苏、湖南等省市购进的出口货物先查清报关单、货源、价格、征税情况后再确定是否退税；对从江西省流通领域购进的出口货物，要查清生产企业、货源、价格、征税情况后再确定是否退税；对今年以来发现的提供虚假凭证申报出口退税的个别企业，从当月起暂停退税；对从赣州创业工业公司（集团）收购的出口货物，在未调查清货源、征税情况前，暂不退税；对今年收购、今年出关的外省购进的已退税的出口货物，进行一次全面复查，发现问题要追查，并将退税款扣回，同时加罚占用金；对重点涉嫌骗税案件进行立案查处，坚决打击，决不手软；按现行出口退税政策严格审查出口退税，并要求出口企业按省内、省外货源、新老进货（库存）分别申报。省税务（国税）局先后派出 8 人到省外海关、税务机关和供货企业调查，派出 10 余人到省内税务机关、供货企业调查出口产品的出口、征税、供货情况，发出调查函件250多份，共查处5户出口企业虚假出口货物报关单42份，防止和追回骗取出口退税款544万元，查处10户企业虚假增值税专用发票137份，防止和追回骗取出口退税款1070.17万元；查出3户出口企业虚假出口产品专用税票8份，防止和追回出口退税款130.13万元。通过企业电话咨询3360多人次，制止了10多户出口企业涉嫌骗税的出口贸易成交货付款，使出口企业避免损失3000多万元。《中国税务报》8月20日一版头条以"预防与打击并举、江西制定遏制骗取出口退税措施"为题，刊登江西省预防和打击骗税的措施和经验。

1996年，省国税局建立检查监督制度。各县（市）国税局在每季度终了后20天内对该县（市）出口货物税收管理情况，特别是增值税专用税票使用管理情况进行一次检查，相关检查情况上报地（市）国税局。各地（市）国税局每半年组织一次检查，在每年7月20日、1月20日前分别向省国税局报告该地市出口货物税收管理情况。省国税局对各地执行出口货物税收政策情况每年进行一次检查。

2000年11月22日，省政府成立打击骗取出口退税工作领导小组。省委副书记、常务副省长黄智权任领导小组组长，省国税局局长戴子钧任领导小组副组长兼办公室主任，总经济师曾飞任领导小组成员兼办公室副主任。至当年底，全省共收到国务院"807"工作组和其他省市协查小组的协查函40批次，需协查的增值税专用发票3838份，协查3983份（含线索外145份），查实有问题的发票3886份，金额21964万元，税额3733万元，查补税款1510万元，罚款1318万元。开展1999年度全省出口供货税收大检查，对省内主要外贸企业从广西等9个打击骗取出口退税重点地区购进的货物进行调查摸底，在全省范围内对出口货物退免税进行了一次全面的专项检查，按时按质完成了国务院"807"打击骗取出口退税专案的协查工作，共接受全国打击骗取出口退税工作组协查函件27批次，协查增值税专用发票3815份，查补税款1510万元，罚款1318万元。省国税局派员参加公安部、国家税务总局稽查局在北京召开的广西"钦州税案"协查会议；抽调江西国税系统6位干部，赴广东参加国务院"807"打击骗取出口退税工作组。

2001年，省国税局稽查局成立新干"2·16"专案组，组织查处新干县彩灯企业涉嫌虚开增值税专用发票案。经查实，"2·16"专案涉案单位共虚开增值税专用发票848份，涉案金额9487万元，税额1613万元，价税合计1.11亿元，造成国家税款损失396万元。全年江西各级国税机关共协查涉案增值税专用发票5987份，查实有问题的发票5520份，涉案金额5.33亿元，税款9034万元，查补税款、罚款、加收滞纳金9710万元。移送司法机关案件42起，刑事拘留10人，批捕6人，判刑1人。同时，集中力量对1126户外贸企业和出口供货企业实施了专项检查，查实有问题的企业54户，伪造发票500份，涉案金额1.76亿元，涉案税额2995万元。

2003年1月，省国税局完成国家税务总局交办的"湖北仙桃出口骗税案件"协查工作。共协查涉案企业2户，涉案发票70份，涉案金额1555万元，税额264万元，其中查出有问题发票1份，发票金额1.39万元，税额0.24万元，组织查处国家税务总局督办的信丰县协成制衣厂、赣州协强制衣有限公司涉嫌虚开增值税专用发票、骗取出口退税案，查实两公司开具的6份和接受的225份增值税专用发票均为假票，涉案金额2716万元，涉及税款395万元，案件移送公安部门处理。

2005 年，省国税局与省公安厅、省地税局联合成立专项斗争领导小组，制定《关于开展打击虚开用于抵扣税款发票和骗取出口退税等涉税违法犯罪专项斗争工作方案》。

2006 年开始，省国税局组织对部分设区市的退税专项检查，在全省开展出口退税评估预警分析，以出口额增长率、出口产品、价格变动率、不申报退税变动率为指标进行评估预警，对骗税敏感产品"河北皮毛制品"进行排查、梳理、暂扣退税款 259 万元。2007—2010 年，全省共对 366 户出口企业开展退税评估，查补税款 3049 万元。

2008 年，省国税局加强与海关、外经贸等部门的协调，并与海关建立定期信息交流机制，南昌海关按月向省国税局提供新办出口企业的登记信息，加强对新办出口企业的管理；向外经贸部门提出调整重点出口企业认定标准的建议并得到采纳。

第四章 税务稽查

1991—2010 年间，江西省税务（国税）系统稽查工作深入发展。1995 年，经国家税务总局批准，江西省、市（地）、县三级国税机关成立稽查分局，此后，稽查部门职责和权限不断完善。为体现稽查工作重中之重的特殊作用，江西省国税局不断加大对稽查工作的人员配备、装备建设，依法赋予稽查部门独立的检查权、处罚权和执行权。为保障纳税人合法权益，提高税务机关依法稽查水平，全省国税系统制定系列稽查工作规程，明确稽查人员岗位职责、执法程序、规范要求，强化监督制约，从"选案不查案、查案不定案、定案不执行"演变为选案、检查、审理、执行分工制约，并不断健全稽查案卷管理复核制度，开展优秀稽查案件评选工作等。全省国税系统稽查部门依法开展举报办理、涉税案件查处、税收专项检查和增值税专用发票协查等工作，重点打击发票犯罪，查办了一批偷逃骗税大案要案，整顿和规范了税收秩序。

第一节 稽查管理体制

1991 年，税务稽查队或稽查大队由其所属的税务机关直接领导，具有相对独立性。与正常纳税检查相比，税务稽查侧重查处偷抗税大案要案和征管质量检查，并承担日常税务检查的质量考核任务。税务稽查队查补的税款由当地征收机关负责组织入库。对比较复杂或重大的偷、抗税案件，试行"集中办案制度"，抽调下级税务稽查机构力量集中查处。按照不同情况，有在交通线上设置税务检查站，对应税农、林、牧产品和不易控制管理的鞭炮、焰火、夏布、土纸、焚化品、钨砂、锡金矿、稀土、盐、卷烟、煤炭、砖瓦、服装、鞋、帽、塑料制品进行纳税检查。税务检查站的设置由县、市税务局向县、市政府申请，同时抄告上级税务局，县、市政府向地（市）政府报告，地、市政府转报省人民政府，经省人民政府批准后，方可设置。税务检查站实行公开办税制度，设立公开办税宣传栏，公告检查范围、放行手续、处罚规定等有关税收规定。

1995 年，按国家税务总局批复，江西省、地（市）、县（市、区）国税局分别成立稽查分局（所），省国税局稽查分局为正处级单位，地（市）国税局稽查分局为正科级单位，县（市）国税局稽查分局（所）为副科级单位。各级税务稽查分局（所）按征管范围、行业或稽查类别成立若干税务稽查组。省国税局稽查分局按照国家税务总局"选案不查案、查案不定案、定案不执行"的原则，设立检查科、审理科、综合科。综合科受理举报案件，检查科实施稽查，稽查后由审理科负责审理，最后由省局稽查分局审理小组集体讨论处理决定。至 1996 年底，全省国税部门共组建稽查机构 126 个，其中：省稽查分局 1 个，地（市）稽查分局 11 个，县（市、区）稽查分局（所）114 个。全省各级稽查机构配有汽车 87 辆，摩托车 400 余辆，对讲机 17 台，移动电话 16 部，传真机 29 台，照相机 42 架，录音机 26 台，复印机 17 台。1996 年，省局投入 100 多万元，为每个地、市稽查分局（所）配备了一辆昌河面包车和 1 台 586 型电子计算机。

1997 年，国家税务总局明确省、地、县三级国税局、地税局稽查局（分局）具有独立执法主体资格。1998 年，"江西省国家税务局稽查分局"更名为"江西省国家税务局稽查局"。

2001 年，省国税局明确设区市国税局稽查局为设区市国税局直属机构，级别保持正科级。设区市国税局稽查局负责制订全市国税稽查工作计划，指导、协调本市区外的县（市）国税局稽查局的工作；负责市区所辖业户的选案稽查、专项稽查和上年稽查案件的复查，以及市区税务违法案件的查处，"金税工程"协查系统与公安、检察、审判机关协调税收案件举报中心工作。

2002 年，稽查机构分别建立案源管理、检查、审理、执行职能机构，明确各自的工作职责，实现各环节相互制约、相互监督。

2004 年，进一步明确设区市国税局稽查局工作职责：负责制订系统稽查工作计划，指导、协调系统稽查；负责对本市国税系统税务违法案件的查处；专项检查的组织协调；运行"金税工程"协查系统；与公安、检察、审判机关协调；税收案件举报中心工作；负责对下级国税局稽查案件复查工作。内设综合股、案源管理股（含举报中心）、审理股、执行股，级别为正股级；另按纳税人类型设 2—4 个检查科（含发票协查科），级别为副科级。至 2004 年底，全省各级国税稽查部门均与当地公安部门建立定期工作协作联席会议制度。联席会议一般每季度召开一次，国税部门和公安部门轮流主持，联席工作会议的主要内容为：贯彻上级有关打击涉税犯罪工作的指示和部署；共同研究本地区涉税犯罪的动态和发展趋势；总结阶段性工作，通报各自有关涉税案件工作情况，特别是各部门开展的专项整治工作情况；大要案件的立案、查处、移送、侦查情况；协调处理与涉税犯罪有关的其他事宜。公安经侦部门和国税稽查部门各自确立一名负责人和联络员负责安排联席会议的召开和不定期会晤的举行。

2008 年，经国家税务总局批复同意，省国税局对所属稽查机构设置和职能再次调整，确定设区市国税局稽查局是设区市国税局依法对外设置的直属机构，级别为副处级，内设机构级别为副科级。设区市局稽查局负责全市国税系统稽查工作的组织、计划、协调、指导及考核，制定、落实全市国税系统稽查工作制度；负责举报案件和重大税收违法案件的受理、转办、查办和督办，组织对所辖县（市、区）国税局已结稽查案件的复查；负责对设区市局查处的涉税案件的审理，并按规定将重大涉税案件上报设区市国税局税务案件审理委员会审理；负责组织、协调、督办本市国税专项检查、税收专项整治和税收秩序整顿规范工作；负责与公安、检察、审判机关协调税务稽查中的司法工作；负责本市国税稽查工作情况的统计、汇总、情况反映及报表上报工作，对省国税局下拨的稽查办案专项经费提出分配方案，监督各地按规定管理使用；负责金税工程协查系统、全市国税稽查案卷、稽查人才库、税务检查证的管理工作，协助教育部门组织本市国税稽查人员培训。

第二节 稽查工作流程与案卷管理

工作规程

1991年，国税系统稽查查补税款由征收机关直接入库，试行集中办案制度，对于重大复杂案件，上级抽调下级稽查力量集中查处。

1994年，省国税局制定《税务稽查工作报告制度》，要求各级国税局每年7月30日和次年1月30日前由专人上报稽查工作报告。其中，案情特别重大、重大抗税、跨省重大案件等报总局立案。查补税款金额在100万元以上，情节特别严重或有新的作案手段等案件查结后向国家税务总局报送案件。

1995年，制发《江西省国家税务局税务稽查工作规程》，此后《规程》多次进行修改。要求稽查分局按年做出计划，每季（月）制定检查名单。下户检查前，应确定2人以上（含）检查人员并组成税务稽查小组，制定检查方案，经领导同意后实施。稽查单位建立检查人员负责制度，征收单位应配合开展稽查工作，提供有关资料。税务检查结果包括检查依据、认定事实、问题性质、有关人员责任、被查处对象的基本情况和对其处理初步意见及依据，以及检查单位名称，主查人员，检查人员（签名）和报告时间等。税务稽查分局的行政处罚权限：省国税稽查分局比照地（市）级国税局权限办理；地（市）国税局稽查分局比照县（市）级国税局的权限办理；县（市、区）、分局稽查分局（所）比照税务分局（所）的权限办理。国税稽查分局查补的税款、滞纳金、罚款，由负责检查的稽查分局开票，并监督就地入库。国税稽查分局暂按查补税款的10%，罚款、滞纳金的30%提取，用于改善稽查技术手段及补充办案经费奖励有功人员，基金实行专款专用。

2000年起，实施税务稽查业务公开制度，提高稽查工作透明度。要求全省国税系统各级稽查单位在稽查执法办案中，将涉及当事人的权利、义务和税务机关的操作规程、工作规则、纪律规范以及监督措施，除了法律、行政法规和行政规章规定不能公开的事项外，都予以公开。稽查人员在实施检查时，除了按照规定向被查封对象出示"税务稽查任务通知书"和"税务检查证"外，还应告知当事人的法定权利义务，案件税务处理结果按照规定公告。执行稽查公开情况纳入稽查人员政治素质和业务素质的考评、考核内容，定期进行检查评比。

2002年，印发《江西省国税系统金税工程协查工作规程》，规定协查系统由省级及设区市国税局稽查局专人专职（不允许兼职）负责运行和日常管理，县（区）级国税局稽查部门安排专人负责协查系统的运行和日常管理，并分别按规定设置相应协查工作岗位。金税工程协查系统设置协查领导岗、协查综合管理岗、委托管理岗、受托管理岗、协查监控管理岗、检查岗、组织协查岗，协查系统岗位设置可按一人多岗或一岗多人的原则设置，协查领导岗必须由各级稽查局领导担任，协查系统工作纳入单位金税工程年度工作目标考核内容。稽查部门对需协查的有疑问或已确定虚开专用发票，一律通过金税工程协查系统发函协查，不得发送手工协查函。各岗位工作职责和规程如下：协查领导岗负责对委托协查岗或组织协查岗人员提交的委托协查信息和委托协查结果信息在2个工作日内予以审批；及时审批监控管理岗或协查综合管理岗提交的协查系统运行情况分析报告及统计报表，确保分析报告及统计报表按规定期限上报等。协查综合管理岗负责根据协查管理各项政策法规，草拟具体实施办法或提出贯彻落实的具体意见；制订协查系统协查案件复查工作计划，报请领导审批后，组织实施复查工作等。委托管理岗负责根据系统或稽查局检查部门发现的信息录入协查系统，生成委托协查信息。受托管理岗对收到受托协查信息立即进行受托登记，移交检查岗限期进行检查，对协查案件进行监督和管理。协查监控岗负责监控下级协查系统受托协查回复情况，对受托协查在规定最后回复期限的 3 日前发出催办信息，督促下级按期回复受托协查；对上级下发的协查系统通报报表数据进行统计分析，查找存在问题，分析产生原因，提出改进意见，将分析情况及时上报协查领导。检查岗接收委托管理岗、受托管理岗人员移交的协查案源，按照《税收征管法》及《税务稽查工作规程》等法律法规规定进行检查。组织协查岗依据专用发票协查信息，生成委托协查信息，对票面信息、附件内容、附加说明、协查要求等有关协查信息进行审核，保证委托协查信息的全面、准确。省、市、县三级稽查建立稽查台账，掌握案件动态，在检查环节推行主查员负责制，明确主查员的权利和责任，对查办的案件责任追究实行终身制，建立《税收检查限时报告制度》，明确检查中发现问题的报告时间和检查时限。

2009 年，执行国家税务总局新版税务稽查工作规程，稽查局在所属税务局领导下开展税务稽查工作，上级稽查局对下级稽查局的稽查业务进行管理、指导、考核和监督，对执法办案进行指挥和协调。稽查局设立选案、检查、审理、执行部门，分别实施选案、检查、审理、执行工作。明确稽查人员的职业道德和为纳税人、扣缴义务人保守秘密的义务，规定稽查人员应当回避的情况，其中：检查人员由稽查局局长依法决定是否回避，稽查局长是否回避由所属税务局领导依法审查决定。在管辖范围上稽查局在所属税务局的征收管理范围内实施税务稽查的基础上，按照纳税人生产经营规模、纳税规模、分地区、行业、税种的税负水平，税收违法行为发生频度及轻重程度，税收违法案件复杂程度以及纳税人产权状况、组织体系构成等实施分级分类稽查。稽查局在年度终了前制订下一年度的稽查工作计划，经所属税务局领导批准后实施，并报上一级稽查局备案。严格控制对纳税人、扣缴义务人的税务检查次数。检查部门接到《税务稽查任务通知书》后，安排人员实施检查。审理部门接到检查部门移交的《税务稽查报告》及有关资料后，及时安排人员进行审理。执行部门接到"税务处理决定书""税务行政处罚决定书""不予税务行政处罚决定书""税务稽查结论"等税务文书后，依法及时将税务文书送达被执行人，同时，通过税收征管信息系统将税收违法案件查处情况通报税源管理部门。被执行人未按照《税务处理决定书》确定的期限缴纳税款的，稽查局经所属税务局局长批准，依法采取强制执行措施，或者依法申请人民法院强制执行。

案卷管理

2004 年，制发《江西省国家税务局稽查案卷标准化管理办法》。省国税局稽查局委托并指导丰城市局稽查局编写了稽查案卷范本，编发协查案卷标准化范本。稽查案卷管理成为稽查日常工作的重要内容。依据稽查案卷标准化管理办法，省局稽查局于 2004—2005 年对全省 11 个设区市局稽查局全部稽查案件进行了复查，共抽选了 31 个已结案稽查案卷，其中在对余江县稽查局稽查案件复查过程中，发现了一起虚开增值税专用发票8000万元、虚开农副产品收购凭证1.2亿元及骗取出口退税的大案，转交当地国税稽查部门查处。

2005年4月，省国税局稽查局组织开展稽查案卷评审活动，检查各地落实《江西省国税系统稽查案卷标准化管理办法》情况。对各设区市稽查局2003年、2004年稽查案卷进行了评审，南昌、宜春、景德镇、赣州、吉安和新余市局稽查局获得优胜单位，各地税务稽查执法水平较往年有明显提高，基本做到事实清楚、证据确凿、定性准确、使用法律法规得当、文书使用规范、案卷装订整齐，全省国税系统稽查执法初步实现从"重实体轻程序"逐步向"程序实体并重"的转变。

2009年，依照新版税务稽查工作规程对稽查案卷管理的具体规定，明确稽查案卷范围，归档流程，管理办法和保管期限，案卷管理由稽查局审理部门负责。稽查局审理部门在《税务处理决定书》《税务行政处罚决定书》《不予行政处罚决定书》《税务稽查结论》执行完毕后60日内收集稽查各环节与案件有关的全部资料，整理成税务稽查案卷，归档保管。税务稽查案卷按照被查对象分别立卷，统一编号，做到一案一卷、目录清晰、资料齐全、分类规范、装订整齐。税务稽查案卷分别分为正卷和副卷。正卷主要列入各类证据材料、税务文书等可以对外公开的稽查材料；副卷主要列入检举及奖励材料、案件讨论记录、法定秘密材料等不宜对外公开的稽查材料。如无不宜公开的内容，可以不立副卷。副卷作为密卷管理。税务稽查案卷按照以下情况确定保管期限：偷税、逃避追缴欠税、骗税、抗税案件，以及涉嫌犯罪案件，案卷保管期限为永久；一般行政处罚的税收违法案件，案卷保管期限为30年；前两项规定以外的其他税收违法案件，案卷保管期限为10年。税务稽查案卷应当在立卷次年6月30日前移交所属税务局档案管理部门保管；稽查局与所属税务局异址办公的，可以适当延迟移交，但延迟时间最多不超过2年。

自2009年起，省国税局开始编制《江西省国税稽查案例精选》，对稽查实践中好的经验、技术、手段和方法进行总结，对涉税案件的发生、分布特点及作案手段和发展趋势开展研究，2009年挑选了60个典型案例，作为稽查培训教材和稽查经验交流平台。2010年，评选了2009年度10件优秀稽查案例，对稽查案件审理和案卷管理的优秀单位予以表彰。

第三节　专项稽查

税收专项检查

1991年，省税务局、省检察院联合召开地、市税务局局长和检察长会议部署个体户、私营企业专项检查。全省各地成立由主管领导挂帅，税务、公、检、法、司法、审计、财政、工商、监察等部门负责人参加的"个体、私营专项检查领导小组"，全省各级税务机关该年共投入检查力量8135人，组成2214个检查组，查补工商各税和基金11401万元。移送司法机关案件101件，结案66件，其中判刑13人。1991年在全省范围内先后开展地方税收检查，共查补地方各税和基金4822.1万元。

1992年，开展为期3个月的个人收入调节税专项检查工作，专项检查18294人次，查补税款242.4万元，收取滞纳金、罚款1.3万元。1992年全省专项税收检查和税收大检查共查补税收和基金 9760 万元。公、检、法、税部门紧密配合，查处偷抗税案件 5273 起，补税罚款 1163 万元，有 101 人被拘留和拘役，4 人被判刑。

1993 年，落实税收大检查部署，全省自查补税 4199 万元，重点检查补税 15382.5 万元，查处一批偷税案件。各地在巩固税务检察室的同时，开展组建税务法庭（执行室）、税务警务区、公安驻税务治安办公室的试点工作。全省共组建税务法庭（执行室）17 个，查处偷、抗、骗税案件 1162 起，追缴税款 2894.48 万元；有 80 人被拘役，7 人被拘留，3 人被判刑。同年在为期 3 个月的个体工商户和私营企业税收专项检查中，全省自查 229036 户，自查补税（基金）945.16 万元；税务机关重点检查 111881 户，检查面 48.85%，查补税款（基金）1867.82 万元；自查、重点检查合计查补税款（基金）2868.15 万元，入库 2855.03 万元，入库率达 99.54%；查处偷漏税万元以上的 18 户，其中偷漏税最多的一户偷漏税款达 5.13 万元。1995 年 9—10 月，对委托加工应税消费品业务开展全面检查。根据全省消费税产品地区集中的特点，采取分地区、分产品、突出重点的做法，组织对全省 80% 以上的消费税重点税源企业进行检查。对部分行业和单位进行重点检查，检查缴纳增值税、消费税和所得税的大中型工交企业及商品流通企业等税源大户；金融保险企业和各类非银行金融机构；各类经营性公司以及第三产业中一些管理比较混乱的企业；外贸公司和有外贸经营自主权的企业；经营性亏损严重的行业或企业；乱涨价、乱收费、乱罚款问题突出的部门和单位；规模较大，管理混乱的集体企业、乡镇企业、私营企业等。

1998 年，对涉外税收和省内福利企业、校办企业开展税收专项检查。省国税局、省地税局组织抽调 40 余名业务骨干，组成 10 个工作组，对全省 10 个地、市（九江市由于遭受特大洪涝灾害，没有纳入检查范围）的民政福利企业、校办企业开展交叉检查。专项检查民政福利企业 73 户，检查面达到 20%，增值税应税销售收入 21794 万元，增值税应纳税额 1125 万元，应退税额 956 万元；检查校办企业 48 户，检查面达到 20%，增值税应税销售收入 8228 万元，增值税应纳税额 293 万元，应退税额 40 万元。涉外税收专项检查企业超税负返还、出口货物实行"免、抵、退"税、代扣代缴外国企业预提所得税等 702 户企业，查处有问题企业 288 户，查补税款 4683.39 万元，其中查补增值税 3578.59 万元，查补预提所得税 540.8 万元，其他各税 385.86 万元，进行税务罚款 178.15 万元。全省国税系统稽查查补率达 10%，居全国第四位。

1997—1999 年，连续 3 年对汇总纳税成员企业和单位进行所得税专项检查。1997 年，省局重点对银行、保险、邮电系统在全省的汇总纳税成员企业和单位、电力系统进行所得税的专项检查，共检查汇总纳税成员企业和单位 459 户，检查面 100%。共查增应纳税所得额 20721 万元，应补缴企业所得税 7583 万元。1998 年，省局按照总局部署，从各地市抽调 33 人分成 8 个检查组对邮电、中国人民保险公司等系统企业进行 12 天的重点检查，共检查汇总缴纳企业所得税的成员企业和单位 468 户，其中原邮电部所属汇总纳税成员企业和单位 107 户，某人寿保险有限公司所属汇总纳税成员企业和单位 82 户，共查增应纳税所得额 3177.19 万元，应补缴企业所得税 1048.47 万元，其中邮电系统查增应纳税所得额 786.48 万元，占全部查增的 24.75%；财产保险系统查增应纳税所得额 492.02 万元，占全部查增数的 15.49%；中保人寿保险查增应纳税所得额 441.31 万元，占全部查增数的 13.89%。1999 年 4 月至 6 月，对银行、保险公司、邮电等行业在江西省的 607 户分支机构进行专项检查，共查增应纳税所得税额 4847 万元，查补所得税 1963 万元，罚款 158 万元。其中对两家银行所属 202 户分支机构进行重点检查，检查面达到 100%，调增应纳税所得税额 1390 万元，查补所得税 459 万元，罚款 91 万元。

2000 年，按照国家税务总局和公安部门统一部署，省国税局协助查处广西"钦州税案"，涉及江西省 4 户企业 921 万元税款，追缴税款 360 万元；查处"420"专案涉及江西省 18 户企业接受深圳 9 户企业虚开的增值税专用发票 35 份，追缴税款 19 万元，罚款 12 万元；全年国税系统共查补税款 3.03 亿元，稽查滞纳金加收率、罚款率、入库率分别为 2.66%、19.35%、96.27%。各级税务举报中心共受理各类举报案件 977 起，结案 650 起，查补税款 1706 万元，罚款 394 万元，加收滞纳金 47 万元。

2001 年，开展商贸企业增值税专项治理活动，全省共检查商贸企业 7748 户，发现有问题企业 3085 户，查补税款 2.03 亿元。其中，查处虚开、接受虚开专用发票违法案件 72 起，结案 60 起，查补税款 3591 万元；其他偷税案件 2884 起，结案 2844 起，查补税款 1.21 亿元；移送公安机关处理 76 起，涉案税额 2934 万元。对接受广东省潮阳、普宁等地增值税专用发票的普查，共查处虚开增值税专用发票 474 份，查补税款 908 万元。全省国税系统共受理税务违法案件举报 210 起；对 19300 户企业实施税务稽查，查实有问题的企业 13835 户，立案 7649 件，查补税款 4.15 亿元，移送公安机关查处 114 户，涉案金额 6.15 亿元。

2002 年始，省局制定专项检查工作方案，各设区市成立专项检查工作小组，除部分大型企业由省局直接实施外，其他涉及的专项检查由各设区市局组织实施。全省国税系统的税收专项检查分为指令性检查和指导性检查两类。省局成立税收专项检查工作领导小组，指导开展专项检查工作。省局制定全省九项专项检查工作方案，先后开展对加油站、集贸市场专项整治，以及涉外税收、进出口税收、烟酒、摩托车消费税、证券等企业所得税、电力企业以及税收优惠政策执行情况等税收专项检查。共检查各类集贸市场 1187 个，查出漏征漏管户 7809 户，补税、罚款 466 万元，整治后新增建账户 3208 户。检查加油站 586 个，补税、罚款 314 万元，并顺利完成加油机安装、更换税控装置工作，对清理整治合格的加油站按增值税一般纳税人管理。该年全系统累计查补税款 52217 万元，比上年增长 25.96%，罚款 6788 万元，加收滞纳金 1428 万元，实际入库 39713 万元，其中烟草、电力行业税收专项检查查补税款 20758 万元，加收滞纳金 567 万元。移送公安机关案件 64 起，在新闻媒体曝光 43 起，刑事拘留 8 人，批捕 7 人，判刑 4 人，其中无期徒刑 1 人。

2003 年，开展生产企业"免、抵、退"税、涉外房地产企业所得税、化妆品行业以及金融企业所得税等税收专项检查，查处 21 起大案要案。全年稽查查补总额达 3.36 亿元，其中查补税款 2.62 亿元，加收滞纳金 1078 万元，罚款 6267 万元，实际入库总额 2.99 亿元。南昌市局全面实施"阳光稽查"，严格实行文明执法制、执法公示制、诚信自查制、查前辅导制、查后反馈制、处罚告知制和举报报账制，除专案检查和"金税工程"协查外，对其他纳税人的检查，实行严格的检查计划制、查前告知制和听证公开制，加大查前辅导面，允许企业查前自查。对涉及当年纳税情况的检查，除群众举报和已立案查处的违法涉税案件外，原则上不采取调账稽查方式检查，各项税收检查归口税务稽查部门统一组织实施，防止多头重复检查。

2004年，对实行"一窗式"管理之前增值税缴纳情况开展税收专项检查，抽调52名稽查业务骨干组成6个专项检查组，对水泥、汽车和钢材行业的重点税源企业税收专项检查，共查补税款2000余万元；对货物运输发票进行专项检查，检查826户，发现有问题企业229户，总计查补税款409.47万元，罚款126.73万元，加收滞纳金19.14万元。全省共委托协查运输发票354份，发票金额1238.8万元，核实有问题发票93份，金额1083.8万元；共收到受托协查运输发票189份，发票金额574.8万元，核实有问题发票90份，金额147.5万元，实际入库收入447.45万元；完成"一窗式"管理之前票表比对专项检查工作，检查11332户，查补入库税款7099.76万元；完成对高校出版社代理发行单位税收专项检查工作，共检查13户，查补收入14.5万元。

2005年，开展服装生产企业税收专项整治，共检查服装生产企业268户，其中有问题企业129户，查补税款、罚款和加收滞纳金1925.18万元。当年，赣州市国家税务局为提升稽查案件查处执行率，制定《重大税务案件提请公安机关提前介入制度》，对税务人员在税务检查过程中发现单位或个人有重大税收违法行为的，经税务检查部门提出申请，报稽查局长批准后，提请公安机关提前介入税务检查过程，联合对案件进行查处；制定了《税务稽查案件个案分析制度》，要求稽查人员把《税务稽查案件个案分析报告》列为案卷必备资料，做到一案一评，分析报告主要包括案件来源、作案手段、主要违法事实、查处的结果及法律依据、发现的征管漏洞、办案的主要经验、对同类案件查办的指导意义等16方面主要内容；制定了《重大税务案件以案警示制度》，将本级、上级、异地税务稽查部门、法院、出口退税或公安经侦部门近期查办的重大税务案件情况，在相关行业或部门进行通报，以案警示活动每季度至少召开一次。2005年，全省各级国税稽查部门共查补收入44887万元，比上年增长51.92%，实际入库总额31772万元，比上年增长31.92%。

2006年，开展开发区税收政策专项核查。发现违规批准"区内注册、区外经营"的企业3户享受税收优惠1102万元、擅自扩大开发区区域范围的企业1户减免税332万元，督促有关单位及时进行了整改；查处"1206"专案、"雷霆一号""利剑二号"等大案要案47件，涉案金额8858万元；开展税收专项检查。重点开展房地产及建筑安装业、废旧物资回收经营企业等九大行业的税收专项检查。全系统共检查纳税人9895户，查实有问题纳税人7228户，查补税款、罚款和加收滞纳金4.79亿元。其中上饶县局在当地日报和晚报发布稽查人员公共信箱，邀请社会各界知名人士座谈，广开举报渠道，鼓励社会公众参与护税协税的做法在全省宣传。

2007年，省局确定全省税收专项检查计划，将房地产行业、食品药品生产加工业、电力企业、大型连锁零售企业及钢铁、白酒生产企业等六个行业列为全省专项检查的必查项目。各地市自行安排。省局直接开展检查的有部分电力、钢铁生产、酒类生产、大型连锁零售企业。当年省局确定的税收专项检查6个行业，共查补各项税收收入5.59亿元。依法查处税收大要案31起，查补税款1.71亿元，依法向公安机关移送案件15起，依法判刑5人。

2008年，省局确定年度税收专项检查工作的重点行业为房地产及建筑安装业、烟草行业、餐饮业及娱乐业、有色金属冶炼业、证券业、品牌营销的总代理商（总经销商）等。各地国税机关在上述检查项目的基础上，在本地区其他行业中选择若干行业，开展税收专项检查。全省国税系统共检查企业2387户，查补收入40298.94万元，其中税款36916.16万元，罚款1958.56万元，加收滞纳金 1424.22 万元。系统税收专项检查工作的主要做法：组织查前培训，在深入企业检查前，邀请税收业务骨干、稽查能手及相关行业资深财务人员授课，对检查人员进行针对性的业务培训；积极引导企业开展自查，企业在规定期限内自查发现的一般性税收违法行为，允许企业在稽查部门下户检查前自行补缴税款和滞纳金，经自查后仍存在税收违法疑点的，转入正常稽查程序；科学选定案源，发挥综合征管软件、发票协查和举报管理系统作用，灵活运用人机结合选案，提高专项检查选案的准确性；查前调查摸底，对每个行业检查前均组织召开专题分析会，对企业征管资料进行案头分析，确定检查重点与方法；灵活运用异地交叉检查、集中检查、下查一级等，抽调稽查业务骨干组成检查组实施检查；建立廉政回访制度，强化稽查执法监督。各级稽查部门"以查促管"，全年共向税源管理部门提出各类稽查建议 1117 份，向企业提出加强财务管理建议 536 份，向地方政府部门报送情况通报 37 份。

2010 年，省国税局下达行业性税收专项检查指令性检查项目和指导性检查项目，指令性检查项目包括房地产及建筑安装行业、药品经销行业、交通运输行业、石油石化行业、非居民企业纳税情况；指导性检查项目包括营利性医疗及教育培训机构、各地根据本地实际情况开展的其他项目；安排重点税源企业专项检查项目范围为废旧物资回收经营及有色金属加工企业、江西赣能股份有限公司及其下属企业、汽车销售 4S 店、农业银行、建设银行、城市信用社（含城市商业银行）、国盛证券有限责任公司、中国银河证券有限责任公司在江西省设立的各分支机构和营业部、2008—2010 年未进行稽查的重点税源企业。全年各级国税稽查部门税收专项检查共检查纳税人 2722 户，其中有问题户 2230 户，累计查补收入 8.31 亿元，其中增值税 2.91 亿元，企业所得税 5.11 亿元，罚款及滞纳金 2792 万元，查补收入比上年同期增加 1.01 亿元，增长 13.78%。已入库税款、滞纳金及罚款总额 8.23 亿元，入库率为 99.05%。超额完成总局稽查局下达的稽查查补率 1.5%、入库率 90% 的工作任务。

发票协查

2002 年起，省国税局通过金税工程协查系统开展发票协查工作。共发起委托协查函 344 件，协查发票 2055 份，协查发现有问题发票 930 份，查补税款 288.29 万元，罚款 0.15 万元；受托协查收到协查函协查发票 3739 份，经协查返回协查结果发票 3935 份，协查发现有问题发票 605 份，查补税款 436.62 万元，罚款 105.03 万元。2003 年 1 月起，省局将对内部生成受托协查回复率和委托协查准确率与认证系统、稽核系统回复率、准确率一道，按月予以通报排名。

2004 年，省国税局制定发票协查 5 项工作制度，与《金税工程协查信息管理系统机外工作规程（试行）》配套执行。即协查信息传递制度，内部生成委托协查审批制度，协查工作监督与复查制度，协查工作通报制度。

2005 年，全省国税协查系统受托协查回复发票 6521 份，通过协查系统委托发出协查 293 起，协查发票 1092 份，金额 19083.43 万元，税额 3222.05 万元，收到回复结果 1087 份，有问题发票 122 份，选票准确率为 11.22%。利用协查系统发现了 43 户涉嫌虚开和接受虚开增值税专用发票的企业，涉案发票 680 份，涉案发票价税合计 7113.33 万元，8 户企业移送公安机关查处。

2006年全省国税机关协查系统受托协查回复发票1803份，均在规定期限回复协查结果，受托协查回复率始终保持在100%。全省通过协查系统委托发出协查385起，协查发票1441份，金额14651.75万元，税额2478.09万元，收到回复结果1505份，有问题发票73份，选票准确率4.85%；全省办理公安部经侦局、总局稽查局联合督办的"利剑一号""利剑二号""雷霆一号"等全国重大发票协查案件6批次，协查发票13419份，发票金额2.3亿元，税额868万元。2006年全省重大案件协查工作得到总局充分肯定和通报表扬。自协查系统2001年7月1日在江西开通以来，到2006年底，全省国税系统受托协查回复率一直保持在100%。

2007年，全省通过协查系统发起委托协查发票395份，涉及企业180户（次），金额4590.34万元，税额639.82万元，收到回复发票399份，其中有问题发票43份，选票准确率10.77%；各地国家税务局稽查局受托收到协查发票1893份，涉及企业720户（次），金额3.09亿元，税额0.52亿元，回复发票1903份，累计按期回复率100%。查处虚开增值税专用发票350份，虚开农副产品收购凭证4580份。对利用网络、手机等工具出售发票等违法犯罪行为开展专项整治活动，查获各类假发票8060份。

2008年，全省国税系统通过协查系统发起委托协查发票597份，涉及企业64户（次），金额7213.32万元，税额1215.50万元，收到回复发票361份，其中有问题发票238份，选票准确率65.93%。收到受托协查发票2721份，涉及企业758户（次），金额6.08亿元，税额1.01亿元，回复发票2727份，累计按期回复率100%，其中有问题发票618份，查补税款、罚款、滞纳金计142.03万元，移送司法机关案件3起。手工协查转办协查函件15批次，其中公安部经侦局、总局稽查局联合督办的"雷霆二号""州界行动"等全国大要案件6起，协查发票1612份，发票金额1.70亿元，税额1045万元，查补税款、罚款、滞纳金1054.55万元。

2009年，全省通过协查系统发出委托协查函29起，涉及企业36户（次），协查发票229份，发票金额6303.47万元，税额1071.59万元，收到协查回复发票466份，其中有问题发票37份，选票准确率7.94%；各地收到受托协查发票4319份，涉及企业300户（次），金额4.10亿元，税额0.69亿元，协查回复发票4246份，累计按期回复率100%，其中有问题发票3295份，查补收入98.02万元。全省增值税抵扣凭证手工录入委托协查信息完整率98.18%，全省累计按期分拣率95.79%。发出手工协查函22起，协查发票229份，发票金额1.06亿元，税额1674.91万元。通过协查发现有问题发票24份，查补税款、滞纳金、罚款119.44万元。收到手工协查函28起，协查发票469份，发票金额7207万元，税额657.37万元。通过协查发现有问题发票98份，查补税款、滞纳金、罚款67.85万元。集中力量对3年（含）以上未实施稽查的重点税源企业及大型连锁超市等行业实施税收专项检查，打击制售假发票、非法代开发票专项整治活动。全省共检查纳税人2588户，查补入库税收8.51亿元，同比增长45.08%。

2010年，全省通过协查系统发出委托协查函141起，涉及企业147户（次），协查发票3087份，发票金额8.68亿元，税额1.48亿元。收到协查回复发票2720份，其中有问题发票1263份，选票准确率46.43%，居全国第三位。全省委托协查发票数量比上年同期增长13.5倍，委托协查准确率比上年同期提高近40个百分点；受托收到协查函862起，涉及企业1047户（次），发票7698份，金额 18.57 亿元，税额 3.14 亿元，协查回复发票 6241 份，累计按期回复率 100%，其中有问题发票 1685 份，查补收入 1131.86 万元；全省增值税抵扣凭证手工录入委托发起协查信息完整率 99.88%，高于全国平均水平 2.5 个百分点。

第四节　涉税案件查处

1992 年，全省各级税务机关在当地党委、政府及有关部门的支持配合下，狠抓税收综合治理，尝试建立税收保障体系，其中九江市人民法院成立"税收巡回法庭"，景德镇市成立"公安驻税务治安办公室"，樟树市设立"税务警务区"，连同原来的"税务检查办公室"，公、检、法、税四家逐步建立起一道税务保护屏障。全省共查处偷抗税案件 5273 起，依法补税罚款 1163 万元，101 人被拘留和拘捕，41 人被判刑。

1994 年，在全省范围内查处"江阴""黄岩"案件，要求接到对方税务机关传递的请求核查的函件、传真资料，必须认真进行查证落实，不得推诿、不得延误，并按照规定的期限及时将核查结果反馈给对方税务机关。对虚开、代开或非法取得增值税专用发票案件要及时向当地政府汇报，取得当地政府的支持，同时，向公、检、法等部门通报，请求有关部门配合查处，尽早结案。

1995 年，全省企业纳税人增值税专用发票存在的主要问题有：商业企业专用发票和记账联未撕下记账而使用发票销货清单作为原始凭证入账；真票假开，无货虚开、代开；大头小尾，开具阴阳票；取得的进项专用发票单位填错或填写不规范；抵扣联、发票联未按规定加盖财务专用章或发票专用章；免税货物开具专用发票；拆本使用、单联填开、转借他人使用；接受旧版专用发票自行抵扣；购进农副产品自行开具企业收购凭证抵扣税款；接受进项专用发票不属当期抵扣而提前抵扣等。省局要求各级国税机关加强发票案件查处的组织领导，要加强调查研究，分析案情，组织力量查处；属虚开、代开的一律不得抵扣；对案发单位停止其发票使用权，追回领用的发票，非法取得的进项发票一律不得抵扣，抵扣的如数追回，并按规定给予处罚。吉安地区抽调力量组成 3 个稽核组对城区 1–5 分局 244 户增值税一般纳税人 4 月份接受进项发票和其他抵扣凭证进行专项检查，查出有问题的 116 户。检查专用发票抵扣凭证 4141 份，复核进项税额 1266 万余元，查出 405 份进项发票不符合抵扣要求，核减已抵扣税款 59 万余元；检查收购凭证、运输发票等其他抵扣凭证 712 份，其中不符合抵扣要求的 74 份，核减已抵扣税款 25.3 万元。

2000 年，制定《江西省国税系统填开发票管理暂行办法》，对不按规定使用管理"填开发票"、登记"填开发票"使用情况登记簿的，按有关规定追究责任，对触犯法律者，移送司法机关处理。

2001 年，省国税局制发《税务稽查大案要案管理办法》，按照涉案金额和违法性质将大案要案分为三级，并按照不同级别确定查处层级和流程。一类案件由省局稽查局立案查处或授权设区市稽查局立案查处，偷税、逃避追缴欠税数额在 200 万元以上，个人（包括个体工商户）偷税、逃避追缴欠税数额在 40 万元以上等 10 种情形的税收违法案件为一类案件。二类案件由设区市稽查局立案查处或授权县（市）、区局稽查局立案查处，单位偷税、逃避追缴欠税数额在 50 万元以上，200 万元以下，个人（包括个体工商户）偷税、逃避追缴欠税数额在 10 万元以上，40 万元以下的等 10 种情形的税收违法案件为二类案件。三类案件由县（市）、区局稽查局立案查处，单位偷税、逃避追缴欠税数额在 10 万元以上，50 万元以下，个人（包括个体工商户）偷税、逃避追缴欠税数额在 5 万元以上，10 万元以下等 9 种情形的税收违法案件为三类案件。

2004 年，省国税局与省公安厅、省地税局联合成立专项整治领导组织机构，下发《江西省关于开展打击虚开货物运输发票和制售假发票等涉税违法犯罪专项整治行动工作方案》，定期向检察院、法院及其他行政部门通报专项整治行动的有关情况和信息。各级国税机关对本地区一般纳税人企业进行排查，对短期内用票量剧增、税负明显偏低、票面业务与经营范围不一致等纳税异常情况的小型商贸企业进行重点检查。对存在故意接受虚开增值税专用发票或者故意接受可抵扣税款的其他发票（凭证）偷逃税款、骗取出口退税等行为的企业，各地稽查部门对其 2001—2004 年的税款缴纳情况进行全面检查，重拳打击故意接受虚开发票"买方市场"，重点打击对制售假发票以及虚开增值税专用发票和骗取出口退税违法犯罪活动，深挖制造、贩卖假发票的窝点和犯罪团伙，对假发票的集散地车站、码头进行集中整治。全省打击虚开货物运输发票和制售假发票等涉税违法犯罪专项整治活动 2004 年 9 月底结束，共检查企业 1531 户，查处案件 123 起，其中，虚开货运发票 48 起、虚开废旧物资发票 10 起、虚开农产品收购发票 23 起、伪造海关进口完税证 10 起、虚开增值税发票 32 起；虚开（制售）假发票 1681 份，移送公安案件 22 起（其中虚开废旧物资发票 1 起、虚开农产品收购发票 2 起、伪造海关进口完税证 7 起、虚开增值税发票 12 起）；查补税款 2954.42 万元，加收滞纳金 30.12 万元，罚款 520.64 万元。当年，全省各级国税机关查处大要案件 41 起，查补税款 9040 万元。其中列入省国税局督办大要案件 16 起，涉及虚开增值税专用发票 1172 份，涉案税款金额 3.98 亿元，查补入库税款 3250 万元，刑事拘留 26 人。

2005 年，江西国税系统在全省范围内开展打击虚开增值税专用发票、利用"四小票"偷税等涉税违法犯罪行为。全省各级国税稽查部门查处大要案件 59 起，涉案税额 4.41 亿元，其中江西省国家税务局督办大要案件 10 起 28 户企业，虚开增值税专用发票 10473 份、虚假海关完税证 84 份、虚开农副产品收购凭证 9854 份，涉案税额 3.31 亿元，依法逮捕 29 人。当年，全省查处大要案件 59 起，涉案税额 4.41 亿元，其中省国税局督办大要案件 10 起 28 户企业，虚开增值税专用发票 10473 份、虚假海关完税证 84 份、虚开农副产品收购凭证 9854 份，涉案税额 3.31 亿元，已依法逮捕 29 人。

2006 年，对注销、走逃、关停的 73 户闽籍服装生产企业进行调查，查处 5 户服装企业接收虚开增值税专用发票 18 份，查补税款 27.09 万元，罚款 24.4 万元；2 户企业违反发票管理规定，罚款 6.06 万元；11 户服装企业涉嫌虚开增值税专用发票 942 份，虚开税额 1672.08 万元。当年，全省查处 20 起大要案件，涉案金额 1.64 亿元，税额 2377.41 万元，涉嫌虚开增值税专用发票 470 份，移送公安机关立案侦查 12 起，涉案人员 10 人。

2007 年，全省国税系统查获各类假发票共计 8060 份，最大可开数额近 84 亿元，最大涉税数额达 4.6 亿元，全省查处大要案件 32 起，涉案税额 2.75 亿元，其中列入省国税局督办案件 5 起，涉及企业 46 户，查处虚开增值税专用发票 350 份，虚开农副产品收购凭证 4580 份，涉案税额 2.2 亿，15 名涉案人员被依法逮捕，其中 4 人被依法判处有期徒刑。

2008 年始，省国税局加强与公安、地税等部门的联系和协作，开展对全省非法制售假发票、非法代开发票等违法犯罪活动的税收专项整治。利用12366短信平台广泛宣传打击发票违法的政策，向社会公众发放宣传短信6万余条，与江西省移动公司协调拦截发票涉税违法短信，全年共查获假发票、非法代开发票15575份，发票涉及金额51.4亿元，查补收入528.29万元，缴获电脑、打印机等作案工具36台，公安机关依法抓捕犯罪嫌疑人44人，其中刑事拘留5人。各设区市国税系统稽查部门对所辖地区的重点区域开展税收专项整治，共查补收入1120万元。全省查处涉税案件2401起，查补收入20386.77万元，查处涉案增值税专用发票2611份、废旧物资收购凭证7875份、农产品收购凭证1186份、海关完税凭证13份，向公安机关移送案件30起，公安机关刑事拘留11人，依法逮捕1人。

2009年，全省国税系统查获各类假发票、非法代开发票413380份，发票最大可填开金额23.76亿元，查补税款293.36万元，缴获电脑、打印机等作案工具35台，封堵制售假发票、非法代开发票手机短信息47.5万条，关停群发发票违法信息手机200余个，税务、公安机关立案71起。全省各级国税机关共立案查处违法案件1669起，其中大要案件26件，移送公安机关4起，涉案金额44.3亿元，涉案人员58人。查实公安部、国家税务局总局通报的"张杰明团伙骗取出口退税案"在宜丰、上高的22户涉案企业虚开增值税专用发票3041份，涉案金额3.15亿元，骗取国家出口退税款4575万元；涉案企业虚开农副产品收购凭证14423份，涉案金额3.11亿元。

2010年，省国税局提出坚持"打防并举、突出重点、标本兼治、综合治理"的方针，把打击发票违法犯罪活动工作作为日常工作。各级国税机关将发票使用情况的检查与行业税收专项检查、区域税收专项整治、重点税源检查、专案检查工作一同布置、一同组织、一同进行，做到"查账必查票""查案必查票"，结合制售假发票大要案查办工作，认真梳理虚假发票线索和信息，深入追查购买、使用虚假发票的企业。全省查获各类假发票、非法代开发票792.65万份，发票最大填开金额95.75亿元，查补税款、罚款3866.65万元，公安机关破获发票犯罪案件73起，抓捕犯罪嫌疑人141人，打掉发票犯罪团伙41个，捣毁发票储藏窝点69个，移送检察机关起诉案件10起，起诉14人，其中4名被判有期徒刑。

第五章 税收计会统

中华人民共和国成立以来,税收计划、税收会计、税收统计和税收票证管理简称为税收"计会统"工作。2009 年国家税务总局将"税收计会统"工作改称为"收入规划核算"工作。1994 年 9 月份国税、地税两套税务机构分设后, 随着税收工作改革与发展, 江西省国税局税收计会统工作具体包括税收计划、税源调查、税收调查、重点税源企业税源税收监控分析、工业园区税源税收监控分析、税收会计、税收统计、税收票证、会统数据质量监控和税收分析等管理工作。

第一节 税收计划管理

税收计划管理具体包括税收计划编制和下达、收入进度检查和考核、税源调查和税收调查等管理工作。

税收计划

税收计划是税务机关组织收入工作目标和工作考核重要指标, 是财政预算的重要组成部分和重要依据。

计划编制与下达 1991 年江西省税收计划编制遵循的原则 : ①统一管理原则。税收计划实行全额计算, 全额下达, 全额考核, 并按照中央、地方预算级次分别反映 ; ②从经济到税收原则。税收计划编制以国民经济计划和经济税源为依据, 充分考虑市场因素 ; ③实事求是原则。对计划期内经济税源重大变化情况认真地进行调查研究和全面分析, 充分考虑税源潜力以及税政措施对税收的影响, 使税收计划具有客观依据 ; ④积极可靠原则。把主观能动性与客观可能性结合起来, 把收入指标定得既积极可靠, 又留有余地, 以利于调动税务干部组织收入工作的积极性。上述税收计划编制原则一直沿用到 2010 年。

税收计划分为长期计划和短期计划。长期计划是指五年计划、十年规划等。短期计划主要包括年度计划、季度计划和月收入计划。省局一般不下达税收月收入计划, 部分设区市局和各县级局编制下达税收月收入计划, 层层分解、落实, 直至基层税务分局、所。省局根据税收年度计划和上级领导关于组织收入工作的要求、经济税源季节性变化等情况编制税收季度计划, 分配、下达各地市税务局, 层层分解、落实, 直至基层税务分局、所, 季度计划落实情况自下而上逐级上报省局。年度计划采用"两上一下"方式, 省局根据江西省国民经济和社会发展计划、重大税收政策调整、经济税源发展变化等编制自报计划, 上报税务总局, 税务总局予以审核、调整后, 将税收年度计划下达省局，省局将上级下达的税收年度计划分解、下达各地市税务局，层层分解、落实，直至基层税务分局、所。税收计划的执行是循序渐进的过程，税务部门以月收入计划完成来保障季度收入计划实现，以季度收入计划完成来保障年收入计划实现，通常简称为"以月保季，以季保年"。

1991—1998年税收计划基本属国家指令性计划，一经确定，要求确保完成。期间，部分年度因重大税政措施出台或基于全局政治经济形势考虑，上级追加税收计划。① 1993年是1994年税制改革的财政基数年，年初国家税务局下达江西省工商税收计划49亿元，9月中旬财政部和国家税务局联合发文下达江西省1993年工商税收超收指标53亿元，奋斗目标55.6亿元，江西省税务局将追加的超收指标和奋斗目标于9月下旬分解落实到各地市和具体税种，并加强计划执行情况检查与考核。② 1994年实施新税制，年初税务总局下达江西省工商税收计划63.5亿元，年中税务总局下达江西省工商税收增长目标68.68亿元。江西省政府确定全省1994年工商税收增长目标69.72亿元，其中"两税"收入（国内增值税和国内消费税收入合计数，下同）增长目标48.54亿元。省局将追加计划及时分解落实到具体税种和各地市，并加强计划执行情况检查与督促。③ 1994年12月中旬召开的全国税务局长会议期间，国家税务总局分配下达江西省国税局1995年工商税收计划58.77亿元，后因集贸市场税收分成取消，全额缴库，加之1994年税收实际入库数大于计划编制时的预计数而作基数调加，1995年年中国家税务总局下达江西省国税局工商税收计划60.87亿元，比年前下达计划增加2.1亿元。省国税局将追加计划及时分解落实到各地市，各地层层落实直至基层税务分局、所。④ 1998年国家为应对东南亚金融危机，保持经济稳定增长，6月份国家税务总局在年初下达江西省国税局工商税收计划63.83亿元基础上，调增江西省国税局工商税收计划为64.33亿元，比年初计划增加0.5亿元。后又根据形势发展，全国税收要求增收1000亿元，11月份国家税务总局正式下达江西省国税局1998年工商税收计划为65.13亿元，比年初计划增加1.3亿元。省国税局先后两次将追加计划及时分解落实到各地市，并督促各地逐级落实直至基层税务分局、所。

随着改革开放推进和依法治国基本方略确立，税收计划的指令性特征有所弱化，逐渐改革为指令性与指导性相结合的组织收入计划。1999—2010年江西省国税局年收入计划是年初确定后，年中不再变更。其中：1999—2001年各年度收入计划按国家税务总局下达计划执行，省里未作增加；2002—2010年各年度收入计划，省里在国家计划基础上作适当调加，各年度调加幅度分别为0.91%、1.26%、2.59%、2.86%、0.9%、0.52%、1.36%、3.75%、2.1%，省国税局将调加后的省计划进行分解下达各地市，层层分解、落实，直至基层税务分局、所。并加强计划执行情况的检查考核，确保年收入计划完成。

根据江西省国民经济和社会发展"五年计划"（五年规划），1995—2010年期间，省国税局按照省计划委员会（省发展和改革委员会）要求先后编制"九五时期江西省国税收入计划""十五时期江西省国税收入计划""十一五时期江西省国税收入计划""十二五时期江西省国税收入规划"，先后报送省政府、省计划委员会（省发展和改革委员会）和省财政厅，为编制全省国民经济和社会发展"五年计划"（五年规划）和领导工作决策提供参考依据。

计划进度检查和考核 1991年省税务局继续沿用税收收入计划进度检查和考核工作制度，省局通过旬报、五日报、月快报对全省税收计划进度进行检查和考核，不仅考核计划完成情况，同时考核收入质量。国、地税机构分设后，省国税局继续沿用税收收入计划进度检查和考核工作制度一直到 2010 年。

每月的上、中旬于旬后 1—2 日内，省、地、县三级税务机关编制税收收入旬快报，逐级上报。旬报上报项目内容随着形势发展和工作需要而调整变化，1994 年旬报列工商税收、工商税收地方收入、出口退税等 3 个项目。2003 年税收旬报列税收收入合计、国内增值税、国内消费税、企业所得税、海关代征、储蓄利息所得个人所得税、出口退税等 7 个项目。2009 年税收旬报列税收收入合计、国内增值税、免抵调增增值税、国内消费税、营业税、企业所得税、内资企业所得税、外资企业所得税、海关代征、储蓄利息所得个人所得税、车辆购置税、出口退税等 12 个项目。省局分地区、分税种收入进行计划进度考核和通报。

为及时掌握收入进度以加强调度，各级税务机关于每年 12 月份（有的年度要求于 11 月份始）报送五日报。五日报报送的项目内容同旬报，增加"全年收入预计数"项目内容。

月后各级税务机关编报"月收入快报"，是各级税务机关拟写税收收入分析通报、检查季度和年度计划执行情况的重要依据。"月收入快报"一般是分税种、经济类型、预算级次、主要行业、主要产品、特大型企业、出口产品退税、欠税余额、查补入库数等项目填报税收数据。随着税制改革和税收计划管理工作需要，各年度的"月收入快报"项目内容有所调整变化。1991—2003 年"月收入快报表"作为"税收收入情况通报"（正式公文）的附件印发。2004 年始，"月收入情况通报"不再以正式公文印发，而是与"月收入快报表"一起编制成手册，作为内部资料印发。

年度税收计划完成情况是对各级税务机关工作考核的重要依据。每个年度终了后，全省各级税务机关均对税收年计划执行情况进行全面检查、分析和量化考核，形成文字材料以正式公文形式印发通报，发送范围按照有关规定执行。对税收计划完成情况实行经济奖励的制度化考核始于 1998 年，是年江西省遭遇百年不遇的特大洪涝灾害，经济税源损失严重，为应对东南亚金融危机冲击影响，保持经济稳定增长，年内上级两次追加江西省国税局税收计划，为调动全省国税系统广大干部职工组织收入工作积极性，挖掘潜力，省国税局制定"组织收入工作考核奖励办法"，从收入任务完成、欠税压缩等指标对各地市局组织收入工作进行量化考核，凡达标者按地市国税系统干部职工人数人均 500 元计算奖励金予以发放。1999 年始，省国税局制定《江西省国税系统工作目标考核办法》，对税收收入、征收管理、税政管理、行政管理进行全面考核，税收任务完成情况不再单独考核，而是其中重要考核内容。

2007 年江西省国税税收首次突破 300 亿元，达 343 亿元，比上年增长 33%。2008 年 1 月 10 日省国税局制发《江西省国家税务局关于对 2007 年度国税收入工作成绩显著的设区市国税局表彰奖励的决定》，对 2007 年税收收入首次超百亿元的南昌市国税局以及税收收入增幅高于全省国税税收平均增幅的鹰潭、新余、上饶、赣州和抚州市国税局予以表彰，并一次性奖励南昌市国税局 30 万元，鹰潭、新余、上饶、赣州和抚州市国税局各 10 万元。

2008 年、2009 年和 2010 年，全省国税收入逐年创新高，组织收入工作纳入《江西省国税系统工作目标考核办法》进行考核的方式一直延续，但对于国税收入取得历史性突破和税收收入增幅高于全省国税税收平均增幅的设区市局，省局未再专门奖励。

经济税源调查

经济信息交流　1991—2010 年省税务局（省国税局）与省发展和改革委（计委）、省统计局、省财政厅等经济主管部门建立定期经济信息交流制度，及时获取江西省经济社会发展计划（规划）、国民经济运行月快报、财政预算执行情况快报等经济信息。

涉税信息定期报告　1991—2010 年，省税务局（省国税局）建立重点税源企业经济税源定期报告制度，每月获取重点税源企业税源税收信息。2005 年始建立工业园区经济税源定期报告制度，每季获取工业园区税源税收信息。

专题调查　专题调查根据组织收入工作需要适时组织开展。

2003 年"非典"期间，省国税局布置开展"非典"对税源和税收收入影响情况调查。调查结果显示，"非典"对税收收入影响不大，2003 年全省国税税收收入比上年增长 20.9%。

2004 年，全省开展新增税源调查，同时要求对四通江西电机有限责任公司等 50 户 2003 年新增税源企业进行回访，了解掌握其生产经营和税源状况。各设区市局将新增税源调查报告及其数据表格上报省局，省局计财处汇总后形成全省调查报告，基本摸清新增税源底数，呈报上级领导工作决策参考。

2008 年 1 月中旬至 2 月中旬，江西省遭遇历史上罕见的低温雨雪冰冻灾害，企业生产经营遭受重大困难，经济遭受重大损失，严重影响税收收入。省国税局适时开展专题调查，各地调查情况汇总，此次低温雨雪冰冻灾害影响全省国税减收 29 亿元，其中直接影响 2008 年税收减收 15 亿元，间接和滞后影响税收减收 14 亿元。因灾影响税收减收较多的行业有电力、冶金、农林产品加工业、采掘业、商业等。灾害减收调查报告上报国家税务总局、省政府等上级领导机关，报送省财政厅等有关部门，及时反映情况。全省各级国税机关投入灾后恢复重建工作，研究并落实灾后恢复促进经济发展的税收优惠政策，加强税收服务、税源管理、征收管理和组织收入工作，把灾害损失降到最低程度。

汇报分析会议　1991—1999 年，省局按年召开重点税源形势汇报会议。其中 1991、1995 和 1999 年先后三次在井冈山召开全省重点税源企业税源汇报会议。会后形成综合汇报材料，主要内容包括重点企业税源发展变化情况、存在的主要问题及措施建议、年税收收入预测等，报经省局领导审定后，按规定范围印发，为领导工作决策提供参考依据。

2008 年 4 月下旬，省国税局召开"2008 年一季度税源税收调查分析会议"，各设区市局计统科长及税收分析员各一名参加会议，交流税收经济分析专题报告，分析一季度组织收入中存在的问题，研究提出相关措施建议；对上半年税收收入情况进行预测；研究部署计会统有关工作。通过分析会议，了解经济税源发展变化和税收收入趋势，进一步加强组织收入管理和计会统工作。

税源调查　2009 年 1 月份，南昌、鹰潭、赣州、宜春和上饶等 5 市国税税收收入同比分别下降 43.1%、62.6%、43.5%、2.4%、31.5%，2 月份上中旬国税收入除南昌市小幅增长外，其余 4 市同比降幅均在 30% 以上。2 月下旬，省国税局计统处组织 3 个调查组分赴上述 5 市开展税源税收情况调查。调查结果表明，上述设区市国税收入持续大跌的主要原因：①国际金融危机冲击影响。有色金属产品销价暴跌，废铜回收和加工企业大多停产半停产，江铜税收锐减，大余春桥钼业有限公司2008年缴纳税款近3000万元，2009年停产并办理注销手续，有色金属税收占比大的鹰潭、赣州和上饶市，1—2月国税税收收入相应大幅下降。2008年下半年国际金融危机爆发，企业利润锐减，结转2009年1—2月申报缴纳的企业所得税大幅下降；②税收政策调整影响。储蓄利息个人所得税停征，企业所得税"两法"合并翘尾影响2009年一季度收入，增值税全面转型抵扣税金增加；③消化上年度收入"水份"影响。鹰潭市2008年减免税应退未退4000万元结转2009年消化，赣州市2008年收入有3亿余元"包袱"结转2009年消化，宜春市1—2月份消化收入"水份"1.1亿元，上饶市消化德兴铜矿2008年增值税结算红字5100万元、银山矿2008年增值税结算红字700万元等。面对严峻的收入形势，各地国税机关积极应对：南昌市把握扩大内需有利时机，加强个体户、专业市场和商业企业的税收管理，对1—2月零、负申报企业和2008年无税企业开展重点检查，推进纳税评估和税务稽查；赣州市局加强计划管理，按月分配下达收入计划，组织开展收入工作调查，加强税收征管，建立健全车购税"一条龙"管理机制等；宜春市局要求全市国税系统做到思想认识、组织收入措施、组织领导、收入调度督查"四个到位"，确保首季"开门红"；上饶市局及其各县级局均成立组织收入领导小组，一把手任组长，市、县局领导班子成员挂钩联系重点税源企业，落实强化税源管理的10条措施等。省局调查组走访了部分企业，企业反映：再生资源回收企业缴纳增值税的70%由财政部门审批退税，具体实施办法尚未明确；废铜收购主要来源于沿海地区，很难取得正式发票，废铜收购和加工企业出现停产或半停产现象。省局计划统计处根据实地调查情况，形成调查报告呈局领导研究。

税收调查

税收调查是由财政部和国家税务总局共同布置各地税务机关开展的一项年度性调查工作，是直接为研究制订财税改革方案、制定财税政策、加强财税管理服务的一项重要的基础性工作。

1991—1994年，江西省税收调查工作由省税务局税政处牵头。调查方式主要由被调查企业填报纸质调查表，县级税务局将纸质调查表数据录入计算机，形成电子文档后报送地市局，地市局汇总审核确定后报送省局，省局汇总审核确定后报送税务总局。调查范围逐渐扩大，由初期调查几百户企业增加到1994年2000余户企业。1991—1993年江西省税收调查数据以产品税、增值税、营业税"三税"普查为主，1994年税收调查数据以产品税、消费税、营业税"三税"普查为主，兼顾内资企业所得税及财务会计指标。税收调查数据主要服务于税制改革测算。

1995—2006年，江西省国税系统税收调查工作由省局流转税处牵头负责，调查方式同上，调查数据以增值税、消费税、营业税"三税"普查为主，兼顾企业所得税（内外资）及企业财务会计指标。

2007—2009年，江西省国税系统税收调查工作由省局货物和劳务税处牵头负责，调查方式是部分具备条件的企业使用计算机填报电子调查表，部分尚不具备条件的调查企业仍是填报纸质调查表，并由县级国税局将纸质调查表数据录入计算机，连同电子调查表一并汇总，形成电子文档并审核确定后，逐级汇总上报财政部、国家税务总局。调查数据以流转税（增值税、消费税、营业税）

普查为主，兼顾企业相关的所有税种及企业财务会计指标。2009 年调查范围增至 7000 余户企业。

2010 年，江西省国税系统税收调查工作改由收入规划核算处牵头负责。调查方式是被调查企业全部使用计算机专用软件填报调查表，县级国税局汇总审核确定后，逐级汇总上报财政部、国家税务总局。调查范围增至近万户企业。税收调查表由信息表、企业表和货物劳务表三份表组成。信息表包括企业纳税人识别号、国民经济行业、经济类型、所在地、主体税种（即增值税、消费税、营业税和企业所得税）缴纳方式等信息。企业表包括增值税指标、进出口税收指标、消费税指标、营业税指标、地方税和行政事业性收费等其他税费指标、利润表指标、企业所得税申报表指标、利润分配表有关指标、资产负债表有关指标、现金流量表有关指标、其他指标等大类指标。货物劳务表包括货物劳务代码、产品产量、销量和价格、增值税、消费税、营业税、资源税、销售货物或提供劳务取得的收入和成本等指标。三份税收调查表共计 433 个分项指标，全面涵盖了企业基本信息、税收数据、财务数据和经营数据等信息。这次调查涉及面广，调查数据样本代表性增强，税收调查数据的完整性和实用性提高。税收调查数据主要服务财政体制改革、税制改革、政策制订、加强财税监管服务。

2010 年 3 月，省国税局收入规划核算处牵头召开全省国税系统税收调查布置会。参会人员为各设区市局和调查户数较多的县（市、区）局负责税收调查工作人员、省局相关业务处室人员。会议主要内容：总结 2009 年税收调查工作，表彰 2009 年税收调查工作先进单位；根据上级工作部署和要求，布置 2010 年全省国税系统税收调查工作，发放 2010 年税收调查表；对市、县局税收调查工作人员进行培训，讲解税收调查指标，布置填报税收调查表任务。会后各设区市局根据要求，逐级组织培训，抓好落实。纳入调查范围的企业按照调查表填报要求，使用税收调查专用软件填报数据后，将调查表上报到主管税务机关，由其根据企业纳税申报等信息，对企业填报数据核对无误后，逐级上报省局，省局负责汇总全省税收调查数据，并将数据按要求预上报财政部和国家税务总局。

2010 年 7 月，省国税局收入规划核算处牵头召开全省国税系统税收调查数据汇审会，使用审核软件，人机结合，对各设区市局上报税收调查数据的完整性、真实性等进行现场审核，并将审核无误的数据进行汇总，形成 2010 年全省国税系统税收调查定稿数据上报财政部和国家税务总局。

江西国税加大税收调查数据的分析力度，努力挖掘潜能，将数据分析成果应用于税收管理工作实践。2010 年省国税局成立 4 个课题组，对本省再生资源行业、化工行业、光伏产业和高新技术企业税源税收情况开展专题分析，并形成分析报告上报财政部和国家税务总局，同时省局以专刊形式分期发布分析成果，系统内外有关部门信息共享。各设区市局充分利用调查数据开展分析，有效地服务税收管理。吉安市局依据调查数据就出口企业和吉泰工业走廊重点行业的生产经营状况、市场前景、发展中存在的问题开展专题分析，研提税收服务等方面的建议；新余市局在全面掌握税收调查数据的基础上，根据实际工作需要和税源特征，拟定以化工行业和光伏产业为重点的分析课题，并结合宏观经济数据和征管数据开展综合分析，为领导科学决策提供依据等。

省局加强税收调查工作领导，精心组织，严格把好"数据录入关""数据审核关""数据利用关"等三关，每年都按时保质完成工作任务，多次被财政部、国家税务总局评为税收调查工作先进单位。其中：1991—1993 年连续 3 年江西省税务局荣获财政部授予的"全国集体工业企业财务资料普查工作先进单位"锦旗；2000—2010 年，江西省国税局连续 11 年被财政部、国家税务总局评为税收调查工作先进单位，2007 年为全国国税系统 28 个先进单位之一、2010 年为全国国税系统 26 个先进单位之一。

第二节　税收会计统计

税收会计

税收会计是国家预算会计的组成部分。江西省税务局、国税局通过税收会计工作，正确核算反映税源、税收收入情况、税收政策执行结果和税收工作成果；严格收入退库制度，加强退库管理；认真审核税收票证，发现差错及时纠正；加强组织收入工作监督，促进应收税款及时、足额入库，防止积压、挪用、贪污税款和混库、串库现象发生。

税收会计核算改革　1985 年前江西省税收会计核算是以税收入库数为核算起点，减免税和欠税未纳入核算范围。为强化税收会计的反映与监督职能作用，对纳税申报、税款征收、入库、滞纳金、欠税、减免税、提退等税收资金运动各环节进行全面的核算、反映与监督，准确反映税源底数，完善税收会计核算体系，为税收征管部门加强税收管理，堵塞漏洞，控制欠税，防止税收流失提供数据信息依据，在税务总局指导下，1985 年江西省税务局选择临川县、吉水县、宜丰县等地扩大税收会计核算范围，将原以税收入库数为核算起点改为以税收征收数为核算起点，将减免税和欠税纳入核算范围；由单式记账改为复式记账。1987 年省税务局在全省推行税收会计改革。

税务总局开展税收会计改革理论探索，总结江西、山西、安徽等省试点单位会计改革经验，于 1991 年 3 月全国税收会计工作会议上部署税收会计改革工作，制发《税收会计改革方案》等工作制度。改革的主要内容：扩大税收会计的核算范围，将原以税收入库数为核算起点改为以税收征收数为核算起点；理顺税收会计核算单位关系，按照征管业务的不同，税收会计核算单位分为上解单位、入库单位、双重业务单位，税收会计核算分为上解单位与入库单位的两级核算、双重业务单位的一级核算；将"收付记账法"改为"借贷记账法"。江西省税务局贯彻落实国家税务局税收会计改革试点工作部署和要求，印发《关于印发国家税务局〈税收会计改革方案〉等办法和制度的通知》，制定《江西省县（市）税务局税收会计核算实施办法》《江西省基层税务所税收会计核算实施办法》《江西省税收会计核算试行办法（仅适用开票机联网县、市）》，从 1992 年 1 月 1 日起执行。

试点单位抚州市税务局税收会计改革前的企业按期申报率为 80% 左右，税收会计改革后的企业按期申报率上升为 97% 以上。1987 年全省推行税收会计改革后，通过清理旧账，建立新账，全省欠税余额反映较上年增长 65.1%，欠税数据掌握的准确性较改革前明显提升。税收征管部门配合税收会计改革需传递许多原始凭证，要求凭证资料必须填写规范、及时传递报送，由此促进了税收征管基础工作加强，并为税收政策法规执行情况检查提供依据。税收会计改革保证了各项征管数据信息有一个统一的核算来源，为实行"征、管、查"三分离的征管改革奠定了基础，同时促进纳税人按期申报、减少拖欠税款，增强依法纳税意识。

电子缴税改革　随着征管改革深化，江西省国税系统先试点、后全面推行多元化电子申报缴税方式，纳税人通过互联网缴税、电话缴税、银行账户自动扣税等缴税方式办理申报纳税。随着电子缴税方式推行，税收会计核算凭证与会计核算方法也作相应调整。2005年省国税局和部分商业银行就多元化电子申报缴税工作下发及联合下发《江西省国家税务局关于深化多元化电子申报缴税工作的意见》《江西省国家税务局　中国建设银行股份有限公司江西省分行关于做好多元化电子申报缴税工作的通知》《江西省国家税务局 中国工商银行江西省分行关于做好多元化电子申报缴税工作的通知》《江西省国家税务局 中国银行江西省分行关于做好多元化电子申报缴税工作的通知》和《江西省国家税务局 中国农业银行江西省分行关于做好多元化电子申报缴税工作的通知》等文件，对多元化电子申报缴税工作以及税收会计业务相应调整改革事项作出具体规定。

2006年1月份，省国税局和中国人民银行南昌中心支行联合发文《转发〈国家税务总局　中国人民银行关于实行电子缴税后使用电子缴款书有关问题的通知〉的通知》，规定：电子缴税使用电子缴款书、电子缴税付款凭证、电子缴税入库清单等凭证；实行电子缴税的，纳税人需要税务机关开具完税凭证的，税务机关根据征管系统中已入库电子缴款书开具纸质完税凭证；之前凡有与上述有关规定不符之处，在不影响多元化电子申报缴税工作开展的情况下，通过对多元化电子申报缴税软件进行升级调整，使税收会计核算凭证与会计业务操作与征管改革相适应。

省局一级核算　2004年底，全省11个设区市国税局先后完成税收征管信息系统CTAIS1.0版上线工作。经过2005年的筹划、培训和试运行等前期准备工作，2006年1月1日起全省国税系统上线运行税收征管信息系统CTAIS2.0版，实现征管数据信息省局大集中，同时省国税系统税收会计实行省局一级核算。2006年2月下旬，省国税局印发《江西省国家税务局税收会计省局一级核算管理办法（试行）》，明确以省局为税收会统核算一级处理单位，统一设置账簿，统一记账，省、市、县三级根据"中国税收征管信息系统"产生的税收会统账务处理结果，分别生成三级税收会统报表；对机构岗责、工作流程、错账更正、应急处理、质量考核提出规范要求。

表2-5-1　江西省国家税务局一级税收会统核算工作流程

时　间	省国税局	设区市国税局
月后1日11:30前	审核	审核
月后1日11:30开始	第一次记账	
月后2日8:00前	生成、保存本级报表并审核	生成、保存本级报表，导入TRS，补录车购税、委托代征和呆账税金数据并审核后，将舍位平衡为万元的报表及错误清单上报省局
月后2日11:30开始	账务回退	
账务回退结束后		对会统核算数据进行维护，并对第一次生成的会统报表进行修正
月后3日12:00前		将会统报表调整情况表及会统核算数据维护情况表上报省局
月后4日11:30开始	第二次记账	

续表

时　间	省国税局	设区市国税局
月后 4 日 22:00 前	第二次生成、保存本级报表并审核	第二次生成、保存本级报表并审核
月后 5 日 14:30 前		审核 TRS 报表后，将审核无误并与征管信息系统中的报表核对相符的会统报表通过 TRS 上报省局
月后 6 日 18:00 前	汇总设区市国税局 TRS 报表并审核后，将审核无误与征管信息系统中的报表相符的会统报表上报总局	

会计报表编报　随着形势发展，税收会计报表表式逐步增加，报表项目内容逐步增多，编报方式由纸质报表报送改革优化为电子信息传输，使基础数据信息能及时和较充分提供，以适应税收管理深化和领导决策的需要。

1991 年，江西省税务局税收会计报表设置"税收资金平衡表""应征款项明细表""入库税收明细表""待征款项明细表"和"减免款项明细表"等 5 份报表，报表项目内容较为简略。报表编报方式采用逐级编制上报方式，即县级局编制会计报表上报地市局，地市局汇总编制会计报表上报省局，省局汇总编制报表上报国家税务局。

1994 年，实施新税制，江西省税务局税收会计报表设置"税收资金平衡表""税收资金平衡表（甲表）""税收资金平衡表（乙表）""应征款项明细月报表""征收款项明细月报表""征收和应征款项明细月报表""待征款项明细月报表""各项收入入库明细月报表""各项收入提退明细月报表""留成外汇计算表（季报）""减免款项明细年报表""企业所得税入库税额明细年报表""能交基金预算调节基金入库税额明细年报表"等 13 份报表，报表项目内容比税改前报表较为详细。报表编报方式仍采用逐级编制上报方式。

2006 年，江西省国税系统征管数据大集中后，税收会计实行省局一级核算，省国税局直接生成会计报表，市、县局计统部门负责审核并打印本级会计报表，省局将审核确定的会计报表报送国家税务总局。

2010 年，省国税局税收会计报表设置"税收资金平衡月报表""入库税金明细月报表""应征税金明细月报表""待征税金变动情况月报表""提退税金明细月报表""减免税金明细月报表""多缴、待解、在途、待处理损失税金及损失税金核销明细月报表""查补税金及税款滞纳金、罚款收入明细表""滞纳金明细月报表""代征代扣税款明细月报表""待清理呆账税金明细月报表"等 13 份报表，报表项目内容更为详细，涵盖各项税收资金运动各环节状况。

会计检查　税收会计检查是按照税收政策和税收计会统工作制度规定，根据税收会计凭证、会计账务、会计报表等资料，检查税务机关执行政策、税收征收、上解、提退、入库等工作情况，促进各级税务机关贯彻落实税收政策，遵守财经纪律，保护税款安全，全面、准确、真实地进行税收会计核算。1991 年至 21 世纪初，江西省税收会计检查多是作为税收大检查、税收执法检查、税收执法监察的其中内容予以开展。2007 年始，省国税局组织开展专项税收会计检查。

2005 年，根据国家税务总局工作部署，省国税局组织开展对车辆购置税征缴和会统核算等情况的专项检查。省局制发《关于开展车辆购置税缴库专项检查的通知》，明确检查内容、范围和工作要求，各市、县（区）国税局按照自查、抽查、自纠、总结等四个步骤认真落实检查工作，并于 6 月 30 日前上报自查总结材料。省局组织力量于 6 月份对南昌、萍乡市等部分车辆购置税征收单位进行抽查。从自查和抽查情况看，全省 94 个车辆购置税分局均按照规定要求及时办理征管资料移交手续，落实征缴工作制度，无混库现象，税款退付手续齐全，与国库及时对账，税收会计核算较健全，整体情况较好。各单位边查边整改，如纳税申报表和缴税凭证填写有误、记账错误、车辆档案管理不规范、个别专户被银行强行计入利息等问题在自查和抽查中已作纠正。而车辆购置税专用征收硬件配备不足、软件落后、办公场所狭小、有的没有验车停车场所以致造成纳税人在路边停车排队待验而常被交警调车和罚款、车辆价格信息不全或滞后、会计科目设置有待完善、退付误转资金的有关规定不明确、与公安部门联合控税没有协征费等问题因涉及权限问题，7 月 15 日省国税局行文《江西省国家税务局关于车辆购置税缴库专项检查情况的报告》，向国家税务总局反映、请示，并提出相关改进建议。通过此次专项检查，基本摸清和掌握了 2005 年 1 月 1 日始车辆购置税归由国税部门负责征收以来所涉及的资料移交、征收管理、税款入库、会计核算、办公条件等方面的基本情况及其存在问题，为研究制定针对性措施提供了依据。

2005 年 8 月 30 日，国家税务总局印发《关于开展欠税核查工作的通知》，布置在全国范围开展欠税核查工作。9 月 30 日省国税局印发《转发〈国家税务总局关于开展欠税核查工作的通知〉的通知》，部署开展全省国税系统欠税核查工作。省市县三级国税局均成立欠税核查工作领导小组，加强领导，各相关业务部门共同参与，分工协作，各司其职，落实责任，形成工作合力。欠税核查工作分为机构组建与宣传发动、核查实施、资料复核、数据整理上报、总结检查等五个阶段实施。欠税核查工作于 10 月底结束，11 月份省国税局形成欠税核查工作报告上报国家税务总局，全面反映江西国税所辖纳税人的新增欠税、往年陈欠、呆账税金及其分部门、分主要行业、分地区的分布情况，以及欠税成因、存在问题，提出加强欠税管理、完善会统核算的措施建议。此次欠税核查较为全面地摸清本省国税系统欠税底数，为上级制定政策和完善管理机制提供可靠的参考依据。11 月份，省局对全省国税系统欠税核查工作进行通报，总结核查工作经验，表彰核查工作先进单位。

2007—2010 年，省国税局每年组织人员力量对部分市、县国税局开展税收会计检查，检查的主要内容：应征税款是否及时、足额入库，有无积压、挪用税款等违法违纪行为；控制欠税和滞纳金、罚款制度规定执行情况；税收票证管理制度执行情况；税收会计核算是否真实准确，有无弄虚作假等违规现象；税款退库和提支制度执行情况等。

2010 年 4 月份，省国税局组织三个检查组分别赴南昌、宜春和上饶市国税局开展税收会计检查，并延伸检查南昌市直属分局、新建县、丰城市、高安市、上饶市信州区和铅山县等 6 个县级局税收会计及相关收入核算工作。各检查组采取调阅有关会计原始凭证、综合征管软件电子信息比对等方法开展检查。整体看，被检查单位认真执行税收会计统计工作制度，设置专岗，职责明确，领导重视，管理较规范，在岗人员认真履行工作职责，基础数据质量普遍较好，金库对账工作扎实，档案管理较规范，税收会统反映和监督职能作用发挥。但也存在一些问题：有的单位原始凭证管理欠规范、擅自修改行业代码、提前作上解销号而漏征滞纳金、税务登记行业与征收信息行业不一致、企业申报信息与会计核算信息存在差异、多缴税金清理不及时和核算不准确、代扣代缴和委托代征税款未纳入税收会计核算反映或核算不全、代征程序不到位、"代扣代收和代征税款手续费领款单"填写不规范和手续费支付不及时、存在预收税款现象、呆账税金核算不规范、一般纳税人大额现金缴税、部分纸质申报表关键数据与电子申报表不一致、部分纸质申报表数据与纳税人财务报表数据不一致等。2010年5月10日，省国税局制发《关于2010年税收会计检查情况的通报》，在全省国税系统通报检查情况，要求全省各级国税机关和相关工作人员提高思想认识，进一步加强税收会计工作，并针对存在问题提出相关措施和整改意见，促进提高税收管理和会计工作质量，确保国家税款安全完整和及时足额入库。被查存在问题单位均于7月底前向省局报送整改落实情况报告。

账户管理　账户管理是税收会计管理职能的重要内容。

1999年，根据《国家税务总局关于"税务稽查收入"专户管理及有关税收会计统计工作的通知》规定要求，江西省税务部门认真贯彻执行，加强"税务稽查收入专户"的管理：省、地市、县三级"税务稽查收入专户"账户开设必须经同级国库同意，凡未经同级国库同意而开设专户的一律按规定纠正；"税务稽查收入专户"主要用于税务稽查部门已查结的各项应缴查补收入的汇缴和解库，对于案件尚未查结而又需要预先缴纳收入的，也可汇入专户，但必须严格按制度规定办理；汇入专户的各项查补收入，严格执行税款报解制度，保证专户收入的及时缴解入库，严禁积压挪用；已入库的各项查补收入发生多征需要退付的，经税务稽查部门所属税务局主管局领导审核签章后，由税务稽查部门税收会计填开"税收收入退还书"从国库办理税款退付，不得直接从专户中退付；省、地市、县三级税务稽查部门作为一级税收会计核算单位设置专门的账簿，对专户收入的收取、划解、退付及时核算，并与开户银行严格办理专户收入的对账手续。

2003年，根据财政部要求，为规范账户管理，减少税款入库环节，全省各级国税机关于2003年12月31日前对"税务稽查收入账户"进行清理并开展销户工作。账户清理期间，各级税务稽查部门将各项已查结的应缴查补收入和尚未查结预先缴纳的收入全部清理入库，保证税务与银行、账与款、账与证、账与账、账与表数字完全一致。账户清理结束后，各级税务稽查部门将相应的会计凭证、账簿、报表及税票和征税、退库章戳等全部移交同级计统部门。"税务稽查收入账户"撤销后，稽查查补收入全部由征收部门负责征收入库。各级税务稽查部门不再作为一级税收会计核算单位。

2004年12月21日，江西省国税局、省工商银行联合制发文件《江西省国税局、中国工商银行江西省分行转发〈国家税务总局　中国工商银行关于国家税务局系统开设车辆购置税临时账户问题的通知〉的通知》，为2005年1月1日起车辆购置税征收管理由交通部门划归国税部门负责这项工作实施，做好银行账户开设与管理工作，提出了明确要求，各地认真贯彻落实：开设车辆购置税临时账户的职能部门为具有征收职能的设区市和县（市、区）国税局的车辆购置税征收分局；设区市和县（市、区）国税局按要求统一使用"中央预算单位银行账户管理系统"录入开设账户申请信息，各设区市国税局于2004年12月22日前汇总向省国税局报送银行账户申请表和上传电子数据，省局统一向省专员办出具开立账户的相关证明材料，省专员批复后，省局及时通知各征收单位；设区市和县（市、区）国税局指定一家工商银行支行作为车辆购置税临时账户的开立行，各征收单位均于 2004 年 12 月 31 日前办理完专户开设事宜，专户自 2005 年 1 月 1 日始起用；专户除办理车辆购置税税款存入和缴库外，不得存入任何其他收入和不得办理任何其他划转与支出；存入专户的税款于当月 5、10、15、20、25 日和月末最后一天扫数就地入库，征收单位和开户银行不得以任何理由延压税款；开户银行办理车辆购置税收纳业务不收取费用，专户存款不计付利息；工商银行系统积极配合国税部门做好车辆购置税临时账户开设和税款收纳工作。车辆购置税临时账户开设工作的顺利完成和专户管理工作加强，为全省国税系统征收管理车辆购置税工作的全面顺利开展提供了必要条件。

2005 年 11 月 9 日，国家税务总局、财政部、中国人民银行联合下文《关于印发〈税务代保管资金账户管理办法〉的通知》，对税务代保管资金账户开立与管理工作提出明确的规范要求。2006 年 8 月 25 日，省国税局《转发国家税务总局 财政部 中国人民银行关于印发〈税务代保管资金账户管理办法〉的通知的通知》（赣国税发〔2006〕234 号文），结合江西实际，提出贯彻落实意见。各地认真贯彻落实，加强和规范代保管资金账户管理。全省国税系统税务代保管资金账户开立银行，暂时全部在中国农业银行分支机构开立；全省国税系统税务代保管资金账户由省国税局统一向财政部驻江西财政监察专员办事处（简称省专员办，下同）申请办理相关手续；账户开立、使用费用，按照《国家税务总局税务代保管资金代理银行项目合同》有关规定支付；严格按照《税务代保管资金账户管理办法》有关规定，使用管理账户，加强代保管资金账户日常查询、监控。

2007 年 4 月 19 日，省国税局、省财政厅、中国人民银行南昌中心支行联合发文《关于税务代保管资金账户管理有关问题的通知》，就税务代保管资金账户管理再次明确有关要求。各地认真贯彻落实：开通税务代保管资金账户查询功能，实时监控；按期编报《税务代保管资金明细月报表》，以月度为报表期，以年度为决算期，详细反映税务代保管资金收支变动情况；上级国税机关定期对所属国税机关开立和使用税务代保管资金账户的情况进行实地检查，发现问题，限期整改，并及时向上级国税机关书面报告；国税机关收取税务代保管资金时，按要求填开《税务代保管资金专用收据》，按规定使用"税务代保管资金专用章"；利息收入、清理以前年度的代保管资金转入账户等问题按有关规定执行。省国税局将税务代保管资金账户管理纳入税收会计检查项目内容，定期检查。

2005 年 1 月 1 日起车辆购置税归属国税局征收管理后，根据《国家税务总局关于车辆购置税征缴有关问题的通知》要求，各征收机关按照财政国库管理和银行账户管理制度规定，在选择的商业银行范围内开设一个车购税账户，用于办理非单位纳税人缴纳车辆购置税的收纳和缴库，严禁多头开户，禁止将其他税款存入该账户。执行期为 2007 年 7 月 1 日至 2009 年 6 月 30 日，由省国税局统一对全省国税系统车辆购置税账户办理延期、变更和开立等手续。2009 年 9 月 30 日，省国税局、省财政厅、中国人民银行南昌中心支行三家联合发文《转发〈国家税务总局 财政部 中国人民银行关于车辆购置税征缴管理有关问题的通知〉的通知》，本着方便车购税纳税人的原则，推行"待缴库车购税专户"POS 机刷卡缴税。新的"待缴库车购税专户"只能用于车购税，不能用于其他税种，只能用于车购税的收纳和报解，不能用于税款的退付。推广应用"待缴库车购税专户"POS 机刷卡缴税的车购税征收单位，停止使用并撤销其原车购税专用账户。全省国税系统所有原车购税专用账户，于 2009 年底前全部撤销。

2008年5月5日，省国税局、省地税局、省财政厅发文转发国家税务总局、财政部关于严禁违规开立税款过渡账户的紧急通知，严格执行有关规定，严禁违规开立任何税款过渡账户，要求纳税人在指定银行开设的"税款预储账户"2年后必须全部撤户。2008年4月下旬到5月底，全省国税系统组织开展税款过渡账户清查工作，清查采取自查和抽查相结合的方式。全省国税系统自查面达100%。省局检查组分赴南昌、九江和新余等市国税局及其所辖部分县级局进行抽查，地市局检查组对县（市、区）局和直属单位进行抽查，省局和地市局对县（市、区）局的抽查面合计达54%。清查结果表明，全省国税系统总体情况良好，各种税收的税款、滞纳金、罚款等收入都能按照国家规定的预算科目和预算级次及时缴入国库，无占压、挪用、截留、贪污税款现象。清查中发现违规设立税款过渡账户6个，按总局文件规定立即办理账号销户手续，撤销的6个违规税款过渡账户合计119909.58元税款及结存利息已全部清缴入库。清查工作结束后，省国税局正式行文向国家税务总局报告开展税款过渡账户清理工作情况。

提退核算管理　1995年2月11日，财政部和国家税务总局联合发文《关于取消集贸市场税收分成问题的通知》，规定：1983年开始的城乡集贸市场税收70%缴入国库、30%留给地方的规定，1995年1月1日起停止执行，取消城乡集贸市场税收分成，所征收的税款全部缴入国库；国税系统经费由中央财政负担，地税系统经费由地方财政负担。全省国税系统遵照执行，各地市1995年年初仍按原规定分成的，全部按适用退库科目补缴入库。

1998年10月23日，省国税局制发《关于审批代征代扣手续费提退有关事项的通知》，鉴于省专员办下设各地市的办事处已撤销，原由省专员办下设办事处办理代征代扣手续费提退审批一事，经与省专员办商榷定：代扣代收税款按2%提取代扣代收手续费和委托代征税款按5%提取代征手续费的提退审批，由各地、市国税局汇集所辖县级局的有关材料上报省局，再由省局计财处统一交省专员办审批。省专员办审批件发至各市、县局，据此办理退库。

1999年4月8日，省国税局制发《关于国税机关提支代征、代扣、代收手续费有关问题的通知》，根据财政部和国家税务总局有关规定，并征得省专员办、人民银行南昌中心支行同意，就有关提支代征、代扣、代收手续费具体问题明确规定：法律、行政法规规定的代扣、代收税款，按代扣、代收税款的2%提取代扣、代收手续费，按季提取，程序是各地市国税局汇总所属县级局代扣代收手续费有关资料，于季后5日内直接报省专员办审批，各县级国税局凭省专员办审批件向当地国库办理退库，第四季度则于12月20日前报省专员办审批；委托有关单位（或个人）代征税款，按委托代征税款的5%提取手续费，按月或按季提取，程序是各县级国税局于月（季）后将委托代征手续费提退的有关资料上报地市局审批，地市局审核后批复给县级局据以办理退库，同时抄送一份给县级局当地的国库部门；国税机关提取的代征、代扣、代收手续费，按照财政部和国家税务总局有关规定以及代征、代扣、代收质量支付给代征、代扣、代收人，年终结余，可以结转下年，用于补充征收业务开支。

2000年3月25日，省国税局制发《关于切实加强代征代扣手续费管理工作的通知》，明确规定：县级局根据代征、代扣、代收税款的实际入库数，按季编制《代征、代扣、代收税款手续费审批表》，于季度终了后10日内上报地市局审批；地市局审查批复给县级局办理的同时，分别抄报同级国库和县级国库，并汇总上报省国税局，由省国税局抄送省专员办和省国库备查。国税机关提取的代征、代扣、代收税款手续费，严格遵照财政部和国家税务总局有关文件规定使用。

2001年3月20日，省专员办印发《关于加强国税系统代征代扣手续费提退管理的通知》，明确：在财政部未作出新的规定前，省国税系统双代手续费的审批提退由设区市国税局按规定审批，层层审查把关，各有关国库按规定办理退库，设区市国税局应在季度审批后5日内将审批文件及分县（区、市）明细情况分别报专员办和省国税局备案；专员办对各级国税局审批提退双代手续费情况进行不定期检查，必要时由专员办确认的社会中介机构进行专项检查，发现违规违纪、弄虚作假的将严肃处理，并追究有关主管人员和直接责任人的责任。省专员办定期召开与省国税局、省国库及有关单位的联席会议，通报双代手续费审批提退和监督检查处理情况，研究改进工作的措施和办法。全省国税系统照此执行。2003年3月15日，省国税局制发《关于切实加强代征代扣手续费管理工作的通知》，明确规定：县级局根据代征、代扣、代收税款的实际入库数，按季编制《代征、代扣、代收税款手续费审批表》，于季度终了后10日内上报地市局审批；地市局审查批复给县级局办理的同时，分别抄报同级国库和县级国库，并汇总上报省国税局，由省国税局抄送省专员办和省国库备查。国税机关提取的代征、代扣、代收税款手续费，严格遵照财政部和国家税务总局有关文件规定使用。

2002年3月16日，省财政厅、省国税局、省地税局、人民银行南昌中心支行4家联合发文《关于代扣代收和代征税款手续费纳入预算管理的通知》，根据上级有关规定进一步明确：自2002年1月1日起，代扣、代收和代征税款手续费纳入预算管理，由财政通过预算支出统一安排，各级税务机关、扣缴义务人和代征人，不得从税款中直接提取手续费，国库不得办理代扣、代收和代征税款手续费退库；各级国税机关支付的代扣、代收和代征税款手续费，由中央财政负担；各级地税机关支付的代扣、代收和代征税款手续费，除涉及省与设区市分享的税款手续费，由省与设区市财政按分享比例分别负担外，均由同级财政负担；代扣、代收和代征税款手续费，由各级税务机关依照上级规定标准编制预算；代扣、代收和代征税款手续费的请领和核拨，按现行财政拨款管理办法执行，手续费应及时支付给扣缴义务人和代征人，不得挪作税务机关的经费开支。2007年7月8日，省国税局制发《江西省国税系统代征代扣税款手续费预算管理办法》，进一步促进落实规范管理。

2004年1月8日，省国税局行文《转发〈国家税务总局关于出口退税机制改革后有关出口退税事项的紧急通知〉的通知》，明确规定：2004年1月1日起，各地在办理出口退税和免抵调库时，统一由进出口税收管理分局开具"税收收入退还书"或"更正通知书"，并负责送交人民银行国库部门；各地进出口税收管理分局根据业务需要向计划征收科领取"税收收入退还书"或"更正通知书"，并按规定报送有关报表；各地计划征收科负责出口退税和免抵调库的收入对账工作，同时加强对办理出口退税和免抵调库的管理，确保税收收入按规定的预算科目和级次办理退库或调库；各地办理以前年度退税所需的专用章戳，由省局计财处刻制，并统一发放至省局进出口税收管理分局，按规定使用。

2004年5月17日，省国税局行文《转发〈国家税务总局 中国人民银行 财政部关于现金退税问题的紧急通知〉的通知》，重新明确现金退税规定：对于需要办理退付税款（含应退利息）的个体工商户和个人，鼓励其开立银行结算账户，通过结算账户办理税款的退付；对于个体工商户和个人开户银行从纳税人储蓄账户或银行卡账户划缴税款的，发生退税时，原则上应将税款直接退到纳税人原缴款账户；对确需现金退税的，税务机关应在审核批准后的3个工作日内，分纳税人逐笔填开"税收收入退还书"，注明原完税凭证号码和纳税人有效身份证明号码后，送当地国库办理退税，同时书面通知纳税人到指定银行领取退税款。各级财政、国库和税务机关本着方便纳税人的原则与当地金融机构协商确定指定银行。各级国库监督办理现金退税的银行，按规定及时将现金退付纳税人。全省各级财政部门、税务机关和国库遵照执行，加强纳税服务，做好现金退税工作，保护纳税人合法权益。

欠税核算管理 1999年初至4月20日，按照国家税务总局工作部署，全省国税系统对1998年底欠税进行核查，核查后的欠税与1998年年报数出入较大，根据税收会计制度要求和各地反映意见，决定将核查后增加的欠税纳入税收会计核算范围，各单位会计账务处理操作按有关规定执行。

2001年1月12日，省国税局行文《转发〈国家税务总局关于印发"欠缴税金核算管理暂行办法"的通知〉的通知》，并就省局有关补充规定和《国家税务总局关于欠缴税金分类核算有关账务处理规定的通知》的规定要求一并通知各市、县（市、区）局，各地遵照执行：欠缴税金包括呆账税金、往年陈欠、本年新欠、未到限缴日期的未缴税款、缓征税款和应缴未缴滞纳金，严格按《税收会计制度》和本办法的规定，对欠缴税金及时、如实地进行分类确认、核算和反映，不得弄虚作假，不得隐瞒；对于已发生的呆账税金、往年陈欠、本年新欠，各征收单位严格按《税收征管法》的规定计收滞纳金，严密监控管理，并根据纳税人的生产经营情况及时进行追缴；欠缴税金的分类确认和核销死欠的确认工作由省局征管处负责，各级税务机关根据实际情况分类制定清欠目标，将其列入组织收入工作和税收征管工作考核，进一步规范和推进欠缴税金核算管理和清欠工作。

2001年12月3日，省国税局转发《国家税务总局关于修订欠缴税金核算方法的通知》，要求各地在账外单独设置"待清理呆账税金"总账，并按"关停企业呆账""空壳企业呆账""政府政策性呆账""三年以上呆账""三年以内呆账"等五种呆账类别设置明细账，于2002年1月1日前将2001年5月1日之前发生的欠缴税金从原会计账目转入账外"待清理呆账税金"科目分户、分税种核算。2002年1月1日后账外"待清理呆账税金"科目余额不得再增加，只能因清缴和按规定核销而减少。发生清缴和核销账外呆账税金情形时，必须列入"应征"类等科目核算反映。

2005年10月8日，省国税局转发《国家税务总局关于开展欠税核查工作的通知》，部署全省国税系统开展欠税核查工作。省、市、县（市、区）三级国税局均成立欠税核查工作领导小组及办事机构，加强对欠税核查工作的领导、组织和协调，制定核查工作计划方案，精心组织实施。各相关职能部门共同参与，分工协作，落实责任。欠税核查工作分为机构组建与宣传发动、核查实施、资料复核、数据整理上报、总结检查等5个阶段实施，欠税核查工作于2005年10月底结束。此次欠税核查，对全省国税系统欠税构成、欠税分布、各类欠税成因、存在问题等基本情况进行了全面了解与掌握，省局形成欠税核查报告材料，提出加强管理、完善分类治理的措施建议，上报国家税务总局，为上级领导机关制定政策措施提供依据，同时也为全省国税系统加强欠税管理、清缴欠税工作提供决策依据。

国库对账 按照税收会计制度规定，每个会计年度终了后，省、地市、县级税务机关必须将组织入库的各项收入与同级国库进行对账，对账科目按照政府预算科目的"类、款、项"科目收入对账，直至"项"科目收入对账一致，金额数据要求精确到角分。为了做好国库对账工作，1991—1994年每年的11月或12月份，省财政厅预算处牵头召开年终决算对账工作会议，省税务局计会处、省人民银行国库处派员参加，研究情况与问题，明确对账方法，制发文件，省、地市、县三级财、税、国库部门协调一致，相互配合，认真做好国库对账工作。1995—2010年每年的11月或12月份，省财政厅预算处牵头召开年终决算对账工作会议，省国税局计财处（收入规划核算处）、省地税局计财处、中国人民银行江西省分行（人民银行南昌中心支行）国库处、省专员办综合处等单位派员参加，研究情况与问题，明确对账方法，制发文件，省、地市、县三级相关部门协调一致，坚持谁错谁改原则，相互配合，认真做好纵向对账和横向对账工作。

1998年1月19日，中国人民银行江西省分行、省财政厅、省国税局、省地税局、省专员办联合转发《中国人民银行 财政部 国家税务总局关于印发〈国库与财政、征收机关对账办法〉的通知》（银发〔1998〕15号），明确规定：各级国库与同级财政、征收机关，原则上按月、年进行对账；各级国库与财政、征收机关的预算收入（包括预算收入退库）对账，按财政部制定的预算收支科目、分级次进行；各对账单位的数字一律统计到角分；年度终了后设置10天库款报解整理期；国库、财政、税务等部门各尽其职，各负其责，密切配合，确保国家财政资金安全，维护各级政府和财政的合法利益；《办法》自1998年1月1日起执行。全省各级国税机关认真贯彻执行，进一步规范对账工作，确保国税收入数据真实、准确、及时和完整，并与国库数据一致。

税收统计

税收统计是社会经济统计的一个组成部分，是税收管理的一项十分重要的基础工作。江西省税务局、国税局通过税收统计工作，及时、系统地收集、整理、分析和提供准确完整的税收统计资料，如实反映税收政策的实施效果、税收管理工作成果和税源发展变化情况，为领导机关和有关部门研究制订税收政策、工作决策、税收计划管理、税收分析提供依据。

报表种类 随着国民经济发展、税制改革和税收管理深化，税收统计报表不断地调整、充实和完善。

1991—1993年，江西省税收统计报表主要有工商税收分经济类型统计月（年）报表、产品税分经济类型统计月（年）报表、增值税分经济类型统计月（年）报表、营业税分经济类型统计月（年）报表、农村税收税额统计月（年）报表、海关代征税额分类统计季报表、资源税、盐税分经济类型统计季报表、集体企业所得税和私营企业所得税分项目统计季报表、各种地方税分经济类型统计季报表、集体企业所得税统计季报表、外商投资企业和外国企业所得税统计年报表、个人收入调节税和个人所得税统计年报表、涉外税收税额统计年报表、奖金税和工资调节税统计年报表、固定资产投资方向调节税统计季报表、纳税登记户数统计年报表等16种报表。上述产品税、增值税、营业税统计报表设置的项目相对较少。

1994年1月1日始全面实施新税制改革，税收统计报表相应调整，江西省税收统计报表主要有工商税收分经济类型统计月（年）报表、增值税分经济类型统计月（年）报表、消费税分经济类型统计月（年）报表、营业税分经济类型统计月（年）报表、农村税收税额统计月（年）报表、海关代征税额分类统计月（年）报表、资源税分经济类型统计月（年）报表、企业所得税分项目统计年报表、外商投资企业和外国企业所得税统计年报表、个人所得税统计年报表、涉外税收税额统计年报表、固定资产投资方向调节税统计年报表、纳税登记户数统计年报表等13种报表。

1995年始国税、地税各自按照国务院规定的征管范围进行征收管理和会统核算，并随着税制改革和管理工作加强，江西省国税税收统计报表种类及报表项目在相关年度有所调整变化。2001年始增设"税收收入分行业分税种统计月报总表"，2009年始增设"县级税收收入分行业分税种统计年报表""县级税收收入分企业类型统计年报表"等。2010年江西省国税税收统计报表主要有：税收收入分行业分税种统计月报总表、税收收入分企业类型统计月报总表、增值税收分行业分企业类型统计月报表、消费税分税目分企业类型统计月报总表、企业所得税分行业分企业类型统计月报总表、企业所得税分行业分入库类型统计月报总表、个人所得税分项目统计月报总表、涉外税收分行业分税种统计月报表、税收欠税分行业分企业类型统计月报表、税收欠税分税种所属期统计月报表、待清理其他呆账税金分项目统计月报表、增值税主要品目税源统计月报表、减免税分税种分项目统计年报表、纳税登记户数统计年报表、县级税收收入分行业分税种统计年报总表、县级税收收入分企业类型统计年报表等16种报表。

统计数据口径　1991—1995年税收统计的税收数据为征收数，即未扣除各项提退数的征收数。分税种、分行业收入统计数据、各税源项目收入统计数据均为征收数，与税收会计报表核算反映入库数的口径存在差异。1996—2010年税收统计核算反映的税收数据为入库数，即剔除了各项提退后的入库数，但未扣除出口产品退税数。各行业收入、各税源项目收入统计数据均与税收会计报表数据口径相一致。

1991—1993年各类税收统计报表、1994年1—9月份各类税收统计报表、1994年各类税收统计年报统计核算反映的是全省税务部门的税源税收情况。1995—2010年江西省国家税务局各类税收统计报表，统计核算反映的是全省国税系统的税源税收情况。

1991—1998年，根据税收计划编制与考核口径要求，税收统计报表中的税收收入按照工商税收、国有企业所得税等收入大类设置报表及其统计项目。1999—2010年，根据政府预算收支科目调整要求，税收统计报表设立"税收收入合计"项目，"税收收入合计"包括工商税收、国有企业所得税。税收统计报表按照新口径指标设置报表及其统计项目。

统计报表编报　1991—2005年税收统计报表采用逐级编报方式，即县级局编制税收统计报表报送地市局，地市局汇总审核后报送省局，省局汇总审核后报送国家税务总局。2006年1月1日起全省国税系统上线运行税收征管信息系统CTAIS2.0版，实现征管数据信息省局大集中，省国税系统税收会计统计实行省局一级核算，以省局为税收会计、统计核算一级处理单位，省局直接生成全省国税系统税收统计报表。省、市、县三级根据"中国税收征管信息系统"产生的税收会统账务处理结果，按照《江西省国家税务局一级税收会统核算工作流程表》要求操作，各级分别生成税收统计报表，县、市局审核后由设区市局将审核情况及时反馈省局，省局对设区市局反馈情况核实后修正报表，将最后审定报表报送国家税务总局。省局一级核算编报税收统计报表方式一直沿用到2010年。

统计资料编制　1991—1994 年各年度均编制《江西省税务统计提要》和《江西省工商税收统计资料》。1995—1998 年各年度均编制《江西省国家税务局税务统计提要》和《江西省国家税务局工商税收统计资料》。1999—2010 年各年度均编制《江西省国家税务局税务统计提要》和《江西省国家税务局税收收入统计资料》。《税务统计提要》为简便小册子资料，其主要内容包括"简要说明"、税源税收数据资料等。《工商税收统计资料》和《税收收入统计资料》为税收统计年鉴，是对本年度各类税收会统年报、省局监控重点税源企业税源税收年报、全省国家级和省级工业园区税源税收年报数据以及相关历史时期数据进行分类整理、归纳，编制成册。上述两本资料编印后按规定范围发放。

减免税统计调查　2010 年 12 月 9 日省国税局转发《国家税务总局关于开展减免税统计调查工作的通知》，落实总局工作部署，结合江西实际，布置全省国税系统开展对 2008、2009 和 2010 年三年减免税统计调查工作。省、市、县三级局均成立减免税统计调查工作领导小组，各级局的一把手任组长，相关业务部门负责人为成员，以加强领导。领导小组下设办公室，挂靠各级局收入规划核算部门，具体负责减免税统计调查工作衔接、协调、解释、指导、督促等工作。减免税统计调查工作分机构组建与宣传发动、调查实施、调查资料回收复核、调查数据整理上报、工作总结等 5 个阶段。全省国税系统减免税统计调查工作从 2010 年 12 月上旬开始，于 2011 年 2 月中旬结束，共调查企业纳税人 82076 户，录入企业减免税信息 29251 条、个体户减免税测算表 801 份。汇总数据显示：全省国税系统 2008 年减免税金 102.49 亿元，2009 年减免税金 132.89 亿元，2010 年减免税金 161.83 亿元；3 年合计征前减免 244.37 亿元，占比 61.5%，退库减免 152.84 亿元，占比 38.5%。调查工作结束后，省国税局向国家税务总局上报《关于 2008—2010 年度减免税统计调查工作的总结报告》，汇报调查工作开展、调查数据分析利用等情况，提出改进完善工作的建议，为上级领导机关制订政策提供依据，同时也为本省进一步规范加强减免税管理提供参考依据。

数据质量监控

2006 年 1 月 1 日起，江西省国税系统征管数据信息省局大集中、税收会计统计实行省局一级核算后，为保障全省税收会统一级核算工作顺利进行，省国税局计统处设立数据质量监控科，科内设置数据监控岗、数据维护岗、多元化电子申报缴税税银扣款信息比对岗。市、县局计统部门设置数据监控岗，专人负责。数据质量监控工作的主要职责是对各项税收资金、税务登记信息、税种登记信息的真实性、准确性、完整性进行监控和纠错，以及负责多元化电子申报缴税税银扣款信息比对，从而保障税收会统核算数据的准确、真实、完整和及时性。

会统数据质量监控以《江西省国家税务局省级集中版综合征管软件运行维护管理办法》《江西省国税局应用系统运行维护管理办法》《江西省国家税务局信息系统运行维护管理办法》等工作制度为依据，采取人机结合方式开展数据质量监控工作。省局采取前台查询和监控后台的方式进行数据监控，对于监控发现的错误数据信息及时发布，责成有关市、县局及时修正。

2006 年 1—8 月省国税局制发《计统处关于税收会统数据质量监控工作的紧急通知》《计统处关于加强 V2.0 系统会统数据质量监控工作考核的通知》《计统处关于进一步规范多元化电子申报纳

税系统"税库对账"管理操作的通知》《江西省国家税务局关于进一步加强税收会统数据质量管理工作的意见》等文件，2007年2月制发《关于2007年税收会统数据质量监控工作要求》，2008年2月制发《关于2008年税收会统数据质量监控工作要求》，2009年2月制发《关于2009年税收会统数据质量监控工作要求》，2010年2月制发《关于2010年税收会统数据质量监控工作要求》，对数据质量监控工作明确其工作任务、操作规范和工作要求，各地遵照执行。省局多次举办培训班，对全省国税系统会统数据质量监控工作人员进行业务培训，促进数据质量监控工作规范开展，提升工作水平。

征管数据信息省局大集中初期阶段，错误数据信息较多，因而2006年上半年省局每月下发《省级集中版综合征管软件税收会统数据质量情况的通报》，向全省各级国税机关通报监控情况，指出问题，提出措施，明确要求。运行一段时间后，错误数据逐渐减少，2006年下半年至2008年上半年，税收会统数据质量监控工作情况通报改为按季通报，2008年下半年始又改为半年一次通报。各地对于省局通报中所指出的错误数据信息问题极为重视，采取有效措施改进工作，错误数据信息越来越少，数据质量监控工作水平不断提高，对税收会统核算数据的准确、真实、完整和及时性发挥积极的保障作用。半年一次通报方式沿用到2010年。

第三节　税收票证管理

税收票证简称为"税票"，是税务机关组织税款、基金、附加及滞纳金、罚款等各项收入时使用的法定收款和退款凭证。税收票证填用前大都属于无价证券，部分税票如收取现金税款时使用的完税证、印花税票等属于有价证券。填用后的税收票证，既是纳税人缴纳税款的完税证明，又是税务机关实际征收税款的凭据，也是税收会计统计核算的原始凭证，是税收检查的重要依据，同时又是国家金库收纳政府收入的凭证。

票证制度

1993年12月2日江西省税务局印发《进一步加强税收票证管理工作的意见》，要求全省各级税务机关：①加强领导，提高认识。树立税收票证管理责任重大的意识，对加强税收票证管理工作所必需的用具及各项保安设备应予以配齐（如票证专用库房、票证保险柜、票证专用袋等），指定专人负责，并经常检查；②加强税收票证的审查和监督工作。税收票证的审核要做到专管员自审、会计复审、所长抽审、市县局定期全面审核，并把内外结合换票审核作为一项重要工作来抓。此外，各级税务机关还应经常开展突击检查、抽调审查、组织互审等活动。税收票证的审查和监督工作经常化、制度化，杜绝和防止压票压款、征多解少等税收票证案件的发生。对发现有利用票款进行贪污舞弊的线索的，税务部门要派出专人进行调查核实，并对有关责任人员进行严肃处理；③严格执行税款征解入库制度和票证缴销制度。一切税款都必须及时缴入国库，对于当地没有国库经收处的，按照"限期、限额"规定办理票款结报手续，不得拖延积压。特别强调在年终前扫数报解入库。税收票证管理必须按照规定期限办理缴销手续，坚持勤领勤报解，力求把作废票证减少到最低限度，防止利用废票和虚报废票作弊。1993年底前对所有库存税票进行一次盘点，盘点记录和情况逐级上报；④采取各种有效的防范措施确保税收票证安全。做好防盗、防火、防霉、防虫、防鼠咬等工作。有税收票证存放的地方，节假日期间必须留人值班。带税票外出办理税收工作时，税票不能离身，不准带票走亲访友，不准带票参加与工作无关的会议或其他非工作活动；⑤清理和整顿代征、代扣单位和人员。不符合条件的要坚决清退。新聘用的代征、代扣单位和人员应先培训后上岗，并经常进行辅导检查和督促工作，确保票证的安全、保管和正确使用；⑥充实力量，提高票证人员的素质。要求票证人员不仅要熟悉计会统业务，而且要熟悉税收政策法令等。省局强调票证管理业务能力不强的不准上岗，责任心不强的不准上岗。对在岗的要经常采取举办各种不同形式的培训班、学习班，进一步提高其业务能力，增长业务才干，以适应税制改革和票管工作的需要。

1995年12月省国税局制订《江西省国税系统完税凭证管理办法》，共计28条，对于完税凭证的种类和适用范围、岗职配备、管理工作要求等做出具体规定。各种完税凭证的样式以及各种领销凭证、账册、报表样式作为《办法》附件一并下发。《管理办法》从1996年1月1日起实施。

1998年9月省国税局根据国家税务总局1998年3月印发的《税收票证管理办法》，结合江西实际制订《江西省国家税务局税收票证管理实施办法》。该《实施办法》共20条，对于税收票证管理机构与岗位设置及其工作职责；税收票证的种类及其使用范围；税收票证的印制、保管、领发、填用、结报缴销、作废、停用、盘点、损失处理、审核检查、违规处罚等环节管理工作要求做出具体规定。《实施办法》自1998年7月1日起实施，此前制发的有关税收票证制度同时废止。

随着社会主义市场经济发展、征管改革深化、财税库银协作深化、信息化发展和纳税服务工作推进，多元化电子申报纳税方式的普遍推行，税收票证管理工作面临新形势新要求，根据国家相关法律、行政法规，2007年10月，制订下发《江西省国家税务局税收票证管理暂行办法》，对税收票证管理工作规定作了部分调整，提出新要求，以适应新形势和税收管理工作发展需要。

为有利于委托代征工作的顺利开展，2010年5月10日省国税局印发《关于修订现金税款结报缴销"双限"规定的通知》，对原税收票证管理制度中关于代征税款结报缴销"双限"的规定修改为"代征单位（人）结报代征税款、缴销凭证实行'双限'，即金额最多不超过4000元（编者注：比原规定金额限额2000元增加2000元），期限最长不超过15天（编者注：比原规定期限10天增加5天），只要达到'双限'中的一项，就必须办理票证结报缴销手续。收取'两费'现金的比照上述规定执行"。规定自2010年6月1日起执行。

票证种类

1991—1993年江西省税务部门使用的税收票证主要是：税收专用缴款书、税收完税证、涉外税收完税证（代缴款书）、国营企业所得税缴款书、国家能源交通重点建设基金和国家预算调节基金缴款书、汇总缴款书、罚款收据、税票调换证、收入退还书、小额税款退税凭证、纳税保证金收据、印花税票、车船使用税（车船使用牌照税）完税和免税标志、出口产品专用缴款书、票证专用章戳（包括税收票证监制章、征税专用章、退库专用章、印花税收讫专用章）等15种。

1994年1月1日起实施新税制，1994年9月份省及省以下税务机构分设为国税局、地税局两套税务机构，1994 年 10 月 1 日起国税局、地税局各自按照国务院规定的征管范围进行征收管理和会统核算。江西省国税系统使用的税收票证主要有税收缴款书、出口产品专用缴款书、固定资产投资方向调节税专用缴款书、税收汇总专用缴款书、税收完税证、税收定额完税证、车船使用税定额完税证、代扣代收税款凭证、税收罚款收据、税收收入退还书、小额税款退税凭证、出口产品完税分割单、固定资产投资方向调节税零税率项目证明、税票调换证、纳税保证金收据、印花税票、印花税票销售凭证、车船使用税完税和免税标志和票证专用章戳等 19 种，一直持续到 1997 年。

1998 年始江西省国税系统使用的税收票证种类主要有税收通用缴款书、出口货物税收专用缴款书、税收汇总缴款书、税收通用完税证、税收限额完税证、税收转账专用完税凭证、国家税务局系统行政性收费专用缴款书、国家税务局系统行政性收费专用收据、国家税务局系统行政性收费（电子）转账专用收据、税务代保管资金专用收据、税收收入退还书、小额税款退税凭证、国家税务局系统行政性收费收入退还书、税收罚款收据、出口货物完税分割单、税票调换证、代扣代收和代征税款手续费领款单、固定工商业户外出经营税收管理证明单、税务提支奖金收据和票证专用章戳（包括税收票证监制章、征收专用章、退库专用章、代征专用章、代保管资金专用章）等 20 种。上述税收票证使用一直持续到 2010 年。

票证检查

根据税收票证管理制度规定，江西省各级国税机关定期对税收票证的领发、保管、填用、结报缴销、作废、损失处理和核算等环节工作开展检查。税务分局、办税服务厅等基层征收机关每季进行一次全面的票证清查；县级局和市级国税机关每半年至少组织一次票证抽查，每次抽查单位面不得少于 30%；省局每年组织一次票证检查，检查单位面 30% 左右，每三年组织开展一次全面的票证检查。税收票证检查的方法，根据工作的实际需要，采用自查、抽查、交叉检查、重点检查、全面检查等方式。省局每次开展票证检查结束后，均根据检查结果拟写检查报告，对检查中发现的问题提出处理意见。省局的检查报告经局领导审签后，在全省国税系统范围内进行通报。

2003 年 8 月份省国税局组织对抚州、吉安两市国税系统税收票证管理工作进行抽查，检查中发现存在票证有关栏目漏填、税款解缴不够及时、部分税票的预算科目以及级次以及品目填写不正确、有的票证装订不规范、税票涂改、税票项目错位等问题，检查工作结束后省局制发《江西省国家税务局关于税收票证抽查情况的通报》，要求全系统各单位认真对照自查和积极整改。从 2003 年始，省局按年对部分设区市国税局开展票证管理专项检查，发现的问题还有跳号填写、印章加盖不全、缴库不及时、作废手续不齐全、逾期未加收滞纳金、票证销号不及时和未达起征点征税等问题。

2006 年 7—9 月，遵照国家税务总局工作部署，江西省国税系统组织开展税收票证和税款缴库专项检查工作，专项检查结束后，省局进行全面总结并向国家税务总局报送《关于税收票证和税款专项检查工作情况的报告》，反映票管工作总体情况是好的，但存在票证填写错误、票证作废手续不全、缴库不及时、汇总缴款书未注明所附凭证张数等问题，提出整改措施。各地认真整改。

2008 年 9 月省国税局组织 3 个票证检查组分赴南昌、景德镇和宜春市国税局开展税收票证管理检查，检查结束后省局制发《江西省国家税务局关于 2008 年税收票证检查情况的通报》，指出票管工作总体情况是好的，但存在票证填写错误、逾期未加收滞纳金、未达起征点征收增值税、缴库不及时等问题。各地对照整改。

2009年9月省国税局组织3个检查组分别赴九江、赣州和抚州等3个设区市局开展税收票证检查，检查结束后省局制发《关于2009年税收票证检查情况的通报》，指出票管工作总体情况是好的，但存在纳税人逾期缴款，征收人员提前销号，未加收滞纳金；现金税款解缴不及时，票证缴销不及时；跳号填开等问题。各地认真整改。

2010年8月31日，省局收入规划核算处向局领导呈报《关于开展2010年税收票证检查工作的请示报告》，于9月份组织对萍乡、新余、上饶和吉安等4个设区市国税局税收票证管理工作进行检查，除检查设区市局外，抽查萍乡市安源区、芦溪县、新余市办税大厅和渝水区、广丰县、横峰县、安福县和新干县等8个县级局，并对安源区上埠分局、芦溪县高坑分局、渝水区罗坊分局、横峰县办税大厅、安福县枫田分局和新干县粟江分局等7个基层征收单位征收人员的手头票款进行抽查。检查结果表明，各地领导重视和经常过问税收票证管理工作，从岗职设置、票证领发、缴销、填写、安全保管、票证核算等诸环节工作均按照制度规定有序进行，近两年未发现挪用税款以及丢失、被盗税票案件，税收票证管理总体情况较好。检查发现的问题主要是：部分票证填写不规范，存在涂改现象；部分汇总缴款书未填写所附完税凭证份数；个别税票遗失后用白纸打印并销号；征收品目填写错误；部分通用缴款书报查联未盖印银行收讫章，行政性收费专用收据未盖征税专用章；逾期结报现金税款；存在跳号发放票证情况；作废票证手续不全；纳税人逾期缴款，征收人员提前销号，未加收滞纳金；税款提前入库；委托代征税票未盖印代征章戳，委托代征税款未纳入税收会计核算；代扣代收和代征税款手续费领款单填开欠规范等。2010年10月8日，江西省国家税务局制发《关于2010年税收票证检查情况通报》，肯定各地税收票证工作成绩，总结先进单位经验，指出票管工作存在的问题，提出改进措施意见，要求存在问题单位限期整改。《通报》下发后，各地国税机关对照检查改进，被查存在问题单位落实整改，并于2010年12月份向省局报送整改落实情况报告。

第四节　重点税源分析监控

加强重点税源分析监控是组织收入工作的重点工作之一，是江西省税务（国税）计会统工作的重要内容。重点税源分析监控工作主要分重点税源企业税源税收分析监控、工业园区税源税收分析监控。

重点企业分析监控

江西省税务局对重点税源企业实施省局分析监控始于20世纪80年代。1991年纳入省局分析监控范围的重点税源企业入围标准是年纳工商税收或国有企业所得税300万元以上（含）企业。随着重点企业经济税源的发展变化，达到入围标准的重点企业户数于年度间有所变化。1991年、1992年、1993年省局分析监控的重点税源企业分别为83户、85户、85户。1994年省局分析监控范围的重点税源企业入围标准调整为年纳工商税收500万元以上（含）或国有企业所得税300万元以上

（含）企业，由于入围标准提高，1994 年纳入省局分析监控范围的重点税源企业减至 59 户。各重点税源企业税收征收机关（税务分局或税务所）每月须通过邮局直接向省局计会处报送"重点税源企业纳税情况表"。省局计会处每月汇总全省的"重点税源企业纳税情况表"，并将企业税收收入分户、分行业制成表格形式的通报表，经领导审签后印发全省各级税务机关，直至基层分局、所，供各级领导参考。省局每年年中召开一次重点企业税源税收情况座谈会，各重点税源企业驻企专管员参加会议，汇报重点企业经济税源发展变化情况和全年税收收入预计情况，分析研究存在问题及工作措施。会后省局计会处汇总相关情况形成汇报材料并附"重点税源企业全年税收收入预计情况表"，呈报省局领导，供领导工作决策参考。每年年初，省局制发上年度"重点税源企业纳税情况通报"，正式行文印发全省各级税务机关，直至基层分局、所，并上报国家税务局、省委、省人大、省政府、省政协等上级领导机关，报送省计委、省经贸委、省财政厅、省统计局等省经济主管部门，为各级领导提供参考。

1995—2000 年，省国税局进一步加强重点税源企业分析监控工作，以此作为加强税源管理和强化组织收入工作的重要抓手。这一时期省国税局直接监控重点税源企业的入围标准由省确定。根据省长舒圣佑关于"重点税源企业可以扩大，扩大到占'两税'总额的 55%~60%"的指示要求，省国税局认真搜集、整理有关基础资料并进行分析研究。1995 年全省国内增值税和国内消费税年收入 500 万元以上企业计有百户，这百户企业缴纳"两税"数额占全省"两税"收入总额 49.96 亿元的 47% 以上，已构成"两税"收入重点部分。经省政府主要领导批准同意，这百户企业为省国税局直接监控重点税源企业。1996 年 6 月 17 日，省国税局印发《江西省国家税务局关于重新确定报省重点税源企业名单的通知》，明确纳入省局监控的重点税源企业名单以及有关工作要求。

表 2-5-2 1996 年全省百户重点税源企业名单

企业名称	企业名称	企业名称	企业名称
1. 南昌市 32 户	江铃汽车有限公司	南昌市烟草公司	昌河飞机制造公司
南昌卷烟厂	江铃股份有限公司	南昌市石油公司	昌河铃木汽车公司
南昌亚洲啤酒厂	洪都摩托车联营公司	洪城大厦实业有限公司	3. 萍乡市 5 户
南昌县食品公司	江西拖拉机厂	南昌商场	萍乡钢铁厂
江西棉纺织印染厂	手扶拖拉机厂	南昌百货大楼	萍乡铝厂
江西化纤厂	赣江机械厂	2. 景德镇市 10 户	萍乡矿务局
江中制药厂	江西汽车板簧公司	东风制药厂	萍乡电厂
江西制药厂	江西变压器厂	华意电器总公司	萍乡供电局
江西国药厂	南昌柴油机厂	江西化纤化工厂	4. 九江市 12 户
南昌印钞厂	江西橡胶厂	江西电化厂	共青酒厂
江西造纸厂	省电力工业局	五二三厂	九江化纤厂
南昌钢铁厂	南昌发电厂	景德镇焦化厂	九棉一厂
洪都钢厂	南昌供电局	景德镇供电局	九棉二厂
江西氨厂	省烟草销售公司	赣东北供电局	共青羽绒厂

续表

企业名称	企业名称	企业名称	企业名称
九江化工厂	江西洗涤剂厂	**8. 宜春地区 3 户**	上饶供电局
庐山水泥厂	江西铜业公司	樟树四特酒厂	江西有色冶炼加工厂
九江石化总公司	贵溪电厂	宜春工程机械厂	上饶地区烟草公司
九江发电厂	鹰潭供电局	丰城矿务局	**10. 吉安地区 5 户**
九江供电局	**7. 赣州地区 9 户**	**9. 上饶地区 12 户**	井冈山烟厂
九江市烟草公司	赣南卷烟厂	广丰烟厂	赣新电视有限公司
彭泽县棉麻公司	兴国烟厂	鄱阳酒厂	吉安地区电力公司
5. 新余市 5 户	赣州酒厂	上饶县全良液酒厂	万安水电厂
新余纺织厂	江西第三糖厂	连胜自行车厂	赣江制药厂
新华金属制品公司	赣州钨钴有限责任公司	江西光学仪器厂	**11. 抚州地区 3 户**
新余钢铁总厂	赣州铝厂	德兴铜矿	抚州棉纺织印染厂
江西第二化肥厂	赣州气压机厂	永平铜矿	东乡糖厂
赣西供电局	东方红水泥厂	上饶客车厂	抚州供电局
6. 鹰潭市 4 户	赣州供电局	江西水泥厂	

1998 年江西橡胶厂、江西洗涤剂厂等 2 户企业未纳入报省重点税源企业范围，调整增加江西乳品厂、九江化纤股份公司等 2 户企业纳入全省重点税源企业范围。

1999 年南昌县食品公司、鄱阳酒厂、江西国药厂、江西拖拉机厂、手扶拖拉机厂、江西汽车板簧公司、赣州气压机厂、萍乡铝厂、赣州铝厂、赣州钨钴有限公司、江西第二化肥厂、连胜自行车厂、南昌商场等 13 户企业未纳入报省重点税源企业范围；九江啤酒厂、信丰酒厂、赣良啤酒厂、吉安县啤酒厂、临川酒厂、南昌自来水公司、景德镇印刷机械厂、贵溪化肥厂、江西盐矿、赣能投资公司、江西省出版社、丰城发电厂、柘林水电厂等 13 户企业纳入全省重点税源企业范围。同年，国家税务总局建立重点税源企业监控机制，要求各省级税务局报送重点税源企业纳税信息资料。随着税收管理加强，市、县局均从本地区实际出发，建立本级重点税源企业监控机制，由此形成总局、省局、市局、县级局四级监控网络。

2000 年江西第三糖厂、东乡糖厂、赣新电视有限公司、江西氨厂、贵溪化肥厂、九江化工厂、赣江机械厂、上饶地区烟草公司、彭泽县棉麻公司等 9 户企业未纳入报省重点税源企业范围；汇仁制药有限公司、博雅制药有限公司、凤凰光学股份公司、捷德智能卡公司、李渡出口花炮厂、省教育出版社、星火化工厂、南昌齿轮厂、东津电厂等 9 户企业纳入全省重点税源企业范围。

2001—2010 年，江西国税省局监控重点税源企业的入围标准是遵照国家税务总局制定的标准，即年纳"两税"收入 500 万元及以上、年纳消费税 100 万元及以上、年纳企业所得税 500 万元及以上企业列入国家税务总局监控范围，上报国家税务总局监控的重点企业也即为江西省国税局直接监控的重点企业。市、县局根据所辖地区企业经济税源情况自行制订本级监控企业入围标准，由此重点企业实行总局、省局、设区市局、县级局四级监控。省及省以下国税机关重点企业分析监控人员的首要职责是收集、整理、编报重点税源企业纳税信息月报表，逐级上报至国家税务总局，并开展税源税收情况分析。重点税源企业纳税信息的传输、整理和报表编制均采用计算机处理，脱离手工操作，工作效率提高。随着市场经济发展，企业生产经营发展，经济规模扩大，税收增加，达到省国税局监控标准的企业户数逐年明显增多。2001年省国税局监控企业户数为100户，2002年为128户，2003年为138户，2004年为171户，2005年为210户，2006年为338户，2007年为400户，2008年为500户，2009年为600户，2010年达700户。

省国税局根据国家税务总局每年制发的重点税源企业监控工作管理办法或指标体系修订通知等工作制度和工作要求，结合本省实际，每年制发江西省国税系统重点税源企业监控工作管理制度，对本省国税系统重点税源企业监控入围标准、监控企业名单、监控指标内容、审核公式、任务参数、报送时间等作出具体规定。2009年9月24日省国税局印发《江西省国家税务局重点税源企业监控分析工作实施办法》，从工作机构、职责、流程、保障等方面进一步规范全省重点税源监控分析工作，促进提高监控分析工作水平，有效发挥重点税源监控分析工作职能作用。

为保障重点税源企业监控工作顺利进行，2001年年初，省国税局举办重点税源企业监控业务培训班，参训人员为重点税源企业税收管理员、设区市局重点税源企业监控岗责人员。通过培训，参训人员了解、掌握监控指标内容、报表填报要求、软件应用和其他相关工作要求。同时以训代会，对于各地反映的重大情况、突出问题和有关工作建议，培训班予以收集研究，具备条件能解决的当场解答解决，一时不能解决的待后研究并报经领导同意后再告知各地。年初办班培训的做法一直延续到2010年。

重点税源企业纳税情况表由企业办税人员或驻企税收管理员采用电子数据信息方式按月编报报表数据，逐级审核上报，省局汇总审核后上报国家税务总局。省局每季拟写重点税源企业税源税收情况分析，并将文字分析材料和重点税源企业税源税收信息数据表编制成册，经领导审签后按规定范围印发，供各级领导参考。年度终了后省局拟制"重点税源企业年度纳税情况通报"，正式行文印发全省各级国税机关，并上报国家税务局、省领导机关以及省经济主管部门，为各级领导了解掌握情况和工作决策提供参考依据。重视数据质量，2009年10—11月，根据国家税务总局工作部署，全省国税系统开展重点税源数据质量检查工作，主要检查各项报表数据的完整性、准确性和实际监控范围是否达到规定标准要求，检查方式采用自查与抽查相结合，以自查为主。各地高度重视，认真组织开展重点税源数据质量检查工作，并以此为契机，进一步把好重点税源数据质量关，完善纠错机制，努力提高重点税源数据质量，促进重点税源监控工作有序开展，为税收管理水平提高打牢基础。开展增值税税负分析，分企业、分行业增值税税负分析内容列入季度、年度重点税源企业纳税情况通报中。

工业园区分析监控

从2005年起，省国税局对全省的国家级和省级工业园区税源税收情况进行核算统计，并定期开展监控分析。

监控工作制度 随着江西省工业化推进，工业园区越来越成为全省经济发展的增长极和税收新增长点,省国税局研究决定从2005年开始对全省工业园区税源税收情况实行省局分析监控。2005年、2006年和2007年,省国税局分析监控的工业园区均为96个。2008年和2009年纳入省国税局分析监控的工业园区调整为95个,即比2007年减少铜鼓县三都工业园1个园区。2010年纳入省国税局分析监控的工业园区调整为94个,即比2009年减少南昌英雄开发区1个园区。江西省发改委报经国家发改委审核批准,这94个工业园区分别为国家级经济开发区、省级工业园区,工业园区名称按国家发改委审批件做统一规范。

表2-5-3　2010年江西省国税局分析监控94个经济开发区和工业园区名单

南昌市 10 个	德安工业园	会昌工业园
南昌昌东工业园	都昌工业园	宜春市 10 个
南昌昌南工业园	修水工业园	宜春经济开发区
新建长陵工业园	湖口金砂湾工业园	袁州医药工业园
南昌高新技术开发区	彭泽工业园	宜丰工业园
南昌经济技术开发区	新余市 2 个	万载工业园
江西桑海经济技术开发区	新余高新开发区	靖安工业园
南昌向塘工业园	分宜工业园	丰城工业园
南昌小蓝经济开发区	鹰潭市 3 个	高安工业园
南昌民营科技园	鹰潭市工业园	樟树工业园
安义工业园	贵溪工业园	上高工业园
景德镇市 3 个	余江县工业园	奉新工业园
景德镇高新开发区	赣州市 16 个	上饶市 11 个
景德镇陶瓷工业园	赣州经济开发区	上饶工业园
乐平工业园	赣州沙河工业园	玉山工业园
萍乡市 3 个	赣县工业园	弋阳工业园
萍乡经济开发区	南康工业园	铅山工业园
芦溪工业园	大余工业园	横峰工业园
莲花工业园	上犹工业园	广丰工业园
九江市 13 个	信丰工业园	德兴工业园
九江经济开发区	安远工业园	鄱阳工业园
九江沙城工业园	定南工业园	余干工业园
瑞昌工业园	龙南工业园	万年工业园
永修星火工业园	全南工业园	婺源工业园
永修云山工业园	宁都工业园	吉安市 13 个
星子工业园	于都工业园	井冈山开发区
武宁工业园	瑞金工业园	吉州工业园
共青城经济开发区	兴国工业园	青原工业园

续表

吉安工业园	泰和工业园	黎川工业园
吉水工业园	遂川工业园	崇仁工业园
新干工业园	万安工业园	宜黄工业园
峡江工业园	**抚州市 10 个**	金溪工业园
永新工业园	抚州金巢开发区	广昌工业园
永丰工业园	抚北工业园	东乡经济开发区
安福工业园	南城工业园	

2005 年第三季度，省国税局计财处制发通知，要求各县级国税局将所辖工业园区 2005 年税源税收情况报送设区市局，设区市局汇总审核后报送省局，省局汇总分析全省工业园区税源税收情况。

2006 年 6 月 1 日，省国税局印发《江西省国家税务局关于定期编报工业园区纳税情况表的通知》，就工业园区统计编报范围、编报项目内容、编报时间与方式、报表格式等做出明确规定。设区市局和县级局按季报送报表，年度终了后报送年报表，全省国税系统工业园区税源税收监控工作步入制度化轨道。

根据工业园区税源税收监控工作面临的新情况新问题，2008 年 2 月 16 日省国税局计统处印发《关于做好 2008 年度全省 96 个工业园区纳税情况编报工作的要求》。明确要求：各地工业园区纳税季报表，县（市、区）局于季后 18 日上报设区市局，设区市局审核汇总后于季后 20 日上报省局计统处；第四季度不报季报而改报年报，年后 20 日县（市、区）局上报设区市局年报表，设区市局审核汇总后于年后 25 日上报省局计统处，上报时间适逢"双休日"不顺延；设区市局上报报表应附有简要的文字说明材料，如实反映本地区工业园区经济税收的重大发展变化情况，并分析原因，研提完善管理的措施建议；市、县局向上级局报送工业园区纳税信息一律通过广域网报送。各市、县（市、区）国税局遵照执行。省局汇总、分析全省工业园区税源税收情况时，鉴于铜鼓县三都工业园税源税收数据偏小情况，未将其纳入汇总，2008 年和 2009 年省国税局通报的是全省 95 个工业园区税源税收情况。

根据形势发展和深化管理要求，2010 年 3 月 18 日省国税局收入规划核算处印发《2010 年工业园区纳税情况编报工作要求》，对有关监控工作调整事项做出明确规定。全省 94 个工业园区所在设区市局上报季报表四张表（分表一、表二、表三、表四），上报年报表五张表（分表一、表二、表三、表四、表五），表式内容按省局统一格式。"说明"主要是对影响工业园区税源税收的重大因素进行分析和作出情况说明，其中对于实交国税年累计数同比增减 1000 万元以上（含）企业，应分企业分析说明其税收增减变化的主要影响因素。工业园区纳税情况表通过 EXCEI 制作。各级局确保数据真实、准确、完整。鉴于南昌英雄开发区税源税收数据偏小情况，未将其纳入汇总，2010 年省国税局通报的是全省 94 个工业园区税源税收情况。

定期通报　2007 年第二季度开始，江西省国家税务局每季汇总全省工业园区税源税收情况，并进行分析研究，其数据表格及文字分析资料均收编在《江西省国家税务局税收经济分析资料》中，及时反映情况，揭示薄弱环节，研提建议措施。每季汇总分析全省工业园区税源税收情况工作延续到2010年。每季编制的《江西省国家税务局税收经济分析资料》印发至省、设区市党、政机关和国税局，为各级领导决策提供参考依据。

2006年5月23日，省国税局印发《关于2005年江西省96个工业园区纳税情况的分析与思考》（省国税局《情况专报》第四期），对全省工业园区税源税收的基本情况、主要特点、税收收入、减免税以及税收与经济关联情况进行全面分析，反映存在一个园区由几个同级征收机关共管、有的园区税务征收机关离园区较远以致纳税人办理涉税事项不方便等问题，提出应优化调整税收管理方式，对经济税收已达到一定规模的工业园区应设立专门的税务管理机构，集中统一国税管理事权，使之有利于园区税收管理行为统一规范等建议。省领导和省国税局领导对此极为重视，研究决定，对于设在设区市市区范围内的省级经济开发区（工业园区）设置国税征收分局，级别同县级局，国家级经济开发区的国税征收分局升格为副处级机构；对于设在县（市、区）域的工业园区设置国税基层征收分局，或由县局税源管理科指派专职人员管理。从而使工业园区税务管理贴近纳税人、方便纳税人，并有利于税务机构加强与园区管理机构的联系沟通和工作协调，有利于节减税收成本。

2007年3月13日，省国税局印发《江西省国家税务局关于2006年全省96个工业园区纳税情况的通报》，对2006年度全省96个工业园区税源税收的主要特点、税收收入大幅增长40.4%的主要原因进行全面分析，并揭示园区税收中尚存在部分园区经济效益欠佳、税收减收以及欠税较多等问题，提出坚持依法治税，优化税收服务，培植税源，加强税收管理，促进园区税收与经济协调发展等工作要求。

2008年3月10日，省国税局印发《江西省国家税务局关于2007年全省工业园区税源税收情况的通报》，对2007年全省96个工业园区经济税源发展情况、税收收入大幅增长42.6%的主要原因，以及33个重点工业园区纳税情况进行全面分析，肯定成绩，并针对工业园区发展不平衡、部分园区经济效益欠佳及税负下降等问题，要求全省各级国税机关务必坚持依法治税，全面落实税收政策，优化税收服务，加强园区税收管理，把经济发展成果及时反映到税收上来，为实现江西崛起和构建社会主义和谐社会做出新的更大贡献。

2009年3月4日，省国税局印发《江西省国家税务局关于2008年全省工业园区税源税收情况的通报》，对全省工业园区克服年初低温雨雪冰冻灾害、下半年国际金融危机冲击影响等困难，园区经济保持稳定发展、税收收入首次突破百亿达122亿元，增长26%的主要原因与特点、税收与经济关联情况等进行全面分析，对部分园区经济发展滞缓、利润下降、税收减收等问题进行剖析，提出要严格减免税和进、销项税金的审核管理，坚持"依法征收，应收尽收，坚决不收过头税，坚决防止和制止越权减免税"组织收入原则，提高征管质量与效率，推进工业园区税收管理工作迈上新台阶。

2010年2月25日，省国税局印发《江西省国家税务局关于2009年全省工业园区税源税收情况的通报》，对全省工业园区克服国际金融危机冲击影响等困难，园区经济平稳发展趋势向好、税收收入增长31.9%，以及一批低基数园区发展成为高增长园区等情况进行全面分析，反映仍然存在发展不平衡，部分园区经济下滑、利润下降、税收减收等问题。提出认真贯彻落实各项税收政策，搞好税法宣传，加强园区企业纳税辅导，进一步优化税收服务，为园区经济发展方式转变、经济结构调整、产业聚集度提升营造良好的税收环境，促进工业园区经济健康发展等工作要求。

2011 年 2 月 16 日，省国税局印发《江西省国家税务局关于 2010 年全省工业园区税源税收情况的通报》，对后国际金融危机时期，工业园区经济较快发展，园区国税收入突破 200 亿达 214 亿元迈上新台阶、季度收入波浪式起伏、企业所得税高幅增长、新兴产业聚集程度高税收增长快园区等税源税收主要特点进行全面分析，进一步剖析部分园区经济发展滞缓、利润下降、税收减收等问题及其原因。要求全省各级国税机关紧紧围绕省委、省政府重大决策部署，认真履职，落实各项税收政策，优化园区税收服务，恪守组织收入原则，提高征管质量与效率，促进园区增产增效增税收。

第五节　税收分析

税收分析是准确判断税收经济形势、正确指导组织收入工作、客观反映税收经济政策效应、促进提高税收征管质量与效率的重要手段，在税收管理工作中起着"眼睛"作用，是税收管理的基础性工作，是税收计会统工作的重要内容。1991—2010 年江西省税务（国税）局税收分析按其形式分为日常分析、统计分析和税收经济分析。

工作制度

1995 年 12 月省国税局印发《江西省国税系统税收计划、统计工作实施办法》，明确要求：掌握、分析经济税源发展变化趋势，挖掘税源潜力，增强预见性。

2000 年 2 月省国税局计财处印发《关于 2000 年税收会计统计分析要点的通知》，明确要求各地、市局：会计分析报告每半年 1—2 篇，全年至少 2 篇；统计分析报告每季上报 1 篇，全年上报 4 篇，各地要抓紧研究落实；省局适时组织交流，分析报告报送情况纳入计财报表报告工作考核并进行通报；开展针对性强的专题调研，写出一些时效性强、观点鲜明、论据充分、措施建议可操作性强的会计统计分析报告，全方位、多角度地反映税务工作成果及存在问题，充分发挥税收会计统计分析的咨询、参谋作用，为加强征收管理、完善税收政策、推动组织收入工作服务。

2001 年 2 月 28 日省国税局计财处印发《关于上报 2001 年 1 至 2 月税收分析及做好全年税收分析的紧急通知》，明确要求各设区市局要认真贯彻落实国家税务总局有关文件精神与要求，对本年度前两个月税收收入进行客观透彻的分析，从经济增长、加强征管、政策调整和上年结转等方面进行量化分析，并附典型企业情况，于 3 月 5 日前向省局报送分析报告；当月税收收入增长或下降幅度超过 20% 的设区市，要重点报告当月税收收入增减变化的主要原因，并要有典型税源行业或企业的实例，于次月 4 日前（遇节假日顺延）向省局报送分析报告；切实加强税收分析的各项基础工作，紧紧围绕组织收入这一中心工作广泛深入开展调查研究，及时发现、反映并解决好组织收入工作中的新情况新问题，掌握组织收入工作中的主动权。

2005 年 3 月省国税局计财处印发《关于开展 2005 年税收专题调研和统计分析的意见》，要求各设区市局认真抓好税收统计分析工作：开展重点税源企业税收情况分析，如冶金、卷烟、电力和商业等行业发展历史、发展前景、影响因素、同行业税负横向和纵向比较分析；对税收资金形态的分析，分析税收应征、待征、减免、入库等各种税收资金形态之间的关系、变化规律和原因；地区宏观税负变化趋势及其成因分析；各主体税种与相关经济指标的关联分析；价格因素对税收的影响；税收收入预测，探索实用的预测模型，准确预测本地区年收入规模及其发展趋势。省局计财处从中精选部分分析报告，上报国家税务总局或转发各地，以进一步推动税收分析工作的全面开展。

2005年7月省国税局制发《江西省国家税务局关于加强税收分析工作的通知》，要求各地市局健全和完善定期税收分析制度，包括季度收入分析会议制度、税收分析报告和通报制度；运用信息化手段加强税收分析基础工作，扩大分析信息量、强化制度约束提高数据质量、深入调查研究、加强重点税源监控分析、做好税收分析档案及其应用等工作；税收分析与纳税评估、税务稽查相结合。

2006年7月省国税局制发《江西省国家税务局关于进一步做好税收经济分析工作的通知》，对新形势下进一步做好税收经济分析工作进行部署并提出新要求：省、市、县三级按季召开经济税收形势分析会，各级局主要负责人主持会议，分管业务的局领导和各相关职能部门参加会议，分析情况，揭示问题，判断形势，研究措施。分析会结束后要形成书面材料向上级机关报告和向下属单位通报，并及时向当地党政领导汇报，同时会知有关经济主管部门，形成工作合力；定期编报规模以上工业企业税源税收情况报告。

2007年9月省国税局制发《税收经济分析工作实施办法》，根据国家税务总局《税收分析工作制度》规定要求，结合江西实际，对全省国税系统税收经济分析工作制度化作出明确规定：省级国税机关开展税收日常分析，按季开展全省税收与经济关系的宏观分析，按季发布省局监控重点税源企业及其分行业的税负率、利润率、入库率等指标，组织召开季度税收经济分析会，组织开展税收分析人员后续教育，及时贯彻国家税务总局税收经济分析工作制度、指标体系、方法体系，推广税收经济分析软件，落实总局各项税收经济分析专项工作，指导各地开展税收经济分析工作；流转税、所得税、涉外税收、征管、进出口税收、稽查、法规、信息中心等相关主管部门在税收经济分析工作中的工作职责；做好税收经济分析基础工作，以及工作机制、工作流程、指标体系、主要方法、主要内容、组织保障、评比考核等工作的具体要求。

日常分析

1991—2010年江西省税务局（国税局）日常分析主要包括月收入分析、季度收入分析、年度收入分析和会议汇报分析材料、专题汇报分析材料等。

月度收入分析　省、地市、县三级税务（国税）机关每月均开展月度收入分析。主要是对月收入增减变化情况及其原因、重点税源行业与重点品目税收发展变化情况以及其他影响税收收入的重要因素进行分析，揭示存在的主要问题，研提措施意见，为加强组织收入工作提供依据。1991—2002年省税务局、省国家税务局的月度收入分析是以正式公文形式予以印发。随着国税办公信息化推进，2003年始月度分析与收入进度表一并编成月收入手册，作为内部资料印发，此形式一直延续到2010年。

1997年12月12日，省国税局印发《关于全省国税系统1997年11月份税收收入情况的通报》，反映 11 月份全省国税系统税各项收入 3.89 亿元，同比减收 1.19 亿元，下降 23.5%。11 月份税收减收的主要原因：企业产销滑坡，全省 2511 户地方国有工业企业 10 月份的工业增加值、产品销售收入分别下降 4.8%、5.4%，11 月实缴"两税"下降 13.4%；下岗职工增多，社会购买力受限，而新的消费热点尚未形成，一些大、中型商业企业生意平淡，商业增值税下降 17.4%；欠税增加，11 月底止全省"两税"期末余额环比增加 1860 万元。要求全省各级国税机关积极主动向党政领导汇报情况，搞好部门工作配合与协调；坚持依法治税，做到应收尽收；认真贯彻《国务院办公厅关于切实抓好清理欠税工作的紧急通知》（国办发明电〔1997〕40 号）、《江西省人民政府转发国务院办公厅关于切实抓好清理欠税工作的紧急通知》（省府字〔1997〕77 号）的规定要求，大力压缩欠税，新欠全部收回，旧欠有所压缩；搞好出口退税、期初存货已征税款抵扣、先征后退、各项提退的审核把关工作，奋战 12 月。

季度收入分析 省、地市、县三级税务（国税）机关每季均对本季度收入及年累计收入增减变化情况及其原因、重点税源行业与重点品目税收发展变化情况以及其他影响税收收入的重要因素进行分析，揭示存在的薄弱环节与主要问题，提出加强组织收入工作措施意见。季度分析均以正式公文形式印发。

2009 年 4 月 13 日，省国税局印发《江西省国家税务局关于 2009 年一季度税收收入情况的通报》，反映全省国税系统一季度税收收入 84.73 亿元，比上年同期减收 13.18 亿元，下降 13.5%；各经济类型税收不同程度减收，其中涉外企业税收减收 6.58 亿元，下降 34.1%，国有企业、集体企业、私营企业、个体经营税收分别下降 6.7%、7%、8.3%、6.4%、7%。一季度税收减收的主要原因：国际金融危机深度影响实体经济，大宗工业产品价格低位震荡，税源期铜价在 2.7 万元 / 吨左右徘徊，比上年同期 5.2 万元 / 吨下跌 2.5 万元 / 吨，江西铜业股份公司一季度实缴国税税收减少 3.91 亿元；钢材价格跌至上年最低水平，新钢产品价格仅为 3200 元 / 吨，全省钢材产品一季度实缴增值税减少 1.54 亿元，下降 29% 等；结构性减税政策影响国税减收 9.5 亿元，其中企业所得税"两法"合并翘尾影响减收 3.46 亿元，增值税全面转型增加固定资产进项税金抵扣 0.83 亿元，矿产品增值税率由 13% 提高到 17% 影响减收 1 亿元，2008 年全省增值税留抵税金比上年增加 10.58 亿元结转 2009 年消化等非即期因素影响。"通报"要求全省各级国税机关密切关注经济税源发展变化情况，坚持依法治税，进一步加强税收征管，加大纳税评估力度，加强与相关部门的沟通联系，形成工作合力，克服不利因素影响，挖掘潜力，扎实工作，为促进经济和税收平稳较快发展而不懈努力。

年度收入分析 省、地市、县三级税务（国税）机关均于年度终了后开展年度收入分析。根据年度税收收入数据、国民经济运行快报、税收会统报表等信息，对本年度税收收入发展态势、税收结构、主要特点、增减原因、税收与经济关联情况等进行全面检查分析，肯定成绩，总结经验，揭示问题，提出进一步加强组织收入工作措施意见。各年度分析均以正式公文形式印发。

2006 年 1 月 24 日，省国税局印发《江西省国家税务局关于 2005 年税收收入情况的通报》，反映 2005 年全省国税税收收入 205.24 亿元，年收入规模首次突破 200 亿元，比上年增收 40.04 亿元，增长 24.4%，完成国家计划 109%；各税种收入全面增收，国内增值税、国内消费税、企业所得税、涉外企业所得税、储蓄利息个人所得税、车辆购置税、海关代征税收分别比上年增收 22.72

亿元、2.21亿元、3.18亿元、1.28亿元、0.83亿元、0.08亿元、2.07亿元，分别增长19.9%、8.5%、28.6%、26.3%、14.3%、1.1%、65.5%；2005年全省生产总值现价增长17.4%，全省国税税收收入扣除车购税不可比因素后增长19.5%，税收与经济增长弹性为1.12；2005年全省GDP国税税收收入负担率为5.06%，比上年提升0.27个百分点；私营企业和涉外企业税收分别增收4.23亿元和7.94亿元，增长49.7%和34%，股份制企业、国有企业和其他类型企业税收分别增长15.5%、14.5%和12.1%；2005年全省80个县（市、区）国税收入规模达73.9亿元，增长33.9%，占全省国税收入总额的比重达到36%，提高2.6个百分点，国税收入超亿元的县（市、区）2005年达到20个，增加9个；2005年全省国税办理减免税26.62亿元，增加8.88亿元，增长50%；办理出口退税20.01亿元，增退0.54亿元，剔除归还以前年度出口货物退欠税这一不可比因素计算，则增长74.8%。2005年江西经济持续快速发展；将年纳"两税"500万元和年纳所得税400万元的210户企业纳入省局监控范围，监控户数比上年增加39户，210户重点企业税收收入占全省国税收入总额的比重达53.3%；自2005年4月1日始全省国税系统全面运行"纳税评估管理信息系统"，共筛选出疑点纳税人10.08万户次，通过约谈举证、实地核查，纳税评估环节补缴税款2840.91万元，通过移送稽查立案116户次，查补税款673.03万元；加强税收计划管理，全年月度预测平均误差仅为4%，建立税收分析新机制，重点研究、分析税收收入存在的问题及经济与税收相关影响，拓宽和强化税收分析渠道和深度，为各级领导决策提供依据，群策群力抓好组织收入工作；以开展欠税核查工作为契机，加大清理欠税力度，全省国税系统共清缴入库以年前度欠税5534万元。存在的主要问题：重点税源企业税收发展滞后，省局监控的210户重点税源企业实际缴纳"两税"和内外资企业所得税同比仅增长12.1%，低于同期同口径全省国税税收收入总额增长19.4%的幅度7.3个百分点，210户重点税源企业中有4户年内未缴纳税收、82户企业税收减收，这两类企业合计86户，占210户企业总户数的41%，下降面大；成品油、纺织品、建材产品等部分行业税收收入下降；增值税留抵税金居高不下，至2005年底，全省增值税留抵税金期末余额仍高达9.39亿元，增加1.76亿元，增长23.1%。《通报》要求全省各级国税机关研究采取有效措施，进一步发挥税收调节经济、服务经济发展的职能作用，大力培植、扶持经济税源发展；进一步加大税源管理力度，及时掌控经济税源发展动态；进一步优化和完善管理措施，夯实管理基础，提高管理效能，堵塞税收漏洞；进一步促进税收与经济发展的良性循环，为实现江西在中部地区崛起和全面建设小康社会战略目标做出新贡献。

省国税局的月度分析、季度分析和年度分析按时报送上级领导机关和省经济主管部门，印发各地市局。

会议汇报分析材料 省局领导和省局计统部门参加国家税务总局、省政府、省人大等上级领导机关召开的经济税收分析会议，省局计统部门根据会议通知要求，收集整理有关资料，形成汇报分析材料。

1997年6月，省国税局计统处派员参加国家税务总局计统司召开的部分省市税收分析会议，会前撰写《江西省国税局关于组织收入情况的汇报》材料，反映1—5月江西国税税收收入进度缓慢，工商税收收入完成年计划的31.6%，比时间进度慢10.1个百分点；企业资金困难，清欠难度大，清而复欠现象屡屡发生，至 5 月底，全省国税工商税收欠税余额 6.93 亿元，比上年同期增加 1.52 亿元，比上年末增加 2.61 亿元，增长 60.4%；省局监控的百户重点税源企业中有 37 户企业生产滑坡、销售收入下降，税收减少，酒、电子、制药、化工、成品油加工制造业中的重点税源企业产销、税收下降更为明显。"汇报"材料预测了江西国税上半年和全年税收收入，提出抓好均衡入库、加强税收征管、加强税务稽查、加强岗位责任制、大力压缩欠税等措施建议。《汇报》材料为上级领导了解区域税源税收情况和工作决策提供参考依据。

2009 年 4 月中旬，省国税局计统处派员参加国家税务总局计统司召开的部分省市税收分析会议，会前撰写《江西省国税局关于税收收入情况的汇报》材料于会上进行汇报。《汇报》对国际金融危机影响、结构性减税政策实施形势下江西国税一季度税收收入情况进行分析，预计后几个月经济将企稳回升，全年收入任务力争完成。汇报了江西国税全面执行政策，促进经济发展，坚持组织收入原则，加强税收管理，优化服务，搞好部门协作配合等一系列加强组织收入工作措施。

专题汇报分析材料　由于省人大等上级领导单位每年均召开经济形势分析会议，因而省国税局的专题汇报分析材料较多。

1998 年 7 月下旬，省人大召开经济形势分析会议，省国税局领导参加，省局计财处拟制《江西省国税局关于税收收入情况的报告》材料，经局领导审定后报送省人大。《报告》对江西遭受特大洪涝灾害的上半年国税税源税收情况进行全面分析，上半年全省国税系统工商税收收入 31.04 亿元，完成年计划的 47.4%，比进度慢 2.6 个百分点，比上年同期增长 2.6%；其中"两税"收入 28.84 亿元，完成年计划的 46.9%，比进度慢 3.1 个百分点，下降 0.7%。收入进度缓慢的主要原因：洪涝灾害影响，国有企业和集体企业产销和税收减收较多，企业资金紧缺，新增欠税 0.85 亿元等。《报告》汇报了省国税局加强征管、严格收入目标责任制等一系列组织收入工作措施，并预测全年税源税收情况。

2009 年 1 月中旬，省人大召开经济形势分析会议，省国税局领导参加，省局计统处撰写《江西省国税局关于 2008 年及 2009 年税收收入的分析报告》材料，经局领导审定后报送省人大。《报告》对 2008 年江西国税税收增速前高后低、税收规模创历史新高、各企业类型税收普遍增收、增值税和企业所得税是增收主力、税收与经济协调发展等收入情况及其特点进行全面分析；对 2009 年国税收入形势进行分析预测，认为虽有国际金融危机影响，但国家实施积极的财政政策和适度宽松的货币政策，江西大力实施产业经济"十百千亿"工程、高新科技成果转化"八大"工程、打造特色工业园，分析 2009 年江西经济将企稳回升，税收政策重大调整对江西国税收入的影响有增有减。

税收统计分析

江西省税务（国税）局对重大的经济税收现象、热点难点问题开展税收统计分析。1991—1994 年，江西省税收统计分析主要是省税务局计会处撰写，每年 4 篇，省局以内部资料形式印发。随着形势发展，国家税务总局重视和布置税收分析工作，江西省国税局认真贯彻落实。1995—2006 年，江西省国税局计统主管部门每年撰写数篇税收统计分析，并根据形势发展和税收管理工作要求，向各地市局布置税务统计分析工作，拟订若干分析题目供各地选题参考，明确工作要求，年后总结通报。

国税工作　1995 年 3 月，省国税局计财处转发《国家税务总局 1995 年税务统计分析专题》，布置本省国税系统税务统计分析工作，省局制订《新税制实施前后税收结构状况及变动趋势分析》等24个分析课题题目供各地选题参考。要求各地市局每个季度上报1篇统计分析，全年上报4篇统计分析。税收统计分析开始制度化，各地市国税局普遍启动税收统计分析工作。

1996年3月，省国税局计财处印发《江西省国家税务局计财处关于布置1996年税务统计分析选题的通知》，制订"税收收入波动与经济波动规律分析"等10个分析课题题目供各地选题参考，要求各地市局要指定专人负责统计分析工作，并明确统计分析工作纳入计财报表报告工作考核。各地市国税局予以落实，普遍指定专人负责或兼职统计分析工作，税收统计分析工作步入常态化轨道。

1998年，贯彻全国税收计会统工作会议精神，遵照国家税务总局副局长卢仁法关于"加强收入分析尤为重要，及时发现和反映税收工作中出现的问题，积极提出切合实际的意见和建议，更好地发挥领导参谋和助手的作用"的指示要求，省国税局计财处结合江西实际，制订《工商税收与国内生产总值的关系和变化规律分析》等26个分析课题题目供各地选题参考。全省各级国税机关认真贯彻全国税收计会统工作会议精神，采取有效措施，努力搞好税务统计分析工作，将数据信息转化为高质量的参谋信息和咨询信息，各地统计分析报告质量有所提高。

1999年，贯彻全国税收计会统工作会议精神，遵照国家税务总局副局长卢仁法关于"建立科学、务实的宏观分析预测体系，强化税收和经济关系的理论研究，弄清税收与经济总量和各主要经济指标之间的关系，把握适度的税收负担界限和合理的税收收入规模，提高整体税收预测水平"的指示要求，省国税局计财处制订《清理欠税的措施和效果分析》等12个分析课题题目供各地选题参考。省局和各地市局紧紧围绕组织收入中心，对税收与国民经济关系、税收政策实施效果、企业转制过程中税收征管等问题深入分析研究，撰写出一些较有参考价值的统计分析报告。

2000年，贯彻全国税收计会统工作会议精神，遵照国家税务总局副局长程法光关于"认真做好收入分析和预测工作，各地要特别加强对税收超经济增长的因素分析，密切关注有关政策措施和一些特殊因素对今明两年收入的影响。同时要经常分析和判断经济形势，全面提高税收预测水平，发挥好领导的参谋和助手作用"的指示要求。省国税局计财处结合江西实际，布置开展税收会计分析、统计分析工作，制订《1994年税制改革以来税收弹性系数的实证分析》等15个分析课题题目供各地选题参考。年后省局计财处对2000年税收统计分析工作进行总结，肯定各地从税收与国民经济运行关系、税收政策与征管措施对税收收入的影响、现行税制与征管机制存在的问题及其对策、收入结构变化等方面进行了较为广泛、深入的分析，分析内容较有深度，指出存在的问题主要是有的以收入计划进度代替统计分析，存在应付现象。各地市国税局认真抓落实，充分利用丰富的税收统计数据，组织安排统计分析人员深入调研，写出时效性强、观点鲜明、论据充分、措施建议可操作性强的统计分析报告，为加强税收征管、完善税收政策措施、推动组织收入工作服务。

2001年，贯彻全国税收计会统工作会议精神，根据国家税务总局副局长程法光关于"汇集的数字只是初级资源，只有进行深加工，出成果，出精品，才能体现出工作水平；各级税务机关要高度重视税收分析工作，配备配足相应的人员，提供良好的工作条件，调动大家的工作积极性。这是事半功倍的好事"的指示精神，2月份省局计财处印发《2001年税收统计分析题要》，拟制"税收政策对税收收入的影响分析"等6个分析课题题目供各地选题参考，并明确工作要求。年后省局计财处制发《关于 2001 年税收统计分析报送情况通报》。各单位能结合本地区经济发展及产业结构的特点、收入结构变化等方面进行多角度分析，有的分析报告能借助图、表等融会多种分析方法，增强分析材料的实用性。不足方面主要是少数地区片面追求数量，用计划进度分析代替或不加选择地转发县（市）局上报的分析替代本级局分析，没有发挥出其应有的作用。《通报》要求各地在充分运用税收会计统计数据的基础上，结合国民经济运行特点及税收工作的重点、热点和难点问题，深入基层，积极开展有针对性的专题调研，以全方位、多角度地反映税务工作成果及存在的问题，为加强征收管理、完善管理、推进依法组织收入工作服务。

2003 年，遵照国家税务总局副局长钱冠林在全国计会统工作会议讲话中关于进一步加强税收收入的分析和预测工作，认真分析各种增减收因素，特别是要重点分析税收优惠政策的执行情况的指示要求，3 月份省局计财处印发《关于下发 2003 年度税收统计分析要点的通知》，制订《地区支柱或主导产业、行业的发展与税收的关系》等 4 个分析课题题目供各地选题参考。各地贯彻落实全国计会统工作会议精神，密切关注税收新动态、新特点，注意将分析成果用于指导工作实践。

2005 年，贯彻全国计会统工作会议精神，遵照国家税务总局副局长钱冠林关于"建立健全科学的税收分析方法体系，进一步完善经常性税收收入分析方法，健全宏观经济税收分析方法，充实微观领域税收分析方法，建立健全总局、省、市、县四级税收分析管理制度"的指示精神，结合江西实际，省国税局布置开展 2005 年税收专题调研和税收统计分析工作，制订《税收资金形态分析》等 6 个分析课题题目供各地选题参考。各地落实总局和省局工作要求，税收统计分析中揭示经济发展变化对税收增长带来的贡献效益，深化对税收增长成因的认识，增强组织收入工作的主动性。省局计财处从中精选部分分析报告转发各地，进一步推动税收统计分析工作向前发展。

2006 年，贯彻全国计会统工作会议精神，遵照国家税务总局副局长钱冠林关于"深化税收分析要紧紧围绕税收弹性分析、税负分析、税源分析、税收关联分析几个方面进行；要将上述 4 种分析形式与税收完成情况分析以及税收资金形态分析等有机结合起来，更加全面、完整地反映税收和税源状况，及时、准确地提出加强税收管理的意见和建议，更好地为提高税收征管质量和效率服务"的指示要求，全省各级国税局普遍建立税收统计分析机制，分析质量有所提高，多数分析能以充分的调查研究为基础，资料翔实、论证充分、分析透彻，研提措施较好。但有的分析方法较为单一，分析不够深入，论据不够充分，说理较为牵强，措施建议缺乏针对性等。省局制发关于 2006 年税收统计分析工作情况通报，要求各地拓宽外部信息采集渠道，有效整合各种信息分析资源，宏观和微观分析相结合，提高统计分析利用效率，增强分析问题的针对性。赣州、新余、南昌和上饶等 4 市国税局计统科被评选为"2006 年度税收统计分析工作先进单位"。

表2-5-4　1995—2006年江西国税计统部门税收统计分析课题和分析报告篇数

单位：篇

年　份	省局计财处制订 参考课题题目	省局计财处撰写 统计分析篇数	地市局上报统计 分析篇数	税收统计分析 合计篇数
1995	24	4	15	19
1996	10	4	20	24
1997	28	4	28	32
1998	26	4	26	30
1999	12	4	28	32
2000	15	4	57	61
2001	6	4	66	70
2002	4	4	37	41
2003	6	4	36	40
2004	4	4	42	46
2005	6	5	45	50
2006	4	6	46	52

　　税收统计分析重点关注经济和税收中的热点、难点问题，分析经济税源发展变化及其趋势，探索规律，揭示薄弱环节。

　　统计分析例示　1994年12月31日，省国税局印发《1994年工商税收欠税情况简析》（1994年税收统计分析第三期），反映1994年欠税明显增多，分析原因，提出措施建议。从1月份始，全省工商税收欠税逐月增加，虽在实现"首季开门红"的3月、"上半年双过半"的6月、冲刺年收入任务完成的12月欠税有所压缩，但其他月份欠税又反弹。欠税高峰月份是10月，10月底欠税余额3.31亿元，12月份为完成年收入任务，大力压缩欠税，月底欠税余额虽压至1.5亿元，但仍比上年同期增加7640万元，增长104.2%。1—11月各月份全省工商税收欠税余额分别比上年同期增长60.7%、77.9%、86.6%、120.6%、72.4%、75.4%、68%、3.4%、6.1%、27.2%、48%。1994年全省工商税收欠税余额月均2.22亿元，增长50.4%，明显高于经济增长速度和税收收入增长速度。其主要原因：①"三角债"锁链牵扯，企业资金困难。从欠税最多的10月份情况看，重点税源企业省电力局人欠电费4亿余元，税款无法及时缴纳，欠缴税款1.5亿元；省冶金公司欠人款8.8亿元，人欠款5.4亿元，欠缴税款1.38亿元等；②税收政策调整影响。1994年1月1日起实施新税制后，部分产品税负明显增加，形成欠税。洪都摩托车制造厂1993年增值税实际税负不足3%，1994年摩托车除征收增值税外，再计征税率为10%的消费税，企业一时难以消化，全年缴纳消费税300余万元，欠缴1000余万元。税改前原煤洗煤的产品税税负为3%，实施新税制后实际增值税税负平均为9%，1994年4—11月份重点税源企业萍乡矿务局和丰城矿务局的月欠税余额分别保持在1000万元、600万元以上水平。税改前，某些企业设备更新技术改造或新建投产，税务部门按政策规定审批"以税还贷"

（批准企业当年缴纳产品税、增值税的全部或部分用于归还企业贷款），实施新税制后，取消"以税还贷"，改由财政部门协调解决其困难，这类企业资金困难，欠税较多。某啤酒厂扩建投产，税务部门审批其1992年和1993年"以税还贷"均逾千万元，1994年实施新税制，该企业缴纳"两税"近300万元，欠缴"两税"1000余万元。其他类似企业也是此等情况；③部分企业经济效益欠佳，连年亏损，无力缴纳税款，形成欠税。措施建议：加强和改善企业经营管理，增强企业活力，提高经济效益；完善和坚持企业货款结算制度，严格结算纪律，防止"三角债"的牵扯，盘活资金；完善和坚持税款过渡账户办法；严格执行《征管法》，区别不同情况，采取有效措施，把欠税压缩到最低限度。

1997年5月省国税局印发《1996年个体私营经济税收收入情况分析》（1997年税收统计分析第二期），反映20世纪90年代中期，中国社会主义市场经济体制建立后，民营经济和税收发展情况。1996年全省国税个体私营经济"两税"收入6.75亿元，按可比口径计算比上年增加1.08亿元，增长19%，高于全省"两税"收入总额增幅4.7个百分点；占全省"两税"收入总额比重11.3%，较上年比重增加0.5个百分点；个体私营经济"两税"收入的60%来自于商业领域，个体私营经济从业人员大部分是从事第三产业。1996年省国税个体私营经济"两税"收入较快增长的主要原因：经营户数增多，从业人员增加，随着社会主义市场经济体制建立与发展，人们的思想观念发生变化，劳动致富光荣，个体经营和私营企业成为吸纳城镇与农村人员就业的重要渠道，1996年全省城镇私营和个体从业人员138.13万人，占全省城镇从业人员总数的比重24.5%，比上年增加16.13万人，增长13.7%；经济发展，税源增加，各级党委、政府重视和支持民营经济健康发展，1996年全省私营和个体经济的工业总产值现价计算增长35.2%，社会消费品零售总额增长29.5%；加强税收管理，堵塞漏洞，各级国税机关推进征管改革，普遍调高个体户"双定"税额，清理漏征漏管户，由此增加不少税收。1996年赣州地区个体私营经济"两税"收入1.94亿元，占全省个体私营经济"两税"收入总额比重28.7%，占赣州地区"两税"收入总额比重29%，是全省11个地市中个体私营经济"两税"收入最多和比重最大的地区。值得关注的问题：地区之间个体私营经济税收收入不平衡，重视程度不一，重点税源企业户数多的地区对个体私营经济税收重视程度较弱，缺乏大税源的地区对个体私营经济税收非常重视，采取有效措施加强生猪、砖瓦窑、小煤窑、钨砂民窿、专业市场等个体私营经济税收的征收管理，地市之间个体私营经济"两税"收入增幅高低最大落差达20多个百分点。《分析》建议：认真贯彻党和国家的经济政策和税收政策，促进民营经济健康发展；创造条件对个体大户实行建账建制，向查实征收方向推进；加强调查研究，正确处理组织收入工作中的矛盾与问题，堵塞偷漏税漏洞，把民营经济发展成果较好地反映到税收上。

税收经济分析

2007年，随着国民经济持续稳定较快发展，税收收入较快增长，税收管理不断深化，全方位、多角度、多层次研究分析税收与经济的关联情况、税收增长及税负变化情况及其原因，已越来越重要。国家税务总局和各级税务机关进一步加强对税收分析工作的领导，认真部署和考核。全省国税系统税收经济分析会议召开后，各级国税机关落实会议精神，进一步加强税收分析工作，并把经济税源分析、政策效应分析、管理风险分析、预测预警分析、统计分析等统归为税收经济分析。

工作机制及开展情况 全省各设区市国税局普遍建立税收经济分析机制：建立纵向税收经济分析制度体系，各地根据上级要求，因地制宜拟定出台本级税收经济分析工作制度，上下联动抓落实；建立横向交流机制，南昌、吉安、赣州等多数设区市局建立与中部其他省会城市或周边城市及本地主要经济管理部门的定期信息交换制度；设区市局按季编印内容翔实的《国税统计信息》，搭建数据信息共享平台，充分发挥税收经济分析的参谋服务作用。

省市县三级国税局领导重视和加强对税收经济分析工作的领导，单位一把手或分管局长主持召开季度税收经济形势分析会，身体力行深入调研撰写税收经济分析文章。省国税局局长周广仁撰写《提高两个比重，促进江西发展》《江西2007年度增值税税负考察报告》《强化管理，实现国税收入平稳较快发展》等税收经济分析文章；省国税局局长张贻奏撰写《用好免抵调库政策，做大江西财政收入》《江西省税收经济调研情况报告》《充分发挥税收职能作用，促进我省再生资源行业持续健康发展》等税收经济分析文章；省局副局长邬小婷为组长的课题组撰写《构建税收经济分析长效机制 提高两个比重》调研报告；省局其他领导撰写税收经济分析文章。省局领导深入调研撰写税收经济分析，有针对性地加强指导管理工作。不少设区市局一把手和分管局领导撰写税收经济分析文章，研究问题和指导工作。在政府部门领导主持召开的财税专题工作会上，国税部门关于经济税收发展形势的分析报告，内容翔实、问题揭示透彻，为政府和主管部门工作决策提供依据，得到地方党政领导充分肯定。

2007年，省国税局局长周广仁在全省国税系统税收经济分析工作会议上强调：要切实提高对税收经济分析工作重要性的认识，认真抓好税收经济分析的重点工作，在分析内容、分析对象、分析方法、指标体系上要突出重点；要注意统筹安排，正确处理加强税收经济分析与促进经济发展、与依法征收、与深化纳税评估、与提升基层工作质量、与职能部门分工协作等几个关系；要振奋精神，开拓进取，扎实工作，全面提升税收经济分析工作水平，推动全省国税系统税源管理工作再上新台阶，促进江西经济社会又好又快发展。省国税局副局长邬小婷强调：进一步建立健全工作制度，规范运行机制；紧贴工作实际，丰富分析内容；运用科学分析方法和现代化手段，提高分析质量；注重人才培养，善于发现和使用人才；勤耕细作，充分发挥税收经济分析作用。全省各级国税机关认真贯彻上级领导关于税收经济分析的工作部署与要求，针对本地税收经济中的新情况、新问题，深入开展税收经济分析工作，工作积极性主动性增强。是年省局计统处撰写上报的税收经济分析文章5篇，各地上报省局82篇税收经济分析文章，较上年增加27篇。分析工作得到重视，不少单位一把手及分管局长主持召开季度税收经济形势分析会。分析质量有所提高，不少分析报告内容翔实、文字通畅，能够抓住当前的热点和难点问题，分析思路有所拓宽，能利用时间序列、截面分析、实证检验等方法来判断税收形势，起到了很好的决策参考作用。不足方面主要是：地区工作差异较为明显；有的分析选题与往年雷同，缺乏新意，跳不出既有的思维空间，有的分析内容贫乏，问题揭示不透彻，深度不够；人员素质有待提高，有些分析人员经济、税收、会计等方面的理论功底较浅，不能灵活运用经济学原理和科学统计分析方法，写作仍停留于表面现象的平描，与新形势下做好税收经济分析工作的要求不相适应。年后省国税局印发《江西省国家税务局关于2007年度税收经济分析工作情况的通报》，对2007年度税收经济分析工作进行全面总结，肯定成绩，揭示差距，要求各地税收经济分析人员要进一步加强学习、提高分析能力，同时要在创新方面下功夫；要善于运用科学的分析方法，观察事物彼此间的联系，挖掘题材，创新思维；要善于从不同的角度思考问题，通过聚合归纳，形成简约清晰而又全面反映现象或问题的整体分析思路，不断提高税收经济分析质量和水平。《通报》表彰南昌、吉安和抚州设区市国税局计统科等 3 个先进单位，以及质量较高的 25 篇分析文章。

2008 年，贯彻全国税收收入规划核算工作会议精神，遵照国家税务总局副局长钱冠林关于"深化税收分析，全面发挥'四个服务'职能作用。各级税务机关要充分认识税收分析在税收工作中的重要作用，各级收入规划核算部门要把税收分析作为工作的重中之重，要加强经济税源分析、政策效应分析、管理风险分析和预测预警分析，通过加强税收分析来带动和促进整体工作水平的提高"的指示要求，江西国税系统进一步加强税收经济分析工作，各地税收经济分析的时效性、针对性和分析质量都有明显的提高，分析内容日益丰富，大部分选题反映的均是各级领导普遍关心的热点问题，从而为税收工作和领导决策提供科学依据，较好发挥好税收经济分析的"眼睛"和参谋作用。是年省局计统处撰写上报税收经济分析文章四篇，各地上报省局共 51 篇税收经济分析文章，超省局要求篇数 7 篇。但仍存在部分单位对分析工作的重要性认识不足，重视不够，内外协调和沟通有待加强，分析队伍建设和培养有待加强等问题。2009 年 4 月 8 日，省国税局印发《江西省国家税务局关于 2008 年度税收经济分析工作情况的通报》，对 2008 年度税收经济分析工作进行全面总结，肯定成绩，揭示差距，要求各地要进一步健全完善分析工作制度，规范运行机制；紧贴江西工作实际，丰富税收经济分析内容；充分运用科学分析方法和现代化手段，提高分析质量；要注重税收经济分析人才培养，提高整体素质。《通报》表彰赣州、抚州、吉安和南昌市国税局计统科等 4 个先进单位，以及质量较高的 26 篇分析文章。

2009 年，各地认真落实税收经济分析工作制度，收入核算、税种管理、征收管理以及税源管理等部门共同开展税收经济分析，工作成果互为运用，税收经济分析、纳税评估、税源监控、税务稽查"四位一体"的互动机制已初步形成。各地密切关注应对国际金融危机措施作用影响和经济税收中的热点难点问题，紧贴工作实际，拓宽视野，扩大分析范围，丰富分析内容，多角度、广视野、宽领域地为领导决策和加强税收管理提供参考依据。2009 年省局计统处撰写上报税收经济分析文章 7 篇，各地上报省局的税收经济分析文章共 59 篇，比省局要求上报篇数超 15 篇。不足方面：部分地区分析工作机制有待健全完善，相关业务主管部门之间缺乏协调配合，"四位一体"互动机制尚未规范运行；分析质量有待提高，有的缺乏深层次和实质性的分析内容；分析人员素质和队伍建设有待加强提升。2010 年 3 月 25 日，省国税局印发《江西省国家税务局关于 2009 年度税收经济分析工作情况的通报》，对 2009 年度税收经济分析工作进行全面总结，肯定成绩，揭示问题，要求全省各级国税部门要结合本地区实际，健全完善税收经济分析工作机制；密切关注经济社会发展大局与经济税收政策实施情况，紧贴国税工作实际，丰富税收经济分析内容；拓宽分析思路，运用科学的分析方法，提升税收经济分析水平；提高分析人员素质，加强队伍建设，推进税收经济分析工作迈上新台阶。《通报》表彰南昌、吉安、赣州和抚州市国税局计统科等四个先进单位，以及质量较高的 25 篇分析文章。

2010 年 8 月，省国税局局长张贻奏在全省财税工作座谈会国税分会上强调:强化数据分析利用，加强税收分析的针对性，要在强化数据分析利用上下功夫，在探索实施信息管税上下功夫，在加强收入质量考核上下功夫，逐步实现由计划管理向质量管理转变，由注重收入总量、增幅向注重收入质量和税收对经济发展的贡献度转变，实现税收与经济协调发展。全省各级国税机关认真贯彻落实国家税务总局和省国税局工作部署与要求，策应省委、省政府"科学发展、绿色崛起、进位赶超"总目标和建设鄱阳湖生态经济区的发展战略，落实省局党组"向项目、向管理、向政策要税收"工作要求，深化经济税收分析，分析方法由税收进度、增减情况的简单对比，向宏观税负、增长弹性等征管质量分析，以及财政体制、税收政策影响分析转变，并能利用时间序列、截面分析、实证检验等方法来判断税收形势，为领导决策、为税收征收管理提供了有价值的参考依据。是年省局计统处撰写上报税收经济分析文章9篇，各地上报省局的税收经济分析文章共54篇，比省局要求上报篇数超10篇。不足方面：有的分析材料立意不高，内容过于简单，语言欠精练，结构不紧凑，缺乏说服力等。2011年3月21日，省国税局印发《江西省国家税务局关于2010年度税收经济分析工作情况的通报》，对2010年度税收经济分析工作进行全面总结，肯定成绩，指出差距，要求各地要认真选题，密切关注重大投资项目建设与经济税收政策调整的实施情况，进一步健全税收分析、纳税评估、税源管理和税务稽查"四位一体"互动机制，把税收分析成果转化为提高征管质量与效率。《通报》表彰上饶、景德镇、抚州和萍乡市国税局收核科等4个先进单位，以及被评选为优秀的28篇分析文章。

季度税收经济分析会议　落实税收经济分析工作制度，省、地市、县三级国税局定期召开季度税收经济分析会议。

2009年4月28—29日全省国税系统一季度税收经济分析会议在南昌召开，省局主要领导、分管局领导、相关处室负责人及工作人员、各设区市分管局领导和计统科长参加会议，省局副局长邬小婷主持会议。会议传达学习近期召开的全国税收收入规划核算工作会议精神，全面分析一季度税源税收情况，揭示税收管理中的薄弱环节，判断当前经济税收形势，预测二季度和上半年税收收入，研究加强和改进组织收入工作措施。在各设区市局汇报一季度税收收入和存在问题及其难点后，省局参会各处室提出相应措施：流转税处提出要认真落实各项税收政策，跟踪调研，加强消费税税基管理，做好白酒消费税计税价格核定工作，加强成品油消费税改革管理等；所得税处提出要加强企业所得税预缴管理和总分机构税收管理，抓好汇算清缴工作等；国际税收管理处提出要加强非居民企业税收管理，落实源泉扣缴，加强涉外税收信息核查，有重点地开展反避税调查等；征管处提出要强化纳税评估，加强户籍管理，推进个体户建账建制，以票控税，不定期开展巡查等；稽查局提出要认真抓好税收专项检查、涉税案件查处和打击假发票活动，抓好24户大型企业集团税收自查工作，开展区域税收专项整治等；进出口税收管理处提出将部分生产企业出口退税审批权限下放到县级局，完善远程申报系统功能，简化免抵退税手续，强化预警评估等；计统处提出要深化税收经济分析，提高税收预测准确度，加强重点企业、工业园区税源税收监控，提高会统核算数据准确性，为领导决策、加强征管提供可靠依据等。省局副局长肖光远强调要进一步加强再生资源税收管理、烟酒成品油消费税管理、品牌销售企业征管，切实提高纳税评估成效。省局总经济师邱大南强调涉外税收管理要突出重点、盯住一般、管住其他、克服难点，切实加强非居民企业税收管理，做好增值税免抵调库工作。省局局长周广仁作总结讲话，指出国际金融危机冲击、结构性减税政策实施和非即期因素影响，是一季度全省国税税收收入下降的主要原因，组织收入工作面临前所未有的严峻形势和困难压力；由于改革与发展中尚未解决的深层次矛盾与问题，经济发展中的不确定因素较多，但国家宏观调控政策已初见成效，经济回暖迹象增强，各地要以学习实践科学发展观为动力，以机关效能年为契机，按照行动要快、措施要实、力度要大、效果要好的要求，贯彻落实税收政策，支持重点项目建设，帮助困难企业和行业渡过难关，充分发挥税收杠杆作用，推动经济结构调整和发展方式转变；全面加强税收管理，认真做好深化税收经济分析、加强重点税源管理、特色行业中小税源管理、税种管理和税务稽查等工作，努力实现上半年国税收入目标。会后省国税局印发"全省国税系统一季度税收经济分析会议纪要"，全省各级国税机关认真贯彻会议精神，落实各项措施，随着经济企稳回升，国税收入形势逐步好转，2009 年全省国税收入 499.38 亿元，完成年收入计划 104.5%，比上年增长 23.1%。

2010 年 7 月中旬，省国税局召开"2010 年上半年全省国税系统税收经济分析会议"（二季度分析会议），省局主要领导、分管局领导、相关处室负责人及工作人员、各设区市分管局领导和收入核算科科长参加会议。各单位汇报税收与经济关联情况，分析上半年税源税收的特点、存在问题以及影响税收收入的主要因素，考虑地方财政对国税税收收入的安排因素，预测下半年及全年税收收入。会议对各地汇报的问题以及加强组织收入工作的措施进行研究，省局主要领导对下半年组织收入工作做全面部署。从思想上、组织部署上为 2010 年全省国税系统实现税收增收和超收奠定基础。

税收经济分析资料　省国税局自 2007 年第二季度始，每季季后编制《江西省国家税务局税收经济分析资料》手册，其主要内容包括：全省及各设区市国税收入、欠缴、留抵、减免、出口退税、税收与经济指标比较等数据信息表、图；汽车航空及精密制造业、特色冶金和金属制造业、中成药和生物制药产业、电子信息和现代家电产业、食品工业、精细化工及新型建材产业等六大支柱产业税源税收数据信息表；铜、钨、稀土、盐、多晶硅、有机硅、陶瓷、水泥等八大矿业税源税收数据信息表；重点税源企业税源税收数据信息表；工业园区税源税收数据信息表，以及税收经济情况综合分析材料。手册印发省、设区市党、政机关和国税局，以便领导及时了解、掌握国税组织收入和税收与经济关联情况，加强对国税工作的领导，推进江西省经济社会又好又快发展。《江西省国家税务局税收经济分析资料》手册按季编印一直延续到 2010 年。

自 2005 年始，省国税局每年年终收集、整理、汇编《江西省国税系统税收经济分析优秀论文集》，收编的论文主要有省局领导关于税收经济调研分析文章；省局收入规划核算处上报国家税务总局、省党政领导机关的税收经济分析文章；各设区市局上报税收经济分析文章中被评为优秀的论文等。其中有的论文得到了地方党政领导的批示肯定。如《2007 年江西国税收入与经济关联情况》《近几年我省国税收入结构情况分析——兼谈实现"保增长、扩内需、调结构"宏观调控目标的思考》等文章得到了当时省委省政府主要领导的肯定性批示。设区市局报送省局的税收经济分析文章中，有的得到了地方党政领导的肯定表扬。《江西省国税系统税收经济分析优秀论文集》编辑印发，供相关领导、省国税系统广大计会统人员和相关人员参阅，促进税收经济分析工作深入开展。每年编印《江西省国税系统税收经济分析优秀论文集》一直延续到 2010 年。

第六章　减免税管理

　　本章主要记述减免税管理制度、流转税减免、所得税减免、涉外税收优惠、其他收入减免、基金类减免。1991 年—2010 年江西省各级税务（国税）机关遵循依法、公开、公正、高效、便利的原则，制订增值税、消费税、企业所得税、涉外企业所得税、营业税、车辆购置税减免等制度，规范减免税管理。减免税管理制度包括减免税管理的原则，减免税的分类，减免税的审批机关，减免税的申请、申报和审批实施，减免税的监督管理，减免税的备案。流转税减免主要包括增值税、消费税、营业税等税种的减免。所得税减免主要包括国营企业所得税、集体企业所得税、企业所得税、外商投资企业和外国企业所得税、中外合资企业所得税等税种。涉外税收优惠包括外商投资企业和外国企业所得税优惠、中外合资企业所得税优惠。其他收入减免包括产品税减免、土地使用税减免、建筑税减免、房产税减免和基金类减免。

第一节　流转税减免管理

增值税减免管理

　　资源综合利用产品增值税优惠　根据有关规定，结合江西省资源综合利用产品生产情况和税收管理实际，省税务（国税）局从企业申请、资格登记备案、审核、审批等方面加强符合享受增值税减税、免税、即征即退优惠政策规定的资源综合利用产品增值税优惠政策管理。享受资源综合利用产品增值税优惠政策的企业（以下称企业）实行资格登记备案制度。企业申请享受资源综合利用产品增值税优惠政策资格，必须同时具备以下条件：申报的资源综合利用产品在国家增值税优惠政策规定的范围内，并取得经有关部门检测，符合享受增值税优惠政策的检测报告；有健全的财务制度，能根据合法、真实、有效凭证记账，准确反映原材料购进、构成及产品销售情况，账证、账账、账表、账实相符，资源综合利用产品、项目能独立计算盈亏；资源综合利用产品技术先进，质量可靠，符合国家产业政策，符合有关技术标准；纳税信用良好，能按时、准确进行纳税申报，纳税信用等级在 B 级以上。企业申请资格登记时，同时报送以下资料：《江西省资源综合利用产品增值税优惠资格备案登记表》；营业执照和税务登记复印件；资源综合利用产品基本情况及生产经营情况，产品销售和原材料供应情况的书面说明；在技术监督部门备案的产品技术标准复印件；相关的生产企业许可证复印件；具有法定资质部门出具的综合利用产品检测报告；税务机关要求提供的其他材料。
　　资源综合利用产品资格登记管理：企业在第一次申请享受资源综合利用产品增值税优惠政策时，

应向主管县级国税局提出备案登记申请。主管县级国税局受理申请后，在10个工作日内完成实地核查并写出初审意见，属征前减税、免税的报设区市国税局备案登记；属即征即退的，设区市国税局接到县级国税局上报的初审意见后，应在10个工作日内完成复核工作，对符合条件的，写出复核意见，上报省国税局备案登记。按规定已进行资格登记的资源综合利用企业，应在以后年度的三月底前，向备案登记的国税机关提出继续享受增值税优惠政策的申请。有权国税机关对其上一年度享受优惠政策情况进行审核后，确认是否允许其继续享受增值税优惠政策。对不按要求在规定期间提出继续享受增值税优惠政策申请的，不得享受本年度增值税优惠政策。政策规定要求资源综合利用达到一定比例的，必须提供经有关权威机构检测的依据，检测机构的基本情况应报设区市国税局备案，其中利用综合资源生产水泥产品的检测机构应报省国税局备案。

主管国税局对资源综合利用产品生产经营情况的日常管理：依据企业提供的资源综合利用产品原材料购货合同及取得的购货凭证，对资源综合利用产品原材料来源的真实性和企业产量、销量、销售额真实性进行审核。按政策规定可享受征前减免增值税的资源综合利用产品，由县级国税局根据设区市国税局批准的资格登记记录，每年审核一次，并报设区市国税局备案。即征即退的资源综合利用产品，按下列权限审批：资源综合利用产品季度退税额在20万元以下的由县（市、区）国税局审批；季度退税额在20万元（含）以上50万元以下的，由设区市国税局审批；季度退税额在50万元（含）以上的，报送省国税局审批。资源综合利用产品上年全年退税额超过200万元（含）的，下一年度各季度报省国税局审批。申请增值税即征即退的企业，应在季度终了后20日内向主管县级国税局申请并报送下列资料：水泥资源综合利用产品企业报送"江西省水泥产品废渣掺入量及增值税即征即退审批表"，森工资源综合利用产品企业报送"江西省森工资源综合利用产品增值税即征即退审批表"，其他企业报送"江西省部分资源综合利用产品增值税即征即退审批表"；各月增值税纳税申报表复印件；缴纳增值税税票复印件；检测单位出具的水泥资源综合利用产品本年度抽检检测报告复印件。主管县级国税局在收到企业申请后，必须在受理申请后10个工作日内按要求进行实地审核，出具书面审核报告。对符合条件的，按规定的权限审批、上报；需报省国税局审批的，必须在季度终后的40日内上报。年度终了后4个月内，设区市国税局应组织人员对上一年度享受增值税优惠政策的资源综合利用产品企业进行核查，主要核实是否符合享受优惠政策的条件、纳税申报情况、经营情况等，并在4月30日前向省国税局报送核查报告和减免、退税汇总表。对水泥资源综合利用产品，每年必须经省国税局备案的检测机构进行一次产品资源综合利用比例随机检测。检测不合格的，取消年度增值税退税资格。企业有下列情形之一的，主管国税机关应责令整改，整改期限为3个月，整改期不予办理增值税优惠政策手续：虽取得资源综合利用产品增值税优惠资格，但资源综合利用产品未单独核算的；不按规定进行纳税申报的；经检查发现存在较严重的偷税行为的。纳税人有下列情形之一的，取消享受增值税优惠政策资格：采用伪造、变造综合利用产品材料种类、数量、资金使用、记账凭证等造成经营不真实的；涉嫌虚开发票，被税务机关立案查处的；经两次检测仍达不到标准的。纳税人被取消享受资源综合利用产品增值税优惠政策资格的，3年内不得重新申请。

民政福利企业增值税优惠　福利企业资格的认定。1994年1月1日以前，享受增值税先征后返优惠福利企业限定为由民政部门、街道、乡镇举办的民政福利企业（不包括外商投资企业），必须同时具备以下条件：安置的"四残"人员占企业生产人员的35%以上（含35%）；有健全的财务管理，并建立"四表一册"。即企业基本情况表、残疾职工工种安排表、企业职工工资表、利税使用分配表、残疾职工名册。管理人员占全厂职工的比例在20%以内，残疾职工上岗率在80%以上；减免税金的使用符合有关规定，确实用于福利企业技术改造、扩大再生产、补充流动资金和职工的集体福利。下列项目不得享受福利企业增值税先征后返优惠政策：福利工业企业生产销售属于应征收消费税的货物，不得享受增值税先征后返的优惠政策；福利工业企业享受先征后返增值税的货物，只限于本企业生产的货物。对外购货物直接销售和委托外单位加工的货物不适用增值税先征后返的办法；福利工业生产企业销售给外贸企业或其他企业出口的货物不适用先征后返增值税的办法；从事商品批发、商品零售的福利企业，不得享受增值税先征后返的优惠政策。新办的福利企业，必须经过省民政厅、省国税局的审查批准。省民政厅和省国税局对享受增值税先征后返优惠政策新办福利企业的认定，时间为每年的3月和9月。新办福利企业资格认定的程序，由企业向所在地民政局、国税局提出申请，填写"福利企业减免增值税（年检）审批表"，并随附"四表一册"和残疾人证明（复印件），经所在地县市民政局、国税局核实后，逐级上报省民政厅、省国税局审批，经省民政厅、省国税局批复的新办福利企业，需领取"江西省社会福利企业确认书"，作为今后办理年检手续，享受增值税先征后返优惠政策的依据。

已经认定为享受增值税先征后返优惠政策的福利企业，年度终了后3个月内必须办理年检手续。在年检工作中，发现有不符合享受福利企业增值税先征后返优惠政策条件的，限其三个月内进行整顿，整顿满后，可重新办理年检手续，在整顿期间不得办理增值税退税手续。福利企业有下列情况之一的，为年检不合格，不得享受增值税先征后返优惠政策：残疾人员数未达到规定比例的；未按规定进行增值税纳税申报的；未按规定缴纳增值税税款的；有发票违章行为的；管理制度不健全，未按规定进行财务管理核算的。福利企业年应纳增值税额10万元以下的，由地市国税局、民政局审批；福利企业年应纳增值税额10万元（含10万元）以上的，由省国税局、省民政厅审批。主管县市国税局对企业报送的"福利企业减免增值税（年检）审批表"，经审核无误后，签署具体审核意见，并填报在"福利企业年检分户统计表"；地市国税局在签署年检审批意见之前对年应纳增值税额10万元以下的民政福利企业按不低于50%的比例进行检查核实；年应纳增值税额10万元（含10万元）以上的福利企业，省国税局按不低于50%的比例进行检查核实。福利企业在年度终了后1个月内向县市民政局、国税局报送"福利企业减免增值税（年检）审批表"，县市民政局、国税局须在年度终了后2个月内向地市民政局、国税局报送"福利企业减免增值税（年检）审批表"和"福利企业年检分户统计表"，地市民政局、国税局须在年度终了后3个月内向省民政厅、省国税局报送年应纳增值税额10万元（含10万元）以上的"福利企业减免增值税（年检）审批表"和"福利企业年检分户统计表"。

安置"四残"人员占企业生产人员50%以上的福利企业，经国税机关批准，给予退还全部已纳增值税；安置"四残"人员占企业生产人员35%以上，未达到50%的民政福利企业如发生亏损，经国税机关批准可给予退还部分或全部已纳增值税，具体比例的掌握以不亏损为限。增值税退还由福利企业向主管县市国税局提出申请，经县市国税局审核后，报地市国税局，增值税季度退税额在5万元以下的，由地市国税局审批；增值税季度退税额在5万元（含5万元）以上的，由地市国税局上报省国税局审批。福利企业向当地国税局申请退还已征增值税，需填写"福利企业减免增值税（年检）审批表"，并附纳税凭证（复印件），按管理权限需逐级上报的，纳税凭证（复印件）随文一并上报审批。县市国税局按季统计上报民政福利企业退税情况，填报"增值税先征后返情况统计表"，地市国税局汇总后，于每季终了后20日内报省国税局流转税管理处。

消费税减免管理

制定《石脑油消费税免税管理办法》，开展石脑油生产加工企业、利用石脑油为原材料生产乙烯、芳烃类产品企业的调查，摸清底数，建立石脑油免税企业档案，实行备案管理。各市国税局根据石脑油生产企业2007年度和2008年1—5月石脑油生产销售情况，填制《石脑油生产企业基本情况汇总表》；根据利用石脑油生产乙烯、芳烃类产品企业的2007年度和2008年1—5月有关生产经营情况，填制"利用石脑油生产加工（乙烯、芳烃等产品）企业基本情况表"，报送省国税局。"石脑油使用管理证明单"是石脑油生产企业之间发生购销行为的凭证，也是销货方企业办理消费税免税的重要凭据。为确保"证明单"的安全使用，各市国税局结合实际制定切实可行的领用存管理办法；加工企业在购货前向主管税务机关提出领用"证明单"的书面申请，主管税务机关对书面申请结合实际生产加工情况进行审核；石脑油生产、加工企业（含销货方、购进方）及其双方的主管税务机关建立"证明单管理（领存销）台账"，做到每份"证明单"流向均能清晰可查，保证核对、核销、传递的及时高效。"证明单"由省国税局按照国家税务总局规定格式、联次，统一编号、统一印制，发放各市国税局供企业使用。符合免税规定的企业在办理有关备案手续后，按有关规定向主管税务机关提交书面免税申请，并如实申报石脑油生产、加工情况及有关免税资料；主管国税机关对申请免税企业石脑油生产加工工艺、形式、产品种类、数量等情况进行核查后，发放、使用、核销《证明单》，确保石脑油消费税免税政策的落实到位和正确执行。

省国税局每半年选取税收优惠政策项目开展政策落实情况分析监控，重点排查是否存在"应当享受未享受政策"以及"不应享受而享受政策"两种情况。

营业税减免管理

落实营业税减免税政策　省国税局成立税收优惠政策领导小组，定期召开专题会议研究营业税税收优惠政策落实，督导各设区市国税局、处室主要责任人具体部署、跟踪问效，把营业税减免税政策落到实处。通过办税服务大厅公告栏、12366短信提醒、专栏和送政策上门等多种载体，宣传营业税减免税政策、认定条件，帮助纳税人了解优惠政策的适用范围、对象，掌握税收优惠政策的内容、办理流程，享受到税收政策的实惠。简化税收优惠办理程序和企业优惠备案的附报资料，优化审批流程，加快税收优惠审批或备案手续的办理速度。对符合条件、申请享受税收优惠政策的企业，主动为其办理减免税手续，使税收优惠政策真正落到实处，受惠面达到100%。

校办企业营业税减免　校办企业凡为学校教学、科研服务所提供的应税劳务（"服务业"税目中的旅店业、饮食业和"娱乐业"税目除外），可免征营业税；不是为本校教学、科研服务的，应按规定征税。校办企业的范围：1994年1月1日以前，由教育部门所属的普教性学校（含职业学校）举办的校办企业，不包括私人办职工学校和各类成人学校（电大、夜大、业大、企业举办的职工学校等）举办的校办企业。1994年1月1日以后新办校办企业经省级教育主管部门和主管税务机关审查批准，也可享受税收优惠。享受税收优惠的校办企业，必须同时具备下列三个条件：必须是学校出资自办的；由学校负责经营管理；经营收入归学校所有。下列企业不得享受对校办企业的税收优惠：原有的纳税企业转为校办企业的；学校在原有校办企业的基础上吸收外单位投资举办的联营企业；学校向外单位投资举办的联营企业；学校与其他企业、单位和个人联合举办的企业；学校将校办企业转租或承包给外单位、个人经营的企业。1995年1月1日起，对党校办企业为本校教学、科研服务所提供的应纳税劳务（"服务业"税目中的旅店业、饮食业和"娱乐业"税目除外）可以免征营业税。党校办企业是指县级（含县级）以上党委正式批准成立的党校所办的企业，不包括各企业、事业单位所办党校和各级党校函授学院所办的企业。

下岗再就业营业税优惠　对商贸企业、服务型企业（除广告业、房屋中介、典当、桑拿、按摩、氧吧外）、劳动就业服务企业中的加工型企业和街道社区具有加工性质的小型企业实体，在新增加的岗位中，当年新招录持"再就业优惠证"人员，与其签订1年以上期限劳动合同并依法缴纳社会保险费的，按实际招用人数予以定额依次扣减营业税、城市维护建设税、教育费附加优惠。江西省定额标准为每人每年4800元。按上述标准计算的税收扣减额在企业当年实际应缴纳的营业税、城市维护建设税、教育费附加税额中扣减，当年扣减不足的，不得结转下年使用。对2005年底前核准享受再就业减免税政策的企业，在剩余期限内仍按原优惠方式继续享受减免税政策至期满。下岗失业人员是指领有"再就业优惠证"的人员，具体范围如下：国有企业下岗失业人员；国有企业关闭破产需要安置的人员；国有企业所办集体企业（即厂办大集体企业）下岗职工；享受最低生活保障且失业1年以上的城镇其他登记失业人员。对持"再就业优惠证"人员从事个体经营的（除建筑业、娱乐业以及销售不动产、转让土地使用权、广告业、房屋中介、桑拿、按摩、网吧、氧吧外），按每户每年8000元为限额依次扣减其当年实际应缴纳的营业税、城市维护建设税、教育费附加。纳税人年度应缴纳税款小于上述扣减限额的，以其实际缴纳的税款为限；大于上述扣减限额的以上述扣减限额为限。对2005年底前核准享受再就业减免税优惠的个体经营人员，从2006年1月1日起按上述政策规定执行，原政策优惠规定停止执行。

车辆购置税减免管理

为继续扩大内需，促进汽车产业发展，经国务院批准，对2010年1月1日至12月31日购置1.6升及以下排量乘用车，暂减按7.5%的税率征收车辆购置税。各地通过媒体进行广泛宣传，并在办税服务厅安排专人负责政策咨询。这次对1.6升及以下排量乘用车减按7.5%征收车辆购置税是指纳税人在2010年1月1日至12月31日购置文中所列的国产轿车、国产客车、国产越野汽车、国产专用车、进口乘用车等五类车辆。其他情况仍按原政策执行。各车辆购置税征收单位严格执行减征政策，加强对纳税申报资料的审核比对，确保政策落实到位。各地加强对机动车销售企业的发票管理，没有出现提前开具"机动车销售统一发票"或更改开票日期等违规行为。省国税局对车辆购置税征管软件进行升级，各地迅速对车购税征管人员进行相关业务培训，严格按照车辆购置税软件升级后的操作说明操作，安排足够的人力和设备，减少纳税人的办税时间，提高办税效率。

第二节　所得税减免管理

国营企业所得税减免管理

根据国家税法，江西对纳税人实现利润，相应调整由于变动产品税税率、增值税税率、营业税税率以及开征资源税而增减利润后的余额，不足核定合理留利的微利企业，暂免征收所得税三年。行政、事业单位、部队、团体附属企业的收入，凡作为抵顶事业费支出的，暂免征收所得税；不作为抵顶事业费支出的，依法征收所得税。对商办工业（包括粮办工业）专门生产酱油、醋、豆制品、腌腊制品、酱、酱菜、糖制小食品、儿童食品、小糕点、果脯蜜饯、果汁果酱、干菜调料（不包括味精）和饲料加工企业，在规定期限内，按适用税率计税后减半征收所得税。其他部门专门生产上述产品的企业，酌情比照办理。对新办的饲料工业企业，免征所得税三年；对新办的食品工业企业，免征所得税一年。免税期满后，纳税人仍有困难的，可按规定报经批准后，给予定期减税照顾。纳税人遇有风、火、水等自然灾害特殊情况，需要减税、免税的，由税务机关按照《条例》规定批准权限，给予一次性或定期减、免税。减免税期满后，一律恢复征税。税务机关核定减免税，一般采取减免一定所得税额的办法。对已按行业减征所得税率的大中型的民贸企业、建筑安装企业、电影发行放映公司以及文教出版系统企业和其他文教企业，采取按统一的所得税税率计税后，再减按一定比例的办法。凡需要减、免所得税的，属于缴纳国营企业调节税的企业，按减、免税程序，先减、免调节税，经减免调节税仍不足的，相应减、免所得税。纳税人在某一年度发生亏损的，按照国家规定的程序报经批准后，可以从下一年度的所得中，给予一定数额抵补。一年抵补不完的可结转次年继续抵补，但连续抵补的期限，最长不得超过三年。抵补后有余利的，应按规定缴纳所得税。国营企业调节税减征以纳税人为清算单位，年终按全年增长数额进行清算。年度中间预缴调节税时，不计算减征数额。企业当年利润比基期利润增长部分，减征70%的调节税。

集体企业所得税减免管理

省国税局对下列纳税人，在一定期限内或者一定程度上给予减征、免征所得税的照顾：开办初期，纳税确有困难的；新办的进行饲料生产的；乡镇集体企业，生产经营直接服务于农业的化肥、农药、农机具修理修配的；积极利用废水、废气、废渣等废弃物品为主要原料进行生产的；在革命老根据地、少数民族地区、边远地区、贫困地区兴办的乡镇集体企业，经营确有困难的；由于自然灾害或者其他殊特原因，纳税确有困难的。

集体企业所得税减免税除备案类减免税等明确规定采用征前减免外，一般情况下均采用征后减免、逐年审批的办法。需审批的集体企业所得税征前减免，由纳税人在年度中间或经营前向主管国税机关提出书面申请，符合减免优惠条件，由审批国税机关使用正式文件批复，建立相关登记台账，并做好集体企业所得税减免税统计上报工作。纳税人采用征后减免的，由纳税人在次年 5 月 30 日前向主管国税机关提出书面申请，并填写《集体企业所得税减免申请审批表》。县级国税机关按照规定时限受理，属于上报上级有权审批国税机关的减免税，按规定时限呈报有权审批的上级国税机关。需要呈报上级有权审批国税机关的减免税，县级国税机关在受理集体企业所得税减免税后，对纳税人报送的申报资料的完整性进行审核，直接转报审批机关。办理企业所得税减免税征后减免的，统一采用"集体企业所得税减免申请审批表"批复。

企业所得税减免管理

国家税务总局《关于企业所得税减免税管理问题的通知》（国税发〔2008〕111 号）明确了新企业所得税法下减免税项目审批或备案的基本原则，规范减免税管理。江西省各级国税机关以贯彻实施该《通知》为契机，按照国家税务总局要求划分报批类减免税和备案类减免税，不得违规扩大减免税审批范围。企业所得税减免税管理程序要体现简便合规。主管国税机关应本着精简、高效、便利的原则，简化减免税审批或备案手续，方便纳税人，按照《中华人民共和国企业所得税法》、实施条例及国税发〔2005〕129 号文件的相关规定正确办理企业所得税的各类减免税。做好企业所得税减免税管理规定的宣传工作。新税法下的减免税管理思路与以往相比发生了较大变化，各级国税机关一定要充分认识做好宣传工作的重要性，利用报纸、电视、广播、行风热线等新闻媒体和征收窗口进一步加大宣传力度，特别是要做好备案类减免税项目的宣传。对纳税人在企业所得税减免税报批或备案过程中咨询的问题，要认真做好政策解释工作，防止工作简单化。省国税局将在充分调研的基础上，结合江西省实际，制定下发企业所得税减免税操作管理办法。各地要及时对 2008 年度的企业所得税减免税执行情况进行跟踪调查，并将工作中遇到的新情况、新问题和意见建议，及时报告省国税局。

外商投资企业和外国企业所得税减免管理

南昌高新技术开发区内被认定为高新技术企业的外商投资企业，自认定之日所属的纳税年度起，减按 13% 税率缴纳企业所得税。被认定为高新技术企业的生产性外商投资企业，其生产经营期在十年以上的，从获利年度起的第一年和第二年免征所得税，第三年至第五年减半征收所得税。其中产品出口企业，依照规定免征、减征期满后，若以后年度出口产品产值达到当年企业产品产值 70% 以上的，按 10% 的税率征收企业所得税；先进技术企业，依照规定免征、减征企业所得税期满后仍为先进技术企业的，享受三年减按 10% 税率征收企业所得税。同时为产品出口企业和先进技术企业的外商投资企业，只能选择享受其中一类优惠。外商投资企业被认定为高新技术企业之日的所属纳税年度在企业获利年度之后，就其适用的减免税剩余年限享受减免税优惠待遇，凡在依照有关规定适用的减免税期限结束之后，才被认定为高新技术企业的，不应追补享受有关定期减免企业所得税的优惠待遇。

对在江西省境内的外商投资企业和外籍个人实行以下税收优惠：

　　企业所得税。外商投资企业所得税按生产、经营的所得额征收，税率为30%；地方所得税按应纳税所得额征收，税率为3%。对生产性企业，经营期在十年以上的，从获利年度起，第一年至第二年免征企业所得税和地方所得税，第三年至第五年减半征收企业所得税和地方所得税。对从事农业、林业、牧业的外商投资企业和设在经济欠发达边远地区的外商投资企业，依照前两款规定享受免税、减税待遇期满后，经企业申请，国家税务主管部门批准，在以后的十年内可继续按应纳税额减征15%至30%的企业所得税的地方所得税。对从事港口码头建设的中外合资经营企业，经营期在十五年以上的，经企业申请、省税务机关批准，从开始获利的年度起，第一年至第五年免征企业所得税和地方所得税，第六年至第十年减半征收企业所得税和地方所得税。对外商投资举办的产品出口企业，在依照税法规定免征、减征企业所得税期满后，凡当年出口产品产值达到当年企业产品产值70%以上的，按照税法规定的税率减半征收企业所得税和地方所得税。对外商投资举办的先进技术企业，依照税法规定，减征企业所得税，期满后仍为先进技术企业的，按照税法规定的税率延长三年减半征收企业所得税和地方所得税。对外商投资举办的先进技术企业的能源、交通、港口码头、科技开发企业，经营期在十年以上的，从获利年度起，第一年至第五年免征地方所得税；第六年至第十年减半征收地方所得税。对外商投资举办的产品出口企业，凡当年企业出口产品产值达到当年企业产品产值70%以上的，免征地方所得税。对从事农业、林业、牧业、水利业和农产品为原料的加工业的外商投资企业，经营期在十年以上、十五年以下的，从获利年度起，第一年至第五年免征地方所得税；第六年至第十五年减半征收地方所得税。外商投资企业的外国投资者，将从企业取得的利润直接再投资于该企业，增加注册资本，或者作为资本投资开办其他外商投资企业，经营期不少于五年的，经投资者申请，税务机关批准，退还其再投资部分已缴所得税的40%税款，按上述条件，若再投资举办、扩建产品出口企业或者先进技术企业，经批准可以全部退还在投资部分已缴纳的所得税税款。再投资不满五年撤出的，应当缴回已退的税款。外国投资者从外商投资企业取得的利润，免征所得税。国际金融组织贷款给中国政府和中国国家银行的利息所得，免征所得税。外国银行按照优惠利率贷款给中国国家银行的利息所得，免征所得税。

　　增值税。外商投资企业生产的产品直接出口或销售给出口企业出口的，凭出口报关单和纳税凭证，一次办理退税。外商投资企业为生产出口产品而进口的原材料，在免征关税的同时，免征进口环节流转税。

　　消费税。外商投资企业出口应税消费品，免征消费税，国务院另有规定的除外。

　　房产税、车船使用牌照税。产品出口企业，先进技术企业和农、林、牧开发项目，经审核确认后，五年内免征房产税和车船使用牌照税。

　　南昌市、九江市投资优惠。两市举办的生产性外商投资企业，其所得税减按24%税率征收。属于技术、知识密集性外商投资项目，或者外商投资在3000万美元以上，回收期长的项目，或属于能源、交通、港口建设项目，报经国家税务总局批准，减按15%税率征收企业所得税。外商在中国境内未设立机构而有来源于两市的股息、利息、租金、特许权使用费和其他所得，除依法免征所得税的以外，都减按10%缴纳所得税。其中，提供的资金，或者转让的技术先进，需要给予更多减税、免税优惠的，由市人民政府决定。南昌市高新技术开发区内的外商投资企业执行国务院规定的高新技术开发区优惠政策。

中外合资企业所得税减免管理

江西省国税局对新办的中外合营企业，合营期在 10 年以上的，从开始获利的年度起，第一年免征所得税，第二年和第三年减半征收所得税。1983 年 9 月 2 日改为第一年和第二年免征企业所得税，第三年至第五年减半征收企业所得税。农业、林业等利润较低的中外合营企业和在经济不发达的边远地区开办的中外合营企业，除了在获利的头五年减免所得税外，还可以在以后的十年内继续减征企业所得税 15%~30%。外国合营者分得的利润，在中国境内使用不汇出的，不征收预提所得税。如果在中国境内再投资，期限不少于 5 年的，还可以退回再投资部分已纳企业所得税款的 40%。

第三节　其他收入减免管理

产品税减免管理

产品税的减税免税分为两类，一类是长期减免，即税法上明确规定给予某些产品以减税或免税；另一类为临时减免，即根据国家税收管理体制规定，经有关税务机关批准给予某些产品的临时性减税或免税。

对国家鼓励出口的应税产品，由生产单位直接出口的，免税；已经缴纳产品税的，由经营出口者在报关出口后，申请退还已纳的税款；黄金矿砂、黄金、避孕用品，免税；列入国家计划试制的新产品，给予定期的减税、免税；利用废渣、废液、废气生产的产品，给予定期的减税、免税；少数民族地区生产的民族特需商品，按照规定纳税有困难的，给予定期的减税、免税；其他产品由于特殊情况需要在一定时期内减税、免税的，按照国家规定的税收管理权限办理。

土地使用税减免管理

对下列土地免缴土地使用税：国家机关、人民团体、军队自用的土地；由国家财政部门拨付事业经费的单位自用的土地；宗教寺庙、公园、名胜古迹自用的土地；市政街道、广场、绿化地带等公共用地；直接用于农、林、牧、渔业的生产用地；经批准开山填海整治的土地和改造的废弃土地，从使用的月份起免缴土地使用税 5—10 年；由财政部另行规定免税的能源、交通、水利设施用地和其他用地。

建筑税减免管理

根据规定，建筑税的减免项目，分为 3 类：以资金来源确定免征建筑税；以建设项目性质确定免征建筑税；以资金来源和建设项目性质两个条件一并考虑确定免征建筑税。江西省对下列各项自筹建设投资免征建筑税：开发能源（包括节约能源）生产性设施、交通设施、学校的教学设施、医院的医护设施、科研部门科研设施的投资；利用国际金融组织贷款，外国政府贷款、赠款和其他国外赠款安排的项目以及相应配套工程的投资；国家基本建设计划安排的拨改贷投资和利用中国人民建设银行、中国工商银行、中国银行存款发放的大中型项目基本建设贷款的投资；经国务院批准发放的专项基本建设贷款投资；用于社会福利项目和治理污染、保护环境项目的投资，以及因遭受各种自然灾害而进行的恢复性建设投资；经财政部专项批准免征建筑税的投资。对纳税人进行的其他自筹建设投资，需要国家给予扶持和照顾，其项目应纳税总投资额在 50 万元以下的，由省政府酌情减征、免征建筑税。

房产税减免管理

省税务局对国家机关、人民团体、军队自用的房产免征房产税。但上述免税单位的出租房产不属于免税范围；由国家财政部门拨付事业经费的单位自用的房产免征房产税。但如学校的工厂、商店、招待所等应照章纳税；宗教寺庙、公园、名胜古迹自用的房产免征房产税。但经营用的房产不免；个人所有非营业用的房产免征房产税。对行使国家行政管理职能的中国人民银行总行所属分支机构自用的房地产，免征房产税；老年服务机构自用的房产免税；损坏不堪使用的房屋和危险房屋，经有关部门鉴定，在停止使用后，可免征房产税；纳税人因房屋大修导致连续停用半年以上的，在房屋大修期间免征房产税，免征税额由纳税人在申报缴纳房产税时自行计算扣除，并在申报表附表或备注栏中做相应说明；在基建工地为基建工地服务的各种工棚、材料棚、休息棚和办公室、食堂、茶炉房、汽车房等临时性房屋，在施工期间，一律免征房产税。但工程结束后，施工企业将这种临时性房屋交还或估价转让给基建单位的，应从基建单位减收的次月起，照章纳税；为鼓励地下人防设施，暂不征收房产税。

基金类减免管理

能源交通重点建设基金免征　省税务局对基金免予征集的范围包括以下各项：地方财政的农（牧）业税附加；中、小学校的学杂费；国营企业的大修理基金；国营石油企业的油田维护费；林业部门的育林基金；民政部门管理的社会福利企事业收入；中、小学校除校办企业利润外的勤工俭学收入；行政事业单位的经费包干结余；城乡集体企业和个体工商业户缴纳所得税后年利润不足 5000 元的（含 5000 元），免征。根据国务院贫困地区经济开发领导小组《国务院贫困地区经济开发领导小组第四次全体会议纪要》（〔1987〕国开发第 1 号）中确定为 271 个贫困县的城乡集体企业、个体工商业户、农村信用合作社的税后利润免征；因遭受自然灾害需要在恢复生产期间给予减免征收照顾的缴纳单位，由省税务局根据缴纳单位的申请报告，审查核准后，给予定期的减征或免征照顾。

预算调节基金减免　省税务局对地方财政的农（牧）业税附加，中小学校的杂费、勤工俭学收入、高等院校、中专技校学校基金、企业的大修理基金、煤矿简易费和油田维护费、林业部门的育林基金和其他经国务院或财政部批准的免征项目免征国家预算调节基金。凡当年应纳调节基金的预算外资金收入和集体企业事业单位、私营企业、预算外企业的税后利润不足 5000 元，个体工商户税后利润不足 2000 元的，省税务局可在保证完成国家征集任务的前提下，给予减征或免征调节基金照顾；其它确需减免的，必须单独报经国务院或财政部批准。因遭受自然灾害或意外事故，需要给予减征或免征照顾的缴纳单位或缴纳人，应提出申请、由税务机关按体制规定，逐级报省一级财政厅（局）审批，酌情给予定期减征或免征照顾。

外商投资企业和外国企业暂不征收城市维护建设税和教育费附加　国务院鉴于除增值税、消费税、营业税和有关法律规定对外商投资企业和外国企业征收的税种外，其他税种对外商投资企业和外国企业的适用问题，根据《全国人大常委会关于外商投资企业和外国企业适用增值税、消费税、营业税等税收暂行条例的决定》的精神，在近期内作出规定。因此国家税务总局意见，对外商投资企业和外国企业是否开征城市维护建设税和教育费附加，应按照国务院将要下发的通知执行，在国务院没有明确规定之前，暂不征收。省税务局为了贯彻落实国家税务总局《关于外商投资企业和外国企业暂不征收城市维护建设税和教育费附加的通知》精神，经研究，对外商投资企业和外国企业暂不征收城市维护建设税和教育费附加。

第七章　纳税服务

20世纪90年代初期，税务系统施行纳税服务主要面对国有企业，采取的主要措施为帮助企业促产增收、振兴经济建言献策、税收业务培训，目的在于加强税收征管，扩大税收收入。1996年，全省国税系统统一建设办税服务厅，规范办税程序，明确窗口职责，实行办税登记、纳税申报、购买发票、缴纳税款、税务咨询、税务代理一条龙服务，降低了税收成本。1998年，江西国税系统制定《文明规范服务竞赛考核办法》，对办税服务厅的名称、窗口设置等进行统一，加强对文明服务的检查监督，采用民主评议和交叉检查、实地暗访、听取纳税人意见等方式督促各地开展文明规范税收服务。2001年全国人大修订税收征管法，第一次将纳税服务确定为税务机关的法定职责，全省国税系统纳税服务工作机制得以进一步完善，服务方式不断丰富，服务效能持续提升，纳税人满意度持续上升。

第一节　工作机制

20世纪90年代初期,组织开展促产增收活动。江西省税务系统自1987年开始税收促产增收活动,持续到1995年。促产增收活动的主要目的是培养建立适应市场需要,现有税源稳定、后续税源充裕、潜在税源充沛的循环递增、多支点、滚动式、收入接替能力强的税源建设体系。

1992年1月25日,省税务局下发《关于认真做好一九九二年促产增收工作的通知》,要求全省各级税务机关要把支持搞好国营企业特别是大中型企业和发展乡镇企业作为促产增收的重点,要坚持定期汇报制度。1992年促产增收工作计划安排项目3092个,通过促产增加工业产值21000万元,增加工商税收11550万元,企业增加利润4620万元。

具体做法有：坚持依法治税,贯彻税收政策,应征则征,应免则免,应减则减,发挥税收调节作用,促进生产发展；加强财务监督。通过纳税鉴定、纳税申报、税款征收、税务检查等税收征管工作,发现企业生产经营各环节存在的漏洞和问题,协助企业堵塞漏洞,推动企业发展；提供经济信息,利用税收联系面广特点,向企业提供有关信息,提出有关建议,沟通企业间的横向联系,协助企业解决产、供销方面存在的问题,疏通产销渠道；按照税收管理体制的规定,依法给予企业一定的税收减免照顾,支持企业发展；选准对象,投放财政部门拨给税务机关的促产周转金,扶持企业"上坡过坎"发展生产。1991年,全省共实现促产项目近4000个,新增产值18亿元,增加工商税收1.4亿元,增加利润7000万元。九江市税务局庐山区税务分局在区政府的支持下，成立了"税务促产增收协调委员会",邀请银行、财政、工商、二轻、物质、商业、供销等部门参加,在当年召开的两次协调会上，为 17 户企业清理债务，融通资金 126.7 万元，为企业提出 20 多条促产方案。弋阳县通过税务促产，帮助连胜自行车建厂、技改，促使企业年税收达近千万元。上饶县税务局扶持全良液酒厂，使这个税利不足 10 万元的小厂，1991—1992 年实现税收 179 万元、405 万元。江西新余钢铁总厂耐火材料厂是一街道办事处所属企业，技术落后，品种单一，利税甚微，举步维艰。新余市税务局驻厂组和企业一道进行市场调查，制定开发新产品方案，帮助企业争取 40 万元技术改造贷款，按照政策，给予新开发产品免征 2 年增值税。1991 年该厂生产各种耐火材料 7000 吨，实现产值 505 万元，销售 432 万元，利税 104 万元，被评为"中国耐火材料协会"首批会员。

自 2001 年 1 月 1 日起试行纳税信誉等级分类管理。实施对象为税务等级注册类型为独立核算的企业性质且实行查账征收的纳税人。纳税信誉等级分为 4 级。"特级纳税信誉"等级：上一年度按期纳税申报且准确率 100%，按期入库率 98% 以上，无违反税法记录，连续两年无偷、逃、抗、骗税行为，财务制度健全、会计核算质量良好、纳税资料齐全。"一级纳税信誉"等级：上一年度按期纳税申报且准确率 100%，按期入库率 95% 以上，连续两年无偷、逃、抗、骗税行为，无违反税法行为或行为轻微，财务制度健全、会计核算质量良好、纳税资料齐全。"二级纳税信誉"等级：上一年度按期纳税申报且准确率 85% 以上，按期入库率 80% 以上，无严重违反税法行为，存在偷、逃、抗、骗税行为但情节轻微、纠正及时且未予追究刑事责任，财务制度基本健全、纳税核算质量一般。"三级纳税信誉"等级：上一年度按期纳税申报且准确率低于 85%，按期入库率低于 80%，存在违反税法记录，存在偷、逃、抗、骗税行为，财务制度不健全，会计核算质量不好。国税机关在税务管理上实行分类管理，其中，对于"特级纳税信誉"等级企业，当年免办税务登记、增值税一般纳税人资格的年检手续，免予一般性的日常和专项检查，优先领购各种发票并放宽限量，优先办理纳税申报、发票申购、减免退税等各项涉税事宜；对于"一级纳税信誉"等级企业，当年免办税务登记的年检手续，免予一般性的日常检查，税务管理违法行为从宽掌握，优先领购各种发票并适当放宽限量，优先办理纳税申报、发票申购、减免退税等各项涉税事宜；对于"二级纳税信誉"等级企业，当年税务等级、增值税一般纳税人资格年检从严办理，列入税务稽查重点，发票领购及限量从严掌握，办理纳税申报、发票申购、减免退税等各项涉税事宜从严掌握；对于"三级纳税信誉"等级企业，列为税务管理、税务稽查重点监控对象。至 2001 年底，全省已有 37% 的企业评定纳税信用等级。

2003 年，省国税局将纳税信誉等级分类管理办法调整为纳税信用登记评定，与省地税局共同建立"纳税信用等级评定联席会"制度。省、市、县（市、区）国、地税局分别建立"纳税信用等级评定联席会"制度，定期召开联席会议，负责共同评定纳税人纳税信用等级，交流纳税人诚信纳税信息，研究、制定、落实纳税信用等级管理的有关制度。纳税信用等级统一按照总局规定为 A、B、C、D 四个等级。纳税信用登记评定指标分值累计为 100 分，具体分值为：税务登记情况 15 分；纳税申报情况 25 分；账簿凭证管理情况 15 分；税款缴纳情况 25 分；违反税收法律、行政法规行为处理情况 20 分。考评分在 95 分以上的，为 A 级；考评分在 60 分以上 95 分以下的，为 B 级；考评分在 20 分以上 60 分以下的，为 C 级；考评分在 20 分以下的，为 D 级。其中国税系统原评定的特级、一级、二级、三级过渡对应为 A 级、B 级、C 级、D 级。A 级由省级税务机关评定，B 级由设区市税务机关评定。纳税人分别向其主管县级国、地税局申请纳税信用等级，由县级国、地税局以联席会议的形式共同评定 C、D 级纳税人，并推荐 A、B 级纳税人，分别上报设区市国、地税局；由设区市级国、地税局以联席会议的形式共同评定 B 级纳税人，并初审推荐 A 级纳税单位名单，分别上报省国、地税局；由省级国、地税局以联席会议的形式共同评定 A 级纳税人。

2003 年，推行增值税一般纳税人"一窗式"管理。以办税服务厅为载体，发挥信息技术的基础性作用，通过调整窗口功能设置、前移涉税审批受理环节，优化征管流程，最大限度地使纳税人在一个窗口能办理所有涉税事宜，为纳税人提供便捷、透明、全面、经济的贴近式服务，实现管理与服务的最佳结合。①前移涉税申请受理，简化涉税审批程序，将所有涉税申请事项前移到办税服务厅受理，切断行政审批部门、审批人员与纳税人之间的直接联系，由"多头申请"向"一窗受理"转变。②整合窗口管理服务功能，由"一窗专责"向"一窗多责"转变，将办税窗口的功能进行整合，根据办税业务量大小和办税服务厅规模设置若干组"一窗多责"的管理服务窗口，为纳税人提供"一窗式"办税服务，纳税人可以在任何一个管理服务窗口申办所有涉税事宜。③完善增值税一般纳税人申报管理，实现"票票稽核"向"票表稽核"转变。按照增值税一般纳税人纳税申报"一窗式"管理的要求，实现纳税申报信息与防伪税控系统认证、报税信息的"票表稽核"、自动比对。

"一窗式"服务根据办税服务厅工作条件和环境，实行"低柜式"敞开办税方式，打破窗口间的分割，实现与纳税人面对面的交流。设立一个"咨询服务窗口"，由领导岗、文书流转处理岗、综合服务岗组成，窗口岗位人员的配置方式为"一窗两人"，即一名大厅负责人员和一名工作人员。设立若干组"管理服务窗口"，每组"管理服务窗口"由两个管理服务岗和一个后台处理岗组成，窗口岗位人员的配置方式为"两窗三人"，即两人临窗受理纳税人所有办税事宜，并负责"票表比对"，另一人在后台负责复核并处理纳税人的抄报税、认证事宜。设立一个"专用发票窗口"，由专用发票和专用收购凭证发售缴销岗、验审复核岗组成，窗口岗位人员的配置方式为"一窗两人"，即一人临窗负责受理增值税专用发票和专用收购凭证发售、缴销以及专用发票开具、代开的审验，另一人负责后台验审、专用发票开具、代开和企业防伪税控专用设备的收缴。"咨询服务窗口"的主要职责包括：受理涉税投诉、申诉；负责税务咨询、纳税辅导，有关涉税资料的发放；处理增值税一般纳税人申报比对异常情况；进行内部工作协调、衔接；负责所有文书流转处理。"管理服务窗口"的主要职责包括：受理纳税人除"专用发票窗口"以外的所有涉税事宜，具体包括负责认证、报税、申报征收并进行"票表稽核"以及普通发票的发售、缴销、代开，受理涉税审批、税收免抵退、一般税务行政处罚等事项。"专用发票窗口"工作职责包括：增值税专用发票购票（正常核销）业务；主机共享服务系统业务；发票代开业务；注销户专用发票核销业务。

2005 年起，江西省国税系统建立国税机关与纳税人面对面的互动交流机制，实施、优化税收"一窗式"管理服务，落实首问负责制、巡回服务制、限时服务制、告知服务制、预约服务制、延时服务制等责任制。首问负责制指国税机关所有工作人员以第一责任人的身份，受理纳税人的涉税事宜。对纳税人提出的涉税咨询，首问负责人以口头或书面的形式即问即答或引荐解答；对纳税人申办的涉税事项，首问负责人及时受理或办理，不属于其职责范围的，负责引导到应办岗位，不得以任何借口推诿。巡回服务制。对没有设立办税机构的边远地区，主管国税机关应当根据地域情况及农村管理机构设置情况，设立若干纳税服务工作点，定期派出工作人员巡回开展税法宣传、税务咨询，为纳税人办理各项涉税事宜。限时服务制。各级国税机关应当根据税收征管工作环节，将纳税人申办的涉税事宜归纳为若干类、细化为具体项目，并对每一个项目的办结时限做出合理的规定。对纳税人申办的涉税事宜，由办税大厅窗口的工作人员即时受理，内部各承办部门及承办人员在规定或承诺的时限内完成。告知服务制。在税收法规、政策发生变化以及需要纳税人办理有关手续时，或对纳税人进行税务稽查时，或涉税申请已提前办结，或超过预约时限纳税人未领取文书、证照等情形，或在涉税事项申办的法定期限届满之前，主管国税机关以书面或其他形式，告知或提醒纳税人。预约服务制。法定节假日内，纳税人急需办理涉税事宜的，可以通过预约的方式申请，主管国税机关按约定的时间指派工作人员给予办理。延时服务制。对上班时间内未办结的涉税事项，国税机关根据纳税人的办税需要，推延下班时间，直至办结为止。推行普通发票同城通购通缴业务，纳税人在所在设区市城区、县（市）范围内均可购买和缴销普通发票。实行税收"一窗式"管理服务、涉税事项"一站式"办结、纳税人资料"一户式"查询、办税过程"一条龙"服务。

2007年，在上饶市进行"两个减负"切实减轻纳税人不必要办税负担和基层税务人员额外工作负担试点。上饶市国税局制定《关于开展"两个减负"，优化税收服务的实施方案》，通过"两个减负"实现"四个转变"：能在上级国税机关完成的工作，不再转嫁给基层；能在税务机关内部完成的事情，不再向纳税人延伸；能从征管信息系统调取的数据和资料；不再要求基层税务机关和纳税人报送；能综合整合的事项，不再分头进行。对涉及纳税人的8大类218种办税事项进行清理，取消办税业务31项；清理纳税人向国税机关报送的报表348项，清理系统内部报送的各类业务报表414项。组建全省国税系统法律援助团。开通以省有关领导、省直有关单位负责人，市、县四套班子领导及重点纳税人为发送对象的短信服务平台。与省地税局联合评选2006年度"纳税百佳"企业、推行联合办理税务登记证试点。稳步推行多元化电子申报缴税，当年一般纳税人网上申报缴税面达83.82%，其他纳税人电子申报缴税面达63.35%。试行增值税专用发票网上认证系统。

2008年，国税、地税联合办证试点，推行增值税专用发票网上认证系统，全面推广出口退税远程预申报系统，完善"走出去"企业服务措施，下放生产企业出口退税审核权限，简化税务登记、普通发票领购、延期申报等16项业务流程，清理简并45项需纳税人报送的资料。减轻基层工作负担。整合各项检查、调查、评比、考核，减少会议次数和时间，取消简并31种业务报表，对37种内部报表仅采取电子报送方式。建设"江西国税网上税收服务厅"。2008年，南昌市国税局在全国国税省会城市纳税人满意度调查中名列第一。

2009年，省国税局成立纳税服务处，实现纳税服务工作统一管理。采用省级集中模式，开发建设统一规范的门户网站管理系统和内、外网站两个税收服务平台，2009年1月1日正式上线运行，重点强化网上办税、信息查询、业务咨询、政务公开、公众互动五项功能，形成平台一致、接口统一、覆盖全省、内容丰富、功能实用、服务高效的省、市、县局网站群。召开全省国税系统税收服务工作会议，总结回顾税收服务工作，表彰"税收服务双十佳先进单位"和"税收服务百佳先进个人"，部署加强和优化税收服务的主要任务。制定《江西省国税系统2009—2012年税收服务工作规划》。开展"税收服务直通车"活动。在全省纳税人中选择180户重点税源企业作为省局、市局直通车服务对象，由省、市局领导带队走访企业开展现场办公，共举办税收政策讲解会153场，帮助企业解决急需处理的税务事项349个，促进了企业科学发展、和谐创业。

2010年，开展星级纳税服务厅创建工作，突出办税服务厅、网上办税、税收服务直通车三个重点，提升纳税服务工作实效。全面推广国税、地税联合办理税务登记证，开展纳税服务"一窗全能"和同城办税试点，加快12366纳税服务热线建设，加强网上办税服务厅建设，全面推广多元化电子申报。开展星级纳税服务厅创建活动，健全纳税服务投诉管理机制，委托第三方开展纳税人满意度调查，提升纳税人满意度。制定星级办税服务厅评选管理办法，将办税服务厅星级分为三个等级，即三、四、五星级；全省国税系统县（市）区局级以上办税服务厅（含车购税分局，不含农村分局办税服务厅）均在星级办税服务厅评选范围之内。办税服务厅星级有效期一般为两年，各星级办税服务厅实行分级管理，省局负责五星级办税服务厅评选及管理。设区市局负责本辖区三、四星级办税服务厅评选及向省局推荐候选五星级办税服务厅。评选内容分为达标部分与创星部分，达标部分只设扣分项目。创星部分只设加分项目，鼓励办税服务厅优化纳税服务，达到环境舒适宜人、贴近服务暖人、科学管理育人、和谐发展喜人的目标。省国税局下达年度五星级办税服务厅评选指标，按照一定比例下达各设区市局推荐申报数，实行差额评选。各设区市局根据每年安排下达年度四星级办税服务厅评选指标数，省局在每年下拨的纳税服务专项经费中对五星级办税服务厅适当倾斜，每个五星级办税服务厅每年给予2万元的专项经费，用于办税服务厅的建设及为纳税人服务活动的开展。省国税局在全省创优发展环境暨重大产业项目工作推进会上作典型发言，被评为全省创业服务年活动先进单位。省委主要领导做出批示充分肯定国税纳税服务工作，南昌市国税局蝉联全国省会城市纳税人满意度调查国税系统第一。

第二节　服务体系

1997年，江西国税系统基层征收机构进行调整，全面建立办税服务厅，纳税人一切税务事宜均可在办税服务厅内办理，办税服务厅成为税务机关纳税服务的主要场所。省国税局向社会公布南昌市国税局东湖分局办税服务厅等11个大厅为示范办税服务厅，作为全省国税系统文明服务示范"窗口"。在纳税人中聘请税务监督员，设立举报箱，公布投诉电话，各地、市投诉电话设在教育科，省局设在教育处，保证投诉在10天内受理。示范"窗口"按照公平、方便、快捷的原则，统一办税窗口设置，明确岗位职责，着装上岗、挂牌服务，规范公开纳税内容，增设便民设施，开展税务咨询。推行统一规范的办税服务承诺制，接受社会监督。服务承诺内容为：办税工作人员坚持依法治税，依率计征。发现并查实错征的，在7日内予以纠正，退回多征税款。税务登记自纳税人递交齐备的资料之次日起，一周内办理完毕；增值税一般纳税人资格认定，自纳税人递交齐备的手续、资料次日起，10日内实地调查完毕，并给予答复，符合条件的15日内办理完毕。纳税申报，在报表、资料、手续齐全情况下，1个工作日内完成；办理发票领购，凡符合条件的，随到随办。"外出经营税收管理证明"的开具、代管监开户发票开具、小规模纳税人发票的代开、销货退回折让证明单的开具，1个工作日内办理完毕。税务违章处罚严格按税法、规定办事，公开处罚结果。热情服务、礼貌待人，在办税工作中不得故意刁难纳税人或举报人。办税人员违诺，经查实后，分清责任，视情节轻重，依照有关规定，给予政纪处分或经济处罚。纳税人在办税过程中若发现办税服务厅有违诺现象，可向被投诉的上一级机关投诉。接受投诉的机关自接到投诉人投诉后应当在10个工作日内进行查实，做出处理。处理结果在办税服务厅公布。投诉人要求直接告知的，应向投诉人通报处理结果。投诉人投诉后，在规定期限内未收到处理结果，可直接向地级、省级国税机关投诉。并将全省国税系统示范办税服务厅投诉电话对外公布。

1998年，办税服务厅必设窗口中的"发票发售""政策咨询"名称分别改为"发票管理""税务咨询"。办税服务厅规范化服务内容包括：合理设置办税服务场所，实行相对集中征收一站式服务。办税服务厅内按服务功能设置窗口，一般设置税务登记、发票管理、纳税申报、税款征收、税务咨询、涉税文书等窗口。有条件的，还商请银行在办税服务厅内设立税款征收处。

2003年，启用12366特服号码。纳税人拨通"12366"特服号码后，按"1"进入国税机关的服务专线，按"2"进入地税机关的服务专线。纳税人拨打"12366"特服号，以计算机自动处理为主，部分有条件的地方设立人工座席服务台。"12366"特服号码为纳税人提供纳税申报、涉税查询、税务咨询、办税指南、举报投诉等服务，具备以下基本功能：为纳税人提供税收政策、法规、征管规程的咨询服务；为纳税人办理涉税事项提供办税指南、提供涉税信息查询服务；为纳税人提供电话申报纳税；受理纳税人对偷税、逃税、骗税、发票违章等违法、违章行为的举报；受理纳税人对全省各级税务部门、税务人员工作作风及廉政建设等方面的投诉；受理纳税人提出的意见和建议。2009年，12366纳税服务热线向省级集中，按照"全省统一、集中呼转、远程座席"的模式，加大固定电话网、移动电话网、宽带网络服务功能整合力度，建立省级集中的12366税收服务热线。拓展服务功能，增加提醒服务、预约服务、短信申报、咨询服务、催报催缴、发票查询、投诉举报等服务功能，逐步开通待办事项查询、纳税人信息查询、电话申报、满意度随机调查等功能，同步实现短信服务功能。

2005年，依据总局新的纳税服务规范，江西国税系统进一步规范办税服务厅建设，在全省国税系统统一办税服务厅办税内容、窗口设置、办税规程、办税设施和形象标识等。统一办税内容。办税服务厅是国税机关为纳税人办理相关涉税事宜、提供纳税服务的主要机构和场所。主要负责纳税人到国税机关办理的各种涉税事项，具体包括税务登记、纳税申报、税款解缴、欠税公告、票证管理、税法宣传、发票发售、报税稽核、咨询辅导和受理减免申请等。统一窗口设置。原则上设置三类窗口，即一个"综合服务窗口"、若干个"管理服务"窗口、一个"专用发票窗口"，在税源和纳税人不多的农村分局，可以合并窗口种类，设置一个"管理服务"和一个"综合服务"窗口。在统一办税窗口设置的基础上，明确窗口工作职责。规范内部工作流程，明确各项业务办理及文书传递的程序、时限及工作要求，完善内部协调制度，整合窗口管理服务功能，将所有涉税申请事项前移到办税服务厅受理，前台受理，后台流转，最大限度地使纳税人在一个窗口能办理所有涉税事宜。统一办税设施。大厅内、外各种标识醒目、清晰、规范、统一；配备桌椅、饮水设施、笔、墨、纸、胶水、印泥、计算器等便民设施；提供税收宣传手册、表格填写样式和纳税指南；设置办税示意图和公告公示栏，明示窗口职责、办税流程、税务违法违章处罚标准和行政性收费标准等；设立监督牌、意见箱（卡）、举报箱，公开监督、投诉、举报电话。有条件的办税服务厅可以设置触摸屏、电子显示屏、排队机等设备。统一形象标识，推广国家税务总局确定的统一形象标识，将形象标识中的基本要素和应用要素与办税服务厅的实际工作结合起来，以特色鲜明的税务形象面向社会、面向纳税人。

2005年开通"税收服务直通车"，由省、设区市国税局直接为部分纳税信誉好的重点税源企业、支柱产业龙头企业所提供的一种便利快捷的税收服务。以急事急办、特事特办等方式，减少环节、提高效率。"税收服务直通车"的服务对象为重点税源企业和行业龙头企业，当年省国税局"税收服务直通车服务对象"首批暂定17个主要行业、35户企业，设区市国税局服务对象由其自行确定。省、设区市国税局设立"税收服务直通车"协调小组，由局领导和相关处（科）、稽查局领导组成。协调小组办公室设在流转税管理处（科）。"税收服务直通车"服务政府等部门交办或其他需紧急处理的税务事项；企业跨地区经营、设立分支机构或连锁经营等需要由省、设区市国税局协调解决的税收事项；对企业的生产、经营、发展以及纳税等重要税务情况进行深入了解，为企业提供合理化建议；宣传税收政策，提供税务咨询，在税法框架内为企业提供税收筹划；帮助企业解决生产经营中的税收问题；征询企业对国税工作的意见、建议和对税收服务的需求；协调处理国税工作人员税务执法不当、税收服务不到位等问题，维护企业合法权益。"税收服务直通车"的工作方式有：直接受理、协调督促、定期走访、现场办公、税企座谈、政策快递。

2008年，省国税局采用省级集中模式对国税内、外网站进行改造建设，开发建设统一规范的门户网站管理系统和内、外网站两个税收服务平台，打造"江西国税网上办税服务厅"，形成平台一致、接口统一、覆盖全省、内容丰富、功能实用、服务高效的网站群。网上办税服务厅以纳税人和社会公众需求为导向，提供多功能的网上办税服务。主要涵盖网上办税、信息查询、业务咨询、政务公开、公众互动等功能栏目开展"服务科学发展、共建和谐国税"税收志愿服务活动。税务机关从社会招募税收志愿者在税务机关组织的公益性活动中提供无偿服务。省局机关负责税收志愿者的招募与注册，根据各税收志愿服务活动的需要，及时发布招募信息，明确志愿服务所需的条件和要求，组织开展经常性招募和应急性招募。税收志愿服务内容主要包括三项：集中或经常性税收宣传。办税服务厅内的一般性服务工作。从社会招募的税收志愿者和从事志愿服务的国税人员，坚持自愿参与、在本职工作时间以外、从事非本人岗责工作范围的税收志愿服务活动。国税机关除提供必要的保障条件外，对从事税收志愿服务时间长的出具书面证明，对工作突出的以适当的方式进行鼓励。省局精神文明建设领导小组统一指导国税系统志愿服务活动，并对志愿者进行相关知识和技能培训，提高服务意识、服务能力和服务水平。

2009年，办税服务厅规范化建设的主要目标是要求四星级办税服务厅总数在争创期结束后达到全市办税服务厅的50%左右。三星级办税服务厅数量不设指标限制，只要达到三星级标准即可认定。省国税局在全省范围内对部分纳税人、基层国税机关进行了税收服务工作状况问卷调查，并随机对部分县（市、区）局、农村分局进行了明察暗访。问卷调查分别向1000户纳税人，200个基层税务机关发放，其中一般纳税人占60%，小规模纳税人占20%，个体纳税人占20%。基层税务机关包括市、县、区局、直属局、车购税分局及部分农村分局。据问卷统计，纳税人满意度全省平均为83.31分，基层国税机关（人员）对省局总体满意度为92.55%。纳税人满意度得分最高的项目是"税收管理员提供的预约服务、援助服务"，基层满意度最高的项目是"省局机关的工作作风情况"和"省局机关处室布置工作量情况"。组织 2 个明察暗访小组，按照"不预定时间、不预定地点、不预先打招呼、随机抽样"的原则，明察 20 个县（市、区）局和 2 个设区市局稽查局，暗访 50 个县（市、区）局，走访 9 户企业，采访 22 名到国税办事的纳税人。2009 年，省国税局重新确定纳税信誉好的重点税源企业、支柱产业的龙头企业 180 户，其中 30 户为省局"税收服务直通车"企业，150 户为设区市局"税收服务直通车"企业。

2010 年，省局委托第三方调查机构开展纳税人满意度调查。调查采用计算机辅助电话访问（CATI）方式进行，涉及全省 11 个设区市 10819 户纳税人。调查问卷内容主要包括税法宣传咨询、办税服务、管理服务、权益保护、创业服务等 5 个大项 20 个问题以及纳税人的其他需求与建议。每个问题的评价主要分为五档："非常满意""满意""基本满意""不满意"和"不了解"。调查统计，2010 年全省纳税人满意度调查综合平均分为 90.97 分,排在前五位的设区市局分别为:抚州市国税局、鹰潭市国税局、九江市国税局、宜春市国税局、新余市国税局。纳税人满意度最高的是对"推行多元化申报方式"的评价，得分为 93.06 分。得分较高的项目还有：办税服务厅服务态度（92.94 分）、税法宣传情况（92.61 分）、发票领购情况（92.44 分）、纳税咨询辅导情况（92.27 分）。126 个县（市、区）局参加测评。

表 2-7-1　2010 年县（市、区）局综合满意度得分前 20 名单位

排　名	所在设区市	单位名称	得　分
1	宜春	宜春市国家税务局直属税务分局	95.44
2	萍乡	上栗县国家税务局	95.00
3	抚州	南丰县国家税务局	94.61
4	宜春	高安市国家税务局	94.55
5	鹰潭	鹰潭市经济技术开发区国家税务局	94.53
6	抚州	乐安县国家税务局	94.51
7	九江	共青城国家税务局	94.49
8	抚州	黎川县国家税务局	94.44
9	九江	九江市庐山风景名胜区国家税务局	94.33
10	吉安	遂川县国家税务局	94.09
11	宜春	铜鼓县国家税务局	93.61
12	鹰潭	鹰潭市国家税务局直属税务分局	93.46
13	景德镇	景德镇市国家税务局直属税务分局	93.39
14	赣州	崇义国家税务局	93.34
15	赣州	大余县国家税务局	93.32
16	抚州	资溪县国家税务局	93.10
17	九江	瑞昌市国家税务局	93.07
18	抚州	东乡县国家税务局	92.86
19	九江	武宁县国家税务局	92.78
20	抚州	抚州市国家税务局直属税务分局	92.70

第三节 税法宣传

税收宣传月

从1992年开始,江西省税务(国税)局在每年4月按照国税总局确定的宣传主题举办税收宣传月活动。

1992—1994年,开展"税收与发展"为主题税收宣传月活动,税收宣传主要采取电视讲话、广播宣传、电视宣传、咨询宣传、流动宣传、标语宣传、税企座谈等形式。其中,1992年度吉水县税务局与吉水县妇联联合开展"劝夫守税法,乐当贤内助"活动,荣获首届全国"税收宣传月"活动项目最佳奖。1994年,全省税务系统6000多人上街宣传新税制,宜春地区组织11辆宣传车,萍乡市局则从2月1日起进行新税制百日宣传跟踪活动,上饶、鹰潭、赣州地区宣传辅导站设至农村圩场,平均每县城区设点3~4个。

1995年,以"税收与法制"为主题开展税收宣传活动,4月1日,省国税局与南昌市国税局在八一广场举行"十大举措联动、数万群众拉幕——全省税收宣传月活动开幕式"。全省国税系统共有1万余名国税干部参加税收宣传活动,出动宣传车120辆、摩托车600辆,设立税收咨询点1000余处,解答咨询5万余人次,散发宣传资料40万余份。中央电视台报道了开幕式的盛况。

1998年4月,开展"税收管理与依法治国"为主题的税收宣传月活动。举办税法讲座,由省政府办公厅牵头,聘请有关专家为省委、省政府、省人大、省政协等领导、有关部门领导讲授税收和税法知识;开展税法咨询活动,省国税局与南昌市国税局于4月1日在市人民广场等繁华地段联合设立10处税收宣传、咨询点;召开纳税大户表彰大会,举办江西涉外税收10周年回顾与展望暨涉外企业纳税大户表彰活动。各级国税机关因地制宜开展了相关活动:南昌市国税局在《经济晚报》举办"税收管理与依法治国""江中杯"有奖征文活动;赣州地区国税局举办"京九税法宣传列车"大型系列活动,组织税法宣传文艺活动在京九线赣州段各车站巡回演出。

2001年4月,省国税局与江西财经大学联合举办主题为"税收与公民"的大学生电视辩论赛。江西卫视于4月8日实况转播辩论赛。4月24日,省国税局、南昌市国税局、九江市国税局三家联合邀请陈思思、江涛、孙悦等明星在江西艺术剧院组织"献给纳税人的歌"大型综艺晚会,邀请省领导及省直有关单位负责人、模范纳税外商投资企业代表观看,江西卫视在4月26日黄金时段进行了转播。

2005年4月7日,江西国税系统组织"百名局长千名党员入万户送税法"活动,各级国税部门统一行动,由"一把手"带队,组织党员、业务骨干深入企业、市场、社区、农村宣传税收法律法规,面对面征求纳税人意见建议。经统计,此次活动全省国税机关共组成税法宣传小组1055个,走访纳税人1.6万户,发放税收宣传资料12.5万份。4月下旬,省局举行"税法与行政许可法知识"电视大赛,由11个设区市局和省局培训中心各选派一个代表队参加,比赛实况录像在江西电视台"黄金周"时间播出。

2006年，经过评选，省国税局向国家税务总局推荐了一批税收宣传月创新项目。

表2-7-2　2006年江西省国税系统税收宣传月活动创新推荐项目

单　位	创新推荐项目
南昌市国税局	"税企和谐双十佳"表彰大会
景德镇市国税局	网上税收知识竞赛
萍乡市国税局	"国税杯"红领巾学税法活动
九江市国税局	"国税杯"魅力九江——"世界读书日"艺术朗诵大赛
新余市国税局	彩铃税宣连万家
鹰潭市国税局	税收政策巡回宣讲活动
赣州市国税局	"税法宣传与新农村建设同行"暨"六个一"活动
宜春市国税局	诚信纳税示范街创建
上饶市国税局	设置帮扶新农村建设党员义务服务岗
吉安市国税局	网络平台宣传税法
抚州市国税局	"以莲为媒"开展税收宣传

2009年3月31日，省国税局、省地税局联合举行"发挥税收职能作用，促进江西经济平稳较快发展"网上在线访谈，作为全省税务系统第18个税收宣传月启动仪式。

2010年，省国税局与省地税局联合举办"税收与鄱阳湖生态经济区建设"论坛，由此拉开全省税收宣传月活动序幕。4月13日晚，邀请国家京剧院于魁智、李胜素等艺术家，举办税苑芳华——江西省国税局税收宣传京剧晚会。

普法宣传

1991—1995年，全系统开展"二五"法制宣传教育活动。普法教育对象重点是企业、事业单位的法人代表、财务负责人和办税人员，以及私营业主和个体工商业户。"二五"普法教育期间分为三个阶段。第一阶段：准备阶段。时间从1991年上半年至1991年底，制定本省税务系统普法规划，各地、市、县根据省局制定的普法规划，结合本地实际制定相应的规划。编写普及税收法规的教材，组织税务、工、青、妇四家联合开展税法宣传教育活动。第二阶段：实施阶段。时间从1992年上半年至1994年上半年。第三阶段：考核验收阶段。时间从1994年下半年至1995年。

1996—2000年，"三五"普法教育期间，重点对象为税务系统处级以上干部、各级税务机关行政执法人员和纳税人。普法内容包括提升税务干部社会主义民主和法制建设理论水平，宣传普及《行政诉讼法》《国家赔偿法》《行政复议条例》《行政处罚法》《公务员暂行条例》等行政法律法规。采取集中学习、讲座、培训等方式实现对税务人员的全面覆盖，通过广播、电视、报纸、杂志等媒介设立栏目，举办节目等形式培育社会纳税意识。

2001—2005年"四五"普法教育以宣传贯彻《税收征管法》为重点。在省法制宣传教育工作领导小组支持下，将《税收征管法》列入全省2002年重点普法计划。省国税局组成25人宣讲团，举办国税系统新《税收征管法》师资培训班和 140 多位县（市、区）分管局长的新《税收征管法》培训班。"四五"普法教育期间，江西国税系统先后制定《"十五"教育发展规划》《"十五"教育培训实施办法》，编写《涉税法律三百题》《每日一题》《涉税法律基础知识》等培训教材，坚持分级分类培训。在新录用税务人员培训、转业退伍军人培训和领导干部任职培训等方面，将涉税法律知识作为培训的基本内容。每年举办一期 3 个月的法律法规知识培训班，将涉税法律知识作为"春训"和各类业务培训的必备内容，5 年间，全系统共举办各类培训班 1324 期，培训人员 4.43 万人次。

2006—2010 年，"五五"普法重点加强对领导干部、公务员、青少年、企业经营管理人员的税收法制宣传教育。设立普法专项经费，省局成立法制宣传教育领导小组，设立普法办公室，具体负责省局机关的"五五"法制宣传教育工作。注重省局网站、《中国税务》地方版宣传作用，在报刊、电视、电台开展税法宣传。

2008 年，省法制宣传教育工作领导小组将《中华人民共和国企业所得税法》列入全省重点普及法律。全省国税系统建立省局和设区市局两级教育培训基地，每年定期举办 2 期科级干部更新知识培训班，先后组织省局班子成员、机关处长和各设区市局长赴清华大学、中央党校举办为期 10 天的领导干部高级研修班，组织 4 期共 420 名科级干部到国家税务总局扬州培训中心进行为期 1 个月的集中培训。省局开发"每日一题"网络版，对国税人员日常学习情况进行检验。2007—2009 年三次组织新录用的国税人员参加全国税务人员税收执法资格考试，1399 人获得税收执法资格。

第四节　政务公开

1993 年，省税务局完善和深化公开办税，突出税务公开和减免税公开两个重点，在基层单位建立护税协税组织，在民主评议税负的基础上，将税负公开，尤其是个体纳税户税负公开、个体户减免税、停业歇业情况公开，防止"人情税"和"擅自减免"情况，做到"税法、征管、减免税、违法处理、税务人员工作纪律"五公开；依据《税收征收管理法》调整、修订、补充公开办税的具体内容、制度、程序，更新各种图、表、栏，使之统一化、规范化、合理化。公开办税延伸到企业和乡镇墟场，除在税务机关内部张贴悬挂必要的图、表和建立宣传栏、公布栏外，在城区重点集市和圩场设置公开办税栏，设立税务咨询服务站。省局制定《基层税务单位公开办税考评标准》，明确标准和要求，责任到人，量化考核打分，对公开办税情况进行检查验收。

1994 年，江西税务（国税）系统在基层税务分局（所）实行对外公开和对内公开相结合。对外公开采取设立政务公开栏、新闻媒体、电子显示屏、微机查询系统等方式，公开税收政策、岗位职责、办税程序、收费标准、廉政纪律、个体"双定"业户税负、延期缴纳税款情况、"停歇业"情况、增值税一般纳税人认定及年检情况、税务违章违法案件处罚情况。对内公开采取会议、书面传阅、局务会通报等形式，公开内容包括岗位责任制的制定、考核、兑现，预算内外经费收支、分局（所）重大经费开支、大宗物品购置、维修项目实施情况、干部职工廉洁自律情况等。配套建立政务公开督察制度和群众评议监督制度。上级主管机关每半年对政务公开的执行情况进行检查，各级国税机关设立举报箱，公布举报电话，聘请特邀评议员接受人民群众的监督。

2000年,在具有税收征管职能的国税机关,重点在基层税务分局（所）和稽查局实行文明办税"八公开"办法,包括：纳税人权利与义务、税收政策法规、管理服务工作规范、稽查工作规范、税务违法违章处罚标准、税务干部廉洁自律有关规定、受理纳税人投诉部门和监督举报电话、违反规定的责任追究。上级主管机关每半年对"八公开"的执行情况进行检查,采取"听、找、查、访"方式进行,即：听"八公开"情况汇报,找干部谈心,查收支凭证,走访纳税户。各级国税机关定期召开由特邀评议员、纳税人参加的"八公开"评议会议,组织明察暗访,强化"八公开"的监督。

2006年始,江西国税系统各级税务机关全面实行政务公开,强化两权（税收执法权和行政管理权）监督制约,维护纳税人和国税人员合法权益。政务公开遵循依法公开、客观真实、及时便民、积极稳妥、注重实效、利于监督的原则。公开的税收执法事项有：税收法律、法规和规章,以及税收规范性文件,国税机关机构设置、执法主体的职责权限、执法人员的岗位、职责;纳税人权利与义务;增值税一般纳税人资格认定及年审情况;核定征收税款的纳税人的税额核定、调整、停歇业、注销情况;A、B级纳税人信用等级评定情况等19项。公开的行政管理事项有税收工作发展规划,工作目标、工作安排、工作完成和考核情况;内部行政管理制度、办法;工程建设项目的立项、招投标、验收、预决算、审计情况;政府采购预算及执行情况,大宗物品采购、服装制作、票证印制、计算机软件开发和硬件购置招投标情况;固定资产的处置、固定资产变卖的价格评估和公开拍卖的过程、结果,车辆使用、维修情况,办公用品的采购、保管、分配情况等19项。政务公开采取多种形式：国税系统内网、外网,电子邮件;电子触摸屏、显示屏;服务、监督热线电话;政务公开栏、宣传栏、公告栏;税务公报、简报、公告、函告、办税指南、宣传资料、宣传展板、手机短信、公开信;新闻发布会、工作通报会、政务听证会、咨询会、评议会、座谈会、业务培训会,办税业务窗口、上门宣讲;广播、电视、报刊等新闻传媒;文件、报表、书面传阅;内部干部职工大会、局务会、民主生活会;其他便于群众知晓的公开形式。政务公开采取主动公开和依申请公开两条途径。社会应广泛知晓或参与的事项主动公开,对只涉及部分人和事的事项,当事人根据自身需要申请公开。制定《政务公开目录》,确定必须公开的45项税收执法事项,50项行政管理事项;配套制定《依申请公开政府信息工作规程》《政府信息公开保密审查办法》《政府信息公开指南》等一系列制度;构建全省国税系统内容规范、内外分离、上下贯通、双向互动的网上政府信息公开平台。

2006年4月至2008年6月,全省各级国税机关累计公开税收法律、法规和规范性文件1700多份,仅江西国税互联网"纳税咨询"栏目就答复纳税人涉税咨询2250多条。

第八章　税务行政复议与诉讼

　　税务行政复议和税务行政诉讼是税收工作的重要内容，其意义是为维护和监督税务机关依法行使税收执法权，防止和纠正违法或者不当的税务具体行政行为，保护纳税人和其他税务当事人的合法权益，推进依法治国、依法治税基本方针贯彻落实。国、地税机构分设前，税务行政复议工作是依据所制定的规定、制度和规则运行的。国税、地税两套税务机构分设后，特别是 1999 年《中华人民共和国行政复议法》颁布后，江西省税务（国税）局坚持以贯彻实施行政复议法为契机，全面推进依法治税。一方面建立对纳税人及其他税务当事人进行救济的法律制度，另一方面也建立纳税人及其他税务当事人对税务机关执法行为的监督机制。通过落实复议规则，加强监督检查，深入复议工作调查，强化调解手段，保障基础设施投入，有效地提升办理复议案件的能力。

第一节　税务行政复议

机构设置

　　1991 年成立江西省税务局行政复议委员会。委员会组成人员：主任：江定洲；副主任：钟联兴、刘宗凡；委员：黄庆华、肖光远、张达义、胡国忠、李林根、邬小婷、余光金、汤志水。税务行政复议委员会下设办公室，设在法制处，与法制处合署办公。办公室主任由汤志水兼任。

　　1996 年省国税局重新调整成立税务行政复议委员会：主任委员：滕国荣；副主任委员：刘宗凡、刘孟全、周炳义；委员：赖新光、肖光远、林剑、李林根、饶立新、汤志水、贾红梅、邬小婷、冷报德、朱东宁。行政复议委员会下设办公室设在省局办公室，具体负责复议应诉的日常工作。2000 年省国税局法规处成立后，由法规处具体负责复议应诉的日常工作。

制度建设

　　税务行政复议是中国行政复议制度的一个重要组成部分。1991 年 11 月 2 日省税务局印发《江西省国家税务局关于转发〈税务行政复议规则〉的通知》。1993 年国家税务总局根据《税收征收管理法》及其实施细则的有关规定，对 1991 年颁发的《税务行政复议规则》重新作了修订。1994 年 1 月 31日省税务局印发《江西省税务局转发国家税务总局〈税务行政复议规则〉的通知》。1994 年为了进一步贯彻实施《行政诉讼法》《税收征收管理法》和《行政复议条例》，加强对税务行政复议应诉工作的指导，促进各级税务机关全面、准确、规范地开展税务行政复议应诉工作，更好地维护和监督税务机关依法行使职权，保护纳税人的合法权益，国家税务总局决定建立税务行政复议应诉案件材料的报送制度。1994 年 8 月 13 日省税务局印发《转发国家税务总局关于建立税务行政复议应诉案件材料报送制度的通知》。

1994 年 9 月国税、地税两套税务机构分设后，省国税局于 1994 年 10 月 12 日转发《国家税务总局关于中央、地方税务机构分设后有关税务行政复议问题的通知》。

1999 年 4 月 29 日九届全国人大常委会第九次会议审议通过了《中华人民共和国行政复议法》，1999 年 8 月 2 日，省国税局转发《国家税务总局、江西省人民政府关于贯彻实施〈中华人民共和国行政复议法〉的通知》。行政复议法对行政复议的范围、申请、受理、决定、法律责任等都做出明确的规定，并在某些方面对原有行政复议制度作了重大改革，如：扩大行政复议受案对象，将部分抽象行政行为纳入复议审查范围之内；简化复议申请程序，延长复议申请期限；赋予申请人对地方税务局具体行政行为复议管辖的选择权。1999 年 9 月 23 日国家税务总局为了防止和纠正违法的或不当的税务具体行政行为，保护纳税人及其他税务当事人的合法权益，保障和监督税务机关依法行使职权，根据《中华人民共和国行政复议法》和其他有关法律、法规的规定，制定发布新《税务行政复议规则（试行）》，后又于 2004 年 1 月和 2009 年 12 月两次重新修订。

2000 年为全面、准确掌握税务行政复议、行政应诉工作情况，研究税务行政复议、行政应诉工作存在的问题，进一步做好税务行政复议、行政应诉工作，推动税务系统依法行政，国家税务总局决定对现行的税务行政复议、行政应诉案件统计报告制度进行修改和完善。2000 年 12 月 13 日省国税局转发《国家税务总局关于完善税务行政复议和行政应诉案件统计报告制度的通知》。

2003 年 5 月 20 日省国税局转发《省委、省政府信访局、省政府法制办印发〈关于移送符合行政复议受理范围的信访事项办法〉的通知》，促使依法处理因行政争议引起的信访事项，保护信访人的合法权益，切实减少重复上访、越级上访行为，保障和监督行政机关依法行使职权，维护社会稳定。

2004 年 11 月 30 日印发《江西省国家税务局政策法规处关于转发〈政策法规司关于行政复议工作调查的通知〉的通知》。

2010 年 3 月 31 日印发《江西省国家税务局关于贯彻落实〈税务行政复议规则〉的通知》（赣国税发〔2010〕52 号文），纠正税收执法违法或不当行为、监督和保障税务机关依法行使职权。进一步强化新形势下税务机关化解税务行政争议的主要渠道和有效手段，完善税务争议化解机制，促进税收科学发展。

主要工作

工作机构　在机构设置和人员配备上，到 2006 年省、市、县三级国税机关都设立了政策法规部门，具体负责行政复议等工作，其中，11 个设区市局为政策法规科，103 个县（市、区）局为税政法规股。政策法规部门一般设立复议应诉岗或税收法制岗，并指定 1 名人员兼职负责有关复议工作。各地根据工作的需要调整充实人员，配备既懂法律知识又懂税收业务知识的专门人才。全省国税系统组织法律专业人才成立全系统法律援助团，下设省局和 11 个设区市局共 12 个法律援助工作组、承担系统内外法律普及、法律咨询、法律服务和法制调研职责，为税务人员和纳税人提供更为专业的法律援助，提高预防和化解税务行政争议的能力，减少税务行政复议案件的发生。并聘请法律顾问，弥补税务机关法律人员司法实践不足的问题。

文件制定　1999 年各级国税机关将清理规范性文件与税收执法检查相结合，作为自查和重点检查的一个重要内容，在当年 8 月底完成了相关规范性文件的清理，对不符合权限规定或没有法定依据的规范性文件予以纠正。严格把关、归口管理，确保规范性文件的合法性。按行政复议法和新规则所规定的要求来制作复议文书。

工作调查　2005 年省国税局组织开展行政复议工作调查，准确掌握下级国税机关开展行政救济工作情况，了解税收执法工作现状，增强工作指导的针对性和有效性。发现少报、瞒报有关案件情况的，予以通报批评，并在目标管理考核中扣分。

争议调解　省国税局通过监督检查及时总结各地的有效的调解方法，组织研讨会、座谈会、编发《案例评析》交流经验。2007 年，省国税局组织人员将处理税收争议和信访的主要法律、法规、规章和规范性文件进行摘录，编印《处理劳动、人事、税务争议法律法规汇编》1000 册，分发给全省各级国税机关，帮助其了解、掌握处理与当事人争议的有关规定，把握法律和政策界限及程序，依法预防和化解税务行政争议，使各级国税机关在办理税务行政复议案件中，坚持原则性与灵活性相结合，对符合条件的案件，积极创造条件进行调解，把税务行政争议化解在税务机关内部，实现法律效果与社会效果的统一。正确处理复议与信访的关系；对纳税人通过信访反映属于行政争议事项，依法建议其通过行政复议解决；对纳税人申请复议不属于行政复议受案范围的行政争议事项，在依法作出不予受理决定的同时，建议其通过信访渠道依法解决，确保行政争议有效化解。1989 年至 1991 年 4 月，全省税务机关受理税务行政复议案件 39 件。其中经税务机关复议维持原处理决定的 23 件，变更的 9 件，撤销的 7 件。对税务机关的复议决定不服，向人民法院提起税务行政诉讼的案件有 3 件。经法院裁决，均为税务机关胜诉。1994 年，全省国税税务行政复议案件呈下降趋势。

应诉统计报告　2000 年省国税局转发《国家税务总局关于完善税务行政复议和行政应诉案件统计报告制度的通知》，要求各级国税机关按时、准确地报送《税务行政复议、应诉案件统计表》，不得瞒报、漏报、迟报。省国税局每半年向总局报送一次复议应诉统计表。统计报告对税务行政复议、行政应诉案件情况进行分析，总结工作经验与不足，研究税务行政复议、行政应诉工作存在的问题，提出改进意见。

监督检查　全省县级以上国税机关建立行政执法责任制度，省、地市局机关应分别对下级机关的税务行政复议工作进行监督检查，凡发现下级机关无适当理由不受理税务行政复议申请，在法定期限内不做出复议决定、不履行复议决定、对申请人打击报复或者有违反行政复议法的其他行为的，督促有关机关依照行政复议法和有关规定在两个月内做出处理。对于不认真执行《复议新规则》、推诿或压制税务当事人的复议申请、不依法开展复议工作、违法做出复议决定的，根据行政复议法及其实施条例和执法责任制的有关规定实施责任追究。

案例交流　编发《案例评析》，对全省国税机关发生的税务行政复议案件进行收集整理，并选择其中具有代表性和研讨价值的案件编写成税务行政复议案例，《案例评析》设立案件基本情况、复议办理情况、案件特点、案件主要问题分析、启示栏目，定期内部交流，通过互相借鉴、取长补短，提高复议工作水平和办案质量。

2009年，省国税局派员参加国家税务总局政策法规司组织开展的税收案例交流活动，向总局报送的三例税务行政复议案例，总结成功的税务行政复议案例相关经验：①依法公正做好税务行政复议工作，税务人员要不断提高执法素质。税收执法人员不仅应当熟悉税法和政策规定，还应当加强对通用和某些专业法律知识的学习，掌握与税收执法业务密切相关实体法和程序法规定。避免凭主观理解进行税收执法、制作执法文书而造成工作的被动和失误，影响国税机关的执法形象。②充分发挥税务行政复议的自我纠错功能。税务行政复议是纳税人等当事人维护自身合法权益的重要途径，同时也是税务机关进行自我监督，及时纠正税收执法中不当或违法行为的有效举措。③注重在执法中收集证据材料，税务机关和税务人员在执法过程中，必须牢固树立证据观念，按照先取证后处理（处罚）的行政执法基本程序，依法收集有关证据，以保证做出税务处理（处罚）决定有确凿的事实、证据。

法制学习与宣传　2009年省国税局结合国税工作实际，开展主题突出、务实简朴的行政复议法颁布实施10周年纪念宣传活动：省局举办全省国税依法行政暨新税法知识竞赛，将行政复议法及税务行政复议知识作为竞赛的主要内容之一，经过两场预赛选出6支代表队参加在省电视台举行的决赛，省委领导亲临现场观看比赛。江西卫视二套在黄金时段播出决赛实况录像，社会反响良好；举办依法行政培训班，全省各县（市、区）局的100余名政策法规人员参加培训；选派设区市及基层国税机关人员报名参加国务院法制办行政复议司举办的四期行政复议人员专项业务培训班；省局组织各设区政策法规部门负责人及工作人员召开纪念行政复议法施行10周年座谈会，畅谈工作心得体会、交流经验。各级国税机关采取多种形式，组织开展好新税务行政复议规则的学习培训、建立行政复议人员后续培训制度。

表 2-8-1　1994—2010 年全省税务行政复议案件统计表

项目 / 年份	申请与受理					申请人		申请复议事项						被申请人					已审结								未审结	行政赔偿		
	收到申请		受理	不予受理	其他	自然人	法人或其他组织	征税行为	税务行政处罚	行政强制措施	行政许可	不作为	其他	稽查局、税务所（分局）	县及以下税务局（分局）	地市局	省级局	其他	撤回申请	维持	撤销	变更	确认违法	责令履行	部分维持撤销变更责令履行	其他		件数	赔偿数额	旧存
	复议前置	选择复议																												
	1	2	3	4	5	6	7	8	9	10	11	12	13	14	15	16	17	18	19	20	21	22	23	24	25	26	27	28	29	30
1994—2003	15	16	20	10	1	10	21	13	12				6	23	8				3	12	2			2		1				
2004	2	2	3	1		1	3	2	1				1		4					1	1				1					
2005	2	3	3	2		1	4	2	2				1		5							1	1			1				
2006	4	6	8	2		10	3	6						1	1	9			2		2			2						
2007	17	1	13	5			18	16					2		17	1			1	5	5				2					
2008	4	1	4	1		1									4	1											1			
2009	4	2	4			2									4	2				1				1			2			
2010	9	0	9			1									8					1	1						1			
合计	90	46	90	41	5	17	119	83	34	2			17	25	102	9			11	26	23	15		2	6	3	7			

第二节　税务行政诉讼

1989 年至 1991 年 4 月，全省提起税务行政诉讼案件 3 件，均为税务机关胜诉。其后，陆续发生一些税务行政诉讼案件，税务机关多数胜诉。税务部门在经办的这些为数不多的税务行政诉讼案件中总结经验，也反映出税务机关执法工作的一些偏差和教训。

1995 年 2 月 9 日江西省国家税务局印发《转发国家税务总局〈税务行政应诉工作规程（试行）〉的通知》，该文件对法律法规、应诉定义、适用范围予以明确。应诉准备包括审查、期限、程序、申辩内容及证据、保全措施。出庭应诉包括应诉、陈述具体行政行为、认定事实及适应法律法规、规范性文件。上诉与申诉包括上诉具体内容、申请及执行，履行与执行包括执行判决和裁定、申请强制执行，使税务行政应诉工作更加规范。

1999 年 3 月，由省国税局协办的东湖税务行政诉讼案件是一个比较典型的税务行政诉讼案例：1998 年 12 月 8 日，南昌市东湖区国税局按照国家税务总局国税发〔1998〕67 号文件精神，在开展税收漏征漏管户清理检查中，对某卫生防疫站进行税务稽查，发现该站从事传染病预测管理工作时，向各地市卫生防疫站调拨销售生物制品、驱虫药、糖丸、碘油胶丸等，1998年1—11月共计销售上述生物制品等货物6005115.54元。东湖区国税局认为：根据《增值税暂行条例》第十二、十三条规定，折算为不含税销售额5710658.68元，应依率征收增值税303456.85元，故于12月15日向某卫生防疫站下达《税务处理决定书》，要求该站补缴增值税303456.85元，并限于12月18日以前缴入国库。由于该站未按期缴纳税款，东湖区国税局依据《税收征收管理法》的有关规定，于12月22日发出《扣缴税款通知书》，从其开户银行账户直接扣缴税款303456.85缴入国库。某卫生防疫站以不应向其征收增值税为由，于12月29日向南昌市国税局申请复议。南昌市国税局做出了维持原处理决定的复议决定。该站于1999年3月8日向南昌市中级人民法院提起行政诉讼，请求撤销东湖区国税局税务处理决定。9月10日市中级人民法院作出判决：撤销东湖区国税局对某卫生防疫站的税务处理决定书；由该局返还扣缴税款303456.85元。东湖区国税局不服一审判决，于9月21日向江西省高级人民法院提出上诉。省高级法院于2000年12月8日做出终审裁定：撤销南昌市中级人民法院对此案的行政判决；驳回某卫生防疫站的起诉。整个案件历时近两年，历经税务行政复议、税务行政诉讼一审、二审程序，涉及抽象税务行政行为、税收规范性文件适用效力、税收政策变更、税收优惠立法等诸多方面，由一审败诉至二审胜诉。东湖区国税局和南昌市国税局在国家税务总局支持和省国税局指导下，采取积极措施，以查明事实和有力证据以及法律依据，积极应诉，最终胜诉。

第九章　税收科研

　　江西省税务（国税）局为切实履行好税收工作职责，重视和推进税收科研工作，在组织领导、工作机制、经费安排等方面加强保障。全省税务（国税）系统深入开展税收理论和政策执行情况的调研，研究税收政策对经济税源的影响，在调研基础上对深化税制改革和促进企业发展等提出可行的意见建议。税务（国税）部门围绕组织税收收入这个中心工作，持续开展有针对性的税收经济调研，为科学制定税收政策和措施、做好组织收入中心工作打下了坚实基础。在税收科研工作中，扎实开展重点课题调研和群众性课题调研活动。其中，针对税收重点、难点、热点问题，由省税务（国税）局牵头开展重点调研。省局布置和指导、以各地市税务部门为主开展的群众性税收调研活动从20世纪80年代开始从未间断，取得了较多调研成果，不少成果为各级政府和税务部门工作决策提供了重要参考，部分成果已经转化为税收政策和措施。

第一节　组织与措施

科研体制

　　省局税收科研职能部门，1991—1999年为政策研究处，2000—2010年为税收科学研究所，江西省税务学会和江西省国际税收研究会秘书处挂靠科研行政部门，《江西税务》编辑部隶属政研处（科研所），实行科研所、学会和研究会、编辑部"三位一体"。各地、市局科研由办公室分管，配备一名副主任负责。形成税务行政和学会研究会相配合，专业性研究和群众性调研相结合，以及"布置科研课题——推出科研成果"一条龙的研究体制。

科研制度

　　1991年以来，年初有工作安排布置，年终有工作总结检查。政研处（科研所）建立全省国税系统科研骨干学术档案、课题研究、成果评奖、刊物编辑出版等制度。每年根据国家税务总局、中国税务学会、中国国际税收研究会布置，结合江西实际，制订科研工作计划。将全省税收科研力量，包括有关大专院校专家学者，组成若干课题组，指定牵头单位，实行定组领课题，定人抓落实，定时出成果的目标责任制。科研所研究人员分别参加各课题组，联络协调单位，并参与研究。各课题组由牵头单位组织讨论课题提纲，召开小组碰头会，并在参与课题研究的地、市研讨会推荐文章基础上，开好课题研讨会。然后由课题组推荐文章参加全省税收理论研讨会和科研成果交流会。年底，省局进行税收科研成果验收，择优刊于《江西税务》、结集发表，并优中选优推荐参加全国税收理论研讨会交流。形成"课题带动，条块结合，横向延伸，骨干带头，上下参与"的科研格局。

队伍建设

从 1991 年起，省税务局就注重选调热爱税收科研，有一定研究能力的人员进科研所工作，强调在实践中增长才干。组织科研所研究人员分别参加全省重点税收科研课题研究，协助课题组牵头单位制订研究计划，解决研究中出现的问题，深入实际调查研究，参与撰写研究报告。科研所每年每人必须承担一个以上课题研究，在省以上刊物发表 2 篇文章，承担《江西税务》有关栏目稿件编审。围绕税收工作中心，组织研究人员下基层调研，在调研实践中提高科研能力。科研所建立资料室，订购有关政治、经济、法律、税收、管理等方面的书籍报刊，方便研究人员及时了解国际国内学术动态，及时更新知识。分批组织科研人员参加全国、全省理论研讨会和理论研修班，促使科研人员开阔视野，拓宽思路。

科研经费

1991—2010 年全省税务（国税）科研活动经费年初列入预算，为科研工作提供经费保障。省局每年除保证科研所课题研究和活动经费外，并对地市局课题调研费进行补助。

第二节　课题调研

重点放在对策性研究上，坚持以应用理论为主，以本省问题研究为主的原则，贴近江西经济发展实际，贴近税收工作实际，选择有关促进江西经济发展的对策、市场经济与税收、国有大中型企业税收分析、深化征管改革、税收征管、有关税种理论依据和政策问题、税收负担、新税制运作中的问题与对策等课题进行调查研究。

1991—1993 年，针对江西经济薄弱、税源匮乏的实际情况，省税务局开展为时三年的"振兴江西税收对策"调研活动，主要研究课题为：①税收如何促进农村多种经营，调整农业内部结构，开发利用当地资源，搞好"一乡一品""一赣一业"，兴赣富民，培植财源。②乡镇企业状况、地位及其发展方向、重点，促进乡镇企业健康发展的税收对策。③如何以农业优势带动工业优势，增加税收收入，税收如何支持拳头产品，开发新产品，形成江西特色优势产业群，以产品突破带动结构调整，实现经济发展和财政收入增加的突破。④企业兼并、建立企业集团的税收政策调整。大中型企业税收分析，税收促进大中型企业发展的对策。⑤当前税收政策执行中的问题，如何落实税收优惠政策，加强减免税管理，提高减免税效益。⑥税收负担的调查分析，税收负担、企业负担、社会负担与企业经济效益。⑦征管改革总结分析，建立科学严密的税收征管体系的目标和步骤。⑧农业税收征管问题。⑨税务部门促产增收的理论依据和深化问题。

1993 年，开展群众性税收课题调研。第一课题：市场经济和税收研究。包括在中国社会主义市场经济条件下，强化税收的必要性及其对策；税收如何支持社会主义市场的发育、完善和市场机制的形成；税收如何促进企业经营机制的转换，如何促进乡镇企业的发展。参加单位：南昌、上饶地区局和鹰潭市税务局及省税校。牵头单位：南昌市税务局。第二课题：建立个人所得税制度的理论依据和政策研究，包括国外个人所得税制度研究；我国个人所得税制度构建的理论依据和模式；个人所得税政策研究。参加单位：吉安、九江、抚州地区税务局和新余市税务局，牵头单位：吉安市税务局。第三课题：税收规范化研究。包括税收规范性含义研究；税制规范化研究；征管规范化研究。参加单位：萍乡、景德镇市税务局和赣州、宜春地区税务局，牵头单位：萍乡市税务局。

1994年，举办"市场经济与新税制"有奖征文活动。

1995年，围绕税收工作重心的两个转移、全面推行"三位一体"征管改革，重点开展了如何有效地进行税务稽查、建立和健全税务代理制、发票管理科学化严密化等3个课题调研。

1996年，围绕进一步深化征管改革、加强基础建设、统一内外资企业所得税及开征遗产赠与税、新税制运行总体评价及建议扎实开展税收调研。

2000年，群众性税收调研活动关注市场经济下税收作用、WTO税收应对和税收征管改革等。第一课题：在社会主义市场经济条件下税收与宏观经济调控的关系。参加单位：抚州、宜春、赣州市国税局、江西财大、省税校、省国税局流转税处、所得税处、计财处；牵头单位：抚州市国税局。第二课题：我国加入WTO的税收思考。参加单位：南昌、九江、鹰潭、萍乡市国税局、江西财大、省税校、省国税局涉外处、进出口退税分局；牵头单位：南昌市国税局。第三课题：深化征管改革的研究。参加单位：景德镇、新余、上饶、吉安市国税局、省国税局征管处、办公室、稽查分局；牵头单位：景德镇市国税局。

2002年着重对4个税收重点课题进行研究：税收征管信息化的研究，以城市为中心的税收征管改革研究；加强国税系统基层建设问题研究；税收鼓励经济持续发展的国际对策性研究。并加强课题研究的组织和力量调配。

2002—2003年，开展中央苏区税收史研究。主要研究中央苏区税收创建和发展的历史必然，中央苏区税收的指导思想，中央苏区的税收制度、税收征管、税务机构和干部队伍建设，中央苏区税收的历史地位和作用。参加单位：省局科研所、赣州市局、瑞金市局。

2003年税收重点课题，提高纳税服务质量问题研究，税源监控管理问题研究；国税系统队伍建设问题研究。

2004年税收重点课题：区域经济一体化与间接国际协调的研究，规范和强化税收征管的研究，增值税转型及其配套改革的国际借鉴研究。

2005年税收重点课题：加强和改进思想政治工作问题研究，税源管理与税收征管效率问题研究，税收与企业发展问题研究。群众性税收调研课题有：第一课题：加强和改进思想政治工作问题研究，包括当前国税干部思想政治素质的现状及存在的主要问题，江西省国税系统思想政治工作迫切需要解决什么问题，如何实现思想政治工作理念、方法的创新，如何开展税收文化建设以实现税务文化建设与思想政治工作的有机融合，如何通过创建学习型国税机关推动思想政治工作以建设一支高素质、高效率的国税干部队伍等方面的问题研究。由萍乡市国税局牵头；赣州、九江、景德镇市国税局参加。第二课题：税源管理与税收征管效率问题研究，包括如何针对各税种不同特点和管理要求探索行之有效的征管办法，涉税信息的收集、传递、共享方面还存在哪些问题及如何提高涉税信息的真实性、完整性和利用效率，如何完善税收管理员制度，税源监控信息化方面存在的突出问题及解决办法，如何健全和完善纳税信用体系引导纳税人提高纳税遵从度，税源管理与税收征管效率方面还有哪些问题亟待研究解决及如何解决等方面的问题研究。由吉安市国税局牵头；抚州、宜春市国税局和省国税局培训中心参加。第三课题：税收与企业发展问题研究，包括如何充分发挥税收的宏观调控功能引导产业方向和企业组织形式的调整，企业税收负担问题，税收制度变革与区域经济发展的关系问题，税收如何促进民营经济、高科技产业发展等方面的问题研究。由南昌市国税局牵头；鹰潭、上饶、新余市国税局和江西财经大学参加。

2006年，省国税局布置四项税收重点课题：税收精细化管理综合研究，研究重点：税收信息化建设与征管流程的管理。税源分析与税收预测，研究重点：我国税源微观指标与数据采集；我国行业税负监控、评价统计方法；我国行业税负高低的实证分析；对改善行业税负的政策建议。税收征管改革问题研究，研究重点：进一步认识和把握税源管理的内在规律和要求，从体制模式和管理手段等方面，研究如何强化税源监控，加强对纳税人税基、税额及税收收入的管理，提高纳税遵从度。企业所得税相关问题研究，研究重点：企业改制改组中的税务处理。

2007年群众性税收调研主要侧重于税收效率、精细化管理与和谐国税。第一课题：税收执法及行政管理效率问题研究。由景德镇市国税局牵头，赣州、宜春、新余市国税局参加。第二课题：税源精细化管理与数据运用效率问题研究。由上饶市国税局牵头，南昌、九江、萍乡市国税局参加。第三课题：和谐国税建设问题研究。由抚州市国税局牵头，吉安、鹰潭市国税局和省国税局培训中心参加。

2008年，全省国税系统群众性税收调研课题主要关注和谐与绩效。第一课题：构建和谐江西国税问题研究。包括构建和谐江西国税的基本内涵及其目标要求；影响和谐国税构建的因素调查与分析；和谐征纳关系问题研究；国税机构内部和谐关系问题研究。由宜春市国税局牵头，抚州、萍乡、新余市国税局参加。第二课题：重点税源管理与不同行业税收负担情况的调查与分析。包括重点税源及潜在重点税源税收管理现状、存在问题及强化管理的对策措施；区域内主要行业的税收负担情况及税收管理情况分析；主要行业合理税收负担范围及其依据。由南昌市国税局牵头；上饶、九江市国税局和省国税局培训中心参加。第三课题：税收征管绩效评价体系问题研究。包括税收征管绩效评价的基本含义及其影响因素；现行税收征管绩效评价指标及其实践效果；构建科学的税收征管绩效评价体系问题研究。由赣州市国税局牵头，吉安、鹰潭、景德镇市国税局和江西财经大学参加。

2009年重点税收科研课题：税收专业化管理、强化纳税服务、建立和谐征纳关系的研究，扩大内需的税收政策国际借鉴研究。2009年，省国税局确定的群众性税收调研活动侧重纳税服务、激励机制与中小企业发展。第一课题：优化纳税服务研究。包括纳税服务理论的研究；在对纳税服务现状进行总结、分析及其评价的基础上，研究如何进一步优化流程、规范服务、确保公平，降低遵从纳税成本，构建和谐税收征纳关系；研究如何运用现代化信息手段，丰富纳税服务内容，完善纳税服务措施，进一步改进和优化纳税服务；研究如何加强纳税服务考核，逐步形成合理、科学的纳税服务考核机制；研究在纳税服务中如何加强中介组织管理，充分发挥中介组织的作用。由鹰潭市国税局牵头，上饶、景德镇、抚州市国税局和江西财经大学参加。第二课题：人力资源激励机制研究。

包括：目前全省国税系统人力资源的现状及其存在的问题；现行人力资源激励机制评析；其他省份国税系统、其他政府部门和国外政府部门人力资源管理经验借鉴；探寻全省国税系统人力资源激励机制的途径和办法。由吉安市国税局牵头，赣州、宜春市国税局和省国税局培训中心参加。第三课题：促进中小企业发展税收政策研究。包括促进中小企业发展的现行税收政策评析；全省中小企业发展现状及其制约因素分析；国外促进中小企业发展税收政策的经验借鉴；在目前国际金融危机背景下，在保税收促增长的前提下如何改进和完善促进中小企业发展的税收政策，提高中小企业竞争力。由萍乡市国税局牵头，南昌、九江、新余市国税局参加。

2010年开展的群众性税收调研活动继续关注纳税服务，同时就信息管税与创建学习型组织开展研究。第一课题：优化纳税服务研究。由抚州市国税局牵头，上饶、鹰潭、赣州市国税局和江西财经大学参加。第二课题：信息管税研究。由九江市国税局牵头，景德镇、南昌市国税局和省税务干部学校参加。第三课题：创建学习型江西国税研究。由新余市国税局牵头，宜春、吉安、萍乡市国税局参加。

第三节　科研成果

重要成果

全省税务系统1991年开始开展"振兴江西税收对策"调研，共计撰写调研报告350余篇，结集出版《振兴江西税收对策》专著，在省级以上刊物发表48篇，报送省委、省政府领导和有关部门的"调研专号"上发表20篇。其中省税务局政研处撰写的《关于吉安地区加强零散税收征管的调查报告》被省局和吉安行署分别批转全省税务机关和吉安地区所属各县、市。各地参照吉安地区税务局经验，建立和健全农村税收征管办法，在没有设置税务机构的乡，设置"税务稽征站"，堵塞税收跑冒滴漏，仅吉安地区农村零散税收收入1992年入库9823万元，比上年增长16.3%。景德镇市税务局撰写的《当前搞活大中型企业的税收选择》被市委、市政府采纳，列为景德镇市搞好国营大中型企业的一条措施。宜春地区税务局撰写的《关于全区生猪税收征管情况的调查报告》，被宜春行署批转各县、市政府执行。省国税局和上饶地区税务局、余干县税务局联合调查组撰写的《关于余干县农村税收代征情况调查报告》，引起余干县委、县政府以及上级有关部门重视，余干县政府采纳调查报告中提出的建议，以县政府名义发文所属乡、镇和县有关部门，要求坚持依法治税，纠正农村税收代征中一些不符合税收法律法规的问题。

《中国税务报》、国家税务局《税收科研动态》《经济税务报》《江西日报》、江西人民广播电台、《江西社联动态》分别报道了这一活动。省税务局反映这一活动的总结还列为全国税收科研工作会议交流材料，得到国家税务总局的肯定和表扬。"振兴江西税收对策"调研活动，全省各级党委、政府领导对此做出高度评价。1991年6月9日，省委常委、常务副省长舒圣佑在全省地、市税务局长汇报会上指出："'振兴江西税收对策'调研这个活动很好，要好好搞一搞，研究培植财源问题。"1992年2月1日，舒圣佑又在省税务局关于"振兴江西税收对策"调研活动情况的汇报材料上批示："很好！"

中央苏区税收史研究《共和国税收的预演——中央苏区税收史》专著获2003—2004年全国税务系统优秀税收科研成果一等奖。并在国家税务总局领导重视，瑞金市委、市政府支持下，将位于瑞金市云石山中华苏维埃共和国财政人民委员部税务局旧址主要构件迁移至沙洲坝，按照"复原修复，修旧如旧"原则，进行保护性、抢救性重建。旧址内部进行复原陈列，并布展了中央苏区税收史，全面直观地展示中央苏区税收工作历史原貌，使之成为全国税务系统革命传统教育基地。2003年9月16日，国家税务总局党组书记、局长谢旭人和江西省委副书记、常务副省长吴新雄出席旧址落成揭牌仪式，分别在揭牌仪式上讲话，并参观了中央苏区税收史陈列馆。

在1991—2010年当中，全系统取得了较为突出的税收科研成果，其中部分公开出版的税收研究书籍见表2-9-1。

表2-9-1　部分公开出版的税收研究书籍

作　者	书　名	出版社及出版日期
刘宗凡、汤志水、吕军、饶立新编著	税务行政复议与应诉	中国海洋出版社1992年10月出版
汤志水、黄同佐主编	税收计算实务	广东科技出版社1993年1月出版
赖新光、林美银、宋婉媚主编	企业纳税知识	江西人民出版社1993年6月出版
刘宗凡主编	税收征收管理理论与实践	广东科技出版社1993年8月出版
刘孟全、熊小刚等著	中国的税收	今日中国出版社1993年9月出版
段步仁、董乐华主编	行业纳税技巧	江西人民出版社1995年8月出版
饶立新、曾耀辉	中国印花税与印花税票	中国税务出版社1999年4月出版
江定洲、张天明主编	税收征纳速查手册	中国财政经济出版社1999年9月出版
戴子钧、刘宗凡主编	国税流转税政策法规新编	江西人民出版社2000年12月出版
刘宗凡主编	企业所得税工作必备	江西高校出版社2002年12月出版
肖光远主编	外商投资企业税收政策指南	江西高校出版社2002年5月出版
孟庆启、徐谷明主编	税收执法基础知识	中国税务出版社2003年8月出版
刘宗凡、冷报德主编	涉税法律基础知识	中国税务出版社2003年8月出版
肖光远、饶立新主编	税收信息化基础知识	中国税务出版社2003年8月出版
曾飞、刘江敬、夏文川主编	税务行政管理基础知识	中国税务出版社2003年8月出版
曾飞	共和国税收的预演 -- 中央苏区税收史	中国税务出版社2004年4月出版
曾飞主编	新企业所得税纳税申报表审核实务	江西高校出版社2006年12月出版
曾飞主编	新企业所得税纳税申报表450问	江西高校出版社2006年12月出版
周广仁	当代税收管理创新与发展	中国财政经济出版社2009年11月出版
饶立新	绿色税收理论与应用框架研究	中国税务出版社2009年10月出版
饶立新	印花税研究	中国税务出版社2009年11月出版
肖光远	货物和劳务税政策管理指南	江西人民出版社2010年3月出版
曾耀辉	中华苏维埃共和国税收史	江西人民出版社2010年5月出版

一般成果

省局每隔 2~3 年开展一次税收科研成果评选活动，评选范围为全省税务（国税）干部在省级以上刊物发表和正式出版发行的经济税收论文、调查报告、税收译文、税收史料、税收理论专著和参加省级以上税收科研成果研讨会的作品等。省局和省税务学会组织专家对推荐参选文章和论著进行评审，提出评审意见，评选一等奖、二等奖、三等奖若干篇。每 2~3 年编纂一部江西省税收科研成果文集。

为了促使成果转化，省局创办"调研专号"，刊载研究成果，发送省委、省人大、省政府、省政协和有关部门；在《江西税务》开辟有关研究课题专栏，及时推出研究成果；多渠道、多方式向国家税务总局、省政府办公厅、省委政研室、省社联等单位和部门以及新闻媒体推介研究成果，《中国税务》《中国税务报》《经济研究参考》《江西日报》等报刊分别刊载一批优秀论文和调查报告。

省局科研人员在拿出主要力量进行课题研究的同时，积极参与省局重要文件、省局领导讲话的讨论和起草。通过起草重要材料和领导讲话，把研究成果作为重要论断、论据、观点、对策写进去，促使研究成果直接、迅速转化为决策和具体政策，形成研究—决策—执行连贯一体的工作模式，体现税收科研的价值。

第三篇　税收收入

税收收入集中反映了国家经济政策、税收政策贯彻实施结果和税务部门工作成果。1991—2010年是我国经济社会发展的重要历史时期，同时也是我国税制改革和税收工作大发展的重要历史时期，随着经济发展、税制改革和税收管理加强，江西省税收收入和国税收入持续稳定较快发展，税收收入结构发展变化，工商业税收主体地位突出、进口税收大幅增长、股份制和私营企业收入比重明显提升、城市和县域税收协调发展等特征明显，税收职能作用得到较好发挥，对改革发展资金需求的保障作用不断增强，为财政增收、促进经济社会发展发挥了重要作用。

第一章　大类收入

税务部门征收入库收入分为税收收入与非税收入两大类。随着税制改革，税收收入口径先后分为工商税收、国营企业所得税、税收收入。中华人民共和国成立后税务部门征收入库的各税种收入均纳入工商税收范畴，1984年我国实施第二步"国营企业利改税"后设立国营企业所得税税种，税务部门税收计划管理将工商税收与国营企业所得税作为并列项目分别编制、下达、考核收入计划。1999年政府预算收支科目调整，工商税收与国营企业所得税两大类收入合并为"税收收入"。1991—2010年江西省非税收入先后有国家能源交通重点建设基金、国家预算调节基金、粮食专项基金等基金收入，教育费附加、工商统一税附加和盐税附加等附加收入，烟酒提价专项收入，国营企业调节税，以及税务登记证工本费和发票工本费等税务行政性收费收入项目等。

第一节　工商税收

机构分设前全省工商税收收入

1991—1993年江西省实际征收的工商税收包括产品税、增值税、营业税等30个税种以及工商税收税款滞纳金补税罚款收入。1994年实施新税制，江西省按照税收计划口径划分的工商税收包括增值税、消费税、营业税等15个税种以及工商税收税款滞纳金补税罚款收入。1995年江西省国税局遵照国务院划分的征管范围进行征收管理。1996年根据《国务院办公厅转发国家税务总局关于调整国家税务局、地方税务局税收征管范围意见的通知》（国办发〔1996〕4号）文件和省政府办公厅通知精神，江西省国、地税征管范围调整，城市维护建设税、房产税等地方税种均归地税局负责征收管理，当年始江西省国税局无地方税种收入，这一收入格局延续到2010年。

1994年9月份国、地税机构分设，1991—1994年工商税收收入为全省税务部门组织入库的工商税收收入。

表 3-1-1　1991—1994 年江西省工商税收收入

单位：亿元

年份	工商税收收入计划				工商税收收入		
	国家计划	省定计划	超收目标	奋斗目标	收入额	比上年增减额	比上年增减率（%）
1991	34.61	35.45			39.51	3.82	10.7
1992	40.30	41.95			44.51	5.00	12.6
1993	49.00	49.54	53.00	55.60	60.68	16.17	36.3
1994	63.50	65.00	68.68	69.72	73.08	12.39	20.4
合　计	189.71	194.24			217.78	年均增收 9.35	年均递增 19.6%

说明：表中工商税收收入不含出口退税。

1991年　全省GDP实现479.37亿元，现价计算比上年增长11.8%，其中第二产业和第三产业增加值分别为154.77亿、141.33亿元，分别增长15.9%、18.7%。

工业生产发展和商业流通扩大奠定了税源基础，第二产业和第三产业共增加工商税收2.75亿元，其中：机器机械增收4300余万元，增长34.6%；有色金属增收2100余万元，增长31.5%；卷烟增收2300余万元，增长9.3%；酒增收1200余万元，增长11.2%；钢材钢坯增收2200余万元，增长13.4%；化工增收1600余万元，增长15.7%；烟叶增收750余万元，增长79.4%；金融保险增收1000万元，增长6%；交通运输、建筑安装、服务业、临时经营合计增收5600余万元，增长19.4%。

税务部门严格控制减免税，部分重点税源产品减免税实行财政列收列支，由此增加税收收入5200万元，其中卷烟产品税3200万元，冶金三税2000万元。

全省范围内开展个体、私营企业、承包租赁户、个人收入调节税、印花税、城镇土地使用税、资源税、屠宰税、车船使用税和房产税全面检查，由此增加税收收入5300余万元。

1991年全省工商税收收入39.51亿元，比上年增长10.7%，扣除出口退税后为36.54亿元，完成国家计划105.6%，完成省定年计划103.1%。

1992年　全省认真贯彻小平南方谈话和党的十四大精神，加快改革开放步伐，经济快速发展。1992年全省GDP实现572.55亿元，现价计算比上年增长19.4%，其中第二产业和第三产业增加值分别为199.4亿、172.34亿元，分别增长28.8%、21.9%。

随着生产发展，工业企业增加税收 2.69 亿元（已扣除价格因素），其中：机器机械增收 7400 余万元，增长 44.2%；有色金属增收 2100 余万元，增长 28%；卷烟增收 1000 余万元，增长 3.2%；酒增收 1400 余万元，增长 12.2%；钢材钢坯增收 5200 余万元，增长 27.4%；水泥增收 1600 余万元，增长 29.7%；西药增收 1500 余万元，增长 43.6%。

流通扩大和第三产业发展增加税收 9700 万元，增长 9.5%（已扣除价格因素）。其中：金融保险增收 1000 万元，增长 6%；交通运输、建筑安装、服务业、临时经营合计增收 5600 余万元，增长 19.4%。

由于经济发展，投资需求增加，5 月份始钢材、钴产品、铝产品等冶金产品价格大幅上涨，增加税收收入 4500 万元；商业、交通、服务业因销价与收费提高，增加税收收入 5000 万元；水泥等建材产品价格上调增加部分税收。价格因素影响全省税收收入增加 1 亿元。

随着经济建设步伐加快，引进物资、设备、技术增加，进口产品税收比上年增加 4400 余万元，增长 101.6%。

税制因素中：卷烟产品税率调低减少税收 5200 万元；仲钨酸铵等产品由增值税改征产品税后税负提高，增加税收收入 700 万元；彩电特别消费税取消后，减少税收 1700 余万元等。税制因素增减两抵后净减税收 6200 余万元。

1992 年全省工商税收收入 44.51 亿元，比上年增收 5 亿元，增长 12.6%，完成国家计划 110.4%，完成省定年计划 106.1%。

1993 年 经济持续较快发展，全省 GDP 实现 723.04 亿元，现价计算比上年增长 26.3%，其中第二产业和第三产业增加值分别为 282.46 亿、215 亿元，分别增长 41.7%、24.8%。1993 年是 1994 年税制改革的财政收入基数年，各地为上基数，加大征收力度，清缴欠税，应收尽收，全省工商税收收入 60.68 亿元，增收 16.17 亿元，增长 36.3%。主要影响因素：

经济发展及产品、商品价格上涨增加税收 9.05 亿元。其中：卷烟产品税增值税合计增收 8200 余万元，增长 25.2%；酒增收 1100 余万元，增长 7.5%；机制糖增收 1000 余万元，增长 41.7%；机制纸及纸板增收 1000 余万元，增长 38.5%；机器机械增收 7000 余万元，增长 41.7%；汽车增收 2400 余万元，增长 28.3%；有色金属增收 4300 余万元，增长 44.5%；钢材增收 2.07 亿元，增长 85.2%；水泥增收 7400 余万元，增长 101.6%；电力增收 9000 余万元，增长 70.9%；西药增收 5000 余万元，增长 37.3%；原木增收 1400 余万元，增长 25.3%；生猪产品税增收 1200 余万元，增长 43%；商业营业税增收 9900 余万元，增长 17.6%；金融保险增收 1000 万元，增长 6% 等。

税制因素中：商品零售营业税税率提高两个百分点增加税收 8200 万元；锰铁产品税税率调低减少税收 800 万元；贯彻中共中央 6 号文件和国务院 51 号文件精神，严格控制减免税，停止困难性、扶植性减免税，由财政渠道列收列支解决，纠正流转税承包，调低电力企业减征还贷率等，增加税收 3.8 亿元。

大力清理以前年度陈欠和死欠税款，增加税收收入 1.5 亿元。

非即期因素增加税收收入 4600 万元，其中：江西汽车制造厂上年度结算税款于 1993 年入库 2600 万元；年初对上年电力企业减征还贷清理结算以及对上年自筹燃料发电、煤运加价减征税款的城市维护建设税补征入库，增加税收收入 2000 万元。

后期加大征收力度。全年工商税收增收主要集中在 9—12 月这 4 个月。7 月、8 月学习贯彻中共中央 6 号文件和国务院 51 号文件，9 月份始税收有较多增收，第四季度确定 1994 年实施新税制，财政收入以 1993 年为基数，各地为上基数，加大征收力度。9—12 月全省工商税收收入比上年同期增收 10.64 亿元，增长 58.5%，对全年工商税收增收总额的贡献率达 66.2%。

1993 年全省工商税收收入完成国家计划 123.8%，完成省定年计划 122.5%，完成超收目标 114.5%，完成奋斗目标 109.1%。

1994 年　1994 年 1 月 1 日起全国实施新税制，江西省贯彻落实新税制，经济保持快速增长态势。1994 年全省 GDP 实现 948.16 亿元，现价计算比上年增长 31.1%，其中第二产业和第三产业增加值分别为 338.23 亿、295.58 亿元，分别比上年增长 19.7%、37.5%。1994 年全省工商税收收入 73.08 亿元，比上年增收 12.39 亿元，增长 20.4%。反映新旧税制平稳过渡，新税制成功实施。税收收入主要影响因素：

原属工商税收范畴的烟叶、茶叶、原木、水产品等农林牧水产品收购环节产品税，改征农林特产税，由财政部门负责征收，由此工商税收减少部分收入（1993 年全省农林牧水产品收购环节工商税收 1.27 亿元）。新税制实施后，产品税负有升有降，税负明显提高的有汽油、柴油、原煤、洗煤、铜矿石等；税负明显降低的有钢材、化工、橡胶制品等。缴纳增值税企业的期初存货动用部分的已征税款实行按季抵扣，1994 全省批准抵扣 4.36 亿元，由于"两税"收入任务吃紧，尚有部分已批准抵扣税款未能在本年度抵扣，延至下年度抵扣。

非即期因素减少税收收入 3900 万元，主要是江西汽车制造厂上年度增值税结算税款多缴 3900 万元于 1994 年抵扣。

新税制实施后，部分产品税负明显提高，企业难以消化，资金紧张，形成欠税。部分啤酒厂等企业新建投产或设备更新改造，原税制下是税务部门按政策规定审批减免税和涉税还贷，新税制实施后，税务部门停止办理涉税还贷，减免税政策规定收紧，改由财政部门协调解决企业困难，这类企业资金周转困难，欠税较多。全省年末欠税余额 1.5 亿元，比上年末增加 7600 余万元。

进入 5 月份后，江西省部分地区先后两次遭受特大洪涝灾害，洪灾来势猛，强度大，时间长，部分工厂因交通阻断以致原材料运不进来、产品无法发送，处于停产或半停产状态；有的矿井被淹，有的堆放的煤炭、水泥被冲走，洪灾影响工业部门减少税收 3000 万元、商业税收减少 3000 万元。两次特大洪涝灾害，全省受灾农田近千万亩，其中烟叶田大部分被淹造成绝收，甘蔗田被淹后产量锐减，生猪因灾死亡 17 万头，有的地方山体滑坡，林木资源受损，林场堆放木材被洪水冲走，仅崇义县、石城县就冲走木材 4550 立方米等，洪涝灾害影响农林牧水产品税收减少 1500 余万元。

增值税、消费税和营业税合计收入 62.18 亿元，占工商税收收入比重 85.1%，比上年同口径收入增加 9.35 亿元，对工商税收增收贡献率达 57.8%，是工商税收的收入主体和增收主体。个人所得税收入 0.68 亿元，比上年同口径收入增加 2500 余万元，增长 35.2%。集体、私营和涉外企业所得税合计收入 1.39 亿元，增加 4200 余万元，增长 43.5%。固定资产投资方向调节税计收入 1.87 亿元，增加 7400 余万元，增长 65.7%。城市维护建设税、车船税、房产税、资源税、城镇土地使用税和印花税合计收入 5.63 亿元，增加 1.21 亿元，增长 27.3%。1994 年全省生猪产量大幅增加，生猪产值 132.21 亿元，增加 54.54 亿元，增长 70.2%，国、地税机构分设后征收管理进一步加强，第四季度省地税局征收入库屠宰税 2366 万元，国税局征收入库屠宰税 620 万元，第四季度屠宰税收入占全年屠宰税收入比重 44.5%，1994 年全省屠宰税收入 6492 万元，增加 5614 万元，增长 6.39 倍。

1994 年初国家税务总局下达江西省工商税收计划 63.5 亿元，省定年计划 65 亿元；10 月份国家税务总局下达江西省"两税"增长目标 48.54 亿元，省定"两税"奋斗目标 49.77 亿元，工商税收超收目标 68.68 亿元，工商税收奋斗目标 69.72 亿元。1994 年江西省工商税收收入 73.08 亿元，分别完成国家计划、省定年计划、超收目标和奋斗目标的 115.1%、112.4%、106.4%、104.8%。其中"两税"收入 49.96 亿元，分别完成国家计划、省定年计划、超收目标和奋斗目标的 117.2%、114.8%、102.9%、100.4%。

1994 年 9 月份江西省国税局、地税局两套税务机构分设，10 月 1 日始国税、地税各自遵照国务院划分的征管范围进行税收管理。省国税局和省地税局根据国办发 [1993]87 号文件精神予以协商确定，将国家税务总局下达的 1994 年工商税收年计划 63.5 亿元分解为：国税局收入计划 471866 万元，地税局收入计划 163134 万元；将省定工商税收年计划 65 亿元分解为：国税局收入计划 484665 万元，地税局收入计划 165335 万元；将 1—9 月全省税务部门工商税收收入 458204 万元分解为：国税局收入 336403 万元，地税局收入 121801 万元。10—12 月江西省国税系统工商税收组织入库 220679 万元，1994 年江西省国税系统工商税收收入 557082 万元（不含出口退税），完成国家计划 118.1% 和省定年计划 114.9%。

国税工商税收收入

表 3-1-2　1995—1998 年江西省国税工商税收收入

单位：亿元

年　份	国家计划		省定收入计划	工商税收		完成国家年初计划 %	完成国家追加计划 %	完成省定计划 %
	年初计划	追加计划		收入总额	计划口径收入			
1995	58.77	60.87	60.87	58.94	58.94	100.3	96.8	96.8
1996	61.22		61.22	60.85	60.61	99.0		99.0
1997	62.60		62.60	59.58	58.93	94.1		94.1
1998	63.83	65.13	65.13	66.12	65.17	102.1	100.1	100.1
合计	246.42	249.82	249.82	245.49	243.65	98.9	97.5	97.5

说明：1995 年工商税收计划含海关代征税收；1996—1998 年工商税收计划不含海关代征税收。

1995 年　全省 GDP 实现 1169.73 亿元，现价计算比上年增长 23.4%，其中：第二产业增加值 403.74 亿元，比上年增长 19.2%（其中工业增加值 314.49 亿元，比上年增长 16.8%）；第三产业增加值 391.35 亿元，比上年增长 32.4%。社会消费品零售总额 410.86 亿元，增长 24.1%。

1994 年 5 月 1 日始，工业企业生产的饲料、农膜、部分化肥、农药以及商业批发与零售种子、种苗、化肥、农药、农机免征增值税，金属矿采选产品和非金属矿采选产品增值税税率由 17% 调减为 13%，农业产品增值税税率由 17% 调减为 13%，增值税一般纳税人支付运输费用和收购废旧物资准予按 10% 的扣除率计算进项税金扣除，1995 年较上年有 5 个月的"翘尾巴"减收因素。1995 年始国有森工企业以林区三剩物和次小薪材为原料生产加工的综合利用产品，实行增值税即征即退优惠政策。税收政策调整合计影响税收减收 1 亿元。

新钢、南钢、萍钢、洪钢等 4 户钢铁重点企业由于产、销不景气，而原材料、燃料、动力价格上涨，进项税金增多，上年度收入水分于本年度消化，欠税增加等因素影响，实缴增值税 1.2 亿元，比上年减少 3.38 亿元，下降 73.8%。

江西铜业公司电解铜价格上涨，由此增加税收 7000 万元。

部分企业资金困难，应缴税金不能及时缴纳，1995 年 12 月底，全省国税工商税收欠税期末余额 2.68 亿元，比上年末增加 1.18 亿元，增长 79%。

1995 年全省国税工商税收收入 58.94 亿元，其中：国内增值税收入 44.6 亿元，比上年增加 1.67 亿元，增长 3.9%；国内消费税收入 7.93 亿元，增加 0.51 亿元，增长 6.8%；营业税收入 2.25 亿元；海关代征税收收入 1.22 亿元，增加 0.14 亿元，增长 12.9%；集体、私营和涉外企业所得税合计收入 0.9 亿元；城市维护建设税、车船税、房产税、屠宰税、资源税、城镇土地使用税、印花税、固定资产投资方向调节税、土地增值税、个人所得税等地方税种收入合计 1.89 亿元；税款滞纳金及补税罚款收入 0.38 亿元。1995 年全省国税工商税收收入完成国家年初计划 100.3%，完成国家追加计划 96.8%，完成省定年计划 96.8%。

1996 年 全省 GDP 实现 1409.74 亿元，现价计算比上年增长 20.5%，其中：第二产业增加值 481.3 亿元，比上年增长 19.2%（其中工业增加值 375.83 亿元，比上年增长 19.5%）；第三产业增加值 488.44 亿元，比上年增长 24.8%。社会消费品零售总额 490.44 亿元，增长 19.4%。

1996 年 1 月 1 日起，涉外企业、集贸市场、个体工商户的地方税种税收统归地税征收（涉外企业所得税仍归国税征收），国税征收范围收缩，当年始全省国税系统无城市维护建设税、车船税、房产税、屠宰税、资源税、城镇土地使用税、印花税、固定资产投资方向调节税、土地增值税、个人所得税等地方税种收入。

由于产品滞销胀库，8 户机械企业工业产值比上年下降 14.8%，产品销售收入下降 12%，实缴"两税"比上年减少 2054 万元，下降 33.7%；5 户制药企业工业产值比上年下降 14.8%，产品销售收入下降 22.9%，实缴"两税"比上年减少 1700 万元，下降 21%。由于产品销价下跌，而原辅材料、燃料动力价格上涨，2 户铜矿实缴增值税比上年减少 2336 万元，下降 28.7%；8 户纺织企业产品销售收入下降 13.7%，实缴"两税"比上年减少 1461 万元，下降 13.5%。此外，电子、金属制品、水泥、橡胶制品等行业重点企业税收也比上年减收。省局监控的 100 户重点税源企业中，"两税"收入比上年下降的计有 47 户，下降面 47%。

1996 年全省国税工商税收收入 60.85 亿元，比上年增加 1.91 亿元，增长 3.2%。其中：国内增值税收入 51.57 亿元，增加 6.97 亿元，增长 15.6%；国内消费税收入 8.44 亿元，增加 0.51 亿元，增长 6.5%；海关代征税收收入 0.23 亿元，减少 0.98 亿元，下降 80.7%；集体、私营和涉外企业所得税合计收入 0.47 亿元，减少 0.44 亿元，下降 48.1%；税款滞纳金及补税罚款收入 0.13 亿元，减少 0.25 亿元，下降 65.1%。1996 年全省国税工商税收收入完成年收入计划 99%。

1997 年　全省 GDP 实现 1605.77 亿元，现价计算比上年增长 13.9%，其中：第二产业增加值 548.84 亿元，增长 14%（其中工业增加值 438.98 亿元，增长 16.8%）；第三产业增加值 581.75 亿元，增长 19.1%。全省社会消费品零售总额 558.55 亿元，增长 13.9%。

1997 年国家继续实行适度从紧的宏观经济政策，严格控制基建规模，市场相对疲软，部分企业生产滑坡，销售减少，税收减收。主要税源项目除电力和成品油税收增收外，其余均比上年减收。1997 年全省 2411 户预算内地方工业企业的工业增加值比上年下降 2.5%，产品销售收入下降 3.6%，实缴"两税"减少 1.03 亿元，下降 5.8%。

1993 年上基数，1994 年保基数，1995 年和 1996 年为完成收入任务，"水分"包袱越背越重。截止 1996 年底，全省"两税"收入中的"水分"达 5.06 亿元，结转 1997 年消化。1997 年江西省国税局根据国家税务总局关于坚持依法治税，做到应收尽收，大力压缩欠税，不收过头税的指示精神，采取措施消化以前年度"水分"3.2 亿元，相应减少当年收入。

1997 年底，剔除死欠后全省"两税"欠税仍有 3 亿余元。有的欠税企业资金困难，连续数月发不出工资，清欠难度大。如新余钢铁厂欠税额达 0.94 亿元，其中当年新欠 0.37 亿元；景德镇陶瓷业中欠税百万元以上的企业计有 21 户，欠税额达 0.6 亿元，其中当年新欠 0.1 亿元。

国家调整出口退税政策，部分出口货物先征后退改为征前抵免，影响全省国税税收减少 1.09 亿元；对有出口经营权的生产企业自营出口或委托出口的自产货物实行"免、抵、退"办法，影响全年减收 0.28 亿元。1996 年 10 月份之前省政府根据国家环境保护法规定，取缔一批污染严重的企业，1997 年较上年翘尾巴减收 9 个月，减少税收 0.4 亿元。1997 年 1 月 1 日始金融保险营业税率由 5% 调高到 8%，提高税率 3% 部分均属中央财政收入，由国税系统负责征收，当年全省国税金融保险营业税收入 1.59 亿元。上述政策调整影响税收增减两抵后净减少税收收入 0.18 亿元。

随着经济发展，市场货源充裕，商品购销大都由卖方市场转变为买方市场，非名、优、特产品（商品）的销售滞缓，销价是稳中有降，对税收带来影响。如电解铜销价持续下降，1997 年平均销价比上年减少 2750 元 / 吨（不含税），下降 13%，江西铜业公司、德兴铜矿和永平铜矿这 3 户企业因产品销价下跌，而电力及部分原辅材料价格上涨，进项抵扣增加，影响增值税减少 0.61 亿元；钢材钢坯价格比上年减少 77 元 / 吨，铝材、铝锭、氧化钴、仲钨酸铵等冶金产品销价下降，而电力费用上涨，影响冶金产品增值税减少 0.45 亿元。卷烟、机制糖、机制纸、化工、电子、机械等产品也因销价下跌，电力及部分原辅材料价格上涨，进项抵扣增加，影响减少部分税收。1997 年全省国税系统因价格因素影响减少税收 2.5 亿元。

1997 年全省国税工商税收收入 59.58 亿元，比上年减少 1.27 亿元，下降 2.1%，其中：国内增值税收入 48.35 亿元，减少 3.22 亿元，下降 6.2%；国内消费税收入 8.35 亿元，减少 0.08 亿元，下降 1%；营业税收入 1.59 亿元，为金融保险营业税率提高部分收入；海关代征税收收入 0.65 亿元，增加 0.42 亿元，增长 178.6%；集体、私营和涉外企业所得税合计收入 0.47 亿元，减少 0.44 亿元，下降 48.1%。1997 年全省工商税收完成年收入计划 94.1%。

1998 年　全省 GDP 实现 1719.87 亿元，现价计算比上年增长 7.1%，其中：第二产业增加值 608.22 亿元，比上年增长 10.8%（其中工业增加值 477.15 亿元，增长 8.7%）；第三产业增加值 661.21 亿元，比上年增长 13.7%。社会消费品零售总额 605.09 亿元，增长 8.3%。

1998 年先后两次追加收入任务。年初国家税务总局下达江西省国税工商税收收入计划 63.83 亿元，6 月份追加江西省"两税"收入计划 0.5 亿元。为应对东南亚金融危机冲击影响，保持经济稳定增长，根据国务院工作部署与要求，全年确保全国工商税收增收 1000 亿元目标实现，11 月份国家税务总局下文确定江西省国税工商税收收入任务 65.13 亿元。全省国税系统遵照国务院"加强征管，堵塞漏洞，惩治腐败，清缴欠税"十六字税收工作方针和国家税务总局关于"稳定队伍，抓紧工作"指示精神，先后三次层层分解落实收入任务，研究采取有力措施确保完成。重大影响因素主要有：

自然灾害不断，3 月份赣州和吉安地区遭受严重的春汛灾害；4—6 月，宜春、萍乡、新余等地市遭受龙卷风灾害。6 月中旬以来，省内多地区发生强降雨，加之长江上、中游洪峰影响，省内广大地区遭受百年不遇的特大洪涝灾害，农作物受灾面积 156.6 万公顷，绝收 56.6 万公顷；8930 户企业不同程度地受淹遭灾，其中 5277 户企业被迫停产，3107 户企业半停产。洪涝灾害对江西省造成的直接经济损失 384.64 亿元，影响"两税"减收 4.54 亿元。

东南亚金融危机爆发影响国际、国内市场需求疲软，江西省纺织品、煤炭、成品油、有色金属、建材产品销价下跌，销售下降，税源下滑，税收减少。全年纺织品、成品油、化工、汽车、有色金属增值税收入分别比上年下降 25.3%、4.9%、2%、12.7%、14.6%。

1998 年 7 月 1 日起增值税一般纳税人购进或销售应税货物支付的运输费用扣除率由 10% 降为 7%，由此增加全省国税税收 0.28 亿元；自 1998 年 7 月 1 日起，凡年应税销售额在 180 万元以下的小规模商业企业，一律不得认定为增值税纳税人，均应按照小规模纳税人的规定征收增值税，全省共有 5354 户商业增值税一般纳税人转为小规模纳税人，其进项税金和留抵税金减少 1.09 亿元，按照规定转入成本，由此增加税收 0.07 亿元；1998 年 7 月 1 日起商业企业小规模纳税人的增值税征收率由 6% 调减为 4%，由此影响当年减少税收 0.4 亿元。上述政策因素影响税收增减两抵后净减少税收 0.05 亿元。

省国税局、地税局、工商管理局联合下发《实行清理漏征漏管户的通知》，三家联合开展"拉网式"清理检查，全省国税系统共清理出漏征漏管户 2.4 万户，查补税款、罚款、滞纳金共计 0.42 亿元。

财政部和国家税务总局下达江西省 1998 年末欠缴"两税"控制目标 4 亿元，全省各级政府均成立"清欠工作领导小组"，落实清欠责任制，抓重点地区，抓欠税大户。1998 年末全省"两税"欠税期末余额 3.58 亿元，低于控制目标 4 亿元；全省工商税收欠税期末余额 3.75 亿元，清欠压欠相应增加税收收入。

南昌卷烟厂查补入库"两税"0.85 亿元，九江石化公司查补入库"两税"0.5 亿元。开展金融保险营业税稽查，加之金融保险业务发展，1998 年全省国税金融保险营业税收入 2.89 亿元，比上年增加 1.31 亿元，增长 82.5%。

为充分调动全省国税系统广大干部职工组织收入工作积极性，挖掘潜力以保障税收收入任务完成，1998年省国税局制定"组织收入工作考核奖励办法"，从收入任务完成、欠税压缩等方面对各地市国税局组织收入工作进行量化考核，凡达标者按地市国税系统干部职工人数人均500元计算奖励金予以发放。在1998年收入形势严峻的特定时期，这种奖惩兑现办法措施对全省国税收入任务的圆满完成起到促进作用。

1998年全省国税工商税收收入66.12亿元，比上年增加6.54亿元，增长11%，其中：国内增值税收入50.19亿元，增加1.84亿元，增长3.8%；国内消费税收入11.57亿元，增加3.21亿元，增长38.4%；营业税收入2.89亿元，增加1.3亿元，增长82.5%；海关代征税收收入0.95亿元，增加0.3亿元，增长45.3%；集体、私营和涉外企业所得税合计收入0.52亿元，减少0.03亿元，下降4.6%。1998年江西国税工商税收计划口径收入65.17亿元，完成年初国家计划102.1%，完成国家追加计划100.1%；完成省定收入计划100.1%。

第二节 国营（有）企业所得税

1984年中国实施第二步"国营企业利改税"，设立"国营企业所得税"税种，国营企业所得税税种一直延续到1993年底。1994年实施新税制，设立"企业所得税"税种，征收范围包括所有内资企业所得税，但在税收计划管理上，集体、私营和涉外企业所得税纳入工商税收范畴，而国有企业所得税未纳入工商税收范畴，国有企业所得税与工商税收作为两个并列的收入大类，分别编制、分配下达和考核收入计划。此格局延续到1998年底。

机构分设前国营（国有）企业所得税收入

1991—1993年国营企业所得税收入为全省税务部门组织入库收入。

表3-1-3 1991—1993年江西省国营企业所得税收入

单位：亿元

年 份	税收计划		国营企业所得税收入			完成计划%	
	国家计划	省定计划	收入额	比上年增减额	比上年增减%	国家计划	省定计划
1991	4.00	4.36	4.45	−0.16	−3.6	111.1	102.0
1992	4.20	4.20	4.69	0.24	5.5	111.7	111.7
1993	未下达	5.30	3.80	−0.89	−18.9		71.8
合计		13.86	12.94			93.4	

国营企业所得税年均增长的重点行业有建筑材料工业，1991—1993年收入分别为1384万元、1571万元、2751万元，3年合计收入5706万元，年均递增25.4%；机械电子工业3年收入分别为9623万元、18141万元、14068万元，3年合计收入41832万元，年均递增17.8%；城市公用企业3年收入分别为929万元、906万元、1076万元，3年合计收入2911万元，年均递增14.5%。

国营企业所得税年均下降的重点行业有石油化学工业，1991—1993 年收入分别为 3213 万元、2661 万元、2627 万元，3 年合计收入 8501 万元，年均递减 7.1%；医药企业 3 年收入分别为 1786 万元、1679 万元、1343 万元，3 年合计收入 4806 万元，年均递减 5.1%；商业企业 3 年收入分别为 2812 万元、2150 万元、1691 万元，3 年合计收入 6653 万元，年均递减 18.8%；粮食企业 3 年收入分别为 2826 万元、1699 万元、1463 万元，3 年合计收入 5988 万元，年均递减 21.7%；森林企业 3 年收入分别为 1508 万元、1476 万元、1451 万元，3 年合计收入 4435 万元，年均递减 5.7%；文教卫生企业 3 年收入分别为 1866 万元、1610 万元、1637 万元，3 年合计收入 5113 万元，年均递减 1.5%；物资管理企业 3 年收入分别为 3525 万元、3664 万元、3262 万元，3 年合计收入 10451 万元，年均递减 0.2%。随着市场经济体制建立与发展，经济主体逐渐多元化，市场竞争趋于激烈，上述国营企业盈利情况欠佳，所得税减收。

1994 年实行新税制，统一内资企业所得税，国有企业所得税税率为比例税率 33%，对小型微利企业增设 27% 和 18% 两档优惠税率。新税制较之税改前税制简化，税负降低。1994 年全省国有企业所得税收入 3.74 亿元，较上年略减 649 万元，下降 1.7%。1994 年全省国有经济独立核算工业企业利润总额为 8.87 亿元，比上年增长 53.2%（本省国有企业所得税收入大多是来源于工业企业），而国有企业所得税收入却较上年有所减少，主要是新税制实施后国有企业所得税税负降低影响所致。

1994 年全省国有企业所得税收入逾千万元的重点行业计有 12 个，其国有企业所得税收入合计 2.99 亿元，占当年全省国有企业所得税收入总额的比重 79.94%。其中：国有石油化学工业 0.74 亿元，国有建筑材料工业 0.4 亿元，国有机械工业 0.34 亿元，国有电力工业 0.3 亿元，国有医药企业 0.23 亿元，国有文教卫生企业 0.17 亿元，国有地方金融企业 0.17 亿元，国有纺织工业 0.14 亿元，国有冶金工业 0.13 亿元，国有商业企业 0.13 亿元，国有粮食企业 0.13 亿元，国有烟草企业 0.11 亿元。

1994 年全省税务部门组织入库的国有企业所得税收入 3.74 亿元，其中：机构分设前 1 月—9 月份收入 1.39 亿元，占全年收入比重 37.22%；机构分设后 10 月—12 月份收入 2.35 亿元，占全年收入比重 62.78%，其中国税收入 1.01 亿元，地税收入 1.34 亿元。反映机构分设后国、地税均加强了国有企业所得税的征收管理工作，第四季度收入占到全年收入的六成以上。

国税国有企业所得税收入

国、地税机构分设后，1995 年始国有企业所得税作为江西国税的一个收入大类，单独下达收入计划，单独考核，此格局延续到 1998 年底。

表 3-1-4　1995—1998 年江西国税国有企业所得税收入

单位：万元

年　份	税收计划		国有企业所得税收入			完成计划 %	
	国家计划	省定计划	收入额	比上年增减额	比上年增减率（%）	国家计划（%）	省定计划（%）
1995	10570	10570	20744			198.1	198.1
1996	25100	25100	14279	−6465	−31.2	56.9	56.9
1997	11900	11900	20448	6169	43.2	171.8	171.8
1998	未下达	未下达	12440	−8008	−39.2		
合计			67911				

　　1995—1998 年江西省国有企业所得税收入波动起伏较大，收入情况不理想，主要影响因素是市场较为疲软，大宗商品价格下跌，加之东南亚金融危机影响，钢铁企业、铜业企业等国有企业经济效益欠佳。据《江西统计年鉴》数据，1995—1998 年各年度全省独立核算国有工业企业利润总额分别为 3.49 亿、−9.44 亿、−5.95 亿、−12.96 亿元，1996—1998 年连续三年利润总额为负数，所得税应纳税所得额减少，相应影响 1996 年、1997 年和 1998 年国有企业所得税收入走低。1995—1998 年全省国税国有企业所得收入合计 6.79 亿元，1996—1998 年均递减 15.7%。

第三节　国税税收收入

分年度税收收入

　　1999 年政府预算收支科目调整，工商税收与国营企业所得税两大类收入合并为"税收收入"。

表 3-1-5　1999—2010 年江西省国税税收收入

单位：亿元

年　份	税收收入计划		税收收入			完成计划		
	国家计划	省定计划	收入额	比上年增减额	比上年增减率(%)	计划口径收入	国家计划（%）	省定计划（%）
1999	68.04	68.78	70.94	3.58	5.3	69.49	102.1	101.0
2000	73.70	73.70	89.26	18.32	25.8	84.83	115.1	115.1
2001	86.69	86.69	101.30	12.04	13.5	94.77	109.3	109.3
2002	105.70	106.66	111.82	10.52	10.4	110.37	104.4	103.5
2003	115.77	117.23	135.20	23.38	20.9	131.16	113.3	111.9
2004	144.00	147.73	165.20	30.00	22.2	162.04	112.5	109.7
2005	176.46	181.50	205.24	40.04	24.2	192.25	109.0	105.9

续表

年　份	税收收入计划		税收收入			完成计划		
	国家计划	省定计划	收入额	比上年增减额	比上年增减率(%)	计划口径收入	国家计划(%)	省定计划(%)
2006	222.01	224.00	257.99	52.75	25.7	250.27	112.7	111.7
2007	279.05	280.49	343.18	85.19	33.0	325.94	116.8	116.2
2008	361.79	366.70	405.59	62.41	18.2	385.05	106.4	105.0
2009	411.94	427.40	499.38	93.79	23.1	446.54	108.4	104.5
2010	515.72	526.80	685.70	186.32	37.3	627.11	121.6	119.0
合计	2560.87	2607.68	3070.80	年均增收 55.89		2879.83	112.5	110.4

说明："计划口径税收收入"计算口径：各年度均不含海关代征税收和出口产品退税；2000年、2001年和2002年不含储蓄利息个人所得税收入；2005年不含车辆购置税收入。

1999年　国家实施积极的财政货币政策，江西经济保持稳定增长态势，全年全省GDP实现1853.66亿元，现价计算比上年增长7.8%。其中一产增长3.1%，二产增长6.7%（其中工业增加值增长5.6%），三产增长12%。社会消费品零售总额实现650.5亿元，增长7.5%。全社会固定资产投资总额实现491.48亿元，增长8.1%。

1999年8月1日始对承担粮食收储任务的国有粮食购销企业销售的粮食及其他粮食企业销售的军队用粮、救灾救济粮、水库移民口粮免征增值税，当年影响全省增值税收入减少2000万元。按照国务院和省政府文件规定，取缔非法开采和关闭不合理的小煤窑，全省煤炭增值税收入比上年减少2900万元。电力企业还本付息金、地方电力建设附加费、峰谷分时费、电网改造资金等原价外收入并入目录电费，预征率由17%减至5%，柘林水电厂、上犹水电厂等发电企业改制为股份制企业，省电力公司下属发电厂减少，外购电力增多，而外购电价明显高于下属电厂发电成本，省电力公司进项抵扣增加，全省电力增值税比上年减少1.12亿元，下降15%。11月1日起对个人储蓄存款利息所得征收个人所得税，当年入库140万元。

年初国家审计机关对江西国税系统进行审计，查补汽车税收3680万元，查补卷烟"两税"4189万元。全年全省国税系统查补税收4.89亿元。

部分企业对以前年度遗留"水分"予以消化。其中，江铃汽车公司（内外资）和省烟草公司分别消化以前年度收入"水分"5700余万元、450万元。

1999年全省"两税"收入63.61亿元，比上年增长3%，其中工业"两税"收入50.71亿元，增长3.2%；商业增值税收入12.89亿元，增长2.1%。酒、纺织品、钢材钢坯、有色金属冶炼及压延品、建材等重点税源产品"两税"收入分别增长14.6%、22.7%、19%、12.4%、15.4%。

1999年全省国税税收收入70.94亿元，比上年增收3.57亿元，增长5.3%，完成国家计划102.1%，完成省定年计划101%。全省国内增值税、国内消费税、营业税、企业所得税（内资）、涉外企业所得税、利息个人所得税和海关代征税收收入分别增加1.16亿元、0.69亿元、-0.05亿元、

1亿元、0.27亿元、0.01亿元、0.5亿元，对全省国税税收的增收贡献率分别为32.39%、19.3%、-1.49%、28.03%、7.42%、0.39%和13.96%。

2000年 全省GDP实现2003.07亿元，现价计算比上年增长8.1%。其中一产增长4.5%，二产增长8%（其中工业增加值增长8%），三产增长10.4%。社会消费品零售总额实现704.87亿元，增长8.4%。全社会固定资产投资总额实现548.2亿元，增长11.5%。

全年期初存货已征税款抵扣减少而相应增加税收收入2.3亿元；校办企业优惠政策取消增加税收480万元；三资企业超税负返还政策取消和老三资企业征退税办法改变增加税收2300万元；储蓄存款利息个人所得税征收期比上年增加11个月，翘尾增收2.66亿元；粮食购销企业政策优惠较上年有8个月的翘尾减收因素，减少增值税收入5000万元。税制增收因素与减收因素两抵后净增税收4.69亿元。

贯彻落实国务院"加强征管，堵塞漏洞，惩治腐败，清缴欠税"十六字税收工作方针，全面加强管理，全省国税系统清理欠税7800万元，查补税款3.03亿元。

2000年全省"两税"收入76.42亿元，比上年增长20.1%，其中工业"两税"收入62.26亿元，增长22.8%；商业增值税收入14.16亿元，增长9.8%。税收增收额逾亿元的重点税源项目有：卷烟"两税"收入增收3.16亿元，增长45.1%；钢材钢坯增值税收入增收2.23亿元，增长111.3%；电力增值税收入增收1.99亿元，增长27.6%；成品油"两税"收入增收1.03亿元，增长18.2%。纺织品、化工、有色金属冶炼及压延品、机械制造业"两税"收入分别增收0.37亿元、0.48亿元、0.46亿元、0.49亿元，分别增长25.4%、20.7%、27%、12.8%。而机制糖、煤炭、建材增值税收入分别比上年下降36.9%、6.4%、5.8%。

随着国有企业3年扭亏脱困目标实现，企业经济效益提高，反映在税收上，2000年全省国有企业所得税增收1.36亿元，增长68.2%；股份制企业所得税增收1.2亿元，增长452.5%；涉外企业所得税增收939万元，增长13%。重点税源项目中，商业企业所得税收入增收1.66亿元，增长308.7%；电力、煤气及水生产供应业企业所得税收入增收0.5亿元，增长265.6%。

一、二、三、四季度全省国税税收收入分别为19.56亿元、21.9亿元、23.56亿元、24.23亿元；分别比上年同期增长15.6%、14.5%、38.2%、35.8%；占全年收入总额的比重分别为21.9%、24.5%、26.4%、27.2%。税收收入逐季增加、税收增幅前缓后快、收入比重逐季上升。

2000年全省国税税收收入89.26亿元，比上年增收18.32亿元，增长25.8%，完成年计划115.1%。全省国内增值税、国内消费税、营业税、企业所得税（内资）、涉外企业所得税、利息个人所得税和海关代征税收收入分别增加10.17亿元、2.64亿元、-0.13亿元、2.58亿元、0.09亿元、2.66亿元、0.3亿元，对全省国税税收的增收贡献率分别为55.53%、14.44%、-0.71%、14.08%、0.51%、14.54%和1.61%。

2001年 全省GDP实现2175.68亿元，现价计算比上年增长8.6%。其中一产增长4.3%，二产增长12.2%（其中工业增加值增长10.9%），三产增长8.1%。社会消费品零售总额实现763.34亿元，增长8.3%。全社会固定资产投资总额实现660.49亿元，增长20.5%。

2001年5月1日起，卷烟、粮食白酒、薯类白酒消费税率由比例税率调整为定额税率和比例税率复合征收，啤酒单位税额调整等，烟酒消费税政策调整增加税收 1.16 亿元；期初存货已征税款抵扣减少相应增加税收收入 7500 万元；老三资企业退税办法改变和上年免抵结转调库增加税收 2350 万元；金融保险业营业税税率下调 1 个百分点减少营业税 1 亿元；企业所得税技改投资减免优惠政策实施减少税收 1500 万元；西部大开发税收优惠政策实施减少税收 950 万元。税制增收因素与减收因素两抵后净增税收 9000 万元。

大力整顿和规范税收秩序，打击骗取出口退税，全省共查处增值税专用发票 1882 份，查实有问题的 1477 份，涉案金额 3.78 亿元，查补税款 0.47 亿元。严格控制缓缴税款，大力清欠压欠，2001 年底全省国税系统欠税余额比上年底减少 3.44 亿元，下降 37.8%，相应增加税收收入。

2001 年省内钢材中板销价平均下跌 300 元 / 吨，其他钢材销价平均下跌 200 元 / 吨，全省钢铁企业因钢材销价下跌而减少产品销售收入 6 亿余元，影响税收减少数千万元。九江炼油厂因原油加工量比上年减少 25.83 万吨，以及国际原油价格波动影响，企业产品销售收入下降 17.9%，加之上年度结转税款减少，本年度实缴"两税"减少 0.99 亿元，下降 14.2%。昌河汽车（内外资）因产品销售不畅，销价下跌，实缴"两税"减少 0.31 亿元，下降 20.8%。捷德智能卡公司因上年结转进项抵扣税金增多等因素影响，实缴增值税减少 0.34 亿元，下降 74.8%。

2001 年全省"两税"收入 86.73 亿元，比上年增加 10.31 亿元，增长 13.5%。其中：工业"两税"收入增长 16.6%。增收额逾亿元的重点税源项目有：卷烟"两税"收入增收 3.09 亿元，增长 30.4%；钢材钢坯增值税增收 1.78 亿元，增长 42.2%；机械制造业"两税"收入增收 1.33 亿元，增长 30.8%；电力增值税增收 1.07 亿元，增长 12.9%。全省商业"两税"收入微降 0.1%，主要影响因素：生猪价格下降，农民养猪积极性不高，生猪增值税减少；卷烟类消费税政策调整后，烟厂的购销中心与原厂合并，到 10 月份，五大烟厂的销售中心相继合并完毕，由此减少商业环节增值税，相应增加工业环节增值税。

2001 年全省国税税收月均收入 8.44 亿元，除 8 月份收入低谷和 3 月、12 月收入高峰外，其余月份收入围绕年度月收入中枢线上下 1 亿元区间波动，税款入库较为均衡。全年全省国税税收收入 101.3 亿元，收入规模首次突破百亿元，比上年增收 12.05 亿元，增长 13.5%，完成年收入计划 109.3%。全省国内增值税、国内消费税、营业税、企业所得税（内资）、涉外企业所得税、利息个人所得税和海关代征税收收入分别比上年增加 8.72 亿元、1.59 亿元、-0.78 亿元、0.21 亿元、0.19 亿元、2.15 亿元、-0.04 亿元，对全省国税税收的增收贡献率分别为 72.41%、13.18%、-6.46%、1.76%、1.59%、17.88%、-0.36%。

2002 年　中国加入世贸组织，江西经济发展提速，全省 GDP 实现 2450.48 亿元，现价计算比上年增长 12.6%。其中一产增长 5.9%，二产增长 19.8%（其中工业增加值增长 16.4%），三产增长 10.1%。社会消费品零售总额实现 832.71 亿元，增长 9.1%。全社会固定资产投资总额实现 924.6 亿元，增长 40%。

2002 年 1 月 1 日起税收代征代扣手续费提退政策停止执行相应增加税收 2.25 亿元；烟酒消费税新政实施较上年翘尾增加税收 1.4 亿元；农产品进项抵扣率提高 3 个百分点影响减少税收 1.1 亿元；金融保险业营业税税率下调 1 个百分点减少营业税 1 亿元；银行存贷款利率调低影响利息个人所得

税减少 0.59 亿元。政策增收因素与减收因素两抵后净增税收收入近亿元。

省国税局修订完善组织收入考核办法，加大考核力度，组织开展对集贸市场、批发市场、加油站、烟草系统、电力系统税收专项检查，大力清缴欠税，年底全省国税系统欠税余额比上年底减少 4.76 亿元，下降 84.2%，相应增加税收收入。全年全省国税系统查补入库税收 3.22 亿元。

由于市场供求变化影响，部分产品销价下跌较多。江铃全顺车销价比上年下跌 4 万元 / 辆，皮卡车销价下跌 1 万元 / 辆；昌河汽车集团生产的 CH1018 系列车交付价下跌 2400 元 / 辆，CH6350 系列车交付价下跌 1.79 万元 / 辆；捷德智能卡公司生产的 IC 卡、充值卡和 GSM 卡的平均销价下跌 60% 左右；钨砂、稀土、钽铌矿等有色金属销价大幅下跌，钢铁企业产品销价明显下降等。价格因素影响 2002 年全省国税税收收入减少 5.5 亿元。

2002 年全省工业环节"两税"收入 78.5 亿元，比上年增长 8%，其中工业增值税增长 5%，工业消费税增长 18.3%，工业消费税较快增长的重要原因是烟酒消费税新政策实施翘尾增收。国家实施扩大内需的经济政策，一些大型商城崛起，商业税基快速拓展，商业增值税增长步入快车道，全省商业增值税收入 16.98 亿元，比上年增加 2.95 亿元，增长 21%。全省"两税"收入总额 95.51 亿元，比上年增加 8.78 亿元，增长 10.1%。

重点税源项目中：卷烟企业进一步调整优化产品结构和营销思路，实施精品战略，产品市场占有率明显增加，2002 年全省卷烟"两税"收入 16.57 亿元，比上年增加 3.33 亿元，增长 25.1%。基础建设规模扩大、城市化步伐加快，城乡居民住宅建设蓬勃发展，有力地拉动建材产品市场行情，全省钢坯钢材增值税收入 7.29 亿元，增加 1.31 亿元，增长 21.8%。加入世贸组织后，等待观望的汽车消费需求被释放，江铃公司和昌河公司产销量增加，全省汽车"两税"收入 2.37 亿元，增加 0.79 亿元，增长 49.9%。化学原料及化学制品业增值税增加 0.36 亿元，增长 11.6%。非金属矿物制品业增值税增加 0.24 亿元，增长 9.5%。有色金属冶炼及压延加工业增值税增加 0.25 亿元，增长 9.4% 等。而酒、机制纸及纸板、电子通信设备制造业、电力增值税收收入不同程度减收。

2002 年全省国税税收上半年收入 55.12 亿元，下半年收入 56.7 亿元，上下半年税款入库较为均衡。全年全省国税税收收入 111.82 亿元，比上年增加 10.52 亿元，增长 10.4%，完成国家计划 104.4%，完成省定年计划 103.5%。全省国内增值税、国内消费税、营业税、企业所得税（内资）、涉外企业所得税、利息个人所得税和海关代征税收收入分别比上年增加 5.76 亿元、3.02 亿元、–1.09 亿元、2.04 亿元、0.58 亿元、0.38 亿元、–0.25 亿元，对全省国税税收的增收贡献率分别为 54.72%、28.74%、–9.59%、19.41%、5.5%、3.61%、–2.39%。

2003 年 江西经济持续较快发展，全省 GDP 实现 2807.41 亿元，现价计算比上年增长 14.6%。其中一产增长 4.5%，二产增长 27.9%（其中工业增加值增长 22.9%），三产增长 7.2%。社会消费品零售总额实现 923.21 亿元，增长 10.9%。全社会固定资产投资总额逾千亿达 1379.97 亿元，增长 49.3%。

2003 年江西省增值税起征点提高，即销售货物城市 3000 元 / 月、县城（含建制镇）2800 元 / 月、农村 2000 元 / 月；销售劳务城市 2500 元 / 月、县城（含建制镇）2200 元 / 月、农村 1500 元 / 月，按次（日）征税起征点为 150 元 / 次（日），增值税起征点提高相应减少税收 8000 万元。商业小规模纳税人增值税征收率由 6% 下调为 4%，生猪增值税每头定额调低 20%，减少税收 2000 万元。国税部门停征金融保险业营业税，减少税收 7387 万元。民政福利企业、森工企业、软件集成先征后退减免税比上年增加 1750 万元。此外，非典时期的税收优惠政策和下岗再就业优惠政策实施相应减少部分税收收入。政策因素共影响 2003 年税收减收 2.4 亿元。

深化征管改革，税收信息化建设步伐加快，年底前全省 11 个设区市全部成功运行 CTAIS，金税工程防伪税控系统覆盖所有增值税一般纳税人，多元化电子申报和增值税"一窗式"管理全面推行，有效保证了税款的及时足额均衡入库。开展对集贸市场、批发市场、加油站、烟草行业和电力行业等专项检查，加大清理欠税和税务稽查力度，全年查补入库税款 2.32 亿元。

经济特别是工业经济和投资的快速发展奠定了税源基础，加之税收管理加强，2003 年全省"两税"收入 116.17 亿元，比上年增加 20.66 亿元，增长 21.6%，对全省国税税收增收总额的贡献率达 88.4%。重点税源项目中：新钢、南钢、萍钢三大钢厂产品销量大幅上升和售价上涨，全省钢材钢坯增值税增收 3.39 亿元，增长 46.5%；有色金属冶炼及压延加工业增值税增收 1.66 亿元，增长 56.4%；工业和基本建设用电增加及城市电价上调带动了电力企业销售收入快步上升，电力增值税增收 3.63 亿元，增长 38.6%；水泥等非金属矿物制品业增值税增收 1.34 亿元，增长 48.6%；五大卷烟企业调整优化产品结构和营销思路，实施精品战略，产销两旺，全省卷烟"两税"收入增收 2.73 亿元，增长 16.5%；汽车"两税"收入增收 2.58 亿元，增长 108.9%；商业增值税增收 1.77 亿元，增长 10.4%。此外，食品加工及制造业、纺织业、化学原料及化学制品业、电气机械及器材制造业增值税分别增长 55.1%、22.9%、10.3%、80.9% 等。但因市场供求变化影响，部分重点税源企业经营业绩欠佳，税收减收，省局监控的 138 户重点企业中，"两税"收入同比减收的计有 43 户，下降面达 31.2%。

随着国有企业改革、开放型经济显现成效和民营投资进程加快，股份制、涉外和私营经济税收收入分别为 47.96 亿元、18.39 亿元、5.62 亿元，分别比上年增收 12.83 亿元、5.47 亿元和 2.2 亿元，分别增长 38.9%、47.4%、65%，呈快速增长态势。其中股份制经济税收首次超过国有经济税收而成为江西省国税收入的第一大税源。国有企业、集体企业（含股份合作企业）税收收入分别增长 3.6%、21.3%。

一、二、三、四季度全省国税税收收入分别为 31.99 亿元、34.66 亿元、32.11 亿元、36.44 亿元，同比分别增长 19.2%、22.1%、20.8%、20.9%，季度税款入库和增速相对均衡。

2003 年全省国税税收收入 135.2 亿元，比上年增加 23.28 亿元，增长 20.9%，完成国家计划 113.3%，完成省定年计划 111.9%。全省国内增值税、国内消费税、营业税、企业所得税（内资）、涉外企业所得税、利息个人所得税和海关代征税收收入分别比上年增加 17.26 亿元、3.4 亿元、-0.78 亿元、0.61 亿元、2.16 亿元、0.02 亿元、0.66 亿元，对全省国税税收的增收贡献率分别为 73.83%、14.54%、-3.16%、2.63%、9.23%、0.09%、2.84%。

2004 年　江西经济发展提速，全省 GDP 实现 3456.7 亿元，现价计算比上年增长 23.1%。其中一产增长 18.7%，二产增长 30.1%（其中工业增加值增长 32%），三产增长 17.5%。社会消费品零售总额逾千亿达 1074.49 亿元，增长 16.4%。全社会固定资产投资总额达 1819.66 亿元，增长 31.9%。

落实涉外企业、高新技术企业、民政福利企业、国产设备投资抵免、森工综合利用、下岗再就业等税收优惠政策，全年减免税比上年增加8.96亿元，相应减少税收收入。6月1日起出口供货企业不再执行按6.8%税率预缴税款政策，影响税收减少1亿余元。`

全面运行税收综合征管软件，推广税收"一窗式"管理服务和多元化申报缴税系统，夯实税源管理基础，加大税收专项检查和税务稽查工作力度，全省国税系统查补入库税收3.81亿元，其中：稽查部门查补入库1.68亿元，税务其他部门（纳税评估和税收检查等）查补入库1.67亿元，税务外部门查补入库1228万元。

2004年全省"两税"收入140.26亿元，比上年增加24.08亿元，增长20.7%，对全省国税税收增收总额的贡献率达80.3%。重点税源项目中：各烟厂大力调整优化产品结构，高档烟比重增加，全省卷烟"两税"收入增收4.02亿元，增长20.8%；建材市场需求旺盛，水泥等非金属矿物制品业增值税增收1.93亿元，增长47%；黑色金属销价上涨，钢材钢坯增值税增收1.64亿元，增长15.4%；有色金属冶炼压延产品产量增加，价格上涨（其中江铜主产品阴极铜销价上涨幅度逾50%），增值税收入增加1.94亿元，增长42%；纺织服装、皮革皮毛等制品业增值税增收0.91亿元，增长110.4%；医药制品业增值税增收1.59亿元，增长113.7%等。随着工业经济快速发展，能源及原材料等上游产品市场需求增加，价格上涨，全省煤炭增值税增收1.5亿元，增长81.6%；电力增值税增收1.79亿元，增长13.7%；有色金属矿产品增值税增收1.11亿元，增长64.5%；黑色金属矿产品增值税增收0.41亿元，增长600.3%；非金属矿产品增值税增收0.41亿元，增长62.5%。市场商品购销两旺，全省商业增值税增收3.24亿元，增长17.3%。

由于上游产品价格上涨，部分下游产品企业进项税金增幅高于销项税金增幅，省局监控的171户重点税源企业全年应抵扣进项税金同比增长30.3%，实际抵扣进项税金同比增长29.8%，高于同期销项税金增长5.8个百分点。国家加强宏观调控，遏制建材、房地产等行业投资过热和信贷规模增长偏快现象，对部分经济税源形成紧缩效应，部分企业市场竞争力不强，生产下降，销售萎缩，税收减少。省局监控的171户重点税源企业中，年税收收入比上年减少的计有67户企业，下降面达39.2%。

2004年上半年和下半年全省国税税收收入同比分别增长21.8%、22.6%，增速较为均衡。全年全省国税税收收入165.2亿元，比上年增加30亿元，增长22.2%，完成国家计划112.5%，完成省定年计划109.7%。全省国内增值税、国内消费税、营业税、企业所得税（内资）、涉外企业所得税、利息个人所得税和海关代征税收收入分别比上年增加20.84亿元、3.24亿元、-0.18亿元、3.38亿元、1.1亿元、0.58亿元、1.05亿元，对全省国税税收的增收贡献率分别为69.45%、10.8%、-0.6%、11.26%、3.68%、1.92%、3.49%。

2005年 全省GDP实现4056.76亿元，现价计算比上年增长17.4%。其中一产增长9.5%，二产增长22.4%(其中工业增加值增长27.7%)，三产增长15.2%。社会消费品零售总额实现1244.89亿元，增长15.9%。全社会固定资产投资总额逾两千亿元达2168.97亿元，增长19.2%。

2005年1月1日起，车辆购置税征收管理工作由交通稽征部门移交国税部门，当年全省车购税收入7.76亿元，相应增加国税税收收入。为贯彻执行省委、省政府关于推动全民创业、加快富民兴赣的决策，2005年7月18日省国税局印发《江西国家税务局关于推动全民创业、加快富民兴赣的实施意见》，在切实帮助农民增收、扶持城乡居民创业、鼓励企业安置下岗失业人员和城镇待业人员、鼓励创办新企业、支持企业改组改制等方面进一步明确落实税收优惠政策，并再次提高增值税起征点：销售货物的起征点为月销售额 5000 元，销售应税劳务的起征点为月销售额 3000 元，按次纳税的起征点为每次 200 元，相应减少了部分税收。2005 年全省国税系统减免税合计 26.62 亿元，比上年增加 8.88 亿元，增长 50%。其中，2005 年始江西省部分符合条件的企业享受"中西部投资税收优惠政策"，减免国税 10040 万元。

2005 年 4 月 1 日始全省国税系统全面运行《纳税评估管理信息系统》，共筛选出疑点纳税人 10.08 万户次，通过约谈、举证、实地核查，纳税评估环节补缴税款 2841 万元；移送稽查立案 116 户次，查补税款 673 万元。加大税收专项检查和税务稽查力度，全年全省国税系统查补入库税款 3.21 亿元，其中：税务稽查部门查补入库 2.61 亿元，税务其他部门(纳税评估和税收检查等)查补入库 0.57 亿元，审计等税务外部门查补入库 188 万元。

2005 年全省"两税"收入 166.18 亿元，比上年增加 25.93 亿元，增长 18.5%，对全省国税增收总额的贡献率为 64.8%。其中：工业环节"两税"收入增加 23.84 亿元，增长 22.2%；商业环节"两税"收入增加 2.09 亿元，增长 9.5%。重点税源项目税收增收较多的有铜、钨、钴等有色金属产品，因销售紧俏，价格持续上涨，阴极铜不含税年均价达到 2.93 万元 / 吨，同比上涨 6079 元 / 吨，钨精矿年均售价达到 8.45 万元 / 吨，同比增加 5 万余元 / 吨，全省有色金属矿产品增值税增收 2.96 亿元，增长 104.9%；有色金属冶炼及压延制品业增值税增收 4.75 亿元，增长 72.6%。卷烟"两税"收入增收 2.67 亿元，增长 11.4%。钢材钢坯增值税增收 1.89 亿元，增长 15.3%。化学原料及化学制品业增值税增收 1.08 亿元，增长 26.3%。电力增值税增收 1.82 亿元，增长 12.3%，其中供电环节增值税增收 1.63 亿元，增长 20.7%，主要是因供电量增加和供电价格提高 3 分 / 度的双重影响。煤炭价格继续上扬，年均销售单价达 324 元 / 吨，同比增加 91 元 / 吨，加之煤炭产量增加，在价涨量升的拉动下，煤炭增值税增收 1.5 亿元，增长 45.2%。医药制造业增值税增收 0.9 亿元，增长 30.7%。黑色金属矿增值税增收 0.62 亿元，增长 130.7%。汽车行业虽然受到汽车销售价格不断调低和钢材成本持续上升双重挤压，但江铃陆风公司由于产品旺销，"两税"收入同比增收 2586 万元，昌河公司因汽车消费税优惠政策停止执行恢复征税，实缴"两税"同比增加 3631 万元，全省汽车"两税"收入增收 0.53 亿元，增长 9.9% 等。

部分重点行业和企业税收减收。2005 年国际市场原油价格暴涨，并一直处于高位运行，而国内成品油市场价格增幅低于原油价格涨幅，成品油生产环节税收持续下滑，中石化股份公司九江分公司因产品价格倒挂，实缴"两税"同比减少，全省成品油"两税"收入同比减收 0.87 亿元，下降 12.6%。部分纺织企业因自营出口下降、综合毛利率下降而减少税收，全省纺织、服装业增值税同比减收 0.32 亿元，下降 9.9%。国家加强对房地产行业的宏观调控，全省水泥及水泥制品增值税同比减收 0.52 亿元，下降 15.5%。省局监控的 210 户重点税源企业中有 4 户年内未缴纳税收，82 户企业税收同比减收，这两类企业合计 86 户，占 210 户企业总户数的比例 41%。

2005 年上半年和下半年全省国税税收收入分别为 103.55 亿元、101.69 亿元，税款入库较为均衡。全年全省国税税收收入 205.24 亿元，收入规模首次突破 200 亿元，比上年增加 40.04 亿元，增长

24.2%，若扣除车购税收入这一不可比因素计算，则比上年增加32.28亿元，增长19.5%，完成国家计划109%，完成省定年计划105.9%。全省国内增值税、国内消费税、企业所得税（内资）、涉外企业所得税、利息个人所得税和海关代征税收收入分别比上年增加22.72亿元、2.21亿元、3.18亿元、1.27亿元、0.83亿元、2.07亿元，对全省国税税收的增收贡献率分别为70.38%、6.85%、9.85%、3.95%、2.57%、6.4%。

2006年 江西经济持续较快发展，全省GDP实现4820.53亿元，现价计算比上年增长18.8%。其中一产增长8.1%，二产增长26.2%（其中工业增加值增长30.9%），三产增长14.4%。社会消费品零售总额实现1448.19亿元，增长16.3%。全社会固定资产投资总额达2683.57亿元，增长23.7%。

全面落实各项减免税优惠政策，扶持和促进经济社会发展，全年全省国税系统减免税44.79亿元，比上年增加18.17亿元，增长68.2%。

全面加强税收管理。年中召开全省国税系统税源管理工作会议，制发《关于进一步加强和改进税源管理工作的意见》文件，从优化组织体系、加强户籍管理、落实管理员制度等10个方面对今后一段时期税源管理工作作出部署。结合全面换发税务登记证工作，清理出漏征漏管户25361户，查补税款和罚款、滞纳金888万元。对50户外商投资企业开展专项税务审计，调增应纳税所得额1827万元，调减亏损额139万元，查补税款296万元。严把申报、征收关，提高申报率和入库率，严防新欠发生，年底止全省国税新欠余额0.21亿元，同比减少189万元，清缴呆账税金1508万元。全年全省国税系统查补入库税款2.94亿元，其中：税务稽查部门查补入库2.07亿元，纳税评估和税收检查等查补入库0.75亿元，税务外部门查补入库1153万元。

2006年全省"两税"收入201.02亿元，收入规模首次突破200亿元，比上年增加34.84亿元，增长21%，对全省国税增收总额的贡献率为66%。其中：工业环节"两税"收入增加31.49亿元，增长22.2%；商业环节"两税"收入增加3.35亿元，增长13.9%。税收增收额逾亿元的重点税源项目有：①有色金属。产品市场需求旺盛，销售紧俏，价格持续上涨，阴极铜价格年均5.04万元/吨，同比上涨2.11万元/吨，涨幅72%；钨精矿年均价达10.4万元/吨，同比上涨1.85万元/吨，涨幅21.6%；稀土等有色金属产品价格均呈上升态势。全省有色金属矿产品增值税增收4.44亿元，增长76.7%；有色金属冶炼及压延制品业增值税增收7.12亿元，增长63.1%；有色金属矿产品及有色金属冶炼压延制品增值税合计增收11.56亿元，对全省工业增值税增收总额的贡献率达44.7%。②电力。随着工业发展和居民生活水平提高，用电量持续增大。年初以来，各发电厂电力出厂价格上涨幅度在10%-38.8%之间，2006年6月30日后售电价格统一提高，发电和售电环节价格双双上涨。上半年雨水充沛，加之省内小水电发展迅猛，水力发电企业税收增收较多。全年全省电力增值税增收5亿元，增长30%。③卷烟。广丰烟厂和赣南烟厂合并至南昌卷烟厂，产品计税价格上调，产品结构优化，以及开拓省外市场，销量提升。全省卷烟"两税"收入增收3.4亿元，增长13.1%。④钢材钢坯。年初以来，钢材价格有所下跌，新钢中板年均销价3172元/吨，同比下跌539元/吨，线材年均售价2800元/吨，同比下跌100元/吨等。但由于各钢厂扩大产能并加大钢材出口规模，仍实现了税收增收。全省钢材钢坯增值税增收2.68亿元，增长18.8%。⑤水泥及水泥制品。随着房地产业快速发展，建材产品市场需求增加，水泥及水泥制品从5月份始渐入佳境。水泥生产企业实缴增值税同比普遍增收，全年全省水泥及水泥制品增值税增收 1.07 亿元，增长 37.7%。⑥医药制造业。随着市场需求增加，医药制造业快速发展。全省医药制造业增值税增收 1.2 亿元，增长 30.9%。⑦商业。全省商业增值税增收 3.32 亿元，增长 13.8%。此外，汽车和酒的"两税"收入分别增收 0.67 亿元、0.4 亿元，分别增长 11.4%、17.2%；化工、煤炭和黑色金属矿产品增值税分别增收 0.9 亿元、0.65 亿元、0.62 亿元，分别增长 17.4%、13.5%、56.2% 等。

部分重点税源行业与企业税收减收。由于原油价格上涨，九江炼油厂产销价格倒挂，加之上年结转增值税留抵税金 8000 余万元在 2006 年消化，以致 2006 年全省成品油"两税"收入同比减收 0.45 亿元，下降 7.5%。部分重点企业在激烈的市场竞争中，产销滑坡，税收减收，2006 年省局监控的 338 户重点税源企业中有 9 户无税款缴库，101 户企业税收同比负增长，这两类企业合计 110 户，占省局监控重点企业总户数的 32.5%，下降面接近三分之一。

一、二、三、四季度全省国税税收收入同比增幅分别为 16.4%、25.7%、23.3%、36.2%，税收增速呈前缓后高态势。全年全省国税税收收入 257.99 亿元，比上年增加 52.75 亿元，增长 25.7%，完成国家计划 112.7%，完成省定年计划 111.7%。全省国内增值税、国内消费税、企业所得税（内资）、涉外企业所得税、利息个人所得税、车辆购置税和海关代征税收收入分别比上年增加 30.17 亿元、5.67 亿元、5.24 亿元、4.36 亿元、2.12 亿元、2.7 亿元、2.5 亿元，对全省国税税收的增收贡献率分别为 57.2%、10.74%、9.93%、8.26%、4.02%、5.12%、4.73%。

2007 年　全省 GDP 实现 5800.25 亿元，现价计算比上年增长 20.3%。其中：一产增长 15.2%，二产增长 23%（其中工业增加值增长 26.6%），三产增长 18.8%。社会消费品零售总额实现 1718.93 亿元，增长 18.7%。全社会固定资产投资总额逾 3000 亿达 3301.94 亿元，增长 23%。

2007 年 7 月 1 日起，南昌、景德镇、萍乡和九江四市八大行业扩大增值税抵扣范围，当年四市合计应抵扣固定资产进项税金 2.18 亿元，实际抵扣 6850 万元，待抵扣 1.49 亿元结转下年度。7 月 1 日始民政福利企业减免税政策调整为残疾人就业税收优惠政策，此项减免税额有所减少。8 月 15 日起储蓄利息个人所得税税率由 20% 调减至 5%，影响减少部分税收。2007 年全省国税系统减免税达 65.45 亿元，成为历史峰值，比上年增加 20.66 亿元，增长 46.1%。

省国税局制定下发《江西省国家税务局关于进一步深化纳税评估工作的通知》，理顺纳税评估工作职责、机制与程序，各级国税机关深入开展纳税评估工作。省局组织开展对 2007 年上半年 40 户低税负企业、年销售收入 2000 万元以上重点税源企业和 100 户规模标准企业等专项纳税评估工作，共评估补缴税款 1.93 亿元，移送稽查 126 户次，查补税款 750 万元。加大税务稽查力度，对房地产、食品医药生产加工、电力等 6 个行业开展税收专项检查，依法查处大要案 31 起，全年全省国税共入库查补税收 4.76 亿元，其中：税务稽查部门查补入库 2.24 亿元，税务其他部门（纳税评估和税收检查等）查补入库 2.52 亿元，税务外部门查补入库 8 万元。

非即期收入和免抵调库增加。上年结转本年的缓征税款入库 2.05 亿元，往年陈欠入库 0.19 亿元，汇算清缴税款入库 8.54 亿元，三项合计 10.79 亿元，同比增加 4.38 亿元，增长 68.4%。全年全省免抵调增增值税 10.05 亿元，同比增加 2.95 亿元，增长 41.5%。

2007 年全省"两税"收入 251.67 亿元，比上年增加 50.65 亿元，增长 25.2%，对全省国税增收总额的贡献率为 59.5%。其中：工业环节"两税"收入增加 45.13 亿元，增长 26%；商业环节"两税"收入增加 5.52 亿元，增长 20.1%。税收增收较多的重点税源项目有：①有色金属。全年全省十种有色金属产量大幅增长 23.9%，加之鹰潭金涛铜业公司、贵溪浩鑫铜材、亿新铜业公司、江西金龙铜业公司等一批新投产企业税收有较多增收，全省铜加工及稀土企业普遍增收，而钨制品加工企业因价格下滑则多为减收。全省有色金属矿产品增值税增收 3.49 亿元，增长 34.1%；有色金属冶炼及压延制品业增值税增收 9.39 亿元，增长 51%；有色金属矿产品及其冶炼压延制品增值税合计增收 12.88 亿元，对全省工业增值税增收总额的贡献率达 30.7%。②钢材钢坯。年初以来钢材市场价格稳步提升，新钢公司中厚板产品价格上涨，产量增加 25 万吨，增值税增收 3.29 亿元。南昌长力钢铁公司重组后，经营能力有所提升，税收增收 0.79 亿元。萍乡钢铁股份有限公司（含安源钢铁）、九江钢厂、新余新良特殊钢公司等钢铁企业税收大幅增长。全省钢材钢坯增值税增收 4.48 亿元，增长 26.5%。③电力。全年全省发电量增长 15.2%，上年 6 月 30 日始提高电价，本年度有半年的电价"翘尾巴"增收因素，丰城电厂二期和黄金埠发电厂等新增发电企业税收增收，全省电力增值税增收 3.91 亿元。增长 18.1%。④卷烟。2007 年江西五大烟厂整合为南烟集团公司，隶属江西省中烟工业公司，发挥生产指标调配、统一销售策略等方面优势，积极扩张市场份额，优化产品结构，2007 年南烟集团平均单箱收入达到 7228 元，同比增加 727 亿元，增长 11%，销售数量扩大，加之清缴陈欠，税收收入相应增多。全省卷烟"两税"收入增收 4.38 亿元，增长 14.9%。⑤水泥。产量增长，产品销价走高（2007 年不含税均价 197 元 / 吨，同比上涨 27 元 / 吨），全省水泥增值税增收 1.04 亿元，增长 28.5%。⑥纺织、服装、鞋帽制造。随着纺织产品出口退税率下调，内销比重增加。全省纺织、服装和鞋帽制造业增值税增收 1.52 亿元，增长 43.1%。⑦煤炭。产量增加，价格上涨（平均上涨 50 元 / 吨），全省煤炭增值税增收 1.41 亿元，增长 25.7%。⑧成品油。2006 年因产销价格倒挂，全省成品油税收基数较低。2007 年前 5 个月成品油提价和原油购进价格下降，税收增收较多，但进入 6 月份后国际油价接近 90 美元 / 桶，再度出现产销价格倒挂局面。全年全省成品油"两税"收入增收 1.57 亿元，增长 28.1%。⑨化工。生产发展，产品销价上涨，全省化学原料及化学制品业增值税增收 1.41 亿元，增长 25.7% 等。

部分行业和重点企业税收减收。汽车行业由于市场竞争激烈，汽车销价下跌，加之昌河车销量减少，全年全省汽车"两税"收入同比减少 0.54 亿元，下降 8.1%。2007 年省局监控的 400 户重点税源企业中，无税款缴库和税收同比减收的企业合计 131 户，占省局监控重点企业总户数的比例 32.8%，下降面接近三分之一。

随着经济持续快速发展，企业经济效益普遍提高，2007 年全省规模以上工业利润总额达 198.1 亿元，比上年增长 75.1%，全省工业经济效益综合指数为 174.75，比上年增加 25.09 个百分点，反映在税收上，各税种收入多为大幅增长，全省国内增值税、国内消费税、企业所得税（内资）、涉外企业所得税、利息个人所得税、车辆购置税和海关代征税收收入分别比上年增加 47.43 亿元、3.22 亿元、14.08 亿元、6.74 亿元、0.99 亿元、3.21 亿元、9.51 亿元，分别增长 28.4%、9.5%、72%、64.3%、11.3%、30.7%、123.1%，对全省国税税收的增收贡献率分别为 55.68%、3.78%、16.53%、7.91%、1.16%、3.77%、11.17%。

2007年上半年全省国税税收收入172.39亿元，下半年收入170.79亿元，税收入库较均衡。全年全省国税税收收入343.18亿元，收入规模首次突破300亿元，比上年增加85.19亿元，增长33%，增幅在全国31个省市区国税中排序第四，在中部六省中排序第一，完成国家计划116.8%，完成省定年计划116.2%。

2008年　全省GDP实现6971.05亿元，现价计算比上年增长20.2%。其中一产增长17.1%，二产增长19.5%（其中工业增加值增长20.5%），三产增长22.8%。社会消费品零售总额逾2000亿达2141.79亿元，增长24.6%。全社会固定资产投资总额逾4000亿达4345.43亿元，增长31.6%。

2008年1月1日起企业所得税"两法"合并，税率调低，税前扣除项目标准提高，税收优惠政策调整，影响企业所得税减收10.38亿元。南昌、景德镇、九江和萍乡四市八大行业增值税转型翘尾巴因素，当年四市应抵扣固定资产进项税金5.93亿元，实际抵扣1.9亿元，比上年增加1.22亿元，待抵扣固定资产进项税金4.02亿元结转下年度。10月9日起暂停征收储蓄利息个人所得税，影响减收5亿元。残疾人就业税收优惠政策全年实施，以及国际金融危机爆发后实体经济经营业绩下滑，减免税额减少，全年全省国税系统减免税合计45.01亿元，比上年减少20.44亿元，下降31.2%。

1月中旬至2月中旬，江西省遭受历史上罕见的低温雨雪冰冻灾害，交通阻断，电路中断，经济遭受重大损失，工商业税源受到重大影响。各地上报数汇总，此次低温雨雪冰冻灾害影响全省国税税收收入减收29.03亿元，其中：直接减收12.59亿元，滞后减收16.44亿元。

下半年国际金融危机爆发，尤其是9月份以后，世界金融市场急剧动荡，金融危机向实体经济蔓延，出口萎缩，钢铁、有色金属、化工等大宗商品销价暴跌，江西铜业公司铜价跌至2.5万元/吨，比上年同期每吨下降2万余元，跌幅达53%；钨、稀土、钢材销价均大幅下跌；有色金属产品价格下跌后企业纷纷停减产或压库保价，从事废铜冶炼加工企业大面积停产，税收收入受到严重影响，相应影响全年税收增速减缓。2008年全省有色金属矿产品增值税比上年增收0.42亿元，增长1%；有色金属冶炼及压延加工业增值税增收12.08亿元，增长43.5%；黑色金属冶炼及压延加工业增值税增收2.52亿元，增长8.4%；通用设备制造业增值税增收0.09亿元，增长2.8%；专用设备制造业增值税增收0.13亿元，增长8%；电力增值税增收1.33亿元，增长5.2%；交通运输设备制造业"两税"收入减收0.9亿元，下降9.6%；成品油"两税"收入减收1.39亿元，下降19.5%。

加强征收管理，全面运行税收执法管理信息系统，强化重点税源监控和纳税评估，全年共对41569户次纳税人开展评估，补缴入库税款2.67亿元，冲减留抵4455万元。加大税务稽查力度，对房地产及建筑安装业、烟草行业、餐饮及娱乐业、有色金属冶炼业、证券业、品牌营销总代理商（总经销商）等六个行业税收开展专项检查。全年全省国税系统共查补入库税收6.39亿元，其中：税务稽查部门查补入库3.01亿元，税务其他部门（纳税评估和税收检查等）查补入库3.38亿元，税务外部门查补入库57万元。强化房地产企业销售和预缴税收管理，房地产行业入库企业所得税7.32亿元，同比增加2700余万元。

2008年全省"两税"收入298.84亿元，比上年增加47.16亿元，增长18.7%，对全省国税增收总额的贡献率为75.6%。其中：工业增值税收入增加34.85亿元，增长19.2%；工业消费税收入增加3.32亿元，增长8.9%；商业增值税收入增加8.94亿元，增长27.2%，增幅高于工业增值税增幅8个百分点。

按同口径计算，第二产业国税税收收入增长 19.1%；第三产业国税税收收入增长 16.5%，其中：信息传输、计算机服务和软件业增长 41.3%，金融业增长 99.2%。

一、二、三、四季度全省国税税收收入分别为 97.91 亿元、115.53 亿元、86.34 亿元、105.82 亿元，同比分别增长 20.1%、27.1%、13.9%、11.4%，三、四季度税收增速逐季放缓。全年全省国税税收收入 405.59 亿元，收入规模首次突破 400 亿元，比上年增收 62.41 亿元，增长 18.2%，完成国家计划 106.4%，完成省定年计划 105%。全省国内增值税、国内消费税、企业所得税（内外资合计）、利息个人所得税、车辆购置税和海关代征税收收入分别比上年增加 43.79 亿元、3.37 亿元、14.66 亿元、-3.98 亿元、1.26 亿元、3.31 亿元，分别增长 20.4%、9.1%、28.8%、-40.9%、9.3%、19.2%，对全省国税税收的增收贡献率分别为 70.16%、5.4%、23.49%、-6.38%、2.03%、5.3%。

2009 年 受国际金融危机冲击影响，江西经济增速前低后高，总体回落。全省 GDP 现价计算，上半年增长 4.6%，全年实现 7655.18 亿元，增长 9.8%。其中一产增长 3.6%，二产增长 10.3%（其中工业增加值增长 10%），三产增长 11.8%。社会消费品零售总额 2484.43 亿元，增长 16%。全社会固定资产投资总额逾 5000 亿达 5693.14 亿元，增长 31%。

为积极应对国际金融危机冲击影响，国家出台刺激经济"一揽子计划"。2009 年 1 月 1 日起实施新的《增值税暂行条例》《消费税暂行条例》和《营业税暂行条例》，实施结构性减税政策。其中：增值税全面转型，当年全省应抵扣固定资产进项税金 31.97 亿元，实际抵扣 18.27 亿元，待抵扣固定资产进项税金 13.71 亿元结转下年度；矿产品增值税率由 13% 调高至 17%；增值税小规模纳税人征收率统一调减为 3%；废铜加工企业从废旧物资回收经营企业购进废铜的进项税金抵扣率由 10% 调高为 17%；小排量汽车车购税率减按 5%（原为 10%）；储蓄利息个人所得税停征和企业所得税"两法"合并翘尾减收等，政策减收因素共影响 2009 年全省国税税收收入减收 82.2 亿元。而 2009 年 1 月 1 日起再生资源回收经营企业销售废旧物资由免征增值税调整为征收增值税、成品油价税费改革提高消费税率；2009 年 5 月 1 日起卷烟批发环节征收 5% 消费税等，政策增收因素共影响 2009 年全省国税税收收入增加 127.4 亿元。政策增收因素与政策减收因素两抵后，净增税收 45.2 亿元，对 2009 年全省国税收入的增收贡献率达 48.2%。

2009 年全省全部工业品出厂价格指数 93，比上年下降 7 个百分点，其中重工业产品出厂价格指数 89.6，下降 10.4 个百分点，其中冶金工业品出厂价格指数仅为 82.9，下降 17.1 个百分点，产品销价下跌影响税收减收。加之增值税全面转型、矿产品增值税税率提高、小规模纳税人增值税征收率调低、废铜加工企业购进废铜的进项税金抵扣率调高等政策影响，全年全省工业增值税收入中：有色金属冶炼及压延加工业比上年减少 26.2 亿元，下降 65.7%；有色金属矿产品减少 5.3 亿元，下降 36.7%；黑色金属冶炼及压延加工业减少 6.46 亿元，下降 25.6%；黑色金属矿产品减少 1.93 亿元，下降 43%；电气机械及器材制造减少 1.16 亿元，下降 33.1%；化学原料及化学制品业减少 0.67 亿元，下降 7.3%；电力减少 5.51 亿元，下降 20.5%。2009 年全省工业增值税收入比上年减收 35.15 亿元，下降 18.1%。2009 年全省工业消费税收入 68.58 亿元，比上年增收 28.14 亿元，增长 69.6%，其中成品油价税费联动改革增加消费税收入 26.62 亿元。2009 年全省工业环节"两税"收入 245.81 亿元，比上年减收 11.01 亿元，下降 4.3%。

2009 年全省商业增值税收入 143.02 亿元，比上年增加 101.2 亿元，增长 242%。其中再生资源回收经营企业销售废旧物资由免征增值税调整为征收增值税相应增收 96.1 亿元。全省商业消费税收入 4.81 亿元，增加 4.63 亿元，增长 25.1 倍，其中卷烟批发环节征收 5% 消费税增收 4.6 亿元。2009 年全省商业环节"两税"收入 147.83 亿元，比上年增收 105.82 亿元，增长 2.52 倍。

省国税局筛选 294 户增值税税负异常重点企业和 300 户所得税税负异常重点企业开展专项纳税评估，并完成总局下发的 29 户低税负、零税负重点企业的专项纳税评估工作，各地有计划、有重点开展纳税评估。省局对税务稽查工作分阶段分区域进行周密部署，积极开展大企业自查、税收专项检查、大要案检查和反避税调查，完成总局 10 户集团定点联系成员企业的税收自查督导工作，全省共检查纳税人 2588 户。2009 年全省国税系统查补入库税收 14.4 亿元，其中：税务稽查部门查补入库 7.85 亿元，税务其他部门（纳税评估和税收检查等）查补入库 6.52 亿元，税务外部门查补入库 216 万元。

有色金属、化工等产品价格大幅下降，企业利润锐减，对所得税收入带来负面影响。全省有色金属冶炼及压延加工业所得税收入比上年减收 5.55 亿元，下降 50.6%；化学原料及化学制品业所得税收入减收 0.73 亿元，下降 40.7%；金融业所得税收入减收 2.12 亿元，下降 22.7%。

由于国际金融危机冲击的惯性影响，1—6 月各月份全省国税税收收入同比增幅分别为 -33.7%、-2.2%、1.4%、-3.9%、13.2%、7%，上半年各月份收入在负增长或小幅增长区间波动。下半年经济企稳回升，7—12 月各月份全省国税税收收入同比增幅分别为 48.4%、60.8%、43.5%、55%、66.1%、45.9%。下半年各月份收入均大幅增长。一、二、三、四季度收入分别为 84.73 亿、121.74 亿、129.6 亿和 163.31 亿元，同比增幅分别为 -13.5%、5.4%、50.1% 和 54.4%，收入规模和增幅均逐季攀升。上、下半年收入分别为 206.46 亿、292.92 亿元，同比增幅分别为 -3.3%、52.4%，占全年收入的比重分别为 41.3%、58.7%。上、下半年收入形势冰火两重天，全年收入走势前低后高特征明显。

2009 年全省国税系统税收收入 499.38 亿元，比上年增收 93.79 亿元，增长 23.1%，增幅在全国 31 个省、市、区国税中排名第二，较上年前移 19 位，在中部六省位列第一，较上年前移三位；完成国家计划 108.4%，完成省定年计划 104.5%。全省国内增值税、国内消费税、企业所得税、利息个人所得税、车辆购置税和海关代征税收收入分别比上年增加 62.04 亿元、32.77 亿元、-9.42 亿元、-3.42 亿元、6.17 亿元、5.65 亿元，分别增长 22.6%、80.7%、-14.4%、-59.3%、41.3%、27.5%，对全省国税税收的增收贡献率分别为 66.15%、34.94%、-10.04%、-3.67%、6.58%、6.02%。

2010 年　江西经济恢复快速增长，全省 GDP 实现 9451.26 亿元，现价计算比上年增长 23.5%，其中：一产增长 9.9%，二产增长 30.7%（其中工业增加值增长 34.1%），三产增长 18.4%。社会消费品零售总额 2956.21 亿元，增长 19%。全社会固定资产投资总额逾 7000 亿达 7164.63 亿元，增长 25.8%。

2010 年税收政策影响主要反映在翘尾方面，以及企业生产经营扩大而政策效应随之放大，当年全省应抵扣固定资产进项税金 52.96 亿元，实际抵扣 33.43 亿元，比上年增加 15.17 亿元，待抵扣固定资产进项税金 19.53 亿元结转下年度，加上其他结构性减税政策影响，政策减收因素减少全省国税收入 34.8 亿元。而废旧物资回收企业征收增值税等政策增收因素影响全省国税收入同比增收 57.7 亿元，政策增收因素与政策减收因素两抵后，净增税收 22.9 亿元。

随着投资持续增加和经济发展，新办企业增多，为税收注入税源活力。截止2010年底，全省国税系统纳税人户数23.47万户，比上年增加5.84万户，增长33.2%，其中：内资企业增加2.36万户，涉外企业增加689户，个体经营增加3.41万户。增值税一般纳税人户数3.28万户，比上年增加0.57万户，增长30.7%。2010年新办企业入库税款23.95亿元，占税收总额的3.5%。

进一步规范管理，省国税局成立依法行政工作领导小组和再生资源税收管理领导小组，多次召开专门会议研究部署，落实依法治税，防范税收风险。以非居民户籍管理、信息获取、关联交易管理为重点，加强国际税收监控管理，2010年全省非居民企业税收收入1.96亿元，比上年增收0.92亿元，增长88.2%。深化纳税评估，全年评估纳税人3349户，补交入库税款3亿元，冲减留抵税金1.16亿元。加大稽查工作力度，对房地产及建筑安装、药品经销、交通运输、石油石化等列入税收专项检查范围，同时开展重点税源企业专项检查和区域税收专项整治。2010年全省国税系统查补入库税收收入17.02亿元，其中：税务稽查部门查补入库9.69亿元，税务其他部门（纳税评估和税收检查等）查补入库7.34亿元，税务外部门查补入库18万元。

2010年全省"两税"收入511.26亿元，收入规模突破500亿元，比上年增加117.61亿元，增长29.9%，对全省国税税收增收总额的贡献率为63.1%。其中：工业环节"两税"收入293.8亿元，增收47.98亿元，增长19.5%；商业环节"两税"收入217.46亿元，增收69.63亿元，增长47.1%。税收增收额逾亿元的重点税源项目有：再生资源回收业和加工业增值税合计增收43.1亿元，增长23.1%；成品油价税费联动改革"两税"收入34.93亿元，增收8.28亿元，增长4.4%；卷烟"两税"收入增收12.14亿元，增长26.3%，其中工业环节增收7.11亿元，商业批发环节增收5.03亿元；汽车下乡实行财政补贴以及小排量汽车适用车购税低税率等扩内需政策实施，促进了汽车销售扩大，全省汽车"两税"收入增收5.17亿元，增长55.5%；化学原料及化学制品业增值税增收1.77亿元，增长20.8%；纺织、服装和鞋帽制造业增值税增收2.21亿元，增长33.2%。经济发展刺激了能源和原材料市场需求旺盛，全省电力增值税增收4.63亿元，增长21.7%；煤炭增值税增收6.21亿元，增长56.9%；有色金属矿产品增值税增收2.9亿元，增长31.7%；黑色金属矿产品增值税增收1.98亿元，增长77.4%等。由于铁矿石等原材料价格上涨，相关加工企业产品增值空间缩小，全省钢材钢坯增值税减少1.27亿元，下降6.8%；水泥增值税减少0.54亿元，下降9.6%等。

2010年1月1日起再生资源回收企业增值税财政返还比例由上年的70%调减为50%，上年12月份再生资源回收企业纷纷加大销售力度，其实现税款于2010年1月份申报缴库，2010年1月份全省国税税收收入同比增加48.26亿元，剧增1.9倍。加之上年税收基数是前低后高的影响，2010年一、二、三、四季度全省国税税收收入同比分别增收73.96亿元、62.04亿元、28.26亿元和22.06亿元，同比分别增长87.3%、51%、21.8%和13.5%，增收额逐季减少，增速逐季下调，前高后低特征明显。

2010年全省国税税收收入685.7亿元，税收规模在全国31个省市区国税中排序第23位；比上年增加186.31亿元，增长37.3%，增幅在全国31个省市区国税中排序第3位；完成国家计划121.6%，完成省定年计划119%。全省国内增值税、国内消费税、企业所得税、利息个人所得税、车辆购置税和海关代征税收收入分别比上年增加97.23亿元、20.37亿元、26.82亿元、-1.96亿元、11.45亿元、32.4亿元，分别增长30.4%、27.8%、47.8%、-83.8%、54.3%、123.7%，对全省国税税收的增收贡献率分别为52.19%、10.93%、14.39%、-1.05%、6.15%、17.39%。

1999—2010年江西国税税收规模逐年扩大，特别是跨入21世纪后，国税税收规模明显扩张。2001年逾百亿元，2005年逾200亿元，2007年逾300亿元，2008年逾400亿元，2010年连跨500亿和600亿两个台阶。税收增收规模随着收入规模的扩大而相应增大，1999年比上年增收3.58亿元，2000—2002年年增收规模逾10亿元，2003年逾20亿元，2004年逾30亿元，2005年逾40亿元，2006年逾50亿元，2007年逾80亿元，2009年逾90亿元，2010年增收规模达186亿元，2000—2010年年均增收55.89亿元。江西国税税收增幅除1999年为个位数，2001年、2002年和2008年为1字头两位数外，其余8个年份税收增幅为2字头或3字头的两位数，2010年税收增幅37.3%形成峰值，1999—2010年全省国税税收年均递增21.3%。1999—2010年各年度计划考核口径不完全相同，但各年度均完成或超额完成国家计划和省定年计划。1999—2010年全省国税计划考核口径收入合计2879.83亿元，完成这一时期国家计划总额112.5%，完成省定收入计划总额110.4%。

国税税收收入总况

1999年1月1日始，按照该年度政府预算收支科目规定，工商税收和国有企业所得税合并为"税收收入"。1995—2010年这一时期江西省国税税收收入统一按照"税收收入"口径计算予以记述。

经济税源　1995年江西省GDP实现1169.73亿元，2010年达9451.26亿元，现价计算1996—2010年均递增14.9%。其中："九五"时期GDP合计8592亿元，年均递增11.4%；"十五"时期GDP合计14947亿元，年均递增15.2%；"十一五"时期GDP合计34698亿元，年均递增18.4%。从产业结构看，一产直接提供的税收甚微，税收收入主要来自于第二产业和第三产业，全省GDP一、二、三产业结构1995年为32.03∶34.51∶33.46，2010年则为12.77∶54.20∶33.03，2010年二产比重较1995年提高19.69个百分点，一产比重减少19.26个百分点，直接税源比重明显提高。

随着工业化、城镇化推进，汽车航空及精密制造业、特色冶金和金属制品业、中成药和生物制药业、电子信息和现代家电产业、食品工业、精细化工及新型建材业等六大支柱产业较快发展，光电、绿色食品、度假旅游、新型服务等产业呈现良好的发展势头。1996—2010年全省工业增加值年均递增19%，全省社会消费品零售总额年均递增14.1%。主要工业产品产量：钢材由1995年126.36万吨增至2010年1951.55万吨；发电量由1995年176.34亿千瓦时增至2010年617亿千瓦时；卷烟由1995年43.76万箱增至2010年111.8万箱；汽车由1995年5.25万辆增至2010年37.3万辆；水泥由1995年1005.59万吨增至2010年6220.54万吨；原油加工量由1995年230.56万吨增至2010年468万吨；十种有色金属产量2010年达111.7万吨；纱由1995年1.97万吨增至2010年74.68万吨；布由1995年3.58万米增至2010年8.05万米等。工业、商业和服务业等产业持续较快发展为税收增收奠定了物质基础。

按照1999年政府预算收支科目规定的"税收收入"口径计算，1995—1998年各年度江西省国税税收收入分别为61.02亿元、62.27亿元、61.63亿元和67.36亿元。1995—2010年全省国税税收收入合计3323.08亿元，以1995年为基数，1996—2010年年均递增17.5%。

图 3-1-1 1995—2010 年江西省国税税收收入一览图

单位：亿元

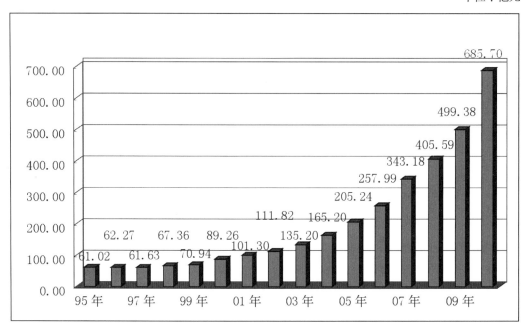

"九五"时期、"十五"时期和"十一五"时期江西省国税税收收入分别为 351.46 亿、718.76 亿、2191.84 亿元，分别年均递增 7.9%、18.1%、27.3%，收入规模逐期扩大，税收增幅逐期提升。

进口货物税收与国内税收

进口货物税收 进口货物增值税和消费税是国税税收收入的重要组成部分，由海关负责代征。

1995 年全省进口货物税收（系指进口货物增值税、消费税合计数）收入 1.22 亿元，2003 年收入逾 2 亿元，2004 年逾 3 亿元，2005 年逾 5 亿元，2006 年逾 7 亿元，2007 年始全省进口货物税收明显增加，即 2007 年逾 10 亿元，2008 年逾 20 亿元，2010 年逾 50 亿达 58.59 亿元，比 1995 年增长 47 倍。2007 年始进口货物税收明显增加的主要原因：2007 年 7 月 1 日起南昌、景德镇、萍乡和九江等四个设区市的装备制造业、石油化工业、冶金业、汽车制造业、农产品加工业、电力业、采掘业、高新技术产业等八大行业扩大增值税抵扣范围，即部分地区部分行业实施消费型增值税制度，2009 年 1 月 1 日起江西省全面实行消费型增值税制度，在消费型增值税制度下，企业外购的机器设备、生产工具和生产运输工具等固定资产进项税金按照规定进行抵扣，从而刺激企业设备更新和技术改造意愿增强，进口机器设备等货物相应增多；又因 2008 年国际金融危机爆发，进一步警示中国依靠出口拉动经济增长的发展模式不可持续，国家实施经济转型发展战略，加大科技创新、企业技术改造和产业升级力度，进口机器设备等货物增多。2007—2010 年各年度全省进口货物总额分别为 306.17 亿元、413.22 亿元、369.43 亿元和 554.66 亿元，4 年合计 1643.47 亿元，年均 410.87 亿元，年均递增 29.9%，税源增加。江西省加强海关代征税收管理，原部分省域企业进口货物在外省海关报关改为在本省海关报关，由此相应增加进口产品税收。同时进口货物结构调整变化，2010 年全省进口矿产品、铜及其制品、机器机械电气设备及其零配件这三大类应税货物合计 67.754 亿美元，占当年全省进口货物总额的比重达 82.79%，高于 2000 年同类比重 32.81 个百分点，应税货物比重上升，税源增加。

1995—2010 年全省进口货物税收收入合计 150.19 亿元，占同期全省国税税收总额比重 4.52%，其中"九五"时期、"十五"时期和"十一五"时期收入分别为 5.03 亿元、13.65 亿元和 130.29 亿元，收入比重分别为 1.43%、1.9%、5.94%，收入规模逐期大幅扩大，收入比重逐期明显提升。1996—2010 年全省进口货物税收收入年均递增 29.5%，其中"九五"时期、"十五"时期和"十一五"时期收入分别年均递增 7.5%、24.5% 和 62.1%，税收增速逐期大幅提升。

国内税收收入　1995—2010 年期间，除 1997 年收入同比略有下降外，其余年度国内税收收入均为正增长。全省国税国内税收收入 1995 年 59.8 亿元，2002 年逾百亿元，2005 年逾 200 亿元，2007 年逾 300 亿元，2009 年逾 400 亿元，2010 年逾 600 亿元。1995—2010 年全省国内税收收入合计 3172.89 亿元，占同期全省国税税收总额比重 95.48%，其中"九五"时期、"十五"时期和"十一五"时期收入分别为 346.63 亿元、705.11 亿元和 2061.55 亿元，收入比重分别为 98.57%、98.10%、94.06%，收入规模逐期增大，但收入比重逐期下降，主要是因进口货物税收收入比重提升影响所致。1996—2010 年全省国税国内税收收入年均递增 16.9%，其中"九五"时期、"十五"时期和"十一五"时期收入分别年均递增 7.8%、18% 和 25.7%，税收增速逐期提升。

总体看，全省进口货物税收收入发展速度快于国内税收收入，其收入比重呈上升趋势，国内税收收入比重虽呈下降趋势，但依然是江西省国税税收收入的主体部分。

表 3-1-6　1995—2010 年江西国税进口货物税收与国内税收

单位：亿元

年　份	全省国税国内税收				全省进口货物税收			
	收入额	比上年增减额	比上年增减率（%）	占国税总额（%）	收入额	比上年增减额	比上年增减率（%）	占国税总额（%）
1995	59.80			98.01	1.22			1.99
1996	62.04	2.24	3.7	99.62	0.23	-0.98	-80.7	0.38
1997	60.98	-1.06	-1.7	98.94	0.65	0.42	78.6	1.06
1998	66.42	5.44	8.9	98.59	0.95	0.30	45.3	1.41
1999	69.49	3.08	4.6	97.96	1.45	0.50	52.6	2.04
2000	87.51	18.02	25.9	98.05	1.74	0.30	20.4	1.95
2001	99.60	12.09	13.8	98.32	1.70	-0.04	-2.5	1.68
2002	110.37	10.77	10.8	98.70	1.45	-0.25	-14.8	1.30
2003	133.08	22.71	20.6	98.44	2.11	0.66	45.7	1.56
2004	162.04	28.96	21.8	98.09	3.16	1.05	49.6	1.91
2005	200.01	37.97	23.4	97.45	5.23	2.07	65.5	2.55
2006	250.27	50.26	25.1	97.01	7.73	2.50	47.8	2.99

续表

年　份	全省国税国内税收				全省进口货物税收			
	收入额	比上年增减额	比上年增减率（%）	占国税总额（%）	收入额	比上年增减额	比上年增减率（%）	占国税总额（%）
2007	325.94	75.67	30.2	94.98	17.24	9.51	123.1	5.02
2008	385.05	59.11	18.1	94.93	20.54	3.31	19.2	5.07
2009	473.19	88.14	22.9	94.76	26.19	5.65	27.5	5.24
2010	627.11	153.91	32.5	91.45	58.59	32.40	123.7	8.55
合　计	3172.89	年均递增 16.9%		95.48	150.19	年均递增 29.5%		4.52

减免税

减免税总额　江西省国税系统减免税总额，1995 年为 0.86 亿元，1996 年和 1997 年分别增至 7.63 亿元、6.99 亿元，1998—2002 年分别回落至 4.9 亿元、3.74 亿元、3.81 亿元、4.12 亿元、4.93 亿元。2003 年始减免税明显增多，2003—2008 年分别为 8.79 亿元、17.75 亿元、26.62 亿元、44.79 亿元、65.45 亿元、45.01 亿元，这几年减免税大幅增加的重要原因是随着经济发展，民政福利企业减免税额大幅增加，中西部投资优惠政策减免所得税和购买国产设备抵免所得税较多等，2007 年减免税逾 60 亿元形成峰值；2007 年 7 月 1 日始民政福利企业减免税政策调整，2008 年翘尾减少减免税，2008 年始企业所得税"两法"合并，企业所得税减免税政策有所调整，减免税相应比上年减少 20.44 亿元。2009 年始实施新的《增值税暂行条例》《消费税暂行条例》，出台结构性减税政策，而结构性减税政策主要是通过增加进项抵扣、调整税率方式实施，而由此减少的税收不反映在减免税统计报表中，因而 2009 年和 2010 年税收统计报表反映的减免税分别为 27.42 亿元、30.27 亿元，数额明显减少。1995—2010 年全省国税系统税收减免税合计 303.08 亿元，年均减免税 18.94 亿元。1996—2010 年减免税年均递增 26.8%，高于同期全省国税税收收入增速 9.3 个百分点。

内资纳税人减免税　内资纳税人减免税额前低后高，1995 年仅为 0.69 亿元，1996 年和 1997 年分别增至 7.5 亿元、6.79 亿元，1998—2002 年在 3.4 亿—4.8 亿元区间低位徘徊。2003 年始减免税增多，2003—2008 年分别为 6.44 亿元、11.37 亿元、16.76 亿元、34.12 亿元、43.95 亿元、20.81 亿元，这几年减免税大幅增加的重要原因是民政福利企业经济发展，其减免税额大幅增加。2009 年始实施新的《增值税暂行条例》《消费税暂行条例》，出台结构性减税政策，结构性减税政策主要是通过增加进项抵扣、调整税率方式实施，而由此减少的税收不反映在减免税统计报表中，因而 2009 年和 2010 年全省国税内资纳税人减免税额分别减至 13.44 亿元、15.56 亿元。内资纳税人减免税占全省国税减免税总额比重：1995 年为 79.52%，1996—2002 年在 90.4%~99.1% 区间运行；2003 年始内资纳税人减免税比重逐渐下降，2003—2007 年在 62.9%~73.3% 区间；2008 年因国际金融危机爆发和 2009 年税收政策调整影响，内资纳税人减免税减少，2008 年、2009 年和 2010 年比重分别回落为 46.23%、49.03%、51.4%。1995—2010 年内资纳税人减免税合计 197.93 亿元，年均递增 23.1%，占全省国税减免税总额比重65.31%，低于全省国税内资经济税收收入比重20.05个百分点。

涉外企业减免税　2002年之前涉外企业年度减免税额在5000万元下方运行，占全省国税减免税总额比重较小，1996—2002年各年度比重不到10%。随着改革开放推进，涉外经济发展，同时国家加大对涉外企业税收优惠力度，2003年始全省涉外企业减免税额明显增加，2003—2008年分别为2.35亿元、6.38亿元、9.87亿元、10.67亿元、21.5亿元、24.2亿元；2009年税收政策调整，2009年和2010年涉外企业减免税额有所回落，分别为13.98亿元、14.71亿元。涉外企业减免税占全省国税减免税总额比重：1995年为20.48%，1996年锐降至1.79%，1997—2002年在9.6%下方波动运行；2003—2007年分别为26.77%、35.95%、37.06%、23.83%、32.85%；2008—2010年分别上升为53.77%、50.97%、48.6%。1995—2010年全省涉外企业减免税合计105.14亿元，年均递增34.3%，高于内资企业减免税增速11.2个百分点；占全省国税减免税总额比重34.69%，高于全省国税涉外经济税收收入比重19.64个百分点。

减免税重点项目　随着税制改革持续推进，减免税政策相应不断调整，减免税统计报表的重点减免税项目相应调整变化。

校办工厂。校办工厂减免税项目统计到2001年，之后因政策调整，此项减免税项目不再设置。1995—2001年各年度减免税分别为0.04亿元、0.05亿元、0.09亿元、0.08亿元、0.11亿元、0.06亿元、0.03亿元。1995—2001年减免税合计0.47亿元，占全省国税减免税总额比重0.15%。

民政福利企业。民政福利企业减免税，1995—2000年各年度在3000万元下方运行，2001—2003年在4200万—5800万元区间运行。随着民政福利企业经济发展，2004年始减免税额增多，2004—2007年各年度分别为1.15亿、2.1亿、7.85亿、16.7亿元，2007年成为峰值，其重要原因是民政福利企业生产经营快速发展，而税收政策仍然是对其减税免税。2007年7月1日起民政福利企业税收优惠政策调整为按企业雇请残疾人人数减免政策，2008年始减免税额逐年减少，2008—2010年各年度分别为7.25亿元、4.56亿元、3.7亿元。1995—2010年减免税合计46.02亿元，年均递增23.7%，占全省国税减免税总额比重15.19%。

新办企业。新办工厂减免税项目统计到2001年，之后因政策调整，此项减免税项目不再设置。新办工厂减免税数额较小，1995—2001年减免税合计0.54亿，占全省国税减免税总额比重0.18%。

新产品开发。1995年新产品开发减免税213万元。之后年度因政策调整，此项减免税项目不再单独设置。

高新技术企业。高新技术企业减免税项目始于2002年，当年减免税额1040万元。随着高新技术企业生产经营发展，减免税逐渐增加，2003—2010年各年度分别为0.53亿元、0.29亿元、0.18亿元、0.78亿元、1.24亿元、1亿元、0.45亿元、1.86亿元。1995—2010年减免税合计6.43亿元，占全省国税减免税总额比重2.12%。

购买国产设备。购买国产设备减免所得税优惠政策始于2003年，终止于2007年，2008年企业所得税"两法"合并后减免税政策调整，此项政策作了重大调整。2003—2007年各年度减免税分别为0.13亿元、1.84亿元、2.11亿元、1.23亿元、1.76亿元。5年合计减免所得税7.06亿元，占全省国税减免税总额比重2.12%。

中西部投资。江西省国税此项减免税始于 2005 年，终止于 2008 年，江西铜业股份公司等企业享受中西部投资所得税优惠政策。2005—2008 年各年度减免税分别为 1 亿元、3.74 亿元、8.94 亿元、4.8 亿元，4 年合计减免税 18.48 亿元，占全省国税减免税总额比重 6.1%。

再就业扶持。江西省国税再就业扶持减免税始于 2004 年，2004—2010 年各年度减免税额分别为 0.03 亿元、0.09 亿元、0.18 亿元、0.16 亿元、0.04 亿元、0.14 亿元、0.002 亿元。2004—2010 年减免税合计 0.65 亿元，占全省国税减免税总额比重 0.21%。

其他项目。包括资源综合利用、国有粮食购销企业、饲料企业、农业生产资料等项目减免税。1995 年其它项目减免税 0.5 亿元，1996 年和 1997 年增至 7.08 亿元、6.68 亿元，1998—2002 年在 3.3 亿—4.6 亿元区间运行。2003 年始减免税额明显上升，2003—2010 年各年度分别为 7.56 亿元、14.43 亿元、21.13 亿元、31 亿元、36.65 亿元、31.92 亿元、22.28 亿元、24.71 亿元。16 年合计减免税 223.4 亿元，1996—2010 年均递增 29.7%，占全省国税减免税总额比重 73.71%，是江西省国税减免税的主体部分。

出口产品退税

为促进增加货物出口，扩大对外贸易，中国参照国际上的通行做法，对境内报关出口的货物退还或免征其在国内生产和流通环节按税法规定缴纳的增值税和消费税。江西省的出口产品退税始于 1985 年，当年全省出口产品退税 0.31 亿元。随着经济发展和对外贸易扩大，全省的出口产品退税额持续增多。

出口退税总额 货物和劳务出口是拉动中国经济发展的"三驾马车"之一，随着经济发展和对外贸易扩大，江西省出口总额不断增大，出口退税相应持续增加。全省出口产品退税 1991 年 2.97 亿元，1996 年逾 10 亿元，2005 年逾 20 亿元，2007 年逾 30 亿元，2010 年逾 50 亿达 51.38 亿元，较 1991 年增长 16.3 倍。1991—2010 年全省出口产品退税合计 306.96 亿元，年均递增 16.8%。其中：1991—1994 年江西省税务局管理时期，全省出口产品退税合计 15.34 亿元，年均递增 23.8%，年均退税 3.84 亿元；1995—2010 年江西省国家税务局管理时期，全省出口产品退税合计 291.62 亿元，年均递增 15.1%，年均退税 18.23 亿元。其中："八五"时期、"九五"时期、"十五"时期和"十一五"时期全省出口产品退税分别为 23.04 亿元、36.2 亿元、73.35 亿元和 174.37 亿元。出口退税规模逐期扩大，呈较快增长趋势。

出口退税与经济比较 随着市场经济发展，全省出口总额明显扩大，1991 年为 27.09 亿元，2003 年逾百亿元，2005 年逾 200 亿元，2006 年逾 300 亿元，2007 年逾 400 亿元，2008 年逾 500 亿元，2010 年逾 900 亿达 907.98 亿元，较 1991 年增长 32.5 倍。1991—2010 年全省出口总额合计 4006.18 亿元，年均递增 19.5%。1991—2010 年全省出口退税与出口总额的增长弹性系数为 0.86，其中：1991—1994 年增长弹性系数为 0.85，1995—2010 年增长弹性系数为 0.86。总体看，全省出口退税与出口经济发展是基本相适应的。

全省出口总额的出口退税负担率，"八五"时期、"九五"时期、"十五"时期和"十一五"时期分别为 9.17%、8.58%、11.05%、6.53%，退税负担率波动，且以"十一五"时期为较低，其主要影响因素是出口产品退税率调整，即为积极应对国际金融危机冲击影响，调结构，稳增长，2009 年始国家数次调低出口产品退税率，2010 年全省出口总额的出口退税负担率降至 5.66%。1991—2010 年合计全省出口总额的出口退税负担率为 7.66%，其中：1991—1994 年为 9.2%，1995—2010 年为 7.6%。

江西与全国比较　1991—2010 年全省出口总额占全国出口总额比重 0.52%，其中：1991—1994 年比重为 0.69%，1995—2010 年比重为 0.51%。

1991—2010 年全省出口退税占全国出口退税总额比重 0.67%，高于本省出口总额比重 0.15 个百分点。其中：1991—1994 年比重为 1.35%，高于本省出口总额比重 0.66 个百分点；1995—2010 年比重为 0.65%，高于本省出口总额比重 0.14 个百分点。

1991—2010 年全省出口总额的出口退税负担率 7.66%，高于同期全国出口总额的出口退税负担率 1.72 个百分点。其中：1991—1994 年、1995—2010 年全省出口退税负担率分别高于全国 4.51 个、1.62 个百分点；"八五"时期、"九五"时期、"十五"时期和"十一五"时期全省出口退税负担率分别高于全国 4.58 个、4.65 个、4.99 个、0.18 个百分点。江西省出口总额的出口退税负担率高于全国平均水平的主要影响因素是出口产品结构，即本省出口总额中出口退税率较高的产品比重高于全国平均水平。

表 3-1-7　1991—2010 年江西省出口产品退税情况

单位：亿元

年　份	江西省出口总额		江西省出口退税			出口总额退税负担率（%）	出口退税比重较经济比重增减百分点
	出口总额	占全国（%）	退税额	比上年增长（%）	占全国（%）		
1991	27.09	0.71	2.97	28.0	1.36	10.96	0.65
1992	35.58	0.76	3.48	17.2	2.08	9.78	1.32
1993	35.00	0.66	3.44	−1.0	1.15	9.84	0.49
1994	69.01	0.66	5.45	58.2	1.21	7.90	0.55
1995	84.52	0.68	7.70	41.3	1.40	9.11	0.72
1996	70.92	0.56	10.50	36.3	1.27	14.80	0.70
1997	92.41	0.61	7.12	−26.7	1.65	7.71	1.04
1998	84.42	0.55	6.09	−14.5	1.40	7.22	0.84
1999	75.03	0.46	5.88	−3.5	0.94	7.84	0.47
2000	99.14	0.48	6.60	12.3	0.81	6.66	0.33
2001	86.03	0.39	9.95	50.7	0.93	11.56	0.54
2002	87.10	0.32	9.02	−9.3	0.72	10.35	0.39
2003	124.64	0.34	14.85	64.7	0.73	11.92	0.38
2004	165.15	0.34	19.45	30.9	0.46	11.78	0.13
2005	200.59	0.32	20.09	3.3	0.60	10.01	0.28
2006	300.07	0.39	22.98	14.4	0.54	7.66	0.15
2007	416.87	0.45	30.53	32.9	0.58	7.32	0.13

续表

年 份	江西省出口总额		江西省出口退税			出口总额退税负担率（%）	出口退税比重较经济比重增减百分点
	出口总额	占全国（%）	退税额	比上年增长（%）	占全国（%）		
2008	541.30	0.54	32.00	4.8	0.55	5.91	0.01
2009	503.32	0.61	37.48	17.1	0.58	7.45	−0.04
2010	907.98	0.85	51.38	37.1	0.70	5.66	−0.15
合 计	4006.18	0.52	306.96		0.67	7.66	0.15

税收减免总额

税收减免总额包括减免税和出口产品退税。出口产品退税实际上是对出口产品实行零税率，即免征税。税收减免是运用税收杠杆支持和促进经济发展和扩大对外贸易，对于保增长、调结构、惠民生发挥积极作用。

1991—1994 年全省税务部门税收减免总额分别为 6.73 亿元、6.63 亿元、6.73 亿元、6.44 亿元，与同年全省税务部门税收总额的比率分别为 15.31%、13.47%、10.44%、8.38%，与同年全省 GDP 的比率分别为 1.4%、1.16%、0.93%、0.68%，税收减免总额与税收收入总额、GDP 的比率呈逐年下降趋势。1991—1994 年全省税务部门税收减免总额合计 26.52 亿元，与同期全省税收收入总额的比率为 11.31%，与同期全省 GDP 的比率为 0.97%。

1995—2010 年江西省国税税收减免总额呈快速增长态势。

表 3-1-8　1995—2010 年江西省国税税收减免总额

单位：亿元

年 份	税收减免额	占国税总额比率（%）	占 GDP 比率（%）	年 份	税收减免额	占国税总额比率（%）	占 GDP 比率（%）
1995	8.56	14.03	0.73	2004	37.19	22.51	1.08
1996	18.13	29.11	1.29	2005	46.71	22.76	1.15
1997	14.11	22.89	0.88	2006	67.77	26.27	1.41
1998	10.99	16.32	0.64	2007	95.99	27.97	1.65
1999	9.62	13.56	0.52	2008	77.01	18.99	1.10
2000	10.41	11.66	0.52	2009	64.90	13.00	0.85
2001	14.07	13.89	0.65	2010	81.64	11.91	0.86
2002	13.95	12.47	0.57	总 计	594.69	17.90	1.00
2003	23.64	17.49	0.84				

1995 年全省国税税收减免总额 8.56 亿元，1996 年逾 10 亿元，2003 年逾 20 亿元，2004 年逾 30 亿元，2005 年逾 40 亿元，2006 年逾 60 亿元，2007 年达 95.99 亿元形成峰值，2008 年回落至 70

余亿元，2009 年继续回落至 60 余亿元，2010 年回升至 81.64 亿元。1995—2010 年全省国税税收减免总额 594.69 亿元，与同期全省国税税收总额的比率为 17.9%，与同期全省 GDP 的比率为 1%。其中："九五"时期、"十五"时期和"十一五"时期税收减免总额分别为 63.26 亿元、135.56 亿元和 387.31 亿元，与全省国税税收收入总额的比率分别为 18%、18.86% 和 17.67%，与全省 GDP 的比率分别为 0.74%、0.91%、1.12%，与 GDP 的比率是逐期提升。

1996—2010 年全省国税税收减免总额年均递增 16.2%，其中："九五"时期、"十五"时期、"十一五"时期分别年均递增 4%、35% 和 11.8%，期间增速波动较大。

1996—2010 年全省国税税收收入总额年均递增 17.5%，GDP 现价计算年均递增 15%，国税税收减免总额年均递增 16.2%，全省国税税收减免总额与全省国税税收收入总额增长弹性系数为 0.93，与全省 GDP 增长弹性系数为 1.08。总体看，全省国税系统税收减免总额与经济发展和国税税收收入增长相协调。

第四节　其他收入

1991—1993 年江西省非税收入主要包括国家能源交通重点建设基金、国家预算调节基金、粮食专项基金、国营企业调节税、教育费附加、烟酒专项收入、工商统一税附加、盐税附加等项目收入。1994 年实施新税制，取消粮食专项基金、国营企业调节税、烟酒专项收入、工商统一税附加、盐税附加等收入项目，保留国家能源交通重点建设基金、国家预算调节基金和教育费附加等非税收入项目。1996 年停征国家能源交通重点建设基金和国家预算调节基金。2001 年始国税系统负责征收税务登记证工本费和发票工本费等非税收入。

基金收入

国家能源交通重点建设基金　国家能源交通重点建设基金于 1983 年 1 月 1 日起开征。江西省的国家能源交通重点建设基金收入 1991 年为 25297 万元，1992 年为 20366 万元。1993 年 7 月 1 日始国营企业提取折旧基金和固定资产变价收入免征国家能源交通重点建设基金，由此全省能交基金收入当年减至 16987 万元。1994 年 1 月 1 日始国有企业免征国家能源交通重点建设基金，当年收入减至 9650 万元。1995 年 1 月 1 日始集体企业免征国家能源交通重点建设基金，当年收入减至 2096 万元。1996 年 1 月 1 日始全面停止征收国家能源交通重点建设基金，1996 年和 1997 年清欠收入分别为 80 万元、1 万元。

国家预算调节基金　国家预算调节基金于 1983 年 1 月 1 日起开征。江西省的国家预算调节基金收入 1991 年为 17882 万元，1992 年为 15257 万元。1993 年 7 月 1 日始国营企业提取折旧基金和固定资产变价收入免征国家预算调节基金，由此全省预算调节基金收入当年减至 13204 万元。1994 年 1 月 1 日始国有企业免征国家预算调节基金，当年收入减至 6519 万元。1995 年 1 月 1 日始集体企业免征国家预算调节基金，当年收入减至 4399 万元。1996 年 1 月 1 日始全面停止征收国家预算调节基金，1996 年和 1997 年清欠收入分别为 381 万元、1 万元。

粮食专项基金　江西省粮食专项基金从 1989 年 4 月 1 日始开征，属地方财政预算外资金。1990—1992 年各年度全省粮食专项基金收入分别为 5105 万元、4778 万元、1268 万元。1992 年江西省停征粮食专项基金，1993 年始江西省无此项收入。

附加收入

教育费附加　教育费附加是以增值税、消费税和营业税"三税"（税改前是产品税、增值税和营业税"三税"）收入为计征依据，随着全省"三税"收入逐年增加，教育费附加收入相应增加。1991—1994 年各年度全省教育费附加收入分别为 5873 万元、6775 万元、9211 万元、13243 万元，收入逐年增加。1995 年江西国税征管范围包括按中央税、共享税附征的教育费附加，当年江西省国税教育费附加收入 10663 万元。1996 年始国、地税征管范围调整，教育费附加全归地税征收管理，因而自 1996 年始江西省国税无教育费附加收入。

工商统一税附加和盐税附加　1991—1993 年各年度全省工商统一税附加和盐税附加收入合计数分别为 8.5 万元、17.3 万元、37 万元，收入随着工商统一税和盐税收入增加而逐年增加。1994 年实施新税制，取消工商统一税附加和盐税附加收入项目，1994 年始江西省无此项目收入。

国营企业调节税

国营企业调节税于 1984 年第二步"利改税"时设立。1991—1993 年各年度全省国营企业调节税收入分别为 3477 万元、3117 万元、1553 万元。1994 年实施新税制，取消国营企业调节税税种，1994 年始江西省无此项收入。

烟酒提价专项收入

烟酒提价专项收入于 1988 年开征。1991—1993 年各年度全省烟酒提价专项收入分别为 355 万元、207 万元、87 万元。1994 年实施新税制，取消烟酒提价专项收入项目。1995 年清欠收入 5 万元，1996 年清欠收入 2 万元。

行政性收费收入

根据财政部和国家税务总局有关文件规定要求，2001 年 1 月 1 日起，税务登记证工本费和发票工本费（以下简称行政性收费）实行收支两条线管理，其收入按"行政性收费收入"预算科目缴入国库。

江西省国税行政性收费收入：2001—2005 年各年度收入在 0.2 亿元以下，分别为 0.18 亿元、0.17 亿元、0.18 亿元、0.17 亿元、0.19 亿元。2006—2010 年各年度收入在 0.2 亿元以上，分别为 0.21 亿元、0.2 亿元、0.2 亿元、0.21 亿元、0.24 亿元。10 年合计行政性收费收入 1.94 亿元。随着经济发展，纳税户数增加，税务登记证数量和发票使用量增加，但为了鼓励创业和下岗人员再就业，改善民生，逐步地对下岗人员再就业、残疾人就业、小微企业等减收或免收税务登记证工本费，因而 2002—2010 年全省国税行政性收费收入仅小幅年均递增 3.4%。

其他罚没收入

2000 年始按照政府预算收支科目规定要求，国税部门对于纳税人违章行为所收取的罚没收入按"国税部门其他罚没收入"科目缴入国库。

全省国税其他罚没收入呈阶梯式上升：2000 年和 2001 年收入分别为 207 万元、255 万元，2002 年和 2003 年分别为 325 万元、340 万元，2004—2010 年各年度收入分别为 462 万元、536 万元、452 万元、491 万元、429 万元、426 万元、398 万元。2000—2010 年全省国税其他罚没收入合计 4321 万元，2001—2010 年均递增 6.7%。

第二章　税种收入

　　1991—1993 年税种设置较多，江西省实际征收工商税收收入包括产品税等 30 个税种的收入。1994 年实施新税制，部分税种撤并，江西省工商税收收入包括增值税等 15 个税种的收入。国、地税两套税务机构分设后，1995 年江西省国税系统主要负责中央税、中央地方共享税以及部分地方税种收入的征收管理。1996 年国、地税征管范围调整，地方税种收入划归地税部门负责征收管理。1996—2010 年江西省国税系统税收收入主要包括增值税、消费税、营业税（金融保险营业税税率提高部分）、企业所得税（部分）、个人所得税（储蓄存款利息所得个人所得税）、车购税等税种的收入。

第一节　增值税收入

　　1981 年始我国设立增值税税种，当年江西省增值税征收项目仅有机器机械等少数几个工业产品，之后增值税征收范围逐渐扩大。按照课税对象来源地划分，增值税分为国内增值税和进口货物增值税两大类。

　　国内增值税

　　征收范围　1994 年税制改革前的 1991—1993 年，我国增值税类型属于生产型增值税，即购进固定资产所含税金不予抵扣，增值税主要按照实耗法计算抵扣税金，征收对象主要是内资企业加工生产的糖、液体饮料、纸、日用机械和电器、电子产品、纺织品、药品、机器机械及零配件、汽车、机动船舶、钢材钢坯、有色金属产品、电线电缆、钨砂、水泥等工业产品，以及工业性作业。而卷烟、酒、成品油、化工、电力、生铁、橡胶制品、铁合金等工业产品和农林牧水产品征收产品税；商业零售、商业批发和工业自销征收营业税；涉外企业产品征收工商统一税。

　　1994 年 1 月 1 日起我国全面实施新税制，江西省增值税征收范围覆盖工业、商业、修理修配业和进口应税产品，覆盖内、外资企业，成为税收的主要收入税种。国内增值税收入为中央和地方共享，即按中央 75%、地方 25% 比例缴入国库。这一格局延续到 2010 年。

　　生产型增值税收入　生产型增值税制度下，增值税一般纳税人购进固定资产的进项税金不予抵扣。1991—2007 年 6 月底江西省执行生产型增值税制度，由于税收是年度与金库对账定案原因，1991—2006 年江西省国内增值税收入反映为生产型增值税收入。

　　1991—1993 年各年度全省国内增值税入库数（不含出口产品退税，下同）分别为 11.41 亿元、13.35 亿元和 20.35 亿元，分别比上年增加 1.61 亿元、1.93 亿元和 7.01 亿元，增长 16.4%、16.9%

和 52.5%。1994 年实施分税制财政体制改革，"两税"（指国内增值税与国内消费税收入合计数，下同）收入以 1993 年收入为财政收入基数，各地为争取上基数，加强征收管理，大力清缴欠税，应收尽收，由此相应影响 1993 年国内增值税收入高速增长。1991—1993 年各年度全省国内增值税收入增幅分别高于同期全省工商税收收入增幅 5.7 个、4.3 个、16.2 个百分点，国内增值税收入年均递增 27.6%，高于同期全省工商税收收入年均增速 8.2 个百分点。

1994 年税制改革，增值税征收范围扩大，国内增值税收入规模相应扩张。

表 3-2-1　1994—2006 年全省国内增值税收入

单位：亿元

年份	国内增值税			年份	国内增值税		
	收入额	比上年增减（%）	占国税税收总额（%）		收入额	比上年增减（%）	占国税税收总额（%）
1994	42.54		76.09	2001	70.25	14.2	69.34
1995	44.60	4.9	73.10	2002	76.00	8.2	67.97
1996	51.57	15.6	83.08	2003	93.26	22.7	68.97
1997	48.35	−6.2	78.44	2004	114.10	22.3	69.07
1998	50.19	3.8	74.51	2005	136.82	19.9	66.66
1999	51.35	2.3	72.39	2006	166.99	22.1	64.73
2000	61.52	19.8	68.93	总计	1007.54	递增 12.1%	69.46

说明：1."国税税收总额"系指工商税收与国有企业所得税收入合计数。2. 国内增值税收入"年均递增%"栏填列的是以 1994 年为基数、1995—2006 年均递增速度。3.1994 年全省国税税收总额为省国税局、省地税局协商分解数。

1994—2006 年全省国内增值税收入年度增速呈现前慢后快态势。1995 年、1998 年和 1999 年国内增值税收入小幅增长，1996 年增长 15.6%，1997 年负增长 6.2%（主要是重点税源滑坡和消化以前年度"水分"影响所致），1995—1999 年国内增值税收入总体处于小幅增长波动期。跨入新世纪后江西省经济步入快速发展轨道，市场需求增加，钢材、有色金属、建材、化工、煤炭等产品销价上涨，税源增加，2000 年始税收步入快速增长轨道，除 2002 年增长 8.2% 为个位数增长外，其他年度均为两位数增长，其中 2003—2006 年分别增长 22.7%、22.3%、19.9%、22.1%，基本上是 2 字头的两位数增长。1995—2006 年全省国内增值税收入年均递增 12.1%，增速达两位数。

全省国内增值税收入除 1997 年下滑外，其他年度收入规模均为逐年扩大。1994—2003 年各年度国内增值税收入规模在百亿元以下运行，2004 年突破百亿元，2006 年达 166.99 亿元，比 1994 年增加 124.45 亿元，增长 2.92 倍。

前期由于收入规模较小、增幅较小，因而增收规模相应较小，1995—2002 年各年度国内增值税比上年增收额分别为 2.06 亿元、6.97 亿元、−3.22 亿元、1.84 亿元、1.16 亿元、10.17 亿元、8.73 亿元和 5.75 亿元。2003—2006 年由于收入规模增大、增幅较大，因而增收规模相应明显增大，各年度国内增值税比上年增收额分别为 17.26 亿元、20.84 亿元、22.72 亿元和 30.17 亿元。1995—2006

年全省国内增值税收入年均增收 10.37 亿元。

全省国内增值税收入占国税税收收入总额比重较大，但年度间有所波动，收入比重呈下降趋势。1995—1999 年国内增值税收入年度比重在 70% 以上，其中 1996 年比重 83.08% 形成峰值。由于政策调整，1999 年 11 月份开征储蓄利息个人所得税，2006 年全省储蓄利息个人所得税收入 8.77 亿元；2005 年车辆购置税归由国税系统征收，2006 年全省车辆购置税收入 10.45 亿元等，相应影响 2000 年始国内增值税收入比重逐渐下降，2006 年收入比重降至 64.73%，较 1994 年减少 11.36 个百分点。1995—2006 年全省国内增值税收入合计数占同期全省国税税收总额比重 69.72%，是江西省国税税收的主体部分。

消费型增值税收入　2007 年 7 月 1 日江西省部分地区实施消费型增值税制度，2009 年 1 月 1 日起全面实施消费型增值税制度。

2007 年至 2008 年上半年是江西经济发展高峰期，税收相应增多。2008 年下半年国际金融危机爆发，出口萎缩，钢铁、有色金属、化工等大宗商品销价大跌。2009 年上半年经济继续下滑，下半年经济开始企稳，全年全省发电量仅比上年增长 6.3%，全部工业品价格指数为 93%，比上年下降 7 个百分点，其中重工业产品价格指数为 89.6%，比上年下降 10.4 个百分点，加之政策调整影响，2009 年化工、黑色金属压延加工、有色金属压延加工、矿产品和电力等重点税源项目增值税收入分别比上年减少 0.67 亿元、6.46 亿元、26.2 亿元、6.1 亿元和 5.5 亿元，分别比上年下降 7.3%、25.6%、65.6%、19.6% 和 20.5%。2010 年经济回升，税收收入步入正常增长轨道。

2008 年 1 月中旬至 2 月中旬，江西省遭受历史上罕见的低温雨雪冰冻灾害，交通阻断，特别是电力系统电杆大面积折断，电塔倒塌，许多县市和乡村电路中断，生产与人民生活遭受重大困难，经济遭受重大损失，农作物受灾面积 2600 余万亩，受灾林地面积 5300 余万亩。低温雨雪冰冻灾害期间，因供电、交通中断，企业原材料与货物运输进出困难，部分矿山的设施受到严重破坏，部分企业厂房倒塌，家俱、装饰板、原木、松脂等以农林产品为主要原材料的加工业的生产更是受到严重影响。灾害期间正值春节前后，商业货源进入及货品输出均受到很大限制，春节前后供应商品的花色品种受限，城镇许多个体工商户关门停业，人们消费需求受到影响，加之在外省务工人员滞留外地不能回家过年，使本该很景气的年关商业经济受到冲击，对税收收入带来很大的负面影响。各地上报数汇总，低温雨雪冰冻灾害影响全省国内增值税收入减收 19.5 亿元，其中：直接减收 8.87 亿元，主要反映在制造业、采掘业、电力和商业；滞后减收 10.63 亿元，主要是电力系统以及部分企业灾后重建购进固定资产进项税金抵扣增加等。

消费型增值税制度下，企业购进机器设备、运输工具、生产工具等固定资产进项税金按照有关规定予以抵扣。江西省执行中部地区崛起发展战略，2007 年 7 月 1 日始南昌、九江、景德镇、萍乡等四市的装备制造业、石油化工业、冶金业、汽车制造业、农产品加工业、电力业、采掘业、高新技术产业等八大行业扩大增值税抵扣范围，当年全省固定资产进项税金实际抵扣 6850 万元，待抵扣额 1.49 亿元结转下年度消化。2008 年全省固定资产进项税金实际抵扣 1.9 亿元，待抵扣额 4.02 亿元结转下年度消化。2009 年 1 月 1 日起江西省执行全国统一的税制改革，全面实施消费型增值税制度，当年全省固定资产进项税金实际抵扣 18.27 亿元，待抵扣额 13.71 亿元结转下年度消化。2010 年全省固定资产进项税金实际抵扣 33.43 亿元，待抵扣额 19.53 亿元结转下年度消化。2007—

2010 年全省固定资产进项税金实际抵扣额共计 54.29 亿元。由此相应减少了部分税收，但减轻了企业税收负担，促进了经济发展，而经济发展相应带来税源增加。

财政部、国家税务局文件规定，2007 年 1 月 1 日起民政福利企业税收优惠政策调整为残疾人就业税收优惠政策，即原民政福利企业增值税全部返还或部分返还优惠政策调整为按照安置残疾人人数计算减征增值税（减免税额最高不得超过每人每年 3.5 万元）。2007 年下半年全省国税系统残疾人应减免税 1.97 亿元，实际办理减免税 1.59 亿元，比上年属期民政福利企业减免税（主要是增值税减免）15.11 亿元减少 13.52 亿元，减幅达 88.2%。2008—2010 年残疾人就业税收优惠政策与原民政福利企业税收优惠政策比较，减免税额明显减少，由此相应增加税收收入。

为积极应对国际金融危机，2009 年国家出台刺激经济"一揽子计划"，其中包括结构性减税政策。除增值税全面转型外，矿产品增值税率由 13% 调高至 17%，由于本省冶金企业从国外、省外购进铁矿石、铜矿石等矿产品较多，火力发电厂从省外购进原煤较多，因而此项政策影响全省国内增值税收入 2009 年和 2010 年分别减少 14.5 亿元、16 亿元；废铜加工企业从废旧物资回收经营企业购进废铜的进项税金抵扣率由 10% 调整为 17%，此项政策影响全省废铜加工企业国内增值税收入 2009 年和 2010 年分别减少 34.83 亿元、50.3 亿元；增值税小规模纳税人征收率由 4% 调减为 3%，此项政策影响全省国内增值税收入 2009 年和 2010 年分别减少 5.5 亿元、6 亿元。

再生资源回收经营企业销售废旧物资由免征增值税调整为征收增值税，此项政策影响全省国内增值税收入 2009 年和 2010 年分别增加 96.13 亿元、138.82 亿元。

政策调整对国内增值税收入的影响是有增有减，江西省是增收额大于减收额，即上述政策增收因素与减收因素相抵后，2009 年和 2010 年全省国内增值税收入政策因素分别净增 41.3 亿元、66.52 亿元。

2007 年全省国内增值税收入首次突破 200 亿达 214.42 亿元，比上年增收 47.43 亿元，增长 28.4%。2008 年收入 258.21 亿元，比上年增收 43.79 亿元，增长 20.4%。2009 年收入逾 300 亿达 320.26 亿元，比上年增收 62.04 亿元，增长 24%。2010 年收入逾 400 亿达 417.49 亿元，比上年增收 97.23 亿元，增长 30.4%。由于车购税、企业所得税、消费税收入大幅增加，国税收入结构变化，国内增值税收入比重相应下降，2007—2010 年国内增值税收入占全省国税税收总额比重在 60.8%~64.2% 区间运行，4 年平均比重 62.59%，较 1995—2006 年平均比重下降 7.13 个百分点，收入比重以年均 1.5% 速度递减。2007—2010 年全省国内增值税收入年均递增 25.8%，较 1995—2006 年均增速提升 13.7 个百分点。消费型增值税制度实施，固定资产进项税金抵扣，减少了部分税收，但由此减轻了企业税收负担，促进了经济发展，相应带来税源增加和税收增收。

重点税源项目收入　税制改革前的 1991—1993 年，江西省国内增值税征收范围是部分工业产品和工业性作业。

表 3-2-2　1991—1993 年全省国内增值税重点项目征收情况

单位：万元

项　目	1991 年		1992 年		1993 年		1891—1993 年均递增（%）
	税收征收数	比上年增长（%）	税收征收数	比上年增长（%）	税收征收数	比上年增长（%）	
增值税征收数合计	120461	14.6	140799	16.9	215342	52.9	25.7
一．轻工业小计	54380	6.4	55865	2.7	82059	46.9	17.1
糖	3718	−0.3	2426	−34.7	4829	99.1	6.6
液体饮料	448	35.3	347	−22.5	771	122.2	32.5
纸	3388	−3.4	3859	13.9	5384	39.5	11.3
日用机械和电器产品	2889	14.1	2603	−9.9	3009	15.6	4.4
电子产品	2485	−0.7	2232	−10.2	2625	17.6	1.4
纺织品	9118	−10.9	8244	−9.6	14414	74.8	12.1
药品	3535	26.8	5078	43.6	6971	37.3	35.8
其他轻工产品	28799	13.0	31077	7.9	44055	41.8	20.0
二．重工业小计	65189	22.6	83746	28.5	131337	56.8	35.2
机器机械及零配件	13133	18.2	16841	28.2	23863	41.7	29.0
汽车	4402	82.8	8556	94.4	10974	28.3	65.8
机动船舶	33	−15.4	98	197.0	197	101.0	71.6
钢坯	1333	146.4	2285	71.4	4530	98.2	103.0
钢材	19073	17.6	24305	27.4	45019	85.2	40.5
平板玻璃	88	31.3	107	21.6	77	−28.0	4.7
有色金属产品	7681	26.0	9832	28.0	14205	44.5	32.6
电线电缆	1509	−15.2	2519	66.9	3001	19.1	18.9
建材产品	10031	22.0	10744	7.1	18425	71.5	30.9
其中；水泥	5657	30.0	7336	29.7	14792	101.6	50.3
其他	7906	18.4	8460	7.0	11046	30.6	18.2
其中：钨砂	1904	0.2	1135	−40.4	2474	118.0	9.2
三．工业性作业	892	16.6	1188	33.2	1946	63.8	36.5

说明：表中税收为征收数。

　　上表所列 17 个产品项目税收年度间增幅有所波动，但 1991—1993 年均增速均为正增长。其中有 14 个项目增值税征收数年均增速达两位数，年均增速 30% 以上的有液体饮料、药品、汽车、钢坯、钢材、机动船舶、有色金属和水泥等 8 个产品项目。

1991—1993 年轻工业增值税征收数年均递增 17.1%，各年度税收占国内增值税征收总额的比重分别为 45.14%、39.68%、38.11%，税收比重逐年下降。1991—1993 年重工业增值税征收数年均递增 35.2%，快于轻工业增值税增速 18.1 个百分点，各年度税收占国内增值税征收总额的比重分别为 54.12%、59.48%、60.99%，税收比重逐年提升。重工业税收发展快于轻工业税收。

冶金、机器机械、汽车、建材、纺织品等行业税收比重较大。其中：

①钢材钢坯。全省钢产量 1991 年 109.68 万吨，1993 年增至 148.68 万吨。全省钢坯增值税征收数 1991 年 1333 万元，1993 年 4530 万元，年均递增 103%。钢材增值税 1991 年 1.91 亿元，1993 年 4.5 亿元，年均递增 40.5%。3 年合计钢材钢坯增值税占全省国内增值税征收数总额比重 20.26%。

②有色金属产品。增值税征收数 1991 年 7681 万元，1993 年 1.42 亿元，年均递增 32.6%。3 年合计增值税占全省国内增值税征收数总额比重 6.66%。

③机器机械及零配件。增值税征收数 1991 年 1.31 亿元，1993 年 2.39 亿元，年均递增 29%。3 年合计增值税占全省国内增值税征收数总额比重 11.3%。

④汽车。全省汽车产量 1991 年 1.44 万辆，1993 年增至 3.87 万辆。汽车增值税征收数 1991 年 4402 万元，1993 年 1.1 亿元，年均递增 65.8%。3 年合计增值税占全省国内增值税征收数总额比重 5.02%。

⑤水泥。全省水泥产量 1991 年 566.91 万吨，1993 年增至 811.63 万吨。水泥增值税征收数 1991 年 5657 万元，1993 年 1.48 亿元，年均递增 50.3%。3 年合计增值税占全省国内增值税征收数总额比重 5.83%。

⑥纺织品。全省纱、布产量 1991 年为 8.67 万吨、2.79 亿米，1993 年增至 9.06 万吨、2.97 亿米。纺织品增值税征收数 1991 年 9118 万元，1993 年 1.44 亿元，年均递增 12.1%。3 年合计增值税占全省国内增值税征收数总额比重 6.67%。

⑦机制糖。全省机制糖产量 1991 年 14.38 万吨，1993 年减至 13.86 万吨。机制糖增值税征收数 1991 年 3718 万元，1993 年 4829 万元，年均递增 6.6%。3 年合计增值税占全省国内增值税征收数总额比重 2.3%。江西省机制糖主要是以甘蔗为原料，鼎盛时期全省有江西第一糖厂、江西第二糖厂、江西第三糖厂、兴国糖厂、红都糖厂、泰和糖厂、玉山糖厂、东乡糖厂等十几家糖厂，随着市场经济发展，农民种植甘蔗的经济效益不理想，甘蔗种植面积逐渐减少，随后机制糖税收相应锐减。

上述 7 个产品项目 1991—1993 年增值税征收合计数占全省国内增值税征收数总额比重 58.04%。

1994 年实施新税制，国内增值税征收范围覆盖全部工业产品、商业和修理修配业。1994 年和 1995 年税源项目税收是按征收数进行统计核算，1996 年始至 2010 年税源项目税收是按入库数进行统计核算，口径可比。

表 3-2-3 1996—2010 年重点税源项目国内增值税收入

单位：亿元

年 份	卷 烟	化 工	黑色金属压延加工	有色金属压延加工	汽 车	矿产品	电 力	商 业
1996	1.10	1.97	1.46	2.37	0.60	3.46	5.26	13.64
1997	1.05	1.69	1.26	1.96	0.84	2.86	5.68	12.59
1998	1.21	1.81	1.88	1.51	1.07	3.08	7.50	12.58
1999	1.59	2.25	2.10	1.69	0.99	2.65	6.38	12.77
2000	2.25	2.80	4.26	2.15	0.84	2.69	8.30	14.05
2001	3.14	3.08	6.09	2.69	0.60	3.75	9.38	14.02
2002	3.29	3.43	7.75	2.95	1.21	3.79	9.41	16.98
2003	4.16	3.79	11.56	4.61	3.11	4.50	13.04	18.75
2004	5.34	4.11	13.32	6.54	3.89	7.79	14.83	21.99
2005	6.06	5.19	15.44	11.29	3.81	13.18	16.65	24.06
2006	6.35	6.09	17.88	18.41	3.65	19.14	21.65	27.38
2007	7.97	7.42	23.24	27.80	2.82	25.70	25.56	32.88
2008	8.51	9.17	25.20	39.89	4.42	31.14	26.89	41.83
2009	8.73	8.50	18.74	13.69	6.48	25.04	21.38	143.02
2010	10.56	10.27	17.58	14.65	9.81	36.80	26.02	207.56
合计	71.32	71.55	167.75	152.18	44.15	185.58	217.95	614.12

八大重点税源项目。1997—2010 年全省卷烟、化工、黑色金属压延产品、有色金属压延产品、汽车、矿产品、电力和商业等八大重点项目国内增值税收入年均递增 18.8%，分别高于同期全省国内增值税收入、国税税收总额增速 2.7 个、0.12 个百分点。其中"九五"时期、"十五"时期、"十一五"时期分别年均递增 5.8%、20.7%、28.4%，增幅逐期大幅提升。1996—2010 年八大重点项目国内增值税收入占同期全省国内增值税收入比重 51.2%，其中"九五"时期、"十五"时期、"十一五"时期收入比重分别为 51.18%、51.73%、51.03%。1996—2010 年八大重点项目国内增值税收入占同期全省国税税收总额比重 25.91%，其中"九五"时期、"十五"时期、"十一五"时期收入比重分别为 26.04%、26.27%、25.78%，各期比重相对均衡。重点税源项目中：

①卷烟。卷烟生产执行国家指令性计划。全省卷烟产量随着经济发展和市场需求扩大而逐步增加，1996 年产量 38.63 万标准箱，2001 年 54.57 万箱，2005 年 81.94 万箱，2010 年 111.8 万标准箱。卷烟增值税除 1997 年收入小幅下降外，其余年度收入均为正增长，1996 年 1.1 亿元，2000 年逾 2 亿元，2001 年逾 3 亿元，2003 年逾 4 亿元，2004 年逾 5 亿元，2005 年逾 6 亿元，2007 年逾 7 亿元，2008 年逾 8 亿元，2010 年逾 10 亿达 10.56 亿元，比 1996 年增加 9.47 亿元，增长 8.6 倍。1996—2010 年卷烟增值税收入合计 71.32 亿元，年均递增 17.6%，其中"九五"时期、"十五"时期、"十一五"时期分别年均递增 19.7%、22%、11.7%。

②化工。本省化工包括硫酸、烧碱、化肥、化学农药、化学原料等产品。1996年全省化工增值税收入1.97亿元，1999年逾2亿元，2001年逾3亿元，2004年逾4亿元，2005年逾5亿元，2006年逾6亿元，2007年逾7亿元，2008年逾9亿元，2010年逾10亿达10.27亿元，比1996年增加8.3亿元，增长4.2倍。1996—2010年化工增值税收入合计71.55亿元，年均递增12.5%，其中"九五"时期、"十五"时期、"十一五"时期分别年均递增9.2%、13.1%、14.6%，增幅逐期提升。

③黑色金属冶炼及压延加工业。主体产品是钢材，本省钢材生产快速发展，1996年全省钢材产量139.87万吨，2001年382.86万吨，2005年1017.82万吨，2010年1951.55万吨。全省黑色金属冶炼及压延加工业增值税收入1996年1.46亿元，1999年逾2亿元，2000年逾4亿元，2001年逾6亿元，2002年逾7亿元，2003年逾10亿元，2007年逾20亿元，2008年达25.2亿元成为峰值，2009年始因经济因素和税制因素影响增值税收入有所回落，2010年收入17.58亿元，比1996年增加16.13亿元，增长11倍。1996—2010年黑色金属冶炼及压延加工业增值税收入合计167.75亿元，年均递增19.5%，其中"九五"时期、"十五"时期、"十一五"时期分别年均递增30.8%、29.4%、2.6%，增幅逐期下降。

④有色金属冶炼及压延加工业。本省钨、铜、稀土等有色金属矿产资源丰富，为有色金属冶炼及压延加工业奠定了原材料资源基础。有色金属冶炼及压延加工业增值税收入平稳较快发展，但年度间有所波动。1996年收入2.37亿元，2003年逾4亿元，2004年逾6亿元，2005年逾10亿元，2007年逾20亿元，2008年39.9亿元成为峰值，2009年经济因素和税制因素影响增值税收入有所回落，2010年收入14.65亿元，比1996年增加12.28亿元，增长5.2倍。1996—2010年有色金属冶炼及压延加工业增值税收入合计152.18亿元，年均递增13.9%，其中"九五"时期、"十五"时期、"十一五"时期分别年均递增 -2.4%、39.3%、5.4%，增速波动较大。

⑤汽车。本省汽车制造业快速发展，汽车产量1996年6.32万辆，2001年19.56万辆，2005年20.71万辆，2010年达37.28万辆。全省汽车制造业国内增值税收入1996年0.6亿元，1998年逾1亿元，2003年逾3亿元，2008年逾4亿元，2009年逾6亿元，2010年逾9亿达9.81亿元，比1996年增加9.21亿元，增长15.26倍。1996—2010年汽车制造业国内增值税收入合计44.15亿元，年均递增22%，其中"九五"时期、"十五"时期、"十一五"时期分别年均递增8.7%、35.3%、20.8%。

⑥矿产品。本省矿产资源特别是有色金属矿产资源丰富，原煤产量1996年2437.72万吨，2001年1517.45万吨，2005年1620.8万吨，2010年达2830.21万吨。十种有色金属产量2000年22.5万吨，2005年50.09万吨，2010年达111.71万吨。全省矿产品国内增值税收入1996年3.46亿元，2003年逾4亿元，2004年逾7亿元，2005年逾13亿元，2007年逾20亿元，2008年逾30亿元。2010年收入36.8亿元，较1996年增加33.34亿元，增长9.6倍。1996—2010年矿产品国内增值税收入合计185.58亿元，年均递增18.4%，其中"九五"时期、"十五"时期、"十一五"时期分别年均递增 -6.1%、37.4%、22.8%。经济发展，矿产品市场需求增加，产量增加，价格上涨，增值税率调高是矿产品增值税收入较快增长的主要影响因素。

⑦电力。随着经济发展和人们生活水平提高，电力需求增加，丰城电厂、黄金埠电厂、井冈山华能电厂等先后建成投产，九江电厂、鹰潭电厂、新余电厂等企业设备更新改造扩大产能，全

省发电量 1996 年 183.29 亿千瓦时，2001 年 216.16 亿千瓦时，2005 年 349.27 亿千瓦时，2010 年达 545.36 亿千瓦时。全省电力增值税收入 1996 年 5.26 亿元，1998 年逾 7 亿元，2001 年逾 9 亿元，2003 年逾 10 亿元，2006 年逾 20 亿元，2008 年 26.89 亿元形成峰值，2009 年因灾后重建购进固定资产进项税金抵扣增多影响增值税收入回落至 21.38 亿元，2010 年回升至 26.02 亿元，比 1996 年增长 3.95 倍。1996—2010 年全省电力增值税收入合计 217.59 亿元，年均递增 12.1%，其中"九五"时期、"十五"时期、"十一五"时期分别年均递增 12.1%、14.9%、9.3%。

⑧商业。商业经济税源较快发展，全省社会消费品零售总额 1996 年 490.44 亿元，2001 年 763.34 亿元，2005 年 1244.89 亿元，2010 年达 2956.21 亿元。全省商业增值税收入 1996 年 13.64 亿元，2004 年逾 20 亿元，2007 年逾 30 亿元，2008 年逾 40 亿元。2009 年 1 月 1 日始再生资源增值税政策调整，废旧物资回收经营企业销售废旧物资由原免征增值税调整为征收增值税，当年废旧物资回收经营企业销售废旧物资所缴纳的增值税达 96 亿余元，由此影响 2009 年全省商业增值税收入猛增至 143.02 亿元，比上年增加 101.2 亿元，增长 2.4 倍。2010 年全省商业增值税收入达 207.56 亿元，比上年增长 45.1%，较 1996 年增加 193.9 亿元，增长 14.2 倍。1996—2010 年全省商业增值税收入合计 614.12 亿元，年均递增 21.5%，其中"九五"时期、"十五"时期、"十一五"时期分别年均递增 0.7%、11.4%、53.9%，"十一五"时期商业增值税收入超常发展的主要影响因素是税制因素。商业增值税成为江西省国内增值税的重要增长点。

进口货物增值税

凡是申报进入我国海关境内的货物，不论是国外产品还是我国出口转内销的货物，是进口者自行采购还是国外捐赠的货物，是进口者自用还是作为贸易或其他用途的货物等，只要是符合增值税税法规定的应税货物，均应按照规定缴纳增值税。进口货物的纳税人为收货人或办理报关手续的单位或个人。进口货物增值税由海关负责代征，因而又称之为海关代征增值税。

1994 年新税制实施前的 1991—1993 年，增值税征收范围是部分工业产品和工业性作业。1991 年、1992 年和 1993 年全省进口货物增值税分别征收 3058 万元、7837 万元、5254 万元。

1994 年新税制实施后至 2010 年，增值税征收范围覆盖工业、商业和修理修配业，进口货物应税项目增加，进口货物增值税增多。

表 3-2-4　1994—2010 年江西省进口货物增值税收入

单位：亿元

年份	进口总额		进口货物增值税			税负率（%）	税收与经济增长弹性系数
	金额	比上年增减（%）	税额	比上年增减额	比上年增减（%）		
1994	43.69		1.03			2.36	
1995	23.50	−46.2	1.21	0.18	17.6	5.16	−0.38
1996	21.97	−7.7	0.23	−0.98	−80.9	1.06	10.53
1997	18.10	−17.6	0.65	0.42	180.1	3.59	−10.23

续表

年份	进口总额		进口货物增值税			税负率（%）	税收与经济增长弹性系数
	金额	比上年增减（%）	税额	比上年增减额	比上年增减（%）		
1998	18.91	4.5	0.95	0.30	45.9	5.02	10.25
1999	33.76	78.5	1.45	0.50	52.5	4.29	0.67
2000	35.33	4.6	1.74	0.30	20.4	4.93	4.41
2001	40.72	15.3	1.69	−0.05	−2.7	4.16	−0.18
2002	53.19	30.6	1.45	0.25	−14.5	2.73	−0.47
2003	84.63	59.2	2.11	0.66	45.8	2.50	0.77
2004	127.17	50.3	3.16	1.05	19.6	2.48	0.99
2005	133.28	4.8	5.23	2.07	65.5	3.92	13.64
2006	194.79	46.2	7.26	2.50	47.8	3.97	1.03
2007	306.17	57.2	17.33	9.60	124.3	5.66	2.17
2008	413.22	35.0	20.54	3.21	18.5	4.97	0.53
2009	369.43	−10.6	26.18	5.64	27.4	7.09	−2.59
2010	554.66	40.1	58.58	32.40	123.8	10.59	0.59
合计	2472.49		151.26	5.63		6.12	1..67

说明：1.表中"税负率"系指进口货物总额增值税负担率；2.表中"税收与经济增长弹性系数"系指进口货物增值税与进口货物总额增长弹性系数。

1994—2006年江西省实行生产型增值税制度，由于外购的机器设备、生产工具和生产用运输工具等固定资产进项税金不能抵扣，相应影响企业设备更新和技术改造的意愿不强，进口货物规模相对较小。1994年全省进口货物总额43.69亿元，2006年194.79亿元，1995—2006年均递增13.2%。这一时期江西省进口货物增值税规模较小，收入波动较大，但趋势是上升，1995—2002年进口货物增值税年收入在2亿元下方运行，2003年始收入规模明显提升，2003年、2004年、2005年和2006年收入分别逾2亿、3亿、5亿、7亿元。1994—2006年进口货物增值税合计28.63亿元，占同期全省增值税收入总额比重为2.76%，占同期全省国税税收总额比重为2.06%。宏观税负情况：1994—2006年全省进口货物总额增值税负担率为3.45%，进口货物增值税与进口货物总额的增长弹性系数为1.38，税收与经济是相适应的。

2007年7月1日起南昌、景德镇、萍乡和九江等四个设区市的装备制造业、石油化工业、冶金业、汽车制造业、农产品加工业、电力业、采掘业、高新技术产业等八大行业扩大增值税抵扣范围；2009年1月1日起我国全面实行消费型增值税制度。在消费型增值税制度下，企业外购的机器设备、生产工具和生产运输工具等固定资产进项税金可按照有关规定予以抵扣，因而企业进行设备更新和技术改造意愿增强，又因1998年下半年国际金融危机爆发，我国依靠出口拉动经济增长的发展模式不可持续，国家实施经济转型战略，加大科技创新、企业技术改造和产业升级力度，这一时期进口货物规模明显增大。全省进口货物总额 2007 年 306.17 亿元，比上年增加 111.38 亿元，增长 57.2%；2008 年逾 400 亿达 413.22 亿元，比上年增加 107.05 亿元，增长 35%；2009 年因受国际金融危机冲击影响，上半年市场不景气，经济下滑，全年进口货物总额 369.43 亿元，比上年减少 43.78 亿元，下降 10.6%；2010 年经济回升，进口货物总额达 554.66 亿元，比上年增加 185.23 亿元，增长 40.1%。2007—2010 年全省进口货物总额合计 1643.47 亿元，年均 410.87 亿元，年均递增 29.9%。

随着经济发展、消费型增值税制度实施，同时加强海关代征税收管理，原部分省域企业进口货物在外省海关报关改为在本省海关报关，2007—2010 年江西省进口货物增值税规模处于快速扩张期，2007 年收入规模逾 10 亿元，2008 年逾 20 亿元，2009 年逾 26 亿元，2010 年逾 50 亿达 58.58 亿元。2007—2010 年全省进口货物增值税收入合计 122.63 亿元，年均递增 65.9%，高于同期全省国内增值税收入增速 40.1 个百分点；占同期全省增值税收入比重 9.20%，高于 1994—2006 年收入比重 6.44 个百分点；占同期全省国税税收总额比重 6.34%，高于 1994—2006 年收入比重 4.36 个百分点。

2007—2010 年全省进口货物结构发生变化：2000 年江西省进口矿产品、铜及铜制品、机器机械电气设备及其零配件这三大类（其中多为应税货物）合计 2.132 亿美元，占当年全省进口货物总额比重 49.98%；而 2010 年江西省进口矿产品、铜及其制品、机器机械电气设备及其零配件这三大类合计 67.754 亿美元，占当年全省进口货物总额比重 82.79%，高于 2000 年比重 32.81 个百分点，应税货物比重上升，税源增加，税负率和弹性系数相应提升。2007—2010 年全省进口货物总额增值税负担率为 7.46%，高于 1994—2006 年税负率 4.01 个百分点；进口货物增值税与进口货物总额的增长弹性系数为 2.21，高于 1994—2006 年弹性系数 83 个百分点。

总体情况。税源方面，1994—2010 年江西省进口总额合计 2472.49 亿元，1995—2010 年均递增 17.2%，其中"九五"时期、"十五"时期、"十一五"时期分别年均递增 8.5%、30.4%、33%，增幅是逐期提升。税收方面，1994—2010 年江西省进口货物增值税收入合计 151.26 亿元，1995—2010 年均递增 28.7%，其中"九五"时期、"十五"时期、"十一五"时期分别年均递增 7.5%、24.6%、62.1%，增幅是逐期大幅提升。1994—2010 年全省进口货物总额增值税负担率为 6.12%。1995—2010 年全省进口货物增值税与进口总额增长弹性系数为 1.67。总体看，这一时期江西省进口货物增值税收入与经济发展是基本相适应的。

增值税总收入

表 3-2-5　1994—2010 年江西省增值税总收入

单位：亿元

年　份	增值税收入总额			年　份	增值税收入总额		
	收入额	比上年增减（%）	占国税收入总额（%）		收入额	比上年增减（%）	占国税收入总额（%）
1994	43.57		77.93	2003	95.37	23.1	70.54
1995	45.82	5.2	75.10	2004	117.26	22.9	70.98

续表

年份	增值税收入总额			年份	增值税收入总额		
	收入额	比上年增减（%）	占国税收入总额（%）		收入额	比上年增减（%）	占国税收入总额（%）
1996	51.81	13.1	83.20	2005	142.05	21.1	69.21
1997	49.00	−5.4	79.51	2006	174.71	23.0	67.72
1998	51.14	4.4	75.92	2007	231.66	32.6	67.50
1999	52.80	3.2	74.43	2008	278.76	20.3	68.73
2000	63.26	19.8	70.88	2009	346.43	24.3	69.37
2001	71.94	13.7	71.01	2010	476.07	37.4	69.43
2002	77.45	7.7	69.26	合计	2369.10		70.11

说明：增值税总收入包括国内增值税和进口货物增值税。

　　1994 年 1 月 1 日起实施新税制，当年全省增值税收入 43.57 亿元。1995—2010 年各年度全省增值税收入除 1997 年收入有所下滑外，其余年份收入均为正增长。2004 年收入逾百亿，2007 年逾 200 亿，2009 年逾 300 亿，2010 年逾 400 亿达 476.07 亿元，比 1994 年增长 9.9 倍。1995—2010 年全省增值税收入合计 2325.23 亿元，占同期全省国税税收总额比重 69.98%，其中"九五"时期、"十五"时期、"十一五"时期收入比重分别为 76.26%、70.13%、68.78%。随着经济发展和税收政策调整，消费税、企业所得税和车辆购置税大幅增长及其收入比重上升，增值税收入比重相应逐期下降。1995—2010 年全省增值税收入总额年均递增 16.1%，其中"九五"时期、"十五"时期、"十一五"时期增值税收入分别年均递增 6.7%、17.6%、27.4%，税收增速逐期提升。

图 3-2-1　1994—2010 年江西省增值税收入一览图

单位：亿元

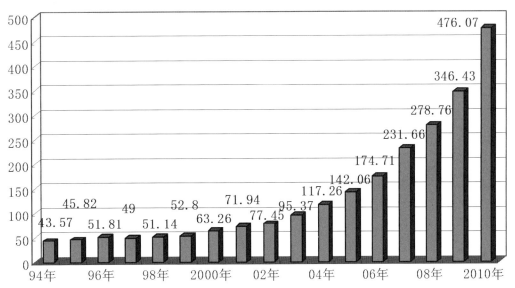

分企业类型收入，1996—2010年各企业经济类型税收是按入库数进行统计核算，口径可比。

表 3-2-6　1996—2010 年全省增值税收入分企业类型

单位：亿元

年　份	国有企业	集体企业	股份合作	联营企业	股份制	私营企业	涉外企业	个体经济
1996	33.91	7.67		0.07	0.40	0.40	3.09	6.27
1997	28.09	6.31		0.02	1.31	0.54	5.41	7.32
1998	26.92	5.75		0.05	3.88	1.12	5.62	7.79
1999	26.06	4.78	0.28	0.09	5.59	1.46	5.82	8.72
2000	27.11	4.36	0.42	0.08	13.67	1.81	7.74	8.08
2001	29.22	3.50	0.46	0.08	19.55	2.31	9.40	7.42
2002	24.66	2.83	0.59	0.06	29.20	3.00	9.33	7.78
2003	25.43	2.64	1.42	0.05	40.99	5.11	12.54	7.15
2004	26.82	2.65	1.21	0.03	54.54	7.91	16.96	7.08
2005	30.92	2.76	1.27	0.04	64.47	11.92	22.98	7.60
2006	34.41	3.04	1.34	0.43	76.49	17.80	33.06	8.04
2007	48.01	3.70	1.21	0.09	101.88	24.31	42.25	10.07
2008	49.28	4.02	1.37	0.10	125.84	36.01	49.00	13.05
2009	49.22	8.08	1.36	0.10	178.55	55.24	40.91	12.89
2010	79.77	8.94	1.48	0.09	235.65	78.95	53.53	17.58
合　计	539.83	46.28	12.42	1.39	941.91	247.89	317.63	136.85

说明："其他经济类型"仅有少量收入，故本表未列示。

1996—2010 年各企业类型增值税收入合计数：股份制企业 941.91 亿元，年均递增 57.9%，占全省增值税收入总额比重 41.76%，收入比重以年均 34.8% 速度上升；国有企业 539.83 亿元，年均递增 6.3%，收入比重 23.68%，收入比重以年均 9.3% 速度下降；涉外企业 317.63 亿元，年均递增 22.6%，收入比重 13.93%，收入比重以年均 4.6% 速度上升；私营企业 247.89 亿元，年均递增 45.9%，收入比重 10.87%，收入比重以年均 24.5% 速度上升；个体经济 136.85 亿元，年均递增 7.6%，收入比重 6%，收入比重以年均 8.1% 速度下降；集体企业 46.28 亿元，年均递增 1.1%，收入比重 3.12%，收入比重以年均 13.7% 速度下降；股份合作企业 12.42 亿元，年均递增 16.5%，收入比重 0.54%，收入比重以年均 5.2% 速度下降；联营企业 1.39 亿元，年均递增 1.9%，收入比重 0.06%，收入比重以年均 12.6% 速度下降。股份制企业、私营企业和涉外企业增值税收入增速分别高于同期全省增值税收入总额增速 40.3 个、28.3 个和 8.2 个百分点；国有企业、个体经济、集体企业、联营企业增值税收入增速分别低于同期全省增值税收入总额增速 11.3 个、10 个、16.5 个、15.7 个百分点。

股份制企业增值税收入高速发展的重要影响因素是部分国有企业、集体企业、私营企业等改制为股份制企业，部分新投资者创办股份制企业，股份制成为江西省企业经济的重要组织形式。股份制企业纳税户数明显增多，全省国税系统股份制企业纳税户数 1996 年为 0.18 万户，2010 年增至 4.64 万户。私营企业增值税收入高速发展的重要影响因素是随着社会主义市场经济体制建立与发展，拓展了民营经济发展空间，国家政策鼓励、支持和促进民营经济发展，私营企业纳税户数明显增多，全省国税系统私营企业纳税户数 1996 年为 2294 户，2010 年增至 2 万户。涉外企业增值税收入较快发展的重要影响因素是对外开放、招商引资力度加大，涉外经济较快发展，全省国税系统涉外企业纳税户数 1996 年为 1662 户，2010 年增至 2592 户，其中江西铜业股份公司、江铃汽车股份有限公司、江铃五十铃汽车有限公司、昌河铃木汽车有限责任公司、江西赛维 LDK 光伏硅科技有限公司等涉外企业是江西省制造加工业中的龙头或骨干企业。

国有企业增值税收入增速较缓、收入比重下降的主要影响因素是部分国有企业改制为股份制企业、涉外企业、私营企业，税源转移，全省国税系统国有企业纳税户（不含国有控股企业）1996 年为 2.38 万户，2010 年锐减至 2069 户。集体企业增值税收入缓慢增长、收入比重大幅下降的主要影响因素是部分集体企业改制为股份合作企业、私营企业、个体工商户等，税源转移，全省国税系统集体企业纳税户 1996 年为 3.63 万户，2010 年锐减至 2125 户。股份合作企业增值税收入规模不大，处于发展中。联营企业增值税税源和税收规模微小，反映联营企业尚不是江西省企业经济的主要组织形式。

1996—2010 年全省内资经济增值税收入合计 1962.07 亿元，年均递增 16.7%，低于涉外经济增值税收入增速 5.9 个百分点；占全省增值税收入总额比重 86.07%。内资经济增值税是本省增值税收入的主体部分，涉外经济增值税是本省增值税收入的重要组成部分。

减免税

1991—2010 年增值税减免税分为新税制实施前的 1991—1993 年、新税制实施后的 1994—2010 年这两个时期。

税改前　1991—1993 年属于流转税类的税种有产品税、增值税、工商统一税、营业税等。增值税征收范围是部分工业产品和工业性作业。1991 年、1992 年和 1993 年全省增值税减免税额分别为 6900 万、7420 万、8926 万元，占同年度全省税务部门减免税总额比重分别为 30.5%、32.62%、43.02%，3 年合计 2.32 亿元，占同期全省减免税总额比重 35.2%。此外，1991 年、1992 年和 1993 年全省税务部门办理增值税以税还贷分别为 1581 万、815 万、939 万元，占同年度全省以税还贷总额比重分别为 10.58%、9.33%、7.75%。增值税以税还贷 3 年合计 3335 万元，占同期全省以税还贷总额比重 9.32%。

税改后　1994 年 1 月 1 日起新税制实施，增值税征收范围涵盖工业、商业、修理修配业和应税进口产品。税务部门不再办理以税还贷。

全省增值税减免税 1994 年和 1995 年分别为 0.92 亿、0.7 亿元；1996 年和 1997 年分别为 7.24 亿、6.92 亿元；1998—2003 年在 3.5 亿—5.9 亿元区间运行。由于废旧物资回收企业经营较快发展，这类企业大多属民政福利企业，税收上给予增值税全部或部分减免优惠，2004 年始增值税减免税规模逐渐扩大，当年全省增值税减免税增至9.48亿元，2005年逾10亿达14.67亿元；2006年逾20亿达29.89亿元；2007年接近40亿达39.06亿元，成为峰值。2008年下半年国际金融危机爆发，对实体经济带来冲击影响，税收收入受到影响，加之残疾人就业税收优惠新政策全年度实施，减免税相应减少，2008年增值税减免税额14.67亿元，比上年下降62.4%。为积极应对国际金融危机冲击影响，2009年国家出台结构性减税政策，1月1日起实施新的《增值税暂行条例》，政策调整，废旧物资回收经营企业销售废旧物资由原免征增值税调整为征收增值税，并由财政部门审批按其实缴增值税的一定比例予以退付等，而财政部门审批退付增值税不列入税务部门减免税统计，因而税务部门办理的减免税数额相应减少，2009年和2010年全省增值税减免税分别降至9.8亿、11.17亿元。尽管如此，2010年增值税减免税额比1994年增加10.24亿元，增长11.1倍。1994—2010年全省增值税减免税合计171.21亿元，1995—2010年均递增16.8%，与同期全省国内增值税收入年均增速基本协调。

1994年新税制实施后，增值税成为税收收入的主要税种，其减免税占减免税总额的比重相应较大。1995年全省增值税减免税占全省国税系统减免税总额比重80.7%；1996—2002年各年度增值税减免税比重在92%以上区间运行；2003年始，内、外资企业所得税减免税额增多，增值税减免税比重相应下降，2003—2007年增值税减免税占全省国税减免税总额比重在55%~67%区间运行；2008年因国际金融危机爆发影响实体经济，2009年始实施新的《增值税暂行条例》，政策调整，加之增值税转型和结构性减税政策所减少的增值税收入不列入减免税报表统计，因而2008—2010年全省增值税减免税比重降至32%~37%区间运行。1995—2010年合计增值税减免税占全省国税减免税总额比重56.18%，比重呈前高后低态势。

第二节　消费税收入

中国的消费税是对特定的某些消费品和消费行为征收的一种税，按照课税对象性质划分属于流转税范畴。1989年2月我国对彩色电视机和小轿车开征特别消费税，1992年4月取消特别消费税税种。1994年1月1日起全国实施新税制，开征消费税，凡在我国境内生产、委托加工和进口应税产品的单位和个人，依法缴纳消费税。为促进经济结构调整、转变经济发展方式，2008年11月5日国务院第34次常务会议修订通过新的《中华人民共和国消费税暂行条例》，调整了部分税目和税率，并于2009年1月1日起在全国范围内实施。按照课税对象来源地划分，消费税分为国内消费税和进口货物消费税两大类。

特别消费税收入

1989年2月1日起对彩色电视机实行专营，对小轿车加强销售管理，同时开征特别消费税。1989年、1990年和1991年江西省特别消费税分别收入1116万元、1625万元、1714万元。随着我国彩色电视机、小轿车生产发展，市场供求状况有所改善，生产流通领域秩序趋于正常，1992年4月我国取消特别消费税税种，1992年始江西省无特别消费税入库。

国内消费税收入

1994 年 1 月 1 日起中国开征消费税，消费税分为国内消费税和进口产品消费税两大部分。

收入概况　国内消费税收入是江西省消费税收入的主体部分。

表 3-2-7　1994—2010 年江西省国内消费税收入

单位：亿元

年　份	国内消费税收入			年　份	国内消费税收入		
	收入额	比上年增减额	比上年增减（%）		收入额	比上年增减额	比上年增减（%）
1994	7.42			2003	22.91	3.40	17.4
1995	7.93	0.51	6.8	2004	26.15	3.24	14.1
1996	8.44	0.51	6.4	2005	28.36	3.21	8.5
1997	8.35	-0.08	-1.0	2006	34.03	5.67	20.0
1998	11.57	3.21	38.4	2007	37.25	3.22	9.5
1999	12.25	0.69	6.0	2008	40.62	3.37	9.1
2000	14.90	2.64	21.6	2009	73.39	32.77	80.7
2001	16.49	1.59	10.7	2010	93.76	20.37	27.8
2002	19.51	3.02	18.3	总　计	463.34	年均递增17.2%	

1994—1997 年各年度全省国内消费税收入在 10 亿元下方运行，1998 年逾 10 亿元，2003 年逾 20 亿元，2006 年逾 30 亿元，2008 年逾 40 亿元。2009 年 1 月 1 日起成品油价税费联动改革，成品油消费税率大幅提高，当年由此增加消费税收入 23 亿余元；2009 年 5 月 1 日起卷烟批发环节征收 5% 消费税，当年由此增加消费税收入 4.6 亿余元，2009 年全省国内消费税收入逾 70 亿达 73.39 元，比上年增加 32.77 亿元。2010 年因税制翘尾因素影响增收 12 亿余元（其中成品油增收 7 亿余元，卷烟增收 5.03 亿元），加之经济回升，卷烟、汽车等税源发展增加消费税收入，2010 年全省国内消费税收入逾 90 亿达 93.76 亿元，比上年增加 20.37 亿元。1994—2010 年全省国内消费税合计收入 463.34 亿元，其中"九五"时期、"十五"时期、"十一五"时期收入分别为 55.51 亿、113.42 亿、279.06 亿元，消费税收入逐期增大。

1995—2010 年期间：1997 年同比小幅下降，6 个年度个位数增长，9 个年度两位数增长。2009 年比上年大幅增长 80.7%，主要是税制因素影响所致。1995—2010 年全省国内消费税收入年均递增 17.2%，略高于同期全省国税税收总额增速 0.2 个百分点。其中"九五"时期、"十五"时期、"十一五"时期收入分别年均递增 13.5%、13.7%、27%，税收增速逐期提升。

分企业类型收入　1996—2010 年份企业类型消费税收入是按入库数进行统计核算，口径可比。

表 3-2-8 1996—2010 年全省分企业类型消费税收入

单位：亿元

年 份	国有企业	集体企业	股份合作	股份制	私营企业	涉外企业	个体经济
1996	7.33	0.39		0.002	0.05	0.62	0.03
1997	7.07	0.36		0.024	0.09	0.77	0.03
1998	10.13	0.32		0.12	0.17	0.79	0.04
1999	8.87	0.46	0.05	0.89	0.22	1.66	0.10
2000	9.41	0.36	0.07	3.28	0.22	1.45	0.10
2001	10.63	0.25	0.01	3.75	0.29	1.42	0.13
2002	13.70	0.10	0.02	3.66	0.40	1.56	0.07
2003	15.57	0.10	0.09	4.51	0.49	2.11	0.05
2004	18.05	0.07	0.11	5.62	0.59	1.65	0.06
2005	20.01	0.05	0.12	5.30	0.64	2.19	0.07
2006	23.05	0.04	0.13	6.53	0.78	3.42	0.07
2007	25.82	0.04	0.05	6.65	0.78	3.86	0.06
2008	28.67	0.03	0.04	6.59	0.78	4.44	0.07
2009	37.36	0.02	0.03	29.45	0.97	5.48	0.10
2010	47.67	0.02	0.04	38.34	1.47	6.09	0.14
合 计	283.34	2.62	0.75	114.70	7.96	37.51	1.10

说明：联营企业消费税收入甚微，表中未予列示。

国有企业消费税的主体税源是卷烟消费税等。1996—2010 年全省国有企业消费税合计收入 283.38 亿元，年均递增 14.3%，占全省国内消费税收入总额比重 63.25%，是江西省消费税收入的主体部分。

集体企业消费税的主体税源是小酒厂、鞭炮烟火等。1996—2010 年集体企业消费税合计收入 2.62 亿元，年均递减 18.1%，占全省国内消费税收入总额比重 0.58%。税收减少、收入比重下降的主要影响因素是企业改制，纳税户数减少。

股份合作企业消费税的主体税源是小酒厂、鞭炮烟火等。税收规模较小，年度收入最高未超过 1400 万元，且年度间收入波动较大，1999—2010 年股份合作企业消费税收入合计 7547 万元，年均递减 1.6%，占全省国内消费税收入总额比重 0.17%。

股份制企业消费税的主体税源是成品油、酿酒等。1996—2010 年股份制企业消费税收入合计 114.7 亿元，年均递增 46.1%，占全省国内消费税收入总额比重 25.6%。股份制企业消费税收入增势迅猛的主要影响因素是随着市场经济发展和企业改制，股份制企业户数增加，特别是中石化股份公司九江分公司由国有企业改制为股份制企业，税源转移。2009 年成品油价税费联动改革后，成品油消费税收入大幅增加，股份制企业消费税收入相应迅猛增长。

私营企业消费税的主体税源是酒厂、汽车轮胎、鞭炮焰火等。1996—2010 年私营企业消费税收入合计 7.96 亿元，年均递增 26.5%，占全省国内消费税收入总额比重 1.78%。

涉外企业消费税的主体税源是汽车制造业等。江西五十铃汽车有限公司、江铃汽车股份有限公司、江西昌河铃木汽车有限责任公司等涉外企业是江西省汽车制造业中的龙头、骨干企业。1996—2010 年涉外企业消费税收入合计 37.51 亿元，年均递增 17.7%，占全省国内消费税收入总额比重 8.37%。

个体经济消费税的主体税源是贵重首饰和鞭炮焰火等，收入规模不大，趋势是上升，年度间有所波动。1996—2010 年个体经济消费税收入合计 1.1 亿元，年均递增 11.3%，占全省国内消费税收入总额比重 0.25%。

1996—2010 年内资经济缴纳的国内消费税收入合计 425.83 亿元，年均递增 18.9%，高于涉外经济消费税收入增速 1.2 个百分点，占全省国内消费税收入总额比重 92.62%，是江西省消费税收入的主体部分。

重点税源项目收入　1996—2010 年重点税源项目消费税收入是按入库数进行统计核算，口径可比。

表 3-2-9　1996—2010 年重点税源项目消费税收入

单位：亿元

年　份	卷　烟	酒	成品油	小汽车	汽车轮胎	贵重首饰	鞭炮烟火
1996	3.71	1.11	2.55	0.46	0.006	0.06	0.41
1997	3.46	1.00	2.70	0.55	0.0002	0.04	0.46
1998	5.58	0.95	3.36	0.79	0.020	0.05	0.54
1999	5.40	1.44	3.18	1.03	0.197	0.07	0.72
2000	7.91	1.21	3.84	0.96	0.170	0.03	0.70
2001	10.10	1.22	3.28	0.98	0.134	0.02	0.69
2002	13.28	1.31	3.02	1.16	0.109	0.03	0.56
2003	15.15	1.36	3.80	1.85	0.090	0.03	0.58
2004	17.98	1.46	4.27	1.49	0.076	0.06	0.74
2005	19.95	1.65	3.59	2.21	0.018	0.08	0.81
2006	23.04	1.99	4.98	2.94	0.012	0.10	0.95
2007	25.80	2.56	4.61	3.23	0.006	0.13	0.90
2008	28.62	3.46	4.61	2.85	0.008	0.18	0.86
2009	37.35	4.33	27.59	2.82	0.022	0.21	1.07
2010	47.66	3.95	35.57	4.66	0.034	0.27	1.62
合　计	264.99	29.00	110.95	27.99	0.902	1.37	11.61

卷　烟　随着经济发展和市场需求扩大，全省卷烟产量逐年增加，1996 年卷烟产量 38.63 万标准箱，2010 年增至 111.8 万标准箱。全省卷烟生产经营通过资源整合，产品结构优化调整，极品金

圣等高档烟产量比重提高。卷烟消费税税率先后数次调整提高，2009 年 5 月 1 日起卷烟批发环节征收 5% 消费税。在经济因素、管理因素和政策因素共同作用下，全省卷烟消费税收入节节攀高。卷烟消费税收入 1996 年 3.71 亿元，2001 年逾 10 亿元，2006 年逾 20 亿元，2009 年逾 30 亿元，2010 年逾 40 亿达 47.66 亿元，较 1996 年增加 43.94 亿元，增长 11.8 倍。1997—2010 年卷烟消费税收入年均递增 20%，高于消费税收入总额增速 1.2 个百分点，其中"九五"时期、"十五"时期、"十一五"时期收入分别年均递增 16.3%、20.3%、19%。1996—2010 年卷烟消费税收入合计 264.99 亿元，占全省国内消费税收入总额比重 59.15%，卷烟消费税收入是江西省消费税收入的主体部分。

酒（含酒精） 酒消费税收入年度间有所波动，趋势是上升，增速较缓。酒消费税收入 1996 年 1.11 亿元，2007 年逾 2 亿元，2008 年逾 3 亿元，2009 年逾 4 亿元，2010 年回落为 3.95 亿元。2010 年收入较 1996 年增加 2.84 亿元，增长 2.6 倍。1997—2010 年酒消费税收入年均递增 9.5%，低于消费税收入总额增速 9.3 个百分点，其中"九五"时期、"十五"时期、"十一五"时期收入分别年均递增 1.7%、6.4%、19%，税收增幅逐期提升。1996 年酒消费税收入占全省国内消费税收入总额比重 13.16%，2010 年收入比重 4.21%，比 1996 年比重下降 8.95 个百分点。1996—2010 年酒消费税收入合计 29 亿元，收入比重为 6.47%，在重点税源项目收入比重中排序第三。随着人们生活水平提高，白酒、啤酒、红酒等酒产品市场需求增加，酒业和酒税的潜力可期。

成品油 随着经济发展和人们生活水平提高，航空用油、汽车用油和摩托车用油需求增加，成品油价格上升，消费税率提高，成品油消费税收入相应增加。成品油消费税收入 1996 年 2.55 亿元，1998 年逾 3 亿元，2004 年逾 4 亿元，2009 年因成品油价税费联动改革影响而跃升为 27.6 亿元，2010 年逾 30 亿达 35.6 亿元，比 1996 年增加 33 亿元，增长 12.9 倍。1997—2010 年成品油消费税收入年均递增 20.7%，高于全省消费税收入总额增速 1.9 个百分点，其中"九五"时期、"十五"时期、"十一五"时期收入分别年均递增 8.5%、-1.4%、58.2%，"十一五"时期税收因税制因素影响而增长迅猛。2010 年成品油消费税收入占国内消费税收入总额比重 37.93%，比 1996 年比重提升 7.69 个百分点。1996—2010 年成品油消费税收入合计 110.95 亿元，收入比重为 24.76%。是仅次于卷烟的消费税第二大税源项目。

小汽车（含乘用车） 随着人们生活水平提高和消费升级，购车者增多，汽车消费税年度间虽有波动，但趋势是明显上升。小汽车消费税收入 1996 年 0.46 亿元，1999 年逾亿元，2005 年逾 2 亿元，2007 年逾 3 亿元，2010 年逾 4 亿达 4.66 亿元，比 1996 年增加 4.2 亿元，增长 9.2 倍。1997—2010 年收入年均递增 18%，略低于消费税收入总额增速 0.8 个百分点，其中"九五"时期、"十五"时期、"十一五"时期收入分别年均递增 15.9%、18.2%、16.1%，各期税收增速相对平衡。2010 年汽车消费税收入占国内消费税收入总额比重 4.97%，比 1996 年比重下降 0.46 个百分点。1996—2010 年小汽车消费税收入合计 27.99 亿元，收入比重为 6.25%，在重点税源项目收入比重中排序第四。

汽车轮胎 江西省汽车轮胎消费税收入经历了发展与回落的过程。汽车轮胎消费税收入 1996 年 64 万元，1997 年收入仅 2 万元而跌至低谷。重点企业江西轮胎厂改制成立泰丰轮胎有限公司后，生产经营得到发展，1999—2002 年各年度汽车轮胎消费税收入分别为 1971 万、1700 万、1338 万和 1085 万元，成为峰值期。2003 年始随着企业生产逐渐萎缩，汽车轮胎消费税收入不断下滑，2010

年降至 339 万元。1996 年汽车轮胎消费税收入占消费税收入总额比重 0.08%，2010 年收入比重降至 0.04%，1996—2010 年汽车轮胎消费税收入合计 9018 万元，收入比重为 0.20%，年均递增 12.6%，其中"九五"时期、"十五"时期、"十一五"时期收入分别年均递增 92.7%、–36.1%、13.4%，汽车轮胎生产经营及其消费税收入波动曲折。

贵重首饰　贵重首饰属高档消费品，贵重首饰消费税在商业环节征收。随着人们生活水平提高，贵重首饰市场需求扩大，其消费税收入总体上保持上升势头。贵重首饰消费税收入 1996 年 603 万元，1999 年 658 万元，2000—2003 年税收跌入低谷区，2004 年开始回升，2006 年收入逾 1000 万元，2009 年逾 2000 万元，2010 年收入 2693 万元成为峰值。2010 年贵重首饰消费税收入比 1996 年增加 2090 万元，增长 3.5 倍。1996 年贵重首饰消费税收入占消费税收入总额比重 0.71%，2010 年收入比重降至 0.29%，其主要原因是卷烟和成品油消费税收入快速增长及其收入比重提升影响所致。1996—2010 年贵重首饰消费税收入合计 1.37 亿元，收入比重 0.29%，年均递增 11.3%，其中"九五"时期、"十五"时期、"十一五"时期收入分别年均递增 –14.2%、22.6%、28.3%，税收增速逐期提升。

鞭炮焰火　萍乡市上栗县和宜春市万载县是江西省鞭炮焰火的主要税源地，除内销外，出口产品也有相当份额。此外，芦溪县、进贤县、广丰县等县（区）也有加工制造鞭炮焰火的传统习惯，但税源较小。鞭炮焰火消费税收入年度间有所波动，但趋势是上升。鞭炮焰火消费税收入 1996 年 0.41 亿元，2008 年之前年收入规模在亿元下方运行，2009 年收入逾亿元，2010 年收入 1.62 亿元，比 1996 年增加 1.22 亿元，增长 3 倍。1997—2010 年鞭炮焰火消费税收入年均递增 10.4%，其中"九五"时期、"十五"时期、"十一五"时期收入分别年均递增 11.5%、3%、14.8%。1996 年鞭炮焰火消费税收入占消费税收入总额比重 4.81%，2010 年收入比重 1.73%，比 1996 年比重下降 3.08 个百分点，其主要原因是卷烟和成品油消费税收入快速增长及其收入比重提升影响所致。1996—2010 年鞭炮焰火消费税收入合计 11.61 亿元，收入比重为 2.59%。

进口货物消费税

江西省进口货物消费税的课税项目主要是进口卷烟、酒、汽车、化妆品等，应税货物规模不大，进口货物消费税收入较少。全省进口货物消费税收入 1994 年为 456 万元；1995—2002 年各年度分别为 29 万元、25 万元、30 万元、3 万元、11 万元、16 万元、63 万元和 4 万元；2003—2005 年全省进口货物消费税基本无收入；2006—2008 年各年度全省进口货物消费税收入分别为 1 万元、3 万元和 3 万元；2009 年 1 月 1 日起实施新的《消费税暂行条例》，政策有所调整，2009 和 2010 年收入分别上升至 143 万元、148 万元。1994—2010 年全省进口货物消费税收入合计 935 万元，占同期全省消费税收入总额的比重为 0.02%。1995—2010 年全省进口货物消费税收入年均递减 6.8%。反映本省对于进口卷烟、酒、汽车、化妆品等舶来品消费需求不大，市场份额较小。

减免税

1991—1992 年税收统计未设置"特别消费税减免税"项目。1994 年 1 月 1 日起实施新税制，开征消费税，税收会统对消费税减免税进行核算反映。

全省消费税减免税，1994年、1995年和1996年分别为35万元、17万元、4万元；1997—2002年各年度消费税减免税基本没有；2003年和2004年分别为616万元、1626万元，2005年锐减至70万元；2006年、2007年和2008年分别为1900万元、4762万元、1712万元，年度间波动较大，其中成品油消费税减免居多。2009年始实施新的《消费税暂行条例》，政策调整，消费税减免税明显增加，2009年达1.49亿元，2010年增至1.88亿元，其中主要是中石化股份公司九江分公司消费税减免税。消费税减免税占全省国税系统减免税总额比重，2008年之前各年度比重均在1%下方运行，2009年和2010年比重分别为5.42%、6.21%。1994—2010年全省消费税减免税合计44387万元，其中1995—2010年消费税减免税合计44352万元，占全省国税减免税总额比重1.47%，减免税年均递增52%。

第三节　企业所得税收入

1991—2010年企业所得税税制历经几次改革，先是按企业经济类型分别设立所得税税种，后调整改革为按内资、涉外企业分别设立所得税税种，2008年1月1日起内资、涉外企业所得税"两法"合并，企业所得税征收范围覆盖所有内资企业和涉外企业。

机构分设前全省收入

1991—1993年企业所得税是按企业经济类型分别设立所得税税种。

国营企业所得税　1983年我国实施第一步"国营企业利改税"，1984年实施第二步"国营企业利改税"，设立国营企业所得税税种，纳税人为国营企业。1991—1993年各年度江西省国营企业所得税纳税登记户数分别为2.1万户、2.38万户、2.74万户，纳税户逐年增加；所得税收入分别为4.45亿元、4.69亿元、3.80亿元，分别比上年增长–3.6%、5.5%、–18.9%，增幅波动较大。1991—1993年全省国营企业所得税收入合计12.94亿元，年均递减6.2%。1994年新税制改革，设立企业所得税税种，其征收范围覆盖所有内资企业，国营企业所得税税种取消。

集体企业所得税　1985年始我国设立集体企业所得税税种。1991—1993年全省集体企业所得税收入分别为1.01亿元、0.92亿元、0.87亿，分别比上年下降8.7%、9.5%、4.7%，所得税收入逐年下降，其主要原因是部分企业经济效益欠佳。1991—1993年全省集体企业所得税收入合计2.8亿元，年均递减7.6%。1994年新税制改革，设立企业所得税税种，其征收范围覆盖所有内资企业，集体企业所得税税种取消。

私营企业所得税　1988年始我国设立私营企业所得税税种。1991—1993年各年度全省私营企业纳税户数分别为876户、997户和1148户，纳税户数逐年增加；私营企业所得税收入分别为42万元、35万元和64万元，分别比上年增长–25%、–16.7%、82.9%。1991—1993年全省私营企业所得税收入合计141万元，年均递增4.6%。1994年新税制改革，设立企业所得税税种，其征收范围覆盖所有内资企业，私营企业所得税税种取消。

中外合资经营企业所得税　为适应改革开放的需要，1980年中国建立涉外税收制度，设立中外合资经营企业所得税税种。1991 年江西省中外合资经营企业所得税收入 305 万元,比上年增长 1%。1991 年中国设立"外商投资企业和外国企业所得税"税种,征收范围涵盖所有涉外企业,中外合资经营企业所得税税种随之取消。1992 年始本省无中外合资经营企业所得税税种收入。

外国企业所得税　改革开放后,中国境内的外国企业逐渐增多,1982 年始中国设立外国企业所得税税种。1991 年江西省外国企业所得税收入 42 万元,比上年下降 35.4%。1991 年中国设立"外商投资企业和外国企业所得税"税种,征收范围涵盖所有涉外企业,外国企业所得税税种随之取消。1992 年始本省无外国企业所得税税种收入。

外商投资企业和外国企业所得税　1991 年中国设立"外商投资企业和外国企业所得税"税种,征收范围涵盖所有涉外企业。1994 年新税制改革时保留了该税种,该税种一直延续到 2007 年底。2008 年 1 月 1 日始内、外资企业所得税"两法"合并后,"外商投资企业和外国企业所得税"税种取消。1991—1993 年各年度江西省"外商投资企业和外国企业所得税"收入分别为 91 万元、775 万元、910 万元,3 年合计收入 0.18 亿元。

1991 年、1992 年和 1993 年全省企业所得税收入总额(含内、外资)分别为 5.51 亿元、5.69 亿元和 4.77 亿元,分别比上年增长 -4.3%、3.3%、-16.2%,占同年全省税务部门税收收入总额(工商税收和国营企业所得税收入合计数)的比重分别为 12.53%、11.57%、7.4%。

1994 年企业所得税收入　1994 年实施新税制,设立"企业所得税"税种,其征收范围覆盖所有内资企业,这一税制格局延续到 2007 年底。1994 年全省税务部门组织入库企业所得税收入总额 5.15 亿元,其中:内资企业所得税收入 4.94 亿元,外商投资企业和外国企业所得税收入 0.21 亿元。1994 年全省企业所得税收入总额占当年全省税务部门税收收入总额比重 6.7%。

"两法"合并前国税收入

内资、外资企业所得税"两法"合并前的 1995—2007 年,江西省国税系统对内资企业征收"企业所得税",对涉外企业征收"外商投资企业和外国企业所得税"。

表 3-2-10　1995—2007 年江西省国税企业所得税收入

单位:亿元

年　份	企业所得税收入总额	企业所得税(内资)			涉外企业所得税		
		收入额	比上年增减(%)	占企业所得税总额(%)	收入额	比上年增减(%)	占企业所得税总额(%)
1995	2.98	2.75		92.32	0.23		7.68
1996	1.90	1.70	−38.3	89.47	0.20	−12.7	10.53
1997	2.59	2.28	34.3	88.05	0.31	55.0	11.95
1998	1.76	1.30	−42.8	74.00	0.46	48.1	26.00
1999	3.03	2.31	76.8	76.12	0.72	57.9	23.88
2000	5.70	4.89	111.8	85.67	0.82	13.0	14.33
2001	6.11	5.10	4.3	83.48	1.01	23.4	16.52

续表

年　份	企业所得税收入总额	企业所得税（内资）			涉外企业所得税		
		收入额	比上年增减（%）	占企业所得税总额（%）	收入额	比上年增减（%）	占企业所得税总额（%）
2002	8.73	7.14	40.1	81.81	1.59	57.3	18.19
2003	11.50	7.75	8.6	67.44	3.74	135.9	32.56
2004	15.98	11.13	43.6	69.66	4.85	29.5	30.34
2005	20.44	14.31	28.6	70.04	6.12	26.3	29.96
2006	30.04	19.55	36.6	65.10	10.48	71.2	34.90
2007	50.86	33.63	72.0	66.13	17.22	64.3	33.87
合　计	160.61	112.85		70.27	47.75		29.73

企业所得税收入（内资）　1995—1998年全省国税企业所得税收入（内资）波浪式起伏，1999—2007年步入快速发展轨道。

全省国税企业所得税（内资）收入规模，1995年为2.75亿元，2004年首次突破10亿元，2006年逼近20亿元，2007年突破30亿达33.63亿元，较1995年增长11.2倍。其中"九五"时期、"十五"时期、"2006—2007年合计收入"分别为12.47亿、45.44亿、53.19亿元，收入规模逐期明显扩张。

1996年和1998年收入比上年下降，其他年份收入均为增长。1999年始收入步入快速增长轨道，其中2000年增长111.8%，2007年增长72%。1996—2007年全省国税系统企业所得税收入（内资）年均递增23.2%，其中"九五"时期、"十五"时期、"2006—2007年合计收入"分别年均递增12.2%、24%、53.2%，税收增幅逐期大幅提升，反映这一时期江西省内资企业经济较快发展和企业经济效益提升。

1995—2007年全省国税企业所得税收入（内资）占全省国税企业所得税收入总额的比重呈现前高后低态势：1995年达92.32%成为峰值，其重要原因是国税征收范围包括集贸市场税收，征收范围较大；1996年为89.47%，之后年份收入比重逐渐降低，2007年收入比重66.13%，较1996年减少23.34个百分点，其重要原因是涉外企业所得税收入快速增长、收入比重增加影响所致。1995—2007年合计全省国税企业所得税收入（内资）占全省国税企业所得税收入总额的比重70.45%，以年均递减2.7%速度下降。

涉外企业所得税收入　1995—2007年全省涉外企业所得税收入反映在"外商投资和外国企业所得税"税种收入中。该项税收收入除1996年比上年下降外，其余年份收入均为增长，1997年始步入快速发展轨道。全省涉外企业所得税收入规模1995年为0.23亿元，2001年首次突破1亿元，2003年逾3亿元，2005年逾6亿元，2006年逾10亿元，2007年收入17.22亿元，较1995年增长74.3倍。其中"九五"时期、"十五"时期、"2006—2007年合计收入"分别为2.51亿元、17.31亿元、27.71亿元，收入规模逐期明显扩张。

1996年收入比上年下降，其他年份收入均为两位数以上增长，其中1997年、1999年、2002年、2003年、2006年和2007年增幅分别为55%、57.9%、57.3%、135.9%、71.2%、64.3%，系超常增长。

1996—2007 年全省涉外企业所得税收入年均递增 43.3%，其中"九五"时期、"十五"时期、"2006 和 2007 年两年合计收入"分别年均递增 29%、49.6%、67.7%，税收增幅逐期大幅提升，反映这一时期江西省招商引资工作力度加大，涉外企业做大做强，涉外企业经济快速发展，企业经济效益提升。

1995—2007 年全省涉外企业所得税收入占全省国税企业所得税收入总额的比重呈不断攀升态势。1995 年收入比重 7.68% 成为谷底，之后年度收入比重逐渐提升，2007 年收入比重达 33.87%，较 1996 年增加 26.19 个百分点，以年均递增 13.2% 速度上升。1995—2007 年全省涉外企业所得税收入合计 47.75 亿元，占全省国税企业所得税收入总额的比重为 29.55%。

"两法"合并后国税收入

2008 年 1 月 1 日起，中国内、外资企业所得税法"两法"合并，实施新的企业所得税法，企业所得税征收范围覆盖内资企业和涉外企业，减免税优惠政策规定做了部分调整。2008—2010 年各年度全省国税企业所得税收入分别为 65.52 亿元、56.10 亿元、82.92 亿元，分别比上年增加 31.89 亿元、–9.42 亿元、26.82 亿元，分别增长 94.8%、–14.4%、47.8%。企业所得税实行"按年计征，分季（或分月）预缴，年后汇算清缴，多退少补"的征收办法，由于第四季度应缴税款和汇算清缴应补交税款于年后缴纳，因而当年企业所得税收入在一定程度上受到上年度税源影响。2007 年江西省经济和企业效益处于高峰时期，该年度第四季度应缴税款和年度汇算清缴税款于 2008 年入库，相应影响 2008 年企业所得税收入大幅增加；2008 年初江西省遭遇历史上罕见的低温雨雪冰冻灾害，下半年国际金融危机爆发，市场萎缩，大宗商品价格下跌，企业效益下滑，该年度第四季度应缴税款和年度汇算清缴税款结转于 2009 年入库数额相对较少，相应影响 2009 年企业所得税收入下降；2009 年下半年经济企稳回升，2010 年经济步入正常增长轨道，2010 年企业所得税收入相应增长。2008—2010 年全省国税企业所得税收入虽受突发事件影响，年度间有波动，但趋势是上升，2008—2010 年全省企业所得税收入合计 204.55 亿元，年均递增 17.7%。

国税企业所得税总收入

按照"两法"合并后企业所得税收入口径，即包括内资企业所得税和涉外企业所得税计算，全省国税企业所得税收入规模明显扩张。1995 年收入 2.98 亿元，2003 年逾 10 亿元，2005 年逾 20 亿元，2006 年逾 30 亿元，2007 年逾 50 亿元，2008 年逾 60 亿元，2010 年逾 80 亿达 82.92 亿元，比 1995 年增加 79.94 亿元，增长 26.8 倍。1995—2010 年全省国税企业所得税收入合计 366.16 亿元，年均递增 24.8%，占同期全省国税税收总额比重 11.02%。其中"九五"时期、"十五"时期、"十一五"时期收入分别为 14.98 亿、62.75 亿、285.45 亿元，分别年均递增 13.9%、29.1%、32.3%，收入规模逐期扩张，增速逐期提升，反映这一时期江西省企业经济持续稳定较快发展，企业经济效益提升。

表 3-2-11　1995—2010 年江西省国税企业所得税收入总额分经济类型情况

单位：亿元

年　份	国有企业	集体企业	股份合作	联营企业	股份制企业	私营企业	涉外企业	收入总额
1995	2.07	0.66		0.0001	0.0001	0.0187	0.23	2.98
1996	1.39	0.27		0.0013	0.0329		0.20	1.90
1997	2.03	0.23			0.0108		0.31	2.59
1998	1.22	0.06		0.0001	0.0196		0.46	1.76
1999	2.00	0.04		0.0008	0.27		0.72	3.03
2000	3.36	0.05		0.0108	1.46		0.82	5.70
2001	3.42	0.04	0.06	0.0125	1.56		1.01	6.11
2002	5.57	0.04	0.02	0.0004	1.51	0.0001	1.59	8.73
2003	5.19	0.10	0.04	0.0086	2.40	0.0128	3.74	11.50
2004	6.77	0.01	0.03	0.0049	4.23	0.0788	4.85	15.98
2005	8.55	0.01	0.03	0.0043	5.48	0.20	6.12	20.44
2006	10.11	0.09	0.03	0.0023	8.61	0.68	10.48	30.04
2007	14.09	0.05	0.06	0.0007	17.50	1.89	17.22	50.86
2008	14.42	0.03	0.06	0.0056	25.12	2.47	23.36	65.52
2009	10.69	0.22	0.59	0.0056	21.65	3.09	19.81	56.10
2010	11.66	0.54	1.71	0.0209	33.13	4.27	31.53	82.92
合　计	102.56	2.44	2.64	0.0789	122.99	12.70	122.45	366.16

说明：1995—2010 年各经济类型国税企业所得税收入均为入库数，口径可比。

国有企业所得税　收入规模年度间有所波动，趋势是攀升。1995 年为 2.07 亿元，2010 年收入 11.66 亿元，比 1995 年增长 4.6 倍。1995—2010 年国有企业所得税收入合计 102.59 亿元，年均递增 12.2%，占同期全省国税企业所得税收入总额比重 28.01%，收入比重以年均递减 10.1% 速度下降，其主要影响因素是企业改制，国有企业纳税户数减少，1995 年全省国税系统国有企业纳税户数为 2.51 万户，2010 年锐减至 2609 户。

集体企业所得税　收入年度间波动大，趋势是下降。1995—2010 年集体企业所得税收入合计 2.44 亿元，年均递减 1.3%，占同期全省国税企业所得税收入总额 0.67%，收入比重以年均递减 20.8% 速度下降。其主要影响因素是企业改制，纳税户数减少，1995 年全省国税集体企业纳税户数 4.7 万户，2010 年锐减至 2125 户。

股份合作企业所得税　收入比重小，增幅大。2001—2010 年收入合计 2.64 亿元，年均递增 43.9%，占同期全省国税企业所得税收入总额比重 0.76%。

联营企业所得税　纳税企业户数少，税收规模小。2010 年纳税户数为 39 户，1995—2010 年联营企业所得税收入合计 789 万元，年均递增 42.8%，占同期全省国税系统企业所得税收入总额比重

0.02%。

股份制企业所得税　纳税户数增多，经济发展，税收迅猛增长。1995 年为 1 万元，2010 年达 33.13 亿元，较 1995 年增加 33.13 亿元，增长 33.13 万倍。1995—2010 年股份制企业所得税收入合计 122.99 亿元，年均递增 133.4%，其中"九五"时期、"十五"时期、"十一五"时期收入分别年均递增 581%、30.2%、43.3%。1995—2010 年股份制企业所得税合计收入占全省国税企业所得税收入总额比重 33.59%，其中"九五"时期、"十五"时期、"十一五"时期收入比重分别为 11.97%、24.19%、37.14%，收入比重逐期大幅提升。其主要影响因素：随着企业改制及新投资者组建股份制企业，股份制企业户数大幅增加，1995 年全省国税股份制企业纳税户数 1160 户，2010 年增至 4.64 万户；股份制企业经济快速发展，经济效益提升。

私营企业所得税　经济发展，税收快速增长。1995 年国税私营企业所得税主要来自于集贸市场，当年省国税系统入库私营企业所得税 187 万元。1996 年国、地税征管范围调整后，1996—2001 年省国税系统无私营企业所得税收入。2002 年企业所得税收入预算管理体制改革和国、地税征管范围重新调整，即所得税预算级次方面除中央固定收入外，其余收入中央与地方五五分成（2003 年始调整为六四分成）；征管范围方面，新办企业的所得税收入由国税负责征收，之后又调整为主要缴纳增值税企业的企业所得税由国税负责征收，主要缴纳营业税企业的企业所得税由地税负责征收。2002 年省国税系统入库私营企业所得税 1 万元，之后收入逐年增加，2007 年收入逾 1 亿元，2008 年逾 2 亿元，2009 年逾 3 亿元，2010 年逾 4 亿达 4.27 亿元，较 1995 年增加 4.26 亿元，增长 227 倍。1995—2010 年全省国税私营企业所得税收入合计 12.7 亿元，年均递增 43.6%，占全省国税企业所得税收入总额比重 3.47%，收入比重以年均递增 15% 速度上升。

涉外企业所得税　外商投资增加，经济发展，税收快速增长。1995 年收入 0.23 亿元，2010 年逾 30 亿达 31.53 亿元，较 1995 年增加 31.3 亿元，增长 136.8 倍。1995—2010 年涉外企业所得税收入合计 122.45 亿元，年均递增 38.9%，占同期全省企业所得税收入总额比重 33.44%。其中："九五"时期、"十五"时期、"十一五"时期收入分别为 2.51 亿、17.31 亿、102.41 亿元，分别年均递增 29%、49.6%、38.8%，收入比重分别为 16.74%、27.59%、35.88%，税收收入和收入比重逐期提升。反映随着改革开放推进，招商引资力度加大，外商投资增加，涉外企业经济较快发展，经济效益提升。

内资经济企业所得税　系指国有、集体、股份合作、联营、股份制、私营及其他内资经济企业所得税收入合计数。全省国税内资企业所得税收入 1995—1999 年各年度分别为 2.75 亿元、1.7 亿元、2.28 亿元、1.3 亿元和 1.3 亿元，年收入在 3 亿元下方运行，年度间收入波动，反映企业盈利状况不稳定。千禧年始收入规模明显扩张，2000—2003 年各年度收入分别为 4.89 亿元、5.1 亿元、7.14 亿元、7.75 亿元；2004—2006 年各年度收入分别为 11.13 亿元、14.31 亿元、19.55 亿元；2007—2010 年各年度收入分别为 33.63 亿元、42.16 亿元、36.29 亿元、51.39 亿元，除 2009 年有所回落外，其余年度收入逐年上升。税收规模 2004 年逾 10 亿元，2007 年逾 30 亿元，2008 年逾 40 亿元，2010 年逾 50 亿元。2010 年收入较 1995 年增长 17.7 倍。其中："九五"时期、"十五"时期、"十一五"时期内资企业所得税收入分别为 12.47 亿元、45.44 亿元、183.04 亿元，"十一五"时期比"九五"时期增长 13.7 倍。

1996—2010 年全省国税内资企业所得税收入年均递增 21.5%，低于涉外企业所得税收入增速 17.4 个百分点。其中："九五"时期、"十五"时期、"十一五"时期内资企业所得税收入分别年均递增 12.2%、23.9%、29.2%，税收增速逐期提升，但分别低于同期涉外企业所得税收入年均增速 16.8 个、25.7 个、9.6 个百分点。

内资企业所得税收入占全省国税企业所得税收入总额比重，1995 年为 92.32%；1996 年和 1997 年分别为 89.47%、88.05%；1998 年和 1999 年分别回落至 74%、76.12%；2000 年、2001 年和 2002 年分别回升为 86.67%、83.48%、81.81%；2003 年、2004 年和 2005 年分别降至 67.44%、69.66%、70.04%；2006—2009 年各年度比重稳定在 64.3%~66.2% 区间；2010 年下降为 61.98%，比 1995 年比重下降 30.34 个百分点，而同期涉外企业所得税收入比重上升 30.34 个百分点。1995—2010 年合计全省国税内资企业所得税收入比重为 66.56%，其中："九五"时期、"十五"时期、"十一五"时期分别为 83.26%、72.41%、64.12%，收入比重逐期下降。而同期涉外企业所得税收入比重逐期上升。

总体看，1995—2010 年江西省涉外企业所得税发展快于内资企业所得税，但内资企业所得税收入占比大，仍然是本省国税企业所得税收入的主体部分，涉外企业所得税收入是本省国税企业所得税收入的重要组成部分。

减免税

机构分设前减免税 1991—1994 年企业所得税减免税反映的是全省税务部门减免税。1991 年全省企业所得税减免税合计 2035 万元，其中：国营企业所得税减免税 835 万元，集体企业所得税减免税 1136 万元，涉外企业所得税减免税 64 万元。1992 年全省企业所得税减免税合计 1070 万元，比上年减少 965 万元，下降 47.4%。其中：国营企业所得税减免税 257 万元，集体企业所得税减免税 813 万元。1993 年全省企业所得税减免税合计 1367 万元，比上年增加 297 万元，增长 27.8%。其中：国营企业所得税减免税 390 万元，集体企业所得税减免税 881 万元，涉外企业所得税减免税 96 万元。1994 年实施新税制，减免税政策有所调整，当年全省企业所得税减免税合计 288 万元，比上年减少 1079 万元，下降 78.9%。其中：国营企业所得税减免税 138 万元，集体企业所得税减免税 133 万元，涉外企业所得税减免税 17 万元。1991—1994 年全省企业所得税减免税合计 4760 万元，占同期全省税务部门减免税总额比重 6.26%，与同期全省企业所得税总额收入的比率为 2.25%。其中：国营企业所得税减免税 1620 万元，占企业所得税减免税额比重 34.03%；集体企业所得税减免税 2963 万元，占企业所得税减免税额比重 62.25%；涉外企业所得税减免税 17 万元，占企业所得税减免税额比重 3.72%。

1991 年全省企业所得税以税还贷合计 2697 万元，其中：国营企业所得税以税还贷 2349 万元，集体企业所得税以税还贷 348 万元。1992 年全省企业所得税以税还贷合计 209 万元，其中：国营企业所得税以税还贷 22 万元，集体企业所得税以税还贷 187 万元。1993 年全省企业所得税以税还贷合计数 126 万元，其中：国营企业所得税以税还贷 55 万元，集体企业所得税以税还贷 71 万元。1994 年实施新税制后，税务部门不再办理以税还贷事项，由财政部门按照有关规定负责办理。1991—1993 年全省税务部门办理的企业所得税以税还贷合计 3032 万元，占同期全省税务部门以税还贷数额比重 8.47%。其中：国营企业所得税以税还贷合计 2426 万元，占企业所得税以税还贷数额比重 80.01%；集体企业所得税以税还贷 606 万元，占企业所得税以税还贷数额比重 19.99%。

国税减免税　1995—2007 年属内、外资企业所得税"两法"合并前时期，国税企业所得税减免税总额包括内资企业所得税减免税和涉外企业所得税减免税。按此口径计算的全省国税企业所得税减免税总额，总体上呈现前低后高走势：1995—2002 年各年度减免税在 4000 万元下方运行，2003 年始企业所得税减免税明显增加，即 2003 年逾 2 亿元，2004 年逾 8 亿元，2005 年度逾 10 亿元，2007 年逾 20 亿达 25.92 亿元。1995—2007 年全省国税企业所得税减免税总额 64.53 亿元，年均递增 53.9%。其中：

内资企业所得税减免税呈现前低后高走势：1995—2002 年各年度减免税在 4000 万元下方运行，其中 1998 年仅为 0.3 万元；2003—2007 年各年度减免税分别为 1.24 亿、2.88 亿、3.73 亿、6.19 亿、7.19 亿元，减免税额逐年明显增加，反映随着经济发展，税收优惠政策调整，减免税增加。1995—2007 年内资企业所得税减免税合计 21.99 亿元，占同期全省企业所得税减免税总额比重 34.08%。1996—2007 年内资企业所得税减免税年均递增 38%。

涉外企业所得税减免税呈现前低后高走势：1995 年、1997 年和 1998 年全省无涉外企业所得税减免税；1996 年和 1999 年减免税分别为 27 万元、37 万元；2000—2002 年各年度减免税在 1700 万元下方运行。随着改革开放推进，涉外经济快速发展，涉外税收规模扩大，涉外税收优惠政策力度加大，涉外企业所得税减免税明显增多，2003—2007 年涉外企业所得税减免税分别为 1.64 亿元、5.22 亿元、8.21 亿元、8.52 亿元、18.73 亿元，减免税逐年明显增加。1995—2007 年涉外企业所得税减免税合计 42.54 亿元，占同期全省企业所得税减免税总额比重 65.92%，高于内资企业所得税减免税比重 31.84 个百分点。1996—2007 年涉外企业所得税减免税年均递增 121.3%，高于内资企业所得税减免税增速 83.3 个百分点。

2008 年 1 月 1 日始内、外资企业所得税"两法"合并，内、外资企业均适用统一的所得税法，新税法对企业所得税减免税政策作了部分调整。2008 年、2009 年和 2010 年全省国税企业所得税减免税分别为 30.05 亿、15.66 亿、16.34 亿元。2008 年减免税额成为峰值，而新、老企业所得税法衔接影响是 2008 年度企业所得税减免税额较多的重要因素。

按照 2008 年实施的新企业所得税口径计算，1995—2010 年全省国税企业所得税减免税合计 126.57 亿元，占同期全省国税系统减免税总额比重 41.76%，与同期全省国税企业所得税收入总额的比率为 34.56%。1996—2010 年全省国税企业所得税减免税年均递增 36.9%，高于同期全省国税企业所得税收入总额年均增速 12.1 个百分点。

第四节　营业税收入

机构分设前收入

1994 年新税制实施前，营业税征收范围包括商业、交通运输、建筑安装、金融保险、邮政电讯、出版事业、公共事业、娱乐业、服务业、典当业、临时经营、土地使用权转让及出售、经济权益转让等。营业税收入为全省税务部门税收收入。

1991—1993年各年度全省营业税收入分别为10.16亿元、11.63亿元和15.57亿元，分别比上年增收0.65亿元、1.47亿元和3.94亿元，分别增长6.9%、14.5%和33.8%，分别占对应年度全省税收收入总额（工商税收和国营企业所得税收入合计数，下同）比重23.12%、23.65%和24.15%。1991—1993年营业税收入合计37.37亿元，占全省税收收入总额比重23.71%；营业税收入年均递增17.8%，高于全省税收收入总额年均增速0.9个百分点。

1994年1月1日起实施新税制，商业纳入增值税征收范围，除商业外营业税其他项目的征收范围与原税制基本相同。1994年9月份省及省以下税务机关分设为国税局和地税局两套税务机构，1994年10月始国税局和地税局按照国务院规定的征管范围分别进行征收管理与会计统计核算，但为便于财政结算和税收年度核算，1994年营业税收入仍反映为全省税务部门税收收入。1994年全省营业税收入11.15亿元，占当年全省税收收入总额比重14.51%。由于征收范围调整，营业税收入比重较税改前明显下降。

国税收入

江西省国税营业税收入始于1995年，终止于2005年。国税营业税收入随着政策调整而变化较大。

1995年，按照国务院办公厅《关于两个税务机构征收管理范围的划分》文件规定，营业税由地税局负责征收，但外商投资企业和外国企业的营业税、集贸市场和个体户的营业税由国税局负责征收，由此，1995年全省国税系统征收入库营业税2.25亿元，占全省国税税收总额比重3.69%。

1996年，按照《国务院办公厅转发国家税务总局关于调整国家税务局、地方税务局税收征管范围意见的通知》规定，1996年1月1日始外商投资企业和外国企业、集贸市场和个体户的增值税、消费税、涉外企业所得税由国税局负责征收，营业税等地方税收入由地税局负责征收，因而1996年全省国税系统无营业税收入。

1997年，根据《国务院关于调整金融保险业税收政策有关问题的通知》规定要求，1997年1月1日始，金融保险业营业税税率由原5%提高到8%，提高3%税率部分均归中央财政收入，由国税局负责征收。由此，1997年全省国税系统征收入库金融保险业营业税1.59亿元，占全省国税税收总额比重2.57%。

1998—2000年各年度全省国税入库金融保险业营业税分别为2.89亿元、2.84亿元、2.71亿元，分别比上年增长82.5%、-1.8%、-4.6%，分别占全省国税税收总额比重4.3%、4.01%、3.04%。1998年国税营业税收入成为峰值。

2001—2002年，根据《财政部 国家税务总局关于降低金融保险业营业税税率的通知》规定：自2001年起，金融保险业营业税税率每年下调1个百分点，分3年将金融保险业营业税税率从8%降低到5%；因营业税税率降低而减少的营业税，均为国税系统负责征收的金融保险业营业税收入。由此，2001年国税系统负责征收金融保险业营业税部分的税率为2%，全省国税金融保险业营业税收入1.93亿元，比上年减少0.78亿元，下降28.7%；2002年国税系统负责征收金融保险业营业税部分的税率为 1%，全省国税系统金融保险业营业税收入 0.92 亿元，比上年减少 1.01 亿元，下降 52.5%。

2003—2005 年，根据财政部和国家税务总局文件规定，2003 年 1 月 1 日始，金融保险业营业税税率为 5%，均由地税部门负责征收，国税系统不再征收，由于金融保险业营业税是按季申报缴纳，2002 年第四季度应缴税款于 2003 年一季度申报缴纳以及压欠清欠，2003 年全省国税营业税收入 1835 万元，比上年减少 7387 万元，下降 80.1%。2004 年和 2005 年全省国税营业税收入分别为 30 万、1 万元，均为清欠收入。

1995—2005 年，全省国税系统营业税收入合计 15.32 亿元，占同期全省国税税收总额比重 1.35%。其中：1995 年营业税收入包括涉外企业、集贸市场和个体户营业税收入；1997—2005 年营业税收入均为金融保险业营业税收入，9 年合计收入 13.07 亿元，占同期全省国税税收收入总额比重 1.3%。

减免税

新税制实施前，营业税作为主要收入税种，其减免税额比重相应较大。1991 年、1992 年和 1993 年全省营业税减免税分别为 2309 万元、2858 万元、4862 万元，分别占当年全省税务部门减免税总额的比重 10.21%、12.57%、23.43%。3 年合计营业税减免税 10029 万元，占同期全省税务部门减免税总额的比重 15.17%。

1994 年 1 月 1 日起实施新税制，政策规定有所调整，1994 年全省营业税减免税 131 万元，占当年全省税务部门减免税总额比重 1.33%。

1995 年国税系统征收范围包括外商投资和外国企业、集贸市场和个体户营业税，当年全省国税营业税减免税 178 万元，占全省国税减免税总额比重 2.06%。

1996 年国、地税税收征收范围调整，外商投资和外国企业、集贸市场和个体户的营业税由地税局负责征收，当年本省国税营业税减免税未发生。

1997—2003 年国税系统对金融保险业营业税税率调高部分的营业税征收入库，这一时期各年度全省国税系统营业税减免税分别为 64 万元、125 万元、11 万元、94 万元、74 万元、5 万元和 76 万元。6 年合计国税营业税减免税 449 万元，占同期全省国税减免税总额比重 0.12%。

2004 年始金融保险业营业税税率恢复到原税率 5%，由地税局负责征收，2004 年及以后年份省国税系统营业税减免税无发生。

1995—2005 年全省国税系统营业税减免税合计 627 万元，与同期全省国税营业税收入的比率为 0.41%，占同期全省国税系统减免税总额比重 0.07%。

第五节　个人所得税收入

1994 年税制改革前，个人所得税按经济类型设置税种，税改后设置个人所得税税种，征收范围覆盖中国公民和外籍个人。

税改前个人所得税类分税种收入

城乡个体工商业户所得税收入 该税种于 1985 年开征，纳税人为城乡个体工商业户，课税对象为纳税人全年应纳税所得额，并实行超额累进税率计征。1991—1993 年各年度全省城乡个体工商业户所得税收入分别为 3135 万元、4141 万元和 5206 万元，分别比上年增加 754 万元、1006 万元和 1065 万元，分别增长 31.7%、32.7% 和 25.7%，税收收入逐年增长。3 年合计收入 12482 万元，年均递增 29.8%。

个人收入调节税收入 该税种于 1988 年开征，纳税人为中国公民，课税对象为工资薪金收入、承包转包收入、劳务报酬收入、财产租赁收入、私营企业投资者将私营企业税后利润用于个人消费部分等。1991—1993 年随着经济发展，工资薪金、承包转包、劳务报酬等个人收入增加，税源持续稳定增长，各年度全省个人收入调节税收入分别为 1043 万元、1214 万元和 1936 万元，分别比上年增加 97 万元、171 万元和 722 万元，分别增长 10.3%、16.4% 和 59.5%。3 年合计收入 4193 万元，年均递增 27%。

个人所得税收入（外籍人员缴纳） 该税种于 1980 年开征。课税对象为外籍个人所得，并实行超额累进税率计征。1991—1993 年，随着改革开放推进和经济发展，来江西工作的外籍专家、技术人员和其他人员增多，税源增加，各年度全省个人所得税收入分别为 19 万元、29 万元和 178 万元，分别比上年增加 9 万元、10 万元和 149 万元，分别增长 90%、52.6% 和 513.8%，税收规模不大，但增势迅猛。3 年合计收入 226 万元，年均递增 161.1%。

1994 年个人所得税收入（中国公民和外籍人员缴纳）

1994 年新税制实施，个人所得税征收范围覆盖中国公民和外籍个人。1994 年全省个人所得税收入 9894 万元，按可比口径计算比上年增加 2574 万元，增长 35.2%。其中：1 月—9 月收入 9079 万元；10 月—12 月收入 815 万元，其中国税局收入 105 万元，地税局收入 710 万元。

国税个人所得税收入（中国公民和外籍人员缴纳）

1995 年，国税个人所得税收入主要来自于外籍个人、集贸市场和个体户，当年全省国税个人所得税收入 8477 万元，占全省国税税收总额的比重 1.39%。

1996 年国、地税征管范围调整，个人所得税由地税系统负责征收，因而 1996 年、1997 年和 1998 年江西省国税无个人所得税收入。

1999 年，根据第九届全国人民代表大会常务委员会第十次会议决定和国务院《对储蓄存款利息所得征收个人所得税的实施办法》规定，1999 年 11 月 1 日起对个人储蓄存款利息所得征收个人所得税，税率为 20%，当年征收入库期 1 个月，全省入库储蓄利息个人所得税 140 万元。

2000 年储蓄利息个人所得税征收期为 12 个月，当年全省储蓄利息个人所得税收入 2.68 亿元。2001—2006 年，随着居民储蓄存款额增加，储蓄利息个人所得税收入逐年增加，2001 年收入逾 4 亿元，2002 年逾 5 亿元，2005 年逾 6 亿元，2006 年逾 8 亿元。

根据国务院有关文件规定，2007年8月15日起储蓄利息个人所得税税率由20%调减至5%，由此2007年第四季度储蓄利息个人所得税收入同比下降2.2%，但因2007年前三季度收入同比两位数增长，因而2007年收入仍达9.74亿元，形成峰值。

根据国务院有关文件规定，2008年10月9日起储蓄利息个人所得税暂停征，但因储蓄利息个人所得税采取分段计征办法，定期存款转存或兑付时对于其于2008年10月9日前辨孳生的利息仍要按规定计征个人所得税，由此储蓄利息个人所得税收入呈渐进式减收态势，即2008年储蓄利息个人所得税收入5.76亿元，比上年下降40.9%；2009年收入2.34亿元，比上年下降59.3%；2010年收入0.38亿元，比上年下降83.8%。

1995—2010年，全省国税个人所得税收入，1995年主要来自外籍个人、个体工商户和集贸市场；1999—2010年国税个人所得税收入均为储蓄存款利息个人所得税收入，1999—2010年储蓄存款利息个人所得税收入合计57.40亿元，占同期全省国税税收总额比重1.75%。储蓄存款利息个人所得税税率调低及暂停征，影响税收收入减少，但对于改善民生、扩大消费有着积极意义。

第六节　车辆购置税收入

2001年1月1日始车辆购置费改为车辆购置税，征收范围包括应税汽车、摩托车、电车、挂车、农用运输车等。2001—2004年，车辆购置税由交通稽征部门负责征收管理。2005年1月1日起车辆购置税划归国税部门负责征收管理。

交通稽征部门征收收入

2001—2004年车辆购置税由交通稽征部门负责征收管理。各年度全省车辆购置税收入分别为3.44亿元、5.04亿元、6.31亿元、7.6亿元，税收逐年增加。4年合计全省车辆购置税收入22.39亿元，2002—2004年均递增30.2%。反映市场需求扩大，应税车辆的购置数量持续增加，税源增长。

国税收入

2005—2010年江西省车辆购置税由国税部门负责征收管理。

表3-2-12　2005—2010年江西省车辆购置税收入

单位：亿元

年　份	车购税收入	比上年增减（％）	占国税收入总额（％）	车购税收入其中		
				第一产业	第二产业	第三产业
2005	7.76		3.78	0.62	0.24	6.90
2006	10.45	34.8	4.05	0.83	0.32	9.30
2007	13.66	30.7	3.98	1.09	0.42	12.15

续表

年 份	车购税收入	比上年增减（％）	占国税收入总额（％）	车购税收入其中		
				第一产业	第二产业	第三产业
2008	14.93	9.3	3.68	1.19	0.46	13.28
2009	21.10	41.3	4.22	0.05	0.72	20.33
2010	32.55	54.3	4.75	0.07	1.16	31.32
合 计	100.44		4.19	3.85	3.31	93.28

说明：2008年始税收统计报表设置车辆购置税分产业收入项目，2005—2007年车辆购置税分产业收入系按2008年产业收入比重计算。

收入规模 车辆购置税收规模逐年扩大，2005年收入7.76亿元，2006年逾10亿元，2009年逾20亿元，2010年逾30亿达32.55亿元，比2005年增加24.79亿元，增长3.2倍，2006—2010年均递增33.2%，高于同期全省国税税收总额增速5.9个百分点。2010年车购税收入占全省国税税收总额比重4.75%，较2005年比重提升0.97个百分点。2005—2010年全省车购税收入合计100.44亿元，占同期全省国税税收总额比重4.19%。车辆购置税快速增长的主要影响因素：随着经济较快发展，居民收入增加，购买力增强，消费升级，购车刚需增加，私人购车增多。为扩大内需，2009年和2010年国家采取家电、汽车下乡财政补贴、小排量车辆购置税税率调低等政策措施，2009年和2010年小排量汽车车购税实征税率分别为5%、7.5%，较法定税率10%分别减少5个、2.5个百分点，由此促进汽车销售扩大，车购税收入相应快速增长。

分产业收入 第一产业包括农、林、牧、渔业，2005—2010年第一产业车辆购置税收入呈下降趋势，即2005年收入0.62亿元，2008年收入1.19亿元成为峰值。受国际金融危机冲击影响，第一产业购车者减少，加之第一产业购置摩托车较多，而摩托车的车辆购置税单位税额相对较小，2009年收入大幅下降至0.5亿元，2010年收入0.7亿元，2006—2010年均递减35.6%。2005—2010年第一产业车辆购置税合计3.85亿元，占同期全省车辆购置税收入总额比重3.83%。

第二产业包括工业和建筑业。2005年车辆购置税收入0.24亿元，之后是逐年增加，2010年逾亿元达1.16亿元，较2005年增长3.8倍，2006—2010年均递增37.5%。2005—2010年第二产业车辆购置税收入合计3.31亿元，占同期全省车辆购置税收入总额比重3.3%。第二产业车辆购置税收入快速增长，但收入比重较小，其主要原因是工业部门和建筑部门的主业分别是加工制造和建筑安装，随着社会分工细化，原辅材料和产品的运输主要是由专业运输部门承办，第二产业购置车辆数量相对较少。

第三产业包括交通运输、仓储、商业、金融保险等生产性服务业和生活性服务业等。2005年第三产业车辆购置税收入6.9亿元，之后逐年增加，2007年逾10亿元，2009年逾20亿元，2010年逾30亿达31.32亿元，比2005年增加24.42亿元，增长3.5倍，2006—2010年均递增35.3%。第三产业车辆购置税快速增长的主要影响因素是交通运输业发展，购买车辆较多，以及私人购买小轿车者增多。2005—2010年第三产业车辆购置税收入合计93.28亿元，占同期全省辆车购置税收入总额比重92.87%，是江西省车辆购置税收入的主体部分。

分企业类型收入　国有企业车辆购置税收入逐年增加，2005年2006万元，2006—2010年各年度收入分别为2705万元、3535万元、3862万元、4706万元、6243万元，2010年收入比2005年增加4237万元，增长2.1倍，2006—2010年收入年均递增25.5%。2010年国有企业车辆购置税收入占车辆购置税收入总额比重1.92%，比2005年下降0.67个百分点。2005—2010年国有企业车辆购置税收入合计2.31亿元，占同期全省车辆购置税收入总额比重2.3%。

集体企业车辆购置税收入年度间有所波动，趋势是上升，2005年180万元，2006—2010年各年度收入分别为243万元、317万元、347万元、544万元、431万元。2010年收入比2005年增加251万元，增长1.4倍，2006—2010年均递增19.1%。2005—2010年集体企业车辆购置税收入合计2062万元，占同期全省车辆购置税收入总额比重0.21%。

股份合作企业车辆购置税收入逐年增加，增势迅猛。2005年收入221万元，2009年逾1000万元，2006—2010年各年度收入分别为298万元、389万元、425万元、1230万元、2619万元。2010年收入比2005年增加2398万元，增长10.9倍，2006—2010年均递增64%。2010年收入比重0.8%，比2005年提升0.52个百分点。2005—2010年股份合作企业车辆购置税收入合计5182万元，占同期全省车辆购置税收入总额比重0.52%。

联营企业车辆购置税收入逐年增加，较快增长，但收入规模微小。2005年收入45万元，2006—2010年各年度收入分别为61万元、79万元、87万元、89万、265万元。2010年收入比2005年增加220万元，增长4.9倍，2006—2010年均递增42.5%。2005—2010年联营企业收入合计626万元，占同期全省车辆购置税收入总额比重0.06%。

股份制企业车辆购置税收入逐年增加，增势迅猛。2005年收入0.33亿元，2006—2010年各年度收入分别为0.45亿元、0.59亿元、0.64亿元、2.62亿元、4.06亿元。2010年收入比2005年增加3.73亿元，增长11.2倍，2006—2010年均递增64.8%，增速在各企业类型中排序第一。2010年收入比重12.48%，比2005年比重提升8.18个百分点。2005—2010年股份制企业车辆购置税收入合计8.69亿元，占同期全省车辆购置税收入总额比重8.65%，收入比重在各企业类型中排序第三。

私营企业车辆购置税收入逐年增加，快速增长。2005年收入0.75亿元，2006—2010年各年度收入分别为1.01亿元、1.32亿元、1.44亿元、3.2亿元、3.37亿元。2010年收入比2005年增加2.62亿元，增长3.5倍，2006—2010年均递增35.1%。2010年收入比重10.35%，比2005年提升0.71个百分点。2005—2010年私营企业车辆购置税收入合计11.08亿元，占同期全省车辆购置税收入总额比重11.04%，收入比重在各企业类型中排序第二。

涉外企业车辆购置税收入逐年增加，较快增长，但税收规模较小。2005—2007年各年度收入在200万元下方运行，2008年和2009年收入在300万元下方运行，2010年收入374万元，比2005年增加163万元，增长2.4倍，2006—2010年均递增27.5%。2005—2010年涉外企业车辆购置税收入合计1283万元，占同期全省车辆购置税收入总额比重0.13%。

个体经济，随着市场经济发展，个体运输购车者增多，随着人们生活水平提高和消费升级，私人购车增多，反映在税收上，个体经济车辆购置税收入逐年增加，快速增长。2005年收入5.99亿，2006—2010年各年度收入分别为8.07亿元、10.55亿元、11.53亿元、13.4亿元、22.01亿元。2010年收入比2005年增加16.02亿元，增长2.7倍，2006—2010年均递增29.7%。2010年收入比重67.64%，比2005年下降9.58个百分点，主要是因股份制企业和其他组织车辆购置税收入比重上升，相应影响个体经济收入比重下降。2005—2010年个体经济车辆购置税收入合计71.55亿元，占同期全省车辆购置税收入总额比重71.23%，是江西省车辆购置税收入的主体部分。

其他组织，包括国家机关、事业单位、社会团体等社会组织及其下属机构等。其他组织车辆购置税收入逐年增加，快速增长。2005年收入0.43亿元，2006—2010年各年度收入分别为0.58亿元、0.76亿元、0.83亿元、1.2亿元、2.11亿元。2010年收入比2005年增加1.68亿元，增长3.9倍，2006—2010年均递增37.5%。2010年收入比重6.49%，较2005年提升0.99个百分点。2005—2010年其他组织车辆购置税收入合计5.9亿元，占同期全省车辆购置税收入总额比重5.87%。

江西省车辆购置税收入主要来自于个体经济和私营企业，2005—2010年个体经济和私营企业车辆购置税合计收入占全省车辆购置税收入总额比重82.27%。各企业类型车辆购置税收入普遍增长，特别是2009年和2010年增幅明显加大，其重要原因是国家调低车辆购置税税率刺激购车增多。除集体企业年均递增19.1%外，其他各企业类型车辆购置税收入年均增速均在20%以上。反映随着经济发展，消费升级，市场需求增加，购车者增多，尤其是国家进一步明确扩内需为长期战略方针，并采取有关措施促进扩大内需，促进了车辆购置税收入快速增长。

减免税

2005—2007年税务会计统计报表未核算统计车辆购置税减免税额，车辆购置税减免税额的核算统计始于2008年。2008年、2009年和2010年全省车辆购置税减免税分别为1179万元、4751万元、8831万元，分别占当年全省国税减免税总额比重0.26%、1.73%、2.92%。上述车辆购置税减免税依据税收会计统计报表反映的减免税数据，不含2009年和2010年车辆购置税税率调低所减少的税收。2008—2010年全省车辆购置税减免税合计1.48亿元，占同期全省国税减免税总额比重1.44%。

第七节　其他税种收入

产品税

1984年国家实施第二步"国营企业利改税"和工商税制改革，取消"工商税"税种，设立"产品税"税种，其征收范围包括部分工业产品和农林牧水产品，具体税目有烟、酒、皮革皮毛制品、鞭炮焰火、焚化品、药品、橡胶制品、矿产品、电力热力、气体、成品油、化工、黑色与有色金属产品、茶叶、烟叶、贵重首饰、水产品、原木、原竹、食用猪牛羊等。1994年新税制实施后，取消"产品税"税种，产品税征收内容纳入增值税、消费税范围。

税收收入　1991—1993年产品税收入为全省税务部门税收收入，各年度全省产品税分别入库

10.69 亿元、11.54 亿元、14.78 亿元（不含出口退税，下同），分别比上年增加 1.49 亿元、0.85 亿元、3.24 亿元，分别增长 16.2%、8%、28.1%，分别占当年全省税务部门税收收入总额（工商税收与国营企业所得税合计数，下同）比重 24.31%、23.45%、22.91%。3 年合计产品税收入 37 亿元，年均递增 17.1%，占同期全省税务部门税收收入总额比重 23.47%。

分部门征收数 1991—1993 年各年度产品税征收数分别为 11.45 亿元、12.01 亿元和 15.68 亿元，分别比上年增加 0.95 亿元、0.56 亿元和 3.67 亿元，增长 9.1%、4.9% 和 30.6%。1993 年大幅增长的主要原因是 1993 年是 1994 年分税制财政体制改革的财政收入计算基数年，各地为争取上基数，大力清缴欠税，应收尽收。3 年合计全省产品税征收数 39.14 亿元，年均递增 14.3%。其中：①轻工业征收数，1991—1993 年各年度分别为 5.28 亿元、5.48 亿元和 6.86 亿元，分别比上年增加 0.34 亿元、0.2 亿元和 1.38 亿元，增长 7%、3.9% 和 25.2%。3 年合计轻工业产品税征收数 17.62 亿元，年均递增 11.7%，占同期全省产品税征收数总额比重 45.01%。②重工业征收数，1991—1993 年各年度分别为 4.9 亿元、5.12 亿元和 7.05 亿元，分别比上年增加 0.46 亿元、0.22 亿元和 1.93 亿元，增长 10.4%、4.5% 和 37.8%。3 年合计重工业产品税征收数 17.06 亿元，占同期全省产品税征收数总额比重 43.59%，年均递增 16.7%，增速快于轻工业产品税征收数 5 个百分点。③农林牧水征收数，农林牧水产品税是在收购环节征收，1991—1993 年各年度分别为 1.23 亿元、1.38 亿元和 1.68 亿元，分别比上年增加 0.12 亿元、0.15 亿元和 0.29 亿元，增长 10.8%、12.4% 和 21.1%，年度增幅均为两位数。3 年合计农林牧水产品税征收数 4.29 亿元，占同期全省产品税征收数总额比重 10.96%，年均递增 14.7%，增速快于轻工业产品税增速而低于重工业产品税增速。④海关代征征收数，1991—1993 年各年度分别为 439 万元、298 万元、940 万元，分别比上年增加 306 万元、-141 万元、642 万元，分别增长 2.3 倍、-32.1%、2.15 倍。海关代征产品税年度间波动，但趋势是快速发展。3 年合计海关代征产品税征收数 1677 万元，年均递增 91.9%，占同期全省产品税征收数总额比重 0.43%。

重点税源项目

表 3-2-13 1991—1993 年江西省产品税重点税源项目征收数

单位：亿元

年 份	卷 烟	酒	鞭炮焰火	其他轻工	煤 炭	成品油	电 力	化 工
1991	3.18	1.44	0.47	0.19	0.50	1.05	1.41	1.25
1992	3.28	1.53	0.49	0.18	0.55	0.97	1.27	1.52
1993	4.11	1.71	0.76	0.28	0.81	0.99	2.17	2.06
合计	10.56	4.68	1.72	0.66	1.87	3.01	4.85	4.83
比重%	26.99	11.95	4.39	1.69	4.77	7.70	12.40	12.33
年均递增%	9.50	9.6.00	27.70	27.30	23.8	0.10	18.30	23.70

续表

年 份	橡胶制品	铁合金	其它重工	茶 叶	烟 叶	原 木	生 猪	水产品
1991	0.31	0.26	0.13	0.13	0.18	0.56	0.28	0.02
1992	0.37	0.32	0.11	0.14	0.26	0.59	0.30	0.02
1993	0.52	0.25	0.24	0.16	0.24	0.74	0.42	0.02
合计	1.19	0.83	0.48	0.43	0.68	1.88	1.00	0.06
比重 %	3.04	2.12	1.24	1.10	1.74	4.81	2.54	0.15
年均递增 %	25.70	0.80	30.30	5.00	33.60	10.4	21.20	11.50

备注：表中"比重%"系指各税源项目征收数占产品税征收数总额的比重%。

1991—1993年重点税源项目产品税征收数普遍为正增长，其中：年均增速在20%以上的有鞭炮焰火、煤炭、化工、橡胶制品、烟叶和生猪，分别年均递增27.7%、23.8%、23.7%、25.7%、33.6%和21.2%；增速在10%~20%区间的有电力、水产品和原木，分别年均递增18.3%、11.5%和10.4%；增速在5%~10%区间的有卷烟、酒和茶叶，分别年均递增9.5%、9.6%和5%；

1991—1993年卷烟产品税征收数合计10.56亿元，占产品税征收数总额比重26.99%；酒产品税征收数合计4.68亿元，占产品税征收数总额比重11.95%；电力产品税征收数合计4.85亿元，占产品税征收数总额比重12.4%；化工产品税征收数合计4.83亿元，占产品税征收数总额比重12.33%。1991—1993年卷烟、酒、电力和化工产品税征收数合计24.92亿元，占同期产品税征收数总额比重63.66%。此外，成品油、鞭炮焰火、煤炭和原木产品税征收数比重均在4%以上；橡胶制品、铁合金、生猪、茶叶、烟叶产品税征收数比重也分别在1%~4%区间。

1991年、1992年和1993年全省产品税减免税分别为9431万元、8580万元、3691万元，分别比上年增加3840万元、-851万元、-4889万元，增长68.7%、-9%、-57%，分别占当年全省税务部门减免税总额比重41.68%、37.72%、17.79%。产品税减免税逐年减少，占全省税务部门减免税总额比重逐年下降。1991—1993年产品税减免税合计21702万元，年均递减13.7%，占同期全省税务部门减免税总额比重32.82%。

1991年、1992年和1993年全省产品税涉税还贷分别为10081万元、7247万元、10455万元，分别比上年减少3130万元、2834万元和增加3208万元，下降23.7%、28.1%和增长44.3%，分别占当年全省税务部门涉税还贷总额比重67.44%、82.97%、86.32%。3年合计产品税涉税还贷2.78亿元，年均递减7.5%，占同期全省税务部门涉税还贷总额比重77.62%。产品税涉税还贷是江西省税务部门涉税还贷的主体部分。

工商统一税

1958年国家设立工商统一税税种，其征收范围是生产与流通环节的货物税。1959年取消工商统一税税种，设立工商税税种。改革开放后，外商投资逐渐增加，涉外经济不断发展，1985年重新设立工商统一税税种，征收范围主要是中国境内的外商投资企业和外国企业产品。1994年实施新税制，取消工商统一税税种，工商统一税的征收内容纳入增值税范畴。

1991—1993年各年度全省工商统一税收入分别为2599万元、4022万元、15439万元，分别比上年增加1203万元、1423万元、11417万元，分别增长86.2%、54.8%、283.9%，占当年全省税收收入总额比重分别为0.59%、0.82%、2.39%。3年合计工商统一税收入2.21亿元，年均递增122.7%，占同期全省税收收入总额比重1.4%。工商统一税收入逐年大幅增加，增势迅猛，反映涉外经济快速发展。

烧油特别税

1982年4月3日国务院批转财政部《关于征收烧油特别税的试行规定》，设立烧油特别税税种，对凡用于锅炉及工业窑炉燃烧用的原油、重油，按规定征收烧油特别税，实行从量定额征收，纳税义务人为用油单位。1994年实施新税制，取消烧油特别税税种，烧油特别税征收内容分别纳入增值税和消费税。

1991年、1992年和1993年全省烧油特别税收入分别为1148万元、499万元、50万元，分别比上年增加27万元、–649万元、–449万元，增长2.4%、–56.5%、–90%。3年合计烧油特别税收入1697万元，年均递减64.5%，占同期全省税收收入总额比重0.11%。烧油特别税收入大幅下降，反映本省以原油、重油为燃料的能源消费逐年减少。

奖金税

国营企业奖金税 江西省于1985年始征收国营企业奖金税。1991—1993年各年度分别入库731万元、429万元、283万元，3年合计收入1443万元，年均递减40.1%。1994年税制改革，取消国营企业奖金税税种。

集体企业奖金税 江西省于1985年始征收集体企业奖金税。1991—1993年各年度分别入库221万元、135万元、152万元，3年合计收入508万元，年均递减25.1%。1994年税制改革，取消集体企业奖金税税种。

事业单位奖金税 江西省于1985年始征收事业单位奖金税。1991—1993年各年度分别入库166万元、120万元、64万元，3年合计收入350万元，年均递减30.4%。1994年税制改革，取消事业单位奖金税税种。

国营企业工资调节税 江西省于1986年始征收国营企业工资调节税。1991—1993年各年度分别入库855万元、922万元、460万元，3年合计收入2237万元，年均递减2.7%。1994年税制改革，取消国营企业工资调节税税种。

上述四税种合计收入，1991—1993年各年度分别为1973万元、1606万元、959万元，3年合计4538万元，年均递减26%。1994年税制改革，取消上述四税种，1994年始江西省无奖金税收入。

盐 税

1950年国家设立盐税税种，一直沿用至1993年。盐由国家专营，江西省盐税主要来自于樟树等地的矿盐。1994 年新税制实施后，取消盐税税种，盐税征收内容分别纳入增值税和资源税范畴。

1991 年、1992 年和 1993 年全省盐税收入分别为 461 万元、520 万元、513 万元，分别比上年增加 303 万元、59 万元、-7 万元，增长 191.8%、12.8%、-1.3%。3 年合计盐税收入 1494 万元，年均递增 48.1%，占同期全省税收收入总额比重 0.09%。

城市维护建设税

根据国发文件《城市维护建设税暂行条例》，1985 年 1 月 1 日起开征城市维护建设税。城市维护建设税是对缴纳增值税、产品税和营业税的纳税人以其实际缴纳的"三税"为计税依据而征收的一种特定目的税。1994 年新税制改革时保留城市维护建设税税种。1991—1994 年各年度全省城市维护建设税收入分别为 1.65 亿元、1.83 亿元、2.49 亿元、2.98 亿元，分别比上年增加 1848 万元、1829 万元、6533 万元、4953 万元，分别增长 12.6%、11.1%、35.6%、19.9%，分别占当年全省税收收入总额比重 3.75%、3.73%、3.86%、3.88%。城市维护建设税收入逐年增长，收入比重上升。1991—1994 年城市维护建设税收入合计 8.95 亿元，占同期全省税收收入总额比重 3.82%，年均递增 19.4%。城市维护建设税收入与"三税"收入增长弹性系数为 0.92，与"三税"收入增速基本协调。

1995 年国税系统负责外商投资和外国企业、集贸市场和个体户的各项税收的征收管理，当年江西省国税系统组织入库的城市维护建设税 2347 万元，占全省国税收入总额比重 0.38%。1996 年国、地税征管范围调整，城市维护建设税全归地税局征收管理，1996 年始全省国税系统无城市维护建设税收入。

车船税

1950 年国家设立车船使用牌照税税种，一直沿用至 1987 年底，1988 年设立车船使用税税种并取消车船使用牌照税税种。1994 年实施新税制，车船使用税税种更名为车船税税种。1991—1994 年各年度全省车船使用税收入分别为 1039 万元、1291 万元、1480 万元、1567 万元，分别比上年增加 -7 万、252 万、189 万、87 万元，增长 -0.6%、24.3%、14.6%、5.9%。1991—1994 年车船使用税和车船税收入合计 5377 万元，占同期全省税收收入总额比重 0.23%，年均递增 10.6%。

1995 年国税局负责外商投资和外国企业、集贸市场和个体户的各项税收的征收管理，当年全省国税系统车船税收入 245 万元，占全省国税收入总额的比重 0.04%。1996 年国、地税征管范围调整，车船税全归地税局征收管理，1996 年始全省国税系统无车船税收入。

房产税

1950 年国家设立房产税税种，1953 年"房产税"与"地产税"合并为"城市房地产税"，1986 年设立房产税税种并取消城市房地产税税种。1994 年实施新税制，保留房产税税种。1991—1994 年各年度全省房产税收入分别为 8287 万元、8901 万元、9447 万元、11121 万元，分别比上年增加 1211 万元、614 万元、546 万元、1674 万元，增长 12.6%、7.4%、6.1%、17.7%，分别占当年全省税收收入总额比重 1.89%、1.81%、1.47%、1.45%。1991—1994 年房产税收入合计 37756 万元，占同期全省税收收入总额比重 1.61%，年均递增 12%。税收随着房地产业经济发展而持续稳定增长。

1995 年国税局负责外商投资和外国企业、集贸市场和个体户的各项税收的征收管理，全省国税房产税收入 273 万元，占当年全省国税收入总额的比重 0.04%。1996 年国、地税征管范围调整，房产税全归地税局征收管理，1996 年始全省国税系统无房产税收入。

城镇土地使用税

1988 年 9 月 27 日国务院颁布《中华人民共和国城镇土地使用税暂行条例》，开征城镇土地使用税，征税范围为占用城市、县城、建制镇和工矿区内的国家所有和集体所有的土地。1994 年实施新税制改革，保留城镇土地使用税税种。1991—1994 年各年度全省城镇土地使用税收入分别为 7296 万元、6136 万元、5996 万元、6535 万元，分别比上年增加 205 万元、-1160 万元、-140 万元、539 万元，增长 2.9%、-15.9%、-2.3%、9%，分别占当年全省税收收入总额比重 1.66%、1.25%、0.93%、0.89%。1991—1994 年城镇土地使用税收入合计 25963 万元，年均递减 2%，占同期全省税收收入总额比重 1.11%。

1995 年国税局负责外商投资和外国企业、集贸市场和个体户的各项税收的征收管理，全省国税城镇土地使用税收入 21 万元。1996 年国、地税征管范围调整，城镇土地使用税全归地税局征收管理，1996 年始全省国税系统无城镇土地使用税收入。

屠宰税

1953 年国家设立屠宰税。1994 年实施新税制改革，保留屠宰税税种，一直沿用至 2006 年 2 月取消。1991—1994 年各年度全省屠宰税收入分别为 978 万元、924 万元、878 万元、6492 万元，分别比上年增加 82 万元、-54 万元、-46 万元、5614 万元，增长 9.3%、-5.5%、-5%、639.4%，分别占当年全省税收收入总额比重 0.22%、0.19%、0.14%、0.81%。1994 年屠宰税收入大幅增长的主要原因是加强征收管理，其中 1—9 月入库 3506 万元，国、地税机构分设后第四季度入库 2986 万元，其中地税局征收入库 2366 万元。1991—1994 年屠宰税收入合计 9272 万元，年均递增 64%，占同期全省税收收入总额比重 0.4%。

1995 年国税局负责外商投资和外国企业、集贸市场和个体户的各项税收的征收管理，全省国税屠宰税收入 4440 万元，占当年全省国税税收总额比重 0.73%。1996 年国、地税征管范围调整，屠宰税全归地税局征收管理，1996 年始全省国税系统无屠宰税收入。

资源税

1984 年国务院颁布《资源税条例（草案）》，开征资源税，暂对原油、天然气、煤炭征收资源税。1993 年 12 月 25 日国务院颁布《中华人民共和国资源税暂行条例》，1993 年 12 月 30 日财政部发布《中华人民共和国资源税实施细则》，于 1994 年 1 月 1 日起实施，其征收范围包括原油、天然气、煤炭、其它非金属原矿、黑色金属矿原矿、有色金属矿原矿和盐等。1991—1993 年各年度全省资源税收入分别为 535 万元、643 万元、858 万元，分别比上年增加 288 万元、108 万元、215 万元，增长 116.6%、20.2%、33.4%。1994 年资源税征收范围扩大，当年收入 5580 万元，比上年增加 4722 万元，增长 550.3%。1991—1994 年资源税收入合计 7616 万元，年均递增 118%，占同期全省税收收入总额比重 0.32%。

1995 年国税局负责外商投资和外国企业、集贸市场和个体户的各项税收的征收管理，当年全省国税资源税收入 349 万元，占全省国税税收总额比重 0.06%。1996 年国、地税征管范围调整，资源税全归地税局征收管理，1996 年始全省国税无资源税收入。

牲畜交易税

1953 年国家开征牲畜交易税，一直沿用至 1993 年。江西省无大型牧区，牲畜交易税税源小。1991 年、1992 年和 1993 年全省牲畜交易税收入分别为 61 万元、50 万元、51 万元。3 年合计牲畜交易税收入 162 万元，年均递减 2.5%，占同期全省税收收入总额比重 0.01%。1994 年实施新税制，取消牲畜交易税税种，牲畜交易税征收内容纳入增值税征收范围。

印花税

1950 年国家开征印花税，1958 年简化税制停征印花税。1988 年 8 月 6 日国务院颁布《中华人民共和国印花税暂行条例》，恢复征收印花税。凡发生书立、使用、领受应税凭证的行为，如购销、加工承揽、建设工程勘察设计、财产租赁、货物运输、仓储保管、借款、财产保险、技术合同和产权转移书据的签订方，以及营业账簿，权利许可证照领受人，均需依法缴纳印花税。1994 年实施新税制，保留印花税税种。1991—1994 年各年度全省印花税收入分别为 1420 万元、1430 万元、1596 万元、1702 万元，分别比上年增加 241 万元、10 万元、166 万元、106 万元，增长 20.4%、0.7%、11.6%、6.6%。1991—1994 年印花税收入合计 6148 万元，年均递增 9.6%，占同期全省税收收入总额比重 0.26%。

1995 年国税系统负责外商投资和外国企业、集贸市场和个体户的各项税收的征收管理，当年全省国税印花税收入 115 万元，占全省国税税收总额比重 0.02%。1996 年国、地税征管范围调整，印花税全归地税局征收管理，1996 年始全省国税系统无印花税收入。

筵席税

为防止和遏制公款大吃大喝现象，1988 年国家开征筵席税，沿用到 1993 年。1991 年、1992 年和 1993 年，全省筵席税收入分别为 24 万元、24 万元、1 万元。1991—1993 年筵席税收入合计 49 万元，年均递减 59.5%。1994 年实施新税制，江西省未保留筵席税税种。

建筑税和固定资产投资方向调节税

为合理控制基建投资规模，1983 年国家开征建筑税。1991 年设立固定资产投资方向调节税税种，取代建筑税税种。1994 年实施新税制，保留固定资产投资方向调节税税种。1991 年全省建筑税收入 4575 万元，固定资产投资方向调节税收入 4396 万元，两税种合计收入 8971 万元，比上年减少 4293 万元，下降 32.4%，占当年全省税收收入总额比重 2.04%。1992—1994 年各年度全省固定资产投资方向调节税收入分别为 0.97 亿元、1.13 亿元、1.87 亿元，分别比上年增加 717 万元、1594 万元、7414 万元，增长 8%、16.5%、65.7%，分别占当年全省税收收入总额比重 1.97%、1.99%、2.43%。1991—1994 年建筑税和固定资产投资方向调节税合计收入 4.86 亿元，年均递增 8.9%，占同期全省税收收入总额比重 2.07%。

1995 年江西国税负责外商投资和外国企业、集贸市场和个体户的各项税收的征收管理，当年全省国税固定资产投资方向调节税收入 370 万元，占全省国税税收总额比重 0.06%。1996 年国、地税征管范围调整，固定资产投资方向调节税全归地税局征收管理，1996 年始全省国税系统无固定资产投资方向调节税收入。

土地增值税

1993 年 12 月 13 日国务院颁布《中华人民共和国土地增值税暂行条例》，1994 年 1 月 1 日起施行。1994 年江西省入库土地增值税 3 万元。国税、地税两套税务机构分设后，1995 年江西国税负责外商投资和外国企业、集贸市场和个体户的各项税收的征收管理，当年江西省国税系统入库土地增值税收入 2 万元。1996 年国、地税征管范围调整，土地增值税全归地税局征收管理，1996 年始江西国税无土地增值税收入。

税款滞纳金、补税罚款收入

1991—1997 年政府预算收支科目和税收会计统计报表制度规定，各征收品目、各税种的税款滞纳金、补税罚款收入集中核算反映在"税款滞纳金、补税罚款收入"项目。1998 年始按照政府预算收支科目和税收会计统计报表制度规定，各征收品目的税款滞纳金、补税罚款收入核算反映在各所属税种收入中，税收会计统计报表取消"税款滞纳金、补税罚款收入"项目。

1991—1994 年各年度全省工商税收"税款滞纳金、补税罚款收入"分别为 1737 万元、2650 万元、4128 万元、3583 万元，分别比上年增加 152 万元、913 万元、1478 万元、-545 万元，增长 9.6%、52.6%、55.8%、-13.2%。1991—1994 年全省工商税收税款滞纳金、补税罚款收入合计 1.21 亿元，年均递增 22.6%，占同期全省工商税收收入比重 0.56%。

国、地税两套税务机构分设后，管理工作进一步加强，违章违规行为有所减少，税款滞纳金补税罚款收入逐年下降。1995 年、1996 年和 1997 年全省国税工商税收"税款滞纳金补税罚款收入"分别为 3767 万元、1316 万元、923 万元。1996 年和 1997 年分别比上年减少 2451 万元、393 万元，下降 65.1%、29.9%。1995—1997 年全省国税工商税收税款滞纳金、补税罚款收入合计 6006 万元，占同期全省国税工商税收收入比重 0.33%。

第三章　重点税源企业税收

重点税源企业是本省经济行业中的骨干、龙头企业，重点税源企业缴纳税收占比权重大，对全省税收收入影响大。从20世纪80年代开始，江西省税务局建立重点税源企业监控管理制度，凡年纳税额达到省局规定标准的企业列为省局监控重点税源企业，征收机关每月向省局报送重点企业税源税收情况表，省局定期汇总分析通报。1998年始，国家税务总局建立重点税源企业监控网络，凡年纳税额达到国家税务总局规定标准的企业列为总局监控重点税源企业，税务机关逐级汇总向国家税务总局报送重点税源企业纳税情况资料。2000年始江西省国税局监控重点税源企业与总局监控企业实行并轨，报送国家税务总局的重点税源企业也即为江西省国税局监控的重点企业。

第一节　省税务局监控重点企业

税源税收

经济税源　1991年江西省税务局监控的重点企业计有83户，其中：轻工企业37户，重工企业46户。83户企业工业总产值（90年不变价计算，下同）118.9亿元，比上年增长11.8%；产品销售收入128.49亿元，增长22.8%。

1992年省局监控的重点企业计有85户，其中：轻工企业39户，重工企业46户；85户重点企业工业总产值128.62亿元，比上年增长16.3%；产品销售收入150.07亿元，增长24.2%。

1993年省局监控的重点企业计有85户，其中：轻工企业39户，重工企业46户；85户重点企业工业总产值144.08亿元，比上年增长12.2%；产品销售收入202.62亿元，增长35%。

1994年因监控标准提高，省局监控的重点企业计有59户，其中：轻工企业21户，重工企业38户。59户重点企业工业总产值156.79亿元，比上年增长5.2%；产品销售收入215.47亿元，增长10.9%。

省局监控重点企业的工业总产值和产品销售收入逐年增加，从户均值情况看：1991—1994年各年度省局监控重点企业工业总产值户均值分别为1.43亿元、1.51亿元、1.7亿元和2.66亿元；产品销售收入户均值分别为1.55亿元、1.77亿元、2.38亿元和3.65亿元。企业工业总产值和产品销售收入户均值逐年提升。反映企业生产经营规模逐年扩大，税源增加。

税收收入　1991—1994年各年度省局监控重点企业税收收入（工商税收与国营企业所得税收入合计数）分别为13.79亿元、15.55亿元、20.86亿元和22.9亿元，同比分别增长14.8%、15.5%、33.2%、11.3%；重点企业税收收入户均值分别为1661万元、1829万元、2454万元、3881万元，税收户均值逐年明显提升。反映重点企业生产经营发展，税源增加，税收相应增加。

1991—1994年各年度省局监控重点企业缴纳基金及附加收入分别为12280万元、8006万元、4579万元、7582万元，户均值分别为148万元、94万元、54万元、129万元。基金及附加收入呈下降趋势，主要是政策调整因素影响所致。

1991—1994年各年度重点税源企业产品销售收入税收负担率分别为10.73%、10.36%、10.29%和10.77%，4年平均税负为10.54%，年度税负处于10.2%~10.8%区间，较为均衡。

1991—1994年各年度重点税源企业实缴税收占全省同口径税收总额的比重分别为31.37%、31.61%、32.35%和30.21%。1994年收入比重下滑的主要原因是省局监控重点税源企业户数减少，即由上年85户减至59户。各年度重点税源企业收入比重运行在30.2%~32.4%区间，年度间波动幅度不大，运行较为平稳。

纳税大户

1991—1994年，年纳税亿元及以上的企业有新余钢铁总厂、南昌卷烟厂、九江炼油厂、江西汽车制造厂、赣南卷烟厂和南昌钢铁厂等6户企业。

新余钢铁总厂是江西省规模最大的钢铁厂，1991—1994年钢铁生产相对稳定，销售明显扩大，实缴税收增加。各年度企业产品销售收入分别为17.16亿元、22.09亿元、38.53亿元、29.16亿元，4年合计106.94亿元，年均递增20.3%；实缴税收分别为1.99亿元、2.37亿元、3.89亿元、3.1亿元，4年合计11.35亿元，年均递增18%，占同期省局监控重点税源企业实缴税收总额比重15.5%，在重点税源企业税收比重中排序第一。

南昌卷烟厂是江西省规模最大的卷烟厂，1991—1994年各年度企业工业产值（1990年不变价，下同）分别为3.59亿元、4.26亿元、4.49亿元、5.08亿元，4年合计17.42亿元，年均递增23.1%；产品销售收入分别为3.56亿元、4.23亿元、5.19亿元、4.13亿元，4年合计17.12亿元，年均递增5.7%；实缴税收分别为2.08亿元、2.11亿元、2.24亿元、2.1亿元，4年合计8.53亿元，年均递增4.6%，占同期省局监控重点税源企业实缴税收总额比重11.7%，在重点税源企业税收比重中排序第二。

九江炼油厂是江西省唯一一家原油加工企业，1991—1994年各年度原油加工量分别为180.98万吨、208.82万吨、230.52万吨、202.32万吨；产品销售收入分别为15.29亿元、20.9亿元、24.14亿元、23.52亿元，4年合计83.85亿元，年均递增25%；实缴税收分别为1.19亿元、1.17亿元、1.19亿元、4.7亿元。1994年税收猛增的主要影响因素是税制改革，新税制实施后成品油生产环节分别征收增值税和消费税，税负提高。4年合计企业实缴税收8.24亿元，年均递增41.7%，占同期省局监控重点税源企业实缴税收总额比重11.3%，在重点税源企业税收比重中排序第三。

江西汽车制造厂是江西省规模最大的汽车制造企业，1991—1994年生产快速发展，各年度汽车产量分别为0.56万辆、1.27万辆、1.11万辆、1.99万辆；产品销售收入分别为6.86亿元、13.19亿元、13.36亿元、17.62亿元，4年合计51.03亿元，年均递增33.7%；实缴税收分别为0.86亿元、2.2亿元、2亿元、1.13亿元，4年合计6.23亿元，年均递增54.2%，占同期省局监控重点税源企业实缴税收总额比重8.5%，在重点税源企业税收比重中排序第四。

赣南卷烟厂是江西省规模第二的卷烟厂，1991—1994 年各年度企业产品销售收入分别为 2.11 亿元、2.25 亿元、2.7 亿元、2.47 亿元，4 年合计 9.53 亿元，年均递增 4.3%；实缴税收分别为 1.18 亿元、1.1 亿元、1.43 亿元、1.42 亿元，4 年合计 5.12 亿元，年均递增 10.1%，占同期省局监控重点税源企业实缴税收总额比重 7%，在重点税源企业税收比重中排序第五。

南昌钢铁厂是江西省四大钢厂之一，1991—1994 年各年度企业产品销售收入分别为 3.33 亿元、4.57 亿元、8.22 亿元、8.98 亿元，4 年合计 25.08 亿元，年均递增 35.9%；企业实缴税收分别为 0.49 亿元、0.62 亿元、1.11 亿元、1.01 亿元，4 年合计 3.23 亿元，年均递增 26.9%，占同期省局监控重点税源企业实缴税收总额比重 4.4%，在重点税源企业税收比重中排序第六。

第二节　省国税局监控重点企业

1995—2010 年江西国税征收时期，期间 1995—2000 年由本省确定重点税源企业监控标准，这一时期省国税局报经省政府同意批准，年纳增值税、消费税"两税" 500 万元以上企业列为省国税局监控重点税源企业。2001—2010 年是按照国家税务总局确定的重点税源企业监控标准，凡年纳"两税" 500 万元以上、年纳消费税 100 万元以上、年纳企业所得税 500 万元以上企业为国家税务总局监控重点税源企业，省国税局监控重点企业与总局监控重点企业实行并轨，上报国家税务总局的重点税源企业即为江西国税省局监控的重点税源企业。

省定监控企业

1995—2000 年，省国税局直接监控重点税源企业的入围标准由省里确定。

监控企业户数

表 3-3-1　1995—2000 年江西省国税局监控重点税源企业户数

单位：户

年　份	省局监控重点企业户数	其　中		
		轻工企业	重工企业	商业企业
1995	59	21	38	
1996	100	35	56	9
1997	100	35	56	9
1998	100	36	55	9
1999	100	37	56	7
2000	100	40	54	6

1995 年省国税局监控重点企业户数 59 户。1996 年遵照省政府主要领导的指示要求，调整入围标准，监控重点企业户数增至 100 户，并一直延续到 2000 年。省局监控的重点企业主要是工业企业，其中又以重工企业户数居多。

经济税源　1995 年 59 户重点企业工业总产值（90 年不变价）160.92 亿元，比上年增长 2.9%，户均产值 2.72 亿元。1996—2000 年各年度百户企业工业总产值总额分别为 204.12 亿元、211.84 亿元、228.88 亿元、251.06 亿元、282.62 亿元，产值规模逐年上升，年均递增 7.9%；各年度工业总产值户均值分别为 2.04 亿元、2.12 亿元、2.29 亿元、2.49 亿元、2.83 亿元，户均数值逐年上升。反映重点税源企业生产稳定发展。

1995 年 59 户重点企业产品销售收入 238.92 亿元，比上年增长 9.6%，户均销售收入 4.05 亿元。1996—2000 年各年度百户企业产品销售收入总额分别为 330.39 亿元、343.13 亿元、346.32 亿元、378.09 亿元、462.79 亿元，销售收入规模逐年上升，年均递增 8.5%；各年度重点企业产品销售收入户均值分别为 3.3 亿元、3.43 亿元、3.46 亿元、3.74 亿元、4.63 亿元。户均值逐年增加，反映重点企业税源持续扩大。

税收收入　1995 年 59 户重点企业实缴国税税收 20.23 亿元，户均 0.34 亿元。1996—2000 年各年度百户企业实缴国税税收分别为 28.45 亿元、27.01 亿元、30.08 亿元、31.98 亿元、42.28 亿元，年均递增 11.1%；各年度实缴国税税收户均值分别为 0.28 亿元、0.27 亿元、0.3 亿元、0.32 亿元、0.42 亿元，呈上升趋势。

税　负　1995—2000 年各年度重点企业工业总产值国税负担率分别为 12.57%、13.94%、12.74%、13.14%、12.74%、14.96%，年度税负在 12.5%~15% 区间运行，呈上升趋势，6 年平均税负为 13.44%。1995—2000 年各年度重点企业产品销售收入税收负担率分别为 8.47%、8.51%、7.87%、8.69%、8.46%、9.14%，年度税负呈 V 字形，两头高中间低，1997 年税负 7.87% 成为谷底，2000 年税负 9.14% 成为峰值，其他年份税负在 8.4%~8.7% 区间运行，6 年平均税负为 8.57%。总体看税负相对稳定并呈上升趋势。

纳税大户　1995—2000 年，年缴国税税收亿元以上的企业有九江石化总公司、南昌卷烟厂、昌河汽车公司（内外资合计）、江西铜业公司、江铃汽车公司（股份与合资合计）、新余钢铁公司、省电力公司、广丰卷烟厂和南昌钢铁厂等 9 户企业。

九江石化总公司。1994 年实施新税制，成品油生产环节分别征收增值税和消费税，汽油、柴油等成品油税负提高，税收增加。1995—2000 年各年度九江石化总公司原油加工量分别为 230.56 万吨、234.37 万吨、246.51 万吨、248.8 万吨、280.7 万吨和 327.62 万吨，原油加工量逐年增加，2000 年逾 300 万吨；企业工业产值分别为 10.82 亿元、11.48 亿元、12.04 亿元、14.18 亿元、23.75 亿元、20.37 亿元，6 年合计 92.64 亿元，年均递增 13.5%；企业产品销售收入分别为 30.32 亿元、33.91 亿元、37.74 亿元、37.73 亿元、54.04 亿元和 75.29 亿元，6 年合计 269.03 亿元，年均递增 20%；企业盈利情况是 1995—1998 年各年度分别盈利 3.21 亿元、0.36 亿元、1.48 亿元和 1.54 亿元，1999 年和 2000 年分别亏损 0.92 亿元和 1.79 亿元，其主要影响因素是九江大化肥项目并入九江石化总公司，而大化肥项目亏损；企业实缴国税税收分别为 5.36 亿元、5.23 亿元、5.99 亿元、6.07 亿元、6.6 亿元和 7.02 亿元，6 年合计 36.27 亿元，年均递增 5.6%，占同期重点企业实缴国税税收总额比重 20.14%，在重点税源企业国税收入比重中排序第一。

南昌卷烟厂。通过研制金圣系列品牌烟，调整产品结构，提升高档卷烟比重，产、销、利润和税收较快增长。1995—2000年各年度卷烟产量分别为23.16万箱、23.26万箱、23.13万箱、25.35万箱、25.7万箱和33.2万箱；企业工业产值（90年不变价，下同）分别为5.1亿元、5.82亿元、6.03亿元、6.64亿元、6.46亿元和8.56亿元，6年合计38.61亿元，年均递增10.9%；企业产品销售收入分别为3.86亿元、5.54亿元、8.05亿元、8.77亿元、10.6亿元、16.3亿元，6年合计53.12亿元，年均递增33.4%；企业利润总额分别为0元、2305万元、5250万元、-13810万元、5300万元、11020万元，年度间有波动，但总体上经济效益明显上升；企业实缴国税税收分别为2.11亿元、3.08亿元、2.9亿元、4.6亿元、5.13亿元、8.1亿元，6年合计25.94亿元，年均递增30.8%，占同期江西国税省局监控重点税源企业实缴税收总额的比重为14.4%，在重点税源企业国税收入比重中排序第二。

昌河汽车制造公司（内、外资合计）。该企业主产品是微型车，生产高峰期1997年和1998年汽车年产量达6万余辆，2000年回落至4万余辆。1995—2000年各年度企业工业产值分别为9.64亿元、18.12亿元、25.19亿元、39.58亿元、39.39亿元和15亿元，6年合计146.92亿元，年均递增9.3%；企业产品销售收入分别为12.8亿元、19.37亿元、27.49亿元、33.47亿元、28.78亿元和19.11亿元，6年合计141.02亿元，年均递增8.3%；企业利润总额，1995—1998年各年度分别为0.2亿元、1.45亿元、2.49亿元和1.83亿元，1999年和2000年分别亏损0.62亿元和0.63亿元，6年合计盈利4.73亿元；企业实缴国税税收分别为0.76亿元、1.14亿元、1.79亿元、1.87亿元、2.02亿元和1.62亿元，6年合计9.2亿元，年均递增16.3%，占同期重点企业实缴国税税收总额比重5.1%，在重点税源企业国税收入比重中排序第三。

江西铜业公司。江西铜业公司下辖贵溪冶炼厂、德兴铜矿、永平铜矿、武山铜矿等企业，由于德兴铜矿和永平铜矿等厂址在异地的企业增值税就地入库，以及税收属地管辖原因，江西铜业公司国税收入主要是指贵溪冶炼厂和公司本部销售公司的增值税以及公司汇总缴纳的企业所得税。江西铜业公司生产经营较快发展，1997年电解铜产量12.71万吨，2000年达19.36万吨。1995—2000年各年度企业工业产值分别为15.93亿元、17.62亿元、19.3亿元、19.3亿元、21.68亿元和27.81亿元，6年合计121.63亿元，年均递增11.8%；企业产品销售收入分别为26.11亿元、27.29亿元、28.86亿元、22.15亿元、22.08亿元和28.28亿元，6年合计154.77亿元，年均递增1.7%；各年度均为盈利，企业利润总额6年合计5.04亿元，1996—2000年均递增2.2%；企业实缴国税税收分别为1.43亿元、1.59亿元、1.48亿元、0.99亿元、1.32亿元和1.44亿元，6年合计8.26亿元，年均递增0.2%，占同期重点企业国税税收总额比重4.59%，在重点税源企业国税收入比重中排序第四。

江西汽车制造公司（合资与股份合计）。企业汽车产量1995年为2万辆，2000年增至2.68万辆。1995—2000年各年度企业工业产值分别为14.83亿元、12.93亿元、13.27亿元、17.4亿元、16.7亿元和38.8亿元，6年合计113.94亿元，年均递增21.2%；企业产品销售收入分别为19.67亿元、17.02亿元、15.62亿元、25.08亿元、20.48亿元和31.53亿元，6年合计129.4亿元，年均递增9.9%；企业利润总额分别为4508万元、5614万元、5998万元、426万元、5887万元和11705万元，6年合计3.41亿元，年均递增21%；企业实缴国税税收分别为1.27亿元、1.47亿元、0.95亿元、1.04亿元、1.06亿元和1.5亿元，6年合计7.28亿元，年均递增3.5%，占同期重点企业实缴国税税收总额比重4%，在重点税源企业国税收入比重中排序第五。

新余钢铁公司。1997年始国家实施积极的财政政策，加大基础设施建设投资，钢材等产品市场需求增加，价格上扬，新余钢铁公司生产经营快速发展，1998年钢材产量达百万吨，2000年钢材产量突破200万吨。1995—2000年各年度企业工业产值分别为12.94亿元、14.65亿元、15.39亿元、18.53亿元、22.06亿元和24.17亿元，6年合计107.76亿元，年均递增13.3%；企业产品销售收入分别为24.36亿元、25.67亿元、25.64亿元、27.65亿元、30.63亿元和39.48亿元，6年合计173.44亿元，年均递增10.1%；企业扭亏为盈，1996年为扭亏拐点年，经济效益逐步提升，1996—2000年各年度企业利润总额分别为-1.9亿元、5万元、0.6亿元、0.83亿元和1亿元；企业实缴国税税收分别为0.63亿元、0.76亿元、0.82亿元、1.31亿元、1.34亿和2.32亿元，税收逐年增加，6年合计7.17亿元，年均递增31.6%，占同期重点税源企业实缴国税税收总额比重3.98%，在重点税源企业国税收入比重中排序第六。

省电力公司。1994年新税制实施后，江西省电力税收管理机制在兼顾省与市县财政利益基础上作适当调整，即省电力公司下属发电厂和供电局应缴增值税按照规定比例就地缴纳一部分，省电力公司作为一般纳税人汇总计算公司系统应缴增值税，扣除下属发电厂和供电局就地缴纳增值税后的余额，由省电力公司集中缴纳，并由省电力公司汇总计算缴纳省电力公司系统企业所得税。随着经济发展和人民生活水平提高，用电需求增加，省电力公司系统发电量和供电量增加，税收收入相应增加。1995—2000年各年度省电力公司利润总额分别为0.92亿元、0.84亿元、0.81亿元、0.74亿元、0.91亿元和1.03亿元，6年合计5.24亿元，年均递增2.2%；实缴国税税收分别为1亿元、1.14亿元、0.96亿元、1.03亿元、0.89亿元和1.83亿元，6年合计6.86亿元，年均递增12.9%，占同期重点企业实缴国税税收总额比重3.8%，在重点税源企业国税收入比重中排序第七。

广丰卷烟厂。广丰卷烟厂由计划外烟厂晋升为国家计划内烟厂，生产经营发展较快，是江西省五大卷烟厂之一。1995—2000年各年度卷烟产量在10万大箱水平线上下波动，企业工业产值分别为2.24亿元、3.72亿元、3.72亿元、2.53亿元、3.21亿元、2.6亿元，6年合计18.02亿元，年均递增3.1%；企业产品销售收入分别为1亿元、1.82亿元、2.82亿元、3.53亿元、1.89亿元、1.78亿元，6年合计12.82亿元，年均递增12.2%；企业利润总额分别为0元、-690万元、-3112万元、-5053万元、-4681万元、-11721万元，经济效益欠佳；企业实缴国税税收分别为0.5亿元、0.71亿元、0.75亿元、0.94亿元、1亿元和1亿元，6年合计4.9亿元，年均递增14.9%，占同期重点企业国税税收总额比重2.7%，在重点税源企业国税收入比重中排序第八。

南昌钢铁厂。1995—2000年各年度企业钢材产量分别为24.9万吨、29.27万吨、30.73万吨、36.32万吨、40万吨和53.65万吨，钢材产量逐年增加，2000年逾50万吨；企业工业产值分别为4.06亿元、4.45亿元、4.62亿元、6.08亿元、6.62亿元和8.87亿元，6年合计34.7亿元，年均递增16.9%；企业产品销售收入分别为7.61亿元、8.35亿元、7.74亿元、9.64亿元、10.48亿元和12.61亿元，6年合计56.43亿元，年均递增10.6%；企业实缴国税税收分别为0.3亿元、0.26亿元、0.25亿元、0.4亿元、0.36亿元和1.06亿元，2000年突破亿元跨上新台阶，6年合计2.63亿元，年均递增28.9%，占同期重点企业国税税收总额比重1.5%，在重点税源企业国税收入比重中排序第九。

国定监控企业

2001—2010 年，按照国家税务总局监控标准，年纳"两税"500 万元及以上、年纳消费税 100 万元及以上、年纳企业所得税 500 万元及以上企业即为国家税务总局监控的重点税源企业，同时也是江西国税省局监控的重点税源企业。

企业监控户数 省国税局监控重点税源企业户数：2001—2010 年各年度分别为 100 户、128 户、138 户、171 户、210 户、338 户、400 户、500 户、600 户和 700 户。监控户数逐年大幅增加，其主要原因是随着市场经济发展，企业生产经营规模扩大，缴纳税收增多，达到监控标准的企业户数明显增多。

经济税源 2001—2010 年重点税源企业的经济税源发展变化较大。

表 3-3-2　2001—2010 年重点企业经济税源

单位：亿元

年　份	重点企业户数	主营业务收入		利润总额		实缴国税税收	
		金额	比上年增减（%）	金额	比上年增减（%）	金额	比上年增减（%）
2001	100	513.19	5.9	16.22	20.5	49.13	12.7
2002	128	740.54	16.1	17.72	−12.1	58.85	9.3
2003	138	1056.19	31.2	69.00	222.2	78.74	29.8
2004	171	1569.41	34.9	74.96	25.5	93.13	13.3
2005	210	1879.99	17.2	81.97	15.2	110.69	7.0
2006	338	2830.59	26.9	167.44	53.3	141.08	23.3
2007	400	3372.48	23.2	253.05	34.4	183.93	25.6
2008	500	4089.75	16.5	143.70	−25.9	219.19	10.6
2009	600	4564.40	−3.8	211.29	15.6	223.84	−2.7
2010	700	6488.41	28.3	499.20	114.8	355.93	19.2
合　计		27104.94		1534.54		1514.50	

说明：由于经济税源变化，各年度省国税局监控重点税源企业名单有所调整，表中"比上年增减%"是指年度企业经济指标汇总数与上年同口径企业数据的同比增减百分比。

主营业务收入。2001—2010 年除 2009 年因国际金融危机影响而小幅下降外，其余年度重点企业主营业务收入均为正增长，其中除 2001 年增幅为个位数外，其他 8 年均有两位数增长。各年度重点企业主营业务收入户均值分别为 5.13 亿元、5.79 亿元、7.65 亿元、9.18 亿元、8.95 亿元、8.37 亿元、8.43 亿元、8.18 亿元、7.61 亿元和 9.27 亿元，2010 年形成峰值，2002—2010 年户均值年均递增 6.8%。

企业盈利。除 2002 年和 2008 年企业利润总额同比下降外，其余 8 个年度企业利润总额均为两位数增长，其中 2003 年和 2010 年企业利润总额分别为 2.2 倍、1.1 倍的高幅增长。2001—2010 年各年度重点企业利润总额户均值分别为 1622 万元、1384 万元、5000 万元、4384 万元、3903 万元、

4954万元、6326万元、2874万元、3521万元和7131万元，户均值年度间有所波动，趋势是上升，2002—2010年户均值年均递增17.9%。

国税收入 国税税收总额。2001—2010年省国税局监控重点企业实缴国税税收逐年增加，2001年49.13亿元，2005年逾百亿元，2008年逾200亿元，2010年逾300亿达355.93亿元，税收规模逐年扩大的主要原因是监控企业户数增加和企业经济税源发展增加税收。各年度重点企业实缴国税税收占全省国税同口径收入比重分别为53.2%、57.5%、62.6%、60.6%、61.4%、63%、62.9%、62%、54.3%和61.3%，10年平均比重为60.1%。2001—2010年各年度重点企业实缴国税税收户均值分别为0.49亿元、0.46亿元、0.57亿元、0.54亿元、0.53亿元、0.42亿元、0.46亿元、0.44亿元、0.37亿元和0.51亿元，税收户均值年度间波动但呈缓慢上升趋势。2009年比重回落和税收户均值下滑的重要影响因素是国际金融危机冲击影响。

分税种收入。重点企业的国税收入包括增值税收入、消费税收入和企业所得税收入。

表3-3-3 2001—2010年重点企业国税税收分税种收入

单位：亿元

年 份	重点企业户数	增值税		消费税		企业所得税	
		金额	占全省增值税（%）	金额	占全省消费税（%）	金额	占全省国税企业所得税（%）
2001	100	31.90	45.74	15.75	95.50	1.48	24.23
2002	128	36.55	49.28	18.61	95.38	3.69	42.27
2003	138	46.43	50.84	22.04	96.19	10.27	89.29
2004	171	57.94	51.94	24.84	94.97	10.35	64.80
2005	210	68.75	52.33	27.64	97.44	14.30	69.98
2006	338	90.62	56.68	29.72	87.34	20.74	69.06
2007	400	118.28	57.87	35.94	53.94	29.71	58.41
2008	500	135.52	54.74	39.73	97.79	43.94	67.06
2009	600	118.45	38.76	72.25	98.45	33.13	59.06
2010	700	216.26	53.32	92.17	98.30	47.50	57.28
合 计		920.71	51.12	378.68	96.48	215.11	61.78

说明：表中增值税收入不含免抵调增增值税和进口货物增值税；消费税收入不含进口货物消费税；企业所得税为国税部门征收的内、外资企业所得税合计数。

重点企业增值税收入除2009年下滑外，其余年度收入是逐年增加，2001年31.9亿元，2007年逾百亿元，2010年逾200亿达216.26亿元，10年合计收入920.71亿元。重点企业增值税收入占全省增值税收入比重年度间有波动，2001年为45.74%，2010年达53.32%，比重呈上升趋势。2009年比重偏低的重要影响因素是国际金融危机爆发以及税收大增的废铜回收企业未纳入省局监控重点企业范围。2001—2010年合计收入比重为51.12%。

重点企业消费税收入逐年增加，2001 年 15.75 亿元，2003 年逾 20 亿元，2007 年逾 30 亿元，2009 年逾 70 亿元，2010 年逾 90 亿达 92.17 亿元，10 年合计收入 378.68 亿元。2009 年和 2010 年重点企业消费税收入超常增加的主要原因是税制因素，即 2009 年 1 月 1 日起成品油价税费联动改革，成品油消费税率大幅提高，重点企业九江炼油厂消费税猛增。重点企业消费税收入占全省消费税收入比重大，除 2006 年和 2007 年比重未达 90% 外，其余年度比重均在 94% 以上，2001—2010 年合计收入比重达 96.48%。其主要原因是本省消费税主体税源卷烟、汽车制造和原油加工等行业生产经营高度集中，且其大企业均已纳入省局监控重点企业范围。

重点企业所得税收入除 2009 年回落外，其余年度收入是逐年增加，2001 年 1.48 亿元，2003 年逾 10 亿元，2006 年逾 20 亿元，2008 年逾 40 亿元，2010 年达 47.5 亿元，2001—2010 年合计收入 215.11 亿元。重点企业所得税收入占全省国税企业所得税收入比重年度间有波动，2001 年比重 24.23% 为低谷，2003 年比重 89.29% 为峰值，2010 年比重 57.28%，总体看比重呈上升趋势。2001—2010 年合计收入比重为 61.78%。

税　负　2001—2010 年各年度省国税局监控重点税源企业的主营业务收入国税负担率分别为 9.57%、7.95%、7.45%、5.93%、5.89%、4.98%、5.45%、5.36%、4.9% 和 5.49%，10 年平均税负为 5.59%。税负前高后低，呈下降趋势，其主要影响因素是 2001 年、2002 年、2003 年这几年省局监控重点税源企业户数相对较少，高税率的卷烟、酒、汽车、成品油等产品经济及其税收的比重较大，相应影响这几年税负较高，2006—2010 年省局监控重点税源企业户数逐年大幅增加，低税负企业户数大量增加，相应影响重点税源企业总体税负下降。

纳税大户　2001—2010 年年纳国税税收亿元以上的企业有南昌卷烟厂、中石化股份有限公司九江分公司、江西铜业股份公司、新余钢铁股份有限公司、赣南卷烟厂、江西汽车股份有限公司、方大特钢科技有限公司、萍乡钢铁股份有限公司、省电力公司、广丰卷烟厂、德兴铜矿、南昌烟草公司、萍乡矿业集团有限责任公司、井冈山卷烟厂、丰城矿务局、昌河铃木汽车有限责任公司、南昌供电公司、江西五十铃汽车有限公司、四特酒有限责任公司、兴国卷烟厂、赣西供电公司和南昌亚洲啤酒厂等 22 户。

南昌卷烟厂。跨入 21 世纪后，江西省卷烟生产企业整合改组，成立江西中烟工业有限责任公司，下辖省内五大卷烟生产企业。南昌卷烟厂作为省内卷烟生产龙头企业，进一步调整产品结构，加大高档烟比重，生产经营较快发展。2001—2010 年企业主营业务收入逐年扩大，2001 年 20.52 亿元，2004 年逾 30 亿元，2006 年逾 50 亿元，2007 年逾 70 亿元，2009 年逾 80 亿元，2010 年逾百亿达 117.59 亿元，10 年合计 543.62 亿元，年均递增 21.9%。产销扩大的同时，企业盈利快速增加，企业利润总额 2001 年 1.35 亿元，2006 年逾 5 亿元，2010 年逾 10 亿达 11.42 亿元，10 年合计 55.08 亿元，年均递增 26.3%。2001—2010 年各年度企业实缴国税税收分别为 10.75 亿、14.27 亿、16.36 亿、15.81 亿、19.26 亿、22.04 亿、25.05 亿元、27.81 亿元、27.96 亿元和 34.58 亿元，2010 年国税税收 34.58 亿元成为峰值，10 年合计 213.9 亿元，年均递增 15.6%。其中：增值税、消费税和企业所得税收入分别为 45.5 亿元、153.9 亿元、14.5 亿元，分别占企业实缴国税税收总额比重 21.27%、71.95%、6.78%。2001—2010 年南昌卷烟厂实缴国税税收合计数占同期重点税源企业国税税收总额比重 14.12%，税收规模和收入比重在全省重点企业中排序第一。

中石化股份有限公司九江分公司（九江炼油厂）。2001—2010 年企业原油加工量分别为 296.99 万吨、296.87 万吨、311.9 万吨、361.1 万吨、364.88 万吨、415.49 万吨、394.26 万吨、409.16 万吨、450.07 万吨和 468.43 万吨，年均递增 3.6%。企业主营业务收入 2001 年 61.83 亿元，2005 年逾百亿元，2010 年逾 200 亿达 290.36 亿元，10 年合计 1401.19 亿元，年均递增 14.5%。多数年度亏损，企业利润总额 10 年合计为 -64.53 亿元，其重要影响因素是大化肥项目划归该公司核算管理。2001—2010 年各年度企业实缴国税税收分别为 6.02 亿元、6.1 亿元、6.68 亿元、6.94 亿元、6.5 亿元、5.52 亿元、7.13 亿元、5.72 亿元、34.64 亿元和 42.36 亿元，10 年合计 127.61 亿元，年均递增 19.7%。其中：增值税、消费税和企业所得税分别为 32.26 亿元、95.09 亿元、0.26 亿元，分别占企业实缴国税税收总额比重 25.28%、74.52%、0.2%。2009 年和 2010 年企业税收猛增的主要影响因素是 2009 年 1 月 1 日起成品油价税费联动改革，成品油消费税税率大幅提高。2001—2010 年中石化股份有限公司九江分公司实缴国税税收合计数占同期重点企业国税税收总额比重 8.43%，在重点企业收入比重中排序第二。

江西铜业股份公司。该企业发展成为我国最大的铜冶炼企业，企业生产经营快速发展，税收大幅增加。企业主营业务收入 2001 年 29.5 亿元，2005 年逾百亿元，2006 年逾 200 亿元，2007 年逾 300 亿元，2008 年逾 400 亿元，2010 年逾 700 亿达 741.93 亿元，2001—2010 年合计 2579.45 亿元，年均递增 38.6%。除 2002 年亏损外，其余年度均盈利，企业利润总额 2001 年 2.32 亿元，2004 年逾 10 亿元，2005 年逾 20 亿元，2006 年逾 50 亿元，2010 年回落至 24.4 亿元，10 年合计 218.44 亿元，2002—2010 年均递增 29.9%。2001—2010 年各年度企业实缴国税税收分别为 1.49 亿元、0.67 亿元、0.75 亿元、2.97 亿元、5.3 亿元、12.48 亿元、14.38 亿元、16.67 亿元、6.57 亿元和 10.01 亿元，10 年合计 71.3 亿元，年均递增 21.4%。其中：增值税和企业所得税分别为 35.13 亿元、36.17 亿元，分别占企业实缴国税税收总额比重 49.27%、50.73%。2008 年下半年国际金融危机爆发后，铜价大跌，2009 年江铜税收大幅下滑，2010 年经济回升，江铜税收相应增长。2001—2010 年江西铜业股份公司实缴国税税收合计数占同期重点企业国税税收总额比重 4.71%，在全省重点企业收入比重中排序第三。

新余钢铁有限责任公司。该公司是江西钢铁行业的龙头企业，生产经营年度间有所波动，但趋势是较快发展，2010 年企业钢产量逾千万吨。企业主营业务收入 2001 年 43.77 亿元，2004 年逾百亿元，2008 年逾 300 亿元，2010 年达 315.42 亿元，2001—2010 年合计 1458.1 亿元，年均递增 23.1%。企业盈利除 2005 年亏损 103 万元和 2008—2010 年三年无利润外，其他 6 年均为盈利，10 年合计利润总额 14.86 亿元。2001—2010 年各年度企业实缴国税税收分别为 3.01 亿元、3.66 亿元、5.96 亿元、3.39 亿元、2.35 亿元、4.96 亿元、10.43 亿元、8.88 亿元、6.11 亿元和 4.55 亿元，10 年合计 53.29 亿元，年均递增 7%。其中：增值税和企业所得税分别为 52.96 亿元、0.33 亿元，分别占企业实缴国税税收总额比重 99.38%、0.62%。2007 企业实缴国税税收逾 10 亿元成为峰值，之后是逐年下降，主要影响因素是 2008 年下半年国际金融危机爆发，钢材价格大跌，2009 年 1 月 1 日起实施消费型增值税，企业扩大生产规模所购进机器设备等固定资产进项税金予以抵扣，购进铁矿石等矿产品进项抵扣率提高，应缴增值税相应明显减少。2001—2010 年新余钢铁有限责任公司实缴国税税收合计数占同期重点企业国税税收总额比重 3.52%，在重点企业收入比重中排序第四。

赣南卷烟厂。江西中烟工业有限责任公司成立后，对下属五大卷烟企业实行生产计划、销售市场、产品定价统一安排，并考虑地方财政利益，对各烟厂就地缴纳税收按照省公司税收总额一定比例确定。随着江西卷烟产销税收增长，赣南卷烟厂国税税收增长较快。2001—2010 年各年度企业缴纳国税税收分别为 0.8 亿元、1.74 亿元、2.49 亿元、4.17 亿元、3.76 亿元、4 亿元、5.69 亿元、6.24 亿元、7.05 亿元和 8.24 亿元，10 年合计 44.17 亿元，年均递增 27.8%。其中：增值税、消费税和企业所得税分别为 8.89 亿元、35.1 亿元、0.19 亿元，分别占企业实缴国税税收总额比重 20.12%、79.46%、0.42%。2001—2010 年赣南卷烟厂实缴国税税收合计数占同期重点企业国税税收总额比重 2.92%，在重点企业收入比重中排序第五。

江西汽车股份有限公司。随着企业改制，江西汽车制造厂一分为二：组建与美国企业合资的江西汽车股份有限公司，组建与日本企业合资的江西五十铃汽车有限公司。作为江西汽车制造行业的龙头企业，江西汽车股份有限公司生产经营快速发展，盈利大幅增加，税收大幅增长。2001—2010 年各年度企业主营业务收入分别为 20.28 亿元、23.39 亿元、28.3 亿元、64.8 亿元、71.88 亿元、83.78 亿元、90.95 亿元、97.98 亿元、125.53 亿元和 238.43 亿元，10 年合计 845.32 亿元，年均递增 32.3%。各年度均盈利，企业利润总额 2001 年 1 亿元，2003 年逾 3 亿元，2004 年逾 4 亿元，2005 年逾 5 亿元，2006 年逾 6 亿元，2007 年逾 8 亿元，2009 年逾 10 亿元，2010 年逾 20 亿达 23.75 亿元，10 年合计 76.05 亿元，年均递增 42.1%。2001—2010 年各年度企业实缴国税税收分别为 2.25 亿元、1.7 亿元、3.07 亿元、2.95 亿元、3.46 亿元、3.77 亿元、4.09 亿元、4.09 亿元、4.54 亿元和 9.56 亿元，10 年合计 39.49 亿元，年均递增 21.9%。其中：增值税、消费税和企业所得税分别为 19.93 亿元、11.38 亿元、8.18 亿元，分别占企业实缴国税税收总额比重 50.48%、28.82%、20.7%。2008 年下半年国际金融危机爆发后，国家出台家电、汽车促销政策，促进汽车消费，企业产、销大增长，这是 2009 年和 2010 年企业税收大幅增长的重要影响因素。2001—2010 年江西汽车股份有限公司实缴国税税收合计数占同期重点企业国税税收总额比重 2.61%，在重点企业收入比重中排序第六。

方大科技股份有限公司（南昌钢铁总厂）。该公司是对南昌钢铁总厂等企业进行改制而建立。2001—2010 年各年度企业主营业务收入分别为 17.14 亿元、23.24 亿元、35.83 亿元、48.35 亿元、53.6 亿元、58.57 亿元、104.93 亿元、106.2 亿元、85.9 亿元和 103.41 亿元，10 年合计 637.17 亿元，年均递增 23.4%。企业盈利除 2008 年亏损 99 万元外，其他 9 年均为盈利，企业利润总额 2001 年为 0.4 亿元，2003 年逾亿元，2007 年逾 2 亿元，2010 年达 3.53 亿元，10 年合计 10 亿元，年均递增 33.3%。2001—2010 年各年度企业实缴国税税收分别为 1.14 亿元、1.43 亿元、2.69 亿元、2.03 亿元、2.36 亿元、2.64 亿元、3.99 亿元、4.77 亿元、3.1 亿元和 2.8 亿元，10 年合计 26.95 亿元，年均递增 10.2%。其中：增值税和企业所得税分别为 26.69 亿元、0.25 亿元，分别占企业实缴国税税收总额比重 99.06%、0.94%。2001—2010 年方大科技股份有限公司实缴国税税收合计数占同期重点企业国税税收总额比重 1.78%，在重点企业收入比重中排序第七。

萍乡钢铁有限责任公司。2001—2010 年各年度企业主营业务收入分别为 18.48 亿元、29.5 亿元、45.83 亿元、49.36 亿元、50.16 亿元、54.49 亿元、66.04 亿元、72.74 亿元、58.61 亿元和 70.19 亿元，

10年合计515.4亿元,年均递增18.8%。除2010年无盈利外,其余9年均为盈利,企业利润总额2001年0.25亿元,2002年逾亿元,2003年达4.69亿元为峰值,10年合计20.45亿元。2001—2010年各年度企业实缴国税税收分别为1.2亿元、1.8亿元、2.9亿元、3.63亿元、3.23亿元、2.19亿元、2.56亿元、2.85亿元、2.45亿元和1.48亿元,10年合计24.27亿元,年均递增6.5%。其中:增值税和企业所得税分别为21.8亿元、2.47亿元,分别占企业实缴国税税收总额比重89.8%、10.2%。2001—2010年萍乡钢铁有限责任公司实缴国税税收合计数占同期重点企业国税税收总额比重1.6%,在重点企业收入比重中排序第八。

江西省电力公司。随着电力部门管理体制改革,发电企业从省电力公司剥离,供电企业仍为省电力公司下属企业。各供电企业按照规定税率就地预缴增值税,省电力公司作为一般纳税人汇总计算省公司系统应缴增值税,扣除下属供电企业就地预缴增值税额后的余额在南昌市缴库,并汇总计算省公司系统应缴企业所得税在南昌市集中缴库。随着经济发展和人们生活水平提高,用电量增加,电价提升,公司主营业务收入2001年57.74亿元,2004年逾百亿元,2009年逾200亿元,2010年逾300亿达388.43亿元,10年合计1584.76亿元,年均递增22%。除2004年、2008年和2010年企业亏损外,其余7年均为盈利,企业利润总额10年合计11.15亿元。2001—2010年各年度省电力公司实缴国税税收分别为1.4亿元、0.32亿元、0.62亿元、1.6亿元、2.69亿元、3.07亿元、4.56亿元、3.46亿元、2.52亿元和3.09亿元。10年合计23.31亿元,年均递增5.4%。其中:增值税和企业所得税分别为17.85亿元、5.46亿元,分别占企业实缴国税税收总额比重76.55%、23.45%。2008年初江西省遭遇历史上罕见的低温冰冻雨雪灾害,电杆、电塔、电线大面积倒塌或折断,输送电设备受损严重,灾后重建购进设备较多,固定资产进项税金抵扣大幅增加并实行分期抵扣,因而对省电力公司2008年、2009年和2010年利润、税收带来较大的负面影响。2001—2010年省电力公司实缴国税税收合计数占同期重点企业国税税收总额比重1.54%,在重点企业收入比重中排序第九。

广丰卷烟厂。作为江西中烟工业有限责任公司下属生产企业,广丰卷烟厂生产计划、销售市场、产品定价由省公司统一安排,企业就地缴纳税收按照省公司税收总额一定比例确定。2001—2010年各年度企业缴纳国税税收分别为1.09亿元、1.07亿元、0.93亿元、1.61亿元、1.72亿元、2.12亿元、2.96亿元、3.24亿元、3.66亿元和4.27亿元,10年合计22.68亿元,年均递增15.7%。其中:增值税、消费税和企业所得税分别为5.15亿元、17.46亿、0.06亿元,分别占企业实缴国税税收总额比重22.73%、76.98%、0.29%。2001—2010年广丰卷烟厂实缴国税税收合计数占同期重点企业国税税收总额比重1.5%,在重点企业收入比重中排序第十。

德兴铜矿。德兴铜矿是亚洲最大的铜矿山,该企业是江铜集团公司下属企业,其主打产品铜精矿实行公司内部调拨价,德兴铜矿铜精矿按照公司内部调拨价计算就地缴纳增值税,所得税由江西铜业股份公司汇总缴纳。随着江西铜业股份公司生产经营快速发展,对铜精矿需求增加,德兴铜矿的铜精矿及其附产品产量增加,税收相应较快增长。2001—2010年各年度企业实缴国税税收分别为0.34亿元、0.36亿元、0.33亿元、0.66亿元、1.11亿元、2.3亿元、3.94亿元、4.23亿元、3.35亿元和4.2亿,10年合计20.83亿元,年均递增30.2%。2001—2003年企业年纳国税税收在3000余万元水平线徘徊，2004 年始税收快速增长。2001—2010 年德兴铜矿实缴国税税收合计数占同期重点企业国税税收总额比重 1.38%，在重点税源企业收入比重中排序第十一。

南昌市烟草公司。南昌市烟草公司属商业企业，随着省烟草公司取消卷烟批发销售业务而专司系统经营管理，南昌市烟草公司的卷烟批发销售业务随之扩大。2001—2010 年各年度企业主营业务收入分别为 6.36 亿元、6.61 亿元、7.76 亿元、13.65 亿元、16.36 亿元、19.62 亿元、24.12 亿元、25.82 亿元、28.77 亿元和 37.73 亿元，10 年合计 186.79 亿元，年均递增 22.5%。企业年年盈利，企业利润总额 2001 年 0.4 亿元，2004 年逾亿元，2006 年逾 2 亿元，2007 年逾 4 亿元，2010 年逾 5 亿达 5.5 亿元，10 年合计 25.66 亿元，2002—2010 年均递增 33.8%。2001—2010 年各年度企业实缴国税税收分别为 0.16 亿元、0.3 亿元、0.39 亿元、1.18 亿元、1.5 亿元、1.53 亿元、2.46 亿元、2.11 亿元、3.3 亿元和 4 亿元，10 年合计 16.94 亿元，年均递增 46.3%。其中：增值税、消费税和企业所得税分别为 6.55 亿元、2.35 亿元、8.04 亿元，分别占企业实缴国税税收总额比重 38.64%、13.86%、47.5%。2009 年 5 月 1 日起卷烟批发环节征收 5% 消费税，这是该公司 2009 年和 2010 年税收大幅增长的重要原因。2001—2010 年南昌市烟草公司实缴国税税收合计数占同期重点企业国税税收总额比重 1.12%，在重点企业收入比重中排序第十二。

萍乡矿业集团有限责任公司。随着煤矿资源逐渐减少以及采掘深度加大，企业后期煤炭产量减少，但由于煤价上涨和增值税率提高，企业销售收入增加，税收增长。企业主营业务收入 2001 年为 9.25 亿元，2006 年逾 10 亿元，2008 年达 25.7 亿元形成峰值，2010 年回落至 13.19 亿元，10 年合计 130.65 亿元，年均递增 4%。多数年份企业盈利，企业利润总额 10 年合计为 10.33 亿元。2001—2010 年各年度企业实缴国税税收（均为增值税）分别为 1.2 亿元、1.8 亿元、2.39 亿元、2.62 亿元、2.26 亿元、0.62 亿元、0.86 亿元、1.06 亿元、1.1 亿元和 1.48 亿元。2001—2010 年萍乡矿业集团有限责任公司实缴国税税收合计 15.39 亿元，年均递增 12.7%，占同期重点企业国税税收总额比重 1.02%，在重点企业收入比重中排序第十三。

井冈山卷烟厂。作为江西中烟工业有限责任公司下属生产企业，井冈山卷烟厂生产计划、销售市场、产品定价由省公司统一安排，企业就地缴纳税收按照省公司税收总额一定比例确定。2001—2010 年各年度企业缴纳国税税收分别为 0.44 亿元、0.43 亿元、0.68 亿元、1.27 亿元、1.64 亿元、1.68 亿元、1.79 亿元、1.93 亿元、2.13 亿元和 2.49 亿元，10 年合计 14.48 亿元，年均递增 21.1%。其中：增值税、消费税和企业所得税分别为 3.15 亿元、11.26 亿元、0.07 亿元，分别占企业实缴国税税收总额比重 21.74%、77.74%、0.52%。2001—2010 年井冈山卷烟厂实缴国税税收合计数占同期重点企业国税税收总额比重 0.96%，在重点企业中排序第十四。

丰城矿业局。企业煤炭产量增加不多，但由于煤价上涨和增值税率提高，企业销售收入增加，税收大幅增长。企业主营业务收入 2001 年为 2.98 亿元，2008 年逾 10 亿元，2010 年达 15.32 亿元，10 年合计 85.54 亿元，年均递增 19.9%。2001—2003 年企业亏损，其余年份均盈利，企业利润总额 10 年合计为 11.69 亿元。2001—2010 年各年度企业实缴国税税收分别为 0.18 亿元、0.28 亿元、0.3 亿元、0.78 亿元、0.94 亿元、1.54 亿元、0.99 亿元、1.74 亿元、2 亿元和 2.93 亿元，10 年合计 11.69 亿元，年均递增 37.7%。其中：增值税和企业所得税分别为 9.26 亿元、2.43 亿元，分别占企业实缴国税税收总额比重 79.2%、20.8%。2001—2010 年丰城矿业局实缴国税税收合计数占同期重点企业国税税收总额比重 0.77%，在重点企业收入比重中排序第十五。

昌河铃木汽车有限责任公司。企业主打产品是微型车，总体趋势是产销发展，税收增加。2001—2010 年各年度企业主营业务收入分别为 17.75 亿元、25.09 亿元、22.43 亿元、17.97 亿元、21.62 亿元、24.74 亿元、36.74 亿元、25.34 亿元、38.12 亿元和 52.46 亿元，10 年合计 282.26 亿元，年均递增 14.8%；企业盈利情况是 2003 年和 2004 年两年盈利，其余年度亏损，10 年合计企业利润总额为负数 17.23 亿元；各年度企业实缴国税税收分别为 1.02 亿、1.22 亿、1.59 亿、0.87 亿元、1.31 亿、0.97 亿、0.95 亿、0.69 亿、1.72 亿和 1.37 亿元，10 年合计 11.69 亿元，年均递增 2.2%。其中：增值税、消费税和企业所得税分别为 5.24 亿元、6.02 亿元、0.44 元，分别占企业实缴国税税收总额比重 44.77%、51.47%、3.76%。2009 年和 2010 年企业产、销大增长，税收大幅增加，得益于国家出台家电汽车促销政策促进汽车消费。2001—2010 年昌河铃木汽车有限责任公司实缴国税税收合计数占同期重点企业国税税收总额比重 0.76%，在重点企业收入比重中排序第十六。

南昌供电局。南昌供电局是省电力公司的下属企业，企业利润由省电力公司统一核算，企业所得税由省电力公司集中缴纳，企业就地预缴增值税。2001—2010 年其主营业务收入年均递增 15.5%；各年度缴纳增值税分别为 0.85 亿元、0.96 亿元、1.17 亿元、0.84 亿元、1.03 亿元、1.16 亿元、1.41 亿元、1.53 亿元、1 亿元和 1.65 亿元。10 年合计 11.59 亿元，年均递增 6.9%，占同期重点企业国税税收总额比重 0.77%，在重点企业收入比重中排序第十七。

江西五十铃汽车有限公司。企业主打产品是轻型载重车。企业主营业务收入 2001 年为 20.07 亿元，2003 年逾 30 亿元，2006 年逾 40 亿元，2009 年逾 50 亿元，2010 年逾百亿达 105.99 亿元，10 年合计 446.64 亿元，年均递增 20.5%。各年度均盈利，企业利润总额 2001 年为 0.35 亿元，2002 年逾亿元，2010 年逾 4 亿达 4.38 亿元，10 年合计 13.86 亿元，2002—2010 年均递增 32.3%。2001—2010 年各年度企业实缴国税税收分别为 0.51 亿元、1.05 亿元、0.68 亿元、1.4 亿元、1 亿元、1.21 亿元、1 亿元、1.09 亿元、1.65 亿元和 1.9 亿元，10 年合计 11.49 亿元，年均递增 26.1%。其中：增值税、消费税和企业所得税分别为 8.65 亿元、1.11 亿元、1.73 亿元，分别占企业实缴国税税收总额比重 75.33%、9.68%、14.99%。2008 年下半年国际金融危机爆发后，国家出台家电汽车促销政策，促进汽车消费，企业产、销大增长是 2009 年和 2010 年企业税收大幅增加的重要影响因素。2001—2010 年江西五十铃汽车有限公司实缴国税税收合计数占同期重点企业国税税收总额比重 0.76%，在重点企业收入比重中排序第十八。

四特酒有限责任公司。该企业由国有企业改制为民营企业，生产经营年度间虽有所波动，但上升趋势明显。2001—2010 年各年度企业主营业务收入分别为 1.98 亿元、1.65 亿元、3.56 亿元、1.76 亿元、2.82 亿元、2.09 亿元、3.82 亿元、4.53 亿元、6.37 亿元和 11.24 亿元，10 年合计 39.82 亿元，年均递增 21.5%。企业盈利情况是 2001 年、2002 年、2004 年、2005 年和 2010 年 5 个年份亏损，其余 5 个年份盈利，10 年合计企业利润总额为负数 2.43 亿元。2001—2010 年各年度企业实缴国税税收分别为 0.46 亿元、0.42 亿元、0.41 亿元、0.4 亿元、0.5 亿元、0.53 亿元、1.13 亿元、1.65 亿元、2.8

亿元和 2.72 亿元，10 年合计 11.03 亿元，年均递增 29.5%。其中：增值税、消费税和企业所得税分别为 1.97 亿元、8.97 亿元、0.08 亿元，分别占企业实缴国税税收总额比重 17.9%、81.34%、0.76%。在前几年夯实基础的前提下，2007 年始企业加速发展。2001—2010 年四特酒有限责任公司实缴国税税收合计数占同期重点企业国税税收总额比重 0.73%，在重点企业收入比重中排序第十九。

兴国卷烟厂。作为江西中烟工业有限责任公司下属生产企业，兴国卷烟厂的生产计划、销售市场、产品定价由省公司统一安排，企业就地缴纳税收按照省公司税收总额一定比例确定。2001—2010 年各年度企业缴纳国税税收分别为 0.2 亿元、0.21 亿元、0.22 亿元、0.46 亿元、1.18 亿元、0.98 亿元、1.06 亿元、1.23 亿元、1.37 亿元和 1.61 亿元，10 年合计 8.53 亿元，年均递增 23.3%。其中：增值税、消费税和企业所得税分别为 1.68 亿元、6.73 亿元、0.12 亿元，分别占企业实缴国税税收总额比重 19.7%、78.84%、1.46%。2001—2010 年兴国卷烟厂实缴国税税收合计数占同期重点企业国税税收总额比重 0.56%，在重点企业收入比重中排序第二十。

赣西供电局。该企业是省电力公司的下属企业，企业利润和企业所得税由省电力公司统一核算和集中缴纳，企业就地预缴增值税。2001—2010 年其主营业务收入年均递增 21.3%；各年度企业缴纳增值税分别为 0.37 亿元、0.49 亿元、0.64 亿元、0.58 亿元、0.67 亿元、0.77 亿元、0.98 亿元、1.15 亿元、0.88 亿元和 1.75 亿元。10 年合计 8.28 亿元，年均递增 18.6%，占同期重点企业国税税收总额比重 0.55%，在重点企业收入比重中排序第二十一。

南昌亚洲啤酒有限公司。随着经济发展和人们生活水平提高，企业啤酒生产发展，销售扩大，税收逐年增加。企业主营业务收入 2001 年为 1.85 亿元，2003 年逾 2 亿元，2005 年逾 3 亿元，2007 年逾 4 亿元，2009 年逾 5 亿元，2010 年逾 6 亿达 6.08 亿元，10 年合计 34.83 亿元，年均递增 13.2%。企业年年盈利，利润总额 2001 年为 0.04 亿元，2003 年逾 0.3 亿元，2009 年达 0.8 亿元，2010 年回落至 0.2 亿元，10 年合计 2.77 亿元，2002—2010 年均递增 16.9%。2001—2010 年各年度企业实缴国税税收分别为 0.48 亿元、0.49 亿元、0.56 亿元、0.65 亿元、0.69 亿元、0.75 亿元、0.94 亿元、1.04 亿元、1.03 亿元和 1.14 亿元，10 年合计 7.77 亿元，年均递增 8.7%。其中：增值税、消费税和企业所得税分别为 3.07 亿元、4.1 亿元、0.59 亿元，分别占企业实缴国税税收总额比重 39.58%、52.83%、0.51%。2001—2010 年南昌亚洲啤酒有限公司实缴国税税收合计数占同期重点企业国税税收总额比重 0.51%，在重点企业收入比重中排序第二十二。

第四章　工业园区税收

随着改革开放推进和社会主义市场经济发展，江西省加快工业园区建设发展，朝着工业强省目标迈进。跨入新世纪以来，经国家发改委批准的国家级经济开发区与省级工业园区，截至2010年全省为94个。江西省国税局从2005年开始对全省国家级和省级工业园区税源税收情况进行核算统计，并定期开展监控分析。纳入省国税局监控分析的工业园区，2005年、2006年和2007年均为96个；2008年和2009年调整为95个，2010年调整为94个。

第一节　经济税源

纳税户数及其结构

工业园区纳税户数及其企业类型结构

表3-4-1　2005—2010年工业园区纳税户数

单位：户

年　份	合　计	其　中					
		国　有	集　体	股份制	涉　外	私　营	其　他
2004	5650	212	168	2434	542	1860	434
2005	7486	219	180	3325	707	2395	660
2006	9506	232	180	3957	896	3058	1183
2007	10788	180	162	5068	982	3099	1297
2008	12578	183	148	5935	1041	3510	1761
2009	14003	178	150	6905	1101	3708	1961
2010	16724	173	129	8469	1142	4820	1991

说明：表中工业园区纳税户数是国税部门根据税务登记资料统计。

工业园区纳税户数逐年增加，2004年为5650户，2010年增至1.67万户，2005—2010年均递增19.8%。其中：①国有企业户数较少并呈下降趋势，6年合计占工业园区纳税户总户数比重1.79%，其主要原因是部分国有企业改制为股份制、私营、涉外等所有制企业；②集体企业户数较少并呈下降趋势，6年合计占工业园区纳税户总户数比重1.46%，其主要原因是部分集体企业改制为其他所有制企业；③股份制企业户数逐年增加，2004年2434户，2010年增至8469户，年均递增23.1%，6年合计占工业园区纳税户总户数比重47.04%，是工业园区纳税户中的主体部分；④涉外企业户数逐年增加，2004年542户，2010年增至1142户，年均递增13.2%，6年合计占工业园区纳税户总户数比重8.35%；⑤私营企业户数逐年增加，2004年1860户，2010年增至4820户，年均递增17.2%，6年合计占工业园区纳税户总户数比重29.26%；⑥其他企业（含股份合作企业、联营企业、个体工商户等）户数逐年增加，2004年434户，2010年增至1991户，年均递增28.9%，6年合计占工业园区纳税户总户数比重12.1%。

投产企业户数及其产业结构

表3-4-2　2005—2010年工业园区投产企业户数

单位：户

年　份	投产企业总户数		1. 工业企业		2. 商业等企业	
	户　数	占园区企业总户数(%)	户　数	占投产企业总户数(%)	户　数	占投产企业总户数(%)
2005	6341	84.70	5270	83.11	1071	16.89
2006	7780	81.84	6386	82.08	1394	17.92
2007	9013	83.55	7451	82.67	1562	17.33
2008	10314	82.00	8615	83.53	1699	16.47
2009	11426	81.60	9423	82.47	2003	17.53
2010	13320	79.65	10815	81.19	2505	18.81
加权平均%		81.87		82.41		17.59

工业园区企业从筹建到投产需要一个过程。随着工业园区建设发展，投产企业户数逐年增加，2005年为6341户，2010年达1.33万户。各年度投产企业总户数占园区企业总户数的比重在80%水平线上下波动，2005—2010年加权平均计算所占比重为81.87%。其中：①工业投产企业户数逐年增加，2010年达1.08万户，2005—2010年加权平均计算所占园区投产企业总户数比重为82.41%；②商业、物流、房地产等投产企业户数逐年增加，2010年达0.25万户，2005—2010年加权平均计算所占园区投产企业总户数比重为17.59%。总体看，工业企业是园区企业的主体部分。

主要经济指标

表 3-4-3 2004—2010 年工业园区主要经济指标

单位：亿元

年 份	园区（个）	企业增加值		主营业务收入		利润总额	
		金 额	比上年增减（%）	金 额	比上年增减（%）	金 额	比上年增减（%）
2004	96	277.79		753.65		26.59	
2005	96	347.98	25.2	1087.51	44.3	39.37	48.0
2006	96	489.62	40.7	1695.35	55.9	56.10	42.5
2007	96	737.16	50.6	2585.68	52.5	89.77	60.0
2008	95	867.90	17.7	3316.60	30.5	107.97	22.8
2009	95	879.97	1.4	3542.22	6.9	77.86	−27.9
2010	94	1109.38	26.1	4864.21	37.8	165.80	113.2
合计		4709.80		17845.22		563.46	
年均递增 %		26.00		36.50		35.60	

说明：1.2008 年、2009 年和 2010 年工业园区个数减少，其"比上年增减 %"为当年数据与上年同口径园区数据增减百分比数据；2."年均递增 %"系指各年度均按 94 个园区同口径数据计算的 1995—2010 年均递增 %。

企业增加值。工业园区企业增加值逐年上台阶，2004 年 96 个园区企业增加值 277.79 亿元，2010 年 94 个园区企业增加值逾千亿达 1109.38 亿元。2004—2010 年各年度企业增加值的园区平均值分别为 2.89 亿元、3.62 亿元、5.1 亿元、7.68 亿元、9.14 亿元、9.26 亿元、11.8 亿元，年均递增 26%。

主营业务收入。工业园区主营业务收入逐年上台阶，2004 年 96 个园区主营业务收入 753.65 亿元，2005 年逾千亿元，2007 年逾 2000 亿元，2008 年逾 3000 亿元，2010 年 94 个园区主营业务收入逾 4000 亿达 4864.21 亿元。2004—2010 年各年度主营业务收入的园区平均值分别为 7.85 亿元、11.33 亿元、17.66 亿元、26.93 亿元、34.91 亿元、37.29 亿元、51.75 亿元，年均递增 36.9%。

利润总额。工业园区企业有盈有亏，但盈利企业多于亏损企业，除 2009 年因国际金融危机影响导致园区企业利润总额下滑外，其他年份园区企业利润总额逐年上升，2004 年为 26.59 亿元，2008 年逾百亿元，2010 年达 165.8 亿元。2004—2010 年各年度企业利润总额的园区平均值分别为 0.28 亿元、0.41 亿元、0.58 亿元、0.94 亿元、1.14 亿元、0.82 亿元、1.76 亿元，年均递增 36.1%，与园区主营业务收入增速基本同步。

产业经济税源

为保持计算口径一致，2004—2010 年各年度均按照 94 个工业园区计算分产业经济发展情况。

园区工业经济　企业增加值。2004—2010 年各年度 94 个园区工业企业增加值分别为 231 亿元、289.2 亿元、408.6 亿元、616.2 亿元、773.8 亿元、750 亿元、912.7 亿元，7 年合计 3977.55 亿元，占同期全省 94 个园区企业增加值总额比重 84.52%。2005—2010 年园区工业企业增加值年均递增 25.7%。

主营业务收入。2004—2010 年各年度 94 个园区工业企业主营业务收入分别为 593.9 亿元、854.9 亿元、1337.9 亿元、1994.6 亿元、2756.9 亿元、2879.1 亿元、3795.2 亿元，7 年合计 1.42 万亿元，占同期全省 94 个园区主营业务收入总额比重 80.03%。2005—2010 年园区工业企业主营业务收入年均递增 36.2%。

利润总额。园区工业企业利润总额 2004 年 23.57 亿元，2005 年逾 30 亿元，2006 年逾 50 亿元，2007 年逾 70 亿元，2008 年逾 90 亿元，2010 年逾百亿达 148.79 亿元，7 年合计 501.91 亿元，占同期全省 94 个园区企业利润总额比重 89.33%。2005—2010 年园区工业企业利润总额均递增 35.9%，与其主营业务收入增速基本同步。2004—2010 年园区工业企业增加值利润率为 12.62%，主营业务收入利润率为 3.53%。

2008 年下半年国际金融危机爆发，国内外市场萎缩，大宗商品价格下跌，对园区工业经济带来负面影响，2008 年园区工业经济增速减缓，2009 年园区工业企业增加值和利润总额负增长，主营业务收入仅小幅增长。2010 年经济回升，园区工业经济增速达两位数，利润总额成倍增长。

园区商业经济　2004—2010 年各年度 94 个园区商业企业增加值分别为 40 亿元、50 亿元、68.8 亿元、105.8 亿元、79.1 亿元、115.3 亿元、169.8 亿元，7 年合计 628.9 亿元，占同期全省 94 个园区企业增加值总额比重 13.37%。2005—2010 年园区工业企业增加值年均递增 27.2%。

2004—2010 年各年度 94 个园区商业企业主营业务收入分别为 141.3 亿元、204.4 亿元、314.7 亿元、477 亿元、475.5 亿元、602.1 亿元、945.4 亿元，7 年合计 3160.3 亿元，占同期全省 94 个园区主营业务收入总额比重 17.8%。2005—2010 年园区商业企业主营业务收入年均递增 37.2%。

2004—2010 年各年度 94 个园区商业企业利润总额分别为 1.7 亿元、2.52 亿元、3.14 亿元、5.54 亿元、6.81 亿元、3.48 亿元、12.16 亿元，7 年合计 35.35 亿元，占同期全省 94 个园区商业企业利润总额比重 6.29%。2005—2010 年园区商业企业年均递增 38.8%。2004—2010 年园区商业企业增加值利润率为 5.62%，主营业务收入利润率为 1.12%。2008 年下半年国际金融危机爆发，市场萧条，对园区商业经济带来负面影响，2008 年园区商业企业增加值和主营业务收入同比负增长，滞后影响 2009 年园区商业企业利润总额同比负增长。2010 年经济回升，园区商业经济大幅增长，利润总额超常增长 2.5 倍。

2010 年园区商业企业增加值、主营业务收入和利润总额大幅增长的主要影响因素，除企业经济普遍回升外，一批废铜回收重点企业产销大幅增长是重要影响因素。

园区其他产业经济　其他产业包括物流运输、房地产、修理修配等服务业。

随着园区工商业快速发展，以服务业为主的其他产业相应发展，2008 年下半年国际金融危机爆发，对 2008 年和 2009 年园区其他产业带来负面影响，2010 年经济回升，园区其他产业经济大幅增长。总体看，园区其他产业规模较小，但快速发展。2004—2010 年各年度 94 个园区其他产业增加值分别为 6.7 亿元、8.6 亿元、11.5 亿元、18.2 亿元、13.9 亿元、14.2 亿元、26.9 亿元，7 年合计 99.9 亿元，占同期全省 94 个园区企业增加值总额比重 2.12%，2005—2010 年均递增 26.2%。2004—2010 年各年度 94 个园区其他产业主营业务收入分别为 16.5 亿元、25.7 亿元、39.1 亿元、60 亿元、71 亿元、49.4 亿元、123.7 亿元，7 年合计 385.5 亿元，占同期全省 94 个园区主营业务收入总额比重 2.17%，2005—2010 年均递增 39.8%。2004—2010 年各年度 94 个园区其他产业利润总额分别为 1.36 亿元、2.05 亿元、2.58 亿元、4.5 亿元、5.54 亿元、3.74 亿元、4.85 亿元，7 年合计 24.62 亿元，占同期全省 94 个园区利润总额比重 4.38%，2005—2010 年均递增 13.6%。2004—2010 年园区其他产业增加值利润率为 24.66%，分别高于工业企业和商业企业增加值利润率 12.04 个、10.04 个百分点；2004—2010 年园区其他产业主营业务收入利润率为 6.39%，分别高于工业企业和商业企业主营业务收入利润率 2.06 个、5.27 个百分点。反映其他产业盈利率较高。

主营业务收入分级距

为保持计算口径一致，2004—2010 年各年度均按照 94 个工业园区计算和比较园区主营业务分级距情况。

表 3-4-4　2004—2010 年 94 个工业园区主营业务收入分级距表

单位：个

级距＼年份	2004	2005	2006	2007	2008	2009	2010
亿元以下	22	17	6	1	1		
1 亿 ~10 亿元区间	63	54	47	36	25	22	18
10 亿 ~20 亿元区间	5	16	19	31	30	29	19
20 亿 ~50 亿元区间	2	4	16	15	20	25	33
50 亿 ~80 亿元区间		1	3	5	8	7	8
80 亿 ~100 亿元区间			1	2	3	3	4
100 亿 ~200 亿元区间	2	2	1	3	6	6	8
200 亿 ~300 亿元区间						1	2
300 亿元以上			1	1	1	1	2
工业园区个数合计	94	94	94	94	94	94	94

主营业务收入是税收和利润的母体，主营业务收入规模及其增速是工业园区经济发展的重要指标。2004 年主营业务收入亿元以下园区计有 22 个，1 亿 ~10 亿元级距园区计有 63 个，两者合计占园区总个数比重 90.43%。随着园区经济发展，园区主营业务收入级距发生重大变化，即 2009 年已无亿元以下园区，而以 10 亿 ~20 亿元级距园区个数居多；2010 年以 20 亿 ~50 亿元级距园区个数居多，百亿元以上园区增至 12 个，其中 300 亿元以上园区计有 2 个。

主营业务收入园区平均值逐年提升，2010 年比 2004 年增长 5.5 倍，连接 2004—2010 年各年度主营业务收入园区平均值，值线几乎是以 45° 角度向上攀升。

单位：亿元

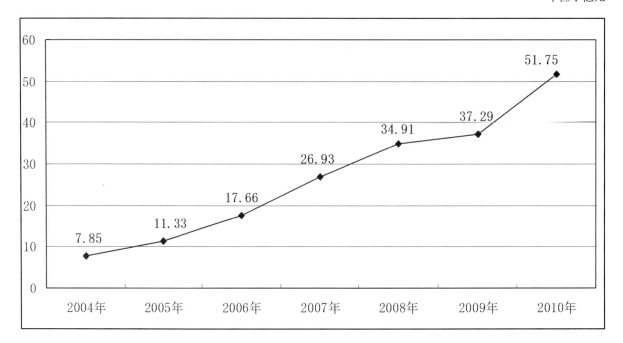

图 3-4-1　2004—2010 年全省 94 个工业园区主营业务收入平均值一览图

第二节　园区税收收入

国税税收总收入

94 个工业园区实缴国税税收（系指增值税、消费税和内外资企业所得税收入合计数）规模逐年扩大，2004—2010 年各年度其国税税收收入分别为 38.02 亿元、48.34 亿元、67.86 亿元、96.8 亿元、121.94 亿元、160.78 亿元、214.1 亿元，2008 年逾百亿元，2010 年逾 200 亿元，7 年合计收入 747.84 亿元，年均递增 33.4%，高于全省国税同口径收入增速 8.9 个百分点。2004—2010 年 94 个工业园区国税税收收入分别占全省国税税收同口径收入比重 24.74%、26.83%、30.3%、32.1%、34.47%、39%、36.77%，收入比重呈上升趋势，7 年平均比重 34.02%，比重逾三分之一。税收增收规模逐年扩大，2005—2010 年各年度分别比上年增收 10.32 亿元、19.52 亿元、28.94 亿元、25.14 亿元、38.85 亿元、53.32 亿元，2007 年增收额逾 20 亿元，2009 年增收额逾 30 亿元，2010 年增收额逾 50 亿，6 年年均增收规模 29.35 亿元。

单位：亿元

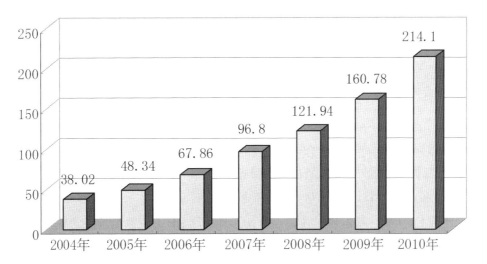

图 3-4-2　2004—2010 年江西省 94 个工业园区国税税收一览图

税种收入

表 3-4-5　江西省 94 个工业园区国税税收分税种收入

单位：亿元

年　份	国内增值税		国内消费税		内外资企业所得税	
	收入额	比上年增长（％）	收入额	比上年增长（％）	收入额	比上年增长（％）
2004	21.42		13.69		2.91	
2005	29.72	38.7	15.46	13.0	3.16	8.6
2006	45.51	53.1	18.55	19.9	3.80	20.2
2007	70.85	55.7	18.34	−1.1	7.61	100.0
2008	87.77	23.9	19.79	7.9	14.38	89.0
2009	127.57	45.3	22.31	12.7	10.90	−24.2
2010	164.25	28.8	30.36	36.1	19.49	78.8
合　计	547.09		138.50		62.25	
年均递增（％）	40.40		14.20		39.80	

说明：表中"年均递增"系指 2005—2010 年均递增率。

增值税收入　94 个工业园区增值税收入逐年增加，2004 年 21.42 亿元，2009 年逾百亿元，2010 年达 164.25 亿元，2004—2010 年合计收入 547.09 亿元，年均递增 40.4％。2004—2010 年各年度增值税收入占园区实缴国税税收总额比重分别为 56.34％、61.48％、67.06％、73.19％、71.98％、79.34％、76.72％，7 年合计收入比重为 73.16％，反映增值税收入是园区国税税收的主体部分。2004—2010 年各年度 94 个园区增值税收入占全省国内增值税收入（不含免抵调增增值税）比重分别为 19.2%、22.62%、28.46%、34.67%、35.45%、41.74%、40.5%，收入比重逐年提升，2009 年和
2010 年收入比重逾 40%，7 年合计收入比重为 34.94%。

消费税收入 94 个工业园区消费税收入 2004 年 13.69 亿元，2009 年逾 20 亿元，2010 年逾
30 亿元达 30.36 亿元，2004—2010 年合计收入 138.5 亿元，年均递增 14.2%。2004—2010 年各年
度消费税收入占园区实缴国税税收总额比重分别为 35.92%、31.93%、27.28%、18.91%、16.20%、
13.85%、14.18%，7 年合计收入比重为 18.5%；各年度 94 个园区消费税收入占全省国内消费税收
入总额比重分别为 52.33%、52.66%、54.50%、49.24%、48.72%、30.39%、32.38%，7 年合计收入
比重为 41.39%。园区消费税收入主要来自于南昌卷烟厂、广丰卷烟厂、部分酒厂和汽车制造企业。
总体看，园区消费税收入平稳增长，收入规模不断扩大，但收入比重呈下降趋势，特别是 2009 年
和 2010 年收入比重下降明显，其重要影响因素是 2009 年 1 月 1 日起成品油价税费联动改革调高税率，
九江炼油厂成品油消费税大幅增加，以及 2009 年 5 月 1 日起卷烟批发环节征收 5% 消费税，而九
江炼油厂和卷烟批发企业不在园区内，由此相应影响园区消费税收入比重下降。

企业所得税收入（内外资） 随着工业园区企业盈利大幅增加，园区企业所得税收入快速增长，
收入比重提升。94 个园区实缴国税企业所得税 2004 年 2.91 亿元，2005 年逾 3 亿元，2007 年逾 7 亿
元，2008 年逾 10 亿元，2010 年接近 20 亿达 19.49 亿元，7 年合计收入 62.25 亿元，年均递增 39.8%，
与同期园区企业利润总额增速相适应。2004—2010 年各年度 94 个园区实缴国税企业所得税占园区实
缴国税税收总额比重分别为 7.65%、6.54%、5.59%、7.84%、11.77%、6.77%、9.1%，7 年合计收入比
重为 8.31%；各年度园区实缴国税企业所得税占全省国税企业所得税（内外资）收入总额比重分别为
18.24%、15.49%、12.66%、14.96%、21.94%、19.43%、23.5%，7 年合计收入比重为 19.34%。

总体看，全省工业园区实缴增值税和国税企业所得税增幅年度间有波动，但趋势是快速增长，
收入比重上升，消费税收入是平稳增长。

单位：%

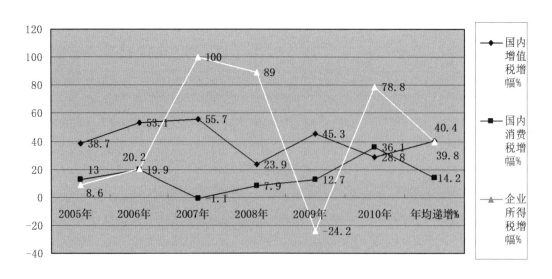

图 3-4-3 2005—2010 年江西省 94 个工业园区国税收入分税种增长一览图

产业税收收入

表 3-4-6　2004—2010 年江西省 94 个工业园区分产业国税税收

单位：亿元

年　份	工业国税税收		商业国税税收		其他产业国税税收	
	税收额	占园区国税总额（%）	税收额	占园区国税总额（%）	税收额	占园区国税总额（%）
2004	35.80	94.15	1.33	3.51	0.89	2.34
2005	45.20	93.50	2.24	4.64	0.90	1.86
2006	63.85	94.09	2.85	4.20	1.16	1.71
2007	90.51	93.50	4.49	4.64	1.80	1.86
2008	114.02	93.50	5.66	4.64	2.26	1.86
2009	99.73	62.03	58.89	36.62	2.17	1.35
2010	123.63	57.74	86.37	40.34	4.10	1.91
合　计	572.72	76.58	161.84	21.64	13.28	1.78
年均递增（%）	23.00	−7.80	100.40	50.20	29.00	−3.30

说明：表中"年均递增"系指 2005—2010 年均递增率。

工业国税税收　园区工业经济包括制造业、采掘业、电力燃气自来水供应业等。94 个园区工业经济实缴国税税收规模明显扩张，2004 年收入 35.8 亿元，2008 年逾百亿元，2010 年达 123.63 亿元，2004—2010 年合计收入 572.72 亿元，年均递增 23%。工业经济税收占园区国税税收总额的比重，2004—2008 年均在 90% 以上，2009 年比重锐减至 62.03%，2010 年比重又减至 57.74%，其主要原因是国际金融危机爆发以及税制因素影响。税制因素影响主要反映在：2009 年 1 月 1 日起增值税全面转型，增值税一般纳税人购进机器设备、生产工具、运输工具等固定资产的进项税金按规定予以抵扣，固定资产进项税金抵扣主要反映在工业企业；2009 年 1 月 1 日起再生资源加工企业购进废旧物资的进项税金抵扣率由原 10% 调高为 17%，由此影响再生资源加工业税收大幅减少；2009 年 1 月 1 日起再生资源回收企业销售废旧物资由免征增值税调整为征收增值税，由此影响商业企业税收大幅增加和收入比重上升，工业企业税收收入比重相应下降。2004—2010 年 94 个园区工业经济实缴国税税收合计数占同期园区国税税收总额比重 76.58%，收入比重以年均递减 7.8% 速度下降，但工业经济税收依然是工业园区国税税收的主体部分。

商业国税税收　94 个园区商业企业实缴国税税收，2004—2008 年各年度收入在 6 亿元下方运行，增幅均不达 2%。商业税收规模突变始于 2009 年，2009 年 1 月 1 日起废旧物资回收企业增值税政策调整，导致园区内商业企业增值税大幅增加，当年园区商业经济实缴国税税收 58.89 亿元，比上年增加 53.23 亿元，增长 9.4 倍，占园区国税税收总额比重由上年 4.64% 猛升至 36.62%。2010

年废旧物资回收企业增值税继续增加，当年园区商业经济实缴国税税收 86.37 亿元，又比上年增加 27.49 亿元，增长 46.7%，占园区国税税收总额比重上升至 40.34%。7 年合计园区商业经济实缴国税税收 161.84 亿元，年均递增 100.4%，占同期园区国税税收总额比重 21.64%，收入比重以年均递增 50.2% 速度上升，反映商业经济税收是工业园区国税税收增长的重要亮点。

其他产业国税税收 园区其他产业包括运输物流、房地产、修理修配等服务业，其税收规模和收入比重相对较小，但快速发展。94 个园区其他产业实缴国税税收 2004 年 0.89 亿元，2006 年逾亿元，2008 年逾 2 亿元，2010 年达 4.1 亿元，7 年合计收入 13.28 亿元，年均递增 29%。以服务业为主的其他产业是工业园区经济不可或缺部分，随着工业园区建设发展，其他产业经济与税收发展势头良好。

单位：%

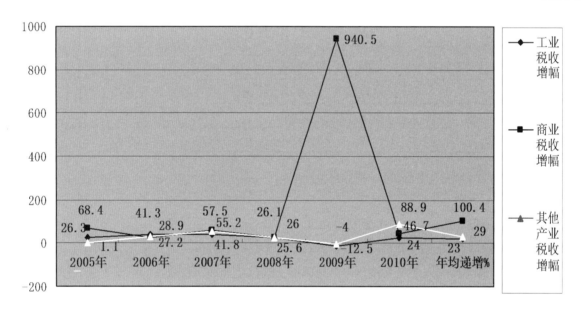

图 3-4-4　2005—2010 年江西省 94 个工业园区国税税收分产业增长一览图

园区国税税收收入分级距

表 3-4-7　2004—2010 年江西省 94 个工业园区国税税收收入分级距情况表

单位：园区个数

级　距＼年　份	2004	2005	2006	2007	2008	2009	2010
2000 万元以下园区	69	59	44	23	12	10	5
2000 万—4000 万园区	16	18	23	29	23	12	12
4000 万—7000 万园区	4	10	8	13	24	17	12
0.7 亿—1 亿元园区	2	2	9	11	7	14	15

续表

年 份\\级 距	2004	2005	2006	2007	2008	2009	2010
1亿—5亿元园区	2	4	9	17	27	38	43
5亿—10亿元园区						1	5
10亿—20亿元园区						1	1
20亿元以上园区	1	1	1	1	1	1	1

2004—2010年各年度国税收入低收入级距园区（2000万元以下）分别为69个、59个、44个、23个、12个、10个和5个，占园区总个数比重分别为73.4%、62.77%、46.81%、24.47%、12.77%、10.64%和5.32%，低收入级距园区个数逐年减少，2010年低收入级距园区个数比重降至5.32%。各年度亿元以上园区分别为3个、5个、10个、18个、28个、41个和50个，占园区总个数比重分别为3.19%、5.32%、10.64%、19.15%、29.79%、43.62%和53.19%，高收入级距园区个数逐年增加，2010年高收入级距园区个数比重已逾50%。2004年与2010年比较，2004年园区国税收入级距均呈金字塔形，2000万元以下低收入级距园区为塔底，高收入级距园区为塔顶。2010年园区国税收入级距均呈倒金字塔形，亿元以上高收入级距园区为塔底，低收入级距园区成为塔顶。

分园区税收增速　全省94个工业园区中，涌现一批税收收入高增长园区。以2004年为基数，2005—2010年工业园区国税税收收入年均递增速度分为五类，其中：

国税税收收入年均递增速度在100%以上的有17个工业园区，其中：余干工业园年均递增209.2%，广昌工业园年均递增161.1%，吉州工业园年均递增159.5%，横峰工业园年均递增150.1%，会昌工业园年均递增139.7%，铅山工业园年均递增135.1%，青原工业园年均递增134.2%，赣州经济开发区年均递增134.1%，宜春经济开发区年均递增133.3%，万年工业园年均递增130.6%，安远工业园年均递增124.3%，鹰潭工业园年均递增120.9%，德兴工业园年均递增119.1%，贵溪工业园年均递增109.9%，安福工业园年均递增109.4%，都昌工业园年均递增106.8%，定南工业园年均递增100.1%。

国税税收收入年均递增速度在70%~100%区间的有14个工业园区，其中：宜黄工业园年均递增99.4%，分宜工业园年均递增97.9%，赣州沙河工业园年均递增89.8%，南康工业园年均递增85.8%，吉水工业园年均递增84%，万载工业园年均递增83.7%，余江工业园年均递增79.3%，湖口工业园年均递增79.1%，吉安工业园年均递增76%，九江沙城工业园年均递增75.3%，德安工业园年均递增72.7%，鄱阳工业园年均递增72.3%，南丰工业园年均递增71.6%，星子工业园年均递增70.4%。

国税税收收入年均递增速度在50%~70%区间的有18个工业园区，其中：龙南工业园年均递增68.7%，南昌昌东工业园年均递增66.5%，黎川工业园年均递增64.2%，金溪工业园年均递增63.6%，安义工业园年均递增63%，芦溪工业园年均递增61.8%，东乡经济开发区年均递增61.8%，上饶工业园年均递增60.9%，九江经济开发区年均递增58.8%，高安工业园年均递增58.7%，泰和工业园年均递增58.2%，奉新工业园年均递增56.9%，峡江工业园年均递增56.4%，井冈山开发区年均递增56.1%，抚北工业园年均递增56%，于都工业园年均递增54.8%，景德镇陶瓷工业园年均递增 54.7%，永新工业园年均递增 52.9%。

国税税收收入年均递增速度在 30%~50% 区间的有 26 个工业园区，其中：袁州医药工业园年均递增 49.3%，莲花工业园年均递增 47.9%，新干工业园年均递增 47.8%，永丰工业园年均递增 44.4%，崇仁工业园年均递增 43.9%，彭泽工业园年均递增 43.5%，上犹工业园年均递增 42.5%，南昌昌南工业园年均递增 42.4%，新余高新开发区年均递增 42.1%，万安工业园年均递增 41.7%，宜丰工业园年均递增 41.3%，抚州金巢开发区年均递增 41.2%，永修云山经济开发区年均递增 39.9%，乐平工业园年均递增 39.8%，新建长陵工业园年均递增 36.8%，全南工业园年均递增 36.7%，武宁工业园年均递增 36.5%，玉山工业园年均递增 35.9%，丰城工业园年均递增 34.7%，遂川工业园年均递增 34.7%，靖安工业园年均递增 34.4%，婺源工业园年均递增 33.1%，宁都工业园年均递增 33.3%，樟树工业园年均递增 32%，赣县工业园年均递增 31.4%，信丰工业园年均递增 30%。

其余 19 个工业园区中：实缴国税税收年均递增速度在 10%~30% 区间的计有 15 个园区，个位数增速的计有 3 个园区，小幅负增长的有 1 个园区。

高收入园区 2010 年实缴国税 3 亿元以上的高收入园区计有 16 个。

表 3-4-8　2004—2010 年 16 个高收入园区实缴国税税收

单位：亿元

园区名称	2004 年	2005 年	2006 年	2007 年	2008 年	2009 年	2010 年	年均递增（%）
南昌高新区	20.49	22.67	26.93	33.98	37.64	37.64	43.91	13.6
南昌经开区	2.16	3.20	3.90	4.62	3.95	4.81	7.65	23.2
南昌小兰区	0.98	1.28	1.85	3.09	3.87	3.72	4.51	29.0
湖口工业园	0.10	0.22	0.34	0.95	1.67	2.41	3.14	79.1
新余高新区	0.45	0.58	0.83	0.87	4.27	1.83	3.67	42.1
鹰潭工业园	0.07	0.09	0.43	3.12	4.03	5.50	7.97	120.9
贵溪工业园	0.16	0.45	1.53	4.87	4.15	1.56	13.59	109.9
余江工业园	0.19	0.20	0.30	0.35	0.39	2.45	6.24	79.3
赣州经开区	0.03	0.04	0.87	1.64	2.13	2.97	4.98	134.1
袁州工业园	0.31	0.56	1.11	1.51	1.74	1.69	3.41	49.3
上饶工业园	0.25	0.38	0.59	1.29	2.01	2.72	4.38	60.9
铅山工业园	0.03	0.03	0.09	0.16	0.29	1.67	4.62	135.1
横峰工业园	0.04	0.10	0.15	0.79	2.56	5.41	8.23	150.1
广丰工业园	2.13	2.18	2.67	0.64	0.59	0.34	5.55	17.3
新干工业园	0.36	0.47	0.61	0.86	1.56	3.37	3.72	47.8
广昌工业园	0.01	0.02	0.04	0.08	0.17	2.75	4.47	161.1
合　计	27.76	32.47	42.24	58.82	71.02	94.90	130.04	29.3
占 94 个园区国税收入（%）	71.70	67.17	62.25	60.76	58.24	59.02	60.74	

说明：1.广丰工业园 2004 年、2005 年、2006 年和 2010 年国税收入包括广丰卷烟厂税收，2007 年、2008 年和 2009 年未包括广丰卷烟厂税收，系该园区税收统计口径变化原因。2.表中"年均递增%"系指 2005—2010 年均递增率。

上述 16 个国税高收入园区可分为几种类型：

所辖企业中有卷烟厂的园区。主要是南昌高新技术开发区和广丰工业园。南昌卷烟厂新厂区建在南昌高新技术开发区，园区税收包括南昌卷烟厂税收，因而南昌高新技术开发区税收规模大，2010 年达 43.41 亿元，2004—2010 年实缴国税税收合计 223.26 亿元，排序第一，由于卷烟生产属国家指令性计划，因而该园区 2005—2010 年国税收入年均递增 13.6%，平稳增长。广丰工业园，2004 年、2005 年、2006 年和 2010 年广丰工业园国税收入包括广丰卷烟厂税收，广丰卷烟厂卷烟生产属国家指令性计划，该园区 2004—2010 年实缴国税税收合计 14.1 亿元，排序第七，2005—2010 年国税收入年均递增 17.3%，平稳增长。

废铜回收与加工企业较多的园区。主要是贵溪工业园、鹰潭工业园、横峰工业园、上饶工业园、新干工业园、余江工业园、广昌工业园和铅山工业园。这八个园区 2004—2010 年实缴国税税收分别为 40.37 亿元、21.21 亿元、17.28 亿元、11.62 亿元、10.95 亿元、10.12 亿元、7.54 亿元、6.89 亿元，分别排序第二、第四、第六、第十、第十一、第十三、第十五、第十六，2005—2010 年国税税收收入分别年均递增 109.9%、120.9%、150.1%、60.9%、47.8%、79.3%、161.1%、135.1%。税收高增长的重要原因是废铜回收业增值税政策调整，即从 2009 年 1 月 1 日起废旧物资回收企业销售废旧物资由原免征增值税调整为征收增值税，并实行由财政部门审核按其实缴增值税的一定比例退付纳税人增值税，由此刺激了废铜回收企业生产经营快速发展，税收大幅增加。这 8 个园区国税税收与主营业务收入增长弹性系数分别为 1.68、2.12、1.53、1.00、1.53、1.48、1.30、2.57。

新建投产企业增加较多的园区。主要是南昌经开区、南昌小兰经开区、赣州经开区和宜春袁州医药工业园区。这四个园区新建投产企业增加较多，经济发展，税收规模扩大，其 2004—2010 年实缴国税税收分别为 30.29 亿元、19.30 亿元、12.66 亿元、10.33 亿元，分别排序第三、第五、第八、第十二，2005—2010 年国税收入分别年均递增 23.2%、29%、134.1%、49.3%，园区国税税收与主营业务收入增长弹性系数分别为 1.10、0.88、0.95、1.17。

税收与经济增长弹性系数偏低的园区。主要是湖口工业园和新余高新技术开发。湖口工业园税收从 2008 年始大幅增长，其重要原因是萍乡钢铁实业股份有限公司在湖口工业园区投资建设钢铁厂，湖口钢铁厂生产经营快速发展，税收效应显现，该园区 2004—2010 年实缴国税税收合计 8.83 亿元，排序第十四，2005—2010 年国税收入年均递增 79.1%，与园区主营业务收入增长弹性系数为 0.66。新余高新技术开发区是光伏产业聚集区，而龙头企业江西赛维 LDK 太阳能高科技有限公司受国际市场重大变化影响，生产经营及其企业盈利大起大落，对该园区年度税收带来波动影响，该园区 2004—2010 年实缴国税税收合计 12.5 亿元，排序第九，2005—2010 年国税税收年均递增 42.1%，与园区主营业务收入增长弹性系数为 0.73。

高收入园区与非高收入园区国税税收比较　2010 年缴纳国税 3 亿元以上的 16 个园区国税收入合计数，2004 年为 27.76 亿元，2006 年逾 40 亿元，2008 年逾 70 亿元，2009 年逾 80 亿元，2010

年逾百亿达 130.04 亿元，2010 年比 2004 年增加 102.28 亿元。2004—2010 年 16 个园区国税税收合计 457.11 亿元，占同期全省 94 个工业园区国税税收总额比重 61.12%；年均增收 17.03 亿元，对全省 94 个工业园区国税税收的增收贡献率为 58%；2005—2010 年税收年均递增 29.3%。其主营业务收入税负：2004 年、2006 年、2008 年、2009 年和 2010 年分别为 8.16%、4.94%、4.08%、4.26%、4.74%，税负以年均递减 8.6% 速度下滑，7 年平均税负为 4.82%。

2010 年缴纳国税 3 亿元以下的 78 个工业园区国税收入合计数，2004 年 10.26 亿元，2006 年逾 20 亿元，2008 年逾 50 亿元，2010 年逾 80 亿达 84.16 亿元，2010 年比 2004 年增加 73.9 亿元；年均增收 12.32 亿元，对全省 94 个工业园区国税税收的增收贡献率为 42%，高于其收入比重 3.12 个百分点。2004—2010 年合计国税税收 290.73 亿元，占同期全省 94 个工业园区国税税收总额比重 38.88%，2005—2010 年国税税收年均递增 42%，高于年纳国税 3 亿元以上 16 个园区税收增速 12.7 个百分点。其主营业务收入税负：2004 年、2006 年、2008 年、2009 年和 2010 年分别为 2.49%、3.06%、3.25%、4.21%、3.96%，税负以年均递增 8.1% 速度上升，7 年平均税负为 3.51%。

上述情况反映年纳国税 3 亿元以上 16 个园区国税规模大，收入比重大，税收贡献大；年纳国税 3 亿元以下的 78 个工业园区起点较低、规模较小，但具有后发优势，税负上升，税收快速增长。

随着经济发展，园区税收普遍较快增长，按照 2004—2010 年各年度 94 个园区实缴国税园区平均值计算，园区国税税收中枢线以近乎 45° 角度向上攀升。

单位：亿元

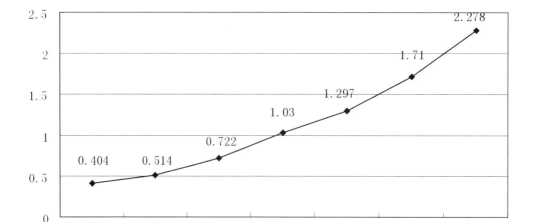

图 3-4-5 2004—2010 年江西省 94 个工业园区国税税收园区平均值一览图

园区经济税负率和税收增长弹性系数

表 3-4-9　2004—2010 年江西省 94 个工业园区经济税收负担情况

单位：%

年　份	94 个园区合计		企业增加值国税负担率			主营业务收入国税负担率		
	企业增加值国税负担率	主营业务收入国税负担率	工　业	商　业	其他经济	工　业	商　业	其它经济
2004	13.19	5.06	15.49	3.34	13.37	6.03	0.94	5.39
2005	13.90	4.46	15.63	4.48	10.51	5.29	1.10	3.50
2006	13.88	4.01	15.63	4.14	10.08	4.77	0.91	2.97
2007	13.15	3.82	14.78	4.24	9.92	4.54	0.94	3.00
2008	14.07	3.69	14.74	7.15	16.33	4.14	1.19	3.19
2009	18.28	4.55	13.30	51.07	15.27	3.46	9.78	4.39
2010	19.30	4.40	13.55	50.87	15.23	3.26	9.14	3.31
合　计	15.89	4.21	14.40	25.73	13.30	4.03	5.12	3.45

说明：表中园区国税税收收入不含车购税、个人所得税和海关代征税收，口径同前。

企业增加值国税负担率　全省 94 个工业园区企业增加值国税负担率，2004—2008 年在 13.1%~14.1% 区间运行，年度间税负波动幅度不到 1 个百分点，相对均衡。2009 年税负率大幅提高至 18.28%，高于上年税负率 4.21 个百分点，增幅为 29.9%，其主要原因是商业经济税负大幅提升所致。2010 年因同样原因加之经济回升，税负率又较 2009 年税负提升 1.02 个百分点达 19.3%。2004—2010 年全省 94 个工业园区企业增加值国税负担率平均为 15.89%。

工业企业增加值国税负担率。大体可分为三个阶段：2004—2006 年在 15.4%~15.7% 区间运行；2007—2008 年在 14.75% 水平线上下运行；2009—2010 年在 13.5% 水平线上下小幅波动运行。总体看，工业企业增加值国税负担率呈台阶式小幅下降趋势。2004—2010 年平均税负为 14.4%。

商业企业增加值国税负担率。2004—2007 年在 4.5% 以下区间运行，2008 年税负上升至 7.15%。2009 年 1 月 1 日起废旧物资回收企业销售废旧物资由免征增值税政策调整为征收增值税政策，园区内废旧物资回收企业经营业务主要是回收废铜后进行简单分拣、熔炼成铜块后销售，由于生产程序和工艺简单，企业增值额少，加之废旧物资回收企业收购废铜有部分是没有进项发票，抵扣税金少，增值税收入相应大增。废旧物资回收企业回收加工废铜是资源再利用，属循环经济范畴，为支持循环经济发展，国家出台优惠政策，2009 年 1 月 1 日起对于废旧物资回收企业销售废旧物资所缴纳的增值税，由财政部门按照规定程序审批退税，其退付比例 2009 年为 70%、2010 年为 50%，由此减轻废旧物资回收企业的实际税收负担。财政部门退付废旧物资回收企业增值税不直接反映在国税税收收入中，仅在地方财政收入口径收入中予以抵减，因而 2009 年发生突变，商业企业增加值国税负担率猛升至51.07%，2010年为50.87%。由于2009年和2010年商业经济税负走高影响，2004—2010年全省94个工业园区商业经济企业增加值国税负担率平均达25.73%。

其他企业增加值国税负担率。年度间税负有所波动，但趋势是缓慢上升。2004—2010年园区其他经济企业增加值国税负担率平均为13.3%。

主营业务收入国税负担率 全省94个工业园区主营业务收入国税负担率，2004—2006年在4%以上区间运行，2007—2008年在4%以下区间运行，2009—2010年回升至4%以上区间运行。2004—2010年工业园区主营业务收入国税负担率呈马鞍形：两头高、中间低。2009年始实施消费型增值税制度，但2009年和2010年园区主营业务收入税负不降反升，这主要是商业经济主营业务收入税负上升影响所致。2004—2010年全省94个工业园区主营业务收入国税负担率平均为4.21%。

工业企业主营业务收入国税负担率，2004—2010年税负大体可分为三个阶段：2004—2005年在5%以上区间运行；2006—2008年在4.1%~4.8%区间运行；2009—2010年在3.2%~3.5%区间运行，税负呈台阶式下降趋势。2009年和2010年税负走低的主要影响因素是国际金融危机爆发和税收政策调整。2009年1月1日起全面实施消费型增值税制度，增值税一般纳税人购进机器设备、运输工具、生产工具等固定资产进项税金按照有关规定予以抵扣，固定资产进项税金抵扣主要反映在工业企业，此外，废铜加工企业购进废铜的进项抵扣率由10%调高为17%，税收相应减少。2004—2010年全省94个工业园区工业企业主营业务收入国税负担率平均为4.03%。

商业企业主营业务收入国税负担率。2004—2008年在1.2%以下区间运行，2009—2010年在9%~10%区间运行。2009年成为拐点期，当年税负大幅上升的主要影响因素是废旧物资回收企业销售废旧物资由免征增值税改为征收增值税的政策调整，废旧物资回收企业税收大幅增加。由于2009年和2010年商业企业税负走高影响，2004—2010年全省94个工业园区商业企业主营业务收入国税负担率平均为5.12%，高于工业企业主营业务收入国税负担率1.09个百分点。

其他企业主营业务收入国税负担率。2004年税负5.39%成为峰值，2006年税负2.97%成为低谷，其他年度税负在3%以上区间，运势相对平稳。2004—2010年全省94个工业园区其他企业主营业务收入国税负担率平均为3.45%。

税收与经济增长弹性系数 2005—2010年全省94个工业园区实缴国税税收与企业增加值增长弹性系数为1.29；实缴国税税收与主营业务收入增长弹性系数为0.91；实缴国税企业所得税（内外资）与企业利润总额增长弹性系数为1.12。总体看，全省工业园区国税税收收入与工业园区经济发展是相适应的。

第五章 税收收入结构

税收收入结构在一定意义上讲是经济结构和税制贯彻的具体反映。1991—2010年，随着经济发展和税制改革，江西省经济结构和税源结构发展变化，税收收入结构相应发生较大变化。本章主要记述这一历史时期江西省税务部门、国税部门的税种收入结构、产业收入结构、企业类型收入结构和地区收入结构。

第一节 税种收入结构

机构分设前全省税收收入分税种结构

1991—1994年税收收入为全省税务部门组织入库收入。

分税种收入结构 1991—1993年各年度，产品税收入占全省税务部门税收收入总额的比重分别为24.31%、23.45%、22.91%，逐年下降，3年合计收入比重23.47%；增值税收入比重分别为26.63%、28.72%、32.38%，逐年上升，3年合计收入比重29.63%；营业税收入比重分别为23.12%、23.65%、24.15%，逐年上升，3年合计收入比重23.71%；内资企业所得税收入比重（包括国营、集体、私营等内资企业所得税）分别为12.43%、11.4%、7.26%，逐年下降，3年合计收入比重9.99%；涉外企业所得税收入比重分别为0.1%、0.16%、0.14%，3年合计收入比重0.13%，这一时期全省涉外企业经济尚处于起步阶段；个人所得税收入比重（包括城乡个体工商业户所得税、个人所得税、个人收入调节税）分别为0.95%、1.09%、1.14%，逐年上升，3年合计收入比重1.07%；其他税种合计收入规模逐年扩大，1993年收入达6.22亿元，收入比重为9.63%，1991—1993年收入比重10.6%。

1994年1月1日起中国实施新税制，增值税征收范围覆盖工业、商业、修理修配业和进口应税产品，当年收入比重上升到56.71%；新开征的消费税收入比重9.72%；营业税收入比重11.15%；内资企业所得税、涉外企业所得税、个人所得税收入比重分别为6.43%、0.27%、1.29%。城市维护建设税、城镇土地使用税、车船税、房产税收入比重分别为3.88%、0.85%、0.2%、1.45%。屠宰税、资源税、印花税、固定资产投资方向调节税、土地增值税收入比重分别为0.84%、0.73%、0.22%、2.43%、0.01%。滞纳金补税罚款收入比重0.47%。

1991—1993年各年度流转税类收入分别为32.86亿元、37.76亿元、52.86亿元，收入比重分别为74.76%、76.74%、81.91%，比重逐年提升，3年平均比重78.3%，是税收收入的主体部分。

1991—1993 年各年度所得税类收入分别为 5.93 亿元、6.23 亿元、5.51 亿元，收入比重分别为 13.48%、12.65%、8.54%，比重逐年下降，3 年平均比重 11.2%，是税收收入的重要组成部分。

1991—1993 年各年度财产税类收入分别为 1.18 亿元、1.26 亿元、1.35 亿元，收入比重分别为 2.68%、2.56%、2.09%，比重逐年下降，3 年平均比重 2.4%。

1991—1993 年各年度资源税类收入分别为 0.78 亿元、0.68 亿元、0.69 亿元，收入比重分别为 1.78%、1.38%、1.06%，比重逐年下降，3 年平均比重 1.36%。这一时期资源税类除城镇土地使用税外，资源税税种的课税项目仅有煤炭等少数项目。

1991—1993 年各年度特定目的税类收入分别为 3.21 亿元、3.28 亿元、4.13 亿元，收入比重分别为 7.3%、6.67%、6.4%，比重逐年下降，3 年平均比重 6.74%，分别高于财产税和资源税收入比重 4.34 个、5.38 个百分点。其主要原因是这一时期国家通过税收手段调节经济活动，开征奖金税以遏制滥发奖金现象，开征筵席税以遏制大吃大喝铺张浪费现象，开征建筑税、固定资产投资方向调节税以控制社会基本建设投资规模，开征城市维护建设税以解决城市建设资金来源问题等，特定目的税类税种设置较多。

1994 年流转税收入比重 80.94%，较 1991—1993 年比重增加 2.64 个百分点；所得税收入比重 7.99%，较 1991—1993 年比重减少 3.21 个百分点；财产税收入比重 2.71%，较 1991—1993 年比重增加 0.31 个百分点；资源税收入比重 1.58%，较 1991—1993 年比重增加 0.22 个百分点；特定目的税收入比重 6.78%，较 1991—1993 年比重微增 0.04 个百分点。

国税税收收入分税种结构

1995 年始，国税局、地税局各自核算统计年度税收收入。1995—2010 年全省国税税收收入分税种结构变化的影响因素，主要是经济发展、经济转型和税制调整。

表 3-5-1　1995—2010 年江西省国税分税种收入结构

单位：%

年　份	增值税收入比重	消费税收入比重	企业所得税比重	营业税收入比重	个人所得税比重	车购税收入比重	其他税收比重
1995	75.09	13.00	4.88	3.69	1.39		1.96
1996	83.19	13.55	3.05				0.21
1997	79.52	13.56	4.20	2.57			0.15
1998	75.92	17.17	2.62	4.30			
1999	74.43	17.28	4.27	4.01	0.02		
2000	70.88	16.69	6.39	3.04	3.00		
2001	71.01	16.28	6.03	1.91	4.77		
2002	69.26	17.45	7.80	0.82	4.66		
2003	70.54	16.95	8.50	0.14	3.87		
2004	70.98	15.83	9.67		3.52		

续表

年 份	增值税收入比重	消费税收入比重	企业所得税比重	营业税收入比重	个人所得税比重	车购税收入比重	其他税收比重
2005	69.21	13.82	9.96		3.23	3.78	
2006	67.72	13.19	11.64		3.39	4.05	
2007	67.50	10.85	14.82		2.84	3.98	
2008	68.73	10.02	16.16		1.42	3.68	
2009	69.37	14.70	11.23		0.47	4.22	
2010	69.43	13.68	12.09		0.06	4.75	
合计	69.98	13.72	11.02	0.46	1.75	3.02	0.05

增值税收入比重 2005 年始车辆购置税划归国税部门征收，当年车辆购置税收入比重 3.78%，2010 年收入比重 4.75%，相应影响增值税收入比重降低。增值税收入占全省国税税收总额比重呈前高后低态势，1995 年为 75.09%，1996 年达 83.19% 形成峰值，2010 年降至 69.43%；1995—2010 年收入比重大体分为两个阶段：1995—2004 年在 70% 以上区间运行（其中 2002 年接近 70%）；2005—2010 年在 70% 以下区间运行。1995—2010 年合计增值税收入占全省国税税收总额比重为 69.98%，是江西省国税税收收入的主体部分。其中：① 1995—2010 年国内增值税收入占增值税收入总额比重 93.54%，占全省国税税收总额比重 65.46%；② 1995—2010 年进口产品增值税收入占增值税收入总额比重 6.46%，占全省国税税收总额比重 4.52%，收入比重由 1995 年 2.65% 提升至 2010 年 12.3%。收入比重快速提升的主要影响因素是随着经济发展、经济转型和消费型增值税制度实施，企业技改和引进新技术新工艺以提升创新力和市场竞争力意愿增强，进口机器设备等应税货物增多，进口产品增值税收入相应快速增长，1995—2010 年均递增 29.5%，高于同期国内增值税收入增速 13.4 个百分点。

消费税收入比重 消费税收入比重呈马鞍型，两头低中间高。1995—1997 年收入比重在 13%~13.6% 区间。1998—2004 年收入比重大体在 16%~17.5% 区间运行，收入比重提升的主要影响因素是卷烟、成品油和汽车税收增加较多。2005—2008 年收入比重下滑至 10%~13.8% 区间，主要影响因素是车辆购置税划归国税部门征收以及成品油税收增长缓慢。2009—2010 年收入比重回升至 13.6%~14.7% 区间，主要影响因素是政策调整，即 2009 年 1 月 1 日起成品油价税费联动改革而大幅提高成品油消费税税率，以及 2009 年 5 月 1 日起卷烟批发环节征收 5% 消费税。1995 年消费税收入比重为 13%，2010 年为 13.68%，以年均 0.34% 速度小幅提升。1995—2010 年合计消费税收入占全省国税税收总额比重为 13.72%，其中：①国内消费税收入占消费税收入总额比重 99.98%；②进口产品消费税占消费税收入总额比重 0.02%，比重微小，反映江西省进口烟酒、小轿车、化妆品等应税货物较少。

企业所得税收入比重 企业所得税收入占全省国税税收总额比重呈前低后高态势。1995—1999 年在 5% 以下区间运行，2000—2005 年在 6%~10% 区间运行，2006—2010 年在 11.2%~16.2% 区间运行。收入比重由 1995 年 4.88% 上升至 2010 年 12.09%，以年均 6.2% 速度提升，反映随着经济发展，企业经济效益提高，利润增加。1995—2010年合计企业所得税收入占全省国税税收总额比重11.02%。其中：①内资企业所得税收入占全省国税税收总额比重由1995年4.51%上升至2010年7.5%，以年均3.5%速度上升。1995—2010年合计内资企业所得税收入占全省国税企业所得税收入比重66.56%，占全省国税税收总额比重7.33%；②涉外企业所得税收入占全省国税税收总额比重由1995年0.37%上升至2010年3.68%，以年均18.2%速度上升，高于内资企业所得税收入比重提升速度14.7个百分点，其主要影响因素是随着对外开放和招商引资力度加大，涉外经济较快发展，涉外企业所得税收入增速明显快于内资企业所得税收入增速。1995—2010年合计涉外企业所得税收入占全省国税企业所得税收入比重33.44%，占全省国税税收总额比重3.68%。

个人所得税收入比重 个人所得税收入占全省国税税收总额比重受政策因素影响较大。1995年江西省国税系统征收的个人所得税的课税对象是工资薪金、劳务收入等，1999—2010年江西省国税系统征收的个人所得税的课税对象是居民储蓄存款利息所得。1994年9月份国、地税两套机构分设时，外籍人员的个人所得税、集贸市场和个体户的个人所得税由国税部门负责征收，1995年全省国税个人所得税收入占全省国税税收总额的比重1.39%。1996年始外籍人员的个人所得税、集贸市场和个体户的个人所得税由地税部门负责征收，因而1996年、1997年和1998年全省国税无个人所得税收入。1999年11月1日起开征储蓄利息个人所得税，由国税部门负责征收，当年征收入库期为1个月，全省国税入库140万元，收入比重0.02%。之后随着居民储蓄存款增加，利息个人所得税收入快速增加，2001年和2002年收入比重分别达4.77%、4.66%成为峰值。2007年8月15日起储蓄利息个人所得税税率由20%调减至5%；2008年10月9日起储蓄利息个人所得税暂停征。但因储蓄利息个人所得税采取分段计征办法，对于2008年10月9日前的个人储蓄存款发生的应税期利息仍要按规定计征个人所得税，储蓄利息个人所得税收入呈渐进式减收态势，2008年、2009年和2010年收入比重分别降为1.42%、0.47%、0.06%。1995—2010年合计个人所得税收入占全省国税税收总额比重1.75%。

车辆购置税收入比重 2005年始车辆购置税的征收管理工作划归国税部门，当年全省国税入库车辆购置税7.76亿元，占全省国税税收总额比重3.78%。2009年为应对国际金融危机冲击，国家采取措施拉动和扩大内需，送家电和汽车下乡并实行财政补贴、小排量汽车车辆购置税减按5%税率征收，由此刺激购车增多，车辆购置税收入大幅增加，2009年和2010年全省车辆购置税收入比重分别提升至4.22%、4.75%。车辆购置税合计收入占1995—2010年全省国税税收总额比重3.02%。

营业税收入比重 国税营业税收入受政策因素影响大。1995年课税项目主要是交通运输、金融保险、服务业等，1997—2004年课税项目是金融保险业。1995年国税征管范围包括涉外企业、集贸市场和个体户营业税，当年全省国税营业税收入2.25亿元，占全省国税税收总额比重3.69%。1996年始涉外企业、集贸市场和个体户的营业税由地税部门负责征收，因而1996年全省国税系统无营业税收入。1997年1月1日始执行金融保险业税收新政，金融保险业营业税税率由原5%提高到8%，提高3%税率部分均归中央财政收入，由国税局负责征收。1997年全省国税系统征收入库金融保险业营业税1.59亿元，占全省国税税收收入总额的比重2.57%。根据《财政部 国家税务总局关于降低金融保险业营业税税率的通知》规定：自2001年起，金融保险业营业税税率每年下调

1个百分点，分3年将金融保险业营业税税率从8%降低到5%，因营业税税率降低而减少的营业税收入，均为国税征收的属中央财政收入的金融保险业营业税收入。因而国税负责征收金融保险业营业税部分的税率2001年为2%，2002年为1%，2003年为零。受此政策调整影响，2001年、2002年和2003年省国税营业税收入逐年大幅减少，收入比重逐年大幅下降，2006—2010年省国税无营业税收入。营业税合计收入占1995—2010年全省国税税收总额比重0.46%。

其他税收收入比重　江西省国税部门其他税收收入仅反映在1995年、1996年和1997年这3年。1995年涉外企业、集贸市场和个体户的各项税收由国税部门负责征收，当年除增值税、消费税、营业税、企业所得税、个人所得税外的其他国税税收合计1.19亿元，占全省国税税收总额比重1.96%。1996年和1997年其他税收收入主要是税款滞纳金补税罚款收入，分别为0.13亿、0.09亿元，占全省国税税收总额比重分别为0.21%、0.15%。1998年始各税种的税款滞纳金补税罚款收入分别计入各税种收入中，不再单设项目核算统计，1997—2010年省国税无其他税收收入。其他税收合计收入占1995—2010年全省国税税收总额比重0.05%。

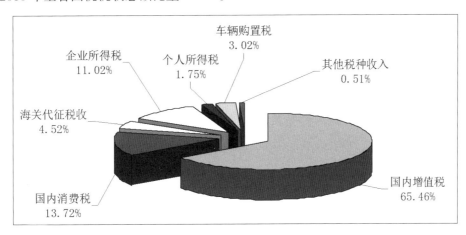

图3-5-1　1995—2010年江西省国税收入分税种比重图

分大类收入结构

表3-5-2　1995—2010年江西省国税税收分大类收入结构

单位：亿元

年份	流转税类		所得税类		财产税类		资源税类和特定目的税类	
	收入额	收入比重（%）	收入额	收入比重（%）	收入额	收入比重（%）	收入额	收入比重（%）
1995	56.00	91.77	3.83	6.27	0.51	0.83	0.69	1.13
1996	60.25	96.74	1.90	3.05			0.13	0.21
1997	58.95	95.65	2.59	4.20			0.09	0.15
1998	65.60	97.38	1.76	2.62				
1999	67.89	95.71	3.04	4.29				

续表

年份	流转税类		所得税类		财产税类		资源税类和特定目的税类	
	收入额	收入比重（%）	收入额	收入比重（%）	收入额	收入比重（%）	收入额	收入比重（%）
2000	80.87	90.61	8.38	9.39				
2001	90.37	89.20	10.94	10.80				
2002	97.88	87.54	13.94	12.46				
2003	118.46	87.62	16.73	12.38				
2004	143.41	86.81	21.79	13.19				
2005	170.41	83.03	27.07	13.19	7.76	3.78		
2006	208.74	80.91	38.79	15.04	10.45	4.05		
2007	268.91	78.36	60.60	17.66	13.66	3.98		
2008	319.38	78.74	71.29	17.58	14.93	3.68		
2009	419.84	84.07	58.45	11.70	21.10	4.42		
2010	569.85	83.10	83.30	12.15	32.55	4.75		
合计	2796.82	84.16	424.40	12.77	100.10	3.03	1.42	0.04

流转税类 1995—2010年流转税类收入占全省国税税收总额的比重呈现四个时期特征：① 1995—2000年收入比重在90%以上，主要原因是1999年11月份前储蓄利息个人所得税尚未开征，所得税收入比重较低，流转税类收入比重走高。② 2001—2006年收入比重处于80%~90%区间，由于所得税类收入比重提升，车购税划归国税征收，流转税类收入比重下降。③ 2007—2008年收入比重处于78%~79%区间。由于所得税类收入比重攀高以及2008年下半年国际金融危机爆发，大宗商品销价大跌，增值税收入增速减缓，流转税类收入比重走低。④ 2009—2010年收入比重回升至80%以上，主要影响因素是政策调整。为应对国际金融危机冲击，国家出台"一揽子计划"以刺激经济稳定发展，结构性减税政策虽然减少了部分税收，但成品油税率提高、卷烟批发环节征收5%消费税、再生资源增值税政策调整等大幅增加增值税和消费税，流转税类收入比重相应提升。1995—2010年合计流转税类收入占全省国税税收总额的比重84.16%，是江西国税收入的主体部分。

所得税类 1995—2010年所得税类收入占全省国税税收总额的比重：① 1995年国税征管范围包括涉外企业、集贸市场和个体户的各项税收，当年全省国税所得税类收入比重达6.27%。② 1996—1999年由于国税征管范围调整收窄，所得税类收入较少，收入比重在4.3%以下，处于低谷。③ 2000—2008年，由于储蓄利息个人所得税开征以及内外资企业经济发展利润增加，所得税类收入比重基本上是逐年攀升。除2000年收入比重为9.39%外，2001—2008年各年度收入比重均逾10%，其中2007年和2008年逾17%成为峰值。④ 2009—2010年收入比重回落至12%左右，主要影响因素是储蓄利息个人所得税停征，以及国际金融危机冲击影响企业利润增速减缓等。1995—2010年合计所得税类收入占全省国税税收总额的比重12.77%，是江西国税收入的重要组成部分。

财产税类 1995年国税征管范围包括涉外企业、集贸市场和个体户的各项税收，当年全省国税财产税类收入占全省国税税收总额比重0.83%。1996年始国、地税征管范围调整收窄，因而1996—2004年本省国税无财产税类收入。2005年始国税部门接手车辆购置税征管，2005—2008年各年度财产税类收入比重均在3.6%以上，2009年和2010年因扩大内需刺激消费政策措施影响，财产税类收入比重分别上升为4.42%、4.75%。

资源税和特定目的税类　由于税制改革和国、地税征管范围划分调整，江西国税仅在1995—1997年有资源税类和特定目的税类收入。1998年始江西国税无资源税类和特定目的税类收入。

总体看，1995—2010年江西省国税分税种、分大类收入结构的发展变化，反映了中国以流转税和所得税为主体的复合型税制的特征。

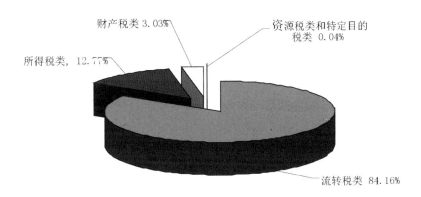

图3-5-2　1995—2010年合计江西国税分大类收入比重一览图

第二节　产业收入结构

江西国税税收收入分产业结构主要是分工业、商业、金融保险、交通运输等大类产业收入结构。由于税收会统核算统计口径调整变化，1991—1995年各产业税收为征收数，1996—2010年各产业税收为入库数。

机构分设前税收收入分产业结构

1991—1994年工商税收征收数为全省税务部门组织征收的工商税收。

表3-5-3　1991—1994年江西省工商税收征收数分产业结构

单位：亿元

年　份	项　目	工商税收合计	1.工业	2.农业	3.商业	4.金融保险	5.交通运输	6.其他产业
1991	税　收	42.15	22.47	1.23	6.40	1.82	0.63	9.60
	收入比重（%）	100.00	53.31	2.92	15.19	4.32	1.49	22.77
1992	税　收	47.16	25.18	1.52	10.18	2.36	0.84	6.78
	收入比重（%）	100.00	54.03	3.22	21.58	5.00	1.79	14.38

续表

年　份	项　目	工商税收合计	1. 工业	2. 农业	3. 商业	4. 金融保险	5. 交通运输	6. 其他产业
1993	税　收	64.98	36.21	1.80	11.63	3.04	1.08	11.22
	收入比重（%）	100.00	55.73	2.77	17.89	4.68	1.66	17.27
1994	税　收	77.83	43.70	0.83	14.67	4.52	1.24	12.87
	收入比重（%）	100.00	56.15	1.06	18.85	5.81	1.59	16.54
合　计	税　收	232.11	127.86	5.37	42.88	11.75	3.78	40.48
	收入比重（%）	100.00	55.08	2.32	18.47	5.06	1.63	17.44

工业税收。1991—1994 年全省工业税收逐年增加，1991 年 22.47 亿元，1994 年增至 43.7 亿元，年均递增 20.3%。工业税收占工商税收比重逐年上升，1991 年为 53.31%，1994 年升至 56.15%，4 年合计收入比重为 55.08%。工业部门税收是工商税收的主体部分。

农业税收。1991—1993 年农业税收主要是农林牧水产品收购环节产品税和屠宰税，其税收逐年增加，1993 年达 1.8 亿元。1994 年新税制实施后，产品税税种取消，新设立的农林特产税由财政部门负责征收，农民销售自产农产品免征增值税，当年全省农业税收减至 0.83 亿元，占工商税收比重 1.06%。4 年合计收入比重为 2.32%。

商业税收。1991—1994 年商业税收逐年增加，1991 年 6.4 亿元，1994 年增至 14.67 亿元，年均递增 10.1%。商业部门税收占工商税收比重年度间有所波动，但呈上升趋势，1991 年为 15.19%，1994 年升至 18.85%，4 年合计收入比重为 18.47%。

金融保险业税收。随着经济发展，金融保险业务扩大，金融保险业税收逐年增加，1991 年 1.82 亿元，1994 年增至 4.52 亿元，年均递增 26.7%。金融保险业税收占工商税收比重年度间有所波动，但呈上升趋势，1991 年为 4.32%，1994 年升至 5.81%，4 年合计收入比重为 5.06%。

交通运输业税收。交通运输业税收逐年增加，1991 年 0.63 亿元，1994 年增至 1.24 亿元，年均递增 17.6%。交通运输业税收占工商税收比重年度间有所波动，趋势是缓慢上升，1991 年为 1.49%，1994 年升至 1.59%，4 年合计收入比重为 1.63%。

其他产业税收。其他产业包括建筑业、房地产业、邮政电讯、住宿餐饮及其他服务业等，税收收入 1991 年 9.6 亿元，1994 年增至 12.87 亿元，年均递增 20.8%。其他产业税收占工商税收比重呈下降趋势，1991 年为 22.77%，1994 年降至 16.54%，4 年合计收入比重为 17.44%。

国税税收产业结构

1995 年工商税收分产业结构　1995 年全省国税系统工商税收征收数 61.43 亿元，其中：工业税收 43.02 亿元，占工商税收比重 70.03%；农业税收 0.46 亿元，占工商税收比重 0.75%；商业税收 11.56 亿元，占工商税收比重 18.82%；其他产业税收 6.39 亿元，占工商税收比重 10.4%。

1996—1998 年工商税收分产业结构　1996 年始税收统计数据口径调整，税收分产业、分项目的统计数据均为入库数。

表 3-5-4　1996—1998 年江西省国税工商税收分产业结构

单位：亿元

年　份	项　目	工商税收	1. 工业	2. 商业	3. 金融保险业	4. 其他产业
1996	税　收	60.85	46.67	13.67	0.51	—
	收入比重（%）	100.00	76.69	22.47	0.84	—
1997	税　收	59.58	45.08	12.59	1.82	0.09
	收入比重（%）	100.00	75.66	21.13	3.06	0.15
1998	税　收	66.12	49.64	12.58	2.95	0.95
	收入比重（%）	100.00	75.08	19.02	4.47	1.43
合　计	税　收	186.55	141.39	38.84	5.28	1.04
	收入比重（%）	100.00	75.79	20.82	2.83	0.56

　　1996 年国税征管范围调整，涉外税收、集贸市场税收和个体税收中的地方税收均归地税局征收，国税收入结构相应发生变化。

　　工业税收。1996—1998 年各年度工业部门税收分别为 46.67 亿、45.08 亿、49.64 亿元，虽然 1997 年收入有所下滑，但趋势是上升。重点税源产品产销发展，税收增加，其中卷烟"两税"收入 1996 年 4.82 亿元，1998 年增至 6.89 亿元；成品油"两税"收入 1996 年 4.8 亿元，1998 年增至 5.71 亿元；电力增值税 1996 年 5.26 亿元，1998 年增至 7.5 亿元等。工业税收占工商税收比重在 75% 水平线上运行，收入比重运行平稳，3 年合计收入比重为 75.79%。工业税收是江西省国税工商税收的主体部分。

　　商业税收。1996—1998 年各年度商业税收分别为 13.67 亿、12.59 亿、12.58 亿元，商业税收及其收入比重呈逐年下降趋势，主要是因商业增值税下降影响所致。商业部门税收占工商税收比重，3 年合计收入比重为 20.82%，是江西省国税工商税收的重要组成部分。

　　金融保险业税收。1996 年金融保险业税收收入 0.51 亿元。1997 年因金融保险业营业税税率由原 5% 提高到 8%，税率提高部分由国税局负责征收，1997 年和 1998 年分别入库 1.82 亿、2.95 亿元。金融保险业税收占工商税收比重，1997 年和 1998 年分别为 3.06%、4.47%。3 年合计收入比重为 2.83%。

　　其他产业。1996 年江西国税无其他产业税收。1997 年和 1998 年其他产业税收分别为 0.09 亿、0.95 亿，收入规模在亿元下方运行。其他产业税收占工商税收比重年度间波动，趋势是上升。3 年合计收入比重为 0.56%。

　　1999—2000 年国税税收分产业结构　1999 年始政府预算收入科目调整，将工商税收与国有企业所得税合并为"税收收入"。

　　1999—2000 年工业税收收入分别为 54.14 亿元、66.06 亿元，分别占全省国税税收收入比重 76.32%、74.02%，两年合计收入比重 75.03%；商业税收收入分别为 13.31 亿元、16.28 亿元，分别占全省国税税收收入比重 18.76%、18.24%，两年合计收入比重 18.47%；金融保险业税收收入分别为 3.15 亿元、3.35 亿元，分别占全省国税税收收入比重 4.44%、3.75%，两年合计收入比重 4.06%；

其他产业税收收入分别为0.34亿元、3.56亿元，分别占全省国税税收收入比重0.48%、3.99%，两年合计收入比重2.44%。其他产业税收2000年比上年增长9.47倍，这主要是储蓄利息个人所得税全年入库2.68亿元，比上年增收2.67亿元影响所致。

2001—2010年国税税收分产业结构 2001年始税务部门税收统计报表按照国内生产总值产业设置产业税收统计表，对第一、第二、第三产业税收收入进行核算统计。

表3-5-5 2001—2010年江西省国税分三大产业收入结构

单位：亿元

年份	第一产业		第二产业		第三产业	
	税收收入	占国税总额（%）	税收收入	占国税总额（%）	税收收入	占国税总额（%）
2001	—	—	74.66	73.69	26.64	26.30
2002	—	—	82.68	73.81	29.15	26.06
2003	0.007	0.005	102.85	75.95	32.34	23.92
2004	0.006	0.004	126.18	76.29	39.01	23.61
2005	0.006	0.003	153.21	77.33	44.26	22.41
2006	0.85	0.33	192.60	74.64	64.54	25.02
2007	1.13	0.33	258.29	75.09	83.76	24.41
2008	1.30	0.32	307.62	75.60	96.67	23.83
2009	0.23	0.04	294.34	58.75	204.82	41.01
2010	0.29	0.04	388.19	56.42	297.23	43.35
合　计	3.81	0.13	1980.62	68.06	918.42	31.64
年均递增（%）	—	—	20.1	-2.92	30.7	5.71

说明：1.各产业税收为入库数；2."年均递增%"系指以2001年为基数，2002—2010年均递增%。

第一产业国税税收主要是一产企业缴纳的所得税、车辆购置税等，收入规模较小，2001—2010年第一产业国税收入合计3.81亿元，占国税税收收入总额比重0.13%。

第二产业国税税收主要是工业和建筑业税收。建筑业税收包括企业销售材料等商品的增值税、车辆购置税和向国税部门缴纳的企业所得税，建筑业税收在国税税收中比重较小，第二产业国税税收主体是工业税收。随着江西省工业化程度提高，工业税收相应增加。第二产业国税税收收入除2009年有所下滑外，其余年度收入均为逐年增加，税收收入规模2001年为74.66亿元，2003年突破百亿元，2007年突破200亿元，2008年突破300亿元，2010年达388.19亿元，2001—2010年合计1980.62亿元，年均递增20.1%。第二产业税收占国税税收总额的比重大体可分为二个阶段：2001—2008年在73.7%~77.6%区间运行，其中2005年比重77.6%成为峰值；2009—2010年在56.6%~59%区间运行，税收比重大幅下降的主要影响因素：2009年1月1日始全面实施消费型增值税税制和结构性减税政策，对第二产业税收带来影响；废旧物资回收企业销售废旧物资征收增值税而导致第三产业税收大增及其收入比重上升，同时车辆购置税大幅增长，第二产业税收比重相应下降。2001—2010年合计第二产业税收收入比重68.23%，是江西省国税税收的主体部分。

第三产业税收收入逐年增加，2001年26.64亿元，2008年增至96.67亿元，2009年突破200亿元，2010年逼近300亿达297.23亿元。2009年和2010年第三产业税收猛增的主要影响因素是政策调整，即2009年1月1日始废旧物资回收企业销售废旧物资由免征增值税调整为征收增值税，该项税收2009年增收96.13亿元，2010年增收138.82亿元，由此影响商业税收爆发式增收。2001—2010年第三产业税收收入合计918.42亿元，年均递增30.7%，高于同期第二产业税收增速10.6个百分点。第三产业年度税收占全省国税税收总额的比重可分为两个阶段：2001—2008年在23.8%~26.3%区间运行，波动幅度不大，相对平稳；2009年和2010年跃升到41%~43.35%区间运行。2001—2010年合计第三产业税收收入比重为31.64%，以年均递增5.7%速度提升。第三产业税收是江西省国税税收的重要增长点和重要组成部分。

工业部门税收收入结构

表3-5-6　2001—2010年工业部门税收收入结构

单位：亿元

年　份	工业总税收		采掘业		制造业		电气水供应业	
	收入额	占国税总额（%）	收入额	占工业税收（%）	收入额	占工业税收（%）	收入额	占工业税收（%）
2001	74.65	73.69	3.76	5.04	59.85	80.17	11.04	14.79
2002	82.54	73.81	3.80	4.60	66.13	80.12	12.61	15.27
2003	102.68	75.95	4.54	4.42	83.14	80.97	15.00	14.61
2004	126.03	76.29	7.89	6.26	101.63	80.64	16.52	13.10
2005	152.72	77.33	13.24	8.67	120.49	78.90	18.99	12.43
2006	192.57	74.64	19.80	10.29	148.07	76.89	24.69	12.82
2007	257.64	75.07	28.39	11.02	199.27	77.35	29.98	11.63
2008	306.64	75.60	32.73	10.67	243.48	79.40	30.43	9.92
2009	293.40	58.75	26.62	9.07	241.68	82.37	25.09	8.55
2010	386.84	56.42	39.60	10.24	317.33	82.03	29.92	7.73
合　计	1975.70	68.06	180.37	9.13	1581.08	80.03	214.25	10.84
年均递增（%）	20.10	-2.90	29.90	8.20	20.40	0.30	11.70	-7.00

说明：表中"年均递增%"系指以2001年为基数，2002—2010年均递增%。

随着江西工业经济快速发展，工业税收除2009年有所下滑外，其他年度均逐年增加。工业税收规模2001年74.65亿元，2003年逾百亿元，2007年逾200亿元，2008年逾300亿元，2010

年达 386.64 亿元，较 2001 年增长 4.2 倍。2001—2010 年工业税收收入合计 1975.7 亿元，年均递增 20.1%。工业税收占全省国税税收总额的年度比重大体可分为两个阶段：2001—2008 年在 73.6%~77.4% 区间运行，2005 年比重 77.33% 成为峰值；2009 年全面实施消费型增值税税制和结构性减税政策对工业税收带来影响，废旧物资回收业增值税新政实施影响商业税收大增，工业税收收入比重相应下降，2009—2010 年工业税收比重降至 56.4%~58.8% 区间运行。2001—2010 年合计全省国税工业税收占第二产业税收比重 99.75%，占全省国税税收总额比重 68.06%。

工业税收分采掘业、制造业和电气水生产供应业等三个大类产业税收。

采掘业税收。江西省矿产资源丰富，采掘业税收主要是铜精矿、钨砂、稀土等有色金属矿产品，铁矿石等黑色金属矿产品，以及煤炭等矿产品税收。随着经济发展，矿产品市场需求增加，价格上涨，刺激了采掘业生产经营发展，税收相应增加。采掘业税收除 2009 年有所下滑外，其余年度均为逐年增加，税收规模 2001 年 3.76 亿元，2005 年逾 10 亿元，2007 年逾 20 亿元，2008 年逾 30 亿元，2010 年达 39.6 亿元，比 2001 年增长 9.5 倍，年均递增 29.9%。采掘业税收占工业税收的比重年度间有波动，趋势是上升，2001 年为 5.04%，2010 年达 10.24%，收入比重以年均 8.2% 速度上升，2001—2010 年合计收入比重为 9.13%。采掘业税收占全省国税税收总额的年度比重是两头低、中间高：2001—2003 年在 4% 以下区间运行，2005—2008 年在 6.7%~8.3% 区间运行，2009—2010 年在 5.3%~5.8% 区间运行，收入比重以年均 5% 速度上升，2001—2010 年合计收入比重为 6.2%。

制造业税收。随着市场经济发展和江西省工业化进程推进，全省制造业产业聚集度提高并较快发展。省内五大卷烟厂组建江西中烟工业公司，铜采选和冶炼业组建江西铜业集团公司，钨、稀土等采选和冶炼业组建江西有色金属集团公司，部分汽车制造企业组建江铃汽车集团公司等，相关产业做大做强，税收收入相应增加。重点产品卷烟"两税"收入 2001 年 13.25 亿元，2010 年增至 58.22 亿元，年均递增 17.9%；成品油"两税"收入 2001 年 5.79 亿元，2010 年增至 42.44 亿元，年均递增 24.8%；汽车制造"两税"收入 2001 年 1.58 亿元，2010 年增至 14.48 亿元，年均递增 27.9%；化工增值税 2001 年 3.08 亿元，2010 年增至 10.27 亿元，年均递增 14.3%；黑色金属冶炼压延加工业增值税 2001 年 6.09 亿元，2010 年增至 17.58 亿元，年均递增 12.5%；有色金属冶炼压延加工业增值税 2001 年 2.69 亿元，2010 年增至 14.65 亿元，年均递增 20.7%；非金属矿物制品业增值税 2001 年 2.53 亿元，2010 年增至 14.9 亿元，年均递增 21.8% 等。制造业税收规模逐年扩大，2001 年 59.85 亿元，2004 年逾百亿元，2008 年逾 200 亿元，2010 年达 317.33 亿元，比 2001 年增长 4.3 倍，年均递增 20.4%。制造业税收占工业税收的比重呈上升趋势，2001—2004 年逾 80%，2005—2008 年在 76.8%~79.4% 区间运行，2009—2010 年逾 82%，2001—2010 年合计收入比重为 80.03%。制造业税收占全省国税税收总额的比重呈下降趋势，2001—2008 年围绕 60% 水平线上下小幅波动，2009—2010 年降至 50% 以下，其主要影响因素是税制因素，2001—2010 年合计收入比重为 54.32%。制造业税收不仅是工业税收的主体部分，也是江西省国税税收的主体部分。

电气水生产供应业税收。江西省电气水生产供应业税收的主体部分是电力税收。随着经济发展和人们生活水平提高，用电量明显增加，促进了发电和供电业生产经营发展，税收相应增加。电气水生产供应业税收规模 2001 年 11.04 亿元，2006 年逾 20 亿元，2008 年逾 30 亿元，2009 年下滑至

25.09 亿元，2010 年回升至 29.92 亿元。2009 年税收下滑的主要影响因素是 2008 年初江西省遭遇历史上罕见的低温雨雪冰冻灾害，全省大面积的电塔倒塌，电线杆折断，变压器等设备受损严重，灾害损失税前抵扣，减少所得税收入，灾后重建购进固定资产设备的进项税金分期抵扣，相应减少增值税收入。2001—2010 年电气水生产供应业税收收入合计 214.25 亿元，年均递增 11.7%。电气水生产供应业税收占工业税收比重，2001 年为 14.79%，2010 年降至 7.73%，收入比重年均递减 7%，2001—2010 年合计收入比重 10.84%。电气水生产供应业税收占全省国税税收总额比重，2001 年为 10.9%，2010 年降至 4.36%，收入比重年均递减 9.7%，2001—2010 年合计收入比重 7.36%。

商业、建筑业和交运仓储邮政业税收

表 3-5-7　2001—2010 年商业、建筑业和交运仓储邮政业税收收入结构

单位：亿元

年　份	建筑业		商　业			交运仓储邮政业		
	税收	占国税总额（%）	税收	占三产税收（%）	占国税总额（%）	税收	占三产税收（%）	占国税总额（%）
2001	0.01	0.01	16.54	62.01	16.32	0.36	1.36	0.36
2002	0.14	0.12	19.85	68.10	17.75	1.19	4.07	1.06
2003	0.17	0.12	22.45	69.40	16.60	0.16	0.51	0.12
2004	0.15	0.09	27.92	71.56	16.90	0.10	0.26	0.06
2005	0.49	0.25	30.90	69.81	15.65	0.16	0.37	0.08
2006	0.04	0.01	35.64	55.22	13.81	1.20	1.85	0.46
2007	0.66	0.19	44.75	53.43	13.04	1.59	1.87	0.46
2008	0.98	0.24	54.39	56.26	13.41	1.80	1.87	0.44
2009	0.94	0.19	159.99	78.11	32.04	5.40	2.63	1.08
2010	1.35	0.20	232.75	78.31	33.94	6.73	2.27	0.98
合　计	4.92	0.17	645.17	70.25	22.23	18.68	2.03	0.64
年均递增（%）	65.80	34.10	34.20	2.60	8.50	38.40	5.85	11.90

说明：表中"年均递增%"系指以 2001 年为基数，2002—2010 年均递增%。

建筑业税收。税收规模 2001 年 142 万元，2010 年增至 1.35 亿元，比 2001 年增长 93.7 倍。2001—2010 年税收收入合计 4.92 亿元，年均递增 65.8%。建筑业税收占第二产业税收比重，2001 年为 0.02%，2010 年为 0.35%，2001—2010 年合计收入比重 0.25%。建筑业税收占全省国税税收总额比重，2001 年为 0.01%，2010 年为 0.2%，2001—2010 年合计收入比重 0.17%。

商业税收。税收收入逐年增加，2001 年 16.54 亿元，2003 年逾 20 亿元，2005 年逾 30 亿元，2007 年逾 40 亿元，2008 年逾 50 亿元，2009 年逾百亿达 159.99 亿元，2010 年逾 200 亿达 232.75

亿元，比 2001 年增长 13 倍。2009 年和 2010 年商业税收大增的主要影响因素是废旧物资回收业销售废旧物资征收增值税、卷烟批发环节征收消费税等。2001—2010 年商业税收合计 645.17 亿元，年均递增 34.2%。商业税收占第三产业税收比重，2001 年为 62.06%，2010 年升至 78.31%，2001—2010 年合计收入比重 70.25%，比重以年均递增 2.6% 速度上升。商业税收占全省国税税收总额比重，2001 年为 16.32%，2010 年升至 33.94%，以年均递增 8.5% 速度上升，2001—2010 年合计收入比重 22.23%。商业税收是国税第三产业税收的主体部分，是江西国税税收的重要增长点。

交运仓储邮政业税收。2001—2010 年交运仓储邮政业国税税收包括增值税、企业所得税和车购税等。税收收入年度间有所波动，趋势是上升，2001 年税收 0.36 亿元，2010 年增至 6.73 亿元，比 2001 年增长 17.6 倍。2001—2010 年合计国税收入 18.68 亿元，年均递增 38.4%。交运仓储邮政业税收占第三产业税收比重，2001 年为 1.36%，2010 年升至 2.27%，收入比重以年均递增 5.9% 速度上升，2001—2010 年合计收入比重 2.03%。交运仓储邮政业税收占全省国税税收总额比重，2001 年为 0.36%，2010 年升至 0.98%，收入比重以年均递增 11.9% 速度上升，2001—2010 年合计收入比重 0.64%。

金融保险业、房地产业和其他产业税收

表 3-5-8　2001—2010 年金融保险、房地产和其他产业税收收入结构

单位：亿元

年　份	金融保险业			房地产业			其他产业		
	税　收	占三产税收（%）	占国税总额（%）	税　收	占三产税收（%）	占国税总额（%）	税收	占三产税收（%）	占国税总额（%）
2001	2.62	9.85	2.59	0.23	0.86	0.23	6.89	25.87	6.80
2002	1.37	4.71	1.23	0.18	0.62	0.16	6.56	22.50	5.86
2003	0.70	2.17	0.52	0.41	1.28	0.31	8.61	26.63	6.37
2004	0.65	1.66	0.39	1.01	2.60	0.61	9.33	23.92	5.65
2005	1.02	2.31	0.52	1.43	3.24	0.73	10.74	24.26	5.44
2006	2.14	3.31	0.83	4.12	6.38	1.60	21.45	33.23	8.31
2007	4.81	5.74	1.40	7.12	8.51	2.08	25.51	30.46	7.43
2008	9.50	9.83	2.34	7.41	7.66	1.83	23.57	24.38	5.81
2009	7.39	3.61	1.48	8.32	4.06	1.67	23.72	11.58	4.75
2010	12.09	4.07	1.76	12.06	4.06	1.76	33.59	11.30	4.90
合　计	42.30	4.61	1.46	42.30	4.61	1.46	169.97	18.51	5.86
年均递增（%）	18.50	-9.40	-4.20	55.32	18.81	25.60	19.20	-8.80	-3.60

说明：表中"年均递增%"系指以 2001 年为基数，2002—2010 年均递增%。

金融保险业税收。2001—2003 年以中央级收入营业税为主，2004—2010 年以企业所得税收入

为主。年度间税收有所波动，但随着经济发展，金融保险业务扩大，税收规模明显增大，税收收入 2001 年 2.62 亿元，2004 年降至 0.65 亿元为低谷，2005 年回升至 1.02 亿元，2006 年逾 2 亿元，2007 年逾 4 亿元，2009 年逾 7 亿元，2010 年升至 12.09 亿元成为峰值，2001—2010 年合计税收收入 42.3 亿元，年均递增 18.5%。金融保险业税收占第三产业税收比重，2001 年为 9.85%，2010 年降至 4.07%，收入比重以年均递减 9.4% 速度下降，2001—2010 年合计收入比重 4.61%。金融保险业税收占全省国税税收总额比重，2001 年为 2.59%，2010 年降至 1.76%，收入比重以年均递减 4.2% 速度下降，2001—2010 年合计收入比重 1.46%。收入比重下降的主要原因是税制因素影响：2003 年始中央级收入金融保险业营业税停征，国税部门减少此项税收收入，2009 年和 2010 年废旧物资回收企业销售废旧物资征收增值税导致商业税收大增，金融保险业税收比重相应下降。

房地产业税收。房地产业国税税收包括部分企业所得税和增值税等。随着房地产业发展，房地产业税收快速增长，2001 年 0.23 亿元，2004 年逾亿元，2006 年逾 4 亿元，2007 年逾 7 亿元，2009 年逾 8 亿元，2010 年逾 10 亿达 12.06 亿元，比 2001 年增长 51.6 倍，年均递增 55.3%，2001—2010 年合计税收收入 42.3 亿。房地产业税收占第三产业税收比重，2001 年为 0.86%，2010 年升至 4.06%，收入比重以年均递增 18.8% 速度上升，2001—2010 年合计收入比重 4.61%。房地产业税收占全省国税税收总额比重，2001 年为 0.23%，2010 年升至 1.76%，收入比重以年均递增 25.6% 速度上升，2001—2010 年合计收入比重 1.46%。

其他产业税收。其他产业包括信息传输、计算机服务和软件业、住宿和餐饮业、租赁和商务服务业、文化体育、教育、娱乐业、居民服务业、公共管理和社会组织、个体纳税人缴纳的车购税和储蓄利息个人所得税等。其他产业国税税收包括部分企业所得税、储蓄利息个人所得税、车购税、增值税等。其他产业税收点多面广，小税源多，但收入规模不断增大，2001 年 6.89 亿元，2005 年逾 10 亿元，2006 年逾 20 亿元，2010 年逾 30 亿达 33.59 亿元，比 2001 年增长 3.87 倍，2001—2010 年合计收入 169.97 亿元，年均递增 19.2%。其他产业税收占第三产业税收比重，2001 年 25.87%，2006 年达 33.23% 成为峰值，2009 年和 2010 年分别降至 11.58%、11.3% 成为低谷，其主要影响因素是储蓄利息个人所得税停征，以及商业税收、进口产品税收等大增，其他产业税收比重相应下降。2001—2010 年合计其他产业税收占第三产业税收比重 18.51%。其他产业税收占全省国税税收总额比重，2001 年 6.8%，2006 年达 8.31% 成为峰值，2009 年和 2010 年分别降至 4.75%、4.9%，2001—2010 年合计收入比重 5.86%。

第三节　经济类型收入结构

机构分设前税收分经济类型

1991—1994 年税收收入为全省税务部门征收的税收征收数。

表 3-5-9　1991—1994 年江西省税收征收数分经济类型结构

单位：亿元

类　型 ＼ 年份		1991	1992	1993	1994	合　计	年均递增（％）
税收合计	税　收	46.74	51.93	68.91	81.57	249.15	17.0
	比重（％）	100.0	100.0	100.0	100.0	100.00	
全　民	税　收	34.50	38.21	48.78	56.49	177.97	14.7
	比重（％）	73.81	73.58	70.79	69.25	71.43	−1.9
集　体	税　收	7.37	8.03	11.21	12.35	38.96	15.4
	比重（％）	15.77	15.47	16.27	15.14	15.64	−1.4
私　营	税　收	0.04	0.04	0.07	016	0.31	43.6
	比重（％）	0.08	0.08	0.10	0.20	0.12	22.8
涉　外	税　收	0.46	0.50	1.67	2.21	4.83	56.1
	比重（％）	0.98	0.96	2.42	2.71	1.94	33.4
个　体	税　收	4.34	5.14	7.12	9.49	26.09	28.0
	比重（％）	9.29	9.90	10.33	11.64	10.47	9.4
其他经济	税　收	0.04	0.01	0.07	0.87	0.99	117.9
	比重（％）	0.08	0.02	0.10	1.07	0.40	86.3

说明：表中"税收合计"包括工商税收和国营企业所得税，为征收数。

税收总额。全省税务部门税收征收数逐年增加，1991 年 46.74 亿元，1994 年达 81.57 亿元，比 1991 年增长 74.5%。1991—1994 年税收合计 249.15 亿元，年均递增 17%。

全民所有制税收。税收逐年增加，1991 年 34.5 亿元，1994 年达 56.49 亿元，比 1991 年增长 63.7%。4 年税收合计 177.97 亿元，年均递增 14.7%，低于税收总额增速 2.3 个百分点。全民所有制 税收占税收总额比重，1991 年 73.81%，2010 年降至 68.25%，收入比重以年均递减 1.9% 速度下降。 1991—1994 年合计收入比重 71.43%，这一时期全民所有制税收是江西省税收收入的主体部分。

集体所有制税收。税收逐年增加，1991 年 7.37 亿元，1994 年达 12.35 亿元，比 1991 年增长 67.5%。1991—1994 年税收合计 38.96 亿元，年均递增 15.4%，低于税收总额增速 1.6 个百分点。集 体所有制税收占税收总额比重，1991 年 15.77%，2010 年降至 15.14%，收入比重以年均递减 1.4%

速度下降。1991—1994 年合计收入比重 15.64%，是江西省税收收入的重要组成部分。

私营经济税收。这一时期江西省私营经济尚处于起步阶段，其税收规模小，但发展迅猛，1991年收入 374 万元，1994 年为 1646 万元，比 1991 年增长 3.4 倍，1991—1994 年税收合计 0.31 亿元，年均递增 43.6%，高于税收总额增速 26.6 个百分点。私营经济税收占税收总额比重，1991 年 0.08%，1994 年升至 0.20%，收入比重以年均递增 22.7% 速度提升，1991—1994 年合计收入比重 0.12%。

涉外经济税收。随着改革开放推进和招商引资工作力度加大，江西省涉外经济快速发展，涉外税收发展迅猛，1991 年 0.46 亿元，1994 年为 2.21 亿元，比 1991 年增长 3.8 倍，1991—1994 年税收合计 4.83 亿元，年均递增 56.1%，高于内资经济税收总额增速 39.7 个百分点。涉外经济税收占税收总额比重，1991 年 0.98%，1994 年升至 2.71%，收入比重以年均递增 33.4% 速度提升，1991—1994 年合计收入比重 1.94%。

个体经济税收。个体经济从业人员众多，纳税户数多，1993 年全省个体经济纳税登记户数为 21.59 万户，占当年全省纳税登记总户数比重 72.4%。个体经济税收规模，1991 年 4.34 亿元，1994 年达 9.49 亿元，比 1991 年增长 1.2 倍，1991—1994 年税收合计 26.09 亿元，年均递增 28%，高于税收总额增速 11 个百分点。个体经济税收占税收总额比重，1991 年为 9.29%，1994 年升至 11.64%，收入比重以年均递增 9.4% 速度提升，1991—1994 年合计收入比重 10.47%。个体经济税收是江西省税收收入的重要组成部分。

其他经济税收。其他经济包括联营企业、股份制企业、社团组织等。1992 年召开的党的十四大提出建立社会主义市场经济体制的战略目标，1993 年和 1994 年江西省联营企业和股份制企业处于起步阶段，1993 年全省联营企业和股份制企业纳税登记户数分别为 101 户、190 户，股份制企业初露端倪，税收规模虽小，但发展迅猛。其他经济的税收规模，1991 年为 387 万元，1994 年增至8704 万元，比 1991 年增长 21.5 倍，1991—1994 年税收合计 0.99 亿元，年均递增 117.9%，高于税收总额增速 100.9 个百分点。其他经济税收占税收总额比重，1991 年为 0.08%，1994 年升至 1.07%，收入比重以年均递增 86.3% 速度提升，1991—1994 年合计收入比重 0.40%。其他经济税收迅猛增长的主要影响因素是股份制企业税收大幅增加。

国税税收分经济类型

1995 年收入结构 1995 年税收统计核算反映的各经济类型税收为征收数。1995 年全省国税系统税收征收数总额（包括工商税收和国有企业所得税）62.76 亿元，其中：国有企业税收 40.71 亿元，占国税税收征收数总额比重 64.87%；集体企业税收 8.24 亿元，收入比重 13.13%；私营企业税收 0.2 亿元，收入比重 0.32%；联营企业税收 0.03 亿元，收入比重 0.05%；股份制企业税收 0.09 亿元，收入比重 0.14%；涉外企业税收 4.19 亿元，收入比重 6.67%；个体经济税收 9.25 亿元，收入比重 14.74%；其他经济税收 0.05 亿元，收入比重 0.08%。

1996—2010 年收入结构 1996 年始税收统计口径改革调整，核算反映的各经济类型税收为入库数，1996—2010 年各年度收入口径可比。

表 3-5-10　1996—2010 年江西省国税税收分经济类型（一）

单位：亿元

年　份	国税总额	国有企业		集体企业		股份合作企业		联营企业	
		税收	比重（%）	税收	比重（%）	税收	比重（%）	税收	比重（%）
1996	62.27	42.71	68.58	8.37	13.44			0.07	0.11
1997	61.63	38.78	62.93	6.98	11.32			0.02	0.04
1998	67.36	41.01	60.88	6.30	9.35			0.05	0.08
1999	70.94	39.54	55.73	5.43	7.65	0.33	0.46	0.10	0.15
2000	89.26	42.21	47.29	4.94	5.54	0.52	0.58	0.10	0.11
2001	101.30	44.91	44.33	3.94	3.88	0.54	0.54	0.10	0.10
2002	111.82	44.67	39.95	2.98	2.67	0.63	0.57	0.06	0.05
2003	135.20	46.30	34.24	2.84	2.10	1.55	1.15	0.06	0.05
2004	165.20	51.63	31.26	2.73	1.65	1.35	0.82	0.04	0.02
2005	205.24	59.68	29.08	2.84	1.38	1.44	0.70	0.05	0.02
2006	257.99	67.83	26.29	3.20	1.24	1.53	0.59	0.44	0.17
2007	343.18	88.28	25.73	3.82	1.11	1.36	0.40	0.10	0.03
2008	405.59	92.75	22.87	4.11	1.01	1.52	0.37	0.12	0.03
2009	499.38	97.75	19.57	8.37	1.68	2.10	0.42	0.12	0.02
2010	685.70	139.73	20.38	9.55	1.39	3.50	0.51	0.14	0.02
合　计	3262.10	937.80	28.75	76.39	2.34	16.37	0.50	1.56	0.05
年均递增（%）	17.50	8.90	-7.40	0.70	-14.30	24.10	0.10	11.30	-4.50

说明：1.表中税收收入系指工商税收和国有企业所得税收入合计数。2."年均递增%"系指以 1996 年为基数，1997—2010 年均递增 % 数据。

国有企业税收。国有企业税收收入年度间有所波动，趋势是增长。1996 年 42.71 亿元，2010 年达 139.73 亿元，比 1996 年增长 2.27 倍。1996—2010 年合计收入 937.8 亿元，年均递增 8.9%，低于国税税收总额增速 8.6 个百分点。国有企业税收占国税税收总额比重逐年下降，1996 年收入比重 68.58%，在各经济类型税收比重中排序第一；2010 年收入比重降至 20.38%，1996—2010 年合计收入比重 28.75%，在各经济类型税收比重中排序第二，收入比重以年均递减 7.4% 速度下降。国有企业税收增速较缓和收入比重下降的主要影响因素是税源转移，随着经济体制改革和企业改制，部分国有企业改制为股份制企业、涉外企业和民营企业，全省国税系统国有企业纳税户数 1996 年为 2.38 万户，2010 年减至 2602 户，比 1996 年减少 2.12 万户，下降 89.1%。

集体企业税收。集体企业税收年度收入是两头高中间低，呈倒马鞍形。1996 年、1997 年和 1998 年税收分别为 8.37 亿、6.98 亿、6.3 亿元，2002—2005 年各年度税收在 3 亿元下方运行，2009

年和 2010 年税收分别升至 8.37 亿、9.55 亿元。1996—2010 年合计收入 76.39 亿元，年均递增 0.7%。集体企业税收占国税税收总额比重 1996 年为 13.44%，2010 年降至 1.39%，1996—2010 年合计收入比重 2.34%，在各经济类型税收比重中排序第八位，收入比重以年均递减 14.3% 速度下降。其主要影响因素是纳税户数大幅减少，税源转移，即随着经济体制改革推进，部分集体企业改制为股份合作企业、私营企业和个体经济等，全省国税系统集体企业纳税户数 1996 年为 3.63 万户，2010 年减至 2125 户，比 1996 年减少 3.42 万户，下降 94.1%。

股份合作企业税收。1999 年始税收统计设立"股份合作企业税收"项目。股份合作企业税收规模较小，趋势是持续增长，1999 年 0.33 亿元，2003 年逾亿元，2009 年逾 2 亿元，2010 年逾 3 亿达 3.5 亿元，比 1999 年增长 9.7 倍，1999—2010 年合计收入 16.37 亿元，年均递增 24.1%。股份合作企业税收占国税税收总额比重，1999 年为 0.46%，2003 年达 1.55% 形成峰值，2010 年为 0.51%，1999—2010 年合计收入比重 0.5%，以年均递增 0.1% 速度上升。

联营企业税收。1996 年 693 万元，2010 年增至 1353 万元，1996—2010 年合计收入 1.56 亿元。联营企业税收占全省国税税收总额比重 1996 年 0.11%，2010 年降至 0.05%，以年均递减 4.5% 速度下降。1996—2010 年合计收入比重 0.05%。联营企业尚不是江西省企业经济的主要组织形式。

续表 3-5-10（1）　1996—2010 年江西省国税税收分经济类型（二）

单位：亿元

年　份	股份制企业		私营企业		港澳台投资企业		外商投资企业	
	税收	比重（%）	税收	比重（%）	税收	比重（%）	税收	比重（%）
1996	0.43	0.69	0.45	0.73	0.99	1.59	2.93	4.70
1997	1.35	2.20	0.64	1.04	3.36	5.45	3.13	5.08
1998	4.03	5.99	1.29	1.92	2.52	3.76	4.33	6.40
1999	6.83	9.63	1.68	2.37	2.73	3.85	5.47	7.71
2000	18.59	20.83	2.02	2.27	3.71	4.16	6.30	7.06
2001	25.00	24.68	2.60	2.57	4.77	4.71	7.06	6.97
2002	34.53	30.88	3.40	3.04	5.65	5.05	6.83	6.11
2003	47.96	35.48	5.62	4.15	9.00	6.65	9.40	6.95
2004	64.39	38.98	8.58	5.19	12.08	7.31	11.38	6.89
2005	75.60	36.83	13.50	6.58	16.80	8.19	14.51	7.07
2006	92.08	35.69	20.27	7.86	26.14	10.13	20.84	8.08
2007	126.62	36.89	28.29	8.24	35.65	10.39	27.70	8.07
2008	158.19	39.00	40.70	10.04	42.18	10.40	34.64	8.54
2009	232.27	46.51	62.50	12.52	28.87	5.78	37.36	7.48
2010	311.18	45.38	88.05	12.84	40.02	5.84	51.15	7.46
合　计	1199.04	36.76	279.61	8.57	234.46	7.19	243.02	7.45
年均递增（%）	72.80	47.00	49.50	27.20	23.50	5.10	22.80	4.50

说明：1. 表中税收收入包括工商税收和国有企业所得税。2. "年均递增%" 系指以 1996 年为基数，1997—2010 年均递增%数据。

股份制企业税收。随着市场经济发展和经济体制改革推进，部分国有、集体、私营等经济类型企业改制为股份制企业，新投资者创办股份制企业，股份制企业纳税户数增多，全省国税系统股份制企业纳税户数 1996 年 1794 户，2010 年增至 4.64 万户，比 1996 年增长 24.9 倍，股份制成为江西省企业经济的重要组织形式。股份制企业税收逐年增加，特别是进入 21 世纪后呈跨越式发展态势。税收规模 1996 年 0.45 亿元，1999 年增至 6.83 亿元，2001 年猛增至 25 亿元，2007 年逾百亿元，2009 年逾 200 亿元，2010 年逾 300 亿达 311.18 亿元，比 1996 年增长 720 倍。1996—2010 年股份制企业税收收入合计 1199.04 亿元，年均递增 72.8%，高于同期全省国税税收总额增速 55.3 个百分点，税收增速在各经济类型中排序第一，税收规模从 2003 年始超越国有企业而排序第一。股份制企业税收占全省国税税收总额比重，1996 年为 0.69%，2001 年升至 24.68%，2002 年逾 30%，2009 年逾 40%，2010 年达 45.38%，1996—2010 年合计收入比重 36.76%，在各经济类型中排序第一，收入比重以年均递增 47% 速度快速提升。

私营企业税收。随着市场经济发展，部分私营企业经过资本原始积累阶段后步入成长期，生产经营发展，经济规模扩大，国家政策是鼓励民营经济发展，一些国民经济重要行业逐渐向民营资本开放，私营经济发展获得更大空间，由此进一步促进私营经济发展。全省国税系统私营企业纳税户数 1996 年 2294 户，2010 年增至 2 万户，比 1996 年增长 7.7 倍，同时部分私营企业做大做强，为税收快速发展奠定了税源基础。私营企业税收 1996 年 0.45 亿元，1998 年逾亿元，2000 年逾 2 亿元，2005 年逾 10 亿元，2006 年逾 20 亿元，2008 年逾 40 亿元，2009 年逾 60 亿元，2010 年逾 80 亿达 88.05 亿元，比 1996 年增长 193.8 倍。1996—2010 年私营企业税收合计 279.61 亿元，年均递增 49.5%，高于同期全省国税税收总额增速 32 个百分点，税收增速在各经济类型中排序第二。私营企业税收占全省国税税收总额比重，1996 年为 0.73%，1997 年逾 1%，1999 年逾 2%，2002 年逾 3%，2003 年逾 4%，2004 年逾 5%，2005 年逾 6%，2006 年逾 7%，2007 年逾 8%，2008 年逾 10%，2010 年达 12.84%，收入比重以年均递增 27.2% 速度提升，1996—2010 年合计收入比重 8.57%，在各经济类型中排序第三。

港澳台投资企业税收。随着改革开放推进和招商引资力度加大，港澳台企业投资增加，纳税户数增多，经济发展，税收较快增长。全省国税系统港澳台企业纳税户数 1996 年 421 户，2010 年增至 1570 户，比 1996 年增加 1149 户，增长 2.7 倍。港澳台企业税收规模 1996 年 0.99 亿元，1997 年逾 3 亿元，2004 年逾 10 亿元，2006 年逾 20 亿元，2007 年逾 30 亿元，2008 年逾 40 亿元，2009 年受国际金融危机影响而下滑至 28.87 亿元，2010 年经济回升而税收增至 40.02 亿元，比 1996 年增长 39.5 倍。1996—2010 年港澳台企业税收收入合计 234.46 亿元，年均递增 23.5%，高于同期国税税收总额增速 6 个百分点，税收增速在各经济类型中排序第三。港澳台企业税收占全省国税税收总额比重年度间有波动，趋势是上升，1996 年收入比重 1.59%，1997 年逾 5%，随后几年收入比重下滑，2002 年回升到 5.05%，2003 年收入比重逾 6%，2004 年逾 7%，2005 年逾 8%，2006—2008 年逾 10%，2009 年和 2010 年下滑至 6% 以下，1996—2010 年合计收入比重 7.19%，在各经济类型中排序第六，收入比重以年均递增 5.1% 速度提升。

外商投资企业税收。随着改革开放推进和招商引资力度加大，外商投资增加，企业经济发展，外商投资企业税收收入基本上是逐年增加，1996 年 2.93 亿元，2004 年逾 10 亿元，2006 年逾 20 亿元，2008 年逾 30 亿元，2010 年逾 50 亿达 51.15 亿元，比 1996 年增长 16.5 倍。1996—2010 年外商投资企业税收收入合计 243.02 亿元，年均递增 22.9%，高于同期国税税收总额增速 5.4 个百分点，税收增速在各经济类型中排序第四。外商投资企业税收占全省国税税收总额比重，1996 年为 4.7%，2008 年达 8.54% 成为峰值，2010 年回落至 7.46%，1996—2010 年合计收入比重 7.45%，在各经济类型中排序第五，收入比重以年均递增 4.5% 速度提升。

续表 3-5-10（2） 1996—2010 年江西省国税税收分经济类型（三）

单位：亿元

| 年 份 | 个体经济 | | 其他经济 | | 国税税收总额 | | | |
| | | | | | 内资经济 | | 涉外经济 | |
	税收	比重（%）	税收	比重（%）	税收	比重（%）	税收	比重（%）
1996	6.32	10.16			58.36	93.71	3.92	6.29
1997	7.36	11.94			55.14	89.47	6.49	10.53
1998	7.83	11.62			60.52	89.84	6.84	10.16
1999	8.83	12.45			62.74	88.44	8.20	11.56
2000	10.86	12.16			79.25	88.79	10.01	11.21
2001	12.38	12.22			89.47	88.32	11.83	11.68
2002	13.06	11.68			99.34	88.84	12.48	11.16
2003	12.44	9.20	0.01	0.03	116.80	86.39	18.39	13.61
2004	12.95	7.84	0.07	0.04	141.74	85.80	23.46	14.20
2005	20.30	9.89	0.54	0.26	173.93	84.75	31.30	15.25
2006	24.94	9.67	0.72	0.28	211.02	81.79	46.98	18.21
2007	30.43	8.87	0.93	0.27	279.82	81.54	63.35	18.46
2008	30.40	7.50	0.97	0.24	328.77	81.06	76.82	18.94
2009	28.72	5.75	1.33	0.27	433.16	86.74	66.22	13.26
2010	40.11	5.85	0.27	0.38	594.52	86.70	91.18	13.30
合 计	266.94	8.18	6.87	0.21	2784.60	85.36	477.48	14.64
年均递增（%）	10.60	−5.90	29.90	10.90	16.90	−0.50	23.10	4.80

说明：1. 表中税收收入包括工商税收和国有企业所得税。2. "年均递增 %" 系指以 1996 年为基数，1997—2010 年均递增率。

个体经济税收。具体包括个体工商户税收、个人储蓄利息个人所得税、个人购车的车购税等。个体经济税收 1996 年 6.32 亿元，2000 年逾 10 亿元，2005 年逾 20 亿元，2007 年逾 30 亿元，2010年逾 40 亿达 40.11 亿元，比 1996 年增长 5.35 倍。1996—2010 年个体经济税收收入合计 266.94 亿元，年均递增 10.6%，低于同期全省国税税收总额增速 6.9 个百分点。年度个体经济税收占全省国税税收总额的比重前高后低，呈阶梯式下降态势：1996—2002 年逾 10%，2003—2008 年处于 7.5%~9.2%区间，2009—2010 年低于 6%。1996—2010 年合计收入比重为 8.17%，在各经济类型中排序第四，收入比重以年均递减 5.9% 速度下降。个体经济税收增速相对较缓和收入比重下降的主要影响因素：为改善民生，国家先后出台提高增值税起征点、残疾人个体经营免征税收、下岗人员从事个体经营予以减免税、储蓄利息个人所得税税率调低与停征等多项税收优惠政策。

其他经济税收。其他经济税收包括事业单位、社团、服务机构等组织应税行为缴纳的税收。1996—2002 年其他经济税收在国税统计上无反映，2003 年收入 410 万元，之后税收逐年增加，2009 年逾亿元，2010 年逾 2 亿达 2.27 亿元，2003—2010 年合计其他经济税收收入 6.87 亿元，年均递增 29.9%，占 1996—2010 年全省国税税收总额比重为 0.21%。

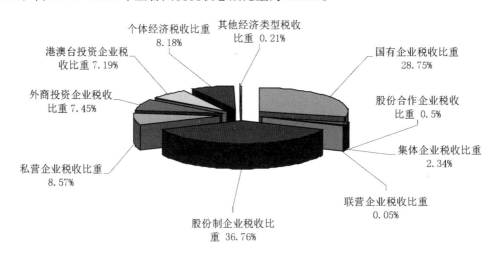

图 3-5-3　1996—2010 年江西省国税税收分经济类型一览图

按照企业投资来源地划分，国税税收分为内资经济税收和涉外经济税收。内资经济税收规模持续扩大，1996 年 58.36 亿元，2003 年逾百亿元，2006 年逾 200 亿元，2008 年逾 300 亿元，2009 年逾 400 亿元，2010 年逾 500 亿达 594.52 亿元，比 1996 年增长 9.2 倍。1996—2010 年内资经济税收收入合计 2784.58 亿元，年均递增 16.9%。各年度内资经济税收占全省国税税收总额比重均在 81%以上，其中 1996 年达 93.71% 为峰值，2008 年降至 81.06% 为低谷，2010 年回升至 86.7%，1996—2010 年合计收入比重为 85.36%，以年均递减 0.5% 速度下降。内资经济税收是江西省国税税收的主体部分。

涉外经济税收除 2009 年有所下滑外，其余年度收入逐年增加，1996 年 3.92 亿元，2000 年逾 10 亿元，2004 年逾 20 亿元，2005 年逾 30 亿元，2006 年逾 40 亿元，2007 年逾 60 亿元，2008年逾 70 亿元，2009 年因国际金融危机影响税收下滑至 66.22 亿元，2010 年经济回升税收增至

91.18 亿元，比 1996 年增长 22.3 倍。1996—2010 年涉外经济税收收入合计 477.48 亿元，年均递增 23.1%，高于内资经济税收增速 6.2 个百分点。涉外经济税收占全省国税税收总额比重，1996 年为 6.29%，之后年度均在 10% 以上，2006—2008 年逾 18% 形成峰值；2009 年和 2010 年回落至 13.26%、13.3%，其主要影响因素是税制改革、成品油税率调高、卷烟批发环节征收消费税、废旧物资回收业销售废旧物资征收增值税反映在内资企业，涉外企业无此类增收因素。1996—2010 年合计收入比重 14.64%，以年均递增 4.8% 速度提升。涉外经济税收是江西省国税税收的重要组成部分。

第四节　地区收入结构

全省税收地区收入结构

表 3-5-11　1991—1994 年各设区市税收收入结构

单位：亿元

地区＼年份	1991		1992		1993		1994		合计	
	收入	收入比重（%）	收入	收入比重（%）	收入	收入比重（%）	收入	收入比重（%）	收入	收入比重（%）
全　省	43.96	100.0	49.20	100.0	64.48	100.0	76.83	100.0	234.48	100.0
南昌市	11.97	27.22	14.13	28.72	17.11	26.53	19.02	24.76	62.23	26.54
景德镇市	2.34	5.32	2.55	5.18	3.30	5.11	4.22	5.49	12.40	5.29
萍乡市	1.63	3.70	1.90	3.86	2.99	4.64	3.50	4.55	10.02	4.27
九江市	4.89	11.13	5.11	10.38	6.41	9.94	10.71	13.94	27.12	11.57
新余市	3.13	7.12	3.69	7.51	5.86	9.09	5.56	7.24	18.25	7.78
鹰潭市	1.48	3.37	1.70	3.47	2.13	3.30	2.56	3.33	7.88	3.36
赣州地区	5.13	11.66	5.44	11.06	7.42	11.51	8.67	11.28	26.66	11.37
宜春地区	4.86	11.06	5.10	10.37	5.80	9.00	6.79	8.84	22.56	9.62
上饶地区	3.55	8.08	4.08	8.30	5.82	9.02	7.05	9.17	20.50	8.74
吉安地区	2.81	6.39	3.08	6.26	4.53	7.02	5.13	6.68	15.54	6.63
抚州地区	2.13	4.84	2.36	4.79	3.05	4.73	3.63	4.72	11.16	4.76
其　他	0.05	0.10	0.05	0.11	0.07	0.11			0.17	0.07

　　说明：1. 表中税收收入包括工商税收和国营企业所得税。2. 海关代征税收已计入相关地市税收收入。3. "其他" 系指新税制实施前集中在省局办理的 "盐税" 和 "代征手续费退库" 这两项的合计数。

　　1994 年各地市税收规模大体可分为四档：逾 10 亿元的有南昌和九江市；处于 7 亿 ~9 亿元区间的有赣州和上饶地区；处于 5 亿 ~7 亿元区间的有新余、宜春和吉安等 3 个地市；5 亿元以下的有景德镇、萍乡、鹰潭和抚州等 4 个地市。

1991—1994年实现税100%以上增长的地市有萍乡、九江和上饶等3个地市。1994年税收比1991年增长70%以上的有景德镇、新余、鹰潭、吉安和抚州等5个地市，分别增长80.4%、77.7%、72.5%、82.7%和70.7%；南昌市、赣州和宜春地区分别增长59%、69.1%和39.8%。各地市1991—1994年均递增幅度均达两位数，其中增速在20%以上的有萍乡、九江、新余和上饶等4个地市，分别年均递增26.3%、23.1%、20.4%和21.5%；增速在10%~20%区间的有南昌、景德镇、鹰潭、赣州、宜春、吉安和抚州等7个地市，分别年均递增14.6%、17.9%、19.9%、16%、11.3%、17.5%和15.7%。

1994年与1991年比较，收入比重提升的有景德镇、萍乡、九江、新余、上饶、吉安等6个地市，分别提升0.17个、0.85个、2.81个、0.12个、1.09个、0.29个百分点，收入比重年均递增速度分别为0.4%、7.4%、4.7%、2.4%、3.4%、0.1%；收入比重下降的有南昌、鹰潭、赣州、宜春、抚州等5个地市，分别下降2.46个、0.04个、0.38个、2.22个和0.12个百分点，收入比重年均递减速度分别为2.5%、0.1%、1.3%、5.3%、1.5%。各地市1991—1994年合计收入比重大体可分为四档：逾10%的有南昌、九江和赣州等3个地市，分别为26.54%、11.57%、11.37%，省会城市南昌市收入比重达四分之一强；处于7%~10%区间的有新余、宜春和上饶等3个地市，分别为7.78%、9.62%、8.74%；处于5%~7%区间的有景德镇和吉安等2个地市，分别为5.29%、6.63%；处于5%以下的有萍乡、鹰潭和抚州等3个地市，分别为4.27%、3.36%、4.76%。

国税税收地区收入结构

南昌市国税税收 省会城市南昌市，重点税源行业有卷烟、冶金、汽车制造、医药制造、信息传输与IT产业、电力、金融业、房地产业和商业等。国税收入规模逐年扩大，1995年15.8亿元，1999年逾20亿元，2000年逾30亿元，2002年逾40亿元，2003年逾50亿元，2005年逾60亿元，2006年逾80亿元，2007年逾百亿元，2010年达172.42亿元，比1995年增长9.9倍。1995—2010年南昌市国税税收收入合计989.84亿元，年均递增17.3%，与全省国税税收总额增速基本同步。南昌市国税收入占全省国税税收总额比重呈马鞍形，两头低中间高：1995—1998年在30%以下，处于25.9%~29.3%区间；1999—2007年在30%以上，处于31.1%~38.7%区间，其中2000年、2001年和2002年收入比重逾38%成为峰值；2008—2010年回落到30%以下，处于24.46%~29.01%区间。1995—2010年合计收入比重为29.79%，在各设区市中排序第一。

九江市国税税收 九江市是重要的长江港口城市，水陆交通较便捷，昌九工业走廊建设促进了九江市经济发展，重点税源行业有原油加工、化工、非金属矿物制品、钢铁、电力、金融业、房地产业和商业等。国税税收基本上是逐年增加，1995年9.62亿元，1997年逾10亿元，2005年逾20亿元，2007年逾30亿元，2009年逾60亿元，2010年逾90亿达94.31亿元，比1995年增长8.8倍。2009年和2010年税收迅猛增加的主要影响因素是税收政策调整，即2009年1月1日始成品油价税费联动改革，税率调高，九江炼油厂税收猛增，2009年和2010年分别增加成品油"两税"收入26.65亿、34.93亿元。1995—2010年九江市国税税收收入合计399.16亿元，年均递增16.4%。九江市国税税收占全省国税税收总额比重呈倒马鞍形，两头高中间低：1995—1999年在15%以上，其中 1997 年收入比重 17.27% 成为峰值；2000—2005 年处于 10.45%~13.92% 区间；2006—2008 年处于 7.95%~9.67% 区间；2009 年和 2010 年因成品油税收大增而收入比重逾 13%。1995—2010 年合计收入比重 12.01%，收入比重在各设区市中排序第二。

景德镇市国税税收　瓷都景德镇，重点税源行业有陶瓷、汽车制造、化工、煤炭、非金属矿物制品业、电力、房地产业和商业等。国税收入规模基本上是逐年增大，1995 年 3.66 亿元，1997 年逾 4 亿元，2000 年逾 5 亿元，2003 年逾 6 亿元，2005 年逾 7 亿元，2006 年逾 8 亿元，2007 年逾 9 亿元，2008 年逾 10 亿元，2010 年达 17.37 亿元，比 1995 年增长 3.7 倍。1995—2010 年景德镇市国税税收收入合计 118.39 亿元，年均递增 10.9%。景德镇市国税收入占全省国税税收总额比重呈下降趋势：1995—1998 年处于 6%~7.12% 区间，其中 1997 年收入比重 7.12% 成为峰值；2000—2002 年处于 5.03%~5.98% 区间；2003—2006 年处于 3.19%~4.51% 区间；2007—2010 年降至 2.53%~2.86% 区间。收入比重呈台阶式下降，主要是因其税收增速低于全省国税收入平均增速影响所致。1995—2010 年合计收入比重 3.56%，以年均递减 5.6% 速度下降，收入比重在各设区市中排序第十位。

萍乡市国税税收　萍乡市位于江西西部，毗邻湖南。重点税源行业有煤炭、钢铁、化工、建材、工业陶瓷、电力、鞭炮焰火和商业等。国税税收规模，1995—1999 年在 2.61 亿—2.94 亿元区间运行，之后是逐年上升，2000 年逾 3 亿元，2001 年逾 4 亿元，2002 年逾 5 亿元，2003 年逾 6 亿元，2004 年逾 10 亿元，2009 年逾 20 亿元，2010 年达 27.31 亿元，比 1995 年增长 9.4 倍。1995—2010 年萍乡市国税税收收入合计 154.87 亿元，年均递增 16.9%。萍乡市国税税收占全省国税税收总额比重呈马鞍形，两头低中间高：1995—2003 年在 5% 以下，除 2000 年收入比重 3.81% 为低谷外，其它年份收入比重均逾 4%；2004 年和 2005 年逾 6% 形成峰值；2007—2009 年回落在 4.27%~4.78% 区间；2010 年降至 3.98%。1995—2010 年合计收入比重 4.66%，以年均递减 0.5% 速度下降，收入比重在各设区市中排序第九位。

新余市国税税收　新余以钢立市，经济结构已形成冶金、新能源、服务业等多元产业共同发展局面，重点税源有钢铁、光伏、锂矿加工、电力、金融业、房地产业和商业等。国税税收基本上是逐年增加，特别是跨入 21 世纪后税收规模一年一个新台阶，1995 年 2.47 亿元，1998 年逾 3 亿元，2000 年逾 4 亿元，2001 年逾 5 亿元，2002 年逾 6 亿元，2003 年逾 9 亿元，2004 年逾 10 亿元，2007 年逾 20 亿元，2008 年逾 30 亿元，2010 年逾 50 亿达 56.06 亿元，比 1995 年增长 21.7 倍。1995—2010 年新余市国税税收收入合计 237.96 亿元，年均递增 23.2%，高于全省国税税收总额增速 5.7 个百分点。新余市国税税收占全省国税税收总额比重大体可分为个几个阶段：1995—1997 年处于 4.04%~4.69% 区间；1998—2002 年处于 5.03%~5.82% 区间；2003—2006 年处于 6.57%~6.99% 区间；2007—2010 年处于 7.04%~9.01% 区间，其中 2008 年收入比重 9.01% 为峰值，收入比重呈台阶式上升。1995—2010 年合计收入比重 7.16%，以年均递增 4.8% 速度上升，收入比重在各设区市中排序第六位。

鹰潭市国税税收　鹰潭以铜立市，有铜都之美誉，重点税源以铜业为主（包括废铜回收和铜加工），此外还有医药制造、电气机械器材制造、电力和商业等。随着经济发展，铜市场需求增加，鹰潭市铜产量增加，铜价上涨，税收增长。国税税收规模，1995—1999 年在 3 亿元下方运行，2000 年逾 3 亿元，2002 年逾 4 亿元，2003 年逾 5 亿元，2004 年逾 7 亿元，2005 年逾 10 亿元，2007 年逾 20 亿元，2008 年逾 30 亿元，2009 年逾 40 亿元，2010 年逾 50 亿达 56.28 亿元，比 1995 年增长 20.8 倍。1995—2010 年鹰潭市国税税收收入合计 227.87 亿元，年均递增 22.8%，高于全省国税税收总额增速 5.3 个百分点。鹰潭市国税税收占全省国税税收总额比重呈前低后高态势，大体可分为个几个阶段：1995—1997 年处于 4.23%~4.38% 区间；1998—2003 年处于 3.42%~3.9% 区间；2004—2006 年处于 4.3%~7.12% 区间；2007—2010 年逾 8%，其中 2008 年收入比重 8.67% 为峰值。1995—2010 年合计收入比重 6.86%，以年均递增 4.5% 速度上升，收入比重在各设区市中排序第七位。

赣州市国税税收 赣州市位于江西南部，是革命老区，钨、稀土等有色金属矿产资源和农林产品资源丰富，重点税源有卷烟、酒、矿产品、纺织品、医药制造、有色金属冶炼压延加工业、建材、电力、金融业、房地产业和商业等。国税税收 1995 年 7.06 亿元，1996—2000 年在 7 亿元下方运行，跨入 21 世纪后税收规模明显扩大，2001 年逾 9 亿元，2002 年逾 10 亿元，2005 年逾 20 亿元，2006 年逾 30 亿元，2007 年逾 40 亿元，2010 年逾 60 亿达 61.36 亿元，比 1995 年增长 7.7 倍。1995—2010 年赣州市国税税收收入合计 341.46 亿元，年均递增 15.5%。赣州市国税税收占全省国税税收总额的比重年度间波动：1995 年和 1996 年逾 10%；1997—2003 年在 10% 下方运行；2004—2008 年处于 10.15%~12.21% 区间；2009 年和 2010 年回落至 10% 下方运行。1995—2010 年合计收入比重 10.28%，以年均递减 1.7% 速度下降，收入比重在各设区市中排序第三。

宜春市国税税收 宜春市县域经济发展较均衡，重点税源有白酒、化工、医药制造、煤炭、水泥等非金属矿物制品、木竹加工、电力、鞭炮焰火和商业等。国税税收规模，1995—1999 年在 6 亿元下方运行，2000 年逾 6 亿元，2001 年逾 7 亿元，2003 年逾 8 亿元，2004 年逾 10 亿元，2006 年逾 20 亿元，2008 年逾 30 亿元，2009 年逾 40 亿元，2010 年逾 50 亿达 54.7 亿元，比 1995 年增长 9.1 倍。1995—2010 年宜春市国税税收收入合计 259.56 亿元，年均递增 16.7%。宜春市国税税收占全省国税税收总额比重呈两头高中间低态势：1995—1999 年处于 8.14%~8.86% 区间；2000 年和 2001 年逾 7%；2002—2004 年在 7% 下方运行；2005—2010 年在 7.55%~8.17% 区间运行。1995—2010 年合计收入比重 7.81%，以年均递减 0.7% 速度下降，收入比重在各设区市中排序第五。

上饶市国税税收 上饶市位于江西东部，重点税源有卷烟、纺织服装、水泥等非金属矿物制品、有色金属矿产品、有色金属冶炼压延加工业、电力、废铜回收加工和商业等。国税税收规模，1995—2000 年在 6 亿元下方运行，其中 1997 年 4.75 亿元为低谷；跨入 21 世纪后税收规模逐年扩大，2001 年逾 6 亿元，2002 年逾 7 亿元，2003 年逾 8 亿元，2004 年逾 10 亿元，2007 年逾 20 亿元，2008 年逾 30 亿元，2009 年逾 50 亿元，2010 年逾 70 亿达 71.65 亿元，比 1995 年增长 13 倍；1995—2010 年上饶市国税税收收入合计 278.62 亿元，年均递增 19.3%，高于全省国税税收总额增速 1.8 个百分点。上饶市国税税收占全省国税税收总额比重呈倒马鞍形，两头高中间低：1995—1999 年除 1997 年外，其余年份收入比重在 8.05%~8.38% 区间；2000—2005 年处于 6.06%~6.69% 区间；2006—2007 年回升到 7.1%~7.58% 区间；2008 年增至 8.51%，2009—2010 年逾 10% 为峰值；1995—2010 年合计收入比重 8.38%，以年均递增 1.5% 速度上升，收入比重在各设区市中排序第四。

吉安市国税税收 吉安市是革命老区，随着改革开放和市场经济发展，经济结构形成采掘业、制造业、电力和商业等多主体产业共同发展局面，重点税源有卷烟、酒、农林产品加工、化工、水泥等非金属矿物制品、通信设备及其他电子设备制造、铁矿石、电力、废铜回收和商业等。国税税收规模，1995—1999年在4亿元下方运行，2000年逾4亿元，2001年逾5亿元，2003年逾6亿元，2004年逾9亿元，2005年逾10亿元，2008年逾20亿元，2009年逾30亿元，2010年逾40亿达45.94亿元，比1995年增长10.7倍。1995—2010年吉安市国税税收收入合计197.17亿元，年均递增17.8%，高于全省国税税收总额增速0.3个百分点。吉安市国税税收占全省国税税收总额年度比重呈倒马鞍形，两头高中间低：1995年为6.42%，1996—2008年除2000年收入比重4.7%为低谷外，其余年份处于5.04%~5.89%区间；2009—2010年上升至6.7%~6.89%区间成为峰值。1995—2010年合计收入比重5.93%，以年均递增0.3%速度上升，收入比重在11个设区市中排序第八。

抚州市国税税收 抚州市位于江西中部，重点税源有白酒、纺织服装、化工、医药制造、电力、房地产业、物流运输、废铜回收和商业等。国税税收规模，1995—2000年在3亿元下方运行，跨入21世纪后逐年上升，2001年逾3亿元，2003年逾4亿元，2005年逾6亿元，2006年逾7亿元，2007年逾10亿元，2009年逾20亿元，2010年达28.31亿元，比1995年增长9.5倍。1995—2010年抚州市国税税收收入合计118.05亿元，年均递增17%。抚州市国税税收占全省国税税收总额年度比重呈倒马鞍形，两头高中间低：1995年为4.41%，1996—2008年在4%下方运行，2009年和2010年回升至4.44%、4.13%。1995—2010年合计收入比重3.55%，以年均递减0.4%速度下降，收入比重在11个设区市中排序第十一位。

表3-5-12 1995—2010年全省国税税收收入分地区结构（一）

单位：亿元

年 份	全省国税税收	南昌市		景德镇市		萍乡市		九江市	
		税收	收入比重（％）	税收	收入比重（％）	税收	收入比重（％）	税收	收入比重（％）
1995	61.02	15.80	25.90	3.66	6.00	2.62	4.30	9.62	15.77
1996	62.27	16.66	26.75	3.97	6.38	2.94	4.72	9.88	15.87
1997	61.63	17.03	27.64	4.39	7.12	2.61	4.24	10.64	17.27
1998	67.36	19.69	29.23	4.76	7.07	2.88	4.27	10.56	15.67
1999	70.94	22.09	31.14	4.94	6.96	2.89	4.07	11.12	15.68
2000	89.26	34.12	38.23	5.34	5.98	3.40	3.81	12.42	13.92
2001	101.30	39.01	38.51	5.25	5.18	4.14	4.09	12.03	11.87
2002	111.82	43.27	38.69	5.62	5.03	5.21	4.66	12.94	11.57
2003	135.20	50.99	37.71	6.10	4.51	6.72	4.97	15.72	11.63
2004	165.20	58.04	35.13	6.59	3.99	10.02	6.07	19.66	11.90
2005	205.24	69.08	33.66	7.73	3.77	12.74	6.21	21.44	10.45
2006	257.99	83.50	32.37	8.23	3.19	14.25	5.52	24.95	9.67
2007	343.18	108.34	31.57	9.82	2.86	16.41	4.78	31.96	9.31
2008	405.59	117.66	29.01	11.43	2.82	19.41	4.78	32.25	7.95

续表

年 份	全省国税税收	南昌市		景德镇市		萍乡市		九江市	
		税收	收入比重（%）	税收	收入比重（%）	税收	收入比重（%）	税收	收入比重（%）
2009	499.38	122.14	24.46	13.18	2.64	21.32	4.27	69.66	13.95
2010	685.70	172.42	25.15	17.37	2.53	27.31	3.98	94.31	13.75
合 计	3323.10	989.84	29.79	118.39	3.56	154.87	4.66	399.16	12.01
年均递增（%）	17.50	17.30	-0.20	10.90	-5.60	16.90	-0.50	16.40	-0.90

续表 3-5-12（1） 1995—2010 年全省国税税收收入分地区结构（二）

单位：亿元

年 份	新余市		鹰潭市		赣州市		宜春市	
	税收	收入比重（%）	税收	收入比重（%）	税收	收入比重（%）	税收	收入比重（%）
1995	2.47	4.04	2.58	4.23	7.06	11.57	5.41	8.86
1996	2.87	4.61	2.67	4.28	6.75	10.85	5.25	8.44
1997	2.89	4.69	2.70	4.38	5.90	9.57	5.02	8.14
1998	3.52	5.22	2.39	3.55	6.30	9.35	5.58	8.29
1999	3.57	5.03	2.56	3.60	6.17	8.69	5.87	8.27
2000	4.72	5.29	3.05	3.42	6.83	7.65	6.35	7.11
2001	5.81	5.74	3.79	3.74	9.02	8.91	7.46	7.37
2002	6.50	5.82	4.02	3.59	10.24	9.15	7.57	6.77
2003	9.44	6.99	5.27	3.90	13.05	9.65	8.74	6.44
2004	11.37	6.88	7.10	4.30	16.77	10.15	11.51	6.97
2005	13.49	6.57	11.16	5.44	23.18	11.29	15.50	7.55
2006	17.75	6.88	18.38	7.12	30.12	11.68	20.85	8.08
2007	25.79	7.52	28.10	8.19	41.52	12.10	26.30	7.66
2008	36.53	9.01	34.53	8.51	49.54	12.21	33.14	8.17
2009	35.18	7.04	43.28	8.67	47.67	9.55	40.34	8.08
2010	56.06	8.18	56.28	8.21	61.36	8.95	54.70	7.98
合 计	237.96	7.16	227.87	6.86	341.46	10.28	259.56	7.81
年均递增（%）	23.20	4.81	22.80	4.51	15.50	-1.70	16.70	-0.70

续表 3-5-12（2） 1995—2010 年全省国税税收收入分地区结构（三）

单位：亿元

年 份	上饶市		吉安市		抚州市		省 局	
	税收	收入比重（%）	税收	收入比重（%）	税收	收入比重（%）	税收	收入比重（%）
1995	5.10	8.35	3.92	6.42	2.69	4.41	0.09	0.15
1996	5.22	8.38	3.63	5.83	2.42	3.89		
1997	4.75	7.70	3.60	5.84	2.09	3.39	0.01	0.02
1998	5.57	8.27	3.76	5.57	2.33	3.45	0.03	0.04
1999	5.71	8.05	3.58	5.04	2.45	3.45	0.003	
2000	5.97	6.69	4.19	4.70	2.85	3.19	0.01	0.01
2001	6.63	6.55	5.12	5.06	3.03	2.99	0.001	
2002	7.25	6.48	5.79	5.17	3.42	3.06		
2003	8.19	6.06	6.98	5.17	4.02	2.98		
2004	10.28	6.22	9.03	5.47	4.82	2.92		
2005	13.35	6.50	11.47	5.59	6.10	2.97		
2006	18.32	7.10	13.83	5.36	7.81	3.03		
2007	26.01	7.58	18.32	5.34	10.60	3.09		
2008	34.53	8.51	23.62	5.82	12.96	3.20		
2009	50.09	10.03	34.39	6.89	22.16	4.44		
2010	71.65	10.45	45.94	6.70	28.31	4.13		
合 计	278.62	8.38	197.17	5.93	118.05	3.55	0.15	0.004
年均递增（%）	19.30	1.50	17.80	0.28	17.00	-0.40		

说明：1.表中税收收入为入库数，包括工商税收和国有企业所得税，海关代征税收已分别计入相关地市税收收入中。2."年均递增%"系指以 1995 年为基数，1996—2010 年均递增%数据。

县域国税税收

截至 2010 年，江西省行政区划除设区市城区外，下辖 80 个县（市）。

表 3-5-13　1995—2010 年江西省各县（市）国税税收总收入及若干重要年份收入

单位：亿元

县（市）名称	1995 年	2000 年	2005 年	2010 年	1995—2010 年合计		
					国税税收	年均递增（%）	收入排序
贵溪市	2.07	2.23	9.34	33.75	165.99	20.7	1
丰城市	1.01	1.51	4.77	13.67	70.49	19.0	2
广丰县	0.77	1.50	2.71	14.52	55.93	21.6	3
南昌县	0.83	1.44	2.63	8.04	44.38	16.3	4
樟树市	0.67	0.84	2.47	8.74	42.14	18.6	5
德兴市	0.87	0.86	2.35	6.17	39.68	13.9	6
乐平市	1.17	1.14	1.70	5.60	31.95	11.0	7
分宜县	0.41	0.35	1.05	8.00	28.50	21.9	8
高安市	0.74	0.67	1.41	4.80	24.36	13.3	9
南康市	1.56	0.36	1.28	3.19	21.76	4.9	10
瑞昌市	0.23	0.33	1.52	4.80	20.73	22.4	11
上饶县	0.29	0.44	1.21	4.86	20.34	20.6	12
横峰县	0.12	0.12	0.31	8.62	20.26	33.2	13
余江县	0.14	0.21	0.46	9.18	20.25	32.2	14
铅山县	0.48	0.35	0.88	6.45	20.04	19.0	15
兴国县	0.43	0.52	1.81	3.15	19.99	14.2	16
大余县	0.27	0.33	1.48	2.55	19.21	16.2	17
吉安县	0.41	0.47	0.92	5.48	18.71	18.8	18
永修县	0.35	0.50	1.41	3.04	18.47	15.5	19
赣　县	0.22	0.25	1.44	2.79	16.91	18.6	20
上高县	0.46	0.41	1.03	3.31	16.33	14.1	21
进贤县	0.44	0.50	0.92	3.41	16.22	14.6	22
上栗县	0.41	0.43	1.02	3.39	16.15	15.2	23
万载县	0.51	0.64	0.81	3.43	16.15	13.5	24
新建县	0.47	0.58	1.05	2.82	16.14	12.8	25
新干县	0.24	0.28	0.58	4.51	15.99	21.7	26
湖口县	0.17	0.16	0.50	5.46	15.77	26.2	27
龙南县	0.20	0.22	0.85	3.38	14.89	20.7	28
安福县	0.33	0.38	0.94	2.74	14.87	15.1	29
泰和县	0.30	0.30	0.67	4.10	14.64	19.0	30
玉山县	0.30	0.31	0.88	3.35	14.64	17.5	31

续表

县（市）名称	1995 年	2000 年	2005 年	2010 年	1995—2010 年合计		
					国税税收	年均递增（%）	收入排序
东乡县	0.29	0.30	0.60	3.44	13.98	17.9	32
修水县	0.19	0.32	1.26	2.77	13.78	19.5	33
永丰县	0.26	0.31	0.67	3.65	13.51	19.3	34
于都县	0.41	4.12	0.83	1.90	13.42	10.8	35
奉新县	0.33	0.28	0.66	2.76	12.43	15.3	36
信丰县	0.38	0.34	0.71	2.27	12.27	12.7	37
万年县	0.46	0.39	0.58	2.28	11.82	11.3	38
余干县	0.13	0.17	0.42	2.75	11.81	22.8	39
弋阳县	0.31	0.35	0.66	2.29	11.76	14.3	40
宜丰县	0.36	0.38	0.55	2.33	11.64	13.2	41
瑞金市	0.25	0.35	0.81	2.14	11.27	15.4	42
九江县	0.25	0.22	0.56	2.95	11.20	17.8	43
芦溪县	0.19	0.24	0.75	2.40	11.11	18.4	44
崇义县	0.22	0.16	0.89	1.32	11.10	12.8	45
定南县	0.10	0.10	0.54	2.41	10.83	23.3	46
万安县	0.21	0.25	0.71	2.07	10.60	16.6	47
广昌县	0.09	0.11	0.23	4.86	10.49	30.7	48
武宁县	0.17	0.23	0.66	2.72	10.22	20.4	49
德安县	0.27	0.21	0.58	2.94	9.92	17.4	50
吉水县	0.17	0.23	0.42	2.35	9.83	18.9	51
峡江县	0.10	0.10	0.33	2.53	8.73	23.7	52
婺源县	0.21	0.21	0.46	2.43	8.73	17.6	53
浮梁县	0.29	0.31	0.53	1.66	8.69	12.3	54
彭泽县	0.24	0.18	0.40	2.25	8.50	16.1	55
崇仁县	0.18	0.22	0.50	1.68	8.48	16.1	56
全南县	0.15	0.12	0.57	1.67	8.47	17.7	57
南城县	0.22	0.19	0.46	1.63	8.15	14.1	58
鄱阳县	0.26	0.27	0.51	1.49	8.06	12.5	59
遂川县	0.18	0.23	0.48	1.49	7.95	15.0	60
永新县	0.17	0.24	0.40	1.73	7.81	16.8	61
宁都县	0.26	0.24	0.48	1.26	7.62	11.2	62
会昌县	0.17	0.17	0.42	1.44	7.53	15.5	63

续表

县（市）名称	1995年	2000年	2005年	2010年	1995—2010年合计		
					国税税收	年均递增（%）	收入排序
靖安县	0.21	0.16	0.42	1.56	7.19	14.2	64
上犹县	0.15	0.24	0.41	1.13	6.93	14.3	65
安义县	0.16	0.22	0.30	1.48	6.73	16.1	66
莲花县	0.13	0.14	0.39	1.46	6.39	17.4	67
都昌县	0.17	0.18	0.34	1.48	6.21	15.6	68
南丰县	0.20	0.15	0.27	1.23	6.05	13.0	69
金溪县	0.10	0.09	0.33	1.64	6.01	20.1	70
井冈山市	0.12	0.16	0.29	1.35	5.92	17.7	71
星子县	0.11	0.09	0.30	2.22	5.75	22.2	72
宜黄县	0.10	0.12	0.22	1.66	5.58	21.0	73
黎川县	0.12	0.07	0.25	1.38	5.47	17.8	74
铜鼓县	0.15	0.17	0.26	1.03	5.17	13.7	75
安远县	0.12	0.10	0.22	0.99	5.01	14.9	76
寻乌县	0.09	0.09	0.19	1.08	4.96	17.6	77
石城县	0.12	0.12	0.26	0.66	4.06	11.9	78
资溪县	0.12	0.10	0.20	0.85	3.54	14.2	79
乐安县	0.11	0.09	0.23	0.42	3.25	9.1	80
合　计	26.90	28.76	73.94	292.75	1318.48	17.3	

说明：1.表中国税税收为入库数，包括工商税收和国有企业所得税。2."年均递增%"系指以1995年为基数，1996—2010年均递增%数据。

全省80个县（市、区），由于各自的地理位置、产业结构、经济基础、交通运输条件等方面的差异，相应影响其税源和税收规模存在差异。全省80个县（市、区）国税税收合计收入规模，1995—2000年在30亿元以下区间波动和缓慢增长，跨入21世纪后发展提速，2001年逾30亿元，2003年逾40亿元，2004年逾50亿元，2005年逾70亿元，2006年逾百亿元，2009年逾200亿元，2010年接近300亿达292.75亿元，比1995年增长10倍。1995—2010年全省县域国税税收合计1318.48亿元，1996—2010年均递增17.3%，与同期全省国税税收总额年均增速基本同步。

各县（市、区）国税税收均为正增长，79个县（市、区）1996—2010年均递增速度达两位数，其中：年均递增30%以上的有3个县：横峰县33.2%、余江县32.2%、广昌县30.7%；年均递增速度在20%~30%区间的有15个县（市、区）：湖口县26.2%、峡江县23.7%、定南县23.3%、余干县22.8%、瑞昌市22.4%、星子县22.2%、分宜县21.9%、新干县21.7%、广丰县21.6%、宜黄县21%、贵溪市20.7%、龙南县20.7%、上饶县20.6%、武宁县20.4%、金溪县20.1%；年均递增速度在 10%~20% 区间的有丰城市等 61 个县（市、区）。

县（市、区）国税税收收入规模排序第一的是贵溪市，其主体税源是铜业（包括废铜回收和铜加工）、电力、商业等，2010 年国税税收 33.75 亿元，比 1995 年增长 15.8 倍，1995—2010 年国税税收收入合计 165.99 亿元，占同期全省 80 个县（市、区）国税税收收入总额的比重 12.6%。丰城市排序第二，其主体税源是电力、煤炭、化工、非金属矿物制品业、废旧物资回收和商业等，2010 年国税税收 13.67 亿元，比 1995 年增长 12.5 倍，1995—2010 年国税税收收入合计 70.49 亿元，占同期全省 80 个县（市、区）国税税收收入总额的比重 5.35%。广丰县排序第三，其主体税源是卷烟、纺织业、电力、废铜回收加工和商业等，2010 年国税税收 14.52 亿元，比 1995 年增长 17.8 倍，1995—2010 年国税税收收入合计 55.93 亿元，占同期全省 80 个县（市）国税税收收入总额的比重 4.24%。

设区市城区国税税收

设区市城区国税税收收入包括行政区划的设区市城区（含郊区）、设区市局直属分局和车购税分局、设区市经济开发区（工业园区）的国税税收收入。

表 3-5-14　1995—2010 年江西省 11 个设区市城区国税税收总收入及重要年份收入

单位：亿元

设区市城区	1995 年	2000 年	2005 年	2010 年	1995—2010 年合计		
					国税税收	年均递增（%）	收入排序
南昌市城区	14.00	31.38	64.18	156.66	906.52	17.5	1
景德镇市城区	2.20	3.89	5.49	10.12	77.74	10.7	6
萍乡市城区	1.89	2.60	10.58	20.05	121.22	17.1	5
九江市城区	7.47	10.00	13.91	63.67	278.61	15.4	2
新余市城区	2.05	4.36	12.44	48.07	209.37	23.4	3
鹰潭市城区	0.44	0.61	1.37	13.35	41.63	25.6	11
赣州市城区	1.97	2.71	9.98	28.02	145.01	19.4	4
宜春市城区	0.96	1.29	3.11	13.08	53.65	19.0	9
上饶市城区	0.90	1.01	2.38	16.45	55.55	21.4	8
吉安市城区	1.37	1.23	5.05	13.95	68.55	16.7	7
抚州市城区	0.86	1.41	2.81	9.52	46.75	17.4	10
合　计	34.12	60.49	131.30	392.94	2004.68	17.7	

说明：1. 表中国税税收为入库数，包括工商税收和国有企业所得税；2. 1995 年、1997 年、1998 年、1999 年、2000 年和 2001 年归属省局的国税税收收入分别为 894 万、149 万、299 万、27 万、84 万、6 万元，均已计入南昌市城区国税税收收入中；3. 共青城国税税收收入已计入九江市城区国税税收收入中；4. 表中"年均递增"系指以 1995 年为基数，1996—2010 年均递增 % 数据。

南昌市城区　重点税源有卷烟、冶金、汽车制造、医药制造、电力、IT产业、房地产业、商业和进口产品税收等。国税税收规模逐年扩大，1995年为14亿元，1999年逾20亿元，2000年逾30亿元，2004年逾50亿元，2008年逾百亿元，2010年达156.66亿元，比1995年增长10.2倍。1995—2010年国税税收收入合计906.52亿元，1996—2010年均递增17.5%，与全省11个设区市城区国税税收总额增速同步。南昌市城区国税税收收入占全省11个设区市城区国税税收总额的比重呈现两头低、中间高的态势：1995—1999年处于40%~44%区间；2000—2003年处于51%~53.2%区间，形成峰值；2004—2008年处于46%~49.2%区间；2009—2010年回落至39.1%~39.9%区间，成为低谷，其主要原因是2009年1月1日起实施新税制，成品油价税费联动改革，再生资源新政实施，九江、鹰潭、上饶等设区市城区国税税收大幅增长，收入比重提升，南昌市城区收入比重相应下降。1995—2010年合计收入比重45.22%，在全省11个设区市城区国税收入中起着"压舱石"作用，收入比重排序第一。

景德镇市城区　重点税源有陶瓷、汽车制造、焦炭、建材、化工、电力和商业等。国税税收规模逐年扩大，1995年为2.2亿元，1998年逾3亿元，2002年逾4亿元，2005年逾5亿元，2007年逾6亿元，2009年逾8亿元，2010年达10.12亿元，比1995年增长3.6倍。1995—2010年景德镇市城区国税税收收入合计77.77亿元，1996—2010年均递增10.7%。景德镇市城区国税税收收入占全省11个设区市城区国税税收总额的比重：1995—2000年在6.4%~8.4%区间运行；2001—2005年在4.1%~5.4%区间运行；2006—2007年在3%~3.5%区间运行；2008—2010年在2.5%~2.93%区间运行。收入比重台阶式下降的主要影响因素是景德镇市城区国税税收收入增速低于全省11个设区市城区国税税收总额增速。1995—2010年合计收入比重3.88%，在全省11个设区市城区国税收入比重中排序第六位。

萍乡市城区　重点税源有煤炭、工业陶瓷、水泥等建材、化工、鞭炮焰火、电力和商业等。国税税收规模，1995年为1.89亿元，1996—2000年在1.9亿~2.6亿元区间运行；随着国民经济发展，能源市场需求增加，煤炭价格持续上涨，加之工业陶瓷、建材等制造业和商业发展，2001年国税收入逾3亿元，2006年逾10亿元，2010年达20.05亿元，比1995年增长6.6倍。1995—2010年萍乡市城区国税税收收入合计121.23亿元，1996—2010年均递增17.1%，接近全省11个设区市城区国税税收总额增速。萍乡市城区国税税收收入占全省11个设区市城区国税税收总额的比重，年度间波动较大：1995—1998年在5%~6%区间运行；1999—2000年在4.2%~4.9%区间运行，成为低谷；2004—2006年在7.3%~8.1%区间运行，形成峰值；2009—2010年回落至5.1%~5.8%区间。1995—2010年合计收入比重6.05%，在全省11个设区市城区国税收入比重中排序第五位。

九江市城区　辖区内有江西省唯一的原油加工企业中石化股份公司九江分公司，重点税源除原油加工外，还有纺织品、羽绒服装、化工、电力、房地产业、商业和进口产品税收等。国税税收规模，1995年为7.47亿元，2003年逾10亿元，2007年逾20亿元，2009年逾40亿元，2010年达63.67亿元，比1995年增长7.5倍。2009年和2010年国税税收超常扩张的主要原因是税制因素影响，即2009年1月1日始成品油价税费联动改革，成品油消费税税率大幅提高，中石化股份公司九江分公司成品油消费税收入大幅增加。1995—2010年九江市城区国税税收收入合计278.61亿元，1996—2010

年均递增15.4%。九江市国税税收收入占全省11个设区市城区国税税收总额的比重呈V字形,两头高中间低:1995—1998年在20.6%~22.8%区间运行,成为峰值;1999—2001年在13.5%~19.8%区间运行;2002—2007年在10%~12.6%区间运行,2008年降至8.27%,成为低谷;2009—2010年回升到16.2%~17.5%区间。1995—2010年合计收入比重13.9%,在全省11个设区市城区国税收入比重中排序第二。

新余市城区　辖区内有江西省最大的钢铁企业新余钢铁股份有限公司,2010年其钢产量已逾千万吨。重点税源除钢铁外,还有采矿业、纺织品、化工、建材、电力、商业和进口产品税收等。国税税收规模,1995年为2.5亿元,之后至1999年,逐年小幅增长。1998年国家实施积极的财政政策后,基础设施建设投资增加,城镇住宅市场化改革推进,钢材的市场需求大增,新余钢铁股份有限公司生产经营持续较快发展,加之光伏等新能源产业建设发展,新余市城区国税税收步入快速发展轨道,2000年逾4亿元,2004年逾10亿元,2007年逾20亿元,2008年逾30亿元,2010年达48.07亿元,比1995年增长22.4倍。1995—2010年新余市城区国税税收收入合计209.45亿元,1996—2010年均递增23.4%,高于全省11个设区市城区国税税收总额增速5.7个百分点。新余市城区国税税收收入占全省11个设区市城区国税税收总额的比重呈阶梯式稳步提升:1995—1997年在6%~6.8%区间运行;1998—2000年在7%~7.5%区间运行;2001—2002年在8%~8.2%区间运行;2003—2005年在9.4%~9.7%区间运行;2006年始提升到10%以上,2008年达13.39%成为峰值,2010年为12.23%。1995—2010年合计收入比重10.44%,在全省11个设区市城区国税收入比重中排序第三。

鹰潭市城区　前期的重点税源有化工、供电、商业和服务业等,以中小企业税收和个体税收为主体。随着经济发展,经营废旧物资的民政福利企业较快发展,2007年7月1日始福利企业减免税政策调整为残疾人就业税收优惠政策,减免税减少,鹰潭市城区国税税收相应增加较多。2009年1月1日起实施税制新政,废铜回收业增值税大规模增加,铜业税收成为鹰潭市城区国税税收的主体部分。鹰潭市城区国税税收规模,1995年为0.44亿元,2003年收入逾亿元,2007年逾3亿元,2008年逾5亿元,2009年逾9亿元,2010年达13.35亿元,比1995年增长29.6倍。1995—2010年鹰潭市城区国税税收收入合计41.63亿元,1996—2010年均递增25.6%,高于全省11个设区市城区国税税收总额增速7.9个百分点。鹰潭市城区国税税收收入占全省11个设区市城区国税税收总额的比重:1995—2006年在1%~1.4%区间运行(其中1998年收入比重0.98%成为低谷);2007年升至1.62%,2008—2010年分别为2.39%、3.37%、3.40%,2010年收入比重成为峰值。1995—2010年合计收入比重2.08%,在全省11个设区市城区国税收入比重中排序第十一位。鹰潭市城区国税税收收入比重在全省11个设区市城区中排序最后,倒数第一,而税收增速在全省11个设区市城区中最快,排序第一,反映其基数低,发展加速,具有后发优势的特点。

赣州市城区　重点税源有卷烟、酒、纺织服装和皮革皮毛加工、医药制造、有色金属压延加工、设备制造、电力和商业等。国税税收规模,1995年为1.97亿元,1996年逾2亿元,2001年逾3亿元,2006年逾10亿元,2008年逾20亿元,2010年达28.02亿元,比1995年增长13.2倍。1995—2010年赣州市城区国税税收收入合计145.01亿元,1996—2010年均递增19.4%,高于全省11个设区市城区国税税收总额增速 1.7 个百分点。赣州市城区国税税收收入占全省 11 个设区市城区国税税收总额的比重呈阶梯式上升趋势：1995—2001 年在 4.4%~5.8% 区间运行，成为低谷；2002—2003 年在 6%~6.8% 区间运行；2004—2010 年在 7.1%~8.6% 区间运行，其中 2008 年收入比重 8.6% 成为峰值。1995—2010 年合计收入比重 7.23%，在全省 11 个设区市城区国税收入比重中排序第四。

宜春市城区　重点税源有煤炭等采矿业、医药制造、设备制造、电力和商业等。国税税收规模，1995 年为 0.96 亿元，1997 年逾亿元，2005 年逾 3 亿元，2006 年逾 4 亿元，2007 年逾 5 亿元，2008 年逾 6 亿元，2009 年逾 8 亿元，2010 年达 13.08 亿元，比 1995 年增长 12.6 倍。1995—2010 年宜春市城区国税税收收入合计 53.65 亿元，1996—2010 年均递增 19%，高于全省 11 个设区市城区国税税收总额增速 1.3 个百分点。宜春市城区国税税收收入占全省 11 个设区市城区国税税收总额的比重呈 V 字形，两头高中间低：1995—2000 年在 2.1%~2.9% 区间运行；2001—2004 年在 1.5%~1.99% 区间运行，成为低谷；2005—2009 年在 2.7%~2.98% 区间运行；2010 年达 3.33% 成为峰值。1995—2010 年合计收入比重 2.68%，在全省 11 个设区市城区国税收入比重中排序第九位。

上饶市城区　重点税源有纺织服装、非金属矿物制品业、再生资源回收业、有色金属压延加工业、设备制造、电力、房地产业和商业等。国税税收规模，1995 年为 0.9 亿元，1998 年逾亿元，2005 年逾 2 亿元，2006 年逾 3 亿元，2007 年逾 4 亿元，2008 年逾 6 亿元，2009 年逾 10 亿元，2010 年达 16.45 亿元，比 1995 年增长 17.3 倍。2009 年和 2010 年国税税收规模明显扩大的重要影响因素是再生资源回收业税收大增。1995—2010 年上饶市城区国税税收收入合计 55.55 亿元，1996—2010 年均递增 21.4%，高于全省 11 个设区市城区国税税收总额增速 3.7 个百分点。上饶市城区国税税收收入占全省 11 个设区市城区国税税收总额的比重呈 V 字形，两头高中间低：1995—1999 年在 2.1%~2.9% 区间运行；2001—2005 年在 1.5%~1.99% 区间运行，成为低谷；2006—2008 年在 2%~2.9% 区间运行；2009 年升至 3.89%；2010 年达 4.19% 成为峰值。1995—2010 年合计收入比重 2.77%，在全省 11 个设区市城区国税收入比重中排序第八位。

吉安市城区　重点税源有纺织服装、化工、非金属矿物制品业、有色金属压延加工业、设备制造、电力、房地产业和商业等，经济开发区和工业园区建设发展成为新的税收增长点。国税税收规模，1995 年为 1.37 亿元，1996—2001 年在 1 亿 ~1.8 亿元区间运行，2002 年逾 2 亿元，2004 年逾 3 亿元，2005 年逾 5 亿元，2007 年逾 7 亿元，2008 年逾 8 亿元，2009 年逾 10 亿元，2010 年达 13.95 亿元，比 1995 年增长 9.2 倍。1995—2010 年吉安市城区国税税收收入合计 68.55 亿元，1996—2010 年均递增 16.7%。吉安市城区国税税收收入占全省 11 个设区市城区国税税收总额的比重呈 V 字形，两头高中间低：1995 年达 4.03% 成为峰值，1996 年为 3.01%，1997—2003 年在 2%~2.9% 区间运行，成为低谷；2004—2010 年在 3.4%~3.9% 区间运行；2006—2008 年在 3.4%~3.9% 区间运行，2010 年为 3.55%。1995—2010 年合计收入比重 3.42%，在全省 11 个设区市城区国税收入比重中排序第七位。

抚州市城区　重点税源有饮料酒、纺织服装、医药制造、建材、汽车制造、电力、房地产业和商业等，经济开发区和工业园区建设发展成为新的税收增长点。国税税收规模，1995 年为 0.86 亿元，1996—2003 年在 1 亿 ~1.8 亿元区间运行，2004 年收入逾 2 亿元，2006 年逾 3 亿元，2007 年逾 4 亿元，2008 年逾 5 亿元，2009 年逾 7 亿元，2010 年达 9.52 亿元，比 1995 年增长 10.1 倍。2009 年和

2010 年国税税收规模明显扩大的重要影响因素是再生资源回收业税收大幅增加。1995—2010 年抚州市城区国税税收收入合计 46.75 亿元,1996—2010 年均递增 17.4%。抚州市城区国税税收收入占全省 11 个设区市城区国税税收总额的比重呈 V 字形,两头高中间低:1995 年为 2.52%,1996 年 3.13% 成为峰值,1997—2002 年在 2%~2.8% 区间运行,2003 年和 2004 年均为 1.95% 成为低谷,2005—2010 年在 2.1%~2.7% 区间运行。1995—2010 年合计收入比重 2.33%,在全省 11 个设区市城区国税收入比重中排序第十位。

设区市城区与县域国税税收比较

表 3-5-15　1995—2010 年江西省设区市城区与县域国税税收比较

单位:亿元

年　份	11 个设区市城区国税税收合计			80 个县(市)国税税收合计		
	国税税收	比上年增长长(%)	占全省国税总额(%)	国税税收	比上年增长长(%)	占全省国税总额(%)
1995	34.12		55.91	26.90		44.09
1996	36.63	7.4	58.83	25.64	-4.7	41.17
1997	37.69	2.9	61.15	23.94	-7.6	38.85
1998	42.30	12.3	62.80	25.06	4.7	37.20
1999	45.77	8.2	64.52	25.17	0.4	35.48
2000	60.49	32.2	67.77	28.77	14.3	32.23
2001	67.51	11.6	66.64	33.79	17.4	33.36
2002	75.92	12.5	67.89	35.91	6.3	32.11
2003	92.26	21.5	68.24	42.94	19.6	31.76
2004	110.36	19.6	66.80	54.84	27.7	33.20
2005	131.30	19.0	63.97	73.94	34.8	36.03
2006	156.53	19.2	60.67	101.46	37.2	39.33
2007	205.75	31.4	59.96	137.42	35.4	40.04
2008	232.98	13.2	57.44	172.61	25.6	42.56
2009	282.12	21.1	56.49	217.26	25.9	43.51
2010	392.95	39.3	57.31	292.75	34.7	42.69
合　计	2004.68		60.33	1318.40		39.67
年均递增(%)	17.70			17.30		

说明:表中国税税收为入库数,包括工商税收和国有企业所得税。

按照税收征管格局,车购税纳税人大多是在设区市车购税分局缴纳车购税,因而全省车购税收入 90% 以上归属设区市城区收入。各地海关大多设在城市中，海关代征税收主要归属设区市城区收入。这是设区市城区国税税收规模大于县域的重要原因之一。

全省 11 个设区市城区国税税收规模逐年扩大，1995 年 34.47 亿元，1998 年逾 40 亿元，2000 年逾 60 亿元，2002 逾 70 亿元，2003 年逾 90 亿元，2004 年逾百亿元，2007 年逾 200 亿元，2010 年接近 400 亿达 392.95 亿元，比 1995 年增长 10.4 倍。1996—2010 年各年度 11 个设区市城区国税税收收入均为正增长，除 1996 年、1997 年和 1999 年这 3 年为个位数增长外，其余年度均为两位数增长，其中 2000 年、2007 年和 2010 年这 3 年为 3 字头的两位数增长，总体态势是增速前慢后快。1995—2010 年全省 11 个设区市城区国税税收合计收入 2004.68 亿元，1996—2010 年均递增 17.7%，与全省国税税收总额增速相协调。

2005 年，省委、省政府召开全省县域经济发展工作会议，将发展县域经济作为江西在中部地区崛起、进位赶超的重要抓手，各地狠抓落实，县域经济税源较快发展，税收收入相应快速增长，全省 80 个县（市）国税税收收入增速前慢后快特征明显。1996 年和 1997 年负增长，1998 年和 1999 年小幅增长，2000 年始步入两位数增长轨道，2005—2010 年各年度税收增幅均处于 3 字头或 2 字头两位数增长区间。

1995—2010 年，设区市城区国税税收占全省国税税收总额年度比重呈马鞍形，两头低中间高：1995—1996 年在 60% 以下，处于 56.49%~58.83% 区间；1997—2006 年逾 60%，处于 60.67%~68.23% 区间；2007—2010 年回落至 60% 以下，处于 56.49%~59.96% 区间。1995—2010 年合计设区市城区国税税收收入比重为 60.34%。而县域国税税收占全省国税税收总额的比重总体呈倒马鞍形，两头高中间低：1995 年和 1996 年逾 40%，1997—2006 年在 31.77%~39.33% 区间波动并小幅提升；2007—2010 年逾 40%，2010 年达 42.69%。1995—2010 年合计全省县域国税税收收入比重为 39.67%。

1996—2010 年，江西省县域国税税收与设区市城区国税收入分别年均递增 17.3%、17.7%，两者增速接近，呈协调发展态势。

第六章 宏观经济税负率和税收增长弹性系数

税收来源于经济，税收与经济的关联度高。税收与经济的关联度，本章主要通过宏观经济税收负担率、税收与经济增长弹性系数指标进行描述。税收是财政收入的最主要来源，税收与财政收入的关联度，本章主要通过税收占财政收入比重、税收与财政收入增长弹性系数指标进行描述。

第一节 江西省 GDP 税收负担率和税收增长弹性系数

机构分设前全省 GDP 税收负担率和税收增长弹性系数

表 3-6-1 1991—1994 年江西省 GDP 税收负担率和税收增长弹性系数

单位：亿元

年 份	全省GDP	税务部门税收收入			税务部门各项收入合计		
		税 收	GDP 税负率（%）	增长弹性系数	收入额	GDP 负担率（%）	增长弹性系数
1991	479.37	43.96	9.17	0.76	49.73	10.37	0.78
1992	572.55	49.20	8.59	0.61	53.90	9.41	0.43
1993	723.04	64.48	8.92	1.18	68.59	9.49	1.04
1994	948.16	76.83	8.10	0.61	79.78	8.41	0.52
合 计	2723.12	234.48	8.61		251.99	9.25	
年均递增（%）	22.00	17.50	-3.70	0.80	14.90	-5.80	0.68

说明：1. 税收收入和各项收入为全省税务部门组织入库数，税收收入包括工商税收和国营企业所得税，不含出口退税。2. GDP 增速系按现价计算。

1991—1994 年全省税收增速慢于经济发展速度，影响 GDP 税收负担率呈下降趋势，4 年合计 GDP 税收负担率为 8.61%，以年均递减 3.7% 速度下降。税收收入与 GDP 增长弹性系数，年度间有所波动，4 年合计数的弹性系数为 0.8。

1991—1993 年税务部门征收国家能源交通重点建设基金、国家预算调节基金、粮食调节基金、教育费附加等非税项目收入较多，加上这部分非税收入，税务部门各项收入合计数较为全面地反映税务部门收入情况。1991—1994 年全省 GDP 税务部门各项收入负担率呈下降趋势，1991 年逾10%，1994 年降至 8.41%，其重要影响因素是 1994 年实施新税制，国家能源交通重点建设基金和国家预算调节基金因政策因素而大幅减收，烟酒提价专项收入、国营企业调节税、工商统一税附加和盐税附加等非税收入项目取消。1991—1994 年合计全省 GDP 税务部门各项收入负担率为 9.25%，以年均递减 5.8% 速度下降；税务部门各项收入合计数与 GDP 增长弹性系数为 0.68。

GDP 国税负担率和税收增长弹性系数

表 3-6-2　1995—2010 年江西省 GDP 国税负担率和税收增长弹性系数

单位：亿元

年　份	GDP		国税税收收入		GDP 国税负担率（%）	税收与 GDP 增长弹性系数
	实现数	现价计算比上年增长（%）	收入数	比上年增长（%）		
1995	1169.73	23.4	61.02		5.22	
1996	1409.74	20.5	62.27	2.1	4.42	0.10
1997	1605.77	13.9	61.63	−1.0	3.84	−0.07
1998	1719.87	7.1	67.36	9.3	3.92	1.31
1999	1853.65	7.8	70.94	5.3	3.83	0.68
2000	2003.07	8.1	89.26	25.8	4.46	3.20
2001	2175.68	8.6	101.30	13.5	4.66	1.57
2002	2450.48	12.6	111.82	10.4	4.56	0.82
2003	2807.41	14.6	135.20	20.9	4.82	1.43
2004	3456.70	23.1	165.20	22.2	4.78	0.96
2005	4056.76	17.4	205.24	24.2	5.06	1.40
2006	4820.53	18.8	257.99	25.7	5.35	1.36
2007	5800.25	20.3	343.18	33.0	5.92	1.63
2008	6971.05	20.2	405.59	18.2	5.82	0.90
2009	7655.18	9.8	499.38	23.1	6.52	2.36
2010	9451.26	23.5	685.70	37.3	7.26	1.59
合　计	59407.13		3323.08		5.59	1.17
年均递增（%）	14.90		17.50			

说明：表中"GDP 年均递增 %"系按现价计算。

国税税收与经济发展速度比较　1995—2010 年全省 GDP 规模逐年扩大，1995 年 1169.73 亿元，2010 年达 9451.26 亿元，较 1995 年增长 7.08 倍，1996—2010 年全省 GDP 现价计算年均递增14.9%。其中："九五"时期、"十五"时期和"十一五"时期分别年均递增 11.4%、15.2%、18.4%，各期增速均为两位数增长，增速逐期提升，为税收增收奠定了税源基础。

1995—2010 年全省国税税收收入除 1997 年略有回落外，其余年份均比上年增收。税收收入年度增幅前低后高，1999 年及之前年度税收收入增幅均为个位数增长，2000 年后年度税收收入增幅均为两位数增长，2010 年税收收入增幅达 37.3% 成为峰值。1996—2010 年全省国税税收收入年均递增 17.5%，高于全省 GDP 现价计算年均增速 2.6 个百分点。其中："九五"时期、"十五"时期和"十一五"时期分别年均递增 7.9%、18.1%、27.3%，增速逐期提升。

税收收入与 GDP 增长弹性系数是衡量、反映税收增长与宏观经济发展适应程度指标。各年度全省国税收入与 GDP 增长弹性系数情况：1995 年、1996 年和 1999 年弹性系数偏低，2000 年弹性系数畸高，有 3 个年份弹性系数接近 1，有 7 个年份弹性系数处于 1—1.6 区间，表明多数年份弹性系数处于正常区间。少数年份受税收收入非即期因素、自然灾害、税制因素影响较大，重点税源发生重大变化，以致弹性系数畸高或畸低。由于上年度 12 月份或第四季度应缴税款结转下年度申报缴纳、汇算清缴，以及欠缴税款、增值税进项税金抵扣等非即期因素影响，年度税收收入与 GDP 增长弹性系数可能未客观准确地反映当年实际税源税收与经济的关联度，但采用 5 年、10 年、15 年等较长时期的年均递增速度计算弹性系数，则淡化了非即期因素影响，能较为客观地反映一个时期税源税收与经济的关联度。"九五"时期、"十五"时期和"十一五"时期全省国税税收收入与 GDP 增长弹性系数分别为 0.69、1.19、1.48，弹性系数逐期提升。1996—2010 年全省国税税收收入与 GDP 增长弹性系数为 1.17，总体看这一历史时期全省国税税收收入与经济发展是呈协调状态。

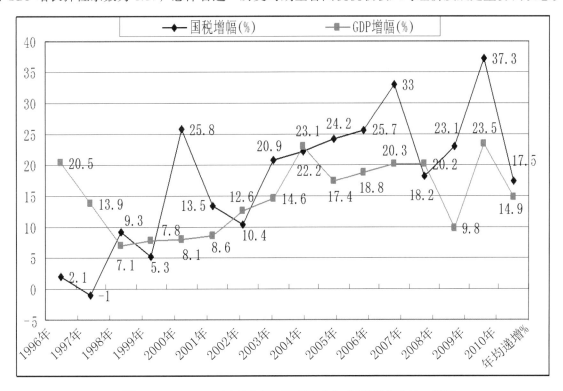

图 3-6-1　1996—2010 年江西国税税收与 GDP 增长比较一览图

说明：图中 GDP 增幅系按现价计算。

GDP 国税税收负担率　全省 GDP 国税税收负担率总趋势是上升。1995 年因国税征管范围包括涉外企业、集贸市场和个体经营的各项税收，GDP 国税收入负担率达 5.22%；1996 年因国税征收范围收缩而税负率下滑至 4.42%；1997—1999 年税负率处于 3.83%~3.92% 区间成为低谷；2000 年税负率开始回升，2000—2004 年处于 4.46%~4.82% 区间；2005—2008 年上升至 5% 以上，处于 5.06%~5.92% 区间；2009 年逾 6%，2010 年逾 7% 达 7.26% 成为峰值，年度税负率呈阶梯式攀升态势。1995—2010 年合计全省 GDP 国税收入负担率为 5.59%，以年均递增 2.2% 速度上升。其中："九五"时期、"十五"时期和"十一五"时期税负率分别为 4.09%、4.81%、6.32%，税负率逐期提升。这在一定意义上反映随着经济发展和经济转型，江西省经济运行质量逐步提高。

第二节　税收占财政收入比重和增长弹性系数

税收是财政收入的最主要来源。

机构分设前全省税收占财政收入比重和增长弹性系数

1991—1993 年全省税务部门税收收入纳入省财政总收入部分，按照省财政规定其计算口径为：税收收入以扣除出口产品退税后的净入库数计算；税收中的中央级收入予以扣除，具体扣除项目包括海关代征税收；电力、石化、有色金属等四部门中央企业缴纳的产品税、增值税和营业税；特别消费税，烧油特别税，城镇土地使用税；部分烟酒提价部分产品税；国营企业所得税的中央级收入。

表 3-6-3　1991—1993 年江西省税收收入占省财政总收入比重

单位：亿元

年　份	省财政总收入	税务部门税收收入合计	纳入省财政总收入的扣除部分			纳入省财政总收入口径	
			扣除项目合计	其　中		税收收入	占省财政总收入（%）
				海关代征	其他合计		
1991	44.81	40.99	3.58	0.44	3.14	34.44	76.87
1992	49.39	45.72	3.71	0.88	2.83	38.53	78.01
1993	65.67	61.04	4.30	0.97	3.33	53.29	81.15
合　计	159.87	147.75	11.59	2.29	9.30	126.27	78.98
年均递增（%）	17.40	17.10	-9.80	39.80	-13.50	21.40	3.40

说明：表中税收收入包括工商税收与国营企业所得税，并按当时的计算口径，税收收入扣除出口产品退税。

1991—1993 年全省税务部门税收收入纳入省财政总收入口径收入逐年增加，三年合计 126.27 亿元，年均递增 21.4%，高于同期省财政总收入增速 4 个百分点；占省财政总收入比重逐年提升，1991—1993 年合计收入比重为 78.98%。若考虑税务部门征收的教育费附加和基金等收入计算，则税务部门收入比重还更高。1991—1993 年江西省税务部门税收收入纳入省财政总收入口径收入与省财政总收入的增长弹性系数为 1.23%。

1994 年实施新税制,江西省税务部门税收收入纳入省财政总收入部分的计算口径相应调整变化:不含出口产品退税;国内增值税和国内消费税全部计入省财政总收入;扣除项目包括海关代征税收,国营企业所得税和集体企业所得税的中央级收入,中央税的税款滞纳金罚款收入。

1994 年江西省税务部门税收收入总额 76.83 亿元(包括工商税收与国有企业所得税,未扣除出口产品退税),扣除海关代征税收 1.08 亿元、企业所得税中央级收入 1.24 亿元、中央税和共享税的税款滞纳金罚款收入 0.06 亿元后,纳入省财政总收入口径的收入为 74.46 亿元,占当年省财政总收入的比重为 84.03%。若考虑税务部门征收的教育费附加和基金等收入计算,则比重还有所提高。

国税税收占财政收入比重和增长弹性系数

1995—2010 年江西省国税税收与财政收入关联性受税源变化、税制改革、口径调整等多种因素影响,处于发展变化中。

计算口径　随着形势发展,财政部门规定的江西省财政总收入计算口径调整变化。

表 3-6-4　1995—2010 年江西省国税税收纳入省财政总收入计算口径

年　度	国税税收纳入省财政总收入口径的扣除项目
1995	海关代征税收、内外资企业所得税中央级收入、中央税和共享税滞纳金补税罚款收入的中央级收入。
1996	海关代征税收、内外资企业所得税中央级收入、中央税和共享税滞纳金补税罚款收入的中央级收入。
1997	海关代征税收、金融保险营业税、内外资企业所得税中央级收入、中央税和共享税滞纳金补税罚款收入的中央级收入。
1998	海关代征税收、金融保险营业税、内外资企业所得税中央级收入。
1999	海关代征税收、金融保险营业税、内外资企业所得税中央级收入、储蓄利息个人所得税。
2000	海关代征税收、金融保险营业税、内外资企业所得税中央级收入、储蓄利息个人所得税。
2001	海关代征税收、金融保险营业税、内外资企业所得税中央级收入、储蓄利息个人所得税。
2002	海关代征税收、金融保险营业税、跨省经营需中央财政统一分配的企业所得税。
2003	海关代征税收、金融保险营业税、跨省经营需中央财政统一分配的企业所得税。
2004	海关代征税收、金融保险营业税、跨省经营需中央财政统一分配的企业所得税。
2005	海关代征税收、金融保险营业税、车辆购置税、跨省经营需中央财政统一分配的企业所得税。
2006	海关代征税收、车辆购置税、跨省经营需中央财政统一分配的企业所得税。
2007	海关代征税收、车辆购置税、跨省经营需中央财政统一分配的企业所得税。
2008	海关代征税收、车辆购置税、跨省经营需中央财政统一分配的企业所得税。
2009	海关代征税收、车辆购置税、成品油价税费联动改革增收的消费税、跨省经营需中央财政统一分配的企业所得税,以及省财政专员办审批的再生资源回收经营企业增值税退税、其他项目国税收入退税。
2010	海关代征税收、车辆购置税、成品油价税费联动改革增收的消费税、跨省经营需中央财政统一分配的企业所得税,以及省财政专员办审批的再生资源回收经营企业增值税退税、其他项目国税收入退税。

纳入省财政总收入的扣除项目税收　由于省财政总收入口径的调整变化,国税纳入省财政总收

入的扣除项目税额变化较大，相应影响国税纳入省财政总收入的税收占全省国税收入总额的比重发生变化。

表 3-6-5　1995—2010 年江西省国税纳入省财政总收入部分及扣除项目税收

单位：亿元

年　份	全省国税税收总额	扣除项目税收		纳入省财政总收入口径收入	
		合计数	占国税税收（%）	税额	占国税税收（%）
1995	61.02	4.16	6.83	56.85	93.17
1996	62.27	2.03	3.26	60.24	96.74
1997	61.63	4.62	7.49	57.01	92.51
1998	67.36	5.18	7.68	62.19	92.32
1999	70.94	6.57	9.26	64.37	90.74
2000	89.26	12.07	13.52	77.18	86.48
2001	101.30	13.51	13.34	87.79	86.66
2002	111.82	2.37	2.12	109.45	97.88
2003	135.20	2.93	2.17	132.27	97.83
2004	165.20	4.59	2.78	160.61	97.22
2005	205.24	12.98	6.33	192.25	93.67
2006	257.99	19.14	7.42	238.85	92.58
2007	343.18	32.40	9.44	310.78	90.56
2008	405.59	36.50	9.00	369.09	91.00
2009	499.38	121.98	24.43	377.40	75.57
2010	685.70	197.37	28.78	488.33	71.22
合　计	3323.08	478.41	14.40	2844.67	85.60
年均递增（%）	17.50	29.30	10.10	15.40	-1.80

1995—1998 年扣除项目税收在 5.2 亿元以下，占全省国税税收总额比重在 7.7% 以内。1999—2001 年，受扣除项目金融保险营业税收入增多，储蓄利息个人所得税于 1999 年 11 月份开征，2000 年和 2001 年全年征收等因素影响，各年度扣除项目税额分别为 6.57 亿、12.07 亿和 13.51 亿元，占全省国税税收总额比重分别升至 9.26%、13.52%、13.34%。2002 年始所得税分配机制调整改革，即个人所得税和内外资企业所得税收入实行中央与地方分成，成为共享税，计入省财政总收入中，同时海关代征税收规模不大，因而扣除项目税额明显减少，2002—2004 年各年度扣除项目税收数额分别为 2.37 亿、2.93 亿和 4.59 亿元，占全省国税税收总额比重降至 2.8% 以下，成为低谷。2005—2008 年，受海关代征税收持续大幅增加、车辆购置税改由国税征收入库等因素影响，扣除项目税收数额明显增加，各年度分别为 12.98 亿、19.14 亿、32.4 亿和 36.5 亿元，占全省国税税收总额比重分别升至 6.33%、7.42%、9.44%、9%。2009 年和 2010 年，海关代征税收和成品油价税费联动改革

后成品油消费税大幅增加,以及 2009 年 1 月 1 日始废旧物资回收经营企业销售废旧物资征收增值税,由财政部门按 2009 年 70%、2010 年 50% 退付比例对废旧物资回收经营企业实缴增值税进行审批退税,退税额抵减省国税纳入省财政总收入口径的税额,因而扣除项目税收数额迅猛增加,2009 年和 2010 年分别达 121.98 亿元和 197.37 亿元,占全省国税税收总额比重分别升至 24.43%、28.78%,形成峰值。1995—2010 年扣除项目合计 478.41 亿元,年均递增 29.3%,占全省国税税收总额比重 14.4%,比重以年均递增 10.1% 速度上升。

纳入省财政总收入口径税额　除 1997 年外,江西省国税纳入省财政总收入口径税收规模逐年扩大,1995 年 56.85 亿元,2002 年逾百亿元,2006 年逾 200 亿元,2007 年逾 300 亿元,2010 年达 488.33 亿元,比 1995 年增长 7.6 倍。1995—2010 年合计 2844.67 亿元,年均递增 15.4%。全省国税纳入省财政总收入口径税额占全省国税税收总额比重大体可分为四个阶段:1995—1999 年在 90% 以上;2000 年和 2001 年分别降至 86.48%、86.66%;2002—2008 年回升至 90% 以上,其中 2002 年 97.88% 成为峰值;2009 年和 2010 年受扣除项目税额大增影响,比重降至 80% 以下,分别为 75.57%、71.22%,成为低谷。1995—2010 年合计省国税纳入省财政总收入口径税额占全省国税税收总额比重为 85.6%,比重以年均递减 1.8% 速度下降。

国税税收占财政总收入比重和增长弹性系数

表 3-6-6　1995—2010 年江西省国税税收占省财政总收入比重和增长弹性系数

单位:亿元

年　份	省财政总收入		省国税纳入省财政总收入口径税额			
	收入数	比上年增长（%）	收入数	占省财政总收入（%）	比上年增长（%）	与省财政总收入增长弹性系数
1995	105.22		56.85	54.03		
1996	123.58	17.45	60.24	48.75	5.78	0.33
1997	134.92	9.18	57.01	42.26	−5.46	−0.59
1998	145.66	7.96	62.19	42.69	9.08	1.14
1999	154.98	6.40	64.37	41.54	3.51	0.55
2000	171.69	10.78	77.18	44.95	14.56	1.35
2001	200.16	16.58	87.79	43.86	13.74	0.83
2002	234.51	17.16	109.45	46.67	24.67	1.44
2003	285.81	21.88	132.27	46.28	20.85	0.95
2004	350.81	22.74	160.61	45.78	21.43	0.94
2005	425.90	21.41	192.25	45.14	19.71	0.92
2006	518.61	21.77	238.85	46.06	24.24	1.11
2007	665.22	28.27	310.78	46.72	30.11	1.07
2008	816.99	22.81	369.09	45.18	18.76	0.82

续表

年　份	省财政总收入		省国税纳入省财政总收入口径税额			
	收入数	比上年增长（%）	收入数	占省财政总收入（%）	比上年增长（%）	与省财政总收入增长弹性系数
2009	928.88	13.70	377.40	40.63	2.25	0.16
2010	1226.22	32.01	488.33	39.82	29.39	0.92
合　计	6489.16		2844.67	43.84		0.87

　　江西省国税纳入省财政总收入口径收入规模明显扩大,但其占省财政总收入的比重呈下降趋势。1995年比重54.03%成为峰值,主要是因当年涉外企业、集贸市场、个体经营的各项税收以及随增值税、消费税附征的城市维护建设税由国税部门负责征收入库,国税收入占省财政总收入比重相应较大。1996年国税、地税征管范围调整,国税征收范围收窄,国税收入占省财政总收入比重相应降低。1996—2008年纳入省财政总收入口径的国税收入占省财政总收入比重在41.5%~48.75%区间运行。2009年1月1日始实施新《增值税暂行条例》《消费税暂行条例》,成品油价税费联动改革,成品油费改税增加的消费税收入不纳入省财政总收入口径收入中,而废旧物资经营企业销售废旧物资恢复征收增值税,废旧物资经营企业销售废旧物资实缴增值税由财政部门按比例退付纳税人,2009年退付比例为70%,2010年退付比例为50%,其退税额在纳入省财政总收入口径的国税收入中扣减,相应影响2009和2010年纳入省财政总收入口径的国税收入占省财政总收入比重明显下降,2009年回落至40.63%,2010年继续下滑至39.82%。

　　1995—2010年合计江西省国税纳入省财政总收入口径收入占省财政总收入比重为43.84%,比重以年均递减2%速度下降。其中:"九五"时期、"十五"时期和"十一五"时期省国税纳入省财政总收入口径收入分别为321亿、682.37亿、1784.45亿元,收入规模逐期扩张;占省财政总收入比重分别为43.92%、45.58%、42.94%,各期比重相对均衡并略呈下降态势。

　　纳入省财政总收入的国税收入与省财政总收入增长弹性系数,1996、1997、1999和2009年弹性系数畸低,其他年度弹性系数值接近1或大于1,情况表明多数年度国税纳入省财政总收入口径收入与省财政总收入是相协调发展的,而部分年度弹性系数畸低,存在非即期因素、重大税源变化以及国际金融危机冲击等多方面因素影响。其中:"九五"时期、"十五"时期、"十一五"时期弹性系数分别为0.61、1.01、0.87。1996—2010年合计国税纳入省财政总收入口径收入与省财政总收入增长弹性系数为0.87。

　　全省国税税收除纳入省财政总收入部分外,其余部分归属中央财政收入,而中央财政通过财政转移支付等方式将财政资金划拨到省里,相应增加省财政资金,因而分析评价省国税税收与省财政收入发展的协调程度,不仅限于国税纳入省财政总收入口径收入与省财政总收入增长弹性系数,宏观上看还可采用省国税税收总额与省财政总收入增长弹性系数指标。1996—2010年全省国税税收总额年均递增17.5%,省财政总收入年均递增17.8%,两者的增长弹性系数为0.98%,弹性系数值非常接近1,总体上看,1995—2010年这一历史时期江西省国税税收与省财政收入发展速度是相协调的。

第四篇　税收信息化建设

从 1992 年起，江西省税务部门把（税收）征管领域计算机化作为实施税收电子化的主要工作，组织力量筹集资金积极进行税收征管计算机化试点与推广，在资金、人员紧张的情况下，始终把有限的财力投入到信息化建设中，所装备的计算机硬件设备不断更新换代，税收信息化事业得到较大发展。1994 年实施与社会主义市场经济体制相适应的税制改革，江西省国税局为提高纳税服务水平，在多元化电子申报、增值税专用发票网上认证等方面进行富有成效的尝试和探索，深化数据应用，先后自主开发应用基层税收管理系统、多元化电子申报缴税系统、纳税评估系统、综合业务管理系统等软件，基本满足多层次管理的需要，信息化建设与管理步入快速发展通道。进入 21 世纪，江西国税建立专业化、复合型、梯队型管理人才队伍，税收信息化建设取得进一步发展。2008 年，开始建设国内领先的同城异址数据备份中心，2009 年 3 月正式投入使用，成功完成两地三中心的网络拓扑结构，实现省局数据处理中心、省局数据备份中心、南海远程灾备中心三位一体。2010 年，按照国家安全部门有关管理规定进行安全等级定级，规范信息系统安全体系建设，形成纵向省、市、县、农村分局，横向与地税、银行、省政府有关部门互联的高效安全网络架构，成为全省仅有的两家公安部网络安全重点保卫单位之一。

第一章　税收业务系统信息化建设

1991 年 8 月，江西省税务局开发的"基层税收管理系统"通过江西省科委组织的鉴定，该系统主要将纳税户的税务登记、纳税鉴定、纳税申报、填开税票、税票管理、税收会统账表处理等纳入计算机管理，属于较早的业务信息化系统。1994 年，因增值税制改革是税制改革的重要内容，国家决定引入现代化技术手段加强对增值税的监控管理，成立了跨部门的国家税控系统建设协调领导小组，下设"金税"工程办公室，具体负责组织、协调系统建设工作。1994 年 3 月下旬，"金税"工程试点工作正式启动。1995 年，江西省国税系统开始组建城区征收分局办税大厅。从 1997 年起，开始在全省国税系统推广使用自主开发的基层税收管理软件（JCSSGL）、税收会统软件（KTPC）。从 2003 年 1 月起，省国税局开始研发试点"多元化电子申报纳税系统"，作为江西省科技厅鉴定颁发的"科技成果奖"，在南昌市国税局试点后向全省国税系统进行推广，标志着信息化建设发展到了一个新阶段。

第一节　金税工程项目

项目层级

金税工程网络　江西省国税局金税工程网络所处的系统整体管理呈四级分层结构，即国家税务总局、省级和计划单列市国税局、地市级国税局、县级国税局，具有机构分布广、层次多的特点。金税工程由一个网络，四个软件系统组成，即覆盖全国国税系统的县（市、区）局、地市局、省局到总局的四级广域网络；四个软件系统分别为防伪税控开票系统、防伪税控认证系统、计算机稽核系统、发票协查系统。网络设计遵循层次化设计的总体原则，将整个金税网络进行垂直分层（按照管理模式）和水平分割（按照地域），把大型网络面临的复杂问题分解到多个层次相对简单的网络中去解决。金税网络在垂直方向按照功能划分成骨干层、分布层、接入层三个层次，在水平方向上按照地域划分成各个省、自治区、计划单列市内部的网络（简称省内网络），江西省国税局金税工程网络与其他各省网络在结构地位上是平级的，向上连接国家税务总局，向下包括省级国税局、地市级国税局、区县级国税局，共四级层次。

系统构成　增值税防伪税控开票子系统是运用数字密码和电子信息存储技术，通过强化增值税专用发票的防伪功能，监控企业的销售收入，解决销项发票信息真实性问题的计算机管理系统。防伪税控认证子系统是对增值税一般纳税人申请抵扣的增值税发票抵扣联进行解密还原认证。经认证无误的才能作为纳税人合法的抵扣凭证。凡是不能通过认证子系统的发票一律不能抵扣。增值税稽核子系统为了保证发票信息准确性，销项发票信息由防伪税控开票子系统自动生成，并由企业向税务机关进行电子申报；进项发票数据通过税务机关认证子系统自动生成。进项销项发票信息采集完毕后，通过计算机网络将抵扣联和存根联进行比对。稽核的方法采取三级交叉稽核，即本地市发票就地交叉稽核，跨地市发票上传省级税务机关交叉稽核，跨省发票上传总局进行交叉稽核。将在税收规模较大、发票流量较多的区县增设稽核系统，实现四级稽核的管理模式。发票协查信息管理子系统是对有疑问的和已证实虚开的增值税发票案件协查信息，认证子系统和稽核子系统发现有问题的发票，以及协查结果信息，通过税务系统计算机网络逐级传递，省国税局通过这一系统对协查工作实现组织、监控和管理。

金税工程一期　1994年随着税制改革的进行，国务院副总理朱镕基批准启动金税工程一期。江西省国税局在1995年作为全国50个试点单位之一实施上线。1996年底由于数据错误率高、系统覆盖面窄停止运行。从1994年到1998年，增值税交叉稽核系统（该系统主要采用企业提供增值税专用发票，由税务机关组织人员以手工录入的方式进行数据采集）和增值税防伪税控系统在江西省范围内进行推广使用。

金税工程二期　1994年2月国务院召开专题会议，同意利用人民银行清算中心网络建设交叉稽核系统。从 1998 年到 2003 年底，金税工程二期在江西省实施并取得阶段性成果。主要成果是增值税交义稽核系统和发票协查系统联网运行；防伪税控认证子系统推广运行，防伪税控开票子系统大规模推广。

金税工程三期　金税工程三期是按照"统筹规划、统一标准。突出重点、分步实施。整合资源、讲究实效。加强管理、保证安全"的原则，建立基于全国统一规范的应用系统平台，依托计算机网络，国家税务总局和江西省国税局集中处理信息，覆盖所有税种、税收工作重要环节、各级国税局、地税局并与有关部门联网，包括征收管理、行政管理、外部信息、决策支持系统的功能齐全、协调高效、信息共享、监控严密、安全稳定、保障有力的税收管理信息系统。利用信息技术手段，改造税收管理流程，实现税务管理现代化，提高税收管理的质量和水平；拓展服务渠道，丰富服务内容，逐步为纳税人提供优质、便捷、全方位的服务；建立部门之间数据交换、信息共享、业务联动的运行机制，为政府宏观经济决策提供依据。实施完成"一个平台，两级处理，三个覆盖，四个系统"的建设。"一个平台"是建立一个包含网络硬件和基础软件的统一的技术基础平台。"两级处理"是依托统一的技术基础平台，逐步实现税务系统的数据信息在总局和省局集中处理。"三个覆盖"是应用信息系统逐步覆盖国、地税征收的所有税种，覆盖税务管理的重要工作环节，覆盖各级国税、地税机关，并与有关部门联网。"四个系统"是指通过业务的重组、优化和规范，逐步形成一个以征收管理和外部信息为主，包括行政管理和决策支持等辅助业务在内的四个信息管理应用系统。

项目建设

1997 年 5 月，江西省国税局试点推行税控收款机，加强税收监控和发票管理，提高税收征收电算化管理水平，堵塞税收漏洞，保障国家财政收入，维护正常的经济秩序。按照国家税务总局有关调整企业用防伪税控系统专用设备价格的要求，省国税局在 1998 年 11 月将企业用防伪税控系统专用设备的供应价格调整为：金税卡（含安全卡）每块 1418 元，小读卡器（企业用）每个 210 元，IC 卡每张 105 元。统一防伪税控专用设备价格，有利于加强对防伪税控系统推行服务单位的监督管理。

2000 年，江西省国税局按照国家税务总局要求，加速进行税务管理信息化建设，推进征管改革工作，由专管员制向管事制转换，税收征管和行政管理的各项工作开始实施信息化，建立一系列基于信息化的业务流程和工作制度，推动江西国税信息化建设工作迈入全新阶段。

2001 年 11 月 11 日，省国税局下发"进一步加强全省国税系统信息化工作的意见"的通知，就"十五"期间进一步加强全省国税系统信息化工作，在网络设施建设、硬件设备建设、主体软件应用、计算机技能要求、信息资源利用、外部信息共享提出了总体目标和主要任务。到 12 月底，省局基本完成全省金税工程二期的建设，推进 CTAIS 扩大试点，推行申报、缴款的电子化，开展金税工程、CTAIS 系统并线工作，开展 IP 电话、视频会议和"数据集中"的探索工作，成立信息化工作领导小组，从机构人员、培训竞赛、职称待遇等多个方面加大对信息化建设的支持。一般纳税人全部纳入防伪税控系统管理，全面提高了增值税专用发票管理水平。CTAIS 系统市级集中试点推开，有利于统一征管业务流程、规范税收执法行为、优化纳税服务、加强对税收执法权的监督。

　　2002年4月，省国税局组织各设区市技术人员参加国家税务总局举办的金税工程第二期UNIX主机中级培训，提升技术人员管理维护UNIX主机水平，确保金税工程稽核系统的顺利运行，为大规模市级集中推广综合征管软件培训了大量技术干部，是金税二期成功推广运行的前提。同时，对全省各地金税工程技术岗位出现的问题进行汇总分析，制定下发《金税工程技术岗位操作注意事项》，规定关于金税工程程序本身的问题以及省局开发的"金税工程检测系统"的问题，由各设区市国家税务局业务部门向省局有关业务部门反映。明确了各岗位操作流程和工作职责，提出了操作注意事项，保障了系统平稳运行。4月15日，省国税局根据国家税务总局反馈的"金税数据上报情况报表"，核实数据情况并使用金税抽取工具进行数据抽取，提高了发票存根联采集率，确保没有存根联缺联发票。

　　2003年1月，省国税局全面深化税收征管改革，推广应用CTAIS和多元化电子申报缴税系统，强化培训，提升各类人员的信息技术水平，开展试点，开拓税务信息化的新领域。2月，省局对金税工程相关IBM小型机、协查服务器、浪潮服务器、网络通信设备及数据备份进行了集中管理和保障。同时，省局组织各地进行防伪税控系统认证子系统和报税子系统软件升级。加强了设备管理，保障CTAIS系统正常平稳运行，使系统升级工作适应不断变化的业务需求。3月1日，省国税局根据国家税务总局工作安排，将全省金税工程IBM稽核服务器售后服务工作正式从设备厂商IBM公司移交至系统集成商北京长天科技集团公司。同时，下发关于金税工程IBM稽核服务器售后服务移交工作的通知，就售后服务的设备范围、服务期限、服务内容、联系方式做出说明。7月，省局下发关于WEBLOGIC应用服务器软件安装验收通知，组织全省各地对总局统一配备的防伪税控应用服务器设备上预装的WEBLOGIC7.0软件进行逐项检测验收。省局信息中心根据总局要求组织各地开展税务系统内部金税卡发行自查。8月28日，省局发布对金税卡发行情况的自查报告。通过对发行系统的发行信息与报税系统的纳税人报税信息，以及发行系统的发行信息与稽核系统的一般纳税人档案信息进行比较显示，在报税系统中查到的户数与在发行系统中查到的户数一致，企业信息与报税系统、稽核系统中的均一致，无虚假发行的现象发生。10月13日，省局举办全省国税系统Weblogic中间件技术培训，组织各设区市局信息中心技术人员参加，推进防伪税控网络版软件的上线和其他相关工作开展。培训了一批精通技术、懂管理、会开发的税务干部，更新了全省信息技术人员的知识储备。10月16日，省局转发总局信息中心关于对系统内防伪税控金税卡使用情况进行调查的通知，并督促各单位与发票所共同完成调查工作，在12月1日，组织全省各级技术管理部门进行金税工程二期科华UPS维护检测。

　　2004年2月，省国税局制订信息化建设经费预算。全省国税系统信息化建设经费主要包括七大板块：征管改革推行CTAIS未付款项；完善CTAIS运行和办公自动化增配设备；全省推行多元化电子申报缴税系统用设备；软件开发及采购；综合业务管理和人力资源管理系统所需设备；网络安全建设；省局各处室业务所需计算机设备及更新维护。2月24日，省国税局在信息中心增设数据管理科，加强数据综合管理利用，并对数据管理科的工作职责、级别编制、岗位设置加以明确。数据管理科的设立，标志着江西省信息化建设进入新的发展阶段，由重业务系统建设向综合数据分析利用，挖掘税收数据价值，加强税源管理和数据质量和征管质量考核。5月26日，省国税局在南昌召开全省国税系统信息化建设工作会议，落实总局税收信息化工作会议和全省国税工作会议精神，总结近年来全省国税信息化建设工作经验，部署下一阶段国税信息化工作。6月，省国税局面向全省国税系统信息技术人员举办 JAVA、J2EE、WEBLOGIC、ORACLE 培训。8月5日，省国税局下发《江西省国税系统计算机软件管理办法》《江西省国税系统计算机类设备管理办法》《江西省国税系统计算机网络管理办法》，第一次对全省国税系统软件运维做出规范。9月21日，省国税局转发总局信息中心关于数据库平台升级有关问题的通知，并向全省各地省局信息中心下发 Oracle9i 软件，督促各地逐步完成数据库平台升级。有力提升了数据库性能，确保了各个应用系统的高效运行。

2004年9月，省国税局向省政府办公厅报送省局计算机及软件使用情况表。9月下旬，省国税局组织全省各地下载 1—8 月的货运发票、废旧物资发票、海关完税凭证和代开增值税专用发票的稽核比对结果，并将异常信息提供给相关部门进行审核、检查及查处。10月下旬，省国税局发布关于规范稽核系统数据清理时间的通知，规定各设区市局统一于每季度的最后一个月进行稽核系统数据清理工作，并根据实际情况，每半年或一年进行一次数据清理。11月，省国税局根据国家税务总局 2003 年对《增值税专用发票信息企业端采集系统》的评测结果，结合与多家软件开发商在技术和业务方面的交流，选择六家软件公司进行《增值税专用发票信息企业端采集系统》的招标。11月9日，省国税局根据省局流转税处提供的省国税系统代开票窗口的统计，下发由国家税务总局代为采购的增值税防伪税控代开专用发票系统设备 369 套，单价 886 元 / 套。12月6日，省国税局派员参加国家税务总局信息中心召开的部分省、直辖市增值税专用发票稽核系统和"一户式"管理座谈会，会议研讨了增值税专用发票稽核系统日常运行和"一户式"推广运行中出现的问题及解决方案。12月20日，省国税局完成视频会议系统实施准备工作，确定视频会场地点填写《工程勘察报告》，并参照规范完成会场环境布置。12月28日，省国税局按照国家税务总局信息中心关于增值税防伪税控监控台软件升级的通知要求，组织全省各地升级增值税防伪税控监控台软件。

2005年2月19日，省国税局根据《江西省国家税务局综合征管软件 V2.0 版推广应用实施方案》要求，制定发布《全省数据集中技术组总体工作方案》。方案明确工作指导思想为解决信息化建设中的分散化问题，为构建税收征管新格局，提供强有力的技术支撑，确保综合征管软件 V2.0 版如期上线运行，实施广域网络的升级扩容改造并加强网络流量管理，强化网络信息安全建设，建设与数据省级集中相适应的安全屏障，围绕综合征管软件 V2.0 版上线，对现有不适配的外围软件实施升级或二次开发，根据新的业务需求，开发"外部信息采集和交换系统"等新软件，采购配套的主机、服务器、PC 机和打印机等设备，并完成省市二级机房的适应性改造。3月8日至10日，省国税局派员参加国家税务总局举办的三大主体应用数据整合第一阶段推广工作集中培训。5月，省国税局组织厂商进行"金税二期"网络及联想存储设备巡检，同期组织全省国税系统各级技术管理人员与稽查部门配合进行协查系统版本升级，修改协查系统中不符发票与缺联发票的审核检查流向，取消不符票抵扣联发给销方功能，将缺联票抵扣联发给销方调整为发给购方。

省国税局派员参加于 2005 年 8 月召开的联合国开发计划署（UNDP）财税改革项目第一次研讨会。会议就现阶段西部地区税收信息化出现的新问题以及对金税工程（三期）的前期规划提供专业理论知识和权威指导。

2005年9月，省国税局组织全省各地升级防伪税控"一机多票"税务端网络版软件，9月16日在省局集中进行报税认证金税卡的加载。

2005年11月，省国税局派员参加国家税务总局召开的全国税务系统信息中心主任会议。会议明确金税三期的主要目标、建设内容和建设周期，对金税三期相关准备工作提出要求，总结和部署了信息中心工作。12月，省局继续推行省级集中版V2.0综合征管软件，省局信息中心对主机系统进行详细分析研究，制定相应应急预案，对部分关键设备的单点故障隐患制定解决方案。

2006年2月，省国税局根据实际工作情况增购防伪税控专用设备发票发售金税卡198张、通用发行器10台，以保障各地业务需求。3月，省局请求国家税务总局信息中心协调EMC公司提供存储设备接口资料，用于省局信息中心与武汉北大青鸟网软有限公司合作开发的《江西省国家税务局设备、网络和应用监控系统》软件采集EMC存储中的相关数据。该软件可动态监测系统运行健康状况，发现故障隐患及时告警。6月，省局组织各设区市局信息中心及业务主管部门共同完成防伪税控"一机多票"相关接口和综合征管软件升级。打通了发票发售工作流程，实现了综合征管软件发票发售数据直接写入防伪税控系统，减轻了基层办税服务厅工作量。7月7日，省局启动省级集中应用系统平台建设，根据国家税务总局对各省硬件平台设备、环境的要求，省局信息中心制定省级集中应用系统平台建设方案，统筹规划全省主机、存储、服务器硬件设备，结合将要推广的系统和已经省级集中的系统，对资源划分进行明确，保障后续系统省级集中的硬件需求。

2006年7月18日，省国税局在全省国税系统推行一机多票系统，增购14台防伪税控通用发行器设备。7月31日至8月4日，省局对增值税防伪税控一机多票系统的推行工作进行督导检查，调研省局集中版综合征管软件、多元化电子申报系统运行的基本情况，根据收集到的意见建议优化了省局集中版综合征管软件及多元化电子申报系统，提高系统运行速度、降低操作难度，提高运维响应效率。

根据总局金税工程三期的总体部署和对于省级数据处理中心机房建设标准要求，省国税局于2006年8月将南昌市局新建办公大楼的6、7层规划为省局数据处理中心的主机房，原机房作为备用机房，建立同城灾难恢复系统，并明确机房规划实施的有关职责。

2006年8月，省国税局组织全省各地相关业务和技术部门实施防伪税控系统省级集中，并于8月21日正式上线运行省级集中版防伪税控系统。防伪税控系统省级集中是综合征管软件省级集中后信息化建设又一大突破。8月29日，省局信息中心向设区市局信息中心开放综合征管软件和防伪税控系统后台查询权限。后台查询权限开放，有利于各地根据业务需要，分析比对利用征管数据，加强税收管理，方便纳税评估，充分利用系统集中的各项数据，同时明确要求加强数据安全保密管理。9月，省局组织各地市信息中心就综合征管软件和多元化电子申报纳税系统的应用情况、使用评价、存在问题、优化意见和建议进行调研，同时根据调研情况，调整系统相关设置，提高系统稳定性和运行速度。

省国税局于2006年9月面向设区市局技术人员举办网络与信息安全高级培训、数据库高级开发技术培训和硬件设备高级培训。

2006年10月，为组织各设区市局信息中心搭建数据分发环境，重新下发综合征管软件数据，省国税局根据国家税务总局《关于进一步明确纳税人识别号有关编码规则的通知》要求，结合具体情况明确全省纳税人识别号编码规则。11 月 14 日，省局信息中心与神码公司的技术支持人员共同对综合征管系统 V2.0 主机服务器进行了健康检查，研究主机系统存在的主要问题，对主机性能进行了监控和调优，提出主机系统改进方案，并完成了综合征管数据分发，制定综合征管软件 V2.0 数据分发方案，明确数据分发依据、内容以及实施步骤。

2007 年 2 月下旬至 5 月下旬，根据国家税务总局的统一部署和安排，省国税局信息中心与长城软件公司技术人员及相关业务部门共同配合，开展稽核系统 6.0 版和协查系统 3.0 版的实施工作，实施内容包括相关数据库对象的创建、WEBLOGIC 和 MQ 传输系统的配置、应用程序安装配置和旧版系统的数据升迁以及系统联调等工作。7 月 13 日，省局信息中心对综合征管软件（CTAIS 2.0）及多元化电子申报纳税系统正式上线运行以来存在的问题、产生问题的原因进行研究，并提出了解决问题的建议。9 月 10 日，综合征管软件 WEB 服务器运行故障，省国税局信息中心向总局申请高级技术支持现场解决问题，并采取了增加 WEB 服务器台数，降低 WEB 服务器负荷的方式予以解决。

2008 年 1 月 7 日至 1 月 12 日，省国税局信息中心技术运维人员与神州数码工程师共同对综合征管软件进行故障诊断和性能调优，解决综合征管软件响应速度慢、不能登录的问题。

2008 年 1 月至 2 月上旬，因雨雪冰冻灾害天气对全省各地电力设施、纳税人的申报、电脑设备和网络运行造成巨大影响，省局对 2008 年度 1 至 2 月数据及征管质量指标取消考核，只进行通报。

2008 年 2 月，省国税局信息中心根据征管处和所得税处提出的业务需求对《税收业务综合管理系统》进行优化。4 月 8 日，为解决多元化电子申报纳税系统增值税网上申报功能故障，省局信息中心向国家税务总局申请综合征管系统网上报税接口高级技术支持。6 月，根据《国家税务总局关于推广增值税专用发票审核检查子系统的通知》，省局组织全省各地进行协查系统 2.0 版的数据备份和保存，并于 6 月 11 日停止运行协查系统 2.0 版。9 月，省局信息中心完成对《税收业务综合管理系统》的文档和系统测试，于 10 月 9 日召开《税收业务综合管理系统》验收会议。11 月，省局根据国家税务总局工作部署，进行综合征管系统 26 号补丁试运行测试，由省局信息中心搭建综合征管系统测试环境，业务部门于 11 月 23 日至 11 月 30 日进行测试并提交测试报告。

2009 年 1 月 20 日，综合征管软件 APP 服务器运行出现故障，省国税局信息中心向总局申请高级技术支持现场解决问题。从当年 2 月起，省局向神州数码信息系统有限公司购买综合征管软件运行维护技术服务，签订《江西省国家税务局综合征管软件运行维护技术服务合同》，明确服务提供方人员职责及相关工作安排。

第二节　税收征管信息系统

综合征管系统市级集中版（CTAIS1.0）

1991 年 8 月，省税务局开发的"基层税收管理系统"通过江西省科委组织的鉴定，该系统主要是将纳税户的税务登记、纳税鉴定、纳税申报、填开税票、税票管理、税收会统账表处理等纳入计算机管理。

2002 年 1 月 1 日，省国税局首个深化税收征管改革试点单位——新余市国税局 CTAIS 正式上线运行。

从 2002 年 7 月 8 日起，省国税局逐步安排各设区市局专业技术人员参加 CTAIS 技术培训，以提高系统内部技术人员的知识层面和技术能力，逐步建立起税务系统独立的技术储备和技术支持体系，适应税务系统信息化建设不断深入的要求。同时，与上海东方龙马公司合作，在上海东方龙马公司培训基地举办"大型数据库、大型计算机设备中高级技术培训"，以适应金税工程全面运行及 CTAIS 软件逐步推广的需要。

2003 年 4 月上旬，省国税局要求各地做好 CTAIS 数据的日常备份工作，确保 CTAIS 数据的完整、准确。6 月上旬，省局下发撤销区县级协查系统的通知，确保 CTAIS 系统在城区实行一级稽查要求。

2003 年 9 月，省国税局同意景德镇市国税局"税务稽查微机选案系统"立项。12 月，省局同意南昌市国家税务局"企业电子档案一户式查询软件"立项。税务稽查微机选案系统综合利用系统集中的申报、发票数据，实现稽查选案的自动化，企业电子档案一户式查询软件在一个页面展示一个纳税人所有相关涉税信息，获得国家税务总局高度评价。

2003 年 11 月，省国税局要求在全省国税系统内规范江西国税各应用系统推广运行中的版本和系统代码管理。国家税务总局开发推行的各应用系统，由总局信息中心统一管理各应用系统的版本、升级程序、补丁程序，统一规划系统节点号等关键参数，省局根据工作需要申请获得相应版本的软件安装程序，在全省推广应用，并通过国家税务总局应用系统支持网站、技术支持中心、技术支持分中心提供支持。省局开发推行的各应用系统，由省局信息中心统一管理并提供相应的技术支持。各设区市局必须在省国税局的统一规划下进行推广应用，才能获得相应的技术支持。各设区市局在应用过程中，凡涉及系统代码新增、修改、变更、扩充的，必须向省局汇总、报批，由省局统一部署，方可实施。

2004 年 1 月，省国税局对江西省各级国税部门的应用软件进行调查，以更好地了解江西省国税系统软件应用情况。6 月 24 日至 7 月 21 日，省局与武汉圣伟思公司合作，举办"JAVA、J2EE、WEBLOGIC、ORACLE 高级技术培训班"，培养江西省国税系统信息技术骨干力量，适应国税系统信息化发展的要求。

2005 年 12 月 31 日，因系统升级换代，综合征管系统市级集中版（CTAIS1.0）停止使用。

综合征管系统省级集中版（CTAIS2.0）

2002 年底至 2004 年初，省国税局利用两年时间在全省 11 个设区市全面推行设区市局征管数据集中的综合征管软件 V1.X（原 CTAIS 系统）。2004 年国家税务总局推行纳税信息"一户式"管理工作，结合江西省数据在地市级集中处理的情况，采取直接访问综合征管信息系统、增值税管理系统和出口退税系统的生产库的模式实现查询。按照税务总局的工作部署和要求，2004 年 5 月下旬，全省国税系统 11 个设区市局均对本市的综合征管信息系统、防伪税控系统、专用发票稽核系统和出口退税系统进行相应的升级，完成"一户式"管理的实施工作。省国税局于同年 6 月上旬对各设区市局的"一户式"管理工作进行督促和检查。

2005年9月至2006年1月，省国税局抽调人员进行全省国税系统数据集中工作，推行省级集中版综合征管软件V2.0，下发省级集中版综合征管软件V2.0推广方案、代码初始化方案、数据抽取方案、技术实现方案，设立省级集中版综合征管软件V2.0推广领导办公室，下设综合组、业务组、技术组、后勤保障组指导全省推广工作。

2006年1月，省国税局在全省国税系统推行省局集中版的综合征管系统V2.0，实现征管数据全省集中处理，全面开启江西国税信息化建设新时代。其中，生产机、查询机未到位，防伪税控系统、专用发票稽核系统和出口退税系统为设区市集中处理模式。按照总局的"一户式"管理工作要求，由于总局下发的主机和存储尚未集成，数据库尚未迁移，将所有的应用集中在生产机上，查询速度和效率较低，如果进行频繁的大批量查询，往往前台会返回查询失败信息，严重影响正常的征管税收业务操作，尤其在申报征收期间问题表现得特别突出。为解决问题，省国税局在查询机到位的情况下，采用查询机和生产机分离的方式，实时或定期进行数据同步，即采取"一户式"管理工作的"方案二"，同时进行相关的培训，保证"一户式"管理工作的正常运行。

2006年3月，省国税局验收通过"数据质量监控和税源分析系统"，完成"综合征管软件V2.0版"数据分发方案，各设区市局获取数据只比省局正式环境晚一天，实现了设区市局可在本地进行查询和对数据进行分析利用，减轻省局服务器和省市之间网络传输的压力，同时成立项目组对"纳税评估系统"进行改造、升级和二次开发。省局验收通过了"信息化运行维护管理系统"，该系统按照省局信息系统运维管理办法规定，内置各项流程，实现数据维护的无纸化处理，大幅提升了数据维护工作效率，方便了基层税务机关。5月22日，按照国家税务总局要求，省局根据当时江西省国税系统的实际情况，选用了"方案一"模式（生产机查询机一体）在全省11个设区市国税局实施了纳税信息"一户式"管理工作。

2006年6月，江西省国税局对2005年企业所得税年度申报情况通报进行核实，并将核实情况反馈国家税务总局，并核实国家税务总局下发的4月份综合征管数据处理情况通报。6月14日，省国税局验收通过"多元化电子申报纳税系统"。"多元化电子申报纳税系统"提供一般纳税人网上申报、电话申报、双定户批量扣税功能，使广大纳税人足不出户便可办理纳税申报，大大减轻了基层办税大厅的工作压力。

2006年8月，国家税务总局信息中心分3批安排有关的设备厂商和应用厂商对江西省国税局集中平台进行系统实施。第一阶段为2006年8月15日至9月10日，主要完成对两台IBM主机的VG、LV裸设备、File System、HACMP的实施工作，做好了综合征管软件、防伪税控、稽核与协查系统数据库RAC模式安装、测试与优化。实施了CTAIS数据库的迁移。综合征管软件的数据库从HP Superdome迁移到IBM595和IBM570的分区上，并把生产环境和查询环境进行分离。对CTAIS应用服务器进行检查和重新配置，消除安全隐患，为正式迁移做好相关准备。完成防伪税控系统应用服务器的安装、集群配置和应用系统的部署，进行防伪税控系统在省局的集中部署。安装省局集中版稽核、协查系统，为下一步稽核协查系统省局集中上线做好准备。由于CTAIS数据库的迁移和防伪税控系统的全省集中，还涉及其他一些应用系统的调整，主要包括三大应用系统整合、失控发票快速反应系统、MQ 专用数据通道、防伪税控监控台系统、现有的稽核系统，同时还对江西省自主开发的应用系统做相应的调整，主要有：电子报税系统、网上认证系统、CTAIS 数据分发、纳税评估系统等。第二阶段为 2006 年 10 月 30 日至 11 月 12 日，江西省综合征管系统在 2006 年 8 月下旬实施数据库主机系统的迁移以及生产机、查询机分离，放开部分查询权限，但根据总局对江西省数据库主机的监控，生产机和查询机数据库服务器 CPU 负载比较高，有时出现 CPU 负载接近 100% 的情况。为此省国税局信息中心向总局信息中心申请高级技术服务，总局在 11 月税款征收期派神码公司的技术人员对江西省 CTAIS 主机服务器进行健康检查，对主机性能进行了监控和调优。通过健康检查，查找出省局主机负担较重的主要原因，并提出相应的解决方法，在不能增加查询机配置的情况下，采取必要手段以保障系统的运行。第三阶段为 2006 年 11 月 23 日至 12 月 7 日，总局信息中心安排 EMC、BEA 和神州数码公司的工程师到江西省进行省局平台建设。根据总局对存储空间划分的要求，对江西省的 EMC 存储进行进一步优化和实施，完成了 APP 服务器的迁移，以满足总局统一推广的应用系统对存储的需求。总局信息中心派出了神州数码的工程师到江西省局进行 APP 服务器的迁移，经过征期测试，新的 APP 应用服务器运行正常。在总局第一次实施完工后，完成税控收款机系统、货运发票系统、人事管理系统、财务管理系统、公文系统、执法监察系统的数据库安装工作。完成稽核系统、协查系统、税控收款机系统、货运发票系统、财务管理系统、公文系统、执法监察系统的应用服务器的 WEBLOGIC 安装和配置工作，CTAIS 数据库进一步优化，提高了查询效率，系统后台相关表进行了优化，增加了分区表的索引。

2006 年 1 月至 10 月，根据国家税务总局统一安排和部署，江西省国税局进行集中平台建设。部署在省国税局集中平台的应用包括综合征管软件、防伪税控系统、稽核协查系统、税控收款机系统和货运发票系统、车购税系统、出口退税系统、执法责任制系统、税务综合办公系统（OA）、财务系统、人事系统。数据库主机是部署在总局下发的 IBM 595（四分区）、IBM 570（三分区）和 HP Superdome（两分区）上，应用服务器部署在省国税局自行采购的 14 台刀片服务器上，综合征管软件的 WEB 服务器部署在原金税工程 H80、M80 服务器上。其他面向税务部门内部的软件根据总局的要求及具体情况，统一部署在 HP Superdome 上以单机模式运行。总局统一推广的应用系统全部部署在 EMC 上，以保证其高可靠性和高性能。为充分利用 VA7400 的存储资源，省局自主开发的综合业务管理系统、纳税评估数据库部署在 HP 的 VA7400 存储上。

2010 年，综合征管系统省局集中版（CTAIS2.0）仍在正常使用。

车购税征管系统

2004 年 12 月 17 日，江西省国税局按照国家税务总局规定，做好车辆购置税由交通稽查征费局移交给国税局征收的相关准备工作。2005 年 12 月 28 日，江西省国税局对车辆税收一条龙清分比对系统及车辆购置税征管软件进行升级，确保各地在 2006 年 1 月 1 日前升级使用交通部门移交的车购税征管软件（单机版）。

2007 年 1 月，省国税局按照国家税务总局要求，成立新版车购税征管软件推行工作领导小组，全面推进省级集中版车购税征管软件，迁移旧版车购税征管软件历史数据，准备运行环境，做好培训工作，确保新版车辆购置税征收管理系统部署推行工作顺利进行。新版车购税征管软件在2007年2月7日正式上线，该软件对税收票证、完税证明实行严格管理，统一车辆最低计税价格，全面规范免税车辆管理，对强化车购税征管、提高纳税服务水平发挥了积极作用。

2010年，车购税征管系统仍在正常使用。

第三节　网上办税系统

多元化电子申报缴税系统

2003年1月，省国税局安排"多元化电子申报缴税系统"在南昌市国税局进行试点，试运行期间系统运行正常，效果良好。1月13日，省国税局为确保该系统在南昌市国税局的稳定运行，购买Weblogic Server Express软件作为中间件支持。同年7月8日，省国税局"多元化电子申报缴税系统"向省科技厅申报"科技成果奖"，并根据省科技厅安排召开鉴定会。10月15日，省国税局将"多元化电子申报缴税系统"运行从南昌市国税局上移至省局。

2003年11月，江西省国税局发布关于与江西省信息中心签署CA应用合作协议书的报告，明确增值税专用发票抵扣联信息企业采集方式税务端受理系统应支持CA安全认证，经过分析考察，最后决定采用"第三方CA认证方式"，选择江西省信息中心CA认证中心对企业进行认证并颁发证书。

2003年11月，江西省国税局统一软件服务商并发布报告。报告指出在江西推行"多元化电子申报缴税系统""增值税专用发票抵扣联信息企业端采集软件和税务端受理软件"及该两套系统要求的"企业CA认证管理系统"后，国税局无法独自承担系统的操作培训、升级及日常维护，需要聘请具有专业技术能力的软件服务商完成，在江西省范围内依据纳税人的分布情况划分两到三个片，再选择两到三个服务商，每个服务商在指定的片区内对所有纳税人的三个系统同时提供服务。

2003年11月6日，江西省国税局与神州数码股份有限公司协商确定联合开发的《江西省多元化电子申报缴税系统》的网上报税部分采用江西省信息中心提供的CA认证。12月2日，省国税局明确国税系统在多元化电子申报、网上认证等应用系统中采用江西省信息中心提供的CA数字证书。经双方协商，省国税局与江西省信息中心签署合作协议，就合作中的责任、权利和义务达成了一致意见。12月24日，省国税局召开网上报税高级研讨会，做好"多元化电子申报纳税"系统开通前各项准备工作。2004年1月1日，省国税局举办"江西省数字认证中心发证暨江西省国家税务局网上报税开通仪式"，多元化电子申报缴税系统正式开通。1月6日，省国税局研制开发的"江西省多元化电子申报缴税系统"经江西省科技厅专家集体审定，被授予"江西省科技成果二等奖"。

2004年2月，省国税局在全省国税系统推广"江西省多元化电子申报缴税系统"。2月9日，省国税局要求神州数码公司配合全省推广计划，完成多元化电子申报纳税系统调整工作。从3月开始，省国税局对多元化电子申报系统运行模式进行改进，由分市模式改为省局集中模式，有效降低了系统运行费用和硬件设备投入，提高了国税内部网络的安全性，提升了江西省国税电子报税水平层次。3月3日，省国税局在各设区市开展"多元化电子申报纳税系统"前期准备工作，整理各单位原有多元化申报系统的详细情况；确定合作银行，并铺设好相关网络线路；敦促银行按照税银联网接口标准和其自身业务系统情况开发接口程序和配置设备。做好相关软件硬件验收、安装，并规划好 IP 地址和网络安全策略。3 月 16 日，省国税局安排多元化申报软件升级，以符合新发布的 CTAIS1.06 版本接口要求。

2004 年 4 月 8 日，省国税局针对"江西省多元化电子申报缴税系统"的推广现状，指出存在的主要问题，根据具体情况，决定从 6 月开始分步进行"网上申报系统"的全省推广工作。4 月 19 日，省国税局与神州数码有限公司签订"多元化电子申报纳税系统补充协议"，协议就江西省国税后续业务需求变更频繁，工作超出原开发合同的范围重新协商谈判，明确系统升级、维护、支持等有关事宜。5 月，省国税局要求九江、上饶、吉安、鹰潭、宜春、赣州等 6 个设区市国税局完成外部单位联网工作，与银行签订合作协议，敦促银行尽快开发和部署税银联网接口，部署好前置机，开通和银行的专线联接，完成线路铺设，根据系统启动方案和安装文档，把 12366 电话语音中继线路接入机房。

2004 年 4 月 8 日，省国税局发布《关于多元化电子申报缴税系统税库联网有关问题的报告》。报告提出由计财处牵头，出面协调税库联网的有关事宜，要求软件开发公司进行软件调整，并将税库联网程序的开发和调整形成备忘录。11 月 21 日至 12 月 20 日，省国税局正式进行税银联网测试。

2004 年 7 月 30 日，省国税局对"江西省多元化电子申报缴税系统"全省运行情况开展调研，对出现问题进行汇总分析，对一些共性问题集中进行处理。8 月 18 日，省国税局总结推广中发现的技术问题。系统自 2003 年上线，至 2004 年 8 月 1 日已在江西省全部上线，推广中存在软件开发商支持力度不够，软件部分功能未完善，第三方 CA 认证费用收取，综合征管软件带来的变动，国库的业务变动频繁无法实施税库银联网等问题。同时安排 CTAIS、多元化电子申报系统升级，要求各地保证网络畅通，做好数据备份工作，照计划按时升级。

2004 年 12 月，省国税局发布系统重复扣款分析报告。报告分析造成重复扣款的原因，提出解决方案，对系统进行优化和改进，在系统的各个环节加强对账处理，保障系统的正确运行，对纳税人加强培训和指导，避免重复申报和纳税。

2005 年 9 月，省国税局抽调南昌市国税局人员参与多元化申报系统升级改造工作。9 月 29 日，省国税局发布关于推广"网上报税子系统"报告，准备按照国家税务总局发布的企业及软件名单，开始"网上报税子系统"招标工作。9 月 30 日，省国税局举行竞争性谈判，就江西国税多元化电子申报纳税系统改造升级项目进行洽谈，参加谈判的有神州数码软件有限公司、北京华安通联科技有限公司和广州方欣科技有限公司，通过竞争性谈判，决定选择北京华安通联科技有限公司，与省国税局共同承担该项目。

2005 年 12 月 20 日，省国税局就北京华安通联科技有限公司未说明真实原因的情况下陆续撤出所有开发人员，导致项目进展受阻，严重影响江西省国税局相关工作一事发出《关于电子报税项目的函》，要求对方做出合理解释。12 月 26 日，省国税局为确保项目正常运转，与华安通联、新星伟业召开三方会议进行磋商，会议决定尊重华安通联前期对项目的工作，给付相应酬劳，并与河北新星伟业计算机有限公司签订"多元化电子申报纳税系统"的开发合同，并由其承担项目的相关义务。

2006 年 1 月 1 日，省国税局正式上线运行"多元化电子申报缴税系统 v2.0"，并决定稳定运行 1 至 4 个月征期后进行验收。6 月 13 日，省国税局举办"多元化电子申报缴税系统 v2.0"验收会议，通过评议，会议代表同意对该系统进行验收，并对系统改进提出相关意见。

2007 年 1 月 4 日，省国税局就 CTAIS 升级后预算科目代码变动导致多元化电子申报系统银行方不能扣款问题与各商业银行进行磋商，要求各银行及时调整预算科目代码后尽快解决扣款问题，并在外网发布通知，告之纳税人银行端软件修改到位前，纳税人可以到大厅进行申报。

2010 年，多元化电子申报缴税系统仍在正常使用。

网上认证、抄报税系统

网上认证、抄报税系统的建设让纳税人可以在家中通过互联网访问江西省国税局网上认证、抄报税系统，提交纳税人信息至省局数据处理中心，以达到足不出户完成认证、抄报税业务的目标。2004 年 2 月，省国税局决定进行纳税人端涉税软件服务商招标，对全省国税系统使用的涉及纳税人的应用软件统一服务商，以提高纳税人的办税效率和涉税信息的质量。

2005 年 1 月 24 日，江西省国税局"增值税专用发票企业端采集系统"（含受理系统，简称"网上认证系统"）招标工作结束，与中标方广州市方欣科技有限公司就软件开发、维护和推广等达成合作协议。5 月 25 日，省国税局完成"网上认证系统"部署。5 月 26 日至 5 月 27 日，在新余市选取两户增值税一般纳税人进行测试，通过该系统采集增值税专用发票抵扣联 12 份，认证通过 10 份，税额共计 29.56 万元，其余两份均超出 90 天认证期限。7 月，省国税局进行"网上认证系统"全省培训，正式开展系统全省推广工作。10 月，省国税局要求广州市方欣科技有限公司进行"网上认证系统"调整，调整后由鹰潭市局的一户企业进行现场测试，测试表明该系统已经基本具备承担全省增值税专用发票网上认证的功能。系统集成在省局外部网站上，支持和兼容江西省数字认证中心提供的 CA 认证，并与网上报税系统相兼容。11 月，省国税局召开项目验收会议，对"网上认证系统"组织验收。广州市方欣科技有限公司作为开发商参加会议。省国税局认为自 2005 年 5 月网上认证系统在新余试点半年时间内性能稳定，基本满足开发合同的业务和技术需求，按照合同规定，同意对网上认证系统进行验收。

2010 年，网上认证、抄报税系统仍在正常使用。

车辆税收管理系统

2009 年 3 月 16 日，省国税局委托江西航天信息有限公司开发车辆税收管理系统，车购税管理系统功能包含新车、二手车发票网络开具功能，车购税管理查询比对功能，与车购税征管系统数据共享功能，大大提升车购税办理速度。

2009 年 5 月下旬，省国税局在吉安市局试运行"车辆税收管理系统"，7 月在景德镇市局扩大进行试点。根据两地试运行情况，软件开发商集中对系统进行了三次修改完善。9 月，省国税局在吉安市局召开车辆税收管理系统推广会，决定从 10 月 1 日起，在全省使用机动车销售发票、二手车销售发票和代开机动车销售发票的税务机关全面推广"车辆税收管理系统"。10 月 1 日至 12 月

31 日，通过该系统网上开具机动车销售发票 12.52 万份、二手车销售发票 1.71 万份，通过数据共享插件导入数据办理车购税 12 万多车次，车购税大厅业务办理速度从每笔 20 分钟缩减到 5 分钟。

2010 年 1 月 14 日，省国税局召开项目验收会议，对车辆税收管理系统进行验收。省国税局认为自 2009 年 10 月 1 日车辆税收管理系统正式上线运行至今，性能稳定可靠，满足开发合同的业务和技术需求，同意通过对车辆税收管理系统验收。

2010 年，车辆税收管理系统仍在正常使用。

出口退税计算机管理系统

1995 年 6 月，省国税局按照国家税务总局工作部署，做好启用出口退税计算机管理系统有关准备工作，着手接受海关总署提供的出口企业代码、商品代码、贸易性质代码、关别代码，确认整理接收到的出口企业名单及代码（包括 1994 年 1 月 1 日以后新的"三资"企业），并将确认的出口企业名单及代码上报总局信息中心，尚未加入公共数据分组交换网的地区以 1995 年 5 月的电子数据为例，对出口企业的报关单进行全面的核对。8 月下旬，省国税局将核对的情况、核对不上的原因、解决办法等书面报告国家税务总局。

2002 年 9 月 24 日，全省各设区市国税局对电子口岸执法系统"出口退税子系统"相关设备环境进行硬件准备。11 月 12 日，省国税局按照税务总局要求，组织人员参加"电子口岸执法系统出口退税子系统"培训。

2004 年 3 月，省国税局开发完成"双定户纳税定额测算系统"。3 月 4 日，省国税局要求各设区市局按照总局要求，抽取上传申报年月为 2003 年 1 月至 2003 年 12 月的出口企业退税数据，做好出口退税数据集中相关工作。3 月 27 日，省国税局要求各设区市局按照国家税务总局要求，做好退税审核系统数据集中情况调查工作。7 月 21 日，省国税局在全省范围内对出口退税审核系统应用模式进行调研，要求全省各设区市局信息中心和进出口部门配合做好本单位出口退税审核实际业务的统计，进出口管理分局工作人员及时填报系统应用情况和数据分布情况调查表。8 月，江西省国税局正式推广使用"双定户纳税定额测算系统"。

2009 年 3 月 6 日，省国税局组织进出口处、信息中心以及软件开发方大连龙图信息技术有限公司召开"出口退税远程申报系统"验收会议，认定系统满足开发合同的业务和技术需求，同意通过了对该系统验收。

2010 年，出口退税计算机管理系统仍在正常使用。

第四节　税源分析管理

纳税评估管理信息系统

省国税局于 2004 年 7 月 29 日从南昌、鹰潭、吉安和上饶等 4 市国税局抽调人员参加"纳税评估软件"开发及推广工作，集中"纳税评估软件"开发组人员赴吉安市国税局开展需求分析代码编写工作，为《纳税评估管理信息系统》项目开发调配计算机设备，保证模拟环境的搭建、软件开发和运行调试工作顺利开展。11月，省国税局完成"纳税评估系统"代码编写工作，12月，进行了初步测试。2005年1月31日，开发工作顺利结束，"纳税评估系统"作为江西省国税系统首次依靠自己力量自行开发的大型管理系统，为今后的一系列自主开发奠定了基础。2月23日至28日，省国税局要求南昌、鹰潭、上饶和吉安市国税局做好纳税评估峰值的测算工作，并抽调南昌、鹰潭、吉安、上饶市国税局部分人员参与"纳税评估系统"修改、完善、培训和推广工作。

2006年3月，省国税局成立"纳税评估管理信息系统V2.0"开发组。4月17日，省国税局"纳税评估系统"申报江西省科技进步奖。8月，"江西省国家税务局纳税评估管理信息系统V2.0"开发工作完成，在吉安市国税局进行了测试。

2008年8月，对系统进行了改进更新工作。

2010年，纳税评估管理信息系统仍在正常使用。

税收业务综合管理系统

2003年8月19日，省国税局组织全省各级国税局编写"江西省国家税务局税收业务综合监控系统"业务需求。

2004年2月，省国税局在前期准备工作结束后，着手进行"税收综合业务管理信息系统"开发招标，共有6家软件公司参与投标，中标公司为蓬天信息系统（北京）有限公司。3月24日，省局成立"税收业务综合管理系统"开发小组，由信息中心和相关业务处室的业务骨干组成，配合蓬天信息系统（北京）有限公司进行业务需求分析、有关技术的沟通、软件的测试和试运行。11月1日，江西省国税局试运行"税收业务综合管理系统"，试运行期为6个月。

2005年10月，省国税局因"税收业务综合管理系统"经过在吉安和南昌市进行完整的测试，并在全省的数据环境中交付运行，运行情况达到合同要求，决定对该项目进行验收。11月14日，省局发出紧急通知，要求江西省各设区市国税局检查"综合业务管理系统"数据准确性。根据2005年10月对江西省数据质量监控情况，发现部分设区市国税局"综合业务管理系统"的数据不够准确，没有完整的复制各应用系统生产环境的数据，造成省局"综合业务管理系统"数据不全，影响省级数据分析利用。从2005年11月起，数据质量监控直接使用"江西省国家税务局综合业务管理系统"的数据资源。

江西省国税局因综合征管软件由1.0版升级至2.0版，新升级后的综合征管软件数据库部署和数据逻辑与原系统存在极大差别，导致原开发的"综合业务管理系统"开发项目无法全面运行，2006年10月，省国税局成立"综合业务管理系统"开发组，为"综合业务管理系统"整合升级工作启动做好准备。11月，省国税局完成"税收业务综合管理系统"招标工作，中标公司为思创数码科技有限股份公司。

2007年3月，省国税局发布"税收业务综合管理系统2.0"上线有关工作安排，2007年3月15日前完成所有报表的核对工作；3月20日完成数据刷新策略完善、性能优化和界面美化等工作，进行了Oracle、Weblogic中间件等基础软件安装及调试，完成系统部署和调试；3月20日至21日进行系统操作培训；3月28日完成用户岗位和岗位权限的设置；3月31日完成数据初始化工作；2007年4月1日正式投入使用。5月22日，省局发布"税收业务综合管理系统"开发有关情况报告，说明税收业务综合管理系统项目开发组的组成及主要工作。自系统正式投入使用以来，系统运行平稳，日查询量平稳递增，系统查询的数据已经成为基层税源管理工作的重要参考数据，取得较好的运行效果。建立省局综合数据库，并以一户式的方式存储涉税信息，减轻基层税务机关压力，提高征管数据质量和征管质量，为税源分析提供依据。

2010年，税收业务综合管理系统仍在正常使用。

数据质量监控和税源分析系统

2005年9月27日，省国税局信息中心派员赴浙江省国税局考察，学习其数据集中经验，为开发"数据质量监控和税源分析系统"提供指导和参考。

2006年1月4日，省国税局在全省各级税务机关征求数据及征管质量指标计算口径修改意见。1月23日，省局根据各设区市国税局反馈情况和省局有关业务处室意见，对数据发布有关指标计算口径进行修改和整理，并对修改后的计算口径进行明确。

2006年3月，省国税局验收通过"数据质量监控和税源分析系统"。4月11日，省局发布征管质量综合排名记分建议。

2007年2月，省国税局发布《税收数据及征管质量情况通报》，根据《全省税收数据及征管质量考核评分办法》，每月对设区市局数据及综合征管考核指标得分进行综合排名，并将其与年度目标管理考核挂钩。通报根据数据处理的情况，有针对性地提出各地存在的问题及工作建议，要求设区市局对本地存在的问题提出整改意见并及时反馈，形成"发布—评价—整改—再发布—再评价—完善"工作机制。5月，省局决定对原"增值税管理系统数据质量监测系统"进行升级。由流转税处牵头，抽调省局流转税处和信息中心的部分人员以及萍乡市局、九江市局的部分人员，以"增值税管理系统数据质量监测系统"为基础，编写"稽核数据监测系统"业务需求。系统开发地点分别在萍乡和南昌市进行。

2007年9月29日，省国税局批准吉安市国税局以电控税信息管理系统立项，该系统可通过对供电部门提供的纳税人用电信息测算纳税人的税负情况。

2008年4月，省国税局发布增值税汇总企业税负计算情况汇报，指出根据2008年数据及征管质量考核办法关于税负考核计算方法，为确保考核的公平合理，完善汇总申报企业税负计算，建议汇总纳税企业在总机构所在地统计时增加各地预数只考虑总机构在南昌的纳税人。4月29日，省局发布2008年度税收数据及征管质量部分考核指标考核口径补充通知，在原有考核评分项目上增加新的考核项目，提升质量考核准确度。

2008年5月，省国税局要求全省各设区市局在本地数据库建立2008年增值税重点企业表，落实有关2008年增值税重点企业专项管理。8月1日，省局就《税收数据和征管质量通报》提出的问题及各设区市反馈的情况，在上饶、鹰潭市局开展调研。调研涉及内容包括考核指标情况，对考核的意见和建议有上饶农产品抵扣管理、江铜及鹰潭废旧物资管理等。通过座谈和实地核查，反映出各地均存在情况，包括税负率考核方法需进一步调整和部分指标值设置偏高，指标设置还不够精确，涉及征管基础数据的考核指标还不够，部分考核指标期间过短，企业所得税按期申报率及入库率存在问题，企业所得税纳税人零（负）申报率问题，综合管理系统中查出的各设区市级企业所得税纳税户数与省局后台统计的考核户数不一致，税收数据和征管质量情况通报中的《纳税人税种核定统计表》与《企业所得税税源情况统计表》的所得税纳税人户数不一致等。根据调研情况，省国税局在强调以考核促征管的前提下，进一步优化考核指标的设置，加强各部门之间的协调配合，对通报中反映的情况按照职责抓好落实，并建立数据核查机制，对擅自修改数据的单位除扣分外，还追责到个人。优化后的考核指标更直观真实地反映企业税收申报情况，提升了征管基础数据分析的科学性。

2010 年，数据质量监控和税源分析系统仍在正常使用。

第五节　运维管理体系建设

信息化运维管理系统

2005 年 11 月，省国税局明确"信息化运行维护管理系统"（简称"运维系统"）的业务需求，确定该系统包括各类税务信息系统工作动态、在线答疑、知识库、应用管理、服务请求、软件下载、数据维护、应用论坛等功能。

2006 年 3 月，省国税局完成"运维系统"开发，并进行试运行。4 月，省国税局根据试运行修改意见修正"运维系统"并在全省推广应用。10 月，全省国税系统启用"运维系统"，系统运行后省级应用系统的数据维护申请、问题解答全部通过运维系统提交，不再接收通过传真、FTP、EMAIL 等报送的维护请求。9 月，省局开展"运维系统"使用培训。11 月，省局按照国家税务总局要求，开始进行信息化运行维护体系建设。

2007 年 1 月下旬至 2 月上旬，省国税局在鹰潭市国税局开展"运维系统"升级工作。2 月 25 日，省局进一步扩大"运维系统"应用范围，扩大后的运维系统覆盖综合征管软件、防伪税控系统、多元化电子申报纳税系统、稽核系统、协查系统、车购税征管系统、纳税评估系统和货运发票税控系统。12 月 18 日，省局将"税收执法管理信息系统""出口退税审核系统"纳入"运维系统"进行运维管理。

为适应省局数据集中的需求，江西省国税局 2008 年 6 月对"运维系统"进行升级。同年 9 月，省国税局完成系统升级相应业务设置调整。

2010 年，信息化运行维护管理系统仍在正常使用。

运维管理制度

2006 年 10 月 25 日，省国税局制定发布《江西省国家税务局信息系统运行维护管理办法》。该管理办法是为了保障各类信息系统安全、稳定、高效、持续运行，提高信息系统运维工作的质量和效率。主要内容包括应用系统维护管理、网络维护管理、主机维护管理、数据库维护管理、中间件维护管理和机房维护管理。

运维管理办法的目标是按照统一运维服务平台、统一接收反馈渠道、统一运维工作流程的要求，建立一个以省级运维为基础、总局运维为依托、设区市局密切配合的集中式的信息系统运维体系，实现运维工作的制度化、规范化、标准化。办法中明确，全省各级国税机关的税收信息化工作领导小组负责信息系统运维工作的领导，省及设区市局信息办负责组织、协调、考核运维工作。省局在信息中心设立运维中心，负责运维请求的受理、分发、监督、反馈、上报，负责非政策性问题的解答和数据后台维护，并承担与运维工作相关的制度建设、督促检查、协调沟通等工作，设立受理岗、处理岗以及审批岗（运维负责人）。省局信息中心负责主机、存储、网络、数据库、中间件等信息系统基础平台的运行维护以及各应用系统的技术支持工作，设立主机维护岗、存储维护岗、机房维护岗、中间件维护岗、数据库维护岗、网络维护岗、安全维护岗和各应用系统维护岗等运维工作岗位。省局其他部门负责相关信息系统业务需求的提出、政策性问题的解答、税款数据及稽查数据的修改审批，设立运维处理岗和运维审批岗。省局还可根据需要，赋予设区市局部分运维权限，通过网络远程方式对省级信息系统实施运维管理。

运维管理办法要求，省局可根据工作需要设立若干信息系统运行维护项目组（以下简称“运维项目组”），负责大型应用系统以及网络、安全、主机、存储、数据库、中间件等的运行维护工作。运维项目组的设立由信息系统主管部门提出，填写《信息系统运行维护项目组成立申请表》，经省局信息办审定，并报局领导批准后成立。运维项目组组长由信息系统主管部门负责人担任，实行组长负责制，人员由省局及设区市局相关部门的业务和技术人员组成。运维项目组成立后，省局信息办下发《信息系统运行维护任务书》，任务书中应规定组织机构、负责人、工作职责、组成成员和工作任务等事项。运维项目组的经费实行预算管理，在下发《信息系统运行维护任务书》时确定经费预算总额和经费使用范围，纳入每年的信息化建设预算。经省局领导审批同意后的经费预算报省局机关财务备案。经费使用范围主要包括：资料费、集中办公费、调研差旅费、小型会议费、补助费、咨询费和印刷费等。信息办负责管理运维项目组经费使用情况，运维项目组按年度或在项目发生调整、撤销时向信息办提交经费使用情况。在预算范围内，运维项目组费用报省局机关财务审核后，再报经省局领导审批后统一支付。运维项目执行过程中，若需追加经费，由运维项目组提出书面申请，经信息办主任审批后，报省局机关财务审核，再报省局领导批准。运维项目组应在每次重大运维事件完成后以及每半年向省局信息办填报《信息系统运维工作报告表》。运维项目组应在年末或运维项目组撤销前向省局信息办提交工作考核申请，由信息办组织人员进行考核，考核结果留存信息办。信息系统主管部门应在年末、运维项目组撤销或运维项目组成员退出时，向运维项目组成员所在单位出具书面的个人工作鉴定意见。

2006年10月，省国税局对信息系统数据维护分基础数据维护与非基础数据维护作出规定，凡涉及税款以及稽查案件的数据为非基础数据，其余的为基础数据。基础数据的维护，由省局、设区市局、县（市、区）局的申请人通过运维管理系统在线填写信息系统数据维护申请表，县（市、区）局的申请须经设区市局技术部门以及省局运维负责人审批，由省局运维中心统一修改。非基础性数据的维护，由省局、设区市局、县（市、区）局的申请人通过运维管理系统填写信息系统数据维护申请表，县（市、区）局的申请表须经县（市、区）局主管局长、设区市局业务主管部门、省局业务主管部门以及运维负责人审批，重要数据经省局业务分管局领导批准后，由省局运维中心统一修改。需要总局运维部门维护数据的，由省级运维负责人和业务主管部门审批，报经省局业务分管局领导批准后，按照总局规定的有关流程，提交总局运维部门处理。信息系统的使用问题分政策性问题和非政策性问题。政策性问题指涉及对税收政策的解释和审批的问题，非政策性问题指涉及信息系统操作流程、操作方法以及各种业务在信息系统中处理方法的问题。信息系统问题解答统一由省局运维中心受理。信息系统的使用问题由省局、设区市局、县（市、区）局的申请人通过运维管理系统在线填写，省局运维中心受理岗查询知识库予以解答，无法解答的政策性问题转交省局业务部门相关运维岗位解答，非政策性问题转交省局运维中心相关运维岗位解答。信息系统的使用问题省局相关部门不能解答的，按照有关程序，提交总局运维中心解答。对总局下发的信息系统进行升级，由省局运维中心会同相关职能部门进行回归测试及生产环境升级。省局自行研发的信息系统，由相关职能部门提出开发（升级）业务需求，信息中心组织开发（升级），省局运维中心会同职能部门进行测试及生产环境部署（升级）。大型应用系统的升级与测试工作由省局设立的运维项目组负责。技术服务请求针对省局用户，申请人通过运维管理系统在线填写技术服务请求，由部门领导审批后转运维中心受理岗接收，并经运维中心负责人审批后转交相应的技术岗位进行处理。

2006年，省国税局根据信息系统运行维护工作的需要建立运行维护人才库，将爱岗敬业、勤奋好学、工作表现突出、技术过硬的基层信息技术人员纳入人才库管理，进行重点培养。省、设区市级国税机关根据信息系统和税收业务发展的需要，不定期组织运维人员开展业务与技术培训，建立经验交流例会制度，不断提高运维人员素质。同时，省、设区市级国税机关加强对运维工作的管理，建立健全运维考核机制。信息办根据工作需要，不定期对运维工作情况进行检查考核，对拖延处理时间、未按规范流程处理以及错误处理等影响运维质量的情况予以通报，并对有关责任人予以追究。

2007年3月，省国税局建立应用系统运行维护小组。

2008年1月，省国税局在各设区市局设立应用系统运行情况联系点，监测应用系统运行和网络运行情况。2月，发布2008年1月份江西省国税局信息系统运维情况报告，报告总结上月软件、网络以及硬件及辅助设备的运行情况，分析错误产生原因并提出改进意见和建议。

2008年至2010年，省局信息中心就省级集中的各应用系统运行监控情况，系统升级、优化情况，全省数据维护情况以及运维工作中存在的问题、建议等内容共撰写运维报告36期，提出问题、建议50余条，就省级集中各应用系统的运行基本情况、优化和升级情况、后台数据修改情况，后台数据修改错误分类、错误产生原因分析以及运维工作要求等内容，撰写并下发了应用系统运行维护通报共12期，进行了错误分类及原因分析并提出工作要求。

为创新信息系统运行维护机制，保障各类信息系统安全、稳定、高效和持续运行，提高信息系统运行维护工作的质量和效率，2009年11月，省国税局制定印发《江西省国家税务局信息系统运维项目组管理办法》，成立综合征管软件、增值税（含车购税）管理、行政管理、设备网络及安全、软件平台五个运维项目组，以省、市两级联动的方式开展运维工作。省局根据工作需要设立若干信息系统运行维护项目组，主要负责应用系统管理、数据库管理、中间件管理、网络管理、信息安全管理、主机管理、存储管理和机房环境设备管理等工作。信息系统运行维护项目组按照统一运维服务平台、统一接收反馈渠道、统一运维工作流程的要求，建立一个以省级运维为基础、总局运维为依托、设区市局密切配合的集中式的信息系统运维机制，实现运维工作的制度化、规范化、标准化。运维项目组的设立由信息系统主管部门提出，填写《信息系统运行维护项目组成立申请表》，经省局信息办审定，并报省局领导批准后成立。运维项目组组长由信息系统主管部门负责人担任，实行组长负责制。运维项目组成立后，省局信息办下发《信息系统运行维护任务书》，任务书中应规定组织机构、负责人、工作职责、组成成员和工作任务等事项。项目组成员的分工和任务由项目组组长确定，日常运维工作在各自单位完成。设区市局的项目组成员，由省局根据需要，赋予相应运维权限，通过网络远程工作方式对省级信息系统实施运维管理。项目组成员需要集中工作时，由项目组组长提出集中工作的任务、时间和方式，并报相关领导同意。各级国税机关应为项目组成员履行运维工作职责提供相应保障。对于项目组成员参加各类培训、学习、出差提供支持和方便。设区市局项目组成员所承担的运维工作，纳入省局对设区市局的工作考核目标。运维项目组应在每次重大运维事件完成后以及每年年底向省局信息办填报《信息系统运维工作报告表》。

2009年11月，省国税局提出运维项目组的经费实行预算管理，印发《信息系统运行维护任务书》，确定经费预算总额和经费使用范围，纳入每年的信息化建设预算。经省局领导审批同意后的经费预算报省局机关财务备案。信息办负责管理运维项目组经费使用情况，运维项目组应按年度或在项目发生调整、撤销时向信息办提交经费使用情况。在预算范围内，运维项目组组长审核并报经省局主管领导审批后由机关财务统一支付。运维项目执行过程中，若需追加经费，由省局信息办提出书面申请，报省局领导批准。

第六节　其他信息系统

综合办公信息系统

综合办公信息系统是税收行政信息系统的重要组成部分，主要为公文流转等日常行文提供信息化保障，自2000年以来，经过历次升级，已经建设成为集办公、行文、督查、信息等功能于一身的综合性系统。

2000年1月，省国税局按照国家税务总局关于全国税务机关计算机公文处理操作规程（试行）的通知精神，要求各设区市局抓紧做好计算机硬件设施的配置，公文处理知识和计算机基础知识的培训工作，为全面推行公文处理软件做好准备。

2003年1月，省国税局对综合办公信息系统进行版本升级，把系统改造成更先进更安全的基于J2EE三层架构的全省集中版综合办公信息系统。

2010年，综合办公信息系统仍在正常使用。

税务人员能级管理信息系统

2003 年 9 月，省国税局为配合推行的税务人员能级管理工作，开发了"税务人员能级管理信息系统"，以提升税务人员管理水平、信息化水平和管理效率。

2010 年，税务人员能级管理信息系统仍在正常使用。

税收执法管理信息系统

2004 年 10 月，省国税局按照国家税务总局要求，将南昌市国税局列入国家税务总局试点工作范围，推行"税收执法管理信息系统"（包括税收执法考核子系统、税收执法监察子系统）总体部署。制定推行工作方案、培训方案及培训教材，抽调相关业务和技术人员对试点单位进行师资培训。做好环境准备、系统安装、系统初始化等工作，以验证软件设计的功能、运行效率及各项参数设置的合理性。11 月，省局派员参加总局举办税收执法管理信息系统试点工作培训会议，系统培训了功能操作、系统初始化及参数设置和考核指标原理、系统环境要求说明、系统安装及配置、系统操作管理，为系统推行奠定了良好的人员基础。省局按照总局统一推行税收执法管理信息的要求完成了前期准备阶段工作，协助总局制定试点推行工作方案、培训方案及培训教材，确定试点单位，抽调相关业务和技术人员对试点单位进行师资培训。完成了人员培训、环境配置、软硬件设备安装调试等基础性工作。12 月，省局全面推行"税收执法管理信息系统"试点，并于 12 月 6 日成功上线运行。

为配合全国国税系统推行"税收执法管理信息系统"2.0 版的需要，切实做好税收执法信息系统（2.0 版）的全省推行工作，省国税局于 2006 年 8 月成立江西省国家税务局推行税收执法管理信息系统工作领导小组，由省局局长周广仁担任领导小组组长、相关局领导担任副组长，负责系统推行的组织、领导、协调工作；负责审定系统推行工作方案，部署阶段性工作；负责研究、处理推行工作中出现的重大问题；负责对上线单位的工作进度和质量的督导检查等工作。领导小组下设办公室，办公室设在省局政策法规处，负责修订并下发税收执法责任制度；落实推行工作实施意见；制定培训工作方案，组织培训；制定系统初始化工作方案，组织并指导各级税务机关完成数据初始化；硬件设备的配置、软件的安装维护；协调和解决推行工作中出现的问题。

2007 年 10 月 15 日，省国税局举办税收执法管理信息系统（2.0 版）培训班。培训各设区市国税局及直属分局、国际税务管理分局、开发区局、稽查局和各县（市、区）国税局负责系统管理的政策法规、监察和信息中心部门的相关人员。

2007 年 1 月，省国税局制订《江西省国家税务局推行税收执法管理信息系统工作实施方案》。在修订《江西省国税系统税收行政执法责任制度》基础上，围绕"打造数字国税，以税收信息化带动税收法制化"的目标，决定于 2007 年 5 月 1 日起在全省国税系统推行税收执法管理信息系统（2.0 版）。2 月 1 日，省国税局召开税收执法管理信息系统上线正式运行仪式视频会，副省长孙刚宣布税收执法管理信息系统上线正式运行，并下达税收执法考核指令。

2008 年 2 月，省国税局制定并发布《税收执法管理信息系统监察子系统管理暂行办法》，规范税收执法行为，强化税收执法监督，为做好执法运行维护和检查子系统的管理提供制度保障。

2010年，税收执法管理信息系统仍在正常使用。

网站群系统

2003年10月，省国税局外网网站正式建成开通，由江西省网络传播有限责任公司（中国江西网）承建，2006年改版时由江西世纪网络承建。省国税局内外网站均采用ASP+SQL SERVER数据库的开发技术，网络带宽为10M，采用多层防火墙方式实现内外网隔离，内外网站系统各装备1台HP服务器，内存为4G，硬盘容量分别为3x36.4G（内部办公网站）和6x72.8G（外部互联网站）。总体技术架构确定为在开发技术上使用J2EE架构技术，实现网站功能的跨平台应用；在硬件环境上部署高端刀片服务器；在网络带宽上外网接入达到100M；在数据库选型上采用ORACLE大型数据库。在软件平台上建设一个统一规范的门户网站管理系统和内、外网站两个服务平台，形成网站群系统，实现数据省级集中、内容一网管理的全新网站管理模式。强化门户网站的网络信息安全工作，在网络结构上采用2级防火墙＋1级网闸的组网方式，搭建内、外网网站的安全应用环境；与数据中心建设相协调，实现内外门户网站系统的准应用级灾备；增加入侵检测设备，增强日常安全管理监控，确保网站正常高效运行。借鉴外省经验，成立专职的网站管理机构，负责门户网站的日常管理；明确办公室、信息中心和各职能处室的工作职责，形成工作合力；做好自主运维与外包运维的协调，充分利用外部资源。

2008年7月上旬，省国税局派员赴安徽、湖北省国税局学习考察门户网站建设工作。同时，通过向有关单位和公司咨询，了解广东、福建国税和北京地税门户网站建设的有关技术，掌握总体技术架构、系统总体特点等情况，根据全省统一、内外网结合、全省全网点覆盖的要求制定了改造计划，于2009年1月1日完成改造。

2010年，网站群系统仍在正常使用。

第二章 硬件设备建设

1991 年至 2001 年，全省税务系统共购置计算机 6058 台，其中小型机 2 台，服务器 249 台，PII 以上微机 1315 台，586 微机 3023 台，486 及以下微机 711 台，各市、县（市、区）自购微机 633 台。2010 年底全省国税系统共有微机 14950 台，中小型机 18 台，服务器 427 台，10KV 以上 UPS 不间断电源 180 套，1991—2001 年，国家税务总局下拨的专项补助经费由初期 55 万元逐年增长到 600 万元，从 2002 年开始，随着金税工程的逐步深入，全省国税系统开始每年投入 2000 多万元金税运行经费用于信息化建设。

台式计算机从最初的 8086，京粤 286，AST/DEC 公司的 486、586，到 COMPAQ、Dell 公司的奔腾 1 至 4，再到联想、方正等公司配备 CORE i5/i7 的 PC 机。打印机最早配备的是用于办税大厅的针式票证打印机和财务部门的针式滚筒打印机，品牌为 DPK8200 、EPSON 1600k，之后升级到 EPSON690k、DPK 870、得实 7120 等机型。2005 年以后，办公事务处理基本使用激光打印机，主要机型为施乐 P8EX、3110、3116，无论在性能、速度和效率上都得到极大的提升，为满足防伪税控的需求，还配备有增值税专用发票扫描认证的高速扫描仪，以及用于发票发行发售的读卡器、金税卡、税控盘等一系列税控装置。

1992 年开始使用用于集中处理的小型机，国家税务总局按国家批准的财税信息管理系统进机计划，为省税务（国税）局和南昌市税务（国税）局各配发了一套 UNISYS U6000/65 小型机，当时仅运用于机关事务处理等工作，2001 年 5 月随着金税二期建设的全面铺开，全省共装备 IBM RS6000 系列（M80、H80）小型机、HP Superdome 中型机等合计 14 台，2006 年征管省级集中模式先后启用了 HP Superdome、IBM P595 等机型，2013 年随着"营改增"试点工作的推行，2 台 IBM 870 装备在省局数据处理中心机房，承担着全省税收业务的集中处理。磁盘阵列的存储容量也由最初的几百 GB 提升 20TB 以上。

第一节 信息化设备

1992 年，省税务（国税）局和南昌市税务（国税）局接收了国家税务总局配发的 2 套 UNISYS U6000/65 小型机，当时仅运用于机关事务处理等工作。2001 年 5 月，随着金税二期建设的全面铺开，全省配备了 IBM RS6000 系列（M80、H80）小型机、HP Superdome 中型机等合计 14 台，2006 年征管省级集中模式先后启用了 HP Superdome、IBM P595 等机型。

为落实 1996 年 1 月 1 日全面推行出口退税计算机管理的工作安排，江西省国税局于 1995 年

12月13日接收国家税务总局为各出口退税审批机关增配部分微型计算机及配套设备。其中微型计算机10台，AR3200打印机10台，平推式打印机1台，UPS10台。

1999年6月，江西省国税局接收国家税务总局计算机专项经费，此项资金主要用于解决"计算机2000年问题"，涉及软硬件设备的更换、修改、升级和国家税务局系统行政单位财务软件所需设备的购置以及其他软硬件购置。

2002年5月20日，金税工程稽核、协查系统硬件设备最终验收准备工作要求，省国税局及每个设区市局配置PC机36台，笔记本12台。8月27日，省局对各地仍在使用的计算机及各种外围设备（含网络设备）进行一次全面调查。9月5日，总局统一部署金税工程配备的IBM公司RS6000系列服务器（M80和H80）免费更换IBM服务器附带的磁盘阵列中现用的全部硬盘，并负责升级和恢复系统。10月24日，省局更换IBM小型机硬盘的工作正式开始。

2003年3月7日，省国税局增配省局中心机房和各有关处室部分机关设备，包括UPS不间断电源2台，高端路由器1台，激光打印机38台，PC机30台。5月16日，因总局要求MQ数据通道应于2003年5月23日前移植到符合要求的专用服务器上，省局采购CTAIS PC服务器12台。7月7日，为全面掌握税务系统计算机应用的基本情况，向总局税收信息化建设提供决策依据，省国税局在全省国税系统范围内做好计算机应用情况统计工作。10月15日，省局培训教室的装修及网络综合布线工程完成。12月8日，景德镇市国税局作为首个国税多元化电子申报系统推广单位，于2004年元月正式上线试运行。

为进一步扩大数据集中范围，实现总局和省局两级存储，省国税局于2004年2月购置2台PC服务器和11台PC机用于省局和11个设区市局，以满足工作要求。3月4日，根据能级管理实施范围、管理需求和全省国税系统机构设置情况，购置PC服务器2台作为主机（1台为数据库服务器，另1台为WEB服务器），设区市局及所辖县区直属局购置138台PC机作为终端使用。3月12日，省局在全省范围内推广多元化电子申报系统，进行设区市局所需设备采购招标工作。4月1日，省局开展多元化电子申报系统、能级管理信息系统、计财部门等计算机设备采购招标工作。

2005年8月31日，省局按照《江西省国家税务局综合征管软件V2.0版推广应用实施方案》的工作部署，为构建模拟环境购置PC服务器3台，PC机60台，激光打印机20台，交换机4台。10月19日，为推行2.0版CTAIS软件，省局购置20套PC机和10台激光打印机。12月7日，省局更新机关处室办公用台式计算机。

2006年2月，省国税局及各设区市局为监控安全购置配置PC机36台，笔记本电脑12台。2月底，省局采购24台服务器，其中省局2台服务器，每地市局2台服务器，用于安装安全审计系统和桌面安全防护系统。

2007年3月，随着金税三期建设的实施，为更好的保障全省安全体系二期建设、防伪税控、综合业务管理、执法监察、人事管理、车购税集中等系统在全省的实施运行，省国税局为各级国税局配备计算机设备，其中台式计算机960台，票证打印机314台，激光打印机215台。5月9日，为保障宜春、鹰潭市局机房计算机设备的稳定运行，省局跟标购买机房专用空调的续保服务。5月10日，省局为各级局配备防伪税控专用计算机设备，共发售金税卡145块，企业（税务）发行金税卡20块，认证报税金税卡 30 块，扫描仪 162 台。10 月 14 日，为推行税收执法管理信息系统和纳税评估信息系统，省局购置了一批计算机设备，其中台式计算机 581 台，激光打印机 416 台。

2008 年 3 月，江西省国税局和广州方欣科技有限公司共同开发的增值税网上认证系统在全省推广，为了便于纳税人自主选择购买扫描仪，在省局外网公布网上认证系统支持的扫描仪型号。3 月 12 日，配发萍乡市国税局经济开发区税务分局台式计算机 8 套，票证打印机 3 台。4 月 8 日，省局对在省局机关固定资产清理中已登记报废的旧计算机设备进行实物报废处置。6 月 12 日，随着网上认证系统的推行，购置认证服务器 10 台。6 月 17 日，省局配发 10 台 PC 设备给青原区国税局。7 月 28 日，数据处理中心部署总局新配发的存储 EMC DMX-3 及两台光纤交换机，增加采购两台博科 brocade DS 5000B 光纤交换机。9 月 5 日，根据总局金税工程 22 省 IBM 稽核服务器项目售后维护工作安排及合同规定，北京长天科技集团公司对 RS/6000 小型机和 7133-D40 存储进行现场巡检。

2009 年 2 月 1 日，江西省国税局接到国家税务总局信息中心《关于做好省级系统管理平台运行环境准备的通知》，按省级局需配备 PC 服务器 5 台，地市级局需配备 PC 服务器 1 台的要求做好了相关部署。

2010 年 4 月，省局采购 1800 台 PC 机、600 台打印机、127 台税控用扫描仪、60 台低端交换机，分配给各县、市（区）局办税服务厅、税源管理、纳税评估、出口退税、收入规划核算等部门。

第二节 同城异址数据备份体系建设

1991—1993 年，江西省税务（国税）局机房 40 多平方米。1993—2002 年省局机房面积 100 多平方米，功能区仅划分有开发室，主机区，电源室等区域。2000 年 8 月起，按照国家税务总局对金税工程网络建设机房环境的要求，对全省各市、县局的机房环境进行调查摸底，对不符合要求的机房进行整改。全省机房改造上累计投入近 2300 万元，各设区市及所辖县区局机房都铺设了防静电地板，安装防雷系统（电源防雷、信号防雷），强化防盗、防火、防高温等措施，2002 年省局主机房面积扩展到 300 平方米，2006 年省级数据集中，2009 年建立同城异址数据处理中心，机房面积达到 800 多平方米，该数据处理中心是省局税收信息系统核心生产基地和基础运行主平台，保障税收信息系统的安全、高效、稳定运行，设有主机存储、应用服务、系统涉密、监控测试四个功能区以及电源、空调、消防等附属区域。机房安装了先进的门禁、电力、空调、消防、监控等系统，室内全部采用阻燃、防尘、抗干扰材料装修。配有高性能 IBM/HP 小型机、EMC 存储设备、刀片式服务器、PC 服务器、交换机、路由器、网络安全、负载均衡、UPS 不间断电源及专用空调等设备，具有先进性、高可用性、高安全性、高可靠性、实用性等特点。

2008 年，江西省国税局开始建设同城异址数据备份中心，2009 年 3 月正式投入使用，实现两地三中心的网络结构，即省局数据处理中心、省局数据备份中心、南海远程灾备中心三位一体，数据处理中心和南海灾备中心通过一条 155M 的 ATM 线路互联，利用异步模式实现数据同步。省局到设区市局的广域网络带宽为 4M，采用三条专线，一条为移动的 MSTP 专线，带宽 4M，另一条为电信 MSTP 专线，带宽 4M，两条线路连接到省局数据处理中心互为备份，主要用于保证数据处理中心的应用。另一条为电信的SDH线路，带宽为2M，连接各设区市局和省局办公大楼数据备份中心，主要用于办公及视频会议。设区市局到县（市、区）局主、备均为2M，设区市局（或县局）到农村分局带宽为128K至2M。专线类型基本为SDH、DDN。全省共建设局域网络329个，并通过广域网络相连。全省国税系统严格按照总局金税网络IP地址规划静态分配IP地址。2009年省局对设区市局到县（市、区）局网络进行改造，由原先的每个设区市局1台路由器接省局、另外1台路由器接县（市、区）局，改为两台路由器同时接省局和县（市、区）局，消除了省局到区县局的单点故障，更好地保障了网络的稳定畅通运行。

数据处理中心建设

省局数据处理中心机房建设招投标工作由省局财务处牵头负责，南昌市局基建办具体协调处理，招标代理单位为江西方圆投资咨询中心，于2007年11月28日进行第一次公开招标。11月下旬，根据总局下发《税务系统省级数据中心基础设施建设规范》征求意见稿，初步形成江西国税同城异址容灾备份方案和机房设计需求。

2008年4月，省国税局完成数据处理中心机房设计方案。其中，南昌市局新办公大楼第7层为省局中心机房，其中机房区面积480平方米（含主机存储、外联内部服务器、涉密区、监控测试、电源、空调、消防等7个分区），办公区面积193平方米（含5间办公室和1间值班室）以及一个99平方米的培训演示室。设计施工招标的项目包括机房装饰工程、电气工程、防雷接地工程、综合布线、消防工程、场地监控及门禁系统。

2008年6月2日，"南昌国税综合业务用房计算机机房（D标段）工程"（含省局数据处理中心机房装修工程）由中国电子系统工程总公司中标。6月20日，南昌市局基建办、市局信息中心、南昌市局监察室以及信息中心有关人员，对项目工程监理公司进行了招标。6月23日，省局信息中心派员配合南昌市局基建办做好省局数据处理中心建设的协调和技术服务工作，确保工程质量。10月20日，南昌市局新大楼土建工程开始阶段，省局信息中心就数据处理中心机房建设要求专门与南昌市局基建办有关人员进行过多次详细的协商，为保障大楼及大型计算机设备安全，提出了电源、承载、运输和加固等具体要求。

2010年，数据处理中心仍在正常运转。

数据备份项目建设

2006年8月6日，省国税局按照《国家税务总局关于启动省级集中应用系统平台建设工作的通知》要求，实施主机系统规划、综合征管软件数据迁移和防伪税控系统全省集中，包括主机及存储系统实施、综合征管软件数据库迁移、防伪税控全省集中且与稽核、协查系统共享数据库服务器等工作内容。

2007年8月27日，为加强省级局的计算机主机系统的管理，省国税局接收国家税务总局为江西省国税局配备的5台UNIX主机，分别是2台IBM P595、1台IBM P570和2台HP Superdome。这5台主机分别安装总局下发和省局自行开发的应用系统。9月，省局结合本省同城异址数据备份建设需要,将中等档次的 IBM P570 部署在数据备份中心,平时承担本省自行开发的应用系统的运行,灾难发生时,作为业务系统的备份主机,接管数据处理中心的主生产业务。在总局推行软件得到满足的情况下,如有富余资源可以运行自开发软件,暂不考虑为各地增配设备和扩容,各地自开发软件所需的主机系统可申请按总局协议供货价格采购。省局根据情况采用同城异址数据备份方案,基于准应用级标准,备份用机采用 P595,以便更好地实现与生产主机的灾备衔接。

2008 年 3 月,省局组织人员实施江西省国家税务局同城异址备份项目。建设目标是基于新机房(南昌市局新大楼六、七层)建立具有更高处理能力的数据处理中心,实现各类核心业务系统的集中运行;基于原有机房(省局十三楼中心机房)建设同城异址数据备份中心,保障数据备份的完整和关键应用的不间断运行,备份级别为"准应用级",核心应用系统即面向税收业务(纳税人)的税收业务处理系统,主要包括综合征管、防伪税控、稽核、协查、税控收款机、货运发票、车购税、出口退税等,在数据处理中心失效时,通过人工方式在一定时间内对同城异址备份中心进行调整后进行接管,保障这些系统短时间内恢复运行。非核心应用系统即面向税务内部的应用系统,主要包括公文处理、财务系统、执法监察、FTP 系统等,仅对数据进行异地备份,保证数据不丢失。数据处理中心数据库服务器为 5 台中型计算机。其中 IBM 服务器 3 台、HP 服务器 2 台、光纤交换机 2 台,应用服务器为 2 套 28 路刀片服务器,存储设备 1 套由总局配发,数据备份中心数据库服务器使用 IBM P595 型中型计算机,应用服务器为已有的一套 14 路刀片服务器、PC 服务器,光纤交换机、存储设备采用现有设备。

2008 年 5 月,同城异址数据备份方案得到国家税务总局认可和肯定,数据处理中心新增配套设备授权采购书通过了总局采购中心审批。根据灾备建设需要,将业务数据按照业务中断时间需求长短划分为三类:核心业务、重要业务、一般业务。核心业务系统包括综合征管系统、防伪税控系统、发票稽核、协查系统等直接针对纳税人的应用系统;重要业务系统包括办公系统、人事管理系统等主要针对税务机关内部的应用系统;一般业务系统主要为江西省自行开发的管理系统,如税收业务综合管理系统等。省局同城异址备份为准应用级别,数据处理中心平时承担核心业务系统和重要业务系统运行工作,数据备份中心平时处理一般业务系统。数据处理中心和备份中心存储设备之间数据同步复制,当数据处理中心发生重大故障,业务短时间难以恢复,备份中心则通过手动操作,停止其原先处理的一般业务,以接管数据处理中心的核心业务。数据处理中心为生产业务处理平台,由负责处理核心业务和重要业务系统的 UNIX 主机、存储设备、光纤交换机、应用服务器等组成。数据备份中心由负责处理一般业务系统的 UNIX 主机、存储设备、光纤交换机、应用服务器等组成,确保灾难发生时接管核心业务。

2008 年 6 月 10 日,为配合同城异址灾备项目建设,江西省国税局同步进行了全省网络系统改造,以保证省到市、市到县网络双路由、双线路连接。省局与各地原有的网络连接包括连接线路与连接设备(8M 捆绑链路)暂时不变,作为省到市连接的备份链路,省局将增加一条 8M MSTP 链路作为主链路连接到各设区市局 NE05 路由器上,两条链路互为主备。在正常情况下,各地通过主链路访问省局数据处理中心(新机房系统)、通过备用链路访问备份处理中心系统(省局老机房系统)及总局系统。为保障改造后市、县双设备、双链路连接,消除单点故障,拟将原主、备链路在市局分开连接，主、备链路分别连接在 NE08 与 NE05 两台路由器上，如市局与农村直接相连，则连接链路保留在 NE08 上。对全省范围内的安全系统、网络系统的配置进行修改，对省、市两级网络和安全系统进行改造，是一次全省范围内的网络改造工程。省局统筹着手网络改造的实施方案的设计，因各地原有的网络连接方式差异较大，为保证方案的可靠性和可实施性，必须对各设区市局现有的网络连接及改造后的网络连接进行详细分析，统计市、县之间主、备链路分开连接后 NE05 设备上 E1 模块的最少缺省数量，考虑可能存在的问题并提出合理化建议，由省局统筹组织实施。

2008 年 10 月，省国税局信息中心与网站群建设中标单位广州市方欣科技有限公司就内外网站群项目平台进行规划，按照经济实用、适度前瞻、安全可靠，充分考虑可维护性和可扩展性的原则，形成《江西省国家税务局内外网站群项目平台规划方案》。内外网站群采用三层体系架构，数据库采用 Oracle9i，主机及服务器操作系统分别采用 AIX、LINUX 和 WINDOWS 2003 操作系统，中间件采用 WEBLOGIC。网络与安全上采用 1 级网闸 +2 级防火墙的架构，采取两条 INTERNET 线路接入负载均衡的措施确保网络畅通，同时采用入侵检测实现对网站的保护。在系统平台的设计上分为四层：即 INTERNET 接入层、Web 层、应用层、内网层。其中 Internet 接入层主要完成两条 INTERNET 线路接入，并经过负载均衡设备和防火墙把用户请求转发给 Web 层。Web 层接收 INTERNET 接入层的用户请求，通过防火墙后根据相应的配置策略，分别转向相应的服务器，如是访问门户应用，则转向 Portal（门户）服务器，如是访问业务应用，则转向 Wssw（业务）服务器。应用层是网站的主要功能区，完成网站所有的业务处理，一方面与内网层进行数据交换，另一方面把用户请求处理后反馈给用户。内网层是指现有的金税工程网络，在本项目中通过内网的代理服务器和应用层进行数据交换，主要是部署综合征管软件等应用系统。设备规划情况，在项目的各个层次都要部署不同的设备，需要配备 web 服务器、邮件短信服务器、媒体服务器、磁盘阵列、负载均衡设备、交换机、网闸、防火墙以及入侵检测设备等，还有附属设备视频采集卡、系统管理电脑，以充分利用现有设备，减少资源浪费。

2008 年 11 月 20 日，省国税局数据处理中心新机房环境准备工作完成。完成具体迁移方案规划及应急预案制定，空调加电调试，机柜及电缆铺设，机房监控设备安装、网络及安全方案的设计等工作，完成应用系统的迁移规划，应用系统上线后加载测试、校验方案等工作。

省国税局同城异址数据备份项目于 2008 年 11 月 20 日正式启动，项目整体进展顺利，省局数据处理中心机房于当年 12 月 8 日装修完成并交付使用，将两台 IBM P595 小型机、1 台 EMC DMX-3 存储设备、两套 IBM 刀片服务器、两台光纤交换机、项目所需网络设备以及内外网站群项目所需设备顺利搬迁至数据处理中心新机房，并加电运行，总局技术支持队伍在省局开展了相关工作。

2008 年 11 月下旬至 12 月上旬，省国税局对设备及网络进行安装集成。设备小组完成数据处理中心两台新 IBM P595 主机搬迁、分区、光纤布线，综合征管系统生产存储由 DMX-3 切换至 DMX800，DMX-3 存储设备从备份中心搬迁到数据处理中心，刀片服务器上架安装、调试，数据处理中心光纤交换机到货安装、与数据备份中心光纤交换机联调等工作。设备小组同时完成了内外网站群项目的设备到货、验收和集成工作。网络小组完成了数据处理中心局域网部分的网络与安全系统集成，两条互联网专线的接入、互联网集成、调试，省局主、备数据处理中心通信城域网部分网络与安全系统集成，广域网线路租赁及全省网络及安全系统改造等工作。应用小组完善各应用系统的迁移规划，并制定详细的迁移计划和方案，对每个应用系统做出详细规划。

2008 年 12 月中旬至 2009 年 1 月中旬，江西省国税局进行应用环境准备。设备小组完成综合征管系统、防伪税控、稽核协查系统、货运发票管理系统、车购税征管系统等应用系统的应用服务器的导出备份与导入，数据处理中心刀片服务器系统环境准备，存储局域网搭建、主、备存储数据增量同步复制等工作。网络小组完成数据处理中心局域网搭建，应用服务器 IP 地址重新配置，裸光纤链路性能测试等工作，各安全域安全策略调整，各安全域互联互通调试。逐步进行全省网络及安全系统改造工作，完成全省网络联调。完成了主、备数据中心、广域网络、互联网等互联互通调试。应用小组完成数据处理中心应用系统加载、测试及校验，综合征管系统等应用系统的应用服务器、WEB 服务器环境准备及应用部署等工作。

2009 年 1 月中旬，江西省国税局进行硬件、软件环境正式迁移。按计划完成所有应用系统迁移工作，确保第一类直接面向纳税人的应用系统迁移成功并上线运行。设备小组完成数据备份中心 IBM P595 与 IBM P570 双机环境切断、IBM P570 搬迁至数据处理中心及重新配置，主、备数据中心光纤交换机互换，HP 主机、磁带库、NAS 设备等搬迁至数据处理中心及新环境加载认盘，刀片服务器搬迁至数据处理中心，数据备份中心 IBM P595 系统环境配置变更。应用小组完成应用系统的迁移以及主、备数据中心系统测试与校验等工作。网络小组完成主、备数据中心 IP 地址调整，安全系统配置，各安全域互联互通调试等工作。

2009 年 1 月下旬，江西省国税局进行数据备份中心重新构建实施。与数据处理中心启动数据复制机制，双中心正式并行运行。设备小组完成数据备份中心 IBM P595 重新配置，存储局域网重新构建，启动同城和异地（至总局南海数据中心）基于存储级数据复制，数据处理中心设备监控等工作。应用小组完成备份中心应用系统的部署以及主、备数据中心应用系统监控等工作。网络小组完成主、备数据中心链路监控等工作。2 月 1 日，江西省国税局主、备数据中心上线运行。

2009 年 3 月 1 日，江西省国税局数据处理中心及同城异址数据备份项目按计划圆满完成并投入应用。项目实现设备、网络及应用的搬迁、部署和上线运行，构建同城异址数据备份体系，实现两中心的准应用级备份。数据处理中心所有应用系统的业务数据在数据备份中心全部进行实时备份，在数据处理中心出现灾难性故障时，可以在 2 小时内通过手工的方式接管部分核心应用系统，两中心分别与设区市连通广域网并实现互备，保障应用系统连续和高可靠运行。

中心参照税务系统省级数据中心基础设施建设规范，结合金税三期实施方案要求，严格按照国家 A 类机房标准建设，项目建设工作共历时四个月，历经数据处理中心新机房装修、设备及网络安装集成、应用环境准备、正式迁移、数据备份中心实施、主备数据中心正式上线运行等六个阶段。数据处理中心的主要硬件设备有：8 台小型机（其中 IBM P595 2 台、IBM P570 1 台、HP SUPERDOME 2 台、IBM M80 3 台）、2 台存储设备（EMC DMX-3 和 HP VA7400 各 1 台）、2 台光纤交换机（博科 ED24000B）、1 台磁带库、3 套刀片服务器（IBM JS21 共 42 台）、25 台 PC 服务器。数据处理中心的主要网络及安全设备有：核心交换机 4 台（H3C 7506）、核心路由器 3 台、3 层交换机 10 台、CWDM 波分复用设备 2 台、负载均衡设备 3 台、硬件安全系统 20 余台。数据处理中心与备份中心通过两对裸光纤实现千兆级的互联互通，与各设区市局通过电信、移动各 4M 共 8M 相连，还开通电信 20M、网通 10M 两条因特网链路，实现与 6 个银行及总局数据中心（南海）灾备机房的网络通信。在数据处理中心运行的应用系统主要有：综合征管软件、防伪税控系统（含失控发票快速反应系统）、增值税发票稽核系统（含机动车发票稽核系统）、增值税质量管理系统、抵扣凭证审核检查管理信息系统、协查信息管理系统、货运发票税控系统、车购税征管系统、成品油管理系统、出口退税审核系统、财务管理系统、人事管理系统、税收执法管理信息系统、多元化电子申报纳税系统、网上认证系统、出口退税远程申报系统、内外网站群系统等 20 个应用系统。

按照江西省国税局同城异址备份项目实施规划，省局原机房被改造为数据备份中心，主要承担面向纳税人的核心业务系统灾难发生时接管工作。在数据备份中心的主要硬件设备有：5 台小型机（IBM P595 1 台、M80/H80 4 台）、1 台存储设备（EMC DMX800）、2 台光纤交换机（博科 5000B）、1 套刀片服务器（IBM JS21 共 14 台）、15 台 PC 服务器。数据处理中心的主要网络及安全设备有：核心交换机 3 台（H3C 7506）、核心路由器 2 台、2 层交换机 5 台、CWDM 波分复用设备 2 台、安全系统 20 余套。数据备份中心的局域网络架构保持不变，数据备份中心与各设区市局通过电信 4M 链路互连。项目实施后，承载各业务系统的主机、存储等关键设备的性能、稳定性较以前均有大幅度提升，各业务系统得到进一步优化，可保障省国税局业务系统的业务连续性与可靠性，降低税收数据丢失风险，为总局金税三期灾难备份建设提供了理论和实践参考。

2009 年 4 月，同城异址灾备项目先后完成方案设计、数据处理中心网络综合布线、网络与安全设备选型采购、数据处理中心网络建设、备份中心网络改造、全省网络改造、数据处理中心安全体系建设，圆满完成同城异址灾备项目的网络与信息安全建设，有效提升了省局集中平台的网络性能。备份中心机房网络综合布线主干为千兆，百兆到桌面，交换机的电口为 100M，数据处理中心网络综合布线主干为万兆、千兆到桌面、交换机的所有端口均为 1000M，服务器的网络连接速率由百兆提升到千兆，网络连接速度得到数十倍的提升。省局到设区市局新增一条 4M 链路，省局连接设区市市局由原有的 8M 提速到 12M，链路带宽瓶颈得到缓解，全省访问省局平台更加畅通。设区市局通过双设备、双链路分别连接数据备份中心、数据处理中心、县（区）局，且链路互为主、备，消除省、市两级及省市间网络连接的单点故障。实现了网络灾备，由于全省国税系统采用动态路由协议，正常情况下，全省国税系统访问主、备数据中心通过不同的链路，链路负载分担，一旦主或备数据中心发生灾难性事件，现有的网络连接方式及技术能够保障全省访问省局集中处理平台的网络 24 小时不中断。数据处理中心与省局机关内网及其他广域网络接入通过防火墙逻辑隔离，将其相对独立出来并进行重点安全防护，提升数据处理中心的安全性。从物理和逻辑上将新机房网络信息系统划分出广域网络接入、核心业务区、内外网数据交换区、一般服务器区、安全应用区、办公区、涉密区、开发调试区等安全区域，实施基于安全等级保护的安全防护，构建基于纵深防御的安全防护体系。项目建设完成后，为保障全省网络信息系统的正常运行，强化对全省网络系统的监控管理，省局在对全省各市局网管人员培训的基础上，部署实施了与北大青鸟公司合作开发的"省局集中版网络监控系统"，实现对全省国税网络系统的分级管理和运行状态的实时监控。

税收核心业务系统灾备演练

2007 年，江西省国税局被国家税务总局列入全国税务系统灾备试点项目 6 个试点单位之一。

2008 年 3 月，省国税局同城异址灾备项目正式立项。按照国家税务总局全国国税系统容灾备份系统项目建设要求，省局在新大楼机房环境未准备到位的情况下，采取过渡方案，将总局新配发的 DMX-3 存储部署在现省局机房，并实施数据迁移，同时启动至南海灾备中心数据备份工作，然后将 DMX-3 存储迁入，在 7 月份完成项目验收。灾备试点实施工作圆满完成，综合征管系统正式列为容灾备份系统备份对象，灾备基于数据级存储复制方式实现。

2009 年 3 月 1 日，省国税局数据处理中心及同城异址数据备份项目按计划投入应用。通过设备、网络及应用的搬迁、部署和上线运行等步骤，构建同城异址数据备份体系，实现两中心的准应用级备份，即数据处理中心所有应用系统的业务数据在数据备份中心全部进行了实时备份；在数据处理中心出现灾难性故障时可以在 2 小时内通过手工的方式接管部分核心应用系统。省局在启动同城异址灾备系统的同时，恢复至总局数据中心（南海）异地灾备系统，为试点项目进行扩容，备份防伪税控系统等应用系统环境，进行核心生产系统应用级灾备演练。

2009 年 4 月 22 日，国家税务总局在江西省国税局举行综合征管系统南海容灾演练，演练模拟江西国税数据中心发生灾难，导致生产中心无法承担生产任务，需要启用南海远程容灾中心承担江西国税业务运营任务。演练开始后，将江西国税综合征管业务系统虚拟切换至南海远程容灾中心；选择南昌市 5 个城区的部分业务终端，完成选定的业务操作，并对操作结果进行核查，以验证南海远程容灾系统的可用性。演练旨在确保江西省国税综合征管容灾系统的可用性和灾难恢复流程的有效性，在启动容灾中心接管业务时，跟踪和记录综合征管系统的业务响应指标，收集容灾系统的技术指标；培训相关维护人员，优化容灾相关业务和技术流程。4 月 24 日 9：30 到 18：00，税收核心业务系统灾备实战演练正式开始，演练的税收核心业务系统包括综合征管系统、车购税征管系统、防伪税控系统、货运发票系统。演练业务为正式业务，数据写入省局备份中心生产数据库，演练对基层业务和纳税人是透明的，除参加演练的系统登录地址有变化外，其他工作与日常无异，演练的业务包含 4 个演练系统的全部功能，外围系统除多元化电子申报纳税系统因不在征期暂停使用外，其他系统如网上认证系统等均正常使用，这次演练在全国税务系统属于首次，具有里程碑意义。通过演练期间实际业务的监测和基层对演练情况的汇报，参加演练的 4 个系统（含网上认证系统）各模块功能正常，综合征管软件数据能够同步到防伪税控系统、出口退税系统、货运发票系统，车购税征管系统数据正常写入综合征管软件，网上认证系统正常运行。各系统业务办理速度与现有生产系统无明显差异。据统计 24 日演练期间核心业务系统办税主要情况如下：综合征管软件办理税务登记 89 户，税款开票 2405 份，涉及税款 10489752.46 元，发票发售 873 户（其中专用发票 10748 份，普通发票 6933 本），文书受理 553 份；车购税系统办理新车征税 1201 辆，征收税款 5309762 元；货运发票系统认证货运发票 2001 份，涉及税额 1061285.84 元；防伪税控系统认证专用发票 30934 份，认证抵扣税款 494017573.78 元。通过对主机的监控，演练期间灾备系统的主机 CPU 压力和 MEM 使用情况基本在合理范围内，能满足应用系统的运行。

灾备演练期间，全省广域网络线路运行情况基本正常，没有出现线路中断、网络拥塞等异常现象。演练期间全省各设区市到省局备份中心的网络带宽为4M，从网络监控软件上看，由于是暂时停用FTP服务，同时又不在征期高峰期，网络流量相对较小，4M的网络带宽已经能够满足演练的需要。最大带宽占用出现在赣州，8点钟端口平均流出速率为1M/秒。通过对综合征管软件等应用系统WEBLOGIC中间件软件性能的监控发现，WEBLOGIC中间件整体运行没有出现等待事件，吞吐量正常，内存回收正常，系统压力不大，演练完全成功，达到了预期目的，可以保证在数据中心发生灾难的情况下接管税收核心业务系统的应用。

第三节　视频会议硬件平台建设

2004年12月，省国税局根据国家税务总局信息中心《税务系统视频会议会场环境建设规范》要求，对全省国税系统各视频会议会场情况进行全面勘察，确定省局符合条件的会场有16楼会议室和11楼会议室，参照总局实施意见，提出三套视频会场改建方案，包括对16楼会议室进行改造方案、对11楼会议室改造方案和13楼新建会场方案。2005年1月11日，根据总局《税务系统视频会议会场环境建设规范》的要求，省局信息中心将13楼1301（原网吧）和1303（网络科办公室）办公室合并改造为省局视频会议会场，会场建设费用由省局基建办核准。

2005年3月，省国税局制定了《江西省国家税务局视频会议室建设招投标方案》，此次视频会议室建设的主要内容包括视频、音频设备的采购，视频会议室的装修以及系统集成。

2005年9月，省国税局构建电视电话会议系统，信息中心负责省、市二级视频会议建设方案。地市级视频会议设备由省局统一采购、下发，要求各设区市局10月下旬前厉行节约做好视频会议会场布置工作。按照《国务院关于做好建设节约型社会近期重点工作的通知》的精神，结合本地实际情况，充分利用已有资源，在现有会议室基础上，适当增加必要的灯光、音响、背景等设施并将网络信息点布置到位。

2005年11月9日，省国税局信息中心制定系统建设方案及整体预算，根据视频会议需要和现有省局设备和全省网络配置情况（省—市为2条4M链路，市—县为2条2M链路），采用市局会场2Mbps会议带宽，县局会场768Kbps会议带宽接入的方案，以保证图像高质量传输和双视频流功能的需要。全省国税系统办税大厅监控系统是与视频会议系统完全独立的一套系统，各设区市局1个主要办税服务厅、各县（市、区）局1个主要办税服务厅均有安装，全省共计120多个结点，每路图像的实时传输占用网络带宽为512Kbps，不适用监控多个结点情况，否则会影响网络上数据的传输。在市县区局每个纳税大厅配置1台一体化摄像机监控整个纳税大厅的情况，通过数字与模拟的视频服务器接入到每个市县区局的局域网和广域网，通过广域网实现省局对地市县局纳税大厅的监控。视频会议和监控系统增购设备包括视频会议系统MCU多点控制单元8套（需8块ENIL和2块NILAN接口板），视频会议终端100台。其中，分配给省局16楼会议室和南昌市局，摄像设备100台，监控系统一体化彩色摄像机120台，视频服务器120台。主会场需3人操作，各分会场需2人操作，由于基于IP网的视频系统需要QOS保证，而IP网在QOS保证方面先天不足，在县级网络设备为中低端产品，QOS 保证不足尤为明显，可能会影响视频与语音的传输质量，为了提高 QOS 性能，对部分网络设备进行了更新升级。

2005 年 11 月 24 日，考虑全省实际税收资源情况和保护投资的需要，省国税局决定视频会议系统建设分两步实施，先期实施省市两级视频会议系统建设，采购视频终端 12 台，摄像设备 10 台。12 月 21 日，省国税局正式实施省、市两级视频会议系统，以最大限度地利用全省现有网络资源。省局信息中心从 12 月 1 日起，对设备情况、集成费用、与南昌市局现有视频会议系统连通等问题与中兴通讯公司、中软公司、江西思创公司、江西泰豪公司进行了咨询和联调测试。为保证建设质量和节约时间，最终选择总局视频会议系统集成商中软公司为江西省国税局此次项目实施公司。

在充分考虑到网络安全、网络带宽资源、视频会议系统易于管理和维护等多方面情况的基础上，在现有金税网络未扩容改造的情况下，省国税局信息中心于 2006 年 7 月 4 日制定全省三级视频会议系统建设方案。全省视频会议系统端点分布在全省 81 个县级单位上，距离所辖设区市局较远的九江市庐山风景区局，需要配置视频终端设备，其余距离所辖设区市局近的区局到市局开会或培训，可根据实际情况需要，用软终端方式接入 MCU，充分利用网络空闲带宽，减少购置视频终端的费用。

江西省国税局视频会议系统实施方案采用基于 IP 协议的 ITU － TH.323（基于分组网络的多媒体通信系统协议）框架结构组网，由于省局现有 MCU 可提供 32 路 768K 线路接入，对于所属县网点比较少的新余、鹰潭、景德镇、萍乡等 4 个市局，其全部会议电视终端（软硬终端）可以直接向省局 MCU 进行连接注册、参加会议，不需购置视频会议 MCU 设备。如：景德镇市局"1Mbps*2 个县网点 + 1Mbsp*1 个市局网点 = 3072Kbps < 4Mbps"，即可不予购置。经统计，南昌、赣州、吉安、九江、抚州、上饶、宜春等 7 个设区市局均需配置 MCU，先进行会议带宽汇聚，然后再整体级联至省局 MCU 上。

2006 年 10 月，省国税局基本完成省、市、县（区）3 级国税视频会议系统建设。11 月 1 日，为强化视频会议系统利用网络资源的分配、监控和管理，保障视频会议系统的顺利实施，保障视频会议系统的安全稳定运行。省局对各设区市局视频会议网络资源进行分配规范。IP 地址分配上对需要安装 MCU 的设区市局视频会议 IP 地址网段统一用"82.*.19.193—82.*.19.254"共 62 个 IP 地址，其中"82.*.19.193"分配给 MCU，"82.*.19.194"分配给 ZXMS80 管理服务器，其他需要用到的 IP 地址由中软公司工程师负责从该网段中分配使用。其他设区市局视频终端可暂时保留原有 IP 地址。县区局视频终端 IP 地址暂由各地统筹分配，在分配 IP 时充分考虑管理的方便性和 QOS 策略配置的可行性。防火墙策略调整（仅限安装 MCU 的设区市局）将会议系统部署在防火墙外面，由安全岗管理人员在省局和各县（市、区）局两台防火墙上各增加一条规则，对 IP 地址以"82.*.19.192"开始子网掩码为"255.255.255.192"的网段，对所有地址服务全开放，同时其他所有地址对该网段服务全开放。广域网络带宽管理方面为保证视频会议系统的顺利实施，在视频会议系统安装调试阶段全省暂不考虑增加网络带宽和 QOS 路由器配置。

2010 年 6 月，根据国家税务总局有关要求，省国税局对全省国税视频会议系统运行状况进行全方位调研。省局视频会议系统自 2005 年底启动建设，信息中心完成了有关集成工作，为 7 个设区市局购买 7 台 MCU 视频多点控制设备，新余等 4 个设区市局的所有终端直接级联到省局，减少了标配的视频 NLAN 控制卡数量，各县区局只配置视频终端设备，未配置硬盘录像机。通过摸索调试，解决了南昌市局 2005 年前自建的视频会议系统终端与省局 MCU 设备连通等技术难关，避免设备闲置，节约了大量资金。全省国税视频会议系统共有 123 个节点，保障了总局和省局视频会议的及时召开，也保障了总局和省局有关培训的顺利组织。特别是在 2006 年省级集中版综合征管软件上线仪式和 2009 年总局在省局进行核心业务系统应用级灾备演练中发挥了重要作用。

2010 年 6 月，省国税局要求进一步加强和规范视频会议系统管理，由办公室、信息中心、服务中心按照各自职责明确专人负责，共同做好视频会议的组织、技术保障及后勤服务保障工作，并将各地参加视频会议和培训及会场纪律等情况纳入年度目标管理考评。7 月，省局信息中心对进一步做好视频会议系统技术保障工作进行部署。在省局组织的技术培训上增加视频会议技术保障培训内容，对新增开发区局视频会议系统进行扩容，对视频系统的维保工作进行明确，对各设区市局视频会议的质量提出了要求，提高了视频会议图像和声音效果。

第三章　计算机网络与安全建设

1994年国家税收体制改革以来，江西国税系统的网络与信息安全建设和管理步入快速通道，随着金税一期、二期工程的铺开和完成，以及将要实施的金税三期工程，特别是伴随着信息高速公路的理念进入国内，江西国税努力构建了全方位、立体式的网络架构。通过开展一期信息安全建设，投资近百万元建立了信息安全防护、监控、审计体系，之后又在国家税务总局统一部署下连续开展了一、二期安全防护系统建设，共部署硬件防火墙系统50余套，硬件入侵检测系统25套，搭建了全省桌面防护网络管理等安全管理平台。这一系列措施使江西国税系统建立了从无到有的网络及信息安全管理体系，建设了专业化、复合型、有梯度的管理人才队伍，为江西国税构建各类管理信息系统打下坚实的网络基础，为各类软硬件的使用和数据信息的流动、保存、应用创造了安全运行环境。

第一节　网络建设

内部网络建设

1994年，省国税局着手自行研究开发"基层税收管理系统"，并着手建立部分基层单位的小型局域网络，实现一定范围内信息的共享，并将税收的业务处理和信息管理初步整合起来，为今后各级税务部门及职能部门进行宏观调控和微观管理所需及时、准确、完整的信息作好相关准备，也为下一步广域网络建设奠定坚实基础。此后，随着技术的发展和硬件水平的提高，逐渐使局域网络规划遵守弱电综合布线标准（EIA/TIA568国际标准），采用以太网络技术确保百兆以上。对局域网节点、设备的配备逐步加强，管理也越来越规范，局域网的建设逐步和广域网建设融合、同步，逐步消除网络瓶颈，网络运行和维护的效率不断提升。

1996年3月，省国税局和11个设区市国税局按照国家税务总局要求，利用国家电信部门X.25公共分组交换网顺利联通部署联接本地局域网和全国广域网的全国税务系统主干计算机广域网络。该广域网主要运行"增值税专用发票交叉稽核系统""出口退税专用税票认证系统"和"增值税专用发票丢失被盗报警系统"等。

2000年，在国家税务总局统一部署下，省国税局着手准备金税工程网络全面建设。在各级领导重视、电信和集成商紧密配合支持下，克服种种困难，在全省金税工程网络136个节点，共安装各种设备1563台，组网176个，改造机房67个，申请11条64K、1条2兆的帧中继专线，各个单位备有4条直拨电话线作为备份线路，维护设备475台。2001年1月20日凌晨3时，全省国税系统所有专线单位联网成功，提前 40 天完成了总局的目标要求，并于 6 月 21 日正式开通运行，比总局计划提前 10 天。

2001 年，省国税局按照"提高速度，稳定运行，确保安全"的要求，不断完善现有的三级计算机骨干网，建成与税收业务发展相适应的"信息高速公路"。9 月，省国税局在新余市国税局开展"三改一推"（征管、机构、人事三项改革，推行 CTAIS 系统），经过 3 个多月努力，2002 年 1 月 1 日，CTAIS 系统一次上线成功，网络运行畅通。从 2003 年开始，CTAIS 系统开始在其他地市逐步推广，各地市稳定的网络运行环境再次保障了系统全面顺利上线。

2003 年 5 月，结合网络改造升级和信息安全的现状，省国税局与高等院校或专业公司协作开展对省局和设区市局的网络系统管理人员的中高级网络技术培训。

2004 年，建成省局、地市局、县局、农村分局四级网络信息系统。其中地市局级含 11 个节点，县局级含 99 个节点。三级系统通过广域网相连，省国税局通过国税骨干网与国家税务总局连接。全省国税系统信息点数按省局 200、地市局 150、县局 100 计算共有信息点数 12400。

在扩大网络覆盖面的同时，省国税局根据实际工作需要，于 2005 年上半年实行了网络改造和扩容，提高运行效率，扩容后四级广域网运行顺畅，全省网络系统有 473 个局域网、314 个广域网络，网络设备有思科、北电、华为、迈普、博达等品牌。下半年，省国税局开始推行 2.0 版"综合征管软件"，为保障网络畅通高效，省局到设区市局的带宽扩容，同时增加路由设备和交换机。网络带宽由 4M 升级到 8M，专线同时采用了电信、移动两家运营商的线路，确保了主干网络线路安全。网络传输采用均衡技术，确保了 CTAIS 集中网络传输，加强网络传输管理，确保 CTAIS 主业务最低带宽 4M。

2006 年 1 月，根据国家税务总局网络建设规划，省国税局将原有的连接国家税务总局的 X.25 专线通信用 ATM 专线升级替代。从当年开始，省国税局对全省广域网络线路运行情况进行定期通报，密切监视各设区市局带宽使用率，督促相关单位及时消除广域网线路通信故障。7 月份，省国税局对电信专线接入方式进行改造，将原有的 PDH 线路改为 SDH 线路、CE3 接入方式改为 CPOS 接入方式，基本消除了单点故障隐患，线路维护更为简便，全省广域网络线路运行更加稳定。下半年，针对数据集中对网络的安全稳定运行提出的要求，为保障省局集中后网络的稳定运行，省国税局为防范各种突发事件，着手制定网络应急预案并要求全省各级国税系统因地制宜，相应制订切实可行的网络应急预案。12 月，针对全省国税系统网络体系存在缺乏配件、冗余不足等问题，经分析研究，增购了相关设备与配件予以解决。

2007 年 3 月，省国税局为满足总局金税三期的组网要求，规范网络电路租用费用，提升网络电路服务质量，统一网络组建技术规范，提高网络设备的运行效率，保障全省国税内网络的安全、稳定、高效运行，启动对网络通信线路租用及广域网络改造。要求"市局—县局"采用主备两条 2M 带宽的网络链路，"市（县）局—农村分局"采用 1 条 2M 带宽的链路。主备两条链路尽量选用两家不同营运商的 SDH 线路，如选用一家营运商，则备用线路应该采用其他（DDN、ATM、FR 等）接入方式，备用线路带宽为 128K~2M，需具备平滑升级到 2M 带宽的能力。为简化广域网接入、减少路由器投入及维护成本，在条件成熟的农村分局采用以太网接入方式（MSTP）。11 月，为构建金税工程（三期）容灾备份体系，总局选定广东国税、广东地税、江西国税、江西地税、深圳国税、厦门国税 6 个容灾备份试点单位。总局数据中心（南海）至各试点单位主要采用 155M 和 34M 两种带宽的网络线路，江西国税和广东国税采用 155M 带宽的 SDH 链路，其他 4 个试点单位采用 34M 带宽的链路。

为做好同城异址备份中心建设，省国税局参照总局金税工程（三期）网络建设规划，于 2008 年 1 月完成数据处理中心新机房局域网建设、主备数据中心网络互连、主备数据中心与设区市局网络连接。5 月，随着技术发展和总局规划，关闭了国家税务总局与省局间的帧中继线路。同年年底，开通至国家税务总局南海数据中心的 155M 数字电路。

2009 年 3 月，省国税局数据处理中心及同城异址数据备份项目实施工作顺利完成，数据处理中心有核心交换机 4 台（H3C 7506）、核心路由器 3 台、3 层交换机 10 台、CWDM 波分复用设备 2 台、负载均衡设备 3 台、硬件安全系统 20 余台。数据处理中心与备份中心通过两对裸光纤实现了千兆级的互联互通，与各设区市局通过电信、移动各 4M 共 8M 相连，开通了电信 20M、网通 10M 两条因特网链路，实现与 6 个银行及总局南海灾备机房的网络通信。数据备份中心的局域网络架构基本保持不动，现有核心交换机 3 台（H3C 7506）、核心路由器 2 台、2 层交换机 5 台、CWDM 波分复用设备 2 台，安全系统 20 余套。数据备份中心与各设区市局通过电信 4M 链路互连。通过此次建设，省国税局网络架构更为合理，数据集中平台的网络性能得到极大提升、基本消除了网络单点故障，与各设区市局实现了网络链路和设备的冗余热备份、网络带宽扩充了 4M，安全域划分更加合理，访问控制规则更加严密，安全防护体系更为完善。到 2009 年底，江西国税共连通节点 342 个，投入运行的局域网 287 个，全省 11 个设区市国税局均与省国税局联网，均开通运行了广域网，并通过安装配置相关网络管理软件建立了系统有效的网络管理，能够及时掌握各网点的运行状态。

外部网络接入建设

省国税局在全省国税系统网络建设初期就非常注重外部网络的接入，与外部单位如国库、银行、工商、海关等相关职能单位，不断强化网络资源的使用和共享效能。

2002 年，省国税局着手建立多元化电子申报系统，于 2003 年在南昌市国税局试点成功，于 2004 年 4 月 1 日，在景德镇市局扩大试点，此后逐步在全省国税系统进行推广。全省国税部门与工商银行、农业银行、建设银行、中国银行、招商银行、交通银行等 6 家商业银行进行横向联网，2006 年，联网商业银行网点基本覆盖了全省各基层单位的辖区。2006 年后，省国税局与政府政务内外网进行了接入，实现了与地方政府部门的联合办公。

2009 年，江西国税已基本实现财税库银实时联网，省局采用专线方式接入因特网，主要用于国税外网网站及全省多元化网上申报纳税的需要，省国税局机关互联网接入与网上报税互联网接入分开，各设区市国税局内网与因特网物理隔离。

基础建设

2002 年 2 月 11 日，省国税局批复抚州市国税局办公大楼综合布线方案，根据江西国税信息化建设发展规划及征管改革要求，省局在原则同意的基础上，要求抚州市局采用垂直主干道方式的结构化布线，在布线方案中应适当增加节点，以符合灵活组网的需要，此外，还需适当提高网络设置的配置标准，以提高整个网络的先进性、稳定性。

为保障赣州、上饶、景德镇等3个设区市局CTAIS软件顺利上线，省国税局信息中心从2002年11月26日到30日对上述3个设区市局进行网络集成建设。各设区市局11月18日前对网络设备完成初验，11月30日对网络设备进行调整，县（市、区）统一采用迈普2690路由器，原有设备由市局统一调配到农村分局，县（市、区）局的局域网络接入原则上由各地负责（有1台MyPowerS4126G，两台MP5124A），农村分局的路由、集线器等设备由市局统一调配，此项工作完成为上述3个设区市局系统上线构建了稳定的网络平台。

2004年3月，省国税局开通由省局到江西省税务培训中心2M的数字电路，同时开通省局到11个设区市局另外2M的数字电路。至此，12家单位全部与省局构建了全新的网络链接。5月，省局增加一条到各设区市局2M专线，该线路与原2MSDH捆绑，实现了全省各广域网链路的冗余，提高了安全保障。6月，省局原有的到各设区市局64K帧中继线路拆除，新技术开始逐步替代帧中继连接方式。

2006年3月，根据江西省信息化领导小组的要求，为进一步做好政务信息互联互通工作，省国税局申请开通政务外网，同时，为保证网上报税的安全稳定运行，省国税局机关互联网接入与网上报税互联网实行分开接入。

2007年7月17日，省国税局批复南昌市国税局广域网络改建方案，原则上同意南昌市国税局网络电路改造方案。鉴于接入方式改造需要添置的设备模块费用较高，省局专门要求南昌市国税局搬迁至新机房时不进行接入方式改造，待国家税务总局金税三期设备下发后统筹考虑。

2008年5月4日，由于技术升级已完成线路更新，省国税局关闭与国家税务总局互联的原帧中继线路，用新技术全面替代帧中继连接方式。

为保障省国税局集中版网站上线后CTAIS系统正常运行的网络带宽需求，2009年1月，省国税局开通新租用的电信到各设区市国税局的4M MSTP通信链路，开辟各地国税部门到新机房访问链路。

链路改造

为了确保各项信息化建设工作圆满完成，省国税局于2003年8月将64Kb的FR网络带宽改为两个2Mb的SDH捆绑带宽，在省局主机房的路由器中增加一个E3端口套件，同时，为满足到设区市国税局网络带宽拓展需求，首次对省局机房主路由器进行硬件升级，新的设备能够接入更多数量和类型的接口，并支持最新的网络协议。

2005年8月，为做好省市广域网络系统改造，省国税局成立网络建设项目小组，邀请专业公司共同进行网络规划设计。专线接入选择采用CE3、CPOS、ATM、MSTP四种方式，相关公司提供的方案包含技术实现、设备配置、线路施工、服务承诺、专线费用等内容。

2005年12月13日，省国税局为实施全省数据集中需要，将南昌市局的12366服务专线迁移至省局。

2006 年 7 月 22 日，省国税局用一周时间，完成省局到市局电信线路接入方式改造，将 PDH 接入方式改为 SDH 接入方式，实现技术升级。

2007 年 6 月，随着网上申报系统的快速推广，原有的电信专线带宽已难以满足日益增长的带宽需求，省国税局增加租用一条网通的 10M 互联网专线，作为电信专线的备用链路，可将网上申报专线与机关应用专线分离，通过链路负载均衡设备，实现两条链路的热备和负载均衡，从而保障网上申报系统的带宽需求，避免单点故障，满足后期应用和金税三期的网络带宽拓展的需求。

网络运行与维护

1994 年 5 月，为加快海关报关信息的传递速度，提高信息的准确性，满足出口退税管理工作的需要，省国税局决定自该月起，海关报关信息的传递工作通过公用数据分组交换网进行，以后每个月的海关报关信息将在其次月 10 日前装入总局通信专用计算机（微机）中，供各地通过数据交换网调用。同时，各地国税机关在调用海关信息时按照《海关报关信息网上传输操作规程》进行，避免对信息造成破坏，各地国税机关计算机通信管理部门与出口退税管理部门密切配合，共同做好海关报关信息的接收、转达和利用工作。此外，对尚未完成入网调试的单位，继续以特快专递方式向其发送 3 月、4 月的海关信息软盘，5 月份以后的报关信息全部采取网上传输方式。

2004 年 4 月，省国税局实现与银行的互联互通。与银行互联采用点对点的方式，选用固定的计算机，通过专门的岗位人员和银行通信。

2006 年，全省国税系统实现省级数据集中，为了确保数据的安全，严格按照总局金税网络的建设和管理要求进行全省网络建设，省局通过两条捆绑的互为主、备的两个 2M ATM 与总局加密传输，并通过与地税互联的 2M 专线实现与总局广域网络的线路冗余，实现与政务内外网的互联互通。外网计算机通过防火墙和党政外网互联，实现内、外网的物理隔离。4 月，为进一步加强全省国税系统网络设备的管理，统筹网络设备的分配使用，提升网络系统的安全事故应急处理能力，省国税局对全省国税系统网络设备使用及运行情况开展大规模调研，调研范围包括省局统一调拨以及各地自购的网络设备。

2006 年 7 月，为了解网络通信对带宽的需求，明确网络通信故障的责任方，方便网络故障定位，省国税局跟踪省、市间广域网络线路带宽负荷、网络线路的通信质量情况，对省局到各设区市局广域网络运行情况进行全面分析。内容包括对征收期内和非征收期内流量分析、各地流量对比、广域网线路通信故障。对征收期内流量分析显示，在征收期内，省局到市局广域网络带宽资源完全满足信息系统的带宽需求，各设区市局带宽使用率超过 80% 以上的流量次数为 5 次，占总统计数的 2.84%。各设区市局绝大部分带宽使用率都在 70% 以下，而鹰潭、新余两个设区市的带宽使用率则不到 40%。对非征收期内流量分析显示，在非征收期内赣州流量特别大，主要是由于在试点使用软件视频会议终端造成的，其他时间全省网络负载均正常。6 月 30 日上午南昌、赣州、上饶、景德镇、抚州、九江等 6 个设区市局的数据流量瞬间超过 9M，情况异常；全省设区市局数据流量总量超过 6.25M 以上，即带宽使用率超过 80% 以上的流量次数为 16 次，占总统计数的 9.1%；各设区市局绝大部分流量都在 5.5M 以下，带宽使用率为 70% 不到；与征收期相比，鹰潭、新余两个设区市在非征收期的数据流量反而增大。从广域网线路通信故障看，电信端故障曾造成：省局到宜春市局线路拥塞半天；九江市国税电信广域网络线路中断半天；鹰潭移动 MSTP 线路由于移动提供线路的质量问题，线路质量不稳定。

2006 年 12 月，省国税局对全省国税系统网络数据进行总结评估，对于省局到各设区市局租用电信 4M、移动 4M 作为主、备采用捆绑方式运行的通信线路，其运行方式可以保障两条链路负载均衡，能充分利用现有网络的带宽资源，但两条链路的运行会相互干扰。该组网方式对两条链路的运行质量需要满足更高的要求，从而做出今后必须逐步对网络进行更新扩容的结论。

2007 年 4 月，省国税局对全省国税系统下发关于规范网络通信线路建设的指导意见，对线路选型带宽需求、服务标准等做了进一步规范，要求市—县采用主备两条 2M 带宽的网络链路、市（县）—农村分局采用 1 条 2M 带宽的链路，规范网络电路租用费用，提升网络电路服务质量，统一网络组建技术规范，提高网络设备的运行效率，保障全省国税内网络的安全、稳定、高效运行，为实现金税三期建设做好保障。

2007 年 6 月，省国税局信息中心就计算机培训教室网络环境改造进行综合检查。中心机房主要存放路由器、交换机、防火墙等网络设备。南、北两个培训教室各有一个机柜，通过双绞线连接到中心机房。所有的网点都集中在机柜上，北面培训教室主要由交换机联结，南面培训教室主要由HUB 联结，交换机与 HUB 以队列的方式联接，存在局域网连接不规范、网络安全无保障等风险。核心网络与培训教室之间以及培训教室内部各交换机之间没有严格按照网络连接的技术需求进行网络连接，人为造成了网络应有的传输性能下降，无法满足培训时的高速数据传输需求，核心网络与培训机房间连线没有备用线路，存在单点故障。机房没有采取任何网络安全防护措施，省局下发的防火墙没有有效启用，培训机房没有防病毒系统，无法防范病毒、木马攻击，容易造成网络通信瘫痪。中心机房与培训机房网络没有规范管理，没有任何存档资料（包括网络建设方案、网络拓扑图、网点与交换机端口对应分布图），内、外网络连接混乱，网络布线杂乱，网络管理员自身不清楚网络连接，一旦网络故障发生，无法准确、快速定位，不能满足网络应急需求。7 月，省国税局信息中心就计算机培训教室网络环境存在的问题做出工作部署，规范网络连接，整理网络布线，安装防火墙。南北培训教室通过千兆接口连接中心机房核心交换机，培训机房内部交换机统一联结到介入交换机，保障网络通信 100M 到桌面。由专业公司对中心机房和培训教室的网络连线重新按标准进行整理，并提供整理后的详细网络拓扑图，以备网络应急需求。整理布线后在培训教室与中心机房之间增加一至两条备用线路，更换部分交换机设备，保障千兆网络级联、百兆网络连接到桌面，做好安全保障。采购安装一套网络版防病毒系统，正确启用了防火墙设备。通过上述措施，提升了计算机培训教室的网络和信息安全保障水平。

2007 年 8 月 17 日，省国税局遵照国家税务总局的管理规范，借鉴兄弟省市的经验，制定下发《江西省国税系统网络管理办法》，作为全省各级国税部门进行网络管理的行为规范。

2007 年 8 月，省国税局制定下发江西省国税系统首个网络应急预案《江西省国税系统网络应急预案》，进一步规范对网络系统出现故障和问题的处理方法和处理程序，提高对网络故障事件的反应速度。该《应急预案》由总则、组织结构及分工、常见网络故障处理办法、网络应急事件分类和等级划分、网络突发应急处理流程、演练及维护、保障措施及后续处理等 7 个部分组成。其目的主要是为进一步规范对网络系统出现故障和问题的处理方法和处理程序，提高对网络故障事件的反应速度。

2007 年 8 月，为应对不断发展的网络安全形势，省国税局要求各设区市局信息中心都应该成立网络信息系统应急响应工作组，下设网络应急响应小组。网络应急响应小组成员包括网络管理员、安全管理员、网络线路提供商、网络及安全产品厂商及服务商。在职责划分上，则进一步规定，下级网络应急响应小组要服从上级网络应急响应小组的指导和管理，接受上级网络应急响应小组的检查。各级网络应急响应小组要根据省局网络应急响应小组制定的《网络应急处置手册》（网络应急预案组成部分）等附件模板，充实完善并及时修改网络应急预案，组织实施网络应急预案演练。各级网络管理岗作为网络应急响应小组组长，负责网络故障诊断、排查，协调小组内成员工作，协调与应急响应小组间工作，及修复后的网络测试。网络与信息安全管理岗，协助排查网络安全事件，处理网络安全设备故障。线路运营商和设备供应商为突发网络故障提供技术保障，为应急处理提供咨询和技术支持，必要时参与现场应急处置工作。

2007 年 8 月，按照各设区市国税局要求，省国税局统一对网络应急事件进行了分类和等级划分。对网络突发事件进行了分类明确：网络设备损坏、通信链路中断、人员操作失误、安全设备（例如：防火墙）损坏、网络攻击和网络病毒。网络突发事件等级划分中，根据网络故障造成危害的程度、影响的范围和恢复时间的不同，网络突发事件可分成以下几个等级。特大事件是指造成重要信息系统无法正常运行、网络瘫痪、网络拥塞等，导致重要网络信息系统无法正常访问等，短时间内（10 分钟）无法排查的突发网络事件。重大事件是指造成网络丢包、拥塞等运行异常，或者短时间内（10 分钟）能够排查的广域网络中断，网络故障可控，对重要网络信息系统运行影响不大的网络突发事件。主要包括：核心路由器、核心交换机、防火墙设备、核心网络设备配置错误等网络设备故障、主干网络线路中断等突发网络事件，可控的网络蠕虫病毒造成的网络拥塞等突发网络事件。另外，一般事件是指造成局域网部分中断、非核心网段中断、网络线路中断但不影响重要网络系统的正常运行的网络突发事件。各类事件主要包括：客户端接入交换机故障，备用网络线路中断，非核心网段网络蠕虫病毒造成的网络拥塞。对于特大事件，立即将突发事件的具体现象上报上级和本级应急响应工作组和网络应急小组。启动网络应急预案，根据可能的故障，请求上级部门和相应服务商的电话和远程技术支持。需要现场技术支持的立即请求现场技术支持服务。对于重大事件，立即将突发事件的具体现象上报上级和本级网络应急小组。启动网络应急预案，根据网络应急处置手册在规定的时间内恢复网络正常通信。对于一般事件，启动网络应急预案，根据《网络应急处置手册》在规定的时间内恢复网络正常通信。

2007 年 9 月，为了提高应急处理速度，省国税局要求各地提高应急响应工作组成员对网络故障处理的熟练程度，定期对预案进行演练，重点是对特大网络故障及重大网络故障进行预先防范。网络故障恢复演练应迅速完成，尽可能的不影响业务。核心路由器的演练应立即启用备用路由器，路由器的切换是演练的重点之一，应确保操作无误。响应演练完成后，应对预案进行评估，对演练中发现的问题及时对预案进行修订，修订后的预案经评审通过后发布生效。网络应急响应小组成员应该熟练掌握相应的知识、技术、管理工具，应急响应流程。确保网络管理系统、SNIFFER 系统、安全监控运行正常。环境保障要求机房专用空调要保证正常运行，出现故障应立即抢修，避免温度、湿度不满足要求而导致的网络通信故障。定期检查网络设备间电源、专用防雷设施，确保其安全正常运行。链路保障要求对网络主、备份线路实时监控，确保网络线路安全稳定运行。设备保障要求核心网络设备、安全设备，要有足够的设备和配件冗余，存放位置标注明确。文档资料保障要求网络设备配置文件应该除在本地妥善保存外还应上传到上一级保存，如果网络设备的配置发生了变化，应及时导出配置文件，同时更新上级应急小组的备份文件。网络拓扑图清晰，明确标注关键设备类型、型号、IP 地址、连接端口。核心网络设备文档齐全，包括设备的配置、各模块的作用、接口编号，核心交换机应明确标识所连设备的 IP 地址、作用、VLAN 划分等。发生重特大网络事故后，各单位应组成事故调查组进行事故调查。事故调查处理应坚持实事求是、尊重科学的原则，客观、公正、准确、及时地查清事故原因，确定事故性质和责任，总结教训，提出防范措施。

2008 年 3 月，为保障全省核心网络设备的正常运行，省国税局组织工程师对各设区市核心网络设备进行现场巡检服务，完成常规巡检工作和解决远程巡检发现的问题。

2008 年 5 月 15 日，省国税局与国家税务总局数据中心（南海）开通了一条 155M SDH POS 网络线路。

2008 年，省国税局建设完成网上办税服务厅，利用外网网站，为纳税人提供网上办税服务。为了确保数据安全，在物理层安全方面，利用网闸设备实行省局互联网站与省局内部办公网完全物理隔离，租用两家不同营运商的互联网专线，主、备专线采用互为备份的模式，通过防火墙接入，消除了互联网站的链路单点故障隐患。

2009 年 2 月，省国税局同城异址灾备系统网络与信息安全建设顺利结束，3 月份顺利迁移到新机房，即各设区市局和省局之间的移动 MSTP 链路从省局原机房迁移到新机房。各设区市局通过 NE08（或 NE16）路由器共 8M 带宽链路（电信 4M MSTP，移动 4M MSTP）连接省局新机房，各地连接省局原机房将通过原电信 4M SDH 链路连接，两条链路冗余备份。各设区市国税局（南昌市国税局除外）于 2 月 18 日利用省国税局配发的 VIUB 板上的 RJ45 口调整设区市局连接区县局路由器（NE08/NE16），连接省局路由器（NE05/NE16）的 RJ45 口资源，将原连接省局的 MSTP 链路迁移到原连接区县的路由器上，省局远程完成相关网络设备配置调整及设区市局联调测试。

2009 年 9 月，按照国家税务总局要求，作为对近几年来金税三期网络建设的总结，省国税局对网络现状、可利用设备数量和线路带宽等工程建设基本情况开展调查。设区市国税局通过连接省国税局的 4M 链路访问省局备份中心和总局，市局通过连接省局数据处理中心的 8M 链路访问省局处理中心，两条链路负载分摊，冗余热备，县级路由器采用主、备链路各 2M 带宽分别接入 2 台设区市局核心路由器，并启用 OSPF 协议，全省广域网络基本实现了设备、链路冗余热备份。

第二节 信息安全建设

安全体系建设

2004 年以来，省国税局开展一期信息安全建设，投资近百万元在全省初步构建了信息安全防护、监控、审计体系，后在国家税务总局统一部署下连续开展一、二期安全防护系统建设，共部署硬件防火墙系统 50 余套，硬件入侵检测系统 25 套，搭建全省网络防病毒、操作系统自动升级、桌面防护网络管理等安全管理平台。全省各级国税机关均成立信息安全工作领导小组，由信息技术部门安排专人负责网络的管理运维工作。

2005 年，省国税局开始安全防护体系建设，建立 12 个操作系统、病毒库升级中心和网络监管系统，对 28 台小型机、560 多台服务器、314 台网络设备、26 个数据库系统进行安全加固，全省国税系统安装部署 35 台防火墙、12 台入侵检测系统，8600 余台工作用计算机均安装操作系统升级软件、防病毒软件以及防违规联网软件，初步建立信息安全防护体系。

2006—2007 年，省国税局在国家税务总局统一部署下先后开展一、二期安全防护体系建设，为省、市两级内网广域网络边界处部署防火墙系统(省局 4 台，设区市局各 1 台)和入侵检测系统(省局 2 台，设区市局各 1 台)，省局配发一套漏洞扫描系统，建立内网防病毒体系、内网计算机桌面防护体系。在网络和主机管理控制方面，全省国税系统初步划分为省、市两级信息系统安全域，通过 IP 地址规划、VLAN 划分、防火墙系统、入侵检测合理部署，对广域网接入、外网接入、服务器、互联网接入等进行重点防护和入侵检测，有效地拦截非法访问和垃圾数据包、病毒数据包的恶意传播，净化网络运行环境，提升网络资源的利用率。据入侵检测系统统计，省局每月平均拦截各种非法连接近百万起，查处高级安全事件数十起，中级安全事件数千起，低级安全事件数十万起。通过初步构建起信息系统客户端运行环境（网络运行环境）安全防护体系，大大降低操作系统漏洞导致的非法入侵和病毒蠕虫感染事件，提升内网计算机病毒的防范和查杀能力，提升计算机安全运行状态的实时监控和安全防护能力。

2008 年，按照国家税务总局和省公安厅、省保密局等部门的安排，结合全省国税系统实际，省国税局初步划分确定重要信息系统的安全保护等级，其中定为 3 级的信息系统 4 个，定为 2 级的信息系统 8 个，增强了网络安全保护的针对性和有效性。

2008—2009 年，省国税局以数据处理中心及同城异址数据备份项目建设为契机，严格按照国家税务总局规定要求建设机房，合理部署主机、存储、应用系统，合理配置网络资源，合理规划省局集中平台信息系统的安全区域，制定全省各级国税机关访问省国税局集中平台的安全策略，建立同城异址灾难备份系统，建立江西省国税局集中平台安全防护系统，健全省局平台应急预案，加强省局集中平台的运行管理，保障省局集中平台的物理安全、信息系统运行安全、数据的安全，提升江西省国税局集中平台抵御信息安全风险的能力。

2009 年 7 月，国家税务总局风险评估小组对省国税局主备中心机房和南昌、萍乡市国税局的网络及信息系统进行全面、细致的现场评估，省国税局根据评估结果制订相应的整改措施，并予以落实。

网络病毒防范

2001年8月11日，经省国税局信息中心监测，发现红色代码病毒侵入本省金税网络系统。该病毒是一种黑客蠕虫病毒，利用系统的堆栈溢出攻击方式作为病毒的传播方法，以网络的各种服务器系统作为侵害对象和传播载体，能破坏计算机系统及网络通信服务。为确保金税工程网络安全运行，省国税局专门下发《江西省国家税务局关于严防红色代码病毒确保金税工程正常运行的紧急通知》，要求全省各级国税机关积极做好相关防范。

2003年8月11日，国家相关管理部门发现名为"冲击波"的新型蠕虫病毒（Worm_MSBlastA）在互联网和部分内部专网传播。该病毒利用微软公司Windows操作系统的RPC漏洞通过网络传播，危害高于SQL_Slammer蠕虫病毒，受感染计算机的Word、Excel、Powerpoint等文件无法正常运行，一些软件功能无法正常使用，计算机反复重新启动，并可导致系统崩溃。8月13日，省国税局信息中心在接到国家税务总局信息中心《关于尽快采取措施防范新型"冲击波"蠕虫病毒的紧急通知》后，立即转发全省国税系统并指导各地做好病毒防范工作。各单位迅速完成所有相关设备的操作系统补丁程序安装，并定期将病毒发作情况汇总向上级报告。对于正在运行的Windows NT、Windows2000、Windows XP及Windows2003 Sever等相关系统安装RPC漏洞补丁程序，对已感染病毒的机器先行完成病毒的查杀再安装补丁程序，有效防止病毒通过网络迅速传播。

2004年4月9日，省国税局请长沙天融信网络安全技术有限公司为全省国税系统的天融信防火墙产品NGFW3000升级为NGFW4000，提高网络病毒的防范能力。

2006年3月，为解决瑞星防病毒软件客户端许可数量不足的问题，经省国税局向国家税务总局申请，进行免费扩容升级，做到全网安全防护。8月，省国税局通过SUS服务器下发15个漏洞属于"紧急"风险级别微软操作系统漏洞补丁，这些漏洞可远程入侵并完全控制服务器或者客户端，直接获取被攻击者系统的控制权，已经有迹象显示此漏洞正在被利用，有可能出现大规模的蠕虫攻击，省国税局立即对全系统windows操作系统进行修补，保障内网计算机操作系统的安全。12月，省国税局完成各设区市国税局WSUS服务器部署，用以代替原有的SUS服务器，实现微软操作系统的自动升级，提升系统的病毒防范免疫能力。

信息技术安全基础建设

2004年11月，为落实省国税局领导关于《网络与信息安全系统建设》批示，省国税局招标领导小组就"网络与信息安全系统建设"项目进行招投标。根据网络与信息安全系统建设特点，"网络与信息安全系统建设"项目分拆为5个部分招投标，分别为安全评估与服务包、防火墙包、入侵检测系统包、网络管理软件包、网络设备包。12月22日，经过安全规划、安全方案制定、安全产品招标采购等前期工作，省局着手部署实施网络与信息安全建设。整个实施过程包括：安全评估、安全产品的集成，安全制度的制订等过程。其中，安全产品的集成包括对网络防病毒系统、违规联网系统、网络管理系统、防火墙系统、入侵检测系统、SUS 服务器（微软产品自动补丁升级服务器）等。同时，省国税局根据工作部署，在建立初步的安全体系后，又于 2005 年 10 月 30 日会同评估公司、安全服务公司及相关安全产品厂商研究建立了较为完善的安全管理制度及实施细则。

2004 年 11 月 20 日至 2005 年 7 月，省国税局网络与信息安全一期建设基本完成。省局安全建设项目组严格按照国家税务总局有关信息安全建设总体要求，遵照"固危堵漏、集中监管、统筹防范"原则，通过对省局、设区市局及 11 个下属县（市、区）局网络信息安全评估，并以此为依据完成信息安全一期建设。此次安全建设分别建立 12 个微软、病毒升级中心和网络监管系统，整固 28 台小型机、560 多台服务器，加固 314 台网络设备，调整 26 个数据库系统，安装 35 台防火墙，建立 12 个入侵检测系统，同时督促设区市局完成系统内 8600 多台 PC 机补丁升级、防病毒、防违规联网等安全措施。安全项目组共撰写 478 个、300 多万字的技术文档，为全省国税信息系统建设提供了宝贵经验。根据国家等级保护体系要求，通过比照总局信息安全规范执行，江西国税现有信息系统达到标准级安全。

2005 年 12 月，根据《国家税务总局关于税务系统首期网络与信息安全防护体系建设工作安排的通知》要求，省国税局为每个设区市局新配置 PC 机 3 台，笔记本 1 台，作为专用网络安全监控设备。

2008 年 1 月，省国税局购置硬件数据库安全审计设备，用以进行安全跟踪和事后分析，进一步满足省局集中数据安全的需求。12 月 22 日，为保障省局集中版网站 2009 年 1 月 1 日在省局数据处理中心机房上线，省国税局组织技术力量调整完成全省国税系统的网络配置及防火墙配置。

安全预警防范机制建设

经过近十年建设，2004 年，全省国税系统已建立起庞大的网络信息系统：网络方面，全省四级（省、市、县、农村分局）内部广域网络已构建完毕，国税部门已通过外部广域网络（包括政府网和 55696）与纳税人、银行、国库、海关以及其他政府部门进行各类信息的交换，在信息系统建设方面，"增值税发票管理系统""综合征管系统""出口退税系统""多元化电子申报纳税系统""办公自动化系统"等各类应用系统已成为国税部门进行业务处理和行政办公不可或缺的重要工具。网络信息系统的广泛应用对江西国税提高工作效率、提高社会形象起到重要作用。

2004 年 6 月 23 日，省国税局印发《江西国税网络与信息安全方案》，作为江西国税系统进行网络及信息安全建设的首个指导性文件，具有里程碑的意义。明确了以国家税务总局金税三期建设方案为指导，结合全省国税系统信息化建设的整体规划和具体实际，分步骤、有阶段重点地建立全省国税统一的网络信息安全体系，确立实用性、整体性、先进性、合法性、易管理性等五项原则，要求建立安全畅通的网络系统，建立安全稳定的核心设备运行环境，建立安全严格的信息访问机制，保证网络应用系统的正常运行，保证数据的安全传输和应用。确立了完成安全评估、建立防病毒体系、建立身份认证体系、建立访问控制体系、建立国税内部网络与 Internet 网络隔离体系、建立入侵检测体系、建立涉密信息的加密传输体系、建立安全审计体系、建立网络与信息安全综合管理系统、建立安全管理体系、建立健全安全人员培训体系等 11 项具体任务。要求项目实施需要专业的安全服务公司来提供技术和人员方面的支持。明确规定省局负责设区市局科以上干部和技术人员的培训，其他税务人员的培训由市、县局负责。各级局成立由局领导担任组长，信息中心和相关业务部门有关人员参加的"网络与信息安全建设领导小组"，省局负责安全评估、策略制定、安全产品的选型、指导项目的实施以及安全管理制度的制定，市、县局负责安全系统的维护及日常操作。

省国税局信息中心根据国家税务总局下发的《国家税务系统信息安全体系总体方案》，于2004年10月11日对全省国税系统网络与信息安全方案进行修订完善，并邀请南昌大学副校长李建民、省信息中心副主任樊千根、江西财经大学高级工程师陆旭等省内有关专家对该方案进行论证，提高方案的科学性和客观性。

为保护省局机关网络系统的安全，促进机关计算机网络的应用和发展，保证机关网络的正常运行和网络用户的使用权益，省国税局于2006年8月制定下发《江西省国家税务局机关计算机网络安全管理办法（试行）》，为今后正式推行更加完善的管理制度奠定基础。

2006年9月，省国税局按国家税务总局要求执行《税务系统首期网络与信息安全防护体系运行管理办法（试行）》，对全省国税系统首期网络与信息安全防护体系一部署的防火墙、入侵检测系统、防病毒系统和漏洞扫描系统等安全产品运行等管理工作进行规范。该办法的实施，对于全省国税系统安全防护工作规范和管理水平提高起到重要作用。

针对数据大集中后对网络的安全稳定运行提出的新要求，为防范各种突发事件，省国税局于2006年10月部署开展全省国税系统网络应急预案及演练工作，目标是保障广域网络线路的畅通，当设区市国税局核心网络出现故障时，确保半小时内恢复网络的畅通。省局在10月中旬前选取个别设区市国税局试点，做好应急预案模板下发各设区市国税局，10月中下旬各设区市局根据省局提供的模板，结合各地实际制订了可操作性强的应急预案进行演练。省国税局于10月下旬对各设区市局演练情况进行巡查。通过开展全省国税系统网络应急预案及演练工作，运维管理团队得到锤炼，对各类相关突发网络事件的应急能力有了显著提升。

2006年10月25日，省国税局根据信息化建设的发展情况，参照国家税务总局《税务系统网络与信息安全管理岗位及其职责》文件精神，对全省国税系统的网络与信息安全组织机构和安全管理岗位职责进行调整，进一步明晰岗位责任，提高全省国税系统网络与信息安全管理的效率。

2007年1月，根据《国家税务总局关于税务系统二期网络与信息安全防护体系建设工作安排的通知》和总局项目实施方案的要求，省国税局举办设区市局网络与信息安全管理及技术人员培训。培训内容为北信源桌面安全防护系统：功能简介、工作流程、安装、操作、调试、集中管理应用配置、系统备份、系统升级及系统使用注意事项。此次培训是近年来唯一的针对某一系统专门开展的培训，体现省国税局对专业化管理的高度重视。将整个安全防护纳入系统监控，减少人为干预，提高了自动化管理水平，体现了结果的公正客观性。

2007年9月，省国税局根据《关于开展全国重要信息系统安全等级保护定级工作的通知》和全国税务系统开展等级保护定级工作会议的要求，分别成立税务信息系统安全等级保护领导小组、安全等级保护工作组。等级保护领导小组的职责是指挥全省国税系统的等级保护工作，审批工作组拟定《定级报告》，指导制定信息安全事件分级响应、处置制度以及应急预案，指挥定级后的安全自查、测评和整改工作。安全等级保护工作组的职责是负责全省国税系统重要信息系统的等级保护工作，对税务信息系统评定安全保护等级，并递交省公安厅备案，制定信息安全事件分级响应、处置制度以及应急预案，组织自查、测评、整改建设等。

按照《国家税务总局关于开展税务系统信息安全等级保护定级工作的通知》的要求，江西国税系统于2007年10月30日启动重要信息系统安全等级保护定级工作，这是江西国税系统首次对重要信息系统开展安全等级保护定级工作，是江西国税系统安全管理迈向信息安全管理现代化的重要标志。11月，根据国家保密局、国务院信息化工作办公室颁布的《关于加强党政机关计算机信息系统安全和保密管理的若干规定》，省国税局制定完善计算机信息系统安全和保密管理的具体办法和落实措施，汇总至国家税务总局信息中心备案。

为迎接2008年北京第29届夏季奥林匹克运动会的召开，贯彻执行国家税务总局《税务信息系统安全自查方案》以及省国税局《关于开展税务信息系统安全检查工作的通知》等文件精神，结合江西国税系统信息网络安全现状，省国税局信息中心于2008年7月选派人员组成检查组，从7月7日起对九江、景德镇两个设区市国税局以及九江县、都昌县、浮梁县、乐平市等4个县（市）局进行网络与信息安全抽查。检查组采取集中听取汇报、实地检查、基层调研、技术分析等方法，评估网络与信息系统的安全现状，分析网络与信息系统所面临的风险。检查结果表明，各被查单位都能遵守上级下发的各项安全政策、法规、规章制度，全省国税系统安全意识有所提高，但仍需加强，安全系统运行平稳，但安全防护系统还不健全，设备老化，有的严重影响网络信息系统的安全稳定运行，管理举措初见成效，但有的地方管理制度还落实不到位。通过检查与整改，全省国税系统的网络和信息安全管理得到进一步梳理，为确保北京奥运期间全省国税系统的网络和信息安全打下坚固基础。

2008年5月，针对国内计算机信息领域窃密和反窃密斗争日益尖锐的形势。省国税局采取措施，进一步强化密码管理意识，管理好各应用软件的用户密码，特别是各级领导干部在应用软件中的审批、签字等权限。制定下发《关于加强应用软件用户密码管理的通知》，进一步强化信息安全的管理。明确用户密码管理的范围是指全省国税系统工作人员登录应用软件的密码（口令）以及各级领导的签字密码（口令）。用户密码使用规定为用户密码必须由数字、字母和特殊字符组成，不能用自己或家人的生日等作为应用软件的密码。用户密码的密码长度不能少于6个字符，密码更换周期不得多于30天。用户密码由使用人自行保存，严禁将自用密码转告他人，如果密码丢失可以和各应用软件的管理员联系。考虑到应用软件上线初期都是采用缺省密码，所有用户的密码全部一致，强调全省国税系统人员必须对自己的用户密码进行修改，对因未按规定管理密码而造成的一切不良后果，由登录用户名所对应的工作人员负责，要进行责任追究。

2009年4月21日，根据国家税务总局工作安排部署，省国税局完成综合征管软件的南海容灾演练，核心业务系统灾备演练。网络及信息安全保障作为灾备演练的重要组成部分，支撑整个演练的顺利完成，展现了强大的容灾应急功效。

2009年9月，根据《国家税务总局办公厅关于开展信息安全教育宣传月活动的通知》要求，全省国税系统开展信息安全教育宣传月活动。省国税局成立信息安全宣传活动领导小组，由分管信息中心的局领导任组长，信息中心、办公室、财务处、机关服务中心负责人为成员，负责领导活动实施，领导小组下设办公室，由信息中心负责人任主任，相关业务和技术人员为成员，负责活动实施具体工作，确保宣传月活动的实效性。建立安全教育宣传工作责任制和责任追究制，由各设区市国税局办公室和信息中心负责，省局将此项工作作为年终目标考核的重要内容，进行严格考核。围绕"信息安全、人人有责"的宣传主题，以全系统国税干部为对象，开展形式新颖、灵活多样的信息安全教育宣传活动，利用多种宣传媒介、开展信息安全讲座、组织学习安全手册、吸引干部广泛参与讨论实践等。通过信息安全教育，提高全体人员的信息安全意识和操作技能，促进全省国税系统的信息安全工作的长足发展。

安全防护体系运行

2006 年 10 月，省国税局信息中心对全省国税系统首期安全防护体系运行情况进行详细统计，对安全系统的运行情况、安全系统产生的安全事件等进行全面检查。通过对安全系统风险分析发现，省局数据大集中后，安全风险集中在省局。重要应用系统存在较大安全漏洞，主要表现在系统没有及时安全加固，补丁包及时更新存在较大安全风险。内网网络信息系统身份认证、访问控制等安全机制较弱导致的安全隐患。现有的杀毒软件功能不强，管理功能较弱，不能有效防范日益猖獗的计算机病毒，同时网络中存在较多单点故障，网络可靠性不强。针对上述风险，采取有效措施杜绝漏洞，构建全省内网 SUS 系统，实现内网计算机 WINDOWS 操作系统补丁包的自动下发。省局核心网段通过防火墙实现安全域的合理划分，对重要信息系统实现重点监控与安全防范，通过 KILL 与瑞星两套网络版杀毒软件互补以防范内网信息系统的安全，制订网络应急预案、演练、防范可能出现的各种网络突发事件，定期对安全系统的运行情况、安全事件等进行检查通报，强化安全管理，增强安全意识。

2007 年 3 月 8 日，省国税局发布安全防护体系运行情况，包括入侵检测系统、防病毒系统、防火墙系统、WSUS 自动补丁包分发系统。在入侵检测系统方面，各设区市局的 IDS 运行情况正常，入侵检测系统增强了网络安全事件的预警、分析能力，省局监测平台共发现处理高级安全事件 67 起，其中南昌 44 起（IP 地址为 82.20.48.107 的计算机发生 40 起），占攻击事件的绝大部分，个别攻击事件对省局数据集中处理平台构成了一定的安全威胁。在防病毒系统方面，截至 2007 年 1 月，全省共计安装瑞星客户端 3129 台，除省局集中平台没有爆发计算机病毒外，其他各地市均有不同程度地爆发计算机病毒，瑞星防病毒系统累计查杀计算机病毒 657309 个，共有 1242 台计算机感染不同类型的计算机病毒，其中以 Worm.Nimaya.ap，Trojan.DL.HTML.Spreader.a，Trojan.DL.Nimaya.f 等病毒最多。在防火墙系统方面，各地市国税在广域网边界及服务器区共安装防火墙 3 台，通过防火墙的合理部署和策略的有效配置，有效地阻挡各种非法访问和垃圾数据包，避免计算机病毒在广域网络上的肆意扩散。各地在防火墙的配置和管理方面存在一些不足，主要体现在策略不够优化、部分权限开放过大、防火墙配置修改流程不够规范等方面。在 WSUS 自动补丁包分发系统方面，全省 WSUS 系统运行正常，但全省客户端数只有 2962 台，全省还有大部分计算机没有及时安装客户端，需加强对 WSUS 服务器及客户端的管理，保障系统补丁包的及时升级，增强计算机系统防范安全风险的能力。

2007年3月23日，全省广域网络线路运行情况基本正常，除鹰潭市局移动线路因运营商故障导致出现短暂中断外，没有出现大的网络故障，对征收期、非征收期流量分析显示，在征收期内，省到市广域网络带宽资源完全满足信息系统的带宽需求，全部设区市国税局带宽使用率超过50%以上的流量次数为1次，占总统计数的1.82%，各设区市国税局绝大部分带宽使用率为都在40%以下；在非征收期，由于恰逢我国的传统佳节春节，网络流量相对较小，春节后的春训视频培训增加了一定的网络流量，但网络运行基本正常。

2007年4月23日，由于国家税务总局二期安全防护体系实施、验收完成，全省国税系统的瑞星防病毒系统及WSUS系统客户端系统已经基本到位，安全防护体系日趋完善。与上月相比，全省国税安全事件及计算机病毒暴发大规模减少。在入侵检测系统方面，各设区市国税局的IDS运行情况正常，入侵检测系统增强了网络安全事件的预警、分析能力，省局监测平台共发现处理高级安全事件6起，主要为拒绝服务安全事件。

2007年5月23日，省国税局监测平台发现处理高级安全事件3起，主要为后门攻击。其中，IP地址为82.48.16.5的服务器与省国税局MQ服务器连接存在异常，发现多次拒绝服务攻击的情况。

2007年10月7日，为确保党的十七大期间税务系统网络与信息安全，有效防范恶意网络攻击、破坏网络信息系统以及传播非法信息等突发事件的发生，省国税局按照国家税务总局应急保障处置要求，为有效实施网络与信息安全管理，成立十七大网络与信息安全领导小组。主要职责是负责制定税务系统十七大期间网络与信息安全保障方案，负责审阅网络与信息安全工作报告，负责重大安全事故查处与汇报工作。领导小组下设办公室，具体负责十七大期间信息安全保障组、数据安全保障组、网络安全保障组和综合协调组等各组之间的沟通协调工作，落实信息安全各工作岗位及其职责。信息安全保障包括网站的维护和管理，具体负责税务网站的内容安全审核、监控，负责网页被恶意篡改后的紧急恢复和事后追查。数据安全保障包括各类网站、各应用系统的监控防范、应急处置和数据、系统恢复工作，以及信息安全事件的事后追查。网络安全保障包括网络系统的安全防范、应急处置和网络恢复工作及网络安全事件的事后追查。综合协调包括发生紧急事件时联络各组人员到位并协调开展工作，根据事件的严重程度起草向领导小组、上级单位或有关职能部门的报告或通报等。省国税局协调各设区市国税局落实信息安全岗位，根据税务系统信息安全管理岗位及设置原则，设置多个信息安全管理岗位：安全管理岗、网络管理岗、主机系统管理岗、安全审计岗、应用系统管理岗、病毒管理岗、资产管理岗、机房安全管理岗、数据库管理岗、安全协调岗。

2007年10月15日至10月21日，中国共产党第十七次全国代表大会在北京召开，省国税局按照国家税务总局下发的有关要求，完善本单位网络与信息安全各项管理制度，制定十七大期间应急措施及应急处置预案，在十七大召开之前进行应急处置预案的演练工作，落实应急队伍和应急保障条件，加强部门之间的协调配合，做到各部门职责明确，应急流程协调，责任落实到人，坚持做到早发现、早报告、早处置、早解决。十七大期间，全省国税系统实行24小时值班制度，对机房、互联网站等实行实时监控，坚持每日"零事件"报告制度，设区市国税局每日下午3时前向省国税局信息中心报告当地网络与信息系统安全状况，省国税局于每日下午4时前汇总报送国家税务总局。

2008年1至3月，省国税局监测平台发现并处理高级安全事件12次，主要为后门攻击。其中，

6次为针对省局运维系统的攻击，3次为针对内部网站的攻击，2次为针对省局FTP服务器的攻击，1次为针对省局CTAIS管理服务器的攻击。各设区市国税局的IDS运行情况总体正常。全省国税系统入侵检测系统（IDS）共发现高级安全事件560次，中级安全事件471次，低级安全事件234次。

2008年6月，省国税局组织开展全省国税网络与信息系统安全检查，解决了2007年安全自查中发现问题，加固了网络安全环境，按总局要求检查设区市局网络设备、安全系统、服务器及数据库系统的安全配置情况，详细了解各地网络改造后的运行模式、广域网络接入方式、网络运行情况。

2008年8月，省国税局要求做好安全系统的日常管理工作。利用安全审计系统监控重要服务器和重要的网络安全设备的运行状况，及时处理各种突发事件；利用入侵检测系统监控全市计算机设备的运行状况，及时发现并采取相应的措施处理各种中高级安全事件；利用瑞星杀毒软件服务器监控全市计算机设备的感染病毒情况，对感染病毒的电脑进行核实杀毒；利用桌面安全管理系统监控全市计算机系统补丁和瑞星杀毒软件的升级情况。定期对各业务系统和数据库服务器进行脆弱性扫描，及时进行相应的力所能及的安全加固。

2008年12月3日，国家税务总局信息安全检查小组对省国税局信息系统实施安全检查，对金税二期网络与信息安全防护体系项目进行成功验收，标志着江西国税系统网络与信息安全防护体系运行安全有效。

第五篇　机构和队伍建设

1991—2010 年，江西省税务系统机构设置经历了省税务局从省财政厅分离独立设置，并分设为江西省国家税务局和江西省地方税务局两套税务机构的变迁。省税务局和省国税局队伍建设始终坚持适应当时形势发展的需要和要求，运用现代先进的管理理念，不断健全税务机构设置，完善队伍管理机制，优化干部管理方式，提高干部管理效能，开展了卓有成效的工作。尤其是注重抓好领导班子建设、人事制度改革、思想政治工作、干部教育培训、文明单位创建、规范干部管理、廉政建设、提升执法水平和提高服务质量，并在许多方面积极探索，不断改革创新，先后出台了一系列行之有效的新方法、新举措，取得了显著的成效，促进了各级领导班子整体功能和干部素质逐年提升，为各项税收工作和改革创新奠定坚实基础，更好地保障税收职能的发挥和税收业务的有序开展，确保了全省税收工作任务圆满完成，促进了江西地方经济跨越性发展，为实现江西在中部地区崛起和全面建设小康社会做出了积极贡献。

第一章　机　构

1991—2010 年，江西省税务系统机构设置随着税制改革而改革：1994 年 9 月以前为江西省税务局，是江西省主管税收工作的职能部门，隶属于省政府领导，国家税务总局业务指导；1994 年 9 月份江西省税务局分设为江西省国家税务局和江西省地方税务局两套税务机构。江西省国家税务局是主管江西省国家税收工作的行政机构，国家税务总局对国税系统实行机构、编制、人事、经费的垂直管理，党组织的管理归口地方，国税系统实行"条管"与"块管"相结合的"双重"领导体制。

第一节　行政机构

江西省税务局

1991 年 12 月 29 日，江西省机构编制委员会印发《江西省机构编制委员会关于省税务局机关人员编制结构的通知》，规定省税务局机关内设行政处室13个：办公室、人事教育处、监察审计处、党团办公室、税政一处、税政二处、税政三处、涉外税政处、进出口税收管理处、稽征管理处、政策研究处、计划会计统计处、法制处。核定江西省税务局机关编制193人，其中：领导职数16名（正副处级16名），一般干部158名，工勤人员19名。1994年两套税务机构分设前，江西省税务局为副厅级单位。1993年4月前，省税务局老办公楼位于省政府大院内。1993年4月迁于南昌市象山南路三眼井新税务大楼。

1991年至1994年8月，江西省地市级税务局按行政区划设立，全省设立南昌市税务局、景德镇市税务局、萍乡市税务局、九江市税务局、新余市税务局、鹰潭市税务局、赣州地区税务局、宜春地区税务局、上饶地区税务局、吉安地区税务局和抚州地区税务局等11个地市税务局。地市税务局为正处级，是主管本地（市）税收工作的职能部门，设局长1名，副局长4名，纪检组长、总会计师、总经济师各1名。下设办公室、人事科、教育科、监察审计科、税政一科、税政二科、稽征管理科、计划会计统计科、税务干部学校、税务咨询服务部、税务电子计算机室、税务稽查大队、发票管理所等科室。

全省各县（市、区）均设立税务局，为正科级，是主管本县（市、区）税收工作的职能部门，各县（市、区）设局长1名，副局长3—4名，下设办公室、人事教育股、税政股、征管股、计划会计统计股、监察审计股、税务稽查队、发票管理所。

1994年税务机构分设前，全省税务部门人员共计15696人，其中干部10988人，工人4708人。

江西省国家税务局

省局机关　1994年7月19日，国家税务总局印发《国家税务总局关于江西省组建两个税务机构实施方案的批复》，原则同意江西组建两个税务机构的方案；关于两个税务机构的人员和财产划分，按人随业务走、财产随人分的原则进行。1994年8月15日江西省国家税务局成立，为正厅级单位。2002年11月前，江西省国家税务局办公楼仍位于南昌市象山南路三眼井。2002年11月迁于南昌市广场南路。

1994年8月29日，国家税务总局下发《关于江西省国家税务局职能配置、内设机构和人员编制方案的批复》，原则同意《江西省国家税务局职能配置、内设机构和人员编制三定方案》。省国税局设11个职能处室，其中9个必设处室、2个拟设处室；1个党群工作部门、1个老干部服务管理机构，列专项编制；2个直属机构；8个直属事业单位。江西省国税系统总编制18000名。省局行政编制145名，其中：局长1名，副局长4名，纪检组长1名，总经济师1名，总会计师1名；处级领导职数26名（含机关党委专职副书记1名，专职工会副主席1名）；省局2个直属局行政编制30名，副厅级领导职数1名，处级领导职数4名。单设机构列专项编制5名，处级领导职数1名。

江西国税省局机关实际设立处室及其职责：

11个行政处室：办公室，负责起草和审核重要文件报告，有关会议的组织、秘书事务、信息综合、文电处理、文书档案、信访和税收宣传、外事、税务行政诉讼和行政复议工作、组织办理省人大代表建议和省政协委员提案。流转税管理处，负责增值税、消费税、资源税的征收管理和增值税专用发票的管理稽核。所得税管理处，负责所得税的征收管理。涉外税收管理处，负责涉外税收的征收管理工作。征收管理处，负责税收征收管理、发票管理和税收票证管理工作，管理稽查队、税务检察室和税务代理工作。负责个体税收征收管理工作。计划财务处，负责税收计划的编制和信息数据的统计工作，负责税务经费的管理及审计工作。教育处，负责税务干部的学历教育、自学考试和岗位培训，负责管理税务学校和教育培训中心，负责基层建设、思想政治工作。人事处，负责机构设置、人员编制、干部管理、劳动工资和人事档案管理工作。监察室，负责纪检、监察工作。基建装备处，负责基建、装备、服装的管理工作。政策研究处，负责税收科学的分析研究、税务学会、税收刊物编辑发行工作。

1个党群工作部门：党办（工会），负责机关及直属单位的党群工作，共青团妇联等群众团体工作及系统工会工作。

1个老干部服务管理机构：老干部管理处（中心），负责老干部的服务与管理工作。

2个直属机构：进出口税收管理局，负责进出口产品税收管理工作。稽查局，负责查处偷税、抗税、骗税、漏税的大案要案，受省局委托对税收征管情况进行检查，对系统稽查工作进行业务指导。

1994年9月11日，全省第一次国税局长会议在庐山税务干部休养所召开，制定全省各地（市）、县（市、区）国家税务局职能配置、内设机构及领导职数限额方案，对各地（市）县（市、区）的国税局的职能配置、内设机构及领导职数做出具体规定。1994年9月底，各地、市及各县、市、区全面完成两套机构分设任务。分流到国税局11884人，其中干部8558人，工人3326人。

为进一步规范、强化垂直管理的领导体制，以适应税收工作向征管转移、向基层转移的需要，根据精简、统一、效能的原则，1997年12月31日国家税务总局下发《关于印发江西省国家税务局职能配置、内设机构和人员编制方案的通知》，重新核定江西省国税局内设行政处室。新增设的政策法规处，其职责为负责税收政策的调查研究和税法宣传工作，办理税务诉讼案件和行政复议工作及税收法规的综合、整理和汇编工作，承担执法检查和法律咨询工作。进出口税收管理局更名为进出口税收管理分局。省国税局行政编制170人，其中直属机构40人。省局领导职数为局长1名，副局长4名，纪检组长1名，总经济师、总会计师各1名，处级领导职数43名（含直属机构处级领导职数6名）。非领导职数为助理巡视员2名，调研员10名，助理调研员10名。

2000年10月20日，根据国家税务局系统机构改革方案精神，国家税务总局下发《江西省国家税务局职能配置、内设机构和人员编制的规定》，批准江西国税省局机关设9个行政处室、3个直属机构。行政处室撤销基建装备处，涉外税收管理处更名为涉外税收管理分局（涉外税收管理处），进出口税收管理局更名为进出口税收管理分局（进出口税收管理处），离退休干部办公室挂靠人事处，级别副处级，负责离退休人员的管理和服务工作。2000年省国税局机关行政编制为155人，其中管理编制85人，征收编制70人。局领导和行政处（室）人员使用管理编制，其中局长1名、副局长4名，纪检组长、总经济师、总会计师各1名，助理巡视员2名；处级领导职数28人（含机关党委专职副书记、机关党委办公室主任、离退休干部办公室主任各1名）；处级非领导职数14名。直属机构人员使用征收编制，其中处级领导职数9名，处级非领导职数5名。

2002年省国税局内设机构涉外税收管理分局更名为国际税务管理分局，划出外商投资企业出口退税管理职能等。

为规范和完善税收征管组织体系，夯实管理基础，强化科学管理和优化纳税服务，2005年5月18日国家税务总局下发《关于江西省国家税务局规范机构设置明确职责分工方案的批复》，批准江西国税省局内设12个行政处室，级别为正处级；1个直属机构即稽查局，级别为正处级。原计划财务处分设为计划统计处、财务管理处，原进出口税收管理分局、涉外税收管理分局分别更名为进出口税收管理处、国际税务管理处，属行政处（室）。

2008年3月9日，江西省国家税务局印发《关于重新核定省局机关各部门编制控制数的通知》（赣国税发〔2008〕45号），在国家税务总局核定省局机关总编制的范围内，重新核定各部门编制控制数，其中：办公室12名、政策法规处7名、流转税管理处10名、所得税管理处9名、征收管理处10名、计划统计处14名、财务管理处12名、人事处10名、离退休干部办公室2名、教育处7名、监察室7名、机关党办5名、巡视工作办公室5名、国际税务管理处7名、稽查局18名。

根据国家税务总局《国家税务系统机构改革意见》精神，2009年3月31日国家税务总局下发《关于印发江西省国家税务局主要职责机构设置和人员编制规定的通知》，2009年8月底，江西国税省局内设行政处室、直属机构共计14个（正处级）：办公室、政策法规处、货物和劳务税处（进出口税收管理处）、所得税处、征管和科技发展处、纳税服务处、国际税务管理处（大企业税收管理处）、收入规划核算处、财务管理处、督察内审处、人事处、教育处、监察室、巡视工作办公室。另设机关党委办公室、离退休干部处。直属机构为稽查局。新设立的行政处室的职责为：货物和劳务税处（进出口税收管理处）（由流转税管理处更名），组织实施增值税、消费税、营业税、车辆购置税的征收管理工作，拟订征收管理具体实施办法；对有关税种的具体业务问题进行解释和处理；拟定有关税种的纳税评估、税源管理等具体办法并组织实施；管理增值税专用发票；指导有关税种的日常稽核和检查工作；参与有关税种的纳税辅导、咨询服务、税收法律救济工作。收入规划核算处（由计划统计处更名），牵头编制年度税收计划、出口退（免）税计划，分配下达年度免抵调库计划；指导税款征收信息集中处理工作；监督检查税款缴、退库情况；组织开展税收收入分析预测、税收收入能力估算及重点税源监控、企业税收资料调查工作；组织落实税收会计核算、统计核算、税收票证管理等相关制度；承担税收收入数据的综合管理应用工作，对外发布税收收入数据。纳税服务处，组织、协调和指导本系统各部门、各税种、各环节的纳税服务工作；组织实施纳税服务工作规范和操作规程；组织落实纳税人权益保障规章制度及规范性文件；组织协调、实施纳税辅导、咨询服务、税收法律救济等工作，受理纳税人投诉；组织实施税收信用体系建设；指导税收争议的调解；组织实施面向纳税人的税法宣传及"税收服务直通车"工作。征管和科技发展处（由征收管理处更名），组织落实综合性税收征管法律法规、部门规章及规范性文件，拟订具体操作办法；研究提出专业化征收管理和税收征管规程完善的建议；组织实施税收征管数据管理和应用办法、综合性纳税评估办法，承办征管质量考核、风险管理和税收收入征管因素分析工作；承担税务登记、纳税申报、普通发票管理、税控器具推广应用等工作；组织落实个体和集贸市场税收征管、税收管理员制度。督察内审处，组织实施财务管理、基本建设项目、大宗物品采购审计和领导干部经济责任审计工作；督察落实各类审计结论。巡视工作办公室，组织落实巡视工作制度，拟订具体实施办法；拟订年度巡视工作计划，组织开展巡视工作；监督检查下一级领导班子及领导干部执行政治纪律、组织纪律、群众工作纪律和党风廉政建设等方面的情况；落实、协调、督办干部监督工作联席会议领导小组议定、决定事项。离退休干部处，级别为正处级，职责不变。另原所得税管理处更名为所得税处、职责不变。原国际税务管理处更名为国际税务管理处(大企业税收管理处)，职责不变。直至2010年底，江西省国家税务局系统行政编制共9855名。省局机关行政编制为195名（含稽查局20名），其中：局长1名，副局长4名，纪检组长、总经济师、总会计师、总审计师各1名，处级领导职数52名（其中正处级领导职数19名，副处级领导职数33名），处级非领导职数26名（处级领导职数、处级非领导职数均含稽查局）。

地市机构　1994年9月国、地税两套税务机构分设后，江西省地市级国家税务局按行政区划设立，全省设立南昌市国家税务局、景德镇市国家税务局、萍乡市国家税务局、九江市国家税务局、新余市国家税务局、鹰潭市国家税务局、赣州地区国家税务局、宜春地区国家税务局、上饶地区国家税务局、吉安地区国家税务局和抚州地区国家税务局等11个地市国家税务局。地市国家税务局为正处级，设局长1名，副局长4名，纪检组长、总经济师、总会计师各1名。

2000年，赣州地区、宜春地区、上饶地区、吉安地区和抚州地区撤地设市，原地区国税局均改称为设区市国税局。至此，全省地市级国税机构共设11个设区市国税局。设区市国税局内设科室不变。

2005年各设区市国税局内设科室统一为办公室、政策法规科、流转税管理科、所得税管理科、征收管理科、计划统计科、财务管理科、人事科、教育科、监察室、进出口税收管理科、国际税务管理科。另设机关党委办公室、离退休干部管理办公室（挂靠人事科）。2005年南昌市高新技术产业开发区、南昌经济技术开发区、九江市共青城、九江市庐山风景名胜区国家税务局比照地方政府职能部门设置为副处级建制。各设区市国家税务局均保留1个直属税务分局。

2009年9月，省国税局制定下发《江西省国家税务局关于印发〈设区市国家税务局系统机构改革实施意见〉的通知》，明确各设区市国税局下设办公室、政策法规科、货物和劳务税科、所得税科、收入规划核算科、纳税服务科、征管和科技发展科、财务管理科、人事科、教育科、监察室、国际税务出口税收管理科、机关服务中心、信息中心、票证中心、车辆购置税管理分局、直属税务分局，稽查局，另设机关党委办公室、离退休干部科；至2010年底，全省11个设区市共有行政编制9612名。

县(市、区)机构　1994年9月县(市、区)税务局分设为国税局、地税局两套税务机构。各县(市、区)国税局设局长1名，副局长3~4名，纪检组长1名。县(市、区)国税局内设办公室、人事教育股、监察室、税政法规股、征收管理股、计划财务股、税源管理科、办税服务厅、信息中心、稽查局。2000年，撤地设市后，县级宜春市、上饶市、赣州市、吉安市等国税局分别改为袁州区、信州区、章贡区、吉州区和青原区国税局。2005年车购税划归国税局负责征收管理后，各设区市局设立车购税分局（县级局）。随着工业园区建设发展，各设区市局相继设立经济开发区或工业园区国税征收分局（县级局）。2010年底，全省共设立136个县级国税局，共有行政编制7693名。

第二节　事业单位

江西省税务干部学校

1985 年 3 月 9 日，经江西省人民政府批准，同意筹建江西省税务学校。属中专性质，为县级建制，归江西省税务局领导。1992 年经江西省人民政府批准为江西省第一批省部级重点中专学校；1994 年国地税分设，隶属于江西省国家税务局。1996 年 3 月 19 日，江西省国税职工中专学校成立。该校与江西省税务学校合署办公。1998 年 12 月 29 日，江西省国家税务局印发《关于成立江西省国家税务局培训中心的通知》，成立江西省国家税务局培训中心。新成立的江西省国家税务局培训中心与江西省税务学校合署办公，两块牌子一套人马。根据国家税务总局、江西省国家税务局的有关文件和批复，江西省税务学校于 2000 年停止招收普通中专学生并转型为税务干部教育培训，承办全省税务系统干部教育培训工作。2003 年起江西省税务学校开始承办国家税务总局委托的全国税务系统处级干部和业务骨干培训。2008 年 3 月 9 日，根据《国家税务总局关于江西省国家税务局培训中心更名的批复》，江西省国家税务局培训中心更名为江西省税务干部学校，机构级别保持不变。至 2010 年底，江西省税务干部学校事业编制为 80 名，处级领导职数 4 名（其中正处级领导职数 1 名，副处级领导职数 3 名）。

税务咨询事务所

1991 年 4 月 11 日，江西省税务局印发〔1991〕260 号《转发省编委关于省税务咨询服务部更名的通知》确定：根据江西省机构编制委员会赣编发〔1990〕294 号文件规定，同意将"省税务咨询服务部"更名为"省税务咨询事务所"，原机构级别不变。负责税务咨询工作，接受税务机关的委托办理有关税务事宜。

机关服务中心

1992 年 9 月 2 日，江西省机构编制委员会办公室印发赣编办〔1992〕100 号《关于成立江西省税务局机关服务中心的通知》，同意成立"江西省税务局机关服务中心"，为省税务局下属相当于副县级事业单位，定事业编制 5 名，经费自筹。2008 年 3 月 9 日，省国税局核定编制控制数为 19 名。承担机关后勤事务的管理、保障和服务工作，拟订机关事务具体工作制度并组织实施和监督检查；参与机关后勤体制改革工作；指导本系统后勤服务工作；负责机关社会治安综合工作。

信息中心

1993 年 2 月 1 日由原江西省税务电子计算站更名为江西省税务信息中心，内部设综合业务科、软件科、设备科。2008 年 3 月 9 日，省国税局核定信息中心编制控制数为 25 名。承担本系统信息化建设的技术服务、技术支持和技术保障工作；承担税收管理信息系统的运行维护工作；组织本系统技术基础设施建设管理与运维；承担拟订税收管理信息化建设规划和实施方案；承担税收管理信息化建设项目立项、技术标准等工作；组织本系统信息安全管理与实施。

诚信会计师事务所

1993年2月10日设立诚信会计事务所。1994年诚信会计事务所更名为诚信会计师事务所，负责接受各类经济组织和个人的委托，开展会计、审计、税务代理等业务工作。2000年改制，江西诚信会计师事务所与行政单位脱钩。

中国税务报社驻江西记者站

1993年3—6月，经中国税务报社和江西省新闻出版局、江西省机构编制委员会办公室批准，国家税务总局同意，中国税务报驻江西记者站成立，由省税务局代管。国、地税机构分设后，由省国税局代管。2008年3月9日，国家税务总局核定编制控制数为2名。

省局管辖培训中心

1996年10月10日，庐山税务干部培训中心和井冈山税务干部培训基地收回省国税局管辖，级别由原来的正科级升为正县级。2002年8月22日，设立江西省国家税务局南昌培训中心、江西省国家税务局龙虎山培训中心。2003年5月16日，江西省税务干部井冈山培训中心更改为江西省国家税务局井冈山培训中心（瑞峰宾馆）。其职责为服务国税系统各类培训及会议、干部休养任务，承担一定的社会接待活动。省国税局对以上4个直属事业单位进行目标化管理。

税收科学研究所

2000年设立，前身为政策研究处。2008年3月9日，省国税局核定编制控制数为7名。负责税收理论研究，收集、研究、整理、介绍有关税收信息资料；负责江西省税务学会和江西省国际税收研究会的日常工作；组织开展学术研究、学术交流和税收研究成果评奖及先进表彰活动，编辑、出版、发行《江西税务》杂志；宣传国家税收政策、法令。

注册税务师管理中心

1998年3月，省国税局与省地税局联合成立"江西省注册税务师管理工作领导小组"和"江西省注册税务师管理中心"。负责组织落实注册税务师行业管理政策及管理制度，行业执业资格、资质审核认定及考试、培训工作；监督、检查行业执业情况；承担注册税务师协会秘书处工作。

物业管理中心

2002年8月22日设立。2008年3月9日，省国税局核定编制控制数为12名。负责省国税局机关内部管理，维护省国税局机关正常工作秩序。

票证印制中心

2005 年 6 月 13 日，由原江西省税务局印刷所更名为江西省国家税务局票证印制中心，2008 年 3 月 9 日，省国税局核定编制控制数为 2 名。主要承担本系统票证印制及其他系统内印制业务，省国税局对其进行目标化管理。

各设区市国家税务局干部培训中心

2003 年 4 月 7 日，省国税局印发《江西省国家税务局关于成立设区市国家税务局干部培训中心的通知》，在全省国税系统各设区市国税局（南昌市国税局除外）原有税务干部学校或培训中心基础上成立干部培训中心，为各设区市国税局直属事业单位，级别为副科级，由各设区市局教育科负责管理，省局教育处负责业务指导。其职责为落实省国税局关于系统人员培训规划，重点组织实施正股级（含）及以下干部的任职培训、专门业务培训、更新知识培训及其他相关培训工作。

2010 年底，全省国税系统事业编制共 882 名（含省局机关、江西省税务干部学校）。其中：省国税局机关事业编制为 70 名，处级领导职数 12 名（正处级领导职数 4 名，副处级领导职数 8 名）。

第三节　社会组织

江西省税务学会与江西省国际税收研究会

江西省税务学会和江西省国际税收研究会是研究税收科学理论的全省性群众性学术团体，分别为中国税务学会和中国国际税收研究会的团体会员，也是江西省社会科学界联合会的团体会员，经江西省民政厅注册登记，为非营利性法人社团，挂靠江西省国家税务局。

江西省税务学会成立于 1985 年。1985 年 6 月召开第一届会员代表大会，组建了学会第一届组织机构，省政府领导任名誉会长；黎超、徐铭盘、徐大贝、张玉库、王祯祥、寿继贤任顾问；华桐任会长，何一清、彭聚先、戴自强、钟联兴任副会长。起草并通过《江西省税务学会章程》。2000 年 8 月江西省国际税收研究会成立后至 2010 年期间，江西省税务学会与江西省国际税收研究会合署办公，两块牌子一套人马，日常办事机构设在省国税局科研所。

1991 年，省税务学会深入开展"振兴江西税收对策"调研活动，针对全省经济和税收中的热点、难点及重点，提出了不少具有社会价值、经济价值和税收价值等综合决策参考价值的对策建议，引起了积极的反响，《江西日报》《中国税务报》、江西广播电视台等报道了这一活动，给予"'振兴江西税收对策'调研活动效果好"的较高评价。据统计，全省共撰写出有情况、有分析、有对策的调研报告 150 篇，在省级刊物上发表 16 篇，在调研专号上发表 10 篇，其中有的调研报告转化为政府下发的文件，有的调研报告转化为政府有关部门的决策。景德镇市税务学会组织的"当前搞好大中型企业的税收选择"，其中提出的对策与建议，被市委、市政府采纳，列为景德镇市搞好国营大中型企业的一条措施。宜春地区税务学会撰写的《关于全区生猪税收征管情况的调查报告》，被行署批转各县、市人民政府执行。

1991年省税务学会代表参加了全国税收理论研讨会，提交学术论文1篇，参加了两次中国税务学会组织的全国税收理论研究第一课题组学术活动，提交论文5篇。组织召开了全省税收理论研讨暨调研成果交流会，参加会议80余人，交流论文和调查报告52篇，并邀请了国家税务局税收科研所的专家到会做学术报告。指导地市税务学会召开课题组研讨会3次，参加会议90余人，交流论文和调查报告57篇。参加本省兄弟学会组织的学术活动2次，提交论文2篇。各地市税务学会和县市学会、理论研究小组还结合税收工作实际，召开了各种课题的小型研讨会，组织广大干部开展生动活泼的理论研究。并与全国各地税务学会开展了学术资料交流，与120多个省、地（市）税务学会建立了会刊和税收资料交流关系，形成一个税收学术信息资料交流网络。

1992年12月召开江西省税务学会第二届会员代表大会，修改通过《江西省税务学会章程》并进行换届，选举出学会第二届领导机构，舒圣佑任名誉会长；黎超、寿继贤、徐大贝任顾问；赵蔚文、谢钧任荣誉理事；省税务局局长任会长，江定洲、钟联兴、刘宗凡、杨天赐、彭聚先任副会长。

1993年，省税务学会根据各地调研中一些新的见解和具有参考价值的资料，编辑出版了《"七五"时期江西省税源税收情况概要》，在《江西税务》开辟调查报告专栏，为各级税务局和有关部门提供决策或工作参考。同时，总结了"振兴江西税收对策"调研活动的经验和做法，编辑出版了《振兴江西税收对策》。组织研究人员到有关单位举办学术报告，向社会推出研究成果。此外，积极参加了中国税务学会和省社联组织的各项学术活动。全年参加全国性理论研讨会2次，提交论文5篇。推荐6篇论文参加全国税收科学研究优秀成果评选，其中1篇获一等奖，4篇获二等奖，1篇获选拔奖，选送2篇论文参加省社联举办的"江西省第二届青年社会科学优秀成果评奖"。

1994年，省税务学会分别被省民政厅和省社联评为1994年先进社团和1993—1994年度社会团体先进集体。

2000年8月召开江西省税务学会第三届会员代表大会，进行换届，选举出学会第三届组织机构，华桐任名誉会长，江定洲、周炳义、陈岁松、黄善龙、聂如意任顾问；戴子钧任会长，肖鉴洲、曾飞、伍世安、蔺春林、王世富、沈谦芳任副会长。

2000年8月江西省国际税收研究会成立，8月召开第一届会员代表大会，通过《江西省国际税收研究会章程》，组建研究会第一届组织机构，华桐任名誉会长；戴子钧任会长，曾飞、肖鉴洲、王乔任副会长。

2002年3月《江西税务》更名为《江西税务公报》，公开发行，月刊；2004年1月，报刊整顿，《江西税务公报》停刊，改出内刊《江西税务》，双月刊；2004年7月，与《中国税务》合作办刊，改为《中国税务江西地方专栏》。1991年1月至2010年12月，共出版发行237期杂志，约1500万字，推出大量优秀论文、调查报告、经验总结，不少文章获国家税务总局、中国税务学会、中国国际税收研究会、江西省社联等优秀成果奖；积累了大量税制改革、征管改革、税收管理、基层建设、队伍建设等富有江西税务特色、鲜活珍贵的历史资料。

2006年11月，在中国国际税收研究会第三届二次理事会暨2006全国国际税收理论研讨会上，省国税局的论文《增值税转型的国际借鉴与现实选择》荣获集体奖。

2007年6月召开江西省税务学会第四届会员代表大会和江西省国际税收研究会第二届会员代表大会，进行换届，选举出学会第四届组织机构和研究会第二届组织机构。蒋仲平、雍忠诚任江西省税务学会第四届、国际税收研究会第二届名誉会长；刘宗凡、周炳义、肖鉴洲、陈岁松、吴畏任顾问；曾飞任江西省税务学会第四届、国际税收研究会第二届会长，曾光明、刘江敬、伍世安、辜华荣、江龙、汪玉奇等任副会长。

2008—2010年间，省税务"两会"共组织完成"企业集团合并纳税研究""优化纳税服务及税收队伍建设研究""税收鼓励战略性新兴产业发展的国际借鉴研究""我省新兴税源情况调查与税收分析"和"承接产业转移研究"等16项重点课题和"新兴税源及其发展情况调查""园区建设与发展中的税收问题研究"和"环鄱阳湖生态经济区建设税收政策研究"等12个群众性调研课题。学会秘书处先后编辑出版了《管理效率与税收发展》和《江西省税收科研成果文集（2008–2009）》等2本税收科研成果文集。其中2008年，参加省社联举办江西省社会科学学术大会征文活动，学会和研究会选送的《"十五"时期江西省国税收入发展状况的分析和思考》《促进资源有效利用的税收国际借鉴及政策选择》《江西税源分析与发展前景预测》等3篇文章入选为优秀论文。发展促进会联合发文，表彰江西省税务学会、江西省国际税收研究会为全省先进民间组织。2008年12月，江西省税务学会被省社会科学界联合会评为2008年度江西省社会科学工作先进单位。2010年11月召开的全省先进民间组织表彰大会上，省税务学会被授予"全省先进民间组织"称号（每3年表彰一次）。在2008—2010年间，每年均被省社联评为"江西省社会科学工作先进单位"。

江西省税务珠算协会

1993年6月23日成立江西省税务珠算协会，准予作社会团体法人注册登记。8月26日省税务珠算协会第一届会员代表大会召开，通过江西省税务珠算协会章程，明确省税务珠算协会是全省税务系统从事珠算工作者的群众团体，是全国税务系统珠算协会和江西省珠算协会的团体会员。

第二章　队伍建设

　　税务系统的队伍建设，始终伴随着新形势和税制改革的要求进行。江西省税务（国税）局长期坚持带好队、收好税的工作目标，深入实施人才兴税战略，强化干部教育、培养、任用，把以人为本的价值取向贯穿于江西国税事业发展的各个方面、各个环节，不断增强国税人员的原动力。自1991年以来，特别是国税局成立后，在加强队伍建设上坚持与时俱进、改革创新。在干部管理方面，建立青年后备干部队伍，拓宽选人用人渠道；实行一推双考、公推公选、竞争上岗等多种干部选拔形式；开展税务系统县（市、分）局六项人事制度改革（以下简称"六制"），"六制"即任期目标责任制、聘任制、优化组合和培训考核教制、定岗定标考核计奖制、专管员轮换和领导干部异地交流制、亲属回避制；实行上挂下派，推行能级管理。在干部教育方面，树立终身学习观念，形成系统学习体制，有一定规模的培训基地，有较全面的专兼职教师队伍，做到理论学习与技能培训并举，满足工作的需求。在实施学历教育进程中，坚持与大专院校联合办学，优化干部文化结构。在文明建设方面，将管理文化与思想政治工作有机结合，提炼共同认可并遵循的理想、价值观念和行为准则。在基层建设方面，既注重硬件建设，更注重软件建设，特别是重视基层人员素质的提升。省、市国税局都建立"基层建设基金"，推进基层建设向纵深发展，走出一条具有江西国税特色的基层建设之路。

第一节　干部管理

领导班子建设

　　全省税务系统在领导班子建设方面重点加强思想建设、组织建设、作风建设、制度建设、监督管理，促进领导班子建设规范化、制度化、科学化。

　　在领导干部思想建设方面，省税务局1991年3月在全面考核地、市、县税务局长的基础上，针对班子中存在的问题，以提高各级领导班子的思想和领导水平，增强战斗力为重点，举办全省地、市、县税务局长培训班。

　　1996年4月13日，省国税局党组印发《江西省国税系统领导班子建设暂行规定的通知》，要求各级领导班子坚持干部"四化"标准和德才兼备原则，按照省国税局规定的职数、年龄结构配备好各级领导干部，并建立领导干部任期目标责任制、领导干部的交流和分工轮换制、领导干部离任审计制度以及加强后备干部建设方案。

在对领导干部考核方面，制定国税系统领导班子和领导干部综合考核评价办法，建立健全促进国税事业科学发展的领导班子和领导干部考核评价机制。1997年1月15日，省国税局印发《全省国税系统领导班子年度考核办法》，坚持每年对全省11个地市国税局领导班子及其班子成员进行年度考核。考核内容分为领导班子自身建设和工作实绩两大方面。领导班子自身建设包括思想建设、作风建设、廉洁自律等三方面的情况，工作实绩包括领导班子建设、干部队伍建设、精神文明建设、征管改革和组织收入等五个方面。按照实事求是、客观公正的原则，实行领导自评与群众评议相结合，平时考察和年度考核相结合的办法，进行自我总结、组织考核、民主测评、个别谈话、省局党组研究决定考核档次。历年来的领导班子考核，有力地促进各级领导班子建设，增强班子的凝聚力和战斗力。1997年1月15日，省国税局印发《江西省国税系统领导干部诫勉谈话制度》，进一步加强全省国税系统各级领导干部的管理和监督，增强领导干部自重、自省、自警、自励意识，找准并改进领导干部自身思想、工作、生活中存在的问题，防患于未然，更好地扬长避短，做好各项工作。

2000年按照中央要求和国家税务总局部署，在全系统精心组织开展"三讲"集中教育和"三讲"教育"回头看"活动。各级班子和领导干部进一步增强政治意识、大局意识和责任意识，提高贯彻执行党的路线、方针、政策的自觉性。同年省国税局制定并实施《进一步加强领导班子领导干部管理和监督的实施意见》，把领导干部的工作圈、社交圈、生活圈纳入监督范围，严格规范领导干部的行为。

提升参政议政能力，2006年，在各级地方党委、人大、政协换届中，全省国税系统共有党代表87人，其中省级3人，市级25人，县级59人；当选省委委员1人，市委委员3人，市委候补委员1人，县委委员4人，市、县纪委委员各1人；当选市人大代表15人，县人大代表25人；当选市政协委员8人，县政协委员47人，增强了国税系统领导班子和干部参政议政的影响力。2007年，全面落实《税务系统领导班子和领导干部监督管理办法》，整合巡视监督、纪检监察监督、人事监督、财务监督、执法监督等监督资源。

2010年6月22日，省国税局印发《关于进一步加强领导班子思想政治建设的实施意见》和《江西省市、县（区）国家税务局领导班子和领导干部年度考核办法（试行）》，对增强领导班子贯彻落实科学发展观的自觉性，提高领导班子推动科学发展和构建和谐国税的能力，增强领导班子的整体效能，切实提高选人用人公信度，发挥领导班子的表率作用等提出明确要求，对领导班子考核内容和领导干部中正职与副职的考核内容做出明确规定，保证思想政治建设取得实效。

干部制度改革

在选拔领导干部方面，贯彻"公开、平等、竞争、择优"原则，采取一推双考、公推公选、竞争上岗等多种选拔形式，拓宽选人用人渠道。1992年认真贯彻中共中央《关于抓紧培养教育青年干部的决定》，在调整充实领导班子的基础上选拔99名政治坚定、作风过硬、有一定实际工作经验和工作实绩突出的中青年干部充实到县局级以上领导岗位。

1993年2月19日，省税务局制定了《江西省税务系统县（市、分）局六项人事制度改革试点方案》，每个地市挑选1~2个县（市、分）局进行人事制度改革试点。第一，县（市、分）局正、副局长实行任期目标责任制，任期 3~5 年。任职期满，经地、市局全面考核，胜任者连任，不能胜任者改任非领导职务或降职、免职。第二，正副股所长和副科级分局正副分局长实行聘任制，聘任期 3 年，其人选采取受聘领导提名、群众民主推荐、本人自荐、人事部门考察、党组研究办法，决定后按干部管理权限办理聘任手续。第三，未聘任的原领导干部转入非领导职务或免职。一般工作人员实行优化组合和培训考核制，组合期 1~3 年。组合采取双向选择：个人申请、受聘领导挑选、局党组研究决定。各地、市局对未组合人员要进行集中培训和教育（不含不参加组合人员），分派到工作、纪律较好的分局、所跟班实习，每半年考核鉴定一次。考核合格者，组合上岗；不合格者，另行安排工作。第四，实行定岗定标考核计奖制与等级专管员相结合的定岗位定目标考核，考质与考量相结合，考核结果与奖金和下户补贴挂钩。各地根据实际情况制定考核实施细则。实行三级考核办法：地（市）局考核县（市、分）局长；县（市、分）局考核股（室）和分局、所长；分局、所长考核一般工作人员。考核分德、能、勤、绩四个方面。建立税务人员考核资料，计算考核积分。考核结果作为评比先进、聘任职务的依据，分配住房在同等条件下可优先考虑。第五，实行专管员轮换和领导干部异地交流制，有计划地进行专管员轮换和专管员管户轮换，一般每 2~3 年轮换一次。县（市、分）局长结合班子调整，在本地、市系统内异地交流，交接前实行离任审计。第六，实行亲属回避制，凡直系亲属不得在同一股（室）或县以下同一分局、所工作。专管员所管纳税户，有直系亲属关系的也应回避。县（市、分）局正副局长的亲属（含直系、旁系）不得在该单位从事人事、监察审计、财务工作。

1995 年 3 月 31 日，省国税局制定下发《江西省国税系统人事管理工作暂行规定》，按照统一领导，分级负责，下管一级的原则，根据《国家公务员暂行条例》对所属人员进行考核和奖惩。实行辞退、辞职制度，新增人员一律实行公开招聘和考试录用，实行领导干部异地交流，一般工作人员岗位轮换和机关优秀中青年干部到基层挂职锻炼制度。

1997 年 1 月 15 日，省国税局规范干部选拔任用程序，对贯彻落实《党政领导干部选拔任用工作暂行条例》情况进行逐条对照检查，并结合全省实际制定《中共江西省各级国家税务局党组会议议事规则》《江西省国税系统人事管理工作暂行规定》《江西省国家税务局关于抓紧培养选拔优秀年轻干部的意见》《江西省国家税务局系统国家公务员考核暂行办法》《江西省国家税务局机关工作人员交流等三个实施方案》等，对干部选拔任用的原则、条件、程序、纪律、干部管理、人员调配、机构编制等方面的工作做出具体规定，推进干部人事工作逐步走向制度化。1997 年，还对部分副处级领导职务试行一推双考，对正处级领导干部实施公推公选，对省局机关副处级领导职位实施竞争上岗，对设区市局副处级领导班子成员实施选拔任用。

2002 年 4 月开始省局在全省国税系统内有计划地推行干部“上挂下派”制度。“上挂”，即省国税局、设区市国税局机关根据工作需要，从所辖国税系统内择优挑选优秀干部到本局机关有空缺编制的职能部门上挂锻炼，直接承担具体岗位的工作，履行相应职责。每次上挂为期一年。“下派”，即根据工作需要，从省国税局、设区市国税局机关挑选部分年轻干部，平职或降半格安排到下级单位工作锻炼，每次“下派”为期两年。录用的大中专院校毕业生，原则上先下派基层锻炼两年，使年轻干部开阔视野、增长见识、提升工作能力。2002 年至 2010 年共计安排上挂 231 人，下派 45 人，其中处级干部上挂 1 人、下派 9 人，其余均为科级及以下干部。

开展能级管理，2003 年 7 月省国税局制定《江西省国家税务局系统基层税务人员能级管理办法（试行）》，各县（市、区）国税局、设区市国税局直属执法行政单位的税务人员，均实行能级管理。能级认证采取能级考试与考核相结合的方式进行。根据税务工作性质，能级类别分为税收执法类和综合管理类。2003 年 12 月 13 日，省国税局印发的《江西省国税系统基层单位岗位职责和技能标准（试行本）》。《试行本》以表格的形式描述岗位职责和技能标准，每个岗位职责和技能标准由部门、岗位名称、岗位职责、技能要求、能级需求、人员配置六部分组成。在岗位设置上，综合管理类共有标准岗 21 个（设区市局直属执法行政单位作相应整合），税收执法类共有标准岗位 76 个。在岗位职责上，税收执法类吸收电子版执法责任制实施办法中的标准岗位职责。在技能要求上，针对各岗位的工作需要，从专业知识、业务要求、计算机技能、文字能力等方面提出基本要求。在能级需求上，根据岗位职责和技能要求，提出各岗位人员所需的能级下限。2004 年全系统开始实行能级管理，省国税局专门下发《江西省国家税务局关于全面推进基层单位能级管理工作的实施意见》和《补充意见》，规范操作流程，明确"分类分级认证，实行以能定级；制定岗责体系，实行以岗定责；开展竞聘上岗，实行岗能匹配；明确岗位系数，实行绩酬挂钩；设定升降条件，实行动态管理"的操作流程。按照信息化管理的要求，开发《能级管理信息系统》。截至 2004 年 12 月底，全省国税系统 127 个基层单位全部推行能级管理，共 9243 人参加首次能级认证，其中二级 277 人，三级 1978 人，四级 2896 人，五级 2162 人，六、七级 1930 人，初步构建干部管理新机制。

组织后备干部选拔，2005 年 4 月 29 日，省国税局印发《江西省国家税务局系统设区市国家税务局领导班子后备干部管理办法》，进一步健全处、科级后备干部管理制度，完善后备干部补充调整办法，分级建立后备干部管理档案。完善后备干部管理培养机制和领导干部选拔任用机制，加大后备干部的培养锻炼力度。通过规范后备干部的选拔、培养、使用等工作，形成规模适度、结构合理、素质优良的人才梯队。设区市国税局领导班子正职后备干部，在担任副处级领导职务的干部中产生，年龄一般不超过 50 周岁；设区市国税局领导班子副职后备干部，在担任正科级领导职务的干部中产生，年龄不超过 45 周岁；要求学历在大学专科以上，身体健康，能够担负较繁重的工作任务。设区市国税局领导班子正职后备干部为 1~2 名（由省国税局党组掌握），副职后备干部为 5~7 名。设区市国税局领导班子副职后备干部的选拔，采取民主推荐、考试与考察相结合的办法进行。基本程序为：确定名额、民主推荐（分值 20%）、笔试（分值 30%）、设区市国税局党组审议（分值 10%）、考察（分值 25%，其中：考察组意见分值 5%）、省局党组票决（分值 15%）。按 5 项成绩之和重新排序，确定后备干部人选。设区市国税局直属单位主要负责人（副处级）、设区市国税局领导班子副职后备干部，直接由设区市国税局党组审议并排序。设区市国税局后备干部由省国税局统一管理。2005 年省局组织开展后备干部选拔工作，共计有 65 人被确定为设区市局领导班子后备干部。

第二节　教育培训

培训机构

江西省税务（国税）系统在省、市一级都建立培训机构。江西省税务干部学校承担系统内外的各类培训，至 2010 年底共有教职工 73 人、专职讲师 44 人、高级讲师 16 人、讲师 25 人、助理讲师 3 人。各设区市国税局培训基地负责组织本地国税系统干部的任职培训、业务培训、技能培训。全省国税系统共配备专职教师 331 人，聘请系统内外兼职教师 700 余人。承担系统内部科级干部轮训，以及各类培训。

岗位培训

1992 年 1 月 20 日，省税务局制订教育培训工作意见，明确规定各地要抓好岗位培训，由省局组织全省性的岗位考试，合格者发证，持证上岗，无证者不能上岗、评职称、提干晋级。

1993 年 9 月 12 日，省税务局组织全省税务系统干部职工业务考试，考试内容主要为《中华人民共和国税收征管法》及《企业会计准则》和《企业财务通则》，全省总参考率为 96.03%。平均成绩 85.90 分，及格率为 97.24%。考试合格者，由省国税局颁发《岗位合格证书》；对考试不及格者，进行补考和集中培训，仍不合格者，限期调离。1993 年对新税制和征管制度改革进行学习和培训，全省举办税务系统内部培训班 150 期，培训人数 2 万多人次；税务系统外部的培训班达 670 期，培训人数 10.5 万人次。

1994 年 5 月，省税务局集中时间开展新税制实际操作培训。重点培训：增值税销项税额、进项税额和应纳税额的计算；增值税专用发票管理、使用和填写；企业期初库存商品已征增值税税金分离计算；各种税收缴款书的填写；增值税会计处理方法；新税制有关政策法规的基本精神。"八五"期间，全省共举办基层干部短训班 982 期，培训干部 41282 人次，在职基层税务人员基本轮训一遍。

1997 年开始，省国税局按照总局要求，组织实施《计算机应用技术考试证书》（NIT 培训考试）培训。全省 11 个设区市国税局和省国税局培训中心都设立了 NIT 培训基地，并通过了教育部的认证。从 1997 年至 2000 年底，共举办 NIT 培训班 82 期，参加培训人员 4600 多人次。经国家教育部的考试考核，全省国税系统年龄在 45 岁以下干部获得教育部颁发的 NIT 证书的有 7631 人，占全系统干部总数的 72%。

1999 年 9 月，省国税局印发《江西省国税系统素质教育实施意见》，对组织领导、师资队伍建设、施教机构建设、教育方式、培训质量等提出明确要求。制定国税素质教育 5 年规划：力争在 3~5 年内，把税务教育工作重心转移到公务员培训，提高国税人员综合素质；完成国税系统教育资源的优化重组，形成规范、高效的国税系统公务员培训施教机构网络；净化育人环境，建好一批精神文明建设教育基地。通过规范、严格的培训，使全系统持证上岗合格人员达到 98% 以上；基层人员"四懂五会"的比例达到 80% 以上，取得计算机 NIT 证书的比例达到 85% 以上；全系统大专学历以上人员的比例在原有基础上提高20个百分点。1999年按照规划要求全省共举办各类培训班734期，培训人员20752人次。

2001年2月，省国税局印发《江西省国税系统"十五"教育发展规划》，要求对全省国税系统公务员进行计算机操作和应用培训，利用3年时间，全省国税系统45岁以下80%的干部熟练掌握计算机基础知识和操作技能，运用税收征管软件、办公自动化系统和金税工程系统；5年内，35岁以下公务员取得计算机二级证书的比例不少于50%；县（市、区）局以上领导干部计算机知识达到"三知五会"（三知：计算机基础、税收征管软件、防伪税控系统；五会：计算机基本操作、利用计算机查询资料、阅览和签发文件、上Internet网、发E-mail）；积极稳妥推进国税稽查和征管人员等级制；5年内，国税稽查A级（能独立查账）人员占稽查人员总数70%以上；积极组织征管能手竞赛，培养、推出100名征管业务能手。

2001年，全省国税系统共组织初任培训3期，培训126人次；任职培训5期，培训140人次；专门业务培训115期，培训6461人次；更新知识培训164期，培训5073人次。全年"四类"培训达11800人次，为当年培训计划任务的4倍。

2002年，省国税局制定实施《江西省国税系统"十五"教育培训实施办法》，分层次、大规模地开展干部文化、业务、技能方面的培训。共举办计算机应用、英语四级、法律专门人才、稽查专门人才等培训班16期，培训1568人次，提高干部队伍的业务水平和专业技能。

2003年，全省建立10个设区市局培训基地，制定《江西省国税系统培训工作实施规则》，加强教学评估管理，提高培训质量。全系统共组织中长期培训14期，培训806人（次），其中科级领导干部培训班共培训199人；短期培训480期，培训16550人（次）；境外培训29人次。

2004年，省国税局修订下发《2003—2007年江西省国税系统干部教育培训规划》。全系统举办各类培训班250期，培训12969人（次）。其中：省国税局举办计算机应用、英语四级、法律专门人才、稽查专门人才等中长期培训班10期，培训675人次。

2005年，省国税局制定《培训工作实施规则》，实施"12345"培训工程。"十五"期间，全省国税系统共举办各类培训班859期，培训人员4.58万人（次）。2005年6月举办《每日一题》网络版安装维护培训班，自7月1日起在全省国税机关运行《每日一题》网络版。2005年在全国税务系统第九次教育工作会议上，省国税局经验材料《大规模培训干部，大幅度提升素质》在会议上作交流。

2007年，省国税局根据国家税务总局加强"十员"岗位培训部署和要求，在全省国税系统全面开展"十员五百佳"岗位培训活动，省国税局组织"十员"岗位达标考试，组建"十员五百佳"人才库。设区市国税局组织业务比武、能手竞赛。

2008年4月7日，全省国税系统贯彻《〈干部教育培训工作条例（试行）〉实施办法》，省国税局印发《2008年江西省国税系统干部培训计划》，相应的实施办法确立管理体制和职责分工、教育培训对象与类别、教育培训内容与方式、教育培训机构、师资教材课程与经费、教育培训管理、监督与纪律。4月28日省国税局印发《江西省国税系统专业技术资格考试管理暂行办法》，鼓励全省国税干部职工积极参加专业技术资格考试，即注册税务师、注册会计师、法律职业资格及NCRE-3（4）级、计算机技术与软件专业技术资格（水平）中级和高级考试，明确组织管理，规范费用报销，进一步推动干部教育由学历教育向技能教育转变。

2009 年，国家税务系统机构改革，机构设置及其职能进行较大的调整和整合，省国税局制订《江西省国税系统 2009—2012 年大规模培训干部工作的实施意见》，重点加强对依法行政、依法治税能力、岗位职责能力、文化素养、拒腐防变能力的培训，并对干部教育培训理念、方式、管理、制度和手段的改革创新提出新要求。印发《江西省国家税务局关于对设区市国税局培训基地进行评估检查的通知》，通过对各设区市局培训基地贯彻中央《干部教育条例》精神，对培训基地的办学方针、组织管理、师资队伍、培训实施、基础建设、培训评估、经费保障等进行综合检查评估。其中，重点检查培训基地的组织领导与制度建设情况，大规模培训干部任务和年度培训计划完成情况，培训项目实施与管理情况，教育培训管理者和师资队伍自身建设等情况。全面衡量培训基地的工作质量与实际效果，查找问题，总结经验。并在设区市国税局培训基地工作会议上交流教育培训工作的经验和成果。

2009 年省局将"服务科学发展、建设和谐国税"作为春季培训活动的主题。运用视频培训方式，组织全系统收听收看 4 场专题讲座，全系统共有 1 万多人直接参加视频培训。省局党组书记、局长周广仁作题为《充分发挥税收职能作用，促进经济平稳较快发展》的首场讲座，中共国家税务总局党校（扬州税务进修学院）马岩老师讲授"公务员心理调适"；省局党组成员、副局长肖光远讲授"流转税政策的解读"；中国社科院财贸研究所高培勇教授讲授"宏观经济变局中的财税抉择"。

2010 年，按照"标准化、规范化、系统化"的要求，省国税局制定《2010 年江西省国税系统干部培训计划》，明确在坚持抓紧常规培训的基础上，继续加大业务骨干实践操作能力的培训力度；省国税局举办 35 期培训班；按照干部培训必须在 5 年内轮训一遍、培训人次不得少于各设区市国税系统人数 20% 以及省局提出的岗位培训要求，各设区市国税局发挥市局培训基地的作用，确定培训目标、对象、内容和时间，确保 2010 年教育培训规划的全面落实。

学历教育

1991—1994 年，省税务局利用本系统的培训基地举办成人中专班，组织开办专修科、电大、函大班及自学考试。1994 年开始，省局依托省内外部分高等院校开展联合办学。1992 年，全省税务系统有研究生 3 人、本科生 379 人、专科生 3154 人、中专生 3645 人、高中生 5530 人、初中生 2992 人、小学以下 428 人。到 2010 年，全省国税系统有研究生 165 人、本科生 8484 人、专科生 2793 人、中专生 98 人、高中生以下 104 人。

中专教育 1993 年 1 月 6 日，经省劳动厅批准，省税务局招收录用一批具有高中文化程度的合同制工人 200 人，举办全脱产形式的税收专业职工中专班，学制二年，用于解决边远山区税务干部职工缺编问题。1993 年 9 月—1995 年 6 月，省税务学校与扬州税务职工中专学校经协商达成联合办学协议，在江西省税务系统招收税收（函授）在职中专生 1056 人。分别在省税务学校、吉安地区税干校、抚州地区税干校设立函授点。1993 年开始，省税务局以江西省税务学校为基地，举办全脱产形式的税收专业职工中专班，学期为 2 年，设立了电脑会计、计算机应用、税收等学科。

1993—1999 年分专业招生数：

1993—1994 年总数 202 人，其中税收专业 202 人。

1996—1997 年总数 865 人，其中电脑会计 94 人、计算机应用 47 人、税收（函授）724 人。

1997—1998 年总数 415 人，其中电脑会计 83 人、计算机应用 47 人、税收（函授）285 人。

1998—1999 年总数 255 人，其中电脑会计 42 人、计算机应用 43 人、税收（函授）170 人。

大专学历教育　1992 年省税务局组织开办专修科、电大、函大 6 个班，共招收学员 207 人。并成立了自学考试指导办公室，组织 5075 名考生参加税务专业自学考试。从 1991 年到 1995 年底，落实《江西省税务系统培养教育规划》，培训、组织大专以上学历教育 2068 人，完成规划目标的 71.3%，全系统人员大专以上文化由 2% 提高到 18.3%。1995 年省国税局开始与电大工作站、扬州税务学院、江西财大成教学院、江西广播电视大学、南昌职工科技大学实施联合办学，设立了电脑会计、税收、财会等专业。全系统大专以上学历人员的比例由 2000 年的 61.2% 提高到 2003 年底的 78.6%，截至 2005 年底，全省国税系统大专以上学历人员比重提高到 95.68%，比 2000 年底提高 34 个百分点，高于全国税务系统平均水平。2003 年省国税局与江西财大成教学院协商，共同举办在职国税系统年龄偏大的干部职工成人"大专证书"速成班（教学点分布南昌、吉安、赣州、上饶等四个设区市），共完成 1086 人的教学及结业证书的颁发工作。

1995—2004 年联合办学分专业招生数：

省国税局与电大工作站

电脑会计（全脱产）：1995 年 40 人，1996 年 32 人。

扬州税务学院

税收专业（函授）：1994 年 83 人，1995 年 55 人，1996 年 32 人。

财会专业（函授）：1997 年 40 人。

湖南税务专科学校

税收专业（函授）：1997 年 44 人，1998 年 50 人，1999 年 47 人，2000 年 39 人，2001 年 68 人。

江西财大成教学院

计算机专业：2001 年 296 人（脱产），2002 年 96 人（函授）。

江西广播电视大学

各专业合计（函授）：2003 年 664 人。

南昌职工科技大学

各专业合计（函授）：2004 年 128 人。

本科学历教育　1995 年省国税局依托江西财经大学、长春税务学院和湖南大学财税远程教育中心等高等院校，培养财政学、会计学、计算机、法学等国税工作急需的本科层次的专业人才 120 人。同年，设立"湖南大学财税远程教育江西省国家税务局教学管理中心"，与省国税局教育处合署办公；各设区市国税局设立相应的教学服务中心，教学服务中心与教育科合署办公；省国税局在省局培训中心、赣州市国税局、吉安市国税局设立 3 个教学面授点。

1995—2001 年联合办学分专业招生数：

长春税务学院

税收专业（函授）：1995 年 60 人，1996 年 50 人，2000 年 210 人。

财政学（函授）：2000 年 210 人。

湖南大学远程教育

各专业合计（函授）：2001 年 496 人。

扬州税务学院

税收专业（函授）：1997 人 60 人。

高层次人才培养　2001 年 2 月 24 日，省国税局下发《关于印发江西省国税系统"十五"教育发展规划的通知》，要求"十五"期间，培养具有硕士以上学历的高层次复合型人才 55 人。2002 年 2 月 5 日，省国税局下发《关于印发〈江西省国税系统"十五"教育培训实施办法〉的通知》，以提高干部学历结构和文化知识水平为目标，普及大专学历教育；重点培养具有本科以上学历的财政税收、会计、计算机科学、法律等专业，适应国税部门各岗位需要的人才；培养一批具有硕士研究生学历（学位）的高级复合型人才。从 2002 年开始从全系统选拔一批具有本科学历、学士学位，年龄在 40 岁以下的干部，委托高等院校，培养一批财政学（税务研究方向）硕士、计算机科学硕士研究生。2003 年 4 月 30 日，省国税局印发《江西省国家税务局关于举办软件工程硕士班的通知》，省国税局与江西师范大学（同济大学南昌教学点，系同济大学和江西师大合办）联合举办计算机软件工程硕士班。2004 年 9 月 17 日省国税局印发《江西省国税系统干部学历学位教育工作管理办法》的通知规定，省国税系统干部学历学位教育以培养高等专科、本科层次人员为主，适量培养硕士、博士研究生；以财经、法律、信息技术等税收工作急需的专业为主，适当兼顾其他相关专业人才的培养需求。

第三节　文明创建

组织领导

江西省国税系统长期坚持以精神文明创建为载体，开展专题教育、文明服务规范、培养和树立先进典型、文明单位创建等活动,营造心齐气顺的工作氛围和文明健康的文化氛围。1996 年 11 月 7 日，省国税局印发《关于成立江西省国税系统精神文明建设领导小组的通知》，成立江西省国税系统精神文明建设领导小组。组长：省国税局局长，副组长：周炳义，办公室主任：周瑾。 1997 年 3 月 7 日,省国税局下发《江西省国家税务局关于调整江西省国税系统精神文明建设领导小组成员的通知》，调整后，组长：省国税局局长，副组长：刘宗凡、刘孟全、周炳义，办公室主任：周瑾。2002 年 1 月 14 日，省国税局下发《关于调整江西省国税系统精神文明建设领导小组成员的通知》，调整后，组长：周广仁，副组长：曾飞、孟庆启、刘江敬，办公室主任：邹正生。

创建活动

江西省税务（国税）系统精神文明建设以创建文明行业、文明机关、文明单位、青年文明号、巾帼文明岗、"文明社区""文明家庭"为主要内容，全系统形成主要领导亲自抓，分管领导具体抓，职能部门专门抓，政工、业务各部门和工会、共青团等组织密切配合，齐抓共管的领导体制和工作机制，运用各种载体，开展多种形式的创建活动，使全省税务（国税）系统精神文明创建成果的数量和品质不断提升。

先进典型 1991年1月，省税务局、团省委在《江西青年报》联合举办"全省税务十佳青年"评选活动。

1996年4月，省国税局印发表彰决定，受表彰的先进典型中，有受到中宣部、国家税务总局充分肯定、连续16年坚持学雷锋的德安县共青分局，扎根山区、忘我工作的女税官汤平琴，舍身为税、无私奉献的模范协税员廖怀忠，默默耕耘、以所为家的劳动模范李莲花，秉公执法，为税收事业英勇献身的干部陈章林等。

"八五"期间，基层干部中，有17人受到国家税务总局、人事部、共青团中央等部门表彰；有6人被省委、省政府授予"劳动模范"称号；有30人被团省委、省妇联授予"新长征突击手""三八红旗手"称号；有132个基层分局（所）、401人受到省局表彰。

1997年2月，省国税局开展向章伏荣学习活动。1997年4月，省国税局组成江西省国税系统精神文明建设先进事迹报告团，到各地市局进行巡回报告13场，行程2600多千米。全省国税系统5100多人聆听先进事迹报告，反响强烈。

1999年2月11日，省国税局在全省国税系统开展向童凤春学习活动。

2001年8月31日，省国税局召开冷建新先进事迹表彰大会，号召全省国税系统向冷建新学习。省国税局领导、省委宣传部、省直机关工委、省纠风办领导和30名行风评议员莅临大会指导。

2004年，开展创建"先进领导班子"活动，评选"十佳先进领导班子"和"十佳局长"。全系统评选表彰先进基层单位35个和先进工作者150名以及廉政先进集体24个、廉政先进个人32名。

2007年10月25日，全省国税系统开展向全国道德模范学习活动，各级国税局把向全国道德模范学习活动与"创新创业、共建和谐"主题教育活动、推进税收文化建设与创建文明单位等群众性精神文明创建活动有机结合起来，将学习成果转化为推动实际工作的成效上来。

专题教育 1993年，开展创优良税风、优美环境、优质服务、优秀专管员"四优"活动和《税官风采录》征文活动。

2002年4月开展"塑造江西人新形象"专题教育活动。

2003年，按时高质量完成全国税务系统爱国主义教育基地——中华苏维埃共和国财政人民委员部税务局旧址的迁建修复工作，陈列布展中央苏区税收史。国家税务总局局长谢旭人和省委副书记、常务副省长吴新雄出席揭牌仪式，副局长钱冠林视察了旧址。当年，共接待系统内外参观人数近1万人（次），受到总局领导表扬。

2003年4月，省国税局在江西财经大学举办"爱心行动——江西省国税局资助贫困大学生"捐助仪式，共捐助11名大学生，金额44000元。省政府领导、省国税局与省教育工委、江西财经大学、省青少年发展基金会领导出席捐助仪式并讲话。

2008年，在"心连心，和谐创建你我同行"主题党日活动中，省国税局机关在帮建点丁公路社区建立党员联系户，实行结对帮扶，与丁公路社区联合成立"六站一会""市民学校"，建立了党建联系会制度，举办社区、机关"邻里节"活动，省国税局的活动方案被省直工委评为"省直机关优秀方案"。

2009年5月10日，省国税局开展税收志愿服务活动。

文明服务　1996年8月召开全省国税系统精神文明建设座谈会，讨论制定全省国税系统文明规范服务标准和竞赛考核办法。

1997年5月，省国税局向社会公布11个示范办税服务厅，作为全省国税系统文明服务示范"窗口"，并推行全省统一的办税服务承诺，在有关新闻媒体公布7项承诺内容和投诉及处理办法。

2000年9月，江西省国税系统实施文明办税"八公开"，实施范围是具有税收征管职能的国税机关，重点是基层税务分局（所）、稽查局；公开方式是设立办税公开栏，新闻媒体公开，利用电子屏、电话、微机查询、图版等宣传品公告；公开内容是纳税人的权利与义务、税收政策法规、管理服务工作规范、稽查工作规范、税务违法违章处罚标准、税务干部廉洁自律有关规定、受理纳税人投诉部门和监督举报电话、违反规定的责任追究。

2003年，省国税局和11个设区市国税局对24个县（市、区）国税局机关及城区办税服务厅、8个基层分局的政务环境状况进行明察暗访。省局被省政府评为2003年政务环境评议评价工作先进单位。

2004年，开展人性化、个性化纳税服务，共上门提供办税服务援助15866人（次），举办涉税培训279期，培训纳税人14862人（次），举办各类税企座谈324次，为纳税人提合理化建议2009条。

2006年7月，开展"四比、四看"文明竞赛活动：比服务态度，看干部素质是否提高；比服务质量，看工作流程是否规范；比服务效率，看承诺事项是否兑现；比服务环境，看服务功能是否健全。

2009年，在全系统办税服务厅中开展"优化发展环境，提升服务效能"实践活动，开展诚信践诺活动、"我为提升服务效能献一策"活动、"阳光服务"活动、满意度调查活动，以大力倡导行业文明新风，塑造窗口行业良好社会形象。

文明单位创建　1999年5月，省国税局印发《江西省国税局精神文明建设实施意见》的通知，推进全省国税系统扎实有效地开展政治思想教育；以基层分局（所）、办税服务厅为载体，抓好"窗口"文明建设；开展创建"文明单位"和"争当优秀税务工作者"活动；加强业务建设，全面提高干部队伍素质；健全措施，狠抓落实，务求创建工作取得新进展。

2000年4月26日，根据江西省巾帼建功活动协调小组关于在全省国税系统女干部职工中开展"巾帼文明示范岗"创建活动的通知，全省国税系统女干部职工开展"巾帼文明示范岗"创建活动。

2002年9月9日，省国税局印发《关于〈江西省国税系统"十五"期间精神文明建设纲要〉的通知》，明确"十五"期间全省国税系统精神文明建设的指导思想、主要内容、奋斗目标；明确目标考核方法、措施和奖励办法。进一步推进江西国税精神文明建设。

2004年，省国税局印发《江西省国税系统文明单位管理办法（暂行）》，对文明单位实行动态管理。

2005年4月，省国税局印发《关于积极申报全国文明单位和全国精神文明创建工作先进单位的通知》，各级国税局与当地文明委加强联系，主动向当地文明委汇报创建工作，争取当地文明委对国税系统申报工作的支持。各地国税局严格对照中央文明委规定的"全国文明单位评选标准"进行自查，拾遗补漏，确保各项指标达到标准。

2006年，省国税局制定推进精神文明建设规划，明确"十一五"期间全省国税系统精神文明建设奋斗目标：以创建文明行业、文明机关、文明单位、青年文明号、巾帼文明岗、"文明社区""文明家庭"为主要内容，全省国税系统精神文明创建成果的数量和质量进一步提升，截至2010年底，全省国税系统进入县级以上文明单位的比例达95%，进入省级文明单位的比例达80%，进入国家级文明单位和创建工作先进单位的比例达15%。全省国税系统继续保持"江西省文明行业"的荣誉称号，保持在全国税务系统精神文明建设处于先进行列。

2010年6月7日，在全省国税系统基层党组织和党员中深入开展创先争优活动，以创建"五个好"（领导班子好、党员队伍好、管理机制好、工作业绩好、群众反映好）先进基层党组织、争当"五个带头"（带头学习提高、带头争创佳绩、带头服务群众、带头遵纪守法、带头弘扬正气）优秀共产党员为主要内容，充分发挥基层党组织的战斗堡垒作用。省局创先争优活动得到中央组织部副部长、中央创先争优活动领导小组办公室主任王秦丰和省委督导组的充分肯定，并在2010年全省精神文明建设工作表彰大会上作典型发言，在中央驻赣单位创先争优推进会上作经验介绍。

第四节　文化建设

1991年以来，各级税务（国税）机关在税收实践中，以税收理论、思想、行为、制度建设为平台，为广大税务人员创造总结并认可遵循的共同理想、价值观念和行为准则。以各种主题鲜明、内容丰富的文化活动为抓手，通过各种文化载体形成浓厚的国税文化氛围。2005年，省国税局组织税务干部，邀请大学教授、文化学者在深入调查研究基础上，通过省国税局和设区市国税局建立税收文化建设联系点，培养典型，及时总结经验，形成了《江西省国税系统税收文化建设纲要》，重点开展"八化建设"，即在物质文化建设上，实现组织税收收入法制化、税收管理手段科技化、税收文化阵地普及化；在行为文化建设上，实现税收行为组织集约化、税收执法行为规范化、税收服务行为优质化；在制度文化建设上，实现税收行政管理程序化、税收质量管理标准化。构建"两大体系"，即构建以江西国税精神为核心的价值理念体系和行为规范体系。实现"四个一流"目标，即建设法治、文明、和谐、规范的一流工作环境，培育政治过硬、业务熟练、作风优良的一流干部队伍，形成规范有序、严密高效、良性互动、运转协调的一流管理体系，树立爱岗敬业、公正执法、诚信服务、廉洁高效、奉献社会的一流行业形象。打造"政府信任、纳税人满意"的江西国税品牌。同年，省国税局制定《江西省国税系统税收文化建设实施意见》，明确了国税文化实践主题是提高人的素养，丰富思想内涵，提升国税机关管理水平和优化服务。各级国税机关遵照《实施意见》，围绕国税文化内涵，对其本质特征、构建标准、实践方法，在理论和实践两个层面进行积极探索，运用各种文化载体开展国税文化建设实践。

主题教育　1993年3月省税务局印发《全省税务系统开展四职教育、创四优单位、争做优秀税务干部活动的意见的通知》，开展争先创优活动。2003年5月，开展"弘扬井冈精神，兴我国税事业"主题教育活动,向《井冈之子》人物访谈推荐先进人物。2005 年 1 月开展保持共产党员先进性教育活动。2007 年 5 月,开展"创新创业、共建和谐"主题教育活动。2008 年省国税局被省委宣传部评为主题教育活动先进单位。

知识竞赛　1991 年 8 月,省税务局与省总工会、共青团江西省委、省妇联、江西电视台联合举办"全省税法知识电视大赛"。1993 年 11 月开展全省税务系统业务能手竞赛活动,竞赛分查账能手、填票能手、咨询能手、微机操作应用能手四个方面单项竞赛。2001 年 4 月,省国税局与江西财经大学在江西卫视联合举办主题为"税收与公民"的大学生电视辩论赛。2002 年 4 月,省国税局与省法制宣传教育办公室联合在南昌举行《税收征管法》知识竞赛。2009 年 4 月,举办江西省国税系统依法行政暨新税法知识电视竞赛。

论坛研讨　1995 年 9 月 4—15 日,吉安市国税局姜红局长被团中央指定参加北京召开的第四届妇女大会"大政府组织论坛"分会,并作题为《基层女青年(含个体户)在经济领域里的状况》的专题发言。2003 年 3 月 29 日,省国税局与省人大常委会法制工作委员会在南昌联合举办"依法诚信纳税,共建小康社会"高层研讨会。会上就"依法诚信征税、依法诚信纳税、全面建设小康社会"进行研究和讨论。2005 年 6 月,省国税局举办和谐江西国税论坛,主题为建设和谐江西国税,促进江西在中部地区崛起。2005 年 8 月,省国税局举办思想政治工作论坛,各设区市国税局和省局培训中心共交流论文 23 篇,探讨加强和改进思想政治工作的思路与对策建议。

文体活动　1991 年 10 月,省税务局组成江西省税务系统体育代表团,参加第八届全省运动会,代表团共取得金牌 3 块,银牌 2 块,金牌总数列第 11 位。2002 年 1 月,省国税局在南昌艺术剧院举办"国税之春"文艺晚会。

2003 年,分两个阶段举办全省国税系统首届体育运动会,全省国税系统 789 名国税干部职工参加田径、乒乓球、羽毛球、篮球、保龄球、门球、健美操和棋类 8 大项目 30 个小项目的角逐。

2004 年 6 月 28 日,为迎接中国共产党建党 83 周年,庆祝江西省国税局成立 10 周年,省国税局举办"跨越未来"文艺晚会。

2005 年,省局机关组建"金瑞合唱团",在省直机关合唱比赛中获奖。

2009 年 9 月,省国税局举办"红歌唱响未来——庆祝新中国成立 60 周年爱国歌曲大合唱歌咏比赛"活动,9 月下旬选调优秀节目参加国家税务总局组织的"爱国歌曲大家唱"歌咏会演。

省、市、县三级国税局均建立文化活动室、阅览室、荣誉室、文化廊、宣传图窗,有条件的还建立健身房。加强内部系统网站建设,开辟国税文化网页,提供政治、业务、学习和文化、资讯交流平台。根据本单位实际,组建摄影、书画文体、工作研讨等各类群众性文化活动小组,通过举办展览讲座、开辟书屋(窗)、提供文化图书音像资料等形式,提高文化活动的开放度和群众参与度。

宣传教育　1994 年 5 月,省税务局参加全国税务教育成果展并荣获鼓励奖。1996 年 4 月 23 日省国税局与江西电视台联合录制 10 集电视新闻系列片《京九江西国税行》,在江西电视台新闻联播节目中开播,该片由省长舒圣佑题写片名,系列片围绕"税收征管与市场经济"这一主题,反映江西国税系统在组织收入、征管改革、队伍建设等各方面取得的显著成绩。2004 年,开展"树立科学税收发展观,实现国税事业新跨越"征文活动,共收到征文稿件 81 篇。举办全省国税系统"国税十年"

演讲比赛。2008年4月18日,省国税局、省地税局在江西师大附中联合举行江西省"税收教育基地"授牌仪式,该中学成为江西省首个省级"税收教育基地"。2010年2月,在全省国税系统继续开展全员读书活动,列举推荐书目,建立健全学习考评制度,进一步推动建设学习型税务机关。

网络建设　2000年,开发应用"江西省国税系统政治业务考试管理软件""江西省国税局廉政工作信息网"。2006年,开发应用《江西国税税收文化暨学习型组织创建系统》,得到全国总工会副主席、书记处书记倪健民的充分肯定。2006年4月,国家税务总局组织开展全国税法Flash动漫竞赛活动,江西省国税局荣获最佳组织奖,省国税局选送的作品分别获得最佳创意奖、优秀作品奖。2007年11月,江西省国税局荣获第三届全国税法FLASH动漫大赛最佳组织奖,省国税局选送的《小贝上学记》《人生》《税收三国》FLASH动漫作品分别被评为优秀作品奖和好作品奖,《社会主义税收取之于民用之于民》获平面媒体公益广告优秀奖。2008年12月,省国税局创办"网上党校",设置党建动态、党务指南、组织生活、心得交流、在线测试5个栏目,2009年1月1日上线运行。

第五节　基层建设

江西省税务系统基层建设经历了从注重硬件建设转向硬件和软件并举,侧重于软件建设,重点抓好基层内部管理和人员素质提高的发展过程。

1993年2月,省税务局对100个基层税务所进行调查,肯定基层税务单位总的状况是好的,基层工作与生活条件有较大改善,所容所貌发生较大变化;税收征管和思想建设工作得到加强,创建"文明税务所"的活动更加深入;对存在的一些问题提出了相关建议。1993年6月,组织各地市局对基层建设达标情况进行交叉检查,采取资料检查、民主测评、实地观察等形式,抽查11个地市28个县（市、区）税务局所属的55个分局（所）,肯定基层建设达标活动主要成绩,对存在的问题提出了整改意见。

1994年,全省国税系统开展以创建"六好"分局（所、站）为主要内容的创建文明单位活动,加大对基层建设的投入,在经费紧张的情况下挤出100万元资金帮助一些重灾区的基层征收单位改善办公条件。

1995年,配合征管改革,收缩基层网点。按照"两税"税源相对集中、基础设施较好、交通便利、辐射面广和"精简、高效、合理"原则,对基层分局（所）机构进行收缩调整,1995年12月底全省100个县（市、区）局完成收缩调整工作,其中89个县（市、区）局基层网点设置达到省局要求。全省国税系统基层分局（所）由1994年的845个减少为648个,收缩率为23.3%。基层网点收缩后,各级国税机关自筹资金4996.7万元（含奖励基金）投入基层建设,装修房屋、配备微机、改善交通通信及文娱活动器材等基础设施,在建99个分局（所）,改造装修223个分局（所）,全省所有县（市、区）国税局的城区分局和大多数农村分局（所）都建立了办税服务厅。

1999年5月,省国税局提出"三基"建设,即抓好基层、基础、基本功建设,打好思想基础、组织基础、征管基础、物质基础、行政管理基础,努力使基层管理工作上水平,提高基层国税人员的业务素质。

1996—2000 年，开展创建"六好"（执行政策好、完成任务好、征管质量好、遵纪守法好、所容所貌好、行政管理好）为主要内容的"文明税务分局（所）"活动，省局和各地市县局共筹集14443 万元资金，新建、扩建和改建了 574 个分局、所、站。不少分局达到了"五有"（有办税厅、有征管资料室、有荣誉娱乐室、有小食堂、有机动交通工具），有的还办起了"一种三养"（种蔬菜或花果之类，养猪、鸡鸭、鱼之类）基地。基层管理进一步得到加强，各分局（所）建立健全政治业务学习制度、民主生活会制度、请示汇报制度、服务保障制度等，保障基层各项工作正常运作。全省 80% 的分局（所）达到县局级文明税务分局（所），50% 的分局（所）达到地（市）局级文明税务分局（所），30% 的分局（所）达到省局级文明税务分局（所）标准，部分分局（所）进入国家税务总局级文明税务分局（所）行列。

2001 年 10 月，省国税局召开全省国税系统基层建设现场会。会议按照基层建设机构建设、组织建设、思想建设、业务技能建设、税风税纪建设、征管基础建设、制度建设、基础设施建设八个方面的内容，总结"九五"时期基层建设经验，明确工作新要求。

2002 年 5 月，省国税局召开全省国税系统基层建设工作会议，制定"十五"时期全省国税系统基层建设规划，随着税收信息化和征管改革推进，江西国税收缩基层征收机构，县级局一般下设2 个左右的基层征收分局，对基层建设的认识进行重新审视和评价，把基层单位定位于县（市、区）局及其分局，重点是县（市、区）局，实现基层建设新定位与形势发展相适应；将基层建设从注重硬件建设转向硬件和软件并举，侧重于软件建设；确定基层建设的主攻方向：提高干部基本素质、健全税收工作基本制度、夯实税收征管基础工作、改善基层工作生活条件。2002 年 6 月，省国税局印发《江西省国税系统"十五"期间基层建设纲要》，确定坚持突出重点、整体推进；坚持改革创新、与时俱进；坚持"软、硬"并举、重在"软件"；坚持实事求是、因地制宜的工作原则。实现 2002年全省 40% 的县（市、区）局和分局达到标准；2003 年全省 80% 的县（市、区）局和分局基本达到和保持标准；2004 年全省 95% 的县（市、区）局和分局达到和保持标准；2005 年全省 100% 的县（市、区）局和分局达到和保持标准。当年 8 月省国税局制定《江西省国税系统基层单位达标验收标准》。并组织对各地基层单位达标验收。同时，省局安排专项经费建立"基层建设基金"，用于基层建设工作，各地也设立基层建设基金。并制定具体考核办法和量化指标。

2003 年，进一步完善基层建设内容，坚持以"四基"（提高干部基本素质、健全税收工作基本制度、夯实税收征管基础工作、改善基层工作生活条件）建设为主要内容统揽基层建设全局，以"五好"（领导班子好、队伍素质好、管理机制好、执法质量好、社会形象好）为标准检验基层建设成果，在健全机制、树立典型、抓好达标上下功夫。全省国税系统有 80% 县（区）局及基层分局验收达标。"十五"时期，省局向基层投入信息化建设经费 1.17 亿元、教育经费 1858 万元、基建经费 4 亿元、车辆购置经费 2300 万元，明显改善了基层工作条件。江西国税基层建设工作得到国家税务总局领导充分肯定，并在全国基层建设工作会议上作典型发言。

2005 年，开展基层建设"回头看"活动，进行"四查四看"：查领导班子建设、党组织建设、教育培训、精神文明创建和党风廉政建设情况，看干部队伍基本素质是否得到提高；查机构设置、岗责体系、能级管理情况，看税收征管机制是否健全和落实；查税源管理、纳税申报、纳税评估、发票管理、税务稽查和纳税服务情况，看税收征管基础工作是否得到加强；查经费使用、硬件设施和工作环境情况，看基层工作生活条件是否得到改善。2005 年全省国税系统 348 个基层单位达到并保持"五好"标准，提前一年完成达标任务。

2006 年，按照《公务员法》职位分类制度，进一步深化基层税务人员能级管理，提升税务人员执行力。

2007 年，优化国税机关为纳税人、上级国税机关为基层国税机关的"两个服务"。省局年底 3 次下拨专项补助经费，帮助基层解决基本支出经费、基本建设欠款以及重大疾病补助等特殊困难，惠及面达基层单位的 85% 以上。

2010 年，深入开展"创业服务年"活动，突出基层办税服务厅、网上办税、税收服务直通车三个重点，开展百名局长千名税干入万户送税法活动，完善税企互动平台。开展纳税服务"一窗全能"和同城办税试点及星级办税服务厅创建活动，提升办税服务工作实效。

第三章　检查监督

　　加强检查监督，是不断强化对税收执法权和行政管理权的监督制约和预防腐败的重要环节。省国税局致力改革和完善党的纪律检查体制，联系本系统实际，结合本行业特点，按照各个时期上级的部署和要求，开展各种形式的活动，制定了一系列规定和措施。通过建立教育机制和权力运行监控机制，强化税收执法和廉政风险管理，实现风险有效防范、控制和化解；通过突出狠抓党风廉政建设、政风行风建设，建立党风廉政责任制，开展党风党纪教育，完善惩治和预防腐败的体制机制，形成拒腐防变良好氛围，有力促进干部自觉改进作风，保持振奋的精神和良好的风纪，提升了国税形象；通过加强内部审计、执法督察、巡视检查，完善内部监督制约机制，促进依法行政；通过严格实行执法责任追究、查处问责规定，进一步规范税收执法行为，不断提高税收执法水平，促进全省国税事业健康发展。

第一节　纪律检查

防范机制

　　全系统坚持教育与管理、自律与他律相结合，建立和健全防范机制，督促广大干部增强法纪观念、自律意识、廉政意识、执法风险意识，以不断提高干部队伍整体防腐拒变能力。

　　教育机制　根据各时期形势要求，适时运用各种载体，采取多种形式开展党风党纪教育。

　　1991年，开展创优秀税风、树廉政典型活动。全省税务系统评选出11位廉政建设先进个人。

　　1992年全省税务系统开展"税官风采录"征文活动，以及创优秀税风、优美环境、优质服务、优秀专管员四优活动和向模范税务干部学习活动。

　　1993年，省税务局强调十条廉政纪律，局机关干部自我对照检查，对县局长以上领导干部提出了"十二个不准"，促使各级领导干部用好三权（税权、财权、人事权），过好三关（权力关、金钱关、人情关）。

　　1994年，全省各级国税机关普遍召开专题民主生活会进行自查自纠，充分征求群众意见，听取群众反映，全省11个地市局有40名县（处）级领导干部参加了专题民主生活会，参会率100%，全省113个县、市、区局的320名科级干部均进行自查自纠。

　　1995年，省国税局落实国家税务总局两个"廉政规定"，制定《江西省国税系统机关工作人员不准接受公款宴请的规定》，召开全省地市国税系统纪检监察工作会议，部署各级国税机关切实抓好反腐败斗争10件实事，并组织干部专题培训。

1996年，省国税局主要领导与各地市局长、机关处室负责人签订《廉政责任书》，各地市县局及分局（所）层层签订《廉政责任书》，有的地方还实行了个人廉政保险金制度，进一步落实领导干部廉政责任制。全省3688名股（所）长、科级以上干部和74名副处级以上领导干部参加民主生活会，进行自查自纠；在干部任免问题上坚持廉政"一票否决"；坚持推行离任审计制度，强化内部监督。先后对53名县局长及分局（所）长进行了离任审计。

1999年，开展廉政教育月活动，采取法纪讲座、巡回报告、党纪条规考试等多种形式开展反腐倡廉教育，做到警钟长鸣。

2001年，开发制作党风廉政建设信息局域网，模块包括领导言论、组织机构、落实党风廉政建设责任制、制度规定、政风行风建设等。

2002年开展警示教育。组织省国税局机关干部职工参观江西省女子监狱，监狱安排3名原为财会干部的服刑人员进行现身说法，干部职工受到一次深刻生动的警示教育。

2003年5月，结合"弘扬井冈精神，兴我国税事业"主题教育，在全省国税系统开展加强理想信念和廉洁从政专题教育活动。

2004年9月学习贯彻"两个条例"，开展专题辅导和网络教育，组织全系统7065名党员干部参加"两个条例"知识测试。省国税局在全省纪检监察工作座谈会和省直单位党风廉政建设责任制会议上作典型发言。

2005年，开展先进性教育活动，全省各级国税局做到"规定动作有板有眼、自选动作有声有色"，党员参评率均达100%。经测评，省国税局机关先进性教育活动群众满意率达100%，各地国税局满意率均达95%以上。中央督导组和省领导检查国税部门先进性教育工作时，给予充分肯定。

2006年6月，制定《江西省国家税务局关于加强廉政文化建设的意见》，省国税局重点抓好2个廉政文化基地建设，各设区市国税局建设2个基层示范点和若干个联系点。省局召开廉政文化建设现场会，总结推广廉政文化建设经验。7月18日，省国税局浮梁瑶里廉政文化基地揭牌仪式在瑶里新四军改编旧址举行。揭牌仪式标志着江西省国税系统廉政文化建设从前期注重理论学习进入到理论与实践相结合的新阶段。

2007年5月，省局在全省国税系统开展廉政文化作品征集活动，征集书法、绘画、漫画（Flash）、警句格言、摄影作品。共收到书画摄影作品600余幅，其中展出60余幅获奖作品在全省国税系统廉政文化作品展展出。

2008年，深入开展廉政文化建设系列活动。省国税局共征集廉政文化作品571件，得到省委常委、省纪委书记尚勇肯定。

2010年，省国税局与省纪委、省监察厅、省地税局联合举办全省学习贯彻《廉政准则》电视知识竞赛，获全国税务系统学习贯彻《廉政准则》成果展示活动二等奖。并作为总局成果向中纪委汇报。

内控机制　1996年，坚持特邀监察员制度，强化社会监督。全省国税系统共请特邀监察员1692名，通过多种形式接受社会监督。

2004年，开展效能监察试点。省国税局制定《关于开展效能监察试点工作的意见》，选择4个基层国税局开展试点。

2008年，探索建立廉政风险管理机制。按照自上而下、统筹兼顾、有机渗透、科学建设、重在落实的原则，强化税收执法和廉政风险管理。结合工作实际，全面排查税收管理、税收执法和行政管理中可能引发或加大廉政风险的各种信息，按照权力运行频率高低、人为因素大小、自由裁量幅度、制度机制漏洞、危害损失程度等对风险点进行分级评估，建立监控应对措施，实现税收执法和廉政风险的有效防范、控制和化解。积极推行网上审批和电子监察系统建设，进一步规范和监督税务行政审批、许可工作。

2010年，完善廉政风险管理机制。省国税局制定《推进执法和廉政风险防控建设的实施意见》和《内控机制建设工作方案》，强化税收执法和廉政风险管理。梳理权力事项174项，排查出风险点40个，有针对性地健全防控措施，进一步完善惩防体系。

查处问责

省国税局制定《建立健全江西省国税系统惩治和预防腐败体系的具体意见》《关于实行党风廉政建设责任制的规定》《江西省国税系统工作人员违反政纪行政处分暂行规定》和《江西省国税系统违规违纪处罚暂行规定》等制度文件。严肃办案纪律，严格办案程序，加强案件审理，坚决制止"失之于宽、失之于软"的现象。保证办案工作依纪依法进行。在办案实践中，把握办案规律，研究国税人员违纪违法问题的特点，拓宽案源管道，注重从信访举报、执法检查和执法监察、税务稽查、巡视检查、内部审计等工作中发现案件线索。并认真总结办案经验，不断改进办案方式方法，坚持惩前毖后、治病救人的方针，坚持惩治腐败与保护党员干部权利并重，正确运用政策和策略，体现宽严相济，区别对待。

1991年全省税务系统共查处各类违纪案件106起，涉案的102人中有101人受到政纪处分，2人受到刑事处分。

1992年全省税务系统共查处违纪人员96人，违纪金额19.4万元。其中90人受到不同程度的处分。

1993年全省税务系统受到政纪处分的有74人，其中开除公职7人，开除留用8人，撤职处分5人，记大过以下处分54人。

1994年全省税务（国税）系统共立案86起，结案81起，结案率94%，其中开除公职16人，开除留用察看5人，降级（职）4人，撤职2人，记大过以下处分24人，移送司法机关处理7人，判刑5人，为国家挽回经济损失136.91万元。

1995年全省国税系统共查办违法违纪案件79起，对87人给予党纪政纪处理。

1996年全省国税系统立案76起，上半年结转2起，结案74起，销案1起，结（销）率96%，移送司法机关处理6起，3人受刑事处理，对80人给予党纪政纪处分。

1997年全省国税系统处理违法违纪案件立案74起，结案74起，移送司法机关处理5起，有75人受到政纪处分，为国家挽回经济损失19.3万元。

1999年全省国税系统立案61起，结案59起，结案率96.7%，移送司法机关处理5人。

2000年全省国税系统共受理群众来信来访和举报电话142件（次），初查核实79件（次），立案查处案件19件，结案19件，结案率100%；给予党纪政纪处分3人（次），组织处理9人（次）。

2001年全省国税系统共受理群众来信来访和举报电话158件（次），初查核实90件（次），立案23件，结案23件，结案率100%；给予党纪政纪处分5人（次），组织处理12人（次）。

2002年全省国税系统共受理信访举报件73件，对30件信访举报件进行了初核，立案10起，结案10件，结案率100%；给予党纪政纪处分9人（次），组织处理11人（次）。

2003年全省国税系统共受理群众来信来访和举报电话97件（次），初查核实76件（次），立案27件，结案27件，结案率100%；给予党纪政纪处分12人（次），组织处理27人（次）。

2004年全省国税系统共受理群众来信来访和举报电话183件（次），初查核实112件（次），立案31件，结案31件，结案率100%；给予党纪政纪处分18人（次），组织处理41人（次）。

2005年全省国税系统共受理群众来信来访和举报电话149件（次），初查核实58件（次），立案37件，结案37件，结案率100%；给予党纪政纪处分25人（次），组织处理54人（次）。

2006年全省国税系统共受理群众来信来访和举报电话141件（次），初查核实55件（次），立案41件，结案41件，结案率100%；给予党纪政纪处分27人（次），组织处理88人（次）。

2007年全省国税系统共受理群众来信来访和举报电话101件（次），初查核实30件（次），立案11件，结案11件，结案率100%；给予党纪政纪处分9人（次），组织处理23人（次）。

2008年全省国税系统共受理群众来信来访和举报电话63件（次），初查核实21件（次），立案3件，结案3件，结案率100%；给予党纪政纪处分2人（次），组织处理7人（次）。

2009年全省国税系统共受理群众来信来访和举报电话97件（次），初查核实17件（次），立案2件，结案2件，结案率100%；给予党纪政纪处分2人（次），组织处理14人（次）。

2010年全省国税系统共受理群众来信来访和举报电话72件（次），初查核实12件（次），立案3件，结案3件，结案率100%；给予党纪政纪处分3人（次），组织处理7人（次）。

第二节　执法监察

党风廉政建设

1991年，全省税务系统开展廉政制度落实情况回头看。全省税务人员拒吃请24822人次，拒收现金、礼品23.4万元。

1992年，发挥监察工作"一审二帮三促"作用，全省税务人员拒贿拒礼3057人次，折合17.1万元。

1994年，通过自查自纠，对部分地方税务（国税）部门和人员违反规定购买进口豪华小轿车，个别领导住房超面积，在公务活动中超标准接待，参加企业庆典、订货会收受礼金、购物券进行了纠正，收受的礼金、购物券共计10606元上交当地纪检部门。

1995年11月，省国税局制定《江西省国税系统领导干部廉政责任制及考核办法实施细则》，明确各级领导廉政责任，廉政责任制的内容及标准、考核方式、处罚办法。并完善党风廉政教育协调机制,建立联席会议制度。并修订完善《关于对领导班子和领导干部开展巡视检查的实施意见》《江西省国税系统行政管理责任制》《关于治理党风和政风方面若干突出问题的暂行办法》等制度,建立惩治和预防腐败的制约机制。

1997 年,省国税局制定《江西省国税系统厉行节约制止奢侈浪费行为的实施办法》,开展自查自纠,全省国税系统招待费比上年下降 18.3%,取消各种会议 264 个,节约经费 51.9 万元;停建办公楼和装修,节约经费 917.4 万元;清理公费安装住宅电话 418 部、清理手机 391 部、补交电话费 47.6 万元。

1998 年 1 月,省国税局组织开展落实责任制、税务代理与行政机关脱钩、发票保证金和纳税保证金清退、清房工作、其他资金管理使用、通信工具规范化管理等 6 个方面的检查和督导。对 11 名干部实行责任追究,其中 4 人受到党纪政纪处分,7 人被廉政诫勉谈话、免职、降职、通报批评和经济处罚。

2000 年 1 月,省国税局建立上缴"红包"情况定期报告制度,全省国税系统上交礼金(红包、有价证券)18.3 万元;上交礼品 89 件,折价 2.9 万元。进一步加强领导班子领导干部管理和监督,把领导干部的"工作圈""社交圈""生活圈"纳入监督范围;对 6 个地市局的主要领导实施离任审计;抽调地市局人员对省局和地市局机关党风廉政建设工作进行双向检查;严格责任追究,对 8 名不履行责任制而出现不廉洁问题和不正之风的干部实施责任追究。

2001 年,省国税局加强对税收执法权和行政管理权监督制约,从制度上、机制上加强对人、权、钱的监督管理。当年,完成执法监察项目 260 个,查补税款 687 万元,查出违纪金额 220 万元。

2002 年,省国税局制定《江西省国税系统税收行政执法责任制实施办法》,建立统一、规范的税收执法责任制度体系。全省国税系统共对 7734 人进行评议考核,发放评议卡 61014 张,收回 52206 张,其中 90 分以上 5984 人,60 至 89 分 1674 人,59 分以下 76 人。给予奖励 3.85 万元、经济处罚 15.44 万元,并对 6 人实施过错责任追究,给予行政处分 5 人,经济追偿 4 人。

2003 年,省国税局开展对红包、礼金及有价证券的清理工作,全系统共清理红包、礼金 144500 元,其中拒收礼品、礼金 78300 元,上缴礼品礼金 66200 元。

2008 年,省国税局制定《"两权"监督联系协调实施办法》,运行税收执法监察子系统,加强廉政监督。

2009 年 11 月,省国税局开展违反廉洁自律规定四个问题专项治理,严肃治理违规配备和使用公务用车、违规收送"红包"(现金、有价证券、支付凭证)、参与赌博或变相赌博、违反规定到营业性娱乐场所消费和参与低俗活动等行为。

2010 年度,全省国税系统进一步落实"一岗双责",制定《全省各级国税机关党组成员带头落实党风廉政建设责任制的实施意见》《关于对违反党风廉政建设责任制规定的行为实施责任追究的办法(试行)》,主要领导与班子成员、班子成员与所分管部门主要负责人分别签订党风廉政建设责任书,进一步加大考核和追究力度。全系统共实施责任追究 27 人次。

政风行风建设

江西省税务（国税）系统以省委、省政府组织开展政务环境评议评价活动为契机，大力推进政风行风建设，打造"政府放心、群众满意"的国税品牌，不断提升国税形象，得到社会各界充分肯定和广泛赞誉。全省各级税务部门在当地党委、政府组织的政务环境评议评价活动中均位居先进行列。

1991年，各级税务部门走访20244个有关单位和纳税户，审核1734户企业的减免税情况，抽查133.5万份税收票证，发出了9万份征求意见函。

1993年，清理各种收费，对税收征管工作中的收费项目统一内容、统一项目、统一收费标准，杜绝基层税务部门加码收费现象。

1994年，对全省税务系统46个已撤销、停办、划转的经济实体的经营状况、财产、债权债务进行清理和审计，清还贷款和周转金，清理各种收费项目，统一税务登记证的收费标准，对发票保证金和工本费做出具体规定。

1996年，各地本着"完善、规范、求实"的思路，规范办税服务厅的办税程序、窗口职责，推行服务承诺、实行税务登记、纳税申报、购买发票、缴纳税款、税务咨询、税务代理一条龙服务。

1997年，开展减轻企业负担的清理工作。省国税局成立专项清理小组，取消经济技术网络等收费项目，规范罚款和收费行为。

1999年，省国税局对全省111家税务代理机构，本着"彻底脱钩、全面整顿、规范管理、健康发展"的16字方针，进行税务代理脱钩改制工作。11月底完成脱钩改制工作。

2000年，开展公款配置便携式电脑、向纳税人借钱借物和纳税保证金等七项收费清理整顿工作。共清理用公款购置便携式电脑128台，清理归还向纳税人借用的小车3辆、空调4台和现金784491元，清理违规收费706万元。省国税局组织部分特邀监察员和新闻记者对6个地市局的19个县市（区、市）局、39个基层分局和24户纳税企业的税风税纪情况开展明察暗访。全省国税系统共有38个市、县（区）局参与当地行风评议，获得第一名的有11个单位，第二名的有7个单位，第三名的有1个单位。全省国税系统会议费比上年下降21%，节约经费32.5万元；县以上国税机关全部实行招待费单独列支，招待费比上年下降6.7%；取消庆典活动26个，节约经费51.4万元。

2001年，组织开展民主评议行风活动。通过层层宣传动员、开门纳谏、树立和宣传先进典型、明察暗访、自查自纠、整章建制，取得较好成绩。全省国税系统行风评议的优秀率达100%，其中：省国税局在民主评议行风活动中名列第二，被评为优秀单位；11个设区市国税局中有8个名列第一、3个名列第二。

2002年，以"讲文明、树新风"为主题，以优质规范服务为基础，以窗口单位和执法岗位为重点，积极推进行业作风建设。省国税局邀请特邀监察员和新闻记者，采取不打招呼、随机检查的方式，对9个设区市局所辖27个县市（区、市）局机关及城区办税服务厅进行明察暗访。省国税局在全省2002年外商投资企业对15个省行政执法管理部门评议评价活动中获得总分第一名。

2003年，省国税局对全省11个设区市局所辖的24个县（市、区）局机关及城区办税服务厅、

8个基层分局的政务环境状况进行明察暗访。省国税局被省政府评为2003年政务环境评议评价工作先进单位。

2004年，省国税局进一步优化纳税服务，开展人性化、个性化纳税服务，共上门提供办税服务援助15866人（次），举办涉税培训279期，培训纳税人14862人（次），举办各类税企座谈324次，为纳税人提出合理化建议2009条。省国税局被省政府评为2004年政务环境评议评价工作先进单位。

2005年，全省国税系统组织开展党风和政风若干突出问题专项治理"回头看"活动。对奢侈浪费行为、损害纳税人利益情况和2005年政务环境评议评价的整改意见进行自查自纠。省国税局被省政府评为"省直单位政务环境评议评价先进单位"。各市、县（市、区）国税局在当地党委、政府组织的政务环境评议评价活动中均位居先进行列。

2008年，开展全省国税系统民主评议政风行风工作，通过自查，听取意见，整改落实，切实推进规范执法、公正执法、文明执法。省国税局被省政府授予"2008年全省民主评议政风行风工作先进单位"荣誉称号。新余、吉安、南昌、宜春市国税局被江西省民主评议政风行风领导小组授予"2008年全省民主评议政风行风工作先进单位"。

2010年，加大纳税人投诉以及效能监测点反映问题的督办力度。省国税局在"万名群众评机关"中被评为群众最满意的10个单位之一。

第三节　督察内审

执法督察

省国税局成立以来，每年抽调法规、监察、税政、征管、稽查等职能部门的业务骨干组成检查小组，对地市局、县（市、区）局税收执法进行综合性、审计式执法检查。检查内容包括税收法制工作、税收征收管理、税收政策执行、税务检查、税收计会统等方面。通过听取被查单位执法情况汇报；调阅收发文目录，检查有关涉税文件；查阅征管资料、执法文书；抽查相关纳税人；向相关单位和人员调查了解情况等方式，对查出的问题进行处理，督促整改，促进规范执法。

1996年，全省国税系统共查出应补税款319.3万元，清理欠税款3164.2万元，补缴税款216.2万元，清查不规范文件11份。

1997年，全省国税系统共查出应补税款350万元，加收滞纳金和罚款300万元，清查不规范文件1份。

1998年，全省国税系统共查出应补税款344.1万元，加收滞纳金和罚款191万元，清查不规范文件12份。

1999年，全省国税系统共查出应补税款426.91万元，清查不规范文件13份。

2000年，省国税系统共查出应补税款374.84万元，清查不规范文件10份。

2001年，省国税局通过自查和重点检查，发现少数地方政府在招商引资上没有很好执行《税收征管法》，制发一些不符合税法的文件；有的缓缴税款审批不够规范；个别国税局对依法应当移送司法机关的涉税案件没有移送，放松对应移送涉税案件的审查；欠税管理仍需加强，滞纳金制度未能较好执行；在一般纳税人资格认定上不够规范；有的国税局发票按期缴销制度执行不够严，个别国税局增值税专用发票代开管理不够规范；个别国税局存在提前征收税款的现象，对金融企业营业税和企业所得税未按季进行征收（预缴）；执法程序有欠缺，税收执法基础性工作不够扎实；征管、稽查资料不齐全规范，归档不及时等。对上述问题，省国税局在全系统予以通报，提出整改意见，相关单位进行整改。

2002年，全省各级国税机关共重点检查63个县级局（含市局直属单位）和185个基层分局。

2003年，省国税局开展税收执法检查，检查部分设区市国税局机关及其所属稽查局和重点企业管理分局、县（市、区）局共计17个单位。共查阅有关文件2800多份，会议记录513次，稽查案卷223宗；检查税收票证3100份，调阅征管资料666户，核对CTAIS数据37000条，会计报表208份。实地检查企业30户，个体工商户330户，加油站18个，专业市场14个，发现10类41个方面的问题。省局制发检查情况通报，各相关单位落实整改。

2004年，省国税局检查部分设区市国税局机关及其所属稽查局、重点企业管理分局、县（区）局共计15个单位。查阅文件3056份、征管资料688户、稽查案卷170件，核对综合征管软件信息记录42400条、报表2110份、票证16380份。检查加油站31个、专业市场5个、个体户270户、企业30户，制作工作底稿142份。发现6类29个方面问题，省局制发检查情况通报，各相关单位落实整改。

2005年，省国税局开展重点执法检查，检查组先后听取情况汇报9次，走访纳税人100多户次；查阅有关文件和税务文书资料2480余份；检查各种票证2万余份；调阅综合征管软件等信息8万余条，征管资料600多户，稽查案卷107宗；检查企业30户、个体户270户；制作工作底稿283份，共检查发现6类226个问题。

2006年，省国税局开展重点执法检查，检查组先后听取执法检查情况汇报12次，共查阅180多份收发文、税务文书资料1400多份；调阅会议记录1000多次，检查税收票证和财务凭证2万余份，调阅综合征管软件信息14万余条，稽查案卷92宗；走访纳税人40多次，实地核查18户企业，调查个体户240户；制作工作底稿227件，发现7类173个问题。

2007年，省国税局开展重点执法检查，检查组按照"全面检查、突出重点"的原则，共听取执法检查情况汇报12次，查阅180多份涉及税收执法的文件、税务文书资料2500多份；调阅会议记录1000多次、综合征管软件信息10万余条和稽查案卷198宗；实地核查了18户企业，调查个体户200户；制作工作底稿322件，共发现5类249个问题。

2008年，省国税局开展重点执法检查，检查组通过"听、看、查、问、访"等方式，听取了被检查单位的税收执法情况汇报，调阅了收发文簿、会议纪要和办公纪要及有关涉税文件，查阅了大量税收执法卷宗和文书，查询税收综合征管软件及其他税收管理系统，并深入到6户企业进行了延伸实地核查。共制作执法检查和效能监察工作底稿328件，发现5类238个问题。

2009年，省国税局开展重点执法检查，检查组先后制作执法检查和效能监察工作底稿共计200余件，查出5类137个问题。帮助各级国税机关基层执法人员找准查实执法管理中存在的薄弱环节，防范税收执法风险。

2010年，省国税局开展重点执法督察，检查组先后制作执法督察和效能监察工作底稿共计200余件，查出了5类86个问题。

内部审计

机构与制度

国税、地税机构分设前，江西省税务系统内部审计归口于税务监察审计部门，省局监察审计处主管全省内部审计工作，设专职审计岗位负责内部审计工作。1993年11月3日，江西省税务局印发《江西省税务系统内部审计工作规定》，明确规定内部审计范围、审计程序、工作职责。全省税务机关遵照执行。

1994年9月，省国税局按照职能配置、内设机构和人员编制的三定方案，明确计划财务处负责内部审计工作，实行内审人员持证上岗。全省国税系统共132人办理审计资格证，其中专职内审人员13人、兼职内审人员119人。内审人员中硕士以上学历6人、本科84人、注册会计师6人、高级职称2人、中级职称16人。

1995年12月，省国税局印发《江西省国税系统内部审计工作实施办法》，规定：内部审计实行统一领导、垂直管理、归口各级国税局计财部门；内部审计对本级机关及所属机构的财政、财务收支及其经济效益进行内部审计监督，具体审计内容包括：经费预算的执行和决算；税款报解、提退、入库，财务收支及其有关的经济活动；基本建设项目预（概）算、决算；完税凭证的使用、管理；专项资金的提取、使用。损失国家税款、完税凭证、国有资产的经济责任。国家财经法规和上级及本单位财务管理、税款报解、完税凭证管理等规章制度的执行情况；上级和本单位领导交办的其他审计事项。《实施办法》对内部审计程序、审计权限、档案管理等做出规范要求。

1997年3月，省国税局印发《关于进一步加强我省国税系统内部审计工作意见》，要求全省各级国税机关加强领导，进一步强化内部审计人员素质建设；统一内审业务操作规则；强化内审执法力度；交流内审工作经验，地市级以上国税机关开展内审工作的经验交流活动，建立内审工作定期联系制度，通过座谈会、联系会和研讨会等形式相互学习，研究解决内审工作的有关问题。每年开展内审工作的检查评比活动，进行一些优秀审计项目评选活动。

1999年，省国税局印发《江西国税系统内部财务审计办法实施细则》，对内部财务审计范围、审计内容、组织实施、审计处理和处罚等做出明确规定。

2009年5月，省国税局设立督察内审处，主管全省国税系统内部审计工作。全省各级国税机关按照《内部审计岗位操作规范》《内部审计业务流程》和《国家税务局系统行政单位内部财务审计规程》等制度和规范要求，建立内审部门负责人和审计组长两级督导制度，实行审计意见报告制，针对审计中发现的问题，从制度、机制层面上，提出有价值、操作性强的意见和建议，实现内部审计结果的利用由"改"到"建"的提升；健全跟踪问效机制，改变"重审计，轻整改，年年审计年年犯"的现象；实行回访和跟踪检查制度，建立审计意见落实的跟踪问效机制和"整改追踪台账"，提高审计整改率。

领导干部经济责任审计

2000年，省国税局对6个地市局的主要领导实施离任审计。

2001年，省国税局对5个地市局及3个省局事业单位的主要领导实施离任审计。

2002年，全省国税系统对70名领导干部（其中平调46人，晋升22人，离任1人）开展经济责任审计。

2003年，全省国税系统对215名领导干部（其中平调172人，晋升37人，离任6人）开展经济责任审计。

2004年，全省国税系统对41名领导干部（其中平调32人，晋升5人，离任4人）开展经济责任审计。

2005年，全省国税系统对30名领导干部（其中平调24人，晋升6人）开展经济责任审计。

2006年全省国税系统对17名领导干部（其中平调13人，晋升3人，离任1人）任职期间财务收支的真实性、合法性、效益性情况开展审计。

2007年，全省国税系统对48名领导干部（其中平调30人，晋升12人，离任6人）任职期间财务收支的真实性、合法性、效益性情况开展审计。其中省国税局对抚州和鹰潭市国家税务局局长进行任期经济责任审计。

2008年，对全省国税系统20名领导干部进行离任经济责任审计。

2009年11月，省国税局转发《国家税务总局关于印发〈国家税务局系统领导干部经济责任审计办法〉的通知》，全省各级国税机关对领导干部任期内的单位财务收支情况、固定资产的保值增值情况、财务制度执行情况等进行审计评价，做出客观公正的评价，并将审计结果作为考核干部的重要依据。全年对9名领导干部进行经济责任审计。

2010年全省国税系统对24名领导干部进行经济责任审计。

事业单位内部审计

2005年，省国税局组织对庐山培训中心、井冈山培训中心进行经济责任审计，对省国税局物管中心和南昌培训中心进行经济效益审计。

2006年，省国税局财务管理处与省国税局机关服务中心对省局直属事业单位经营收入和利润指标完成情况进行全面核查，对省国税局培训中心、龙虎山培训中心和票证印制中心实施经营管理审计。

2007年，省国税局财务管理处配合省局服务中心对省国税局直属事业单位经营收入和利润指标完成情况进行全面核查，对南昌培训中心和省局物管中心实施经营管理审计，对庐山培训中心和龙虎山培训中心进行经济责任审计。

通过审计，在审计报告和审计意见书中对被审单位经营管理、利润水平、经营规模和国有资产保值增值情况予以客观反映与评价，并参照年初下达的省局直属事业单位经营目标，提出审计意见和合理化建议。

单位财务审计

1995—2001年，省国税局每年安排审计三分之一的地市局，并延伸审计其下属1—2个县级局。

财务审计的主要内容是单位财务管理制度是否建立健全以及财务制度执行情况，重点对财务预决算编制、预算执行、内部控制、财务收支、银行账户、往来清理、固定资产、基建财务、政府采购等进行审计。需要时，财务审计与资产清查工作、经济责任审计相结合。实地财务审计结束后，审计组出具审计报告，客观评价现状，对审计查出的问题和管理中的薄弱环节，分析原因，分清责任，提出整改意见和建议。

2002年，全省国税系统共组织安排内部财务审计项目83个。

2003年，全省国税系统共组织安排内部财务审计项目63个，其中，行政单位55个，事业单位8个。

2004年，全省国税系统共组织安排内部财务审计项目59个，其中：行政单位52个，事业单位7个。重点对财务预决算、内部控制、财务收支、固定资产、基建、政府采购和双代手续费等进行审计。

2005年，全省国税系统共组织安排内部财务审计项目59个，其中：行政单位56个，事业单位3个，下达审计意见书58个，进行审计通报2个，完善制度15个，制定并落实整改措施191条。同年，省局组织3个检查小组先后对萍乡、景德镇、九江、鹰潭、赣州、宜春、上饶、抚州市国税局及其所属部分县市（市、区）国税局进行财务监督检查，检查内容为预算编制和执行、财务收支、项目经费使用、基本建设管理等情况，并提出整改意见。

2006年，全省国税系统共组织安排内部财务审计项目54个，其中：行政单位51个、事业单位3个，共下达审计意见书和审计决定71个，完善制度35个，制定并落实整改措施246条。

2007年，依法开展审计监督和审计服务，全省国税系统预算单位个数共计为132个，其中：行政单位124个，事业单位8个。当年被审计单位66个（含领导干部经济责任审计），审计面为50%。省局分别对九江、景德镇、萍乡和宜春等4个设区市国税局实施财务专项审计，内容包括2006年度预算管理、财务收支、银行账户管理、固定资产管理、政府采购执行情况、三代手续费核算和使用情况、稽查办案专项经费管理情况。

2008年，全省国税系统共有135个行政单位，7个事业单位，按照下管一级的原则，各级国税局共对58个单位（含2个事业单位）进行财务内部审计，审计面为41%，共下达审计意见书和审计决定58份，审计公告11份，各被审单位完善制度32项，制定并落实整改措施133条。

2009年，全省国税系统共组织安排内部财务审计项目49个，审计面为38%，共下达审计意见书46份，审计公告15份，制定并落实整改措施160条。

2010年，全省国税系统共组织安排内部财务审计项目49个，审计面为38%，重点对内控制度、原始凭证的真实性、津补贴政策执行、固定资产管理、三代手续费和其他收入管理等方面进行审计。

基建项目竣工决算审计

2004年，全省国税系统委托中介机构对19个已竣工基建项目进行审计，送审金额合计23332.3万元，审减金额2659.1万元，审减率为11.4%。扣除审计费用214万元后，节约资金2445.1万元。

2005年，全省国税系统委托中介机构对11个已竣工基建项目进行审计，送审金额合计8538万元，审减金额1188万元，审减率为13.9%，扣除审计费用75万元后，节约资金1113万元。

2006年，省国税局组织对南昌、新余、鹰潭、吉安市国税局2004年以来基本建设管理工作实施审计。基建项目的委托审计采取公开招投标方式，确定6家审计中介机构，使审计费率支出下降近两个百分点。省国税局委托中介机构对抚州市宜黄县国税局和广昌县国税局、赣州市龙南县国税局和崇义县国税局、景德镇市浮梁县国税局等 15 个已竣工基建项目进行审计，送审金额合计 10852 万元，审定金额 9030 万元，审减金额为 1822 万元，审减率为 17%，扣除支付的审计费用 117 万元后，节约资金 1705 万元。

2007 年，省国税局制发《江西省国税系统基本建设专项竣工结算和财务决算审计实施办法》。明确：基建项目是指国税系统投资的综合业务办公用房、培训中心用房建设项目，包括新建、改建、扩建、购建、与其他部门合建的项目，以及旧房装修项目；建设单位基本建设项目竣工后，均须向基建项目审计主管权限单位（以下简称审计主管单位）申请进行基建项目竣工结算和基建财务决算审计；基建项目审计的主管权限：投资额在 3000 万元以上（含 3000 万元，不含征地费）的基建项目由国家税务总局委托审计，投资额在 3000 万元以下（不含征地费）的基建项目由省国税局委托审计，投资额在 50 万元以下的基建项目由设区市国税局委托审计；基建项目竣工结算和基建财务决算审计，由审计主管单位委托具有法定资格和相应资信等级的审计中介机构（以下简称审计机构）负责实施，委托审计的审计机构（资信等级不低于乙级），必须是通过政府采购程序或其他公开程序确定的中标机构，由审计主管单位的财务管理部门统一管理。省国税局组织对九江、景德镇、萍乡和宜春等 4 个设区市国税局 2004 年以来基建管理工作实施审计，委托中介机构对上犹县国税局、德安县国税局等 9 个已竣工基建项目进行审计，送审金额合计 3602.6 万元，审定金额 3039.6 万元，审减金额为 563 万元，审减率为 15.6%，扣除支付审计费用 27 万元后，节约资金 536 万元。

2008 年，全省国税系统委托中介机构对 15 个已竣工基建项目进行审计，送审金额合计 8202.8 万元，审定金额 7111.8 万元，审减金额 1091 万元，审减率为 13.3%，扣除支付审计费用 50 万元后，节约资金 1041 万元。

2009 年，全省国税系统委托中介机构对 13 个基建项目进行竣工决算审计，送审金额合计 8937.35 万元，审定金额达 7650.12 万元，审减金额 1287.23 万元，审减率为 14.40%。

2010 年，全省国税系统委托中介机构对 7 个基建项目进行竣工决算审计，送审金额合计 2550.02 万元，审定金额 2314.67 万元，审减金额 235.35 万元，审减率为 9.23%。

其他专项审计

2005 年，省国税局对上饶、抚州市国税局进行审计质量检查。

2006 年，省国税局对南昌、新余、鹰潭、吉安市国税局 2005 年度预算编制与执行、2005 年税务稽查办案经费、2005 年代征代扣手续费和 2005 年政府采购管理进行专项审计。

2009 年，全省国税系统开展"小金库"专项治理工作。专项治理分为部署和宣传、自查自纠、重点检查、自查自纠"回头看"、自查自纠"复查"、接受中央重点检查组的检查、整改建制、完善管理和检查验收等阶段。

2010 年，开展系统内社团组织、所属企业"小金库"治理及"小金库"治理"回头看"工作。全省国税系统所属的 15 个社团组织、1 个所属企业完成"小金库"自查自纠、重点检查、整改落实等工作，自查面 100%，重点检查面达 75%，没有发现"小金库"问题。组织开展全省国税系统 119 个独立核算单位（含省局机关）及省、市、县区局内设 1571 个处、科、股（室、分局）全面进行"小金库"治理工作"回头看",省局及各设区市国税局督导检查 2009 年自查自纠"零申报"单位 38 个单位。全省国税系统按照"多开源、重节流、善理财、敢公开"要求，完成专项审计项目共 10 项（其中财务管理审计 4 项，经济责任审计 6 项），出具审计报告 10 份，提出意见和建议 35 条。

第四节 巡视检查

巡视机构与制度

2002 年,根据中央精神和《国家税务总局党组关于对领导班子和领导干部实施巡视检查的意见》,明确巡视工作的主要任务是：全省国税系统贯彻"三个代表"重要思想，全面落实科学发展观，执行党的路线、方针、政策和决议、决定情况；坚持依法治税、依法行政和落实省局工作部署的情况；执行民主集中制和重大事项决策的情况；落实党风廉政建设责任制和廉政勤政的情况；选拔任用干部的情况；省局党组要求巡视的其他事项。重点了解领导班子主要负责人贯彻民主集中制和重大事项决策（包括经费收支、基建专案和政府采购等），廉洁从政和落实党风廉政建设责任制，以及选拔任用干部等情况并进行监督。2002—2003 年,省国税局每年对设区市国税局领导班子进行全面"普查"。

2004 年改进和完善巡视检查制度，省国税局每年选择三分之一的设区市国税局进行巡视、逐级巡查并有针对性地延伸巡查。

2005 年 6 月,成立江西省国税局巡视工作办公室，为省国税局巡视工作的日常办事机构，省国税局以下不再设巡视机构；巡视办在省局党组直接领导下开展工作，向省局党组报告工作，在业务上受总局巡视办指导。省局在督促、协调、指导设区市局巡视工作中，梳理工作中的热点、难点、重点问题，研究国税系统巡视工作特点和规律，研究巡视评价指标体系的适用性和科学性，探索建立省局、设区市局两级联动机制。重点指导和督促各地建立健全巡视工作组织体系，配精配强专兼职巡视力量，总结推广工作经验，提高巡视工作质量和水平。

2006 年,省国税局建立特约巡视监督员制度，制定《江西省国家税务局特约巡视监督员管理办法（试行）》,从省局机关和各设区市局聘任 30 人为省局特约巡视监督员。

2006 年,建立联席会议制度。进一步理清巡视工作办公室职责范围，明确工作分工，减少职能交叉。完善巡视工作部门与人事部门、纪检监察部门、财务审计部门以及有关业务部门的协调沟通机制。健全由巡视工作部门牵头，人事、监察、法规、财务及有关部门参加的巡视工作联席会议制度，发挥"议事机构"的职能作用，完善议事规则，及时沟通信息，资源共享，加强工作协调，扩大监督渠道，使巡视监督与其他部门监督有机结合起来，形成巡视工作整体合力。

2007 年,省国税局党组下发《关于进一步加强和改进巡视工作实施意见》。在全省国税系统推广特约巡视监督员制度，各设区市国税局聘任特约巡视监督员 170 人。

2008 年,省国税局党组调整聘任 34 名省局特约巡视监督员，进一步改进结构，充实力量。建立巡视工作人才库，加大培训力度，提高巡视工作人员理论水平和工作能力，培养一支政治素质高、工作作风好、巡视业务精的"复合型"巡视工作队伍。省国税局下发《江西省国家税务局巡视工作暂行办法》和《江西省国家税务局巡视工作规程》，明确巡视工作的主要任务、指导思想、巡视对象、内容、程序、方法和纪律要求，加强巡视机构内部管理，规范巡视工作人员行为，为巡视工作规范有序开展提供制度保证。

2010年，根据中央和总局关于巡视工作的一系列文件，结合全省国税系统实际，在原有制度基础上，省国税局制定《巡视工作规程（试行）》《巡视工作暂行办法》《巡视档案管理暂行办法》《江西省国税系统特约巡视监督员管理办法》《江西省国家税务局系统巡视工作实施办法》等规章制度，进一步健全巡视工作制度体系。

巡视方法和成果运用

2005年以来巡视工作采取的主要工作方式方法：听取被巡视单位党组全面工作汇报、专题汇报；根据工作需要列席党组会、局长办公会、党组民主生活会和其他有关会议；听取领导班子成员述职述廉，组织民主测评、问卷调查或抽样调查；与领导班子成员和干部群众个别谈话，召开座谈会；调阅、复制有关文件、会议记录、账表凭证等资料；深入基层调查了解，必要时进行暗访；受理巡视期间反映被巡视单位领导班子及其成员的来信来访，对重要情况进行初核，并及时向省局纪检组通报情况；征求地方党政领导和纪检监察、组织等有关部门意见。

2006年省国税局建立健全巡视工作汇报机制，注重增强巡视工作实效，重视巡视成果运用。巡视工作结束后全面梳理和总结被巡视单位班子建设、党风廉政建设等方面情况，针对巡视中发现的重要情况和突出问题提出具有针对性、操作性的意见和建议，及时向省局党组汇报，为省局党组决策提供全面准确的"第一手资料"。建立健全移送转办机制，对发现的重大违纪违法案件线索，及时移送纪检监察机关调查处理；对涉及领导干部选拔任用工作方面的问题，及时提请人事部门区分不同情况分类处理；对税收执法中存在的问题，及时转交有关业务部门依法进行处理；对税务经费管理方面存在的问题，及时转送财务审计部门调查核实处理。建立健全行之有效的规范的监督整改机制，实行集中巡视与经常性监督检查相结合，重点检查被巡视单位反馈意见是否落实，问题是否解决。加大对重大整改事项的跟踪督办力度，督促其全面整改，不断巩固和扩大巡视工作成果。

2009年，省国税局召开巡视档案管理工作专题座谈会，经过深入研究探讨，制定下发《江西省国家税务局巡视档案管理暂行办法》，总局内刊《巡视工作动态》对江西国税巡视档案管理办法作具体介绍。《江西省国家税务局巡视档案管理暂行办法》是全国税务系统最早出台的巡视档案管理办法。

2010年，江西国税系统在巡视工作中按照自编"巡视检查重点内容操作实务"要求进行检查，结合实际情况和特点，进一步规范和细化巡视监督内容、重点和方法，形成统一、规范、明晰的《江西省国税系统巡视工作操作手册》，进一步提高巡视工作的针对性和可操作性。

重要巡视活动

2005—2006年，省国税局先后组织对萍乡、鹰潭、南昌、抚州市国税局开展巡视，对景德镇、九江、宜春、上饶市国税局开展跟踪巡视，对上述设区市局领导班子及其成员进行整改落实情况检查。省局先后派出 8 个巡视组，分别到 46 个基层国税部门，组织民主测评 54 次，与干部群众谈话 1600 多人次，召开各种座谈会 57 次，查阅各种资料 350 多份，走访地方党政机关 8 个（次），走访纳税人 70 多户，受理、初核群众来信 11 封，对被巡视单位提出整改意见和建议 130 多条（含省局党组下达的整改意见）。同时，各设区市国税局也开展对所属县（市、区）国税局的巡视工作，共对 128 个（次）县国税局开展了巡视。组织民主测评 128 次，与干部群众谈话 3560 多人次，召开各种座谈会 224 次，参加座谈会 2300 多人次，查阅各种资料 2640 多份，受理、初核群众来信、电话 21 封（次），接待群众来访 27 人次，走访纳税人 360 余户，对被巡视单位提出整改建议 420 多条。被巡视单位认真落实整改。

2007 年，省国税局组织对新余、赣州市国税局和省局培训中心的领导班子和领导干部 2004 年至 2007 年 10 月关于省局年度工作目标完成情况、班子自身建设情况开展巡视。

2008 年，省国税局组织对景德镇、上饶、宜春、九江市国税局的领导班子和领导干部 2005 年至 2008 年 3 月关于省局年度工作目标完成情况、班子自身建设情况开展巡视。在肯定成绩的同时，省局党组针对市局班子巡视中发现的薄弱环节提出整改意见。

2009 年，省国税局党组派出 4 个巡视组组织开展对上饶、景德镇、九江、宜春市国税局跟踪巡视即"回头看"工作，对上述设区市国税局领导班子及其成员民主测评 12 次，参评人数达到 770 人，与干部群众谈话 500 多人次，召开各种座谈会 21 次，查阅各种资料 2000 多份，走访地方党政机关 8 个，对被巡视单位提出整改意见和建议 40 多条（含省局党组下达的整改意见）。2009—2010 年，对鹰潭市局及其直属分局和余江县局、抚州市局及其直属分局和金溪县局、南昌市局及其直属税务分局和南昌经济技术开发区国税局、新余市局及其直属分局和稽查局、赣州市局及其稽查局和龙南县局、吉安市国税局及所属稽查局和万安县局的领导班子和领导干部队伍建设等情况开展延伸巡视。

2010 年，省国税局完成对萍乡、鹰潭、抚州、南昌市国税局巡视回访工作。省局党组派出的 3 个巡视组共组织对领导班子及其成员的民主测评 9 次，参加测评人数 549 人，参加问卷调查人数 677 人，与干部群众个别谈话 217 人次，召开各种座谈会 12 次，查阅各种资料 809 多份，走访地方党政机关 7 个，对被巡视单位提出整改意见和建议 57 条（含省局党组下达的整改意见）。督促、指导设区市局完成对所属县（市、区）局的巡视工作任务。全省 11 个设区市局 2010 年共组织对 28 个县（区、直属）局进行巡视，民主测评 28 次，参评人数达到 1610 人，与干部群众谈话 928 人次，召开各种座谈会 51 次，共收集整改意见 102 条，向本单位党组提出建议 53 条。至 2010 年底，各巡视组充分发挥巡视工作时间相对集中、方法比较灵活、接触群众广泛、了解情况深入、促进整改扎实的优势，了解掌握被巡视单位的大量真实情况，提出整改意见和建议 550 多条。

第四章 财务管理

由于体制原因，国税、地税机构分设前后财务管理实行不同的管理、核算方法。在预算管理、经费支出管理、基本建设管理、政府采购管理和国有资产管理等方面，严格按照财务制度规定，坚持量入为出、统筹安排、勤俭节约原则，不断健全财务管理制度，规范管理行为，并建立相应的监督机制。省局按照规范用权、公开示权、制度控权、审计究权的思路，落实集体研究、预算制约、监督检查、内部审计、质量考核等各项管理制度，将监督制约机制贯穿财务管理的全过程，形成工作有规则、管理有制度、操作有程序、过程有监控、责任有追究的财务监督运行体制，切实提高财务管理各项制度的执行力，有效防范和降低财务管理风险。1997年，省国税局《统筹规划 加强领导 努力提高基本建设管理水平》材料，被全国税务系统经费管理会议列为经验交流材料。2007年深入推进依法理财，认真清理楼堂馆所建设项目，在中纪委等七部门检查中得到好评。2008年规范政府采购行为，省国税局在全国国税系统政府采购工作会议上作经验交流发言。

第一节 财务管理体制

国税、地税机构分设前，江西省税务系统经费指标核定实行人均定额包干办法。省税务局根据省财政厅下达的年度税务经费统筹安排系统内年度经费预算，按照各地、市税务局上年列入经费决算中的年末实有人数，按人均定额标准计算核定各地、市年度经费预算指标，各地、市税务局在省局核给的预算指标内再分配到所属县（市、区）税务局。

国税、地税机构分设后，1995年，国税系统在机构设置、人员编制、人事和经费等方面实行国家税务总局垂直管理体制。江西省国家税务局系统的经费包括行政经费、事业经费和其他经费以及基本建设投资基金，按照分级核算，逐级管理的原则，实行定基数（1993年实际支出数），增量与"增值税、消费税"（以下简称"两税"）收入挂钩。1995年5月，全省国税系统经费管理工作会议在南昌召开，会议研究确定全省国税系统经费核定方案：实行"全省统一核定经常性经费，专项经费由省局集中管理、专项安排，增量经费与'两税'实际入库数挂钩"的总体方案。经费分配力求体现保障机制、激励机制和约束机制，既考虑地区间大体平衡、又承认差别的总原则。

2002年，国税局系统进行经费改革，从2002年1月1日起，停止执行国税局系统经费与"两税"收入挂钩的经费体制，实行部门预算管理办法。部门预算内容分块下达：基本支出经费，即将原基数经费、水平补助经费、代征代扣手续费补充经费和调整补贴经费作为基本支出经费。项目支出经费，包括基建基数经费和总局基建补助经费。此次分配，将基建基数从原基数中剥离出来，并按财政部下达的基建经费相应作扣减，作为基建基数经费；基建补助经费按项目一次性补助。

2006年，推进各项财务改革。根据国家税务总局的统一部署，完成三级预算单位的国库集中支付和政府收支分类改革工作。

2008年，财政部和国家税务总局决定江西省国税系统列为全国国税系统第四批中央财政拨款基本支出定员定额试点单位，实行由国家税务总局批复定员定额预算管理。

第二节　预算和收支管理

1991年，税务事业补助费的管理，采取"核定预算、统筹安排、包干使用"方式，即由国家税务总局对各省、自治区、直辖市、计划单列市税务局（以下简称各地税务局）核定税务事业补助费预算；各地税务局将税务事业补助费连同中央核拨的其他资金和地方财政核拨的税务事业费、基建投资以及各项预算外资金统筹安排；税务事业补助费包干使用。

1993年起，省税务局对系统内经费指标核定实行人均定额包干办法。

1994年7月，省税务局加强税务经费管理，要求各级税务机关领导要高度重视税务经费管理，严格按财务规定办事，树立厉行节约、勤俭办一切事业的思想，迅速制止和纠正经费开支的各种不良现象，有多少钱办多少事，量入为出。各级税务机关坚持集体理财，重大经费开支集体讨论研究。

1996年，省国税局制定《江西省国税系统财务管理办法》，建立健全各项支出管理制度，严格支出前监督和审批手续，不得以领代报、以拨代支、以包干作支出。对国家税务总局拨入的经费，采取保障机制、约束机制、激励机制相结合。正常经费实行预算包干，定员定额、结余留用、超支不补。其他资金的收费标准、开支和周转的范围，必须按规定执行，实行收支两条线。不得违反规定用于自筹基本建设、滥发奖金、津贴和实物。其他资金必须全部由本单位的财务部门监督管理。并与预算资金严格区分，单独设立账户，单独核算，任何部门不得私设"小金库"。

1997年10月，省国税局规定各单位预算内、预算外资金管理范围以及管理的职能部门，按照《江西省国税系统财务管理办法》的有关规定执行。基层分局、所以及机关职能部门均为财务"报销单位"，一切财务收支必须交由县级财务会计部门统一核算反映。

1998年5月，省国税局规范其它资金的来源、支出管理和监督制度。各级国税机关的其他资金必须实行收支两条线，不得以支抵收，严把支出关。

1998年6月，省国税局开展纳税保证金和其他资金清理检查，通过检查，纠正存在的问题，并有针对性地提出切实可行的整改措施，建立健全有关规章制度，进一步规范纳税保证金和其他资金的管理，强化监督，杜绝各种违纪违规问题的发生。

1999年7月，省国税局制定《国税局系统行政单位财务管理办法》，确定财务管理基本原则、任务和财务管理体制。按照经费领拨关系和预算管理权限的规定，省、地（市）国税局为二级预算单位，县级国税局为基层预算单位。基层分局（所）作为"报账单位"管理，实行单据报销制度，采取预付备用金，进行简单记账核算，按期办理报账手续。

2000年3月，省国税局加强代征代扣代收手续费管理，各级国税机关建立健全管理办法与制度，对提取支付代征、代扣、代收手续费，须按照《国家税务总局税收会计制度》《江西省国税系统税收会计制度实施办法》《国家税务局系统财务管理办法》《江西省国家税务局系统财务管理办法实施细则》的规定要求，全额纳入核算，统一归口管理。

2001年，按照国家税务局系统其他收入管理规定，各级国税局把其他收入纳入单位预算，税务登记证和发票工本费严格实行"收支两条线"管理，归口单位财务部门统筹安排，按《国家税务局系统行政单位会计制度》进行核算，其他职能部门一律不准管理其他收入资金。

2002年6月始，省国税局进一步规范财务管理行为，逐步解决经费预算编制过程中的随意性和经费支出中"上松下紧"问题，全面实行财务部门编制预算方法。下级向上级逐级编报预算，上级对下级逐级批复预算，具体职能部门严格执行预算，有关部门按预算进行监督，形成先有预算后有支出和预算编制、执行、监督相分离的财务运行机制，实行分级分部门管理，将用钱、管钱和监管职能三分开，划分权限，分级、分部门管理。

2002年7月，省国税局规范代征代扣税款的会计核算和代征代扣手续费的预算管理以及使用办法。代征代扣税款手续费作为支付给代收代扣和代征人的专项经费，专款专用，不得挪作他用。各级国税机关按照国税系统内部审计办法和规程，对代征代扣税款和手续费进行审计监督。

2003年5月，省国税局规范国税系统事业单位的财务行为，事业单位实行"统一领导、归口管理"的财务管理体制和核定收支、定额补助、超支不补、结余留用的预算管理办法。省局财务主管部门负责事业单位的财务管理工作；省局机关服务中心负责实行企业化管理的事业单位的经营管理工作。各事业单位的全部财务收支活动必须在本单位负责人的领导下，由单位财务部门统一核算，统一管理。6月开始，省局印发《江西省国家税务局系统经费会计集中核算办法（试行）》，将各设区市国税局局机关和直属单位经费会计核算事项集中到市局财务科处理，设区市局机关财务原在办公室核算的，作为市局会计集中核算的报账单位管理；机关财务在财务科核算的，撤销原机关财务的基本存款账号，其经费收支并入财务科集中核算的总账户。8月，按照国家税务局系统预算单位银行账户管理暂行办法及明确银行账户审批事项的要求，规范银行账户开立、变更、撤销、备案、审批等程序，从源头上防患于未然。

2005年8月，省国税局推行"四型"财务管理：发扬艰苦奋斗精神，推行节约型财务管理；优化经费支出结构，推行效益型财务管理；夯实基础管理建设，推行规范型财务管理；不断更新理财观念，推行创新型财务管理。

2006年4季度起，国税系统所属三级预算单位纳入国库集中支付改革范围。据此，全省各设区市国税局和省局培训中心纳入国库集中支付改革范围。

2007年4月27日，全省国税系统网络版财务管理软件成功上线运行。

作为2006年推行三级预算单位基础上的进一步延伸，从2008年12月份起，全省国税系统所有基层预算单位的中央财政预算资金纳入国库集中支付改革范围，所有全职能局的中央财政预算资金实行零余额账户管理。

2009年8月，省国税局建立厉行节约长效机制，进一步加强预算管理，各单位在公用经费总支出零增长的基础上，严格控制费用支出，切实有效降低行政成本。

2010年10月，在全省国税系统推行公务卡，加强现金支付管理和财政预算执行监督，促进公务支出透明化，保证资金安全，防范和治理腐败。全省国税系统公务卡改革工作，推行至省局机关、所有设区市国家税务局机关（含集中核算单位）、省税务干部学校、省局庐山培训中心和省局井冈山培训中心。

第三节　基本建设管理

1992年7月，省税务局贯彻省财政厅《关于修改单项土建、单项设备购置和房屋、建筑物修缮资金审批权限有关问题的通知》，各县、市税务局的上述项目由地、市税务局审批，地市税务局本身的上述项目报省税务局审批。

1994年5月3日，省税务局转发省财政厅《江西省行政事业性收费财务管理办法》，规范自筹基建资金来源的审批事项。

1995年起，各级国税部门需新建的基本建设项目，逐级上报省国税局审批，经批准立项后由省国税局安排专项资金。

1998年5月，省国税局加强国税系统其他资金管理和基建财务管理，要求不得违反规定用其它资金搞计划外自筹基本建设。要建立健全会计核算，加强对工程决算管理，制定责任追究制度，加强对基建财务管理的检查和监督。

1999年3月，省国税局加强基础设施工程质量管理，要求建立和落实工程质量领导责任制、严格执行建设程序，确保建设前期工作质量，健全工程管理制度，整顿建设市场、精心勘察设计，强化施工管理、加大执法和监督力度，把好工程质量关。

2000年6月，加强全省国税系统基本建设管理，针对国税系统基本建设中缺少统筹规划，资金使用上松下紧，项目超规模、超标准，贪大求全，追求排场，违反基建程序，审批手续不全，事后问题成堆等现象，提出整改意见，杜绝各种违纪违规现象的发生。

2002年7月，省国税局印发《江西省国家税务局系统基本建设管理办法》，对基建项目申报及审批、基建项目建设标准、基建项目、工程招标、项目设计、开工审批、施工管理、工程竣工验收、资金来源及管理、财务管理、项目审计、档案管理、违章处理等做出规范。

2005年6月，省国税局贯彻《国家税务局系统基本建设项目审批管理办法》，进一步规范项目申报和立项审批、项目立项后的前期管理、开工审批等工作事项程序。

2006年7月，省国税局贯彻《国家税务局系统基本建设项目库管理办法》，对项目库的组成、项目申报、项目审核、项目管理制定具体规定。

2007年2月，省国税局印发《江西省国税系统基本建设项目竣工结算和财务决算审计实施办法》，对基建项目内容、项目审计的主管权限、委托审计的审计机构、审计报告的主要内容、审计取费标准与支付方法提出规范。

2009年12月，省国税局翻印《国家税务总局关于印发〈国家税务局系统基本建设项目评审工程结算审核管理办法〉的通知》，对国税系统基本建设项目、工程结算、竣工决算的委托评审、审核管理权限和内容、中介机构的管理、评审报告、审核报告提出要求。

表 5-4-1　2000—2010 年江西国税系统预算安排基建项目情况

单位：万元

年　份	预算安排基建项目	当年投入建设资金	年　份	预算安排基建项目	当年投入建设资金
2000	39 个	2070	2001	57 个	4420
2002	30 个	2800	2003	42 个	6530
2004	30 个	8249	2005	30 个	8548
2006	52 个	9072	2007	49 个	10583
2008	33 个	12144	2009	35 个	11673
2010	41 个	10383	总　计	438 个	86472

第四节　政府采购管理

2000 年 8 月，在全省国税系统全面实行政府采购制度，全系统坚持围绕"服务税收科学发展、构建和谐政府采购"主题，以优化采购流程为重点，以提升采购效率为目标，以构建采购平台为手段，以完善采购制度为基础，不断规范采购行为，拓展采购范围和规模，加强采购队伍建设，切实提高政府采购工作的执行力。

2003 年 7 月，省国税局制定《省局机关政府采购实施办法（试行）》，对省局机关政府采购范围、组织机构、工作程序、招投标要求、资金支付、档案管理、全程监督等作出规定。2003 全年实现采购金额 69180144.2 元，投标金额 86120019.80 元，节约资金 16939875.60 元。

2004 年，省国税局机关实现采购金额 16501367 元，投标金额 22258849 元，节约资金 5757482 元。

2006 年 4 月，省国税局印发《江西省国税局系统政府采购工作规程》，充分利用总局协议供货、公开招标的采购成果，积极采用跟标和定点等采购实现形式，研究探索车辆定点加油、定点维修和普通发票印制集中采购，提高采购工作效率。

2007 年，全省国税系统政府采购计划为 18993 万元，其中省局机关政府采购计划数为 2864 万元，实际采购资金总金额 2286 万元，节约资金 578 万元，节约率为 20.18%。

2008 年 6 月 23 日，省国税局集中采购中心正式成立，下设采购科，归口财务部门管理。各设区市国税局指定专人从事政府采购具体工作，县（市、区）国税局配备兼职政府采购工作人员，健全省、市、县三级局采购机构。同年省国税局制定《江西省国税系统政府采购实施办法》和《江西省国税系统机关政府采购各部门（机构）职责和工作规程》，对各部门（机构）职责、政府采购工作程序、监督管理、采购方式、协议供货、考核评价、档案管理、审核制度等环节和内容进行明确规范。全年共完成采购项目 15 项，预算金额 1437 万元，实际采购金额 624 万元，节约 813 万元。

2009 年，全省国税系统政府采购预算总额 17594.14 万元，实际采购金额 15527.17 万元，节约预算资金 2066.97 万元，总资金节约率为 11.75%。

第五节　资产管理

1993年4月，省税务局对国有财产进行全面清查登记。

1994年5月，省税务局转发国家国有资产管理局《国有资产产权界定和产权纠纷处理暂行办法》，依照规定严格管理国有资产。

1997年，全省国税系统进行1996年度国有资产产权登记年检。

1998年4月，按照《江西省国家税务局关于上报1998年行政事业单位产权登记年检审核资料的通知》要求，各地于4月30日以前将1998年行政事业单位产权登记年检审核资料报送省局。同年，按照《国家税务总局关于国家税务局系统集体企业清产核资有关事项的通知》要求，国税系统集体企业参加当地清产核资。

2004年12月，按照《国家税务总局关于车辆购置税机构划转后有关财务问题的通知》要求，各地国税机关开展车辆购置税机构划转后固定资产清理登记工作。

2005年3月，全省国税系统开展基层税务分局房屋类资产情况普查。

2007年3月，各地国税机关开展系统行政事业单位资产清查工作。集中进行全省国税系统资产清查报表会审。全省国税系统行政单位固定资产账面数为178740.11万元，经清查，盘盈为15024.22万元，盘亏为6855.45万元，固定资产清查数为186908.88万元。其中：土地、房屋及构筑物账面数为126582.3万元，清查增加值为11111.75万元，清查减少值为3336.74万元，清查核定数为134357.31万元。通用设备账面数为626.88万元，增加233.47万元，减少18万元，清查核定数为842.36万元。专用设备账面数为1355.37万元，增加84.11万元，减少94.49万元，清查核定数为1345万元。交通运输设备账面数为19720.4万元，清查增加值为740万元，清查减少值为843.68万元，清查核定数为19616.72万元。电气设备账面数为4378.21万元，清查增加值为256.99万元，清查减少值为154.12万元，清查核定数为4481.08万元。电子产品及通信设备账面数为21647.4万元，清查增加值为2220.36万元，清查减少值为2075.78万元，清查核定数为21791.99万元。文艺体育设备账面数为261.16万元，清查增加值为11.47万元，清查减少值为9.9万元，清查核定数为262.73万元。图书文物及陈列品账面数为143.78万元，清查增加值为46.41万元，清查核定数为190.19万元。家具用具及其他账面数为4017.54万元，清查增加值为319.58万元，清查减少值为322.69万元，清查核定数为4014.43万元。

2010年4月，省国税局印发《江西省国家税务局系统国有资产管理暂行办法（试行）》，对管理机构及其职责、固定资产分类与计价、资产配置、资产使用和日常管理、资产处置、资产评估与资产清查、产权登记与产权纠纷处理、资产统计报告、监督检查等方面进行明确规范，并要求建立固定资产分类计价、购置处置、档案管理评估、清查等制度，将流动资产、无形资产纳入资产管理范围，细化、优化资产管理程序。

2010年4月，省国税局参加2010年全国国税系统财务工作会议并在会上作题为《注重服务 规范操作 不断提升资产管理水平》的经验交流。

　　全省国税系统对 2010 年底固定资产进行全面清查。2010 年 12 月 31 日，全省国税系统固定资产总额 207133.39 万元。其中：土地面积 934312.02 平方米，总值 11223.70 万元；房屋及建筑物面积 1141690.83 平方米，总值 130422.55 万元；交通工具 1754 辆，总值 24219.82 万元；计算机设备 36648 件，总值 23153.70 万元；复印机 368 台，总值 516.68 万元；传真机 362 台，总值 99.86 万元；通信设备 421 台，总值 46.54 万元；照相机及器材 857 台，总值 478.03 万元；视频产品 3604 台，总值 2057.20 万元；图书 45599 本，总值 67.46 万元；其他一般设备和固定资产数量 107258.36 件，总值 14744.05 万元。全省国税系统固定资产盘盈 2152.4 万元，固定资产盘亏 3138.77 万元。2010 年土地类共盘盈 32.71 万元，面积 10791.39 平方米；盘亏 170.49 万元，面积 59100.65 平方米。房屋建筑物类共盘盈 1192.74 万元，面积 4636.72 平方米；盘亏 1600.38 万元，面积 44328.32 平方米。交通运输类共盘盈 138.21 万元，交通工具 11 辆；盘亏 134.91 万元，交通工具 19 辆。通用设备、专用设备、电气设备、电子及通信设备、仪器仪表、文体设备、图书文物及陈列品、家具用具及其他固定资产共盘盈 788.74 万元、3299.5 件；盘亏 1232.99 万元、5684 件。

表 5-4-2　2001—2010 年全省国税系统固定资产情况

年　份	系统固定资产价值（万元）	房屋及建筑物		交通工具		其他资产价值（万元）
		面积（平方米）	价值（万元）	辆数（万元）	价值（万元）	
2001	119326	254.04	85796	2568	13743	19787
2002	136739	263.66	97468	2285	15176	24095
2003	152518	267.11	108096	1915	16596	27826
2004	200713	307.61	153526	1442	16287	30900
2005	205726	248.40	155343	1421	17778	32605
2006	202908	188.91	149602	1525	19839	33467
2007	189460	168.03	132840	1588	21128	35492
2008	190273	138.80	127117	1595	21888	41268
2009	199621	139.28	132944	1641	22933	43744
2010	208819	137.54	138019	1752	24297	46503

人　物

人物传

陈章林　江西安远人，1952 年出生。自 1983 年参加工作起一直在基层，先后任安远县镇岗、车头、新龙等税务所、站的税收专管员和负责人。1988 年单位正为位置最偏远、条件最简陋、大家不愿去的郊外分局江头站负责人人选犯难时，他克服父母都已年近古稀、包括脑瘫大女儿在内的三个儿女和田里庄稼需要照料、所有的家庭重担交由妻子一人承担的困难，毛遂自荐，一干就是 8 年，由于征收站人手少，8 年里难得有休息日。他无亲疏贵贱之分，严格依法收税，从不收人情税，在平时处处关心和尊重纳税人。1995 年 12 月 10 日，在与抗税犯罪分子搏斗中英勇牺牲，年仅 43 岁。国家税务总局党组书记、副局长项怀诚，江西省人民政府省长舒圣佑等对陈章林遇害非常关注，分别致电表示慰问，并指示当地做好善后工作。公检法机关把此案列入大案要案之一，全力以赴将案犯追捕归案，案犯最终被判处死刑。1996 年 2 月 12 日，江西省国家税务局发出《关于开展向陈章林同志学习活动的决定》，号召全省国税干部职工向陈章林学习。陈章林艰苦朴素，在他的遗物中，除了 20 余本保存完好的税收账簿外，最多的便是一摞有关税法的书籍，另外只有两床新一点的棉被和一本 16 元余额的活期存折。陈章林在平凡的岗位上，做出了不平凡的业绩，先后 5 次获得全县"先进工作者"荣誉称号。1996 年 12 月 26 日，江西省人民政府批准陈章林为革命烈士。

廖怀忠　江西铅山人，1974 年 1 月出生，共青团员。曾任铅山县税务局天柱山税务站协税员。1992 年 7 月初，铅山县天柱山乡连降暴雨，4 日水位猛涨，山洪如脱缰的野马肆虐奔撞，冲毁桥梁、道路及上游的民房，迅速逼临天柱山税务站。刚从抢险拦水一线撤退下来的廖怀忠，突然想起税票还在税务站，拖着已经抢险奋战了一晚的疲惫身躯，毅然奔向位于河岸边地势低洼的天柱山税务站，蹚着没过腰间的洪流，湍急的水流使得廖怀忠每迈一步都十分艰难。这时，位于税务站旁边车木厂的大铁门连同 1.5 米的砖砌门柱一起被冲倒了，情况万分危急，但廖怀忠还是坚定地向税务站走去，到了站门口，用尽全身力气推开大门，取出税票放入衣袋。这时一个浪头打来，占地 100 余平方米的税务站整个被凶猛的洪水席卷而去。洪水退去，人们在 2000 米外的河滩上发现了廖怀忠的遗体，在他的衣袋里还留着 84 张税票，牺牲时年仅 18 岁。中共天柱山农场委员会发出号召，要求全场向廖怀忠学习，场团委授予他"模范共青团员"称号；铅山县税务局追授廖怀忠为模范协税员；中共上饶地委、上饶地区行署授予廖怀忠先进个人称号。

人物简介

省局领导

戴子钧　江苏如东人，1946年1月出生，1975年7月加入中国共产党，本科学历，高级政工师、工程师。1968年12月参加工作，历任江西生产建设兵团四团十一连文书、四团政治处干事，南昌钢铁厂炼铁分厂团总支副书记、政工组负责人，南昌钢铁厂党委宣传部干事、副部长、部长，1983年7月任南昌钢铁厂党委副书记，1984年11月任南昌钢铁厂党委书记，1988年2月任南昌钢铁厂厂长，1990年7月任江西省总工会党组副书记、副主席兼省教育工会主席，1994年7月任江西省工商局党组书记、局长，1998年3月兼任江西省国家税务局党组书记，1998年11月任江西省国家税务局党组书记、局长。2001年7月离任。

周广仁　江苏阜宁人，1955年5月出生，1976年7月加入中国共产党，管理学博士。1978年7月参加工作，历任江苏省税务局科员、副科长、科长、副处长，1989年5月任江苏省税务局税政四处处长（副处级），1989年10月任江苏省税务局税政二处处长（副处级），1991年12月任江苏省税务局副局长（正处级），1994年6月任江苏省国家税务局党组成员、副局长，2000年1月任青岛市国家税务局党组书记、局长，2001年7月任江西省国家税务局党组书记、局长。2010年6月离任。

张贻奏　福建晋江人，1955年6月出生，1986年11月加入中国共产党，硕士研究生学历，会计师。1979年2月参加工作，历任福建省税务局科员、副主任科员，主任科员、副处长，1994年6月任国家税务总局福建进出口税收管理处处长，1994年9月任福建省国家税务局进出口税收管理处处长、进出口税收管理分局局长，1997年8月任福建省国家税务局人事处处长，1999年12月任福建省国家税务局党组成员、副局长，2000年7月主持厦门市国家税务局工作，2000年12月任福建省国家税务局党组成员、厦门市国家税务局党组书记、局长，2010年6月任江西省国家税务局党组书记、局长。

先进模范

黄谷泉　江西都昌人，1942年9月出生，中共党员。1962年参加税务工作，2002年9月从都昌县国税局副局长岗位上退下来后，没有留在城里享清福，回到老家都昌县汪墩乡古岭村委会遇驾山自然村当农民，义务带领全村群众寻找致富路，把昔日脏乱差穷的山村改造成小康示范村，被誉"最优美村庄"，民政部和全国各省市上百个单位组织到该村参观考察。黄谷泉2009年被国家税务总局授予"全国税务系统优秀离退休干部"称号。《人民日报》、中央电视台等多家媒体对其做过专题报道，称赞他是一心为民的孺子牛。

冷建新　江西修水人，1946年5月出生。曾任九江市修水县税务局大桥税务所、修水县国税局山口税务分局和渣津税务分局基层税收征管员。在三十年的农村税收征管生涯中，不求名利，以做好税收工作为乐，埋头苦干，克服病痛给工作带来的不便，在平凡的岗位上做出了不平凡的贡献。他先后在三个分局（所）管辖过三十多个乡镇，开具完税证35000余份，累计征收乡村零散税收400多万元，先后近40次被省、市、县评为先进工作者，省国税局记二等功一次，被授予江西省职工职业道德十佳标兵，2001年被人事部、国家税务总局表彰为全国税务系统先进工作者。2001年8月，省国税局号召全省国税系统向冷建新学习。

章伏荣　女，江西临川人，1955年4月出生，中共党员。1973年1月参加工作，先后在崇仁县税务局（国税局）航埠税务所、沙堤分局做普通税务人员。在做好本职工作的同时，克服自己家庭生活困难，每月从微薄的工资中拿出一部分钱寄给贫困学生，或安排他们在家中免费吃住，还将全家的积蓄500元用来帮助考上研究生的受助对象。退休后，她仍先后安排6名贫困学生在家吃住直至完成学业。1994年老伴患上脑血栓瘫痪在床后，她一直悉心照顾，让老伴虽无法站立但精神矍铄、活得有尊严。其事迹被多家新闻媒体报道，1996年被评为全省"三八红旗手"，1997年被人事部、国家税务总局表彰为全国税务系统先进工作者。1997年2月，省国税局在全省国税系统开展向章伏荣学习活动。

肖张生　江西高安人，1956年4月15日出生，中共党员，大专学历。曾在高安市税务（国税）局华林站、村前站、人教股、税政股等岗位担任过负责人（股长）。他热爱税收工作，苦练内功，无私无畏，秉公办事。由于长期超负荷工作，积劳成疾，1996年6月查出患有胰腺癌，但仍带病坚持参加了1997年全省出口税收工作大检查，代表宜春地区国税局以出色的成绩赢得了好评。同年9月，因癌细胞扩散去世，年仅41岁。先后被江西省、宜春市、高安市税务（国税）系统授予优秀税务工作者称号、记三等功等荣誉。

韩陈芳　江西修水人，1956年8月出生，中共党员。曾任中国人民解放军连长，九江市修水县税务局农村税务所（分局）办事员、科员，县局办公室副主任科员、主任科员。1974年12月应征入伍，先后7次受到各级嘉奖，在对越自卫还击战中荣立三等战功一次。1987年1月转业到地方，被分配在九江市修水县税务局。韩陈芳为弥补不懂税收业务的缺陷，一边刻苦自学，一边在税收工作中向同事和企业财会人员学习，成为业务骨干，他保持军人服从和忠诚的品质，长期地扎根在农村，成为税务系统军转干部的典型，先后多次被评为县市先进工作者和税务系统青年标兵，1993年被人事部、国家税务总局表彰为全国税务系统先进工作者。

夏文川　江西吉水人，1958年8月出生，1978年5月加入中国共产党，本科学历，硕士学位，高级会计师。1976年2月参加工作，1989年9月从江西省军区转业到江西省税务局，1991年12月任省税务局监审处副处长，1994年12月任江西省国税局监察室副主任，1999年12月任省国税局所得税处处长，2005年9月任省国税局国际税务管理处处长，2006年4月任上饶市国税局党组书记、局长，当选上饶市委委员。工作勇于开拓创新，税收信息化与现代化管理、纳税服务、精神文明建设和税收文化建设等多项工作中业绩突出，2008年5月被江西省总工会授予全省五一劳动奖章，2010年4月被国务院授予全国先进工作者称号。

韩　萍　女，云南马龙县人，1960年4月出生，中共党员，本科学历。1975年3月参加工作，1988年5月参加税务工作。历任吉安地区税务局人事科科员、吉安市国税局人事科副科长、科长、直属分局局长。任直属分局局长期间率先垂范，直属分局连续八年被评为全市国税系统目标管理考核先进单位，获得省级青年文明号、全省国税系统依法行政示范单位、五星级办税服务厅等诸多荣誉。个人先后获全省国税系统先进工作者、吉安市"三八红旗手"、吉安市"第四届职工职业道德建设十佳标兵"、吉安市十大巾帼创业英豪等荣誉，并多次被评为优秀公务员，2009年被人力资源和社会保障部、国家税务总局表彰为全国税务系统先进工作者。

冷报德　江西上高人，1960年6月出生，1985年3月加入中国共产党，本科学历。1980年10月分配到宜春地区税务局工作，1990年5月任江西省税务局办公室副主任，1994年8月任江西省国家税务局办公室副主任，1999年11月任政策研究处处长，2000年12月任政策法规处处长（兼任江西省国际税收研究会秘书长），2009年12月任新余市国家税务局党组书记、局长。工作业绩突出，理论功底扎实，在报刊登载论文、参加有关书籍编写共计发表120多万字。其在省国税局政策法规处处长等工作岗位上，创造性地组织和贯彻落实各项税收促进再就业政策措施，2004年8月被国务院授予"全国再就业先进工作者"称号，2004年10月被江西省政府授予"全省再就业先进工作者"称号。

汤平琴　女，江西靖安人，1960年12月出生，1986年6月加入中国共产党。1980年5月参加税务工作，历任靖安县税务局高湖税务所所长，靖安县国税局高湖分局局长、城镇分局局长、城区征收分局局长、稽查局局长、计划财务股主任科员、收入核算股主任科员。在税收工作当中，她坚持用"严"字正身，以"实"字做事，扎根基层税收一线，坚守在条件艰苦的山区长达15年，既严格执法又热情帮助纳税人，被纳税人亲切地称为"好税官"，尽职尽责地履行了为国聚财、为民收税使命。1991年被授予全国三八红旗手称号。

颜艳辉　女，江西萍乡人，1964年10月出生，中共党员，研究生学历。曾任税务所所长、直属分局副局长、县区国税局局长等职。1982年招干到萍乡市税务系统后，长期在东桥、下埠、老关等税务所工作，这些税务所都位于湘赣边界，税收情况复杂，颜艳辉扎实开展税收工作，敢抓敢管，维护了边界税收秩序。在担任老关税务所所长时，集贸市场里一名屠夫不仅拒不交税，还扬言砍杀前来收税的颜艳辉，她沉着冷静动员屠夫交税，最后屠夫补交了税款，并认识到违法抗税的严重性，写出深刻检讨在市场张贴，在边界影响很大。1987年，颜艳辉23岁即获全国财税系统劳动模范称号，2004年获全国"三八红旗手"称号，2005年被评为江西省先进工作者。

李德平 江西万年人，1965年1月出生，中共党员，硕士研究生学历。1982年10月在弋阳县税务局参加工作，历任弋阳县税务局科员，上饶地区税务局税政二科副科长、科长，税政一科科长，上饶地区国税局党组成员、副局长，江西省国税局国际税收管理分局（处）长、所得税管理处处长，2006年4月任吉安市国税局党组书记、局长。李德平知任图进，科学管理，廉洁奉公，任职吉安市国税局期间，带领全市国税系统共获得全国性荣誉20项，全省性荣誉261项，全市性荣誉166项。当选江西省第十二、十三次党代会代表，2007年被评为江西省勤廉兼优先进典型，2009年获江西省五一劳动奖章、新中国六十年来江西60位最具影响力劳动模范和全国五一劳动奖章等荣誉。

童凤春 女，江西上饶信州区人，1965年3月出生，中共党员。1985年12月参加工作，先后任税收专管员、副主任科员。1993年至2008年一直从事办税大厅税收征收工作，十余年如一日工作在征收第一线，严于律己，耐心为纳税人服务，还经常牺牲休息时间，上门为纳税人进行税收辅导，热情帮助身患残疾的个体户办理好相关涉税事项，其所在的办税窗口成为全市闻名的优质服务窗口，个人成为纳税人心目中的"服务明星"。童凤春先后被省委、省政府、省国税局授予全省先进工作者、全省三八红旗手、全省文明服务标兵、全省青年岗位能手、全省窗口行业服务标兵、全省"巾帼英豪"等荣誉称号。1999年2月11日，省国税局在全省国税系统开展向童凤春学习活动。

胡小莲 女，江西新余人，1966年4月出生，1998年6月加入中国共产党，本科学历。历任新余市渝水区国税局税政法规股股长、税源管理二科科长。胡小莲身患红斑狼疮顽疾，却始终战斗在税收工作一线；她学历不高，却通过刻苦钻研成长为税收业务标兵；她身处病痛的折磨当中，却始终坚持以真情赢取纳税人信任，克服困难忘我工作，多次获评优秀公务员，2005年被人事部、国家税务总局表彰为全国税务系统先进工作者，2006年江西省政府授予其全省服务创业标兵称号。

曾志强 江西贵溪人，1966年8月出生，中共党员，大专学历。1983年参加工作，先后担任贵溪县税务局协税员、税收专管员，贵溪市国税局集贸征收站副站长和站长、城区分局副分局长、税源管理科副科长。1997年7月30日，曾志强在征收集贸税收时，面对持刀菜贩将他的右手掌两条肌腱砍断的暴力抗税行为，毫不畏惧，正义凛然，捍卫了税法尊严。其敢于同坏人坏事做斗争的精神得到上级有关部门的肯定和赞扬，1997年被团中央等十二个单位授予首届中国优秀青年卫士荣誉称号；1998年被团省委等16家单位授予江西省十大杰出青年卫士称号；2000年被江西省人民政府授予江西省先进工作者称号。因忠于职守、积极工作，在2005—2007年、2008—2010年先后两次因连续三年公务员考核优秀记三等功。

曾光辉 江西抚州人，1966年12月出生，中共党员，博士研究生。1985年8月参加税务工作，1995—2010年历任江西省抚州地区税务（国税）局办公室主任、局长助理，江西省国税局办公室副主任、主任，南昌市国税局党组书记、局长，中共南昌市委委员。2003年7月任南昌市国税局局长后，带领全市国税系统坚持依法治税，税收收入从2003年的51亿元上升至2008年的117亿元，总量占全省国税收入三分之一强；抓税收信息化建设，单位多项成果在全国和全省税务系统推广应用；抓实干部队伍建设和精神文明建设，南昌市国税局2005年获全国精神文明建设工作先进单位、2007年获全国五一劳动奖状等称号。曾光辉2005年获全国五一劳动奖章。

黄行东 江西上饶县人，1968年2月28日出生，中共党员。1991年8月毕业于江西师范大学计算机专业，1997年12月作为专业技术人才调入上饶市信州区国税局工作，先后任科员、信息中心主任、工程师职称。时值国税系统进入信息化建设的快车道，黄行东主持研发了《电话申报纳税系统》《电脑定税系统》《税收"一窗式"管理服务网络控制系统》等软件，为推进税收信息化建设做出了突出贡献。黄行东身体高度透支，患肝癌却因工作太忙错过了最佳治疗时机，2005年8月20日医治无效不幸去世，年仅37岁。2005年被评为"感动上饶"十大人物之一，2006年5月江西省国税局追记二等功。

名 录

省局领导

1991—2010年，江西省税务（国税）局先后有4人担任省税务（国税）局局长，16人担任副局长、纪检组长、总经济师、总会计师职务。

江西省税务（国税）局历任领导人

姓 名	机关名称	职 务	任职时间
滕国荣	江西省税务局	局长	1990.11.23—1994.05.28
	江西省国税局	局长	1994.05.28—1998.03.31
戴子钧	江西省国税局	局长	1998.11.06—2001.07.20
周广仁	江西省国税局	局长	2001.07.20—2010.06.03
张贻奏	江西省国税局	局长	2010.06.03—2010.12.31
江定洲	江西省税务局	副局长	1990.11.23—1993.02.15
钟联兴	江西省税务局	副局长	1990.11.23—1994.05.28
	江西省国税局	副局长	1994.05.28—1995.12.18
刘宗凡	江西省税务局	副局长	1990.11.23—1994.05.28
	江西省国税局	副局长	1994.05.28—2004.01.02

续表

姓 名	机关名称	职 务	任职时间
刘孟全	江西省税务局	副局长	1993.01.03—1994.05.28
	江西省国税局	副局长	1994.05.28—1997.06.10
周炳义	江西省国税局	纪检组长	1995.11.09—1999.11.30
贾绍华	江西省国税局	副局长	1997.08.19—2000.04.24
曾 飞	江西省国税局	总经济师	1997.08.19—2000.08.11
		副局长	2000.08.11—2007.01.26
邬小婷	江西省国税局	总会计师	1997.08.19—1999.11.17
		副厅待遇	1999.11.17—2001.11.25
		总会计师	2001.11.25—2005.09.07
		副局长	2005.09.07—
孟庆启	江西省国税局	副局长	2000.12.28—2005.03.29
孙荣洲	江西省国税局	副局长	2000.12.28—2005.03.29
肖光远	江西省国税局	总经济师	2000.12.28—2005.09.07
		副局长	2005.09.07—
刘江敬	江西省国税局	纪检组长	2001.07.06—2007.04.18
		副局长	2007.04.18—2010.03.04
汤志水	江西省国税局	副局长	2005.09.07—
邱大南	江西省国税局	总经济师	2006.01.22—2010.12.30
		副局长	2010.12.30—
黄中根	江西省国税局	总会计师	2006.01.22—
周 瑾	江西省国税局	纪检组长	2007.06.08—

先进集体

1991—2010年，江西省税务（国税）系统不断加强物质文明和精神文明建设，广泛深入地创先争优，在各项工作中成绩斐然，全省税务（国税）系统各级单位和部门共获得国家级表彰25次，省部级表彰628次。

江西省税务（国税）系统受国家级表彰的先进集体

单 位	获奖年份	荣誉称号	授予部门
九江市国税局直属分局	1999	全国创建文明行业工作先进单位	中央文明委
萍乡市湘东区国税局	1999	全国精神文明建设工作先进单位	中央文明委
龙南县国税局	1999	全国精神文明建设工作先进单位	中央文明委
宜春市国税局	2002	全国精神文明建设工作先进单位	中央文明委

续表

单　　位	获奖年份	荣誉称号	授予部门
吉安市国税局	2002	全国精神文明建设工作先进单位	中央文明委
南城县国税局	2002	全国精神文明建设工作先进单位	中央文明委
江西省国税局（省局机关）	2005	第一届全国文明单位	中央文明委
鹰潭市国税局	2005	第一届全国文明单位	中央文明委
赣州市国税局	2005	第一届全国文明单位	中央文明委
宜春市国税局	2005	第一届全国文明单位	中央文明委
上饶市国税局	2005	第一届全国文明单位	中央文明委
吉安市国税局	2005	第一届全国文明单位	中央文明委
南昌市国税局	2005	全国精神文明建设工作先进单位	中央文明委
九江市国税局直属税务分局	2005	全国精神文明创建工作先进单位	中央文明委
萍乡市国税局	2005	全国精神文明建设工作先进单位	中央文明委
新余市国税局	2005	全国精神文明建设工作先进单位	中央文明委
上饶县国税局	2005	全国精神文明建设工作先进单位	中央文明委
南丰县国税局	2005	全国精神文明建设工作先进单位	中央文明委
江西省国税局（省局机关）	2009	第二届全国文明单位	中央文明委
南昌市国税局（市局机关）	2009	第二届全国文明单位	中央文明委
萍乡市国税局（市局机关）	2009	第二届全国文明单位	中央文明委
新余市国税局（市局机关）	2009	第二届全国文明单位	中央文明委
鹰潭市国税局（市局机关）	2009	第二届全国文明单位	中央文明委
上饶市国税局（市局机关）	2009	第二届全国文明单位	中央文明委
吉安市国税局（市局机关）	2009	第二届全国文明单位	中央文明委

江西省税务（国税）系统受省部级表彰的先进集体

单　　位	获奖年份	荣誉称号	授予部门
江西省税务局	1991	1990年度全国集体工业企业财务资料普查工作先进单位	财政部
新余市税务局	1991	1991年经济法律法规培训先进单位	江西省政府
大余县国税局	1991	全省卫生先进单位	江西省政府
上饶地区税务局	1991	全国税法宣传教育活动红旗单位	国家税务局、中华全国总工会、共青团中央、全国妇联
吉安地区税务局	1991	全国学先进、比贡献、争当税务系统青年标兵活动组织奖	国家税务局、共青团中央
江西省税务局	1992	1991年度全国集体工业企业财务资料普查工作先进单位	财政部

续表

单　位	获奖年份	荣誉称号	授予部门
景德镇市税务局（含直属一、二分局）	1992	第三届全省文明单位	江西省政府
景德镇市税务局昌江税务分局	1992	第三届全省文明单位	江西省政府
浮梁县税务局	1992	第三届全省文明单位	江西省政府
景德镇市税务局	1992	全国城市基层计划生育工作先进集体	国家计生委
新余市税务局	1992	1992年经济法律法规培训先进单位	江西省政府
新余市税务局	1992	第三届全省文明单位	江西省政府
大余县国税局	1992	第三届全省文明单位	江西省政府
吉水县税务局	1992	1991年度全国税法宣传教育先进单位	国家税务局
泰和县税务局	1992	1991年度全国税法宣传教育先进单位	国家税务局
吉水县税务局	1992	首届全国"税收宣传月"活动项目最佳奖	国家税务局
峡江县税务局	1992	江西省文明单位	江西省政府
吉水县税务局	1992	1991年度全国税法宣传教育先进单位	国家税务局
泰和县税务局	1992	1991年度全国税法宣传教育先进单位	国家税务局
江西省税务局	1993	1992年度全国集体工业企业财务资料普查工作先进单位	财政部
新余市税务局	1993	全国税务系统先进集体	国家税务总局、人事部
峡江县税务局	1993	全国职工读书自学活动先进集体	全国总工会
景德镇市税务局	1994	第四届省级文明单位	江西省政府
景德镇市税务局昌江分局	1994	第四届省级文明单位	江西省政府
景德镇市税务局珠山分局	1994	第四届省级文明单位	江西省政府
浮梁县税务局	1994	第四届省级文明单位	江西省政府
赣州地区税务局	1994	第四届省级文明单位	江西省政府
宜春地区税务局	1994	第四届省级文明单位	江西省政府
万载县税务局	1994	第四届省级文明单位	江西省政府
宜春市税务局	1994	第四届省级文明单位	江西省政府
吉水县税务局	1994	第四届省级文明单位	江西省政府
峡江县税务局	1994	第四届省级文明单位	江西省政府
泰和县国税局文田分局	1995	全国青年文明号	共青团中央、国家税务总局
景德镇市国税局机关（含直属分局、稽查局、涉外分局）	1996	第五届省级文明单位	江西省委、省政府
乐平市国税局	1996	第五届省级文明单位	江西省委、省政府
浮梁县国税局	1996	第五届省级文明单位	江西省委、省政府
新余市国税局	1996	第五届省级文明单位	江西省委、省政府

续表

单　位	获奖年份	荣誉称号	授予部门
鹰潭市国税局	1996	江西省"二五"法制宣传教育工作先进集体	江西省委、省政府
赣州地区国税局	1996	第五届省级文明单位	江西省委、省政府
崇义县国税局	1996	第五届省级文明单位	江西省委、省政府
大余县国税局	1995	第五届省级文明单位	江西省委、省政府
宜春地区国税局	1996	第五届省级文明单位	江西省委、省政府
樟树市国税局	1996	第五届省级文明单位	江西省委、省政府
宜春市国税局	1996	第五届省级文明单位	江西省委、省政府
峡江县国税局	1996	第五届省级文明单位	江西省委、省政府
新干县国税局	1996	第五届省级文明单位	江西省委、省政府
贵溪市国税局耳口分局	1997	全国税务系统先进集体	人事部、国家税务总局
江西省国税局	1998	第六届省级文明单位	江西省委、省政府
九江市国税局直属分局办税服务厅	1998	全国"巾帼文明示范岗"	全国城镇妇女"巾帼建功"活动领导小组
九江市国税局直属分局办税服务厅	1998	全国青年文明号	共青团中央、国家税务总局
九江市国税局直属分局办税服务厅	1998	全国税务系统先进单位	国家税务总局
景德镇市国税局	1998	第六届省级文明单位	江西省委、省政府
乐平市国税局	1998	第六届省级文明单位	江西省委、省政府
浮梁县国税局	1998	第六届省级文明单位	江西省委、省政府
新余市国税局	1998	第六届省级文明单位	江西省委、省政府
鹰潭市国税局	1998	第六届省级文明单位	江西省委、省政府
赣州地区国税局	1998	第六届省级文明单位	江西省委、省政府
龙南县国税局	1998	第六届省级文明单位	江西省委、省政府
宜春地区国税局	1998	第六届省级文明单位	江西省委、省政府
丰城市国税局	1998	第六届省级文明单位	江西省委、省政府
万载县国税局	1998	第六届省级文明单位	江西省委、省政府
上高县国税局	1998	第六届省级文明单位	江西省委、省政府
樟树市国税局	1998	第六届省级文明单位	江西省委、省政府
宜春市国税局	1998	第六届省级文明单位	江西省委、省政府
吉安地区国税局	1998	第六届省级文明单位	江西省委、省政府
吉安市国税局	1998	第六届省级文明单位	江西省委、省政府
吉水县国税局	1998	第六届省级文明单位	江西省委、省政府

续表

单　位	获奖年份	荣誉称号	授予部门
峡江县国税局	1998	第六届省级文明单位	江西省委、省政府
新干县国税局	1998	第六届省级文明单位	江西省委、省政府
泰和县国税局	1998	第六届省级文明单位	江西省委、省政府
安福县国税局	1998	第六届省级文明单位	江西省委、省政府
永新县国税局	1998	第六届省级文明单位	江西省委、省政府
金溪县国税局	1998	第六届省级文明单位	江西省委、省政府
九江市国税局直属分局办税服务厅	1999	全国最佳办税服务厅	国家税务总局
萍乡市湘东区国税局	1999	全国税务系统文明单位	国家税务总局
鹰潭市国税局	1999	全国城镇集体企业清产核资工作先进集体	国家税务总局
万载县国税局黄茅分局	1999	全国税务系统文明单位	国家税务总局
金溪县国税局	1999	全国税务系统文明单位	国家税务总局
江西省国税局	2000	1999年度全国增值税一般纳税人税收资料调查先进单位	财政部国家税务总局
浮梁县国税局仙槎分局	2000	全国青年文明号	国家税务总局、共青团中央
新建县国税局	2000	第七届省级文明单位	江西省委、省政府
景德镇市国税局	2000	第七届省级文明单位	江西省委、省政府
浮梁县国税局	2000	第七届省级文明单位	江西省委、省政府
萍乡市国税局	2000	第七届省级文明单位	江西省委、省政府
新余市国税局	2000	第七届省级文明单位	江西省委、省政府
鹰潭市国税局	2000	第七届省级文明单位	江西省委、省政府
赣州市章贡区国税局	2000	第七届省级文明单位	江西省委、省政府
信丰县国税局	2000	第七届省级文明单位	江西省委、省政府
宜春地区国税局	2000	第七届省级文明单位	江西省委、省政府
丰城市国税局	2000	第七届省级文明单位	江西省委、省政府
铜鼓县国税局	2000	第七届省级文明单位	江西省委、省政府
宜春市国税局	2000	第七届省级文明单位	江西省委、省政府
上饶地区国税局	2000	第七届省级文明单位	江西省委、省政府
弋阳县国税局	2000	第七届省级文明单位	江西省委、省政府
上饶县国税局华坛山分局	2000	第七届省级文明单位	江西省委、省政府
广丰县国税局	2000	第七届省级文明单位	江西省委、省政府
吉安地区国税局	2000	第七届省级文明单位	江西省委、省政府
吉水县国税局	2000	第七届省级文明单位	江西省委、省政府
峡江县国税局	2000	第七届省级文明单位	江西省委、省政府

续表

单　位	获奖年份	荣誉称号	授予部门
泰和县国税局	2000	第七届省级文明单位	江西省委、省政府
井冈山市国税局	2000	第七届省级文明单位	江西省委、省政府
金溪县国税局	2000	第七届省级文明单位	江西省委、省政府
南城县国税局	2000	第七届省级文明单位	江西省委、省政府
江西省国税局	2001	1999年度全国税收资料调查先进单位	财政部、国家税务总局
江西省国税局直属机关党委	2001	全省普法先进集体	江西省委、省政府
江西省国税局	2001	2000年度全国税收资料调查先进单位（内资）	财政部、国家税务总局
九江市国税局直属分局办税服务厅	2001	全国青年文明号信用建设示范创建单位	共青团中央
武宁县国税局办税服务厅	2001	全国"巾帼文明示范岗"	全国城镇妇女"巾帼建功"活动领导小组
鹰潭市国税局	2001	江西省"三五"法制宣传教育工作先进集体	江西省委、省政府
贵溪市国税局耳口分局	2001	全国税务系统先进集体	人事部、国家税务总局
大余县国税局	2001	"三五普法"先进单位	江西省委、省政府
丰城市国税局	2001	全国税务系统先进集体	人事部、国家税务总局
上饶市国税局纪检组	2001	纪检监察工作先进单位	江西省委、省政府
峡江县国税局	2001	1996-2000年度全国群众体育先进单位	国家体育总局
泰和县国税局文田分局	2001	全国税务系统先进集体	人事部、国家税务总局
江西省国税	2002	江西省利用外资先进单位	江西省政府
新建县国税局	2002	江西省第八届文明单位	江西省委、省政府
南昌市湾里区国税局	2002	江西省第八届文明单位	江西省委、省政府
庐山风景名胜区国税局办税服务厅	2002	全国青年文明号	共青团中央、国家税务总局
景德镇市国税局	2002	第八届省级文明单位	江西省委、省政府
浮梁县国税局	2002	第八届省级文明单位	江西省委、省政府
萍乡市国税局	2002	第八届省级文明单位	江西省委、省政府
萍乡市安源区国税局	2002	第八届省级文明单位	江西省委、省政府
新余市国税局稽查局	2002	第八届省级文明单位	江西省委、省政府
分宜县国税局	2002	第八届省级文明单位	江西省委、省政府
鹰潭市国税局	2002	发展个体私营经济工作先进单位	江西省政府
鹰潭市国税局	2002	第八届省级文明单位	江西省委、省政府
鹰潭市国税局直属分局	2002	第八届省级文明单位	江西省委、省政府
贵溪市国税局	2002	第八届省级文明单位	江西省委、省政府

续表

单　位	获奖年份	荣誉称号	授予部门
赣州市国税局	2002	第八届省级文明单位	江西省委、省政府
赣州市章贡区国税局	2002	第八届省级文明单位	江西省委、省政府
石城县国税局	2002	第八届省级文明单位	江西省委、省政府
于都县国税局	2002	第八届省级文明单位	江西省委、省政府
信丰县国税局	2002	第八届省级文明单位	江西省委、省政府
宜春市国税局	2002	第八届省级文明单位	江西省委、省政府
上高县国税局	2002	第八届省级文明单位	江西省委、省政府
宜丰县国税局	2002	第八届省级文明单位	江西省委、省政府
樟树市国税局	2002	第八届省级文明单位	江西省委、省政府
铜鼓县国税局	2002	第八届省级文明单位	江西省委、省政府
宜春市袁州区国税局	2002	第八届省级文明单位	江西省委、省政府
宜春市袁州区国税局三阳分局	2002	全国青年文明号	共青团中央、国家税务总局
上饶市国税局	2002	江西省第一届文明行业	江西省委、省政府
吉安市吉州区国税局	2002	江西省第一届文明行业	江西省委、省政府
上饶市国税局	2002	第八届省级文明单位	江西省委、省政府
弋阳县国税局	2002	第八届省级文明单位	江西省委、省政府
德兴市国税局	2002	第八届省级文明单位	江西省委、省政府
玉山县国税局	2002	第八届省级文明单位	江西省委、省政府
铅山县国税局	2002	第八届省级文明单位	江西省委、省政府
上饶县国税局	2002	第八届省级文明单位	江西省委、省政府
吉安市国税局	2002	第八届省级文明单位	江西省委、省政府
吉安县国税局	2002	第八届省级文明单位	江西省委、省政府
吉水县国税局	2002	第八届省级文明单位	江西省委、省政府
泰和县国税局	2002	第八届省级文明单位	江西省委、省政府
遂川县国税局	2002	第八届省级文明单位	江西省委、省政府
万安县国税局	2002	第八届省级文明单位	江西省委、省政府
井冈山市国税局	2002	第八届省级文明单位	江西省委、省政府
南丰县国税局	2002	江西省合理化建议活动先进单位	江西省政府
南城县国税局	2002	第八届省级文明单位	江西省委、省政府
江西省国税局	2002	江西省第一届文明行业	江西省委、省政府
江西省国税局	2003	2002 年宏观税收政策研究"优秀组织奖"	国家税务总局
江西省国税局	2003	科技兴贸工作先进单位	商务部、发改委、科技部、财政部、信息产业部、海关总署、国家税务总局、国家质检总局

续表

单　位	获奖年份	荣誉称号	授予部门
南昌市国税局	2003	2003 年度全国税务系统信息化建设先进单位	国家税务总局
九江市国税局重点企业管理分局	2003	全国"巾帼文明示范岗"	全国城镇妇女"巾帼建功"活动领导小组
彭泽县国税局	2003	全国"巾帼文明示范岗"	全国城镇妇女"巾帼建功"活动领导小组
彭泽县国税局	2003	全国税务系统文明单位	国家税务总局
景德镇市国税局	2003	江西省第一届文明行业	江西省委、省政府
浮梁县国税局	2003	全国税务系统文明单位	国家税务总局
景德镇市珠山昌江区国税局	2003	全国税务系统信息化建设先进单位	国家税务总局
萍乡市湘东区国税局	2003	全国税务系统文明单位	国家税务总局
萍乡市国税局	2003	江西省第一届文明行业	江西省委、省政府
新余市国税局	2003	江西省第一届文明行业	江西省委、省政府
新余市国税局城区企业管理局办税服务大厅	2003	全国"巾帼文明示范岗"	全国城镇妇女"巾帼建功"活动领导小组
鹰潭市国税局	2003	江西省第一届文明行业	江西省委、省政府
鹰潭市国税局 直属分局办税大厅	2003	全国"巾帼文明示范岗"	全国城镇妇女"巾帼建功"活动领导小组
鹰潭市月湖区国税局	2003	全国税务系统信息化建设先进单位	国家税务总局
石城县国税局	2003	全国税务系统文明单位	国家税务总局
泰和县国税局	2003	全国税务系统先进集体	人事部、国家税务总局
泰和县国税局	2003	全国税务系统信息化建设先进单位	国家税务总局
吉安市国税局	2003	江西省第一届文明行业	江西省委、省政府
抚州市国税局	2003	全国税务系统信息化建设先进单位	国家税务总局
江西省国税局	2004	第九届省级文明单位	江西省委、省政府
江西 省国税局教育处	2004	十年全国青年文明号活动优秀组织奖	共青团中央
江西省国税局	2004	2003 年度全省服务开放型经济工作先进单位	江西省政府
江西省国税局	2004	省科学技术进步二等奖	江西省政府
新建县国税局	2004	第九届省级文明单位	江西省委、省政府
南昌市青山湖区国税局洪城分局	2004	全国青年文明号	国家税务总局、共青团中央
南昌市湾里区国税局	2004	第九届省级文明单位	江西省委、省政府
景德镇市国税局	2004	第九届省级文明单位	江西省委、省政府
浮梁县国税局	2004	第九届省级文明单位	江西省委、省政府
乐平市国税局	2004	第九届省级文明单位	江西省委、省政府

续表

单　位	获奖年份	荣誉称号	授予部门
景德镇市国税局	2004	机关党的建设红旗单位	江西省委
萍乡市国税局	2004	第九届省级文明单位	江西省委、省政府
萍乡市安源区国税局	2004	第九届省级文明单位	江西省委、省政府
萍乡市安源区国税局办税服务厅	2004	全国"巾帼文明示范岗"	全国城镇妇女"巾帼建功"活动领导小组
新余市国税局	2004	第九届省级文明单位	江西省委、省政府
新余市渝水区国税局	2004	第九届省级文明单位	江西省委、省政府
分宜县国税局	2004	第九届省级文明单位	江西省委、省政府
鹰潭市国税局	2004	江西省服务个体经济发展工作先进单位	江西省政府
鹰潭市国税局	2004	第九届省级文明单位	江西省委、省政府
鹰潭市国税局直属分局	2004	第九届省级文明单位	江西省委、省政府
贵溪市国税局	2004	第九届省级文明单位	江西省委、省政府
余江县国税局	2004	第九届省级文明单位	江西省委、省政府
赣州市国税局	2004	第九届省级文明单位	江西省委、省政府
赣州市章贡区国税局	2004	第九届省级文明单位	江西省委、省政府
宁都县国税局	2004	第九届省级文明单位	江西省委、省政府
于都县国税局	2004	第九届省级文明单位	江西省委、省政府
石城县国税局	2004	第九届省级文明单位	江西省委、省政府
崇义县国税局	2004	第九届省级文明单位	江西省委、省政府
信丰县国税局	2004	第九届省级文明单位	江西省委、省政府
赣州市章贡区国税局办税服务厅	2004	全国"巾帼文明示范岗"	全国城镇妇女"巾帼建功"活动领导小组
宜春市国税局	2004	第九届省级文明单位	江西省委、省政府
丰城市国税局	2004	第九届省级文明单位	江西省委、省政府
高安市国税局	2004	第九届省级文明单位	江西省委、省政府
上高县国税局	2004	第九届省级文明单位	江西省委、省政府
铜鼓县国税局	2004	第九届省级文明单位	江西省委、省政府
丰城市国税局	2004	江西省再就业先进工作单位	江西省委、省政府
上饶市国税局	2004	江西省服务个私经济发展先进单位	江西省委、省政府
上饶市国税局	2004	第九届省级文明单位	江西省委、省政府
婺源县国税局	2004	第九届省级文明单位	江西省委、省政府
上饶市信州区国税局	2004	第九届省级文明单位	江西省委、省政府
余干县国税局	2004	第九届省级文明单位	江西省委、省政府
德兴市国税局	2004	第九届省级文明单位	江西省委、省政府

续表

单 位	获奖年份	荣誉称号	授予部门
玉山县国税局	2004	第九届省级文明单位	江西省委、省政府
铅山县国税局	2004	第九届省级文明单位	江西省委、省政府
弋阳县国税局	2004	第九届省级文明单位	江西省委、省政府
上饶市信州区国税局	2004	全国税务系统信息化建设先进单位	国家税务总局
吉安市国税局	2004	第九届省级文明单位	江西省委、省政府
吉安市吉州区国税局	2004	第九届省级文明单位	江西省委、省政府
吉安县国税局	2004	第九届省级文明单位	江西省委、省政府
吉水县国税局	2004	第九届省级文明单位	江西省委、省政府
新干县国税局	2004	第九届省级文明单位	江西省委、省政府
泰和县国税局	2004	第九届省级文明单位	江西省委、省政府
遂川县国税局	2004	第九届省级文明单位	江西省委、省政府
万安县国税局	2004	第九届省级文明单位	江西省委、省政府
安福县国税局	2004	第九届省级文明单位	江西省委、省政府
东乡县国税局	2004	全国税务系统先进集体	国家税务总局
抚州市国税局	2004	第九届省级文明单位	江西省委、省政府
南城县国税局	2004	江西省第二届文明行业	江西省委、省政府
南丰县国税局	2004	第九届省级文明单位	江西省委、省政府
黎川县国税局	2004	第九届省级文明单位	江西省委、省政府
广昌县国税局	2004	第九届省级文明单位	江西省委、省政府
金溪县国税局	2004	第九届省级文明单位	江西省委、省政府
资溪县国税局	2004	第九届省级文明单位	江西省委、省政府
宜黄县国税局	2004	第九届省级文明单位	江西省委、省政府
东乡县国税局	2004	第九届省级文明单位	江西省委、省政府
临川区国税局	2004	第九届省级文明单位	江西省委、省政府
江西省国税局	2005	2004 年度全国税收资料调查先进单位	财政部、国家税务总局
江西省国税局	2005	2005 年省直单位政务环境评议评价先进单位	江西省政府
江西省国税局	2005	2004 年度全省服务开放型经济工作先进单位	江西省政府
南昌市国税局	2005	军民共建社会主义精神文明先进单位	中央宣传部、中央文明办、解放军总政治部
南昌市青山湖区国税局征收服务大厅	2005	全国"巾帼文明示范岗"	全国妇联、全国妇女巾帼建功活动领导小组
九江市国税局稽查局检查一科	2005	全国"巾帼文明示范岗"	全国城镇妇女"巾帼建功"活动领导小组

续表

单　位	获奖年份	荣誉称号	授予部门
湖口县国税局办税服务厅	2005	全国"巾帼文明示范岗"	全国城镇妇女"巾帼建功"活动领导小组
修水县国税局办税服务厅	2005	全国"巾帼文明示范岗"	全国城镇妇女"巾帼建功"活动领导小组
瑞昌市国税局	2005	全国税务系统先进集体	国家税务总局
景德镇市国税局计划统计科	2005	全国"巾帼文明示范岗"	全国城镇妇女"巾帼建功"活动领导小组
乐平市国税局办税服务厅	2005	全国"巾帼文明示范岗"	全国城镇妇女"巾帼建功"活动领导小组
景德镇市国税局	2005	江西省第二届文明行业	江西省委、省政府
景德镇市国税局团委	2005	全国五四红旗团委	共青团中央
萍乡市国税局	2005	江西省第二届文明行业	江西省委、省政府
新余市国税局	2005	江西省服务个私经济发展先进单位	江西省政府
新余市国税局	2005	江西省第二届文明行业	江西省委、省政府
新余市国税局办税服务厅	2005	全国青年文明号	共青团中央
新余市国税局团总支	2005	全国五四红旗团支部	共青团中央
崇义县国税局	2005	全国税务系统先进集体	人事部、国家税务总局
赣州市国税局直属分局办税服务厅	2005	全国"巾帼文明示范岗"	全国城镇妇女"巾帼建功"活动领导小组
高安市国税局办税服务厅	2005	全国女职工建功立业标兵岗	中华全国总工会
上饶市国税局	2005	江西省第二届文明行业	江西省委、省政府
铅山县国税局税源管理一科	2005	全国三八红旗集体	全国妇联
吉安市国家税务局直属税务分局办税服务厅	2005	全国"巾帼文明示范岗"	全国城镇妇女"巾帼建功"活动领导小组
抚州市国税局直属分局办税服务厅	2005	全国三八红旗集体	全国妇联
抚州市国税局直属分局办税服务厅	2005	全国青年文明号	共青团中央、国家税务总局
江西省国税局	2006	2005年度全省服务开放型经济工作先进单位	江西省政府
江西省国税局	2006	全省服务非公有制经济发展先进单位	江西省政府
江西省国税局	2006	第十届省级文明单位	江西省委、省政府
江西省国税局	2006	全国税收资料调查工作"先进单位"	财政部、国家税务总局
南昌市国税局	2006	全国职工"知荣辱、树新风、促和谐"知识演讲大赛优秀组织奖	中华全国总工会

续表

单　位	获奖年份	荣誉称号	授予部门
南昌市国税局国际税务管理分局办税服务厅	2006	全国"巾帼文明示范岗"	全国城镇妇女"巾帼建功"活动领导小组
南昌市国税局	2006	江西省拥军优属先进单位	江西省政府
南昌市国税局	2006	全省服务非公有制经济发展先进单位	江西省政府
南昌市国税局	2006	第十届省级文明单位	江西省委、省政府
南昌市国税局稽查局	2006	第十届省级文明单位	江西省委、省政府
南昌市西湖区国税局	2006	第十届省级文明单位	江西省委、省政府
南昌市青云谱区国税局	2006	第十届省级文明单位	江西省委、省政府
南昌市高新区国税局	2006	第十届省级文明单位	江西省委、省政府
南昌市经开区国税局	2006	第十届省级文明单位	江西省委、省政府
南昌市湾里区国税局	2006	第十届省级文明单位	江西省委、省政府
南昌县国税局	2006	第十届省级文明单位	江西省委、省政府
新建县国税局	2006	第十届省级文明单位	江西省委、省政府
进贤县国税局	2006	第十届省级文明单位	江西省委、省政府
安义县国税局	2006	第十届省级文明单位	江西省委、省政府
九江市浔阳区国税局办税服务厅	2006	全国青年文明号	共青团中央、国家税务总局
景德镇市国税局	2006	第十届省级文明单位	江西省委、省政府
景德镇市珠山昌江区国税局	2006	第十届省级文明单位	江西省委、省政府
乐平市国税局	2006	第十届省级文明单位	江西省委、省政府
浮梁县国税局	2006	第十届省级文明单位	江西省委、省政府
萍乡市国税局	2006	第十届省级文明单位	江西省委、省政府
萍乡市安源区国税局	2006	第十届省级文明单位	江西省委、省政府
萍乡市湘东区国税局	2006	第十届省级文明单位	江西省委、省政府
芦溪县国税局	2006	第十届省级文明单位	江西省委、省政府
上栗县国税局	2006	第十届省级文明单位	江西省委、省政府
萍乡市国税局直属分局办税服务厅	2006	全国"巾帼文明示范岗"	全国城镇妇女"巾帼建功"活动领导小组
新余市国税局稽查局检查一科	2006	全国三八红旗集体	全国妇联
新余市国税局	2006	第十届省级文明单位	江西省委、省政府
新余市渝水区国税局	2006	第十届省级文明单位	江西省委、省政府
分宜县国税局	2006	第十届省级文明单位	江西省委、省政府
鹰潭市国税局	2006	江西省"四五"法制宣传教育工作先进单位	江西省委、省政府
鹰潭市国税局	2006	第十届省级文明单位	江西省委、省政府

续表

单　位	获奖年份	荣誉称号	授予部门
鹰潭市国税局直属分局	2006	第十届省级文明单位	江西省委、省政府
鹰潭市月湖区国税局	2006	第十届省级文明单位	江西省委、省政府
贵溪市国税局	2006	第十届省级文明单位	江西省委、省政府
鹰潭市国税局直属分局办税大厅	2006	全国三八红旗集体	全国妇联
赣州市章贡区国税局	2006	第十届省级文明单位	江西省委、省政府
宁都县国税局	2006	第十届省级文明单位	江西省委、省政府
石城县国税局	2006	第十届省级文明单位	江西省委、省政府
于都县国税局	2006	第十届省级文明单位	江西省委、省政府
瑞金市国税局	2006	第十届省级文明单位	江西省委、省政府
信丰县国税局	2006	第十届省级文明单位	江西省委、省政府
宜春市国税局	2006	第十届省级文明单位	江西省委、省政府
高安市国税局	2006	第十届省级文明单位	江西省委、省政府
丰城市国税局	2006	第十届省级文明单位	江西省委、省政府
万载县国税局	2006	第十届省级文明单位	江西省委、省政府
上高县国税局	2006	第十届省级文明单位	江西省委、省政府
奉新县国税局	2006	第十届省级文明单位	江西省委、省政府
樟树市国税局	2006	第十届省级文明单位	江西省委、省政府
铜鼓县国税局	2006	第十届省级文明单位	江西省委、省政府
靖安县国税局	2006	第十届省级文明单位	江西省委、省政府
丰城市国税局	2006	全国三八红旗集体	全国妇联
铅山县国税局税源管理一科	2006	全国"巾帼文明示范岗"	全国城镇妇女"巾帼建功"活动领导小组
上饶市国税局	2006	第十届省级文明单位	江西省委、省政府
婺源县国税局	2006	第十届省级文明单位	江西省委、省政府
上饶市信州区国税局	2006	第十届省级文明单位	江西省委、省政府
上饶县国税局	2006	第十届省级文明单位	江西省委、省政府
玉山县国税局	2006	第十届省级文明单位	江西省委、省政府
铅山县国税局	2006	第十届省级文明单位	江西省委、省政府
横峰县国税局	2006	第十届省级文明单位	江西省委、省政府
弋阳县国税局	2006	第十届省级文明单位	江西省委、省政府
余干县国税局	2006	第十届省级文明单位	江西省委、省政府
鄱阳县国税局	2006	第十届省级文明单位	江西省委、省政府
德兴市国税局	2006	第十届省级文明单位	江西省委、省政府
吉安市国税局	2006	第十届省级文明单位	江西省委、省政府

续表

单 位	获奖年份	荣誉称号	授予部门
吉安市吉州区国税局	2006	第十届省级文明单位	江西省委、省政府
吉安市青原区国税局	2006	第十届省级文明单位	江西省委、省政府
吉安县国税局	2006	第十届省级文明单位	江西省委、省政府
吉水县国税局	2006	第十届省级文明单位	江西省委、省政府
新干县国税局	2006	第十届省级文明单位	江西省委、省政府
泰和县国税局	2006	第十届省级文明单位	江西省委、省政府
遂川县国税局	2006	第十届省级文明单位	江西省委、省政府
万安县国税局	2006	第十届省级文明单位	江西省委、省政府
安福县国税局	2006	第十届省级文明单位	江西省委、省政府
永新县国税局	2006	第十届省级文明单位	江西省委、省政府
井冈山市国税局	2006	第十届省级文明单位	江西省委、省政府
吉安市国税局	2006	江西省"四五"法制宣传教育先进集体	江西省委、省政府
抚州市国税局直属分局办税服务厅	2006	全国"巾帼文明示范岗"	全国城镇妇女"巾帼建功"活动领导小组
南丰县国税局办税服务厅	2006	全国"巾帼文明示范岗"	全国城镇妇女"巾帼建功"活动领导小组
抚州市国税局	2006	第十届省级文明单位	江西省委、省政府
抚州市临川区国税局	2006	第十届省级文明单位	江西省委、省政府
崇仁县国税局	2006	第十届省级文明单位	江西省委、省政府
南丰县国税局	2006	第十届省级文明单位	江西省委、省政府
宜黄县国税局	2006	第十届省级文明单位	江西省委、省政府
黎川县国税局	2006	第十届省级文明单位	江西省委、省政府
南城县国税局	2006	第十届省级文明单位	江西省委、省政府
金溪县国税局	2006	第十届省级文明单位	江西省委、省政府
广昌县国税局	2006	第十届省级文明单位	江西省委、省政府
东乡县国税局	2006	第十届省级文明单位	江西省委、省政府
资溪县国税局	2006	第十届省级文明单位	江西省委、省政府
江西省国税局纪检组监察室	2007	全国税务系统纪检监察先进集体	国家税务总局
江西省国税局	2007	全省服务非公有制经济发展先进单位	江西省政府
江西省国税局	2007	全省服务开放型经济工作先进单位	江西省政府
江西省国税系统	2007	江西省第三届文明行业	江西省委、省政府
江西省国税局	2007	2006年全国税收调查工作先进单位	财政部、国家税务总局
南昌市国税局	2007	全国五一劳动奖状	中华全国总工会
南昌市国税局	2007	全国税务系统行政事业单位资产清查先进单位	国家税务总局
南昌市西湖区国税局	2007	全国税务系统文明单位	国家税务总局

续表

单　位	获奖年份	荣誉称号	授予部门
南昌市国税局国际税务管理分局办税大厅	2007	全国"巾帼文明示范岗"	全国妇联、全国妇女巾帼建功活动领导小组
庐山风景区国税局办税服务厅	2007	全国"巾帼文明示范岗"	全国城镇妇女"巾帼建功"活动领导小组
九江市浔阳区国税局办税服务厅	2007	全国学习型先进班组	全国创争活动领导小组
九江市国税局	2007	江西省民主评议政风行风工作人民群众满意的行政执法单位	江西省政府
景德镇市珠山昌江区国税局办税服务厅	2007	全国"巾帼文明示范岗"	全国妇联、全国妇女巾帼建功活动领导小组
萍乡市国税局	2007	江西省第三届文明行业创建达标单位	江西省委、省政府
萍乡市安源区国税局办税服务厅	2007	全国青年文明号	共青团中央、国家税务总局
新余市国税局稽查局审理股	2007	全国学习型先进班组	全国"创建学习型组织、争做知识型职工"活动领导小组
新余市国税局	2007	全省服务非公有制经济发展先进单位	江西省政府
新余市国税局稽查局检查一科	2007	全国"巾帼文明示范岗"	全国妇联、全国妇女巾帼建功活动领导小组
新余市国税局	2007	2007年全省民主评议政风行风工作"人民群众满意行政执法单位"	江西省政府
崇义县国税局	2007	全国"巾帼文明示范岗"	全国妇联、全国妇女巾帼建功活动领导小组
丰城市国税局	2007	全国税务系统文明单位	国家税务总局
上饶市国税局	2007	江西省第三届文明行业创建达标单位	江西省委、省政府
上饶市国税局	2007	人民群众满意行政执法单位	江西省政府
婺源县国税局	2007	全国税务系统文明单位	国家税务总局
安福县国税局	2007	全国税务系统文明单位	国家税务总局
吉安市国税局	2007	江西省第三届文明行业创建达标单位	江西省委、省政府
吉水县国税局	2007	2007年全民健身与奥运同行活动先进单位	国家体育总局
抚州市国税局机关妇委会	2007	全国三八红旗集体	全国妇联
抚州市国税局	2007	江西省第三届文明行业创建达标单位	江西省委、省政府
南丰县国税局	2007	全国"巾帼文明示范岗"	全国城镇妇女"巾帼建功"活动领导小组
江西省国税局	2008	2007年度全省服务开放型经济工作先进单位	江西省政府
江西省国税局	2008	2007年度全省信访工作先进集体	江西省委、省政府
江西省国税局	2008	2007年全国税收调查先进单位	财政部、国家税务总局

续表

单 位	获奖年份	荣誉称号	授予部门
江西省国税局	2008	2008年全省民主评议政风行风工作先进单位	江西省政府
南昌市国税局	2008	第十一届省级文明单位	江西省委、省政府
南昌市东湖区国税局	2008	第十一届省级文明单位	江西省委、省政府
南昌市西湖区国税局	2008	第十一届省级文明单位	江西省委、省政府
南昌市青云谱区国税局	2008	第十一届省级文明单位	江西省委、省政府
南昌市青山湖区国税局	2008	第十一届省级文明单位	江西省委、省政府
南昌市湾里区国税局	2008	第十一届省级文明单位	江西省委、省政府
南昌市经开区国税局	2008	第十一届省级文明单位	江西省委、省政府
南昌市高新区国税局	2008	第十一届省级文明单位	江西省委、省政府
南昌县国税局	2008	第十一届省级文明单位	江西省委、省政府
进贤县国税局	2008	第十一届省级文明单位	江西省委、省政府
安义县国税局	2008	第十一届省级文明单位	江西省委、省政府
九江经济开发区国税局办税服务厅	2008	全国"巾帼文明示范岗"	全国城镇妇女"巾帼建功"活动领导小组
九江市浔阳区国税局办税服务厅	2008	全国"巾帼文明示范岗"	全国城镇妇女"巾帼建功"活动领导小组
九江市国税局稽查局	2008	全省五一劳动奖状	江西省委、省政府
九江市国税局稽查局	2008	全国学习型组织优秀单位	中华全国总工会
景德镇市国税局	2008	第十一届省级文明单位	江西省委、省政府
乐平市国税局	2008	第十一届省级文明单位	江西省委、省政府
浮梁县国税局	2008	第十一届省级文明单位	江西省委、省政府
景德镇市珠山昌江区国税局	2008	第十一届省级文明单位	江西省委、省政府
景德镇市国税局	2008	全国三八红旗先进单位	全国妇联 景德镇市国税局
稽查局综合股	2008	全国"巾帼文明示范岗"	全国妇联、全国妇女巾帼建功活动领导小组
萍乡市国税局	2008	第十一届省级文明单位	江西省委、省政府
萍乡市安源区国税局	2008	第十一届省级文明单位	江西省委、省政府
萍乡市湘东区国税局	2008	第十一届省级文明单位	江西省委、省政府
芦溪县国税局	2008	第十一届省级文明单位	江西省委、省政府
莲花县国税局	2008	第十一届省级文明单位	江西省委、省政府
新余市国税局	2008	江西省第三届文明行业创建达标单位	江西省委、省政府
新余市国税局	2008	第十一届省级文明单位	江西省委、省政府
新余市渝水区国税局	2008	第十一届省级文明单位	江西省委、省政府

续表

单　位	获奖年份	荣誉称号	授予部门
分宜县国税局	2008	第十一届省级文明单位	江西省委、省政府
鹰潭市国税局	2008	第十一届省级文明单位	江西省委、省政府
鹰潭市月湖区国税局	2008	第十一届省级文明单位	江西省委、省政府
余江县国税局	2008	第十一届省级文明单位	江西省委、省政府
贵溪市国税局	2008	第十一届省级文明单位	江西省委、省政府
余江县国税局	2008	全国"巾帼文明示范岗"	全国妇联、全国妇女巾帼建功活动领导小组
赣州市国税局	2008	第十一届省级文明单位	江西省委、省政府
赣州市经开区国税局	2008	第十一届省级文明单位	江西省委、省政府
石城县国税局	2008	第十一届省级文明单位	江西省委、省政府
赣县国税局	2008	第十一届省级文明单位	江西省委、省政府
瑞金市国税局	2008	第十一届省级文明单位	江西省委、省政府
信丰县国税局	2008	第十一届省级文明单位	江西省委、省政府
南康市国税局	2008	第十一届省级文明单位	江西省委、省政府
全南县国税局	2008	第十一届省级文明单位	江西省委、省政府
定南县国税局	2008	第十一届省级文明单位	江西省委、省政府
崇义县国税局	2008	第十一届省级文明单位	江西省委、省政府
上犹县国税局	2008	第十一届省级文明单位	江西省委、省政府
于都县国税局	2008	第十一届省级文明单位	江西省委、省政府
大余县国税局	2008	第十一届省级文明单位	江西省委、省政府
龙南县国税局	2008	第十一届省级文明单位	江西省委、省政府
安远县国税局	2008	第十一届省级文明单位	江西省委、省政府
会昌县国税局	2008	第十一届省级文明单位	江西省委、省政府
赣州市经开区国税局办税服务厅	2008	全国青年文明号	共青团中央、国家税务总局
宜春市国税局	2008	第十一届省级文明单位	江西省委、省政府
宜春市袁州区国税局	2008	第十一届省级文明单位	江西省委、省政府
高安市国税局	2008	第十一届省级文明单位	江西省委、省政府
丰城市国税局	2008	第十一届省级文明单位	江西省委、省政府
万载县国税局	2008	第十一届省级文明单位	江西省委、省政府
奉新县国税局	2008	第十一届省级文明单位	江西省委、省政府
宜丰县国税局	2008	第十一届省级文明单位	江西省委、省政府
上高县国税局	2008	模范职工小家	中华全国总工会
上饶县国税局罗桥分局	2008	全国青年文明号	共青团中央、国家税务总局
上饶市国税局	2008	全省服务非公有制经济发展先进单位	江西省政府

续表

单　位	获奖年份	荣誉称号	授予部门
上饶市国税局	2008	第十一届省级文明单位	江西省委、省政府
上饶市信州区国税局	2008	第十一届省级文明单位	江西省委、省政府
上饶县国税局	2008	第十一届省级文明单位	江西省委、省政府
广丰县国税局	2008	第十一届省级文明单位	江西省委、省政府
玉山县国税局	2008	第十一届省级文明单位	江西省委、省政府
铅山县国税局	2008	第十一届省级文明单位	江西省委、省政府
横峰县国税局	2008	第十一届省级文明单位	江西省委、省政府
弋阳县国税局	2008	第十一届省级文明单位	江西省委、省政府
余干县国税局	2008	第十一届省级文明单位	江西省委、省政府
鄱阳县国税局	2008	第十一届省级文明单位	江西省委、省政府
万年县国税局	2008	第十一届省级文明单位	江西省委、省政府
婺源县国税局	2008	第十一届省级文明单位	江西省委、省政府
吉安市国税局	2008	全国学习型组织先进单位	全国创争活动领导小组
吉安市国税局车购税分局	2008	全国工人先锋号	中华全国总工会
井冈山市国税局茨坪分局	2008	全国"巾帼文明示范岗"	全国妇联、全国妇女巾帼建功活动领导小组
吉安市国税局	2008	第十一届省级文明单位	江西省委、省政府
吉安市吉州区国税局	2008	第十一届省级文明单位	江西省委、省政府
吉安市青原区国税局	2008	第十一届省级文明单位	江西省委、省政府
吉安县国税局	2008	第十一届省级文明单位	江西省委、省政府
吉水县家税局	2008	第十一届省级文明单位	江西省委、省政府
新干县国税局	2008	第十一届省级文明单位	江西省委、省政府
泰和县国税局	2008	第十一届省级文明单位	江西省委、省政府
遂川县国税局	2008	第十一届省级文明单位	江西省委、省政府
万安县国税局	2008	第十一届省级文明单位	江西省委、省政府
安福县国税局	2008	第十一届省级文明单位	江西省委、省政府
永新县国税局	2008	第十一届省级文明单位	江西省委、省政府
吉水县国税局	2008	江西省双创工作考评先进单位	江西省委、省政府
抚州市国税局	2008	第十一届省级文明单位	江西省委、省政府
南丰县国税局	2008	第十一届省级文明单位	江西省委、省政府
宜黄县国税局	2008	第十一届省级文明单位	江西省委、省政府
南城县国税局	2008	第十一届省级文明单位	江西省委、省政府
金溪县国税局	2008	第十一届省级文明单位	江西省委、省政府
广昌县国税局	2008	第十一届省级文明单位	江西省委、省政府

续表

单　位	获奖年份	荣誉称号	授予部门
东乡县国税局	2008	第十一届省级文明单位	江西省委、省政府
资溪县国税局	2008	第十一届省级文明单位	江西省委、省政府
乐安县国税局	2008	第十一届省级文明单位	江西省委、省政府
江西省国税局	2009	2008年全省政风行风建设先进单位	江西省政府
江西省国税局	2009	2007-2008年度全省服务非公有制经济发展先进单位	江西省政府
江西省国税局	2009	2008年度全省服务开放型经济工作先进单位	江西省政府
江西省国税局	2009	全国五一劳动奖状	中华全国总工会
江西省国税局直属机关党委	2009	全省先进基层党组织	江西省委
九江市国税局	2009	全国"行业"纳税评估模型奖	国家税务总局
九江市经开区国税局	2009	全国精神文明建设工作先进单位	中央文明办
景德镇市国税局	2009	全国精神文明建设工作先进单位	中央文明办
乐平市国税局	2009	全国精神文明建设工作先进单位	中央文明办
分宜县国税局办税服务厅	2009	全国"巾帼文明示范岗"	全国妇联、全国妇女巾帼建功活动领导小组
鹰潭市国税局	2009	全民健身活动先进单位	国家体育总局
鹰潭市国税局	2009	全省服务非公有制经济发展先进单位	江西省政府
鹰潭市经济技术开发区国税局	2009	中国志愿服务工作先进单位	中国社会工作协会志愿者工作委员会
鹰潭市国税局稽查局	2009	全国税务系统先进集体	国家税务总局
赣州市国税局直属分局办税服务厅	2009	全国三八红旗集体	全国妇联
赣州市国税局	2009	全国精神文明建设工作先进单位	中央文明办
崇义县国税局	2009	全国精神文明建设工作先进单位	中央文明办
丰城市国税局	2009	全国精神文明建设工作先进单位	中央文明办
上高县国税局	2009	全国税务系统先进集体	人力资源和社会保障部 国家税务总局
宜丰县国税局办税服务厅	2009	全国"巾帼文明示范岗"	全国妇联、全国妇女巾帼建功活动领导小组
上饶市国税局直属分局	2009	全国三八红旗集体	全国妇联
弋阳县国税局办税服务厅	2009	全国"巾帼文明示范岗"	全国妇联、全国妇女巾帼建功活动领导小组
横峰县国税局办税服务厅	2009	全国"巾帼文明示范岗"	全国妇联、全国妇女巾帼建功活动领导小组
吉安市国税局机关妇委会	2009	全国三八红旗集体	全国妇联

续表

单　　位	获奖年份	荣誉称号	授予部门
吉安市国税局	2009	2005-2008年度全国群众体育先进单位	国家体育总局
抚州市国税局	2009	全国精神文明建设工作先进单位	中央文明办
江西省国税局	2010	2009年度规范信访部门建设先进单位	江西省委、省政府
江西省国税局	2010	2009年度全省服务开放型经济工作先进单位	江西省政府
江西省国税局	2010	第十二届省级文明单位	江西省委、省政府
南昌市国税局	2010	全国第二次经济普查先进集体	全国第二次经济普查工作领导小组
南昌市国税局	2010	全国"模范职工之家"	中华全国总工会
南昌市国税局直属分局办税服务厅	2010	全国"巾帼文明示范岗"	全国妇联、全国妇女巾帼建功活动领导小组
南昌县国税局办税服务厅	2010	全国"巾帼文明示范岗"	全国妇联、全国妇女巾帼建功活动领导小组
南昌市国税局	2010	第十二届省级文明单位	江西省委、省政府
南昌市国税局稽查局	2010	第十二届省级文明单位	江西省委、省政府
南昌市东湖区国税局	2010	第十二届省级文明单位	江西省委、省政府
南昌市西湖区国税局	2010	第十二届省级文明单位	江西省委、省政府
南昌市经开区国税局	2010	第十二届省级文明单位	江西省委、省政府
南昌市高新区国税局	2010	第十二届省级文明单位	江西省委、省政府
南昌市湾里区国税局	2010	第十二届省级文明单位	江西省委、省政府
南昌县国税局	2010	第十二届省级文明单位	江西省委、省政府
新建县国税局	2010	第十二届省级文明单位	江西省委、省政府
进贤县国税局	2010	第十二届省级文明单位	江西省委、省政府
安义县国税局	2010	第十二届省级文明单位	江西省委、省政府
南昌市国税局稽查局	2010	2009年度全国打击发票违法犯罪活动工作成绩突出单位	国家税务总局
景德镇市国税局	2010	第十二届省级文明单位	江西省委、省政府
乐平市国税局	2010	第十二届省级文明单位	江西省委、省政府
浮梁县国税局	2010	第十二届省级文明单位	江西省委、省政府
景德镇市珠山昌江区国税局	2010	第十二届省级文明单位	江西省委、省政府
乐平市国税局	2010	全国模范职工之家	中华全国总工会
萍乡市国税局	2010	第十二届省级文明单位	江西省委、省政府
萍乡市安源区国税局	2010	第十二届省级文明单位	江西省委、省政府
萍乡市湘东区国税局	2010	第十二届省级文明单位	江西省委、省政府
芦溪县国税局	2010	第十二届省级文明单位	江西省委、省政府

续表

单　位	获奖年份	荣誉称号	授予部门
上栗县国税局	2010	第十二届省级文明单位	江西省委、省政府
莲花县国税局	2010	第十二届省级文明单位	江西省委、省政府
新余市国税局	2010	第十二届省级文明单位	江西省委、省政府
新余市渝水区国税局	2010	第十二届省级文明单位	江西省委、省政府
分宜县国税局	2010	第十二届省级文明单位	江西省委、省政府
鹰潭市国税局	2010	第十二届省级文明单位	江西省委、省政府
赣州市国税局直属分局办税服务厅	2010	全国三八红旗集体	全国妇联
赣州市国税局	2010	第十二届省级文明单位	江西省委、省政府
赣州市经开区国税局	2010	第十二届省级文明单位	江西省委、省政府
赣州市章贡区国税局	2010	第十二届省级文明单位	江西省委、省政府
赣县国税局	2010	第十二届省级文明单位	江西省委、省政府
信丰县国税局	2010	第十二届省级文明单位	江西省委、省政府
大余县国税局	2010	第十二届省级文明单位	江西省委、省政府
崇义县国税局	2010	第十二届省级文明单位	江西省委、省政府
安远县国税局	2010	第十二届省级文明单位	江西省委、省政府
龙南县国税局	2010	第十二届省级文明单位	江西省委、省政府
全南县国税局	2010	第十二届省级文明单位	江西省委、省政府
宁都县国税局	2010	第十二届省级文明单位	江西省委、省政府
于都县国税局	2010	第十二届省级文明单位	江西省委、省政府
兴国县国税局	2010	第十二届省级文明单位	江西省委、省政府
会昌县国税局	2010	第十二届省级文明单位	江西省委、省政府
石城县国税局	2010	第十二届省级文明单位	江西省委、省政府
宜春市国税局	2010	第十二届省级文明单位	江西省委、省政府
高安市国税局	2010	第十二届省级文明单位	江西省委、省政府
万载县国税局	2010	第十二届省级文明单位	江西省委、省政府
上高县国税局	2010	第十二届省级文明单位	江西省委、省政府
奉新县国税局	2010	第十二届省级文明单位	江西省委、省政府
铜鼓县国税局	2010	第十二届省级文明单位	江西省委、省政府
靖安县国税局	2010	第十二届省级文明单位	江西省委、省政府
宜春市国税局	2010	全民健身活动先进单位	国家体育总局
宜春市国税局	2010	全省服务非公有制经济发展先进单位	江西省政府
上高县国税局	2010	全国"巾帼文明示范岗"	全国妇联、全国妇女巾帼建功活动领导小组
上饶市国税局	2010	第十二届省级文明单位	江西省委、省政府

续表

单　位	获奖年份	荣誉称号	授予部门
上饶市国税局经开区分局	2010	第十二届省级文明单位	江西省委、省政府
上饶市信州区国税局	2010	第十二届省级文明单位	江西省委、省政府
上饶县国税局	2010	第十二届省级文明单位	江西省委、省政府
广丰县国税局	2010	第十二届省级文明单位	江西省委、省政府
玉山县国税局	2010	第十二届省级文明单位	江西省委、省政府
铅山县国税局	2010	第十二届省级文明单位	江西省委、省政府
横峰县国税局	2010	第十二届省级文明单位	江西省委、省政府
弋阳县国税局	2010	第十二届省级文明单位	江西省委、省政府
余干县国税局	2010	第十二届省级文明单位	江西省委、省政府
鄱阳县国税局	2010	第十二届省级文明单位	江西省委、省政府
德兴市国税局	2010	第十二届省级文明单位	江西省委、省政府
万年县国税局	2010	第十二届省级文明单位	江西省委、省政府
婺源县国税局	2010	第十二届省级文明单位	江西省委、省政府
婺源县国税局	2010	全国城乡妇女岗位建功先进集体	全国妇联
上饶县国税局办税服务厅	2010	全国工人先锋号	中华全国总工会
德兴市国税局	2010	全国"模范职工之家"	中华全国总工会
吉安市国税局	2010	第十二届省级文明单位	江西省委、省政府
吉州区国税局	2010	第十二届省级文明单位	江西省委、省政府
青原区国税局	2010	第十二届省级文明单位	江西省委、省政府
吉安县国税局	2010	第十二届省级文明单位	江西省委、省政府
吉水县国税局	2010	第十二届省级文明单位	江西省委、省政府
永丰县国税局	2010	第十二届省级文明单位	江西省委、省政府
遂川县国税局	2010	第十二届省级文明单位	江西省委、省政府
安福县国税局	2010	第十二届省级文明单位	江西省委、省政府
永新县国税局	2010	第十二届省级文明单位	江西省委、省政府
抚州市国税局	2010	第十二届省级文明单位	江西省委、省政府
临川区国税局	2010	第十二届省级文明单位	江西省委、省政府
南城县国税局	2010	第十二届省级文明单位	江西省委、省政府
黎川县国税局	2010	第十二届省级文明单位	江西省委、省政府
崇仁县国税局	2010	第十二届省级文明单位	江西省委、省政府
宜黄县国税局	2010	第十二届省级文明单位	江西省委、省政府
乐安县国税局	2010	第十二届省级文明单位	江西省委、省政府
金溪县国税局	2010	第十二届省级文明单位	江西省委、省政府
资溪县国税局	2010	第十二届省级文明单位	江西省委、省政府

续表

单　位	获奖年份	荣誉称号	授予部门
东乡县国税局	2010	第十二届省级文明单位	江西省委、省政府
广昌县国税局	2010	第十二届省级文明单位	江西省委、省政府
南丰县国税局	2010	全国"创建学习型组织，争做知识型职工"先进单位	中华全国总工会
抚州市国税局	2010	全国"全民健身活动"先进单位	中华全国总工会
抚州市国税局直属分局办税服务厅	2010	全国"五一巾帼标兵岗"	全国妇女"巾帼建功"活动领导小组

先进个人

1991—2010 年，江西省税务（国税）系统获国家级表彰 2 人次，获省部级表彰 94 人次。

江西省税务（国税）系统先进个人

姓名	性别	工作单位及职务	获奖年份	荣誉称号	授予单位
冷报德	男	江西省国税局政策法规处长	2004	全国再就业先进工作者	国务院
夏文川	男	上饶市国税局局长	2010	全国先进工作者	国务院
袁外香	女	进贤县税务局局长	1991	全国税务系统三八红旗手	国家税务局、中华全国妇女联合会
徐梅英	女	乐平县税务局礼林税务所	1991	全国税务系统青年标兵	国家税务局、共青团中央
曲树清	男	新余市税务局发票所长	1991	全国税法宣传先进个人	国务院"三检办"
曲树清	男	新余市税务局发票所长	1991	全国税收大检查先进个人	国务院"三检办"
曲树清	男	新余市税务局发票所长	1991	税法宣传教育活动先进工作者	国家税务局等五家
曲树清	男	新余市税务局发票所长	1991	1990 年经济法律法规培训先进个人	江西省政府
汤平琴	女	靖安县税务局	1991	全国三八红旗手	全国妇联
王水龙	男	吉安地区税务局	1992	全国税法宣传教育活动先进工作者	国家税务局、中华全国总工会、共青团中央、全国妇联
韩陈芳	男	修水县税务局	1993	全国税务系统先进工作者	人事部、国家税务总局
刘桂斌	男	新建县国税局	1995	江西省先进工作者	江西省政府
邹　俊	男	九江市国税局直属分局副局长	1995	江西省先进工作者	江西省政府
晏志平	男	新余市国税局发票所	1995	1994 年全国打击伪造倒卖盗窃发票违法犯罪活动嘉奖	公安部、国家税务总局、最高人民法院、最高人民检察院

续表

姓名	性别	工作单位及职务	获奖年份	荣誉称号	授予单位
陈 军	男	赣州市国税局直属分局副局长	1995	1994年全国打击伪造倒卖盗窃发票违法犯罪活动嘉奖	公安部、国家税务总局、最高人民法院、最高人民检察院
曾宗清	男	上犹县国税局	1995	1994年全国打击伪造倒卖盗窃发票违法犯罪活动嘉奖	公安部、国家税务总局、最高人民法院、最高人民检察院
黄梅如	男	寻乌县国税局	1995	1994年全国打击伪造倒卖盗窃发票违法犯罪活动嘉奖	公安部、国家税务总局、最高人民法院、最高人民检察院
黄良生	男	宜春市国税局	1995	江西省先进工作者	江西省政府
吴振东	男	上饶市国税局分局长	1995	1994年全国打击伪造倒卖盗窃发票违法犯罪活动嘉奖	公安部、国家税务总局、最高人民法院、最高人民检察院
杨根凤	男	吉水县国税局税政股长	1995	1994年全国打击伪造倒卖盗窃发票违法犯罪活动嘉奖	公安部、国家税务总局、最高人民法院、最高人民检察院
邹小婷	女	吉安市国税局涉外分局长	1996	1996年度全国税务系统"税收征管能手"	国家税务总局
张晓峰	男	吉安市国税局征管科长	1996	全国税务系统先进科技工作者	国家税务总局
傅 林	男	抚州市国税局副局长	1996	全国税务系统纪检监察先进工作者	国家税务总局
范小玉	男	新余市国税局监察室主任	1997	全国税务系统纪检监察先进工作者	国家税务总局
曾志强	男	贵溪市国税局税源管理一科副科长	1997	首届"中国优秀青年卫士"	共青团中央等十二个单位
刘 鹏	女	江西省国税局办公室	1999	优秀税务档案工作者	国家税务总局
肖忠卫	男	鹰潭市国税局稽查局	1999	全国税务系统优秀税务工作者	国家税务总局
陈小斌	男	吉安市国税局河东分局长	1999	全国税务系统优秀税务工作者	国家税务总局
樊小彬	男	进贤县国税局梅庄分局长	2000	江西省先进工作者	江西省政府
马 龙	男	南昌市国税局稽查局长	2000	全省查办大案要案工作先进工作者	江西省政府
于传璘	男	九江市国税局直属分局	2000	江西省先进工作者	江西省政府
吴宗华	男	景德镇市国税局直属一分局副局长	2000	江西省先进工作者	江西省政府

续表

姓名	性别	工作单位及职务	获奖年份	荣誉称号	授予单位
喻春平	男	新余市渝水区国税局沙土分局副局长	2000	全国税务系统优秀税务工作者	国家税务总局
曲树清	男	新余市国税局纪检组长	2000	江西省先进工作者	江西省政府
曾志强	男	贵溪市国税局郊区分局集贸征收站站长	2000	江西省先进工作者	江西省政府
李日胜	男	龙南县国税局局长	2000	江西省先进工作者	江西省政府
龚云斌	男	丰城市国税局局长	2000	江西省先进工作者	江西省政府
晏润高	男	靖安县国税局干部	2000	江西省先进工作者	江西省政府
童凤春	女	上饶市国税局科员	2000	江西省先进工作者	江西省政府
裘以华	男	南昌市国税局涉外分局长	2001	中国杰出（优秀）青年卫士	共青团中央等十二个单位
冷建新	男	修水县国税局	2001	全国税务系统先进工作者	人事部、国家税务总局
戎　玲	女	景德镇市珠山昌江区国税局珠山管理分局副局长	2001	全国优秀共青团员	共青团中央
闵　光	男	江西省国税局稽查局	2002	国务院"807"工作组二等功	国家税务总局
闵　光	男	江西省国税局稽查局	2003	打击骗取出口退税工作先进个人	国务院打击骗取出口退税领导小组
饶立新	男	江西省国税局流转税处长	2003	第六届中国青年科技创新优秀奖	共青团中央、全国青联
杨复煦	男	九江市国税局发票管理所副所长	2003	全国税务系统信息化建设先进工作者	国家税务总局
赵水财	男	余江县国税局纪检组长	2003	全国税务系统优秀税务工作者	国家税务总局
童凤春	女	上饶市信州区国税局	2003	全国税务系统优秀税务工作者	国家税务总局
詹朝晖	男	上饶市信州区国税局	2003	全国十佳少先队志愿辅导员	共青团中央、教育部
谢润斌	男	抚州市国税局	2003	全国税务系统优秀税务工作者	国家税务总局
冷报德	男	江西省国税局政策法规处长	2004	全省再就业先进工作者	江西省政府
罗亮生	男	九江市国税局总经济师	2004	全省再就业先进工作者	江西省政府
杨复煦	男	九江市国税局发票管理所副所长	2004	"全国学习型城市（九江·庐山）论坛"先进个人	中央党校
颜艳辉	女	萍乡市国税局	2004	全国三八红旗手	全国妇联
曾光辉	男	南昌市国税局局长	2005	江西省先进工作者	江西省政府

续表

姓名	性别	工作单位及职务	获奖年份	荣誉称号	授予单位
邱 明	男	南昌市青山湖区国税局局长	2005	江西省先进工作者	江西省政府
黄 元	男	南昌县国税局局长	2005	江西省先进工作者	江西省政府
胡云兴	男	九江市国税局局长	2005	江西省先进工作者	江西省政府
王志青	男	景德镇市国税局稽查局副局长	2005	江西省先进工作者	江西省政府
金时玉	女	景德镇市国税局收入核算科科长	2005	第一次全国经济普查先进个人	国务院第一次全国经济普查领导小组
颜艳辉	女	萍乡市湘东区国税局局长	2005	江西省先进工作者	江西省政府
胡小莲	女	新余市渝水区国税局税政法规股长	2005	全国税务系统先进工作者	人事部、国家税务总局
郭吉生	男	赣州市国税局局长	2005	江西省先进工作者	江西省政府
黄晓东	男	崇义县国税局局长	2005	江西省先进工作者	江西省政府
童 骏	男	上饶县国税局分局长	2005	全国服务农村青年增收成才奖	共青团中央、农业部
黄中根	男	上饶市国税局局长	2005	江西省先进工作者	江西省政府
钟油子	男	吉安市国税局局长	2005	江西省先进工作者	江西省政府
欧阳慕贞	女	九江市国税局征管科副科长	2006	全国综合征管软件V2.0版推广应用先进个人	国家税务总局
姜 红	女	吉安市国税局纪检组长	2006	全国"巾帼建功标兵"	全国妇联
黄少波	男	九江市国税局纪检组长	2007	全国税务系统纪检监察先进工作者	国家税务总局
何中文	男	九江市国税局稽查局	2007	查处"黑津冀"系列虚开发票二等功	国家税务总局
陈晓明	男	九江市国税局稽查局	2007	查处"黑津冀"系列虚开发票嘉奖	国家税务总局
吴蔚文	男	景德镇市高新区国税局局长	2007	全国税务系统精神文明建设先进工作者	国家税务总局
徐玉萍	女	婺源县国税局局长	2007	全国"巾帼建功标兵"	全国妇联
王珍秀	女	鄱阳县国税局副局长	2007	全国"巾帼建功标兵"	全国妇联
李德平	男	吉安市国税局局长	2007	江西省勤廉兼优先进典型	江西省委、省政府
汪 婷	女	抚州市国税局稽查局副局长	2007	全国"巾帼建功标兵"	全国妇联
帅 克	男	江西省国税局稽查局副局长	2008	"利剑二号"专案查处二等功	国家税务总局
曾光辉	男	南昌市国税局局长	2008	全国五一劳动奖章	中华全国总工会
刘为民	男	南昌县国税局	2008	2006-2007年度全国无偿献血奉献奖金奖	卫生部、中国红十字会、总后勤部卫生部

续表

姓名	性别	工作单位及职务	获奖年份	荣誉称号	授予单位
傅江海	男	江西省国税局人事处长	2009	全国军转安置工作先进工作者	中央组织部
黄最东	男	江西省国税局收入规划核算处长	2009	第二次全国经济普查先进个人	国务院第二次全国经济普查领导小组
王宝军	男	南昌市国税局副局长	2009	全国知识型职工优秀个人	全国创先争优活动领导小组
谢　敏	女	南昌市高新区国税局副局长	2009	全国三八红旗手	全国妇联
黄谷泉	男	都昌县国税局退休干部	2009	全国税务系统离退休干部先进个人	国家税务总局
罗　珏	女	景德镇市国税局稽查局副局长	2009	全国三八红旗手	全国妇联
徐丽萍	女	新余市国税局副局长	2009	全国"巾帼建功标兵"	全国妇联
吴　静	女	鹰潭市国税局副局长	2009	江西省优秀共产党员	江西省委
李德平	男	吉安市国税局局长	2009	全国五一劳动奖章	中华全国总工会
韩　萍	女	吉安市国税局直属分局长	2009	全国税务系统先进工作者	人力资源和社会保障部、国家税务总局
邹金发	男	南丰县国税局局长	2009	"创建学习型组织、争做知识型职工"活动先进个人	中华全国总工会
彭正蓉	女	南昌市国税局教育处长	2010	江西省先进工作者	江西省政府
张　萌	男	九江市国税局稽查局副科长	2010	全省打击发票违法犯罪活动先进个人	江西省政府
刘小梅	女	新余市高新区国税局局长	2010	江西省先进工作者	江西省政府
陈　军	男	赣州市国家税务局直属分局副局长	2010	第四届全国敬老爱老助老主题教育活动"全国孝亲敬老之星"称号	全国老龄办、民政部、国家广电总局、共青团中央、全国妇联、中国关工委
熊小宁	男	铜鼓县国税局局长	2010	江西省先进工作者	江西省政府
夏文川	男	上饶市国税局局长	2010	江西省先进工作者	江西省政府
石通真	男	上饶市信州区国税局局长	2010	江西省先进工作者	江西省政府
李卫东	男	玉山县国税局局长	2010	江西省先进工作者	江西省政府
吴建平	男	铅山县国税局局长	2010	江西省先进工作者	江西省政府
余建军	男	万年县国税局局长	2010	江西省先进工作者	江西省政府
刘承达	男	吉安县国税局局长	2010	江西省先进工作者	江西省政府
胡华明	男	南丰县国税局收入核算股长	2010	"创建学习型组织、争做知识型职工"活动先进个人	中华全国总工会

附　　录

国家税务总局关于印发《国家税务局系统垂直管理暂行规定》的通知

国税发〔1995〕042号

各省、自治区、直辖市国家税务局：

经国家税务总局党组研究决定，现将《国家税务局系统垂直管理暂行规定》印发给你们，请遵照执行，并将执行情况及时向总局报告。

附：国家税务局系统垂直管理暂行规定

一九九五年三月二日

国家税务局系统垂直管理暂行规定

第一章　总则

第一条　为了加强国家税务局系统的组织建设，保障国家税法的贯彻执行，充分发挥税收在社会主义市场经济中的作用，强化税收对经济的宏观调控和监督职能，特制定本暂行规定。

第二条　国家税务局系统在机构设置、人员编制、干部管理和经费等方面实行国家税务总局垂直管理的领导体制。

第三条　国家税务局系统的各级机关实行国家公务员制度。

第四条　国家税务局系统的各级机关均依照本暂行规定组织实施。

第二章　机构设置

第五条　国家税务局系统在国家税务总局领导下，设置下列机关：

（一）省、自治区、直辖市国家税务局；

（二）地区、省辖市、自治州、盟国家税务局；

（三）县（市）、自治县、旗国家税务局。

征收分局、税务所是直接从事税收管理的税务机关。各级国家税务局根据行政区划、经济区划或按行业设置征收分局，根据税源分布情况，按经济区划设置税务所。

第六条　在机构设置上实行统一领导，分级管理。省、自治区、直辖市国家税务局的设置、变更和撤销，由中央机构编制委员会审核，国务院审批。省、自治区、直辖市国家税务局内设机构和地区、省辖市、自治州、盟、直辖市辖区（县）国家税务局的设置、变更和撤销，由国家税务总局审批。地区、省辖市、自治州、盟、直辖市辖区（县）国家税务局内设机构和县（市）、自治县、旗、省辖市辖区国家税务局的设置、变更和撤销，由省、自治区、直辖市国家税务局审批。县（市）、自治县、旗国家税务局内设机构和税务所的设置、变更和撤销，由地区、省辖市、自治州、盟国家税务局审批。

第七条　副省级城市国家税务局内设机构的设置、变更和撤销，由省国家税务局审批，报国家税务总局备案。内设机构的级别，参照当地政府所设同级机构的有关规定执行。

第八条　国家税务局系统的纪检、监察机构合署办公，实行本级税务机关和上级税务纪检、监察部门双重领导，以上级税务纪检、监察部门领导为主的管理体制。

第九条　各级国家税务局根据工作需要，可以设置事业单位，比照设置同级行政机构的管理权限报批。

第三章　人员编制

第十条　国家税务局系统的人员编制，由中央机构编制委员会审定。各省、自治区、直辖市国家税务局的人员编制由国家税务总局核批。

第十一条　各级国家税务局的人员编制核定后，不得自行扩大或者改变使用范围。

第十二条　各级国家税务局应当根据核定的人员编制，制定年度增人计划，按照管理权限报批。

第十三条　国家税务局系统的增加编制工作，由国家税务总局负责。

第十四条　省、自治区、直辖市国家税务局以下各级税务机关自然减员的补充工作，由各省、自治区、直辖市国家税务局负责。

第四章　干部管理

第十五条　省、自治区、直辖市国家税务局副厅（局）级以上的干部和副省级城市国家税务局的局长由国家税务总局管理。省、自治区、直辖市国家税务局按照分级管理、下管一级的原则，制定本地区的干部管理办法。

第十六条　各级国家税务局正副局长级干部实行委任制，其他人员实行委任制或聘任制。

第十七条　上级税务机关发现下级税务机关任免干部不当时，有权纠正或者撤销其决定。

第十八条　国家税务局系统干部的奖惩工作，按照干部管理权限实施。

第十九条　国家税务局系统的各级机关，要分层次地建立后备干部队伍，并做好后备干部的培养、锻炼和使用工作。

第二十条　国家税务局系统实行干部交流制度。国家税务总局管理的干部，由国家税务总局负责在全国范围内进行交流。其他干部由其所在的国家税务局按照干部管理权限进行交流。

第二十一条　对直接从事税收征收管理工作的人员，实行岗位轮换制度。轮换范围主要在本地区进行，轮换时间根据岗位的不同，由各地确定。

第二十二条　国家税务局系统的离退休人员，由所在单位按照统一规定管理。

第五章　经费和工资管理

第二十三条　国家税务局系统的经费包括行政经费、事业经费和其他经费以及基本建设投资基金。

第二十四条　国家税务局系统的经费实行分级核算，逐级管理的原则。有关经费和基本建设的管理办法由国家税务总局另行制定。

第二十五条　国家税务局系统工资基金的审批和执行情况的检查由国家税务局和省、自治区、直辖市国家税务局分级管理。各省、自治区、直辖市国家税务局根据国家税务总局下达的工资总额编制工资基金使用计划。

第二十六条　省、自治区、直辖市国家税务局副厅（局）级以上干部的工资变动由国家税务总局审批。其他人员的工资变动按照有关管理权限审批。

第二十七条　对地方人民政府制定的工资、福利、津贴标准等有关规定如需参照执行，由省、自治区、直辖市国家税务局报国家税务总局批准后实施。

第六章　附则

第二十八条　市辖区国家税务局分别按照同级国家税务局的有关规定执行。

第二十九条　本暂行规定由国家税务总局负责解释。

第三十条　本暂行规定自颁发之日起执行。

江西省人民政府批转省国税局省地税局关于加强税收工作意见的通知

赣府发〔1998〕29号

各行政公署、各省辖市人民政府、各县（市、区）人民政府、省政府各部门：

省人民政府同意省国税局、省地税局《关于加强税收工作意见》，现批转给你们，请认真遵照执行。

一九九八年九月十二日

关于加强税收工作的意见

省国税局　省地税局
（一九九八年八月二十五日）

为了推进依法治税，促进国民经济持续、快速、健康发展，现就加强我省税收工作提出以下意见：

一、坚持依法治税，严格执行国家税法

（一）严格执行国家税法和税收管理权限的有关规定。各地、各部门要认真贯彻《国务院关于加强依法治税严格税收管理权限的通知》（国发〔1998〕4号），切实开展税收执法检查，不得超越权限擅自制定、解释税收政策，也不得违反税法擅自更改、调整、变通税收管理权限。

（二）严禁越权批准减免税收、缓缴税收和豁免税收，严禁各种形式的"包税"或摊派税收。要坚决杜绝以缓代欠、以缓代免的现象，坚决纠正收"过头税"的做法。

（三）严格税收入库级次。严禁违反规定不按税种、税目、税率开票，有意错库、混库。对有意混淆税种和入库级次的，除如数追回侵占的税收外，还要给予处罚，情节严重的，要追究当事人和主管领导的责任。

（四）严格执行税收优惠政策。各级政府要组织税务部门做好税收优惠政策到期后的收尾工作。同时，要组织当地财政、国税部门对1994年以来按国家明文规定实行"先征后返"的增值税政策的执行情况进行一次认真清理，对已经到期的政策规定要停止执行，对继续执行"先征后返"的要足额征收入库，及时返还税款，不得搞不征不返。

二、强化税收征管，堵塞税收漏洞

（一）加大对非国有经济税收征管力度，切实做到"四个转向，四个加强"：一是由过去重视国有经济税源转向各类经济税源并重，加强对非国有经济税源的征管；二是由过去重视生产性税源转向生产性和非生产性税源并重，加强对非生产性和"三产"税源的征管；三是由过去重视内资企业税收转向内外资企业税收并重，加强对外资企业税收征管；四是由过去重视企事业单位税收转向企事业单位和个体税收并重，加强对个体税收征管。

（二）加强改制、改组企业的税收管理。企业进行改制、改组、租赁、承包、重组等，其方案或报告应在报经上级主管税务部门审核或授权清理欠税，并落实欠税清缴责任人之后，才能执行。否则，由此而产生的欠税等涉税责任，哪个部门审批，就由哪个部门承担；哪级政府审批，就由哪级财政负担。

（三）强化税务登记，加强税源控管。从1998年7月15日起，对经工商行政管理机关核准登记的私营企业、合伙企业和个体工商户，先核发其营业执照副本，凭此在30日内到税务机关申请办理税务登记，经核准后再凭营业执照副本和税务登记证件，在5日内到工商行政管理机关领取营业执照正本；对经工商行政管理机关核准登记的其他企业（不包括外商投资企业），先核发有效期为3个月的营业执照副本，企业凭该副本在法定期间内到税务机关申请办理税务登记，再凭税务登记证件到工商行政管理机关申请领取营业执照正本和副本。私营企业、合伙企业、个体工商户和其他企业（不包括外商投资企业）逾期未办理上述手续的，其营业执照副本自行作废；继续从事经营活动的，由工商行政管理机关按无照经营查处，税务机关依法征税。

（四）大力开展清理漏征漏管户工作。各级政府要成立漏征漏管户清理工作小组，由政府分管领导负责，国税、地税、工商管理、公安、财政等部门参加，具体部署、协调检查清理工作。有关部门要支持配合国税部门认真做好各单位内部发行的图书、杂志、报纸及其他印刷品的应纳增值税的清理工作；支持地税部门做好对行政事业单位涉税收费项目和固定资产投资方向调节税的清理清查工作。

（五）大力开展税收专项清理检查。各级税务部门要针对今年洪水灾害的影响，千方百计加大对重点税源和个人所得税、固定资产投资方向调节税、个体私营税收、出租车和加油站税收的专项检查，最大限度地挖掘增收潜力，弥补洪灾害损失，确保完成今年税收任务。

（六）切实重视个人所得税征管工作，落实代扣代缴制度，强化税源控管，狠抓各项征管措施到位，狠抓重点行业、企业和高收入者的征收管理，并严格按个人所得税现行财政体制开票入库，做到应收尽收。

（七）加强企业所得税管理。防止和杜绝中央企业所得税有税不收、欠税较多的不正常现象，实现税款均衡入库；对事业单位、社会团体所得税，主办单位和主管部门应密切配合税务机关做好征收管理工作；对股份制、联营企业的所得税，要严格按照中央和地方、省和地、市、县所占的股份、投资比例或规定的分成比例划分所得税归属，分别入中央和地方各级金库；外经贸、外汇管理、各商业银行、计委、经贸委、海关、文化、公安等有关部门要积极配合税务机关加强对外商投资企业和外国企业所得税的管理，定期通报税源资料，凡需汇出境外的利润、利息、特许权使用费和其他款项，以及建筑、安装、装配、勘探和咨询、管理、培训等劳务款项，都应先出具税务部门完税（或免税）证明后才能汇出。

（八）大力清理欠税。各级政府和有关部门要加强对清欠工作的领导，成立清理欠税联合工作小组，做好清欠工作的组织协调工作。要对欠税情况进行一次清理、摸底，对有欠税的单位，要责成其作出清欠、还欠计划，签订还欠责任状。对不作出、不履行还欠计划的企业，一要变卖小汽车等非生产性固定资产；二要对出国出境的法人代表进行限制；三要在保证职工基本工资的前提下，由税务部门依法将应纳税款扣缴入库。各商业银行要协助税务部门做好税款的扣缴工作，严格执行"税、贷、货、利"的还款顺序。要进一步严肃结算纪律，切实解决企业多头开户问题，防止企业借此逃避纳税义务。在清缴欠税工作中，要正确处理中央税收和地方税收的缴库关系。

（九）防范和打击骗取出口退税，加快出口退税进度。税务机关要规范退税程序，及时办理退税审核审批手续。出口企业要端正经营思想，杜绝从事"四自三不见"的买单业务，鼓励出口省内生产的货物，特别是出口企业要重视反避税工作，学习和掌握退税政策，进一步规范出口行为，不给骗税分子以可乘之机；司法部门要积极参与查处骗取出口退税案件，保护出口企业合法权益。出口企业要千方百计做好出口退税申报工作，切实提高退税申报质量，加快申报进度；外经贸、海关、外汇管理、银行等部门要加强与税务部门的配合，经常沟通，密切联系，共同为加快退税进度，促进外贸发展服务，并注意发现涉税犯罪线索或案件，及时移送公安机关立案侦查。

三、加强税收稽查，严肃财政纪律

（一）加大税收稽查力度。对那些不申报或申报不实、长期无税的纳税人要有重点地开展稽查；对群众举报的偷、骗税案件要及时受理认真查处；对大案要案要排除干扰坚决查处，并予以曝光。凡稽查查补的税款要依法予以罚款，并将税款、罚款及时追缴入库。公安机关要协助税务机关追缴纳税人应缴款项，并及时由税务机关缴入国库。

（二）鼓励公民积极举报涉税违法案件，保护举报人合法权益。对公民举报有涉税违法犯罪的案件，经检查属实的，均给予一定的奖励。各地评选见义勇为积极分子活动时，对有突出贡献的举报人也要给予表彰。要保护举报人的合法权益和人身安全，严厉惩治打击报复行为。

（三）严肃财政纪律。财务部门要以合法有效的原始凭证进行记账和会计核算，对不符合规定的白条、收据等一律不得作为财务报销凭证。加强企业所得税的税前扣除项目的审核，凡名不符实或以准备金等形式多扣费用而在年终申报纳税时未作调整的，税务机关应酌情进行处罚。

（四）加强税收法制建设，维护税法权威。财政、税务部门要建立健全内部监督制约机制，积极做好税收政策执行的监督检查工作。对检查中发现的问题，要及时纠正，以确保税收政策的正确执行，堵塞税收漏洞。

四、各级领导要继续重视和支持税收工作

税收是国家财政收入的主要支柱，税收工作的好坏直接影响经济发展，社会的稳定，政权的巩固。今年我省遭受了历史罕见的特大洪涝灾害，对我省今年乃至今后几年财政收支形成了巨大压力，灾民救济、灾后重建等开支很大。各级领导要高度重视，把税收工作作为一件大事来抓，从政治和经济全局高度，确保各项增收的政策措施落实到位，为税收工作提供良好的外部环境。

江西省国家税务局印发关于推进依法行政意见的通知

赣国税发〔1999〕43号

各地、市、县国家税务局：

为深入贯彻党的十五大确立的"依法治国，建设社会主义法治国家"的基本方略，省委、省政府、省人大先后作出了《关于推进依法治省的决定》《关于开展依法治省的决议》《关于推进依法行政实施方案的通知》。为推进我省国税系统依法行政，强化依法治税工作，现提出我省国税系统推进依法行政的意见：

一、提高认识，转变观念，以依法行政和依法治税总揽国税各项工作

依法行政是国家行政机关行使职权的基本原则，是实施依法治省的重要内容和核心。国税机关是国家行政机关的重要组成部分，担负着组织收入、加强宏观调控、调节分配不公三项具有全局性的重任。国税机关贯彻落实党的依法治国方略和省委、省政府、省人大依法治省、依法行政的决定，就是要进一步加强税收法制建设，推进依法治税，逐步实现税收工作法制化、规范化、科学化。随着社会主义民主与法制的逐步健全以及行政立法的加强，我国税收法律体系已基本建立，税收工作的各个方面已基本做到有法可依。因此，各级国税机关要认真按照省局下发的《江西省国家税务局依法治理工作规划》的要求，切实转变在计划经济体制下形成的陈旧观念和工作方式，充分认识加强依法治税、依法行政工作的重要性和紧迫性，把依法治税和依法行政作为新时期行使税收管理职能的基本原则，并以此总揽国税各项工作。

二、加强法律学习和培训工作，不断增强法制观念和依法行政意识

各级国税机关要认真按照《关于税务系统开展法制宣传教育第三个五年规划》的安排抓好普法教育，在学好税法的同时。加强各类法律知识，特别是经济法律、法规知识的学习，大力提高各级国税机关领导干部和税务执法人员的自身素质和法律水平。要建立经常性的干部学法制度，举办各类培训班，把法律学习作为每个国税干部的必修课。各级干部特别是领导干部要带头学好《宪法》《行政处罚法》《行政诉讼法》《国家赔偿法》等国家基本法和与本职工作相关的法律、法规，学懂学透，做到知法、懂法、依法决策、依法办事。要建立执法人员考试制度，逐步推行干部法律考试合格上岗制度。

三、严格税收规范性文件制定，保障税务行政执法合法

各级国税机关制定的税收规范性文件必须符合国家法律、法规，必须严格依照法定职权和程序，

以法律、法规、规章和上级制发的税收规范性文件为依据，不得与国家税收法律、法规、规章相抵触，不得与同级政府制定的行政法规、规章相抵触，要严格依照《税收规范性文件备查、备案实施办法》的规定，报送上级国税机关备查备案。对下级国税机关报送的税收规范性文件，上级国税机关要进行认真审查，确保其税收规范性文件合法、有效，操作性强，从而保证税务行政执法合法。

四、建立健全依法行政工作制度，规范税收执法行为

依法行使税收行政职权是保障国税机关工作合法有效的基础和前提。各级国税机关要牢固树立必须在宪法和法律范围内依照法定程序行使税收职能的观念，切实做到执法行为程序化、规范化和法制化。因此要建立健全依法行政工作制度，确保执法行为公平、公正、公开。一是实行行政执法责任制，全方位规范税务行政行为，严格按照法律的职权和程序履行税务管理职责，把各项工作纳入依法管理的轨道，实现执法权限法定化、执法责任明晰化、执法程序公开化、执法行为规范化，保证执法责任到位，提高执法水平，改善执法状态；二是实行行政评议考核制，将依法行政作为年终考核的重要内容，把学习和掌握法律知识、是否依法行政、是否严格执法列入公务员年度考核指标，作为衡量部门领导政绩的主要标准之一，并与录用、任职、晋升相结合；三是实行错案责任追究制，对税务执法人员在行政执法过程中违法行使职权，侵犯公民、法人和其他社会组织合法权益造成损害的，依法追究其责任，并依照法律规定给予赔偿；四是实行行政管理公示制，各级国税机关在行政执法中要向社会公开法定职责、公开办事程序、公开工作制度，主动接受社会监督。

五、加大执法内部监督力度，强化依法行政

各级国税机关必须切实加强自身的执法监督，强化上级国税机关对下级国税机关的监督，及时发现和纠正违法或不当的执法行为，要加强和重视税收执法检查，根据税收执法中存在的问题，有针对性地开展经常性的日常税收执法检查，并使之制度化、规范化；要加强对税务行政处罚的监督，认真贯彻《行政处罚法》，严格执行税务行政处罚听证制度、调查取证与处罚决定分开制度等，切实规范税务行政处罚行为；要加强税务行政复议工作，完善复议办案程序，认真审理税务行政复议案件，正确行使复议职权，保障税务行政复议工作规范运行；要加强执法队伍管理，对不依法履行执法职责、不具备执法资格的人员，要清除出执法队伍，保证执法队伍的纯洁，使税务行政执法更加有序，树立税务机关文明执法、公正执法的良好形象。

六、切实加强对依法行政的领导，保证依法治税的全面落实

依法行政是依法治省的重要组成部分，是依法治理的重点，是一项长期的战略任务。各级国税机关要从讲政治、讲大局的高度，切实加强对本部门、本地区依法行政、依法治税的组织领导，结合各自实际，搞好规划，明确职责，健全制度，制定措施，保障各项工作依法开展。各级税收法制部门要在推进依法行政进程中当好领导在法律事务方面的参谋和助手，切实做好组织实施依法行政、依法治税的各项具体工作，协助领导把本部门、本地区依法行政、依法治税工作逐步引向深入，促进税收法制建设的进程。

特此通知。

一九九九年元月十九日

江西省国家税务局关于印发《江西省国税系统税收行政执法责任制度（试行）》的通知

赣国税发〔2001〕296号

各市、县（区）国家税务局：

省局制定的《江西省国税系统税收行政执法责任制度（试行）》，经全省国税系统坚持依法治税促进经济发展工作会议讨论通过，现印发给你们，请认真贯彻执行。执行中有什么问题，请及时报告省局。

二○○一年十一月九日

江西省国税系统税收行政执法责任制度（试行）

第一章 总 则

第一条 为加强依法治税，明确税收执法责任和要求，强化对执法权的监督制约，规范税收执法行为，提高税收执法水平，根据《税收征收管理法》等有关法律法规和规章规定，特制定本制度。

第二条 本制度所称的税收行政执法责任制（以下简称执法责任制），是指依法确定税收执法主体资格，明确执法责任，规范执法程序，考核执法质量，评议执法效果，追究过错责任的一项执法监督制约制度。

第三条 执法责任制由岗位职责、工作规程、评议考核、一般奖惩、过错责任追究等五部分组成。岗位职责是指根据税收法律、法规和规章的规定，对各个税收执法岗位的职权和责任所作的规定；工作规程是指执法人员履行岗位职责必须遵守的工作程序和标准；评议考核是指对执法人员的执法行为进行内部考核、外部评议，并核定质量等级；一般奖惩是指根据评议考核情况，对执法人员给予的奖励或一般性惩戒；过错追究是指对因执法过错行为造成严重后果的执法人员给予的行政处分或经济追偿。

第四条 推行执法责任制应遵循合法、公正、公开、效率的原则，职责分明、奖惩并举的原则，权利和责任相统一的原则。

第五条 推行执法责任制，实行统一领导、分级管理。各市县国家税务局应成立执法责任委员会（以下简称委员会），负责组织实施执法责任制。委员会主任由局长担任，其他局领导任副主任，成员由办公室、法规、税政、征管、计财、人事、监察、稽查等部门负责人组成。

第六条　委员会履行以下职责：

（一）负责执法责任制度的制定和实施，并对下级机关推行执法责任制工作进行指导、监督；

（二）负责组织税收执法的评议、考核和一般奖惩工作；

（三）对本级税务人员和下级机关负责人的执法过错行为进行认定并作出责任追究的决定或建议；

（四）对下级机关有争议的或重大的执法过错案件，可以直接作出处理决定或建议；

（五）对执法过错处理或处罚决定作出撤销、变更的意见。

第七条　委员会下设办公室，办公室设在法规部门，分管法规工作的局领导兼任办公室主任。办公室主要承担委员会日常工作，具体负责执法责任制度的组织实施、评议考核、指导监督等工作。

第二章　岗位职责

第八条　本制度所称岗位职责是指以下各大类岗位的主要职权和责任：税务登记管理、认定和核定管理、驻企管理、征管资料档案管理、税收政策管理、发票管理、金税工程管理、申报受理、税款征收、税收计会统管理、稽查选案管理、稽查实施管理、稽查审理管理、稽查执行管理。

第九条　税务登记管理的主要职责有：（1）办理开业税务登记；（2）办理变更税务登记；（3）办理停业、歇业、注销税务登记；（4）负责税务登记换证、验证；（5）负责非正常户处理；（6）负责税务登记核查与漏管户清理；（7）负责外出经营活动税收管理等。

第十条　认定和核定管理的主要职责有：（1）负责增值税一般纳税人资格的认定、年审；（2）负责增值税小规模纳税人代开增值税专用发票资格的认定；（3）负责定期定额核定；（4）负责变更纳税定额核定；（5）负责减税免税资格认定和减税免税数额核定；（6）负责欠税和呆账税金的核实；（7）负责审核评税（或称纳税评估）；（8）负责纳税信誉等级管理；（9）负责延期缴纳税款审核、报批管理等。

第十一条　驻企管理的主要职责有：（1）负责所驻企业的税收政策执行；（2）负责税源管理；（3）负责纳税申报和税款入库管理；（4）负责日常检查和协助稽查；（5）负责信息资料管理；（6）负责发票管理；（7）提供纳税服务等。

第十二条　征管资料档案管理的主要职责有：（1）负责征管资料的采集、整理、传递和归档；（2）负责征管档案的保管、调阅、销毁；（3）负责征管资料发放、核销管理等。

第十三条　税收政策管理的主要职责有：（1）负责税收政策执行管理；（2）负责内资企业流转税优惠政策管理；（3）负责企业所得税优惠政策管理，税前扣除事项管理；（4）负责外商投资企业和外国企业税收优惠政策管理；（5）负责出口退税管理；（6）执行税收政策的检查、监督等。

第十四条　发票管理的主要职责有：（1）负责发票计划管理；（2）负责发票印制、发售管理；（3）负责发票保管和核销管理；（4）负责发票审核管理等。

第十五条　金税工程管理的主要职责有：（1）负责报税管理；（2）负责认证管理；（3）负责数

据采集；（4）负责综合管理；（5）负责协查管理；（6）负责税控设备管理等。

第十六条 申报受理的主要职责有：（1）负责纳税申报审核；（2）负责申报数据的录入、整理；（3）负责延期纳税申报管理；（4）负责逾期未申报管理等。

第十七条 税款征收的主要职责有：（1）负责税款征收管理；（2）负责延期缴纳税款报批、管理；（3）负责发票代开管理；（4）负责非正常户、异常户的移送等。

第十八条 税收计会统管理的主要职责有：（1）负责税收计划的编制和执行的调查、分析、检查；（2）负责税收会计核算的信息资料的整理、编报和检查、监督；（3）负责税收统计核算的信息资料的整理、编报和检查、监督；（4）负责税源管理；（5）负责税收票证的领发、保管、审核、缴销管理等。

第十九条 稽查选案管理的主要职责有：（1）负责制定稽查工作计划；（2）负责按选案程序确定待查的纳税人；（3）负责受理群众举报，填制《举报案件季度汇总表》；（4）根据稽查工作计划开具稽查通知书；（5）负责及时处理转办案件；（6）负责做好跟踪复查的账簿、资料调取工作等。

第二十条 稽查实施管理的主要职责有：（1）负责对稽查对象依法实施稽查；（2）负责税务案件移送审理；（3）制作各类规范性稽查文书；（4）负责发票协查工作；（5）负责对申报异常户和非正常户进行追踪检查；（6）负责将检查户的有关数据、资料及时、准确录入税务稽查管理信息系统等。

第二十一条 稽查审理管理的主要职责有：（1）负责稽查案件的审理、报批工作，制作决定书等文书；（2）负责重大税务案件移送审理委员会办公室；（3）负责按月将稽查和跟踪复查的结论及相关文书送达各征收部门；（4）负责税务稽查资料的整理、归档工作等。

第二十二条 稽查执行管理的主要职责有：（1）负责依法送达稽查结论或决定书；（2）负责督促被查对象缴纳查补的税款、罚款和滞纳金，以及调账；（3）负责对未按规定期限缴纳税款的被查对象依法采取保全或强制执行措施；（4）负责重大案件的上报工作；（5）负责《查补税额统计表》和《税务稽查机构收入情况统计表》的填制、报送等。

第三章　工作规程

第一节　税务登记管理工作规程

第二十三条 纳税人或其代理人向国税机关申请办理开业税务登记，户籍管理员受理并实地调查核实纳税人提供的有关情况，审核纳税人提供的登记资料，签署意见后，按规定报送主管县级局，核发税务登记证，并加盖主管国税机关公章。

纳税人向国税机关申请办理变更税务登记，户籍管理员受理并实地调查核实纳税人提供的有关情况，审核纳税人提供的资料，签署意见后，按规定报送主管县级局，重新核发变更后的税务登记证。各征管部门按照有关规定开展登记核查，发现纳税人登记内容发生变化又未办理变更登记的，涉及登记证重新发放的，督促纳税人及时到国税机关办理；不涉及重新发放税务登记证的，由征收管理部门直接更改登记信息。

第二十四条 纳税人向国税机关申请办理停业或歇业登记、注销登记，户籍管理员按规定核查后，填写《停业登记表》或《注销税务登记表》，在登记表上签署"是否同意"的意见，报经领导同意后，录入征管信息系统。

第二十五条　税务登记的验证、换证工作由征管部门组织实施，纳税人在规定的时间内向国税机关申请办理税务登记证的换证、验证。超过规定期限未办理换证、验证的纳税人，由户籍管理员检查督促办理。

第二十六条　连续三个月未按规定办理纳税申报的纳税人，由征收部门从征管信息系统获取情况进行实地检查，核实后确系查无下落且无法强制执行的，应按规定办理非正常户认定手续，并录入征管信息系统。

漏管户清查由征管部门具体组织，户籍管理员及时通知漏管的纳税人办理税务登记手续，并到征收部门补缴少交税款，同时通知征收部门收缴少缴税款。

第二节　认定和核定管理工作规程

第二十七条　纳税人办理开业税务登记时应填写《纳税人税种登记表》，按其生产经营情况等进行适用税种认定，确定其税种、税目、税率、申报期限、纳税期限、预算级次、征收方式等。税种认定一般在开业登记、变更登记后办理。各征管部门在接到或发现纳税人生产经营项目、投资主体、投资比例等内容发生变化需调整税种认定的，应在十日内通知纳税人填写《税种认定调整表》进行调整。

第二十八条　纳税人向国税机关申请一般纳税人资格，职能部门依据其提供资料，经实地核查后，报送主管国税机关审核，在三十日内办结；一般纳税人的年检工作由县级局统一组织实施，逾期未年检户由管理（征收）部门催办。

第二十九条　凡享受税收优惠的纳税人报送的资格认定、减免申请或年审资料，职能部门按照有关政策规定及时进行审核，并录入认定表，确认、调整、取消纳税人的优惠税种、优惠类型、有效期限，提出认定或年审意见，上报审批。

纳税人申请推延执行减免税期限的，应填写《申请推延执行减免税期限申请表》，经征管部门初审，报县以上（含县级）国家税务局审批后录入征管信息系统，记录减免执行期限。

第三十条　小规模纳税人因账簿混乱、财务核算不健全等确需实行定期定额征收的，由征管部门按规定的程序和方法初步核定纳税营业额和税额，填写《营业额核定表》报送县级局审批核定。核定营业额发生变化时，征管部门核查、报批后，录入《纳税人变更纳税定额审批表》，修改纳税定额，下达《定额调整通知书》。

小规模纳税人向国税机关申请代开增值税专用发票资格，主管分局依据其提供申请资料审核、批准后，由征收部门具体办理代开专用发票事宜。

第三十一条　审核评税：（1）审核评税人员应按规定对纳税人的纳税申报资料进行审核，并运用各种技术手段和方法对申报资料和计算机数据进行综合分析。（2）对发现的问题和疑点，经批准后，约请纳税人说明或举证，必要时经批准后调取纳税人账簿等资料核实。（3）经过约谈、举证后，对问题和疑点进行认定，确认问题和疑点可以消除的，评税资料归档备查；问题和疑点可以确认的，直接进入处理程序；问题和疑点无法确认的，确需深入检查的，移交税务审计、稽查部门进行查处。（4）已确认问题事实的，依法作出处理结论。（5）纳税人缴清税款和滞纳金后，评税人员应将执行情况登入台账。

第三节　驻企管理工作规程

第三十二条　驻企人员应及时了解、掌握企业生产、销售、资金、税收等情况，认真贯彻执行税收政策，做好税源分析和预测工作。

第三十三条　驻企人员应认真审核企业的纳税申报表及增值税进项抵扣凭证、所得税税前扣除项目等相关资料，在纳税申报表上签字后，由办税服务厅盖章，按规定办理入库手续。每月对企业纳税情况进行日常检查，防止出现多征少征、错库混库现象；协助稽查部门进行案件查处，监督税务处理或处罚决定书的执行。

第三十四条　企业需要领用发票时，经驻企人员签字同意后，在办税服务厅发票窗口办理购买手续，并及时掌握和检查其发票领、用、存情况，发现问题协同有关部门及时处理。

第三十五条　驻企人员应整理、归集企业的有关财务报表、纳税申报表、税收收入台账和税务处理或处罚决定书（复印件）等资料，并及时报送税收信息资料。

第四节　征管资料档案管理工作规程

第三十六条　征管资料采集、整理、传递、移交和归档：

（一）征管资料的采集、整理由征管部门进行，分别以人工和计算机方式进行采集、分类、整理、装订。采集资料要求准确、真实、齐全。

（二）基层单位形成的各类原始税收征管数据，由计算机管理人员或相关人员按规定及时传递，在年度终了两个月内，移交到征管档案管理人员。移交时，应填写《税收征管档案资料移交清册》，双方签字盖章。

（三）征管档案管理人员对移送的征管资料进行季度内整理归档，即后一个季度对前一个季度的资料整理归档完毕，每年一季度内对上年资料整理归档完毕，稽查案卷年度终了六十日内一次归档。档案资料归档时应按保管期限分户、分类、分年度进行装订，分别按纳税人及类别立卷。

（四）征管档案按规定移送，移送时必须填写《纳税人税收征管档案资料移送清单》，并办理交接手续。

第三十七条　征管档案的保管、调阅和销毁：

（一）对征管档案应区分类别，按保管期限存入档案专柜保存，实行集中统一管理。

（二）调阅税收征管档案，应填写《税收征管档案调阅单》，按有关档案调阅制度执行。凡调阅标有密级档案的，按保密规定报批后方可调阅。

（三）根据档案保管期限，按规定进行征管档案的鉴定、销毁工作。对保管期满的失去保存价值的征管资料，经办人登记造册，写出销毁档案报告，报经有关领导审批后，指定两人以上监销，并在销毁清册上签字。注销企业征管档案，应专门存放保管、登记造册，到期后按规定销毁。

第五节　税收政策管理工作规程

第三十八条　各职能部门在征收、管理工作中应按照税收政策办事，依照税收法律法规征收税款。加强增值税销项税额审核、进项税金抵扣审核，消费税计税价格审核、应纳税额审定管理，所得税税前扣除、汇缴企业监控管理等。并加强优惠政策审批的管理，各项优惠政策的审批应建立集体审议制度。有关职能部门和管理人员应对纳税人执行税收政策情况进行日常检查、监督。

第三十九条　职能部门接到纳税人提供的流转税减、免、退税项目申请资料后，按照有关政策规定进行审核，必要时应实地核查。对申请资料不齐全的，通知纳税人进行补正；对不符合减免退税规定的纳税人，核定不予减免退税；对符合税收优惠条件的纳税人，应将其减、免、退税的税种、项目、期限、税额等信息录入征管信息系统，按权限、程序报批后，制作《减免（退）税批准通知书》，通知有关部门办理减税、免税或退库手续，并告知纳税人。

第四十条　职能部门接到享受企业所得税优惠的纳税人的减免税申请资料或纳税人的税前扣除审批资料后，应按照有关政策规定及审批权限对企业申报的减免税或税前扣除项目、条件等进行审核，并写出书面审查报告。需要上报审批的，还应提出初审意见。对申请资料不齐或条件不具备的，及时通知纳税人进行补正或不予批准；对审议通过的，应区别不同情况办理审批手续。

第四十一条　出口退税管理：

（一）"免、抵、退"生产企业的退税管理。职能部门接到企业报送的申报资料后，认真进行审核。按月预申报时，征收部门经审核各项资料无误后可办理免、抵税额和应纳税额或将未抵扣完的进项税额结转下期继续抵扣的手续；按季度正式申报时，征收部门报送的免、抵、退税资料及时审核完毕，签署意见，并退回给申报企业。企业于每月十五日前向其主管出口退税部门申报出口免、抵、退税。主管出口退税部门经过审核，签署批准或变更免、抵税额的意见并书面通知征收部门、当地金库和省财政监察专员办事处。对办理免、抵税后仍需退税的，由主管出口退税部门填写《收入退还书》直接办理退税。对在季度正式申报期内不能提供齐全的退（免）税凭证的出口收入，征收部门应先按法定税率计算销项税额，待凭证齐全后在年度终了清算之前，由主管出口退税部门按法定退税率计算应退税额，并填写《收入退还书》办理退税。

（二）"先征后退"生产企业的退税管理。职能部门接到企业报送的申报资料后，认真进行审核。征收部门对申报手续齐全、内容真实的，应及时签署审批意见，退回企业。企业于每月十五日前将退税资料报送主管出口退税部门审批后，填写《收入退还书》办理退税手续。有进出口经营权的生产企业委托外贸企业代理出口货物，按"先征后退"的方式办理出口退税。

（三）外贸企业出口退税管理。主管出口退税部门对企业报送的经过外经贸部门稽核的出口退税申报资料，根据出口退税计算机管理的要求进行分工审核，对企业申报中有不符合规定的，一律不予退税，对审核的疑点必须及时调查、核实、调整；对申报手续齐全、内容真实的，报送领导审批后予以退税，填写《收入退还书》办理退税，并将有关资料反馈给企业。

第六节　发票管理工作规程

第四十二条　发票管理人员接到纳税人申请办理发票领购手续的申请和有关资料后，应核定纳税人购票方式，准予购领发票的种类及数量等，上报发票管理部门审批后，核发发票领购簿，并将有关资料录入计算机。纳税人申请调整发票票种、票量的，征收管理部门受理后，报送发票管理部门审批，由各发票销售窗口办理。

第四十三条　发票销售窗口税务人员接到纳税人发票领购簿后，按验旧售新要求发售发票，并按规定收取发票工本费，开具完税证。小规模纳税人向国税机关申请代开专用发票或临时经营纳税人向国税机关申请开具普通发票，其即开即征的应征税款由征收部门收缴入库。

第四十四条　按规定保管发票，定期盘点，不得短少、被盗、丢失等。纳税人正常购领使用的发票，由发票销售窗口查验后办理销号手续；对属统一换版、改版的发票由发票销售窗口造册封存，集中销毁；纳税人丢失、被盗发票，先登报申明作废，后按规定处罚，再予以核销。发票的销毁由县级局统一组织，监察、发票管理部门共同负责，做到销毁发票数据准确，责任清楚。

第四十五条　纳税人发票违章的，由发票销售窗口或发票管理部门提请县级局依法作出处罚决定，制作《税务处罚决定书》，依照法定程序收缴罚款。

第七节　金税工程工作规程

第四十六条　发票发售环节。使用发售子系统发售发票（包括纸质发票和IC卡上的电子发票），并确认两者的号码、数量一致；及时查询发售发票的流向；定期对发售子系统的有关数据进行备份。

第四十七条　报税管理环节。负责所辖防伪税控企业报税数据的接收和处理，并对数据定期进行备份；督促其按照规定时间报税，对未按规定时间报税的依法进行处罚；配合征收岗对防伪税控企业纳税申报进行核查；对已取消防伪税控资格企业的报税情况进行检查处理，并在报税系统中注销该企业登记信息；按时将采集的发票存根联数据及由此生成的《增值税专用发票存根联采集情况统计表》一并通过软盘或网络上报。

第四十八条　认证管理环节。对防伪税控企业取得的专用发票抵扣联进行防伪认证，并按认证结果加盖相应认证戳记，向企业下达《认证结果通知书》和认证清单，督促其将认证相符的专用发票与通知书和清单一起按月装订成册备查；按时将认证相符的专用发票抵扣联数据传递给稽核系统，将认证不符、密文有误的专用发票及数据传递给协查系统；对企业丢失的存根联发票数据进行扫描补录并输出到磁盘，并对认证子系统有关数据定期进行备份；按时将采集的发票抵扣联数据及由此生成的《增值税专用发票抵扣联采集情况统计表》一并通过软盘或网络上报。

第四十九条　数据采集环节。对专用发票进、销项数据采集，以及失控发票数据采集，及时录入计算机；对一般纳税人基本情况数据采集，从征管系统通过软盘或网络传递取得其档案、资格注销审批信息、非独立核算机构明细表，录至其档案库。

第五十条　县级局综合管理环节（发票所）。加强对防伪税控系统和稽核系统的日常管理，对进、销项数据的采集、上报情况进行监督，对采集的进、销项数据进行统计分析，对下级发售、报税、认证岗位进行业务管理及考核。

第五十一条　县级局税控设备管理环节。做好防伪税控系统专用设备的发放、收回、管理和安全保卫工作，并定期检查，按月盘存，不得擅改动防伪税控系统软件硬件；在防伪税控企业注销税务登记、终止纳税义务、被取消一般纳税人资格、减少分开票机时，应及时核查金税卡尚未申报的数据和软盘中专用发票开具的明细信息，并收缴两卡，登记造册，逐级交上级部门集中销毁；及时汇总上报《丢失、被盗金税卡情况登记表》；定期检查防伪税控系统的运行情况，监督下级两卡收发存及技术服务情况。

第八节　申报受理工作规程

第五十二条　征收部门接到纳税人的申报资料后应及时进行审核，经审核发现的问题，审核人员应及时填发告知单，通知纳税人补正。经审核无误后，及时按要求将有关信息录入到征管信息系统，需要缴税的，移送征收部门依法征收税款。纳税申报资料、会计报表和其他纳税资料，征收人员应于申报期结束后五日内整理归档。

第五十三条　征收部门受理纳税人延期申报申请后，应及时进行审查。不予延期申报的，应督促纳税人按期申报；准予延期申报的，应于每月十日前在征管信息系统"申报管理"中进行审批登记，核准的延期申报限期原则上不超过一个月，并按规定预缴税款。

第五十四条　纳税人到期未办理纳税申报的（含经批准延期申报到期仍未申报的），征收部门在申报期满后及时打印清单，交征管部门进行书面催报，通知纳税人限期办理纳税申报手续。

征管部门对处在正常状态的纳税人督促其办理申报手续；对处在停业、待注销状态的纳税人责令其办理停业、注销手续，并按停业、注销程序检查清缴税款及收回有关票证，同时按税务登记程序办理内部手续；对连续三个月未办理纳税申报手续，经检查确定为非正常户的，及时按规定调整征管信息资料；对审核发现纳税申报异常的非正常户，移送稽查部门处理。纳税人违反规定逾期申报的行为，由征收部门或报请县级局依法作出处罚决定。

第九节　税款征收工作规程

第五十五条　税款征收：

（一）正常税款、预缴税款征收。申报开票时，征收人员应审核纳税人的申报内容，如发现内部核定错误应做好记录及时通知有关岗位修改核定，如纳税人超过规定期限申报开票的，应按规定加收滞纳金。

（二）查补税款征收。纳税人被查处补税或罚款的，征收人员应根据税务处理（或处罚）决定书开具缴款书，并在税务处理（或处罚）决定书上注明本次开票的金额、缴款书号码、开票日期和开票人。

（三）代征代缴、代扣代缴税款征收。征收人员应对代征人员报送的代征清册和代扣人员报送的《扣缴税款报告表》进行认真审核，如发现核定错误应及时报告。

（四）代开发票税款征收。纳税人申请代开发票应填写代开发票申请表。征收人员对申请表的内容进行审核，并按规定征税、开票后在申请表上注明开票税额、完税证号码、开票日期、开票人。

（五）扣缴税款征收。对依法采取税收强制执行措施，从纳税人开户银行直接扣缴税款的，征收部门应填写《扣缴税款通知书》，连同缴款书和《催缴税款通知书》（留存联复印件）送纳税人开户银行或其他金融机构执行。

第五十六条　延期缴纳税款管理。征收部门受理纳税人延期缴纳税款的申请资料后，应采取合议的方式进行审查，并逐级报省局审批。延期期满后逾期未缴的，征收部门应发出《催缴税款通知书》，责令限期缴纳，并在期满次日起，按日加收滞纳金；逾期仍不缴纳的，应依法将应缴未缴的税款连同滞纳金或罚款一并强制执行。

第五十七条　欠税清理管理。职能部门应加强欠税清理，填写《催缴税款通知书》送达纳税人。纳税人申报缴纳欠税时持《催缴税款通知书》到征收部门办理纳税手续，征收人员据此开具缴款书。

第五十八条　税款退库管理。征收部门应对纳税人报送的退库申请等进行审核，并按规定报批。

经报批同意纳税人退库的,由计财部门填写《收入退还书》送国库,依照有关国库管理规定退还税款。

第十节　税收计会统管理工作规程

第五十九条　计财部门应及时编制、分配税收计划；按旬掌握税收入库情况，通报收入进度；按月分析税收收入情况，编写税收计划执行情况报告，报送上级机关；进行税收计划和税收政策执行情况调查、监督，防止出现多征少征、错库混库现象。

第六十条　税收会计人员应依法对税收资金运动情况（包括应征税金、欠缴税金、减免税金、征解税金、提退税金等）进行会计核算，并进行应征税金分析、欠缴税金分析、入库税金分析以及其他因素的分析。县级局会计岗位应进行税收资金运动情况、税收会计核算制度、税收票证管理等检查和监督，定期编写检查报告，报送上级机关。

第六十一条　税收统计人员应依法进行税收统计核算，根据税源统计资料，抵减各种影响税收的因素而取得的征收入库资料进行统计核算。其起点从税款入库开始，做到"资料完整、数字准确、口径统一、报送及时"。县级局统计岗位应加强税收收入统计的检查和监督，定期编写检查报告，报送上级机关。

第六十二条　职能部门应加强税源管理，及时了解税源变化情况；建立重点税源户台账，对年纳税额在规定标准以上的企业进行重点监控。计划环节按月积累重点税源户纳税资料，根据申报征收环节采集的数据，按月编写重点税源情况报告，报送上级机关。

第六十三条　职能部门应加强税收票证管理，征收部门、基层分局、税务人员、扣缴义务人和代征单位、个人领取票证时，必须持"票证结报手册"领取，领发双方互为核对，共同签章。保管票证要求做到"一清、三禁、四专、六防"，已用票证和作废、停用及损失上缴的票证按规定整理、装订和归档或销毁，对损失的票证查明原因酌情核销。填用票证做到专票专用，先领先用，严格执行"十不准"。按规定结报缴销票证，当地设有国库经收处的，自收现金税款的票证填用人或单位，应于当日或次日结报税款和缴销票证，并办理汇总缴库手续；当地未设国库经收处的，结报税款和缴销票证实行"双限"：期限最长不超过十天，税款最多不超过三百元。

第十一节　选案管理工作规程

第六十四条　税务稽查选案应根据纳税户全年应纳税额的一定金额标准,审核评税发现的问题,有关部门移送的异常户、不正常户和有问题户，收到的认证系统或稽核系统传入的专用发票协查信息和受托方回复信息、上级机关及领导批转或有关部门移送的材料、公民来信、来访、来电举报或控告等确定稽查对象。稽查对象确定后,应分类建立税务稽查实施台账,跟踪考核稽查计划执行情况。

第六十五条　选案部门每月底前应按稽查计划选定次月稽查户名单报分管领导批准后,开具《税务稽查通知书》,送达稽查部门实施。受理各种涉税举报,应将举报内容填入《稽查局案源管理登记》,并履行报批手续。分管领导批复由稽查部门实施稽查的,应及时开具《税务稽查通知书》,送达稽查部门实施。

第六十六条　选案岗填开《税务稽查通知书》一式二份（跟踪复查户情况除外），并与稽查部门办理签收手续。并及时将被查户相关资料在《稽查管理信息系统》中进行登记。

第十二节　稽查实施管理工作规程

第六十七条　稽查人员接到《税务稽查通知书》后,应制作《送达回证》,将一份《税务稽查通知书》送达被查对象签收,并事先通知纳税人准备好有关资料。但有下列情况之一者,可不事先告知纳税人:(1)公民举报有税收违法行为的;(2)预先通知有碍稽查的;(3)国税机关有根据认为纳税人有税收违法行为的。

第六十八条　税务稽查的实施:

(一)实施稽查前,稽查人员应当向征收部门调阅被查对象的纳税档案,了解有关情况,确定相应的稽查方法。

(二)实施稽查时,实行两人以上上岗制,稽查人员出示《税务稽查通知书》和出示税务检查证件,并依法实施稽查。

(三)所有稽查记录底稿应使用统一格式的专门用笺,由稽查人员签名,被查单位对摘录数据核对后签章认可。

(四)实施调账稽查时,凭《调取账簿资料通知书》向纳税人调取账簿资料,开具调账清单,并按规定期限退回账簿资料,收回调账清单。

(五)实施违法案件稽查时,需要索取与案件有关的资料原件的,可使用统一的换票证换取发票原件或其他有关资料,对不能调取的原件可以录音、录像、照相或复制,并注明原件的保存单位(个人)或出处,由原保存单位或个人签注"与原件核对无误"的字样,并由其签章或押印;责成纳税人提供有关文件证明材料和资料也应注明出处并签章或押印。

(六)在稽查过程中,需查核被查对象在银行或其他金融机构存款,或采取税收保全措施、强制执行措施的,依照税收征管法有关规定报批、办理,并制发、使用相应的法律文书。

(七)稽查结束后,应将有关数据进行归集汇总,形成《税务稽查底稿》草表,根据初步查补意见拟写《征求意见书》送达被查对象征求意见。被查对象负责人签写意见,并签名盖章。稽查人员结合纳税人反馈的意见,依法制作《税务稽查报告》,填制《稽查结论审批表》,并连同所有资料交本部门负责人初审后,报分管领导审核,分管领导审核签署意见后,移送审理部门。

第六十九条　对依法应予行政处罚的,依照法定程序进行。除适用简易程序外,均应及时提出处罚建议,制作《税务行政处罚事项告知书》送达当事人,告知当事人作出处罚的事实、理由和依据,以及当事人依法享有的陈述、申辩或要求听证的权利。稽查人员应充分听取当事人对行政处罚的陈述、申辩意见,并及时记录或制作《陈述申辩笔录》。随后应将《税务稽查报告》、行政处罚建议和当事人陈述、申辩记录或《陈述申辩笔录》按照规定移送审理部门。

第七十条　稽查人员在税务稽查实施过程中,已查明被查对象有下列情形之一的,均应当填写《立案报告表》,经批准后进行立案查处:偷税、查补税额达到立案标准的;逃避追缴欠税、骗取出口退税及抗税的;为纳税人、扣缴义务人非法提供银行账号、发票、证明或者其他手续导致税收流失的;私自印制、伪造、倒卖、非法代开、虚开发票、非法携带、邮寄、运输或存放空白发票,伪造、私自制作发票监制章、发票防伪专用品的;其他需要立案查处的。

对原未经立案实施稽查的,如果稽查过程中发现被查对象已达到上述立案标准的,应及时补充立案。对已经立案登记,但实施稽查后,未发现问题的或因特殊情况无法实施稽查的,应当按规定程序办理销案手续。

第十三节　稽查审理管理工作规程

第七十一条　审理部门收到移送的案卷后，应对案卷材料进行登记，填写《税务案件审理登记簿》，并在十天内审理完毕。通知稽查人员增补材料时间、行政处罚告知时间、听证时间、集体审理时间不计算在审理期限内。

第七十二条　审理人员应认真审阅稽查人员提供的《税务稽查报告》及相关资料，并重点审定稽查人员认定的事实、证据、处罚建议、法律依据和适用程序等。审理中如发现有部分事实不清、证据不足或手续不齐全等情况的，应当列明补充调查提纲通知稽查人员予以增补所需资料。稽查人员应在三个工作日内增补完毕，特殊情况审理人员可直接向当事人询问、核实。

第七十三条　审理结束后，审理人员应当提出综合性的《审理报告》报局长审批。一般税务案件由审理人员收到局长签批意见后，在两个工作日内制作《税务处理决定书》《行政处罚决定书》或《税务稽查结论》交执行人员；重大税务案件移送审理委员会办公室复审。

第七十四条　审理委员会办公室对移送来的重大税务案件，根据《重大税务案件审理办法》规定进行审核，报经委员会主任批准或委员会会议审议后，分别作出维持、补正、变更处理，或按规定制作税务处理（处罚）决定书交稽查执行部门执行，或退回稽查部门补充调查、重新处理等。办公室审理的案件应在十个工作日内完成，审理委员会审理的案件应在一个月内完成。案情特别复杂的可适当延长审理时间，但最长不得超过四十天。

第七十五条　审理部门应及时收集执行环节的资料，于结案后六十日内将案卷整理装订成册，立卷归档，待次年二月份前向档案室移送，并办理双方签收手续。对跟踪复查情况每季以文件形式向上级报告并同时抄送征收部门。每月结束后三天内填报《查补税款明细表》分别送有关科室和局长，并及时将查补情况在《稽查信息管理系统》中录入。

第七十六条　对构成犯罪应移送司法机关的，按规定程序报经县级局以上的局长批准后，由审理部门制作《税务违法案件移送书》，移送司法机关处理。

第十四节　稽查执行工作规程

第七十七条　稽查执行人员在送达税务处理或处罚决定书的同时对有查补税款的，必须制作《涉税调账通知书》连同补税计算表、以《送达回证》送达被查对象签收。被查对象进行涉税账务调整后，将会计调账"记账凭证"复印加盖"财务专用章"报稽查人员签收，稽查人员收到后，应审查其会计分录是否正确。（1）如正确则立即填制《涉税调账回执》一式三份，一份由纳税人保存，二份交审理部门。审理部门收到后，一份存入资料，一份随处理或处罚决定书、计算表一并移送征收部门。（2）如会计分录不正确，报分管领导批准后，填发《涉税调账错误更正通知书》退回纳税人重新调账。执行人员负责收集入库税票报查联，填写《执行报告》并进行粘贴，移交给审理部门存入稽查资料；同时将税票号码及入库金额按被查对象录入《稽查管理信息系统》。

第七十八条　执行人员应在税务处理或处罚决定书送达十五日之内负责查补税款、滞纳金、罚款的入库。对查补税额较大的，应与被查对象制定查补税款缴库计划，督促其及时将应纳税款划转到有关稽查专户，确保当年入库率达90%以上。

第七十九条　在执行过程中，对税款、罚款不能及时入库的，应制作《催缴税款通知书》催缴入库。经催缴仍未按照限定期限缴库的，报经县级局以上局长批准后，采取强制执行措施，或申请人民法院强制执行。执行人员需要采取限售、停供或收缴发票措施时，报请县级局长同意后，通知有关部门执行。

第四章　评议考核

第八十条　本制度所称评议考核包括：内部考核、外部评议、核定质量等级。评议考核应当与奖惩相结合。奖惩是指奖励和一般性惩戒。

第八十一条　根据执法岗位责任和工作规程的要求，对执法人员应当定期进行评议考核。县级局组织的评议考核每年不少于两次；设区市局不少于一次；省局不定期组织抽查。

第八十二条　内部考核由委员会统一组织，并按以下程序进行：

（一）委员会组织考核组对各部门、各单位及其执法人员进行考核，考核前应向被考核单位发出执法考核通知；

（二）被考核单位和执法人员在考核前对履行执法职责情况进行自查，并写出自查报告；

（三）考核组依据岗位职责、岗位目标、工作规程，认真进行检查、考核，并结合外部评议情况，拟写考核初步结论，征求被考核单位和执法人员的意见后，制作《税务行政执法评议考核结论书》，并根据第八十六至八十九条规定提出奖励或一般性惩戒的意见，经委员会批准后，送达有关被考核单位和个人；

（四）委员会应对要求限期整改的执法过错行为进行复查；

（五）委员会应对考核情况进行总结，写出《税务行政执法考核总结报告》，并报上级委员会。

第八十三条　外部评议是指纳税人和社会各界对执法人员的执法行为进行的监督和意见反馈。外部评议的方法主要有：发放税收行政执法评议卡；公开设立意见箱；开通执法监督专线电话；聘请监督评议员等。办公室应定期收集整理外部评议意见，在统一组织考核时列入考核。

第八十四条　通过内部考核与外部评议，对税务执法人员核定质量等级。核定执法人员的质量等级采取百分制办法，其中外部评议占10%，内部考核占85%~95%。核定质量等级由委员会统一组织。

第八十五条　税务行政执法人员的质量等级分为三个等级：

（一）优秀：经评议考核，得分在90分以上的（含90分）；

（二）合格：经评议考核，得分在60分至90分之间的（含60分）；

（三）不合格：经评议考核，得分在60分以下的。

具体评分办法由各设区市局制定。

第五章　一般奖惩

第八十六条　对税务执法人员的奖励包括荣誉奖励和物质奖励。

荣誉奖励有：表扬、通报表扬、记功；

物质奖励有：发给奖金。

荣誉奖励和物质奖励可以并用。

第八十七条 对评议考核优秀和有突出业绩的执法人员应当给予奖励，并按以下标准实施：

（一）对质量等级核定为优秀的，给予表扬至通报表扬的奖励；

（二）对严格税收执法，避免重大税收损失的，给予通报表扬至记功的奖励；

（三）对查处重大税务案件，挽回重大税收损失的，给予通报表扬至记功的奖励。

重大税务案件标准按照省局赣国税发〔2001〕77号文规定执行。

记功应逐级报省局决定。

第八十八条 税务执法人员在执法过程中有下列行为之一，未造成严重后果的，应当给予一般性惩戒：

（一）未履行第八至二十二条规定的岗位职责的；

（二）未依照第二十三至七十九条规定的工作规程办事的；

（三）上级已明确期限的涉及执法和执行税收政策的各类材料及报表因报送不及时，被通报批评的；

（四）上级或有关部门进行各类检查，涉及执法和执行税收政策存在问题，被通报批评的；

（五）税收申报率、入库率和稽查"三率"未达到规定要求的；

（六）征收、管理、稽查之间未按要求传递资料的；

（七）对"双定户"税款核定、税务案件查处结果、税务行政处罚等执法未按规定公布或公示的；

（八）因执法不当，在税务行政复议中被变更、撤销税务行政行为的；

（九）擅自改变微机程序、数据和解锁的；

（十）对举报税务案件有泄露行为的；

（十一）经评议考核为不合格的；

（十二）其他执法行为不当或违法的。

第八十九条 对税务行政执法人员的一般性惩戒包括经济惩戒和行政惩戒。

经济惩戒有：扣发岗位津贴、奖金。经济惩戒每人每年最多不超过三千元。

行政惩戒有：责令检查、限期整改、通报批评、取消评先资格、暂停晋升、待岗培训、调离执法岗位。

经济惩戒和行政惩戒可以并处。

第九十条 通过评议考核对税务执法人员给予奖励或一般性惩戒由委员会会议决定。委员会会议对办公室提交的《税务行政执法评议考核结论书》提出的奖励或一般性惩戒意见进行审议、批准。办公室将经委员会批准后的《税务行政执法评议考核结论书》送达有关被考核单位和个人的同时，送达人事、财务部门，由其实施奖励或惩戒。

第六章　过错责任追究

第一节　责任追究办法

第九十一条　过错责任追究应结合《江西省国税系统违纪违规处罚暂行规定》和国家税务总局关于《税务人员涉税违规违纪若干问题行政处分暂行规定》进行。

第九十二条　过错责任追究的形式有：

行政处分：警告、记过、记大过、降级、撤职、开除。

经济追偿：指对因执法过错行为导致重大经济损失或偷税骗税和欠税不能入库的责任人，在经济上处以一定数额的追偿。经济追偿按经济损失或偷税、骗税等金额的一定比例计算，但每人每年最多不超过六千元。

行政处分与经济追偿可以并处。

第九十三条　税务执法人员在执法过程中有下列过错之一的，应当分别对责任人实施责任追究：

（一）徇私舞弊或玩忽职守不征或少征税款，致使国家税收遭受重大损失的，给予降级直至开除的行政处分；

（二）对违反法律、行政法规的规定，擅自作出税收开征、停征或减税、免税、退税、补税以及其他同税收法律、行政法规相抵触的决定的，给予记过直至撤职的行政处分；

（三）擅自改变税收征管范围和税款入库预算级次的，给予降级直至撤职的行政处分；

（四）违反法律、行政法规的规定提前征收、延期征收或摊派税款的，给予警告直至降级的行政处分；

（五）滥用职权，故意刁难纳税人、扣缴义务人的，给予记过直至开除的行政处分；

（六）依法应当移交司法机关追究刑事责任故意或徇私舞弊不移交的，给予警告直至降级的行政处分；

（七）因执法不当或违法其具体行政行为被复议机关撤销、变更，或导致国税机关在行政诉讼中败诉，或导致国税机关承担国家赔偿责任的，给予警告直至撤职的行政处分；

（八）对评议考核、执法检查限期整改而未按期整改的，给予警告直至记大过的行政处分；

（九）法律、行政法规、规章有明确规定的，按照规定给予行政处分。

第九十四条　对应追究执法人员过错责任而未及时追究或敷衍结案、弄虚作假的，上级国税机关应对负责追究的委员会负责人给予行政处分和经济追偿。

第九十五条　对执法过错行为涉嫌犯罪的责任人的，应当交由监察部门移送司法机关追究刑事责任。对依法被判处刑罚的，给予开除处分。

司法机关认为未构成犯罪或依法免予刑罚的，按本制度追究其行政责任。

第九十六条　对同一件（次）执法过错行为，不得给予两次以上责任追究。

重大违法违纪问题的追溯期不受时间的限制。

第二节　过错责任划分

第九十七条　执法过错行为按下列原则明确责任：

（一）因承办人的个人原因造成执法过错的，由承办人承担全部过错责任；承办人为两人以上的，根据过错责任大小分别承担主要责任、次要责任；

（二）承办人的行为经过批准的，由批准人、承办人共同承担责任，其中，批准人承担主要责任，承办人承担次要责任；因承办人弄虚作假导致错误批准的，由承办人承担全部过错责任；

（三）承办人因执法不当或违法的行为经复议维持原决定导致诉讼败诉的，由承办人和复议人员共同承担责任，其中，复议人员承担主要责任，承办人承担次要责任；承办人的行为经复议被撤销或变更原决定导致诉讼败诉的，由复议人员承担全部过错责任；

（四）指使或者授意承办人实施执法过错行为的，由指使或者授意人承担主要责任，承办人承担次要责任；

（五）执法过错行为是由集体研究决定的，由主持人承担主要责任，其他人承担次要责任。

第九十八条 有下列情形之一的，不追究执法过错行为人的责任：

（一）因适用的法律、法规和规章规定不明确，导致执法过错的；

（二）因执行上级国税机关的书面决定、命令，导致执法过错的；

（三）集体研究中申明保留不同意见的。

第九十九条 有下列情形之一的，可从轻、减轻或免除追究行为人的过错责任：

（一）因过错行为轻微，影响不大的，可免予追究；

（二）过错行为后果严重，但主动承认过错，及时纠正错误减少损失、挽回影响的，可从轻、减轻追究过错责任。

第一百条 有下列情形之一的，应当从重或加重追究责任人的过错责任：

（一）因徇私舞弊、滥用职权造成执法过错的；

（二）同时犯有两种以上过错行为的；

（三）发生两次以上应追究执法过错责任的；

（四）对检举、揭发、控告人进行打击报复的；

（五）转移、销毁有关证据或以其他方法阻碍执法过错责任调查、追究的；

（六）其他因执法过错造成重大损失的。

第三节 责任追究程序

第一百零一条 各级国税机关的有关部门应当将工作中发现的执法过错线索及时提供给办公室。办公室还应通过评议考核、审计决定、行政复议及行政诉讼案件等渠道发现执法过错线索。

第一百零二条 办公室应对执法过错线索，有关单位和部门提供、移送的材料，从事实、情节、后果等方面进行初步审查，填制《税收执法过错责任追究登记表》，提出是否立案调查的意见，报经委员会主任批准。对已经批准立案的，办公室应当提请监察等有关部门组织调查。参加调查人员不得少于两人。

第一百零三条 调查结束后，调查人员应当制作执法过错案件调查报告，并听取被调查人及其所在单位或者部门的意见。执法过错案件调查报告主要内容包括：立案的依据，执法过错的事实，案件定性的分析，过错责任的划分，有关过错行为的证据材料，被调查人及其所在单位或部门意见，调查人签字、盖章及报告时间。

第一百零四条　办公室接到调查报告后，应从以下方面进行审核：执法过错的事实是否清楚；证据是否确实、充分；性质认定是否准确；责任划分是否明确。经审核结束后，提出拟处理意见报委员会审议。如发现事实不清、证据不足，有关人员责任不明时，应同调查人员交换意见。确需补充调查的，应由原调查人员进行补充调查。

第一百零五条　过错责任追究应由委员会集体审议决定。会议由委员会主任或委托的副主任主持召开，并有三分之二以上委员出席。委员会会议对办公室提交的调查报告和处理意见进行审议后，作出如下处理决定：

（一）对事实清楚、证据充分、责任明确的责任人，作出经济追偿、行政处分的追究建议；

（二）对事实清楚、证据充分，没有过错的责任人，作出无过错定性；

（三）对应由其他机关处理的，作出移送有关机关处理的建议；

（四）对执法过错事实不清、证据不充分、责任不明确的，退回办公室重新调查。

第一百零六条　办公室对在委员会作出的决定执法情况进行督促检查，执法过错行为处理后，应报委员会主任同意结案，并按规定办理立卷、归档、备案等事项。

第一百零七条　被追究责任的个人，有申请复审的权利。

被追究人不服过错追究建议的，可在接到《税收执法过错责任追究决定书》次日起十五日内，以书面形式向作出决定的委员会申辩，也可直接向上一级税务局申辩。

第一百零八条　委员会接到被追究人的申请复审材料后，应认真进行复审，并于六十日内作出书面答复。

第七章　附　则

第一百零九条　各设区市国家税务局应根据本制度制定涵盖每一个执法部门、每一个执法岗位、每一个执法人员的具体实施办法（包括岗位职责、岗位目标、工作规程、执法责任和考核办法四个部分），报送省国家税务局备案；并在每年二月二十日之前将上年度实施执法责任制和执法过错责任追究情况报送省国家税务局。

第一百一十条　本制度由江西省国家税务局负责解释。

第一百一十一条　本制度自二○○一年十月一日起试行。原赣国税发〔1999〕546号文同时废止。

附：1.《税务行政执法评议考核结论书》

　　2.《税收执法过错责任追究登记表》

　　3.《税收执法过错责任追究决定书》

×××国家税务局税务行政执法评议考核结论书

X 国税评字〔200 〕 号

被考评人姓名		执法岗位	
所在单位			二○○ 年 月 日
评议考核所属时间	二○××年 月至 月		
外部评议情况：			
内部考核情况：			
评议考核结论： 办公室章 二○××年 月 日			
局 章 委员会主任签名： 二○××年 月 日			
抄送单位：			

×××国家税务局税收执法过错责任追究登记表

X 国税登字〔200　　〕　号

责任人姓名		执法岗位	
所在单位		登记时间	二〇〇　年　月　日
线索来源			
事　　由：			
办公室初步意见： 二〇〇　年　月　日			
委员会主任意见： 二〇〇　年　月　日			
处理结果：			

×××国家税务局税收执法过错责任追究决定书

X 国税决字〔200　　〕　号

责任人姓名		执法岗位	
所在单位		追究时间	二〇〇年　月　日
过错责任事实： 			
过错责任追究建议： 　　如你对本建议不服，可在接到本建议书次日起 15 日内，以书面形式向作出决定的委员会申辩，也可直接向上一级委员会申辩。			
局　　章 委员会主任签名： 二〇　年　月　日			
抄送单位：			

江西省国家税务局关于印发《江西省国税系统推行税收质量管理体系实施方案》的通知

赣国税发〔2004〕208号

各市、县（区）国家税务局，省局各处室、直属各单位：

《江西省国税系统推行税收质量管理体系实施方案》经全省国税系统税收质量管理工作会议讨论，现予印发，请遵照执行。

附件：江西省国税系统推行税收质量管理体系实施方案

二〇〇四年八月三日

江西省国税系统推行税收质量管理体系实施方案

为了进一步提升税收管理质量和效率，江西省国税系统将梳理、整合现行税收管理制度，制定覆盖税收管理主要内容的工作标准，构建并推行科学的税收质量管理体系。特制定本实施方案。

一、指导思想

江西省国税系统推行税收质量管理体系的指导思想是：以"三个代表"重要思想为指导，树立和落实科学的税收发展观，坚持聚财为国、执法为民，强化质量管理，促进江西国税事业全面、协调、可持续发展。

二、总体目标

——在全省国税系统牢固树立质量理念、服务理念、绩效理念，打造"政府放心、纳税人满意"的江西国税品牌。

——制定、实施全省国税系统税收质量管理体系，并持续改进，实现江西省国税系统税收管理集约化、精细化、标准化、科学化。

——全面提升全省国税系统税收管理质量和效率，公正执法、优质服务、高效行政，使江西省国税系统税收管理水平跻身并长期保持全国同行业领先水平。

三、实施原则

（一）依法行政原则。税收质量管理体系的设计应当体现依法行政和依法治税的要求，严格遵循现行各项税收法律法规和《行政许可法》等行政管理法规的规定。

（二）科学管理原则。借鉴、吸收当代管理科学先进的管理理念、原理和方法，结合江西国税工作实际进行创新，应用科学的工作流程和高效的工作方式，将岗责体系、能级管理体系、绩效考核体系、工作标准融为一体，整合形成一个完整的体系，确保税收质量管理体系具有系统性和先进性。税收质量管理体系应当体现工作流程精简、业务标准精细、绩效考核精确、管理体系精湛，实现税收管理的科学化。

（三）注重实效原则。税收质量管理体系推进工作应当求真务实，立足于提高税收管理的质量和效率。税收质量管理体系应当注重过程控制，建立绩效管理体系，通过制定和实施可评价的质量管理标准，有效地促进税务人员工作质量和服务水平的提升，减少征纳双方的办税成本。

（四）简便易行原则。税收质量管理体系应当做到通俗易懂、简便易行。制定具体工作标准和评价指标时，做到标准规范统一、指标简洁明晰、操作便利可行。税收质量管理体系的实施应当以信息技术为支撑，实行计算机自动考核，设置预警提示，进行过程控制，减少纸质记录。

（五）积极稳妥原则。税收质量管理体系推行工作应当循序渐进，先进行试点，完善后再全面推广。

四、总体思路

采取"目标引导、面向流程"的思路，围绕税收执法、行政管理和信息技术三类业务实施税收质量管理。

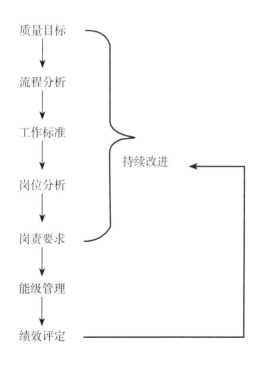

图一："目标引导、面向流程"的设计思路

五、实施内容

（一）确立总体质量目标，将质量目标分解落实到各个具体流程，建立面向流程的、可测量、可评价的质量指标体系，形成《质量手册》。

（二）梳理分析业务流程，全面分析和准确把握影响税收管理质量的因素。

（三）完善机构设置、岗责体系。

（四）制定三大类若干项税收管理工作标准。按税收执法、行政管理、信息技术三大类业务分别制定若干项税收管理工作标准，具体包括工作职责、工作目标、业务流程、工作质量、绩效考核、责任追究等标准要素，形成《管理工作标准》。

（五）制定《岗位操作规范》。

（六）整合规范表证单书。

（七）完善质量考核控制系统。修订目标管理办法、执法责任制、行政管理责任制，研究开发税收质量管理考核软件。

六、实施路线

税收质量管理体系推进工作分为基础工作、管理标准制定、岗位操作规范设计和体系实施四个部分，具体实施路线如图二所示。

七、实施方法

（一）分工协作。江西省国税系统税收质量管理体系推进工作，以国税机关为主，项目顾问单位指导；税收质量管理体系的制定工作，以省局税收执法、行政管理、信息技术三个专项工作组为主，试点单位积极配合，项目顾问指导、参与；税收质量管理体系实施工作，以市、县（区）国税局为主，省局指导推动。

省局成立三个专项工作组，在项目顾问的具体指导下，制定全省统一的税收质量管理体系；赣州、宜春市国税局及其所属一个县（市）局和农村分局承担试点任务；其他设区市局和县（市、区）局根据省局统一部署进行实施。

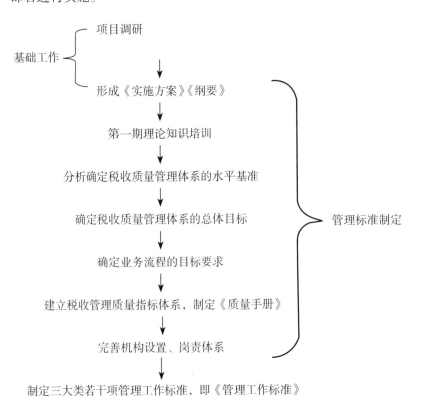

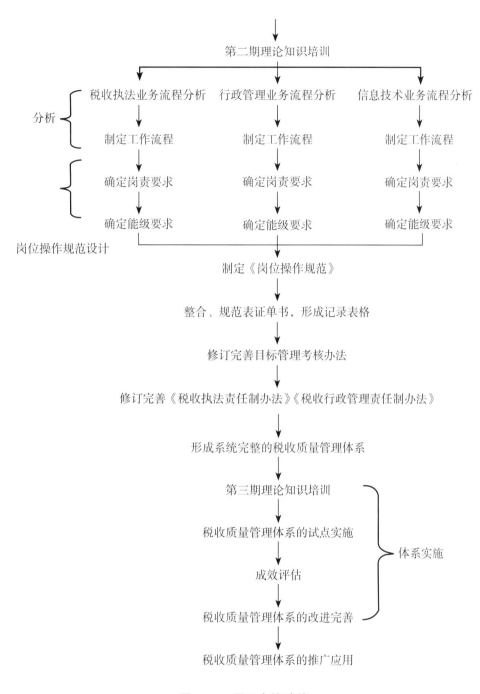

图二：　项目实施路线

（二）分步实施。江西省国税系统税收质量管理体系项目 2006 年 12 月底完成全部工作，具体分为五个阶段。

1. 税收质量管理体系实施方案制定阶段（2004 年 1—7 月）。成立相应机构，聘请项目顾问，开展有关调研活动，研究确定《推行税收质量管理体系实施方案》，动员部署税收质量管理体系推进工作。

2. 税收质量管理体系的设计阶段（2004 年 8—12 月）。开展相关知识培训，三个专项工作组在省局质管办的指导下，制定具体的税收管理工作标准，编写税收质量管理体系文件。

3. 税收质量管理体系的推行试点阶段（2005年1—6月）。在赣州、宜春市国税局及其所属一个县（市）国税局和农村分局开展试点工作。试点单位严格按照文件要求开展工作，并对试点单位实施税收质量管理体系的效果进行测评分析，进一步修改完善，形成比较完善的税收质量管理体系。

4. 税收质量管理体系的全面推行阶段（2005年7月—2006年6月）。在各设区市局、县（市、区）局全面推行税收质量管理体系，严格按照税收质量管理体系文件要求开展工作，包括内部考核、纳税人满意度调查、综合绩效评估和管理评审等活动，不断提升全省国税系统工作效率和质量。

5. 税收质量管理体系的总结验收阶段（2006年7—12月）。改进完善税收质量管理体系，并进行总结，形成系统、完整的总结报告。由省局和南昌大学共同组织国内专家进行评估鉴定。

八、组织保障

（一）省局成立税收质量管理体系推进领导小组，负责规划、组织、督导全省国税系统税收质量管理体系推进工作。领导小组组成人员如下：

组长：周广仁；

副组长：曾飞、孟庆启、孙荣洲、刘江敬、肖光远、邬小婷；

成员：周瑾、陈国英、冷报德、王用彬、夏文川、王永锋、黄最东、邹正生、颜渤海、李敏、李国财、徐谷明、舒俊、李德平、闵小姚、刘纯福、段步仁、余光金。

（二）领导小组下设税收质量管理体系推进办公室（简称"质管办"），负责税收质量管理体系推进工作的具体组织、协调和督查。质管办挂靠省局办公室，孙荣洲副局长兼任质管办主任，陈国英、邱慈孙任质管办副主任。质管办联系电话：0791-6201055、6202269，6231871（传真）。

（三）质管办设税收执法、行政管理、信息技术三个专项工作组，负责制定税收管理工作标准及税收质量管理体系有关文件。专项工作组主要由省局有关处室人员组成，其他人员由质管办根据不同阶段工作需要从试点单位或其他市、县（区）国税局抽调。

1. 税收执法专项工作组。冷报德任组长，成员：游润珍、刘英怀、江亚庆、万淑芳、帅克、肖大伟、刘火忠。

2. 行政管理专项工作组。袁继军任组长，成员：吴晨阳、鲁志平、贺页发、陈玉萍、江巍、刘飞。

3. 信息技术专项工作小组。闵小姚任组长，成员：卢耀辉、梁峰杰、赵新亮、车勇。

（四）设区市局、县（市、区）局分别成立项目实施领导小组及办公室。项目实施领导小组在省局质管办指导下开展工作，负责税收质量管理体系具体实施工作。

江西省国家税务局关于进一步加强和规范税收征管工作的意见

赣国税发〔2004〕269号

各市、县（区）国家税务局：

　　为认真贯彻《国家税务总局关于进一步加强税收征管工作的若干意见》（国税发〔2004〕108号），全面推进依法治税，规范税收执法行为，不断提高税收征管质量和效率，结合江西国税实际，现就进一步加强和规范税收征管工作提出以下意见，请认真贯彻执行。

一、严格税务登记认定管理

　　（一）开业(变更)登记。纳税人申请办理开业(变更)登记实行登记备查制，纳税人符合开业(变更)条件、手续完备的，即由办税服务厅即时办理；再由办税服务厅将办理情况及时移送征管部门复核；征管部门复核后根据征管范围转相关税源管理部门实地核查，核查后进行税种、票种核定。纳税人提交的证件和资料明显有疑点的，由办税服务厅移送征管部门复核后，转相关税源管理部门先进行实地核查再办理开业（变更）登记。内、外资纳税人开业（变更）登记、出口退税登记实行属地登记办法，由纳税人主管县（市）国税机关办理。政府部门设有统一办证中心的，在设区市城区可以实行集中受理。

　　（二）停复业登记。实行定期定额征收的纳税人申请办理停业实行登记备查制，即由办税服务厅直接办理后移送税源管理部门下户核查；征管部门通过税收综合征管信息系统掌握并监督纳税人停业登记、核查情况，并进行实地抽查。对纳税人停业到期未申请延续的，视同复业处理，不再办理复业登记。

　　（三）注销登记。纳税人申请办理注销登记实行审批制度，即由办税服务厅受理后移送税源管理部门组织清算，税源管理部门清算结束转征管部门复核审批后注销。清算过程中发现涉税违法行为的，由征管部门复核后统一移送稽查部门查处。

　　（四）非正常户认定。对非正常户认定实行审批制度，先由税源管理部门进行实地核查，确认纳税人已经失踪的，制作清单移送征管部门，由征管部门复核抽查后制作《失踪纳税人通知书》，按规定公示后认定。

　　（五）增值税一般纳税人认定。纳税人申请办理增值税一般纳税人资格认定实行审批制度，即由办税服务厅受理后移送税源管理部门组织下户调查；然后转税政法规部门复核后认定。

　　（六）发票领购资格审核。纳税人申请办理发票领购资格实行许可制度，即由办税服务厅受理后移送税源管理部门下户核查，税源管理部门提出初步意见后转征管部门（专用发票转税政法规部门），根据税务登记、增值税一般纳税人资格认定审批信息以及下户核查情况，对纳税人申请使用发票的种类、数量、限额等进行许可认定。在受理、审核、决定过程中，应严格按照《行政许可法》和有关规定实施。

纳税人取得发票领购资格后，可以凭发票领购簿直接到办税服务厅购销发票，办税服务厅在核实办税人员身份、确认无涉税违法行为或涉税违法行为已处理完结后，按核定的票种及数量及时办理购销手续。

二、加强税款征收管理

（一）加强对纳税申报的审核。办税服务厅应强化审核计税工作，窗口工作人员在受理纳税申报时，按照"一窗式"管理的要求，对各类纳税申报资料的完整性和数据的逻辑性进行审核。在审核增值税申报资料时，认真比对防伪税控磁卡记录销售额与申报的专用发票销售额、防伪认证数与申报专用发票抵扣数，比对运输发票、废旧物资发票、海关完税凭证以及农副产品专用收购凭证抵扣清单（磁盘）汇总额与申报表对应抵扣额，其他发票填开额与申报销售额等。在审核企业所得税申报资料时，应认真审核纳税申报表和财务报表等相关资料是否齐全，填写内容是否完整；审查纳税申报表与附表和会计报表之间相关数据的一致性和逻辑关系；审查纳税人申报的税前扣除、减免税、延期申报等事项与批件的一致性和真实性。发现申报差错要及时处理，辅导纳税人纠正一般性错误，不断提高纳税申报的真实性和准确性。办税服务厅通过审核比对发现纳税人存在的问题即时不能处理的，应当及时移交税源管理部门进行评估、调查。税源管理部门要根据纳税人户籍资料及相关指标，对纳税申报的真实性进行纳税评估，及时发现问题，采取措施，堵塞管理漏洞。

各级国税机关应加强对委托代征的管理和监督，建立健全相关制度，进一步规范委托代征行为。

（二）加强对延期申报、延期缴纳税款的审批。规范延期申报审批管理，明确界定延期申报的申请条件、程序和审批要求，坚决制止以延期申报变相缓征税款的行为。规范延期缴纳税款审批管理，严格按照《税收征管法》及省局有关文件规定的申请条件、程序和审批要求，加强对延期缴纳税款的审核、报批。主管国税机关必须实地核查，确认纳税人的申请理由，仔细核对财务报表和货币资金账簿的一致性，严格审核纳税人所有银行账户的资金余额情况。建立延期缴纳税款报批责任制，对报批中弄虚作假、核查不严以及延期缴纳税款入库督导不力的，追究主管国税机关有关负责人及责任人的责任，并对纳税人依法给予处罚。

（三）加强减免退税审批。各级国税机关应加强对减免退税审批的监督管理，对纳税人减免退税审批情况在纳税人主管国税机关办税服务厅进行公告，坚决杜绝违法和越权审批的现象，建立减免退税审批责任制。纳税人申请减免退税由办税服务厅受理后，移送税源管理部门初审并提出意见；转税政法规部门复核，并逐级上报审批。税源管理部门通过税收综合征管信息系统及时掌握纳税人减免退税审批情况，并认真落实审批结果，及时反馈减免退税审批对税源产生的变化情况。

（四）加强税款核定工作。各级国税机关应建立健全制度，加强对税款核定工作的管理。对"双定"纳税户定额的核定与调整，由税源管理部门按照定额核定办法提出意见后，送征管部门审批、公示后执行。对符合核定征收企业所得税的纳税人，严格按照总局、省局有关政策规定，由税源管理部门根据同行业纳税人平均利润率提出核定的初步意见，送税政法规股审批、公示后执行。

（五）加强欠税管理。密切监控纳税人申报纳税的情况，发现不缴库或缴库不足的立即进行实地了解，对未按期申报纳税的纳税人要及时催报催缴，对纳税人有意逃避纳税义务的，依法采取税收保全措施和强制执行措施。

加大清欠力度，严格执行滞纳金制度。对增值税一般纳税人因销项税额小于进项税额产生留抵税额的，以期末留抵税额抵减增值税欠税；对纳税人既有退税又有欠税的，在办理退税时应将退税抵缴欠税。认真贯彻总局《欠税公告办法》，建立欠税公告制度，定期分类将纳税人的欠税情况进行公告，切实保障国家的税收权益和债权人的合法权益；将清理欠税作为工作目标考评和征管质量考核的重要内容，制定清欠计划，落实清欠责任制度。

（六）加强税收会计核算管理。规范预算级次和税种、税目核算管理，严禁弄虚作假、混淆调整预算级次和税种、税目，涉及计算机系统税种、税目和预算级次的认定和修改，由计划统计部门归口负责，严禁擅自更改计算机系统中的核算信息。

规范凭证管理。县（市、区）国税局负责原始凭证的收集、审核、录入、整理和保管工作，计划财务股应加强对原始凭证合法性、规范性、完整性的审核。设区市国税局计划会计统计科以税收综合征管信息系统自动生成打印的各类征收、入库汇总及明细清单核算入账，并确保核算入账的数据与县（市、区）局的原始凭证一致。

提高核算水平。设区市计划统计部门要利用信息集中、实时在线的优势，加强经济税源数据的分析，为征收管理、纳税评估、税务稽查提供有效数据。

三、强化税源管理

（一）建立分类管理新格局。在属地管理的基础上，针对不同行业、不同规模的纳税人，按照重点税源企业、商品交易市场、中小企业、个体工商户和零散税收，分别实行驻厂（场）管理、划片（行业）管理和巡回管理；对增值税一般纳税人和小规模纳税人，分别由不同的税源管理部门实施管理；对企业所得税，分别实行属地管理和汇总缴纳、同级监管；按照纳税人对税法的遵从度，公正、合理地确定纳税人的纳税信用等级，对不同等级的纳税人采取不同的管理和服务措施。根据分类管理的要求，建立健全分类管理制度，对纳税人实施专业化、精细化的管理。

（二）建立税收管理员制度。在加强户籍管理的同时，全面推行税收管理员制度。税收管理员是县（市、区）国税机关税源管理部门划片（行业、重点税源户）管理税源的工作人员。税收管理员的主要工作职责包括：税收政策宣传送达、纳税咨询辅导；掌握所辖税源户籍变动情况；调查核实管户生产经营、财务核算情况；核实管户申报纳税情况；进行税款催报催缴；开展对所管企业的纳税评估及其税务约谈；提出一般性涉税违章行为纠正处理意见；协助进行发票管理等。

税收管理员原则上不直接从事税款征收和违法处罚工作。特殊情况，如交通不便的地区和集贸市场的零散税收，可以由税收管理员直接征收税款。

税收管理员下户履行税源管理职责，按照计划和规定程序进行；日常管理中应及时了解和掌握的信息包括：纳税人生产经营及其财务核算情况；各种涉税登记和认定、审批情况；各税种申报缴纳、减免退缓税、税务检查及处理情况；发票领、用、存、销情况等。采集的税源信息要记录（录入）

归档，实行共享。税收管理员实行双人上岗制度，两人一组负责一个或若干个片区（行业、重点税源户）的税源管理，并实行轮岗、交换制度，税收管理员对所属片区（行业）的管理时间最长不超过2年（驻厂管理人员对一户重点税源企业的管理时间最长不超过3年）。

主管国税机关应当按照分类管理的要求，根据辖区管理范围及纳税人户数、规模、管理难易程度等情况，科学确定担任税收管理员的人数。应选拔业务骨干充实税收管理员队伍，加强对税收管理员的培训，注重提高税收管理员的税收业务、财务会计知识和数据分析能力；制定税收管理员工作规范，加强对税收管理员的管理、监督和考核。

（三）全面开展纳税评估。纳税评估应本着依法、规范、效能、客观的原则进行。县（市、区）国税机关应依托《江西省国家税务局纳税评估管理信息系统》，采取人机结合的方法，按照计算机自动评估、人工案头审计、约谈举证、实地核查、评估处理的程序，对纳税人纳税申报的准确性、真实性进行定性和定量分析。在评估中，除对纳税申报直接相关的财务、会计资料以及凭证等审核评估外，还应当注意加强对与生产经营相关信息的对称性审核，注意参照各个行业的行业标准以及同类企业的能耗、物耗平均值，根据上级国税机关发布的评估指标及峰值，对同一纳税人不同时期的情况进行纵向比较，对同行业不同纳税人同一时期的情况进行横向比较，综合分析测算纳税人的应纳税额与实际纳税的差距，以确定管理和检查的重点，做到有的放矢，有效管理。

进一步明确纳税评估的工作职责，积极探索开展纳税评估的有效方式、方法和途径。省、市国税局负责纳税评估工作的指导、管理，省局负责全省纳税评估指标峰值的发布，各设区市国税局在省局发布的峰值范围内确定本地区纳税评估指标峰值。县（市、区）国税局依照纳税评估工作标准负责纳税评估的具体实施工作。

（四）加强税源分析。针对所辖税源变化趋势，按照区域、行业、企业、税种、时限对税源实施结构性分析监控，提高对税收收入能力的预测水平和纳税人申报纳税的风险预期判断能力，确定税源监控和税收征管的工作方向。省局主要侧重税源总量和税负变化的宏观分析与监控；分析宏观税负、行业税负及其变化规律，并作地区间比较，定期发布税负情况，提出税负预警指标。市级国税机关主要侧重对影响本地区行业税负的关键指标及其增减变化的分析监控，并制定税源分析的具体标准和方法。县级国税机关负责制定具体征管措施，组织落实加强税源分析监控和税源管理的各项具体工作。

（五）加强重点税源管理。各级国税机关按照分类管理的要求，合理确定本地区的重点税源企业，建立健全重点税源监控管理制度；指定专人负责重点税源统计、分析工作，定期采集、分析和发布重点税源管理信息；对较大规模的重点税源企业，经省局批准可以设立驻厂组进行专门管理。

对汇总核算、纳税的纳税人，当地国税机关应切实履行监管职能，加强对纳税人分支机构核算、纳税等信息的异地比对工作，强化对跨区域税源的管理。

（六）加强税控装置的管理。加强对各类税控装置的管理，严格执行税控装置使用规定，督促检查使用税控装置的纳税人如实录入经营数据和开具税控发票；税源管理部门应利用税控装置记录数据计核应征税额，分析纳税状况。对不按规定使用税控装置、不据实申报纳税的纳税人，应依法查处。认真贯彻国家税务总局、财政部、信息产业部、国家质量监督检验检疫总局关于推行税控装置的文件精神，按照省局统一部署，积极稳妥地推行税控收款机等税控装置。

四、规范一级稽查

（一）加大稽查打击力度。不断加强一级稽查的打击力度，严厉查处各类涉税违法案件，震慑和惩处涉税犯罪。重点打击伪造、倒卖、虚开增值税专用发票，利用作假账、多套账或账外经营手段偷逃税款，伪造海关完税凭证、运输发票、废旧物资发票和农副产品专用收购凭证等骗抵税款以及骗取出口退税等涉税违法行为，深入开展各项专项检查。

为保证税务稽查人员集中精力查处案件，对增值税专用发票、运输发票、海关代征进口增值税专用缴款书、废旧物资普通发票和农产品收购专用凭证以及税务机关为小规模纳税人代开增值税专用发票等经稽核系统筛选出的异常票，由协查系统转税源管理部门进行审核，区分不同情况处理：属于采集、填写、打印、传输等一般技术性错误，无需立案查处的，由税源管理部门进行处理；确有偷逃骗税以及虚开等嫌疑的，移送稽查部门查处。

（二）规范稽查行为。各级国税机关应加强对稽查工作的领导，上级稽查部门加强对下级稽查部门工作的指导、考核。依照《税收征管法》及其《实施细则》规定，制定完善税务稽查工作规程，进一步规范稽查行为。国税人员进行税务稽查时，必须出示税务检查通知书和税务检查证件，严格按照规定的权限、程序实施检查。

（三）建立稽查办案责任制。健全稽查案源移送和查处结果反馈制度。税源管理部门应及时将纳税评估产生的案源交由征管部门统一移送稽查部门进行检查；稽查部门应及时将查处情况反馈给征管、税源管理部门。对群众举报案件、征管部门统一移送的纳税评估涉嫌偷骗税案件、金税工程稽核和协查系统产生的涉嫌偷骗税案件，稽查部门组织力量依法查处。对不及时移送、隐瞒的，对案件不及时查处和反馈的，按照执法责任制严肃处理。

健全稽查准入制度。稽查工作计划应经批准后组织实施。要严格控制检查次数和检查时间，避免多头和重复检查。对纳税评估环节移送的案件，稽查部门制定的稽查工作计划应当抄送相关税源管理部门，税源管理部门根据稽查工作需要积极配合、大力协助。

建立稽查首查责任制度。对案件首次进行稽查的人员，应查深、查透。经复查、抽查发现首查人员不认真履行职责，或以权谋私、徇私舞弊的，应严肃追究有关人员的责任。积极开展稽查主查员制度的试点工作。

健全稽查案件复查制度。全面推行稽查案件复查制度，上级稽查局定期组织对下级稽查局已查结的案件进行复查；稽查案件的复查比例及具体办法按照总局规定执行。政策法规部门应对稽查案件的质量进行抽查。

健全稽查案件审理制度。一般税务案件，由稽查部门审理；重大税务案件，由稽查部门提出初审意见后，及时移送同级国税机关案件审理委员会审理，确保审理数量，提高审理质量。

（四）加强稽查案例分析。开展稽查案件综合分析和个案分析，以案释法，及时掌握涉税违法犯罪的特点和动向，确定打击重点；定期组织稽查案件查处情况通报会，对税收征管中存在的问题，及时提出改进意见和建议；适时选择部分典型案件向社会公告，增强国税机关打击涉税犯罪的威慑力，教育广大纳税人诚信纳税。

五、规范表证单书管理

（一）简并表证单书。结合优化业务流程、改进审批方式工作，由省、市国税机关对现有表证单书进行清理、简并。有关表证单书的报送分以下三种情况处理：一是纳税人在登记环节已经报送的资料，实行资料共享，办理其他涉税审批时不再要求纳税人重复报送。对需纳税人报送的各类资料，如各税种管理所需的纳税人生产经营情况、财务报表等资料，应作出统一规定由纳税人一次性报送，各部门不得随意向纳税人索要有关资料。二是通过税收综合征管信息系统、增值税管理系统、出口退税系统等能够自动生成的表证单书，不得要求纳税人填写报送。需明确法律责任的文书，可以由系统生成后交由纳税人盖章确认。三是系统内部上下级之间或同级之间报送的表证单书，计算机系统能够生成的，实行信息共享，不再要求纳税人填写报送。

（二）规范征管资料管理。在简并表证单书的基础上，进一步规范征管资料管理，明确管理职责，积极探索征管资料"一户式"管理办法。纳税人资料盒（袋）应当归集的资料主要有：

增值税一般纳税人：税务登记表、增值税一般纳税人认定表及年检表、各类纳税申报表及申报附表、财务会计报表、税款征收清册、纳税评估资料、发票管理资料、日常检查记录、税务稽查结论等有关涉税文书、资料。

小规模纳税人：税务登记表、各类纳税申报表及申报附表、财务会计报表、企业纳税定额申请核定表、税款征收清册、纳税评估资料、发票管理资料、日常检查记录、税务稽查结论等有关涉税文书、资料。

个体工商户：税务登记表、年（季）度纳税营业额申请核定（调整）表、核定（调整）税款审批表、停复业申请审批表、发票管理资料、日常检查记录、税务稽查结论等有关涉税文书、资料。

（三）明确征管资料管理职责。征管部门负责征管资料管理的指导、考核等工作。税源管理部门负责当年征管资料的归集、整理，纳税人资料盒（袋）由所属税源管理部门负责保管；年度终了后三个月内，应将上年资料按征管资料档案管理要求送档案资料室归档。办税服务厅负责纳税人当期报送的征管资料的归集、整理。征期受理的涉税资料，应于征期结束后15日内分送相关税源管理部门；征期结束后受理的涉税资料，应当按资料所属管理部门及时分送。信息技术部门会同相关业务部门负责电子资料信息的管理，确保数据准确、安全。

（四）规范税票管理。依据总局有关规定，整合和规范税收票证种类及其联次，修订完善税收完税凭证管理办法。市、县（区）国税机关应加强对税收完税凭证使用管理，提高票证填写合格率；对丢失和非人为因素造成的损毁票证，要及时查明原因、核准情况，按规定程序核销。为适应多元化电子申报纳税方式的需要，对纳税人通过电话、银行网点方式申报纳税的，银行开具的《委托划缴税款凭证》具有已完税的证明作用；纳税人确需税收完税凭证的，可以凭《委托划缴税款凭证》到办税服务厅换取《税收转账完税凭证》。

六、加强税收征管软件的运行管理

（一）拓展应用范围。进一步提高税收综合征管信息系统、增值税管理系统、出口退税管理系统等各类税收征管软件的覆盖面，确保所有纳税人纳入系统监控，确保税收征管基本业务纳入相应系统监控，确保系统的功能充分发挥。各级国税机关应建立和完善工作考核制度，杜绝"机外户"

和"机内登记、机外操作"等现象的发生。

（二）提高数据质量。加强各类税收征管软件的操作培训，减少和避免人为操作失误带来的无效数据和垃圾数据；严把数据采集关，确保采集和录入系统的数据规范、完整、真实、准确；严把数据审核清理关，建立系统错误数据纠错制度，及时调整、更正系统错误数据；明确清理部门、职责、权限及程序，做到日常清理与定期清理相结合。

（三）健全管理机制。各级国税机关应严格执行总局、省局下发的征管软件运行管理制度，建立分工明、协调顺、反应快、效率高的运行管理机制。加强各业务部门与信息技术部门的协调、配合，各相关部门应指定专人负责软件的日常运行管理工作。

七、整合信息资源

（一）整合软件资源。依托《江西省国家税务局税收业务综合管理信息系统》，通过数据层面的整合和功能填平补齐的方式，加快整合现有的税收综合征管信息系统、增值税管理系统、出口退税管理系统、利息税征管系统等征管软件，实现信息资源互通互联共享。根据总局软件开发的有关规定，县（市、区）局不自行开发软件，设区市局确需开发的，必须报请省局立项批准。

（二）实行信息集中处理。整合信息采集渠道。负有征管信息采集职责的单位，应将各类征管信息划分为静态和动态两大类，实行分类采集办法。属常用、通用等通常不变的静态数据，做到一次采集，长期使用；统一由一个部门集中采集，各部门通用，避免纳税人重复报送和各部门重复采集。属经常发生变化、必须由多个部门分别采集的动态数据，由各职能部门按各自职责要求分别采集，各部门共享。

健全数据管理机制。数据管理实行统一归口、分工负责。计划统计部门是数据管理的综合部门，负责对数据管理工作的组织、协调、考核及数据的发布，计划统计部门按规定发布的数据，具有权威性，在系统内共享。相关业务部门按照各自的职责权限，负责对应的业务软件和职责分工范围内的数据管理。

提高数据集中水平。在统筹使用、整合各类业务软件和信息资源的基础上，以税收业务综合管理信息系统和税收综合征管信息系统为主体，不断提高数据处理的集中度，逐步实现以设区市局为中心的信息集中处理向以省局为中心的信息集中处理的过渡。

（三）落实税收信息"一户式"管理。按照《国家税务总局关于推行纳税信息"一户式"管理工作的通知》（国税函〔2004〕529号）要求，依托《江西省国税局税收业务综合管理信息系统》，把散存于税收征管各个环节的征管资料和各类静态、动态征管电子信息，按独立的纳税户（人）和征管机构加以归集，"一户式"地全面反映纳税人的情况。对于纳税人报送的各类资料，应明确工作责任，由专人负责一次性录入，各部门信息共享。不能通过系统自动采集的信息，通过手工补录方式，统一归集到系统中，确保信息的完整。"一户式"归集存储的各类信息，应有专人负责维护更新。

（四）深化税收业务综合管理信息系统的应用。2005年在全省推广应用《江西省国家税务局税收业务综合管理信息系统》。省、市两级国税机关应加强系统的应用，充分发挥系统数据集中、信息查询、报表生成、监控预警、辅助决策的功能，及时掌握各类税收信息，加强执法监督，提高征管质量和决策水平。

（五）加强计算机设备的安全管理。所有信息化设备都必须纳入本单位固定资产管理，按照"谁使用、谁保管、谁负责"的原则落实信息化设备的管理责任；信息技术部门应定期对设备的运行能力进行测试，建立设备运行维护日志，详细记录设备运行及故障处理情况，加强对设备的日常养护。

确保计算机系统及网络的安全。对计算机数据库、操作系统必须指定专人进行日常维护，对中小型机、PC 服务器等专用设备实行专人操作；通过部署网络入侵检测设备和多层防火墙、配备漏洞扫描系统、加强日常安全检查等严密的技术保护措施，防止系统崩溃、外部侵入和病毒感染。

确保计算机数据的安全。制定严格的业务操作规范，防止操作人员越权、违规、恶意操作给系统数据带来安全隐患；配备必要的存储设备和相关管理、备份软件，建立省、市两级数据备份制度，防止数据丢失、泄密。

八、优化纳税服务

（一）树立现代服务理念。树立公正执法是对纳税人最根本的服务的观念。正确处理好执法与服务的关系、服务与管理的关系，将优化纳税服务与依法行政、维护纳税人合法权益结合起来，为纳税人营造公平的税收环境；树立纳税服务是税务机关的法定义务的观念，按照法定义务与职业道德的标准，不断创新服务手段和方式，提高纳税服务水平；树立纳税服务是社会服务的重要组成部分的观念，进一步拓宽服务渠道和领域，依法支持税务代理事业的发展，发挥注册税务师对纳税服务社会化的积极作用。

（二）全面推行多元化电子申报纳税方式。进一步完善《多元化电子申报纳税系统》，加强与相关部门的协调、联系，实现纳税人、国税机关、银行、国库"四位一体"实时在线。在巩固电话申报、银行网点申报的基础上，加快计算机网络申报纳税方式的推广应用，统一全省计算机网络申报纳税的路径，尽快实现网上申报、网上认证、网上比对、网上缴税。结合优化业务流程，正确处理纳税人采用计算机申报与报税认证、资料报送、发票购销等上门办税的矛盾，进一步提高办税的信息化程度，简并纸质资料的报送，减少纳税人上门办税的几率，切实提升多元化电子申报纳税的便捷性。

（三）规范办税服务。按照省局深化税收"一窗式"管理服务的要求，进一步优化办税服务厅服务。

规范窗口设置。办税服务厅原则上设置"综合服务""管理服务""专用发票"三类窗口，税源较小和纳税人较少的地区可以适当简并窗口。各窗口统一实行"一窗一人一机"运行模式。

明确窗口职责。"综合服务窗口"主要负责受理涉税投诉、咨询、辅导，资料发放；申报比对异常处理；内部工作协调、衔接、监督、复核；涉税文书的受理、传递等事项。"管理服务窗口"主要负责受理认证、报税、申报征收、涉税审批、税收免抵退等事项；"票表稽核"以及普通发票的发售、缴销、代开；一般性处罚事项等。"专用发票窗口"主要负责专用发票和专用收购凭证发售、缴销、验审及一般性处罚；专用发票代开；企业防伪税控专用设备的收缴等与防伪税控有关的事宜。

提高服务质量。规范内部工作流程，明确各项业务办理及文书传递的程序、时限及工作要求；完善内部协调制度，强化考核激励机制。构建办税功能齐全、内部运转顺畅、监督制约有力的办税服务体系，实现"一窗式"受理，"一户式"查询，"一站式"办结，"一条龙"服务，切实为纳税人提供高效、快捷的优质服务。

（四）加强税法宣传。进一步拓宽税法宣传渠道，充分利用电视、广播、报纸、杂志、网络等媒体资源以及"12366"纳税服务热线、税务网站等内部资源，开展多种形式的税法宣传。积极提供咨询服务和开展纳税辅导，在办税服务厅建立专门的纳税咨询和辅导场所，指定专人为纳税人提供细致的纳税咨询和辅导。深入开展税收宣传月活动，发挥集中宣传优势，增强税法宣传的主动性和实效性。完善税收公告制度，在办税服务厅和纳税人集中场所加强税收政策、税务行政许可和税收管理方式变化的宣传告知，使纳税人及时了解政策变化，熟悉办税程序，掌握管理要求，提高纳税人税法遵从度。

（五）创新服务方式。结合工作实际，针对纳税人办税的不同需求，主动为纳税人提供首问服务、预约服务、限时服务、提醒服务、延时服务等多种服务；区分不同纳税人特点，开展税企面对面交流、建立税收救济援助机制等个性化、人性化服务，不断探索创新服务方式。

九、建立征管质量体系

（一）建立指标体系。按照"目标引导，面向流程"的工作思路，建立一套基于税收征收管理的质量指标体系，设计出科学、合理、便于考核的具体税收质量指标。并通过对税收质量指标的逐级分解，基本涵盖征管业务，涵盖所有岗位。

（二）推行征管工作标准。根据税收征管质量指标体系，按照征管业务各个环节及其操作流程的要求，制定征管工作标准。对每项业务主要从工作职责、质量目标、业务流程、质量要求、控制要点、绩效考核、责任追究、表证单书和引用文件等方面规范征管工作，实行规范化、精细化、标准化、科学化管理，不断提高执法能力和水平。

（三）制定岗位操作规范。对现行税收征管岗责体系、业务流程进行优化，将目标要求、岗责要求和能级要求进行整合嵌入到征管的各个岗位，形成综合反映目标要求、岗位要求、能级要求和作业要求的征管岗位操作规范。岗位的制定，按单位层级分省局、市局、县局等，通过明确每一具体岗位的工作标准和操作要求，使所有的征管工作有章可循。

（四）完善绩效考核机制。按照"职责到岗、考核到人"的要求，建立绩效考核办法，结合现有的考核制度，对目前千分制目标管理考核办法和税收执法责任制进行完善和整合，对纳入税收质量指标体系、管理工作标准、岗位操作规范的考核内容进行量化考核。考核应采取手工考核与计算机考核相结合的考核方式，积极推行税收执法管理系统（即税收执法责任制计算机考核系统），确保各项工作落到实处。

十、加强协调配合

各级国税机关应加强对内部各业务部门之间协调配合的指导监督，充分发挥信息共享的优势，实现业务自动流转；建立定期协调会议制度，解决职责、业务分歧；加强检查、督导，对越权、推诿的现象严肃处理。同时也应注重加强与外部相关部门的协调配合。

（一）加强办税服务厅与计划统计、征收管理、税政法规、税源管理等部门的衔接。办税服务厅是税收征管的前台和办税服务的重要载体，主要负责各种涉税事项的受理及纳税服务工作。应建立办税服务厅与其他有关业务管理部门的业务联系制度，明确各类办理事项的时限和流程，建立健全岗责考核体系。

办税服务厅应及时将纳税人申报征收、涉税审批受理等信息传递给计划统计、征收管理、税政法规、税源管理等部门；计划统计部门应及时将税款征收信息及核算情况及时反馈给办税服务厅及其他部门；征收管理、税政法规、税源管理等部门应为办税服务厅和计划统计部门提供户籍管理、税源监控信息。要通过密切的信息共享、交换，实现征收与管理的有效链接。

（二）加强税务稽查与征收管理、税源管理、税政法规等部门的衔接。税源管理部门通过纳税评估产生的稽查案源，由征管部门进行复核、清分后统一移送给稽查部门，税源管理部门及时向稽查部门提供对纳税人的日常管理情况；稽查部门通过案件查处、案例分析，及时向征收管理、税源管理、税政法规部门反馈征管改进意见。应通过建立有效的管理与稽查协调机制，实现管、查之间的相互制约、相互协调、相互促进。

明确界定日常检查的职责范围。日常检查是税源管理部门履行职责的重要手段，主要包括：清理漏征漏管户、核查发票、催报催缴、评估询问、税收结算清缴、非正常户认定、注销清算以及了解纳税人生产经营和财务状况等不涉及立案核查的日常管理行为。稽查部门主要负责各类涉税违法案件的检查、各类发票违法案件的检查以及专项检查的牵头组织。各级国税机关应根据日常检查职责范围的界定，建立管、查协调机制，细化管、查职责划分，制定相关的协调制度和规程。已被税务稽查部门立案稽查的纳税人，税源管理部门在当年不再进行日常检查。纳税人申请办理涉税审批事项涉及下户核查的，统一由税源管理部门组织进行。

（三）建立统一的征管办法发布制度。省、市国税机关应建立统一的税收征管办法发布实施制度。凡要求基层国税机关和广大纳税人执行的税收征管规范性文件，必须经征管、法规部门审核后发布实施；涉及征管软件配套支持的，事前通告信息技术部门，经信息技术部门统筹规划，提供配套软件后，同步发布实施。

（四）进一步加强与各有关部门的协调配合。认真贯彻总局、省局关于加强国、地税协作的规定，建立和落实例会制度、协调解决好协作配合工作中的问题，并指定有关部门和有关责任人负责日常联系协调工作；建立行之有效的信息共享制度，加强与地税机关征管信息的沟通，包括国税、地税共管户的税务登记信息、关联发票信息、核定认定信息、增值税抵扣信息、所得税管辖信息、税务稽查信息等。应通过信息资源互联共享，形成税收征管合力，增强管理实效。

各级国税机关应积极争取当地党委、政府的支持，进一步加强与工商、公安、财政、商务、海关、银行、技术监督等部门配合，大力推进社会综合治税、协税护税工作。进一步发挥税务代理等社会中介机构的作用，在规范税收征管执法和加强对税务代理机构监管的基础上，积极支持和引导税务代理在税收征收管理中发挥积极作用。

二〇〇四年十一月二日

江西省国家税务局转发《国家税务总局关于印发〈纳税服务工作规范（试行）〉的通知》的通知

赣国税发〔2005〕338号

各设区市国家税务局：

现将《国家税务总局关于印发〈纳税服务工作规范（试行）〉的通知》（国税发〔2005〕165号）转发给你们，并补充以下意见，请一并贯彻执行。

一、加强组织领导。纳税服务是融洽征纳关系、促进和谐国税的重要内容，是国税机关行政行为的组成部分。各级国税机关特别是领导干部务必加强对此项工作的组织领导，把纳税服务作为现代税收征管的基础性工作，持之以恒，常抓不懈。要设置专门的纳税服务管理岗位，负责纳税服务的组织、协调和管理；投入必要的经费、设备，保证服务工作的需要；进一步健全岗责体系和监督考评体系，将纳税服务工作抓细抓实、抓出成效。

二、规范办税服务厅业务。办税服务厅是纳税服务的重要场所和窗口，其业务指导和管理由各级国税机关征收管理部门负责，其他职能部门配合。一是要认真落实税收"一窗式"管理服务，严格按照省局规定设置窗口、规范流程，真正实现"一窗受理、内部流转、限时办结"。二是要坚持公开办税制度，按照总局《纳税服务工作规范》和《江西省国税系统税收执法税务公开实施办法》规定公开相关内容。三是要切实提高办税服务人员素质，提倡文明用语、微笑服务，推行首问责任、延时、预约、提醒等服务措施，不断提高办税效率。四是要大力推广多元化申报缴税方式，方便纳税人。

三、落实税收管理员职责。税收管理员在严格履行税源管理职责的同时，应当根据管户和管事要求，主动、无偿地为纳税人提供以法规、政策宣传，办税辅导为主要内容的优质服务，及时了解和反馈纳税人的需求、意见和建议，不断促进税收管理和纳税服务工作，为纳税人依法经营和履行纳税义务创造良好税收环境。

四、节约纳税人成本。各级国税机关要充分尊重纳税人降低纳税成本的期望，在办理涉税审批、制定管理制度、规范征管流程、设计表证单书、处理涉税业务等过程中自觉维护纳税人利益，做到精简优化、简便易行、通俗易懂、方便快捷，尽可能地节约纳税人办税时间和成本。

五、拓展纳税服务方式。各级国税机关既要注重服务内容和形式上的创新，更要注重服务的内容和形式符合纳税人的个性化、特定性需要。要借鉴国际、国内有效经验，以满足纳税人合法合理需求为出发点，依托现代信息技术，因地制宜地拓展服务内容和方式，在普遍服务的基础上兼顾个性化，在经济节约的前提下力求有创新、有特色。设区市国税机关要不断总结基层行之有效的服务经验和做法，每年底向省局（征管处）报送纳税服务工作总结。

二〇〇五年十二月二十二日

国家税务总局关于印发《纳税服务工作规范（试行）》的通知
国税发〔2005〕165号

各省、自治区、直辖市和计划单列市国家税务局、地方税务局，扬州税务进修学院，局内各单位：

为落实全国税收征管工作会议精神，推动和规范纳税服务工作，提高税收征管质量和效率，总局在广泛调查研究和充分征求意见的基础上，制定了《纳税服务工作规范（试行）》，现印发给你们，请遵照执行。

各级税务机关要结合本地税收征管工作的实际，认真贯彻落实《纳税服务工作规范（试行）》，执行中遇有问题，请及时反馈总局（征收管理司）。

二〇〇五年十月十六日

纳税服务工作规范（试行）

第一章 总则

第一条 为规范和优化纳税服务，健全纳税服务体系，加强税收征管，保护纳税人合法权益，根据《中华人民共和国税收征收管理法》及《中华人民共和国税收征收管理法实施细则》的有关规定，制定本规范。

第二条 本规范所称纳税服务，是指税务机关依据税收法律、行政法规的规定，在税收征收、管理、检查和实施税收法律救济过程中，向纳税人提供的服务事项和措施。

纳税服务是税务机关行政行为的组成部分，是促进纳税人依法诚信纳税和税务机关依法诚信征税的基础性工作。

第三条 纳税服务以聚财为国、执法为民为宗旨，坚持依法、无偿、公平、公正的原则，促进纳税遵从，提高税收征管质量和效率，保护纳税人合法权益。

第四条 税务机关要坚持公开办税制度。公开内容主要有：纳税人的权利和义务；税收法律、法规和政策；管理服务规范；税务检查程序；税务违法处罚标准；税务干部廉洁自律有关规定；受理纳税人投诉部门和监督举报电话；税务人员违反规定的责任追究；税务行政许可项目和非许可行政审批项目；税务行政收费标准；纳税信用等级评定的程序、标准；实行定期定额征收的纳税人税额核定情况等。

第五条　国家税务局与地方税务局应当加强协作配合，互通信息，积极开展联合检查，共同办理税务登记和评定纳税信用等级。

税务机关应当加强与工商、银行及其他部门协调配合，共享信息资源。

第六条　税务机关应当依法行使税收执法权，不得指定税务代理，不得刁难纳税人，不得滥用职权。

第七条　税务机关的征收管理部门或纳税服务专门工作机构负责纳税服务的组织、协调和管理，税务机关直接面向纳税人的部门或机构具体办理纳税服务的有关事宜。

纳税服务专门工作机构，是指地方税务局系统成立的专门为纳税人服务的工作机构。

税务机关直接面向纳税人的部门或机构，是指办税服务厅、纳税服务专门工作机构，负责税源管理、税务检查、税收法律救济等事项的部门和机构。

第二章　纳税服务内容

第八条　税务机关应当广泛、及时、准确地向纳税人宣传税收法律、法规和政策，普及纳税知识。根据纳税人的需求，运用税收信息化手段，提供咨询服务、提醒服务、上门服务等多种服务。

第九条　税务机关应当按照规定及时对设立登记、纳税申报、涉税审批等事项进行提示，对逾期税务登记责令限期改正、申报纳税催报催缴等事项进行通知，对欠税公告、个体工商户核定税额等事项进行发布。

第十条　税务机关应当建立健全办税辅导制度。

税收管理员对于设立税务登记、取得涉税认定资格的纳税人，应当及时进行办税辅导。对于纳税信用等级较低的纳税人，给予重点办税辅导。

第十一条　税务机关应当根据纳税人的纳税信用等级，在税务登记、发票管理、纳税申报、税款征收、税务检查、涉税审批等方面，有针对性地提供服务，促进税收信用体系建设。

税收管理员应当通过开展纳税信用等级评定管理工作，结合纳税评估，帮助纳税人加强财务核算，促进依法诚信纳税。

第十二条　税务机关应当在明确征纳双方法律责任和义务的前提下，对需要纳税服务援助的老年人员、残疾人员、下岗人员、遭受重大自然灾害的纳税人等社会弱势群体提供税收援助，到纳税人生产、经营场所进行办税辅导或为其办理有关涉税事项。

有条件的税务机关，应当组织开展纳税服务志愿者活动，帮助社会弱势群体纳税人解决办税困难。

第十三条　税务机关、税务人员在接受纳税咨询时，应当准确、及时答复。对于能够及时准确解答的问题，给予当场答复；对于不能及时准确解答的问题，限时答复，并告知纳税人答复时限。

具体各类答复时限，由省级税务机关规定。

第十四条　税务机关要依法设置和规范涉税审批制度，合理精简审批程序和手续，简化纳税人报送的涉税资料，加强涉税审批的事后检查和监督。

第十五条　省级以下（含省级）税务机关应当加强对纳税人咨询的税收热点、重点和难点问题的收集、研究，及时将重大问题报告上级税务机关。

第十六条　税收管理员应当根据管户责任和管事要求，加强与所负责纳税人的联系与沟通。告知纳税人联系方式、岗位职责、服务事项和监督方法；向纳税人提供提醒告知、宣传咨询、援助服务、预约服务等服务方式；了解纳税人财务管理、会计核算和生产经营情况；征询和反映纳税人的意见、建议；帮助纳税人解决纳税困难。

第十七条　税务机关应当按照法律、法规规定的税务稽查执法的范围、职权、依据和程序行使税收执法权，严格依法执行稽查公开、告知制度。

第十八条　税务机关应当根据实际情况，依法确定稽查时限。

第十九条　税务机关在实施税务稽查过程中，对当事人提出的问题，应当进行耐心的解释和说明。

第二十条　税务机关在行使税收执法权时，应当依法告知纳税人具有申请税务行政复议、提起税务行政诉讼、请求税务行政赔偿和要求举行听证的权利，以及负责税务行政复议、赔偿和组织听证的税务机关。

第二十一条　负责税务行政复议、赔偿和组织听证的税务机关，应当自纳税人提出申请或要求后，依法告知纳税人申请税务行政复议、赔偿以及举行听证的程序、时限和相关资料等事项。

第二十二条　税务机关在税务行政复议、诉讼过程中，发现具体行政行为有明显错误的，应当及时变更或撤销。

税务机关对于依法应当给予税务行政赔偿的纳税人，要按照法律、法规的规定，及时、足额地给予赔偿。

第三章　办税服务厅

第二十三条　办税服务厅是税务机关为纳税人办理涉税事项，提供纳税服务的机构或场所。

税务机关应当根据税收征管工作需要和便利纳税人的原则，合理设置办税服务厅，并加强办税服务厅与其他部门和单位的业务衔接。

第二十四条　办税服务厅受理或办理的主要工作事项：税务登记，纳税申报，税款征收，发票发售、缴销、代开，涉税审核（批）文书，税收咨询，办税辅导，税收资料发放。

第二十五条　办税服务厅设置申报纳税、发票管理、综合服务三类窗口。税源和纳税人较少的办税服务厅，可以结合实际设置申报纳税、综合服务两类窗口或一类综合窗口。

申报纳税窗口受理或办理的主要工作事项：各税种的申报和审核事项；征收税款、滞纳金和罚款；减、免、退税申请；延期申报、延期缴纳税款申请；采集、审核和处理有关涉税数据。

发票管理窗口受理或办理的主要工作事项：企业发票领购资格和企业衔头发票印制申请，发票发售和代开，发票缴销、验旧、挂失等。

综合服务窗口受理或办理的主要工作事项：税务登记事项，开立或变更基本存款账户或者其他存款账户账号报告；有关税收证明等事项；涉税事项申请；纳税咨询与办税辅导。

第二十六条　办税服务厅应当合理确定申报纳税、发票管理、综合服务窗口的数量，明确岗位职责和工作流程。

办税服务厅在纳税申报期内，应当采取有效措施，引导纳税人分时段申报纳税。并根据办税业务量，合理调整申报纳税窗口及岗位，节省纳税人办税时间。

第二十七条　办税服务厅实行"一站式"服务，全程服务，预约服务，提醒服务和首问责任等制度。

"一站式"服务是指集中受理或办理纳税人需要到税务机关办理的各种涉税事项。

全程服务是指受理纳税人办税事宜后，通过内部运行机制，为纳税人提供包括受理、承办、回复等环节的服务。

预约服务是指根据纳税人需求，在征纳双方约定时间内，为纳税人办理涉税事项的服务。

提醒服务是指在纳税人发生纳税义务或履行税收法律责任之前，提醒纳税人及时办理涉税事项的服务。

首问责任是指第一个受理纳税人办税事宜的税务人员负责为纳税人答疑或指引，不得以任何借口推诿。

第二十八条　税务机关应当从实际出发，提供上门申报、邮寄申报、电话申报、网上申报、银行网点申报等多元化申报纳税方式，由纳税人自愿选择。有条件的地方，应当积极推行纳税人自行选择办税服务厅的方式，办理涉税事项。

第二十九条　办税服务厅税务人员应当着装上岗，挂牌服务，语言文明，举止庄重，提倡讲普通话；准确掌握税收业务和计算机操作技能；出具税务文书要程序合法、数据准确、内容完整、格式规范、字迹清晰。

第三十条　办税服务厅应当设置办税指南、公告栏、表证单书填写样本、举报箱等，提供纸张、笔墨及其他办公用品。有条件的办税服务厅，可以设置电子触摸屏、显示屏、纳税人自助服务区域、排队叫号系统、复印机、IC卡电话、饮水机等。

第三十一条　对于依法可以在办税服务厅内即时办结的涉税事项，税务人员经审核，在符合规定的情况下即时办理。对于不能在办税服务厅内即时办结的涉税事项，限时办结，并告知纳税人办理时限。

即办事项、限办事项及办理时限，由省级税务机关确定，并报国家税务总局备案。

第四章　12366纳税服务热线和税务网站

第三十二条　国家税务局和地方税务局应当统一设置12366纳税服务热线，共享号码资源，不得变相更改。

12366纳税服务热线以自动语音和人工座席为主要方式，涵盖纳税咨询、办税指南、涉税举报、投诉监督等服务功能。

第三十三条　12366纳税服务热线应当以市内通话费为通信资费标准。税务机关不得向拨打12366纳税服务热线的纳税人直接或变相收取任何费用。

第三十四条　省级税务机关应当规范和完善税务网站的纳税咨询、办税指南、网上办税、涉税公告和公示、投诉举报等服务功能，加强与纳税人互动，及时更新服务内容，准确发布涉税信息。

上级税务机关与下级税务机关的网站应当相互链接。

第三十五条　税务机关应当设置专门税务人员负责12366纳税服务热线和税务网站的纳税服务工作，明确职责，规范流程。

第三十六条　税务机关应当共享12366纳税服务系统、税务网站、税收管理信息系统的数据资源，建立和完善12366纳税服务热线与税务网站共同应用的税收法规库和纳税咨询问题库。

第三十七条　税务机关应当加强对12366纳税服务热线和税务网站纳税服务数据的统计、分析、维护和管理，提高涉税事项答复准确率。

第五章　考核与监督

第三十八条　税务机关应当建立健全纳税服务质量考核机制，坚持定量考核和定性考核、定期考核与日常考核相结合。

第三十九条　税务机关应当根据本规范，明确纳税服务岗位职责和考核评价标准，建立和完善纳税服务考核指标体系。

第四十条　税务机关应当加强纳税服务培训，提高纳税服务人员的政治和业务素质。

第四十一条　税务机关要将纳税服务作为税收工作年度考核的重要内容，分级负责。

上级税务机关应当对下级税务机关纳税服务工作进行考核和监督。

对于纳税服务工作成绩显著的单位和个人，予以表彰。对于纳税服务工作较差的单位和个人，予以批评。对于未依法为纳税人提供纳税服务行为的，责令限期改正，并追究相关责任。

第四十二条　税务机关应当建立健全纳税人及社会各界对纳税服务工作的评议评价制度，完善监督机制。有条件的地方，可以采取第三方评价或监督的方式。

第三方，是指独立于征纳双方之外的机构或有关专家、社会人士。

税务机关直接面向纳税人的部门或机构应当协作配合，建立对纳税人的定期回访制度。

第六章　附则

第四十三条　各省、自治区、直辖市和计划单列市国家税务局、地方税务局可根据本规范制定具体实施办法，并报国家税务总局备案。

第四十四条　本规范由国家税务总局负责解释。

第四十五条　本规范自2005年11月1日起试行。

中共江西省国家税务局党组关于印发《建立健全江西省国税系统惩治和预防腐败体系的具体意见》的通知

赣国税党字〔2006〕1号

各市、县（区）国家税务局，局内各单位：

为全面贯彻落实中共中央颁布的《建立健全教育、制度、监督并重的惩治和预防腐败体系实施纲要》（以下简称《实施纲要》），以及国家税务总局下发的《建立健全税务系统惩治和预防腐败体系的实施意见》和中共江西省委下发的《江西省建立健全教育、制度、监督并生的惩治和预防腐败体系实施意见》（以下简称《实施意见》），进一步推进全省国税系统党风廉政和反腐败工作，促进国税事业健康持续发展，省局党组研究制定了《建立健全国税系统惩治和预防腐败体系的具体意见》（以下简称《具体意见》）。现印发给你们，请认真遵照执行。有何问题和建议，及时报告省局（监察室）。

二〇〇六年一月十日

建立健全江西省国税系统惩治和预防腐败体系的具体意见

为认真贯彻落实《实施纲要》和《实施意见》，建立健全符合江西国税实际的惩治和预防腐败体系，是全省国税系统当前及今后一项重要而紧迫的政治任务。按照《实施纲要》和《实施意见》的要求，结合江西国税实际，特制定以下具体意见。

一、建立健全江西省国税系统惩治和预防腐败体系的指导思想、基本原则和工作目标

（一）指导思想。坚持《实施纲要》和《实施意见》确定的指导思想，围绕江西国税跨越式发展的总体目标，坚持用改革统揽防治腐败的各项工作，大力推行税收质量管理和能级管理，结合税收执法责任制和税收行政管理责任制的健全完善，与时俱进，求真务实，建立健全江西国税系统惩治和预防腐败体系，提高税务行政能力，为实现江西国税跨越式发展提供强有力的政治和纪律保证。

（二）工作目标。2006年到2007年，做好建立健全惩治和预防腐败体系的基础性工作，反腐倡廉"大宣教"工作格局基本形成，基本制度初步建立，监督措施发挥作用；到2010年，建成江西省国税系统惩治和预防腐败体系的基本框架，思想道德教育基础性作用得到有效发挥，反腐倡廉的制度基本配套，对领导干部行使权力的监督切实加强，整体功能初步显现；再经过一段时间，建立起思想道德教育的长效机制、反腐倡廉的制度体系、权力运行的监控机制，各种制度配套完善，各种机制协调运行，建成江西省国税系统惩治和预防腐败体系。

（三）基本原则。坚持教育、制度、监督并重，充分发挥惩治和预防功能；坚持紧密结合税收中心工作，为税收工作大局服务；坚持与建设江西国税文化、构建和谐江西国税相适应；坚持科学性、系统性、可行性相统一，既要体现《实施纲要》和《实施意见》的基本精神，又要密切结合江西国税实际，坚持用改革的办法解决导致腐败现象发生的深层次问题。坚持继承与创新相结合，总结、继承和借鉴系统内外反腐倡廉工作有效经验和做法，研究新情况，解决新问题，在继承中发展，在发展中创新。

二、加强反腐倡廉宣传教育，筑牢拒腐防变的思想道德防线

（一）重点抓好领导干部和关键岗位人员的反腐倡廉教育

1.深入持久开展党的基本理论、基本路线、基本纲领、基本经验教育和理想信念、法律纪律、优良传统、从政道德教育，开展艰苦奋斗、廉洁奉公主题教育，引导党员干部牢固树立马克思主义的世界观、人生观、价值观和正确的权力观、地位观、利益观，树立科学发展观和正确的政绩观，坚持做到立党为公、执政为民。要联系实际，确定重点，有针对性地进行教育。

牵头部门：监察室

协办部门：办公室、人事处、教育处、机关党办、巡视办

2.把反腐倡廉理论和有关的方针政策、法律法规作为各级国税局党组中心组理论学习的重要内容，定期安排专题学习。各级国税局领导要结合形势任务和党员干部的思想、工作实际，每年至少讲一次廉政党课。

牵头部门：机关党办

协办部门：人事处、监察室、办公室

3.把反腐倡廉教育纳入领导干部任职培训班的教学计划，每期培训班不少于4个课时。对新任职领导干部进行廉政培训，集中学习领导干部廉洁自律规定、党纪条规和法律法规，以及落实党风廉政建设责任制的要求，进行预防教育。在干部提拔或轮岗、交流上岗前，进行廉政教育谈话。

牵头部门：人事处

协办部门：教育处、监察室、机关党办、培训中心

4.把反腐倡廉教育纳入保持共产党员先进性等教育活动中，完善基层党组织廉政教育制度，建立党员长期受教育、永葆先进性的长效机制。

牵头部门：机关党办、教育处

协办部门：办公室、监察室

5.有针对性地加强对新增人员、"窗口"单位工作人员、稽查人员和税收管理员的职业道德教育、法制教育和税风税纪建设教育。

牵头部门：教育处

协办部门：人事处、征管处、稽查局、监察室

（二）拓展反腐倡廉教育范围，加强国税廉政文化建设

1. 在广大党员干部职工中开展反腐败形势、任务和方针政策的宣传教育，大力宣传党纪条规和法律法规，使广大党员和职工群众掌握监督的武器，增强反腐败斗争的信心。

牵头部门：监察室

协办部门：办公室、教育处、科研所、机关党办

2. 认真总结勤政廉政先进典型，对党员干部进行示范教育；运用身边的违纪违法典型案例，分类分层次对党员干部进行警示教育。

牵头部门：监察室

协办部门：人事处、教育处、机关党办

3. 加强反腐倡廉网络宣传教育，逐步在局域网开设省、市、县（区）国税局三级反腐倡廉网页或栏目，反映工作动态，展示成果，交流经验，宣传先进典型，引导网上宣传舆论。

牵头部门：监察室

协办部门：办公室、信息中心

4. 把反腐倡廉教育融入国税文化建设之中，坚持贴近实际、贴近社会、贴近纳税人，推动国税廉政文化建设进家庭、进基层、进纳税户，利用家庭亲情、组织带动和社会监督三方合力，促进国税廉政文化建设健康发展。

牵头部门：监察室

协办部门：办公室、教育处、机关党办

5. 积极利用社会资源，建立 1 至 2 个廉政文化建设基地和廉政法纪教育基地。利用局内教育资源，开辟形式多样的廉政、法纪教育园地。每 2 年编印一本有特色的廉政教育读本。

牵头部门：监察室

协办部门：教育处、机关党办、科研所

（三）完善反腐倡廉宣传教育工作格局，形成宣教合力

1. 把反腐倡廉宣传教育纳入国税宣传教育工作的总体规划，一起研究、一起部署、一起考核。

牵头部门：教育处

协办部门：办公室、监察室

2. 完善由纪检监察、办公室、人事、教育、机关党办、巡视办、科研等部门和单位参加的反腐倡廉宣传教育联席会议制度，统筹协调反腐倡廉宣传教育工作，及时交流情况，研究安排工作，解决存在问题。

牵头部门：监察室

协办部门：办公室、人事处、教育处、机关党办、巡视办、科研所

3. 围绕党的中心工作，根据反腐败斗争形势任务的要求和党员干部的思想状况，每年确定一个主题，采用广大党员干部喜闻乐见的形式，集中开展国税干部广泛参与的专题教育活动。

牵头部门：监察室

协办部门：办公室、人事处、教育处、机关党办、科研所

4. 在江西国税内部信息刊物、内外网开设廉政专栏或专题节目，定期或不定期反映反腐倡廉工作的情况、成果和经验，加大反腐倡廉宣传力度。

牵头部门：办公室

协办部门：监察室、科研所

三、加强反腐倡廉制度建设，为预防和惩治腐败提供制度保证

（一）建立健全反腐倡廉基本制度

1. 健全集体决策制度。按民主集中制的原则进一步完善以党组议事规则、局长办公会议制度为主的集体决策和科学决策制度，细化和规范决策程序。各级国税机关凡属重大问题决策、重要基本建设和采购项目安排、重要干部任免和大额资金使用，都必须提交集体讨论决定。会前必须做好准备，提前将会议议题和有关资料送达与会人员；会上充分发扬民主，集思广益，主要领导不先做表态性发言；会议按少数服从多数原则作出决定或决议。与会人员发表的意见要如实详细记录。2006年，制定和完善违反民主集中制责任追究办法，建立和完善情况通报、情况反映、重大决策征求意见等制度，保证民主集中制的贯彻落实。各级国税机关要结合实际，对"三重一大"内容、范围和决策程序作出明确规定，并报上级纪检监察部门备案。

牵头部门：办公室

协办部门：人事处、巡视办、财务处、监察室

2. 健全行为规范制度。健全领导干部廉洁自律制度。建立健全领导干部管好自己、管好身边工作人员、管好配偶、子女及其配偶等方面的规定以及在决策、执法、用人等方面自律措施和办法，研究探索领导干部职务消费等方面的制度规定，防止权力失控、决策失误、行为失范。严格执行国家税务总局关于税务人员廉洁自律若干规定（十五不准），不断规范行政行为，制定《江西省国家税务局关于治理党风和政风方面若干突出问题的暂行办法》，开展专项治理。并在实践中进一步完善国税人员廉洁从政方面的规定，2006年根据《公务员法》，制定《江西省国家税务局公务员廉洁从政行为规范（试行）》。

牵头部门：监察室

协办部门：人事处、机关党办、巡视办

3. 健全政务公开制度。充分发挥办税服务厅公告栏、电子显示屏、电子触摸屏的作用，全面落实文明办税"八公开"。充分利用《江西国税信息》、江西国税内外网站及地方新闻媒体，适时公开税收政策、行政许可事项、税风税纪投诉受理范围和渠道等群众普遍关心的问题。进一步完善《江西省国税系统行政管理政务公开实施办法》，重点加大人事管理、财务管理、基建工程、政府采购等工作的公开力度，规范细化公开的内容、程序、方法和范围，通过加强制度建设，完善工作机制，落实群众知情权、监督权。

牵头部门：办公室

协办部门：人事处、财务处、政策法规处、征管处、机关服务中心

4. 健全党风廉政责任制度。依据中央纪委《关于实行党风廉政建设责任制的规定》及实施办法，

2006 年对《江西省国税局党风廉政建设责任制》和《江西省国税局党风廉政建设责任制考核办法》进行修订。坚持抓好重点任务分解、检查考核和责任追究等关键环节。进一步完善党风廉政建设和反腐败领导体制和工作机制。

牵头部门：监察室

协办部门：巡视办、机关党办、法规处

（二）健全完善源头预防腐败的制度

1. 健全行政许可配套制度。依据《行政许可法》，进一步健全省国税系统行政许可配套制度，完善税务行政许可实施办法，继续清理审批项目，逐步把税收管理由过去审批性管理，改为服务性管理、监督性管理。由政策法规部门受理行政许可申请，完善"一个窗口对外"的工作机制，进一步规范税务行政许可，完善监管机制，加强对取消和下放审批项目的后续管理，防止以"备案"名义搞变相审批和权力上收。抓好对非许可审批项目的管理，进一步依法简化审批手续。

牵头部门：政策法规处

协办部门：办公室

2. 建立规范的税收业务制度。结合省级集中综合征管软件的推行，充分利用信息技术，对传统税收业务事项按照申报征收、税源管理、税务稽查、法律救济等进行重新梳理、整合，重组税收业务，实现征管业务流程化、组织机构扁平化、管理手段信息化、税收管理专业化。按照信息化条件下税收运行规律，根据税收执法责任制、质量管理体系和税收"一窗式"管理服务的要求，结合综合征管软件各功能模块，梳理、归并、重组分散在传统业务中的税收业务流程。进一步划分岗位、明确职责、精简环节，细化各岗位具体工作流程，建立分工明确、责权相当、衔接顺畅、监督制约的征管业务工作流程。进一步健全落实税务登记、发票管理、纳税申报、税款征收、税源监控、纳税评估、纳税服务等各项税收业务管理制度，促进税收业务工作法制化、规范化。

牵头部门：征管处

协办部门：政策法规处、人事处、计统处、稽查局、信息中心

3. 健全税收管理员、稽查人员等重要岗位工作人员管理制度。明确工作职责，实行定期轮岗，建立监督制约机制，作出明确的廉政规定和要求。建立完善稽查、检查、审计和监察工作的首查责任制，全面推行复查制度。

牵头部门：征管处

协办部门：监察室、财务处、稽查局

4. 健全税收执法责任制度。进一步完善税收执法责任制，对《江西国税系统税收执法责任制度》进行修订，以统一的岗位职责和工作规程为基础，以信息技术为支撑，对税收执法行为进行全过程的监控与考核，分解岗位职责，细化工作规程，认真考核评议，严格责任追究，规范执法行为，促进征管质量与效率的提高。完善落实税收规范性文件会签制度、重大税务案件集体审理制度，税收执法检查（监察）制度，强化税收执法监督。

牵头部门：政策法规处

协办部门：人事处、监察室、征管处

5. 积极推行税收质量管理。在税收质量管理试点工作后，力争 2006 年全省国税系统推广。充分体现预防为主、持续改进的工作原则，实现对税收管理活动的过程监控。重点审核测评税收收入是否稳定增长，征管成本是否下降，纳税人满意度是否提高，质量指标是否合理，管理标准是否可行，征管质量、执法水平、服务水平和干部素质是否得到提高，过程监控是否有力。并要及时将税收工作新办法、廉政工作新规定有效地吸收、融入到税收质量管理体系中，保证税收质量管理体系的科学性、先进性和适用性。

牵头部门：办公室

协办部门：相关业务部门

6. 健全干部选拔任用管理制度。严格执行领导干部选拔任用民主推荐、民主测评、考察预告、差额考察、任前公示和考察结果通报、任职试用期等制度；领导班子成员个人向党组织推荐领导干部人选，必须负责任地写出推荐材料并署名。制定以工作实绩为重点，包括德能勤绩廉在内的领导干部考核评价标准。进一步加大干部公开选拔、竞争上岗力度，省、市两级国税机关处级领导干部的产生实行竞争上岗与组织考核、选拔任用相结合的办法。试行选拔任用干部无记名投票表决的制度。实行公开招考（聘）、择优录用国税机关一般干部。完善干部交流、轮岗制度，进一步明确领导干部和人事、财务、纪检监察等重要岗位人员的交流和轮岗年限、方法和程序。完善领导干部任职回避、辞职辞退等制度。建立领导干部任期制。探索和完善免职、降职等公务员管理制度。

牵头部门：人事处

协办部门：监察室、巡视办

7. 健全财务管理制度。深化财务管理改革，建立科学、透明的财务管理制度。进一步细化经费预算管理，制定科学合理的公用经费支出定额标准，强化预算约束力。各级国税机关取得的一切经费均须如实记账，归口财务部门统一核算，集中支付。严格控制奖金发放、资金使用，严格控制车辆购置和招待费开支，大额经费审批一律要经过党组会或局长办公会集体讨论决定。基建工程、大宗物品采购、服装制作、票证印制、信息化设备购置等，严格执行项目预算和计划，一律实行政府集中采购和招投标。完善财务审计和经济责任审计制度，加大审计力度，强化对资金运行情况的监管。

牵头部门：财务处

协办部门：办公室、信息中心、机关服务中心

8. 健全信访工作制度。认真贯彻落实新《信访条例》，建立和完善处理信访工作的机制，进一步规范信访工作程序，改进信访举报工作，发挥举报信息的预警作用。认真做好信访初查工作。对涉嫌违纪且线索具体的问题，必须进行初步核实。经初步核实，对有违纪事实，但情节轻微，不需要追究纪律责任的，应按规定提出组织处理或其它处理建议；对反映问题失实的，应按规定予以说明或澄清；对诬告、陷害他人的，应依法依纪处理；对有违纪事实，需要追究纪律责任的，应及时办理立案手续。

牵头部门：办公室

协办部门：监察室、人事处、稽查局

（三）提高制度建设质量和水平，落实反腐倡廉各项制度

制度建设要与中央反腐倡廉决策相统一，与党内制度建设和国家法制建设相协调，与从税职业道德建设相结合，与税收执法和行政管理制度建设相适应。要用改革和发展的理念，对现行制度进行清理、完善和优化，及时废止过时的制度，抓紧修订完善有缺陷的制度，适时制定需要配套的制度，把反腐倡廉的要求融入国税各项管理工作之中，与管理体制、管理环节、管理流程紧密结合，增强针对性、系统性、科学性和可操作性。切实抓好各项制度的落实，不断增强党员干部遵纪守法的意识，自觉规范从政从税行为。对违反制度的行为，坚决纠正。

四、加强监督制约，确保权力正确行使

（一）加强对领导班子、领导干部特别是各级国税局领导班子主要负责人的监督

1.结合对各级国税局领导班子及领导干部的巡视工作和年度考核，对领导班子执行民主集中制特别是"三重一大"问题集体决策制度的情况进行检查。对违反规定但未造成后果的，批评教育，责令检查，督促整改；对不接受教训又发生同类问题，或违反规定造成较大损失或不良影响的，给予责令辞职、免职或解聘等组织处理；对违反规定造成重大经济损失或严重影响的，先免职，再按照规定给予纪律处分；对责任范围内发生的问题进行掩盖、袒护或授意、指使下属人员弄虚作假、隐瞒不报的，从重或加重处理。严格执行"一把手"不直接分管人事、财务、基建、大宗物品采购工作的规定，加强对权力的监督制约。不符合规定的，在2005年底必须调整到位。

牵头部门：巡视办

协办部门：人事处、监察室

2.落实党员领导干部民主生活会制度，提高民主生活会质量。坚持抓好确定主题、组织学习、征求意见、开展谈心、开展批评和自我批评、制定整改措施、通报情况等7个环节，上级国税局党组要派员参加会议并进行指导、监督。

牵头部门：人事处

协办部门：巡视办、监察室

3.认真执行领导干部述职述廉制度，把执行廉洁自律规定和落实党风廉政建设责任制的情况作为领导干部述职的一个重要内容，述职述廉报告要在本单位公开进行并在内网上公示，由群众进行评议，作出定性定量评价，并将结果向上级国税局党组报告。实行各设区市国税局主要负责人同时向省局党组述职述廉制度。

牵头部门：监察室

协办部门：人事处、巡视办

4.严格执行廉政谈话制度。坚持纪检组长与下级国税局党组主要负责人、监察室主任与下一级党组成员廉政谈话制度，对有不良反映的，进行提醒谈话；对违反廉洁自律规定，尚未构成违纪的进行廉政诫勉谈话。坚持领导干部任职前廉政谈话制度。

牵头部门：纪检组、监察室

协办部门：巡视办、人事处

5.认真执行领导干部个人重大事项报告制度。领导干部要将配偶、子女及其配偶个人经商办企业和出国留学、定居、婚丧嫁娶办理等情况及时书面报告上级纪检监察和人事部门。对不报告或不

如实报告的，要批评教育，限期改正。

牵头部门：人事处

协办部门：监察室、巡视办

（二）深化税收"两权"监督制约

1. 强化对税收执法权的监督制约。以税务管理信息化为依托，深化征管体制改革，优化业务流程，科学分解权力，坚持公开透明，建立和完善人机结合的监控机制，把监督制约贯穿到税收执法全过程。在税款征收环节，重点对纳税申报管理、税款核定、税款解缴、欠税清理、会统核算等进行监督；在税源管理环节，重点对税务登记、一般纳税人认定、停（歇）业、注销户、延期缴纳税款、出口退税审批、减免税审批、发票管理、纳税评估、核定税款等进行监督；在税务稽查环节，重点对选案、检查、审理和执行等进行监督；在行政处罚环节，重点对行政处罚权限、程序、标准执行及行政复议、诉讼等进行监督。2006年4月1日全面运行《税收执法管理信息系统》，实现税收执法计算机考核和实时监控，依托信息化大力开展执法监察，加强对税收执法行为的考核监督。

牵头部门：政策法规处

协办部门：监察室、巡视办、征管处、计统处、稽查局、信息中心

2. 强化对税收行政管理权的监督制约。人事管理方面，重点对《党政领导干部选拔任用工作条例》的贯彻执行情况，特别是对人员招录调配、干部考察考核、选拔任用、奖惩等进行监督；财务管理方面，重点对经费收支、经费审批、财务审计等进行监督；事务管理方面，重点对服装制作、票证印制、大宗物品采购、固定资产使用和管理等进行监督；基建工程方面，重点对立项审批、资金来源及使用、招投标等进行监督。深化行政管理政务公开工作，拓宽群众参与行政管理渠道，落实群众知情权、参与权、选择权和监督权。

牵头部门：监察室

协办部门：人事处、巡视办、财务处、办公室、机关服务中心

（三）发挥各监督主体的作用

1. 加强党内监督。严格执行党章，全面贯彻党内监督条例和党员权利保障条例。各级国税局党组要加强对党内监督工作的领导，注重对下一级党组织、行政领导班子及其成员特别是主要负责人的监督。

牵头部门：巡视办

协办部门：人事处、监察室、机关党办

2. 加强行政监督。各级国税局纪检监察部门要切实履行对所在单位党组及其成员的监督职能，协助党组开展监督工作，加强督促检查。有关职能部门要深入开展执法检查、执法监察、财务审计、离任审计和专项治理工作，落实执法责任制和执法过错追究制。

牵头部门：监察室

协办部门：人事处、政策法规法、财务处

3. 加强群众监督。畅通群众监督渠道，完善民主监督制度，坚持定期信访分析、重要信访督查督办、信访查结公示等制度，处理好群众举报，保障广大国税人员和人民群众的民主监督权力。

牵头部门：办公室

协办部门：监察室、巡视办、机关党办

4.加强社会监督。自觉接受纳税人监督，保障纳税人合法权益。设立专用举报电话，开通网络举报信箱，发挥特邀监察员和政风行风义务监督员的作用。自觉接受人大、政协和司法、审计等机关及新闻媒体的监督。积极参与地方政府组织的政风行风评议活动。

牵头部门：监察室

协办部门：办公室

五、加大查案力度，充分发挥惩治的重要作用

（一）坚决查处违纪违法案件。严肃查处税务人员违反增值税专用发票、货物运输发票、海关代征税票、废旧物资收购发票、农副产品收购发票等抵扣凭证使用管理规定，徇私舞弊不征少征税款、违规抵扣税款、越权减免缓征税款和办理出口退税以及利用职权贪污受贿，挪用、截留、转引税款的案件；严肃查处领导干部在基建工程、大宗物品采购、服装制作、票证印制、税控器具推广等方面以权谋私收受贿赂的案件；严肃查处领导干部违反政治纪律和组织人事纪律买官卖官、利用职权的影响为配偶、子女及其配偶非法谋取私利及参与赌博的案件；严肃查处因失职渎职给国家造成重大经济损失的案件；严肃查处违反群众纪律损害纳税人权益的案件。认真查办各级纪委交办的案件及司法、审计和税务稽查等部门移交的案件。

牵头部门：监察室

协办部门：各相关处室

（二）严格依纪依法办案。严肃办案纪律，严格办案程序，加强案件审理，保证办案工作依纪依法进行。加强对案件查办工作的领导，落实办案工作责任制，坚决制止"失之于宽、失之于软"的现象。拓宽案源渠道，注重从信访举报、执法检查和执法监察、税务稽查、巡视检查、内部审计等工作中发现案件线索。认真总结办案经验，把握办案规律，研究国税人员违纪违法问题的特点，不断改进办案方式方法。坚持惩前毖后、治病救人的方针。坚持惩治腐败与保护党员干部权利并重。正确运用政策和策略，体现宽严相济，区别对待。

牵头部门：监察室

协办部门：机关党办、人事处

（三）整合各种办案资源和力量。建立健全内部协调配合机制和预防职务犯罪联席会议制度，加强与地方纪检监察部门、公检法等执纪执法机关的协调配合，加强与地税局协调配合，建立协同办案机制。在基层纪检监察部门推行区域协作、联查联审、交叉办案等做法。

（四）重视和发挥查办案件的治本功能。坚持查办案件与防范腐败相结合，全面推行"一案两报告"制度，在完成案件检查报告的同时向发案单位提出整改建议，针对体制机制制度和管理方面存在的漏洞和问题，促其健全制度，规范管理；对典型案件进行深入剖析，及时通报，使广大国税人员吸取教训，受到教育。

六、加强领导，齐抓共管，把建立健全惩治和预防腐败体系任务落到实处

（一）加强党组对构建惩治和预防腐败体系的领导。坚持"党组统一领导、纪检监察组织协调、部门各负其责，依靠群众支持和参与"的反腐败领导体制和工作机制，把建立健全惩治和预防腐败体系纳入江西国税事业发展的总体规划，列入省局党组的重要议事日程，党组书记负总责，并确定一名党组成员具体负责。成立贯彻落实《实施纲要》和《实施意见》领导小组，抓好省局党组《具体意见》的落实。各地国税局应结合实际，采取措施，抓好落实。

（二）充分发挥纪检监察的组织协调作用。纪检监察部门要充分发挥组织协调作用，协助党组抓好主要任务的分解和落实，制定切实可行的实施方案，作出周密部署，认真组织实施。注意研究惩防体系建设中的新情况新问题，认真总结经验，实行分类指导。其它部门要按照职能分工，发挥优势，尽职尽责、保质保量、按时按期地完成任务。加强部门之间合作与配合，防止工作中相互推诿。努力形成合力，保证各项任务落实。

（三）形成构建惩治和预防腐败体系的有效工作机制。建立责任机制，按照党风廉政建设责任制的要求，落实责任分工，充分发挥业务部门的职能优势和主体作用，抓好各项任务的落实。建立督查机制，各级局要把构建惩治和预防腐败体系纳入年度目标管理考核，定期检查。纪检监察等专业监督部门要充分发挥职能作用，推动构建惩治和预防腐败体系各项工作的开展。建立测评机制，定期对构建惩治和预防腐败体系及反腐倡廉情况进行考核、测评，搞好科学分析和综合评价。建立奖惩机制，把考核、测评情况与奖惩挂钩，对工作取得实效的给予奖励和鼓励，对严重失职失误的进行责任追究。建立保障机制，对构建惩治和预防腐败体系工作所需人员、资金要给予保证。

江西省国家税务局关于进一步加强和改进税源管理工作的意见

赣国税发〔2006〕184号

各市、县（区）国家税务局：

为构建科学化、精细化的税源管理体系，全面提升税源管理水平，促进税收与经济协调发展，现就进一步加强和改进我省国税系统税源管理工作提出以下意见，请认真贯彻执行。

一、优化组织体系

（一）进一步规范税源管理机制。各级国税机关要将征管工作重心向加强税源管理转移，认真落实县（市、区）局直接管理税源的要求，充分发挥税源管理部门集中管理增值税一般纳税人和城区纳税人的优势，提升管理的专业化程度。对乡镇增值税一般纳税人较多，以及地处边远农村的增值税一般纳税人，其申报征收、防伪税控涉税事项由办税服务厅集中受（办）理，其他税源管理事项可以由所在地农村分局负责。

（二）进一步完善税源管理岗责体系。结合税收"一窗式"管理服务的要求和综合征管软件工作流程，完善省、市、县三级国税机关岗责体系，实现全省基本征管业务的统一。纳税人需要找国税机关办理的各项涉税业务统一归并到办税服务厅受理，国税机关对纳税人的日常管理事项统一由税源管理部门负责。

（三）进一步加强税源管理各职能部门的协调配合。加强对税源管理的统筹与协调，充分发挥各部门在加强税源管理工作中的作用。征管部门负责税源管理的牵头、协调；税政部门负责各税种税源管理；税源管理部门具体负责各纳税人税源管理；计统部门负责税收会统核算、宏观税源预测及税收经济分析等工作；信息中心负责税源管理数据信息的集中处理和定期发布；稽查部门负责涉嫌偷骗税案源查处；其他部门根据税源管理要求及各自职责积极配合做好税源管理工作。

二、落实税收管理员制度

（一）优化税源管理资源。各级国税机关要调整、充实负有税源管理职责的内设职能部门的人员力量，并综合考虑税收管理员所管辖的税源数量、税源结构、税源地域分布、税源发展趋势、基层人员的数量和素质因素，对税收管理员队伍进行优化组合，优先保证对重点税源、城区税源、纳税信用等级差的税源的监控管理需要，做到税收管理员数量与税源规模相匹配、税收管理员素质与税源管理难度相匹配。各级国税机关要不断改善税源管理的基础条件，为税源管理部门配备必要的信息化设备、交通工具。

（二）明确管理职责。健全税收管理员配套管理制度，按照岗位的不同，制定税收管理员操作指南和作业标准，进一步明确税收管理员主要履行税收宣传、纳税辅导、信息采集、税源调查、纳税评估、税收监督等工作职责。认真落实税收管理员《工作日志》制度，日常税源管理情况以日志形式记录形成工作底稿，建立税收管理员税源管理"执法有记录、过程能监控、结果易核查、绩效可考核"的良性循环、持续改进机制，规范税收管理员执法行为。抓好税源管理任务的统筹整合，营造税收管理员公正执法、专心管理的良好环境。市、县国税机关要制定税收管理员工作质量考核制度，每年定期对税收管理员的工作质量进行一次评估，评估结果与个人评先、能级评定及经济利益挂钩，促进税收管理员履行好管理职责。

（三）提高人员素质。实施税收管理员合格上岗、绩效考核等行之有效的管理制度。按照税收管理员的能力差异分配任务，最大限度地调动和发挥税收管理员工作积极性和潜能。加强对税收管理员的业务培训力度，县级国税机关每年要集中组织税收管理员业务技能培训和考试，积极开展优秀税收管理员经验交流、评选和竞赛活动，全面提高税收管理员的综合素质和业务能力，打造胜任科学化、精细化税源管理要求的税收管理员队伍。

三、加强户籍管理

（一）严格税务登记。认真落实新修订的《税务登记管理办法》，结合换证工作，对纳税人办证和录入综合征管软件情况进行登记信息准确性的普查。建立户籍普查制度，每三年组织一次全省性漏征漏管清理，摸清税源底数；建立与技术监督、工商、地税登记信息交换渠道，制定登记信息交换与通报具体办法，按季交换登记信息，分析登记信息的差异，切实解决长期以来税务登记信息与其他部门登记信息不对称的问题。有条件的地方可以试行与有关部门联网，进行登记信息的实时交换、核对。积极加强与民政、编委等部门的协调，做好事业单位、社会团体、民办非企业单位的税务登记工作，严格执行税务登记管理规定。

（二）加强认定管理。一是在执行国家统一政策的前提下，逐步扩大增值税一般纳税人认定面，凡达到认定标准的，都要认定为增值税一般纳税人；对不主动申请办理认定手续的，按增值税适用税率计算应纳税额，不得抵扣任何进项税额。二是从严审批各类增值税减免退税资格认定，严格按照规定的程序和权限审批。三是加强享受所得税优惠的资格认定管理，严格审核享受优惠政策的条件，对不符合规定条件的，不得办理所得税减免。四是加强出口退税资格认定，除按规定审查出口企业提交的证件、资料外，还应按照三大系统整合要求核对税务登记信息，对有疑问的应通知税源管理部门到出口企业经营场所进行实地核查。

（三）加强停复业和非正常户管理。按照《江西省国家税务局关于进一步加强和规范税收征管工作的意见》（赣国税发〔2004〕269号）精神，加强对停复业登记和非正常户认定管理，办税服务厅要按月公示停复业登记和非正常户认定情况，征管部门要通过税收综合征管软件掌握并监督纳税人停复业登记、非正常户认定情况，并按不低于20%的比例进行实地抽查。

四、实施分类管理

（一）重点税源企业驻企管理。市、县国税机关要依照省局有关规定，分别根据纳税人生产经营及纳税规模确定重点税源企业。经省局批准，由主管国税机关选派业务素质较高、管理经验丰富的税收管理员对符合条件的重点税源企业进行驻企管理，驻企组隶属主管国税机关的税源管理部门。驻企管理的主要职责包括：一是全面掌握税源情况。了解同行业信息和市场动态，加强对纳税人税源信息的收集，加强对纳税人日常生产经营情况的巡查，加强对纳税人银行账户的监控，全面掌握纳税人生产经营、财务核算、资金流转以及原材料、产成品购销情况等各类信息。二是深入开展税收经济分析评估。了解和掌握纳税人生产工艺、能耗物耗、财务比率等信息，分析、评估纳税人申报的准确性，不断提高税收分析和纳税评估的质量和层次。三是主动提供优质服务。在履行管理职责的同时，及时宣传送达税收政策，开展纳税辅导，帮助加强财务核算，准确申报应缴税款，融洽征纳关系。同时，要加强驻企管理的科技含量，积极创造条件实现国税机关与企业生产经营、财务核算信息的互联。

（二）规模以上工业企业重点管理。对规模以上工业企业重点开展分析评估，建立按季分析比对制度，重点比对纳税人向国税机关申报的销售收入、计税依据与向企业主管部门、统计、银行等单位报送的销售收入、工业增加值之间的差异，要通过涉税信息与经济指标值的比对，进一步测算规模以上工业企业税负率变化情况，对产生的差异要深入查明原因，积极引导纳税人开展自查，认真进行纳税评估，涉嫌偷骗税的要移送稽查部门查处。

（三）特殊行业企业加强管理。根据特殊行业企业特点及税源分布、经营规模、征纳方式等要素，制定和完善行业税收分类管理办法，加强监控。一是对享受减免退税行业，特别是废旧物资回收经营单位、资源综合利用企业、饲料生产企业、利用废旧物资和农产品为原料并抵扣税款的企业以及区域性特色行业企业，要根据工商注册信息、实际生产能力和生产要素分析测定销售收入、增值和利润水平以及税负情况。二是完善重点应税消费品的税基控管，规范白酒、卷烟、汽车等行业消费税计税依据和适用税率的核定管理，结合日常管理掌握的信息，测算应税消费品的最低计税价格，防止纳税人通过关联交易降低消费税负。三是加强房地产行业所得税管理，注重收集、掌握房地产企业的土地投资、建筑面积、项目成本、销售收入等信息，加强税源跟踪和评估，实行按率预征、汇算清缴、多退少补的企业所得税征收方法；四是强化非居民所得税管理，监控重点行业、重点企业、重点项目，防止非居民所得税流失。

（四）个体工商户核定管理。升级推广"双定户"营业额测算系统，进一步完善"公开听证定税依据、公开定税税额、公开调整定额，统一定税程序、统一税负标准"制度，不断提高定额核定的科学性、公正性和准确性。加强临界起征点个体业户的增值税征管，税收管理员要加大日常巡查力度，及时掌握未达起征点户生产、经营的变化情况，并分户将申报情况、巡查情况登记工作日志，实施动态控管。对个体工商户月营业额超过起征点而不申报的，要严格按照征管法的有关规定进行处罚。

五、严格申报审核

（一）继续做好增值税一般纳税人纳税申报"一窗式"管理工作。落实好"一窗一人一机"的要求，拓宽"一窗式"票表比对内容，将纳税申报主、附表中的关联项目纳入比对的范围，进一步加强销售收入或计税收入与销项税额的分析比对。结合全省推广使用的《多元化电子申报缴税系统 V2.0》和总局下发的《增值税一般纳税人纳税申报"一窗式"操作规程》，进一步明确纳税申报审核工作程序，合理简化办税环节，提高申报质量，减轻纳税人负担。

（二）强化异常票审核检查。办税服务厅工作人员要严格按审核检查规程，将比对异常发票情况及时传递给税源管理和稽查部门，逐份查明原因，并区别情况，及时处理，对查实是比对异常的发票应追回抵扣并进行查处。要加强抵扣凭证审核检查，认真审核报表数字逻辑关系，严格按照文件规定的上报路径、时间及时准确地上报审核检查情况。

（三）加强所得税申报审核。一是落实总局新修订的《企业所得税纳税申报表（试行）》，做好新的申报表与综合征管软件的衔接工作，加强宣传和培训，提高企业所得税纳税申报的质量。二是做好所得税申报审核工作，严格核实税基，密切关注会计制度与税法差异的相关费用税前扣除的纳税调整，要建立登记台账，严密控制少计、不计收入，多列、虚列成本费用，侵蚀税基现象的发生。

六、加强税款征收

（一）强化税收会统的核算反映与监督职能。依托全省统一的数据集中平台，建立省局一级会统核算、集中编制会统报表和多元化电子申报纳税信息集中比对运行体系，真实、准确、及时、完整地核算反映税收资金的运动变化情况及其运动结果，每月定期发布有关会统核算信息，为领导决策和征管、税政、稽查等部门加强税源管理提供依据。同时，税收会统部门应依据税收政策、法规、制度，对税源管理和征收业务活动的合法性与合理性进行监督，发现问题及时反映，促进税源管理和征收业务活动健康运行。

（二）严格减免退税审批管理。认真贯彻《江西省国家税务局税收减免管理办法》（赣国税发〔2006〕20号），认真清理和规范减免退税审批，税源管理部门初审并提出意见后，由税政管理部门复核报批，防止越权减免税。加强对减免退税纳税人的后续管理，对因情况变化不符合减免退税条件的纳税人，应依法立即取消减免退税待遇。对纳税人减免退税审批及取消情况应在办税服务厅进行公告。对地方越权制定的减免税政策，各级国税机关不得执行并及时向上级报告。

（三）加强欠税管理。进一步加大欠税清理力度，严格执行滞纳金制度，积极采取措施，依法追缴欠税。对纳税人已申报或国税机关已查处的欠缴税款，依法无限期追缴。加大对以纳税人期末留抵税额抵减增值税欠税的力度。认真落实总局《欠税公告办法》的规定，定期、分类公告纳税人欠税情况。

七、强化税收分析

（一）提高数据采集质量。一是制定各类数据采集规范，明确各类数据采集岗位责任，逐步实现税收数据的电子化采集，严把数据采集质量关；二是依托省局《信息化运行维护管理系统》，建立各大应用软件集中运维机制，完善运行管理的各项制度，加强软件操作培训，减少和避免操作失误；三是加大对系统基础数据和会统核算数据质量的检测、通报、整改工作力度，将数据正确率和及时修改率纳入征管质量考核范围。

（二）加强税源税负分析。建立税源税负按季分析制度，具体包括分析本地区总体宏观税负、税收弹性水平、税种税负、行业税负、重点税源企业及其变化趋势、税收与相关经济指标的关系。各级国税机关计统部门是税收分析工作的牵头部门，负责统一发布税收分析数据；税政部门根据计统部门提供的宏观税负数据资料，分析具体税种税负情况、政策执行情况及征管情况，查找税种管理中存在的问题和薄弱环节，研究加强和完善税收征管的措施；征管部门根据计统或信息技术部门提供的征管基本数据，分析各地征管质量情况，提出加强和提高征管质量的措施；税源管理部门根据上级发布的宏观数据，具体分析本地区主要税源、行业及纳税人税负。市、县国税机关应当按季利用统计部门公布的纳税人工业增加值或社会消费品零售总额等统计指标和上级国税机关发布的行业税负和重点税源企业计税依据等数据，对经济税收开展分析。同时，在每年的三季度利用国家统计部门公布的上年国民经济统计数据和上级国税机关发布的年度税收普查资料和行业税负、汇算清缴等数据，对上一年度本地区主体税种开展全面、深入的税收经济分析。

（三）建立税负预警制度。依托数据集中优势，各级国税机关要积极探索建立税负预警机制，具体由计统及税政部门负责：一是宏观税负预警，以上一层级GDP税负率、工业增加值增值税税负率、社会消费品零售总额增值税税负率等平均值为标准，对比分析本地区相关情况，评估总体税源管理水平；二是重点行业税负预警，根据全国、全省重点税源行业税负状况，分析本地区行业税负水平及税负离散度，查找税负偏低的企业，引导纳税人自查或开展行业整治；三是风险预警。对税负持续偏低、连续零负申报、销售收入或进项抵扣异常变化、出口异常增长等纳税人进行税源管理风险预警，由税源管理部门进行重点评估，排查疑点。

（四）完善数据发布制度。一是拓宽选题范围。结合基层税源管理实际，把握税收征管中的重点环节，提炼能够反映税源管理能力和水平的重点指标，提高数据应用选题的深度和广度。二是有效进行数据加工处理。进一步完善《数据质量监控、税源分析系统》，构建省级数据仓库，实现数据集中共享；应用数据挖掘工具软件，对按需求进行抽取集中的数据进行聚类、偏差和比较分析，逐步生成税源管理决策所需的有效信息。三是按时逐级发布数据。数据质量、征管质量和税源分析报告实行省、市两级发布办法。数据发布工作具体由信息中心负责，各职能部门根据发布的数据各司其职，认真核对、分析管理中存在的问题，并落实整改和反馈。

八、深化纳税评估

（一）科学设置指标峰值。完善二次需求，优化纳税评估软件，将应用平台提升到省级，实现与综合征管软件V2.0同一平台。科学设置评估指标峰值，省局征管部门按季统一进行评估软件指标峰值的测算工作；税政部门根据指标峰值测算情况按季确定重点行业评估指标的峰值区间，按季发布全省重点行业评估指标的峰值区间。设区市局根据省局按季发布的重点行业评估指标峰值区间，分行业确定本地区评估指标的具体峰值。县、市（区）局按照设区市局确定的具体峰值组织实施纳税评估。

（二）收集第三方经济信息。纳税评估的基础信息采集要从内部系统拓展到外部相关的经济管理部门，建立一个较为全面的纳税人涉税信息资料库。一是从统计、工商、地税、国土、外贸、银行、海关等部门收集纳税人土地、投资规模、经营（出口）及信贷情况、重点产品产量等信息；二是利用纳税辅导、户籍巡查等日常管理工作走访企业主管部门，了解企业生产经营以及与生产经营密切关联的生产要素情况；三是积极从纳税人同行业企业了解税负、物耗、能耗等指标水平，从长期为纳税人提供原料、主体包装、主要能源、运输工具的单位了解业务往来情况及市场信息，测算纳税人的销售收入和进项情况。

（三）加强各税种评估。 一是重点加强对连续发生低税负申报、零负申报、税负畸高、"四小票"抵扣金额较大、各类享受增值税优惠政策、成品油零售以及出租、出借柜台经营的商贸企业等纳税人的增值税评估；加强消费税税基与增值税税基的评估比对分析。二是做好企业所得税按年评估工作，涉外企业所得税审核评税、汇算清缴、涉外税务审计要与纳税评估有机结合起来，每年抓好几个重点行业的评估，探索和建立适合行业特点的评估模型；对连续亏损的企业、房地产开发企业及其他所得税重点税源企业应列为纳税评估重点对象。三是退税部门应当综合三大系统的基础信息，定期对本地区出口退（免）税的总体情况进行预警监控分析，并通过分行业、分产品、分地区的分析，及时发现企业骗税的动向，为出口退（免）税评估提供线索。四是加强对跨地区经营企业的纳税评估，要积极试行由省、市国税机关税政、征管、稽查等部门联合组织纳税评估或审核评税工作。

（四）提高纳税评估质量。建立以纳税评估面、涉嫌偷骗税案源移送率、稽查及时反馈率为主要指标的纳税评估质量考核体系，对计算机自动筛选的疑点进行人工案头审计面达到100%，涉嫌偷骗税案源移送率达到100%，稽查及时反馈率达到90%以上。建立评估个案复核制度，对检查结果与评估分析结果、税收分析结果存在显著差距的，要重点复核。加强评估案例的分析与交流，组织典型案例评比和经验交流，进一步提高评估技巧和人员素质。

九、规范税收检查

（一）规范日常检查。税源管理部门组织对纳税人开展的日常检查工作，主要以纳税评估实地核查的方式进行。纳税人申请办理涉税审批事项涉及下户核查的，统一由税源管理部门组织进行。税源管理部门上户实施日常检查的，必须出示进行税收日常检查的相关通知书和税务检查证，每户次日常检查时间一般不超过5个工作日。

（二）规范税收专项检查。税收专项检查由各级国税机关稽查部门牵头组织。稽查部门要加强与税政部门的联系和沟通，根据上级部署，结合本地区宏观税负水平和税源特点，组织开展税收专项检查。税政部门要加强对各税种税源监管的分析，及时发现征管薄弱环节及涉税违法疑点，为稽查部门确定税收专项检查计划和检查对象提供建议，并在稽查部门统一组织下，积极参与税收专项检查。对个别整体税负偏低、案件线索指向较为集中的地区或行业，稽查部门要集中力量开展专项整治，促进区域税收秩序好转。稽查部门应当结合税收专项检查和税收专项整治情况，向税源管理部门提出加强和改进征管工作的意见和建议；税源管理部门应当有针对性地研究制定措施、强化税源监控，并向稽查部门反馈管理情况。

（三）加强涉税案件查处。稽查部门对群众举报、上级交办、其他部门转办及纳税评估移送的涉嫌偷骗税案源，一律"先立案、后检查"，立案率应达到100%，年度结案率达到90%。认真落实主查负责制、首查负责制、稽查复查制、过错责任追究制和重大案件审理制。年度已结案件的复查面达到10%以上，案件稽查首查差错率控制在5%以下，不断加大涉税案件查办、处罚力度。积极推行分级分类稽查办法，规范省、市、县三级稽查部门职责范围，建立各司其职、密切配合、上下贯通的案件查办工作机制。

（四）建立税收分析、纳税评估、税务稽查互动机制。实行税源分析会议制度，征管、税政、计统、税源管理、稽查等部门定期通报税源管理相关信息。通过税收分析发现税收征管中存在的普遍性、区域性和行业性问题，指导有针对性地开展纳税评估。通过纳税评估查找纳税异常的具体纳税人，涉嫌偷骗税案源及时移送稽查部门专案检查；税务稽查结果要及时反馈，指导修正分析评估指标以及完善管理措施等，形成以税收分析指导评估和稽查，评估为稽查提供案源，稽查验证评估实效，促进征管工作，进一步改进纳税评估和税收分析的工作机制。进一步强化征管与计统、税政管理部门之间、办税服务厅与税源管理部门之间、评估与稽查之间、征税环节与免抵退税管理部门之间的协调，建立健全评估环节与稽查之间案源移送、立案查处、结果反馈、考核和监督等制度，形成"以信息化为支撑，以科学的专业分析、评估、稽查为重点，职责明确、部门联动、过程控制"的税源管理新机制。

十、健全税源控管措施

（一）完善征管质量考核。全面推行总局《税收执法管理信息系统 V2.0》，全过程监控税收执法行为，量化基层执法人员税源管理情况的考核。按照税收质量管理体系的要求，量化征管质量达标标准，2006–2008 年，漏征漏管率控制在 0.5% 以内，注销户税款、发票清算率达到 100%；纳税人按期申报率 98% 以上，当期申报税款入库率达到 96% 以上，增值税一般纳税人零负申报率每年下降 5 个百分点，年度新增欠税占入库税款比率控制在 0.15% 以内；全省工业增加值增值税税负率每年提高 0.5 个百分点，社会消费品零售总额增值税税负率每年提高 0.2 个百分点。

（二）加强发票管理。结合增值税纳税人"一机多票"的推行，加强对增值税一般纳税人发票使用的管理，执行专用发票限额（限量）规定，限额（限量）发售。纳税人取得专用发票或销货清单注明的货物品名与其生产耗用原料或经营范围应当相符，购销合同、银行结算凭据等有关资料实际交易方与专用发票开具方必须一致。积极落实加强普通发票管理的各项措施，2006 年普通发票同城通购通缴办法在全省全面推广到位，方便纳税人用票。根据个体工商户的管理特点，按定额高低逐步推行无存根联不需缴销的小额定额发票。

（三）积极推广税控装置。一是根据总局和省政府的统一部署，对税负长期偏低且达到一定规模的商业企业大力推广税控收款机。二是加强税控装置使用管理，督促检查使用税控装置的纳税人如实录入经营数据和开具税控发票。三是加强税控装置收集信息的利用，税源管理部门要将税控信息与纳税评估结合起来，利用税控装置记录数据评估并计核应征税额，对不按规定使用税控装置、不据实申报纳税的纳税人，要依法进行查处。

（四）推进社会综合治税。坚持税收宣传月集中宣传与各种形式的日常宣传相结合，进一步拓宽税法宣传渠道，主动向党政领导和相关部门宣传税法，无偿为纳税人提供税收咨询服务和开展纳税辅导，增强税法宣传的广度和深度。进一步加强与技术监督、工商、财政、地税、商务、海关、银行以及司法等部门配合。积极扶持税务代理等社会中介机构发展，建立健全护税协税网络，大力推进社会综合治税工作，形成国税机关依法治税、税务代理专业服务、人民群众护税协税的社会综合治税格局。

二〇〇六年七月十日

江西省国家税务局关于全面推进和谐国税建设
的实施意见

赣国税发〔2008〕171号

各市、县（区）国家税务局：

为深入贯彻党的十七大精神，落实《中共中央关于构建社会主义和谐社会若干重大问题的决定》，全面推进和谐国税建设，在新的起点上实现国税事业又好又快发展，特提出以下实施意见。

一、全面推进和谐国税建设的重要性与紧迫性

社会和谐是中国特色社会主义的本质属性。促进社会和谐，是建设富强、民主、文明、和谐的社会主义现代化国家的内在要求。建设和谐国税既是构建社会主义和谐社会的重要组成部分，也是国税事业科学发展的必由之路。

税收是保证国家机器运转的财力基础和宏观调控的重要手段，涉及社会生产、分配、交换、消费等各个环节，是社会各种利益关系的焦点，在构建社会主义和谐社会进程中发挥着重要作用。构建和谐国税，更加全面、更加充分地发挥好税收组织财政收入、调控经济和调节分配的职能，是税务部门贯彻党的十七大精神，全面落实科学发展观，促进税收与经济社会协调发展的重要举措。当前，我省正处在贯彻落实"十一五"规划、加快江西崛起、实现富民兴赣的关键时期。构建和谐国税，扎实推进各项税收工作，不断提高服务大局的能力、依法治税的能力、科学管理的能力和从严治队的能力，对于推动我省重大项目建设，扶持企业上规模、增效益、蓄后劲，不断优化经济结构，促进江西经济社会又好又快发展具有重大的现实意义。

近几年来，全省国税系统以改革创新为主线，着眼于国税事业的全面协调可持续发展，突出对税收管理的全面筹划、系统整合和整体推进，一年实施一项创新性举措，逐步构建起新的发展平台，成就了江西国税事业的跨越式发展，得到了社会各界的充分肯定和高度评价。与此同时，我们必须清醒地看到，在社会经济环境深刻变化、税收改革创新不断推进的情况下，我省国税工作中也存在一些影响和制约国税事业科学发展、和谐发展的问题。主要是：部分国税人员的法治观念不够强，执法不规范、不文明；有的单位管理制度不健全，有的单位制度执行不到位；部分领导干部的领导力和基层干部的执行力还不高；基层国税部门需要报送的报表、参加的会议、接受的检查仍然偏多；部分税收征管流程、管理措施仍然较繁杂，基层国税机关和纳税人的办税负担尚需进一步减轻；有的国税人员爱岗不敬业，有的索取不奉献，有的偏执不豁达，有的粗俗不文明；纳税人依法诚信纳税意识尚需提高，偷骗税现象时有发生，行政干预税收执法现象依然存在。

构建和谐国税就是一个不断化解矛盾的过程。因此，全省各级国税机关要居安思危，以全面推进和谐国税建设为抓手，积极主动地正视问题、化解矛盾、弥补"短板"，进一步巩固和扩大改革创新成果，不断推动江西国税事业又好又快发展。

二、全面推进和谐国税建设的指导思想、目标、要求和原则

全面推进和谐国税建设是一个长期而艰巨的系统工程。必须高举中国特色社会主义伟大旗帜，以科学发展观为统领，坚持"聚财为国，执法为民"的税收工作宗旨，按照"公正执法、诚信服务、科学管理、廉洁奉公、团结奋进"的基本要求，建设和谐文化，规范税收执法，提升服务水平，健全管理机制，提高行政能力，在新的起点上实现国税事业新跨越，为促进江西科学发展、加快崛起、富民兴赣作出新的贡献。

到 2010 年，推进和谐国税建设的主要目标是：建设一套体系、提高两种能力、力争三方面满意。

建设一套体系。建立起一套完整、系统的既弘扬中华优秀传统文化又符合社会主义核心价值观，并体现江西国税特色的和谐文化体系。这一体系为全体国税人员所认同，成为大家共同遵守的道德规范和行为准则。

提高两种能力。提高税收执法能力，执法考核合格率达 98% 以上，行政复议变更、撤销率控制在 10% 以内，行政诉讼败诉率为零，保持税收增长弹性系数大于 1，全省国税收入占国内生产总值、占财政总收入比重进一步提升；提高行政管理能力，行政决策、执行、监督、反馈机制和综合评价体系基本形成，干部培养选拔机制和管理监督机制科学有效，人力资源配置合理，组织活力显著增强，系统内重大刑事案件、10 人以上群体上访事件和重特大安全责任事故发生率控制为零。

力争三方面满意。纳税人及社会各界对国税系统的"社会满意度"、基层国税机关对上级国税机关的"基层满意度"、国税人员对系统和单位的"个人满意度"，努力达到 90% 以上。

推进和谐国税建设的基本要求是："公正执法、诚信服务、科学管理、廉洁奉公、团结奋进"。

公正执法是和谐国税的核心要义。要求国税机关深入贯彻依法治税基本思想，坚持依法行政，全面落实各项税收政策，充分发挥税收职能作用，规范税收执法行为，加强税收执法监督，营造有利于公平竞争的税收法治环境。

诚信服务是和谐国税的重要基础。要求国税机关转变服务观念，形成以满足纳税人需求和提高纳税人税法遵从度为导向的纳税服务体系，全面落实"两个减负"，不断提高服务纳税人、服务基层的水平，营造依法诚信纳税的服务环境。

科学管理是和谐国税的有效途径。要求国税机关遵循税收管理的客观规律，大力实施管理创新，健全工作制度，优化工作流程，完善岗责体系，强化信息化管理手段，逐步实现税收管理的科学化，营造规范高效有序的制度环境。

廉洁奉公是和谐国税的有力保障。要求国税机关进一步完善符合新时期税收工作实际，教育、制度、监督并重的惩治和预防腐败体系，加强反腐倡廉建设和精神文明建设，树立勤廉兼优典型，营造风清气正、透明高效的政务环境。

团结奋进是和谐国税的动力之源。要求国税机关把和谐理念、和谐精神作为国税干部的价值追求，激发干部创造活力，促进国税事业与国税人员素质的全面发展，营造爱岗敬业、内和外顺、奋发进取的人文环境。

全面推进和谐国税建设，必须遵循以下工作原则：

——必须坚持以人为本。人是和谐国税建设的决定性因素，以人为本是和谐国税建设的出发点和最终归宿。要牢固树立"人力资源是第一资源"的理念，大力实施人才兴税战略，大力发展和谐国税文化，不断提高国税人员的思想道德素质、文化业务素质和身体心理素质，不断增强国税人员的幸福感。

——必须坚持科学发展。科学发展观是各项事业发展的根本要求。国税和谐在很大程度上取决于国税事业发展的全面性、协调性和可持续性。必须统筹税收与经济协调发展，统筹税收与社会共同发展，统筹依法治税与优质服务均衡发展，统筹国税事业与人员素质全面发展，在推动科学发展中建设和谐国税，在建设和谐国税中实现科学发展。

——必须坚持依法行政。依法治税是税收工作的灵魂，是依法治国基本方略在税收领域的具体体现。推进和谐国税建设，要实现执法理念、执法程序、执法手段、执法服务和执法形象高度统一，保证各项行政权力的运行始终处于公开、透明的良性循环中，做到科学行政、依法行政。

——必须坚持改革创新。以改革促进和谐，以创新发展和谐。改革创新是推进和谐国税建设的不竭动力和有效途径。坚持改革创新，就是要用新的眼光审视形势任务，用新的理念谋划发展思路，用新的思维研究整体布局，用新的举措构建和谐局面，在深入实践的基础上继续推进税收管理理念、体制、机制、制度和手段创新。

——必须坚持共建共享。推进和谐国税建设，必须动员全体国税人员共同参与，发挥其主观能动性和首创精神。既要坚持求真务实，为国税干部职工办实事、办好事，使国税人员共同享受发展成果；更要以促进改善民生为己任，为改善民生提供财力保障和政策服务，真正做到在共建中共享，在共享中共建。

三、建设和谐文化，筑牢思想道德基础

建设和发展江西国税和谐文化，是推进和谐国税建设的核心战略和基础工作。必须坚持社会主义先进文化的前进方向，弘扬中华优秀传统文化，提升税务职业道德水准，践行社会主义核心价值观，构筑全体国税人员的思想道德基础。

（一）正确认识江西国税和谐文化的基本定位。江西国税和谐文化是全省国税系统围绕和谐国税建设所形成的价值观念、道德规范、行为准则等的总和，是一种从属于税务文化但又自成体系、结构缜密、特色鲜明的税务文化子系统。必须从以下三个方面正确认识其定位：一是明确目的。构建和谐国税，既要重视"硬件"建设，更要突出"软件"建设，打造强大的精神支柱，营造浓厚的文化氛围。无论是税收与经济的和谐、税收与社会的和谐、国税机关内部的和谐还是每个国税人员的心理和谐，都离不开和谐文化的支撑。没有和谐文化，就没有建设和谐国税的思想根基，也就不可能有建设和谐国税的实践追求。因此，全面推进和谐国税建设，必须坚持以人为本，做到高屋建瓴，把建设和发展和谐国税文化作为治本之策、成事之基，大力倡导和谐理念，培育和谐精神，塑造和谐心态，在全系统形成人人崇尚和谐、维护和谐、追求和谐的良好氛围。二是把握内涵。从文化概念来看，税务文化相对于中华文化的大系统而言，是一种处于从属地位的行业文化，它由物态文化、行为文化、制度文化和精神文化四个要素构成。我们所要建设的和谐文化则是从属于税务文化的子系统，侧重于税务文化四要素中的精神与行为层面，是对税务文化建设的个性创造、特色创新，也是税务文化建设的深化和升华。三是理清层次。我们所要建设的和谐文化，是以中华优秀传统文化为基础，以税务职业道德为主体，以社会主义核心价值观为统领的"金字塔式"构架。即：基础层是符合中华优秀传统的个人道德、行为规范；中间层是体现国税工作特色的职业道德准则；最高层是以马克思主义指导思想为灵魂的社会主义核心价值体系。

（二）大力构建江西国税和谐文化体系。省局将按照系统工程管理的方式，把"江西国税和谐文化"作为一项工程进行研究开发。一是制定和谐文化建设发展规划。按照文化建设的客观规律，确定和谐文化建设的指导思想、基本目标、主要内容、方法步骤及考核办法等，将发展规划作为开展和谐文化建设的行动指南，指导和谐文化建设有条不紊地深入开展。二是制定《江西省国税系统和谐文化体系纲要》。重点阐明国税机关的共同愿景、税务精神、职业道德、和谐理念以及国税人员的道德、行为规范和世界观、人生观、价值观等。三是编写和谐文化建设读本。以现代语言对中华优秀传统文化中的和谐内容进行解读，对道德、行为规范追根溯源进行诠释，帮助全体国税人员加深理解，增强认同感和遵守的自觉性。同时，省局将就和谐文化建设开展全员培训。

（三）积极实践江西国税和谐文化。一是开展深入学习实践科学发展观活动。目前中央正在一些地方、单位进行学习实践科学发展观活动试点，计划试点工作结束后将适时全面推开。我们要按照中央的统一部署，开展好这次学习实践活动，在学习实践科学发展观中推进和谐文化建设。二是开展纪念改革开放30周年活动。今年下半年，中央将隆重纪念改革开放30周年。我们要按照中央部署，结合税收工作实际开展纪念活动，引导广大国税人员以改革创新、与时俱进为动力，坚持继承与创新相结合，不断丰富和完善和谐理念、和谐精神，使和谐文化建设更好地体现时代性、把握规律性、富于创造性。三是开展丰富多彩的和谐文化创建活动。开展创建和谐机关、和谐家庭等活动，与廉政文化建设系列活动结合起来，广泛吸引全员参与，大力宣传自觉实践和谐文化的先进典型，掀起和谐文化建设的高潮。

四、规范税收执法，实现税收与经济社会协调发展

规范税收执法，是国税系统"以内促外、共建和谐"的重要内容。必须深化依法行政，充分发挥税收职能作用，公正执法、文明执法，切实维护公平正义，努力实现税收与经济社会协调发展。

（一）充分发挥税收职能作用。实现税收与经济社会的和谐是和谐国税建设的重要目标。要充分发挥税收筹集财政收入、调控经济、调节分配的职能作用，努力实现税收工作与经济社会发展的良性互动，促进江西经济社会又好又快发展。一是全面落实税收政策。要自觉服从服务于江西经济社会发展大局，认真执行扶持灾后恢复生产、鼓励自主创新、支持企业改制、促进开放型经济发展等税收政策，增强我省经济发展后劲；用足用好支持文化教育、卫生体育、就业再就业、新农村建设等税收优惠政策，促进各项社会事业的进步；落实好生态环境保护、资源综合利用等税收政策，推动我省经济社会全面、协调、可持续发展。二是依法大力组织税收收入。要继续坚持"依法征收、应收尽收，坚决不收过头税，坚决防止和制止越权减免税"的组织收入工作原则，进一步健全税源监控、税收经济分析、纳税评估和税务稽查等"四位一体"税源管理机制，强化税源管理，使税款实征数不断接近法定应征数，使经济发展的成果及时体现到税收收入的持续稳定增长上来，为改善民生、促进和谐提供可靠的财力支撑。三是加大税收宣传力度。要深入宣传国税机关在地方经济社会发展中的地位、作用，以及执行税法和税收政策严肃性的重要意义，使各级党政机关、社会各界更加重视、理解和支持国税工作，增强纳税人的税法遵从意识，努力营造良好的税收法治环境。

（二）大力推进依法稽查、文明执法。各级国税局稽查局作为法律赋予的可以对外独立执法的机构，其执法行为直接影响着纳税人的权益，直观体现着国税机关的形象。因此，依法稽查、文明执法是和谐国税建设的重点工作之一。各级国税局要认真贯彻落实省局下发的《关于进一步推进依法稽查文明执法的意见》，全面提升依法稽查、文明执法水平。一是牢固树立依法稽查、文明执法理念。依法稽查是税务稽查工作的基本原则，是文明执法的前提和基础；文明执法是实现依法稽查的必然途径和重要保证。各级国税机关要坚持执法与服务并重，既不能只强调严格执法而忽视文明服务，又不能以优化服务、支持地方经济发展为名弱化依法稽查。二是依法实施稽查。认真落实《税务稽查业务公开制度》，实行税收政策法规、业务岗位职责、稽查处理程序、行政处罚依据、内部工作纪律和社会监督途径"六公开"。坚持程序与实体并重的原则，严格按照法定程序对纳税人实施税收检查，依法慎重采取强制执行、税收保全措施，确保执法行为合法、规范、必要、有效。落实案件集体审理制度，不断提高稽查案件质量。建立稽查人员内部轮岗和外部交流制度，落实稽查案件复查制、执法责任制和过错责任追究制，对稽查执法行为进行全方位监督。三是推行文明稽查。科学安排检查计划，规范检查计划管理，严格检查计划审批，未经同级国税机关主要领导或分管稽查工作领导批准，不得随意对纳税人实施税收检查，杜绝稽查干部擅自下户检查，最大限度地减少多头检查、重复检查现象。落实查前告知，引导企业自查，加强政策辅导。改进检查方法，提高检查效率，缩短检查时间，最大限度减少对纳税人正常生产经营的影响。在实施税务稽查中，要充分尊重纳税人，认真听取纳税人的解释、陈述，做到态度友善、语言文明，坚决杜绝方法简单、作风粗暴的现象。认真落实查后处理沟通制度，尽可能取得纳税人对违法事实、处理依据的认可，不得以任何理由与当事人和证人发生冲突，不得因纳税人提出申辩、听证、行政复议而加重处罚。

（三）切实强化税收执法监督。强化执法监督，对内有利于爱护干部，对外有利于维护纳税人合法权益，从而促进内外和谐。要以开展"依法行政示范单位"创建活动为载体，以运用税收执法管理信息系统为手段，以落实《关于加强和改进依法行政工作的意见》为重点，强化对税收执法的事前防范、事中制约和事后监督。一是完善税收执法责任制。进一步完善和落实税收执法责任制，提高《税收执法管理信息系统》运行质量，切实加强税收执法检查和执法监察。二是整合完善考核办法。对现行目标管理考核、征管质量考核、税收执法责任制考核和年度公务员考核等进行整合完善，从基层工作和业务实际出发，修改和完善考核指标，探索建立基于统一平台的综合考核体系，切实提高考核的科学性、公正性与实效性。三是严格兑现奖惩制度。探索建立科学合理、公平公正的奖惩办法，严格兑现奖惩，做到有权必有责、用权受监督、侵权要赔偿、违法须追究、守法应鼓励，增强国税人员的工作动力。

五、落实"两个减负"，全面提升税收服务水平

优化税收服务，落实"两个减负"，是推进和谐国税建设的重要举措。必须牢固树立"减负就是增效"的观念，实现税收管理由传统的"管制型"向现代的"服务管理型"转变，寓管理于服务之中。

（一）减轻纳税人不必要的办税负担。减轻纳税人在办税过程中不必要的负担，是维护纳税人合法权益的客观要求。要以解决纳税人最直接、最关心、最迫切的问题为重点，切实减轻纳税人办税负担。一是整合办税内容。纳税人在新办或变更税务登记时，可根据实际需要一并提出增值税一般纳税人资格、发票票种核定、最大开票限额申请、税收优惠资格等相关涉税资格认定（变更）申请。办税服务厅受理时要一次性告知，税源管理部门牵头组织实行一次下户、调查办结。二是优化办税流程。积极推广国税、地税联合办证，推进"同城办税"试点，简化税务登记、普通发票领购、延期申报等 16 项业务流程。各级国税机关不得擅自增加纳税人非法定义务。三是精简表证单书。认真贯彻落实总局、省局制定的各项规定，清理简并 45 项需纳税人报送的资料，切实解决重复报送问题。对长期选择电子申报的纳税人，可适当放宽报送纸质资料的时限。四是规范涉税收费。坚持自愿原则，积极稳妥地做好税务报刊的征订发行工作，严禁向企业强行摊派征订。公开税务登记证、发票等涉税项目的收费标准，规范国税机关收费行为，严禁不合理收费、搭车收费和变相收费。加强与涉税工程技术服务单位联系，督促其进一步优化技术服务，严禁违规收费和强行推销计算机、打印机等通用设备。

（二）减轻基层国税机关额外工作负担。减轻基层国税机关额外的工作负担，是提高税务机关行政效能的有效途径。一是整合工作项目。上级国税机关各部门要落实工作联席会议制度，加强部门之间的沟通与协调。关联度较大的工作实行"扎口"管理，向基层部署工作时做到统筹安排、口径一致，避免多头重复安排。加强对基层的业务指导，及时答复处理基层的请示和咨询，帮助基层解决实际问题。对于能够依托现有信息管理系统拓展功能解决问题的，不得再进行单行软件的开发。二是精简会议、检查、评比和考核。从基层工作实际出发，科学整合各项检查、调查、评比、考核，减少会议次数和时间，整合评比考核的项目和方式方法，使基层能够集中精力做好各项工作。三是简并报表资料。充分利用数据集中的优势，合理减并有关报表资料和文字材料，提高数据资源综合利用率。凡现有税收信息管理系统能够自动生成或经过加工可以生成的数据、报表，凡无实际使用价值的总结、报告等材料，不再要求基层报送。

（三）优化税收服务。一是切实增强服务意识。要牢固树立提供税收服务是税务机关法定义务和基本职责的意识，把优化税收服务摆到全局工作的重要位置，加强领导，切实解决工作中的实际困难和问题，努力实现税收服务的科学化、规范化和制度化。直接面向纳税人的部门或机构要明确分工，落实责任，加强沟通，密切配合，提供方便、快捷、高效的税收服务。二是大力加强服务载体建设。以"五统一"为标准，以开展"优化投资环境、提升服务水平"文明实践活动为载体，规范办税服务厅建设。加强多元化电子申报系统运维，着力提高扣款成功率。完善农村分局服务功能，对非农村分局驻地的乡镇，要为纳税人开展"流动服务车"服务、预约服务等。加强省局门户网站建设，按照省级集中方式，建设统一规范的门户网站管理系统和内、外网站两个服务平台，坚持重在应用的原则，切实增强网站服务功能，逐步实现涉税行政审批和内部管理事项在线办理，积极推进网上实时办税和网上互动办公。三是创新税收服务方式方法。深入推行税收"一窗式"管理服务，认真落实一次性告知制、首问负责制、承诺服务制、延时服务制、提醒服务制、预约服务制等办税服务制度。大力推进税收服务直通车、手机短信平台、法律援助、电话提醒等服务方式。充分发挥涉税中介机构的作用，为纳税人提供具有专业水准的个性化税收服务。

六、健全管理机制，激发国税人员干事创业活力

团结奋进是和谐国税的力量源泉，管理机制是促进团结、激发活力的根本保证。必须进一步健全教育培训、干部激励、工作保障、监督制约等机制，最大限度地激发国税人员干事创业的活力，引导干部职工将实现个人价值与促进事业发展的目标有机融合起来。

（一）健全教育培训机制。一是加强思想政治教育。坚持思想教育、业务教育、文化教育一起抓，通过开展主题教育、专题培训等形式，不断增强国税人员的大局意识、责任意识、服务意识、效能意识，努力把各项不和谐的因素克服于思想、消除于认识、化解于萌芽状态。二是提高干部业务技能。贯彻《江西省国税系统2007——2010年干部教育培训规划》，大力实施人才兴税战略，深入开展"十员五百佳"岗位培训竞赛活动，推进学习型机关建设，发挥设区市局培训基地作用，提高干部业务技能和服务本领。三是抓好复合型人才培养。优化干部队伍的学历、专业、知识结构。鼓励干部参加注册税务师、注册会计师、综合司法等资格考试，力争到2010年，全系统取得相关考试合格资格人员占全体干部人数比例达到6%。

（二）健全干部激励机制。一是科学选人用人。认真贯彻公务员法，坚持"凡进必考"制度，努力创造条件为基层国税机关补充新鲜血液，逐步改善基层干部队伍年龄、知识结构。进一步深化干部人事制度改革，规范竞争上岗办法。加强基层单位非领导职务任职情况调研分析，在政策许可范围内改进非领导职务管理。二是加大干部培养力度。继续实行"上挂下派"制度，加强机关与基层人员的良性互动。继续完善后备干部管理制度，形成规模适度、结构合理、素质优良的人才梯队。三是改进干部激励方式方法。完善基层国税人员能级管理，健全国税人员工作绩效考核评价体系。规范干部记功嘉奖管理办法，大力营造学习先进、崇尚先进、赶超先进的良好氛围。

（三）健全工作保障机制。一是健全经费保障机制。经费继续向基层倾斜，进一步完善和实行基层基本支出经费最低保障线制度，落实省局机关基本支出不高于全省平均水平的2倍，设区市局机关基本支出不高于本地区平均水平的1.5倍的规定。二是积极主动为国税人员办实事、办好事。各级国税机关要针对基层国税人员反映较为集中的工作、生活等实际困难，在政策许可范围内，努力创造条件为其解除后顾之忧提供帮助。三是强化机关后勤保障。各级国税机关要树立为群众服务、为基层服务意识，提升后勤保障水平，为国税人员工作、生活创造良好的环境。要加强财务、资产、接待等管理，实现后勤管理规范化。要继续开展建设节约型机关活动，树立勤俭节俭的风气，反对铺张浪费，促进节能减排。四是做好维护安全稳定工作。各级国税机关要进一步抓好社会治安综合治理工作，防微杜渐，警钟长鸣，预防和杜绝重大安全责任事故，打造"平安国税"。扎实做好税务行政救济和群众来信来访工作，畅通群众诉求渠道，认真倾听民声，有效协调各方面利益关系，减少和消除不安定因素，努力形成干部群众依法有序信访、信访问题依法及时解决的良好局面，维护系统安全稳定大局。

（四）健全监督制约机制。一是加强对领导班子和领导干部的监督。领导班子和谐，干部队伍才能和谐。要以弘扬领导干部八个方面的良好风气为重点，着力解决领导干部廉洁从政方面的突出问题，坚决治理领导干部违反规定收送现金、有价证券、支付凭证，坚决清理纠正领导干部在住房上以权谋私，坚决反对和防止用人上的违纪违规行为等。二是大力纠正行业不正之风。以构建惩治和预防腐败体系为抓手，以解决群众反映的突出问题为重点，切实纠正损害群众利益的不正之风，建立政风行风建设长效机制，进一步优化税收政务环境。三是切实强化党内监督。贯彻落实保持共产党员先进性长效机制，突出加强对党的"四项纪律"与"八项要求"执行情况的监督检查，健全巡视检查制度，强化巡视成果运用。认真落实"三会一课"、党员评议和领导干部过双重组织生活等制度，以党风带政风，以党内和谐促进系统和谐。

七、提高行政能力，形成共建和谐的生动局面

推进和谐国税建设，关键在领导，重心在基层。必须提高领导干部的决策能力，正确把握和谐国税建设的前进方向；提高基层干部执行能力，形成推进和谐国税建设的合力；提高干部的自我调适能力，共同营造安定有序、和睦相处的工作环境。

（一）提高领导决策能力。决策的科学化是落实科学发展观、建设和谐国税的重要保障。一要建立健全决策制度和机制。进一步落实"集体领导、民主集中、个别酝酿、会议决定"制度，扩大党内民主，严格党内组织生活，坚持重大问题的集体审议决策制度，对人财物等方面的重大事项，必须集体讨论决定。二要扩大群众参与度。采取座谈会、听证会、网上调查等多种形式，广泛听取干部职工、纳税人和社会各界的意见，通过利用局长信箱、开展问卷调查等多种渠道和形式广泛集中民智，使决策建立在依法、科学、民主的基础之上。三要提高决策的科学性、措施的有效性。把改革的力度、发展的速度和干部群众可承受的程度统一起来，通盘考虑，反复论证，优选决策方案，降低决策风险，确保各项决策科学可行，取得预期效果。

（二）提高基层执行能力。加强基层执行力建设，是提高行政能力的重要途径。要切实增强执行力，在准确理解上级工作部署的基础上，结合本地实际，充分调动各种资源，持之以恒地抓好贯彻执行。一是准确理解。提高执行力，首先必须认真学习、深刻领会和准确把握上级决策的指导思想、目的、任务和要求，以便完整、全面地贯彻执行，力求获得预期效果。二是科学组织。要制订科学可行的实施方案，层层建立责任制，对各项政策和决策，做到责任主体明确、工作标准明确、完成时限明确，使每项工作都落实到人。加强督促检查，做到有部署必有检查，对已经执行的问效果，对正在执行的抓进度，对尚未执行的查原因，对执行不力的严肃追究责任，确保各项政策和决策落到实处。三是有效协调。要合理配置、充分运用好人、财、物资源，为有效执行提供保障。增强团队合作，加强沟通协调，充分调动各方面的积极性。对全局性的重点工作和难点问题，要打破分工界限，弥合意见分歧，减少矛盾摩擦，增强工作合力，形成齐抓共管、和谐共进的良好局面。对实施过程中出现的矛盾和问题，要及时研究解决，确保各项工作顺利实施。四是勇于创新。要正确处理好忠实执行与勇于创新的关系，把上级精神与本地实际紧密结合起来，创造性地执行各项政策和决策，努力在结合中出思路、在实践中创特色、在创新中获佳绩。

（三）提高国税人员自我调适能力。一是加强心理疏导。各级国税局要通过外请专家等形式加强培训和辅导，完善国税人员的心智模式，引导干部职工正确对待困难、挫折和荣誉，正确对待自己、

他人和社会，正确对待职级的调整、岗位的变换、福利待遇的增减等等，进而消除心理上的不适应，保持阳光心态。二是注重人文关怀。各级国税机关要重视干部心态变化，坚持干部队伍状况分析制度，坚持交心谈心制度，畅通干部情绪交流渠道，提高精神生活水平，用健康丰富的文化生活有效调节人的情感和心理，提升广大干部职工幸福指数。三是完善自我修养。要积极引导广大国税人员从自己的付出、劳动和创造中获得幸福感、成就感和满足感，形成干事创业的心志，淡泊名利的心境，豁达宽容的心态，培育健康的生活情趣，养成良好的生活习惯，营造和谐的生命状态。

八、加强对和谐国税建设的组织领导

推进和谐国税建设，是全体国税人员的共同愿望，是我省国税系统贯彻落实党的十七大精神、实现国税事业又好又快发展的重大战略任务。全省各级国税机关必须把推进和谐国税建设摆在突出位置，加强领导，健全机制，狠抓落实，努力形成人人建设和谐、人人维护和谐的良好局面。

（一）加强领导。各级国税机关务必统一思想，提高认识，将和谐国税建设贯穿到各项工作的始终。要明确领导责任，讲究领导方法。要发挥表率作用，身体力行，以身作则，以实际行动影响并引领各项工作落到实处。

（二）健全机制。各级国税机关要围绕和谐国税建设的要求，建立局党组统一领导、部门各负其责、全体人员积极参与的工作机制。明确部门分工，统筹兼顾，搞好协调指导。加强对和谐国税建设中重大问题的调查研究，提高各项措施的针对性和有效性，切实解决好影响和谐的突出矛盾和问题。

（三）狠抓落实。各级国税机关要发扬求真务实精神，把心思用在干事业上，把精力投到抓落实中。改革越是向前推进，触及的矛盾就越深，遇到的阻力就越大，也就越需要各级国税机关和领导干部坚持与时俱进、改革创新，在深入调研、把握规律的基础上，研究新情况，采取新措施，解决新问题，创造新业绩。

二〇〇八年八月十八日

中共江西省国家税务局党组关于印发《江西省国家税务局系统巡视工作实施办法》的通知

赣国税党字〔2010〕32号

各设区市国家税务局党组，省税务干部学校党委：

为切实加强对我省国税系统领导班子及其成员的监督，进一步规范巡视工作，整合监督资源，充分发挥巡视工作的作用，根据《中国共产党巡视工作条例（试行）》和《国家税务局系统巡视工作规定（试行）》（国税党字〔2010〕25号）精神，经省局党组研究，现将《江西省国家税务局系统巡视工作实施办法》印发给你们，请遵照执行。

二〇一〇年七月六日

江西省国家税务局系统巡视工作实施办法

第一章　总　则

第一条　为规范我省国税系统巡视工作，加强对各级国家税务局党组领导班子及其成员的监督，按照《中国共产党巡视工作条例（试行）》精神，根据国家税务总局党组《国家税务局系统巡视工作规定（试行）》，制定本办法。

第二条　巡视工作以邓小平理论和"三个代表"重要思想为指导，深入贯彻落实科学发展观，坚持党要管党、从严治党的方针，维护党的纪律，落实聚财为国、执法为民的税收工作宗旨，保证党的路线方针政策和中央重大决策部署的贯彻执行，促进各项税收事业健康发展。

第三条　巡视工作坚持党组领导、分级负责，实事求是、客观公正，发扬民主、依靠群众的原则。

第二章　组织领导

第四条　巡视工作实行"党组统一领导，分级负责，巡视机构组织实施，人事和纪检监察等有关部门共同参与"的领导体制和工作机制。江西省国家税务局（以下简称省局）成立干部监督工作领导小组（以下简称领导小组），组长由省局党组主要负责人担任，副组长由分管巡视、人事和纪检监察的领导担任，成员包括巡视、人事、纪检监察、党办和教育等部门的主要负责人。领导小组向党组负责并报告工作。领导小组下设办公室，为其日常办事机构，与巡视工作办公室（以下简称巡视办）合署办公。各设区市国税局根据本地实际情况，建立健全巡视工作领导体制和工作机制。各级党组要建立完善巡视工作保障机制，巡视工作所需经费列入预算，给予保障。

第五条　根据巡视工作需要，成立巡视组，每组 5-7 人，承担巡视任务。巡视组设组长、副组长，实行组长负责制，副组长协助组长工作。省局巡视组组长由省局正处级领导干部担任，副组长一般由处级干部担任，巡视组其他成员从巡视、人事、纪检监察等有关部门和特约巡视监督员及设区市局处级后备干部中选配；设区市局巡视组组长由市局正科级（含）以上领导干部担任，副组长一般由科级干部担任，巡视组其他成员从人事、纪检监察等有关部门和其他干部中选配。

第六条　领导小组的主要职责：

（一）贯彻上级干部监督和巡视工作的有关决议、决定；

（二）研究制定干部监督和巡视工作计划、方案；

（三）听取干部监督和巡视工作汇报，研究决定有关事项；

（四）研究巡视成果的运用，提出相关意见、建议；

（五）向同级党组报告工作；

（六）研究处理干部监督和巡视工作中的其他重要事项。

第七条　巡视办的主要职责：

（一）承担综合协调、理论研究、制度建设等工作；

（二）组织对下级国家税务局党组领导班子及其成员的巡视监督；

（三）向党组或领导小组报告巡视工作中的重要情况，向巡视组传达党组或领导小组做出的决策和部署；

（四）对党组或领导小组决定的事项形成会议记录和会议纪要，并按要求进行督办；

（五）在研究干部提拔、任免、交流时，要征求巡视办的意见。根据工作需要，巡视办负责人列席党组会议及相关会议；

（六）检查、指导下级国家税务局的巡视工作；

（七）办理党组或领导小组交办的其他事项。

第八条　巡视组对下列单位党组领导班子及其成员进行巡视：

（一）省局负责对设区市国税局党组领导班子及其成员、省税务学校领导班子及其成员进行巡视；同时，延伸巡视副处级单位或部分县（市、区、直属）局领导班子及其成员。设区市国税局派员参加省局巡视组对其所属副处级单位及县（市、区）国税局的延伸巡视，巡视结果经省局党组审议后，反馈给设区市局，由设区市国税局对被巡视的所属单位下达整改意见，并督促其整改。省局已经巡视的单位，设区市局在同一轮巡视中一般不重复巡视。

（二）设区市国税局负责对县（市、区）国税局党组领导班子及其成员进行巡视。

第九条　巡视组对本规定第八条所列的单位党组领导班子及其成员的下列情况进行监督：

（一）贯彻执行党的路线方针政策和决议、决定的情况，特别是贯彻落实邓小平理论、"三个代表"重要思想以及科学发展观的情况；贯彻落实上级工作部署的情况；

（二）执行民主集中制的情况；

（三）落实党风廉政建设责任制和自身廉政勤政的情况；

（四）开展作风建设的情况；

（五）选拔任用干部的情况；

（六）派出巡视组的党组要求了解的其他事项。

第三章　工作程序

第十条　省局对设区市局党组领导班子及其成员的巡视，每四年巡视一遍；设区市局对县（市、区）局党组领导班子及其成员的巡视，每三至五年巡视一遍。

第十一条　巡视办根据党组的工作部署，拟定年度巡视工作计划，经领导小组审议审阅后，报党组审批。

第一节　巡视前的准备

第十二条　开展巡视前，巡视办要向同级人事、纪检监察、督察内审等部门了解被巡视单位党组领导班子及其成员的有关情况，并将情况向巡视组通报。有关部门要积极配合，如实提供情况。

第十三条　党组或领导小组根据巡视办的建议，确定巡视组及组成人员，明确巡视组组长、副组长。巡视组组建后，要根据被巡视单位的情况制定巡视工作方案，报巡视办备案。

第十四条　巡视办提前 7 个工作日向被巡视单位下达巡视通知，委托被巡视单位在办公地点的醒目位置张贴并在局域网上发布巡视预告，公布巡视工作的监督范围、时间安排以及巡视组的联系方式等情况。根据工作需要，下达巡视通知的时间可以提前。

第二节　巡视的组织实施

第十五条　巡视组进驻被巡视单位后，要向被巡视单位的党组领导班子及其成员通报开展巡视工作的计划安排和要求。

第十六条　巡视组的主要工作方式：

（一）听取被巡视单位党组的工作汇报、有关专题汇报和领导班子成员履行职责情况的汇报；

（二）召开动员大会，对被巡视单位党组领导班子及其成员进行民主测评，根据工作需要进行问卷调查；

（三）与被巡视单位党组领导班子及其成员和干部、群众个别谈话；

（四）召开听取意见座谈会；

（五）调阅、复制有关文件、档案、会议记录等资料；

（六）受理反映被巡视单位党组领导班子及其成员问题的来信、来电、来访等；

（七）以适当方式对被巡视单位的下属单位或有关部门进行走访调研；

（八）征求地方组织、纪检等有关部门的意见；

（九）根据工作需要列席被巡视单位党组会、局长办公会等有关会议，列席被巡视单位党组民主生活会；

（十）对专业性较强或特别重要问题的了解，可以商请有关职能部门或专业机构予以协助。

巡视组对反映被巡视单位党组领导班子及其成员的重要问题，可以进行深入了解。

巡视组不干预被巡视单位的正常工作、不查办案件。

第十七条　巡视期间，有下列情况之一的，巡视组要及时向派出巡视组的党组或领导小组报告：

（一）被巡视单位党组领导班子及其成员涉嫌严重违纪违法的问题；

（二）被巡视单位党组领导班子主要负责人违反民主集中制，严重影响工作和领导班子建设的问题；

（三）关系群众切身利益，干部群众反映强烈，影响税收事业发展大局的重大事项；

（四）巡视组认为应当报告的其他事项。

特殊情况下，巡视组可以直接向派出巡视组的党组主要领导汇报以上情况。

第十八条　巡视期间，发现被巡视单位存在群众反映强烈、明显违反规定并且能够及时解决的问题，巡视组报经派出巡视组的党组同意后，要及时向被巡视单位党组或其主要负责人提出处理意见。

第十九条　巡视期间，纪检监察、督察内审等部门在对被巡视单位党组领导班子及其成员进行检查或查办案件时，要在纪律允许范围内，及时向巡视组通报被巡视单位的有关情况。

第二十条　巡视了解工作结束前，巡视组组长可以针对巡视中的有关情况和问题，与被巡视单位主要负责人交换意见。

第三节　巡视情况的汇报

第二十一条　巡视了解工作结束后，巡视组要及时撰写巡视报告，向派出巡视组的党组或领导小组汇报。巡视报告的主要内容包括：

（一）巡视工作开展基本情况；

（二）对被巡视单位党组领导班子及其成员的评价；

（三）被巡视单位存在的主要问题；

（四）对被巡视单位的意见和建议；

（五）对派出巡视组的党组的建议；

（六）派出巡视组的党组要求了解的其他情况。

第二十二条　派出巡视组的党组或领导小组在巡视结束后要及时召开会议，专题听取巡视工作汇报，对以下巡视结果，做出处理决定：

（一）审议巡视组的巡视报告，形成对被巡视单位的巡视意见；

（二）对巡视中发现的重要情况和问题做出处理；

（三）按照党组分工和相关部门职责，对巡视结果的移送交办进行任务分解，明确承办部门，提出办理要求。

第四节　巡视结果的移交办理

第二十三条　对党组或领导小组决定的事项，依据干部管理权限和归口管理、各司其职的原则，按照以下途径移交办理：

（一）对被巡视单位党组领导班子及其成员廉洁自律和其他涉嫌违纪违法的问题，移交纪检监察部门处理；

（二）对被巡视单位党组领导班子及其成员在执行民主集中制、干部选拔任用、工作作风等方面存在的问题和巡视组提出的关于领导班子建设的建议，移交人事部门处理；

（三）涉及被巡视单位党组领导班子及其成员其他方面的问题，移交相关职能部门处理。

第二十四条　巡视结果移交办理的程序：

（一）巡视办在党组或领导小组听取汇报后的 10 个工作日内，将需交办事项填写《巡视移交办理单》，移交承办部门；

（二）承办部门对交办事项一般在三个月内办结，紧急事项限时办结；因特殊情况不能按时办结的，要向巡视办书面说明情况，经局领导批准后，可适当延长办结时限；

（三）承办部门要将办结情况写出书面报告，报党组或领导小组，并抄送巡视办；

（四）巡视办负责跟踪了解交办事项处理的进展情况，及时向党组或领导小组报告。

第五节　巡视意见的反馈

第二十五条　巡视办根据党组决定的巡视意见和整改要求，起草对被巡视单位反馈的巡视意见，主要内容是对党组领导班子及其工作情况的评价，主要成绩、存在的主要问题和整改建议。巡视意见在 15 个工作日内向被巡视单位反馈。

第二十六条　巡视意见的反馈形式：

（一）对被巡视单位领导班子情况的反馈，采取召开会议集体反馈的形式进行。反馈范围为党组领导班子成员，根据工作需要可适当扩大反馈范围；

（二）对被巡视单位党组领导班子成员主要成绩、存在不足和改进建议的反馈，采取个别谈话反馈的形式进行。

第六节　巡视整改情况的检查

第二十七条　被巡视单位要根据巡视意见及时研究制定整改方案，自收到巡视意见之日起 30 个工作日内，将整改方案报上级党组，并抄送巡视办；自整改方案报送之日起 6 个月内报送整改情况报告。

除特殊情况外，被巡视单位要将整改情况在一定范围公布。

第二十八条　根据工作需要，通过适当方式对被巡视单位的整改情况进行巡视回访。巡视回访的时间一般为巡视后一年左右。

第二十九条　巡视回访的主要内容：

（一）巡视意见中指出问题的整改落实情况；

（二）尚未整改落实的问题及原因；

（三）需要了解的其他情况。

第三十条　巡视回访结束后，巡视办要向党组或领导小组报告巡视回访情况，对被巡视单位的整改情况做出评价并提出相关意见，按照党组或领导小组的决定办理有关事项。

党组或领导小组可以直接听取被巡视单位有关整改情况的汇报。

第七节 巡视成果的综合运用

第三十一条 受派出巡视组的党组或领导小组委托，巡视组组长、副组长可以按照规定与被巡视单位党组领导班子成员进行诫勉谈话或廉政谈话。

第三十二条 当年进行巡视的，被巡视单位领导班子和班子成员可综合运用到年度考核意见中。

第三十三条 人事、纪检监察部门要把巡视结果和巡视回访情况作为干部考核评价、选拔任用、奖励惩处和对干部进行调整、免职、降职等组织处理的重要依据。

第四章 人员管理

第三十四条 巡视工作人员应当具备下列基本条件：

（一）政治坚定，同党中央保持高度一致，认真学习马克思列宁主义、毛泽东思想、邓小平理论和"三个代表"重要思想，深入贯彻落实科学发展观，坚决执行党的路线方针政策，具有履行职责所需要的政治理论水平；

（二）坚持原则，依法办事，实事求是，公道正派，联系群众，清正廉洁，组织纪律性强，严守党的秘密；

（三）有强烈的事业心和责任感，思想敏锐，有一定的工作经验，熟悉党务政务和政策法规；

（四）有较强的调查研究和文字综合能力；

（五）身体健康，能胜任工作要求。

第三十五条 巡视办工作人员可以采取组织选调、推荐选拔、竞争上岗等方式选配。巡视办主要负责人的配备须征求上级主管部门的意见。

第三十六条 省局巡视办设同级巡视专员，巡视专员为领导职务。设区市国税局要在人事部门配备专职巡视人员，负责完成本级党组和上级交办的有关巡视任务。

第三十七条 省局和设区市局可以在本国税系统内，按照《江西省国税系统特约巡视监督员管理办法》，聘任特约巡视监督员，参加巡视工作。

第三十八条 巡视工作人员实行公务回避、任职回避和地域回避。

第三十九条 巡视办和巡视组应当加强自身建设，建立健全日常管理制度，严格规范工作程序，组织开展学习培训，不断提高巡视工作人员的政治、业务素质和工作水平。省局每年对全省国税系统巡视工作人员、特约巡视监督员开展培训。

第四十条 巡视工作人员在巡视工作中成绩突出、为税收事业做出重要贡献的，应给予表彰奖励。

第五章 纪律与责任

第四十一条 党组要加强对巡视工作的领导，及时解决巡视工作中遇到的重大问题。

第四十二条 被巡视单位党组领导班子及其成员要自觉接受巡视监督，积极配合巡视组开展工作。

党员干部有义务向巡视组如实反映情况。

第四十三条　巡视组要严格执行请示报告制度，对巡视工作中的重要情况和重大问题要及时请示报告。

第四十四条　巡视组对被巡视单位干部群众反映强烈、属于巡视工作职责范围内的重要问题，疏于职守，应了解而没有了解，应报告而没有报告的，按照有关规定追究责任人的纪律责任。

第四十五条　巡视工作人员有下列情形之一的，给予责令书面检查、通报批评或者调整、免职、降职等组织处理；构成违纪的，按照有关规定给予纪律处分；涉嫌犯罪的，移送司法机关依法处理：

（一）利用巡视工作的便利谋取私利或者为请托人谋取不正当利益的；

（二）隐瞒或者歪曲、捏造事实的；

（三）泄露、扩散巡视工作秘密的；

（四）有违反巡视工作纪律的其他行为的。

第四十六条　被巡视单位及其工作人员有下列情形之一的，对该单位主要负责人和其他直接责任人，给予责令书面检查、通报批评或者调整、免职、降职等组织处理；构成违纪的，按照有关规定给予纪律处分；涉嫌犯罪的，移送司法机关依法处理。

（一）隐瞒不报或者故意向巡视组提供虚假情况的；

（二）拒绝或者不按要求向巡视组提供相关文件材料的；

（三）无正当理由拒不纠正存在的问题或不按要求整改的；

（四）暗示、指使、强令有关单位或者人员干扰、阻挠巡视工作的；

（五）有其他干扰巡视工作行为的。

第四十七条　被巡视单位的干部群众发现巡视工作人员有违反本办法第四十四条所列行为的，有权向巡视办反映，也可依照有关规定直接向派出巡视组的党组或领导小组反映。

第六章　附　则

第四十八条　本办法由江西省国家税务局负责解释。

第四十九条　本办法自印发之日起施行。

重要文件文献存目

1. 关于印发《江西省流转税减免管理暂行办法》的通知　　赣税发〔1991〕134号　1991年3月1日印发

2. 转发国家税务局关于贯彻中央工作会议精神进一步支持搞好国营大中型企业问题的通知　赣税发〔1991〕838号　1991年11月11日印发

3. 关于做好依法治税工作、坚决制止承包流转税问题的紧急通知　　赣税发〔1992〕86号　1992年3月24日印发

4. 关于认真做好一九九二年促产增收工作的通知　赣税发〔1992〕46号　1992年1月27印发

5. 转知国家税务局关于认真加强集贸税收分成管理的通知　赣税发〔1992〕219号　1992年4月21日印发

6. 关于印发《江西省税务人员保持廉洁的十条规定》的通知　　赣税发〔1993〕605号　1993年9月14日印发

7. 关于印发《进一步加强税收票证管理工作的意见》的通知　　赣税发〔1993〕42号　1993年12月3日印发

8. 江西省物价局　江西省国家税务局关于税制改革期间加强物价管理的紧急通知　赣税发〔1994〕6号　赣价综电字〔1994〕第1号　1994年1月22日发

9. 江西省税务局转发国家税务总局《税务行政复议规则》的通知　赣税发〔1994〕59号　1994年1月31日印发

10. 江西省税务局关于印发《江西省税务代理暂行办法（试行）》的通知　赣税发〔1994〕206号　1994年5月12日印发

11. 江西省国家税务局转知关于税务登记代码有关问题的通知　赣国税发〔1994〕106号　1994年10月28日印发

12. 江西省国家税务局关于开展税务代理试点工作的通知　赣国税发〔1994〕110号　1994年10月31日印发

13. 转发国家税务总局关于进一步加强增值税专用发票管理工作的通知　赣税发〔1994〕077号　1994年10月8日印发

14. 江西省国家税务局　省工商行政管理局　省个体私营经济协会关于进一步加强个体工户、集贸市场税收管理的通知　赣国税发〔1994〕128号　1994年11月18日印发

15. 关于严厉打击利用增值税专用发票进行违法犯罪活动的通知（省委政法委、省高级法院、

省检察院、省公安厅、省国税局五家联合发文） 赣政法〔1994〕18 号 1994 年 12 月 19 日印发

16. 江西省国家税务局关于印发《江西省国家税务局纳税申报管理办法》的通知 赣国税发〔1995〕246 号 1995 年 5 月 11 日印发

17. 江西省国家税务局关于贯彻省委、省政府《关于坚决制止农民负担反弹的紧急通知》的通知 赣国税发〔1995〕36 号 1995 年 10 月 16 日发

18. 江西省国家税务局关于印发《税务人员礼貌用语》的通知 赣国税发〔1995〕542 号 1995 年 10 月 26 日印发

19. 江西省国家税务局转发国家税务总局关于清理检查预算外资金问题的通知 赣国税发〔1996〕242 号 1996 年 5 月 28 日印发

20. 江西省国家税务局关于印发《江西省国税系统文明规范服务标准》的通知 赣国税发〔1996〕477 号 1996 年 10 月 4 日印发

21. 江西省国家税务局关于做好税务行政处罚听证工作有关问题的通知 赣国税发〔1997〕327 号 1997 年 6 月 4 日印发

22. 江西省国家税务局关于印发《江西省国家税务局示范办税服务厅服务承诺》的通知 赣国税发〔1997〕293 号 1997 年 5 月 19 日印发

23. 江西省国家税务局转发财政部、国家税务总局关于制止越权减免企业所得税的通知 赣国税发〔1998〕234 号 1998 年 5 月 26 日印发

24. 江西省国家税务局转发国家税务总局《税收执法检查规则（试行）》的通知 赣国税发〔1999〕464 号 1999 年 8 月 17 日印发

25. 江西省国家税务局关于印发《税收执法责任追究暂行办法》的通知 赣国税发〔1999〕546 号 1999 年 9 月 29 日印发

26. 江西省国家税务局转发江西省委办公厅省政府办公厅关于切实做好当前减轻农民负担工作的紧急通知 赣国税发〔2000〕333 号 2000 年 11 月 21 日印发

27. 江西省国家税务局关于印发《江西省国家税务局延期缴纳税款审批管理暂行办法》的通知 赣国税发〔2001〕277 号 2001 年 10 月 15 日印发

28. 江西省国家税务局转发《中国人民银行 财政部 教育部 国家税务总局关于进一步推进国家助学贷款业务发展的通知》的通知 赣国税发〔2001〕287 号 2001 年 10 月 24 日印发

29. 江西省国家税务局关于加强海关完税凭证进项税额抵扣管理有关问题的补充通知 赣国税发〔2001〕292 号 2001 年 11 月 6 日印发

30. 江西省国家税务局转发《国家税务总局关于全面加强税收执法监督工作的决定》的通知 赣国税发〔2001〕312 号 2001 年 12 月 7 日印发

31. 江西省国家税务局关于进一步优化税收环境促进经济发展的意见 赣国税发〔2002〕34 号 2002 年 2 月 26 日印发

32. 江西省国家税务局转发《财政部 国家税务总局关于加油机安装税控装置有关税收优惠政策的通知》的通知 赣国税发〔2002〕71 号 2002 年 2 月 27 日印发

33 江西省国家税务局转发《关于贯彻实施〈江西省实施中华人民共和国行政复议法若干规定〉的通知》的通知　赣国税发〔2002〕108 号　2002 年 5 月 10 日印发

34.江西省国家税务局转发《国家税务总局关于汇总合并纳税企业实行统一计算、分级管理、就地预交、集中清算所得税问题的补充通知》的通知　赣国税函〔2002〕170 号　2002 年 5 月 31 日印发

35.江西省国家税务局关于推行多元化电子申报纳税方式的工作意见　赣国税发〔2002〕147 号　2002 年 7 月 3 日印发

36.江西省国家税务局转发《国家税务总局转发〈最高人民法院关于审理偷税抗税刑事案件具体应用法律若干问题的解释〉的通知》的通知　赣国税发〔2002〕265 号　2002 年 12 月 17 日印发

37.江西省国家税务局转发《财政部　国家税务总局关于下岗失业人员再就业有关税收政策问题的通知》的通知　赣国税发〔2003〕15 号　2003 年 1 月 21 日印发

38.江西省国家税务局转发《国家税务总局关于加强纳税服务工作的通知》的通知　赣国税发〔2003〕119 号　2003 年 5 月 28 日印发

39.江西省国家税务局转发《国家税务总局关于贯彻落实〈国务院办公厅关于加快推进再就业工作的通知〉的通知》的通知　赣国税发〔2003〕154 号　2003 年 7 月 4 日印发

40.江西省国家税务局关于印发《江西省国税系统税收执法质询实施办法》的通知　赣国税发〔2003〕215 号　2003 年 8 月 22 日印发

41.江西省国家税务局关于印发《江西省国家税务局关于实施税收"一窗式"管理服务的工作意见》的通知　赣国税发〔2003〕226 号　2003 年 9 月 10 日印发

42.江西省国家税务局转发《财政部　劳动保障部　国家税务总局关于促进下岗失业人员再就业税收优惠及其它相关政策的补充通知》的通知　赣国税发〔2003〕262 号　2003 年 10 月 21 日印发

43.江西省国家税务局转发《国家税务总局关于进一步落实税收优惠政策　促进农民增加收入》的通知　赣国税发〔2004〕50 号　2004 年 1 月 20 日印发

44.江西省国家税务局转发《国家税务总局税务登记管理办法》的通知　赣国税发〔2004〕34 号　2004 年 2 月 13 日印发

45.江西省国家税务局关于转发《税务行政复议规则（暂行）》的通知　赣国税发〔2004〕94 号　2004 年 4 月 13 日印发

46.江西省国家税务局　江西省地方税务局关于印发《江西省国、地税工作联席会议制度》的通知　赣国税发〔2004〕19 号　2004 年 2 月 2 日印发

47.江西省国家税务局转发《国家税务总局关于实施税务行政许可若干问题的通知》的通知　赣国税发〔2004〕153 号　2004 年 6 月 29 日印发

48.江西省国家税务局转发《国家税务总局关于印发〈税收执法检查规则〉的通知》的通知　赣国税发〔2004〕268 号　2004 年 11 月 2 日印发

49.江西省国家税务局关于认真贯彻执行国家税务总局欠税公告办法的通知　赣国税发〔2004〕

273 号　2004 年 11 月 9 日印发

50.江西省国家税务局　江西省交通厅关于明确车辆购置税业务资料移接交问题的通知　赣国税发〔2004〕308 号　签发日期：2004 年 12 月 14 日

51.江西省国家税务局转发《国家税务总局关于加强减免税管理的通知》的通知　赣国税发〔2005〕77 号　2005 年 4 月 7 日印发

52.江西省国家税务局关于印发《江西省国家税务局关于推动全民创业、加快富民兴赣的实施意见》的通知　赣国税发〔2005〕188 号　2005 年 7 月 18 日印发

53.江西省国家税务局转发《国家税务总局关于开展欠税核查工作的通知》的通知　赣国税函〔2005〕289 号　2005 年 10 月 8 日印发

54.江西省国家税务局关于印发《江西省国税系统税务行政许可实施办法》的通知　赣国税发〔2005〕284 号　2005 年 10 月 25 日印发

55.江西省国家税务局关于印发《江西省国税系统税收管理员规范（试行）》的通知　赣国税发〔2005〕284 号　2005 年 10 月 25 日印发

56.江西省国家税务局关于转知国家税务总局进一步加强就业再就业工作的通知　赣国税发〔2005〕317 号　2005 年 12 月 9 日印发

57.江西省国家税务局关于推行普通发票同城通购通缴的意见　赣国税发〔2005〕344 号 2005 年 12 月 27 日印发

58.江西省国家税务局关于启用全省新发票领购簿、电脑版《代开统一发票》的通知　赣国税发〔2005〕416 号　2005 年 12 月 30 日印发

59.江西省国家税务局转发《国家税务总局关于使用计算机开具普通发票有关问题的批复》的通知　赣国税发〔2006〕47 号　2006 年 2 月 21 日印发

60.江西省国家税务局关于印发《江西省国税系统税收规范性文件制定管理实施办法》的通知　赣国税发〔2006〕72 号　2006 年 3 月 6 日印发

61.江西省国家税务局关于印发《江西省国家税务局省级集中版综合征管软件运行维护管理办法》的通知　赣国税发〔2006〕82 号　2006 年 3 月 29 日印发

62.江西省国家税务局关于印发《江西省国家税务局系统政府采购工作规程》的通知　赣国税发〔2006〕89 号　2006 年 6 月 6 日印发

63.江西省国家税务局印发《江西省国家税务局关于加强廉政文化建设的意见》　赣国税发〔2006〕154 号　2006 年 6 月 12 日印发

64.江西省国家税务局转发《国家税务总局关于个体工商户定期定额征收管理有关问题的通知》的通知　赣国税发〔2007〕20 号　2007 年 1 月 19 日印发

65.江西省国家税务局转发国家税务总局　财政部《检举纳税人税收违法行为奖励暂行办法》的通知　赣国税发〔2007〕109 号　2007 年 5 月 22 日印发

66.江西省国家税务局关于印发《江西省国税系统法律援助工作办法》的通知　赣国税发〔2007〕111 号　2007 年 5 月 23 日印发

67. 江西省国家税务局关于印发《江西省国税系统网络管理办法》的通知　赣国税发〔2007〕168号　2007年8月17日印发

68. 江西省国家税务局转发《国家税务总局关于印发"扩大增值税抵扣范围暂行管理办法"的通知〉的通知　赣国税发〔2007〕142号　2007年7月9日印发

69. 江西省国家税务局转发《国家税务总局关于做好储蓄存款利息所得减征个人所得税有关工作的通知》的通知　赣国税发〔2007〕155号　2007年8月2日印发

70. 江西省国家税务局转发《国家税务总局关于车辆购置税征缴有关问题的通知》的通知　赣国税函〔2007〕241号　2007年8月15日印发

71. 江西省国家税务局关于印发《税收经济分析工作实施办法》的通知　赣国税发〔2007〕183号　2007年9月13日印发

72. 江西省国家税务局转发《国家税务总局关于落实"两个减负"优化纳税服务工作的意见》的通知　赣国税发〔2007〕213号　2007年10月19日印发

73. 江西省国家税务局转发《国家税务总局关于清理简并纳税人报送涉税资料有关问题的通知》的通知　赣国税函〔2007〕329号　2007年11月26日印发

74. 科学技术部　财政部　国家税务总局关于印发《高新技术企业认定管理办法》的通知　国科发火〔2008〕172号　2008年4月14日

75. 江西省国家税务局　江西省地方税务局　江西省财政厅关于转发严禁违规开立税款过渡账户的紧急通知　赣国税发〔2008〕84号　2008年5月7日印发

76. 江西省国家税务局关于进一步推进依法稽查、文明执法的意见　赣国税发〔2008〕95号　2008年5月23日印发

77. 江西省国家税务局关于印发《江西省国家税务局纳税评估工作规程》的通知　赣国税发〔2008〕106号　2008年6月5日印发

78. 江西省国家税务局关于修订《江西省国税系统税务行政许可实施办法》的通知　赣国税发〔2008〕180号　2008年9月10日印发

79. 江西省国家税务局　江西省地方税务局 江西省工商行政管理局关于进一步加强工商登记信息和税务登记信息交换与共享工作的通知　赣国税发〔2008〕229号　2008年12月8日印发

80. 江西省国家税务局转发《财政部 国家税务总局关于再生资源增值税政策的通知》的通知　赣国税函〔2008〕411号　2008年12月25日印发

81. 江西省国家税务局转发《非居民承包工程作业和提供劳务税收管理暂行办法》的通知　赣国税函〔2009〕32号　2009年2月23日印发

82. 江西省人民政府办公厅转发省国税局省地税局关于发挥税收职能作用促进经济平稳较快发展实施意见的通知　赣府厅发〔2009〕18号　2009年4月16日印发

83. 江西省国家税务局转发《国家税务总局关于印发〈企业所得税汇算清缴管理办法〉的通知》的通知　赣国税函〔2009〕143号　2009年5月11日印发

84. 江西省国家税务局关于印发《江西省国家税务局重点税源监控分析工作实施办法》的通知

赣国税发〔2009〕145 号　　2009 年 9 月 24 日印发

85. 江西省国家税务局转发《国家税务总局关于纳税人权利与义务的公告》的通知　　赣国税发〔2009〕199 号　　2009 年 12 月 21 日印发

86. 江西省国家税务局转发《财政部 国家税务总局关于减征 1.6 升以下排量乘用车车辆购置税的通知》的通知　　赣国税发〔2010〕5 号　　2010 年 1 月 11 日印发

87. 江西省国家税务局转发《财政部 国家税务总局关于延长下岗失业人员再就业有关税收政策审批期限的通知》的通知　　赣国税发〔2010〕55 号　　2010 年 3 月 4 日印发

88. 江西省国家税务局转发《国家税务总局关于印发〈纳税服务投诉管理办法（试行）的通知》的通知　　赣国税发〔2010〕39 号　　2010 年 3 月 8 日印发

89. 江西省国家税务局　江西省地方税务局关于全面推行联合办理税务登记工作的通知　　赣国税发〔2010〕84 号　　2010 年 5 月 28 日印发

90. 江西省国家税务局 江西省地方税务局关于印发《企业所得税税收优惠管理办法（试行）》的通知　　赣国税发〔2010〕62 号　　2010 年 4 月 9 日印发

91 江西省国家税务局转发《国家税务总局关于印发〈国家税务局系统行政单位国有资产收入收缴管理暂行办法〉的通知》的通知　　赣国税〔2010〕142 号　　2010 年 5 月 25 日印发

92. 江西省国家税务局关于印发《江西省国税系统星级办税服务厅评选管理办法（试行）》的通知　　赣国税发〔2010〕93 号　　2010 年 6 月 18 日印发

93. 江西省国家税务局关于支持抗洪救灾恢复生产若干税收措施的意见　　赣国税发〔2010〕113 号　　2010 年 6 月 30 日印发

94. 江西省国家税务局转发《全国普通发票简并票种统一式样工作实施方案》的通知　　赣国税〔2010〕102 号　　2010 年 6 月 30 日印发

95. 江西省国家税务局关于加强再生资源税收管理促进再生资源产业健康发展的通知　　赣国税发〔2010〕174 号　　2010 年 10 月 26 日印发

编纂始末

2012年1月，江西省人民政府印发《第二轮江西省志编纂工作方案》，3月召开江西省人民政府第二轮《江西省志》编纂工作动员部署大会，正式启动第二轮江西省志编纂工作。江西省国家税务局领导高度重视《江西省志·国家税务志（1991—2010）》编纂工作，及时组织有关人员认真学习相关文件和领导讲话，吃透精神，明确要求，统一思想，提高认识，增强使命感和责任感，把国税志编纂工作纳入省国税工作计划统筹考虑，早安排早部署，抓紧抓实。

2012年5月，省国税局成立江西省国税志编纂委员会。省局主要领导担任主任委员，其他局领导任副主任委员，省局各处室和各设区市国税局主要负责人为编委会成员。省国税志编纂委员会下设办公室，挂靠省局税收科学研究所，省局科研所所长兼任国税志编纂办公室主任。编纂委员会加强国税志编纂工作的领导与协调，审核呈报的文稿，审批编纂工作经费，检查督促编纂工作等。编纂办公室具体负责税志编纂业务的计划安排、落实检查、沟通协调、请示汇报等事宜。编纂委员会还根据人员变动和编纂工作需要，充实编纂力量，适当调整岗责，使之更利于国税志编纂工作开展。

2012年6月，通过深入调研和反复推敲，省国税局制发《江西省国税志编纂工作方案》和《江西省志·国家税务志（1991—2010）篇目大纲》，明确省国税志编纂工作指导思想、任务要求、组织机构、实施步骤、运作方式和大纲架构，报经省方志办审查同意后予以实施，循序推进。

国税志内容涉及税收制度、税收政策、机构人事、征收管理、纳税服务、行政管理、信息化建设、国税文化、检查监督、后勤保障等方面，全面覆盖省局机关各职能处室业务工作。为此，省国税局制发《〈江西省志·国家税务志（1991—2010）〉资料收集责任分工表》，采取国税志原始资料由省局机关各职能处室负责搜集和初步整理，编纂办公室编辑人员负责审核编辑和统稿的方法形成《江西省国税志资料长编》，以保证国税志原始资料的真实、全面、重要和权威性。为保证质量，组织了多次培训，聘请专家对省国税局各处室资料员（联络员）和编纂办公室人员进行有针对性的业务辅导，编印了《编纂工作手册》《资料长编编写规范》等辅导材料，提供给资料搜集人员和编纂人员学习参照。建立月例会制度，定期商讨工作，及时研究解决编纂中出现的问题。组织了多次审稿，层层把关，资料长编初稿由编辑人员自审、统稿人员复审，编纂办公室对资料长编初稿进行了三轮审核修订后，再由省国税局各处室和设区市国税局、国税志编纂委员会成员对资料长编初稿进行审核修订，修订稿经编纂委员会主任委员审签后报省地方志办审定。2014年11月，共计550万字的《江西省志·国家税务志（1991—2010）资料长编》完稿付印。

在资料长编初稿基本完成基础上，2014年9月中旬开始了《江西省志·国家税务志（1991—2010）》正文的编纂工作。如此全面详尽地编纂江西省志国税志尚属首次，无先例可循，经验缺乏，但在上级的领导与指导下，编纂人员信心强干劲足，加强学习，虚心求教，积极探索。省国税志编纂办公室组织相关人员认真学习《地方志基础知识》《江西省志（1991—2010）编纂行文规范》等文件，了解编纂基本要领，统一思想认识，明确省国税志必须体现行业特色、时代特色和地区特色，如实记述反映江西税务和江西国税工作及其改革发展情况。税志办加强了与省方志办的沟通和联系，先后数次组织编纂业务培训，请省方志办专家现场授课，面对面交流，答疑解惑，对国税志编纂工作进行专业指导。在试写稿形成后，提请专家进行指导点评，查找不足，纠正错误，促进志书编纂遵循正确的方法与程序开展。加强团队协作，税志办工作人员牢固树立大局意识，不等不靠、团结奋进，外地抽调的专职人员克服离家在外的各种生活不便，一心扑在国税志编纂上。省局国税志编纂人员加班加点，竭心尽力，妥善处理好本职工作与兼职编纂之间的矛盾与困难，大家迎难而上，同心协力做好工作。

为按时保质编纂出国税志，切实把好了三关。一是严把时间关。拟定时间表，对编纂工作进度作出详细的时间安排。坚持例会制度，在每个阶段的工作启动前召开工作推进会，对前一阶段工作进度进行督导检查，对本阶段工作进行部署，狠抓工作落实，确保有序推进。二是严把任务关。2014年底，为确保国税志编纂深入进行，我局将编纂任务进一步细化，要求编纂人员于2015年底前完成初稿撰写任务。2015—2016年，国税志办多次组织编纂人员集中办公，邀请地方志专家和税收专家针对问题剖析指导，编纂人员相互学习、深入探讨，促进编纂工作进一步落实到位。三是严把质量关。创新思路，多措并举，保证国税志编纂质量。各位编纂人员编纂出国税志初稿以后，省局税志办及时组织对志稿进行统稿总纂。鉴于第一次统稿形成的国税志初稿比较粗糙，问题较多的实际情况，采取了召开会议研究问题和点评，编纂人员修改，统稿人员审改，经过三轮的大修改，于2016年3月形成了80万字的国税志初稿。国税志初稿发至省局机关各处室、各设区市国税局进行审核，省局税志办根据各处室、各设区市国税局修改意见进行修改完善，于2016年9月形成了省局国税志征求意见稿。随后将征求意见稿呈送省国税志编纂委员会全体成员、在职和退休领导、专家评审，广泛征集意见。省局税志办根据修改意见再次对志稿进行修改完善，经省国税局保密委员会审查把关后，于2016年10月形成了初审稿，经省局领导审阅同意后，向省地方志编纂委员会办公室提交《江西省国家税务局关于〈江西省志·国家税务志（1991—2010）〉提请初审的请示》。

2017年1月10日，省地方志办主持的省国税志初审会在南昌市召开，省地方志办梅宏主任、杨志华副主任等领导和专家充分肯定了省国税志编纂工作成绩，指出了初稿存在的问题与不足，提出了明确的修改意见。省局税志办全体编撰人员再接再厉，严格按照初审会评审意见，在初审稿基础上进行内容补充、修改完善，历时一年多形成了复审稿。

2018年6月5—6日，省地方志办主持的省国税志复审会在南昌市召开，省地方志办梅宏主任、杨志华副主任等领导和专家充分肯定了省国税志稿，同时指出复审稿尚存在的问题与不足，提出了明确的修改意见。遵照复审会评审意见，省局税志办全体编纂人员对国税志稿进行内容补充、修改完善。修改完善后的国税志稿呈报省国税志编纂委员会主任委员、副主任委员审定后，形成省国税志验收稿，呈报省地方志编纂委员会审定。

2020年7月8日，省地方志编纂委员会在南昌市召开省国税志验收会。省地方志办甘根华主任和与会专家充分肯定省国税志编纂工作成绩，同时指出验收稿中尚存在的问题与不足。会议原则上同意对《江西省志·国家税务志（1991—2010）》通过验收。会后，遵照省国税志验收会的意见和要求，省局税志办组织对志书稿进行了修改完善，经省税务局领导审核后，呈报省地方志编辑委员会审定。

《江西省志·国家税务志（1991—2010）》是省国税志编纂委员会、省国税志办全体人员数年笔耕、众手成书之作，是系统上下共同关心支持的结果，原省国税局机关各处室和各设区市国税局为国税志编纂提供了大量详实的资料和图片，并参与了相关内容的审核。志稿各篇章具体纂稿人如下：编纂说明、概述、大事记、第一篇第五章和第三篇：黄最东，图片：曹文，第二篇第一、九章和人物：曾耀辉，第二篇第八章、第五篇和附录：龚斌，第一篇、第二篇第六章：谢永清，第四篇：李科，第二篇第二、三、四、七章：郭缘。最后由黄最东、曹文、曾耀辉统稿，刘英怀初审，胡立文复审。曾飞自始至终给予了深入细致的指导。省政府和省地方志办对省局编纂工作给予了大力支持与指导，《江西地方志》编发专刊和稿件多次介绍国税志编纂工作。2016年5月17日省政府召开的《江西省志》编纂工作第二次调度会上，国税志编纂工作获得表扬，并在大会上作了书面经验交流。这既是对我们工作的肯定和鼓励，更是对我们的鞭策。

通过此轮省国税志编纂工作，我们深切地体会到：虚心学习是前提，团结协作是基础，领导重视是关键，责任意识是根本，服务精神是动力。

由于我们水平有限，编纂经验不足，《江西省志·国家税务志（1991—2010）》中的疏漏和不当之处在所难免，恳请读者赐正。

我们衷心地向关心、指导、支持《江西省志·国家税务志（1991—2010）》编纂工作的领导、专家和有关人士表示感谢，并致以崇高敬意！

编　者

2020 年 12 月

图书在版编目（CIP）数据

江西省志.国家税务志：1991—2010 / 江西省地方
志编纂委员会编.—— 南昌：江西人民出版社，2021.12
  ISBN 978-7-210-13627-9

  Ⅰ.①江… Ⅱ.①江… Ⅲ.①江西 – 地方志②国家税
收 – 税收管理 – 江西 –1991–2010 Ⅳ.① K295.6
② F812.756.042.3

  中国版本图书馆 CIP 数据核字（2021）第 279654 号

江西省志·国家税务志（1991—2010）
    江西省地方志编纂委员会　编
出版总监：梁　菁
常务编辑：张芝雄　涂如兰
特约编辑：李业根
责任编辑：胡　滨
责任印制：潘　璐
书籍设计：同异文化传媒
出版发行：江西人民出版社
经　　销：各地新华书店
地　　址：江西省南昌市三经路 47 号附 1 号
编辑部电话：0791-86893196
发行部电话：0791-86898815
邮　　编：330006
网　　址：www.jxpph.com
E – mail：jxpph@tom.com
2021 年 12 月第 1 版　2021 年 12 月第 1 次印刷
开　　本：889 毫米 ×1194 毫米　1/16
印　　张：40.5　插页：13
字　　数：1014 千字
书　　号：ISBN 978-7-210-13627-9
定　　价：796.00 元
承 印 厂：深圳市精彩印联合印务有限公司
赣版权登字 –01-2021-871